INTRODUCTION HISTORIQUE À L'ÉTUDE DU DROIT ET DES INSTITUTIONS

Collection CORPUS
dirigée par Nicolas MOLFESSIS

Série *Droit privé*, dirigée par Nicolas MOLFESSIS

Thierry BONNEAU et France DRUMMOND, *Droit des marchés financiers,* 2e éd.

Frédéric DESPORTES et Francis LE GUNEHEC, *Droit pénal général,* 13e éd.

Paul et Philippe DIDIER, *Droit commercial.*

Frédéric POLLAUD-DULIAN, *Le droit d'auteur.*

Série *Droit public*, dirigée par Denys DE BÉCHILLON

Jean-Yves CHÉROT, *Droit public économique.*

Série *Essais*, dirigée par Nicolas MOLFESSIS et Denys DE BÉCHILLON

Geneviève KOUBI, *Les circulaires administratives – Contribution à l'étude du droit administratif.*

Vincent VALENTIN, *Les conceptions néo-libérales du droit.*

Olivia BUI-XUAN, *Le droit public français entre universalisme et différencialisme.*

Série *Histoire du droit*, dirigée par Albert RIGAUDIÈRE

Albert RIGAUDIÈRE, *Introduction historique à l'étude du droit et des institutions,* 3e éd.

CORPUS HISTOIRE DU DROIT

Dirigé par Albert Rigaudière

INTRODUCTION HISTORIQUE À L'ÉTUDE DU DROIT ET DES INSTITUTIONS

Albert Rigaudière

Troisième édition

ECONOMICA

49, rue Héricart, 75015 Paris

Chez le même éditeur

Gouverner la ville au Moyen Âge, 1993.

ABRÉVIATIONS

A.B. Annales de Bourgogne
A.B.S.H.F. Annuaire Bulletin de la Société de l'Histoire de France
A.E.S.C.E. Annales, Économie, Sociétés, Civilisations
A.H.D.E. Anuario de Historia del Derecho espanol
A.H.F.D. Annales d'Histoire des Facultés de Droit
A.H.R. The American Historical Review
A.M. Annales du Midi
A.N. Annales de Normandie
A.S.D. Annali di Storia del Diritto
B.E.C. Bibliothèque de l'École des Chartes
B.P.H.C.T.S. Bulletin Philologique et Historique du Comité des Travaux Historiques
C.H. Cahiers d'Histoire
C.C.M. Cahiers de la Civilisation Médiévale
C.R.A.I.B.L. Comptes Rendus de l'Académie des Inscriptions et Belles Lettres
É.D. Études et Documents
E. D. C. E. Etudes et Documents du Conseil d'État
E.H.R The English Historical Review
H.A. Histoire et Archives
I. C. Jus commune
I. H. L'Information Historique
I.R.M.A. Jus Romanum Medii Aevi
J.M.H. Journal of medieval History
J.S. Journal des Savants
M.A. Le Moyen Âge
M.S. Medieval Studies
M.E.F.R. Mélanges de L'École Française de Rome
M.S.H.D.B. Mémoires de la Société pour l'Histoire du Droit et des Institutions des Anciens Pays bourguignons, comtois et romands.
N.R.H.D.F.E. Nouvelle Revue Historique de Droit Français et Étranger
P.T.E. Positions des Thèses de l'École des Chartes
R.B.P.H. Revue belge de Philologie et d'Histoire
R.F.H.I.P. Revue Française d'Histoire des Idées politiques
R.H. Revue historique
R.H.D.F.E. Revue Historique de Droit Français et Étranger
R.H.E. Revue d'Histoire Ecclésiastique
R.H.E.F. Revue d'Histoire de l'Église de France
R.H.E.S. Revue d'Histoire Économique et Sociale

R.H.F.D. Revue d'Histoire des Facultés de droit et de la science juridique
R.H.M. Revue d'Histoire Moderne
R.H.M. C. Revue d'Histoire Moderne et Contemporaine
R.M.T.S.H.D.E. Recueil de Mémoires et Travaux publié par la Société d'Histoire du Droit et des Institutions des Anciens Pays de Droit écrit
R.N. Revue du Nord
T.V.R. Tidjschrift voor Rechtsgeschiedenis. Revue d'Histoire du Droit.
Z.S.S. Zeitschrift der Savigny Stiftung

INTRODUCTION

Droit

Le droit est au cœur de ce livre, mais il n'en est pas l'objet. En donner une définition s'impose donc, tout autant que la concision qui doit l'accompagner. Ainsi pour faire bref et pour servir de point de départ à notre réflexion, en laissant aux spécialistes le soin d'approfondir cette tentative de présentation, on peut dire que le droit est un ensemble de règles obligatoires destinées à organiser la vie en société ; générales et impersonnelles, elles sont assorties de sanctions émanant de l'Etat en cas de non respect.

La définition ainsi avancée – droit ensemble de règles générales et impersonnelles – retient comme élément essentiel du droit la règle, la norme, sans envisager ni à qui, ni comment elle s'applique. Elle met principalement l'accent sur les données objectives que sont ces règles. Il s'agit du droit objectif. Mais le droit n'est pas que cela. Avant tout destiné à régir la vie en société, il a principalement pour objet de définir le statut des personnes qui la composent et de réglementer les rapports qu'elles ont entre elles. Ces personnes sont donc des sujets de droit. Ainsi conçu, le droit apparaît sous un angle tout à fait différent. Moins abstrait, plus proche des individus, il leur reconnaît des capacités et des prérogatives qui sont particulières à chacun d'entre eux. Chaque sujet voit ses droits définis dont l'ensemble donne naissance au droit subjectif. Droit objectif et droit subjectif ne s'opposent pas. Ils se complètent pour constituer un tout, le Droit.

Ce Droit est en création continue, en perpétuel mouvement. Toute société, si peu évoluée soit-elle, se dote de règles de droit qui se complètent et s'enrichissent au fur et à mesure que progresse son organisation, que s'affinent ses mœurs et que deviennent plus complexes les rapports qui naissent entre les individus qui la composent. Produit social par excellence, fruit d'une longue maturation et présent à tous les stades d'évolution d'une société, le droit apporte un matériau particulièrement riche à l'historien, toujours assuré d'y trouver un champ d'observation privilégié vers lequel convergent toutes les pratiques d'une société à un moment donné, pratiques que consacrent, en quelque sorte, les institutions.

Institutions

Tenter de les définir appelle deux observations. L'une générale, l'autre plus technique et juridique.

1. – La définition générale est celle que pourrait donner tout individu cultivé, mais qui n'aurait pas reçu de formation juridique particulière. Pour lui, les institutions sont les formes ou structures fondamentales d'organisation sociale, telles qu'elles sont établies par la loi ou la coutume d'un groupement humain donné. De cette définition, découlent plusieurs caractéristiques.

Tout d'abord, l'institution est établie par la loi ou par la coutume qui, l'une et l'autre, permettent à des groupes d'individus de vivre ensemble en fonction de normes qui déterminent leurs rapports et fixent les règles qui président au fonctionnement des structures qui leur sont communes. Ensuite et dans la mesure où l'institution est établie par la loi, c'est dire qu'elle est nécessairement dotée d'une certaine durée, d'une stabilité aussi. Institution vient du verbe latin *instituere* qui signifie « *établir quelque chose qui demeure* ». Ainsi, nombreuses sont les institutions qui subsistent à travers les siècles, gouvernant des générations successives.

Mais il convient de souligner, en contrepartie, qu'une institution évolue nécessairement et même parfois très rapidement. Un perpétuel devenir domine la vie sociale. Ceci fait qu'une règle de droit, même visant à la stabilité, ne peut demeurer immuable. Il s'ensuit une inévitable mobilité des institutions dont l'histoire reflète à la fois la société qui les a suscitées, celle dans laquelle elles ont évolué et celle, enfin, dont elles structurent l'existence. L'institution est donc avant tout vie et mouvement, toujours dans la longue durée.

2. – Mais que dire, de manière plus précise et en se plaçant d'un point de vue plus juridique, de ces mêmes institutions – celles qui doivent constituer le champ privilégié de ce livre –, qu'elles soient politiques, administratives ou sociales ?

Les institutions politiques sont celles qui concernent le pouvoir supérieur de l'état, sa mise en œuvre et son fonctionnement. Elles s'opposent aux institutions privées, comme le droit public s'oppose au droit privé. Mais, dans la mesure où cette distinction est relativement récente, il sera parfois difficile, surtout pour la période médiévale, de distinguer les institutions politiques de certaines institutions privées. Il y a, dans la réalité, souvent imbrication et parfois même confusion entre ces deux types d'institutions. Pendant des siècles, elles ont été mal séparées. Cette remarque est particulièrement vraie pour l'époque féodale au cours de laquelle il y a eu appropriation des prérogatives de l'Etat et des fonctions publiques par de simples personnes privées.

Les institutions administratives, intimement imbriquées aux institutions politiques, en constituent le prolongement normal dans la mesure où elles constituent l'ensemble des moyens dont se dote le pouvoir central pour conduire son action, qu'il s'agisse des services publics ou des agents qui en assurent le fonctionnement. Mais cette définition est sans doute trop moderne, les notions de « service public » et d'« agent public » étant apparues bien tardivement.

Aussi longtemps que le pouvoir royal est davantage conçu comme un pouvoir incarnant l'Etat, la gestion du royaume se trouve assimilée à celle du patrimoine propre du prince. Dans ces conditions, le roi n'a pas véritablement besoin de services publics avec des agents publics mais, bien davantage, de simples serviteurs qui font partie de sa domesticité et dont il fait ses agents pour la gestion des affaires du royaume. Service privé et service public du prince, agents privés et agents de l'Etat demeurent, pendant longtemps, des notions confondues. De plus, tout au long de la période féodale, chaque seigneur dans sa seigneurie s'étant arrogé les attributs de la puissance publique, crée lui-même sa propre administration, ses propres services qui concurrencent ceux que la royauté pouvait organiser et, souvent même, se substituent à eux.

Il faudra donc, pour qu'il y ait de véritables institutions administratives et une administration effective au niveau du royaume, que la royauté ait réaffirmé sa puissance, sa souveraineté et qu'elle se soit dotée de services et d'agents dont l'action puisse couvrir sinon l'ensemble du royaume, du moins ce qu'elle en pouvait contrôler. Ainsi conviendra-t-il d'étudier comment, progressivement, s'est formée notre administration moderne. Toutes ces institutions – qu'elles soient politiques ou administratives – sont animées par des hommes dont on ne peut négliger l'action. Ainsi, chaque institution ne vaut que par les agents qui l'animent et la modèlent.

Les institutions sociales en font, avec tous les autres individus, des groupes sociaux sans lesquels l'histoire serait vide. Au-delà des institutions politiques et administratives, il faut retrouver les hommes qui les font vivre. Répartis au sein de groupes hiérarchisés, il ont des statuts et des droits différents tout au long du Moyen Age et de l'Ancien Régime. La notion d'égalité des droits n'est que tardivement reconnue avec la Révolution (Déclaration des droits de l'homme et du citoyen, 26 août 1789) qui fait, par là même, disparaître celle de privilège. Cette répartition en groupes, qualifiés d'ordres, est tripartite. A partir de l'An mil, elle domine toute la vie de la société médiévale avec ceux qui prient (*qui orant*, les clercs appelés à former le clergé), ceux qui combattent (*qui pugnant*, les nobles qui donnent naissance à la noblesse), ceux qui travaillent (*qui laborant*, dont la masse constitue le troisième ordre, appelé tiers état à partir de la fin du XVe siècle). Cette organisation tripartite se fige dès le XIe siècle pour subsister jusqu'à la Révolution.

Toutes ces institutions, qu'elles soient politiques, administratives ou sociales, ont toujours été en perpétuelle évolution. Elles ont dû s'adapter à l'espace, au cloisonnement du territoire médiéval de l'Etat, puis à celui plus ouvert de l'Etat monarchique, mais aussi et surtout au temps. Toutes ont une histoire qui très souvent s'étend, dans le cadre d'espaces variés, sur une très longue durée.

Histoire

Réfléchir à ce qu'a été et comment se fait, chaque jour, l'histoire du droit et des institutions, c'est pénétrer une discipline qui est tout à fois, voie de transition, école de formation et moyen d'explication.

Transition, l'histoire l'assure avec excellence depuis l'enseignement secondaire vers l'enseignement supérieur en droit. Chacun en a étudié les grandes dates ainsi que les hauts faits de notre pays et de ses hommes depuis l'école primaire, mais peu savent que ce faisant, ils ont déjà en partie pénétré le monde du droit à l'instar du Monsieur Jourdain de Molière qui faisait de la prose sans le savoir. Etudiant l'histoire des régimes politiques, chacun a fait connaissance avec l'Etat et le droit constitutionnel. Scrutant l'évolution des structures administratives et judiciaires, chacun s'est déjà préparé à comprendre les subtilités des mécanismes administratifs et judiciaires. L'histoire des relations internationales, enfin, introduit admirablement à l'étude des institutions qui régissent la vie internationale et les rapports entre Etats. Mieux encore, c'est le droit en général, dans toute sa globalité, qui s'ouvre à tout amoureux d'histoire dans la mesure où elle consiste à analyser et comprendre, avant tout, les rapports sociaux et leur évolution. Voilà donc que l'histoire conduit tout naturellement vers le droit, tout en apportant une formation indispensable à son étude.

Formation, l'histoire la donne autant qu'elle la requiert. Discipline exigeante, elle apporte beaucoup à l'historien juriste, en même temps qu'elle lui impose des méthodes d'investigation très poussées et le recours à de nombreuses disciplines annexes afin de trouver et exploiter les documents les plus divers.

Même s'il ne saurait être question, dans le cadre de ce livre, de conduire une recherche en histoire, mais simplement de livrer au mieux une histoire toute faite, un « produit fini » en quelque sorte, la valeur formatrice de l'histoire ainsi présentée demeure tout autant. Ecrite ou peut-être mieux, décrite, une telle histoire n'en permet pas moins de comprendre comment l'historien a choisi ses sources, les a analysées et interprétées, puis en a tiré des résultats. Il y a là tout un ensemble de données qui contribuent à développer esprit critique, esprit d'analyse et esprit de synthèse qui sont autant de qualités fondamentales si indispensables au juriste. Mais le rôle formateur de l'histoire ne se limite pas là. Elle permet aussi de multiples comparaisons dans le temps et dans l'espace, ce qui en fait, en même temps, une discipline d'explication.

Explication, l'histoire l'apporte à tous moments, parce qu'elle est réflexion. Elle permet de comprendre des modèles et des systèmes passés qui, s'ils ne sont ni reproductibles ni même rarement assimilables, peuvent servir à éclairer et guider les expériences présentes. Chaque modèle politique – l'Empire (d'Alexandre2, romain ou napoléonien), la Monarchie (absolue, tempérée, constitutionnelle), la République (romaine, succession des républiques en France) – a apporté sa pierre tant à l'édifice du droit constitutionnel qu'à la pratique de la vie politique. Ignorer ces modèles serait se priver d'importants éléments d'explication pour mieux comprendre ceux que sont les nôtres aujourd'hui. Il en va de même des modèles économiques qui ont largement contribué à façonner les structures de nos systèmes et de nos comportements actuels, qu'il s'agisse de l'organisation des conquêtes romaines, du mode domanial de production, de la naissance du capitalisme au Moyen Age ou du mercantilisme de Colbert, précurseur de nos systèmes d'économie dirigée. Et que dire des modèles juridiques ? Peut-on comprendre nos droits occidentaux en méconnaissant totalement le système juridique romain ? Et comment expliquer le long et difficile chemin qu'a connu la codification de notre droit, si on ignore le système coutumier médiéval et la disparition à peu près complète, pour cette période, d'un ordre juridique unitaire et la grande place qu'a tenue alors le droit canonique, tout particulièrement dans le domaine du droit des personnes ?

Vouloir expliquer par l'histoire ne saurait être faire de l'histoire en soi, pour elle-même. Elle ne peut en aucun cas être, pour le juriste, une simple science du passé. Elle ne doit l'intéresser que dans la mesure où elle permet de comprendre le présent, de l'enrichir aussi en adoptant, tout en les adaptant, des règles, des techniques et des institutions qui ne sont plus. Ce qui doit être fait, c'est projeter le passé vers le présent. C'est en mieux sachant d'où viennent notre droit et nos institutions qu'il est non seulement possible de les mieux comprendre, mais aussi et surtout, d'imaginer leur devenir. **Un droit sans histoire serait un droit sans avenir, ne sachant d'où il vient, il ne saurait connaître où il va**. Alors, c'est tout un problème de méthode, de chronologie et de programme qui est posé.

Perspectives

Où, comment et dans quel cadre utiliser l'histoire pour une introduction à l'étude du droit et des institutions ? A dire vrai, l'expression « Introduction historique au droit » convient fort mal, même si elle est celle des programmes officiels. L'histoire ne peut être réduite à une simple fonction d'introduction, tout simplement parce qu'elle est « Histoire » et qu'elle trouve sa place, en tant que telle, dans tous les enseignements juridiques au sein desquels lui a toujours été reconnue une relative autonomie. Elle est en fait beaucoup moins introduction que discipline transversale, propre à embrasser chaque discipline juridique dont sa propre histoire n'est pas une introduction historique mais, tout simplement, l'histoire de son savoir. Dans ces conditions, l'histoire du droit doit embrasser toutes les périodes et tous les secteurs de la science juridique, depuis l'Antiquité la plus ancienne jusqu'aux temps les plus contemporains.

L'objet de ce livre est plus modeste qui se propose de conduire une réflexion historique sur le droit, l'Etat, son pouvoir et ses institutions – car voilà bien ce que doit être une véritable « introduction historique au droit » depuis la chute de l'Empire romain d'Occident (476, date bien théorique) jusqu'à la chute de l'Ancien Régime (1789, date franche). Dans cette vaste fresque de quelque quinze siècles on peut, non sans risque d'arbitraire que suppose tout découpage chronologique, voir se dessiner quatre grandes périodes

L'effondrement de l'Empire romain, sous le choc des invasions barbares, ouvre des temps nouveaux. En réalité, l'Empire était en crise depuis le

IIIe siècle et les peuples qui commencent alors à l'assaillir s'infiltrent progressivement. Leur installation dans la partie occidentale de l'Empire et plus particulièrement la Gaule, tout au long du Ve siècle, transforme profondément le cadre géographique et politique traditionnel. Le royaume franc et la dynastie mérovingienne que fonde Clovis (481-511), après avoir soumis ses principaux rivaux, bascule de la Méditerranée vers l'Atlantique, la Manche et la mer du Nord. L'ancienne Gaule devient ainsi un centre politique et la civilisation romaine y domine encore. Mais elle est sévèrement mise à mal par les « Barbares » avant de connaître un renouveau aussi brillant qu'éphémère avec la renaissance carolingienne, tout particulièrement dans la première moitié du IXe siècle. Fondée en 751 par Pépin le Bref, la dynastie carolingienne s'essouffle dans la seconde moitié du IXe- siècle pour ne plus régner sans partage à partir de 888. Alors s'amorce une autre étape et prennent forme des institutions nouvelles sur un territoire qu'avait dessiné, en 843, le partage intervenu avec le traité de Verdun. Sur la partie occidentale de l'Empire, c'est l'ébauche d'une France territoriale qui s'esquisse, progressivement modelée par une royauté qui, avec beaucoup de timidité, s'engage sur la route de sa longue histoire.

La période qui s'ouvre alors à partir de la fin du IXe siècle est peu brillante pour l'histoire de l'Etat. L'échec rapide de sa restauration par les Carolingiens marque un véritable tournant. Le territoire se morcelle, les agents du roi ne lui obéissent plus et s'arrogent progressivement l'essentiel des attributs de la puissance publique. Il se constitue une multitude de petites unités politiquement et administrativement indépendantes du pouvoir central. C'est la période de la Féodalité au cours de laquelle les liens personnels l'emportent sur les liens de sujétion. Ce second temps, avant tout caractérisé par un effritement de l'Etat, se prolonge jusque dans les dernières décennies du XIIe siècle.

C'est avec le règne de Philippe Auguste (1180-1223) que s'annonce un tournant décisif, déjà amorcé par ses deux prédécesseurs, Louis VI et Louis VII. Dans une Europe en plein essor, revivifiée par la renaissance économique et culturelle de tout l'Occident, la royauté capétienne s'affirme aussi bien face à l'extérieur qu'à l'intérieur. Jouant habilement avec les forces de la féodalité, elle réussit lentement à reconstruire l'unité du territoire en redonnant vie et structure aux institutions monarchiques. Elles sont en progrès continu jusqu'à la fin du XVe siècle, même si la courbe, toujours ascendante de la reconstruction de l'Etat est souvent émaillée de crises et d'accidents dont la guerre de Cent Ans constitue l'épisode le plus long et le plus douloureux. Mais la royauté et, partant, l'Etat en sortent toujours renforcés. Alors, l'Etat moderne est né.

Les trois siècles qui suivent apportent à cet Etat monarchique, maturité dans sa conception, solidité dans ses structures et efficacité dans ses moyens d'action. Mais ils le conduisent aussi à sa ruine pour n'avoir pas su à temps se réformer et se dégager des pesanteurs du passé et d'un absolutisme sans doute trop englobant. Tout, dans cette France monarchique, gravite autour de la personne du roi dont la doctrine, surtout celle du XVIIe siècle, en fait le véritable pilier de l'Etat. Monarchie absolue ? En théorie, peut-être. Dans les faits, absolument pas. Passé le règne de Louis XIV (1643-1715) – et même bien avant la mort du grand roi –, les bases doctrinales de cette belle construction commencent à chanceler. Vienne un XVIIIe siècle ouvert aux idées nouvelles et surgisse la crise économique, l'édifice se lézarde de toutes parts. Alors, la Révolution emporte l'Etat monarchique. Mais elle ne détruit pas l'Etat. Reconquête des rois du Moyen Age, il avait été légué à ceux des Temps Modernes. Pour longtemps et pour durer.

Contraint d'opérer des choix dans cette vaste fresque, seront essentiellement retenues les données qui sous-tendent la genèse de l'Etat et de son droit, en ordonnent les structures, puis en stimulent l'affermissement autour de leurs éléments constitutifs, qu'ils soient humains, territoriaux ou institutionnels. Il y a là les trois critères que la doctrine classique considère comme indispensables à l'existence de l'Etat. Ainsi, population, territoire et gouvernement seront-ils toujours au cœur des réflexions, pour essayer de comprendre comment se sont progressivement construits l'Etat et son système juridique.

De toute évidence, on ne peut guère imaginer un Etat sans un groupement humain relativement uni qui dépende juridiquement de lui et qui accepte que lui soit imposée une certaine sujétion. Plus cette **population** constitue un groupe homogène, plus elle tend à former une Nation, plus l'Etat a de chances de s'assurer stabilité et durée. Ce problème des rapports Etat-Nation, fondamental pour tout Etat à toute époque, est particulièrement intéressant à analyser dans une perspective historique. Nous serons ainsi conduits à nous demander si, dans la France médiévale, la Nation a précédé l'Etat ou si c'est l'Etat qui a contribué à créer la Nation. Et comment définir cette Nation ? Aux critères objectifs que constituent la race, la langue, la religion et les mœurs, il convient d'ajouter cet ensemble d'éléments subjectifs sur lesquels E. Renan a si justement attiré l'attention. Tous ceux qui résultent de l'histoire et d'un passé commun bien sûr, mais aussi tous ceux qui font l'avenir d'un peuple et contribuent à le transformer en Nation : ce sentiment d'appartenir à un ensemble au destin commun, ce vouloir-vivre collectif et cette volonté de faire ensemble une histoire. Retraçant cette histoire, il conviendra de montrer comment, tout au long de la période médiévale, l'Etat naissant, ses rois et leurs agents ont habilement su aider la Nation à grandir pour en faire un des plus sûrs garants de l'Etat qu'ils entendaient construire sur un territoire dangereusement morcelé. Mieux encore, ils ont réussi, à la fin du Moyen Age, à faire coïncider à peu près complètement Etat et Nation sur un territoire complètement réunifié.

Second élément indispensable à l'existence de l'Etat, il est aussi celui qui est le plus tangible et auquel les gouvernants ont toujours apporté une vigilance toute particulière. Tant l'histoire des Etats que la difficile survie de certains d'entre eux, au XXe siècle et en ce tout début du XXIe siècle, prouvent à quel point l'existence d'un **territoire**, d'un espace géographique limité et stable a été et demeure la condition première pour la construction d'un Etat durable. Les rois de France l'ont compris très tôt. Toute la politique qu'ils ont conduite pendant les siècles médiévaux a été de faire coïncider les limites du domaine royal – territoires sur lesquels ils exercent sans intermédiaire le pouvoir – avec celles du royaume, territoire dont le contrôle leur a pendant longtemps échappé, en tout ou en partie. Cette opposition entre domaine et royaume rend particulièrement tangible l'importance du territoire dans la genèse de l'Etat. Il est l'unique élément qui permette de circonscrire avec précision l'aire sur laquelle vit non seulement la population de l'Etat, mais aussi celle sur laquelle il peut exercer pleinement ses droits. D'où l'importance capitale de la notion de frontière pour laquelle l'histoire seule permet de saisir la lenteur qui préside à sa formation. Ce n'est qu'avec beaucoup de difficultés qu'on est progressivement passé de la notion de zone d'influence à celle de limite, puis de frontière. Et cette évolution a été d'autant plus lente que, pendant longtemps, une impressionnante dispersion géographique des territoires soumis à la royauté a présidé à la laborieuse construction de l'unité nationale, rendant ainsi impossible la constitution d'une frontière continue destinée à délimiter avec précision le champ territorial et juridique de l'action de la royauté.

Son affirmation a progressivement donné forme au troisième élément constitutif de l'Etat, le **gouvernement**. Ici encore, l'histoire permet d'en saisir toute l'importance et de constater que, non seulement l'existence d'un gouvernement est nécessaire, mais qu'il doit aussi pouvoir réellement étendre son autorité sur l'ensemble du territoire et la totalité de la population. Pour cela, un gouvernement doit exercer lui-même, ou au moins contrôler très directement, tout ce qui constitue les prérogatives de puissance publique : législation, justice, fiscalité, maintien de l'ordre. C'est dire que tout gouvernement qui veut réellement incarner l'Etat doit être effectif. Or, il n'en a pas toujours été ainsi tout au long de notre histoire. La monarchie de l'époque féodale, en particulier, a dû vaincre bien des obstacles avant de contrôler effectivement l'ensemble du royaume, de pouvoir commander à tous les sujets et être obéie par eux. Elle a dû aussi, pour cela, mettre progressivement sur pied un gouvernement composé de véritables techniciens devant lesquels les serviteurs privés du prince ont été contraints de s'effacer. Il a fallu que le gouvernement devienne la chose de l'Etat qu'il contribuait en même temps à faire naître, après avoir été un ensemble de structures dont la mission première, au départ, était principalement dominée par le service privé du prince.

Il y a là une condition indispensable à l'émergence de l'Etat. Ce gouvernement, ces institutions politiques, doivent être impersonnelles et dépasser ainsi la personne de celui auquel en est confié l'exercice. A ce critère, s'ajoute aussi celui de la permanence. Ayant transcendé la personne qui l'incarne, ce gouvernement doit survivre et subsister chaque fois que disparaît la personne du roi ou que survient une crise grave. Tout simplement parce qu'il symbolise l'Etat et que, comme lui, il doit durer. Alors, le gouvernement et tout le cortège des institutions politiques qui font corps avec lui gagnent en prestige et en autorité. Autant d'éléments qui font naître à leur égard le loyalisme des sujets, condition si indispensable à l'affermissement de l'Etat. A ce niveau-là aussi, l'histoire apporte de beaux témoignages.

Après les convulsions des premiers siècles médiévaux, la monarchie a toujours su conduire, de la fin du IXe siècle au crépuscule de l'Ancien

Régime, une politique résolue de construction de l'Etat et du droit en s'efforçant de rassembler, sur un territoire lentement réunifié et rigoureusement délimité, des populations que des traditions, des mœurs, des coutumes et des droits opposaient au départ. Ayant eu pour elle la durée, elle l'a fait en se dotant progressivement d'institutions stables et d'un gouvernement qui sut emporter le loyalisme des sujets. Mais cette construction de l'Etat et d'un système juridique tendant de plus en plus vers l'unité fut longue, scandée de crises et de temps de recul, même si la courbe générale en est ascendante. Remarquablement. Tout au long de cette vaste période, chacun des quatre temps forts qui rythment cette édification, pierre à pierre, de l'Etat, de son ordre juridique et de ses institutions, mérite qu'une partie de ce livre lui soit consacrée.

Première partie : D'un Empire à l'autre (fin V^e-fin IXe siècle)

Deuxième partie : De l'Empire aux seigneuries (fin IXe siècle-1180 environ)

Troisième partie : Des seigneuries à la *respublica* royale (fin XIIe siècle-fin XVe siècle)

Quatrième partie : De la *respublica* royale à l'Etat royal (XVIe siècle-XVIIIe siècle)

ORIENTATION BIBLIOGRAPHIQUE DE BASE

(Précis et manuels les plus utiles et les plus récents)

1. Pour l'ensemble de la période :

BARBEY J., *Etre roi. Le roi et son gouvernement en France de Clovis à Louis XVI,* Paris, Fayard, 1992.

BART J., *Histoire du droit privé de la chute de l'Empire romain au XIXe siècle,* Paris, Montchrétien, 1998.

BASDEVANT-GAUDEMET B. et GAUDEMET J., *Introduction historique au droit, XIIIe – XXe siècles,* Paris, LGDJ, 2000.

BURGUIERE A. et REVEL J., Histoire de la France, *L'Etat et les pouvoirs,* Paris, Seuil, 1989.

BRUGUIÈRE B., GILLES H. et SICARD G., *Introduction à l'histoire des institutions françaises*, Toulouse, 1990.

CARBASSE J.-M., *Histoire du droit pénal et de la justice criminelle*, Paris, 2000.

CARBASSE J.-M., *Manuel d'introduction historique au droit*, Paris, 2002.

CARBASSE J-M., *Introduction historique au droit,* Paris, PUF, 1998.

CASTALDO A., *Introduction historique au droit,* Paris, Dalloz, 1999.

CHÉNON É., *Histoire générale du droit français public et privé des origines à 1715,* 2 vol., Paris, 1926 et 1929.

CHIANÉA G., *Histoire des institutions publiques de la France*, I, *Du démembrement à la reconstruction de l'État (476-1492)*, Grenoble, 1994.

DECLAREUIL J., *Histoire générale du droit français des origines à 1789*, Paris, 1925.

DUMAS A., *Manuel d'histoire du droit français*, s. d., Aix-en -Provence.

DURAND B., CHÊNE Ch., LECA A., *Introduction historique au droit,* Paris, 2004.

ELLUL J., *Histoire des institutions,* (T. III, Le Moyen Age ; t. IV, XVIe – XVIIIe siècle), Paris, PUF, 1969 et rééd..

ESMEIN A., *Cours élémentaire d'histoire du droit français*, (éd. mise à jour par R. Génestal), 1921, Paris.

GARRISON F., *Histoire du droit et des institutions,* (T. I, Le pouvoir des temps féodaux à la Révolution ; T. II, La société des temps féodaux à la Révolution), Paris, Montchrestien.

GASPARINI É., GOJOSSO É., *Introduction historique au droit,* Paris, 2005.

GAUDEMET J., *Église et cité. Histoire du droit canonique*, Paris, 1994.

GAUDEMET J., *Les naissances du droit. Le temps, le pouvoir et la science au service du droit,* Montchrestien, Précis Domat, 1997 et rééd..

HAROUEL J-L., BARBEY J., BOURNAZEL E., THIBAUT-PAYEN J., *Histoire des institutions de l'époque franque à la Révolution,* PUF, Droit fondamental, 1987 et rééd..

HUDAULT J., *Histoire des institutions de la France (Ancien Régime, Révolution, Empire)*, Paris.

LECA A., *Institutions publiques françaises (avant 1789),* Aix-en-Provence, P.U.A.M., 1994.

LECA A., *La genèse du droit. Essai d'introduction historique au droit*, Aix-en-Provence, 1998.

LECA A., *La République européenne (Introduction à l'histoire des institutions publiques et des droits communs d'Europe) 1 : L'unité perdue (476-1806),* Aix-en-Provence, 2000.

LEGENDRE P., *Histoire de l'administration de 1750 à nos jours*, Paris, 1968.

LEPOINTE G., *Histoire des institutions et des faits sociaux*, éd. refondue, Paris, 1923.

LÉVY J.-Ph. et CASTALDO A., *Histoire du droit civil*, Paris, 2003.

LOVISI C., *Introduction historique au droit*, Paris, 2e éd., 2003.

MESTRE J-L., *Introduction historique au droit administratif français,* Paris, PUF, 1985.

OLIVIER-MARTIN F., *Histoire du droit français des origines à la Révolution,* Paris, Domat-Montchrestien, 1948 et repr. CNRS, 1984.

OURLIAC P. et GAZZANIGA J-L., *Histoire du droit privé français*, A. Michel, 1985.

REGNAULT H., *Manuel d'histoire du droit français*, Paris, 1939.

ROULAND N., *Introduction historique au droit,* Paris, PUF, 1998.

ROULAND N., *L'État français et le pluralisme juridique (476-1792). Histoire politique des institutions publiques*, Paris, 1995.

SAINT-BONNET F. et SASSIER Y., *Histoire des institutions avant 1789*, Paris, 2004.

THIREAU J.-L, *Introduction historique au droit*, Paris, 2001.

TIMBAL P.C. et CASTALDO A., *Histoire des institutions et des faits sociaux,* Paris, Dalloz, 1957 et rééd..

2. Pour le Moyen Age :

ASCHERI M., *I diritti del Medioevo italiano. Secoli XI-XV*, Rome, 2000.

BELLOMO M., *L'Europa del Diritto comune*, 7e éd., Rome, 1994.

BELLOMO M., *Medioevo del diritto,* I, *Le fonti*, Milan, 1954.

BERNSTEIN S., CONTAMINE Ph. et WINCOK M. (dir.), *Histoire de la France politique*, vol. I, CONTAMINE Ph. (dir.), *Le Moyen Âge. L'Eglise, les grands, le peuple*, Paris, 2002.

BOUINEAU J., *Histoire des Institutions, Ie – XV siècle,* Paris, LITEC, 1994.

BURNS J. H. (dir.), *Histoire de la pensée politique médiévale (350-1450)*, éd. fr. par J. Ménard, Paris, 1993.

CALASSO F., *Gli ordinamenti giuridici del Rinascimento medievale*, 2e éd., Milan, 1949.

CANNING C., *Histoire de la pensée politique médiévale,* Fribourg, 2003.

CONTAMINE Ph. (dir.), *L'économie médévale*, Paris, 1993.

CORTESE E., *Il diritto nella storia medievale,* vol. I, *L'alto medioevo*, Roma, 1995, vol. II, *Il basso medioevo*, Rome, 1995.

CORTESE E., *Il rinascimento giuridico medievale*, Rome, 1992.

CORTESE E., *La norma juridica. Spunti teorici nel diritto comune classico* ; Ius nostrum, VI, 1 et 2, Milan, 1962-1964.
FAVIER J. (dir.), *La France Médiévale,* Paris, 1983.
FOSSIER R., *La société médiévale*, Paris, 1991.
FOURNIAL E., *Histoire monétaire de l'Occident médiéval*, Paris 1970.
FOVIAUX J., *De l'Empire romain à la féodalité,* Paris, Economica, 1986.
GAUVARD C., *La France au Moyen Âge du Vᵉ siècle au XVᵉ siècle*, Paris, 1996.
GUILLOT O., RIGAUDIÈRE A., SASSIER Y., *Pouvoirs et institutions dans la France médiévale,* (T. I, Des origines à l'époque féodale ; T. II, Des temps féodaux aux temps de l'Etat), Paris, A. Colin, 1994 et rééd..
LEMARIGNIER J-F, *La France médiévale. Institutions et société,* Paris, A. Colin, 1970.
LOT F. et FAWTIER R., *Histoire des institutions françaises au Moyen Age,* (T. I, Institutions seigneuriales ; T. II, Institutions royales, T. III, Institutions ecclésiastiques), Paris, PUF, 1957, 1958 et 1962.
PADOA-SCHIOPPA (A.), *Il diritto nella storia d'Europa. Il medioevo. Parte prima.* Padova, 1995.
SASSIER Y., *Royauté et idéologie au Moyen Âge. Bas-Empire, monde franc, France (IVᵉ-XIIᵉ siècle),* Paris, 2002.
SAVIGNY K. F. von, *Geschichte des römischen Rechts im Mittelalter*, 7 vol., 2ᵉ éd., Heidelberg, 1834-1851.
SOT M., BOUDET J-P., GUERREAU-JALABERT A., *Histoire culturelle de la France*, Rioux J-P. et Sirinelli J-F., dir. T.1, *Le Moyen Age,* Paris, 1997.
STRAYER J. R., *Les origines médiévales de l'Etat moderne*, trad. M. Clément, Paris, 1979.
THEIS L., *Histoire du Moyen Âge français. Chronologie commentée*, Paris, 1992.

3. Pour l'Ancien Régime :

BARBICHE B., *Les institutions de la monarchie française à l'époque moderne,* Paris, PUF, 1999 et rééd..
BÉLY L., *La France moderne* 1498-1789, Paris, 1994.
BLANQUIE C., *Les institutions de la France des Bourbons*, Paris, 2003.
BURNS J. H., *Histoire de la pensée politique moderne (1450-1700)*, Paris, 1997.
CARBASSE J.-M., LEYTE G., SOLEIL S., *La Monarchie française du milieu du XVIᵉ siècle à 1715. L'esprit des institutions*, Paris, 2000.
CORNETTE J., *Absolutisme et Lumières (1652-1783)*, Paris.
CORNETTE J., *L'affirmation de l'État absolu (1515-1562)*, Paris.
COSANDEY F., DESCIMON R., *L'absolutisme en France. Histoire et historiographie*, Paris, 2002.
DOUCET R., *Les institutions de la France au XVIᵉ siècle*, Paris, 1948.
DURAND G., *États et institutions, XVIᵉ -XVIIᵉ*, Paris, 1969.
EMMANUELLI F.-X., *État et pouvoir dans la France des XVIᵉ-XVIIᵉ siècles. La métamorphose inachevée,* Paris, 1992.
GOUBERT P. et ROCHE D., *Les Français et l'Ancien Régime,* (T. I, La société et l'Etat ; T. II, Culture et société), Paris, A. Colin, 1991.
MOUSNIER R., *Les institutions de la France sous la Monarchie absolue,* Paris, PUF (2 vol., 1974, 1980).
PAGÈS G., *La monarchie d'Ancien Régime en France de Henri IV à Louis XVI,* Paris, 1928.
SUEUR Ph., *Histoire du droit public français* (XVᵉ – XVIIIᵉ siècle), (T. I, La constitution monarchique ; T. II, Affirmation et crise de l'Etat sous l'Ancien Régime), Paris, PUF, 1989 et rééd..

TOCQUEVILLE A. de, *L'Ancien Régime et la Révolution*, Paris, 1856 et rééd.
ZELLER G., *Les institutions de la France au XVIe siècle*, Paris, 1948.

4. Histoire générale :

DUBY G. (dir.), *Histoire de la France,* (T. I, Naissance d'une nation des origines à 1348 ; T. II, Dynasties et révolutions de 1348 à 1852), Paris, Larousse, 1980.
FAVIER J. (dir.), *Histoire de France*, 6 vol., Paris, 1984.
RIVIERE D., *Histoire de la France,* Paris, Hachette, 1986.

5. Chronologies :

BERTHIER J., *Aide-mémoire d'histoire de France,* Paris, Bordas, 1988.
BOURNAZEL F., VIVIEN G., GOUNELLE M., FLANDIN-BLETY P., *Les grandes dates de l'histoire de France,* Paris, Larousse, 1986.
SONNET M., CHARMASSON Th., LELORAIN A.-M., *Chronologie de l'histoire de France*, Paris, 1994.

6. Lexiques et dictionnaires :

ALLAND D., RIALS S. (dir.), *Dictionnaire de la culture juridique*, P.U.F., 2003.
BABAOT A., BOUCAUD-MAÎTRE A., DELAIGUE Ph., *Dictionnaire d'histoire du droit et des institutions publiques*, Paris, 2002.
BÉLY L. (dir.), *Dictionnaire de l'Ancien Régime*, Paris, 1996.
BLUCHE F., *Dictionnaire du Grand Siècle*, Paris, 1990.
CABOURDIN G., VIARD G., *Lexique historique de la France d'Ancien Régime,* Paris, A. Colin, 1992 et rééd.
FAVIER J., *Dictionnairede la France médiévale*, Paris, 1993.
FÉDOU R., *Lexique historique du Moyen Âge,* Paris, A. Colin, 1991 et rééd.
GAUVARD C., LIBÉRA A. de, ZINK M., *Dictionnaire du Moyen Âge*, Paris, 2002.
LE GOFF J. (dir.), *Dictionnaire raisonné de l'Occident médiéval*, Paris, 1999.
LEVILLAIN Ph. (dir.), *Dictionnaire historique de la papauté*, Paris, 1994.
MARION M., *Dictionnaire des institutions de la France aux XVIIe et XVIIIe siècles*, Paris, 1923 et rééd., 1972.
TOUATI F O. (dir.), *Vocabulaire historique du Moyen Âge*, Paris, 1995.
VAUCHEZ A., *Dictionnaire encyclopédique du Moyen Âge*, 2 vol., Paris, 1997.

PREMIÈRE PARTIE

D'UN EMPIRE À L'AUTRE
(fin V^{e} – fin IXe siècle)

INTRODUCTION

Jalons chronologiques pour l'histoire des périodes mérovingienne et carolingienne

Elles s'étalent sur près de trois siècles et constituent un temps capital pour l'histoire de nos institutions. Après un grand moment de recul de la civilisation, de l'économie, du droit et des institutions légués par le monde romain – recul qui correspond pour l'essentiel aux temps mérovingiens –, on assiste à une véritable renaissance avec l'Empire carolingien. Elle est malheureusement sans avenir solide.

1. – *L'époque mérovingienne (481-751)*

Au lendemain de la chute de l'empire romain d'Occident (476), l'installation de peuples germaniques venus du Centre et de l'Est de l'Europe se poursuit et se stabilise sur le sol gallo-romain. Francs, Wisigoths et Burgondes, pour ne citer que les principaux, y fondent des royaumes plus ou moins stables. Le roi des Francs Saliens, Clovis (481-511), s'appuie habilement sur l'Eglise, se convertit au christianisme et se fait baptiser en 498 (?) par Rémi, évêque de Reims. Il réussit à refaire l'unité du peuple franc, puis à construire un royaume, le *Regnum Francorum. Rex Francorum,* il règne sur une grande partie de la Gaule et fonde une dynastie, la dynastie mérovingienne dont l'éponyme est son grand-père, Mérovée.

Mais l'unité ainsi reconstituée ne dure pas et le royaume se partage entre ses fils. Malgré des tentatives pour la restaurer et redonner vie au *Regnum* (en particulier avec Dagobert, 629-639), plusieurs petits royaumes (*regna*) apparaissent, qui annoncent la fin de la dynastie. Sa chute se produit en 751 quand une puissante famille originaire d'Austrasie (partie du royaume à l'est du Rhin), qui exerçait de manière héréditaire la charge de maire du palais, s'empare du pouvoir. Pépin le Bref, alors maire du palais, renverse le dernier roi mérovingien et fonde la dynastie des Carolingiens.

2. – *L'époque carolingienne (751-888)*

Elle doit son nom à Charlemagne (768-814), fils de Pépin le Bref († 768). Quelles sont les grandes caractéristiques de cette période ?

C'est d'abord, tant avec Pépin le Bref que Charlemagne, une immense politique de conquête. La *dilatatio regni* permet à Charlemagne de maîtriser un vaste territoire qui s'étend du Sud, à partir de l'Ebre en Espagne, jusqu'au Nord à l'Elbe, avec, en plus, une partie de l'Italie. Un territoire considérablement élargi donc, mais surtout très allongé du Nord au Sud par rapport à la France actuelle.

C'est ensuite l'introduction du sacre royal que reçoit par deux fois Pépin le Bref, en 751 à Soissons, des mains de saint Boniface, légat du pape, puis en 754 du pape Etienne II lui-même, en la basilique de Saint-Denis. Il y a là un événement d'une importance capitale pour l'avenir de la monarchie. Sacrer Pépin le Bref, c'était renouer avec la tradition biblique. Comme le prophète Samuel avait sacré le roi Saül au nom de Dieu, en lui versant sur le front de l'huile sainte, le pape et son légat sacrent Pépin, donnant ainsi à la dynastie qu'il entend fonder un caractère religieux et sacré dont n'avaient pas bénéficié les Mérovingiens. Les Carolingiens au contraire, oints du Seigneur, font figure de rois par la grâce de Dieu, caractère que devait conserver, jusqu'à la fin de l'Ancien Régime, la monarchie française. Tous les rois de France, sans exception, furent *Rex dei Francorum.*

C'est aussi et surtout la restauration de l'Empire en l'an 800 quand Charlemagne reçoit, en la nuit de Noël, la couronne impériale en la basilique Saint-Pierre de Rome, des mains du pape Léon III. L'empire romain d'Occident est ainsi reconstitué et Charlemagne est qualifié *d'Augustus imperator romanum gubernans imperium.* Le voilà donc nouvel Auguste, empereur des Romains, gouvernant l'Empire.

Ainsi, pour un temps, l'Etat semble reconstruit avec son territoire réunifié, son chef unique, l'empereur, entouré de son palais et de son administration. Malheureusement, cette unité et cette restauration sont éphémères. Le fils de Charlemagne, Louis le Pieux, meurt en 840 et, après trois ans de luttes fratricides, ses trois fils se partagent l'Empire en 843 au traité de Verdun. A cet éclatement territorial s'ajoutent, à partir de la seconde moitié du IXe siècle, des pratiques fâcheuses. Charlemagne avait déjà introduit le système de la **vassalité** que ses successeurs ne cessent de développer. Il s'étend à tous les niveaux de la hiérarchie sociale et politique, créant entre le pouvoir central et les sujets de multiples intermédiaires dont la présence médiatise les rapports que l'empereur doit normalement entretenir, de manière directe, avec l'ensemble des populations. Le pouvoir central s'en trouve sans cesse affaibli tandis que grands dignitaires et agents impériaux avaient tendance à se rendre indépendants. Ainsi naquit la féodalité.

Affaibli, le pouvoir royal ne réussit plus à imposer son successeur par l'hérédité face aux grands qui veulent faire entendre leur voix au moment de la succession. C'est ainsi qu'en 888, ils portent sur le trône l'un d'entre eux, Eudes, fils de Robert dit le Fort, membre de la puissante famille qui devait fonder la dynastie capétienne (Robert le Fort est le grand-oncle d'Hugues Capet). Ainsi, l'élection succède à l'hérédité et l'héritier normal du trône, Charles le Simple, est écarté.

Des temps nouveaux commencent. Jusqu'en 987, date de l'élection de Hugues Capet († 996), Robertiens et Carolingiens devaient alterner sur le trône. On entre ainsi, insensiblement, dans la période traditionnellement qualifiée de féodale.

Sens de la période

Quand, ruiné par deux siècles d'infiltration de peuples barbares, l'Empire s'effondre en 476, l'Occident se coupe définitivement de l'Orient dont il tendait déjà à se séparer depuis que l'Empereur Dioclétien (284-305) avait progressivement mis sur pied un double système de gouvernement, l'un pour l'Occident et l'autre pour l'Orient. Cette rupture entraîne un décalage géographique du centre de gravité politique vers le nord-ouest, l'Atlantique, la Manche et la Mer du Nord. Ainsi, à partir de la fin du Ve siècle, la Gaule commence à faire figure de centre dans un Occident que se partagent progressivement les Barbares – cet ensemble de peuples que les Romains considéraient comme étrangers à leur civilisation – et qu'ils s'étaient pendant longtemps efforcés de maintenir au-delà des frontières de l'Empire.

Malgré les invasions qui l'assaillent, la Gaule des dernières décennies du Ve siècle demeure profondément romaine. Ses habitants, qu'ils soient gallo-romains de vieille souche ou barbares plus ou moins récemment installés, proclament encore leur attachement à Rome. Ils veulent tous être les héritiers d'une certaine romanité, mais d'une romanité que le christianisme a profondément marquée de son empreinte et que l'apport barbare éloigne de plus en plus de la vision impériale du monde civilisé. Dans l'Empire décadent, la Gaule est depuis longtemps devenue un carrefour de traditions (Titre I).

Elle est aussi, de la fin du Ve siècle jusqu'à la fin du IXe siècle, le théâtre d'une histoire complexe tout au long de laquelle les Gallo-romains sont contraints d'accepter l'installation des Barbares sur leur sol. Cette occupation progressive domine toute l'évolution de l'Occident pendant près de trois siècles qui voient s'affirmer la puissance d'une dynastie – celle des Mérovingiens – et prendre lentement forme un nouveau système politique, la monarchie que le pluralisme ethnique, des pratiques trop enracinées dans la tradition germanique et un affaiblissement politique progressif devaient lentement conduire à sa perte. Triomphe d'une dynastie et échec d'une monarchie caractérisent l'époque mérovingienne de la fin du Ve siècle à 751 dont pouvoir et droit reflètent parfaitement une situation de crise (Titre II).

L'avènement des Carolingiens en 751 marque le début d'une période de redressement. Tout à la fois territorial, politique et culturel, il ouvre la voie à la renaissance d'un ordre inspiré de certaines valeurs de l'Antiquité. En moins d'un demi-siècle, les spectaculaires succès de cette nouvelle dynastie valent à Charlemagne de recouvrer le titre impérial dans un Empire restauré (800). Mais cette renaissance, plus pensée par un des état-major que vécue en profondeur n'est pas durable. A l'Empire restauré succède, à partir de 843, un Empire éclaté au sein duquel la dynastie carolingienne ne règne plus sans partage à partir de 888, évolution qui rend bien éphémère la renaissance d'un système politico-juridique fragile (Titre III).

OUVRAGES GÉNÉRAUX SUR LA PÉRIODE

BAYET C., *Le christianisme, les Barbares, Mérovingiens et Carolingiens*, T. II, 1, *Histoire de France*, Lavisse E. (dir.), Paris, 1903.

DAWSON C., *Les origines de l'Europe et de la civilisation européenne* (trad. dir. L. Halphen), Paris, 1935.

DHONDT J., *Le haut Moyen Age (VIIIe-IXe siècle)*, trad. M. Rouche, Paris, 1976.

FOSSIER R. dir., *Le Moyen Age en Occident.* I, *Les mondes nouveaux 350-950*, Paris, A. Colin, 1982.

FOURNIER G., *L'Occident. Fin du Ve -fin du IXe siècle*, Paris, A. Colin, 1970.

GUILLOT O., *Aracana imperii (IVe -XIe siècle). Recueil d'articles*, Limoges, 2003.

FOVIAUX J., *De l'Empire romain à la féodalité*, Paris, 1993.

LEBECQ S., *Les origines franques. Ve – IXe siècle,* Paris, Seuil, 1990.

MUSSET L., *Les invasions. Le second assaut contre l'Europe chrétienne (VIIe-XIe siècles)*, Nouvelle Clio 12 bis, Paris, 1965.

MUSSET L., *Les invasions. Les vagues germaniques,* Nouvelle Clio 12, Paris, 1965.

RICHÉ P., *Les Carolingiens,* Paris, Hachette, 1983.

RONCIÈRE Ch.-M. de la, DELORT R. et ROUCHE M., *L'Europe au Moyen Âge*, I, 395-888, Paris, A. Colin, 1969.

ROUCHE M., *Les racines de l'Europe. Les sociétés du haut Moyen Âge (568-888)*, Paris, Fayard, 2003

SASSIER Y., *Royauté et idéologie au Moyen Âge. Bas-Empire, monde franc, France (IVe-XIIe siècle*, A. Colin, Paris, 2002.

THEIS L., *L'héritage des Charles. De la mort de Charlemagne aux environs de l'an mil.* Paris, Seuil, 1990.

WERNER K.F., *Histoire de France* (dir. J. FAVIER). T. I, *Les origines*. Paris, Fayard, 1988.

TITRE I

LA GAULE AU CARREFOUR DE TROIS TRADITIONS

Dès 120 av. J.-C., la Gaule méditerranéenne est soumise par les Romains puis, de 58 à 51, César achève la conquête du pays. Auguste en fixe le régime administratif et divise le pays en quatre provinces : Narbonnaise, Aquitaine, Lyonnaise et Belgique. Cette intégration de la Gaule à l'Empire est déterminante pour son histoire, profondément marquée par la tradition romaine (Ch. I).

En même temps que la Gaule se romanise, elle se christianise. La tradition judéo-chrétienne se superpose à la tradition romaine. Son apport à notre philosophie et à notre civilisation est considérable (ch. II).

Enfin, avec la crise que connaît l'Empire à partir du IIIe siècle, les Barbares de race germanique commencent à pénétrer sur le sol romain pour s'y installer progressivement, puis massivement, dans le courant du Ve siècle. Avec eux, ils apportent leurs usages, leurs conceptions politiques, sociales et juridiques. C'est dire que la tradition germanique détermine, elle aussi, pour une large part, l'histoire de notre pays (Ch. III).

CHAPITRE I

LA TRADITION ROMAINE

A la veille des invasions, la Gaule – pays compris entre la Méditerranée, les Alpes, le Rhin, l'Océan et les Pyrénées – est complètement romanisée. La langue latine, le droit romain, la citoyenneté romaine ont largement contribué à son intégration progressive dans l'Empire. Les Gallo-romains ont le sentiment d'appartenir à une vaste patrie : l'Empire romain. Cet Empire avait poussé très loin la notion d'Etat et doté tous les territoires conquis d'un réseau administratif complexe, technique et perfectionné. Cet ordre politique et administratif (Section 1) fut considérablement renforcé par l'existence de règles de droit très élaborées qui donnèrent naissance à un ordre juridique remarquable (Section 2). Enfin, il convient de ne pas oublier que Rome a aussi légué, à l'Occident, une certaine situation sociale, une manière de concevoir la répartition des hommes en groupes sociaux. Cet ordre social (Section 3) a, lui aussi, largement dominé toute l'histoire du haut Moyen Age Occidental.

SECTION 1

L'ORDRE POLITIQUE ET ADMINISTRATIF

§ 1. – L'ORDRE POLITIQUE

L'ordre politique qu'a connu la Gaule c'est, essentiellement, l'Empire (B) fondé par Auguste en 27 avant J.-C. Mais ce régime emprunte très largement à la République (A) qui l'a précédé

A. LA RÉPUBLIQUE. A l'origine, Rome n'est qu'une petite cité, bien modeste, au territoire restreint. Elle a, à sa tête, un roi qu'elle élimine aux alentours des années 509, pour s'organiser en République (*Res publica* = la chose publique). De vastes conquêtes territoriales et la mise sur pied d'institutions complexes sont les caractéristiques essentielles de l'histoire républicaine, jusqu'en 27 avant J.-C.

Le pouvoir est réparti entre le peuple organisé en **comices**, assemblées dont la fonction essentielle est de voter les lois et d'élire les magistrats. Le **Sénat**, composé d'anciens magistrats, vote des sénatus-consultes et ratifie ou refuse les lois des assemblées en leur conférant son *auctoritas*. Les magistrats, chargés d'exécuter les décisions de l'assemblée, ont aussi des pouvoirs propres. Tous possèdent la *potestas*, les plus importants, seulement, sont titulaires de l'*imperium*, Ces trois notions sont fondamentales, elles dominent toute l'histoire du pouvoir pendant les premiers siècles du Moyen Age.

L'*auctoritas* (du verbe *augere* : augmenter) est un pouvoir qui permet à celui qui en est titulaire d'augmenter, en lui donnant plus d'efficacité, la valeur d'un acte juridique ou d'un droit. L'*auctoritas* a un champ d'application très large, aussi bien en droit privé qu'en droit public. Ainsi le *pater familias* est-il conduit à donner son *auctoritas* à certains actes de ses enfants pour en accroître l'efficacité. Il en va de même du tuteur à l'égard des actes de son pupille. Dans le domaine politique – et ceci est capital – le sénat use largement de son *auctoritas* pour donner force à nombre de décisions, qu'elles soient prises par des magistrats ou par les assemblées. A partir du moment où le Sénat a accordé son *auctoritas* à tous ces actes, leur valeur juridique est incontestable. Sous l'Empire et ceci dès Auguste, l'*auctoritas* est aussi reconnue à l'empereur ce qui l'autorise, en vertu de cette qualité morale, de ce pouvoir supérieur, à enrichir de son autorité toute décision, qu'elle soit prise par lui-même ou par tout autre organe politique de l'Etat. Ainsi l'*auctoritas* permet, tout à la fois, de contrôler l'élaboration d'une décision, de s'opposer à elle ou d'en renforcer la valeur.

La *potestas* est une notion plus large qui sert à désigner toute forme d'autorité reconnue par le droit à une personne sur une autre personne ou sur des biens. Elle s'applique en droit privé où, par exemple, le *pater* exerce la *patria potestas* sur ses enfants, mais aussi et surtout en droit public. Elle autorise le magistrat qui en est titulaire et plus tard l'empereur, à édicter des mesures obligatoires pour tous (*jus edicendi, potestas edicendi*) et à exercer un pouvoir de contrainte (*coercitio*) pour les faire respecter.

L'*imperium* désigne, avant tout, un pouvoir à caractère militaire. Il implique un droit de commandement fondé, à l'origine, sur la force et le prestige du chef. Sous la République, il prend une valeur juridique plus précise dans la mesure où il n'appartient qu'à certains magistrats (les magistrats supérieurs : préteurs et consuls en particulier) et où il leur est acquis à l'issue du vote d'une loi spécifique (la *lex curiata de imperio*). L'*imperium*, qui sous l'Empire appartient au premier chef à l'empereur, permet de procéder à la levée des troupes, de les commander en campagne, de nommer à tous les commandements militaires et d'imposer des tributs. Seul le titulaire de l'*imperium* peut célébrer le triomphe après une victoire, seul aussi il a pouvoir disciplinaire absolu sur ses troupes.

Ce système constitutionnel républicain très élaboré se veut, en théorie au moins très démocratique. Il l'est beaucoup moins dans la réalité. Les pouvoirs effectifs dévolus aux assemblées et les mécanismes de vote retenus, tout comme les modes de recrutement des magistrats en font une structure à bien des égards aristocratique et conservatrice. Face aux conséquences politiques, économiques et sociales qu'entraînent les énormes conquêtes des IIIe et IIe siècles, le régime républicain a beaucoup de mal à s'adapter. Il craque à la fin du Ier siècle de notre ère pour donner naissance à l'Empire.

B. L'EMPIRE (27 AVANT J.-C. – 476). Auguste instaure, en 27 avant J.-C., ce nouveau régime qui prétend à une domination universelle et regroupe tout le monde civilisé. L'acquis du régime républicain est conservé, en particulier la notion d'Etat (*Res publica*). Mais, plus on avance dans le temps, plus les pouvoirs sont dans les mains d'un seul homme, l'empereur qui concentre, en sa personne, tous les attributs républicains (*imperium, auctoritas, potestas*, pouvoir législatif). Jusqu'à la fin du IIIe siècle (Haut-Empire), l'empereur est qualifié de *princeps* (premier des citoyens) puis, ses pouvoirs augmentant sans cesse, c'est le terme de *dominus* (maître) qui est utilisé. C'est la terminologie du Bas-Empire, période qui s'ouvre avec l'avènement de Dioclétien en 284.

Mais la toute puissance de l'empereur a des limites. Il est un chef politique, non le maître au sens du droit privé. L'Empire n'est pas sa chose, il ne peut en disposer. Il a conscience de remplir une fonction au service de l'Etat qu'il représente. S'il personnifie le pouvoir, il n'en est pas propriétaire.

Ce pouvoir est si lourd à porter qu'en 285, Dioclétien imagine le système de la **tétrarchie** avec deux empereurs : un pour l'Orient à Constantinople et l'autre pour l'Occident à Rome. Chaque empereur « *Auguste* » s'adjoint un « *César* » qui doit lui succéder. En théorie, il n'y a pas partage du pouvoir, mais exercice conjoint des compétences. En droit, les deux empereurs se considèrent comme frères et l'*unanimitas* doit toujours constituer le fondement de leurs décisions. Dans la pratique, l'empereur d'Orient domine, que ce soit avec Dioclétien (284-305) d'abord, puis Constantin (306-337) et ses successeurs. Ce système annonçait le partage en deux de l'Empire qui se produit, effectivement, à la mort de Théodose, en 395.

A partir de cette date, on a deux empires autonomes, qui connaissent des destinées très différentes. Celui d'Occident s'écroule en 476, tandis que celui d'Orient se maintient à Byzance, jusqu'en 1453, date de la prise de cette ville par les Turcs. Il y a là un phénomène capital, l'Empire d'Orient a toujours fasciné les Occidentaux.

Le legs politique de Rome à l'Occident, en particulier à la Gaule, est considérable. L'idée d'une monarchie universelle domine toute l'histoire du Moyen Age et la notion de pouvoir souverain devient une référence constante dans la politique des rois de France à partir de la fin du XIIe siècle. Ce pouvoir doit permettre à celui qui l'exerce d'obtenir de ses sujets une obéissance entière pour qu'il agisse au nom d'une notion abstraite : la *Res publica*, l'Etat dont les structures administratives sont imaginées pour servir sa politique.

§ 2. – L'ORDRE ADMINISTRATIF

Rome a su concilier l'autorité au sommet et le libéralisme à la base en respectant les libertés locales, en laissant aux territoires conquis une très grande autonomie. De cela, la Gaule a largement bénéficié.

Au plus haut niveau, chaque Empire est divisé en deux **préfectures** (l'Italie et les Gaules pour l'Occident) avec chacune à leur tête un **préfet du prétoire** qui fait figure de vice-empereur. Les préfectures sont divisées en **diocèses** dirigés par un vicaire. A l'intérieur du diocèse, les **provinces** (*provinciae*) ont à leur tête un gouvernement qui s'occupe de toute l'administration.

Auguste divise la Gaule en trois provinces : les Trois Gaules qui reprennent, pour l'essentiel, des divisions ethniques déjà bien marquées avant la conquête et qui viennent s'ajouter à la Narbonnaise conquise soixante ans avant César, vers 120 avant J.-C. Les trois Gaules correspondent aux trois parties de la Gaule conquises par César : au Nord, la Belgique (peuples du Nord de la Seine) ; au Sud-Ouest, l'Aquitaine (peuples du Sud-Ouest de la Garonne) qui s'étend artificiellement à presque toutes les régions au Sud de la Loire ; entre les deux la Celtique ou Lyonnaise qui englobe l'ensemble des pays compris entre Seine et Loire. Ces provinces s'administrent dans un climat de liberté sous l'autorité d'assemblées provinciales : le conseil de la Narbonnaise et le conseil des Trois Gaules qui se réunit chaque année au mois d'août (le mois d'Auguste), à Lyon, pour prendre décisions à la fois religieuses et politiques et conseiller le gouverneur. Au carrefour des Trois Gaules, contrôlant les routes de l'Atlantique par la Celtique et celles du Rhin par la Saône, Lyon devait devenir la capitale incontestée des Gaules.

Dans chaque province, la base de l'organisation est la **cité** (*civitas*). Ces cités sont d'étendue fort inégale. Dans les pays d'ancienne domination romaine, comme le Sud-Est, elles sont très nombreuses et ne dépassent guère la dimension d'un arrondissement, ailleurs elles sont plus vastes et peuvent atteindre la superficie d'un département actuel. Dans toute la Gaule, ce sont les territoires des tribus gauloises qui ont fourni la charpente des cités. On en compte soixante, à l'origine, dans les Trois Gaules. L'œuvre de Rome a été principalement de délimiter et de fixer le territoire des cités dont l'empreinte devait profondément marquer toute l'évolution de la géographie féodale, la mise sur pied progressive des circonscriptions de la Monarchie, ainsi que leur réorganisation à l'époque révolutionnaire.

Toute cité avait pour chef-lieu une ville (*urbs*), souvent fortifiée au Bas-Empire. Comme la ville était le centre de la cité, on prit progressivement le terme de *civitas* dans le sens d'espace clos par l'enceinte fortifiée. La cité est divisée en *vici* (*vicus* : bourg), petites agglomérations dont certaines sont fortifiées (*castrum*). Toutes ces cités (*civitates*) sont des centres de vie locale qui regroupent les citoyens (*cives*). Elles conservent une certaine autonomie tout en étant des rouages de l'administration impériale.

Les **organes anciens** remontent à l'époque où les cités étaient indépendantes. Le sénat municipal ou curie est composé des **décurions** (*curiales*), dont la charge est héréditaire mais qui peuvent toujours s'adjoindre de nouveaux membres. Ils délibèrent sur les affaires municipales et nomment les magistrats. Leur fonction essentielle est d'assurer la levée et la répartition de l'impôt dont ils sont responsables sur leurs biens personnels chaque fois que leur gestion est déficitaire. Bien souvent, les décurions sont utilisés par l'administration impériale dont ils deviennent de plus en plus les agents. En collaboration avec le sénat, les magistrats ou *duumvirs* sont chargés de l'administration quotidienne. Ils gèrent les dépenses et les recettes, tout en rendant la justice, ce qui constitue leur fonction la plus importante. Mais, du fait de la centralisation impériale, tous ces magistrats perdent l'essentiel de leurs attributions.

Ils sont progressivement remplacés par des organes nouveaux dont la mission essentielle est de réaliser une véritable centralisation administrative. Au départ, surveillant et contrôleur des dépenses, le curateur (*curator rei publicae*) devient, à partir du Ve siècle, le véritable maître de la cité. Le défenseur de la cité (*defensor civitatis*), institué à l'origine pour dénoncer les abus de l'administration à l'encontre des administrés, voit progressivement son rôle évoluer du fait de la centralisation. De plus en plus soumis à l'administration impériale, son pouvoir et ses initiatives ne cessent de se restreindre.

A la veille des invasions, le système administratif de la Gaule, comme celui de tout l'Empire, est très perfectionné. Mais trop complexe aussi, il était mal armé pour résister à de graves crises. Néanmoins, même remis en cause au lendemain de l'installation des Barbares, il lègue à l'Occident toute une tradition. Qu'en fut-il de l'ordre juridique ?

SECTION 2

L'ORDRE JURIDIQUE

En ce domaine, la tradition romaine a très fortement marqué l'Occident. Les Romains, excellents juristes, ont élaboré un droit complexe que l'Occident a connu grâce à des sources qui lui ont été transmises (§ 1). Ils ont aussi imaginé, progressivement, les moyens de faire respecter ce droit. C'est tout le problème de l'organisation judiciaire et de la sanction du droit (§ 2).

§ 1. – LES SOURCES

Elles sont nombreuses. La coutume y tient une place essentielle, surtout dans les premiers temps de l'histoire de Rome. La **loi** votée par les comices est la principale source du droit à l'époque républicaine, à laquelle il faut ajouter les **édits** des magistrats (surtout l'édit du prêteur), les **sénatus-consultes** votés par le sénat et la **jurisprudence** (*Jurisprudentia* = la science du droit, la doctrine) dont le rôle est important sous l'Empire. Alors, l'empereur est au cœur de l'élaboration du droit, grâce aux constitutions impériales (édits, décrets, rescrits, mandats).

Comment l'Occident et en particulier la Gaule, ont-ils connu ces sources ? Essentiellement par des compilations des Ve et VIe siècles.

A. LE CODE THÉODOSIEN fut rédigé sur l'ordre de l'empereur Théodose III, qui le promulgua en 438 en Orient. La même année, il est aussi publié en Occident par Valentinien III. Théodose, conscient des difficultés qu'avaient juges et praticiens à utiliser les divers éléments du droit en vigueur fait compiler toute une série de textes qui forment ce Code. Il est une source essentielle pour les destinées du droit romain dans les royaumes barbares.

B. LES COMPILATIONS DE JUSTINIEN sont rédigées entre 530 et 534. Par ces compilations, Justinien veut répondre aux besoins juridiques de la société de son temps, mais il veut aussi faire œuvre politique et contribuer ainsi à la réunification de l'Empire. Le travail d'une commission de juristes composée de professeurs et avocats aboutit à la rédaction de trois grands recueils.

Les ***Institutes***, ouvrage simple, offrent un exposé schématique de l'ensemble du droit privé romain en usage à l'époque. C'est un manuel destiné à l'enseignement du droit mais qui reçoit, en même temps, force de loi.

Le ***Digeste*** est un travail beaucoup plus considérable, véritable recueil de morceaux choisis tirés des écrits des anciens jurisconsultes de l'époque classique, il regroupe l'intégralité du droit romain doctrinal qui est, à la fois, compilé et rajeuni.

Le ***Code***, recueil de l'ensemble des textes législatifs en vigueur, ne fait pas double emploi avec le Code Théodosien. Il est plus complet et englobe les textes parus depuis.

A ces trois recueils, il faut ajouter les *Novelles* qui réunissent les constitutions impériales promulguées depuis 534.

Cet ensemble remarquable de recueils n'est redécouvert par l'Occident que vers la fin du XIe siècle. Les juristes lui donnèrent le nom de *Corpus Juris civilis*. Jusque-là, l'Occident ne connaît le droit romain que par le Code Théodosien et de manière très partielle.

§ 2. – SANCTION DU DROIT

Tout système juridique, pour avoir quelque chance d'être valablement appliqué, doit pouvoir être sanctionné, en cas de violation, par un système judiciaire efficace. Cette organisation n'a pris corps que très lentement à Rome, pour une raison fort simple que voici. Aujourd'hui, toute action en justice est la sanction nécessaire d'un droit, toute violation d'un droit confère à celui qui en est victime la possibilité d'agir en justice. Chez les Romains, pendant longtemps, il en est allé tout autrement, l'action créait et précédait le droit. Un droit ne pouvait exister que si un moyen judiciaire assurait sa sanction. D'où, une priorité de l'action sur le droit. C'est l'action qui crée le droit.

Tout ceci parce que, au départ, le système judiciaire est extrêmement réduit. C'est un magistrat, le **préteur**, qui autorise telle ou telle action en justice et qui, lorsqu'il l'a autorisée, renvoie devant un juge dans tel ou tel cas précis. Mais ce système devint rapidement insuffisant et progressivement, on confia à des professionnels, des fonctionnaires, le soin de juger. Ainsi se précise le système judiciaire du Bas-Empire que connaît la Gaule. Cette organisation n'est qu'un aspect de l'organisation administrative. Il n'y a pas de séparation des fonctions, tous les administrateurs sont, en même temps, des juges. La hiérarchie administrative est une hiérarchie de juges, les Romains connaissaient l'institution de **l'appel.**

Le juge ordinaire de la province est le **gouverneur**, il a une juridiction de **droit commun** et **plénitude de compétence**. Il juge en première instance toutes les causes qui ne sont pas de la compétence des magistrats municipaux, auxquels reviennent les petites affaires. On peut faire appel de ses sentences au **vicaire** ou, à défaut, au **préfet du prétoire**. Dans certains cas, existe la possibilité d'user d'une voie tout à fait extraordinaire : la *supplicatio*. Adressée à l'empereur pour lui demander de réformer une sentence injuste, sa recevabilité dépendait de la bienveillance impériale.

SECTION 3

L'ORDRE SOCIAL

La société romaine du Bas-Empire est hiérarchisée, composée de groupes sociaux extrêmement fermés. La mobilité sociale est faible et se traduit, dans certains cas, par l'hérédité obligatoire des conditions. La mainmise de l'Etat sur la vie économique et sociale est complète. Chacun est fixé à son poste et ne peut le quitter. Cet interventionnisme économique et social commence avec Dioclétien et ne cesse de s'accentuer.

Au sommet de la société, on trouve une véritable noblesse composée des *honestiores* et des *potentiores*. C'est une véritable noblesse d'état qui domine la vie politique et sociale. L'empereur décide, en grande partie, de son recrutement, soit en conférant un titre (celui de **sénateur de Rome** ou de **sénateur honoraire**), soit en attribuant une fonction publique importante.

Au milieu de l'échelle sociale, se situe une catégorie moyenne qui correspond à la hiérarchie des cités et sur laquelle le pouvoir impérial s'est longtemps appuyé. La bourgeoisie locale et les membres des curies dont la situation se dégrade de manière constante à partir du IVe siècle, se trouvent liés à leur charge et leurs biens servent de garantie aux fonctions exercées qui deviennent héréditaires (perception des impôts en particulier).

Au plus bas niveau, à la campagne, les petits **propriétaires**, souvent ruinés par le fisc et opprimés par les grands, les **colons** de condition héréditaire et attachés à la terre ainsi que les **esclaves** qui, travaillant sur les *villae* des grands propriétaires, forment l'essentiel de la société. A la ville, le système des castes est rigoureusement appliqué à tous ceux qui exercent une activité d'intérêt public ou travaillent dans un service public. Triomphe ainsi un corporatisme d'Etat extrêmement lourd, la loi fixant chacun à sa profession de manière héréditaire. On aboutit à un véritable blocage social.

Rome lègue à la Gaule une société hiérarchisée, rigide, à l'intérieur de laquelle l'individu a peu de liberté. C'est cette situation que s'efforce de combattre le christianisme.

BIBLIOGRAPHIE

BAUMANN R. R.A., *Lawyers in roman Republican politics (316-82)*, Munich, 1983.

BÉRANGER J., *Recherches sur l'aspect idéologique du Principat*, Bâle, 1952.

BONNEFOND-COUDRY M., *Le sénat et la république romaine*, Rome, 1989.

CHASTAGNOL A., *Le Sénat romain à l'époque impériale*, Paris, 1992.

CORIAT J.-P., *Le prince législateur. La technique législative des Sévères et les méthodes de création du droit impérial à la fin du Principat*, Rome, B.E.F.A.R., 1997.

DAVID J.-M., *La romanisation de l'Italie*, Paris, 1994.

DELMAIRE R., *Les institutions du Bas-Empire romain de Constantin à Justinien*, Paris, 1995.

DEMOUGEOT E., *De l'unité à la division de l'Empire romain (395-410)*, Paris, 1951.

GAGÉ J., *Les classes sociales dans l'Empire romain*, Paris, 1964.

GAUDEMET J., « Le régime impérial romain », *Rec. de la Soc. J. Bodin*, 20, 1, 1970, p. 429-480.

GAUDEMET J., *La formation du droit séculier et du droit de l'Eglise aux IVe et Ve siècles*, Paris, 1979.

GAUDEMET J., *Institutions de l'Antiquité*, 2e éd., Paris, 1982.

GAUDEMET J., *L'Église dans l'Empire romain*, Paris, 1989.

GAUDEMET J., *Les sources du droit de l'Église en Occident du IIe au VIIe siècle*, Paris, 1985.

HARRIS J., *Law and Empire in late Antiquity*, Cambridge, University Press, 1999.

HARRIS J., *War and Imperialism in republican Rome*, Oxford, 1979.

HUMBERT M., *Institutions politiques et sociales de l'Antiquité*, 7e éd., Paris, 1999.

LEPELLEY C. (dir.), *Rome et l'intégration de l'Empire (44 av. J.-C.-260 ap. J.-C.)*, Nouvelle Clio, Paris, 1998.

LEPELLEY C., *L'Empire romain et le christianisme*, Paris, 1969.

MAGDELAIN A., *Auctoritas principis,* Paris, 1947.

MAGDELAIN A., *Recherches sur l'*imperium. *La loi curiate et les auspices d'investiture*, Paris, 1968.

MAGDELAIN A., *La loi à Rome. Histoire d'un concept*, Paris, 1978.

MAGDELAIN A., Jus, Imperium, Auctoritas. *Études de droit romain*, Rome, 1990.

MARROU H.-I., *Histoire de l'éducation dans l'Antiquité*, Paris, 1948.

MARTINO F. de, *Storia della constituzione romana*, 5 vol., Napoli, 1972-1975. Naples, 1972.

MOREAU J., *La persécution du christianisme dans l'Empire romain*, Paris, 1958.

NICOLET Cl., *Le métier de citoyen dans la Rome républicaine,* Paris, 1976.

NICOLET Cl. (dir.), *Rome et la conquête du monde méditerranéen*, I, *Les structures de l'Italie romaine* ; II, *Genèse d'un Empire*, Nouvelle Clio 8 et 8 bis, Paris, 1977 et 1978.

PETIT P., *La paix romaine*, Nouvelle Clio 9, Paris, 1971.

PIGAGNOL A., *L'Empire chrétien*, Paris, 1972.

RÉMONDON R., *La crise de l'Empire romain de Marc-Aurèle à Anastase*, Nouvelle Clio n° 11, Paris, 1964.

ROSS TAYLOR L., *Roman voting Assemblies from the hannibalic War to the Dictatorship of Caesar*, Ann Arbor, 1966.

ROUCHE M., « L'héritage de la voirie antique dans la Gaule du Haut Moyen Âge », Flaran 2, *L'homme et la route*, Auch, 1982, p. 13-32.

SCHIAVONE A., *Nascita della giurisprudenza*, Rome, 1976.

STEIN E., *Histoire du Bas-Empire*, 2 vol. (trad. fr.), Paris, 1949-1959.

CHAPITRE II

LA TRADITION CHRÉTIENNE

L'influence de la tradition judéo-chrétienne sur l'Occident ne peut se comprendre qu'en rappelant la place de l'Eglise dans l'Empire romain. Jusqu'en 313, l'Eglise n'est pas reconnue, elle est persécutée. Elle affirme sa vocation universelle au contact de civilisations et de milieux très différents : les communautés juives, le monde hellénistique et le monde romain. Rapidement, les valeurs prônées par le christianisme la mettent en opposition avec l'Etat romain fondé sur un pouvoir et une mystique : le culte de Rome et d'Auguste. Les chrétiens refusent de s'y associer. Les persécutions se déchaînent, mais la religion chrétienne gagne sans cesse du terrain. D'où les événements de 313.

Constantin (306-37) se convertit alors au christianisme à la suite de sa victoire sur son rival Maxence au Pont Milvius en 312. Conviction ou calcul ? Quoi qu'il en soit, le résultat ne se fait pas attendre, c'est l'Edit de Milan en 313 qui fait de la religion chrétienne une religion tolérée. La liberté de culte est reconnue aux chrétiens. Alors la religion chrétienne ne cesse de prospérer et, en 380, l'Edit de Thessalonique fait du christianisme la religion d'Etat. Dans un tel contexte, les IVe et Ve siècles, sont extrêmement riches pour l'Eglise, tant au niveau doctrinal (les dogmes essentiels achèvent de fixer) que philosophique. La richesse de la pensée chrétienne est déterminante pour la pensée médiévale. Les œuvres des Pères de l'Eglise, très imprégnés de culture gréco-romaine, dominent toute la philosophie politique du Moyen Age.

A la fin du IVe siècle, **Saint Jérôme** (vers 347-420) traduit l'Ancien Testament en latin (la *Vulgate*). Imprégné de culture classique, il étudie scientifiquement les textes sacrés et apprend l'hébreu pour mieux les comprendre et les traduire. C'est grâce à lui que le Moyen Age a reçu son plus grand livre classique, la Bible.

Au même moment, **Saint Ambroise** (340-397), évêque de Milan dans les dernières années du IVe siècle, connaît parfaitement les grands auteurs latins tels que Salluste, Cicéron et Virgile. Il rédige un *De officiis ministrorum* calqué sur le *De Officiis* de Cicéron, tout au long duquel il disserte sur les notions stoïciennes d'honnêteté, d'utilité et de justice.

Saint Augustin (354-430) symbolise avec le plus de rigueur cette transition entre la pensée antique et la pensée médiévale. Né en Afrique du

Nord, converti au christianisme en 386, prêtre puis évêque d'Hippone, il joue un rôle de premier plan dans l'Eglise d'Afrique au début du Ve siècle au moment des invasions barbares. Son maître livre, ***La Cité de Dieu*** (*De civitate Dei*), oppose le royaume de Dieu – cité des justes – à la cité terrestre qui regroupe tous ceux qui ne recherchent pas le royaume de Dieu. Saint Augustin emprunte à la philosophie grecque, en particulier à Platon, le concept de « cité », mais il puise en même temps dans la Bible et dans saint Paul, l'idée de cité de Dieu et, aussi, celle de justice vers laquelle doit tendre toute cité terrestre, tout Etat. Cette justice, qu'à ses yeux l'Empire romain n'a pas su mettre en œuvre, c'est la Justice de Dieu dont la mission essentielle est de réaliser la paix. Mais il ne s'agit pas d'une paix naturelle, résultant de la simple acceptation de l'autorité de l'Etat. Elle doit aller beaucoup plus loin. Pénétrée par la grâce de Dieu, elle est surnaturelle et apparaît dès lors comme un ordre suprême, voulu par Dieu, qui dépasse et transcende la simple paix naturelle. Dans ces conditions, les lois de la cité doivent chercher à réaliser la Justice de Dieu afin que partout et progressivement la cité de Dieu façonne la cité des hommes. Ainsi étaient jetées les bases de toute une doctrine politique propre à favoriser, à partir des temps carolingiens, une étroite collaboration entre l'Eglise et l'Etat.

Bien armée sur le plan des idées et de la doctrine, l'Eglise du Bas-Empire apparaît aussi comme une société hiérarchisée, avec son droit et ses institutions propres (Section 1) qui l'opposent à la société laïque et font qu'elle noue, avec l'Etat romain, des rapports d'un type très particulier (Section 2).

SECTION 1

UNE SOCIÉTÉ HIÉRARCHISÉE

§ 1. – COMMENT SE PRÉSENTE LA HIÉRARCHIE ECCLÉSIASTIQUE ?

Elle est constituée par l'ensemble des clercs, hommes au service de Dieu, ayant autorité sur les laïcs.

A. LE CLERGÉ INFÉRIEUR est soumis à l'autorité de l'évêque. Les clercs qui le composent forment une hiérarchie réglée que constitueront, plus tard, les **ordres majeurs** (prêtres et diacres) et les **ordres mineurs** (sous-diacres, lecteurs, portiers). Prêtres et diacres réunis autour de l'évêque forment le *presbyterium*. Au début, il n'y a de prêtre que dans la ville, chef-lieu de la cité, où se trouve la seule église dite cathédrale car l'évêque y a sa chaire (*cathedra*). Le christianisme a donc, au départ, une organisation urbaine qui commence à gagner les campagnes à partir du IIIe siècle. Cette expansion se manifeste par la construction d'églises rurales dans les ***vici***, puis d'églises privées sur les *villae*.

B. LES ÉVÊQUES constituent à la tête de chaque *civitas* (cité) – circonscription laïque que l'Eglise utilise – le rouage fondamental de la hiérarchie ecclésiastique. L'évêque est élu (*eligere* : choisir) par le clergé et le peuple (*clero et populo*) de la *civitas* qui devient progressivement le diocèse. Il est ensuite confirmé et consacré par l'évêque métropolitain.

L'évêque exerce trois pouvoirs. Un **pouvoir d'ordre** qui lui permet d'administrer les sacrements. Un **pouvoir disciplinaire et de juridiction** qui fait de lui le gardien des canons à l'égard de tous les clercs et laïcs du diocèse en l'autorisant à prononcer toutes sanctions à l'encontre de ceux qui viendraient à les enfreindre, en particulier l'excommunication, c'est-à-dire l'exclusion de la communauté des fidèles. Un **pouvoir d'administration** qui lui vaut d'être le principal gestionnaire du patrimoine ecclésiastique.

C. LES MÉTROPOLITAINS ET PATRIARCHES. Comme de la *civitas*, l'Eglise fait de la *provincia* une circonscription religieuse, si bien qu'il y a coïncidence presque parfaite entre les cadres de l'administration civile et ceux de l'administration ecclésiastique. C'est ainsi que l'évêque du chef-lieu de la province – la métropole – devient l'évêque métropolitain et exerce une prééminence sur tous les autres évêques de cette circonscription. Dans les villes les plus importantes du monde romain, les patriarches président aux destinées de l'Eglise. Ils sont trois au lendemain du Concile de Nicée en 325 (Rome, Antioche et Alexandrie), puis cinq en 381 avec le Concile de Constantinople (Constantinople et Jérusalem).

D. L'ÉVÊQUE DE ROME : LE PAPE. Depuis le Ier siècle, un rôle suprême est reconnu à l'évêque de Rome en tant que successeur de Pierre, mais cette primauté a du mal à s'affirmer. Elle ne se précise qu'aux IVe et Ve siècles, surtout avec Innocent Ier (401-417), Léon le Grand (440-451) et Gélase Ier (492-496) qui s'efforcent d'imposer une législation applicable à toute l'Eglise. Mais, en même temps, cette primauté est contestée, surtout avec la constitution des patriarcats, en particulier celui de Constantinople qui revendique le rôle de nouvelle Rome.

§ 2. – COMMENT EST GOUVERNÉE L'ÉGLISE ?

Cette fonction est dévolue aux conciles et synodes. C'est la réunion des évêques pour régler les questions de foi et de discipline. Les **conciles œcuméniques** qui réunissent tous les évêques de la chrétienté y prennent des décisions – les canons – qui s'imposent à toute l'Eglise. Ils peuvent seuls trancher, de manière définitive, une question de foi. Aux **conciles particuliers** n'assistent que les évêques d'une région. Les plus restreints sont qualifiés de synodes provinciaux. Placés sous l'autorité du métropolitain, ils prennent des décisions qui ne valent que pour la région considérée.

§ 3. – DROIT CANONIQUE ET JUSTICE ECCLÉSIASTIQUE

A. DROIT CANONIQUE. Les principes essentiels de la vie chrétienne avaient été formulés dans les Evangiles. Avec la croissance de l'Eglise, il faut préciser son droit. C'est le rôle des conciles qui édictent des canons puis, à partir de la fin du IVᵉ siècle, du pape dont les décrétales s'imposent à toute l'Eglise.

B. JURIDICTION. Saint Paul incite les chrétiens à régler entre eux leurs différends. C'est là l'origine de l'arbitrage de l'évêque en matière de foi, mais aussi à propos de difficultés d'ordre séculier. Constantin, après avoir accordé la liberté de culte aux chrétiens, reconnaît la juridiction épiscopale (*episcopalis audiencia*), admise pour tout litige, à l'égard de toute personne, qu'il s'agisse d'un clerc, d'un laïc et même d'un non chrétien en conflit avec un chrétien. Il en résulte un excès de compétence de la juridiction ecclésiastique qui entraîne, aux IVᵉ et Vᵉ siècles, une série de mesures destinées à la restreindre aux seules causes religieuses. Elle devient donc une compétence essentiellement *ratione materiae*. Mais, parallèlement, apparaissent les premières manifestations d'un privilège de juridiction des clercs. C'est **le privilège du for** ou de **clergie** par lequel est ainsi reconnue, à la juridiction ecclésiastique, une compétence *ratione personae*. Autant de questions qui annonçaient les difficiles rapports de la juridiction ecclésiastique et de la juridiction laïque au Moyen Age.

SECTION 2

LES RAPPORTS DE L'ÉGLISE AVEC L'ÉTAT ROMAIN

A partir de la fin du IVᵉ siècle, l'Eglise jouit d'une situation privilégiée, mais elle est, en contrepartie, soumise à un étroit contrôle impérial.

Ces privilèges sont la conséquence directe de l'édit de Milan (313) qui accorde à chacun la liberté de pratiquer la religion de son choix et restitue aux communautés chrétiennes les immeubles qui leur avaient été confisqués pendant les persécutions. Sur ces bases, s'établit un véritable régime de faveur pour l'Eglise chrétienne. Gratifiée par l'Empereur, elle bénéficie aussi de privilèges juridiques et fiscaux. Cette évolution débouche directement sur l'édit de Thessalonique (380). Rompant avec la politique de tolérance et de neutralité, il fait du christianisme romain la religion d'Etat et condamne toutes les autres. Une série de mesures frappe alors les hérétiques, les juifs et les païens. Les temples sont fermés ou détruits, les fêtes païennes interdites, tandis qu'un calendrier chrétien rythme progressivement la vie de l'Empire.

Mais ces privilèges ont une contrepartie qui fait peser sur l'Eglise un étroit contrôle impérial. Les empereurs, de plus en plus convaincus de la nature religieuse de leur pouvoir, souhaitent que le Dieu des chrétiens serve d'assise aux valeurs spirituelles sur lesquelles ils entendent faire reposer leur puissance. Considérant leur pouvoir comme d'origine divine, ils estiment avoir le droit de contrôler les affaires de l'Eglise. En Orient, une longue tradition encourage cette évolution. La puissance temporelle et la puissance spirituelle y ont souvent été confondues dans l'autorité du monarque. D'autre part, les rivalités entre patriarches facilitent l'intervention de l'Etat. L'Eglise doit avoir recours à l'Empereur pour lutter contre les hérésies. Ces facteurs favorisent la naissance du **césaropapisme** qui conduit de plus en plus l'empereur à s'occuper des affaires de l'Eglise. C'est ainsi qu'il convoque les conciles (de Nicée en 325, de Constantinople en 381, d'Ephèse en 431 et de Chalcédoine en 451), qu'il s'immisce dans leurs affaires, dépose les évêques et exile les papes. Dans la mesure où ces conciles prennent des décisions de grande importance, tant en ce qui concerne l'organisation de l'Eglise que le dogme de la religion chrétienne, pareille évolution vaut à l'Empereur de jouer un rôle toujours plus direct dans la vie de toute l'Eglise. C'est particulièrement vrai à l'occasion du concile de Nicée dont les décisions en matière de foi et de dogme (condamnation de l'arianisme) furent déterminantes pour l'avenir de la chrétienté. En Occident, l'Eglise réussit mieux à garder ses distances et, sitôt l'empire disparu (476), les évêques de Gaule reprennent les choses en main, assurant un véritable interrègne entre domination romaine et invasions barbares.

L'Eglise apparaît ainsi comme l'intermédiaire entre le monde romain et le monde barbare, qu'elle s'efforce de convertir, pour l'amener à ses valeurs et à celles de l'Antiquité. Société organisée et hiérarchisée, à l'image du monde romain, elle a vocation universelle sous la direction d'un gouvernement centralisé qui tisse, avec le monde laïc, des rapports originaux. Autant d'aspects qui déterminent, largement, l'évolution de la société occidentale au Moyen Age.

BIBLIOGRAPHIE

COMBES G., *La doctrine politique de Saint Augustin*, Bordeaux, 1927.

DAUVILLER J., « Les temps apostoliques (Ier siècle) », dans *Histoire du droit et des institutions de l'Église en Occident,* II, Paris, 1979.

FAIVRE A., *Les laïcs aux origines de l'Église*, Paris, 1984.

GAUDEMET J., *La formation du droit séculier et du droit de l'Église aux IVe et Ve siècles*, Paris, 1957 et rééd. 1979.

GAUDEMET J., « L'Église dans l'Empire romain IVe-Ve siècle », dans *Histoire du droit et des institutions de l'Église en Occident,* IV, Paris, 1958 et rééd. 1989.

GAUDEMET J., *Les sources du droit de l'Église en Occident du IIe au VIIe siècle*, Paris, 1985.

HERMANN E., *Ecclesia in republica*, Francfort, 1980.

JAEGER H., « Justinien et l'*episcoplis audientia* », *R.H.D.,* 38, 1960, p. 215-262.

KADEN E. H., *L'Église et l'État sous Justinien*, Genève, 1952.

MARICQ A., *Les persécutions dans l'Empire romain*, Bruxelles, 1964 (2e éd.).

MARROU H-I., *Saint Augustin et la fin de la culture antique*, Athènes et Rome, 1937 et 1949.

MARTIN J.-P., *Pouvoir et religion de l'avènement de Septime Sévère au Concile de Nicée (193-325)*, Paris, 1998.

MOREAU J., *La persécution du christianisme dans l'Empire romain*, Paris, 1956.

MUNIER C., « L'Église dans l'Empire romain (IIe-IIIe siècles) Église et cité » dans *Histoire du droit et des institutions de l'Église en Occident,* III, Paris, 1979.

PALANQUE J. R., *Saint Ambroise et l'Empire romain*, Paris, 1900.

CHAPITRE III

LA TRADITION GERMANIQUE

Dès avant 476 et depuis longtemps déjà, l'Empire d'Occident était menacé. C'est lui qui subit le poids le plus massif des invasions germaniques. Ces « Barbares » qui s'installent en Gaule sont, essentiellement, de race germanique. Cette appellation n'a à l'origine aucun sens péjoratif. Elle sert simplement à désigner des peuples qui, ne parlant ni grec ni latin, sont étrangers à la civilisation romaine. Leur pression vers l'Empire s'exerce principalement sur la frontière du Rhin.

Tout au long des deux premiers siècles, les empereurs réussissent à les contenir sans peine mais, à partir du IIIe siècle, leur pression est omniprésente et ils s'engouffrent à peu près partout dans l'Empire. Certains ne font que traverser la Gaule, tandis que d'autres s'y installent de manière durable. Leurs structures socio-politiques et leurs coutumes (Section 1) expliquent, pour une large part, comment s'est déroulée leur installation dans la Gaule (Section 2).

SECTION 1

SOCIÉTÉ ET COUTUMES GERMANIQUES À LA VEILLE DES INVASIONS

Nous n'en avons qu'une connaissance indirecte, soit par des sources antérieures comme les œuvres de César ou de Tacite, soit par des sources postérieures comme ***l'Histoire des Francs*** de Grégoire de Tours rédigée au VIe siècle. Toutes les données qu'elles nous apportent sont à utiliser avec prudence. Néanmoins, on peut en déduire que deux caractéristiques essentielles dominent la société germanique. Il s'agit de peuples nomades dont l'instabilité fait qu'ils ne sont liés à aucun système politique. La Germanie ne forme ni un tout, ni un Etat. Les structures politiques y sont embryonnaires (§ 1) tandis que les structures sociales jouent un rôle déterminant pour donner naissance à des sortes de confédérations telles que, par exemple, celles des Goths, des Burgondes, des Visigoths et des Francs (§ 2).

§ 1. – L'ORGANISATION POLITIQUE

A la veille des invasions, les Germains forment des peuples divers, de mœurs semblables, organisés en unités distinctes. Tacite les appelle **cités** (*civitates*), mais elles n'ont rien à voir avec les cités romaines. L'élément urbain, facteur essentiel de la civilisation antique, y fait totalement défaut. Les **tribus** sont les unités de base de ces cités. Elles ont souvent à leur tête un roi, il n'y a donc pas de royauté unique. Ce roi est, essentiellement, chef religieux et judiciaire. L'autorité militaire est confiée à un *dux*, désigné par l'assemblée des guerriers de la tribu. Le véritable pouvoir appartient à l'ensemble des hommes libres qui forment le **conseil** (*concilium*). En pratique, il est constitué des chefs de famille les plus riches et les plus influents.

§ 2. – L'ORGANISATION SOCIALE

Les groupes sociaux sont très hiérarchisés. Les chefs (**principes**) constituent l'aristocratie, véritable noblesse de naissance à laquelle viennent s'ajouter tous ceux que leur valeur militaire désigne. Les **hommes libres** qui ne font pas partie des **principes**, sont avant tout des guerriers. Les **esclaves** qui se consacrent essentiellement aux travaux agricoles et non domestiques et les **demi-libres** qui sont d'anciens esclaves affranchis ou des membres des cités vaincues, se regroupent dans le bas de l'échelle sociale.

Les rapports sociaux s'organisent à un triple niveau.

1. Au niveau familial, ils sont naturels dans la mesure où ils découlent de la parenté et des liens du sang. La famille est la première cellule de la société germanique, fondée sur le mariage et la monogamie. Le père y exerce le *mundium*. Le clan familial est souvent accru par la présence de protégés : les clients. Une solidarité très étroite s'organise. L'Etat n'existant pas, la famille joue le rôle de protecteur de l'individu, ce qui donne naissance à tout un système de vengeance et de guerres privées. Ces familles possèdent des biens, situation qui favorise une propriété moins individuelle que familiale et collective.

2. Au niveau militaire, les rapports ne sont plus fondés sur un élément naturel mais artificiel, le compagnonnage militaire qui donne naissance au *comitatus*, groupe de compagnons (*comes*). Les jeunes guerriers se lient personnellement a des plus anciens dont le mérite est connu. Il en résulte des relations étroites de **fidélité** et de **dépendance**. En contrepartie, le chef équipe ses compagnons et leur fournit les ressources que procure le butin de guerre. Son prestige et ses succès sont garants de la cohésion du groupe. Cette institution du compagnonnage connaît, à la veille des invasions, une extension considérable et certains rois réussissent ainsi à constituer de véritables fédérations qui donnent naissance aux différents « peuples », tels que les Goths, les Wisigoths et les Francs.

3. Sur le plan judiciaire, les rapports qui se nouent entre les individus ne sont pas aisés à cerner tant le droit primitif des Germains est difficile à saisir. C'est dans le domaine pénal qu'il est le plus facilement perceptible. Comme dans toute société primitive, les délits privés y tiennent la plus grande place. La réparation du délit (vol, meurtre) est le plus souvent conçue comme une affaire entre la victime ou sa famille et le délinquant ou sa famille. Les familles en cause font souvent la paix en convenant d'une composition, c'est-à-dire d'un prix destiné à procurer à la victime ou à son représentant une satisfaction apaisant le désir de vengeance. L'absence de monnaie entraîne le versement de la composition en biens ayant la plus grande valeur dans une société agricole, le plus souvent des têtes de bétail. Avec la répétition, naissent de véritables tarifs de composition que rois et chefs s'efforcent de faire respecter en offrant leur concours dans la répression des délits. Ainsi apparaît une première et timide manifestation de la justice publique, mais c'est toujours l'intéressé qui agit, l'autorité publique n'intervenant pas d'office. A côté des délits privés, une petite place est faite aux délits publics (dommages causés au groupe socio-politique : trahison, désertion) dont la connaissance relève de l'assemblée des hommes libres.

Cette organisation politique et sociale rudimentaire révèle l'importance des liens personnels. Ils l'emportent de beaucoup sur les notions de sujétion qui avaient triomphé dans l'Empire romain. Dans ces conditions, l'installation des Germains en Gaule ne pouvait que provoquer un choc de mentalités, de cultures et de pratiques socio-politiques.

Section 2

L'INSTALLATION DES GERMAINS EN GAULE

Elle est **progressive**, liée à toute une série de réactions en chaîne, dues à l'arrivée en Germanie de tribus venues d'Asie Centrale : les **Huns**. De race mongole, ils ravagent la Chine et l'Inde, puis refluent vers l'Occident dans la seconde moitié du IVe siècle. Les populations germaniques installées en bordure du Rhin sont bousculées et s'infiltrent progressivement dans l'Empire. Les Germains étant nombreux sur des terres pauvres et les gallo-romains en plus petit nombre sur des terres riches, il existe une sorte d'appel du vide. Mais la venue des Barbares dans la Gaule est, aussi, liée à un appel des Romains qui ont besoin de mercenaires pour leur armée et de laboureurs pour leurs terres. C'est ainsi que certains peuples germaniques se sont d'abord installés dans l'Empire, au service des Romains. D'autres ne font que passer, comme au début du IVe siècle, Alains, Suèves et Vandales qui traversent la Gaule et gagnent l'Espagne. Mais la plupart se fixent de manière durable, marquant profondément, de leurs traditions et de leurs coutumes, notre pays. Ce sont essentiellement, les Wisigoths et les Burgondes dont l'installation est relativement pacifique (§ 1) et les Francs que caractérise une arrivée beaucoup plus brutale (§ 2).

§ 1. – WISIGOTHS ET BURGONDES

Ils sont, au premier chef, les bénéficiaires de l'appel que les Romains font aux Barbares pour cultiver et défendre l'Empire. Des corps entiers de troupes germaniques servent dans l'armée romaine, avec leurs propres chefs. De plus, depuis la fin du IIIe siècle, les autorités romaines avaient admis, en deçà de la frontière (*limes*), certains éléments germaniques auxquels des lots de terre avaient été concédés, moyennant obligation de participer à la défense. On eut ainsi de véritables soldats laboureurs (*loeti* : lètes) qui se trouvaient assignés à perpétuelle demeure. Puis des tribus entières finissent par se faire accepter au sein de l'Empire, en contrepartie de leur aide militaire. Un traité (*foedus*) précise alors les droits et obligations de ces peuples fédérés (*foederati*).

A. DATE ET LOCALISATION. Les **Wisigoths** apparaissent comme fédérés dès 376, date à laquelle l'empereur Valens les cantonne sur les bords du Danube. En 410, sous la conduite de leur roi **Alaric**, ils pillent Rome. Son successeur obtient de s'installer dans le Sud-ouest de la Gaule (Aquitaine) et en Espagne. Les Wisigoths se comportent alors en alliés relativement fidèles. En 451, leur roi, Théodoric, combat avec les armées romaines contre Attila. A partir de ce moment-là, ils étendent leur domination jusqu'à la Loire et à la Provence (Théodoric II, 453-466, puis son frère Euric, 466-484). Ainsi, le royaume wisigothique qui regroupe le sud de la Gaule et une partie de l'Espagne s'affirme comme le plus important des Etats barbares de la fin du Ve siècle.

L'histoire des **Burgondes** est assez semblable. Originaires de Scandinavie, ils franchissent le Rhin en 435 pour piller la Gaule, après s'être établis, avec le titre d'alliés romains, sur le cours moyen du Rhin. Le chef romain Aetius passe avec eux un traité et les installe en Savoie où ils deviennent des *foederati*. A partir de là, ils élargissent leur territoire jusqu'à la Provence et à la Bourgogne. Ainsi naît le royaume Burgonde.

B. CONSÉQUENCES DE L'INSTALLATION DE CES DEUX PEUPLES. Admis comme fédérés, on leur applique les règles en usage en ce cas là, celles de l'*hospitalitas* (hospitalité) qui se trouvent dans le code Théodosien. La charge est très lourde pour le propriétaire romain qui doit héberger chez lui un soldat barbare et sa famille. Dans la pratique, c'est à un partage des terres qu'on aboutit, entre romains et barbares. En réalité, seuls les grands propriétaires y sont astreints.

Les royaumes wisigoth et burgonde ne sont pas, aux environs des années 460, des organisations vraiment indépendantes. En droit, ils font partie de l'Empire, reconnaissent la suprématie de l'empereur et doivent obéissance au chef militaire de la Gaule. Mais l'institution impériale étant de plus en plus instable, le roi des Wisigoths Euric déclare, en 468, qu'il serait indépendant. Quant au roi des Burgondes, il ne juge pas utile de proclamer, en droit, une indépendance qui existait en fait. Il continue à se soumettre, en apparence, à Rome pour en retirer une série d'avantages. A partir de 476, ces royaumes ne relèvent plus que de l'autorité nominale et bien lointaine de l'Empire d'Orient.

§ 2. – L'INSTALLATION DES FRANCS ET LA CONQUÊTE DE LA GAULE

Ils apparaissent tard dans l'histoire de la Germanie. Au début du Ve siècle, plusieurs tribus franques sont établies à l'embouchure du Rhin, ce sont les **Francs Saliens**. D'autres occupent le cours supérieur, aux environs de Cologne, on les nomme les **Francs Ripuaires**. Vers 450-460, on enregistre une poussée des Francs Ripuaires vers la Moselle et vers la Meuse, tandis que les Francs Saliens occupent la Flandre, le Hainaut et le Cambrésis, jusqu'aux environs de la Somme. Dans toutes ces régions de la Gaule, les Gallo-romains sont contraints de fuir, le latin recule et le christianisme est tenu en échec. Il en résulte une véritable colonisation de la part du peuple franc. C'est avec Clovis, petit-fils de Mérovée et roi de Tournai, qu'elle connaît son tournant décisif.

Clovis, à la tête des Francs Saliens (481), élimine cinq ans après son accession au pouvoir, la dernière enclave romaine entre Somme et Loire, le royaume de Syagrius. Cette grande victoire de Soissons (486) lui permet de régner jusqu'à la Loire où il se heurte aux Wisigoths et Burgondes. Très habile, il se rend compte que l'Eglise est une force puissante. Il se convertit alors au christianisme après avoir épousé une princesse catholique, Clotilde, en 493 et remporté la victoire de **Tolbiac** sur les Alamans (496). C'est un événement considérable pour l'Occident et pour l'Eglise. Le roi franc est le seul roi chrétien d'Occident. En 498 (?), il reçoit à Reims le baptême des mains de l'évêque Rémi. Il apparaît alors comme le défenseur de l'orthodoxie contre les autres rois barbares. Il impose au roi des Burgondes, Gondebaud, une alliance forcée, ce qui lui permet de vaincre les Wisigoths à Vouillé (507) qui doivent se réfugier en Espagne. A la mort de Clovis (511), presque toute la Gaule romaine est sous la domination franque. Clovis a créé le *Regnum Francorum* et fondé une dynastie, celle des **Mérovingiens**.

A partir de ce moment-là, dans cette Gaule provisoirement réunifiée par Clovis, on assiste à la rencontre de trois traditions. La **tradition romaine** apporte, dans le domaine politique, l'idée d'un état fort doté d'une administration structurée et, dans le domaine du droit, celle d'un ordre juridique complexe. La **tradition chrétienne** se veut universaliste, dans une société organisée à l'image de l'Empire. Enfin, la **tradition germanique** est complexe et ses fondements sont multiples. Elle témoigne, à coup sûr, d'une civilisation très en retard où les structures politiques, à peine ébauchées, annoncent une profonde crise de l'Etat, tel que l'avaient conçu les Romains.

BIBLIOGRAPHIE

BLOCH M., « Les invasions », *Annales d'Histoire sociale*, 1945, I, p. 33-46.

BLOCH M., « Sur les grandes invasions. Quelques positions de problèmes », *Revue de synthèse*, LX, 1940-1945, p. 55-81.

BLOCH M., « La conquête de la Gaule par les rois francs », *R. H.*, CLVII, 1927, p. 161-178.

DAWSON C., *Le Moyen Âge et les origines de l'Europe*, Paris, 1960.
HALPHEN L., *Les Barbares*, coll. Peuples et civilisation, V, Paris, 1948.
LATOUCHE R., *Les grandes invasions et la crise de l'Occident au Ve siècle*, Paris, 1946.
LOT F., *La fin du monde antique et le début du Moyen Âge*, Paris, 1927.
LOT F., *Les invasions barbares et le peuplement de l'Europe*, 2 vol., Paris, 1937.
LOT F., *Naissance de la France*, Paris, 1948.
LOT F., PFISTER C et GANSHOF F.-L., *Les destinées de l'Empire en Occident de 395 à 888*, Histoire Générale G. Glotz, Paris 1940.

TITRE II

TRIOMPHE D'UNE DYNASTIE, ÉCHEC D'UNE MONARCHIE : LES MÉROVINGIENS (481-751)

Cette période, qui s'étend sur près de trois siècles, laisse une certaine impression de confusion tant, au lendemain de l'effondrement de l'Empire romain, l'invasion des Barbares, la réunification de la Gaule par Clovis, puis le partage de son *regnum* constituent une longue suite d'événements enchevêtrés et complexes. Mais elle est aussi un temps de création dans la mesure où la fusion des civilisations et des peuples installés sur le sol de la Gaule donne progressivement naissance à ce qui deviendra la France. Dans cette première étape, l'influence germanique l'emporte, tempérée par celle de l'Eglise, tandis que la tradition romaine est, pour un temps, moins présente. Le problème essentiel est celui de la coexistence des Barbares avec les Gallo-romains et l'Eglise. Sur le plan politique et administratif, la dynastie mérovingienne ne réussit, qu'avec beaucoup de difficultés, à organiser un système rudimentaire (Ch. I). Dans le domaine du droit et de la justice, la synthèse entre la tradition romaine et les coutumes germaniques n'est que très parcellaire (Ch. II). C'est, bien davantage, l'Eglise qui parvient à transmettre le legs de l'Antiquité car elle sait s'adapter aux nécessités nouvelles (Ch. III). Finalement, tant la naissance laborieuse de la monarchie mérovingienne que ses difficultés d'adaptation à un monde très évolué en faisaient, dès le départ, une monarchie vouée à l'échec (Ch. IV).

CHAPITRE I

UN SYSTÈME DE POUVOIR PERSONNALISÉ

Il forme un tout, principalement axé autour de la notion de pouvoir. Voilà qui rend bien malaisée la distinction entre ce qui est politique et ce qui est administratif, entre la prise de décision et son exécution, entre un pouvoir central et un pouvoir local. Dans ces conditions, mieux vaut s'éloigner du concept trop moderne de système politique et administratif pour réfléchir autour des trois thèmes essentiels que constituent la source et la conception du pouvoir (Section 1), son contenu (Section 2) et son exercice (Section 3).

SECTION 1

SOURCE ET CONCEPTION DU POUVOIR

Le roi mérovingien, guerrier et conquérant, s'inspire avant tout des traditions germaniques (§ 1) que viennent lentement tempérer des notions romaines et une profonde influence de l'Eglise (§ 2).

§ 1. – UNE TRADITION ESSENTIELLEMENT GERMANIQUE

Partout présente, elle domine le règne de Clovis et de ses successeurs. Elle se manifeste, principalement, à un triple niveau. Qu'il s'agisse de son accès au pouvoir, des rapports qu'il entretient avec les hommes qui l'entourent ou de son comportement à l'égard du *regnum*, le roi mérovingien apparaît toujours comme l'héritier direct des pratiques léguées par ses prédécesseurs.

A. L'ACCESSION AU POUVOIR, surtout pour les premiers rois de la dynastie, est souvent liée à la conquête. L'exemple le plus probant est bien celui de

Clovis dont le règne, rythmé par une suite de victoires militaires, trouve ses principales assises dans l'annexion progressive des territoires conquis. Chef de clan et modeste roi de Tournai au départ, il a l'habileté de faire passer sous sa puissance tous les chefs francs avant d'attaquer successivement les autres rois barbares qui se partageaient la Gaule. Ses fils poursuivent cette politique en soumettant les Burgondes (534) et en annexant la Provence (537). Ainsi, en moins d'un demi-siècle, toute la Gaule passe sous le contrôle des rois mérovingiens dont le pouvoir s'est progressivement construit sur la conquête.

L'hérédité joue aussi un rôle déterminant. Le ou les fils succèdent à leur père. Dès la mort de Clovis, fondateur de la dynastie, la monarchie devient héréditaire dans la tribu des Francs Saliens. Fondé au départ sur la force militaire, le pouvoir royal trouve une nouvelle assise dans l'application stricte de règles successorales directement empruntées aux coutumes de la société germanique. Mais, même ainsi solidement enraciné, il ne saurait s'imposer sans le soutien que lui apportent les guerriers.

B. CHEF MILITAIRE, LE ROI MÉROVINGIEN DIRIGE UNE SUITE DONT IL EST LE MAÎTRE. C'est le *Gefolgschat* de la société germanique sur laquelle il a autorité et qu'il conduit au combat. Tous les guerriers lui prêtent serment de fidélité, le *leudesamium*. Il fait d'eux ses fidèles, ses leudes et les contraint à un dévouement complet en contrepartie d'une protection assortie de récompenses sous forme de partage du butin de guerre. Pareille pratique place les sujets avant tout au service d'un homme – le roi – et non d'une institution – la royauté – ou, moins encore, l'Etat. Ainsi se tisse entre le roi et ceux qui le servent un solide réseau de liens personnels qui débouchent sur une conception spécifique des rapports que le roi entretient avec l'ensemble du royaume.

C. CE *REGNUM* QUI CORRESPOND À L'ENSEMBLE DES PAYS CONQUIS, APPARTIENT EN PROPRE AU ROI. Le territoire ainsi contrôlé ne s'intègre pas à l'Etat. Il n'en est pas un élément constitutif, mais apparaît, au contraire, comme un des éléments du patrimoine privé du roi, conception qui imprime à son pouvoir un caractère très fortement patrimonial. En témoignent les multiples partages successoraux que connaît le royaume franc tout au long de son histoire. A la mort du roi, le *regnum* est divisé entre ses fils de la même manière, qu'au décès du père, son patrimoine est réparti entre ses enfants mâles. On applique ici les règles de succession en vigueur dans la loi des Francs Saliens, la loi salique, d'après laquelle la terre des ancêtres – *terra salica* – doit être partagée en parts égales entre les seuls fils en excluant les filles.

En vertu de cette règle, l'unité réalisée par Clovis ne lui survécut pas. A sa mort, en 511, ses quatre fils se partagèrent le *regnum*. Chacun d'eux reçut, au nord de la Loire, une série de lots, dont la constitution obéissait à une certaine logique administrative héritée de l'Empire mais aussi, au sud du fleuve, une part de l'Aquitaine qu'aucun ne voulut abandonner. Récemment conquise, chacun y voyait une région pleine d'avenir et de richesses. Ainsi conçu le partage, le *regnum* ne fut pas divisé en quatre, mais en huit ! Même si Clotaire Ier qui survécut à ses trois frères réussit à reconstituer l'unité, la règle du partage était si bien ancrée qu'elle fut à nouveau strictement appliquée à sa mort en 561. Et il en alla ainsi jusqu'à la fin de la dynastie dont l'histoire est celle du triomphe des forces de division sur toutes les tentatives de réunification.

Pareille pratique ne pouvait que compromettre l'unité du *regnum*, même s'il convient d'insister sur la volonté clairement affichée d'atténuer quelque peu les conséquences néfastes de tous ces partages successifs. Au lendemain de la division de 511 il y a certes plusieurs rois, mais ils ne reçoivent qu'une « part de royaume » (*Teilreiche*), des sortes de lots dont la constitution ne devait pas, en théorie au moins, porter atteinte à l'unité politique du *regnum Francorum*. On prend aussi grand soin de fixer les capitales dans des villes assez proches – Reims, Soissons, Orléans et Paris – afin de faciliter contacts et consultations entre les quatre princes. Néanmoins, malgré les apparences, seule une unité de façade est préservée. Et ce ne sont pas les tentatives répétées pour sauvegarder tout un pan de l'héritage romain et chrétien qui suffisent à sauvegarder cette unité.

§ 2. – UNE TRADITION TEMPÉRÉE PAR DES NOTIONS ROMAINES ET CHRÉTIENNES

A. LA TRADITION ROMAINE EST DEMEURÉE PLUS VIVE AU NIVEAU DES STRUCTURES ADMINISTRATIVES, mais elle n'est pas, pour autant, totalement absente des conceptions politiques et de l'organisation du pouvoir des rois mérovingiens. L'atteste leur volonté constante de retrouver tout le vocabulaire romain dans les titres qu'ils cherchent à s'attribuer. Au lendemain de sa victoire de Vouillé, en 507, Clovis se fait attribuer par l'Empereur d'Orient, Anastase, le titre de consul en même temps que celui de *rex gloriosissimus*. Dans le courant de l'année 508, de retour de Toulouse, il effectue à la manière d'un empereur romain une entrée solennelle dans la ville de Tours où il est acclamé et paré du titre de « consul et Auguste ».

Après lui, ses successeurs mettent à profit le rattachement de la Provence au *regnum* pour y puiser tout ce qu'il y restait de romanité. C'est ainsi que Théodebert, pourtant roi des Francs de l'Est, s'entoure progressivement pour gouverner le royaume, de tout un contingent de conseillers gallo-romains aussi rompus aux lettres latines qu'à l'art d'administrer. Son désir est constant de maintenir des relations avec Byzance où il multiplie les ambassades pour tenir l'empereur au courant de ses succès et lui décrire l'ensemble des territoires sur lesquels s'exerce son autorité. Il va même jusqu'à l'imiter en frappant une monnaie d'or non pas à l'effigie impériale, mais à la sienne propre. Il y a là autant d'éléments qui prouvent l'attrait considérable des rois mérovingiens pour les institutions romaines et la fascination qu'exerçait sur eux l'Empire.

B. À L'ÉGLISE, LES SOUVERAINS EMPRUNTENT MOINS, MAIS ILS RECHERCHENT CONSTAMMENT SON APPUI. L'atteste toute la politique de Clovis qui, après s'être converti au christianisme, reçoit avec ses compagnons qui le désirent, sans doute près de 3 000, le baptême dans le baptistère de la cathédrale Sainte-Marie à Reims (25 décembre 498 ?). Ils y déposèrent colliers et autres marques de leurs anciennes croyances avant de descendre dans la piscine baptismale pour y être baptisés et oints du saint chrême. Clovis se conciliait ainsi toute la hiérarchie ecclésiastique et l'ensemble des Gallo-romains. Mais cela changeait-il réellement la nature et le fondement de son pouvoir ? Assez peu, dans la mesure où il est seulement baptisé et non sacré. Seul le sacre aurait pu donner à sa royauté le caractère charismatique qui lui manquait.

Néanmoins, cet événement est d'une portée considérable. Il marque le point de départ de relations privilégiées entre l'Eglise et le *regnum Francorum* qui devaient dominer toute l'histoire des siècles suivants. Il est aussi à l'origine d'une légende merveilleuse qui, tout au long du Moyen Age, contribue à entretenir le mythe selon lequel les rois sont oints du même saint chrême. Il y a là tout un symbole, celui de la continuité des différentes dynasties et, par là même, de l'Etat qu'elles étaient appelées à incarner. Ce baptême fonde, en même temps, toute l'histoire de la ville de Reims, future ville des sacres avec son église et son prélat consécrateur. Il fait aussi de Clovis l'ancêtre d'une sainte lignée à laquelle chercheront à se rattacher tous les rois du Moyen Age. Pour toutes ces raisons, le baptême de Clovis constitue un événement fondateur, aussi bien de l'Etat qui ne peut prendre racine sans mythe que de toute notre histoire nationale.

Voilà pourquoi le rôle et l'influence de l'Eglise doivent être tenus pour essentiels, à partir de la fin du Ve siècle, tant dans l'enracinement progressif du système monarchique que dans la lente construction de l'Etat qui s'amorce. A cela vient encore s'ajouter l'ensemble des services qu'elle offre, à travers ses structures et par l'intermédiaire de ses membres, au pouvoir politique en place comme le montrera l'étude détaillée de son organisation. Même rendu plus solide grâce à l'appui que lui apporte désormais l'Eglise, le pouvoir du roi mérovingien rencontre bien des difficultés à s'imposer tant demeure fragile son contenu.

SECTION 2

CONTENU DU POUVOIR

Du fait de la conquête, la royauté mérovingienne apparaît d'abord comme une royauté guerrière. Géographiquement tiraillée, elle règne sur un peuple, celui des Francs. Ce n'est qu'au lendemain de ses succès militaires qu'elle devient une royauté territoriale, attachée à une capitale et contrôlant un ensemble de peuples. Néanmoins, elle ne se dégage jamais de ses origines qui ont toujours valu au roi d'exercer un pouvoir fort, presque absolu parce que fondé sur la puissance militaire et à peu près exempt de tout contrôle. Le contenu de ce pouvoir se résume en deux mots : *mundium* et *bannum*.

§ 1. – LE MUNDIUM

C'est une notion purement germanique (*mainbour*, latinisé en *mundeburnium* ou *mundium*) qui désigne, aussi bien, le pouvoir du mari sur la femme, du père sur les enfants, du maître sur les esclaves que du roi sur les hommes du *regnum*. Son contenu extrêmement large donne au roi des compétences relevant, tout autant, du droit public que du droit privé. Mais toutes convergent vers le maintien de la paix et de la justice. Roi pacificateur, le souverain réprime les violences. Roi justicier, il rend à chacun ce qui lui est dû. Roi protecteur, il assure à tous la sécurité.

Ce pouvoir peut s'exercer de manière générale, à l'égard de tous les sujets qui, victimes d'un tort ont recours au roi. Rendant la justice, il en fait payer le prix : le *fredum* qui représente le tiers de la composition allouée à la victime. Il peut aussi s'exercer de manière spéciale, dans la mesure où les membres de la famille royale, les grands laïcs et les ecclésiastiques sont placés sous la protection directe du roi. Ceux qui sont victimes de sa violation peuvent s'adresser directement au roi pour obtenir réparation et ceux qui l'ont violée se voient imposer une composition plus lourde que s'ils avaient porté atteinte à la sécurité d'un individu ne bénéficiant pas de cette protection spéciale.

§ 2. – LE BANNUM OU POUVOIR DE BAN

C'est le pouvoir d'ordonner, d'interdire et de contraindre. Pouvoir de commandement dans ce qu'il a de plus complet, il concentre dans les mains du roi l'ensemble des attributs qu'exerçait l'empereur et ceux qui faisaient, des chefs barbares, de véritables monarques. Sans limite, il s'exerce avant tout dans l'intérêt du roi, mais aussi celui de ses proches et de tous ses sujets. Il l'autorise à donner des ordres à caractère général ou particulier, à exiger de l'ensemble des sujets services et prestations ainsi qu'à les convoquer pour le service militaire ou pour celui de la justice. En cas de désobéissance, les sanctions sont graves. Elles peuvent aller d'une amende fort lourde de 60 s. jusqu'à la mise hors la loi (*forisbanitio*) en cas de récidive ou de manquement grave.

Ce caractère plein du pouvoir de ban, fait du roi mérovingien un monarque qui, tout à la fois, protège, ordonne et contraint. Source et dépositaire de tous les attributs de puissance, il légifère tout autant qu'il exécute et juge. Mais il ne saurait y parvenir sans s'appuyer sur une infrastructure politique et administrative, fut-elle encore assez sommaire.

SECTION 3
EXERCICE DU POUVOIR

Le roi gouverne avec l'aide des grands, aristocratie de gens riches et influents qui trouve, souvent, son origine dans la faveur royale. Etre titulaire d'une fonction importante apportait, à la fois, prestige et profits. Ces grands dignitaires, ces agents du roi lui sont entièrement soumis, aussi le dévouement à la personne du souverain passe-t-il souvent avant le service de l'« Etat ». Tous ces grands serviteurs constituent son palais, le *palatium* (§ 1) dont l'action se prolonge, sur le plan territorial, grâce à des agents locaux (§ 2) et la consultation régulière des populations dans le cadre des plaids (§ 3).

§ 1. – LE PALAIS

Tous les fidèles qui y sont appelés vivent auprès du roi. Hébergés et nourris par lui, ils partagent sa *domus*, ce qui leur vaut l'appellation de *domestici*. Ils lui jurent fidélité et l'accompagnent dans tous ses déplacements. La monarchie mérovingienne étant itinérante, le roi séjourne successivement dans ses différents domaines (*villae*), transportant avec lui trésor et archives.

Les fonctions qu'ils exercent sont variées, confiées chacune à un ou plusieurs d'entre eux. Viennent d'abord ceux dont la mission est principalement militaire, les *antrustions*. Ils forment la *truste* (*trustis* : troupe de fidèles) qui est une sorte de suite armée et privée qui constitue une véritable garde personnelle. Tous doivent prêter un serment particulièrement contraignant qui leur impose de lourdes obligations de service.

Cette *truste* trouve ses origines dans la tradition germanique, tout comme aussi le sénéchal (*siniskalk*), le plus ancien des serviteurs auquel reviennent les fonctions d'approvisionnement et de direction du personnel de la *domus*, ainsi que le maréchal (*marshkalk*) ou palefrenier. La tradition romaine pèse aussi de tout son poids dans l'organisation du palais, tant au niveau du vocabulaire que des fonctions elles-mêmes. Voici d'abord le *comes stabuli* ou connétable, chargé de l'écurie royale. Voilà, ensuite, tous les services de la chancellerie avec tout son personnel de rédacteurs. Pareils services impliquent des traditions de style et de forme dans la rédaction des actes, un savoir-faire aussi qui ne pouvaient être que gallo-romains. Et voilà enfin, le *major-domus* ou maire du palais. Simple chef de la domesticité au départ, il assure de plus en plus des fonctions à caractère politique. Dans le courant du VIIe siècle, il est amené à s'occuper du gouvernement du royaume, en raison de la fréquence des minorités, ce qui lui vaut d'acquérir une influence grandissante. Il en profite pour rendre sa charge héréditaire dans la seconde moitié du VIIe siècle, événement qui se produit avec Pépin d'Héristal (ou de Herstal), père de Charles Martel. Son rôle de chef de la *domus* lui sert à acquérir toutes les hautes fonctions : présidence du tribunal du roi, commandement des anstrustions, gouvernement du royaume en cas de minorité. Tout cela symbolise la montée de l'aristocratie, danger redoutable pour la monarchie mérovingienne. A côté du maire du palais, le comte du palais exerce aussi des prérogatives importantes, surtout dans le domaine judiciaire. Il prépare les procès soumis au roi et en assure l'instruction.

Ainsi, dans ce palais mérovingien, fonctions privées et fonctions à caractère politique se trouvent-elles confondues. Il y avait là un trait essentiel qui devait, pendant de longs siècles, dominer tout le gouvernement royal et faire que, bien souvent, se trouver dans l'intimité et le service privé du prince contribuait largement à préparer de belles carrières, que ce soit dans le cadre du gouvernement central ou au niveau de l'administration locale.

§ 2. – LES AGENTS LOCAUX

L'action du palais doit être prolongée au niveau local. Même si ce palais est itinérant, il ne peut régler, sur place, toutes les questions qui se posent. A la fin du Ve siècle, l'édifice administratif romain s'écroule presque complètement. Préfectures, diocèses et provinces craquent de toutes parts. Il ne reste plus que l'unité de base, la *civitas*, qualifiée selon la terminologie franque, de *pagus* (*pays*). C'est dans le cadre de cette petite unité que s'organise « l'administration » mérovingienne. Ceux qui en font partie remplissent une fonction, un office qualifié d'*honor* dont le roi dispose librement. Il délègue, à ceux qui en sont titulaires, la *judiciaria potestas* qui recouvre tout le pouvoir entendu dans son sens le plus large. On les qualifie, parfois, de *judex publicus*, en employant ainsi une terminologie romaine mal comprise.

A la tête du *pagus* se trouve le comte ou *comes* (*compagnon*). Nommé par le roi et révocable par lui, il prolonge dans son comté la personne du roi. Il exerce en son nom le *mundium :* protection, paix et justice dans le cadre du *mallus* qui est un tribunal itinérant. Il est aussi titulaire du *bannum* qui l'autorise à rassembler les sujets en cas de guerre, à lever toutes les recettes et à recueillir les amendes. Mais le comte a aussi un pouvoir de ban propre en vertu duquel il peut prendre dans le pagus toutes décisions pour compléter celles du roi. Il a donc des pouvoirs de tous ordres, civils, militaires et judiciaires, ce qui conduit à une véritable **confusion** dans l'exercice des fonctions.

Le recrutement de ces comtes est particulièrement éclairant sur les rapports que les rois mérovingiens entretiennent avec l'aristocratie locale gallo-romaine. Ici encore, la tradition romaine pèse de tout son poids. Sur 43 noms de comtes qui ont pu être recensés, tout au long du VIIe siècle, pour les régions du sud de la Loire, 27 sont gallo-romains tandis que, des 12 connus pour le Nord, trois seulement portent un nom romain. Encore convient-il d'utiliser avec prudence cette dernière statistique dans la mesure ou beaucoup de Gallo-romains du Nord avaient déjà cédé à la mode des noms germaniques, masquant ainsi leur véritable origine. Quoi qu'il en soit, ces chiffres sont probants et attestent que les souverains mérovingiens font une très large place aux Gallo-romains de vieille souche dans le recrutement de leurs agents locaux.

Le comte est assisté d'auxiliaires qu'il recrute lui-même et qui lui sont personnellement rattachés. Au Nord, on trouve le centenier ou *centenarius* dont la circonscription est la centaine ou *centena*. Peut être ce terme servait-il à désigner, au départ, un groupe de cent guerriers qui auraient donné leur nom à la circonscription qu'ils occupaient. Dans le Midi, on utilise plus volontiers les termes de viguier (*vicarius*) et de **vicaria** (viguerie) pour qualifier l'agent chargé de seconder le comte et la circonscription dont il a ainsi la charge.

Délégataire des pouvoirs du roi, maître dans son comté, le comte fait au niveau local figure de vice-roi, tout comme l'est, au niveau central, le maire du palais. Mais l'un et l'autre, tout comme le roi, doivent savoir compter avec une certaine forme de pouvoir populaire.

§ 3. – LES PLAIDS

Le mot plaid (*placitum*) s'entendait de toute espèce d'assemblée, mais le terme doit être pris dans le sens d'assemblée qui conseille et aide le roi. L'origine ne semble pas devoir être recherchée dans le conseil des cités germaniques qui était une assemblée populaire et militaire. A l'époque mérovingienne, le plaid est une assemblée de grands où le commun n'a pas accès. Faut-il rechercher cette origine dans les conciles et assemblées synodales de la Gaule franque, souvent convoqués sur ordre du roi et où assistaient aussi de grands laïcs ? A suivre cette hypothèse, seraient alors apparues, au milieu du VIe siècle, deux assemblées distinctes : une assemblée à dominante religieuse – concile ou synode avec évêques et quelques grands – et une assemblée politique ou plaid avec quelques évêques et une masse de laïcs qui se réunissaient souvent en même temps et dans la même ville.

La fonction de ces plaids est de conseiller le roi qui les consulte sur les mesures à prendre et les informe de ses projets. Leur rôle est donc exclusivement consultatif. Mais cela n'était possible que si le roi était assez fort. En période de crise, il ne pouvait rien faire contre l'avis des grands. Dans le courant du VIIe siècle, l'institution change d'allure, les grands se font accompagner par leur clientèle et l'assemblée apparaît de plus en plus comme une assemblée du peuple (*conventus generali populi*). Le roi continue à délibérer à part avec les grands, puis la réunion terminée, il demande à tout le peuple d'acclamer les décisions prises.

Même s'il est en apparence doté d'un pouvoir sans limite, le roi mérovingien ne l'exerce pas seul, il le délègue en partie à ses agents et le partage en théorie au moins avec les plaids. Mais, dans tous les cas et à tous les niveaux, l'exercice du pouvoir est conduit globalement. Il n'existe guère de distinction entre ce qui est civil (exécutif, législatif, judiciaire) et ce qui est militaire. C'est un régime de confusion qui bénéficie au roi et aux grands. Le souverain est source de tout pouvoir et juge seul à qui il peut le déléguer. Mais, dans tous les cas, il s'agit de fidèles qui lui sont personnellement dévoués. En ce sens, on peut véritablement parler de système politique et administratif rudimentaire, bien loin de celui légué par le monde romain. Il en va à peu près de même dans le domaine du droit.

BIBLIOGRAPHIE

BRÜLH H., *Palatium und civitas*, I, Gallien, Köln, 1975.

CARDOT F., *L'espace et le pouvoir. Étude sur l'Austrasie mérovingienne*, Paris, 1987.

COURCELLES P., « Le titre d'Auguste décerné à Clovis », *Bull. Soc. Nat. Ant. France*, 1948-1949, p. 46-57.

DEVISSE J., « Le sacre et le pouvoir avant les Carolingiens, l'héritage wisigothique », *Le sacre des rois*, Actes du Colloque international d'Histoire sur les sacres et couronnements royaux (Reims, 1975), Paris, 1985, p. 27-38.

DURLIAT J., *Les finances publiques de Dioclétien aux Carolingiens, 284-889*, Sigmaringen, 1988.

EWIG E., « La monocratie dans l'Europe Occidentale du Ve au Xe siècle », *La monocratie* II, Rec. de la Soc. J. Bodin, XXI, Bruxelles, 1969, p. 57-109.

EWIG E., « Résidence et capitale pendant le haut Moyen Âge », *Rev. Hist*, CCXXX, 1963, p. 25-72.

EWIG E., *Spätantikes und Fränkisches, Gallien*, 2 vol., Munich, 1976-1979.

EWIG E., *Die Merowinger und das Frankenreich*, Stuttgart, Berlin, Cologne, Mayence, 1988.

FOURNIER G., *Les Mérovingiens*, Que Sais-je ?, Paris, 1966.

GANSHOF F.-L., « L'immunité dans la monarchie franque », *Les liens de vassalité et les immunités*, Rec. de la Soc. J. Bodin, Bruxelles, I, 1958, p. 171-216.

GANSHOF F.-L., « Les liens de vassalité dans la monarchie franque », *Les liens de vassalité et les immunités*, Rec. de la Soc. J. Bodin, Bruxelles, I, 1958, p. 153-159.

GANSHOF F.-L., « Les traits généraux du système d'institutions de la monarchie franque », Settimane di studio del centro italiano di studi sull'alto medioevo, IX, *Il passagio dell'Antichità al Medioevo in Occidente*, Spoleto, 1962, p. 91-127.

KROELL M., *L'immunité franque*, Paris, 1910.

LEVILLAIN L., « La conversion et le baptême de Clovis », *R. H. E. F.*, XXI, 1935, p. 161-192.

Neustrie (La). Les pays au nord de la Loire entre 650 et 850. Actes du Colloque de Rouen, 1985, Atsma H. édit., Beihefte der Francia, Sigmaringen, 1988.

Neustrie (La). Les pays au nord de la Loire, de Dagobert à Charles le Chauve (VIIe-IXe siècle), Catalogue de l'exposition de Rouen, 1985, Périn P. et Feffer L.-C. édit., Rouen, 1985.

ROUCHE M. (dir.), *Clovis, Histoire et Mémoire*, Actes du Colloque international de Reims, 19-25 septembre 1996, 2 vol., Presses de Paris-Sorbonne, 1997.

ROUCHE M., *L'Aquitaine des Wisigoths aux Arabes, naissance d'une région*, Paris, Touzot, 1979.

ROUCHE M., *Clovis*, Paris, Fayard, 1996.

ROUCHE M., *Le choc des cultures. Romanité, Germanité, Chrétienté durant le Haut Moyen Âge* (textes réunis par J. Heuclin), Lille, Presses universitaires du Septentrion, 2003.

TEISSIER G., *Le baptême de Clovis*, Paris, 1964.

ZIMMERMANN M., « Les sacres des rois wisigoths », *Clovis, histoire et mémoire. Le baptême de Clovis, son écho à travers l'histoire*, Rouche M. dir., Paris, 1997, p. 9-28.

CHAPITRE II

UNE SYNTHÈSE JURIDIQUE PARCELLAIRE SANCTIONNÉE PAR UNE ORGANISATION JUDICIAIRE PRIMITIVE

La Gaule mérovingienne, même réunifiée par Clovis, restait un ensemble composite de peuples. La coexistence, sur ce même territoire, de populations aussi diverses par leur genre de vie, leur mentalité et leurs coutumes devait, inévitablement, avoir une incidence sur la législation, chacune apportant ses traditions très différentes du droit romain. Dans ces conditions, il ne pouvait y avoir unification. Une législation uniforme est le reflet d'une population qui a réalisé son unité et dont les différentes composantes ont atteint un même degré de civilisation. Tel n'était pas le cas de la Gaule mérovingienne où la synthèse ne pouvait être que parcellaire entre droit romain et droit des peuples germaniques, chacun conservant sa loi nationale, tout en maintenant et parfois même en faisant rédiger des lois romaines à l'usage des gallo-romains vaincus.

On en arrive ainsi à un système très complexe pour déterminer quelle est la loi applicable. En principe, une loi est d'application territoriale, c'est-à-dire qu'elle s'applique à tous les individus vivant sur un même territoire. Mais, dans la mesure où l'on est en présence de groupes ethniques conservant leur système juridique, on ne tient pas compte du territoire sur lequel ils vivent comme critère d'application du droit, mais du peuple auquel ils appartiennent C'est donc l'origine de l'individu qui est prise en considération, sa « nationalité », d'où un système de personnalité et non de territorialité des lois et du droit.

C'est là un élément supplémentaire pour démontrer à quel point l'Etat est encore très imparfait dans la mesure où il ne peut imposer un ordre juridique homogène. C'est le juge qui est conduit à déterminer la loi applicable et à sanctionner le droit. Mais que pouvait être l'organisation judiciaire face à un droit aussi parcellaire ? Autant de constatations qui conduisent à poser deux questions. Y a-t-il synthèse juridique ou coexistence de deux ordres juridiques ? (Section 1) Comment les diverses lois sont-elles appliquées ? C'est tout le problème de la personnalité des lois et de la nécessaire adaptation judiciaire (Section 2).

SECTION 1

SYNTHÈSE JURIDIQUE OU COEXISTENCE DE DEUX ORDRES ?

La coexistence des peuples barbares et gallo-romains a bien impliqué un minimum de synthèse mais, dans la pratique, l'interpénétration du droit germanique et du droit romain n'est pas allée très loin. Si plusieurs lois sont rédigées à cette époque, elles le sont, le plus souvent, dans l'intérêt de tel ou tel peuple, qu'elles soient barbares (§ 1) ou romaines, c'est-à-dire rédigées pour les Gallo-romains, par des rois barbares (§ 2). On assiste ainsi, davantage, à une juxtaposition de lois qu'à l'élaboration d'un système juridique unitaire.

§ 1. – LOIS BARBARES

Le mot *lex* a un sens bien précis à l'époque. Il sert à désigner la loi nationale d'un peuple, l'ensemble des règles qui le régissent. Le terme de code serait sûrement plus juste puisqu'il s'agit de la réunion et de la mise par écrit de textes qui, souvent, sont coutumiers. Ces lois, une fois rédigées, étaient promulguées par le roi à l'occasion d'un plaid. Chaque peuple eut la sienne, parfois même chaque tribu. Chez les peuples les plus romanisés, comme les Wisigoths et les Burgondes, la tradition romaine n'est pas absente, ce qui n'est pas le cas chez les Francs.

A. LA LOI DES WISIGOTHS. C'est sûrement la plus évoluée. Sa première rédaction remonte au Ve siècle (Euric 466-474), une seconde a lieu au VIe siècle, au moment où les Wisigoths sont déjà refoulés en Espagne. Seuls des fragments sont connus de ces deux premières rédactions. Le texte complet d'une troisième nous est parvenu, mais il présente moins d'intérêt pour nous car il date du VIIe siècle à un moment où les Wisigoths sont installés en Espagne. Les fragments des deux premières rédactions permettent de constater la forte influence du droit romain. Le régime de l'*hospitalitas*, qui est un système exclusivement romain, en est une excellente preuve. Néanmoins, la synthèse semble bien médiocre entre droit romain et droit wisigothique, surtout si on songe que les Wisigoths avaient, alors, vécu plus d'un siècle à l'intérieur des frontières de l'Empire.

B. LA LOI DES BURGONDES. Qualifiée de *lex Burgundionum*, ou *lex Gombata*, ou encore **loi Gombette** du nom du roi Gondebaud (474-516), elle est rédigée aux alentours des années 500. Elle ne reproduit pas le droit burgonde primitif dans la mesure où elle est influencée par le droit romain. Grégoire de Tours, dans son *Histoire des Francs*, écrit que Gondebaud a adouci la loi des Burgondes. Certaines dispositions y visent, expressément, les Gallo-romains et certaines pratiques romaines y sont respectées, comme le testament. Mais, en contrepartie, bien des traditions germaniques s'y maintiennent telles que l'achat de la femme par le mari, la solidarité familiale et tarification des crimes et des délits.

C. LES LOIS NATIONALES FRANQUES. Ce sont les plus importantes, surtout la loi des Francs saliens ou loi salique et celle des Francs ripuaires ou loi ripuaire.

La **loi salique** est celle qui a joué le rôle le plus important dans notre histoire tant on a voulu utiliser, plus tard, certaines de ses dispositions à des fins politiques. Sa première rédaction a lieu sous le règne de Clovis, peut-être avant sa conversion en 498. La langue est le latin mais, pour faciliter son application par les juges, on use d'explications en dialecte francique qualifiées de **gloses malbergiques**, expression qui tend bien à montrer que c'est devant le *mallus* ou *malberg*, c'est-à-dire le tribunal, qu'elles ont la plus grande utilité. La loi salique est beaucoup plus fidèle que les autres aux traditions germaniques. Elle touche assez peu au droit privé, même si elle apporte quelques données sur la solidarité familiale, les communautés de village, l'institution d'héritier par contrat ou l'exclusion des femmes de la succession à la terre des ancêtres. La procédure et le droit pénal y tiennent la plus grande place, révélant un système très archaïque à travers un long catalogue de crimes et de délits qu'accompagnent les tarifs de composition correspondants, variables en fonction de la gravité du délit mais, aussi, de la qualité de la victime et de son rang social. Le principe de la responsabilité personnelle est acquis, même si la solidarité familiale tient encore une large place.

La **loi ripuaire** présente peu d'originalité par rapport à la loi salique. Elle est parfois un peu plus évoluée. On en possède un texte unique dans lequel sont réunis des morceaux d'époques différentes, du VIe au VIIIe siècle.

Toutes ces lois nationales ne font que peu d'emprunt au droit romain et les quelques influences qui peuvent en être décelées sont bien, le plus souvent, superficielles.

§ 2. – LES LOIS ROMAINES

Le droit romain devenait de plus en plus lointain pour les Gallo-romains qui continuaient, cependant, à l'appliquer. De plus, il se trouvait dispersé dans une série de sources, la plupart du temps difficiles d'accès. Dans ces conditions, plusieurs rois barbares comprirent qu'il fallait en faire une compilation spécialement conçue pour leurs sujets gallo-romains. Elle fut réalisée à partir d'extraits des œuvres des jurisconsultes classiques et de constitutions impériales, tout spécialement celles du Code théodosien. Il en résulte un droit romain très abrégé et simplifié, souvent aussi mal assimilé et mal compris. Deux exemples en témoignent.

A. LOI ROMAINE DES BURGONDES (*LEX ROMANA BURGUNDIONUM*). Elaborée elle aussi à l'initiative du roi Gondebaud, elle suit le même plan que la loi nationale. C'est un recueil sommaire pour servir de guide aux juges qui avaient à régler des procès suivant la loi romaine. Les textes de droit romain sont résumés, ce qui en fait une sorte d'édition populaire qui s'adapte souvent au droit barbare. Par exemple, le système germanique des compositions est étendu aux sujets romains. Cette loi marque un net recul du droit romain, tant en ce qui concerne son esprit que sa technique.

B. LOI ROMAINE DES WISIGOTHS. Rédigée au début du VIe siècle, sur l'ordre du roi Alaric II, elle est soumise à une assemblée de grands du royaume wisigothique à Aire-sur-l'Adour puis promulguée en 506 à Toulouse. Surtout connue sous le nom de **Bréviaire d'Alaric** (*breviarium :* abrégé), elle se veut une compilation beaucoup plus vaste que la loi romaine des Burgondes. On y trouve de longs extraits des œuvres des jurisprudents (Gaïus et Paul) et, surtout, de nombreuses constitutions impériales du Code Théodosien. Chaque texte est accompagné d'un commentaire (*interpretatio*). Les compilateurs n'ont pas d'initiative, les textes romains sont insérés tels quels dans le Bréviaire, d'où l'importance de cette loi qui rencontre un immense succès, même après la défaite des Wisigoths à Vouillé (507). Appliquée jusque dans le Nord de la Gaule, elle acquiert, dès le VIe siècle, une très grande autorité, ce qui explique, peut être, que les Francs ne jugent pas utile de procéder à une nouvelle rédaction du droit romain pour leurs sujets gallo-romains. Ainsi, jusqu'à la fin du XIe siècle, l'Occident ne connût guère le droit romain que par le Bréviaire d'Alaric, donc par le Code Théodosien et non par les compilations de Justinien.

Dans ces conditions, la synthèse entre droit romain et droit germanique ne pouvait être que très parcellaire. Le plus souvent, même dans les lois pour les Gallo-romains, la tradition germanique demeure très forte. De plus, rédiger des textes n'était pas tout, encore fallait-il savoir à qui, par qui et comment ils devaient être appliqués.

SECTION 2

LE SYSTÈME DE LA PERSONNALITÉ DES LOIS ET L'ADAPTATION DE L'ORGANISATION JUDICIAIRE

Personnalité des lois et coexistence de législations différentes n'empêchent pas les rapports de droit entre Gallo-romains et peuples germaniques (§ 1). Mais à partir de ce moment-là, des conflits naissent nécessairement. Il faut alors une organisation judiciaire commune et des tribunaux communs pour les régler (§ 2).

§ 1. – LA PERSONNALITÉ DES LOIS

Avec un tel régime, la loi applicable est déterminée pour chaque personne d'après une qualité qui lui est propre, sa nationalité. Autant de personnes de nationalité différente, autant de lois applicables. C'est tout le contraire avec le système de la territorialité, dans lequel tout le monde est soumis à la même loi. Plusieurs problèmes se posent chaque fois que joue la règle de la personnalité.

A. QUELLE EST LA LOI APPLICABLE ? En toute situation, la première nécessité est de connaître la nationalité à laquelle appartient l'individu. Au tribunal, le juge pose à chacune des parties la question rituelle : " *Sous quelle loi vis-tu ?* " Ceci afin de déterminer sa nationalité. En fonction de la réponse, c'est en principe la loi nationale, la loi des ancêtres qui est applicable. Mais cette règle, simple en théorie, se heurte bien souvent dans la réalité à de nombreuses difficultés.

B. CONFLITS DE LOIS. Les hypothèses sont nombreuses où il est souvent difficile et parfois même impossible de déterminer à quelle loi le juge doit avoir recours. Même dans des situations non contentieuses, la réponse est toujours malaisée. Quelle loi appliquer à l'enfant naturel, à quelle règle avoir recours en cas de mariage mixte, ou face à un contrat passé entre deux individus de nationalité différente ? En présence de situations contentieuses, la question est encore plus difficile, en particulier dans le domaine du procès pénal où la loi applicable, d'abord celle du défendeur, devient progressivement celle de la victime. Dans tous les cas, les solutions retenues sont fort complexes : toujours mouvantes, elles mettent en jeu toute une série de principes qui prennent à la fois en compte l'origine et l'intérêt respectif des parties. La remarque vaut particulièrement dans le domaine des rapports entre individus, chacun se montrant très fortement attaché au respect de sa propre loi. Il n'en va pas de même en matière politique et administrative, secteur dans lequel le roi mérovingien impose plus volontiers ses propres normes et coutumes qui tendent à réduire, quelque peu, les difficultés.

C. DÉCADENCE PROGRESSIVE DU SYSTÈME. Elle s'explique, principalement, par la lente fusion des races mais, aussi, par l'unification progressive du territoire sous le contrôle d'un chef unique et les progrès du christianisme qui tend à devenir la religion commune. Tous ces éléments favorisent une sorte d'osmose entre les différents systèmes juridiques. Dans ces conditions, le principe de territorialité reprend vigueur. On applique de plus en plus les coutumes du lieu (*consuetudines loci*) qui commencent à se former en marge des droits nationaux. Mais tout cela n'est que très timide. Le système de la personnalité des lois demeure tenace. Il continue à dominer une organisation judiciaire encore très primitive qui ne parvient pas à imposer un droit sinon uniforme, du moins qui tende vers l'unité.

§ 2. – L'ADAPTATION DE L'ORGANISATION JUDICIAIRE

Elle est très lente, les habitudes germaniques dominent pendant toute la période. La vengeance privée (*faida*) est loin d'avoir disparu et certaines lois barbares la tolèrent encore pour des cas graves (homicide, rapt, adultère) à condition qu'elle ne porte pas atteinte à la paix du roi. Si l'autorité royale n'est pas assez forte pour imposer sa justice on a, néanmoins, de plus en plus tendance à y recourir car elle était ouverte à tous ceux qui, renonçant à leur vengeance, préféraient obtenir une composition pécuniaire par l'intermédiaire du roi et de ses agents. Ainsi se précise, timidement, une organisation judiciaire (A) où la procédure (B) et les peines (C) demeurent très proches des traditions des envahisseurs.

A. LES TRIBUNAUX ET LEUR COMPÉTENCE. La caractéristique dominante est celle d'un recul de l'organisation judiciaire. Les tribunaux cessent d'être organisés selon un système hiérarchique et la notion romaine d'appel disparaît à peu près complètement. Si une distinction peut être posée, elle ne doit pas l'être autour de l'idée de hiérarchie, mais autour de la double notion de tribunal de droit commun et de tribunal à compétence particulière.

Le tribunal de droit commun est le *mallus* (ou *malberg*), compétent pour toutes les affaires, aussi bien pénales que civiles et pour tout plaideur, tant barbare que gallo-romain. Ce tribunal se situe au carrefour de deux traditions : **romaine** par la présence d'un juge unique d'Etat – le comte qui présidait le *mallus*, tout comme le gouverneur romain présidait son tribunal – et **germanique** avec l'idée selon laquelle la justice doit être populaire. Tout homme libre de la circonscription doit participer à la justice dans le cadre du service de plaid. Ainsi, le comte qui arrivait dans un bourg de son comté pour y rendre la justice, y composait son tribunal en choisissant, parmi les hommes libres, certains individus tout particulièrement désignés à cause de leur honnêteté et de leurs compétences : les *rachimbourgs*. Le mallus est donc itinérant et composé de juges qui ne sont pas des professionnels.

Le tribunal à compétence particulière est le tribunal du palais qui, tantôt contrôle et surveille le mallus, tantôt lui enlève certaines affaires. Présidé par le roi, il est composé de grands du palais ou de dignitaires venus d'ailleurs. Le comte du palais le préside et instruit toutes les affaires. Le roi peut y accueillir, en première instance, toute affaire que bon lui semble. La coutume s'instaure d'y juger, au pénal, les affaires graves atteignant le souverain (trahison, désertion, lèse-majesté) et, au civil, tout ce qui touche les intérêts du roi ainsi que les personnes placées sous sa protection. Enfin, certaines affaires jugées par le mallus pouvaient, dans certaines hypothèses, être contrôlées par le tribunal du roi. Mais il ne s'agissait pas d'un véritable appel. Les plaideurs n'attaquaient pas le jugement mais le juge qui l'avait rendu (mauvaise sentence), ou qui avait refusé de statuer.

B. LA PROCÉDURE PEUT ÊTRE PRIVÉE OU PUBLIQUE.

La procédure privée est une procédure dans laquelle deux parties sont en cause, un demandeur et un défendeur en matière civile, un accusateur et un accusé en matière criminelle. On considère que les crimes et les délits, même les plus graves, contre des particuliers, ne sont que des affaires privées. Il n'y a pas de poursuite d'office de l'autorité publique et le délit ne peut être puni que si la victime ou son représentant entament une action. On qualifie ce type de procédure de **procédure accusatoire**.

Elle est très **formaliste**. Chaque partie doit accomplir des rites et prononcer des paroles sous peine de perdre son procès. L'action en justice débute par une citation que le demandeur adresse au défendeur, le sommant de comparaître dans les délais fixés par la loi. S'il fait défaut, une amende lui est infligée puis on procède à une nouvelle citation. S'il y a nouveau défaut, le défendeur est mis hors la loi, puis on confisque ses biens. A partir du moment où il y a comparution, se pose le problème de la preuve qui peut être administrée par témoins, par présomptions ou par écrit. Mais, à l'époque mérovingienne, on a plus volontiers recours à des systèmes irrationnels, au jugement de Dieu dont on demandait l'intervention en montrant par un signe quelle était la partie qui avait raison. Problème ne se posait que si le défendeur niait les faits. A ce moment-là, on lui imposait de faire la preuve de son innocence, contrairement au droit romain et à notre droit, où la charge de la preuve incombe au demandeur (*actori incumbit probatio*).

Deux moyens étaient possibles. Le premier était le serment purgatoire par lequel le défendeur jurait qu'il n'était pas coupable. Il pouvait alors faire appel à des cojureurs qui juraient avec lui. Le second était le recours aux *ordalies*, série d'épreuves physiques auxquelles le défendeur pouvait accepter de se soumettre en prenant à témoin la divinité. S'il en sortait vainqueur (plonger sa main dans l'eau bouillante ou tenir un fer rouge et guérir très vite de sa plaie, être plongé dans l'eau froide et en être rejeté), preuve était faite de son innocence car, estimait-on, Dieu lui était venu en aide. Il s'agit, en quelque sorte, d'une preuve par l'épreuve. Dans ce type d'ordalies, dites unilatérales, le défendeur se trouve seul face à son épreuve. Au contraire, dans les **ordalies bilatérales**, comme le duel judiciaire, les deux parties sont en présence et celle des deux qui triomphe a administré la preuve de son bon droit. Dans l'un et l'autre cas, il s'agit de modes de preuve irrationnels.

La procédure publique est organisée d'office par l'autorité publique dans tous les cas qui touchaient le roi, sa personne (trahison, désertion, lèse-majesté) ou ses biens. Le juge demande au défendeur de comparaître, dirige la procédure et le soumet à toutes les épreuves qu'il estime utiles : ordalie, serment, enquête. Ainsi prend lentement forme la **procédure inquisitoire.**

C. LES PEINES PRIVÉES profitent à la partie lésée et interviennent à la suite d'une procédure contradictoire. Le plus souvent, il s'agit de compositions pécuniaires, le coupable devant payer une somme déterminée par la loi qui variait en fonction de la gravité du délit mais, aussi, parfois en raison de la qualité de la victime. Ainsi, le *wergeld* des lois franques qui prévoit une composition de 200 sous pour un franc tué et seulement de 100 sous s'il s'agit d'un gallo-romain. Si le coupable était insolvable, il était remis au créancier qui pouvait le réduire en esclavage et, même, le mettre à mort. En réalité, ce coupable n'est jamais seul à supporter le poids de sa dette. Il est toujours épaulé par les membres de sa famille en raison de l'étroite solidarité qui domine toute la société.

Les peines publiques, infligées par l'autorité publique, peuvent aller de la peine corporelle à la simple amende en passant par la mise hors la loi. L'amende est surtout infligée en cas d'infraction au ban du roi, elle est le plus souvent de 60 sous. Au début, ces peines sanctionnent essentiellement les délits publics, c'est-à-dire tout ceux qui concernent le roi, ses pouvoirs et ses biens mais, au fur et à mesure que la justice royale s'affermit, elles s'appliquent aussi aux délits privés.

Ainsi, la justice mérovingienne s'adapte-t-elle progressivement aux nécessités du temps, mais c'est une adaptation qui se traduit par un recul considérable par rapport aux techniques romaines. L'influence germanique domine partout, au niveau des tribunaux, dans le déroulement de la procédure, dans la technique des peines. Ce n'est qu'à l'époque carolingienne que cette organisation rudimentaire, dans laquelle la place de la justice publique est très restreinte, évolue quelque peu. Sous les Mérovingiens, c'est à peine si l'influence de l'Eglise commence à tempérer ce système judiciaire très primitif.

BIBLIOGRAPHIE

BASTIER J., « Droit wisigothique et droit germanique », *Mélanges Dauviller*, Toulouse, 1979, p. 47-64.

BEYERLE F. et BUCHNER R., *Lex Ribuaria*, Hanovre, 1954.

BEYERLE F., *Gesetze der Burgunden*, Weimar, 1936.

BRUGUIÈRE M.-B., *Littérature et droit dans la Gaule du Ve siècle*, Paris, 1974.

CHEVRIER G. et PIÉRI G., « La loi romaine des Burgondes », I.R.M.A.E., Milan, 1969, I, 2b.

CHEVRIER G., « Les grands traits de la civilisation juridique de la Bourgogne mérovingienne », *Études mérovingiennes*, Paris, 1953, p. 23-43.

CLERCQ C. de, *La législation religieuse franque de Clovis à Charlemagne (507-814)*, Louvain-Paris, 1936.

ECKHART K. A., *Lex Ribuaria*, Weimar, 1934.

ECKHART K. A., *Pactus legis salicae*, Hanovre, 1962.

GAUDEMET J., « Les ordalies au Moyen Âge. Doctrine, législation et pratique canoniques », *La preuve*, II, Rec. de la Soc. J. Bodin, XVII, Bruxelles, 1965, p. 99-135.

GAUDEMET J., « Survivances romaines dans le droit de la monarchie franque du Ve au Xe siècle », *Tijdschrift voor Rechtsgechiedenis*, XXIII, 1955, p. 149-206.

GUILLOT O., « À propos d'un début d'enquête sur le rôle à l'époque mérovingienne de la tradition du *princeps* et du *principatus* », *Hommage à Romuald Szramkiewicz*, Paris, 1998, p. 279-294.

GUILLOT O., « Clovis, le droit romain et le pluralisme juridique : aux origines du monde franc », *Libertés, pluralisme et droit*, Bruxelles, 1995, p. 61-84.

GUILLOT O., « La justice dans le royaume franc à l'époque mérovingienne », *La Giustizia nell'alto Medioevo (secoli V-VIII)*, Settimane di studio del centro italiano di studi sull'alto medioevo, XLII, Spoleto, 1995, II, p. 655-736.

GUTERMAN S. L., *The principle of the Personality of Law in the germanic Kingdoms of western Europe from the fifth to the eleventh Centery*, New York, 1990.

KING P.-D., *Law and Society in the Visigothic Kingdom*, Cambridge, 1972.

LÉVY J.-Ph., « L'évolution de la preuve des origines à nos jours », *La preuve*, II, Rec. de la Soc. J. Bodin, Bruxelles, 1965, p. 9-70.

LOT F., « Du régime de l'hospitalité », *Rev. belge de phil. et d'hist.*, VII, 1928, p. 975-1011.

POLY J.-P., « La corde au cou. Les Francs, la France et la loi salique », *Genèse de l'État moderne en Méditerranée. Approches historiques et anthropologiques des pratiques et des représentations*, Bresc H., Hurbon L., Rosenberger R., Veauvy C. et Zerner M. dir., Rome, 1993, p. 287-320.

REY R., « La tradition gallo-romaine dans la civilisation méridionale jusqu'à l'invasion sarrasine », *Pallas*, II, 1954, p. 155-175.

RICHARD J., « Tribunal et notariat aux temps mérovingiens », *Ann. de Bourgogne*, XXXIV, 1962, p. 194-195.

RICHÉ P., *Éducation et culture dans l'Occident barbare (VIe-VIIIe siècles)*, Paris, 1962.

STOUFF L., *Étude sur le principe de la personnalité des lois depuis les invasions barbares jusqu'au XIIe siècle*, Paris, 1894.

CHAPITRE III

UNE ÉGLISE QUI S'ADAPTE AUX NÉCESSITÉS NOUVELLES

A l'époque romaine, la sphère d'influence de la chrétienté se confond à peu près avec le territoire de l'Empire. Avec les invasions, cet Empire vacille mais il n'en est pas de même pour l'Eglise qui, mieux armée, réussit à préserver son unité, à renforcer son organisation. Elle demeure une société universaliste prolongeant, ainsi, ce qu'elle avait voulu être sous l'Empire. Certes, les conciles œcuméniques se tiennent essentiellement en Orient et, si peu d'évêques d'Occident s'y rendent, leurs décisions sont tout de même reçues en Occident, en particulier en Gaule. D'autre part, l'autorité reconnue à l'évêque de Rome, dont la primauté est incontestée dans tout l'Occident, est aussi un reflet de cette volonté œcuménique.

L'Eglise mérovingienne prolonge donc l'Eglise de l'Antiquité. Elle maintient une certaine permanence, surtout grâce à l'organisation de son clergé séculier (Section 1). Mais, d'autre part, elle ne peut ignorer le monde nouveau dans lequel elle vit. Elle ne rejette pas les structures politiques et sociales qui constituent son nouvel environnement. Elle s'y adapte, cherchant à orienter l'évolution future de cette société. Cela, elle le fait grâce à un exceptionnel essor du monachisme. C'est dire que le clergé régulier est essentiellement l'artisan de cette adaptation (Section 2).

SECTION 1

PERMANENCE : MAINTIEN DES STRUCTURES ANCIENNES

En bien des points, l'Eglise mérovingienne est le prolongement de celle de l'Antiquité. Elle maintient, comme jadis, son unité au milieu de la diversité barbare, ceci grâce à une organisation très hiérarchisée (§ 1) et à une législation dont la continuité est remarquable et qui, à cette époque, se stabilise (§ 2).

§ 1. – UNE ORGANISATION HIÉRARCHISÉE

C'est, essentiellement, de l'Eglise séculière qu'il s'agit ici, des clercs qui vivent dans le siècle et qui, à un titre ou à un autre, occupent une place dans cette vaste hiérarchie qui va du pape aux simples desservants des paroisses.

A. LE CLERGÉ SUPÉRIEUR avec à sa tête le pape, constitue, au lendemain de l'écroulement de l'Empire d'Occident, le seul élément d'unité du monde occidental. La papauté a beaucoup de prestige à cette époque, en particulier avec un pape comme Grégoire le Grand (590-604). Viennent, ensuite, **métropolitains** et **évêques** qui constituent véritablement le prolongement de l'Eglise de l'Antiquité, dans les mêmes cadres géographiques que sont la province et le diocèse. Mais toutes les anciennes provinces civiles n'ont pas de métropole ecclésiastique. De plus, le découpage constant du *regnum* entraîne une confusion dans la géographie des provinces ecclésiastiques, ce qui contribue à alimenter une certaine crise dans l'autorité des **métropolitains**. Ils conservent, cependant, leurs attributions essentielles : convocation et présidence du synode, confirmation et consécration des évêques. Quant aux **évêques**, leur circonscription demeure la *civitas* qui devient le diocèse, le terme de *civitas* désignant, de plus en plus, la capitale de ce même diocèse. L'évêque est toujours désigné, comme précédemment, par le clergé et le peuple (*clero et populo*) avec consécration par le métropolitain. Mais l'intervention du roi est de plus en plus marquée qui pose le principe selon lequel nul ne peut être consacré évêque sans son assentiment. Clotaire II, dans l'édit de Paris de 614, se réserve le droit d'examiner si l'élu est digne et prévoit que l'évêque sera institué en vertu d'une décision royale. Les principes canoniques sont donc faussés. Le roi présente souvent un candidat aux électeurs et va même jusqu'à le désigner directement, se contentant de le faire consacrer par le métropolitain. Le palais est le groupe où se recrutent le plus d'évêques. Les pouvoirs de l'évêque sont les mêmes qu'à l'époque précédente (pouvoir d'ordre, de discipline et de juridiction). Au temporel, il a la charge de l'administration du patrimoine ecclésiastique et assure des tâches administratives de tous ordres dans la cité avec participation à la vie politique dans le cadre des plaids et, souvent aussi, du palais.

Le clergé supérieur continue bien l'Eglise antique, mais avec des changements notables pour le recrutement des évêques.

B. LE CLERGÉ INFÉRIEUR est composé de l'ensemble des clercs subordonnés à l'évêque dans le diocèse. Il connaît un extraordinaire essor à cause de l'évangélisation des masses rurales. Jusque-là, l'Eglise était essentiellement urbaine. Cette évangélisation est désormais une nécessité en raison du déclin des villes. L'Eglise le comprend et bénéficie d'une situation qui lui est favorable. L'évêque de Reims, Rémi, baptise non seulement Clovis et 3000 de ses guerriers mais en profite aussi pour atteindre les masses franques qui étaient toujours païennes. Saint-Vaast, prêtre qui avait instruit Clovis, devient évêque d'Arras en plein pays franc et s'entoure lui-même d'auxiliaires efficaces. A la fin du Ve et au VIe siècles, c'est des évêques et des villes que part l'évangélisation. Plus tard, il y a une nouvelle vague depuis les monastères.

A l'époque mérovingienne, l'organisation de ce clergé est assez floue. L'évêque en est la clef de voûte et préside la communauté des prêtres. Toutes les églises mineures du diocèse dépendent de l'église épiscopale qui possède seule un patrimoine. Les églises des campagnes se trouvent essentiellement dans les bourgs, desservies par une communauté de prêtres sous la direction d'un archiprêtre. Tous ces prêtres assurent le service du culte au niveau de ce qui deviendra la paroisse. Nombreuses sont les églises rurales dont la création est due à une initiative privée. Les grands propriétaires les construisent sur leur domaine, aussi de plus en plus les évêques s'efforcent-ils de les contrôler et de les faire passer sous la dépendance des églises des bourgs. Ce clergé inférieur, essentiellement rural, prolonge dans les campagnes ce qu'était l'Eglise de l'Antiquité dans les villes. Mais l'Eglise survit aussi et surtout, grâce à sa législation.

§ 2. – UNE LÉGISLATION QUI SE STABILISE ET S'ENRICHIT

On retrouve, à l'époque mérovingienne, toute la législation de l'Antiquité qui est transmise, conservée, mais aussi enrichie. Le droit canonique a deux sources essentielles. Des sources figées, perpétuellement valables et qui ne varient pas. L'Ecriture Sainte avec l'Ancien et le Nouveau Testament, les écrits des Pères de l'Eglise, le droit romain dont de nombreuses dispositions concernent l'Eglise, en particulier le livre XVI du Code Théodosien. Des sources qui évoluent sans cesse, telles que la coutume, les décrétales et les canons des conciles. Il convient de souligner, à cet égard, l'importance des conciles nationaux et des synodes pour les VIe et VIIe siècles. Grâce à eux, l'Eglise s'adapte aux nécessités locales.

Comment connaître toutes ces sources qu'il est indispensable de fixer et de stabiliser ? Il convient de faire la somme tant de l'héritage antique que des dispositions plus récentes. D'où la rédaction de collections de textes dites collections canoniques qui regroupent et rendent accessibles aux administrateurs de l'Eglise les règles essentielles du droit canonique. Une des plus anciennes fut rédigée par le moine Denys le Petit (*Dionysiana*), sur l'initiative de Rome. Elle reflète les tendances romaines favorables à l'unité, à la hiérarchie et à la discipline. Les canons adoptés par l'Eglise d'Orient y sont traduits du grec en latin. Les décrétales les plus anciennes remontent à la fin du IVe siècle. Avec le temps, cette collection s'enrichit de textes nouveaux et finit par acquérir à Rome une autorité officielle. A côte de ce monument d'origine romaine, il faut noter la rédaction, à cette époque, de collections régionales, témoins d'un certain émiettement, voire d'un appauvrissement de la culture limitée à certains foyers privilégiés. Au début du VIe siècle, l'Eglise d'Arles est le plus brillant foyer. Des recueils en témoignent. Puis, au VIe siècle, quelques autres collections sont rédigées dans les Eglises des Gaules (Angers en particulier). Au VIIe siècle, c'est l'Eglise d'Espagne qui prend la relève, en particulier dans la région de Tolède où se tiennent plusieurs conciles, avec un évêque de tout premier plan, Isidore de Séville. Une collection est rédigée qui prolonge ainsi les réussites de l'église d'Espagne, la *collectio Hispana* (ou plus simplement **Hispana**) qui contient les actes des conciles gallo-francs des Ve et VIe siècles, ainsi que ceux des conciles espagnols et africains. Introduite en Gaule, elle présente un grand intérêt pour l'Eglise mérovingienne.

Ces collections régionales reflètent un certain cloisonnement de l'Eglise dans la société mérovingienne qui, tout en s'efforçant de maintenir une certaine permanence, doit aussi s'adapter à un monde politique dont la durée était comptée.

SECTION 2

ADAPTATION : ESSOR DU MONACHISME

En liaison avec les difficultés politiques des temps mérovingiens, une certaine diversité s'installe au sein de l'Eglise qui se traduit parfois, sinon par une opposition, du moins par une certaine concurrence entre les Eglises des diverses régions. On enregistre aussi une certaine crise dans la hiérarchie ecclésiastique qui s'affaiblit en raison de la volonté d'indépendance des églises rurales, des conflit constants entre les propriétaires de grands domaines et l'évêque dont ils dépendent. A cela s'ajoutent les problèmes liés à la nomination des desservants, à l'exercice du culte et à l'affectation des biens de ces églises. On note aussi une certaine faiblesse de l'autorité du métropolitain, avec parfois, une crise au niveau des diocèses, certains sont sans évêque, d'autres en ont deux. Face à ce malaise du clergé séculier, l'Eglise réagit. Elle s'adapte à ces données nouvelles par un extraordinaire renouveau du monachisme dont il faut décrire les origines et les règles (§ 1) avant d'en préciser les caractéristiques (§ 2).

§ 1. – LES ORIGINES ET LES RÈGLES

L'institution monastique prend naissance en Orient, vers la fin du IIIe siècle. Des chrétiens particulièrement zélés, pour échapper au monde et prier, se retirent dans le désert et y mènent une vie de renoncement. Ces moines (***monos*** **:**solitaire) se groupent sous l'autorité d'un chef, l'abbé (***abbas :*** père). Au IVe siècle, l'institution passe en Occident et les premiers foyers monastiques apparaissent dans le cadre de la Gaule. Saint-Martin, évêque de Tours († 397) fonde de petites communautés à Ligugé près de Poitiers, puis à Marmoutier, près de Tours. Au Ve siècle, d'autres communautés apparaissent dans le Sud de la Gaule, en Provence surtout. A partir du VIe siècle, les monastères vont en se multipliant, en particulier entre Seine et Rhin. Ces fondations sont dues à des initiatives diverses. Evêques et rois d'abord fondent presque tous les monastères des environs de Paris : Sainte-Geneviève, Saint-Germain des Prés, Saint-Denis. De grands dignitaires laïcs, souvent membres du palais et comtes utilisent une partie de leur fortune pour ces fondations pieuses (Saint-Benoît-sur-Loire, Jumièges, Saint-Wandrille, Saint-Bertin). Des **moines**, enfin, quittent leur monastère pour en fonder de nouveaux. Tel est bien le cas des moines irlandais qui arrivent en Gaule vers la fin du VIe siècle. Parmi eux, Saint-Colomban fonde le monastère de Luxeuil en Haute-Saône et s'oppose au monachisme de Saint-Benoit.

Chacun a des règles différentes. Saint Benoît (de Nursie, ville de Sabine, en Italie, dont il est originaire) fonde vers 530 le monastère du Mont-Cassin, entre Rome et Naples et y établit une règle qui porte son nom, la règle bénédictine, dans laquelle il réalise une synthèse entre les expériences passées et la sienne. Saint Benoît est d'esprit romain, la règle qu'il imagine est proche de ce que pouvait souhaiter la papauté. Elle est fondée sur trois principes : **stabilité** (vie dans le monastère, consacrée à Dieu, promesses solennelles à l'origine des vœux monastiques), **obéissance** à l'abbé qui, élu à vie, veille à la discipline, **équilibre** par la prière, le travail intellectuel et manuel.

Saint Colomban a une règle très différente. Toute irlandaise d'esprit et plus mystique, plus stricte et moins humaine, elle incite à la pratique des vertus jusqu'à l'héroïsme. Elle est très étrangère à l'idée de hiérarchie.

Dans un premier temps, il en résulte une opposition entre ces deux types de monachisme. Après de grands succès en Italie, la règle bénédictine pénètre lentement en Gaule où elle finit par gagner du terrain. Son centre de propagation le plus actif est le monastère de Saint-Benoît-sur-Loire qui s'enorgueillit de posséder le corps de saint Benoît. Finalement, la concurrence s'efface et la règle de saint Benoît triomphe surtout par la suite, avec les Carolingiens, qui voient dans sa discipline un précieux secours pour renforcer l'ordre politique. A partir de ce moment-là, le monachisme a, dans la Gaule mérovingienne, des caractéristiques bien précises.

§ 2. – CARACTÉRISTIQUES

Elles sont deux essentielles, l'unité et l'implantation rurale. A partir du VIIe siècle, on peut considérer que le monachisme bénédictin et le monachisme colombanien ont pratiquement fusionné. Se forge alors une règle mixte, la règle colombano-bénédictine. La Gaule se couvre de monastères et le monde franc se trouve évangélisé.

Ces monastères sont fondés au centre de vastes domaines où les moines peuvent se livrer à des travaux manuels, en particulier par le défrichement et la mise en valeur de terres nouvelles. Cette densité de l'organisation monastique facilite la fusion des races. Elle est ressentie comme un important élément d'unification sous la tutelle de l'Eglise. De plus, l'évangélisation des campagnes se traduit par un profond renouveau intellectuel qui prépare la renaissance carolingienne. Par leur travail intellectuel, les moines sauvent une partie de l'héritage antique. Une fois de plus, l'Eglise joue un rôle essentiel dans la transmission du legs de l'Antiquité et apparaît comme un moteur essentiel dans la sauvegarde de ce qui reste de l'Etat.

L'Eglise des temps mérovingiens prolonge bien celle de l'Antiquité par sa hiérarchie et par son droit, mais elle change considérablement de visage en s'adaptant aux nécessités nouvelles. Le monachisme et l'évangélisation des campagnes en sont une excellente illustration. Bien que sensible à la crise de l'Etat, par son clergé séculier en particulier, elle résiste et demeure la seule force porteuse d'espoir, capable d'assurer une continuité, face à une royauté vouée à l'échec.

BIBLIOGRAPHIE

AUBRUN R., *La paroisse en France des origines au XVe siècle*, Paris, 1986.

BRÉHIER L. et AIGRAIN L., *Grégoire le Grand, les Etats barbares et la conquête arabe (590-757)*, Paris, 1937.

BROMMER P., *Capitula episcoporum*, Typologie des sources du Moyen Âge Occidental, 43, Turnhout, 1985.

CHAMPAGNE J. et SZRAMKIEWWICZ R., « Recherches sur les conciles des temps mérovingiens », *R.H.D.*, 1971, p. 5-49.

Chiese (Le) nei regni dell'Europa occidentale fino all'800, Settimane di studio del centro italiano di studi sull'alto medioevo, 1959, VII, 2 vol., Spoleto, 1960.

CLERCQ C. de, *La législation religieuse franque de Clovis à Charlemagne(507-814)*, Louvain-Paris, 1936.

CLOCHÉ P., « Les élections épiscopales sous les Mérovingiens », *M.A.*, 35, 1924, p. 203-254.

DUBOIS J. (Dom. OSB), « Les évêques de Paris des origines à l'avènement d'Hugues Capet », *Bull. de la Soc. Hist. de Paris et de l'Ile-de-Fr.*, 1969, p. 33-93.

FONTAINE J., *Isidore de Séville et la culture classique dans l'Espagne wisigothique,* 2 vol., Paris, 1959.

GAUDEMET J., BASDEVANT B., *Les canons des conciles mérovingiens (VIe-VIIe siècle)*, Paris, 1989.

GAUDEMET J., *Les élections dans l'Église latine*, Paris, 1979.

GAUDEMET J., *Les sources du droit de l'Église en Occident du IIe au VIIe siècle,* Paris, 1985.

GRIFFE E., « Les royautés barbares et l'épisciopat de 501 à 579 », *Bull. Litt. Eccl.*, 1978, p. 267-286.

HEINZELMANN M., *Bischofsherrschaft in Gallien (IV-VII Jahrhundert)*, Munich, 1976.

IMBART DE LA TOUR, *Les paroisses rurales du IVe au IXe siècle*, Paris, 1900.

PONTAL O., *Histoire des conciles mérovingiens*, Paris, 1989.

SCHEIBELREITER G., *Der Bischof in merowingischer Zeit*, Vienne, 1983.

VOGUË A. de, *Les règles monastiques anciennes*, Typologie des sources du Moyen Âge Occidental, 46, Turnhout, 1985.

CHAPITRE IV

UNE MONARCHIE VOUÉE À L'ÉCHEC

A partir du milieu du VIIe siècle et jusqu'au milieu du siècle suivant, la dynastie mérovingienne ne cesse de décliner. Le dernier grand roi mérovingien est Dagobert (629-39). Après lui, ses successeurs n'exercent souvent que de manière indirecte la réalité du pouvoir. Elle est détenue par les maires du palais qui finissent par détrôner la dynastie en place. Mais, à cette crise de l'Etat qui favorise l'accès des Carolingiens au pouvoir, il faut ajouter d'autres facteurs, en particulier les mutations économiques des derniers temps mérovingiens (Section 1). Elles contribuent, largement, à déstabiliser la dynastie en place (Section 2).

SECTION 1

LES MUTATIONS ÉCONOMIQUES

L'idée de base est simple. Aux temps mérovingiens, on passe d'une économie ouverte, de grand commerce autour de la Méditerranée – celle de l'Antiquité – à une économie fermée, domaniale, réglée autour de petits centres et avant tout rurale. Les historiens discutent beaucoup pour savoir quand et comment a eu lieu cette mutation. On a d'abord pensé et soutenu qu'elle était liée aux invasions qui, faisant éclater l'unité politique du monde romain, mettaient fin, aussi, à son unité économique. Il y aurait donc eu coïncidence entre les deux phénomènes. A cette thèse, Henri Pirenne en a opposé une autre. Ce n'est pas au Ve siècle, avec les invasions barbares que s'est produite la coupure mais bien plus tard, avec les invasions arabes, aux VIIe et VIIIe siècles. Les barbares n'auraient pas cherché à détruire les richesses de l'Empire, mais à se les approprier et il aurait subsisté, aux Ve et VIe siècles, un commerce autour de la Méditerranée, toujours alimenté par la monnaie romaine, sans coupure entre l'Orient et l'Occident. Une telle survie de l'économie antique se serait prolongée jusqu'aux VIe et VIIe siècles, jusqu'à la conquête arabe (711 Gibraltar, 732

Poitiers). Désormais, le monde est bien coupé en deux, avec les Arabes au sud et les chrétiens au nord. La Méditerranée les sépare et n'est plus une mer pacifique. Dans ces conditions, l'Occident se replie sur lui-même et s'unit pour lutter contre les Arabes. Mais il ne peut le faire qu'autour d'une dynastie puissante, non pas celle des Mérovingiens, mais celle que devait fonder leurs successeurs. Ainsi, l'Occident privé d'échanges voit son économie se scléroser, devenir de plus en plus fermée et graviter autour des anciens grands domaines gallo-romains. Ce serait donc bien aux derniers siècles mérovingiens que se placerait le grand tournant économique et ce tournant aurait constitué un facteur essentiel dans la chute des Mérovingiens.

Certes, la démonstration de Pirenne a du vrai, mais il convient de la nuancer quelque peu. Le déclin des villes qui a commencé depuis le IVe siècle est la conséquence de la crise du IIIe siècle et de la politique économique autoritaire du Bas-Empire. Il y a aggravation de la crise économique de l'Occident dès la fin du VIe siècle, ce qui ne peut être la conséquence de l'invasion arabe. Il faut aussi insister sur la crise politique et sociale de Byzance au début du VIIe siècle qui se détourne de plus en plus de l'Occident.

Mais, quoi qu'il en soit des causes précises, il y a renversement de la conjoncture économique qui entraîne un changement essentiel dans les axes des courants commerciaux de plus en plus orientés vers l'Angleterre, la mer du Nord et la Scandinavie. Le centre de gravité du commerce se déplace du Sud vers le Nord, ce qui contribue à expliquer que l'Occident soit menacé et que ce soit du Nord et de l'Est que viennent des forces nouvelles pour assurer son salut. La famille des Pippinides, après avoir sauvé l'Occident de l'invasion arabe, renverse la royauté mérovingienne.

SECTION 2

LA CRISE POLITIQUE

Face à la royauté mérovingienne en crise et les partages constants du ***regnum***, les maires du palais affirment de plus en plus leurs pouvoirs en rendant leurs fonctions héréditaires. Apparaît ainsi une véritable dynastie, celle des Pippinides dont il faut se demander comment elle s'est affirmée (§ 1) et comment elle a pu accéder à la royauté (§ 2).

§ 1. – L'AFFIRMATION DES PIPPINIDES

Après une brève restauration de l'unité du ***regnum*** (629-639) avec Dagobert, c'est à nouveau la division du royaume entre ses successeurs. Quatre grandes régions apparaissent, au caractère bien tranché, au lendemain de partages successifs.

L'Austrasie, pays de l'Est (*Auster*), habitée par les Francs de l'Est (***Austrasii***) regroupe les pays de la Meuse et du Rhin. Cette double qualification d'*Auster* et d'***Austrasii*** a sûrement été donnée à ses bénéficiaires par les Francs de l'Ouest, les Francs Saliens qui estimaient être les seuls dignes de porter le titre de Franc. Voilà qui explique, pour l'essentiel, le succès du terme ***Franci*** et surtout celui de ***Francia***, attaché d'abord, dans le premier temps de son histoire, aux seules terres de la région parisienne, l'Ile-de-France. Dans toute cette Austrasie, l'aristocratie, très puissante, représente un véritable danger pour les rois.

Le mot **Neustrie** (*Neuster*), qui apparaît dans les textes du début du VIIe siècle, a sans doute été imaginé par les peuples du Sud et du Sud-Est pour nommer les Francs et ceux des terres conquises par eux, en particulier depuis Clovis. Dans cette région, qui recouvre la Gaule du Nord-Ouest de l'embouchure de l'Escaut à celle de la Loire, les Francs sont moins nombreux et les propriétaires gallo-romains y maintiennent une certaine tradition de l'administration impériale. Les noms donnés à ces deux régions rendent parfaitement compte, non seulement de la distinction entre Francs Saliens et Francs Ripuaires, mais aussi des traditions et des conceptions divergentes qui pouvaient exister entre ces deux ***regna***.

Bien avant ces deux royaumes, celui du Sud-Est, territoire des Burgondes avait donné naissance à une véritable entité territoriale, la ***Burgundia***, une Bourgogne beaucoup plus vaste que celle de nos jours puisqu'elle s'étendait de la Durance jusqu'au plateau de Langres et de la frontière suisse jusqu'aux monts du Beaujolais. Profondément ancrée dans la géographie, elle avait retrouvé son unité au lendemain du partage de 561, ce qui sera aussi le cas de l'**Aquitaine**, terre des Wisigoths, en 629. Elle s'étend alors de la Saintonge jusqu'à Toulouse. Dans ces deux régions, de Bourgogne et d'Aquitaine, les traditions romaines plus marquées qu'ailleurs ont fortement ralenti la pénétration franque.

Tout au long du VIIe siècle, ces quatre parties du ***regnum*** dont les limites varient constamment ont, au lendemain de la mort de Dagobert, une existence indépendante, complexe et agitée tant en raison des partages que des minorités fréquentes. Mais elles n'en constituent pas moins, déjà, de véritables *patriae*, des royaumes sur lesquels se fixent désormais des royautés non plus personnelles, mais territoriales.

Il convient de simplifier et de retenir que c'est des maires du palais d'Austrasie que part l'offensive contre la royauté mérovingienne, au sein de la puissante famille des Pippinides. Pépin d'Héristal (ou de Herstal) maire du Palais, après de longues luttes contre la Neustrie, finit par remporter la victoire de Tertry (687). Il ajoute ainsi à la mairie d'Austrasie, celle de Neustrie, puis de Burgondie à un moment où le titre royal est partagé entre plusieurs rois. En définitive, Tertry est plus une victoire de l'aristocratie sur la royauté que des Germains de l'Est sur les régions plus romanisées de l'Ouest. En fait, une seule famille de grands allait en profiter, celle des Pippinides et reconstituer, à son profit, le pouvoir contre lequel elle s'était insurgée, tout en refaisant l'unité du ***regnum***.

Pépin, pratiquement maître de la Gaule, a l'habileté d'y maintenir un roi. Ainsi se succèdent des souverains incapables dont la présence ne fait que renforcer sa position. Il apparaît, en fait, comme le véritable souverain. Son action est considérable. Le territoire franc est agrandi (lutte contre les Frisons, les Alamans), l'Eglise est favorisée et la religion devient un véritable instrument du pouvoir. Derrière les guerriers de Pépin marchent les missionnaires. La protection des églises est renforcée, les donations aux monastères se multiplient. En ce domaine, Pépin est un précurseur et ses successeurs devaient recueillir le fruit de son action.

Il meurt en 714. Son troisième fils, le bâtard Charles, lui succède et donne l'essor décisif à cette brillante dynastie de maires du palais. Charles Martel sait éviter l'anarchie. Il poursuit les conquêtes (Germanie, Aquitaine) en conjurant les menaces que faisaient peser les Arabes sur le ***regnum*** en les arrêtant à Poitiers en 732. Il apparaît ainsi comme le sauveur du royaume et de la foi chrétienne. Il sait toujours se ménager l'appui de l'Eglise, soutient en Germanie les missions chrétiennes (saint Boniface) et s'attire ainsi la bienveillance de la papauté avec laquelle il noue des relations privilégiées. Il meurt en 741 après avoir accompli une œuvre considérable, la reconstruction du ***Regnum Francorum*** et, surtout, la reconstitution d'un ***regnum*** chrétien. Grâce à lui, se profile déjà ce que sera l'Europe chrétienne médiévale, victorieuse de l'Islam. A sa mort, il ne restait plus qu'à mettre le droit en accord avec les faits. Faire de cette dynastie de maires du palais, une dynastie de rois.

§ 2. – L'ACCESSION DES PIPPINIDES À LA ROYAUTÉ

Des deux fils de Charles Martel, Pépin reste seul, à partir de 747, face au roi mérovingien qui s'efface de plus en plus et qu'on ne trouve plus guère mentionné dans les actes. Aux environs des années 750, Pépin apparaît comme le seul maître de l'Etat. Il a rétabli la paix, il est baptisé et a reçu au monastère de Saint-Denis une éducation raffinée. Ses rapports avec l'Eglise sont excellents. Chef de guerre et protecteur des évêques, il est en fait un véritable roi que, dès 742, un diplôme nomme « *celui à qui le seigneur a confié le soin de gouverner* ».

Mais, roi, il ne l'est pas en titre. Pour le devenir, il cherche une royauté qui, par son fondement, dépasse la royauté mérovingienne en s'efforçant de donner à son pouvoir un fondement théocratique. Pour y parvenir, il fallait obtenir l'appui du Saint-Siège. Les circonstances sont favorables. Le pape Zacharie, menacé par les Lombards, appelle Pépin à son secours. Pépin en profite et lui envoie une ambassade pour lui demander une consultation « *au sujet des rois qui existaient alors chez les Francs et qui portaient le nom de roi sans avoir l'autorité royale* ». Zacharie, fin politique, répond « *qu'il valait mieux appeler roi celui qui avait le pouvoir que celui qui ne l'avait pas* ». Et, à lire l'auteur des ***Annales regni Francorum***, il aurait même suffi que Pépin devienne roi afin que l'ordre ne soit pas troublé. Cet ordre c'était, bien sûr, celui qu'avaient décrit les Pères de l'Eglise, en particulier Saint Augustin qui souhaitait que l'ordre terrestre fût à l'image de l'ordre céleste et que chacun y occupe la place à laquelle le préparait sa fonction.

Fort d'une telle réponse, Pépin convoque à Soissons, en 751, une assemblée « *de tous les Francs* » par laquelle il se fait élire roi. Il est, en même temps, sacré et oint du saint-chrême vraisemblablement par saint Boniface, légat du pape en présence des évêques des Gaules qui étaient présents. Dès lors, premier roi a être sacré à la manière des évêques, il apparaît non plus comme l'élu du seul peuple mais, aussi, comme l'élu de Dieu. De plus, le sacre rétablit le lien avec les rois de l'Ancien Testament (Saül et David en particulier) et procède directement de la royauté wisigothique, des royaumes celtiques de l'Ouest aussi, où il était également pratiqué. Le dernier roi mérovingien Chilpéric III qui, comme tous ses prédécesseurs avait essentiellement fondé son pouvoir sur des rapports personnels et guerriers est déposé. Une nouvelle royauté, fondée tout à la fois sur l'élection et le sacre lui succède.

Pépin ne cesse d'insister sur ce nouveau fondement dans nombre de ses actes où il rappelle que la divine providence l'a oint pour occuper le trône royal. Zacharie mort en 752, son successeur Etienne II se montre tout aussi favorable à Pépin dont il avait toujours besoin dans la lutte contre les Lombards. Il le sacre une nouvelle fois, en personne, en 754 à Saint-Denis, en interdisant aux Francs de choisir désormais un roi en dehors de la famille de Pépin. C'était jeter les bases du principe héréditaire et rappeler, une nouvelle fois, que ce nouveau roi désigné par les hommes était aussi bien l'élu de Dieu, ce qui donnait à son pouvoir un caractère, avant tout, sacerdotal. En même temps, Pépin reçoit aussi le titre de « *Patrice des Romains* ».

Mais cette attitude extrêmement favorable du pape n'était pas gratuite. Pépin doit promettre de lui restituer le pouvoir politique sur certaines villes rendues par les Lombards, en particulier l'exarchat de Ravenne. Les prétentions politiques de la papauté à être l'héritière de l'Empire sont alors affichées au grand jour et annoncent la rédaction un peu plus tardive d'un faux élaboré par la chancellerie du Latran – la donation de Constantin – acte par lequel l'empereur Constantin était réputé avoir cédé au pape, lors de sa conversion, la dignité impériale et la souveraineté sur tout l'Occident. Finalement, au terme d'un véritable traité conclu par Etienne II et Pépin en 756, ce dernier fait au pape une donation en règle, mais en violation des droits de l'Empereur qui, tout en protestant, ne peut changer le cours des choses. C'est ainsi que naquit l'Etat pontifical ou Patrimoine de Saint-Pierre constitué autour de deux pôles, l'un avec Ravenne et l'autre avec Rome.

Se trouvait aussi définitivement scellée l'alliance entre la papauté et les Pippinides, entre l'Eglise et le royaume des Francs. Et cette union consacrait la rupture définitive entre Rome et l'Empire d'Orient. Pépin le Bref meurt en 768 après être devenu un des premiers personnages de la chrétienté et le fondateur d'une dynastie nouvelle, la dynastie des Carolingiens.

Conclusion :

1. – Les Francs ont, territorialement et temporairement, réunifié une Gaule morcelée. Ils ont fondé une dynastie, mais une dynastie qui n'a pu survivre à cause des conceptions essentiellement germaniques qu'elle se faisait du pouvoir.

2. – De cette conception ne pouvait naître un Etat dans lequel les différents peuples qui le composaient auraient été les sujets d'un même roi, soumis à un même droit, unifié et applicable partout.

3. – C'est dire que la dynastie mérovingienne portait, en elle-même, tous les germes de son échec. Elle n'a pas su assez comprendre, assimiler et utiliser le legs romain. Il ne pouvait en résulter qu'une crise de l'Etat dans la mesure où celui-ci ne peut être objet de propriété, mais doit transcender tous les éléments qui le composent.

4. – En ces temps troublés, marqués par un recul du droit et de l'organisation politique, une seule force demeure, capable de transmettre l'héritage antique, l'Eglise. Elle prétend même être l'héritière du pouvoir des empereurs. Cette prétention, si elle est exagérée, lui permet au moins de fonder une nouvelle dynastie capable de retrouver et de sauvegarder, pour un temps, une partie de l'héritage antique.

BIBLIOGRAPHIE

CHÉDEVILLE A. et GUILLOTEL H., *La Bretagne des saints et des rois, Ve-Xe siècle*, Rennes, 1984.

DOEHAERD R., *Le haut Moyen Âge occidental. Économies et sociétés*, Nouvelle Clio 14, Paris, 1971.

DURLIAT J., *Les finances publiques de Dioclétien aux Carolingiens (284-889)*, Sigmaringen, 1990.

JAMES E., *The Origins of France. From Clovis to the Capetians, 500-1000*, Londres, 1982.

LEVILLAIN L. et SAMARAN Ch., « Sur le lieu et sur la date de la bataille dite de Poitiers de 732 »,, *B. E. C.*, XCIV, 1938, p. 243-267.

MAGNOU-NORTIER E., « La gestion publique en Neustrie. Les moyens et les hommes », *La Neustrie. Les pays au nord de la Loire entre 650 et 850.* Actes du Colloque de Rouen, 1985, Atsma H. éd., Beihefte der Francia, Sigmaringen, 1988, p. 271-320.

MERCIER M. et SEGUIN A., *Charles Martel et la bataille de Poitiers,* Paris, 1944.

PIRENNE H., *Mahomet et Charlemagne*, 1937.

ROUCHE M., *L'Aquitaine des Wisigoths aux Arabes (418-781), naissance d'une région*, Paris, 1979.

ROY J.-H. et DEVIOSSE J., *La bataille de Poitiers,* Paris, 1966.

THEIS L., *Dagobert. Un roi pour un peuple*, Paris, 1982.

VERCAUTEREN F., « La circulation des marchands en Europe Occidentale du VIe au IXe siècle : aspects économiques et culturels », Settimane di studio del centro italiano di studi sull'alto medioevo, XI, Spoleto, 1964, I, p. 393-411.

WERNER K. F., « Les principautés périphériques dans le monde franc du VIIIe-siècle », *Structures politiques du monde franc (VIe XIIe siècle), Variorum*, Londres, 1979 (art. 11).

TITRE III

DE L'EMPIRE RESTAURÉ À L'EMPIRE ÉCLATÉ : LES CAROLINGIENS (751-888)

Le cadre géographique est celui de l'Occident chrétien, mis à part l'Angleterre. Il comprend la Gaule, la Germanie jusqu'à l'Elbe après sa conquête et l'évangélisation des Saxons, une grande partie de l'Italie avec l'absorption du royaume Lombard en 774 et l'Espagne du Nord jusqu'à l'Elbe. Ce vaste ensemble est loin de recouvrer tout ce qu'était l'Empire d'Occident considérablement amputé au sud, mais déporté vers le nord et l'est. On enregistre donc, depuis les temps mérovingiens, un basculement du centre de gravité politique et une concentration du pouvoir au Nord de la Loire.

Cette transformation profonde dans la géographie du pouvoir trouve son aboutissement avec les premiers Carolingiens, en particulier Charlemagne qui a tout fait pour restaurer l'Etat en le dotant d'un centre politique fixe et de structures politico-administratives assez rigides afin d'éviter un nouvel éclatement (Ch. 1). Œuvre sans doute trop rapidement conduite dans un trop vaste ensemble sur lequel pesaient des traditions antagonistes, elle fut éphémère. A un empire brillamment restauré en l'an 800 succède, moins d'un demi-siècle plus tard, un empire éclaté (Ch. 2).

CHAPITRE I

L'EMPIRE RESTAURÉ

Etant donné les circonstances de leur accession au trône, les Carolingiens sont déterminés, dans leur action, par l'influence de l'Eglise. Ainsi, dès les années 750, l'orientation de la nouvelle dynastie se dessine : poursuivre l'unification de l'Occident, avec l'appui de l'Eglise. Il s'agit de réaliser une unité politique fondée sur un gouvernement chrétien. On imagine un nouvel ordre politique, l'ordre carolingien, fruit de la réflexion d'un état major restreint de clercs et de laïcs mais, aussi, des expériences passées. Ainsi s'élabore, progressivement, une conception nouvelle du pouvoir et de l'Etat (Section 1). Elle conduit à repenser et perfectionner l'appareil administratif, législatif et judiciaire qui est considérablement renforcé (Section 2). Toute cette œuvre qui supposait que soit retrouvée au moins une part de l'héritage antique, ne pouvait être menée à bien sans une étroite collaboration avec l'Eglise (Section 3).

SECTION 1

CONCEPTION NOUVELLE DU POUVOIR ET DE L'ETAT

L'empreinte de l'Eglise s'est manifestée très tôt, par le double sacre de Pépin le Bref. A partir de ce moment là, on entre dans un système de **théocratie royale** dans lequel ceux qui ont mission de gouverner, sont investis par Dieu (§ 1). Mais la royauté carolingienne n'est pas que cela, elle se veut également l'héritière de l'Empire romain. Aussi, avec Charlemagne, on passe de l'idée de théocratie à celle d'un **Empire chrétien** (§ 2). La synthèse entre ces deux courants se fait rapidement, en particulier avec Louis le Pieux et les évêques qui l'entourent. Tous ensemble font triompher l'idée d'après laquelle la royauté doit être un véritable ***ministère*** (§ 3).

§ 1. – UNE THÉOCRATIE ROYALE

Saint-Boniface, Isidore de Séville et Alcuin, moine anglo-saxon, de même origine et de même obédience que saint Boniface, en sont les théoriciens. Tous les textes qui relatent le sacre de Pépin insistent beaucoup sur le fait qu'il a reçu l'onction du saint-chrême, qu'il a été oint et béni. Cette onction constitue l'essentiel du sacre et se maintient pendant toute l'histoire de la royauté française. Le roi oint est considéré – à l'exemple des rois juifs – comme tirant son pouvoir de la volonté de Dieu. Il est à la fois roi et prêtre au service de Dieu. Ainsi, la royauté carolingienne se réfère souvent à la Bible. A partir de Charlemagne, le roi s'intitule « *roi par la grâce de Dieu* ». Le sacre est considéré comme le fondement essentiel du pouvoir, ce qui contraste avec la royauté mérovingienne pour laquelle force et fidélité constituent le fondement principal. Désormais, c'est le sacre qui crée la légitimité, après avoir, en quelque sorte, rendu légal le coup d'état de Pépin le Bref.

Dans le cadre de cette théocratie, les gouvernants, investis par Dieu, doivent avant tout chercher à faire triompher la justice de Dieu. Il n'existe pas de droit naturel reconnu à l'Etat puisque la cité terrestre doit se confondre avec la cité de Dieu. Les deux pouvoirs, spirituel et temporel, doivent agir ensemble pour faire régner la justice de Dieu. Ces idées demeurent tenaces en France jusqu'au XIIe siècle, jusqu'à la renaissance du droit romain et surtout de la philosophie d'Aristote. En réalité, un tel système conduit obligatoirement à une lutte entre les deux pouvoirs. Lequel va l'emporter sur l'autre ? A l'époque carolingienne, c'est le roi et la théocratie est royale, à l'époque suivante, c'est le pape. La théocratie devient pontificale.

Quel est le contenu de cette théocratie royale jusqu'à la fin du règne de Charlemagne ? Le problème est ancien. Déjà le pape **Gélase** (492-96) s'en préoccupait, affirmant la supériorité de l'***auctoritas*** des papes sur la ***potestas*** des rois. **Grégoire le Grand** (590-604) invite les souverains mérovingiens à être des souverains catholiques qui fassent régner la justice. Quant à Isidore de Séville, au début du VIe siècle, il définit la fonction du roi comme celle de protéger l'Eglise et de faire régner la paix de Dieu. C'est un peu avant 800, avec Alcuin, moine anglo-saxon de l'entourage de Charlemagne, que la doctrine prend corps définitivement. Pour lui, le roi qui doit gouverner en accord avec le pape, doit être vengeur des crimes tant à l'extérieur contre les infidèles, qu'à l'intérieur contre les criminels. Tout cela pour faire régner la justice de Dieu. Il doit être aussi correcteur des erreurs des sujets laïcs mais aussi ecclésiastiques, ce qui justifie son intervention dans les affaires de l'Eglise, même en matière de dogme. Pacificateur enfin, il a la charge du peuple de Dieu qui lui est confié pour qu'il vive dans la paix, la concorde et l'harmonie pour constituer un peuple uni sur un territoire unifié : l'Empire.

§ 2. – UN EMPIRE

Pourquoi ? L'Empire romain n'est pas oublié. Le restaurer est un excellent moyen de donner une forme politique à une unité territoriale qui a repris corps. L'Empire d'Orient fascine les Occidentaux et Charlemagne considère, plus que son entourage, qu'à l'imitation de ce qui se passe au spirituel, où il n'y a qu'un chef – le pape – il ne doit y avoir qu'un chef au temporel, l'empereur.

Trois séries de circonstances favorables président au rétablissement de l'Empire. Les brillants succès militaires de Charlemagne (Germanie, Italie, Espagne), débouchent sur une ***dilatatio imperii*** qui fait de lui le maître de l'Occident. Au même moment, l'Empire à Byzance connaît une grave crise économique et politique. En 797, l'empereur Constantin III est dépossédé du pouvoir par sa mère Irène qui devient impératrice. Sa légitimité est contestée, on met en doute les capacités d'une femme empereur. Enfin, les rapports entre Charlemagne et le pape évoluent. Ils sont bons jusqu'en 774, date de l'annexion du royaume lombard, qui conduit Charlemagne à s'occuper de plus en plus des affaires d'Italie. En 795, à Hadrien succède Léon III, plus faible et plus conciliant. Charlemagne en profite pour s'imposer et renforcer sa position en étant, à la fois, roi et empereur.

Comment ? A la fin de l'année 800, Charlemagne, appelé par le pape, revient à Rome. En contrepartie de son appui, il est couronné empereur, en la basilique Saint-Pierre, la nuit de Noël de l'an 800. Couronné, non pas sacré, selon le cérémonial pratiqué pour les empereurs romains, puis les empereurs de Byzance. Cette nuance est d'importance. Il s'agit du couronnement de rite oriental. Emprunté à Byzance, il implique une ***adoratio***, c'est-à-dire une prosternation du pape au pied de l'empereur qui reçoit, en même temps, le diadème avant d'être acclamé par le peuple.

Conséquences. L'Empire d'Occident est reconstitué avec pour capitale Aix-la-Chapelle, c'est la ***renavatio imperii***. Charlemagne, roi des Francs et des Lombards est, désormais, Auguste, empereur des romains gouvernant l'Empire (***Augustus, imperator Romanum gubernans Imperium***). L'événement est considérable. Ce renouveau de la ***Res publica*** et de l'Etat renforce l'unité du pouvoir, tandis que l'assimilation ethnique se trouve facilitée du fait de l'unité territoriale. Tous les peuples sont membres d'un même Empire. La dignité impériale ne peut s'accommoder d'une conception patrimoniale, ce qui exclut en principe un partage de l'Empire. Cependant, même dans l'esprit de Charlemagne, cette idée n'est pas assez forte pour l'emporter. Dès 806, il prévoit une division possible de l'Empire entre ses fils. Deux d'entre eux meurent et Louis le Pieux se retrouve alors seul héritier en 814, à la mort de Charlemagne. Avec lui, une nouvelle conception se fait jour.

§ 3. – UN MINISTÈRE

L'importance des évêques dans l'entourage du nouvel empereur explique ce tournant. Ils cherchent plus à faire du pouvoir impérial une institution qui se transmette au successeur qu'à renforcer le pouvoir du prince.

Dans la pratique. Louis le Pieux est, à la fois, sacré et couronné empereur en 816 à Reims, par le pape Etienne. Ceci fait du pouvoir impérial une institution qui doit se transmettre et surtout, qui ne doit pas être divisée. Cette évolution prouve la pression qu'exercent, sur Louis le Pieux, les clercs qui le conseillent pour qu'il règle, dès 817, sa succession.

Comme il a trois fils, l'idée de base est de préserver l'unité de l'Empire. C'est ce que prévoit ***l'Ordinatio imperii*** de 817, acte solennel dans lequel il est décidé, qu'à la mort de l'empereur, seul son fils aîné Lothaire aurait droit au titre d'empereur, tandis que ses deux frères, recevant une part de l'Empire, ne pourraient se parer que du titre de ***rex***. En outre, Lothaire était immédiatement couronné et associé à l'Empire. Qualifié d'Auguste à partir de 822, son nom figure dans les actes impériaux dès 825. Même si cette belle construction ne devait pas être respectée, elle n'en révèle pas moins le souci de faire de la fonction impériale un ministère indivisible.

Louis le Pieux avait été couronné du vivant de son père. De plus, si l'***Ordinatio Imperii*** de 817 stipule que l'Empire doit être partagé à la mort de Louis le Pieux entre ses fils, il est tout de même prévu que l'unité doit être maintenue au profit du fils aîné qui doit recevoir le titre d'empereur et de fait, à partir de 822, Lothaire porte le titre d'Auguste. Dès 825, son nom figure dans les actes impériaux.

Dans la théorie. Le rôle joué par l'entourage épiscopal est essentiel. L'idée impériale est exploitée au maximum, on en déduit une notion supérieure d'ordre public qui doit s'imposer à tous, même à l'empereur. Le pouvoir n'est pas seulement attribué par Dieu, il n'est pas qu'un charisme que confère le sacre. Il doit être aussi un pouvoir exercé selon la volonté de Dieu dont l'épiscopat a mission de définir le contenu.

Agobard, évêque de Lyon, déduit de l'unité de l'empire quel rôle unificateur revient à l'empereur qui doit s'attacher à réduire les particularismes ethniques et les lois personnelles pour que soit constitué un seul peuple, le peuple de Dieu. **Jonas**, évêque d'Orléans, dans son traité sur l'institution royale (***De institutione regia***), définit le pouvoir de l'Empereur comme celui d'un prêtre qui s'exerce dans l'Eglise. Gouverner et régir le peuple de Dieu dans l'équité et la justice, procurer la paix et la concorde, défendre l'Eglise, les serviteurs de Dieu, les pauvres, les veuves, les orphelins, voilà en quoi consiste la fonction impériale.

Enfin, **Louis le Pieux** se fait lui-même, aux alentours des années 825, le théoricien de son propre ministère. Il fait part des devoirs qu'il considère être les siens pour gouverner l'Empire et maintenir son peuple dans la paix et la justice. A ses yeux, le ***ministerium regale*** est trop lourd à porter pour un seul empereur. Certes, il se considère comme le chef et le guide mais estime que chacun, à sa place, doit contribuer à assumer une partie du ***ministerium*** qui se trouve ainsi divisé, réparti, entre tous ceux qui participent à son service. Chacun devient l'auxiliaire, l'aide (***adjutor***) de l'empereur pour maintenir la ***Res publica*** restaurée.

Dans ces conditions, les premières décennies de la royauté carolingienne marquent un net progrès de la notion de ***Res publica***, au moins jusqu'au milieu du règne de Louis le Pieux. On considère que le pouvoir n'est pas propriété du prince, qu'il doit être exercé au bénéfice de tous, dans le cadre d'un empire unifié. C'est une fonction, un ministère qu'il appartient tant à l'empereur qu'à son entourage d'évêques de définir. Ainsi, complètement remodelé et renforcé, en particulier grâce aux idées romaines partiellement retrouvées, ce ***ministerium*** ne pouvait être exercé, dans l'ensemble de l'Empire, qu'au prix d'un renforcement considérable de l'appareil administratif, législatif et judiciaire.

SECTION 2

RENFORCEMENT DE L'APPAREIL POLITICO-ADMINISTRATIF, LÉGISLATIF ET JUDICIAIRE

Introduire plus de hiérarchie et de contrôle dans l'organisation politico-administrative (§ 1), rendre la législation plus uniforme (§ 2), réformer la justice pour qu'elle soit plus rationnelle et plus homogène (§ 3), telles sont les traits dominants de la politique carolingienne.

§ 1. – UNE ORGANISATION POLITIQUE ET ADMINISTRATIVE HIÉRARCHISÉE ET CONTRÔLÉE

Dans l'ensemble, l'organisation politique et administrative des temps mérovingiens se maintient mais elle se précise, devient plus complexe et dotée d'un personnel de plus en plus spécialisé. Le noyau de l'aristocratie gouvernante demeure franc mais, progressivement, des hommes de tout l'Empire sont appelés à exercer des responsabilités. Par tous les moyens, il faut réaliser l'unité, d'abord au sommet pour atteindre ensuite la base et fondre ainsi toutes les races en un peuple chrétien, sous l'action d'une administration unique, soumise à un étroit contrôle.

A. HIÉRARCHIE. L'élément central en est le **palais** où les Carolingiens, instruits par leur propre histoire, suppriment le maire. Comme par le passé, on y trouve officiers laïcs (comte, sénéchal, maréchal) et ecclésiastiques dont le rôle va croissant. Groupés autour de la chapelle royale, ils résident de plus en plus à Aix-la-Chapelle, centre de l'Empire. Les Carolingiens y recrutent les membres de la chancellerie qui, sous la responsabilité du chancelier, rédigent les actes royaux.

En descendant les degrés de cette hiérarchie, on trouve au niveau local, toujours le comte (***comes***) dont le statut évolue peu depuis l'époque précédente. Il détient sa fonction à titre d'***honor***, charge qui lui est conférée et déléguée par le roi qui le nomme et le rétribue. Une partie de cette rétribution est représentée par le tiers du produit des amendes que le comte inflige dans le cadre de son tribunal et qu'il est autorisé à conserver à titre de rémunération. Il prête serment au roi qui peut le révoquer. A l'occasion de ce serment et comme le numéraire fait de plus en plus défaut, il peut recevoir une concession en terre dont les revenus font partie intégrante de sa rémunération. Ses fonctions sont identiques à celles qu'il exerçait. Toujours titulaire du ***mundium*** et du ***bannum*** et délégué du roi il prolonge dans le comté, par l'***honor*** qui lui est confié, le ***ministerium regale***. Ceci explique que les textes de l'époque s'efforcent, de plus en plus, de calquer l'un sur l'autre. Dans ces conditions, on parle aussi du ***ministerium*** du comte, ce qui fait de son ***honor*** une fonction publique exercée à titre permanent dans l'intérêt de la ***Res publica***, contre rémunération et déléguée dans des conditions précises. Commencent ainsi à se préciser, lentement, les premiers contours d'une théorie de la fonction publique. Le comte s'associe au vicomte (***vice-comes***). Nommé par lui, il l'aide dans l'administration du ***pagus*** qui devient, progressivement, le comté. Vicaires et centeniers se maintiennent dans cette hiérarchie des structures administratives.

Comme à l'époque précédente, les plaids (***placita***) permettent à l'empereur de conserver un contact avec le pays. Charlemagne donne une impulsion considérable à l'institution. Y siéger n'est plus seulement un droit, mais devient un devoir. Les grands y reçoivent les ordres du souverain qui leur soumettait ses projets de capitulaires et ses décisions. Leur rôle demeure consultatif avec deux réunions par an, l'une au printemps et l'autre à l'automne. Mais l'institution évolue considérablement et les plaids ne restent dans la main de l'empereur que pendant les premières décennies du IXe siècle. Par la suite, au lieu de l'aider à gouverner, ils tentent de limiter son pouvoir en essayant de le contrôler, ce que fait aussi l'empereur à l'égard de ses agents.

B. CONTRÔLE. Pour éviter les abus des comtes et autres agents locaux, les Carolingiens mettent sur pied une administration de contrôle, les ***missi dominici*** (envoyés du maître, de l'empereur) Ils connaissent, avec Charlemagne, une fortune toute particulière. L'institution est généralisée à tout l'Empire et, plusieurs fois par an, les ***missi***, qui vont toujours par deux, en principe un laïc et un ecclésiastique, mais la règle n'est pas absolue, doivent inspecter plusieurs comtés qui leur sont assignés. Ils réunissent des assemblées, contrôlent l'action des comtes et de leurs agents. Ils peuvent enquêter, juger et se substituer aux autorités locales. Leur contrôle s'étend aussi aux clercs, ce qui traduit une étroite collaboration entre spirituel et temporel. Avec les successeurs de Charlemagne, l'institution commence à tomber en décadence.

L'institution des **ducs**, qui apparaissent plus tard, n'est pas générale. On les trouve surtout aux régions frontières où certains comtes reçoivent, sur plusieurs comtés et au nom de l'empereur, un commandement territorial à caractère essentiellement militaire. Leur circonscription prend le nom de duché et se fixe progressivement. Ainsi, dans le courant du IXe siècle, plusieurs comtés sont groupés sous l'autorité d'un duc unique.

Hiérarchie et **contrôle** sont deux notions très présentes dans l'organisation politique et administrative carolingienne, tout au moins jusqu'au règne de Louis le Pieux, règne à partir duquel une évolution notable se produit comme le montrera l'étude de la désagrégation de l'Empire dont l'unité dépendait, aussi, de la capacité de la législation à rassembler les différents peuples.

§ 2. – UNE LÉGISLATION PLUS UNIFORME

Dans la mesure où l'Empire est à la fois unité territoriale et politique qui doit favoriser la fusion des peuples, l'exercice du pouvoir législatif apparaît comme un excellent instrument pour parvenir à cette fin. Le roi mérovingien légiférait peu. Au contraire, avec l'unité rétablie et un pouvoir central plus vigoureux, on enregistre sous les Carolingiens un extraordinaire essor du « pouvoir législatif ». L'ensemble de l'Empire y est soumis, ce qui permet de retrouver un ordre juridique qui se veut applicable à tous. Il y a là un critère essentiel dans la définition de l'Etat qui doit, pour s'affirmer, pouvoir imposer un ensemble uniforme de règles de droit.

L'ensemble des textes normatifs élaborés à l'époque sont qualifiés du terme générique de ***capitulaire*** parce que divisés en petits chapitres (***capitula***). Ils peuvent avoir soit une portée générale, soit une portée plus particulière. Ceux qui ont valeur générale disposent dans une matière très large ou pour un vaste territoire. Ils ont une existence autonome, indépendante des textes existants. Leur autorité dérive du seul pouvoir du roi et ils sont souvent renouvelés par lui dans la mesure où ils n'ont pas valeur perpétuelle. On les qualifie de ***capitularia per se scribenda***. Leur objet varie à l'infini, mais il concerne en général le ***regnum*** et, plus particulièrement, tout ce qui touche aux structures politiques, administratives, judiciaires et militaires. A l'intérieur d'un même capitulaire, plusieurs affaires peuvent être traitées de manière plus ou moins ordonnée.

Les capitulaires à portée particulière sont variés. Certains ne font que modifier ou compléter les anciennes lois nationales, en particulier les lois des Francs. Pour cette raison, on les appelle ***capitularia legibus addenda***. Semblables modifications étaient soumises à l'approbation du peuple intéressé, puis l'empereur les promulguait dans un capitulaire spécial qui n'avait valeur que pour le peuple concerné. Le nouveau texte, ainsi rédigé, se trouvait incorporé à la loi nationale.

Certains autres de ces capitulaires ne sont applicables qu'à l'Eglise (***capitularia ecclesistica***). Du fait de l'interpénétration profonde entre spirituel et temporel, le monarque peut et doit légiférer dans ce domaine. Enfin, il convient de relever bon nombre de capitulaires adressés aux missi (***capitularia missorum***) dont l'objet est extrêmement varié.

Ainsi, grâce aux capitulaires applicables à tout l'Empire, la législation carolingienne tend à devenir de plus en plus uniforme mais il est non moins évident que l'aspect parcellaire qui caractérisait la législation mérovingienne subsiste, en particulier avec les *capitularia legibus addenda* qui sont le parfait reflet d'un ordre juridique encore très imparfait. Comment cet ordre juridique était-il sanctionné ?

§ 3. – UNE ORGANISATION JUDICIAIRE PLUS RATIONNELLE ET PLUS HOMOGÈNE

Pour le souverain carolingien, juger est à la fois un droit et un devoir. Les capitulaires de Charlemagne rappellent toujours que ceux à qui est donné le pouvoir de juger, en particulier l'Empereur, doivent assurer à chacun sa loi, le respect de ses droits et de son statut juridique. Il y a là reconnaissance d'un pluralisme juridique que combat Louis le Pieux, influencé, tout spécialement, par Agobard, mais cette diversité ne disparaît pas vraiment pour autant. Néanmoins, avec une organisation judiciaire qui devient plus homogène, les disparités ont tendance à s'émousser. L'Empereur, surtout Charlemagne, veille de près à l'organisation des structures judiciaires. Si elles demeurent, dans l'ensemble, les mêmes qu'à l'époque mérovingienne, il a à cœur d'améliorer le système. Conscient qu'il est très difficile, même en s'appuyant sur les ***missi dominici***, de surveiller effectivement de près les comtes et les autres agents, il a la grande habileté de prendre le problème de biais en modifiant la composition du ***mallus*** (A), puis en limitant les pouvoirs du comte (B) et en essayant, tout comme le feront aussi ses successeurs, de rendre plus rationnelle la procédure (C).

A. MODIFICATION DE LA COMPOSITION DU MALLUS. C'est un des aspects les plus intéressants de l'œuvre de Charlemagne. Jusque là, la caractéristique essentielle du ***mallus*** est d'être composé de l'ensemble des hommes libres sur le territoire duquel s'exerce la justice. Ils ratifient, par leurs acclamations ou leur approbation tacite, la sentence rendue par les ***rachimbourgs***. En fait, la charge est trop lourde pour ces hommes libres qui ne peuvent toujours se rendre au tribunal. De plus, les comtes les frappent d'une lourde amende en cas d'absence.

Charlemagne promulgue plusieurs capitulaires qui réduisent à trois sessions par an l'obligation de présence. Les procès importants y sont tranchés. Pour les autres affaires, le ***mallus*** siège environ tous les quarante jours, mais la présence n'est plus obligatoire que pour les juges, les plaideurs et les témoins. D'autre part, l'Empereur s'efforce de substituer aux ***rachimbourgs*** des juges nouveaux, permanents, les ***scabini*** (échevins). Leur nombre est de douze. Ils sont nommés à vie et inamovibles, dans un souci de rendre la justice indépendante. Obligés d'assister à toutes les sessions de tous les tribunaux publics du comté (cour du centenier, ***mallus*** du comte, assises des ***missi***), ils acquièrent rapidement une formation. Le comte ne peut plus modifier la composition du tribunal, ce sont les missi ou l'empereur qui procèdent aux nominations. L'arbitraire est donc limité et le contrôle impérial assuré. Si les *scabini* ne sont pas pour autant des juges professionnels, il convient de souligner, qu'avec eux, le vieux principe de la justice populaire tend à s'effacer devant le principe d'une justice publique d'Etat. Toutes ces réformes annoncent la naissance progressive d'un véritable service public de la justice.

B LIMITATION DES POUVOIRS DU COMTE. Deux moyens sont utilisés pour y parvenir. Charlemagne s'efforce, tout d'abord, de limiter sa compétence. Une extension considérable est donnée à la compétence du tribunal du palais. En relèvent désormais, en première instance, toutes les causes capitales, tant ***ratione personae*** (agents royaux, grands propriétaires, évêques, abbés et tous les individus placés directement sous le ***mundium*** de l'empereur) que ***ratione materiae*** (crimes particulièrement graves, trahison, désertion). Dans tous les cas, le souverain demande au comte de lui remettre les coupables. Mais une telle extension rencontrait des limites du fait de l'immensité de l'Empire et des difficultés auxquelles se heurtaient les justiciables pour se rendre au prétoire impérial. Aussi, pour abaisser encore davantage la compétence comtale, il est décidé que le comte ne présiderait le ***mallus*** que pour les affaires les plus importantes (***causae***

majores) et que pour toutes les autres (***causae minores***), la présidence serait assurée par le viguier ou le centenier. Enfin, il est possible de saisir la juridiction du palais chaque fois que le tribunal du comte a refusé de juger ou si un justiciable estime qu'il est victime d'une sentence injuste. Le juge qui a rendu la sentence est alors mis en accusation devant le tribunal du palais. Il y a là une procédure qui annonce l'appel.

Le second moyen utilisé pour diminuer la compétence de la justice du comte consiste à lui interdire l'accès de certains territoires qui bénéficient d'un privilège accordé par l'empereur : l'immunité. Dès lors, ces territoires constituent une véritable enclave qui échappe, pratiquement, à tout contrôle des agents impériaux.

C. TENTATIVE POUR RENDRE LA PROCÉDURE PLUS RATIONNELLE. Les réformes, si elles sont moins spectaculaires n'en sont pas, pour autant, négligeables. Elles concernent deux points essentiels.

Mise en marche de l'instance. C'est dans le domaine pénal qu'un progrès est enregistré. Les Carolingiens s'efforcent de retrouver la tradition romaine de la procédure inquisitoire et font admettre l'idée que le juge peut se saisir lui-même, même s'il n'y est pas invité par la victime. Il y a là un progrès considérable dans l'affirmation des pouvoirs de l'Etat en matière de justice.

Rationalisation du système des preuves. Charlemagne réagit contre la procédure des ordalies et s'efforce d'introduire des systèmes de preuve plus rationnels tels que l'interrogation des témoins, la production d'écrits et le recours à la procédure d'enquête chaque fois que la cause est réputée concerner une infraction à un ordre du roi. Le juge doit alors prescrire aux parties de produire leurs preuves de manière uniquement rationnelle. On trouve des échos de ces tendances dans des écrits théoriques, tels ceux d'Agobard qui s'élève contre le duel judiciaire.

Quelle est, en définitive, la portée pratique de toutes ces réformes ? La justice connaît plus de régularité avec les échevins qui sont des juges permanents. En théorie, elle a aussi plus d'indépendance mais, en fait, les échevins sont souvent des vassaux du comte et, en conséquence, ils lui sont de plus en plus soumis, même s'ils ne sont pas nommés par lui. Donc, en pratique, ces réformes ont des conséquences limitées. Cependant, il convient de ne pas en minimiser l'importance car elles permettent, pour un temps, à une justice d'Etat de fonctionner, dotée d'une organisation homogène, propre à contribuer à l'uniformisation du droit, dans un Empire réunifié grâce à la collaboration de l'Eglise.

SECTION 3

COLLABORATION ÉTROITE AVEC L'EGLISE

Elle remonte à l'accession de Pépin le Bref à la royauté. Cette collaboration aboutit, sous Charlemagne et Louis le Pieux, à une véritable réadaptation des structures ecclésiastiques (§ 1), facilitée par le fait que l'empereur légifère en ce domaine. Mais cette collaboration dépasse très largement les structures, elle concerne aussi l'action quotidienne de l'Eglise (§ 2).

§ 1. – LA RÉADAPTATION DES STRUCTURES

Comme dans le domaine politique et administratif, l'idée de hiérarchie préside à leur réorganisation. L'Eglise des temps carolingiens s'articule autour de la hiérarchie séculière. Cette hiérarchie est en fait très ancienne, fondée sur une tradition de l'Antiquité. Les Carolingiens retrouvent dans la ***Dionysiana*** les principaux textes relatifs à ce problème. Métropole, diocèse et circonscriptions inférieures ne font que continuer une longue tradition.

A. LA MÉTROPOLE ET LE MÉTROPOLITAIN. Les Carolingiens veulent remédier à la crise qu'ont connue les métropolitains à l'époque mérovingienne. Leur nombre est accru (une vingtaine) et, pour fortifier leur autorité, le titre d'archevêque leur est reconnu. Il leur est conféré par la papauté. Après leur installation, ils se rendent à Rome pour y recevoir le symbole de leur autorité, le ***pallium***, ornement de laine blanche marqué de croix noires. A côté de ses anciens pouvoirs qu'il conserve, l'archevêque en reçoit de nouveaux, en particulier dans le domaine judiciaire. Compétence lui est reconnue en appel au regard des décisions des évêques. Cet ensemble de réformes se traduit par un sursaut des provinces ecclésiastiques. Il y a là un effort de centralisation évident, parallèle à celui qui s'opère sur le plan laïc. Mais une résistance très vite se manifeste du côté des évêques.

B. LE DIOCÈSE. Il est, dans le domaine ecclésiastique, ce qu'est le comté dans le domaine civil. L'évêque, comme le comte, représente le roi, ce qui renforce l'idée de collaboration. Mais, en plus, il jouit d'un ministère propre. Pour sa désignation, les tendances de l'époque mérovingienne s'accentuent, l'empereur essaye de la contrôler et joue, pour cela, du fait que de sa qualité, il participe à la vie de l'Eglise. Ainsi, intervient-il au moins trois fois dans la procédure de désignation. Avant l'élection, le clergé doit solliciter la permission de choisir un nouvel évêque (***licencia eligendi***). Pendant l'élection, l'empereur fait surveiller la régularité des opérations et envoie un évêque visiteur. Enfin, l'évêque élu, non encore consacré, est présenté à l'empereur qui doit l'agréer. Si l'empereur l'accepte, le nouvel évêque doit lui faire promesse de fidélité. Alors, il peut être sacré.

L'empereur a voulu aller encore plus loin en assimilant ***episcopatus***, c'est-à-dire la fonction épiscopale et le patrimoine qui lui est affecté au ***comitatus***. Un tel rapprochement permettait de soumettre la désignation de l'évêque aux mêmes règles que celles en vigueur pour la désignation du comte.

Dans le cadre du diocèse, qui s'identifie souvent au ***pagus***, l'évêque devient un véritable auxiliaire du roi avec, en plus, des pouvoirs qui lui sont propres dans le domaine spirituel. Ils sont les mêmes que précédemment : pouvoirs d'ordre, de discipline et de juridiction.

Pour assurer toutes ces tâches, l'évêque est entouré de chanoines qui constituent le chapitre diocésain. Ce chapitre reçoit une part du patrimoine épiscopal, c'est la *mense capitulaire*, le reste, la *mense épiscopale*, étant réservé à l'évêque. Il faut souligner qu'à cette époque on rompt avec le principe de la période précédente d'unité du patrimoine ecclésiastique au niveau du diocèse. Ce patrimoine se fractionne entre les nombreuses églises rurales, ce qui leur permet d'assurer leur indépendance.

C. LES CIRCONSCRIPTIONS INFÉRIEURES DU DIOCÈSE. Elles sont contrôlées par l'évêque. Il s'agit de renforcer l'encadrement rural des églises, tant publiques, dans les bourgs (*vici*) que privées, sur les grands domaines. Le diocèse est divisé en ***archidiaconés*** avec, à sa tête, un archidiacre nommé par l'évêque. L'archidiaconé est lui-même subdivisé en ***doyennés***, constitués autour des églises des bourgs. Petit à petit, la communauté de prêtres qui est placée sous le contrôle de l'archidiacre éclate, chacun se fixe dans un village où se trouve une église. L'archiprêtre devient alors curé doyen et réside dans le ***vicus***, exerçant un contrôle sur les curés des paroisses rurales qui deviennent de plus en plus nombreux.

Grâce à une telle organisation de l'Eglise, les Carolingiens réussissent à faire pénétrer leurs idées jusqu'au plus bas niveau des groupes sociaux, en particulier à la campagne. Semblable organisation était en parfait accord avec le caractère profondément rural de la société carolingienne. Une fois de plus, les structures ecclésiastiques facilitent largement la collaboration avec le pouvoir politique. Cette collaboration s'étend aussi au niveau de l'action.

§ 2. – L'IMPLANTATION DE L'EGLISE DANS LE MONDE LAÏC

Ici encore, les Carolingiens savent largement utiliser l'Eglise. Elle rythme toute la vie de la société qui est une société de plus en plus chrétienne. A simplifier, on peut dire que son action quotidienne embrasse trois grands secteurs.

Sur le plan intellectuel, l'Eglise détermine, en grande partie, la renaissance carolingienne qui se traduit par un retour à la culture antique, biblique et patristique. Charlemagne est particulièrement bien conseillé par Alcuin. Il crée un réseau d'écoles qui utilise tous les degrés de la hiérarchie ecclésiastique : école palatine, écoles autour des églises épiscopales et monastiques, écoles autour des curés des *vici* et des villages.

Dans le domaine économique, les services de l'Eglise sont requis pour redonner vie à une économie en régression. Souvent, les monastères deviennent des relais sur les routes des marchands et des centres de foire. Par exemple, le monastère de Saint-Denis est doté d'importants privilèges : libre circulation, contrôle économique de la foire, possibilité de battre monnaie à l'effigie royale. Ces mêmes monastères sont aussi des centres importants d'exploitation rurale et de fabrication artisanale dans le système d'économie domaniale, si caractéristique des temps carolingiens.

L'activité judiciaire de l'Eglise, enfin, est considérable. Elle a ses propres tribunaux qui exercent, à la fois, leur compétence sur les ecclésiastiques et sur les laïcs.

Sur les clercs. Depuis un édit de 614 (Clotaire II), il était admis que les clercs bénéficiaient d'une très large immunité devant les tribunaux laïcs et, qu'en conséquence, ils devaient être traduits devant les tribunaux ecclésiastiques. Au civil, l'immunité de juridiction était complète pour les procès qui s'élevaient entre deux clercs (juridiction de l'évêque), pour les procès entre un clerc et un laïc, l'édit prévoyait un tribunal mixte où siégeaient le comte et l'évêque. Au criminel, l'édit distinguait selon le grade du clerc. S'il s'agissait d'un clerc mineur, le comte pouvait le juger. Si le clerc appartenait aux ordres majeurs, l'évêque était compétent. Cet édit prévoyait donc quelques exceptions à l'immunité, mais elles tombent en désuétude dans la deuxième moitié du IXe siècle. Désormais le clerc, quel que fût son grade, ne devait répondre des accusations formées contre lui qu'en cour d'église. C'est le privilège de clergie ou privilège du for.

Sur les laïcs. La compétence judiciaire de l'Eglise se développe. A côté de sa juridiction arbitrale qui remonte à l'Empire romain, sa juridiction disciplinaire s'affirme sans cesse. L'Eglise part du principe qu'il lui appartient de connaître de tous les péchés publics commis par les fidèles, en particulier ceux qui font scandale (homicide, inceste, adultère). Ainsi, l'Eglise contrôle tout ce qui touche au mariage et à la famille. Toutes ces affaires donnent lieu à une procédure inquisitoire et synodale, animée par l'évêque dans le cadre du synode.

A cela, il faut ajouter que grâce au système de l'immunité, des communautés ecclésiastiques entières, en particulier monastiques, peuvent exercer au nom de l'empereur, la presque totalité des prérogatives judiciaires.

A tous les niveaux, la collaboration entre l'Eglise et l'Etat transparaît. Les structures ecclésiastiques sont largement calquées sur les structures laïques et, le plus souvent, l'action de l'Eglise vient prolonger l'effort de restauration entrepris par les Carolingiens. Cette action n'est malheureusement pas suffisante et, malgré un retour favorisé par l'Eglise aux valeurs de l'Antiquité, certaines pratiques de l'époque précédente réapparaissent pour compromettre la restauration de l'Etat.

BIBLIOGRAPHIE

ALIBERT D., « Sacre royal et onction royale à l'époque carolingienne », *Anthropologies juridiques. Mélanges Pierre Braun*, Limoges, p. 19-44.

AUBRUN M., *Histoire de la paroisse rurale au Moyen Âge*, Paris, 1983.

BAUTIER R-H., « La chancellerie et les actes royaux dans les royaumes carolingiens », *B.E.C.*, 142, p. 5-80.

BAUTIER R., « Sacres et couronnements sous les Carolingiens et les premiers Capétiens. Recherches sur la genèse du sacre royal français », *A. B. S. H. F.*, 1989, p. 7-56.

BUR M., « Reims, ville des sacres », *Le sacre des rois*, Actes du Colloque international d'Histoire sur les sacres et couronnements royaux (Reims, 1975), Paris, 1985, p. 39-48.

CHÉDEVILLE A. et GUILLOTEL H., *La Bretagne des saints et des rois, Ve-Xe siècle*, Rennes, 1984.

CHELINI J., *L'aube du Moyen Âge. Naissance de la Chrétienté occidentale. La vie religieuse des laïcs dans l'Europe carolingienne (750-900)*, Paris, 1991.

CLASSEN P., *Karl der Grosse, das Papstum und Bysanz. Die Begrundung des karolingischen Kaisertums*, München, 1987.

CLERCQ C. de, *La législation religieuse franque de Clovis à Charlemagne (507-814)*, Louvain-Paris, 1936.

DEVISSE J., « Essai sur l'histoire d'une expression qui a fait fortune : *Consilium et auxilium* au IXe siècle », *Le Moyen Âge*, 1968, p. 179-205.

DEVISSE J., *Hincmar archevêque de Reims (845-882)*, Droz, Genève, 1976, 3 vol.

DEVISSE J., *Hincmar et la loi*, Dakar, 1962.

EHLERS J., « Carolingiens, Robertiens, Ottoniens : politique familiale ou relations fanco-allemandes », *Le roi de France et son royaume autour de l'An mil*, Parisse M. et Barral I Altet dir., Paris, 1992, p. 39-45.

FAVIER J., *Charlemagne*, Paris, 1999.

FOLZ R., *L'idée d'Empire en occident*, Paris, 1953.

FOLZ R., *Le couronnement de Charlemagne*, Paris, 1981.

GANSHOF Fr.-L., « Charlemagne et le serment », *Mélanges dédiés à la mémoire de Louis Halphen,* Paris, 1951, p. 259-270.

GANSHOF Fr.-L., « Contribution à l'étude de l'application du droit romain et des capitulaires dans la monarchie franque sous les Carolingiens », *Studi... E. Volterra*, III, Milan, 1956, p. 61 et suiv.

GANSHOF Fr.-L., « Recherches sur les capitulaires », *R.H.D.*, 35, 1957, p. 33-87.

GANSHOF F.-L., « Les liens de vassalité dans la monarchie franque », Rec. de la Soc. J. Bodin, I, *Les liens de vassalité,* Bruxelles, 1958, p. 153-169.

GANSHOF Fr.-L., « Charlemagne et l'administration de la justice dans la monarchie franque », *Karl der Grosse*, I, 1965, p. 394-419.

GANSHOF Fr.-L., « Charlemagne et les institutions de la monarchie franque », *Karl der Grosse*, I, 1965, p. 349-393.

GANSHOF Fr.-L., « Les réformes judiciaires de Louis le Pieux », *C.R.A.I.B.L.*, 1965, p. 418-427.

GUILLOT O., « L'exhortation au partage des responsabilités entre l'empereur, l'épiscopat et les autres sujets vers le milieu du règne de Louis le Pieux », *Prédication et propagande au Moyen Âge*, Paris, 1983, p. 87-110.

GUILLOT O., « Remarques sur le sens du mot *princeps* au temps de Charlemagne », *Pouvoir, Justice et Société*, Cahiers de l'I.A.J., 4, Limoges, 2000, p. 327-353.

HALPHEN L., « L'idée d'Etat chez les Carolingiens », À *travers l'histoire du Moyen Âge*, Paris, 1950, p. 92-104.

HALPHEN L., *Charlemagne et l'Empire carolingien*, Paris, 1949, rééd. 1995.

IMBART DE LA TOUR L. *Les paroisses rurales du Ve au IXe siècle*, Paris, 1983, rééd.

IMBERT J., « Le droit romain dans les textes juridiques carolingiens », *Studi in onore di Pietro di Francisci***,** III, Milan, 1954, p. 61 et suiv.

IMBERT J., « Le pouvoir législatif dans l'Église carolingienne », *Année canonique*, 1979, p. 589-601.

IMBERT J., « Les références au droit romain sous les Carolingiens », *R.H.D.*, 73, 1995, p. 163-174.

IMBERT J., *Les temps carolingiens (741-891)* ; I, *L'Église : les institutions* ; II, *La vie des fidèles*, coll. *Histoire du droit et des institutions de l'Église en Occident,* Le Bras G. et Gaudemet J. dir., Paris, 1994 et 1996.

Karl der Grosse, Braunfels W. dir., 4 vol., Dusseldorf, 1965-1967.

LE JAN R., *Famille et pouvoir dans le monde franc (VIIe-Xe siècle). Essai d'anthropologie sociale*, Paris, 1995.
LE JAN R., *La royauté et les élites dans l'Europe carolingienne (du début du IXe siècle aux environs de 920)*, Centre d'histoire de l'Europe du Nord-Ouest, 17, 1998.
LESNE E., *Histoire de la propriété ecclésiastique en France*, 8 vol., Lille, 1910-1943.
LEWIS A. W., « Successions ottoniennes et robertiennes : un essai de comparaison », *Le roi de France et son royaume autour de l'An mil*, Parisse M. et Barral I Altet dir., Paris, 1992, p. 47-53.
MAGNOU-NORTIER E., *Foi et fidélité. Recherches sur l'évolution des liens personnels chez les Francs du VIIe au IXe siècle,* Toulouse, 1976.
MAGNOU-NORTIER E., « La terre, la rente et le pouvoir dans les pays de Languedoc pendant le haut Moyen Âge », *Francia*, 9, 1981, p. 79-115 ; 10, 1982, p. 21-66 ; 11, 1983, p. 53-118.
MAGNOU-NORTIER E., « *Lex et consuetudo*. Enquête sur les sources législatives carolingiennes », *Coutumes et libertés*, Mém. et Trav. de la Soc. d'Hist. du Droit des Anc. pays de droit écrit, 14, 1988, p. 197-207.
PERROY E., *Le monde carolingien*, Paris, 1974.
SASSIER Y., « L'utilisation d'un concept romain aux temps carolingiens : la *res publica* aux IXe et Xe siècles », *Médiévales*, 14, 1998, p. 17-29.
SASSIER Y., « Le roi et la loi chez les penseurs du royaume occidental du deuxième quart du IXe siècle à la fin du XIe siècle », *Cahiers de la civilisation médiévale*, 43, 2000, p. 257-273.
SOT M., « Hérédité royale et pouvoir sacré avant 987 », *A.E.S.C.*, 1988, p. 705-733.
SOT M., *Un historien et son église au Xe siècle : Flodoard de Reims*, Paris, 1993.
TEISSIER G., *Charlemagne*, Paris, 1967.
ULLMANN W., *The carolingian Renaissance and the idea of Kingship*, Londres, 1969.
VEYRAD-COSME C., « Réflexion politique et pratique du pouvoir dans l'œuvre d'Alcuin », *Penser le pouvoir au Moyen Âge (VIIIe-XVe siècle),* Études d'histoire et de littérature offertes à F. Autrand, Boutet D. et Verger J. dir., 1999, p. 401-425.
WERNER K.-F., *Structures politiques du monde franc (VIe-XIIe siècle)*, Variorum Reprints, Londres, 1979.
WERNER K. F., « Missus-marchio-comes. Entre l'administration centrale et l'administation locale de l'Empire carolingien », *Histoire comparée de l'administration (IVe-XVIIIe siècle)*, Actes du IVe colloque historique franco-allemand de l'Institut Historique Allemand de Paris, Tours, 27 mars-1er av. 1977 ; Paravicini W. et Werner K.-F. dir., München, 1980, p. 191-239.
WERNER K.-F., « Les Robertiens », *Le roi de France et son royaume autour de l'An mil*, Parisse M. et Barral I Altet dir., Paris, 1992, p. 15-26.
WERNER K.-F., *Naissance de la noblesse,* Paris, 1998.

CHAPITRE II

L'EMPIRE ÉCLATÉ

Les signes annonciateurs de cette évolution commencent à se manifester à partir de l'année 822, date à laquelle est remise en cause l'***Ordinatio imperii*** de 817. C'est un tournant dans l'histoire des Carolingiens mais l'évolution vers l'échec était conditionnée, depuis bien longtemps, par toute une série de facteurs. Quelles sont les causes (Section 1), puis les manifestations de cet échec (Section 2) ?

SECTION 1

LES CAUSES

La première série est liée à la mentalité de l'époque, les Carolingiens, malgré la renaissance de la notion romaine de ***Res publica***, ne peuvent se dégager totalement des conceptions germaniques qui conduisent à un nouvel émiettement du pouvoir facilitant son appropriation (§ 1). La seconde série touche à l'évolution économique et politique, à la fois. L'économie est à peu près exclusivement fondée sur la terre, seule source de richesse et de puissance. Dans un tel système, la concession de terres, de tenures, devient un véritable moyen de rémunération et une source considérable de puissance (§ 2). Enfin, ces concessions rattachent, à ceux qui les font, ceux qui en bénéficient. Ainsi se confirme l'importance des liens personnels. La dépendance des hommes entraîne la constitution de réseaux vassaliques qui l'emportent sur la soumission que les sujets doivent à l'empereur en tant que représentant de l'Etat (§ 3).

§ 1. – L'ÉMIETTEMENT DU POUVOIR FACILITE SON APPROPRIATION

Déjà, en 806, Charlemagne avait prévu, pour sa succession, le partage du royaume entre ses fils dont un seul survécut. Si le problème du partage ne se posa pas alors, il ne peut être éludé au lendemain de la mort de Louis le Pieux (A). Ainsi, au plus haut niveau, les conceptions patrimoniales s'affirment de nouveau et ne manquent pas d'avoir de graves conséquences sur l'ensemble de la hiérarchie administrative où les délégations de prérogatives de puissance publique encouragent les tendances à l'appropriation (B).

A. LE PARTAGE DE L'EMPIRE

L'***Ordinatio imperii*** de 817 est un acte capital. Le terme choisi est, à lui seul, significatif d'une volonté. On évite d'utiliser celui de ***divisio*** pour bien montrer qu'il s'agit, avant tout, de préserver l'unité en mettant en ordre l'Empire, en l'organisant mieux afin d'éviter son éclatement. A l'image de la Cité de Dieu, l'Empire doit rester un pour assurer, avec l'appui de l'Eglise, le salut du peuple chrétien fédérateur de toutes les races. C'est « *inspiré par la puissance divine* » que Louis le Pieux et son entourage rédigent en 817 cet acte solennel afin de ne pas « *laisser rompre, en procédant à un partage* » l'unité de l'Empire. En théorie, il n'y a donc point partage, mais nouvelle organisation du pouvoir et des territoires sur lesquels il s'exerce. Au terme de cette décision, Lothaire, fils aîné de Louis le Pieux, immédiatement associé à l'Empire, devait seul, à la mort de son père, recevoir la dignité impériale et toutes ses prérogatives. C'était là un moyen de maintenir, juridiquement, l'unité de l'Empire qui, territorialement, serait cependant divisé. Lothaire en conserverait la plus grande partie, ses deux frères recevant chacun en compensation un royaume résultant du démembrement : Pépin, l'Aquitaine et Louis, la Bavière. Mais tous deux n'auraient que le titre de roi et devraient gouverner sous la tutelle de leur frère.

Ce projet est en fait remis en cause par le veuvage puis le remariage, en 819, de Louis le Pieux et la naissance d'un quatrième fils Charles, auquel l'empereur décide de constituer une part, d'où une révolte des trois frères qui déposent leur père en 832, rétabli dans son pouvoir en 834. Pépin meurt peu après et Louis le Pieux en profite pour augmenter la part de Charles, avant de mourir en 840. Une guerre s'ensuit entre Lothaire l'aîné, qui tire argument du principe de l'unité et ses deux frères survivants, Louis et Charles qui réclament le partage en se fondant sur le règlement de 817.

Ils s'unissent et s'engagent devant leurs troupes, à Strasbourg, à se soutenir. Ils le font par serment, le 14 février 842. Le texte de ce serment, le « Serment de Strasbourg », outre qu'il présente un intérêt linguistique fondamental (prêté en langue tudesque et en langue romane, il est notre premier document en langue vulgaire), fait totalement abstraction des notions politiques cardinales. Les termes d'empereur, de roi et de royaume ne sont jamais utilisés. Occupent le devant de la scène, les engagements personnels et les liens d'homme à homme. Ainsi s'effaçait, déjà, la ***Res publica*** et l'Etat au profit des princes à venir.

Face à cette coalition, Lothaire vaincu finit par demander la paix mais au prix d'un partage de l'Empire que les trois frères, réunis au Nord de la Saône en 842, décident de mettre en œuvre « *aussi également que possi-*

ble ». Finalement, après avoir réuni une commission de 120 experts, accord se fit à Verdun en 843. Même à ces experts, il était difficile de connaître territorialement tout l'Empire dans son immensité. Autant que de territoires, d'évêchés, d'abbayes, de droits et de revenus, c'est aussi d'hommes qu'il s'agit, avec toutes les fidélités qu'ils représentent. Une restructuration du pouvoir était en cours, fondée avant tout sur les liens personnels.

Au terme de ce traité, dont le texte original est perdu, l'Empire se trouvait partagé en trois parts, dans le sens méridien. A l'Ouest, le territoire dévolu à Charles le Chauve s'étend de l'Ebre jusqu'à l'embouchure du Rhin et se trouve limité à l'est par **la frontière des quatre fleuves** (le Rhône, la Saône, la Meuse et l'Escaut). A l'Est du Rhin, s'ouvre le royaume de Louis, concentré de la Saxe à la Bavière jusqu'à l'Italie du Nord avec une enclave notable à l'Ouest du fleuve, dans le Palatinat. Entre ces deux vastes unités et comme étiré en une étroite bande depuis la Frise jusqu'à l'Italie centrale, s'allonge le royaume de Lothaire, qualifié de Lotharingie (Lorraine). Très représentative de l'Empire avec deux capitales, Aix-la-Chapelle et Rome, berceau de la dynastie franque aussi, elle devait se révéler très difficile à administrer et à défendre en raison de sa configuration tout en longueur. Voilà pourquoi elle se scinde rapidement en trois royaumes, en 855, à la mort de Lothaire.

Les motivations profondes auxquelles ont obéi les auteurs du traité de Verdun sont difficiles à déceler. Néanmoins, il ne fait aucun doute que le partage en trois de l'Empire répond à quelques grands principes. La volonté est évidente, dans ces trois parts étirées du Nord au Sud, d'équilibrer la part de chacun tant en fonction des zones climatiques que des richesses et des peuples de l'Empire avec leurs langues et leurs coutumes. Les considérations fiscales et financières sont aussi très présentes et rappellent que chacun des trois frères doit pouvoir jouir de revenus suffisants pour doter partisans et fidèles. Enfin et surtout peut-être, la volonté politique domine qui fait que chacun reçoit une part au cœur de l'héritage franc et du berceau de la dynastie avec des régions bien implantées autour des différentes résidences royales : Paris, Compiègne et Laon pour Charles, Liège et Aix pour Lothaire, Francfort et Worms pour Louis.

Que retenir de ce partage ? Certes, le titre impérial subsiste mais l'Empire n'est plus qu'une façade et l'unité a disparu. Chaque prince est en fait indépendant, malgré une certaine concertation jusqu'à la mort de Lothaire en 855. A partir de ce moment-là, se dessinent cinq royaumes qui ont une existence propre. Ainsi au lendemain de Verdun, égalité et indépendance sont-elles de fait consacrées entre les différents ***reges***. L'Empire, reconstitué par Charlemagne, n'existe plus en tant que tel et Lothaire n'en contrôle plus, territorialement, que le tiers. Cet aspect, incontestablement négatif du partage, ne doit cependant pas masquer certaines de ses conséquences favorables à long terme. Beaucoup trop étendu, composite sur le plan ethnique et géographiquement très divers, l'Empire était devenu un ensemble ingouvernable. Les royaumes indépendants qui naissent de son démembrement même s'ils sont encore trop vastes, correspondent à une première manifestation, indispensable, d'adaptation aux nécessités du temps. La dynamique issue des événements de l'an 800 était à bout de souffle. Désormais, le temps n'était plus aux conquêtes et à l'expansion, mais à la naissance de royaumes aux dimensions plus modestes. Mieux adaptés aux nécessités d'un gouvernement avant tout fondé sur les rapports personnels, ils permettaient de mieux recentrer, sur des unités plus restreintes, toutes les ressources et les capacités disponibles.

C'est ainsi que naît, de ce partage de 843, le territoire qui donna naissance à la France à partir du royaume attribué à Charles. Pendant longtemps appliquée à une aire géographique variable, mais pour l'essentiel située à l'Ouest du Rhin et dans les régions du Nord de la Loire, le terme ***Francia*** (pays des Francs, ***Franci***) est largement utilisé, au lendemain du traité de Verdun, pour désigner les trois royaumes issus de l'Empire. On parle alors d'une ***Francia occidentalis***, d'une ***Francia media*** et d'une ***Francia orientalis***. Puis, avec le partage du royaume de Lothaire, l'appellation de ***Francia media*** disparaît, tandis qu'on oppose de plus en plus la ***Francia occidentalis*** (ou encore ***latina, gallica*** ou ***romana***) à la ***Francia Orientalis***, expression que les rois germaniques délaissent peu à peu pour lui préférer les noms des différents duchés sur lesquels ils règnent. Alors, le terme ***Francia*** se trouve, en quelque sorte, recentré et désigne le seul territoire qui avait été le ***regnum*** de Charles. Au siècle suivant, le ***regnum Francorum***, c'est aussi le ***Regnum Franciae***, la France dont le destin commence alors à se dessiner. Mais Charles le Chauve qui règne jusqu'en 877 sur cette partie occidentale de l'Empire éprouve bien des difficultés à assurer son pouvoir, tant renaissent certaines pratiques qui avaient dominé toute l'histoire des temps mérovingiens. Même si le legs de l'Empire demeure encore très présent et si cette forme politique est devenue un modèle de référence, le pouvoir et surtout la manière de l'exercer s'éloignent de plus en plus de l'idée que s'en étaient faite les restaurateurs de la ***Res publica.***

On a donc un émiettement complet du pouvoir au sommet. L'empire est considéré comme un patrimoine dans la main du prince. Cet émiettement accentue encore davantage l'appropriation du pouvoir dans la mesure où chaque héritier considère que, tenant ce patrimoine de son père comme un bien héréditaire, il peut en disposer librement. Chaque prince a moins le sentiment de gouverner l'Etat que celui d'administrer son propre patrimoine. Le même phénomène se retrouve à tous les échelons de la hiérarchie politique et administrative.

B. TENDANCE À L'APPROPRIATION DES PRÉROGATIVES DE PUISSANCE PUBLIQUE

Le souverain des premiers temps carolingiens délègue, avec possibilité de les reprendre toujours, les prérogatives de puissance publique à ses agents, les comtes en particulier (1) ou à de grands dignitaires auxquels il confie le soin d'administrer, à sa place, leur domaine placé sous immunité (2).

1. – *Les comtes*. Depuis l'époque mérovingienne, ils détiennent leur fonction à titre d'***honor***, temporaire et révocable. Les comtes carolingiens, souvent choisis parmi les fidèles du palais tendent à former une aristocratie

mais, au temps de Charlemagne, l'empereur reste maître du choix, encore que souvent, un fils de comte entre dans la carrière, mais dans un autre comté. Alors, les abus commencent à se manifester. Les comtes qui ont déjà reçu de l'empereur des dotations foncières s'efforcent d'acquérir de nouvelles terres à l'intérieur de leur comté, réunissant ainsi puissance économique et puissance politique. Ils consolident leur situation avec Louis le Pieux dont le règne est marqué par une forte tendance à l'inamovibilité. Elle s'accentue avec le partage de l'Empire, en 843.

Charles le Chauve s'engage alors à ne plus révoquer les comtes sans juste motif reconnu par jugement préalable rendu dans le cadre du plaid. Cette nouvelle pratique ouvre la voie à l'hérédité, le roi prenant l'habitude, à la mort d'un comte, de conférer le comté à son fils. La manifestation la plus patente de cette évolution est le capitulaire de Quierzy-sur-Oise en 877. C'est une mesure de circonstance, mais très importante. Charles le Chauve, sur le point de partir pour une expédition militaire en Italie, prend des dispositions afin de régler le sort des comtés qui deviendraient vacants durant son absence, tout spécialement ceux des comtes qui l'accompagneraient en Italie et y mouraient pendant l'expédition. Il est prévu qu'ils seraient remplacés par leur fils, au moins de manière temporaire.

A partir de cette décision, la tendance à l'hérédité des fonctions s'accentue. Elle conduit, progressivement, à une véritable appropriation des charges publiques qui incite tout comte en fonction à demander souvent au roi de lui associer son fils de son vivant. Se constitue ainsi une aristocratie comtale puissante qui a tendance à considérer qu'elle est propriétaire des ***honores*** et qu'elle peut exercer, comme elle l'entend, les prérogatives de puissance publique qui lui ont été, au départ, déléguées par l'empereur.

2. – *L'immunité*. On appelle charte d'immunité, un diplôme (acte royal) par lequel le roi ou l'empereur plaçait ceux qui en bénéficiaient – le plus souvent de hauts dignitaires ecclésiastiques – ainsi que leurs terres, en dehors de la puissance de ses agents.

Origine. Il faut la rechercher dans le Bas-Empire romain, où le domaine de l'Etat, le fisc, jouissait d'un régime privilégié. Ses terres et ses habitants bénéficiaient, en particulier, d'une complète exemption fiscale. Les souverains mérovingiens héritent de cette exemption quand ils mettent la main sur les domaines publics de la Gaule, ils l'étendent aussi à toutes les terres confisquées des Gallo-romains et réunies au fisc. Mais cette exemption, fiscale au départ, devient aussi judiciaire, les habitants du fisc ne sont plus justiciables des tribunaux publics que présidaient les juges royaux. Le droit de rendre la justice y est délégué au régisseur du domaine qui exerce pouvoirs d'autorité et de contrainte. Ces privilèges sont alors considérés comme réels, c'est-à-dire attachés à la terre qui en bénéficie. Ils peuvent être aliénés avec le domaine. C'est de là que découle toute l'évolution. Aux VIe et VIIe siècles, le plus grand bénéficiaire de ces faveurs mérovingiennes, c'est l'Eglise. Sauf restriction, les concessions ainsi faites à un établissement religieux comprennent tous les droits qui sont attachés à la terre concédée, c'est-à-dire l'immunité d'impôt et l'immunité judiciaire. Une telle dotation peut aussi bénéficier à un grand laïc et peut alors être consentie à titre héréditaire.

Les bénéficiaires s'efforcent souvent de faire étendre ces privilèges à la totalité de leurs terres, même à celles qu'ils n'avaient pas reçues en don. On voit aussi, souvent, le souverain accorder une immunité totale et perpétuelle à l'ensemble des biens d'une église. Ce qui n'était au départ que l'accessoire, l'immunité judiciaire, devient alors l'essentiel. Les agents royaux ne peuvent plus entrer dans les domaines immunistes pour y tenir des assises judiciaires, percevoir des amendes, procéder à des confiscations, exercer le droit de gîte, c'est-à-dire se faire héberger et nourrir avec leur suite. Le propriétaire immuniste remplace l'agent royal. Il exerce, à sa place, les prérogatives de puissance publique et perçoit les droits qui pouvaient être exigés par lui.

Contenu de l'immunité. Le système se généralise au point d'englober la presque totalité des terres ecclésiastiques. Les diplômes de concession et de confirmation se multiplient, deviennent globaux et concernent l'ensemble des terres du bénéficiaire. Ils bénéficient surtout aux ecclésiastiques. A partir de Charlemagne, il n'y a pratiquement plus d'immunité concédée à des laïcs. Deux caractéristiques dominent à partir de ce moment-là l'institution.

— La nature des droits concédés se précise. L'***immunitas*** peut alors être définie comme un privilège par lequel un domaine précis ou, plus souvent, la totalité des domaines appartenant à une église, sont soustraits à l'action des agents du roi. Le maître de ces domaines, directement responsable devant le souverain, assure lui-même tous les services administratifs et judiciaires. Le comte, représentant direct du roi, ne peut plus, sous aucun prétexte, pénétrer sur le territoire de l'immuniste, qualification donnée au bénéficiaire de la concession.

— La liste des pouvoirs de l'immuniste s'allonge. En tout premier lieu, ces pouvoirs sont judiciaires mais, en fait, un certain partage s'instaure entre l'immuniste et le comte. Pour les ***causae minores***, l'immuniste est compétent. Pour les ***causae majores***, il ne peut qu'arrêter les délinquants et les traduire devant le tribunal public du comte le plus voisin, hors du territoire de l'immunité. Dans le domaine fiscal, l'exemption est plus complète. L'immuniste, représentant direct du roi, lève sur ses administrés les impôts que le souverain pouvait percevoir et exige d'eux prestations et corvées dues au roi en temps de guerre. Il perçoit les amendes infligées par son tribunal où celles infligées aux criminels présentés au juge public. Théoriquement, ces perceptions sont faites pour le roi, mais l'immuniste a de plus en plus tendance à se les réserver. Dans le domaine militaire, enfin, il se substitue au comte et exerce ses pouvoirs.

Conséquences. En soustrayant les terres immunistes au contrôle comtal, les souverains carolingiens croyaient ne rien perdre et réduire l'influence grandissante des comtes. L'idée était juste au départ, mais, au fur et à mesure que le pouvoir central s'affaiblit, le contrôle de l'empereur sur les souverains immunistes ne cesse de s'effriter. La générosité des souverains est excessive. Ils abandonnent tous les profits à l'immuniste, le dispensent du paiement des impôts et allègent ses charges. De tels privilèges excitent les laïcs et, surtout les comtes qui acceptent mal une telle amputation de leur pouvoir.

L'immuniste devient un serviteur moins dévoué et moins fidèle. Il tend à se rendre indépendant. Accablé de tâches, il ne peut lui-même assurer toutes ses prérogatives. Pour cela, il installe dans le cadre de son immunité une administration semblable à celle des pouvoirs publics, la contrôle de moins en moins et, comme il ne peut ni prononcer, ni exécuter une sentence impliquant la peine de mort, ni conduire une troupe au combat, il délègue toutes ces fonctions à des laïcs : l'***advocatus***, avoué pour l'abbé et le ***vice dominus***, vidame pour l'évêque qui, l'un et l'autre, deviennent très indépendants.

En définitive, il y a bien, là encore, appropriation des prérogatives de puissance publique. Avec l'immunité, qui constitue un rouage supplémentaire dans le fonctionnement de l'administration, l'empereur contrôle encore moins bien des pouvoirs qu'au départ il a délégués. De grands propriétaires exercent ainsi, sur leurs terres, tous les attributs de la puissance publique. Il y a aussi emprise de plus en plus forte de l'aristocratie sur les biens d'Eglise par l'intermédiaire des vidames et des avoués qui reçoivent de larges concessions foncières.

§ 2. – LES CONCESSIONS DE TERRES FACILITENT LEUR UTILISATION À DES FINS POLITIQUES

L'importance du poids de la terre, tant au niveau de l'économie que du politique se fait toujours plus lourdement sentir. Source presque unique de revenus, elle est aussi source de puissance. Cette évolution, déjà très nettement perceptible au niveau du grand domaine (A), s'accentue encore à l'occasion de la concession de tenures, opération dont le but, au départ essentiellement économique, recouvre de plus en plus une réalité politique (B).

A. LE GRAND DOMAINE (*VILLA*), ÉLÉMENT ESSENTIEL DE L'ÉCONOMIE CAROLINGIENNE, DEVIENT AUSSI UNE IMPORTANTE ASSISE DE PUISSANCE

Voilà qui pose trois questions :

1. – *Pourquoi l'économie est-elle principalement organisée autour du grand domaine* ? Trois éléments de réponse rendent compte, en partie au moins, de cette situation nouvelle.

L'évolution monétaire. Dès la période mérovingienne, la monnaie se fait de plus en plus rare. La monnaie d'or finit même par disparaître, le métal précieux étant thésaurisé ou servant exclusivement à la fabrication des bijoux. Dans ces conditions, Charlemagne décide, à la fin du VIIIe siècle, de mettre le droit en accord avec la réalité monétaire. Il procède à une réforme dans laquelle toute référence à l'or est abandonnée au profit d'un système fondé sur le monométallisme argent. L'unité de base est la livre de 491 g (unité de poids), divisée en 20 sous, le sou étant lui-même subdivisé en 12 deniers, soit 240 deniers par livre. Le denier est la seule espèce qui circule effectivement, le sou et la livre ne sont que des valeurs de référence, des monnaies de compte. La monnaie réelle, celle dont la circulation est effective, n'a qu'une très faible valeur puisque le denier pèse 491 g : 240 = environ 2 g 04.

La mutation de la vie urbaine. Le haut Moyen Age est une période de décadence de la vie urbaine. Ce déclin n'est pas nouveau. Il remonte au Bas-Empire, mais s'accentue du VIe au IXe siècle. Il se traduit à tous les niveaux. La topographie est bousculée, la démographie en recul. La superficie lotie et habitée diminue. Les villes les plus importantes ont au maximum une vingtaine d'hectares. Paris, dans l'île de la Cité, ne dépasse pas une dizaine d'hectares, tandis que la population des agglomérations les plus importantes du ***regnum*** ne paraît guère avoir excédé 5 000 habitants. Les institutions et la vie municipale sont, elles aussi, profondément bouleversées. La crise des curies (assemblées) de l'époque romaine est allée en s'accentuant, conduisant à la disparition à peu près complète, à l'époque carolingienne, des structures de l'administration des cités. La civilisation urbaine, qui avait caractérisé le monde de l'Antiquité, s'effondre. La ville est moins, désormais, une entité administrative et politique qu'un groupe d'individus contraints de faire face, ensemble, aux difficultés des temps.

Il faut cependant quelque peu nuancer ce tableau de déclin. S'il demeure vrai pour l'essentiel, certains noyaux urbains réussissent néanmoins à survivre et même à se développer, en particulier chaque fois qu'ils accueillent une église importante. Il en est ainsi de chaque ***civitas*** où se trouve l'évêque avec son église cathédrale. Il en va de même des centres qui ont accueilli, à leur périphérie, un monastère autour duquel s'organise un faubourg (***suburbium***). Bien souvent même, un monastère installé en zone rurale a été à l'origine d'une ville (Corbie, Saint-Denis). De manière plus générale, tout centre urbain qui a réussi à reconstruire ses fortifications est devenu un refuge et un lieu d'attrait pour les populations paysannes environnantes, constamment menacées par une insécurité peu propice aux transactions.

Le déclin du commerce. Tant la raréfaction de la monnaie que l'atonie progressive et souvent irrésistible des villes devaient amener une disparition à peu près complète du grand commerce. Les échanges se limitent pour l'essentiel à de petits centres, à de petits marchés, où les transactions concernent presque exclusivement les produits de première nécessité. Avec l'extérieur, les grands échanges sont à peu près interrompus dans la mesure où le ***regnum*** a peu à exporter et où l'installation des Arabes, sur presque tout le pourtour de la Méditerranée, a considérablement ralenti les échanges avec l'Orient. C'est à peine si on enregistre une certaine animation commerciale en direction des pays anglo-saxons et scandinaves par les ports du Nord et quelques timides échanges vers l'Italie, particulièrement avec Venise par les cols des Alpes.

Tout cela est peu. On est tombé du grand commerce qui avait animé le monde romain à une économie de petits marchés locaux où les transactions se limitent aux produits des grands domaines devenus les seuls centres d'impulsion de la vie économique et, souvent aussi, du pouvoir.

2. – ***Comment le grand domaine est-il organisé ?***

La *villa* ou grand domaine est une unité très vaste qui s'étend parfois sur plusieurs milliers d'hectares. Ces grands domaines appartiennent à l'empereur (démembrement de l'ancien ***fiscus*** romain), à de grands dignitaires laïcs mais, surtout, à l'Eglise et plus particulièrement à de grandes abbayes. Le système domanial – organisation de l'économie rurale en ***villae*** – se retrouve partout dans l'Empire comme en témoigne la toponymie, tout spécialement les noms de localités qui se terminent par le suffixe *ville, villers, villiers* ou *villars*. Tous ces grands domaines sont exploités selon des règles bien précises, avec obligation absolue de produire tout ce qui est nécessaire et, dans la mesure du possible, de dégager des surplus. Les tenures sont réparties en deux catégories.

La réserve (terra *dominicata* ou *indominicata*, de l'adjectif *dominicatus* du maître, du seigneur) est constituée par un ensemble de terres et de bâtiments que le maître exploite directement. On y trouve sa maison d'habitation, l'église privée, ainsi que tous les bâtiments d'exploitation et artisanaux (moulins, fours, pressoirs) avec, tout autour, champs, prairies, bois et friches. Il s'agit d'un ensemble tout à la fois agricole et artisanal. Ces terres sont travaillées, le plus souvent, par des esclaves appartenant au maître. Mais leur nombre étant insuffisant, le maître devait faire appel aux corvées des tenanciers auxquels il avait concédé des tenures.

Les tenures constituent des petites exploitations avec chacune une maison et des lots de terres cultivables. Ces tenures ou ***manses*** (*manere :* habiter) sont, d'abord, des unités d'exploitation, de quelques hectares à plusieurs dizaines, concédées à des tenanciers dont la qualité est variable : esclaves (manses serviles) ou colons qui sont des individus de condition semblable à celle des libres mais attachés à la terre (*manses ingénuiles*). Les manses sont ensuite des unités d'imposition. Le tenancier doit au maître des redevances annuelles de plusieurs types. Certaines, payables en numéraire, sont peu nombreuses. Les autres, payables en nature, représentent une part de la récolte. Il s'agit là du loyer de la terre, qui est généralement très bas. A côté de ces redevances, le maître tire des concessions de tenures, d'autres sources de revenus qui sont beaucoup plus importantes. Il s'agit des services gratuits que chaque tenancier doit accomplir pour son maître, sur la réserve. Ce sont les corvées de bras et de bêtes, services gratuits que le tenancier rend au maître pendant plusieurs jours dans l'année. Par toutes ces obligations que le maître fait peser sur le tenancier, on comprend comment le domaine a pu devenir source de puissance.

3. – ***Le grand domaine, source de puissance***

Il l'est à plusieurs titres. A côté des redevances et corvées qui renforcent considérablement la position du maître dans la société, trois autres facteurs viennent assurer, encore davantage, le contrôle qu'il assure sur ses tenanciers.

Dans le domaine de l'économie. En plus des revenus qu'il tire des terres concédées, le maître en perçoit d'autres sur ses tenanciers pour l'autorisation qu'il leur donne d'utiliser certaines dépendances foncières de la réserve, telles que les landes et terrains vagues pour le bétail, ou la forêt pour le bois.

Sur le plan technique. Les tenanciers sont contraints d'utiliser les installations qui se trouvent sur la réserve – fours, moulins, pressoirs – confiées à un gestionnaire approprié qui les exploite pour le compte du maître. A cette occasion, ils doivent acquitter des taxes. Ainsi s'instaure un véritable monopole du maître.

En matière religieuse. La présence, sur le domaine, d'une église ou d'une chapelle destinée aux besoins des tenanciers renforce encore l'emprise du maître. Elle est sa propriété. Un capitulaire de Louis le Pieux l'oblige à la doter d'un lot de terres pris sur la réserve dont la superficie ne pouvait être inférieure à un manse. Le curé pouvait alors cultiver lui-même son manse ou le concéder à un tenancier. Ainsi, par le biais des églises rurales, le seigneur contrôle à la fois les desservants et tous les fidèles du domaine.

Par tous ces moyens, les tenanciers sont étroitement rattachés au maître qui peut, dans certains cas, comme par exemple l'immuniste, être dépositaire de prérogatives de puissance publique. Le domaine devient alors le support essentiel pour l'exercice de ses prérogatives et les tenanciers ont plus souvent le sentiment de relever politiquement du maître que de l'empereur. Tous ces éléments expliquent que, de plus en plus, les concessions de tenures constituent le véritable fondement de la puissance politique.

B. LES CONCESSIONS DE TENURES, FONDEMENT DE LA PUISSANCE POLITIQUE

L'évolution qui vient d'être décrite au niveau du grand domaine se précipite dans le courant du IXe siècle pour aboutir à une véritable dissolution de la propriété. Désormais, la propriété complète libre et entière au sens romain du terme n'existe plus. Dans ce nouveau contexte, le mode d'appropriation normal est la **tenure** qui se définit par la coexistence de deux séries de droits, très imbriqués les uns dans les autres. D'une part, les droits de celui qui a concédé la terre, d'autre part les droits de celui qui la tient et la possède et qui est, généralement, de qualité sociale inférieure.

Pendant longtemps, la tenure ne correspond qu'à une simple technique d'exploitation du sol. Elle n'a pas d'autre but qu'économique. Le grand propriétaire, ayant un domaine trop vaste, en concédait une partie à ses tenanciers. Cette opération facilitait l'exploitation du sol, tout en étant source de revenus.

Mais, dans le courant du IXe siècle, le but recherché change de sens. La concession de tenures est de plus en plus utilisée à des fins exclusivement politiques. Elle sert à rémunérer des services et à s'attacher la fidélité d'individus. Celui qui reçoit la concession y trouve les moyens matériels lui permettant d'assurer le service qu'attend de lui le concédant. C'est le système du bénéfice, ***beneficium*** (2) dont il faut rapprocher une concession de type voisin, combinant à la fois aspects économiques et politiques, la précaire, ***precaria*** (1).

1. – *La précaire*. Ce terme vient du latin *precari*, prier, demander. Par une demande écrite, un individu s'adresse à un établissement ecclésiastique, le plus souvent, pour obtenir concession d'un bien foncier. La demande, *epistola precaria*, a donné son nom à la tenure ainsi concédée, la précaire.

L'église, grand propriétaire, utilise largement ce système. Sous les Mérovingiens, la concession est d'abord faite à temps (5, 10, 15 ans). Elle devient plus longue sous les Carolingiens, jusqu'à être viagère et parfois même héréditaire. Celui qui la reçoit (*précariste*) acquitte un cens, redevance à simple valeur récognitive, qui confirme le droit éminent de l'Eglise. Ainsi conçue, la précaire n'a, à ses débuts, qu'un but essentiellement économique. Mais il y eut des déviations.

La première contribua à l'affermissement du patrimoine ecclésiastique. Par le système de la *precaria oblata* (précaire offerte), un petit propriétaire cède sa terre à l'Eglise qui la lui rétrocède aussitôt sous forme de précaire. Il s'agit d'une sorte de donation avec réserve d'usufruit. L'aspect politique est évident. Le précariste bénéficie de la protection de l'Eglise qui augmente ainsi son patrimoine et son influence.

La seconde est plus nettement politique. Elle découle de la sécularisation de certains biens d'Eglise faite par Charles Martel pour établir ses vassaux. Après de vives protestations, la situation est régularisée en 743 avec Pépin le Bref. Les vassaux qui avaient reçu des biens d'Eglise durent reconnaître la propriété de l'Eglise par une charte de précaire. Elle prévoyait que la concession était viagère et qu'un cens serait versé à l'Eglise. Assurance illusoire lui était ainsi donnée qu'elle pourrait récupérer les biens à la mort des vassaux qui les avaient reçus du roi. On parle alors de *precaria sub verbo regis*.

2. – *Le bénéfice*. Au départ, le terme *beneficium* (bienfait), d'un emploi d'abord vague, en vient à désigner à l'époque carolingienne, la dotation foncière qu'un seigneur fait à son vassal pour rémunérer les services rendus. A l'époque mérovingienne, le roi et les grands qui s'attachaient les services d'un individu par la *commendatio* se contentaient de lui assurer, à leur table, le vivre et le couvert. Dans le courant du VIIIe siècle, la cavalerie se développe. Cavaliers et fidèles du roi doivent pour pouvoir s'équiper. Pour cela, il est nécessaire qu'ils reçoivent des dotations foncières car l'équipement coûte cher. Ces concessions se font en usufruit et les tenures, concédées en contrepartie du service militaire, constituent un véritable salaire. Après le roi ou l'empereur, les grands pratiquent la même politique à l'égard de leurs vassaux. Le pouvoir les y encourage dans la mesure où ce système représente une économie pour l'Etat, une grande partie de l'armée étant directement recrutée et rémunérée par les grands.

Ainsi, tout homme libre qui se recommandait au roi ou à un grand recevait un bénéfice pour faire face à ses obligations. Désormais, ***commendatio*** et concession d'un bénéfice sont liées. Dans un tel contexte, la concession de bénéfices devient le véritable fondement de la puissance publique. Du nombre et de la qualité des bénéfices concédés dépendent le nombre, la qualité et la puissance des vassaux. La concession, viagère, est faite ***intuitu personae***. Mais, dès le IXe siècle, on enregistre une évolution importante qui ne cesse de s'accentuer par la suite. La concession, souvent renouvelée en faveur du fils, ouvre la voie à l'hérédité.

Dans ces conditions, la propriété, comme l'avait connue le droit romain, n'existe plus puisque, bien souvent, plusieurs personnes ont des droits sur une même terre : la tenure. La terre est devenue source de puissance et sa concession vient renforcer les liens qui existaient entre les individus depuis l'époque mérovingienne.

§ 3. – LA DÉPENDANCE DES HOMMES ENTRAÎNE LA CONSTITUTION DE RÉSEAUX VASSALIQUES

C'est ici, uniquement, des hommes libres qu'il s'agit. Les esclaves dont le nombre ne cesse de diminuer (affranchissements encouragés par l'Eglise) et dont la situation s'améliore, ne participent pas à ce mouvement. Les affranchis, pas davantage. Leur statut se rapproche de celui des hommes libres, mais les affranchis qui ont besoin de moyens de subsistance et de protection, restent le plus souvent dans l'orbite de leur maître. Les colons, enfin, qui constituent la majorité des tenanciers agricoles se trouvent aussi à l'écart de cette évolution. Certes, leur état est très proche de celui du libre (service militaire, assemblées judiciaires) mais, dans la mesure où ils se trouvent attachés à la terre, une sujétion réelle pèse sur eux et leur situation va en se dégradant pendant tout le haut Moyen Age. Ils participent de moins en moins à l'armée et le maître exerce sur eux des pouvoirs de plus en plus forts, comme en témoigne le système domanial. Finalement, à l'époque carolingienne, tous ces individus sont dans une situation très proche. Le statut des esclaves s'est amélioré, celui des colons s'est détérioré. Tous sont dépendants du maître, ils sont ses hommes, ses sujets. Leur égale soumission les place sur un même plan, ils annoncent ce que seront les serfs du Moyen Age.

Ce n'est donc pas sur eux, ni avec eux, que se tissent les liens de dépendance. De tels réseaux ne peuvent se nouer qu'entre hommes libres, capables de s'engager et de servir de plus puissants qu'eux. Ces liens existaient déjà à l'époque mérovingienne (A), mais les Carolingiens les encouragent et multiplient leurs vassaux (B), ce qui donne naissance à de véritables réseaux vassaliques que le pouvoir essaye d'utiliser à son profit (C).

A. LES ANTÉCÉDENTS MÉROVINGIENS. Ils ne surprennent pas si on se souvient du patronage du Bas-Empire et du ***comitatus*** germanique. L'insécurité des temps mérovingiens fait que, les hommes libres réalisant leur faiblesse et leur isolement, recherchent la protection de puissants. Ainsi apparaissent de véritables contrats au terme desquels les protégés se recommandaient (*se commendare*) à leurs protecteurs par le biais de la *commendatio.* Le protecteur, le seigneur (*senior, dominus*) est toujours un homme libre, comme le recommandé qui doit pouvoir disposer librement de sa personne pour se placer sous le ***mundium*** d'un puissant, tout en restant libre.

Le ***commendatio*** est un contrat viager qui engendre des obligations bilatérales. De la part du recommandé, il implique soumission et respect (***obsequium***) au maître, ainsi qu'assistance, en particulier dans le domaine militaire (***servitium***).

De son côté, le seigneur doit moyens de subsistance, assistance et protection à celui qui s'est recommandé. Ces obligations sont aussi larges que vagues, mais l'idée dominante est d'assurer la sécurité du recommandé et la puissance du seigneur. A la fin de l'époque mérovingienne, tout pousse à la multiplication de ces liens de dépendance, tant l'évolution économique que politique. Face à un pouvoir de plus en plus faible et incapable de garantir la sécurité des individus, les réseaux vassaliques se multiplient.

B. LES RÉSEAUX VASSALIQUES À L'ÉPOQUE CAROLINGIENNE. Ils sont le résultat d'une double évolution.

1. – *Les liens de dépendance deviennent de plus en plus précis*, qu'il s'agisse de leur mode de formation ou de leur contenu. Dès le milieu du VIIIe siècle, la ***commendatio*** est devenue un acte officiel dans le cadre d'une cérémonie structurée. Le meilleur exemple est celui de Tassilon, duc de Bavière qui, en 757, se recommande à Pépin le Bref. Pour bien témoigner de sa volonté de se soumettre, Tassilon à genoux joint ses mains dans celles de Pépin. C'est le rite de la dation des mains, immédiatement suivi de la prestation d'un serment par lequel Tassilon jure fidélité à Pépin. Ce serment, de plus en plus prêté sur les Evangiles ou sur des reliques scelle, de manière définitive, l'engagement du recommandé désormais qualifié de ***vassus*** à l'égard de celui qui devient son ***senior***, seigneur.

En même temps, les obligations qui naissent du contrat se précisent. L'***obsequium*** subsiste, tandis que le ***servitium*** perd progressivement son aspect domestique pour prendre un contenu de plus en plus militaire. Et ceci à un point tel que, dans le courant du IXe siècle, les mots ***vassus*** et ***miles*** sont souvent utilisés dans le même sens pour désigner le guerrier, le combattant à cheval. De son côté, le seigneur doit, toujours, continuer à assurer aide et protection.

Ainsi, tout concourt à faire de la ***commendatio*** et des obligations réciproques qui en résultent une institution qui prend une allure officielle parce que les rois, puis les empereurs carolingiens s'y intéressent. Ils voient, dans cette vassalité naissante, un système qui peut leur être utile.

2. – *La vassalité prend une allure officielle.* Les Pippinides, pour réaliser leurs conquêtes et accéder à la royauté, avaient dû s'appuyer sur de solides réseaux de clientèle. Ces vassaux étaient, au départ, des individus d'origine sociale modeste mais, rapidement, leur situation change. Pourquoi et comment ? Dès l'époque de Charles Martel, la nécessité conduit à constituer

une armée solide. La cavalerie se développe et l'équipement des cavaliers coûte cher, ce qui contraint le roi à les doter d'un ***beneficium***. Dans ces conditions, leur niveau social s'améliore et leur richesse augmente. Les Carolingiens en profitent. Ils s'appuient sur eux pour étendre leur influence dans le ***regnum***, constituant ainsi un puissant réseau de vassaux royaux, les ***vassi regales***.

Mais il y avait là un danger. Ces ***vassi regales*** étant puissants voulurent avoir aussi leurs propres vassaux, ce qui donna naissance à la constitution de nouveaux réseaux vassaliques. Ils furent autant de réseaux de clientèle qui engendrèrent une véritable vassalité privée. Au début, le roi la contrôle assez bien, veillant à ce que tous les grands du royaume et ses agents (comtes, ***missi***), entrent bien dans sa vassalité immédiate. Chaque vassal du roi doit, dans un tel contexte, faire en sorte que ses propres vassaux s'acquittent de leurs devoirs militaires et judiciaires envers le monarque. Par ce biais, tant que l'empereur est assez fort, il réussit par l'intermédiaire de ses vassaux directs, à contrôler tous les sujets du royaume. Pour cela, un capitulaire de 810 ordonne à chaque vassal de l'empereur d'exercer une action contraignante sur ses propres vassaux afin qu'ils obéissent mieux aux ordres du pouvoir. La vassalité est bien devenue, alors, une institution officielle. Chacun doit, pour l'empereur, contrôler ses propres vassaux. C'est ainsi que Charles le Chauve ordonne, par le capitulaire de Mersen en 847, à chaque homme libre de se choisir un seigneur.

Ce système ne pouvait servir la royauté carolingienne que si elle tenait bien en mains les ***vassi regales***. A partir du moment où elle n'est plus assez puissante, les liens qui unissent les ***vassi regales*** à leurs propres vassaux deviennent plus forts et plus exigeants que la fidélité et les devoirs envers le souverain. Ils créent des contraintes quotidiennes aussi, en cas de concurrence entre les obligations dues au souverain et celles dues au seigneur, le vassal a toujours tendance à choisir son propre seigneur.

Cette évolution fait que les vassaux privés échappent progressivement à l'autorité immédiate du souverain. Ils sont médiatisés par les vassaux royaux qui constituent comme un écran entre eux et l'empereur. Le vassal ne se rend à l'armée que dans le contingent du seigneur. Le seigneur assiste ou représente son vassal en justice et, pour atteindre ce même vassal, le roi doit s'adresser au seigneur qui, de plus en plus, apparaît comme le seul capable d'exercer pouvoir de commandement et pouvoir de contrainte à l'encontre de ses vassaux.

L'empereur avait espéré, grâce à cette médiatisation, avoir des moyens de pression sur ses sujets par l'intermédiaire de ses vassaux. En réalité, cela n'aurait été possible que si les ***vassi regales*** avaient été assez nombreux, bien répartis sur l'ensemble du royaume et soumis au souverain.

En réalité, parmi les ***vassi regales***, ceux qui n'étaient pas titulaires de fonctions publiques et qui se trouvaient éloignés de la couronne, finirent par entrer dans la vassalité de potentats locaux, tels que ducs, comtes, évêques ou abbés. Très souvent, l'hérédité des bienfaits précipita celle des ***honores*** qui, impliqués dans le système vassalique, apparurent aussi comme la contrepartie d'un service rendu. Dans cette optique, leur concession résulte de plus en plus d'un véritable contrat entre le souverain et son agent. Si le roi ne respecte pas son engagement, l'agent se considère comme délié de ses obligations. Les agents du roi se trouvent alors placés dans une position de force et deviennent exigeants. Ils contraignent le souverain à prendre des engagements qui limitent son pouvoir. De plus, le serment de fidélité des grands rend souvent son caractère astreignant du fait de l'apparition de la vassalité multiple. Les vassaux recherchent plusieurs seigneurs ce qui se traduit, obligatoirement, par une oblitération du lien personnel.

La vassalité contribue donc à miner l'autorité impériale. Conscient de ces dangers, l'empereur cherche à l'utiliser à son profit.

C. L'UTILISATION DES PRINCIPES DE LA VASSALITÉ PAR LES SOUVERAINS CAROLINGIENS. Le serment d'obéissance et de fidélité, prêté au souverain par tous ses sujets au début d'un nouveau règne, était sans doute une institution très ancienne mais elle était tombée en désuétude au VIIe siècle, avec la décadence mérovingienne. Charlemagne s'est efforcé de la faire revivre à son profit. Trois étapes marquent cette nouvelle évolution.

Voyant dans la ***commendatio*** la source de solidarités dangereuses pour l'Empire, il interdit, en 779, le serment chaque fois qu'il est mutuel et collectif afin d'éviter la constitution de groupes pouvant menacer l'unité et l'intégrité de l'Empire. Il songe, quelques années plus tard, à utiliser la force morale du serment pour épauler le pouvoir royal. En 785, une conspiration est ourdie contre lui. En 789, des envoyés spéciaux sont chargés d'obtenir de tous les sujets un serment par lequel ils s'engageaient pour la vie à rester fidèles au roi et à ses fils et à ne rien faire qui puisse mettre en danger la personne du souverain.

Les mesures précédentes sont renforcées par la suite. En 802, conscient de ses responsabilités d'Empereur, Charlemagne considère que le serment précédent est insuffisant et qu'il fallait lui donner une assise plus solide. Son caractère religieux est accentué, mais surtout, le nouveau serment est calqué sur le serment de fidélité vassalique. Tous les sujets doivent promettre d'être fidèles à l'Empereur comme un vassal doit l'être envers son seigneur. L'Empereur entendait ainsi faire de tous ses sujets ses vassaux et renforcer le lien qui les unissait à lui.

Mais, à la suite d'une telle mesure, la nature de ce lien se trouvait transformée. De publique, elle devenait personnelle et privée. Les sujets ne considéraient plus l'obéissance comme un devoir naturel mais comme le résultat d'une promesse. La fidélité promise devenait en quelque sorte contractuelle. De plus, le contrat oblige le souverain et s'il ne remplit pas ses obligations en contrepartie de la fidélité des sujets, la révolte devient légitime. Ainsi, en 843, Charles le Chauve s'engage à protéger l'Eglise et à ne pas dépouiller ses fidèles de leurs honneurs et de leurs bienfaits. En 846, les grands imposent à l'Empereur leur droit à la révolte en s'engageant à se prêter mutuellement serment au cas où Charles dépouillerait l'un d'eux de ses bienfaits sans juste cause. La notion de souverain s'estompe, on ne le respecte que s'il remplit les obligations auxquelles il s'est engagé. Semblable situation ne pouvait que précipiter l'échec de la restauration de l'Etat.

SECTION 2

LES MANIFESTATIONS

Elles se multiplient au lendemain de 843. Le partage de Verdun est, en soi, un échec. C'est la négation de l'œuvre de Charlemagne. Mais on aurait pu concevoir que dans un Empire, même morcelé, le pouvoir n'échappât pas, une nouvelle fois et à peu près complètement, à ceux qui l'exerçaient. Or, il n'en fut pas ainsi. Dès le milieu du IXe siècle, les pressions extérieures qui s'exercent sur l'Empire font que l'insécurité devient permanente (§ 1). A l'intérieur, les exigences des grands, tant ecclésiastiques que laïcs sont fatales pour le pouvoir (§ 2), ce qui conduit à un processus de désintégration irrésistible des structures, tant politiques qu'administratives (§ 3).

§ 1. – INSÉCURITÉ PERMANENTE

Elle est une des caractéristiques dominantes du IXe siècle, principalement liée aux invasions normandes que relaient, au siècle suivant, Hongrois et Sarrasins.

Les Normands (***Normanni*** = hommes du Nord) sont d'anciens Germains depuis longtemps installés sur les rivages de la Scandinavie. A la fin du VIIIe siècle, poussés par le nombre et servis par les progrès de l'art nautique, ils émigrent vers trois directions : Russie (Suédois), Ecosse du Nord, Irlande et côtes de la Manche (Norvégiens), Mer du Nord, Pas-de-Calais et Manche (Danois). Ils attaquent la partie occidentale de l'Empire à partir des années 840. Arrivant en petites bandes sur des barques qui transportent une cinquantaine de guerriers, ils installent, sur les côtes et le long des estuaires, des repaires d'où ils remontent les fleuves pour conduire des opérations terrestres très dévastatrices. En 842, ils sont à Rouen qu'ils prennent et pillent. Dans le courant de l'année 845, ils débarquent à Paris. A partir de ce moment-là, leur pénétration s'étend un peu partout. Tous les fleuves – Seine, Loire et Garonne en particulier – deviennent pour eux de véritables voies de pénétration qui leur permettent d'avancer très loin à l'intérieur du royaume. Nantes, Orléans, Bordeaux, Toulouse et même Valence, qu'ils atteignent par le Rhône, ne peuvent leur résister. Ces assauts répétés, tout au long de la seconde moitié du IXe siècle, contribuent à désorganiser une économie domaniale fragile et à déstabiliser des structures administratives déjà bien ébranlées.

Face à des invasions dévastatrices, la résistance militaire est bien mal organisée. Charles le Chauve tente de généraliser le système des duchés et des marches, ces commandements militaires jusque-là installés aux frontières. Mais le système se révéla en général assez inefficace, la cavalerie franque étant mieux préparée pour des actions globales et offensives que pour répondre aux raids très dispersés des Normands. Il fut aussi dangereux, ces commandements militaires se retournant rapidement contre le pouvoir central. Finalement, ce même pouvoir est contraint de négocier avec les envahisseurs en achetant leur retraite. Les grandes abbayes, qui avaient souvent un patrimoine foncier important, ne réussissent à préserver leur sécurité qu'en versant de lourdes rançons. Charles le Chauve et ses successeurs veulent s'inspirer de cette méthode mais les résultats sont désastreux. La sécurité n'est assurée que pour un temps très court. Toute rançon en appelle une nouvelle, toujours imposée par les envahisseurs qui ont l'initiative des opérations. Il ne restait, pour conjurer cette pression constante, qu'un seul moyen, leur abandonner un territoire bien circonscrit qui devait leur permettre de se fixer. C'est ce que dut faire, contraint, le roi Charles le Simple. En 911, il accepte de reconnaître, par le traité de Saint-Clair-sur-Epte, le chef des Normands – Rollon – à condition qu'il se fasse chrétien. Il lui cède toute la région de la Basse-Seine qui devait devenir la Normandie. Alors, Rollon et ses guerriers se font baptiser et prêtent serment au roi carolingien.

Les Normands stabilisés à la suite d'échecs répétés du pouvoir, l'insécurité n'est pas pour autant jugulée. Les peuples de l'Est, en particulier des hordes magyares qualifiées de Hongrois et installées dans la plaine du Danube, envahissent, vers l'an 900, le duché de Bavière, traversent toute la Germanie et poussent leurs incursions toujours très violentes, avec pillages et incendies, jusqu'en Champagne, Bourgogne et Languedoc. Au Sud, les Sarrasins (Musulmans), venus d'Afrique, de Sicile et d'Espagne, ravagent les pays riverains de la Méditerranée et s'installent dans les monts des Maures où ils bâtissent la citadelle de Fraxinet (Garde-Freinet dans le Var). De là, ils multiplient leurs incursions dans les régions et pays voisins pour y capturer des prisonniers ensuite vendus comme esclaves sur les marchés du monde musulman.

Ce harcèlement permanent du ***regnum***, qu'il entraîne ou non une fixation territoriale des envahisseurs, traduit un échec patent de l'Etat, incapable de préserver son intégrité territoriale et d'assurer la sécurité des populations. Face à un pouvoir central qui ne peut leur apporter la sécurité qu'ils sont en droit d'en attendre, les « sujets » du roi n'hésitent pas à la rechercher ailleurs. Ils se tournent vers ceux qui, plus proches et plus puissants, se révèlent capables de l'assurer. S'affirment, face au pouvoir central, de nouvelles forces dont la puissante assise locale et la confiance qu'elles inspirent à ceux qu'elles protègent précipitent la désagrégation du royaume.

§ 2. – LA PRESSION DES GRANDS

Tant les hauts dignitaires ecclésiastiques que les grands laïcs maintiennent, tout au long du IXe siècle, une pression constante sur le ***regnum***.

A. LA PRESSION DES ECCLÉSIASTIQUES, EN PARTICULIER DU HAUT CLERGÉ. L'épiscopat exige que le roi s'engage de plus en plus pour accomplir strictement les devoirs de son ministère. Dans les moments critiques, les évêques prêtent serment au roi de manière conditionnelle. En 858, par exemple, Hincmar entraîne l'épiscopat à prendre le parti de Charles le Chauve contre son frère Louis le Germanique, mais la promesse de fidélité des évêques stipule clairement que le roi doit user de son pouvoir " *selon la volonté de Dieu* ", volonté dont les évêques se considèrent comme les interprètes privilégiés. Hincmar introduit aussi, dans le rituel du sacre, la promesse préalable de fidélité du roi, dans laquelle les devoirs du ministère royal sont clairement précisés. A partir de ce moment-là, tous les successeurs de Charles le Chauve pour la ***Francia*** de l'Ouest devront faire, à l'occasion de leur sacre, une promesse semblable. En même temps, commence à se fixer la tradition d'après laquelle l'évêque consécrateur est l'archevêque de Reims. Il y a, par la promesse du sacre, à la fois contrôle de l'accession à la royauté et contrôle du contenu du ministère royal. Il en résulte un moyen de pression constant du haut clergé sur la royauté.

B. QU'EN EST-IL DES GRANDS LAÏCS ? A partir des années 850, leur action présente un danger croissant pour la royauté. Il y a, à cela, au moins trois raisons.

Conception qu'ils se font de leurs charges. Les ***honores*** ont tendance à devenir héréditaires. C'est là un facteur d'affaiblissement de la royauté qui est doublement renforcé. A partir de Charles le Chauve, chaque grand reçoit son ***honor***, comme jusque là il recevait son bénéfice, par une ***commendatio***. Les liens personnels altèrent la notion de fonction publique qui n'est plus déléguée, mais devient la contrepartie d'un serment. Souvent aussi, les grands comptent telle ou telle abbaye parmi leurs *honores*. Ils en deviennent les abbés laïcs et la contrôlent, au moins en partie.

Façon dont ils prétendent exercer leurs charges. C'est en 877 que se précise sur ce point une évolution importante. Charles le Chauve, à la veille de partir pour l'Italie, réunit les grands à Quierzy et, sous leur pression, cède sur deux points : l'évolution vers l'hérédité des charges et, surtout, le principe d'un gouvernement avec leur conseil. Le gouvernement intérimaire est laissé à son fils, le futur Louis le Bègue, qui ne pourra agir qu'avec le consentement des grands. Il y a là un double danger. D'abord, la mise sur pied d'une sorte de gouvernement aristocratique où domine une aristocratie titulaire d'***honores***, ensuite la volonté de conseiller et de contrôler le roi en jouant, le plus possible, sur les liens personnels qui l'unissent à lui. Les grands veulent que l'obligation de conseil découle du serment, non du fait qu'ils sont titulaires d'***honores***.

Ils réussissent ainsi à s'imposer progressivement. Charles le Chauve meurt à la fin de l'année 877. Ils posent alors leurs conditions à l'accession de Louis le Bègue au trône. Ils réclament et obtiennent des ***honores***. Ils acceptent son accession à la royauté, mais en l'élisant. Ainsi, le vieux principe de l'élection du roi, abandonné à la belle époque des Carolingiens, redevient une réalité. L'élection l'emporte sur l'hérédité au moment où la fonction comtale est pratiquement devenue héréditaire ! C'est dire que la stabilité du pouvoir changeait de titulaire.

Profits que certains d'entre eux cherchent à tirer de leurs charges. Un seul exemple suffit pour illustrer cette évolution. Celui des grands commandements régionaux que Charles le Chauve installe, en particulier, pour lutter contre les Normands. Le système des duchés et des marches est étendu à presque toutes les régions du royaume. Les détenteurs de ces *honores* considérables jouent un rôle de premier plan dans la défense du royaume. Charles le Chauve les confie à ses comtes les plus actifs et les plus fidèles mais très vite, au bénéfice de l'affaiblissement du pouvoir central, ces fonctions deviennent celles de quelques grandes familles.

Il en fut ainsi de celle des Robertiens. Robert le Fort († 866) reçoit les commandements des *pagi*, d'Angers, Blois et Tours. Dans un premier temps, Charles le Chauve le contrôle bien, lui impose une mutation en Bourgogne avant de le réintégrer en Touraine où il s'illustre dans la lutte contre les Normands. Son fils, Eudes, se distingue à son tour en défendant Paris en 885 puis devient marquis de Bretagne, ce qui le promet à un brillant avenir à partir de 888. A travers cet exemple des Robertiens, on peut aisément constater que ces grandes charges devenant héréditaires favorisent l'ascension de grandes familles et leur mainmise sur une région. Dans ce cas, la désagrégation est double. Elle est politique puisque le pouvoir appartient de moins en moins au roi. Elle est aussi territoriale.

§ 3. – LA DÉSINTÉGRATION DES STRUCTURES

C'est dans un contexte général de crise et de déclin – toile de fond de l'Occident depuis la chute de l'Empire romain – que s'engage une lutte si caractéristique de tout Etat en crise, entre le centre qui doit impulser le pouvoir et la périphérie qui, bien souvent, en amortit l'impact. Comme toujours en pareil cas, les éléments de la périphérie l'ont emporté sur les forces du centre incapables de s'opposer aux conséquences nées du partage de 843 qui signait l'acte de décès d'un Etat trop sommairement reconstruit sur des fondations mal assurées.

L'exemple ainsi donné au plus haut niveau se répercute à tous les échelons territoriaux et administratifs de la ***Francia Occidentalis*** où les particularismes ethniques et juridiques, pour un temps étouffés, réapparaissent très vite. Cette désagrégation, dont le rythme s'accélère dans la seconde moitié du IXe siècle, se précipite tout au long du siècle suivant. Elle a pour résultat de couper d'un noyau central, encore contrôlé par le pouvoir, l'ensemble des éléments territoriaux et humains constitutifs de l'Etat. Son ampleur a été inégale. Les régions les plus éloignées du centre – et qui s'en étaient à peu près complètement affranchies – ont beaucoup mieux préservé leur cohésion interne. Souvent même, elles l'ont renforcée pour donner naissance à de véritables petits Etats, les principautés territoriales, dont certaines devaient subsister jusqu'à la fin du Moyen Age et, toutes, présider à la naissance des futures provinces (A). A l'intérieur de la *Francia Occidentalis*, sur l'ensemble des territoires traditionnellement qualifiés de **France mineure** qu'enserrent ces nouvelles grandes principautés, on enregistre un même processus de désintégration, mais plus désordonné et, surtout, plus dissolvant du pouvoir étatique à tous ses échelons (B). Ainsi, du milieu du IXe siècle à la fin du Xe siècle, l'autorité centrale se morcelle. Le roi perd tout pouvoir de contrôle sur son exercice et donc sur les comtes qui ont tendance à faire de leurs comtés des unités politiquement autonomes. A partir de la fin du Xe siècle, il arrive souvent qu'ils ne résistent pas eux-mêmes à ce vaste mouvement de dissociation parti du sommet. A son tour, le comté échappe à leur autorité. Partout s'y érigent des seigneuries indépendantes (C).

A. LA DÉSAGRÉGATION DE LA PÉRIPHÉRIE ET LA FORMATION DES GRANDES PRINCIPAUTÉS

843 (Verdun), puis 877 (Quierzy-sur-Oise), marquent deux temps forts dans la mise en œuvre du processus de désintégration qui devait conduire à la constitution de ces grandes principautés, puis à l'affirmation de leur autonomie politique. Elles sont, tout à la fois, conséquence des grands commandements militaires mis sur pied par Charles le Chauve et manifestation de particularismes ethniques que l'idéologie impériale n'avait sans doute pas assez pris en compte et que l'éphémère unité retrouvée n'avait pas réussi à vaincre, souvent renforcés qu'ils étaient par l'isolement géographique, un droit spécifique et une langue propre. Dans ces conditions, il n'est pas surprenant de voir ces principautés prendre vie à la périphérie du ***regnum***, là où, précisément, l'influence du centre s'exerçait avec moindre vigueur et où les ducs trouvèrent des facilités plus grandes qu'ailleurs pour utiliser, à des fins personnelles, les compétences que leur avait déléguées l'empereur.

C'est ainsi que prennent forme trois grands ensembles de principautés, au Nord, au Sud et à l'Ouest. Elles amputent dangereusement le territoire du roi carolingien de l'essentiel de ses forces vives et y font reculer sa puissance de manière irréversible.

1. – *Au Nord*, la formation des deux grandes principautés de Flandre et de Bourgogne illustrent à souhait les fondements ethniques et linguistiques qui les sous-tendent.

La **Bourgogne** naît sur le territoire de l'ancienne Burgondie, pays des Burgondes dont le roi Gondebaud (v. 480-516) avait fixé le droit dans le cadre de la loi gombette. Au partage de Verdun, la future Bourgogne se trouve divisée par le cours de la Saône qui délimitait les royaumes de Charles le Chauve à l'ouest et de Lothaire à l'est. A une Bourgogne franque (19 ***pagi***) qui revient à Charles, s'oppose une Bourgogne jurane (23 ***pagi***) qui entre dans la part de Lothaire. Ce partage est encore aggravé quand un des fils de Lothaire, Charles, devient roi de Provence. Apparaît alors une Bourgogne provençale. Néanmoins, le sentiment d'unité demeure assez fort pour inciter les évêques de ces trois régions à proposer, en 879, la couronne d'une Burgondie réunifiée à Boson, conseiller des rois carolingiens. Il accepte de régner sur un territoire débordant largement celui qui avait constitué l'assise du pouvoir de Gondebaud. Sur cet ensemble trop vaste qui atteignait l'Italie et la Méditerranée, Boson ne peut résister aux assauts des Carolingiens et laisse à sa mort, en 887, un territoire très amputé. Néanmoins, un véritable esprit national bourguignon était né. Il permit, autour du frère de Boson, Richard dit le Justicier qui conserve le duché d'Autun, la naissance de la future principauté bourguignonne.

Richard s'empare du Sénonais et de l'Auxerrois, puis contraint les autres comtes de Bourgogne franque à devenir ses vassaux aux alentours des années 880-890, à un moment où la monarchie affaiblie ne peut intervenir en Bourgogne. Son fils Raoul réunit ensuite au duché le comté de Mâcon, le seul qui n'en faisait pas alors encore partie. A la mort de Charles le Simple, Raoul devient roi de France. Son frère Hugues lui succède mais perd, les uns après les autres, presque tous les comtés. Dès sa mort en 952, le duché n'a plus d'autonomie et passe sous le contrôle des Robertiens. Il faut attendre la dynastie capétienne et le début du XIe siècle pour qu'il retrouve, avec le roi Robert le Pieux (996-1031) et ses successeurs, une existence propre, avant de devenir, pour de longs siècles, le duché capétien de Bourgogne.

Le cas de la **Flandre**, qui fédère les régions de parler flamand, comprises entre la Canche, la mer du Nord et l'Escaut, est tout aussi typique. Baudoin, ancêtre des comtes de Flandre, sait habilement devenir gendre de Charles le Chauve (875-877) et se faire confier par lui le commandement militaire de cet ensemble de pays flamands d'où naquit l'important comté de Flandre caractérisé par une très forte cohésion interne.

2. – *Au Sud*, on observe des processus identiques quant aux résultats. Qu'il s'agisse, par exemple, de la Gascogne ou de l'Aquitaine, on enregistre toujours des constructions fragiles, sans assise territoriale assez cohérente et donc toujours faciles à remettre en cause.

La **Gascogne**, où les Basques se sont installés au VIe siècle, affirme son indépendance au tout début du IXe siècle. Son duc, totalement affranchi du roi, contrôle Bordeaux en 848. Cette indépendance de fait dure jusqu'à la fin de la dynastie en 1032, tandis que l'année 1058 marque le rattachement des pays compris entre Garonne et Pyrénées au duché d'Aquitaine.

L'**Aquitaine**, fortement peuplée de Gallo-romains auxquels se sont mêlés, en Septimanie ou Gothie (région de la Gaule méridionale entre Rhône, Pyrénées et Massif central), quelques apports wisigothiques, manifeste, dès le VIIe siècle, son particularisme en créant un duché détruit par Pépin le Bref (768). Mais, face aux tensions locales grandissantes, Charlemagne doit, dès 778, reconstituer un royaume d'Aquitaine. Peu autonome, en réalité, car encadré par des comtes et évêques francs que surveillaient de très près les ***missi***, il ne dura que jusqu'en 862. Néanmoins, des particularismes très vifs y survivent : systèmes juridiques très influencés par le droit romain, habitudes contraires aux pratiques vassaliques et féodalisation qui devait y être moins poussée en raison de la grande place qu'y tiennent les terres libres ou alleux. Pour tous ces motifs, l'Aquitaine supporte mal la domination franque. Jusqu'à la fin du règne de Charles le Chauve, elle est le théâtre de longues luttes qui tournent finalement au bénéfice de Bernard Plantevelue. Après être entré en conflit contre Boson, roi de Bourgogne, il se rend maître du duché de Lyon et du Mâconnais. Son fils, Guillaume le Pieux, y maintient partiellement sa puissance et prend le titre de duc d'Aquitaine. Mais, faute d'une descendance mâle directe, cet ensemble se fragmente au bénéfice de la maison de Poitiers (avec Limoges et l'Auvergne) et d'Eudes (avec Toulouse, Rodez et toute la Gothie), frère de

Bernard de Veau, ancêtre des comtes de Toulouse, ducs de Narbonne appelés à dominer, à partir de 1053, tout le sud-est du royaume.

3. – *A l'Ouest* enfin, la constitution des principautés normande et bretonne reflète l'importance des facteurs ethniques et linguistiques auxquels est venu s'ajouter le rôle déterminant de la géographie comme élément individualisant de ces deux nouveaux duchés.

Contrairement à toutes les autres principautés, celle de **Normandie** naît d'un acte constitutif officiel, le traité de Saint-Clair-sur-Epte de 911. En fait, il s'agissait davantage de constater une réalité qui existait déjà que de la créer. Par ce traité, Charles le Simple ne fait qu'officialiser sur une partie du territoire de son ***regnum***, région de la Seine inférieure, l'installation d'un peuple qui l'occupait déjà. Même s'il impose à son chef Rollon l'obligation de prêter serment et de se convertir avec ses hommes à la foi chrétienne, il ne lui reconnaît pas moins capacité à exercer, sur eux et sur le territoire qu'il contrôle désormais, l'essentiel des prérogatives de puissance publique. Un territoire bien circonscrit que Rollon et son fils devaient rapidement étendre aux limites de la Normandie, une population homogène, des institutions spécifiques et un chef investi du pouvoir de base donnaient déjà à la principauté normande figure d'Etat.

La naissance du duché de **Bretagne** obéit, elle aussi, à un processus spécifique. D'abord parce que cette région avait toujours manifesté de profondes réticences à l'assimilation et avait vécu, au sein de l'Empire, une existence très autonome. Dès 845, le duc Noménoë se fait sacrer roi, proclame l'indépendance de l'Eglise de Bretagne et érige l'évêché de Dol en siège métropolitain. A sa mort (851), son fils Erispoë lui succède et accepte, dans le cadre d'un traité signé à Angers avec Charles le Chauve, de lui prêter hommage à condition que lui soit officiellement reconnu son titre de roi. A partir de ce moment-là, la Bretagne échappe au prince carolingien, gouvernée par un prince qui n'est plus de sa lignée. Mais cette royauté fut éphémère. Après une longue période de troubles, Alain Barbetorte restaure l'ordre et prend, en 936, le titre de duc pour régner sur une principauté amputée dans laquelle il n'y avait certes plus de roi mais qui était elle aussi promise, à condition d'attendre, à un avenir d'Etat.

Ainsi ont pris forme, en moins d'un demi-siècle, à peu près également réparties autour des années 900, ces grandes principautés de la périphérie. Certes, si elles ne sont pas – Normandie et Flandre mises à part – appelées à une histoire immédiate brillante, toutes apparaissent, dès leur formation, comme de redoutables concurrentes du pouvoir central. Et deux d'entre elles – Bourgogne et Bretagne – constituent déjà le socle de véritables Etats. Leur destin ne devait pas laisser d'inquiéter la monarchie jusqu'à la fin du Moyen Age et leur solidité considérablement retarder la réalisation définitive de l'unité territoriale.

B. LA DISLOCATION DU CENTRE

Il s'agit de l'ensemble des régions qui sont géographiquement et politiquement plus proches du pouvoir. Encerclées par les principautés de la périphérie, elles ont pour cœur l'Ile-de-France et forment, autour d'elle, une sorte de France en réduction : la **France mineure**. Sans doute parce que tiraillées dans un premier temps entre l'attraction des principautés de la périphérie et l'emprise exercée sur elles par le pouvoir carolingien, elles sont plus tardivement atteintes par le processus de dislocation qui s'y développe surtout dans la seconde moitié du Xe siècle. Comtés – et quelquefois vicomtés aussi – en sont les principaux bénéficiaires. De moindre ampleur territoriale, cette dissociation n'en produit pas moins les mêmes effets avec l'apparition de princes indépendants dont le pouvoir, souvent héréditaire, devient totalement autonome par rapport à l'autorité centrale qu'il finit par relayer complètement. C'est sur un territoire toujours réduit que se réalise cette mutation, principalement celui du comté.

Au sein de cette France mineure, une vaste principauté aurait pu s'affirmer si des luttes constantes n'avaient opposé, à partir de 888, Carolingiens, Robertiens et les princes de la puissante maison de Vermandois. Les comtes les plus en vue mettent à profit ces luttes au sommet pour s'émanciper. Il en est ainsi dans le Maine et l'Anjou entre les années 940-970 mais aussi, comme cela s'était produit pour le ***regnum***, à la périphérie de cette France mineure. Que ce soit vers la Bourgogne avec les comtés de Nevers, d'Auxerre et de Mâcon, ou en direction du Midi avec le comté de Comminges, partout les comtes font du territoire dont ils avaient la simple administration, des zones d'influence personnelle qu'ils érigent en unités politiques autonomes.

Plus petites que les grandes principautés territoriales de la périphérie, elles n'en constituent pas moins, pour de longs siècles, de solides enclaves à l'intérieur desquelles s'affirment esprit d'indépendance et particularismes provinciaux qui devaient constituer autant d'obstacles majeurs à la réunification du royaume. Il faut attendre le XIIIe siècle et parfois même la fin du Moyen Age, pour que ces régions puissent être à nouveau rattachées à la couronne. Mais ce n'est pas sans difficulté que, jusque-là, elles réussissent à avoir existence autonome et institutions propres. Elles aussi sont ruinées par le processus de désagrégation qui, parti du sommet de l'Etat, finit par l'atteindre jusque dans ses composantes régionales et administratives, même les plus modestes.

C. LA DÉSINTÉGRATION DU COMTÉ

Comtes et vicomtes, qu'ils fussent ou non indépendants du pouvoir, réussissent à peu près à maintenir, jusqu'à la fin du Xe siècle, la cohésion du territoire qui leur avait été confié. A l'intérieur des limites de leurs circonscriptions, définies à l'époque mérovingienne, ils continuent à exercer sur l'ensemble de la population et malgré l'évolution contraire du IXe siècle, les attributs découlant du pouvoir de ban. Administration, justice et pouvoir de contrainte étant restés entre leurs mains, les populations ont encore le sentiment d'un rattachement direct au pouvoir royal et donc à l'Etat, même si l'un et l'autre leur paraissent de plus en plus éloignés. C'est principalement dans le cadre de ses comtés et de ses vicomtés, à sa base donc, que l'empire carolingien réussit à survivre alors qu'il était, depuis longtemps, condamné au sommet.

Mais cette situation précaire ne pouvait durer. Face à l'insécurité permanente entretenue par les assauts répétés des envahisseurs et dans le climat d'incertitude qui découle de l'échec des commandements militaires créés par Charles le Chauve, les populations ont le sentiment que la sécurité ne peut venir du pouvoir central. Elles réalisent en même temps que les comtes, devenus indépendants, se révèlent souvent aussi incapables de l'assurer. C'est dans ce contexte d'incertitude de la fin du IXe siècle que le pouvoir de commandement des comtes s'effrite irrémédiablement au bénéfice d'une multitude de chefs locaux et d'autorités ecclésiastiques.

Ces chefs locaux étaient ceux auxquels comtes et vicomtes avaient, depuis le début de l'époque carolingienne, donné mission de défendre le territoire en leur confiant la garde de châteaux. Ces châteaux, construits et aménagés par le roi, puis par les comtes et vicomtes eux-mêmes sur autorisation royale, symbolisent le pouvoir et la maîtrise que ces agents royaux exercent sur la région. Mais ce pouvoir leur échappant progressivement, l'entretien, la garde et, par là même, la puissance qu'incarne le château deviennent progressivement l'apanage de ces chefs militaires. Souvent même, les maîtres de grands domaines fonciers relayent l'autorité défaillante et construisent, eux aussi, leurs propres châteaux. Les uns et les autres procèdent alors sans la moindre autorisation royale ou comtale. Ils mettent sur pied de véritables garnisons composées d'hommes d'armes et de chevaliers (*milites*) qu'ils s'attachent par un serment de fidélité.

Ces châteaux se multiplient sur le territoire, à partir du début du Xe siècle, pour tenter de conjurer les nouvelles invasions normandes, hongroises et sarrasines. Il ne faut cependant pas exagérer l'ampleur de ce phénomène et se représenter l'Occident comme hérissé de châteaux à la fin du XIe siècle. Ni les textes, ni les fouilles réalisées ne permettent de l'assurer avec certitude. En réalité, il semble bien que c'est davantage dans le courant du XIIe siècle que se généralise ce type de construction. Au siècle précédent, il s'agit le plus souvent de simples mottes fortifiées avec tours de bois, fossé, palissade et talus, le tout aménagé avec des matériaux que les corvées paysannes ont permis au maître de réunir. Ces constructions très frustes, s'opposent au lourd château de pierre, symbole de l'âge féodal.

Même sommairement aménagées, ces mottes fortifiées constituent des points de résistance autour desquels le chef, le maître, le chevalier, le sire (***senior***) peut prétendre assurer la défense du territoire et la protection des populations. C'est lui désormais et non plus le comte qui exerce le pouvoir de ban sur les hommes qu'il protège et qui voient en lui leur seigneur. Fort de ses assises foncières, de son château et de son pouvoir, il peut ériger l'ensemble de ses possessions en territoire autonome. Ainsi naissent, à l'intérieur des comtés et vicomtés, une multitude de petites seigneuries qualifiées de banales ou justicières parce que le sire, le seigneur, y exerce désormais seul et en son nom le pouvoir de ban qui implique commandement, justice et contrainte. Autant d'attributions qui ont échappé, définitivement, au comte et à ses vicomtes. Le phénomène est général. On le retrouve aussi bien au niveau des comtés de la France mineure que dans ceux de nombreuses principautés périphériques où il accuse une ampleur plus ou moins grande. En Normandie et en Flandre, elle y est peu sensible, où duc et comte réussissent beaucoup mieux qu'ailleurs à préserver leur autorité.

Alors se dessine, mais avec beaucoup de lenteur, le territoire seigneurial qui donne assise matérielle à la seigneurie. Regroupées autour du château, les terres de la seigneurie n'ont souvent que des limites incertaines, enclavées que sont parfois certaines d'entre elles dans des seigneuries voisines. Plus que de territoire et de frontières avec tout le sens technique qu'on donne habituellement à ces mots, c'est de zone d'influence ou de rattachement qu'il vaut mieux parler.

L'Eglise connaît aussi ce même phénomène de constitution de seigneuries indépendantes. Elles prennent alors souvent appui sur des abbayes immunistes, que l'abbé se mette à exercer directement sur ses terres et sur ses hommes les prérogatives de puissance publique qui lui étaient dévolues ou que son avoué se substitue à lui pour devenir, lui aussi, un véritable seigneur titulaire du pouvoir de ban en confisquant à son profit pouvoir de commandement, de justice et de contrainte.

Dans ce contexte de crise, seigneuries châtelaines et seigneuries d'Eglise deviennent, à la fin du Xe siècle et au début du siècle suivant, le lieu privilégié d'exercice du pouvoir. C'est à son plus bas niveau territorial et autour des préoccupations quotidiennes essentielles – la défense des populations – qu'il est ramené. De cette longue dégradation amorcée au plus haut niveau, dès le milieu du IXe siècle, naît une nouvelle répartition géographique du pouvoir, un nouvel ordre politique qui, délaissant le sommet, s'organise autour des châteaux – centres de défense –, des abbayes – hauts lieux de prière – et sur les terres seigneuriales, cadre quotidien du travail du paysan.

CONCLUSION

Ces quatre siècles (476-888) sont dominés par une profonde crise de l'Etat que ne parvient pas à endiguer, de manière durable, la restauration carolingienne. Cette crise secoue doublement le pouvoir.

1. – *Au niveau de sa conception*. Au lendemain de la chute de l'Empire romain, on enregistre trois temps dans l'histoire du pouvoir, tout au long de cette période.

Sa ruine, dans la société mérovingienne, où dominent les idées germaniques, la très forte emprise des hommes sur le pouvoir et la force des liens personnels. Tout cela conduit à la mort de l'Etat romain.

Sa renaissance avec les premiers Carolingiens. Renaissance qui triomphe avec Charlemagne et les premiers temps de Louis le Pieux. Mais c'était là le triomphe d'un état major de clercs, non celui d'une société tout entière, à dominante rurale. La renaissance carolingienne, c'est l'unité retrouvée de l'Occident, une unité qui se fait par l'Eglise et avec l'Eglise. C'est une unité chrétienne, fondée sur un gouvernement chrétien inspiré par des clercs. En somme, une renaissance qui malgré les efforts de ses artisans, ne touche pas la base. Ce qui explique qu'elle n'ait pu qu'être éphémère.

Sa remise en cause à partir des années 822 et, surtout, 843 avec le partage de l'Empire et sa désagrégation. Mais l'échec n'est cependant pas général. Certes, il est net en ce qui concerne l'Etat et les structures politiques. Mais il n'y a pas échec au niveau de la théocratie, au niveau des structures de l'Eglise qui, solidement constituées, lui permettent d'affronter les épreuves à venir. De ce point de vue, l'Eglise épaule l'Etat et le sauve. Grâce à elle, grâce à la papauté fortifiée, un ordre nouveau renaîtra à partir du milieu du XIe siècle, au lendemain du premier âge féodal. L'Eglise, une fois de plus, sauvegarde les traditions, comme elle l'avait fait des traditions romaines.

2. – *Au niveau de l'exercice* pour, au moins, trois raisons :

Le pouvoir s'exerce dans un cadre territorial en perpétuelle mutation. Les peuples germaniques s'installent sur le sol romain, Clovis réunifie la Gaule qui est à nouveau partagée entre ses fils. Charlemagne, après la

dilatatio regni restaure l'Empire qui est divisé en 843 pour éclater en royaumes, puis en principautés.

Le pouvoir est aux mains d'une administration rudimentaire. C'est un fait acquis pour les Mérovingiens, beaucoup moins vrai avec Charlemagne qui a eu une véritable politique administrative, à nouveau évident à partir des années 850-860.

Enfin, ce pouvoir est trop souvent confié à des agents qui considèrent comme la leur, la chose de l'Etat. Certes, il a existé une amorce de théorie de la « fonction publique » avec Charlemagne. Les agents recevaient délégation de pouvoir du prince et exerçaient, comme tels, leurs fonctions. Mais, très vite, leur ***honor*** est devenu leur chose. L'Etat en crise leur a paru lointain, inefficace, inexistant, ils l'ont vidé de ses pouvoirs pour le conduire, en peu de temps, à son éclatement.

BIBLIOGRAPHIE

BOUÄRD (Michel de), « De la Neustrie carolingienne à la Normandie ducale, continuité ou discontinuité », *Bull. of the Institute of Historical Research*, XXVIII, 1955, p. 1-14.

BUR M., *La formation du comté de Champagne (v. 950-v. 1150)*, Nancy, 1977.

CHAUME M., *Les origines du duché de Bourgogne*, Dijon, 1925-1931.

DEVAILLY J., *Le Berry du Xe siècle au milieu du XIIIe siècle*, Paris, 1973.

DHONDT J., *Étude sur la naissance des principautés territoriales en France, IXe-Xe siècles* Bruges, 1948.

DOUGLAS D.C., « The rise of Normandy », *Proceedings of the British Academy*, XXXIII, 1947, p. 101-131.

DUBY G., « Recherches sur l'évolution des institutions judiciaires en Bourgogne pendant le Xe et XIe siècle dans le sud de la Bourgogne », *Le Moyen Âge*, 1946, p. 149-194 ; 1947, p. 448-463.

DUMAS A., « Le serment de fidélité à l'époque franque », *R.B.P.H.*, 1935, p. 405 et suiv.

DUMAS A., « Le serment de fidélité et la conception du pouvoir du Ier au IXe siècle », *R.H.D.*, 1931, p. 30 et 289.

EHLERS J., « Karolingishe Tradition und frühes Nationalbewusstsein in Frankreich », *Francia*, 4, 1976, p. 213-235.

FLACH J., *Les origines de l'ancienne France, X^e et XIe siècles*, 4 vol., Paris 1886-1917.

FOSSIER R., « Le Vermandois au Xe siècle », *Media in Francia. Recueil de mélanges offerts à Karl Ferdinand Werner*, Paris, 1989, p. 177-186.

GANSHOF F.-L., « L'immunité dans la monarchie franque », Rec. de la Soc. J. Bodin, I, *Les liens de vassalité et les immunités*, 1958, p. 171-216.

GANSHOF F.-L., « Les liens de vassalité dans la monarchie franque », Rec. de la Soc. J. Bodin, I, *Les liens de vassalité et les immunités*, 1958, p. 153-169.

GANSHOF F.-L., « L'échec de Charlemagne », *C.R.A.I.B.L.*, 1947, p. 248-254.

GUILLOT O., « Formes, fondements et limites de l'organisation politique en France au IXe siècle », Settimane di studio del centro italiano di studi sull'alto medioevo, XXXVIII, *Il Secolo di ferro : Mito e realta del secolo X*, Spoleto, 1991, I, p. 57-24.

GUILLOT O., « La conversion des Normands peu après 911 », *Cahiers de la civilisation médiévale*, 1981, p. 101-116 et 181-219.

GUILLOT O., « Les étapes de l'accession d'Eudes au pouvoir royal », *Media in Francia. Recueil de mélanges offerts à Karl Ferdinand Werner*, Paris, 1989, p. 199-223.

GUYOTJEANNIN O., Episcopus et comes. *Affirmation et déclin de la seigneurie épiscopale au Nord du royaume de France (Beauvais, Noyon), X*[e] *-début XIII*[e]*-siècle,* Genève-Paris, 1987.

HAENENS A. d', *Les invasions normandes, une catastrophe,* Paris, 1970.

LATOUCHE R., *Histoire du comté du Maine pendant le X*[e] *et le XI*[e] *siècles,* Paris, 1910.

LAURANSON-ROSAZ Ch., *L'Auvergne et ses marges (Velay, Gévaudan) du VIII*[e] *au XI*[e] *siècle. La fin du monde antique ?*, Le Puy, 1987.

LEMARIGNIER J.-F., « La dislocation du *pagus* et le problème des *consuetudines* », *Mélanges L. Halphen*, Paris, 1951, p. 401-410.

LEMARIGNIER J.-F., « Les fidèles du roi de France », *Rec. Clovis Brunel*, Paris, 1955, II, p. 138-162.

LEMARIGNIER J.-F., « De l'immunité à la seigneurie ecclésiastique. Les « territoires coutumiers » d'églises en Ile-de-France et dans les régions voisines d'après les diplômes des premiers Capétiens (987-908) », *Études d'histoire du droit canonique dédiées à Gabriel Le Bras*, Paris, 1965, I, p. 619-630.

LOT F., *Les derniers Carolingiens : Lothaire, Louis V, Charles de Lorraine (954-991)*, Paris, 1891.

MAGNOU-NORTIER E., *La société laïque et l'Église dans la province ecclésiastique de Narbonne de la fin du VIII*[e] *siècle à la fin du XII*[e] *siècle*, Toulouse, 1974.

MAGNOU-NORTIER E., « Servus-Servitium : une enquête à poursuivre », *Media in Francia. Recueil de mélanges offerts à Karl Ferdinand Werner*, Paris, 1989, p. 269-283.

MUSSET L., « Considérations sur la genèse et le tracé des frontières de la Normandie », *Media in Francia. Recueil de mélanges offerts à Karl Ferdinand Werner*, Paris, 1989, p. 309-318.

ODEGAARD Ch.-E., *Vassi and fideles in the carolingian Empire*, Cambridge (Mass.), 1945.

PRENTOUT H., *Essai sur les origines et la fondation du duché de Normandie*, Caen, 1911.

ROUCHE M., « L'Empire carolingien ou l'Europe avortée », *Les empires occidentaux de Rome à Berlin*, Tulard J. dir., *Histoire générale des systèmes politiques*, Duverger M. et Sirinelli J.-F. dir., Paris, P.U.F., 1997, p. 225-246.

SENN F., *L'institution des avoueries ecclésiastiques en France*, Paris, 1903.

WERNER K.-F., « Quelques observations au sujet des débuts du "duché" de Normandie », dans *Structures politiques du monde franc (VI*[e]*-XII*[e] *siècle)*, Variorum Reprints, Londres, 1979.

YVER J., « Les premières institutions du duché de Normandie », Settimane di studio del centro italiano di studi sull'alto medioevo, XVI, *Normanni e la lora espansione in Europa*, Spoleto, 1968, p. 299-366 et 589-598.

DEUXIÈME PARTIE

DE L'EMPIRE AUX SEIGNEURIES (fin IXe siècle – 1180 environ)

INTRODUCTION

Jalons pour une histoire des Xe, XIe et XIIe siècles

Sans attacher d'importance excessive aux dates et simplement à les prendre comme points de repère, on peut dire que cette nouvelle période, dite féodale, débute à la fin du IXe siècle – 888 est un symbole –, pour se clore avec le début du règne de Philippe Auguste (1180) qui marque un tournant dans l'histoire de la monarchie capétienne et de l'Etat. Quelles grandes étapes jalonnent l'histoire de ces trois siècles ?

1. – Jusqu'en 987, période au cours de laquelle alternent Robertiens et Capétiens, la royauté devient élective et le sacre passe au second plan. Le territoire du ***regnum*** se morcelle en principautés et seigneuries, les prérogatives régaliennes passent aux mains des seigneurs et les rapports vassaliques se multiplient. En 987, les grands élisent Hugues Capet (987-996) qui est sacré à Noyon par l'archevêque Adalbéron.

2. – De 987 jusqu'en 1108 (date de l'accession au trône de Louis VI), la situation de la royauté est peu brillante. Le roi n'exerce pas d'autorité effective sur le royaume de France, mais seulement sur son domaine qui est extrêmement restreint. Partout s'affirme la puissance des seigneuries et des principautés. On peut dire qu'à partir de l'An mil, princes et seigneurs ont accaparé et exercent à leur profit l'essentiel des prérogatives de puissance publique. Il y a là une nouvelle forme d'exercice du pouvoir que la royauté a beaucoup de difficultés à combattre en raison de sa faiblesse. Cependant, le roi apparaît toujours et c'est ce qui fait sa force, comme l'héritier des Carolingiens. Il n'est pas un seigneur comme les autres.

A Hugues Capet succèdent Robert II le Pieux (996-1031), Henri Ier (1031-1060) et Philippe Ier (1060-1108) qui, non sans difficulté, parviennent à rendre la couronne héréditaire.

3. – Avec Louis VI (1108-1137), puis Louis VII (1137-1180), débute véritablement le redressement capétien. Le gouvernement royal se structure, même s'il fait encore largement appel à des serviteurs privés du prince. La royauté commence à sortir de son domaine pour s'affirmer face aux grands féodaux du royaume.

Louis VI rétablit l'ordre dans son domaine en se battant contre les grands seigneurs et ose même intervenir à l'extérieur, dans le royaume. Mais ses tentatives demeurent limitées. Il se heurte au puissant duché de Normandie dont le duc était aussi roi d'Angleterre depuis sa conquête par Guillaume le Conquérant (bataille de Hastings, 1066).

Malgré ces échecs, il se produit un événement très important pour notre histoire nationale, qui contribue à faire naître en profondeur les premiers sentiments d'unité entre les grands. En 1124, l'empereur germanique Henri V (qui est à la fois le gendre et l'allié du roi d'Angleterre Henri Ier) attaque Louis VI et marche sur Reims. Face à cette coalition de l'étranger, on assiste à un véritable sursaut « national » Tous les grands seigneurs du Nord de la France font bloc autour de Louis VI. C'est un fait notable. La personne du roi est perçue comme un élément centralisateur et fédérateur.

A cela, il faut ajouter un grand pas en avant dans la reconstitution de l'unité territoriale. Il n'est pas lié aux armes, ni à la conquête, mais à la vie privée de la famille royale. En 1137, dernière année du règne, le duc d'Aquitaine, qui était le plus grand seigneur du Midi, marie sa fille Aliénor au prince Louis, héritier de la couronne de France, futur Louis VII. Dans sa corbeille de mariage, Aliénor apporte l'Auvergne, le Limousin, le Poitou, le Périgord et la Gascogne.

Le règne de Louis VII fut souvent malheureux, remettant en partie en cause les acquis précédents. Agé seulement de 16 ans quand il succède à son père, il est heureusement bien conseillé par Suger, abbé de Saint-Denis. Suger assure même, pendant deux ans, la direction du royaume (1147-1149) tandis que Louis est à la croisade. Il meurt en 1151. Survient alors une décision regrettable de Louis VII qui se sépare d'Aliénor après avoir réussi à faire annuler son mariage, sous prétexte qu'elle était sa parente à un degré prohibé par l'Eglise. Aliénor épouse un des plus puissants vassaux du roi, Henri Plantagenêt, qui possédait déjà l'Anjou, le Maine, la Touraine et la Normandie. Aliénor reprenant ses biens, Henri Plantagenêt se trouve aussitôt maître de presque toute la France maritime, depuis l'embouchure de la Seine jusqu'aux Pyrénées. Environ 35 de nos départements, soit à peu près dix fois ce que représentait le domaine royal. Deux ans plus tard, en 1154, Henri Plantagenêt devient aussi roi d'Angleterre (Henri II). C'est le début de très longues hostilités entre la France et l'Angleterre, première guerre de Cent Ans qui ne devait s'achever qu'en 1259 avec le traité de Paris. Mais c'est une autre période.

Louis VII meurt en 1180, laissant une France en apparence très affaiblie. En fait, si on en est presque revenu à la situation territoriale primitive du début du règne de Louis VII, les progrès sur le plan politique ont été considérables. Le pouvoir royal s'est affermi et le roi apparaît de plus en plus comme un élément fédérateur autour duquel doit se faire l'unité.

Sens de la période

De la fin du IXe siècle à la fin du XIIe siècle, deux séries d'éléments dominent l'histoire de l'Etat et du droit. Des éléments de rupture d'abord par rapport à la tentative de restauration carolingienne, que ce soit au niveau du territoire qui éclate, de la conception et de l'exercice du pouvoir qui échappe en partie au roi, des institutions qui s'affaiblissent et ne jouent plus le rôle moteur qui leur revient dans la vie de l'Etat. Mais il y a aussi de remarquables éléments de continuité. La royauté même affaiblie subsiste, le royaume de France même morcelé demeure réalité, des traditions carolingiennes s'enracinent et, surtout, Empire et Eglise contribuent largement à perpétuer l'idée d'Etat. **Ruptures** et **continuités**, deux idées dominantes autour desquelles seront axés, en deux titres, les développements de cette deuxième partie.

OUVRAGES GÉNÉRAUX SUR LA PÉRIODE

BARTHELEMY D., *L'ordre seigneurial*, XIe-XIIe siècle, Paris, Seuil, 1990.

BLOCH M., *La société féodale*, Paris, A. Michel, 2 vol., 1967-1968.

BOURNAZEL É. et POLY J.-P. (dir.), *Les féodalités* dans *Histoire des systèmes politiques*, Duverger M. et Sirinelli J.-F. dir., Paris, 1998.

BOUTRUCHE R., *Seigneurie et féodalité* (T. I, Le premier âge des liens d'homme à homme ; T. II, L'apogée. XIe-XIIIe siècle), Paris, Aubier, 1968 et 1970.

CONTAMINE Ph., *La guerre au Moyen Âge*, Nouvelle Clio 24, Paris, 1980 et rééd. 1992.

CONTAMINE Ph., *L'économie médiévale*, Paris, 1993.

DUBY G., *Guerriers et paysans, VIIIe-XIIe siècle*, Paris, 1973.

DUBY G., *L'économie rurale et la vie des campagnes dans l'Occident médiéval (France, Angleterre, Empire, IXe-XVe siècles)*, 2 vol. Paris, 1975.

DUBY G., *L'économie rurale et la vie des campagnes dans l'Occident médiéval*, Paris, Aubier, 2 vol., 1962.

DUBY G., *Les trois ordres ou l'imaginaire du féodalisme*, Paris, 1978.

FOSSIER R., *Enfance de l'Europe, X^{e}-XIIe siècle. Aspects économiques et sociaux.* I, *L'homme et son espace* ; II, *Structures et problèmes*, Nouvelle Clio 17 et 17 bis, Paris, 1982.

FOSSIER R. dir., *Le Moyen Âge en Occident*, II, *L'éveil de l'Europe 950-1250*, Paris, A. Colin, 1982.

FOSSIER R., *La société médiévale*, Paris, 1991.

FOURQUIN G., *Histoire économique de l'Occident médiéval*, Paris, 1969.

FOURQUIN G., *Seigneurie et féodalité au Moyen Age*, Paris, PUF, 1970.

GANSHOF F.-L., *Qu'est-ce que la féodalité* ?, Bruxelles, 1944 et rééd..

LE GOFF J., *Pour un autre Moyen Âge*, Paris, 1977.

LUCHAIRE A., *Histoire des institutions monarchiques de la France sous les premiers Capétiens (987-1180)*, Paris, 1891.

LUCHAIRE A., *Les premiers Capétiens (987-1137)*, T. II, 2, *Histoire de France*, Lavisse E. dir., Paris, 1901.

LUCHAIRE A., *Louis VII, Philippe Auguste, Louis VIII,* T. III, 1, *Histoire de France*, Lavisse E. dir., Paris, 1901.

LUCHAIRE A., *Manuel des institutions françaises (Période des Capétiens directs)*, Paris, 1892.

POLY J.-P. et BOURNAZEL E., *La mutation féodale, X^{e}-XIIe siècle*, Paris, PUF, 1980.

TITRE I

RUPTURES

Si on veut bien considérer l'Empire carolingien comme ayant constitué un véritable Etat avec des territoires assez unifiés pour donner naissance à une unité politiquement cohérente, un pouvoir central suffisamment fort pour en assurer la cohésion, des peuples assez mêlés pour avoir le sentiment d'appartenir à un ensemble soumis à un même chef, des systèmes de droit dont l'interpénétration a été effective au point de tendre vers un ordre juridique unitaire progressivement imposé par le pouvoir central, alors on doit prendre acte que tous ces éléments ont, pour l'essentiel, disparu tout au long de la seconde moitié du IXe siècle.

A l'unité géographique et politique difficilement reconstituée fait suite une désagrégation territoriale de l'ensemble qui sonne le glas de l'Empire en donnant progressivement naissance à de multiples seigneuries. A l'équilibre politique, non sans difficulté reconstruit en faveur de l'empereur, succède un morcellement du pouvoir qui favorise la lente genèse d'un **nouvel ordre politique** (Chapitre I) tandis que les règles de droit, dont on avait pu espérer qu'elles constituent un des plus solides piliers de l'unité, se muent en un ordre **juridique très diversifié** (Chapitre II).

CHAPITRE I

UN NOUVEL ORDRE POLITIQUE

Il s'élabore avec lenteur mais continuité, tout au long du Xe siècle. Au début du siècle suivant, quand, après avoir épuisé tous les échelons de la hiérarchie du pouvoir, s'essouffle le mouvement de dissociation, la ***Francia occidentalis*** offre l'aspect d'un royaume entièrement disloqué. Son territoire, géographiquement et politiquement morcelé en une multitude de seigneuries aux dimensions variables et aux limites aussi incertaines que mouvantes, ne peut offrir, dans l'immédiat, de prise efficace à une reconquête du pouvoir par le roi. Ce morcellement territorial poussé jusqu'à l'extrême, n'est pas la seule cause de l'incapacité dans laquelle se trouve placé le pouvoir central de reprendre en main ses prérogatives. Entre lui et les anciens sujets de l'empereur carolingien se sont interposés de multiples réseaux qui ont permis aux hommes de tisser des rapports nouveaux fondés sur le serment et la concession de fief. Il y a là une évolution englobante à laquelle aucun chef politique, qu'il soit prince territorial, comte ou seigneur banal, n'échappe. Et chacun d'entre eux entraîne dans son sillage les hommes qui combattent avec lui pour les intégrer dans une hiérarchie dont vassalité et fief constituent les deux axes structurants. Les liens de vassalité par leur forme, la hiérarchie féodale par sa rigidité, ont profondément transformé l'Etat pour en faire un Etat en pleine mutation (Section 1). Il ne dispose plus d'autre moyen d'agir que d'avoir recours à ses propres vassaux afin que, eux-mêmes, répercutent ses ordres sur une hiérarchie dont ils ne constituent qu'un maillon. Mais il était trop tôt encore. Le XIe siècle et la première moitié du siècle suivant marquent, au contraire, le triomphe du système féodal qui s'épanouit dans le cadre de la seigneurie. Cellule presque exclusive d'exercice du pouvoir, elle est rapidement concurrencée par la ville naissante. Alors et pour longtemps, l'Etat est relayé (Section 2).

SECTION 1

L'ÉTAT EN MUTATION : VASSALITÉ, FIEF, RELATIONS FÉODO-VASSALIQUES

Le morcellement territorial qui aboutit à un éclatement du pouvoir, puis à son transfert à de simples particuliers ou aux agents du roi qui ne se comportent plus comme tels, se double d'une profonde mutation dans les rapports entre les hommes. Eux aussi échappent à l'emprise du prince, à quelque niveau qu'ils se situent.

La vassalité de l'époque carolingienne se généralise. Elle s'étend à toute l'aristocratie combattante composée de ces sires qui, autour de leurs châteaux, regroupent les cavaliers (***milites***) qui combattent avec eux, parce qu'ils sont leurs vassaux. Un peu à la manière du pouvoir qui s'était disloqué à tous les échelons, la vassalité pénètre tous les degrés de cette aristocratie, de cette société de ***milites*** qui, chacun à leur rang, deviennent tour à tour vassaux et seigneurs. Se forge alors une communauté de vie autour de l'exercice du pouvoir et du métier des armes, tandis que de multiples solidarités découlent du serment vassalique. Tant de données nouvelles et destructrices de l'ordre ancien contribuent à éloigner ces guerriers de ce qui reste du pouvoir royal et à faire de la vassalité un élément déstabilisateur des structures de l'Etat (§ 1). Mais il y a plus. Cette relation vassalique, au départ exclusivement construite sur un lien personnel, se double rapidement, dès la seconde moitié du XIe siècle, d'un lien réel fondé sur la concession systématique d'un fief. Constitué le plus souvent en terre sur laquelle s'exercent des pouvoirs, sa généralisation ne pouvait que renforcer, en le consacrant, le morcellement du ***regnum*** et parachever ainsi la ruine de l'assise territoriale et politique de l'Etat (§ 2). Ce jeu complexe de liens d'homme à homme et de terres concédées – chacun dépendant de l'autre et chacune mouvant de l'autre – engendre une hiérarchie nouvelle des hommes et des terres, la hiérarchie féodale. Il donne aussi naissance à un ordre nouveau : l'ordre féodal qui, dans sa première forme, celle des Xe et XIe siècles, constitue pour l'Etat une réelle menace (§ 3).

§ 1. – LA VASSALITÉ, RELATION DESTABILISATRICE DE L'ÉTAT

La vassalité est une relation qui naît d'un contrat conclu entre deux hommes, le vassal (***vassus***) et le seigneur (***senior***). Par ce contrat, le vassal entre dans la dépendance du seigneur et chacune des parties contracte des obligations à l'égard de l'autre. C'est cette dépendance qui est déstabilisatrice de l'Etat, dans la mesure où elle rattache directement le vassal à son seigneur. Son autorité constitue comme un écran entre le pouvoir central et les hommes qui sont ses vassaux, phénomène qui se répète, en s'amplifiant, à tous les échelons de la hiérarchie sociale et à tous les niveaux d'exercice du pouvoir. Plus la vassalité se généralise, moins le roi parvient à en maîtriser l'évolution et moins aussi il est perçu comme le centre d'impulsion qu'il doit être à la tête de l'Etat. Il n'est plus capable de pénétrer directement les différents réseaux vassaliques pour atteindre l'ensemble des hommes qui doivent, normalement, constituer l'assise sociale de son pouvoir. Coupé de cette assise sociale, comme il l'a été de l'assise territoriale à la suite de l'éclatement du royaume, il apparaît désormais comme un roi dont les moyens d'action – à supposer qu'ils existent encore – sont devenus à peu près inopérants. Impuissant face à la généralisation d'un contrat vassalique qui rattache à d'autres qu'à lui ceux qui, normalement, devraient en dépendre (A) et incapable de contrôler, en le maîtrisant, le contenu d'obligations vassaliques qui contribuent à détourner les services que lui doivent normalement ses sujets, il se trouve presque placé en dehors du nouveau jeu politique, sauf quand il s'agit de ses vassaux directs (B).

A. LE CONTRAT VASSALIQUE, MOYEN DE RATTACHEMENT

Comme n'importe quel seigneur, le roi a toujours pu utiliser le contrat vassalique pour se rattacher des vassaux. Il en sera traité en étudiant l'institution royale et montré alors dans quelle mesure la vassalité a pu avoir un rôle bénéfique dans le maintien de l'autorité royale sur une partie du ***regnum*** et, même, dans la reconstruction de l'Etat.

A ce stade de l'étude, il convient davantage d'évoquer comment ce type de contrat a pu être détourné par l'aristocratie guerrière pour se rattacher des vassaux et ce, au détriment du roi. Par ce moyen, tout prince territorial, tout châtelain a finalement pu se constituer des unités de combat et s'assurer leur concours. Au-dessous d'eux et dans leur sillage, ces mêmes vassaux eurent à leur tour la possibilité de devenir seigneur et de s'attacher, eux aussi, un groupe de combattants recrutés au sein d'une aristocratie de moindre envergure. Par ce contrat qui liait chaque vassal à son seigneur, prennent forme des groupes vassaliques dont la mission première est d'assurer défense et sécurité que le pouvoir central n'est plus en mesure d'apporter. Ainsi se trouve quelque peu comblé le vide créé par l'effacement de la royauté. Mais c'est à son désavantage, le seigneur et ses hommes occupant désormais un terrain dont la reconquête devait être longue et difficile. Dans le groupe vassalique, les hommes ne connaissent d'autre supérieur que leur seigneur. Ils ne sont donc pas prêts à faire allégeance au roi. D'autre part, le contrat qui unit les deux parties est si solennel qu'il crée entre eux des liens à peu près indéfectibles.

Ce contrat est depuis longtemps en usage. La société féodale ne fait que reprendre des formes et des rites hérités de la ***commendatio*** que les pratiques carolingiennes avaient presque définitivement fixées. L'importance de ces rites est capitale et les paroles prononcées à cette occasion jouent un rôle déterminant. A une société et à une civilisation – celles de l'Empire romain – dans lesquelles l'acte écrit jouait un rôle déterminant, aussi bien au stade de l'élaboration des conventions que de leur preuve, a succédé un système juridique beaucoup plus fruste, dans lequel l'écrit n'a plus qu'une place seconde. Il s'est en quelque sorte opéré un transfert. Ce que le droit a perdu en rationalité et en rigueur, il le récupère en formalisme. Voilà pourquoi rites, paroles et symboles deviennent essentiels non seulement dans la formation de toute convention mais, aussi, pour en rapporter la preuve. L'écrit se trouvant relégué au second plan, il convient de frapper les mémoires pour qu'elles enregistrent et qu'il soit possible, ensuite, de témoigner. C'est aussi la raison pour laquelle la formation du contrat vassalique est entourée d'une large publicité, encore renforcée par tous ceux qui y assistent. La rédaction d'un acte écrit sous forme de notice destinée à résumer les faits et à relater la cérémonie ne redevient courante qu'à partir de la seconde moitié du XIe et n'entraîne pas, pour autant, disparition des formes et des rites dont l'accomplissement demeure essentiel, tant au niveau de l'hommage (1) que du serment de fidélité (2).

1. – *L'hommage* (***hommagium***). C'est la transposition, à peu près exacte, de la ***commendatio*** mérovingienne dont les formes s'affinent et prennent contour plus précis pour se fixer définitivement dans la seconde moitié du XIe siècle. Comme son nom l'indique, il s'agit du don de soi que consent le vassal au bénéfice de son seigneur. Cette soumission complète est symbolisée par la dation des mains et la position toujours à genoux du vassal. Il place alors ses mains jointes (***datio manuum, immixtio manuum***) dans celles de son seigneur resté debout. Cette soumission par le geste est souvent complétée par l'échange de paroles rituelles. Le vassal déclare « *Je deviens ton homme* », offre que le seigneur accepte en répondant « *Je te reçois et prends à homme* ». L'accomplissement de cet ensemble de rites symbolise la soumission totale du vassal à son seigneur, parfois renforcée encore par la manifestation publique d'une affinité supplémentaire. Il arrive que le seigneur, en relevant le vassal, l'embrasse et lui donne le baiser de paix (***osculum pacis***) qui vient alors sceller une union définitive. Ce rite purement mérovingien de la ***commendatio*** s'enrichit, dès le IXe siècle, du serment de fidélité qui constitue, aux temps féodaux, un des moments essentiels dans la formation du contrat vassalique.

2. – *Ce serment* ou prestation de foi vient après l'hommage. Pour en renforcer la portée, il est prêté sur la bible, les évangiles ou des reliques de saints, ce qui lui donne valeur religieuse et permet aussitôt de convaincre de parjure, en le soumettant à l'arsenal des sanctions ecclésiastiques (en particulier l'excommunication), tout vassal qui n'en respecterait pas le contenu. Par ce serment, le vassal jure à son seigneur fidélité et sûreté (***fidem et securitatem***). Après s'être engagé dans sa personne, il s'engage aussi dans sa foi, le tout dans une vision très chrétienne. Il y a là une condition qui va de soi. Dans cette société médiévale chrétienne, ce type de contrat ne peut être passé qu'entre des parties qui adhèrent à cette même foi. Aspect essentiel qui devait permettre à l'Eglise de peser lourd sur l'évolution de relations vassaliques qu'elle s'est toujours efforcée d'humaniser en les canalisant vers l'idéal qui était le sien. Mais elle n'y a réussi qu'en partie. La mission qu'elle s'était assignée, déjà difficile au départ, le devient plus encore à partir du moment où les engagements pris par le vassal le détournent souvent des obligations qui lient normalement tout sujet à son roi dont la mission première est d'incarner l'idéal chrétien.

B. LES OBLIGATIONS VASSALIQUES, MOYEN DE DÉTOURNEMENT

Si le roi avait été, au moment où s'implantait la féodalité, le seul à se constituer des réseaux vassaliques, aucune des obligations nées du contrat n'aurait pu être consentie à d'autres qu'à lui. Mais, placé à partir du début du Xe siècle dans une situation de compétition face à une multitude de seigneurs aussi et souvent plus puissants que lui, nombre de vassalités lui échappent qui font, des obligations qui en découlent, un efficace moyen mis à la disposition du seigneur auquel elles sont consenties pour détourner en sa faveur des services normalement dus au roi. Dans l'Etat carolingien – tout au moins au moment de son apogée sous le règne de Charlemagne et les premières années du temps de Louis le Pieux – tout service à caractère militaire, toute prestation de nature fiscale, toute participation à l'exercice de la justice sont dus à l'empereur représentant de l'Etat et à lui seul, de même qu'il est le seul à pouvoir donner des ordres au nom de l'Etat, sauf délégation consentie à ses agents. Les sujets n'ont donc, dans ces premiers temps carolingiens, d'obligations qu'à l'égard de l'empereur ou de ses représentants. Dès son apparition, la vassalité carolingienne introduit dans le fonctionnement des rouages étatiques des effets pervers. Les vassaux deviennent de plus en plus nombreux qui détournent à leur profit, en les réclamant à leurs propres vassaux, services et prestations normalement dus à l'empereur.

L'évolution s'accentue avec le système féodal qui détache progressivement les sujets du royaume de leur seigneur naturel qu'est le roi et de l'Etat qu'il incarne. Dans cette perspective nouvelle, toutes les obligations qui naissent du contrat vassalique ne peuvent qu'affaiblir la position de la royauté, aussi souvent qu'elles ne sont pas directement contractées à son avantage et par ses vassaux directs.

Ces obligations, toujours bilatérales, naissent du contrat synallagmatique qui unit le vassal à son seigneur et donne ainsi naissance à des groupes vassaliques dont le contrôle échappe progressivement au pouvoir central. Elles découlent à la fois de l'hommage et du serment de fidélité prêté par le seul vassal, ce qui contribue à accentuer la position inégale qui existe déjà entre les deux cocontractants en raison du rang social toujours plus élevé du seigneur. Ses engagements sont en conséquence beaucoup moins lourds, essentiellement limités à assurer l'existence matérielle de son vassal, à le protéger, à s'abstenir à son égard de tout acte dommageable et à lui rendre justice chaque fois qu'il en est requis. Du contenu matériel de ces obligations, le seigneur s'acquitte souvent à l'origine en logeant le vassal chez lui, toujours en lui fournissant nourriture et vêtements, prestations qui disparaissent progressivement avec la généralisation de la concession de fief dès le début de l'époque carolingienne. Cette évolution, qui ne cesse de s'accentuer, place au premier rang l'élément réel – la concession de fief – au détriment de l'élément personnel fait de confiance et de dévouement désintéressé de la part du vassal.

Voilà pourquoi les obligations vassaliques sont progressivement codifiées à travers une pratique toujours très souple, résultat d'une longue évolution qui a beaucoup varié, tant en fonction des lieux que de la qualité des parties au contrat. Elles sont consignées dans un texte célèbre auquel les historiens ont donné valeur de référence mais qui, en réalité, ne mentionne que les grandes lignes. Au début du XIe siècle, vers 1020, le duc d'Aquitaine, rencontrant beaucoup de difficultés à obtenir de ses vassaux les prestations qu'ils lui devaient et doutant même du contenu exact de ces obligations, écrit à Fulbert, évêque de Chartres, pour lui demander conseil et consultation. Le duc espérait ainsi obtenir de cet homme du Nord, où la féodalité est mieux implantée et mieux définie, apaisement à ses interrogations. Fulbert répond effectivement par une lettre qui vaut presque consultation juridique. De ce texte, de sources parallèles aussi, mais surtout d'une longue pratique, on peut déduire que les obligations contractées par le vassal emportent, à la fois, attitude négative et prestations de nature diverse.

Ces **obligations négatives** sont mises en exergue dans la lettre de Fulbert qui les évoque en premier. « *Celui qui jure fidélité à son seigneur doit toujours avoir présentes à l'esprit les choses suivantes : qu'il ne doit pas causer de dommage à la personne de son seigneur, qu'il ne doit pas nuire non plus à son trésor ou à ses châteaux, à sa* ***justicia****, à ce qui touche à son rang, à ses prérogatives, à ses possessions et à ses domaines* ». Ce premier ensemble d'obligations, faites uniquement d'abstention, vise avant tout à contraindre le vassal à ne rien faire qui puisse porter atteinte à son seigneur dans trois domaines essentiels : son intégrité physique, ses possessions mobilières et foncières (trésors, domaines, châteaux) et sa position de pouvoir (son rang, ses prérogatives, sa ***justicia***, notion qui regroupe tous les droits de puissance publique exercés par le seigneur). A cette liste, Fulbert ajoute la nécessité pour le vassal de " *ne pas rendre difficile à son seigneur le bien que celui-ci pourrait aisément faire, ni lui rendre impossible celui qui eût été possible* ". Ici, il ne s'agit plus de préserver l'intégrité physique du seigneur, de veiller à la sauvegarde de ses biens et au maintien de sa position mais, plus simplement encore, de ne jamais s'opposer à son action chaque fois qu'il lui est donné d'agir pour le bien de son entourage.

Cette codification à caractère négatif est lourde de conséquences. Porteuse d'éléments propres à activer l'éclatement du tissu social qui constitue un des principaux supports de l'Etat, elle restreint aussi considérablement sa capacité d'intervention. Pour le vassal désormais, adopter une attitude faite de comportement négatif propre à favoriser l'action de celui qui lui apporte protection, se limite à la sphère de la puissance seigneuriale. Elle occulte pour lui le pouvoir d'Etat et interdit à ce même pouvoir de mobiliser directement en sa faveur toutes les volontés disposées à laisser le champ libre à son action en adoptant à son égard la même position bienveillante officiellement de mise à l'égard du seul seigneur. Il y a là un détournement certain du contenu des obligations que doit normalement remplir tout sujet au bénéfice du pouvoir central.

Mais il y a, en même temps, un aveu implicite d'impuissance de l'Etat qui accepte qu'à travers des obligations négatives nées du contrat vassalique, les deux parties se trouvent placées dans une situation réciproque de non-agression. Fulbert le rappelle avec insistance, écrivant que « *le seigneur doit, en toutes choses, rendre la pareille à son vassal sous peine d'être à bon droit taxé de mauvaise foi* ». Dans ces conditions, seigneur et vassal sont appelés à participer, par leur comportement, au maintien d'une paix et d'un équilibre social que la royauté est maintenant dans l'incapacité d'assurer. Au détournement qu'opère le contrat vassalique s'ajoute, en quelque sorte, un transfert de compétence tacitement consenti par l'Etat en faveur du groupe vassalique dont il attend participation directe à l'exécution de la mission première dont il a la charge : maintenir la paix.

Ces obligations négatives imposées aux parties contractantes, tout spécialement au vassal par le biais du serment, ne sont pas les seules. Elles revêtent aussi des **aspects positifs**, au premier rang desquels le dévouement sans limite que doit tout vassal à son seigneur. Il y a là un aspect essentiel du devoir vassalique sur lequel s'étendent toujours longuement les chansons de geste des Xᵉ et XIᵉ siècles qui le fondent sur la fidélité à toute épreuve qui lie chaque vassal à son seigneur. Mais ce type de vassal né à l'époque carolingienne, souvent *chasé* et toujours entretenu par le seigneur, disparaît progressivement dans le courant du XIᵉ siècle. Les services dus à son seigneur sont alors de moins en moins fondés sur une communauté de vie d'où résultait un dévouement sans limite mais, de plus en plus, sur la concession d'un fief considéré comme en constituant la juste contrepartie.

§ 2. – LA CONCESSION DE FIEF, DANGER POUR L'INTÉGRITÉ TERRITORIALE DE L'ÉTAT

Le terme *feo* rappelle, dans sa forme latine (***fevum, feudum, feodum***), les présents qu'échangeaient les clans dans le monde germanique pour aider au maintien de la paix. Il se rattache aussi à la pratique romaine d'accorder des terres aux militaires en rémunération de leur service. Mais c'est surtout dans la lignée du système des bénéfices qu'il s'inscrit, ces terres concédées en bienfait (***in beneficio***), à titre viager, par les rois mérovingiens à leurs soldats, à leurs fidèles, à leurs vassaux. Ce bienfait – le plus souvent une terre – était davantage considéré comme un cadeau que comme une véritable rémunération. Il était une récompense octroyée au vassal pour sa fidélité et son dévouement. La notion de rémunération pour service rendu n'est encore qu'accessoire, mais sous-jacente.

Le mot fief apparaît dans le courant du Xᵉ siècle et supplante progressivement, au siècle suivant, le terme ***beneficium***. Les discussions autour de l'origine et de l'étymologie de ce terme sont et demeurent vives. Constater qu'il dérive de ***feodum*** n'avance guère dans la mesure où l'origine de ***feodum*** est incertaine. Certains auteurs ont voulu y voir un lien direct avec la ***fides*** (foi, féauté). Mais cette interprétation, qui aurait l'avantage de rappeler la principale obligation du vassal – la foi – ne résiste pas à l'analyse des philologues. Plus sensibles à l'aspect matériel, d'autres historiens ont tenté de montrer qu'il existerait une lien de filiation avec le terme germanique ***vieh*** ou le mot ***fium*** des lois lombardes qui, l'un et l'autre, signifient bétail, donc richesse pouvant servir de base à concession. S'il est difficile de prendre parti sur ces différentes interprétations, il est certain que le terme ***feodum*** est utilisé, dans un premier temps, pour désigner des objets de valeur remis au vassal (cuirasse, casque, bracelet, bétail) puis, ensuite, la terre qui lui est concédée ou tout autre bien corporel ou incorporel pouvant faire l'objet d'une concession.

A partir du début du XIe siècle, la concession de fief devient le mode courant de rétribution des services dus par tout vassal à son seigneur. Il peut alors être défini comme une concession à charge de services nobles faite par le seigneur à son vassal. Dès lors, il apparaît comme une véritable tenure-salaire qui doit permettre à celui qui la reçoit de disposer des moyens d'assumer les obligations qu'il contracte. Ce fief, le plus souvent de nature foncière, peut aussi revêtir d'autres formes.

Chaque fois qu'il est uniquement constitué de dotations foncières, les terres qui le composent n'ont pas toujours la même origine. Au tout début et encore pendant longtemps au Xe siècle, il s'agit de terres que le seigneur prélève directement sur son patrimoine pour les concéder. De dimensions variables, mais suffisantes pour permettre l'équipement et la subsistance d'un cavalier, elles sont qualifiées de **fief d'attribution** afin de bien montrer qu'il s'agit d'une concession honorée par le seul seigneur. Mais, tant l'insécurité du Xe siècle qui pousse même les plus humbles à se trouver un seigneur que le nombre croissant de petits et moyens propriétaires à la recherche d'une protection, placent les seigneurs dans l'impossibilité de pourvoir en terres, sur leur patrimoine personnel, l'ensemble de leurs vassaux. Pour se faire accepter et entrer dans la vassalité d'un grand, nombre de petits et moyens propriétaires à la recherche d'une protection apportent avec eux leurs terres et les remettent à leur seigneur qui, après les avoir ou non augmentées d'une cession personnelle prélevée sur les siennes propres, les leur rétrocède en fief qualifié de **fief de reprise**.

Tous les fiefs n'ont pas obligatoirement nature foncière. Les possibilités de dotation en terre n'étant pas indéfiniment extensibles, d'autres moyens furent imaginés qui permirent de constituer des fiefs à partir d'éléments incorporels. Leur absence d'assise foncière a conduit les historiens à les qualifier globalement de **fiefs en l'air**. Leur consistance, très diversifiée, s'organise autour de deux éléments essentiels : un droit immobilier ou une fonction. Chaque fois que l'inféodation porte sur un **droit immobilier**, les possibilités varient à l'infini : droit de percevoir une dîme, droit de lever les revenus d'un péage, d'un marché ou d'une foire. Le plus souvent, il s'agit d'une rente qui est assignée sur le trésor du seigneur, sur une terre lui appartenant ou sur laquelle il exerce des droits. Ces **fiefs-rentes** connurent un essor considérable à partir de la seconde moitié du XIe siècle en liaison avec le renouveau économique, commercial et monétaire de l'Occident. Ils permirent aux seigneurs de concéder à leurs vassaux des revenus fixes et, aux plus riches d'entre eux, de se constituer ainsi des réseaux vassaliques extrêmement puissants.

Une **fonction**, une **charge publique** sont-elles inféodées ? Elles confèrent alors au vassal qui en est bénéficiaire capacité d'exercer tous les pouvoirs qui en dépendent. Cette pratique voit le jour dès l'époque carolingienne quand l'empereur, puis le roi, confient progressivement les ***honores*** (charges publiques) à leurs agents de moins en moins comme une fonction publique qu'ils leur délèguent, mais de plus en plus comme un bienfait, un fief qu'ils leur concèdent. Cette assimilation progressive conduit à traiter la fonction comme un fief. On en arrive tout naturellement à la notion de **fief-fonction** qui fait de son titulaire un vassal investi de prérogatives de puissance publique, chaque fois que la fonction en impliquait l'exercice au moment de sa concession originelle. Peuvent être concédées en fief les fonctions les plus diverses, qu'elles aient un caractère fiscal, militaire et, surtout, judiciaire.

Elles viennent souvent s'adjoindre à une concession de terre préexistante qui sert alors de support matériel à l'exercice de la fonction. C'est là, situation fréquente en matière judiciaire, tel seigneur qui n'exerce pas sur ses terres de pouvoir judiciaire s'efforce, pour devenir seigneur justicier, de se faire concéder en fief le droit de rendre la justice. L'inverse se produit chaque fois qu'une terre est concédée au titulaire d'un fief-fonction pour lui permettre de trouver assise territoriale à l'exercice de sa fonction. Cette union de plus en plus étroite entre le fief-terre et le fief-fonction conduit à donner, dans le courant du XIIe siècle, la simple étiquette de fief à de multiples seigneuries dans lesquelles les seigneurs exercent des droits régaliens et, souvent aussi, à de grandes principautés. Ainsi sont qualifiées la Normandie, la Bourgogne et bien d'autres dont on dit qu'elles sont tenues en fief du roi de France. Ce furent les « grands fiefs ».

Pareilles concessions – qu'il s'agisse de fiefs fonciers, de fiefs-fonctions, de fiefs-rentes ou, cas plus général, de fiefs qui réunissent tout à la fois terre et pouvoirs – sont toujours porteuses d'effets négatifs pour la royauté et pour l'Etat dont elles sapent progressivement assise territoriale et politique (A). Quant aux obligations qui découlent de ces concessions, elles emportent toujours restriction de la sphère des droits régaliens (B), tandis que leur non-respect autorise les seigneurs à infliger des sanctions qui renforcent leur pouvoir et leur autonomie (C).

A. L'ACTE DE CONCESSION SAPE L'ASSISE TERRITORIALE ET POLITIQUE DE L'ÉTAT

Venant après la prestation de l'hommage et de la foi, la concession de fief est elle aussi très formaliste. C'est un **acte de transfert** par lequel le seigneur investit le vassal de son fief. En réalité, cette mise en possession est devenue symbolique au Xe siècle. Si le fief est une terre, l'acte de transfert se résume dans la remise au vassal d'un objet symbolisant la terre concédée : une motte de terre, un fétu de paille qui en évoquent la substance. Mais peuvent aussi être remis, une lance, un étendard ou une baguette, objets propres à évoquer les droits et pouvoirs qu'emporte la concession du fief. Après cette remise et dans l'hypothèse d'un fief foncier, le seigneur procède à la « montrée » (***visio*** et ***ostensio***), visite sur les lieux qui permet au vassal de prendre la mesure exacte de la terre qu'il a reçue. Puis, à partir du milieu du XIIe siècle, habitude est prise de rédiger un acte écrit. Inventaire détaillé des biens remis qualifié d'« aveu et dénombrement », il devient obligatoire au siècle suivant pour fixer avec précision l'étendue de la concession.

Que le fief ait assise strictement foncière, qu'il soit constitué de revenus ou de droits, qu'une fonction en soit l'élément essentiel ou qu'il réunisse toutes ces composantes à la fois, sa concession contribue toujours à compromettre l'assise territoriale et politique de l'Etat. Toute concession de fief emporte partage de droits entre le seigneur et le vassal. Même si c'est le roi lui-même qui concède, il abandonne obligatoirement à son vassal certains droits, aussi longtemps que dure la concession. Cette situation est encore aggravée par le fait que, depuis le milieu du IXe siècle, nombreuses sont les terres dans le royaume qui ont été usurpées et dont la concession, en conséquence, échappe complètement au roi. Ainsi, privé du contrôle direct sur de très nombreux fiefs du royaume et souvent contraint de concéder en fief des terres dont il assure complètement la maîtrise, le roi voit obligatoirement s'amenuiser sa capacité d'action tant en raison du contenu des droits concédés qui ne cesse de s'amplifier (1) que de la durée du contrat de concession qui va toujours en s'allongeant (2).

1. – *Le contenu des droits concédés*

Aussi longtemps que le fief demeure un simple cadeau d'objets mobiliers, même de valeur, le problème des droits concédés ne se pose pas. Devenu une terre, un revenu ou une fonction importante, sa valeur économique s'accroît et la portée politique que revêt sa concession est certaine. Aussi bien, la délimitation des droits concédés revêt-elle une importance capitale. C'est d'elle dont dépend, en définitive, la préservation de l'assise territoriale de l'« Etat, la sauvegarde de ses droits, la maîtrise de ses pouvoirs.

Un fief n'est jamais donné mais toujours concédé. Il entre dans la catégorie des tenures qui constituent un mode d'organisation des droits réels, un système de possession de la terre, fondé sur un partage des droits qu'exercent deux personnes sur une même chose. Ce type d'organisation, si caractéristique du Moyen Age, se maintient jusqu'à la Révolution qui l'abolit dans la Nuit du 4 août 1789. Dans la mesure où il n'est demandé au vassal qui reçoit un fief que des services nobles, en particulier militaires et judiciaires, le fief est qualifié de tenure noble par opposition aux tenures roturières sur lesquelles pèse toute une série de sujétions économiques. Le contrat de fief opère toujours un démembrement des droits possédés par le concédant, mais ce démembrement peut être plus ou moins important. Il faut, pour en mesurer le contenu, distinguer deux hypothèses à l'intérieur desquelles peuvent jouer des situations très variées.

La première est celle d'un contrat de fief proposé par le roi lui-même ou par un seigneur qui jouissent, sur la terre qu'ils donnent en fief, de la totalité des droits, d'une pleine « propriété » (on la qualifie d'***alleu***). Le concédant, qu'il soit roi ou seigneur, a alors toute latitude pour concéder totalité ou partie de ses droits. Généralement, c'est un partage qui intervient, le roi ou le seigneur alleutier conservant certaines terres et certains droits – **le fief dominant** – et concédant le reste, le **fief servant**, ainsi dénommé en raison des services et prestations qui pèsent sur lui. Le seigneur, premier concédant d'une terre sur laquelle il exerçait, avant concession, la totalité des droits est le suzerain. Il a donc l'entière maîtrise de la délimitation du fief servant qu'il abandonne à son vassal.

A partir de ce moment-là, on entre dans la seconde hypothèse. Le seigneur-suzerain qui a concédé ne conserve que la nue-propriété du fief, tandis que son vassal acquiert sur le fief un droit de jouissance complet. Il en a la **saisine** et en perçoit les revenus, jouit de toutes les prérogatives honorifiques qui peuvent lui être attachées. Il peut aussi, dans certaines conditions, sous-inféoder tout ou partie de ce fief à un tiers. Il est alors seigneur de ce tiers qui devient son vassal, tandis que le seigneur dont émane la concession originelle prend qualité de suzerain de ce même vassal. Et l'opération de sous-inféodation peut ainsi être répétée à l'infini, chaque seigneur concédant pouvant à son tour réduire ce que sera le fief servant.

A chaque inféodation ou sous-inféodation, la question qui se pose est de déterminer avec précision les termes du partage qui, de plus en plus favorable au vassal, finit par lui assurer une maîtrise plus complète sur le fief. Si c'est une terre qui est concédée, cas le plus courant, elle peut l'être avec ou sans les droits de puissance publique qui lui sont attachés. Les solutions les plus diverses peuvent alors intervenir qui, tantôt font du vassal un véritable dépositaire des droits régaliens capable de juger, légiférer, imposer et faire la guerre, tantôt ne lui accordent que des prérogatives limitées dans des domaines extrêmement précis. Dans tous les cas, la pénétration du pouvoir royal se trouve considérablement retardée dans ces fiefs sur lesquels le roi a, à l'origine, concédé tout ou partie des attributs de puissance publique.

Cette situation se trouve toujours aggravée du fait que les grands princes territoriaux, mais aussi la multitude des vassaux royaux auxquels le roi a concédé des fiefs, procèdent à leur tour à partir de ces mêmes fiefs, à de nouvelles concessions de terres et de droits sur lesquels le contrôle royal finit par devenir illusoire. Cette évolution irrésistible contribue à faire passer entre les mains de simples particuliers une large part de l'exercice des droits régaliens : faire la guerre, rendre la justice, battre monnaie. Autant de prérogatives qui s'éloignent de plus en plus du souverain par un simple jeu de concessions en chaîne qu'il ne contrôle plus.

Il y a plus encore dans cette évolution réductrice du pouvoir royal et de son assise. Profitant du renouveau économique et commercial de la seconde moitié du XIe siècle et du nouvel afflux monétaire, nombreux sont les seigneurs qui concèdent des rentes à leurs vassaux. Les plus riches d'entre eux réussissent par ce biais à se forger de puissants réseaux vassaliques qui détournent souvent ceux qui en constituent les maillons de la fidélité qu'ils doivent au souverain. Ainsi, à travers l'acte de concession de fief, se trouve amoindrie l'assise territoriale du pouvoir royal, contrarié l'exercice de ses prérogatives et réduite l'emprise qu'il doit normalement exercer sur les sujets de son royaume. Triple dégradation que vient encore accentuer la durée du contrat, toujours plus longue.

2. – *La durée de la concession*

Viagère au départ, elle évolue progressivement vers l'**hérédité** ce qui, dans un second temps, favorise le développement de la **patrimonialité** des fiefs.

Hérédité. Dans ses premiers temps, le contrat de fief est strictement personnel. En conséquence, il ne lie que les deux parties dans le cadre d'une concession strictement viagère. Mais, en raison du morcellement territorial croissant et de l'affaiblissement des structures politiques, cette concession évolue vers une stabilité toujours plus grande qui devait, tout naturellement, conduire vers l'hérédité.

Elle s'enracine tout d'abord en ligne directe, plus facilement au niveau des grandes principautés territoriales à la fin du IXe siècle, puis dans les comtés tout au long du Xe siècle. Châtellenies et fiefs de moindre importance enregistrent ensuite la même évolution. Face à la faiblesse et à l'instabilité du pouvoir central, les dignitaires titulaires de ces grands fiefs s'efforcent de faire admettre que doit être assurée de père en fils la maîtrise sur le fief qui leur a été concédé. Ainsi, la stabilité change de camp. Face à un roi mal assuré dont la succession est devenue un enjeu entre les grands, ces mêmes grands princes réussissent à imposer la transmission héréditaire des fiefs qu'il leur a concédés et, par là même, le contrôle des territoires qu'ils recouvrent.

Semblable évolution s'impose aussi, mais moins vite, en ligne collatérale. Outre qu'il est toujours plus difficile de transmettre un bien à son neveu ou à son cousin qu'à ses descendants directs, s'applique aussi la règle «*fief ne remonte*» (***feodum non ascendit***). Excluant les ascendants, elle menaçait également les collatéraux, chaque fois que pour déterminer le collatéral le plus proche, il fallait remonter à l'ancêtre commun. Malgré ces obstacles, la succession héréditaire aux fiefs en ligne collatérale s'affirme au début du XIe siècle pour les grandes principautés territoriales, puis se développe par la suite. Dans l'ensemble, c'est dans le courant du XIe siècle que se généralise et s'impose la règle de l'hérédité, tant pour le seigneur que pour le vassal.

Un seigneur vient-il à mourir ? Ses vassaux prêtent alors hommage au successeur qui les confirme dans la possession de leurs fiefs en renouvelant leur investiture. Si c'est le vassal qui disparaît, le seigneur accepte son fils comme successeur, à condition qu'il soit capable d'assurer tous les services du fief et qu'il se plie aux formalités d'hommage et foi. A partir du moment où triomphe cet ensemble de règles, habitude est souvent prise d'insérer dans les actes de concession une formule stipulant que la concession vaut non seulement pour le vassal, mais aussi pour ses « hoirs ». Cette formule visait tous les héritiers en ligne directe descendante et en ligne collatérale. Cette affirmation progressive de l'hérédité eut pour corollaire l'établissement d'une série de règles propres à sauvegarder les droits du seigneur. Leur mise en place contribua à la lente formation d'un droit féodal, ensemble de coutumes applicables aux nobles et à leurs terres, tout particulièrement à l'occasion de la succession. Elles réglementent trois points particulièrement délicats : principe de l'hérédité, capacité de l'héritier, droit d'aînesse.

Le fief devenu **héréditaire**, sa maîtrise échappe en pratique au seigneur au moment de la mort du vassal. C'est pourquoi la fiction fut toujours entretenue d'après laquelle au décès de tout vassal, tout fief était censé faire retour à son seigneur, comme les premiers bénéfices dont les héritiers ne pouvaient conserver la possession que s'ils obtenaient confirmation du seigneur.

Il en fut de même pour le fief. On estima que les héritiers du vassal succédaient bien aux droits du titulaire décédé, mais qu'ils ne succédaient pas à la saisine sur le fief. Ils furent contraints d'aller la demander au seigneur qui prit alors l'habitude de renouveler l'investiture, mais en prélevant en contrepartie un droit de mutation. Toujours assez élevé, il était encore « à merci » dans certaines provinces, comme le Poitou au XIIIe siècle. C'est la raison pour laquelle plusieurs ordonnances royales fixèrent un montant maximum pouvant atteindre une année de revenus du fief, chiffre qui s'imposa à peu près partout, sauf en Normandie. Cette taxe était versée au moment où le seigneur « relevait » le fief au profit du vassal. Elle prit le nom de droit de **relief** ou de rachat. Elle est en quelque sorte une consécration par le seigneur de la patrimonialité du fief, pratique qu'il finit par accepter moyennant compensation pécuniaire.

Il était aussi essentiel pour le seigneur que **l'héritier fût pleinement capable d'assurer les services liés au fief** – en particulier le service militaire – obligation qui pose à la fois le problème du sexe et de l'âge.

Pour les femmes, leur incapacité « *d'aller en ost ni en chevauchée où il y aurait fait d'armes* » et « *d'aller a plez ne en jugement* », c'est-à-dire de participer à des obligations militaires et à l'exercice de la justice, les écarte de la possession des fiefs, tout comme le droit franc (loi salique) les excluait de la succession à la ***terra salica***. Il y avait donc là une double raison pour interdire aux femmes la possession d'un fief qui risquait, de surcroît, de passer par leur mariage en des mains étrangères.

En réalité, la pratique s'écarte en France plus tôt qu'ailleurs de cette rigueur primitive qui conduisait le seigneur à reprendre le fief en l'absence d'héritier mâle. Ainsi voit-on, dès le milieu du Xe siècle, des femmes admises à succéder au fief parfois très important de leur père, comme Ermengarde qui hérite, en 952, du duché de Bourgogne ou Eléonore d'Aquitaine qui succède, en 1137, à son père Guillaume X à la tête de l'important duché d'Aquitaine. Cette règle fut d'application générale dans le courant du XIIe siècle. Mais, là encore, il convenait de trouver un palliatif pour que fussent sauvegardés les droits du seigneur et assurés les services féodaux.

Si la dame de fief était mariée, c'est à son mari que revenait l'obligation d'assurer les services d'ost et de cour. Il portait alors hommage à sa place au seigneur et devenait son vassal. Si la vassale était célibataire, elle pouvait se faire remplacer par un chevalier ou un écuyer agréé par le seigneur et qui servait à sa place. Mais le seigneur préférait que sa vassale se marie. Il l'invitait toujours à le faire, l'y contraignait parfois. Dans tous les cas, il se réservait toujours le droit d'agréer le futur mari qui était aussi son futur vassal.

Pour les mineurs qui devenaient par succession possesseurs d'un fief, le règlement de la succession variait en fonction du prédécès de la mère ou du père. Si le père était le parent survivant, il continuait d'assurer les droits qu'il avait d'administrer les fiefs de sa femme devenus fiefs de ses enfants. Ils lui étaient remis en garde durant toute la minorité du vassal. En cas de prédécès du père, la mère survivante ne pouvant répondre des obligations féodales, le seigneur avait la possibilité soit de reprendre le fief jusqu'à la majorité de l'héritier et d'en assurer la garde, soit de confier cette garde à un membre de la famille du jeune vassal, un oncle paternel le plus souvent. Dans toutes ces hypothèses, la garde ne durait qu'un temps relativement court, la majorité féodale s'étant fixée en moyenne à l'âge de 15 ans. Alors, le jeune vassal reprenait le fief et prêtait l'hommage.

Il était enfin de **l'intérêt du seigneur qu'un fief ne fût pas démembré**. Des fiefs trop petits ne pouvant plus subvenir au service d'un homme d'armes, le risque était réel pour tout seigneur de se priver de tout service en cas de pluralité d'héritiers. Aussi, pour combattre la pratique originelle du partage du fief entre tous les fils du vassal, les seigneurs prirent l'habitude d'introduire, dès le XIe siècle, dans le contrat de fief, une clause nouvelle qui devint de style, au terme de laquelle le fief ne devait pas être partagé mais passer à un seul héritier.

Ce principe d'indivisibilité des fiefs donne progressivement naissance au droit d'aînesse qui permet d'appeler le premier né à la succession. Cette. règle, d'abord seulement applicable aux fiefs les plus importants, se généralisa et devint obligatoire à des dates diverses selon les régions. Au XIIIe siècle, elle est le droit commun pour l'ensemble des fiefs de la France coutumière et pénètre progressivement les pays de droit écrit. Mais, dans l'une comme l'autre région, elle connaît des modalités diverses d'application, toujours tempérées par le versement de compensations pécuniaires au puîné qui reçoit aussi des terres ou manoirs de moindre valeur.

La règle d'hérédité ainsi acquise, bien que tempérée par certains arrangements propres à protéger les intérêts du seigneur, ouvrait la voie à la libre disposition de leur fief par les vassaux.

Patrimonialité et aliénabilité. Disposer librement de son fief est interdit à l'origine. Jusqu'à la fin du XIe siècle, règne la règle de l'inaliénabilité. Le vassal ne peut ni vendre, ni sous-inféoder son fief, ni même l'engager pour plus de trois ans sans le consentement de son seigneur. Au siècle suivant, la tendance primitive se renverse pour ne subsister que dans quelques coutumes (Normandie, Champagne, Bourgogne). Partout ailleurs, l'aliénation est devenue possible, conséquence d'une conception patrimoniale rigide qui se manifeste aussi, mais à un moindre degré, à travers la technique de la sous-inféodation.

L'aliénation peut être partielle ou totale. Elle est **totale** si le vassal cède ses droits de jouissance héréditaire sur la totalité du fief à un tiers qui, devenu vassal à sa place, se trouve tenu des mêmes obligations que lui et subrogé dans ses droits. C'était imposer au seigneur un nouveau vassal qu'il ne connaissait pas nécessairement et qu'il pouvait, en toute hypothèse, ne pas souhaiter. De nombreuses coutumes ont réagi face à ces pratiques pour protéger le seigneur. L'obligation fut posée d'obtenir son accord, ce qui lui offrait la double possibilité de refuser ou de procéder lui-même au rachat du fief. Mais surtout, la procédure d'aliénation fut rendue plus complexe en obligeant le vassal à se défaire de son fief devant le seigneur par un rite inverse de celui prévu pour l'investiture. Il doit successivement procéder à la démission de foi en rompant les liens personnels de l'hommage puis, ensuite, se désinvestir du fief. C'est la procédure du ***devest***. Ces formalités terminées, l'ancien vassal peut alors présenter au seigneur celui qu'il a choisi pour lui succéder. Cette substitution de personne ne pouvait devenir effective sans que soit conclu un nouveau contrat et que l'acquéreur, nouveau vassal, se plie à la double formalité d'hommage et foi.

Pour convaincre les seigneurs d'accepter pareille évolution, il fallut les intéresser personnellement à l'opération. Pour cela, tout acquéreur de fief fut invité à verser à son nouveau seigneur un important droit de mutation s'élevant à 20 % de la valeur du fief, soit 1/5 du prix. Qualifié pour cette raison de **droit de quint**, il devint pratique courante, tout comme le droit de relief versé dans l'hypothèse de transmission héréditaire. Malgré ces aménagements, le contrat de fief demeurait un contrat conclu ***intuitu personae*** et on ne pouvait imposer de force au seigneur un vassal qui ne lui convenait pas, même s'il s'était acquitté de toutes les formalités qu'impliquait le transfert. Dans ce cas, il était toujours possible au seigneur de faire valoir ses droits sur l'acheteur et de reprendre le fief, à condition de lui en rembourser prix de vente et montant des frais occasionnés par le contrat. C'est la technique du **retrait féodal**.

La pratique de **l'aliénation partielle** fut plus encore combattue dans la mesure où elle risquait d'avoir des conséquences plus dommageables pour le seigneur. Un fief partiellement démembré risquait de ne plus être suffisant pour permettre à son titulaire d'assurer les services, en particulier militaires, auquel il était tenu. Dans ces conditions, toute aliénation partielle dite **abrègement** du fief devait être préalablement acceptée par le seigneur. Seules quelques coutumes (Normandie, Vermandois, Artois) autorisent, dans des conditions bien particulières, les vassaux à procéder à un abrègement de leur fief soit du tiers (tiercement) ou du cinquième (quintement), à condition bien sûr que le seigneur soit, comme dans l'hypothèse d'une aliénation totale, indemnisé.

Très différente de l'aliénation par sa nature et ses effets se présente la sous-inféodation. Technique qui permet au vassal de concéder tout ou partie de son fief, elle ne le fait pas pour autant échapper à ses obligations. Il demeure toujours le vassal de son seigneur pour le tout, continue à lui devoir hommage pour la totalité du fief et l'intégralité des services féodaux. Malgré cette sécurité offerte au seigneur, la sous-inféodation présentait de graves dangers. Elle éloignait le fief de son seigneur et rendait plus difficile tout contrôle. Elle appauvrissait aussi le vassal qui, perdant une partie de ses revenus, risquait de ne plus pouvoir assurer les services féodaux. Pareils dangers suscitèrent de vives oppositions de la part des seigneurs. Elles furent entendues par les coutumes qui, soit restreignirent à certains vassaux – barons et châtelains – le droit de sous-inféoder sans autorisation (Champagne), soit le retirèrent à tout vassal (Beauvaisis, Bourgogne) ou en limitèrent la possibilité au tiers ou quart du fief (Normandie et Artois).

Malgré cet ensemble de règles restrictives dont l'esprit est le même que celles élaborées pour tempérer les effets de l'hérédité, la maîtrise du fief échappe de plus en plus au seigneur concédant. Les droits reconnus au vassal vont en s'affirmant et le renouvellement de l'acte originel de concession du fief s'impose en pratique au seigneur. Que le nouveau vassal soit désigné par application des règles héréditaires ou à la suite d'une mutation de fief, le seigneur se trouve pratiquement contraint de l'accepter, même s'il peut faire jouer en sa faveur certaines dispositions protectrices. C'est finalement le jeu du fief qui dicte la désignation du vassal, fief que la concession originelle, en pratique toujours renouvelée, continue à éloigner davantage du pouvoir central et de l'Etat.

Au terme de cette évolution, le fief est devenu le point central des relations féodo-vassaliques, celui autour duquel se concrétisent tous les enjeux des relations sociales. Cette prédominance de l'élément réel – le fief –, au détriment de l'élément personnel – la vassalité –, transparaît même dans le vocabulaire puisque, à partir du dernier quart du XIe siècle, le vassal est de plus en plus souvent qualifié de feudataire. Recherché et convoité par les vassaux, le fief constitue un élément de pouvoir dont les seigneurs s'efforcent de retirer le maximum de prestations au détriment du roi et de l'Etat.

B. LES OBLIGATIONS QUI DÉCOULENT DE LA CONCESSION DE FIEF RESTREIGNENT LA SPHÈRE DES DROITS RÉGALIENS

Plus la notion de dévouement désintéressé du vassal à son seigneur s'oblitère dans les relations vassaliques, plus les vassaux se montrent âpres à acquérir des fiefs importants. La réouverture des circuits d'échange et la renaissance du commerce dans la seconde moitié du XIe siècle ne sont pas étrangères à cette évolution. Le fief est désormais avant tout perçu par le vassal comme un instrument économique dont il s'efforce de tirer le maximum d'avantages. Le seigneur, de son côté, profite de ces nouvelles données pour renforcer sa position de pouvoir et étendre les prérogatives qu'il tient de la concession de fief. Leur mise en œuvre, toujours plus envahissante, contribue à réduire le contenu des droits régaliens et à restreindre le champ d'action de l'Etat.

Mieux sont précisées les obligations du vassal, plus elles constituent un support efficace à l'action seigneuriale. Ces obligations positives qui naissent de la concession de fief et en constituent la contrepartie, ne sont définies qu'assez tardivement. L'idée d'un dévouement désintéressé et sans limite avait dominé les rapports seigneurs-vassaux aux premiers temps de la vassalité, interdisant que fussent quantifiés et réduits en formules stéréotypées les devoirs vassaliques. Fulbert de Chartres y consent, dans sa réponse au duc d'Aquitaine, mais non sans réticence, estimant sans doute que cette nécessaire clarification rendrait plus facile le jeu des relations féodo-vassaliques. Dans cette nouvelle optique, on finit par admettre que le fief constituait l'unique support des obligations du vassal : aide et conseil.

1. – *Le service d'aide* (***auxilium***) revêt un double aspect. Au contenu presque exclusivement militaire du début sont venues s'ajouter des charges pécuniaires.

L'aide militaire résume toute la philosophie du contrat primitif qui imposait d'abord à tout vassal d'assurer la défense de son seigneur et de combattre à ses côtés. Ce service implique en premier un service de garde du château où les principaux vassaux sont souvent requis pour encadrer les hommes du seigneur. Mais ce n'est là que l'aspect mineur des obligations militaires contractées par le vassal. La plus importante et la plus lourde aussi est celle **d'ost et chevauchée**. En principe, la chevauchée qui est une expédition relativement brève, à caractère punitif ou défensif, dans un rayon géographique limité (souvent une seigneurie voisine), constitue une obligation beaucoup moins lourde que l'ost, véritable opération de guerre qui met en jeu des intérêts plus importants face à une invasion ou une agression militaire caractérisée.

Quel que soit le caractère ou l'intensité de l'obligation, elle implique que le vassal soit équipé et puisse combattre à cheval. Le monde auquel il appartient, celui des cavaliers, de la chevalerie, est aussi celui du combat noble qui se pratique exclusivement à cheval. Mal précisé au départ, mais en pratique indéfiniment extensible en raison des liens privilégiés qui unissaient le vassal à son seigneur, le service d'ost et de chevauchée fut progressivement réglementé. Les vassaux, redoutant que les sujétions inhérentes à cette obligation ne viennent réduire à néant les avantages matériels qu'ils retiraient du fief, insistèrent pour qu'elles soient en quelque sorte réglementées. Ils y parvinrent par le biais de conventions passées avec leur seigneur dans le courant du XIe siècle. Puis, au siècle suivant, leur contenu devint coutume.

Au terme de cette évolution, ost et chevauchée ne durent pas dépasser 40 jours consécutifs dans l'année. Puis, comme le poids du service se trouvait modulé en fonction de l'importance du fief, il convenait de déterminer avec précision les prestations dues pendant ces 40 jours. On en arriva ainsi, à travers une délimitation des charges militaires, à établir une véritable hiérarchie des fiefs, d'où découle une hiérarchie des titres nobiliaires. Au bas de l'échelle se trouvent les fiefs de chevaliers, encore qualifiés de **fiefs de haubert** puisque le chevalier se présente seul pour combattre avec son armure et haubert. Viennent ensuite, par ordre hiérarchique, les fiefs de châtelain, de baron, de vicomte et de comte. Ceux qui les tiennent doivent se présenter à l'ost non pas seuls, mais accompagnés d'un nombre de vassaux dont l'importance varie avec la dignité conférée au fief. Bien sûr, les obligations qui découlaient de cette pratique coutumière pouvaient être dépassées, mais encore fallait-il que le vassal l'acceptât et que le seigneur fût capable de les financer.

Cette limitation assez rigide fut très fortement encouragée par l'Eglise dans la mesure où elle lui permettait de soutenir sa politique de limitation des opérations de guerre privée. La royauté, elle aussi, s'y montra favorable saisissant là un moyen de retrouver compétence dans un domaine qui lui est traditionnellement réservé, celui d'assurer la paix et la sécurité.

Déterminer le contenu de l'aide militaire eut pour corollaire la fixation précise d'une aide pécuniaire. Due au seigneur dans des circonstances déterminées, elle varie elle aussi en fonction de l'importance du fief et trouve souvent son origine dans les liens affectifs qu'entretient le vassal avec son seigneur. La liste des cas justifiant le versement de cette aide fut tardivement arrêtée. Essentiellement fondée sur les nécessités de la guerre et les grands événements qui rythment la vie de la famille seigneuriale, elle est obligatoirement due par le vassal dans quatre cas.

La contribution au paiement de la **rançon** destinée à obtenir la libération du seigneur fait prisonnier et la participation demandée, à partir de la fin du XIe siècle, pour financer le départ en **croisade** du seigneur répondent aux nécessités de la vie guerrière. Aider ce même seigneur à subvenir aux dépenses auxquelles il doit faire face quand son **fils aîné est armé chevalier** (*adoubement*) ou quand vient le temps de **marier sa fille aînée** constitue une obligation qui s'inscrit, tout naturellement, dans le cadre de relations affectives. Quatre cas furent ainsi bien assignés à cette aide pécuniaire, pour cette raison qualifiée d'aide aux quatre cas.

Militaire et financière donc, cette aide devait permettre de couvrir en partie les besoins du seigneur, tandis que son versement traduisait la capacité à la fois physique et économique du vassal à répondre aux exigences seigneuriales. Tout autre est l'obligation de conseil.

2. – *Le conseil* (***consilium***) ou service de cour implique bien lui aussi la présence physique du vassal, mais il requiert davantage de lui formation intellectuelle, aptitude à raisonner et capacité à valoriser l'entourage seigneurial que mise en œuvre de moyens financiers importants. Certes, cette obligation faite au vassal de conseiller son seigneur chaque fois qu'il en est requis lui impose bien des contraintes financières, en particulier celles liées aux frais de déplacement, mais elle veut avant tout mettre en avant ses qualités d'homme de cour et de conseil.

Homme de cour, cela va de soi, dans la mesure où tout vassal doit siéger à la cour du seigneur chaque fois qu'il en est requis. Dans cette cour sont réunis tous les vassaux. Placés dans une situation de stricte égalité, ils sont ***pares*** – pairs – et constituent, pour cette raison, la cour du seigneur. Depuis le roi jusqu'au moindre petit seigneur, chacun a sa cour (***curia***) composée de ses vassaux. Mais cette composition varie d'une réunion à l'autre. Le seigneur reste toujours libre d'y appeler qui il veut, en fonction des questions à traiter et des vassaux qu'il souhaite y voir comparaître. Triple mission est confiée à cette cour.

Elle est d'abord un organe d'**apparat** dont chaque seigneur aime toujours s'entourer pour montrer sa puissance et témoigner de l'ampleur de ses réseaux vassaliques. Dans cette optique, il la convoque chaque fois qu'il accueille des personnalités de haut rang, accorde des audiences, reçoit l'hommage d'un nouveau vassal, arme son fils chevalier ou marie sa fille. Dans toutes ces circonstances, la cour qui doit compter le plus grand nombre possible de vassaux n'a d'autre fonction que de donner toujours plus d'éclat à ces grandes cérémonies.

Elle est aussi appelée à **conseiller** le seigneur chaque fois qu'exerçant ses fonctions de gouvernant dans le cadre de sa seigneurie, il souhaite s'entourer de l'avis de ses vassaux avant de décider. Toutes questions politiques, administratives ou militaires peuvent lui être soumises. Il va de soi que l'importance donnée au rôle de la cour en ce domaine dépend beaucoup du rang et de la position politique du seigneur. La ***curia*** du roi de France ou celle d'un grand prince territorial, comme le duc d'Aquitaine ou le duc de Bourgogne, constituent de véritables organes de gouvernement régulièrement consultés, tandis que la cour de tel petit seigneur, convoquée de manière très épisodique, lui sert davantage de faire-valoir qu'elle ne l'aide à gouverner.

C'est sans doute à l'occasion de l'exercice de la **justice**, troisième grande attribution de la cour, que les vassaux sont le plus sollicités. Dans le cadre de cette cour qu'ils composent sous la présidence du seigneur, ils sont régulièrement appelés à participer à l'exercice de la **justice féodale**, justice par essence contractuelle puisqu'elle découle du contrat féodo-vassalique et de la concession de fief. Chaque vassal ne peut être jugé que par ses pairs, dans le cadre de cette cour féodale, composée de tous les autres vassaux. Ils sont appelés, sous la présidence du seigneur, à connaître de tous les litiges qui touchent au fief, aux obligations féodo-vassaliques et à leur non-respect. Des chefs de compétence aussi larges faisaient que, finalement, les vassaux se trouvaient soumis à la justice de la cour féodale dans presque tous les cas. C'est là l'aspect théorique de la question. En réalité, la convocation de la cour, sa capacité à juger, à faire comparaître les justiciables et surtout à contraindre les perdants à accepter l'exécution du jugement dépendent presque uniquement de la puissance réelle du seigneur et de la capacité qu'il a à mobiliser ses vassaux. Voilà qui explique pourquoi la justice féodale de nombreux princes territoriaux des Xe et XIe siècles fonctionne de manière à la fois plus régulière et plus efficace que celle du roi de France. Elle leur confère un pouvoir véritablement autonome que viennent encore renforcer les sanctions qu'ils sont en droit d'imposer à tout vassal coupable ou récalcitrant.

C. LES SANCTIONS RENFORCENT L'AUTONOMIE DES SEIGNEURS

Aux obligations lentement codifiées qui naissent de la concession du fief et du contrat féodo-vassalique fait pièce, mais avec plus de lenteur encore, une liste de sanctions dans tous les cas où l'une des parties ne respecte pas les clauses du contrat. A la seule force, qui apportait à l'origine solution aux conflits, se substitue progressivement la compétence du seigneur et de sa cour pour statuer sur les cas constatés de violation des engagements pris.

Le vassal est-il convaincu d'avoir manqué à ses devoirs ? Alors est mise en jeu la procédure de confiscation temporaire du fief – la **saisine** – qui peut être transformée en confiscation définitive, la **commise**. Puisque le fief est désormais considéré comme la contrepartie des obligations du vassal, il apparaît logique de le lui retirer de manière temporaire ou définitive, s'il n'honore pas ses engagements. La commise, aboutissement d'une procédure qui se déroule devant la cour féodale constitue la sanction pénale la plus grave à laquelle peut être soumis le vassal pour non-respect de ses obligations. Elle est aussi un recours extrême et n'intervient la plupart du temps qu'après une tentative de conciliation et une mise en demeure adressée au vassal de s'exécuter. Dans tous les cas, elle fait du seigneur et de sa cour les juges de l'affaire, retirant ainsi au roi tout pouvoir d'intervention direct.

Néanmoins, la commise apparaît toujours comme une sanction difficile à mettre en œuvre, souvent freinée par l'impuissance dans laquelle se trouve le seigneur de la faire prononcer et, s'il y parvient, de la faire exécuter. C'est souvent vrai du roi de France aux Xe et XIe siècles, chaque fois que ses grands vassaux font bloc contre lui pour la faire échouer. L'exemple de Robert le Pieux en conflit, en 1023, avec son vassal Eudes II, comte de Blois et de Troyes, est particulièrement probant. Dangereux pour le roi dans la région de Paris, Senlis et Orléans, il entre en conflit avec lui. Robert le Pieux s'appuie sur sa qualité de seigneur féodal pour persuader ses vassaux de prononcer la commise. Mais ils refusent de se constituer en cour, solidaires d'Eudes qui, jouant sur la faiblesse du roi, réussit à les persuader que les raisons invoquées ne sont pas suffisantes pour lui enlever son fief.

Dans le jeu des sanctions, certaines sont aussi prévues au bénéfice du vassal, autorisé à faire valoir ses droits chaque fois que le seigneur n'a pas respecté ses engagements, en s'adressant au supérieur de celui-ci, son suzerain. Si la plainte est considérée comme fondée, le suzerain convoque le seigneur fautif devant sa cour féodale qui peut, en cas de faute constatée, prononcer des sanctions. Le vassal est alors autorisé à désavouer son seigneur. C'est la procédure de **désaveu** qui le conduit, tout en conservant son fief, à rompre tout lien avec lui pour être directement rattaché au suzerain dont il devient le vassal. Ainsi le seigneur coupable se trouvait-il condamné à voir son réseau vassalique affaibli, sa capacité d'action amputée. Mais, là encore, la mise en œuvre de cette sanction est souvent paralysée, tant en raison de l'autorité insuffisante du suzerain que de la hiérarchie chancelante de l'ordre féodal.

§ 3. – L'ORDRE FÉODAL, MENACE POUR L'ÉTAT

Pour comprendre comment le lien féodo-vassalique a pu rapidement constituer un danger réel pour l'Etat, il faut déborder le cadre limité des rapports que le contrat de fief fait naître entre le seigneur et son vassal. Ce groupe étroit n'est que le maillon d'une vaste chaîne. Chaque seigneur étant lui-même vassal d'un autre seigneur, il se constitue ainsi de degré en degré une hiérarchie qui, en théorie, remonte jusqu'au roi. C'est autour de cette architecture faite de concessions de terres, d'hommages et de pouvoirs dépendants que s'organise l'ordre féodal, la féodalité.

Le mot féodalité qui dérive du mot ***fevum, feudum, feodum*** (Xe siècle) et de l'adjectif ***feodalis*** (XIe siècle) est tardif. Il n'apparaît qu'au début du XVIIe siècle mais sa fortune a été tellement fameuse qu'il a été employé dans les sens les plus divers (féodalité économique, administrative, bancaire, industrielle etc.). L'historiographie traditionnelle a eu très largement recours à lui pour qualifier ce nouveau régime politique et social que connaît l'Occident à partir du début du Xe siècle et dont l'expression parfaite aurait trouvé refuge sur des terres d'élection, une aire géographique privilégiée et limitée, située entre Loire et Rhin. Au-delà, la féodalité n'aurait été qu'évolution marginale, toujours inachevée, en particulier sur les terres du Midi. Ainsi strictement entendue, la féodalité a été magistralement définie par le grand historien belge F.-L. Ganshof dans son livre célèbre **Qu'est-ce que la féodalité** ? (1944). Et l'auteur d'y voir *« un ensemble d'institutions créant et régissant des obligations d'obéissance et de service – principalement militaire – de la part d'un homme libre, dit "vassal" envers un homme libre dit "seigneur" et des obligations de protection et d'entretien de la part du "seigneur" à l'égard du "vassal" ; l'obligation d'entretien ayant le plus souvent pour effet la concession par le seigneur au vassal d'un bien dit "fief"* ». Il y a là une définition très juridique qui met principalement en avant les deux composantes du système féodal, la vassalité et le fief, mais qui laisse en partie de côté l'incidence que peuvent avoir sur l'organisation politique et économique les rapports nouveaux qui naissent de la vassalité et de la concession du fief. Suivant une voie identique, R. Boutruche prend le même parti dans son bel ouvrage **Seigneurie et féodalité** (1957). Pour lui « *sans contrat vassalique, sans fief, sans organisation sociale et politique fondée sur des liens privés d'une nature particulière, il n'y a pas de régime féodal* ».

En réalité, la féodalité est plus que cela. Elle est davantage qu'un système de relations sociales organisé autour du fief qui en est la base matérielle. La limiter à une définition aussi étroite, ce serait presque accepter qu'elle n'ait pu déborder l'Europe occidentale, zone à laquelle le système du fief, sous sa forme spécifique, est demeuré principalement attaché. Le mérite de nombreuses études récentes a d'abord été de montrer que la féodalité entendue dans son acception classique – celle de Ganshof – a largement débordé le cadre géographique étroit dans lequel on avait voulu l'enserrer et de faire apparaître au grand jour que les régions du Midi, en particulier, ont aussi connu une féodalité à part entière, même si elle s'y est coulée dans des moules très diversifiés. Ensuite, c'est toute une dimension sociale et économique qui a été donnée à la féodalité. Certains historiens y ont vu un des stades obligés par lequel doit obligatoirement passer l'évolution de toute société depuis l'esclavagisme vers le capitalisme. Dans une telle perspective, on s'est avant tout attaché à décrire la féodalité comme un mode de production dominé par des rapports économiques et sociaux de dépendance qui conditionnent l'ensemble des structures d'une société à un moment donné. On parle alors de **féodalisme**, système dans lequel vient s'ajouter à l'idée de dépendance et de sujétion personnelle, celle d'une confiscation seigneuriale opérée par contrainte d'une part des profits de la production. L'attention est alors moins centrée sur le champ du pouvoir politique et des relations sociales pour scruter davantage celui de la production et de la dépendance économique. Autant de questions qui seront plus largement évoquées dans le cadre de l'étude de la seigneurie.

A se limiter, pour le moment, à la féodalité définie comme un régime politico-social organisé autour de la vassalité et du fief, sans négliger son incidence sur l'organisation politique, on constate qu'elle apparaît comme une hiérarchie de mieux en mieux réglée.

Voilà pourquoi, à partir du début du XIIe siècle, théoriciens et juristes analysent cet ordre féodal comme une organisation parfaitement structurée qui repose sur une double hiérarchie parallèle faite d'hommes et de terres. Ainsi construit au terme de concessions et d'hommages successifs, ce schéma permettait de remonter jusqu'au roi. Placé au sommet de cette hiérarchie féodo-vassalique, il pouvait espérer en tirer quelque avantage propre à limiter les effets négatifs de la dissociation territoriale. En réalité, ce n'est qu'à partir de la seconde moitié du XIIe siècle que le jeu des liens féodo-vassaliques, habilement utilisé par la royauté, commence à constituer un contrepoids efficace au morcellement politique né de la désagrégation territoriale.

Cette vassalité disciplinée, les Carolingiens l'avaient voulue et pensée, mais réalisée de manière incomplète et éphémère. Charlemagne et ses successeurs avaient vu dans les vassaux royaux (*vassi regales*) des intermédiaires obligés qu'ils avaient investis de prérogatives à l'égard de leurs propres vassaux (*vassi vassorum*, plus tard qualifiés de vavasseurs) dans le souci de constituer une pyramide de pouvoirs destinée à doubler une hiérarchie administrative souvent peu sensible aux impulsions du sommet. Trop fragile, cette organisation qui postulait un pouvoir central fort et une soumission sans limite à la base, craque à peu près partout aux Xe et XIe siècles. Elle ne se maintient que là où l'autorité du prince est assez affirmée pour résister aux forces de dissociation, comme en Germanie ou en Normandie. Partout ailleurs dans le royaume de France, les liens vassaliques se multiplient de manière de plus en plus anarchique à tous les échelons de la société. Il en résulte, dans les rapports entre les différents groupes vassaliques, un désordre croissant qui constitue une véritable menace pour l'Etat (A) malgré un effort constant de la royauté pour faire jouer en sa faveur le principe hiérarchique (B).

A. DÉSORDRE DANS LES RAPPORTS VASSALIQUES

La vassalité imaginée par les Carolingiens ne pouvait fonctionner que si, de la base au sommet, chaque vassal n'avait qu'un seul seigneur. Jusqu'à la fin du Xe siècle, les grands d'un ***pagus*** font en principe hommage au seul comte. Il en est ainsi à peu près partout. En 955 en Auvergne, quand le nouveau comte d'Auvergne et duc d'Aquitaine, Guillaume de Poitiers, se rend sur ses terres auvergnates, tous les seigneurs de la région lui prêtent hommage. La situation est identique en Normandie où tous les grands acceptent d'entrer dans la vassalité du futur comte quand son père le leur présente. En Poitou, Provence et Mâconnais aussi, tous les maîtres des grandes forteresses jurent fidélité à leur comte. Bien d'autres exemples pourraient encore être cités de ce lien féodal unique et solide entre le comte et tous les grands du comté. A l'image du serment prêté au roi, cet engagement à l'égard du comte est devenu obligatoire et aucun grand ne songe sérieusement à le contester.

Il y avait là pour le roi moyen facile de bénéficier de relais efficaces, les grands seigneurs du comté effectuant leur service d'ost et de conseil au bénéfice d'un de ses représentants, le comte. Mais un tel système était fragile et portait en lui les germes de sa propre ruine. Il ne pouvait efficacement fonctionner qu'à deux conditions. La première supposait que chaque grand ne fût engagé que dans le seul réseau de la vassalité comtale. La seconde postulait que le comte demeurât dans la seule fidélité du roi.

1. – La première ne fut pas longtemps remplie, partout remise en cause dans le royaume de France, dès le Xe siècle, par la pratique des vassalités multiples qui permet à un vassal de prêter hommage à plusieurs seigneurs afin de réunir plusieurs fiefs. Pratique destructrice des engagements pris et de la vassalité due à un seul, elle contribue à distendre les liens qui unissent les grands au comte et, par là même, à les éloigner encore davantage du roi. Les exemples abondent.

Le plus ancien est de 895. Un vassal du comte du Mans est en même temps le vassal du duc Robert, frère du roi Eudes. C'est surtout après l'An mil que se généralise ce jeu complexe des hommages multiples, souvent encouragé en sous-main par les comtes eux-mêmes. Tout en faisant entrer dans leur vassalité les grands de leur comté, il misent pour les affaiblir sur l'hommage qu'ils prêtent à un autre. Au début du XIe siècle, le comte de Poitou, duc d'Aquitaine, excelle dans cette pratique. Devant faire face à de puissants seigneurs qui sont ses vassaux, il leur concède fiefs et ***honores*** en veillant à leur dispersion géographique. Souvent même, il les partage entre eux, ce qui les place dans une situation de concurrence et donc de faiblesse chaque fois qu'ils veulent tenter de les regrouper et reconstituer ainsi des territoires de puissance plus unifiés. Pour accentuer encore cette position de fragilité de ses vassaux, le duc interpose entre lui et eux des comtes et des évêques dont il est sûr. Ainsi voit-on le puissant Hugues de Lusignan être à la fois vassal de l'évêque de Poitiers pour une partie du château de Vivonne et du comte d'Angoulême pour celui de Confolens. A cette dispersion du pouvoir que s'efforce de réaliser le duc en fractionnant les concessions et en les répartissant géographiquement, répond une tactique opposée des vassaux qui, à travers des hommages multiples, réussissent à se faire concéder des fiefs proches de leur principal château pour renforcer et unifier leur puissance.

Autant d'éléments propres à fausser les rapports directs que le duc souhaite entretenir avec les grands. Ne réussissant plus à y parvenir, il est contraint de prendre directement appui sur les cavaliers qui composent la garnison castrale et, parfois même, de s'assurer directement leur fidélité. Vraie pour le duc, cette règle l'est aussi pour d'autres. Ainsi voit-on l'évêque de Chartres, Fulbert, demander au comte Renaud qui tient de lui le château de Vendôme, d'imposer à ses ***milites*** de lui prêter directement hommage. Même s'il est prévu que cette seconde fidélité doit passer après celle due à Renaud, Fulbert s'assure ainsi, en même temps qu'une réserve de services, une importante sécurité puisque les ***milites*** du château de Vendôme prennent l'engagement de ne jamais lui être hostiles. Et pour faire jouer jusqu'au bout ce système de vassalité multiple, Fulbert promet à Renaud qu'il obtiendra pour lui serment de fidélité de la part de ses chevaliers chartrains s'il vient, avec son accord, occuper le château de Vendôme.

2. – Cette pratique de la vassalité multiple, les comtes la font aussi leur, mettant ainsi en péril la seconde condition dont dépendait, pour que la royauté pût en bénéficier, un bon fonctionnement de la vassalité carolingienne. Plus s'affirment à la fin du Xe siècle seigneuries indépendantes et territoires de puissance, plus les grands chefs territoriaux utilisent tous les moyens mis à leur disposition pour donner à leur pouvoir une assise territoriale aussi large que possible. C'est ainsi qu'au XIe siècle, le comte d'Anjou, vassal du roi pour son comté d'Anjou, n'hésite pas à élargir l'emprise territoriale de son pouvoir en entrant dans la vassalité du duc d'Aquitaine pour plusieurs seigneuries qu'il tiendra désormais de lui en Poitou et en Saintonge. Au milieu du siècle suivant, le comte de Troyes met à profit la dislocation des comtés voisins pour affermir lui aussi son pouvoir en utilisant une méthode désormais éprouvée. On voit aussi s'étendre le comté de Troyes – autour duquel gravitent désormais tous les éléments

constitutifs du comté de Champagne – par hommages successifs que le comte prête à une dizaine de seigneurs différents parmi lesquels le roi de France, face au duc de Bourgogne par exemple, est loin d'être le plus puissant.

Cet éclatement de l'engagement vassalique permettait certes au roi, ainsi qu'aux comtes et ducs les plus en vue, de multiplier le nombre de leurs vassaux. Chaque vassal devait alors, en théorie au moins, partager ses services au bénéfice de plusieurs seigneurs. En réalité, c'est principalement aux vassaux que profite cette situation nouvelle. Tout en réunissant plusieurs fiefs, ils n'honorent que rarement leurs engagements de les servir tous. Cette situation nouvelle s'explique facilement. On est, désormais, moins en présence de vassaux qui servent sans restriction leur seigneur que d'un vassal qui sert, comme il le peut, ses seigneurs. En ce XIe siècle, les relations féodo-vassaliques figurent le schéma d'une pyramide inversée. Aux rapports strictement codifiés, centrés sur la seule personne du seigneur et extrêmement structurants d'une hiérarchie, succèdent des relations plus lâches vassal-seigneurs entretenues au bénéfice de plusieurs seigneurs et donc dissolvantes de cette même hiérarchie. A l'image de la vassalité carolingienne, sur laquelle le groupe vassaux-seigneur apparaît toujours comme la toile de fond des relations sociales et politiques, succède un cliché nouveau, celui du vassal-seigneurs qui focalise un type de rapports complètement transformés. Les obligations qui découlaient de la formation du premier couple étaient entrées dans le domaine du droit, tandis que celles engendrées par la lente et dissolvante genèse du second relèvent seulement du domaine de ce qui est possible. Dépendre de plusieurs seigneurs permettait de choisir, tout comme d'invoquer l'impossibilité de choisir. Pour n'avoir à choisir personne. Alors sonne le glas des relations féodo-vassaliques, sinon comme moyen de construction de l'Etat, à tout le moins comme technique supplétive de gouvernement, d'administration et de gestion. Face à ces désordres, la royauté tente de réagir en utilisant au mieux les avantages qu'elle pouvait tirer du principe hiérarchique.

B. PREMIERS EFFORTS DE RESTRUCTURATION AUTOUR DU PRINCIPE HIÉRARCHIQUE

A partir du moment où un vassal prêtait plusieurs hommages, les tensions entre seigneurs ne pouvaient que s'aviver chaque fois qu'il fallait demander à un même vassal les prestations dues à chacun. Il fut donc indispensable d'imaginer les moyens de répertorier les différents engagements et, surtout, établir entre eux une hiérarchie propre à introduire un certain ordre dans le jeu des rapports féodo-vassaliques.

Le moyen le plus ancien et sans doute aussi le plus souple, fut de donner la priorité à l'hommage qui dépendait du fief le plus important. On en recense des exemples à Tours à la fin du IXe siècle (895), puis à Montpellier au tout début du XIe siècle. Tel vassal est alors considéré par le seigneur comme son « meilleur homme », parce que c'est de lui qu'il tient son meilleur fief.

Au même moment prend forme une tout autre technique qui, au lieu de mettre en avant l'importance du fief, joue davantage sur la chronologie des différents hommages, la qualité et la position des seigneurs auxquels ils sont prêtés. On introduit alors dans la promesse de fidélité une clause d'exception – la clause de réserve de fidélité – au terme de laquelle le vassal d'un premier seigneur ne peut devenir l'homme d'un second, le plus souvent moins important, qu'à condition de subordonner son engagement nouveau à ses engagements anciens. Il ne peut servir son nouveau seigneur que ***salva fidelitate***, « *sauve la fidélité* » déjà engagée. Dès 1008, cette clause est utilisée par Fulbert de Chartres. Il l'impose à ses vassaux qui sont, en même temps, vassaux du roi de France. De même en 1101, quand le comte de Flandre entre dans la vassalité du roi d'Angleterre, il ne le fait que « *sauve la fidélité* » due au roi de France Philippe Ier.

Un peu plus tard, à partir des années 1150, se précise la notion de ligesse qui établit clairement quel doit être le seigneur prioritaire. Lige signifie libre de tout engagement. Alors, tout vassal qui prête un ***hommage lige*** contracte vis-à-vis de son seigneur un engagement prioritaire qu'il doit honorer avant tout autre. Il devient ainsi l'homme lige de son seigneur. A cet hommage lige on a opposé l'hommage plain ou plane. Il n'est qu'un hommage second qui n'emporte aucune obligation prioritaire.

Mais ces distinctions subtiles souvent difficiles à mettre en œuvre, ne permirent que rarement de rétablir une nouvelle hiérarchie. Nombreux furent les vassaux qui accumulèrent les hommages liges, violant ainsi les règles inspirées par la ligesse et retournant aux errements nés des vassalités multiples. Voilà pourquoi on en revient toujours au fief comme critère déterminant de l'importance des obligations, mais aussi de la hiérarchie. C'est autour de lui, en définitive, que s'organisa le principe hiérarchique. En arriver à cette règle n'était pas surprenant à partir du moment où les obligations du vassal découlent de plus en plus directement de la concession de fief dont la généralisation ébranle l'assise territoriale de l'Etat et menace gravement le fondement même de son pouvoir. Alors, seigneurs et vassaux assurent pour longtemps son relais dans le cadre de la seigneurie qui doit aussi compter avec la ville.

SECTION 2

L'ÉTAT RELAYÉ : LA SEIGNEURIE ET LA VILLE

Héritères l'une et l'autre des prérogatives éclatées de puissance publique que le roi n'est plus en mesure d'exercer, elles s'offrent à l'individu comme un nouveau centre de pouvoir et de vie. Les puissants consolident leur emprise sur les territoires qu'ils contrôlent de fait depuis longtemps. Ils les transforment lentement en unités autonomes qu'il érigent en seigneuries (§ 1), tandis que les populations des anciens centres urbains, ou celles qui souhaitent trouver un autre destin que celui du cadre seigneurial, font de la ville un lieu de renaissance (§ 2).

§ 1. – L'AFFIRMATION DES SEIGNEURIES

Seigneur et seigneurie sont des termes qui ont fait fortune pour caractériser les temps forts de l'histoire médiévale jusqu'au XIIIe siècle. Tous les manuels parlent du « temps des seigneurs » et de « l'âge de la seigneurie ». C'est sans doute à juste titre, tant le seigneur est devenu le maître omniprésent et la seigneurie le cadre de vie le plus familier depuis que le pouvoir du roi s'est fait plus lointain et que s'est morcelé le territoire qui en constituait l'assise. Depuis la fin du Xe siècle, en bien des régions, l'individu vit face à un pouvoir plus proche et plus présent – celui du seigneur – et dans un cadre géographique aux horizons familiers, même si les limites en sont parfois incertaines, la seigneurie.

Mais le terme est ambigu qui désigne, tout à la fois, un domaine foncier, un territoire de puissance et, bien souvent aussi, le pouvoir qui s'y exerce, qu'il soit de commandement, de contrainte ou d'exploitation. Parce que les origines du régime seigneurial sont multiformes (A), la seigneurie revêt dès avant l'An mil un double visage. Foncière, elle prolonge en le modelant profondément le grand domaine carolingien. Elle apparaît alors, essentiellement, comme une forme d'organisation de la production (B). Banale ou justicière, elle trouve racine dans l'ancien pouvoir de ban du souverain franc, ce qui en fait un mode d'exercice du pouvoir (C). Intégrées au monde féodal et devenues des éléments centraux des relations féodo-vassaliques, toutes ces seigneuries prennent, elles aussi, progressivement place dans la hiérarchie féodale (D).

A. L'ORIGINE DES SEIGNEURIES

Composée de territoires discontinus ou d'un territoire unifié plus ou moins vaste, la seigneurie s'organise autour d'un château appartenant au seigneur. Chef politique de l'ensemble, il commande à tous les hommes qui vivent sur ses terres et les exploitent.

Cette multitude de faisceaux constitutifs de la seigneurie – terres, hommes, territoire et pouvoirs – reflète l'extrême complexité des origines du régime seigneurial. Et cette situation est encore aggravée par la confusion devenue permanente, depuis les invasions germaniques, entre propriété du sol et exercice de la puissance publique. Dans ces conditions, tout droit du seigneur sur sa terre s'accompagne de pouvoir de commandement sur tous ceux qui y résident. Ils deviennent ses sujets et font du " propriétaire " qu'il était, souvent déjà investi de quelque fonction administrative, un véritable chef politique. Face à ce contexte complexe de dégradation du pouvoir depuis le milieu du IXe siècle, de primauté donnée à la terre et de multiplication à tous les niveaux des liens d'homme à homme, les historiens sont divisés quant à l'origine de la seigneurie. Pour certains, elle est essentiellement politique et liée à la lente dégradation des structures de pouvoir (1), pour d'autres elle est avant tout domaniale et résulte principalement de l'affermissement des droits des grands propriétaires fonciers sur leurs terres (2).

1. – *Politique*

Cette explication rattache presque exclusivement la naissance de la seigneurie à l'évolution politique et administrative de la seconde moitié du IXe siècle et de la première moitié du siècle suivant. Elle est en partie conditionnée par une longue tradition de centralisation monarchique et jacobine qui estime, qu'en dehors d'un pouvoir central fort et d'une puissante unité au sommet, il ne peut y avoir d'organisation politique solide et durable. Pour ces auteurs, c'est principalement parce que l'Empire carolingien s'est effondré que sont apparus de multiples territoires de puissance qui ont donné naissance aux seigneuries et, de ce fait, à une prétendue « anarchie féodale ». Dans ce contexte, l'autorité publique dont la mission est avant tout de défendre, juger et légiférer n'étant plus, à partir de la fin du IXe siècle, en mesure d'assumer ces fonctions au sommet et les comtes eux-mêmes se révélant de plus en plus incapables de la relayer, le pouvoir devait inévitablement leur échapper pour glisser entre les mains des vicomtes et des viguiers, avant d'être réparti entre les plus petits détenteurs de châteaux.

La nature du pouvoir central, sa patrimonialisation pour laquelle le capitulaire de Quierzy-sur-Oise (877) marque un important tournant, puis son recul progressif sur la scène politique et administrative, sont des données maintenant assez bien connues. Mais comment, à partir de ces éléments, la seigneurie est-elle progressivement apparue dans la courant du Xe siècle pour se renforcer au siècle suivant, comment s'est-elle fixée sur le territoire (***pagus territorium, terra, diocesis,*** ainsi nommé par les chartes) qu'administre le comte ? Ces circonscriptions – environ 160 pour la Francie Occidentale au milieu du Xe siècle – de dimensions diverses, mais assez souvent comparables à un de nos arrondissements actuels (environ 2.000 km^{2}) ont toujours un semblant d'unité, qu'elle soit géographique, ethnique, ou qu'elle résulte de la division ou du regroupement de circonscriptions plus anciennes. Les habitants éprouvent à son égard un sentiment d'appartenance et, surtout, se sentent rattachés au pouvoir central et dépendants de lui aussi longtemps que le comte exerce la totalité des pouvoirs que lui a délégués le roi, les ***regalia***. Pouvoir judiciaire bien sûr, fiscal, normatif aussi, mais principalement militaire. En cette période d'insécurité qu'est le Xe siècle, le comte est perçu comme assumant pleinement ses fonctions s'il est avant tout le maître des ***castra***, des châteaux publics autour desquels il doit organiser la défense.

C'est en abandonnant ou en concédant à d'autres le monopole du pouvoir militaire et de la garde des châteaux qu'il vide de son contenu l'office qui lui a été confié. Il en est de même pour la justice, chaque fois qu'il ne convoque plus son tribunal au moins deux à trois fois par an dans le cadre des plaids comme c'était la règle ou qu'il se laisse concurrencer par les juges immunistes des grands domaines, ecclésiastiques le plus souvent, laïcs parfois, auxquels le roi mérovingien puis l'empereur carolingien avaient concédé des chartes d'immunité.

Ainsi se distendent progressivement les rapports directs que le comte entretient avec ses sujets. Ne pouvant plus assurer seul ses fonctions, il les délègue progressivement à ses agents subalternes, soit qu'il les ait choisis lui-même – les vicomtes – ou qu'ils s'imposent à lui comme responsables de circonscriptions inférieures, les viguiers à la tête de la viguerie et les centeniers à la tête de la centaine. Les uns et les autres se taillent lentement des circonscriptions aux limites bien précises. On en compte plusieurs dizaines par comté. Aussi longtemps que résiste cet échelon intermédiaire et que les agents qui s'y trouvent assurent les fonctions normalement dévolues au comte, l'autorité publique est à la foi sauvegardée et exercée. Même si son fractionnement est extrême, elle est toujours entre les mains d'agents publics.

Mais si ce dernier degré de la hiérarchie administrative n'existe pas, vient à craquer ou s'érige en rouage indépendant, il n'y a plus de rempart à l'exercice de l'autorité publique. Le pouvoir passe alors du comte ou de ses agents à de simples châtelains, des sires qui offrent leurs services à des populations désormais sans maître et sans défense. Il s'opère ainsi, dans la seconde moitié du Xe siècle, un énorme transfert de puissance et de pouvoir des agents publics vers de simples particuliers. Et ce transfert, quand il ne s'agit pas d'un accaparement pur et simple, ne se fait pas sans heurt. De toutes parts, des plaintes s'élèvent qui font état des pressions et des exactions de ces châtelains pour contrôler pleinement le territoire qu'ils veulent soumettre à leur pouvoir.

A partir de ce moment-là et dès avant l'An mil, mais surtout tout au long du XIe siècle, la construction des châteaux se multiplie. Manifestation première et concrète de la ***tuitio regalis***, elle ne pouvait normalement être conduite que par le roi, le comte ou ses agents. Mais voilà que le droit d'édifier des ***castra*** est officiellement concédé à de simples sires, ou usurpé par eux pour faire, de ces châteaux, le centre de leur territoire de puissance. Ainsi naît le seigneur châtelain. Son installation autour des châteaux est plus précoce dans la France du Centre (Berry, Auvergne), de l'Est (Bourgogne, Lorraine) et du Midi (Provence, Languedoc) où l'autorité comtale semble avoir moins bien résisté. Châtelains, châteaux et seigneuries assurent leurs assises dans toutes ces régions à partir des années 960 et le mouvement y bat son plein à partir des années 1030. Ailleurs, dans l'Ouest (en particulier en Normandie) et dans le Nord (tout spécialement en Flandre), régions où les ***regalia*** ont été mieux contrôlés par le roi, le duc, le comte ou même ses agents, les châteaux y sont érigés avec moins d'intensité et la seigneurie, toujours moins vigoureuse, y apparaît plus tardivement, Ce n'est guère avant 1050 que reculent, au bénéfice des châtelains, les droits du roi et de ses représentants. Mais le schéma est le même. Il y a eu glissement du pouvoir du sommet vers la base, puis récupération progressive par des sires qui, jamais, n'avaient été officiellement investis de prérogatives de puissance publique. De simples châtelains, ils sont devenus seigneurs. Mais nombre d'entre eux possédaient depuis longtemps de vastes domaines et exerçaient déjà sur leurs territoires de larges pouvoirs. Autant d'éléments qui donnent à l'origine de la seigneurie de solides bases domaniales.

2. – *Domaniale*

Mettre en avant ces facteurs d'explication revient à insister sur le fait que les prérogatives des sires ne découlent nullement d'une concession originelle de puissance publique et même pas non plus, au départ au moins, d'une usurpation. Elles seraient très directement liées aux seuls attributs de la propriété foncière que les propriétaires de grands domaines eurent tendance à accroître en raison de la carence du pouvoir central. Dans ce contexte, la seigneurie et le pouvoir des seigneurs puisent moins leurs racines dans un démembrement des *regalia* qui se serait opéré du sommet vers la base que dans un affermissement progressif des prérogatives des sires sur leurs terres et sur leurs hommes, parce que ces terres sont les leurs et qu'ils les ont concédées à des tenanciers devenus leurs dépendants. Ce serait donc principalement de la terre, du domaine et de son exploitation, de la base donc et non du sommet, que viendrait la seigneurie, les grands propriétaires chefs naturels de leur domaine ayant été placés dans l'obligation d'assurer eux-mêmes les fonctions d'un Etat défaillant.

A partir de ce moment-là, qui se situe dans la seconde moitié du Xe siècle, les propriétaires des grands domaines utilisent les prérogatives laissées sans maître par l'Etat pour alourdir redevances et corvées qu'ils demandent à leurs tenanciers. Devenus titulaires d'un véritable pouvoir de ban, ils jouent tout au long du siècle suivant de cette position dominante pour augmenter les profits en argent et en nature tirés de la rente foncière, accentuant ainsi la dépendance économique de leurs tenanciers et, par là même, le contrôle politique, administratif et judiciaire qu'ils exercent sur eux. A l'instar de ce qui s'était passé dans les grands domaines du Bas-Empire, puis dans ceux de la royauté franque où les vieux droits de la ***potestas publica*** avaient été utilisés pour amplifier les services dus par les paysans, il se produit, aux Xe et XIe siècles, une véritable confusion entre les droits fonciers de ces grands propriétaires et les fonctions publiques laissées vacantes qu'ils récupèrent et qu'ils utilisent dans un premier temps pour mieux administrer leur domaine foncier puis, dans une deuxième étape, le transformer en territoire de puissance, en seigneurie dans laquelle les tenanciers se trouvent désormais soumis à leur ban. On a là un autre facteur d'explication de la naissance de la seigneurie banale. Très souvent, elle prend davantage racine sur un grand domaine foncier, autour de son propriétaire, qu'elle ne naît d'une usurpation préalable des *regalia*. Cette évolution possible peut s'expliquer ainsi. A partir des années 950 et jusqu'au milieu du XIe siècle, les degrés de la hiérarchie politique au niveau desquels s'exerce le pouvoir sont sans cesse allés en s'abaissant. On est passé du roi aux princes territoriaux, puis au comte et à ses agents et, enfin, à de simples sires. Plus le pouvoir se rapprochait de la base, plus il s'exerçait dans le cadre étroit d'un territoire, d'un domaine et plus il y avait coïncidence, même si elle était rarement parfaite, entre domaine et territoire de puissance. C'est là que réside le cœur de l'explication. C'est parce que tous ces sires, tous ces agents comtaux et autres disposent souvent d'une importante richesse terrienne qu'il leur a été plus facile d'exercer les droits de puissance publique. Leur terre en a constitué le support matériel donnant ainsi l'impression que c'était sur elle et à partir d'elle qu'ils étaient nés. Il y a donc souvent eu coïncidence entre richesse foncière et puissance politique. Rien de surprenant alors que cet élément foncier ait pu, sinon engendrer une véritable puissance politique en faveur de ses possesseurs, au moins permettre l'extraordinaire développement des attributs de la puissance publique qu'ils tenaient par ailleurs.

Ainsi, explication politique et explication domaniale se rejoignent, chacune mettant tour à tour l'accent sur les deux grandes composantes de la seigneurie, le ban et la terre. Seigneurie foncière et seigneurie banale, même si elles ne coïncident pas toujours parfaitement, se recoupent obligatoirement.

B. LA SEIGNEURIE FONCIÈRE MODE D'ORGANISATION DE LA PRODUCTION

La seigneurie foncière prolonge le grand domaine carolingien, sans pour autant en assurer la totale continuité. Cadre économique et juridique de la production des campagnes, elle préexiste à la féodalité, mais sa structure s'adapte aux sujétions qu'impose cette nouvelle forme d'organisation politique et sociale. Elle a, de longue date, précédé le mouvement d'appropriation du pouvoir de ban par les seigneurs mais largement utilisé ce même pouvoir pour remodeler sa structure, parfaire son fonctionnement, réglementer les relations entre maîtres et tenanciers, puis alourdir au bénéfice de ces mêmes maîtres les prélèvements opérés sur le revenu paysan. De ce dernier élément, les historiens du **féodalisme** font l'axe central de leur théorie autour duquel s'organise toute leur vision de la féodalité.

Les seigneuries foncières constituent toujours un groupement de terres et d'autorité mais, au-delà de ce facteur commun, la diversité l'emporte. Certaines peuvent ne regrouper que quelques dizaines d'hectares, d'autres au contraire en englobent des centaines ou des milliers. Souvent organisées autour d'un noyau central, elles figurent alors une vaste unité foncière, mais peuvent aussi bien être dispersées pour former un territoire discontinu, criblé d'alleux, entrecoupé de multiples possessions réparties entre différentes mouvances, situation qui contribue à rendre plus difficile exploitation et contrôle. Néanmoins, la répartition entre réserve (1) et tenures (2) demeure la règle fondamentale, ces deux éléments composant les structures de base d'à peu près toute seigneurie.

1. – *La réserve*

Comme à l'époque carolingienne, elle est la terre du maître, celle qu'il s'est réservée. On y trouve la maison principale – qu'elle soit château, maison forte, résidence abbatiale ou demeure épiscopale – avec la chapelle ou l'église privée. Ces terres, que le maître exploite directement et qui forment un ensemble très structuré, peuvent se prolonger sur le reste du terroir de la seigneurie et se mêler aux parcelles des tenanciers, sans jamais se confondre avec elles. Il y a donc osmose et oscillation permanente entre réserve et tenures, situation qui rend délicate aussi bien l'évaluation de l'étendue de la réserve (a) que la description de ses modes d'exploitation (b).

a. – Pendant longtemps, les historiens ont pensé que, tout au long des Xe et XIe siècles, la réserve était en recul et que sa superficie allait sans cesse en se rétrécissant. Il y aurait eu là reflet d'une crise du régime domanial qui aurait entraîné un effritement irréversible lié aux créations de fiefs pour les vassaux, aux partages successoraux, à la fiscalité et à l'« anarchie » du Xe siècle, sans oublier les guerres et les voyages qui auraient éloigné les maîtres de leurs terres, leur interdisant ainsi de les exploiter correctement. Mais il y aurait eu aussi la poussée démographique du XIe siècle, l'évolution des techniques et les impératifs économiques qui auraient conduit les seigneurs, en particulier ceux éloignés des grands centres commerciaux, à sacrifier une partie de leurs terres domaniales, soit en les concédant à de nouveaux venus, soit en les aliénant pour faire face aux besoins que leur imposait l'évolution de la conjoncture.

En réalité, nombre d'études récentes prouvent que cette réduction de la superficie des biens domaniaux ne fut ni aussi brutale, ni aussi générale. Si la réserve s'effrite, elle résiste cependant assez bien tout au long des XIe et XIIe siècles et le flot montant des tenures n'est pas aussi fort qu'on avait bien voulu le décrire. Le lotissement de la réserve a suivi un processus lent, ne touchant le plus souvent que les terres les plus éloignées du centre de la seigneurie ou celles les plus récemment acquises. La plupart du temps, il correspond davantage à une nécessité imposée de l'extérieur qu'à une volonté délibérée de réduction. Il est davantage événement accidentel que politique pensée.

Reste qu'il est cependant très difficile d'apprécier la part moyenne que représente la réserve – composée de champs, de prés, de vignes, de friches et de bois – par rapport aux tenures. Il n'en manque pas dont la superficie est égale ou dépasse celle des manses, mais il semble plus raisonnable – si on veut à tout prix tenter une évaluation risquée – d'estimer la moyenne à environ un tiers de la surface totale de la seigneurie, étant bien entendu que les variantes régionales sont infinies, tout comme pour les modes de faire-valoir.

b. – A l'instar de ce qui se passait pour le grand domaine carolingien, le maître dispose de trois grands moyens pour assurer le faire-valoir direct de la réserve.

Le premier et le plus simple est d'utiliser sa ***familia***, constituée d'un ensemble de serviteurs domestiques. Mais encore fallait-il qu'elle soit assez étoffée pour être efficace. A ces serviteurs, pour l'essentiel des serfs qui avaient relayé les anciens esclaves, il était demandé des services quotidiens et « à merci », c'est-à-dire aussi lourds et nombreux que les souhaitait le maître. Considérés comme cheville ouvrière de l'exploitation économique de la réserve, ils assurent à eux seuls l'essentiel des travaux courants, tandis que les périodes de pointe de l'année culturale contraignent le maître à mobiliser d'autres énergies.

Il peut alors avoir recours à une **main-d'œuvre salariée**. C'est le second moyen qui lui est offert. Auxiliaires temporaires, rétribués à la journée, ils proviennent d'horizons les plus divers, qu'ils soient simples travailleurs sans terre ou petits tenanciers à la recherche d'un complément de revenus. Mais il ne s'agit là que de recours occasionnels auxquels le maître faisait le plus rarement possible appel dans la mesure où il devait les rémunérer.

L'essentiel de la force de travail lui est apportée par les **corvées** imposées aux tenanciers. Elles sont très inégalement réparties dans l'année, toujours calquées sur le rythme des saisons et du travail des champs. Et leur poids varie à l'infini, parfois même à l'intérieur d'une seigneurie, toujours d'une région à l'autre. Ici s'opposent Nord et Midi. Dans la partie nord de la France, les corvées semblent être devenues plus lourdes, même si elles sont moins astreignantes qu'à l'époque précédente. Les corvées de bras (***manoperae***) mobilisent le paysan avec son outillage pour de menus travaux, tandis que les corvées de bêtes (***carroperae***) impliquent aussi ses attelages pour mener à bien de lourds travaux de labour ou de charrois. Au sud de la Loire, dans l'Ouest et le Midi, la situation est bien différente. Beaucoup de tenures y sont exemptes de corvées ou ne doivent que de légers services chaque fois que viennent labours, moissons et vendanges.

Partout, en tout cas, ces corvées revêtent visage le plus varié, que les tenanciers s'occupent à labourer les champs du maître, à irriguer les prés, à nettoyer ses chenils, à charroyer, à veiller sur ses biens, à filer sa laine, tuer ses oies ou, encore, battre la nuit les étangs pour que les grenouilles ne troublent pas son sommeil !... Partout aussi elles sont menacées, tant en raison de la mauvaise volonté que mettent les tenanciers à les exécuter que de la nécessité dans laquelle se trouve le seigneur de les convertir en argent afin de disposer d'un numéraire suffisant. Rachetées par les tenanciers, elles apportent au maître une masse d'argent frais qu'il peut réinvestir. Tarifées, c'est-à-dire converties en un versement fixe et régulier, elles sont pour lui source d'un revenu périodique, mais qui s'effrite rapidement tant en raison des aléas de la conjoncture monétaire que de la fragilité de l'économie des tenures.

2. – *Les tenures*

Parfois enchevêtrées avec les terres de la réserve, mais le plus souvent à l'écart, elles sont nées du fractionnement des anciens manses du grand domaine, d'un lotissement partiel de la réserve, de la conquête de nouveaux terroirs ou de la transformation d'alleux en terres désormais soumises à un maître. Elles remplissent encore, en partie au moins, les mêmes fonctions. Avant tout unités d'exploitation animées par chaque tenancier, elles sont aussi des centres de perception des droits seigneuriaux et assiette d'imposition pour des impôts de nature publique. De ces deux dernières fonctions, il sera traité avec la seigneurie banale. La terminologie qui sert à les qualifier est aussi diverse que leur superficie. Villainages, bourgages, parages, bordages, borderies, bordelages, hortils et casaux peuvent aussi bien englober quelques hectares que s'accrocher à quelques minuscules parcelles alors nommées d'après leur production ou leur aspect : le pré, la vigne, le champ, le jardin, le marais ou le bois.

Le statut juridique de ces tenures ne se dégage que lentement et il connaît à peine ses contours définitifs à la fin de notre période. C'est au terme d'un contrat que le maître – seigneur foncier – remet sa tenure au tenancier, toujours un paysan de condition libre, moyennant versement d'une série de redevances, globalement qualifiées de **cens**, d'où l'appellation générale de **censive** qui leur est donnée et qui veut signifier qu'elles obéissent à un schéma juridique commun, tout comme les tenanciers ou censitaires sont eux aussi soumis à un réseau d'obligations qui présente un ensemble de caractères communs. Que les noms donnés à la tenure et au tenancier aient été forgés à partir de celui qui servait à désigner la redevance vaut d'être souligné pour au moins deux raisons. L'apparition de ces deux termes témoigne d'abord de l'importance attachée à la redevance, mais aussi et surtout du caractère presque exclusivement économique du contrat, fondé sur redevances et prestations. Tout ce qui peut leur être ajouté n'est qu'une conséquence de la déformation du contrat, souvent liée à l'exercice du pouvoir de ban par le seigneur.

La situation juridique de la censive n'est pas sans rappeler celle du fief, au moins chaque fois que celui-ci est constitué en terres et ceci à un point tel qu'il est parfois difficile de distinguer tenure noble et tenure roturière. Comme le fief, la censive est aussi tenure, donc terre démembrée et dépendante d'un ensemble. Comme pour le fief, le seigneur foncier dont elle dépend conserve le **domaine éminent** ou **domaine direct** ou **directe**, ce qui l'autorise à exercer certains droits (investiture, commise, saisine, perception de tous les revenus et des droits de mutation), tandis que le censitaire est investi de tous les attributs du **domaine utile** qui emporte pour lui jouissance de la terre, droit d'en percevoir fruits et profits et, à terme, possibilité de l'aliéner pour cause de mort ou entre vifs, moyennant certaines conditions et restrictions. Comme pour le fief, le tenancier est mis « en possession et saisine », sans formalité particulière, mais au terme d'une cérémonie qui rappelle celle de l'investiture du fief et peut parfois s'apparenter au serment de fidélité ou à l'hommage. Mais, contrairement au vassal qui doit à son seigneur féodal service militaire et service de cour, le censitaire n'est tenu que d'obligations à caractère économique, qu'elles soient redevances ou prestations.

Ces **redevances** peuvent être indexées sur la récolte dont une partie, le **champart** (***campi pars***), revient au maître. Calculé en fonction d'un pourcentage variable selon temps et lieux, mais toujours précisé au contrat, il oscille en moyenne du sixième au douzième de la récolte. Dans ce système qualifié de **tenure à champart**, le maître se trouve étroitement associé aux résultats de l'exploitation mais doit, en contrepartie, assurer lui-même, par l'intermédiaire de ses agents, la collecte des parts qui lui reviennent. C'était un travail à la fois lourd et coûteux qui compromettait souvent les résultats escomptés. Aussi, pour plus de sécurité et moins de souci, les seigneurs préfèrent le système des revenus forfaitaires, fixes et établis au moment du contrat. Sans lien aucun avec la récolte, ils sont directement acquittés par le censitaire, en argent ou en nature, le plus souvent les deux à la fois. La part versée en nature a toujours un lien très direct avec l'exploitation dont elle est le produit : céréales, bétail ou volailles par exemple. Ce **cens**, toujours assez léger dès le début, soit parce que le seigneur s'était trouvé dans l'obligation de lotir rapidement une partie de la réserve, soit parce que les tenures cédées étaient en friche ou mal entretenues, devint moins lourd encore du fait de l'évolution monétaire et de l'érosion qui en résultait pour tout titulaire de revenus fixes. Néanmoins, les seigneurs lui attachent toujours une extrême importance. Moins pour ce qu'ils en retirent que pour sa signification. Ils lui accordent avant tout une valeur juridique puisqu'il symbolise, de la part de leurs tenanciers, reconnaissance perpétuelle de leur droit éminent sur la terre. Voilà pourquoi le cens fut considéré comme **récognitif de seigneurie foncière**. On disait encore, le cens « emporte seigneurie ».

S'ajoute au cens un large lot de prestations en travail, ces **corvées** déjà évoquées à propos des travaux effectués par les tenanciers sur la réserve seigneuriale, qui deviennent de plus en plus fixes et abonnées quand elles ne sont pas rachetées et converties en **surcens**, prix de leur rachat.

Comme pour le fief, le non-respect des obligations contractées par le censitaire l'expose à des sanctions. Dans un premier temps, le seigneur foncier peut prononcer la **saisie** de la censive. Sanction temporaire qui, si au bout d'an et jour n'est pas suivie d'effet, peut entraîner une sanction plus grave, la **commise** qui entraîne perte définitive de la tenure et donc de tous ses droits par le censitaire. Mais ces sanctions ne sont pas à sens unique. Tout tenancier qui s'estime lésé ou qui, simplement, souhaite quitter son seigneur foncier, peut abandonner sa tenure. C'est le **déguerpissement**, toujours possible à condition que le tenancier soit à jour du paiement de ses redevances. Ainsi, le censitaire avait une bien plus grande liberté que le vassal. La même position plus favorable du censitaire se retrouve aussi dans la **patrimonialité** de la censive. **Hérédité** et **aliénabilité** (à condition d'acquitter une taxe de mutation : les **lods et ventes**) sont à la fois plus précoces et plus complètes que pour le fief.

A tout bien considérer, on constate que dans le cadre de la seigneurie foncière les rapports entre maîtres et censitaires, entre seigneur et tenanciers, sont beaucoup moins rigides que ceux qui se nouent entre le seigneur et son vassal. Tout simplement parce qu'ils ne mettent en jeu que des services à caractère exclusivement économique et que le seigneur foncier n'a pas à sa disposition les sanctions et moyens de contrainte dont dispose le seigneur féodal. Il exerce simplement sur ses tenures une **justice foncière** qui n'a rien à voir avec le démembrement des droits de la puissance publique. C'est une justice mineure. Elle s'inscrit dans la lignée des droits fonciers hérités des grands propriétaires gallo-francs qui avaient compétence pour trancher les questions relatives à la terre, aux bornages et aux redevances foncières. A ce titre, le seigneur foncier peut connaître de tous les litiges concernant la censive, mais de ceux-là seuls. Dans ces conditions, l'exercice de la justice par le seigneur foncier, aussi longtemps qu'elle reste dans ses limites, ne concurrence guère la justice d'Etat. Mais le seigneur foncier n'est rarement que cela. Bien souvent, les terres de sa seigneurie foncière constituent l'assise de son pouvoir banal. Alors, sa seigneurie banale en fait un dangereux concurrent de l'Etat qui voit ainsi lui échapper l'essentiel des *regalia*.

C. LA SEIGNEURIE BANALE, MODE D'EXERCICE DU POUVOIR

Les activités des grands propriétaires placés à la tête des seigneuries – qu'elles soient châtelaines ou d'Eglise – ne se limitent pas à exploiter la terre, gérer les corvées ou percevoir des redevances. Elles sont aussi gouvernement et direction des hommes vivant sur ce territoire de puissance qui ne coïncide pas nécessairement toujours exactement avec les possessions foncières du seigneur. ***Dominus, senior***, il contrôle, administre et gère une cellule dont l'organisation est toujours calquée sur une unité plus vaste qui lui sert de modèle : viguerie, comté, principauté. De ces structures, la seigneurie a toutes les caractéristiques avec son territoire, ses agents de décision, ses administrateurs et ses juges. Mais elle est plus petite, toujours parfaitement adaptée à l'espace et au temps médiéval, au cloisonnement des relations et à l'éclatement des pouvoirs.

Pour évoquer ce pouvoir, les contemporains ont manqué d'imagination : ***dominatio, potestas, districtio, bannum*** sont les termes qui reviennent le plus souvent. Cette absence de fermeté dans le vocabulaire plane encore de nos jours, qui embarrasse les historiens de la seigneurie étudiée sous l'angle du pouvoir. Faut-il la qualifier de territoriale et mettre ainsi en avant la seule assise matérielle sur laquelle s'exerce le pouvoir ? Doit-on la nommer justicière et voir, dans le seul pouvoir de juger usurpé au roi, un de ses principaux symboles ? Et pourquoi ne pas risquer l'appellation de banale qui évoque l'idée d'un pouvoir plein, aussi bien dans son contenu que dans son exercice, celui de commander, de contraindre et de punir ? Parce qu'elle rend compte de cette plénitude et qu'à son apogée la seigneurie est avant tout pouvoir englobant sur les terres et sur les hommes, l'expression **seigneurie banale** a emporté l'adhésion de nombreux historiens tout au long de ces vingt dernières années, même si certains ont préféré parler de seigneurie politique, image à coup sûr plus neutre et moins équivoque, mais sans doute moins parlante pour évoquer maîtres et dépendants sur leurs terres médiévales.

A partir du moment où elle est devenue réalité, au tout début du XIe siècle et selon une chronologie modulée en fonction des régions, la seigneurie banale érigée sur les ruines du ***pagus***, dernier bastion de l'autorité centrale, symbolise le délabrement de l'Etat dont elle est un véritable succédané. Le seigneur, qu'il soit châtelain ou d'Eglise, en est le chef et y exerce à peu près toutes les anciennes prérogatives de puissance publique. Autour de lui, qui assure la défense de son château, qui apporte protection, un nouvel ordre politique s'est recréé, modelé par les nécessités du temps et parfaitement conforme aux besoins des populations. Il y a eu adaptation des structures anciennes, nécessaire qu'elle était tant au niveau des hommes que des pouvoirs.

Les hommes de la seigneurie se répartissent en deux groupes bien distincts, produit des clivages imposés par la société féodale. Et à chacun d'eux, le seigneur ne commande pas de la même manière. Echappent totalement à son emprise banale tous ceux qui, d'un rang social élevé, lui sont rattachés par les liens féodo-vassaliques. Ce sont les chevaliers. Par leur cohésion, leur force et leur valeur morale, ils assurent un efficace encadrement humain et militaire de la seigneurie. Vassaux du seigneur qui ne peut leur donner des ordres et les contraindre qu'en respectant les clauses du contrat, ils ne lui doivent rien d'autre que les obligations découlant de l'hommage et du serment. Tous les autres hommes libres qui habitent la seigneurie se trouvent au contraire placés sous la puissance banale du seigneur, sous sa ***potestas***. Leur qualification d'***homines de potestate***, d'« hommes de poesté », implique soumission complète au ban seigneurial dont le contenu a nécessairement évolué par rapport au ***bannum*** impérial ou royal. Malgré ces altérations inévitables liées à la désagrégation de la puissance publique et à la multiplicité de ses titulaires, le ban du seigneur autour duquel s'organise, vit, travaille et se défend la seigneurie, fait d'elle une véritable unité de pouvoir tout à la fois militaire (1), financier (2) et judiciaire (3). Le seigneur concentre entre ses mains l'ensemble de ces attributions, traditionnellement qualifiées de **droits seigneuriaux**.

1. – *Militaire*

Pour comprendre l'importance et la place que tient ce pouvoir aussi bien à l'intérieur des limites de la seigneurie que dans les relations avec ses voisines, il faut souligner avec force qu'aux premiers temps féodaux, la guerre est avant tout conçue comme un moyen dont disposent les particuliers pour régler entre eux leurs conflits. Ce type de rapport se noue presque toujours en dehors de toute intervention étatique, le pouvoir central se trouvant dans l'impossibilité de réglementer les conflits et, surtout, d'y mettre un terme. Faire la guerre est donc considéré comme un « droit privé » appartenant au seigneur qui s'appuie, pour le mettre en œuvre, tout à la fois sur ses réseaux vassaliques et ses « hommes de poesté ». De ses vassaux, il attend **garde du château, ost** et **chevauchée** dont réglementation et utilisation ne sauraient entrer dans le champ du pouvoir de ban. Pour les « hommes de poesté » au contraire, ces roturiers qui peuplent la seigneurie, il peut en théorie leur demander beaucoup dans la mesure où il sont totalement soumis à son ban. Dans la pratique, il a peu à en attendre. Ne disposant que de moyens limités, ils ne sauraient s'équiper pour combattre à cheval. C'est donc un service de simples fantassins qu'ils apportent au seigneur, celui qu'anciennement ils devaient au roi franc.

Dans ces conditions, l'essentiel du service militaire roturier se trouve obligatoirement limité à certaines **corvées** (construction et réparation du château) et à un simple service de garde, le **guet**, qui s'effectue par équipe et par roulement. A cela s'ajoute naturellement la participation à toute opération défensive chaque fois que la seigneurie est menacée et que le seigneur proclame le ban. Ces charges militaires connurent rapidement le même sort que les corvées à caractère économique. Au fur et à mesure que l'ordre s'imposa et que recula la guerre privée, elles allèrent en se réduisant pour être limitées à quelques semaines, voire à quelques jours dans l'année, avant d'être rachetées par les intéressés. Le seigneur accepta alors que lui fût payé un supplément de taille, la **taille de l'ost** dont le revenu, même modeste, lui permit d'engager des mercenaires et d'organiser ainsi une garde permanente du château. Ce n'est plus qu'en cas de péril grave qu'il se trouve toujours contraint de faire appel au service militaire des roturiers dans le cadre d'une levée en masse qu'il décide en utilisant son droit d'**arrière-ban**. Mais tout cela compte peu et le seigneur doit obligatoirement trouver ailleurs des revenus complémentaires pour assurer la défense et maintenir l'ordre. Ils ont, le plus souvent, nature fiscale et financière.

2. – ***Financier***

Unité militaire, la seigneurie est aussi unité fiscale et financière dotée de revenus les plus divers que le seigneur collecte, aidé en cela d'une série d'agents placés sous la responsabilité du prévôt auquel il délègue l'essentiel de ses pouvoirs.

Certains de ces revenus sont d'origine domaniale, liés aux diverses concessions de fiefs et de censives auxquelles procède le seigneur à partir de son patrimoine foncier. Tant leur existence que leur contenu sont dépourvus de tout lien avec le ban. Ils découlent, tout simplement, des clauses du contrat de fief ou de censive. Les recettes à caractère fiscal sont, au contraire, manifestation vivante du pouvoir de ban et certaines d'entre elles découlent très directement de droits régaliens appropriés ou usurpés. Dans toutes ces hypothèses, le seigneur s'est substitué à l'Etat et à son administration fiscale pour imposer, taxer et prélever redevances à l'occasion de l'utilisation, par les roturiers, de services dont il s'est assuré le monopole.

Seigneur territorial, protecteur des populations, il leur fait lourdement payer cette protection en les imposant directement. C'est la taille, peut-être ainsi désignée parce qu'à l'origine, à chaque paiement effectué, le seigneur faisait une encoche sur un bâton qu'il entaillait en le remettant, à titre de reçu, à celui qui avait versé sa quote-part. Serfs et roturiers doivent obligatoirement s'en acquitter, tandis que les nobles en sont exempts en raison du service militaire qu'ils doivent. Rythme, assiette et mode de perception varient à l'infini selon les seigneuries et au gré des seigneurs. Elle peut être annuelle ou perçue plusieurs fois par an, personnelle (exclusivement assise sur les facultés contributives des taillables) ou réelle (assise sur les seuls biens fonciers) et, le plus souvent, combiner ces deux caractéristiques pour être assise à la fois sur revenus, biens mobiliers et immobiliers. A cette fiscalité directe, s'ajoute toujours une longue série d'impôts indirects, qu'il s'agisse de taxes perçues sur la circulation des marchandises transitant sur les routes, ponts et rivières de la seigneurie ou de droits levés à l'occasion des transactions et de la vente de marchandises ou produits les plus variés sur les marchés seigneuriaux.

S'intègrent aussi à cette longue liste de revenus toutes les recettes tirées des **banalités**. Nées des monopoles d'exploitation seigneuriale, elles sont manifestation tout à la fois du ban du seigneur, du pouvoir économique qu'il exerce sur l'ensemble de la seigneurie et de ses droits éminents sur le sol. Cette triple origine politique, économique et domaniale des banalités leur donna une assise particulièrement solide qui permit au seigneur d'en alourdir considérablement le poids tout au long des XIe et XIIe siècles. Usant largement de son pouvoir réglementaire, il put aussi bien imposer l'utilisation obligatoire, moyennant redevance en nature ou en argent de ses équipements (fours, pressoirs, moulins), qu'organiser à son avantage la vie économique de la seigneurie. C'est ainsi qu'il décidait, de manière unilatérale, des dates à partir desquelles pouvait commencer la levée des récoltes (ban des moissons) ou débuter les vendanges (ban des vendanges), puis s'ouvrir la période de commercialisation des produits (banvin). Avant ces dates dont le strict respect s'imposait aux roturiers, toute liberté lui était laissée de récolter, vendanger et vendre. Monopole avantageux qui lui permettait d'écouler, sans concurrence aucune, tous les produits provenant directement de sa réserve.

Nombreux sont encore les autres monopoles qui autorisent le maître de ban à régir, planifier et rythmer la vie économique de la seigneurie, qu'il s'agisse de l'exploitation de la forêt, de la vaine pâture (droit de faire paître son troupeau sur les terres des tenanciers après enlèvement de la récolte), de la chasse, de la pêche ou de la réglementation des poids et mesures dont l'utilisation était imposée à tous les habitants de la seigneurie.

Il y a là autant de droits à caractère économique dont réglementation, utilisation et revenus ont à peu près complètement échappé au roi. Mais il y a plus grave encore. Des droits régaliens aussi importants que la confiscation de biens (prononcée par la justice), la réquisition, le droit d'appropriation des biens sans maître, le monnayage (droit de battre monnaie et d'en fixer le cours) ont eux aussi très souvent déserté la panoplie des prérogatives royales pour passer dans la main des seigneurs qui savent toujours en tirer les meilleurs profits. La justice en est sans doute l'illustration la plus évocatrice.

3. – *Judiciaire*

Parce que ses origines sont diverses, la justice revêt dans la seigneurie de multiples facettes. Elle peut être **féodale** chaque fois que naissent des litiges entre le seigneur et ses vassaux à propos de l'interprétation, l'application ou le non-respect des clauses du contrat vassalique. Mais c'est alors la cour féodale qui est compétente, présidée par le seigneur féodal, qui n'intervient et n'agit qu'en raison du contrat par lequel ses vassaux lui sont rattachés. Cette justice peut être aussi **foncière** qui connaît alors de tous les litiges nés autour de la concession de terre aux roturiers de la seigneurie. Là encore, le seigneur-juge n'est compétent que sur la base du contrat de concession de tenure qui le lie à ses tenanciers. Dans aucun de ces deux cas, on ne saurait parler de justice **territoriale** ou **banale**, celle qui découle des droits de puissance publique usurpés ou confisqués. Or, c'est bien celle qui nous intéresse ici, même si elle est souvent confondue avec les deux autres, toutes trois souvent entre les mains d'un même titulaire.

Cette justice banale, c'est l'ancienne justice impériale puis royale, jadis exercée par les agents publics et désormais aux mains des seigneurs qui, profitant de la désagrégation territoriale et de la dislocation du pouvoir, s'en sont emparé et l'exercent pour eux-mêmes. Le seigneur banal bénéficie ainsi d'une large compétence, jugeant parfois toutes les causes qui étaient anciennement dévolues au comte, y compris les plus importantes (***causae majores***). Certains de ces seigneurs banaux exercent même une justice de sang, c'est-à-dire qu'ils peuvent prononcer la peine capitale. Et cette compétence quelque peu envahissante est encore élargie en raison de l'insécurité des temps qui draine de plus en plus, vers ces prétoires proches et ouverts, crimes et délits. Ainsi, homicide, rapt, crime, vol et incendie allongent sans cesse le rôle de ces tribunaux dont la compétence pénale de fait l'emporte largement sur les causes purement civiles relatives aux personnes, aux biens et aux obligations. Il y a là un reflet des temps, d'une nécessité aussi. Maintenir l'ordre dans la seigneurie face à un ordre étatique qui ne cesse de se déliter.

Sur ce terrain, le seigneur banal a véritablement relayé l'Etat et son tribunal s'est substitué à celui des comtes, viguiers et centeniers. Il contrarie aussi tout recours à la juridiction supérieure, celle du roi. Sa compétence s'étend à tous les sujets roturiers de la seigneurie, mais aussi aux serfs. Concrètement, à tous ceux qui habitent le territoire seigneurial, qui y sont « *levans et couchans* ». Rarement le seigneur juge en personne, préférant déléguer sa compétence au prévôt qui, entouré de quelques prud'hommes (***boni viri, probi homines***) à voix simplement consultative, demeure le seul maître de la décision finale.

Souvent exercées par un même seigneur, justice féodale, justice foncière et justice banale ne sont pas toujours faciles à distinguer, sauf si les justiciables en sont connus avec certitude. Au vassal la justice féodale, au tenancier la justice foncière et au manant la justice banale chaque fois que la terre et ses droits ne sont pas en jeu. Mais c'est bien la justice banale qui est la plus présente dans la seigneurie, la plus englobante aussi de cette lente mais sûre désagrégation de la puissance publique dont elle est la principale bénéficiaire.

C'est bien désormais entre les mains du seigneur banal que se trouvent concentrés tous les droits de la puissance publique devenus droits seigneuriaux, qu'ils soient militaires, judiciaires, fiscaux ou économiques. Concentrés, ils sont aussi confondus. Et à un point tel que le vocabulaire utilisé pour les qualifier s'appauvrit pour se résumer en un mot presque unique, ***consuetudines***, coutumes. Tous ces droits sont échus depuis si longtemps au seigneur qu'on a fini par totalement oublier leur origine publique pour ne plus y voir que quelque chose de normal, régulier, habituel. En un mot – des coutumes – auxquelles vassaux et manants acceptent de se plier, tout comme ils admettaient, depuis longtemps déjà, de verser cens et redevances annuelles dus pour le loyer de la terre, eux aussi désormais qualifiés de coutumes. Ces ***consuetudines*** regroupent finalement, à partir du début du XIe siècle, l'ensemble des droits et prérogatives des seigneurs, que l'origine en soit politique ou domaniale. Cet ensemble fait désormais partie intégrante de leur patrimoine de pouvoir et peut, tout comme la terre, faire l'objet de transactions, qu'il s'agisse de partage, de vente ou de concession en fief. Ainsi, sur une même seigneurie, ce patrimoine de pouvoir peut-il être réparti entre plusieurs seigneurs, ce qui rend souvent malaisé à saisir la hiérarchie qui peut exister entre eux.

D. LA HIÉRARCHIE DES SEIGNEURIES

Pendant longtemps, il n'y eut entre les seigneuries qu'une hiérarchie de fait fondée tout à la fois sur leur position géographique, la dimension de leur territoire et la puissance du chef. Cette hiérarchie commence seulement à se préciser et à prendre valeur juridique à partir du moment où les seigneuries s'intègrent au système féodal et où les fiefs qui les constituent se superposent pour dépendre, progressivement, les uns des autres. Alors prennent position au sommet de l'échelle les plus importantes et tout spécialement celles qui résultent du démembrement territorial de l'Empire carolingien (1). Elles dominent toutes les autres qui doivent leur existence tantôt à l'usurpation des prérogatives de puissance publique, tantôt à leur appropriation par les agents publics mais, le plus souvent, à leur inféodation à la suite d'une concession de fief (2). On passe ainsi progressivement d'une image horizontale et linéaire de ces différentes seigneuries juxtaposées les unes à côté des autres à une organisation qui tend à les superposer et les rendre dépendantes à travers le jeu du fief et des relations vassaliques (3).

1. – *Les grandes seigneuries*

Ces grandes seigneuries, laïques pour la plupart, ont été érigées à partir d'anciens duchés ou en réunissant plusieurs comtés carolingiens. Ce sont de véritables principautés souvent qualifiées de ***regnum, monarchia*** ou ***principatus*** avec à leur tête un ***princeps***, ***dux*** ou ***comes***, titre auquel est toujours accolé le nom de la région érigée en principauté ou de l'ethnie qui s'y est installée, ce qui a pu faire dire que la « nationalité » semble avoir été l'essence du principat. Certes, même s'il n'y a pas que cela à l'origine de ces principautés, la remarque conserve toute sa valeur. Elles constituent de vastes cadres de pouvoir auxquels de nombreuses seigneuries sont subordonnées. Qu'il s'agisse du comté de Flandre, du duché de Bourgogne, du duché de Normandie, du duché de Bretagne, du duché d'Aquitaine, du duché de Gascogne ou du comté de Toulouse, toutes ces principautés apparaissent davantage comme de véritables états seigneuriaux que comme de simples seigneuries. Elles figurent en même temps une enceinte de pouvoir qui enserre l'ancien duché de France où la royauté a bien du mal à contrôler des *principes* particulièrement turbulents et, souvent, plus puissants qu'elle. Comtes de Vermandois et comtes du Vexin sont de redoutables adversaires, tandis que les comtes de Blois et de Champagne, qui délaissent progressivement leur centre de puissance sur la Loire, font du comté de Troyes un principat fort gênant. Quant à la puissante maison d'Anjou, elle est pour un temps tout aussi redoutable jusqu'à ce que, servie par le destin, elle devienne l'héritière de la Normandie puis de l'Angleterre pour disparaître alors comme unité indépendante dans le vaste ensemble Plantagenêt.

Même très puissants, il ne faut pas se représenter ces différents *principes* comme régnant sans partage sur leur principauté. Les frontières de leur pouvoir sont mouvantes. Elles changent en permanence au gré des guerres, des mariages et des successions. Ils réussissent souvent mal à maintenir la cohésion de leurs vassaux qui se montrent à leur égard aussi indisciplinés qu'ils le sont eux-mêmes avec le roi de France. Certes, les ducs de Normandie s'abritent derrière un pouvoir qu'ils veulent très fort et direct pour maintenir leurs vassaux à l'obéissance dans un duché qu'ils s'efforcent de gouverner comme un véritable Etat. Mais, tout à côté, les ducs de Bretagne ont bien du mal à s'imposer face à une multitude de chefs locaux, tandis que les ducs de Bourgogne doivent compter avec la pression de puissantes abbayes indépendantes. Foyer de vie monastique, la terre bourguignonne appartient en grande partie à l'Eglise. Campés sur leur domaine, les ducs trouvent face à eux de grands évêchés comme Autun, Mâcon, Chalon et Langres que le roi retient dans sa vassalité et de puissantes abbayes dont Molesmes, Cluny et Citeaux ne sont que les principales représentantes.

Les grandes seigneuries ecclésiastiques, au territoire toujours moins vaste que les principautés, leur sont cependant très semblables. Elles résultent souvent de la réunion du *comitatus* à la fonction épiscopale. Ainsi l'archevêque de Reims qui participe depuis le milieu du Xe siècle à l'exercice des fonctions comtales finit-il par acquérir l'ensemble du comté. Des évolutions identiques peuvent être relevées à Châlons-sur-Marne où l'évêque est comte depuis le début du Xe siècle, tout comme à Noyon où, après avoir été investi des droits seigneuriaux sur Tournai, en 901, l'évêque réussit à étendre ses prérogatives d'immuniste, à éliminer le comte et à prendre la place du seigneur châtelain. Il en va à peu près de même à Laon, Beauvais et Langres. Au Midi, les évêques-comtes ne manquent pas non plus, que ce soit au Puy ou à Mende. Partout où ils n'ont pas complètement évincé le comte, ces évêques-seigneurs contrebalancent son pouvoir et parviennent ainsi à contrôler de multiples seigneuries de moindre importance.

2. – ***Les seigneuries inférieures***

C'est véritablement à leur niveau que s'exerce la réalité quotidienne du pouvoir seigneurial, autour du château qui en est le symbole, sur la *castellania* qui devait devenir la circonscription seigneuriale type, la cellule de base de l'organisation judiciaire, militaire et administrative. Mais ce territoire n'est pas toujours contrôlé par un seigneur ayant même origine et même rang social. Il en résulte une stricte hiérarchie de ces seigneuries qui s'organise autour des châtelains, vicomtes, avoués et vidames.

Simple particulier ayant souvent reçu du comte la garde d'un château, puis s'étant par la suite arrogé le droit d'en construire lui-même, le châtelain exerce dans sa châtellenie la presque totalité des prérogatives de puissance publique. Il en jouit au degré le plus élevé chaque fois que lui est reconnu le droit de haute justice, c'est-à-dire la possibilité de prononcer la peine capitale, prérogative qui est alors suivie du cortège de toutes les autres, qu'il s'agisse de compétences militaires, normatives, monétaires ou fiscales. Tout ceci d'ailleurs avec d'infinies variantes, principalement liées à la dominante urbaine ou rurale de la châtellenie. Urbaine, le pouvoir du châtelain risque davantage de s'y heurter au comte, à l'évêque si la ville est siège d'évêché ou, bientôt, aux autorités municipales. Davantage rurale, le seigneur peut plus librement y exercer des prérogatives que ses tenanciers ne sauraient ni revendiquer, ni contester, au moins dans un premier temps.

Souvent très proches de ces châtelains dans la hiérarchie sont les **vicomtes** qui étaient, à l'époque carolingienne, les lieutenants des comtes. Leur pouvoir devenu héréditaire, les vicomtés se transforment vite en véritables fiefs auxquels furent attachés prérogatives judiciaires et autres pouvoirs. Les seigneuries de ce type allèrent en se multipliant, alors qu'elles auraient dû normalement se trouver limitées au seul chef-lieu du comté, le vicomte étant au départ l'unique adjoint du comte. A partir de ce moment-là, le titre de vicomte s'appliqua à des seigneuries très différentes tant par l'étendue de leur territoire que la puissance réelle de leur chef ou le rang qui leur revenait dans la hiérarchie. Dans certains cas, l'autorité vicomtale put contrôler toute une province. Certains vicomtes se hissèrent alors au rang de *principes* avec toutes les prérogatives attachées à ce rang. Cette évolution se produisit surtout au sud de la Loire, tout particulièrement dans le duché d'Aquitaine et le comté de Toulouse dont l'étendue ne pouvait que favoriser la multiplication et l'essor des pouvoirs locaux. Ailleurs, là où le châtelain put garder une autorité suffisante, le vicomte lui demeura le plus souvent subordonné, malgré le caractère héréditaire de son fief. Mais il eut alors souvent tendance à partager avec lui le pouvoir, spécialement en Ile-de-France, Champagne et Bourgogne. Les vicomtes y étaient nombreux, jusque dans des villes et bourgs de peu d'importance où ils furent progressivement concurrencés par les agents de l'autorité royale renaissante. Ailleurs, là où le pouvoir féodal avait été particulièrement bien sauvegardé dans les mains du duc, comme en Normandie, les vicomtes restèrent longtemps sous son contrôle faisant davantage figure d'agents que de seigneurs.

Avoués et **vidames** dont la charge d'administrer et de défendre les intérêts temporels des abbayes et des évêchés était progressivement devenue héréditaire, font eux aussi figure de seigneurs. L'avoué avait pour mission principale de représenter l'abbé en tant que seigneur féodal, de plaider les causes de l'abbaye devant le tribunal du comte et de rendre lui-même la justice au nom de l'abbé, surtout quand il bénéficiait d'une charte d'immunité. A l'origine, chaque monastère n'avait qu'un avoué, par la suite il en eut autant que de domaines importants. Devenant plus nombreux, ces avoués se firent aussi plus envahissants. Jouant sur la mission dont ils étaient investis, il ne cessent d'empiéter sur les prérogatives de l'abbé, du roi et de ses agents pour ériger en seigneurie indépendante tout à la fois les attributions dont ils étaient investis et le territoire sur lequel elles s'exerçaient.

Une évolution identique se produit avec le **vidame**. Véritable lieutenant de l'évêque, il est souvent appelé à le remplacer. D'abord confiée à un ecclésiastique, cette mission l'est de plus en plus à un laïc qui l'exerce de manière héréditaire. Remise en général à titre de fief, elle l'investit de la garde des biens temporels de l'évêché, d'une mission de représentation judiciaire de l'évêque, de pouvoirs de gestion sur ses biens et, enfin, de prérogatives en matière de défense. Pour assurer cet ensemble de fonctions, lui sont souvent concédés une maison proche du palais épiscopal et un domaine dépendant de l'évêché. C'est à partir de ce faisceau de pouvoirs et de biens concédés que de nombreux vidames affirment leur autonomie et aménagent leur seigneurie. Mais cette évolution ne fut pas générale. Tous les évêques ne possédaient pas des vidames et beaucoup d'entre eux manquèrent d'envergure pour devenir de grands seigneurs.

D'autres seigneuries enfin, toujours au pouvoir limité et au territoire restreint, prirent essor à partir des vigueries dans le Midi et des vicairies dans le Nord. Mais à ces vicairies et viguiers devenus seigneurs, la seigneurie apporta rarement plus que pouvoirs de police et de basse justice, toujours dépendants qu'ils étaient de seigneurs plus importants.

3. – *Liaisons et dépendances*

Pendant longtemps, il n'y eut entre ces seigneurs qu'une hiérarchie de fait, fondée simplement sur l'importance territoriale de la seigneurie et l'intensité des pouvoirs qui s'y exerçaient. *Principes*, ducs et comtes, quelques vicomtes aussi dominaient cet ensemble, souvent favorisés par l'ancienneté de leurs titres d'agents royaux dont ils tiraient prestige et prérogatives régaliennes. Venait ensuite la masse des seigneurs sans titre, tous ces châtelains dont la puissance l'emportait, dans bien des cas, sur celle de petits seigneurs titrés. La position jadis favorable qu'ils avaient pu occuper dans le ***cursus honorum*** des fonctions royales n'était plus qu'un lointain souvenir. Une hiérarchie structurée autour de liaisons rigides et de dépendances strictes ne pouvait se préciser que si chaque seigneurie entrait dans un système de mouvance féodale fondée sur une superposition de fiefs dans laquelle chaque seigneur, à sa place, avait la conviction de n'être que le maillon d'une chaîne. Ces liaisons et dépendances furent donc, tout à la fois, personnelles et réelles.

A partir du moment où la dislocation politique fut générale et où le pouvoir de ban devint l'apanage du moindre seigneur territorial, chacun d'entre eux constitua un véritable obstacle à l'exercice de l'autorité depuis le sommet jusqu'à la base. Dans ces conditions, un seigneur même puissant se trouvait dans l'incapacité d'affirmer directement son pouvoir sur les hommes de ses propres vassaux. Il résultait de cette fragmentation et surtout de ce cloisonnement du pouvoir, une situation de médiatisation qui multipliait, tout en les rendant obligatoires, les degrés intermédiaires dans les relations féodo-vassaliques. Alors, un seigneur, quel qu'il soit, ne pouvant donner des ordres aux vassaux de son vassal et moins encore les juger ou les sanctionner, l'adage « *le vassal de mon vassal n'est pas mon vassal* » trouva toute sa force. Particulièrement vrai pour ceux qui participaient au contrat vassalique et au jeu du fief, principalement les milieux nobiliaires donc, le principe s'applique aussi à tous les roturiers de la seigneurie que le ban du seigneur dont ils dépendent écarte systématiquement de la compétence du seigneur supérieur. Dans un tel contexte, même le *princeps* dans sa principauté ne peut guère exercer d'autorité sur les vassaux de ses comtes, pas plus que les comtes n'en ont sur les ressortissants de tous ceux qui sont entrés dans le réseau de leur fidélité.

Cependant, cette situation d'une autonomie à peu près complète de chaque seigneurie évolue dans le courant du XIe siècle. Une certaine hiérarchie prend forme autour des liens féodo-vassaliques qui, progressivement, engage non seulement le vassal mais aussi ses hommes vis-à-vis du seigneur supérieur. Plus les princes territoriaux réussissent à obtenir l'hommage de leurs grands vassaux qui étaient les comtes et vicomtes, plus ils leur imposent de conditions à l'égard de leurs hommes. Comtes et vicomtes procèdent de la même manière à l'égard des châtelains. On vit ainsi les services vassaliques et tout spécialement ceux portant obligation militaire, peser aussi sur ceux qui désormais pouvaient être considérés comme des arrière-vassaux. Alors, en cas de péril grave ou de menace extérieure, les châtelains ne peuvent résister à la demande pressante qui leur est faite de rallier avec leurs hommes les rangs du comte et, parfois même avec lui, du prince territorial.

A tous les niveaux de la hiérarchie seigneuriale, cette structuration plus rigide des rapports qui renforce les liens de dépendance entre les divers seigneurs est particulièrement sensible dans le domaine judiciaire. Chaque fois que le vassal d'un seigneur inférieur estime qu'il a été mal jugé par sa cour ou si cette même cour a refusé de le juger, la possibilité lui est de plus en plus ouverte de saisir de son affaire la cour de son seigneur immédiatement supérieur et ainsi de suite, pour remonter jusqu'au comte et même au prince territorial. Ces recours hiérarchiques, de plus en plus courants, contribuent eux aussi à faire pénétrer dans la pratique l'idée d'interdépendance des seigneuries et à faire triompher la règle d'après laquelle l'autorité des princes territoriaux devait s'imposer à celle des comtes dont le ban était appelé, lui aussi, à l'emporter sur celui des simples châtelains afin de pouvoir atteindre, de plus en plus directement, les hommes de poesté. Cette évolution était très porteuse pour l'avenir dans la mesure où elle favorisait, en quelque sorte, une remontée de ce pouvoir de ban vers les seigneurs les mieux placés dans la hiérarchie. C'est entre leurs mains que, très lentement et avec beaucoup de difficultés, princes territoriaux et comtes réussissent à concentrer à nouveau le droit de faire la guerre, de juger et de battre monnaie. Evolution favorable qui devait largement ouvrir la voie, par la suite, à leurs interventions plus directes dans la gestion des affaires des seigneuries châtelaines.

A côté de ces moyens de rattachement, à travers lesquels l'emportent les liens personnels et de pouvoir, il convient d'insister aussi sur l'importante mutation que connaît au même moment le fief. Devenu la contrepartie obligée des obligations vassaliques, sa concession se généralise à tous les échelons de la hiérarchie au fur et à mesure que se font plus nombreuses les mouvances féodales. Aucune terre n'échappant à ce mouvement, même les plus petites seigneuries calquent leur statut sur les terres nobles les plus en vue et font obligatoirement partie intégrante de la mouvance d'une seigneurie supérieure. Dans ce schéma structurant, châtellenies et autres seigneuries de peu d'importance relèvent du comte ou du vicomte tandis que, eux-mêmes, tiennent leur fief du prince territorial.

Cette image de terres et de fiefs qui dépendent les uns des autres à la suite d'hommages successifs ne pouvait que renforcer une hiérarchie réelle des seigneuries et rendre plus efficace les rattachements personnels forgés par les liens de dépendance et l'exercice du pouvoir. Dans la réalité, cette double structuration des relations féodo-vassaliques et des terres qui en sont le support est aussi complexe que fragile, même si elle contribue à mieux organiser les rapports des acteurs du monde féodal et à faire pénétrer, aussi bien dans les mentalités que dans la pratique, la nécessaire existence d'une hiérarchie des seigneuries dont la liste complète et la titulature exacte ne devaient guère se préciser avant la fin du XIIe siècle. Dans bien des cas encore, la pratique l'emporte sur la règle et la diversité sur une fragile unité que bouscule en permanence le monde de la ville.

§ 2. – LA RENAISSANCE DES VILLES

Jusqu'au début du Xe siècle, le système urbain demeure pour l'essentiel celui que le haut Moyen Age avait hérité des cités de l'Antiquité. Les dangers liés aux invasions du IIIe siècle les avaient transformées en véritables forteresses, fonction qu'elles ne retrouvent véritablement qu'avec les invasions normandes, au lendemain d'un temps d'atonie dans laquelle les avait fait entrer la paix carolingienne. La pression constante qu'exercent les Normands, tout au long de la seconde moitié du IXe siècle, contraint le pouvoir à ordonner la restauration des enceintes en suivant la plupart du temps les tracés antiques. Ce n'est qu'au lendemain de l'installation définitive des Normands (Saint-Clair-sur-Epte, 911) et d'une paix toute relative retrouvée que les cités, remodelées à partir de leurs infrastructures antiques, évoluent pour devenir de véritables villes. Elles connaissent alors un essor sans précédent dès la seconde moitié du Xe siècle (A), renouveau qui s'insère dans un cadre juridique toujours plus précis (B).

A. LES MANIFESTATIONS DE L'ESSOR URBAIN

Dès le milieu du IXe siècle et tout au long des deux siècles suivants, l'histoire de l'Occident se caractérise avant tout par une éclatante renaissance urbaine. Générale, elle est aussi fort diverse en fonction des temps et des lieux. L'insécurité persistante et les nouvelles structures du pouvoir favorisent le regroupement des individus autour de leur seigneur. Laïc, c'est son château qui devient refuge ; ecclésiastique, c'est son abbaye qui s'offre tout naturellement comme centre de protection, même si les anciennes cités demeurent des lieux toujours très attractifs. Dans ce contexte, châteaux et abbayes constituent désormais de véritables pôles de croissance qui bénéficient en même temps du renouveau de la production et des échanges, principalement lié à la réouverture des circuits commerciaux entre le nord et le sud de l'Europe. Autour de ces noyaux revivifiés se développent de vastes bourgs. Toujours porteurs d'un riche devenir, ils s'offrent comme un creuset idéal au développement des villes (1) que le dynamisme de leurs bourgeois dote d'une incomparable vitalité (2). Un équilibre nouveau s'instaure. Résultat de tensions multiples, il suscite aussitôt une vive réaction des pouvoirs en place (3).

1. – *Du bourg à la ville*

Les villes du début du Xe siècle conservent, avec leurs enceintes romaines, l'aspect des forteresses de l'Antiquité qui s'était encore renforcé avec les invasions normandes et qui, pour nombre d'entre elles, n'évolue guère avant le XIIIe siècle. Les restaurations ou constructions d'enceintes nouvelles qui interviennent alors ne modifient pas fondamentalement le paysage urbain. La muraille englobe toujours jalousement la cité qui s'affirme, avant tout, comme une citadelle. En raison de l'insécurité ambiante, les derniers carolingiens résident de plus en plus dans les cités, utilisent l'enceinte urbaine comme point de défense renforcée et y construisent souvent des châteaux dont le caractère militaire est toujours affirmé. Les cités apparaissent alors de plus en plus comme des centres à vocation défensive dont les *milites* assurent la garde tout en se consacrant principalement à la défense du château seigneurial. Au même moment, les fortifications rurales se multiplient sur les domaines des grands propriétaires. Elles donnent parfois naissance à de véritables *castra* dont certains, tant en raison de leurs fonctions militaires que religieuses, économiques et sociales, peuvent prétendre rivaliser avec les enceintes et châteaux des *civitates*.

A la fonction défensive des cités s'ajoute une fonction religieuse. Elle est souvent renforcée, à partir du IXe siècle, en raison de la pression normande qui contraint moines et clercs à trouver refuge à l'intérieur des murailles. Désireux de mettre à l'abri le corps ou les reliques de leurs saints, il fallut souvent construire de nouveaux édifices à cette fin. Mais cela ne suffit pas à redonner vie au centre cathédral et aux établissements religieux qui s'étaient souvent développés dans le *suburbium*. Victimes des pillages et des destructions, ils ne se relèvent que lentement de leurs ruines. Cette situation témoigne de la crise qui secoue alors le clergé séculier tandis que s'affirme, un peu avant l'an Mil, une renaissance en profondeur des monastères dans les zones situées en périphérie (Saint-Martial à Limoges, Saint-Allyre à Clermont ou Saint-Germain à Auxerre). Cet essor monastique urbain, amplement relayé alors par toute une fondation en chaîne de monastères ruraux, comme Cluny en 910, pose les abbayes en véritables concurrentes des cités. Centre de vie religieuse, sociale et économique, elles s'imposent naturellement comme des noyaux susceptibles de capter un essor démographique et économique en recherche de points d'ancrage.

L'économie antique avait pris son essor et n'avait cessé de prospérer autour de la Méditerranée. Cette centralité méditerranéenne recule à partir du VIIe siècle. Que ce phénomène soit en partie lié aux invasions musulmanes – on sait la fortune des thèses de H. Pirenne à cet égard – ou pour l'essentiel aux invasions en général, il est une réalité incontestable. Les routes commerciales du Sud sont de moins en moins fréquentées, tandis que les grands ports méditerranéens sont progressivement désertés. Seul s'y maintient un important trafic d'esclaves. C'est dans ce contexte que s'opère un basculement des circuits commerciaux vers le Nord, rééquilibrage qui ne fait qu'inscrire l'économique dans le politique, celui d'un empire redessiné en direction d'une Europe toujours plus septentrionale, le long d'une épine dorsale nord-sud. Cette nouvelle orientation des échanges en direction du Nord place la *Francia* au cœur d'un vaste marché. Cette situation nouvelle se traduit par l'essor de *portus* et de *vici* – lieux de passage, d'escale et d'échanges -, tout particulièrement dans les pays mosellans (Dinant, Namur) et aux embouchures des grands fleuves du nord (Seine, Escaut, Rhin). Centres de grand commerce et d'échanges lointains, ils constituent en même temps autant de points de contact entre les campagnes environnantes et des marchands venus d'horizons les plus variés. Partant de ces constatations, H. Pirenne a voulu voir dans cette renaissance commerciale et le dynamisme des marchands, le facteur unique d'explication de l'essor urbain à partir de la seconde moitié du Xe siècle. A suivre sa démonstration, se serait alors constituée une véritable classe marchande. Constamment à la recherche de nouveaux marchés et de nouvelles routes pour écouler ses produits, elle aurait été contrainte de constituer des associations – des ghildes – pour défendre ses intérêts, s'équiper et organiser de nouveaux marchés dont beaucoup seraient à l'origine de nouveaux centres urbains. Il y a certes une part de vrai dans cette démonstration. Mais comment ne pas admettre que beaucoup de ces ghildes se sont fixées, la plupart du temps, dans des centres déjà existants et qu'elles ont largement bénéficié des infrastructures des cités avec leurs églises anciennes, leurs nouveaux châteaux et les monastères construits alentour ? Voilà qui donne toute sa complexité au phénomène urbain que stimule l'incomparable essor économique de tout l'Occident à partir du début du Xe siècle, mais qui bénéficie aussi largement de l'incontestable prestige religieux des anciennes cités et de leur irremplaçable capacité en matière de défense.

Une telle évolution permet de comprendre comment l'expansion urbaine qui débute dès les années 950, ne pouvait être uniforme et pourquoi aussi les villes ne se sont pas développées la plupart du temps autour d'un noyau unique, mais de plusieurs centres : église, château, monastère, marché rural. Cette construction progressive et polynucléaire se caractérise par l'aménagement progressif de quartiers nouveaux dont l'ensemble plus ou moins homogène qu'ils constituent fut qualifié de *burgus*, terme qui se généralise à tout le territoire au cours du Xe siècle, à l'exception de la Flandre et des pays de Meuse où le terme *portus* demeure d'usage courant. En fonction de son origine, chaque bourg eut sa dominante.

Les bourgs monastiques qui prirent naissance autour d'une abbaye isolée furent parfois à l'origine d'une agglomération nouvelle mais avec des succès fort divers (Conques, Saint-Michel-de-Cuxa, Saint-Wandrille, Jumièges) tandis que ceux qui se développèrent autour d'un ensemble d'établissements religieux intégrés à la cité ne firent que participer à son extension. Dans tous les cas, ce fut surtout le renom du saint sous le vocable duquel était placé l'abbaye ou le monastère qui attira les foules et les incita parfois à s'y fixer. Le rôle de marché et de centre économique découla surtout de l'afflux des pèlerins et des nœuds routiers qui se formèrent alors pour les y conduire. Il fut aussi la conséquence de la construction des nombreux bâtiments conventuels et centres d'accueil qui attira toute une foule d'artisans et d'ouvriers. Rarement bourg monastique fut à l'origine de villes importantes, Saint-Omer et Arras faisant sans doute figure d'exception.

Tel ne fut pas le cas des bourgs castraux. Construits autour d'un château dont l'emplacement avait toujours été soigneusement choisi tant en raison de son intérêt défensif et de sa position stratégique que du contrôle qu'il permettait d'établir sur un espace économique de premier plan, ils donnent souvent naissance à des centres importants. Les seigneurs les plus puissants surent y attirer des hommes zélés pour défendre leurs possessions en leur concédant de multiples privilèges. Il firent de même en direction du monde des clercs dont ils ne manquèrent pas de s'entourer, aussi bien pour assurer le service divin que pour construire nouveaux sanctuaires et nouvelles abbayes. Ainsi naquit souvent autour des châteaux un bourg bicéphale, l'un pour les laïcs et l'autre pour les ecclésiastiques. Autant de facteurs favorables au développement de vastes agglomérations.

On ne les retrouve guère dans le cas des bourgs ruraux, si caractéristiques des pays de l'Ouest et du Midi aquitain. Le plus souvent de création seigneuriale, ils permettent au seigneur de concéder des terres de sa réserve à de nouveaux tenanciers moyennant redevances. Lieux de culture, d'élevage et de peuplement, ils donnent naissance à d'importants marchés agricoles, mais bien plus rarement à des agglomérations susceptibles de devenir des villes. La création des sauvetés – lieux de refuge et d'asile – principalement limitées au pays de Garonne, participent aussi de cette volonté de peuplement rural et de conquête du sol. Tout individu qui accepte de venir s'y installer reçoit en contrepartie une concession en terres suffisante pour lui permettre de constituer une exploitation viable. Souvent établies à proximité d'un château, d'une abbaye ou d'une cité, certaines finirent par se fondre à l'agglomération dont elles étaient proches tandis que la plupart ne devinrent que d'importants centres agricoles à vocation marchande en vue de permettre l'écoulement de la production régionale.

A partir de ces différents types de bourgs, l'évolution vers la ville est multiforme dès que s'amorce, dans la seconde moitié du Xe siècle, un irréversible essor urbain au pourtour de la cité et hors de ses anciens remparts. Les fonctions assurées par chaque cité et ses bourgs sont primordiales dans le déclenchement du phénomène. Les bourgs ecclésiastiques se dotent souvent de nouveaux établissements religieux qui constituent autant de points d'ancrage pour le développement d'une véritable ville. Ses habitants savent alors pouvoir bénéficier immédiatement des traditions de sécurité, de bonne administration et de richesse qui caractérisaient la plupart des cités à forte implantation cléricale. Souvent lieux de pèlerinage, elles sont en même temps lieux d'attrait et de transit favorables au développement d'activités les plus diverses. Gros propriétaires fonciers, abbayes et monastères sont toujours en mesure de concéder d'importantes portions du sol urbain à des fins artisanales ou commerciales, ce qui favorise l'installation de nombreux nouveaux venus.

Pour les bourgs qui avaient pris naissance autour d'un château, la fonction économique s'impose comme élément moteur de l'évolution vers la ville. A coté de sa fonction défensive, le château jouait aussi un rôle primordial comme moteur économique dans la mesure où son seigneur contrôlait toujours un vaste espace agricole. Semblable structure favorisa, en bien des lieux, l'implantation d'un marché en dehors de l'enceinte aussi bien pour des raisons sanitaires et esthétiques que pour des motifs de sécurité et de facilité des transactions. Ainsi isolé du noyau urbain central, le marché devint souvent point de départ d'un véritable processus d'urbanisation ouvert sur des voies terrestres ou navigables afin de faciliter transport des marchandises et approvisionnement.

A ces situations si diverses et tout en nuance de genèse du processus de développement urbain, il convient d'ajouter la politique de création de villes ex nihilo, sur simple décision princière ou royale. Deux exemples en témoignent avec éclat, la Flandre et la Normandie. Prenant conscience d'un développement bipolaire des villes de Flandre qui risquait de couper le pays en deux – Flandre maritime d'une part et Flandre de l'Escaut de l'autre – le comte Baudouin V réagit vivement au milieu du XIe siècle en décidant de créer, sur son domaine, plusieurs villes dans la Flandre médiane, telles que Lille et Ypres. Il les dote immédiatement d'un château administré par un châtelain de ses hommes, ainsi que de collégiales destinées à assurer non seulement le service divin, mais aussi de multiples fonctions d'administration civile et judiciaire. Le succès de ces créations se traduit immédiatement sur le plan économique par l'organisation de grandes foires qui permettent à la Flandre médiane de se réinsérer dans le grand commerce international et de bénéficier ainsi de l'essor économique sans précédent que connaît alors l'Occident.

La même politique est conduite en Normandie par Guillaume le Conquérant qui fonde Caen en 1059 en y créant deux abbayes, Saint Etienne pour les hommes et la Trinité pour les femmes. Situées de part et d'autre du château ducal qui assure la sécurité, elles apportent à la ville, dès sa création, la population cléricale qui aurait pu lui faire défaut, tandis que les concessions de tenures que consent le comte font affluer de toutes parts de nouveaux tenanciers venus des horizons les plus divers. Néanmoins, ce vouloir politique, doublé fut-il des prières des clercs et des travaux des tenanciers n'aurait pas suffi à insuffler à ces villes un dynamisme que seuls leurs bourgeois purent leur apporter.

2. – *Le dynamisme des bourgeois*

Ils sont à l'origine les habitants du bourg. Le *burgensis* est celui qui habite le *burgus*. En l'état des textes connus, il semble que le terme apparaisse peu avant l'an Mil, sans doute au Puy où il est fait état en 989 d'un *burgensis*. Il devient ensuite d'usage de plus en plus courant aussi bien dans les villes de la France centrale que de la France de l'Ouest, puis celles du Midi et du Nord. Opposé d'abord au terme *civis,* plus généralement utilisé pour désigner les seuls habitants de la cité, son emploi se généralise tout au long du XIe siècle. Alors, le terme *burgensis* s'applique de plus en plus à grand nombre d'habitants de la ville. Il recouvre désormais la même réalité que le mot *civis*. Dans ce nouveau contexte, *burgenses* et *cives*, tantôt employés ensemble, tantôt l'un pour l'autre, qualifient l'élément le plus actif, le plus dynamique et le plus riche de la population urbaine, quel que soit son lieu de résidence. Ce titre, souvent envié et toujours recherché par ceux qui ne l'ont pas, a une histoire extrêmement complexe, variable à l'infini en fonction des lieux et des époques. Acquis par la naissance, la résidence, le mérite ou la grâce du prince, qu'il soit roi ou seigneur, il fait de ceux qui peuvent s'en prévaloir – souvent fort nombreux jusqu'à représenter parfois l'essentiel de la population – l'élément moteur du développement des villes et de la construction d'une conscience urbaine à partir du début du XIe siècle.

La réouverture des circuits d'échange, le développement des foires et la renaissance d'une économie monétaire qui en découle stimulent fortement le monde des marchands. Ils représentent, pour l'heure, l'essentiel du groupe des bourgeois auquel les *milites* ne se mêlent guère (a), tandis que seule l'élite de la masse montante des artisans réussit à s'agréger à eux (b). Mais face aux exigences de la vie professionnelle, à l'insécurité des temps et à la pression seigneuriale, tous ressentent l'impérieux besoin de s'unir (c).

a) Le monde des marchands

Ici encore la diversité est de règle, même si partout arrivent en force, tout au long du XIe siècle, des *mercatores* dont l'activité principale est d'animer le commerce local. A ces marchands qui ne quittent guère les horizons de leur marché, viennent se joindre des marchands ambulants. Plus mobiles, ils sillonnent les routes de toute une région. Colporteurs de produits les plus divers pour les uns, vendeurs de produits de première nécessité pour les autres, tels le sel ou le vin, ils contribuent à créer des réseaux de relations et de routes entre les villes d'une même région, porteurs de rapports à plus grande échelle que celle de la ville dont ils sont originaires.

Ce n'est qu'avec le développement d'une production de plus en plus variée que prend forme un commerce diversifié aux mains de marchands spécialisés. Peu nombreux mais actifs, leur rayon d'action couvre toujours plusieurs régions et s'étend progressivement à l'échelle internationale. C'est en Flandre où l'essor urbain est précoce qu'on les rencontre d'abord, commerçant dès les premières années du XIe siècle avec les grands centres urbains du Nord, tels Tournai, Gand et Cambrai, mais aussi en en direction du Midi français et de la Catalogne. A peu près au même moment, les marchands normands, en particulier ceux de Rouen entretiennent des rapports étroits avec ceux de Londres et entraînent dans leur sillage anglais ceux de Fécamp, de Dieppe ou de Montreuil-sur-Mer. Ceux des régions de l'est se montrent tout aussi actifs. Qu'ils soient de Verdun, de Toul, de Metz ou de Strasbourg, tous fréquentent régulièrement la Meuse et le Rhin jusqu'à son embouchure. Sur la Seine, les marchands parisiens s'efforcent de capter et de monopoliser à leur profit un trafic de plus en plus important. Il le devient plus encore à partir du moment où les échanges reprennent, suite à la réouverture des circuits commerciaux avec le bassin méditerranéen et l'Italie. On sait la destinée à laquelle sont, dès cette époque, vouées les foires de Champagne dont les trois principales s'imposent comme des centres vitaux du grand commerce dans la première moitié du XIIe siècle : Bar-sur-Aube (1114), Provins (1137) et Lagny (1154). Face à cette dynamique des régions au nord de la Loire, celles de l'Ouest et du Centre font pour l'heure encore assez piètre figure à un moment ou les villes du couloir rhodanien et du Sud-est profitent elles aussi d'un axe nord-sud revivifié.

Ce contexte de renaissance commerciale, de dynamique des échanges et de goût du risque ne pouvait que créer des liens étroits entre ces marchands d'un nouveau genre. Conduits à s'unir comme il sera montré, ils constituent un groupe épris de liberté et d'action qui insuffle à leur ville un esprit nouveau en lui apportant, tout à la fois, le fruit de leur expérience et aussi, le secours de leurs capitaux. Mais ils ne sont pas les seuls. Qui dit commerce, postule production en amont. La symétrie est telle entre ces deux activités que le développement de l'une ne peut aller sans celui de l'autre. A l'essor du commerce devait obligatoirement faire pendant un essor de l'artisanat. La ville offrait à son implantation et à son devenir un espace de choix.

b) Le peuple des artisans

Ces gens de métier que les textes qualifient plus tard de « gens mécaniques » comptent pour l'essentiel de la population urbaine. C'est sûrement au cœur de la seigneurie qu'il convient d'en rechercher les ancêtres. Qu'elle fût laïque ou ecclésiastique, ses besoins étaient toujours importants en matériel et en biens d'équipement. Il fallait fabriquer les outils nécessaires aux travaux des champs et faire fonctionner tous les services – moulins, fours et pressoirs entre autres – que chaque seigneur mettait à la disposition de ses tenanciers. Ainsi chacun avait-il favorisé, sur sa seigneurie, le développement d'activités artisanales les plus variées. L'étroite symbiose qui unit la ville naissante à la campagne sur laquelle elle mord lentement, rapproche tous ces artisans du marché, aussi souvent qu'ils ne sont pas déjà installés dans les ateliers d'un bourg que contrôle une seigneurie châtelaine ou ecclésiastique. La ville devient ainsi lieu d'attrait et de regroupement pour ce monde du travail à la recherche de conditions idéales pour acheter, produire et vendre. Les seigneurs ne voient pas non plus d'un œil hostile cette évolution qui leur permet de veiller à la discipline de chaque profession. En même temps, ils tirent profit des diverses concessions qu'ils font en locaux et en espaces de stockage à leurs tenanciers artisans, tout comme de l'exercice du droit de ban qui les autorise à intervenir aussi souvent qu'ils le souhaitent pour organiser et réglementer la production. Tous ces métiers, qu'ils trouvent leur origine dans la seigneurie, qu'ils naissent de manière spontanée ou qu'ils soient le résultat d'une création de l'autorité princière, ecclésiastique ou royale, peuplent rapidement les bourgs de la ville naissante et contribuent à façonner son âme.

Le temps et le lieu d'implantation progressive des gens de métier dans la ville varie à l'infini. L'un et l'autre sont actuellement mieux connus pour le Nord que pour le Midi. Au Nord, les métiers organisés en confréries ou ghildes y apparaissent plus tôt. Ainsi en est-il à Paris et à Bourges dès la seconde moitié du XIe siècle, tout comme à Arras ou Rouen dès les premières décennies du XIIe siècle, alors qu'il faut attendre encore près d'un demi siècle pour enregistrer semblable situation à Montpellier, Marseille ou Nîmes.

Ces artisans sont aussi nombreux et leurs activités aussi variées que l'exige une économie où l'essentiel de ce qui se consomme est produit sur place. A tenter de les répertorier, il est apparu possible de les classer en deux groupes. Ceux qui produisent et vendent, ceux qui ne font qu'apporter leur travail à une chaîne de production dont ils ne sont qu'un maillon. Dans la première catégorie entrent tous les métiers de l'alimentation, tels que bouchers et boulangers principalement ainsi que, pour une large part, tous ceux dont la spécialité est d'œuvrer des produits finis, tels que orfèvres, potiers, forgerons, dinandiers, verriers et travailleurs du bois. La seconde catégorie regroupe principalement les métiers du cuir (tanneurs, corroyeurs, peaussiers et cordonniers) et du textile (foulons, tisserands, teinturiers et drapiers) et, dans certains cas aussi ceux du bois aussi souvent qu'ils ne font que participer à un étape de sa mise en œuvre, tels les scieurs. Toujours très localisés dans la ville, par quartiers et le plus souvent par rues en fonction de leur spécialité et de leurs besoins en matières premières et en sources d'énergie, tous ces métiers entretiennent entre eux des relations étroites, sources d'un profond esprit communautaire.

c) Ghildes, confréries, œuvre commune

Plus encore qu'à la campagne, l'individu isolé n'est rien dans le monde impitoyable de la ville naissante. La main et la protection du seigneur banal y manquent souvent qu'il faut remplacer. A une solidarité verticale défaillante, se substitue lentement une solidarité horizontale faite des rapports nouveaux nés de préoccupations communes, d'activités identiques et de risques partagés. Face à ces défis multiples, partout se fait jour une volonté d'union. Elle prend corps au sein d'associations et de groupements les plus divers qui, tantôt traduisent la volonté d'inscrire dans la pratique quotidienne l'appartenance à un métier, tantôt aussi le désir de réaliser ensemble une œuvre commune, tantôt enfin le dessein de participer à un projet de paix.

Le monde des marchands, tout particulièrement celui des villes du Nord, est celui qui offre les exemples les plus précoces et les plus nombreux d'associations nées d'une activité professionnelle commune en vue de la protéger et de susciter, chez ceux qui y adhèrent, un véritable esprit de corps. Qualifiés de ghilde, de *confratrias*, de *caritas* ou de hanse, ces groupements, constitués sur la base du volontariat, ont avant tout pour mission la défense mutuelle de leurs membres, l'équipement de la profession, la promotion des marchandises proposées et la recherche de débouchés. Ce n'est qu'à partir de la seconde moitié du XIe siècle que leur existence et leur organisation peuvent être clairement perçues. La *Frairie de la Halle-basse* qui regroupe les marchands drapiers de Valenciennes compte sans doute parmi les plus anciennes. Suivie de près par la *Ghilde des marchands de Saint-Omer*, elle s'inscrit en tête d'une filiation qui en voit naître bien d'autres, comme la *Laekengulde* qui regroupe les marchands de Louvain ou *La Charité de Saint Christophe* qui unit, dans un même élan de fraternité, ceux de Tournai. De Flandre, le mouvement s'étend en cercles concentriques, à un rythme relativement lent qui suit de près celui de la montée en puissance du monde des marchands. Le cas de Paris avec sa *Hanse des marchands de l'eau*, constituée au moins à partir des premières décennies du XIIe siècle est, avec l'exemple de Saint-Omer, de beaucoup le mieux connu.

Rédigés en plusieurs fois entre les années 1150 et 1250, les statuts de la Ghilde marchande de Saint-Omer reflètent l'esprit de l'association, précisent ses objectifs et les moyens dont elle dispose pour les réaliser. Les marchands ne sont pas les seuls à en faire partie, clercs et chevaliers peuvent aussi y adhérer à condition d'avoir la qualité d'habitant de la ville. Elle est placée sous la responsabilité de chefs élus, les doyens *(decani)* qui en assurent l'administration et le fonctionnement quotidien. Ils gèrent ses finances dont les recettes proviennent essentiellement de la cotisation obligatoire *(emptio gilde)* que doit verser chaque membre, ainsi que des amendes prononcées en cas de non respect des obligations imposées par le règlement. Responsables de la discipline du groupe, ils ont aussi en charge d'organiser et de présider les réunions régulières auxquelles tous les membres doivent assister. Elles se tiennent dans la halle que possède la ghilde, siège de son administration. Rite collectif, manifestation vivante de l'existence du groupe et symbole de son unité, ces réunions sont l'occasion de débattre des problèmes de l'association, mais aussi d'échanger et de partager autour d'une beuverie officielle *(potacio)*. Ces *potaciones*, qui s'étalent sur deux jours au cours desquels le religieux, le mutuel et le charitable le disputent au festif, ont avant tout fonction de marqueur social pour un groupe qui prétend incarner, dans la fraternité, l'ensemble de la communauté urbaine dont il émane. L'atteste la disposition stipulant que tout excédent de recettes à l'issue de la *potacio* devra être impérativement affecté à des dépenses d'utilité commune, telles que places, portes et remparts de la ville. A n'en pas douter, de nombreux débordements devaient se produire si on en juge par le nombre d'articles des statuts qui réglementent la tenue de ces journées et prévoient des sanctions en cas de rixes, injures et insultes. Et de toutes ces folies en actes ou en paroles, chacun devait répondre. Non pas devant la justice ordinaire, mais devant les doyens.

Mis à part tous ces nombreux articles qui fixent avec minutie le fonctionnement de la ghilde et le statut de ses membres, une idée directrice préside à la mission qu'elle s'est assignée : la solidarité. Secours et entraide sont les maîtres mots de l'action de chacun de ses membres qui ne doit venir au secours que des seuls ghildés. Telle est bien la règle posée avec force à l'article I. Un habitant de Saint-Omer qui n'est pas membre de la ghilde vient-il à être molesté, à perdre ses biens ou à être provoqué en duel ? Alors, qu'il ne reçoive aucun secours, ce qui laisse à penser que, dans le cas contraire, aide devait être immédiate. Les articles II et III sont tout aussi éloquents qui réglementent les droits respectifs des marchands, membres de la ghilde ou n'en faisant pas partie, à l'occasion des transactions conclues sur les marchés. Tout marchand étranger à la ghilde qui se porte acquéreur d'une marchandise pour un prix qu'il fixe lui-même, devra obligatoirement la céder à ce prix à n'importe quel membre de la ghilde qui désirerait l'acquérir. C'était consentir un véritable droit de préemption en faveur des marchands ghildés. De même, tel d'entre eux qui manifeste sa volonté d'acquérir une marchandise à un prix donné, ne peut refuser à un autre membre de la ghilde de participer à l'opération aux mêmes conditions. Voilà qui témoigne de l'esprit de solidarité et d'entraide, mais aussi d'une évidente volonté de monopole que d'autres associations marchandes ne manquent pas de faire leur.

Telle se présente à Paris, dès les premières décennies du XIIe siècle, la *Hanse des marchands de l'eau*. C'est à la fin du siècle précédent que les marchands parisiens commencent à s'organiser en vue de lutter contre la concurrence que leur font sur la Seine les marchands rouennais. Ceux des parisiens qui naviguent sur le fleuve et utilisent le port, prennent alors le titre de « marchands de l'eau » et se font reconnaître comme tels par le roi. Quand Louis VI évoque en 1134 la « communauté des bourgeois » et qu'il les autorise à s'entraider pour saisir les biens de leurs débiteurs, c'est sans doute principalement à eux qu'il s'adresse. Cette décision était sûrement annonciatrice de celle de Louis VII qui confirme aux « marchands de l'eau » des privilèges antérieurement concédés et leur reconnaît un monopole sur la totalité du trafic fluvial entre Paris et Mantes. C'était faire de la *Hanse des marchands de l'eau* l'unique compagnie habilitée à transporter en direction de Paris toutes les marchandises acheminées par la Seine depuis la mer. C'était lui reconnaître, en même temps, un droit presque exclusif de contrôle sur l'approvisionnement de la capitale par voie fluviale. Même si les marchands rouennais réussirent pour un temps et par intermittence à obtenir les mêmes droits sur le cours de la Seine inférieure, ils les perdirent définitivement en 1398, date à partir de laquelle le monopole de navigation, jusqu'à la mer, fut complet pour la Hanse.

De cette situation résultait l'obligation, pour tout commerçant étranger qui voulait naviguer vers Paris et y transporter des marchandises, de « pendre compagnie française ». C'est à dire s'associer avec un commerçant de la Hanse qui en retirait de substantiels avantages, soit qu'il pût acheter à prix coûtant la moitié de la marchandise transportée, soit qu'il fût associé, pour moitié, aux bénéfices de la vente.

La Hanse devenait ainsi une institution de premier plan dans la vie de la capitale. Proches du roi, les marchands et bourgeois qui y adhéraient moyennant serment et paiement d'une taxe, reçurent de lui protection et privilèges, en particulier celui de constituer un corps doté d'un patrimoine, autorisé à le gérer et à élire ses responsables. Quatre échevins furent ainsi désignés avec à leur tête le prévôt des marchands de l'eau qui, tous ensemble, font figure d'ancêtres de municipalité parisienne à venir. Il y eut plus encore qui conduisit la Hanse à outrepasser largement ses attributions primitives. Dés 1220, Philippe Auguste lui reconnaît le monopole des prix à fixer sur le marché, celui du criage des marchandises ainsi que le contrôle et la modification des mesures. Il l'autorise même à taxer le trafic du sel sur le fleuve. Tant de compétences concentrées entre les mains des marchands de l'eau finirent par donner à la Hanse vocation juridictionnelle afin de pouvoir contrôler elle-même l'application des mesures qu'elle était habilitée à prendre. Cette évolution connut son terme quand le roi finit par lui concéder la basse justice sur les terres qui relevaient de lui. C'était lui reconnaître un véritable pouvoir de police et faire d'elle une des institutions les plus en vue dans l'organisation municipale en gestation.

Il est d'autres formes de groupements qui, tout en étant plus effacés et en conduisant une action plus discrète en dehors de toute préoccupation professionnelle, n'en exercent pas moins une influence déterminante sur le devenir institutionnel de leur cité. Constitués autour d'une œuvre*(opus)* à réaliser, ils favorisent la naissance d'un esprit communautaire si utile à la mise en place d'institutions urbaines. L'œuvre autour de laquelle se cristallisent ces initiatives peut avoir objet variable à l'infini.

Ce peut être volonté de faire œuvre charitable et de venir en aide à des proches, à des confrères ou aux plus défavorisés des habitants. Il s'agit alors de *confraternitas*, de *caritas*, de *confratria* ou de *frairies* qui déploient un peu partout leur activité à partir du début du XIIe siècle. Nombreuses dans le Midi languedocien, constituées à la fois de clercs et de laïcs, elles se constituent pour célébrer en commun le culte d'un saint, tout en se fixant d'autres objectifs : assurer une sépulture décente à un confrère (*confraternitas* de Béziers, 1130), subvenir aux besoins des plus pauvres de la ville (confrérie de Narbonne, 1151) recueillir des donations et aumônes en vue de faire œuvre charitable (confrérie de Saint Laurent à Alès) ou bien encore réunir des fonds en vue de gérer un hôpital ou un hospice (confrérie Saint-Jacques et confrérie Sain-Sernin à Toulouse, 1250).

Semblables confréries peuvent aussi se constituer autour de la construction puis l'entretien d'une église cathédrale ou abbatiale, mais plus souvent paroissiale à l'occasion de la création d'une nouvelle paroisse ou dans le cadre d'une paroisse existante. Elles prennent alors le nom de fabrique *(fabrica)*, recherchent le financement nécessaire, veillent à l'exécution des travaux et prennent aussi souvent en charge l'achat des vêtements, livres liturgiques et objets de culte. Cet ensemble constitue l'*opus fabrice* dont le fonctionnement régulier ne cesse de poser problème, même si une part du revenu du temporel ecclésiastique lui est consacré. Une fois constituée, la fabrique a des membres élus par les paroissiens qui désignent aussi des délégués tantôt qualifiés de procureurs, tantôt de receveurs et tantôt de maîtres ou ouvriers en fonction des missions qui leur son confiées.

Comme en parallèle, les œuvres et constructions à caractère purement civil suscitent le même intérêt commun de la part des marchands et bourgeois dans la plupart des villes. Les constructions sur lesquelles pouvaient se fixer la volonté d'œuvrer ensemble pour le bien de la cité ne manquaient pas : le pont, la maison commune, la halle et surtout le système défensif avec ses murailles, ses tours et ses portes. Autant d'ouvrages qui furent autant de points de cristallisation d'une claire volonté d'union. Elle est particulièrement manifeste pour le pont dont le financement fut le plus souvent réalisé par le recours à la charité sous forme de legs et d'aumônes. Le pont facilitant les déplacements des pèlerins, son financement fut considéré comme une œuvre pie, ce qui explique le succès de l'opération. C'est pour gérer au mieux ces sommes considérables que marchands et bourgeois mettent un peu partout sur pied une « œuvre du pont ». Ces institutions, qui jouèrent un rôle de tout premier plan dans la construction des grands ponts médiévaux en pierre, furent particulièrement florissantes à Lyon (1180), Pont-Saint-Esprit (1281) et Avignon.

La construction et l'aménagement des remparts suscita aussi beaucoup d'intérêt de la part du monde de la marchandise et de tous ceux qui portaient attention au développement et à la sécurité de la ville naissante. L'exemple le plus célèbre et le mieux connu est sans conteste celui de Montpellier où apparaît, à la fin du XIIe siècle, une véritable organisation investie tout à la fois de la construction, de l'entretien des remparts et de la défense de la ville. Ce fut l'*Œuvre de la commune clôture* dont les membres d'abord désignés de manière discrétionnaire paraissent bien avoir été élus à partir de 1204. Qualifiés d'ouvriers de la commune clôture, ils viennent d'horizons socio-professionels les plus divers : gens de métiers, marchands, avocats et notaires, tous souvent qualifiés de bourgeois. Outre le rôle qu'ils ont joué dans la construction des remparts, il leur est demandé en fonction d'une rotation bien établie, d'assurer chaque jour de la semaine la défense des portes, sans compter leur participation à l'impôt levé en vue d'assurer le financement de toutes ces opérations. Voilà qui venait encore renforcer une solidarité qui s'était sûrement, dans un premier temps, manifestée de manière tout à fait spontanée.

Il en va ainsi plus encore chaque fois que ces associations se constituent autour d'un projet de paix. Faisant en quelque sorte écho aux décisions prises par les conciles de paix aux alentours de l'an Mil et aux institutions qui en sont nées, bourgeois et marchands des villes auxquels se joint le plus souvent le reste de la population, s'organisent en associations de paix en vue de lutter contre la violence ambiante, éviter les guerres privées et apporter la plus grande sécurité qui soit à la *communitas* des habitants. Ces *conjurationes pacis* reposaient sur le principe du serment. Un serment d'assistance mutuelle qui était prêté à l'occasion d'une cérémonie solennelle et qui engageait, à l'égard de la communauté tout entière, celui dont il émanait. Obligation lui était faite de tout mettre en œuvre pour faire régner la paix à l'intérieur de la cité, porter secours à tout membre du groupe victime d'une quelconque violence et participer de son mieux à toute opération susceptible d'assurer une meilleure sécurité de la cité. Pour que soient menées à bien les missions qui étaient les siennes, la *conjuratio* se dotait d'un véritable gouvernement dont les membres qualifiés de *judices* ou de *scabini* exerçaient un véritable pouvoir d'administration, de juridiction et de discipline sur l'ensemble de l'institution.

Les exemples de ces *conjurationes* ne manquent pas tant au Nord qu'au Midi, même si les régions les plus septentrionales constituent véritablement leurs terres de prédilection. Plusieurs villes de Languedoc ont bien connu des associations de ce genre, telle cette *Confrérie de la paix* dite des « encapuchonnés » qui voit le jour en 1183 au Puy-en-Velay, avec objectif avoué de lutter contre les bandes de pillards qui dévastaient le pays vellave. C'est néanmoins en pays de Flandre que peuvent être relevés les meilleurs exemples. Celui d'Aire-sur-la-Lys est particulièrement significatif de l'état d'esprit qui régnait dans ces *conjuratione*s. En 1188, le comte de Flandre confirme officiellement l'existence d'une association de paix et d'amitié qu'avaient imaginée quelques années plus tôt les habitants en lui donnant le nom très parlant d'*Amicitia*. Au terme du serment qu'ils devait naturellement prêter, chaque conjuré s'engageait à se comporter comme un frère à l'égard de tous les autres membres du groupe en lui apportant systématiquement aide et assistance dans les circonstances les plus diverses de violence, d'agression, de détresse ou de dommage. C'était construire au sein du groupe une architecture de liens juridiques et affectifs aussi forts que ceux qui pouvaient exister au sein d'un même lignage. La communauté urbaine naissante devenait en quelque sorte, pour chacun, une manière de grande famille placée sous la protection et l'arbitrage de ceux que le vote des membres avait mis en position de responsabilité.

Toutes ces manifestations de solidarité, d'entraide et d'union, quelles que soient leur nature et la forme qu'elles prennent, témoignent avec force d'un vouloir-vivre en commun fondé sur des liens nouveaux de rattachement. Ils ne sont plus le fait de la protection obtenue d'un puissant en contrepartie de services rendus ou d'un prince qui cherche à se rattacher des sujets, pas plus qu'ils ne découlent de rapports familiaux ou lignagers souvent distendus et malmenés du fait de l'essor démographique et des brassages de population entre la ville et la campagne. Ils sont le résultat d'une volonté clairement manifestée de s'unir et d'unir les moyens de chacun en vue de conjurer tous dangers et de construire un devenir commun face à des structures seigneuriales trop rigides, trop pesantes et mal adaptées à la vie communautaire. Secouer le joug seigneurial, tel fut souvent l'objectif, même non avoué de l'ensemble de ce mouvement associatif. Ce qui ne manqua pas d'entraîner des réactions parfois vives des pouvoirs.

3. – *La réaction des pouvoirs*

Elle ne peut être évoquée qu'à travers de multiples nuances, tant en raison de l'infini variété des pouvoirs en place – qu'ils fussent ceux d'un seigneur laïc, d'un seigneur ecclésiastique ou du roi – que des situations de temps et de lieu presque toujours irréductibles à un dénominateur commun. En dépit de ces multiples variantes qui traversent, en permanence et partout, la volonté d'émancipation des communautés urbaines et la diversité des réalités politiques qu'elles doivent affronter, trois grandes tendances caractérisent la position qu'adoptent les pouvoirs. Tantôt d'opposition et de coopération, elle est aussi très souvent faite d'anticipation.

a) Opposition

La première réaction des seigneurs, princes et roi face au mouvement communal fut souvent de l'analyser de manière négative en y voyant, avant tout, un risque de diminution de leur domaine, de leurs prérogatives et de leurs droits seigneuriaux. Cette attitude de refus plus ou moins ferme et plus ou moins durable caractérise, mais non de manière exclusive, la position que prirent nombre de seigneurs ecclésiastiques. Cette situation s'explique fort bien dans la mesure où, jusqu'au début du XIe siècle au moins, le pouvoir des évêques demeure en bien des villes sauf dans le Midi, le seul à être véritablement effectif face à des pouvoirs laïcs en pleine désagrégation, comme l'atteste en particulier l'évolution destructrice que connaît alors l'institution comtale. Forts de cette position renforcée que vient cependant souvent contrarier le mouvement de mainmise des laïcs sur l'Eglise, les seigneurs ecclésiastiques se trouvèrent parfois en situation de pointe pour neutraliser les élans communautaires des bourgeois et réduire à néant leurs revendications, même si tout compte fait, de telles situations furent relativement rares. Aussi souvent qu'elles existent, elles sont liées à la volonté des bourgeois de maîtriser à eux seuls les aspirations communautaires, sans s'appuyer sur les gens d'église. Les milieux ecclésiastiques leur reprochent alors d'utiliser le serment des habitants à de seules fins profanes et de vouloir transformer la *conjuratio* en instrument subversif de l'ordre établi. Ils portent aussi un jugement réprobateur sur le droit urbain nouveau qu'entendent créer les bourgeois face à un droit canonique toujours plus englobant. La position qu'adopte Ives de Chartres dans les dernières années du XIe siècle est fort révélatrice à cet égard quand il conseille aux membres du chapitre de Beauvais de ne point prendre en compte les coutumes de la commune dans la mesure où elles ne s'inscrivent pas dans l'ordre juridique canonique. Voilà qui créait un climat général de tension parfois porteur d'affrontements violents, surtout dans le Nord.

Tel fut le cas au Mans. En 1070, les habitants de la ville oppressés par les excès de leur seigneur Geoffroy de Mayenne se liguent contre lui dans le cadre d'une *conjuratio*. Fondée sur le serment commun, ils la qualifient de commune et décident alors de faire le siège du château de Hugues de Sillé, seigneur avec lequel ils étaient aussi entrés en conflit. Face à ce mouvement qui prend allure révolutionnaire, les deux seigneurs répliquent, unissent leurs forces et l'écrasent aussitôt, mettant ainsi fin à la commune naissante. Peu de temps après, en 1076, Cambrai fut aussi le théâtre de semblables événements. L'évêque Gérard II n'y fut accepté et ne put entrer dans la ville qu'a condition de reconnaître la commune que les habitants avaient jurée peu de temps avant. Soumission feinte et momentanée puisque, sitôt investi le siège épiscopal, il supprima la commune. Rétablie peu de temps après par son successeur, elle fut à nouveau abolie par l'empereur en 1107. En 1110, le mouvement de contestation gagne Arras dont les bourgeois prennent les armes contre leur seigneur, l'abbé du monastère de Saint-Vaast, dont ils remettent en cause certains droits en matière de banalités.

De tous ces épisodes, le plus célèbre est bien celui de Laon en 1112. Redoutant la pression populaire, clercs et membres les plus influents de la communauté se mettent d'accord pour organiser une commune dont ils confirment l'existence moyennant finance versée par les bourgeois. Cette démarche déplut fortement à l'évêque Gaudry qui demanda au roi de supprimer la commune, ce qui fut aussitôt fait. Face à cette décision que vinrent encore aggraver les exigences fiscales de l'évêque, tout le peuple de la ville se révolta en criant « Commune !, Commune ! ». Insurrection dramatique qui se termina par la mise à mort du prélat. Les chroniques du temps qui se font l'écho de mouvements insurrectionnels au même moment dans bien d'autres villes – Amiens, Sens ou Beauvais par exemple – insistent souvent sur les concessions que durent alors consentir les seigneurs. Néanmoins, de tels conflits ne sont pas la règle et il n'est pas rare de voir les seigneurs ecclésiastiques reconnaître sans conflit des *conjurationes,* au motif qu'elles œuvrent pour le maintien de la paix, le bien commun, celui de l'Eglise et de son clergé. Tel fut le cas à Noyon en 1109 où l'évêque Baudry, fort de l'accord des clercs, des chevaliers et des bourgeois dote la ville d'une commune. A Saint-Riquier aussi où l'abbé seigneur de la ville accepte que soit instaurée une commune en invoquant son *utilitas*.

Face à ces situations fort diverses, la royauté réagit toujours avec prudence et dut en permanence s'adapter. Sa position ne pouvait en effet être la même selon qu'il s'agissait ou non de villes du domaine. Autant le Capétien avait les coudées franches avec les villes de son domaine, autant il devait agir tout en finesse avec les autres. Néanmoins, toute concession de franchises ou reconnaissance de commune valant abrègement de fief, semblables opérations supposaient donc, au moins en théorie, leur approbation en sa qualité de suzerain chaque fois qu'elles concernaient des communautés hors du domaine. En dépit de cette réglementation féodale relativement stricte, la royauté adopta toujours une attitude pragmatique. Aussi souvent qu'une communauté d'habitants manifestait le désir de s'unir par serment contre son seigneur, elle soutint le mouvement. Elle y vit un moyen efficace de lutter contre les grands féodaux et d'encourager le développement des mouvements de paix sur l'ensemble du royaume dont elle avait en charge la cohésion. Au contraire, dans toutes les hypothèses où une *communio* semblait s'inscrire à l'encontre de cet objectif et remettre en cause la mission de paix et de justice dévolue au roi, alors le souverain cassa la commune. Les exemples de ce pragmatisme sont nombreux. Ainsi Louis VI accepte-t-il de confirmer la commune d'Amiens en 1113, mais casse peu de temps après celle de Laon pour la rétablir en 1128, tandis que Louis VII s'oppose lui aussi aux créations communales d'Orléans en 1137, de Poitiers en 1138 ou encore de Sens en 1146.

Dans cette politique sinueuse, quelques lignes de force se dessinent cependant. Dans son domaine, même s'il accorde des franchises importantes (Mantes, Senlis, Pontoise, Montreuil, Poissy), le roi freine le plus possible les évolutions communales comme en témoignent les cas de Paris ou d'Orléans. En dehors du domaine et après un temps d'hésitation, la royauté affiche une attitude de plus en plus ouverte et favorable au mouvement communal qu'elle encourage souvent avant de confirmer, par l'octroi officiel d'une charte, bien des émancipations. C'était là moyen rêvé pour mieux affirmer son emprise sur le royaume, s'y construire des points d'appui solides, ébranler les solidarités vassaliques et remettre en cause bien des sujétions seigneuriales. C'est dire combien seigneurs, princes et souverain comprirent rapidement tout le parti qu'ils avaient à tirer de ce vaste mouvement associatif dont l'essor était inéluctable.

b) Coopération

Plutôt que d'aller au devant de violences qui risquaient de dégénérer en crises profondes, mieux valait prévenir en négociant et faciliter ainsi une évolution pacifique destinée à faire évoluer la pratique du serment et à faire passer ces *conjutationes* du stade de *communio* à celui de *communia*. Seigneurs, princes et roi intervinrent souvent en ce sens, soit en guidant l'action des mouvements associatifs vers la réalisation d'objectifs de paix, de sécurité et de meilleure gestion des intérêts de la communauté, soit en cautionnant leurs réalisations si elles étaient jugées favorables à leurs intérêts, soit en octroyant aux conjurés une charte qui reconnaissait définitivement l'existence de leur mouvement, tout en le maintenant dans l'orbite seigneuriale.

C'est bien dans ce contexte que la plupart des grands princes territoriaux comprirent tout l'intérêt qu'ils pouvaient tirer d'une évolution contrôlée et modelée par eux du mouvement urbain. Dans le domaine de la sécurité et de la défense, il était fondamental de pouvoir s'appuyer sur un réseau urbain aussi dense et développé qu'il pouvait être résistant et sûr. Des villes dotées d'une administration efficace et de solides remparts constituaient autant de points d'appui à leur politique de construction d'une principauté autonome. La politique des comtes de Flandre est particulièrement significative à cet égard. Tout en octroyant de larges privilèges aux villes anciennes, ils s'attachent en même temps à créer un vaste ensemble de villes neuves qu'ils dotent aussi de belles franchises.

C'est surtout dans de secteur fiscal et financier que seigneurs, princes et roi surent mettre à profit les incomparables ressorts que pouvait leur offrir un tissu urbain en formation dont ils soupçonnaient les immenses ressources. Encourager l'émancipation d'une communauté riche et dynamique, tout en veillant de près à son devenir, ne pouvait qu'être un élément favorable à un pouvoir constamment en quête de nouveaux revenus. Jouer sur le dynamisme et l'esprit d'entreprise des bourgeois, c'était favoriser le développement de la production, stimuler les échanges, favoriser les investissements et l'épargne. C'était, en même temps, rendre possible l'augmentation de la matière imposable et partant celle des rentrées fiscales. A cette politique sur le long terme vint presque toujours s'ajouter un dessein financier plus immédiat : octroyer moyennant forte finance des chartes de franchises à ces communautés toujours pressées de voir fixer sur parchemin des privilèges souvent acquis de haute lutte. Cette préoccupation financière transparaît presque toujours, en dépit d'un vocabulaire trompeur qui laisserait à penser que la charte a été accordée en toute libéralité. Il est bien rare au contraire qu'il ne soit pas alors fait état de charges fiscales nouvelles imposées à la communauté à l'occasion de la concession de sa charte de franchises ou, plus directement, d'une charte octroyée à prix d'argent. Voici qu'en 1112 les bourgeois de Noyon doivent verser à leur seigneur 400 livres pour que soit reconnue leur commune. Et voilà qu'en 1173 Louis VII n'accepte de confirmer la commune de Senlis qu'en contrepartie d'un doublement des revenus qu'il retirait de la ville.

Enfin et peut-être surtout, favoriser l'émancipation de communautés urbaines au cœur de seigneuries hostiles fut, pour le pouvoir royal ou princier, moyen rêvé de mieux asseoir sa puissance en s'assurant ainsi de nouvelles fidélités. Mais alors se noue tout un jeu de subtiles négociations. Les communautés ainsi sollicitées et favorisées réalisèrent rapidement tous les profits politiques, judiciaires et financiers qu'elles pouvaient tirer de l'appui qu'elles acceptaient d'apporter à un pouvoir en quête de points d'ancrage à sa politique. Elles ne manquèrent pas d'en profiter pour obtenir toujours plus d'avantages, donnant ainsi plus de crédit encore à une coopération obligée que princes et monarque mirent un point d'honneur à anticiper.

c) Anticipation

Conscients des risques qu'il y avait à ne pas maîtriser totalement un mouvement urbain parfois indocile, seigneurs, princes et roi prirent souvent l'initiative de créer des bourgs et villes nouveaux dont ils purent à leur gré choisir le lieu d'implantation et fixer le statut. Semblables créations, placées sous l'autorité exclusive de leur fondateur, furent très nombreuses, particulièrement dans le Midi.

L'implantation de bourgs nouveaux reflète l'essor des campagnes et traduit, sur le terroir, la profonde mutation économique que connaît l'Occident à partir du milieu du XIe siècle. Elle manifeste aussi la volonté de puissance des seigneurs dont le souhait est d'attirer des populations nouvelles sur les terres qu'ils leur concèdent. Le territoire sur lequel doit se fixer le nouveau bourg est soigneusement délimité puis divisé en lots destinés à être concédés à ceux qui souhaitent venir s'y installer. En contrepartie d'un cens très faible, ils peuvent exploiter les terres dont ils deviennent les tenanciers et y construire librement une maison. Ces concessions sont toujours assorties de substantiels avantages réels et personnels que précise une charte de liberté. Véritable loi de la nouvelle communauté, elle définit et garantit le statut de chacun que domine une longue liste de franchises judiciaires, fiscales et militaires. En ces domaines, tous les seigneurs rivalisent en concessions avantageuses afin d'attirer sur leurs terres le plus grand nombre possible de tenanciers.

Les variantes régionales sont ici infinies, mais l'idée qui domine est bien celle de liberté de la personne et de la terre. Partout règne en maître le célèbre adage selon lequel « l'air de la ville rend libre ». Cette situation se traduit le plus souvent sinon par une suppression, au moins par une limitation des exactions et coutumes injustes que les seigneurs avaient multipliées dans leurs seigneuries en abusant de leur pouvoir de ban et en imposant de véritables monopoles. Dans ce contexte, tous ceux qui concernaient fours, moulins et pressoirs furent parfois supprimés ou atténués. Il en alla de même du droit de gîte, mais plus rarement du banvin, des péages et des droits de tonlieu auxquels les seigneurs demeurent très attachés pour des raisons économiques. Dans le domaine militaire, les avantages concédés sont souvent limités. Les seigneurs, voyant avant tout dans la création de bourgs neufs un moyen d'augmenter leurs capacités défensives, acceptent au mieux de dispenser leurs tenanciers de participer à des opérations offensives mais se montrent particulièrement jaloux de l'accomplissement de leurs obligations militaires aussi souvent que la sécurité de la seigneurie est en jeu. Enfin, pour tout ce qui touche à la justice, les causes de sang et celles concernant les aubains continuent à relever du seigneur, tandis qu'une grande latitude est laissée aux habitants et à leurs représentants pour toutes les autres affaires.

Toutes ces créations nouvelles prennent des formes variables, tant en fonction des seigneurs qui en ont eu l'initiative, des raisons qui les y poussèrent ou encore des régions d'implantation. Les simples *villes neuves* reflètent principalement la nécessité devant laquelle se trouvèrent seigneurs ecclésiastiques et seigneurs laïcs de faciliter, en la disciplinant, la conquête du sol et l'essor économique. Leur implantation, toujours choisie en fonction d'un plan d'occupation des nouveaux terroirs et d'un afflux optimum des populations, traduit en permanence le dynamisme économique des plus grandes seigneuries. On ne compte plus le nombre de bourgs et villes dont elles ont marqué la naissance et favorisé l'insertion définitive dans la géographie tant sont nombreux les Bourgneuf, Neubourg, Neuves-Maisons, Neuvic, Neuville et Villeneuve, sans oublier toutes les nouvelles créations auxquelles le seigneur fondateur n'a pas manqué d'attacher sa qualité : Bois-le-Roi, Choisy-le-Roi, Fontaine-le-Comte, Pont-l'Evêque, Pont-l'Abbé.

L'appellation de *sauveté* est le plus souvent réservée à des créations d'origine ecclésiastique. Elle a, elle aussi, laissé bien des traces durables dans la toponymie : La Salvetat, Sauvagnac, Sauvat, Sauveterre, Sauvetat, Sauville. Le territoire de la sauveté, en général délimité par des croix disposées aux quatre coins cardinaux, constitue avant tout un lieu d'asile pour les nouveaux venus. C'est particulièrement vrai pour celles d'Aquitaine où l'insécurité ambiante et les mouvements de paix rendent les populations très sensibles à ces questions. Ces mêmes raisons incitent en même temps nombre de seigneurs à créer des bourgs et villes dont la vocation est avant tout militaire.

Telles sont les *bastides* du Bassin aquitain français ou anglais où elles sont plus particulièrement implantées entre 1250 et 1350. Si le souci de bénéficier des fruits de la croissance tout en la favorisant est toujours présent, les visées militaires sont évidentes en vue d'assurer la sécurité sur tous les territoires frontière. Le plan, toujours très géométrique, donne un lotissement en damier où les rues se coupent en angle droit autour d'une place centrale. A cette mission militaire donnée aux bastides correspond une longue liste de privilèges concédés aux habitants en vue de s'assurer une fidélité primordiale en pareils cas. Ainsi, quels que soient les motifs qui président à ces créations de bourgs et de villes neuves, elles s'insèrent toujours dans un cadre juridique dont les contours se précisent lentement.

B. UN CADRE JURIDIQUE TOUJOURS PLUS PRÉCIS

S'il est vrai que l'émancipation urbaine s'insère progressivement dans un cadre juridique et s'institutionnalise lentement, il ne faut pas pour autant tomber dans un juridisme excessif et vouloir, à tout prix, la faire entrer dans des carcans juridiques rigides. Le schéma tripartite dressé par Augustin Thierry de l'émancipation des villes a pesé lourd dans l'historiographie urbaine jusqu'aux environs des années 1970. Il n'a, jusqu'à cette date, jamais été sérieusement remis en cause, laissant subsister la vision médiévale d'une France urbaine divisée en trois zones fortement individualisées. Au Nord, entre Seine et limites septentrionales du royaume, le mouvement d'émancipation des communautés lancé dès avant 1080, aurait été presque toujours rythmé par la violence, poussant ainsi les bourgeois à s'unir par serment en vue d'assurer la paix. Cette union, cette *communio,* aurait systématiquement débouché sur le système communal caractérisé, avant tout, par l'élection d'un maire aux très larges pouvoirs. Au Midi au contraire, de la Gascogne aux Alpes et jusqu'aux limites de la langue d'Oc, le mouvement plus pacifique d'émancipation des communautés y aurait été moins intense et aurait abouti à un simple partage des pouvoirs entre les bourgeois et leur seigneur pour donner naissance au régime consulaire, toute la philosophie du consulat reposant alors sur la désignation d'un exécutif composé de consuls chargés de gouverner la ville de manière collégiale. Enfin, entre ces deux zones au caractère tranché, aurait pris place une France du Centre, de la Seine à la Loire, où une révolution urbaine à la fois plus tardive et plus molle n'aurait valu à ses protagonistes que la concession de simples franchises par un seigneur refusant de voir, dans la communauté bénéficiaire, un organe formant corps. Ces villes dites de franchises ou de prévôté auraient été, en quelque sorte, un modèle inachevé de l'émancipation urbaine.

Cette trilogie – villes de commune, villes de consulat et villes de franchises – a pendant longtemps constitué la pierre angulaire sur laquelle on a voulu systématiquement répertorier, analyser et classer les régimes urbains médiévaux. Elle a eu certes ses vertus pédagogiques, mais elle doit être aujourd'hui largement dépassée. On ne saurait se laisser prendre au piège des mots, tant *communitas* et commune, *consulatus* et consulat désignent des réalités infiniment mouvantes qui ne recouvrent pas nécessairement les schémas juridiques rigides dont on a voulu les parer. Bien souvent, ils ont été construits de manière théorique et dans un a priori, sans se référer assez et de manière préalable aux sources. Or, à les lire de près, ces sources montrent sans le moindre doute que l'essentiel pour une communauté qui cherche à exister n'est pas d'abord de définir le régime juridique qui lui sera appliqué, mais avant tout de faire admettre, à travers un certain nombre de signes visibles et tangibles, qu'elle existe réellement (1). La question des formes institutionnelles que doit emprunter son autonomie ne vient que dans un second temps (2).

1. – *L'arsenal de l'autonomie*

Il est le résultat d'une lente maturation qui s'opère au sein des membres de la communauté. Elle les conduit à prendre conscience que la somme de leurs individualités les dépasse pour constituer un tout qui les surplombe. Cette évolution s'exprime à travers un certain nombre de concepts (a) qui trouvent leur traduction matérielle à travers les signes extérieurs d'autonomie dont se dote progressivement la communauté (b).

a) Concepts

Le tout premier est celui de *libertas*. La liberté personnelle est considérée comme la pierre angulaire du statut de chaque habitant de la ville. Elle constitue le fondement même de la société urbaine qui est, avant tout, une société de liberté au profit de laquelle le seigneur dont elle dépend a renoncé à tous les éléments de sujétion et à tous les signes de servitude qui pouvaient peser sur elle. Libérés de toutes mauvaises coutumes, taxes, redevances et contraintes de toutes sortes, ces nouveaux bourgeois citadins ont toute latitude pour s'unir et constituer un groupe homogène, une *communitas*, une *universitas*, un *corpus*. Ces termes qui ont la plupart du temps un sens très proche, entrent en force dans la sémantique des revendications que mettent en permanence en avant les communautés urbaines à partir de la fin du XIIe siècle. Ce qu'elles veulent avant tout, c'est constituer un groupe dont la conscience d'exister en tant que tel dépasse l'existence de chacun et se superpose à lui pour former un ensemble indépendant des éléments qui le composent. Alors, cette collectivité cohérente et consciente d'elle même ne peut que constituer une nouvelle personne à laquelle doit être reconnue capacité juridique pour s'organiser, se doter d'organes de représentation et de gouvernement. Etre traitée comme une *universitas* formant *corpus* auquel est reconnue capacité juridique, voilà bien ce que revendique avant tout et d'abord chaque communauté urbaine désireuse d'organiser elle-même son propre destin.

Cette *universitas* s'impose alors comme une personne qui surplombe ses composantes. Capable d'assumer son destin et de prendre part à tous les actes de la vie juridique, elle s'attache, dans un premier temps, à affirmer son existence en empruntant deux voies différentes. Souvent, celle du serment mutuel que sont appelés à se prêter tous les bourgeois en vue d'inscrire dans les faits leur droit d'association et de sceller solennellement leur union dans le cadre d'une *universitas* reconnue de tous. Toujours, celle de la reconnaissance officielle par le seigneur du droit qu'à désormais cette *universitas* de se réunir librement pour traiter de ses propres affaires. Elle devient alors son propre maître comme le démontrent les romanistes et bien plus encore les canonistes quand ils mettent en permanence en avant, à partir de la fin du XIIe siècle, l'adage *Civitas sibi princeps,* si porteur d'autonomie et de personnalité morale. Voilà qui faisait automatiquement de la communauté un *corpus* dépositaire de la *potestas* et de la *jurisdictio* dont était traditionnellement titulaire le *princeps* romain. Deux attributs qui fondaient, de manière irréversible, le pouvoir de dire le droit plus ou moins largement reconnu par la suite à chaque *universitas*, que ce soit par la voie de la justice ou celle de la création de la norme. Autant de concepts qui, pour devenir opératoires, devaient en quelque sorte trouver traduction matérielle.

b) Signes extérieurs d'autonomie

Parler à la masse des habitants, au pouvoir et aux autres communautés par le biais de marqueurs matériels et visibles fait partie du langage médiéval des signes et des gestes. Les plus dynamiques et les plus avisés des bourgeois ne s'y sont pas trompés. Sitôt leur *universitas* reconnue et son droit à former corps affirmé, ils se sont attachés à inscrire ces conquêtes dans vie quotidienne de la communauté à travers une série de supports dont ils ont fait les signes extérieurs de leur autonomie.

Le premier de tous fut sûrement le **coffre**, cette arche commune *(arca communis)* d'abord destinée à recevoir les modestes fonds communs qui permettaient à l'*universitas* de faire face à ses besoins communs. Symbole incontesté d'autonomie par l'indépendance financière qu'elle prétend incarner, l'arche servit rapidement aussi à mettre en lieu sûr tous les documents les plus précieux de la communauté, en particulier sa charte de franchise dans l'hypothèse où elle en possédait une, ses cartulaires, ses registres de délibération, ses pièces de procédure. Trésor et mémoire de la ville, elle se veut aussi bien souvent témoignage vivant d'un pouvoir exercé de manière collégiale. Une serrure à plusieurs clefs différentes et détenues par plusieurs des responsables de l'*universitas* permettait de la fermer. Ces mêmes clefs et leurs mêmes détenteurs devaient être aussi présents, au même moment, pour l'ouvrir.

Convoquer les habitants ou à tout le moins leurs représentants pour traiter des affaires de la ville supposait qu'ils le fussent selon un rite immuable et en des lieux bien précis. Le rite fut celui de la **cloche commune**, à la fois instrument sonore du pouvoir, symbole d'unité et manifestation d'une discipline de groupe à laquelle il fallait se plier. La cloche eut aussi souvent une autre vertu unificatrice, celle de nécessiter la construction d'un bâtiment commun destiné à l'abriter. C'est ainsi que furent plus tard érigés, en particulier dans les villes du Nord, de magnifiques **beffrois** qui devinrent souvent le refuge de l'orgueil urbain. Il en va de même des **maisons communes**. Qu'elles fussent échevinales ou consulaires, elles apparaissent souvent fort tard mais sont, à elles seules, tout le résumé de l'autonomie urbaine. Siège du gouvernement de la ville, elles sont aussi le lieu de réunion de grandes assemblées dont l'ampleur implique parfois que soient utilisés d'autres bâtiments publics, la halle par exemple ou, à défaut, tous lieux publics tels que places et cimetières.

Le dernier et non des moindres de ces signes extérieurs d'autonomie est le **sceau**. Imitant ainsi roi et princes, pape et abbés, les communautés urbaines se dotent très tôt d'un sceau. En dehors de son aspect strictement utilitaire, elles y voient surtout une charge symbolique très forte susceptible de renforcer en permanence la cohésion communautaire. Support d'une représentation, il peut recevoir les signes que la communauté juge les plus aptes à traduire son image et son unité : ses magistrats, ses fortifications, ses ponts ou sa maison commune, ses activités économiques majeures. Les possibilités varient à l'infini et sont inépuisables. Le sceau est alors, à lui seul, l'identité de la communauté. Instrument de validation des actes, il concrétise à merveille sa capacité juridique à donner valeur authentique et force obligatoire non seulement à ses propres actes, mais aussi à tous ceux que ses habitants veulent bien passer sous son sceau, acceptant ainsi, dans l'hypothèse d'un éventuel contentieux, de les placer sous sa juridiction. Ainsi largement utilisé, aussi bien dans ses fonctions symboliques que purement juridiques, le sceau constitua sûrement un des plus solides instruments d'affirmation d'une autonomie urbaine dont ses plus ardents porteurs n'avaient plus qu'à définir les formes institutionnelles.

2. – *Les chemins de l'institution.*

De toutes ces évolutions modulées vers une autonomie urbaine plus ou moins affirmée naît progressivement, à partir de la fin du XIe siècle, un véritable droit municipal. Il se caractérise avant tout par une infinie variété et une très grande plasticité. Autant de données qui rendent difficile la répartition des régimes urbains entre les trois grandes catégories déjà mentionnées et à l'intérieur desquelles on a trop souvent voulu les faire entrer : villes de commune, villes de simples franchises et villes de consulat. La vraie et seule question est alors de mesurer le degré d'autonomie réellement reconnue à la ville à travers les rouages administratifs qui lui permettent de gérer, de manière plus ou moins autonome, ses propres affaires. Dans tous les cas, on est en présence de trois organes fondamentaux dont il convient de saisir composition, structure et fonctionnement : assemblée des habitants (a), conseils (b) et magistrats (c). A les analyser dans le détail, on perçoit bien vite des modèles communs qui donnent naissance à de véritables familles institutionnelles (d).

a) Assemblée

Institution essentielle et fondement de la communauté, l'assemblée des habitants ne prend que tardivement forme institutionnelle. Bien souvent aussi, elle se met rapidement en retrait de la vie municipale et ne joue pas le rôle important qui lui est pourtant dévolu. Les chartes de commune, de franchises et de consulat accordées par l'autorité supérieure, qu'elle fût royale, princière ou seigneuriale, fixent la plupart du temps avec précision le statut des habitants qui composent l'assemblée dont elles définissent parfois les compétences.

Pour faire partie de l'assemblée et y être juridiquement intégré, il faut en principe être bourgeois de la ville, qualité qui répond à un certain nombre de critères sociaux, économiques et juridiques. Au départ, n'est bourgeois que celui qui habite le *burgus*, critère géographique qui devient rapidement trop étroit avec l'extension des bourgs primitifs. Peu opératoire, d'autres lui sont alors substitués, en particulier le serment. Il joue un rôle fondamental dans les communes du Nord ou, au départ au moins, ne sont considérés comme bourgeois que ceux qui ont prêté le serment mutuel et sont ainsi intégrés à la *communio*. Mais un tel serment, qui devient progressivement le serment de bourgeoisie, se retrouve en bien des villes. Il n'est pas non plus, tant s'en faut, le seul moyen de devenir bourgeois, qualité qui est naturellement acquise par la naissance et qui peut aussi être décernée par le roi, le prince ou le seigneur dont dépend la ville. L'accès à ce groupe, relativement fermé au départ est aussi soumis à diverses conditions variables selon les villes. Conditions de fortune – posséder une maison dans la ville, par exemple -, condition de résidence d'an et jour souvent avant de pouvoir acquérir le statut définitif, condition d'âge parfois et de moralité toujours. Restaient donc, en dehors de ce groupe, les nobles qui d'ailleurs résidaient peu dans les villes et les clercs dont la dépendance directe de l'Eglise leur interdisait toute autre appartenance. Quant à la foule des manants dont les conditions économiques et la situation matérielle ne permettaient pas pour l'heure d'accéder à la bourgeoisie, ou qui étaient en instance de devenir bourgeois, leur appartenance à l'assemblée est bien souvent confirmée, même si leur présence aux côtés des bourgeois considérés en bien des villes comme la *sanior et major pars* de la communauté urbaine, ne leur confère qu'une capacité limitée d'action. Qu'ils soient bourgeois ou simples manants, tous les membres de l'assemblée bénéficient de droits et privilèges importants concédés par le pouvoir dont ils dépendent.

Ils concernent d'abord le statut de leur personne et de leurs biens. Comme il a été dit, le maître mot est celui de liberté. En conséquence, les habitants de la ville ont pleine capacité patrimoniale et matrimoniale, peuvent aller et venir librement sans avoir à en référer à un quelconque pouvoir supérieur. C'est dire que toute trace de servitude disparaît à l'intérieur de la ville. Les privilèges consentis sont aussi de nature judiciaire chaque fois que le seigneur – et ce fut souvent le cas – conserva l'essentiel des attributions en ce domaine. Il fut alors prévu que son prévôt, chargé de rendre la justice, devrait s'entourer de plusieurs représentants des habitants, ce qui revenait à constituer une sorte de tribunal mixte. La possibilité pour le seigneur de procéder à une détention préventive fut considérablement réduite en contrepartie du versement, par le prévenu, d'une caution préalable. Les peines furent aussi souvent tarifées, tandis que la possibilité de recours au duel judiciaire se trouva largement réduite dans la mesure où ce moyen de preuve ne put être retenu que si la partie à laquelle il était demandé acceptait de s'y soumettre. La liste est enfin longue aussi des allégements de charges militaires et fiscales dont bénéficient bourgeois et manants. Leurs obligations militaires sont en général réduites à une simple obligation de défense de la ville. La taille, supprimée ou considérablement allégée, rend la fiscalité seigneuriale directe souvent symbolique, tandis qu'en matière de fiscalité indirecte les contraintes qu'exerçait traditionnellement le seigneur sont minutieusement réglementées, qu'il s'agisse des banalités (en particulier le droit de banvin), des droits de péage et de tonlieu, du droit de gîte ou de réquisition. Cette réglementation va toujours dans le sens de l'allégement et, souvent même, de la disparition de ce type de fiscalité.

Cette assemblée des habitants ainsi composée et très diversement qualifiée – *communitas, populus, universitas, consulatus* – détient en principe de larges compétences mais ne les exerce guère en pratique tellement il est difficile d'en assurer la convocation régulière, de trouver un lieu adéquat pour ses réunions et d'organiser son travail. En théorie et en application du vieux principe romain renaissant *Quod omnes tangit ab omnibus approbari debet* (Ce qui concerne tout le monde doit être approuvé par tout le monde), l'assemblée devrait être consultée sur toutes les grandes questions touchant aux affaires de la communauté. Elle devrait aussi pouvoir participer à l'élection des principaux magistrats. Partout, la réalité fut bien différente. Tant au Nord qu'au Midi, elle ne devait jouer qu'un rôle mineur dans la gestion des intérêts urbains. Dans les trop rares cas où elle est réunie, la consultation se réduit souvent à la présence et à l'avis d'un cercle étroit composé des plus influents de ses membres, ceux que les juristes et les rédacteurs des textes municipaux qualifient, à l'instar de ce qui se passe dans les assemblées ecclésiastiques, de *sanior et major pars*. Il faut y voir une minorité agissante de bourgeois à la fois riches, instruits et influents dans la cité dont l'avis finit par valoir décision majoritaire, parce que considéré comme émanant d'un groupe de sages au savoir, à la fortune, à la modération et à la réputation bien assis dans la cité. En réalité, le pouvoir était ailleurs, au sein des conseils.

b) Conseils

Toutes les villes, qu'elles aient été qualifiées de commune, de consulat ou de simple franchise durent obligatoirement déléguer la gestion de leurs affaires à un ou plusieurs conseils qui étaient censés représenter l'assemblée des habitants. Mais il ne pouvait s'agir que d'une représentation imparfaite dans la mesure où la théorie du mandat, tout comme les techniques de représentation et de délégation n'en étaient encore qu'à leur première expression. En ce temps de naissance et d'affirmation des communautés urbaines que furent les XIe et XIIe siècles, la notion même d'élection demeurait floue au sein des assemblées politiques, alors qu'elle était depuis longtemps devenue réalité au cœur des communautés ecclésiastiques. C'est bien davantage par choix que par véritable élection que sont composés ces conseils. Les moyens les plus variés sont alors utilisés : acclamation, cooptation, tirage au sort, votation par debout et assis ou à main levée, par simple déclaration orale et plus rarement par bulletins, fèves ou tout autre objet. Quant au collège électoral, sa composition varie à l'infini. Il est rarement celui de l'assemblée générale, plus souvent celui d'un groupe restreint de notables auquel viennent parfois se joindre des représentants des corps de métiers les plus influents. Il peut aussi parfois arriver que la désignation soit aux mains d'une ou plusieurs ghildes marchandes particulièrement agissantes ou qu'elle soit confiée aux seuls membres du conseil sortant. Dans la plupart des cas, le recrutement des conseillers est donc le fait de collèges relativement fermés au sein desquels le menu peuple n'a guère accès, ce qui fait toujours des élus un groupe à caractère aristocratique. Point surprenant alors que les gouvernements urbains aient de plus en plus tendance à devenir oligarchiques. Mais, dans ces désignations, il fallait aussi compter avec l'expérience qui, en bien des lieux, faisait souvent membres de droit des conseils, anciens magistrats sortis de charge ou tout autre agent de la communauté – receveur et clerc-notaire en particulier – que sagesse et long savoir-faire imposaient comme des conseillers naturels.

Il est aussi essentiel de souligner que, pendant longtemps, ces conseils ne connurent qu'une existence très informelle aussi bien dans les modes de choix de ceux qui les composaient que dans les attributions qui leur étaient reconnues. Le noyau originel de ces conseillers est en effet la plupart du temps composé de ces *boni viri* et *probi homines* qui gravitent autour du seigneur, aussi bien dans les communautés urbaines du Nord que dans celles du Midi. Hommes de savoir et de sagesse là encore, très au fait des coutumes et des pratiques juridiques de leur région, ils sont en quelque sorte l'émanation de tout ce qu'il y a de vertueux et d'exemplaire au sein de chaque communauté d'habitants. Chacune d'elle a tendance à se reposer naturellement sur eux pour prendre les grandes décisions et trouver, avec eux, un point d'équilibre dans ce qui lui revient de gérer et ce que revendique un seigneur toujours désireux lui aussi de prendre appui sur ces mêmes *boni viri*. Autour de ce noyau s'agrège progressivement le groupe des conseillers dont le nom et le nombre varie à l'infini selon le temps et les régions. Qu'ils soient qualifiés d'échevin, de juré, de pair ou de conseiller, qu'ils soient moins de dix ou plusieurs dizaines, leurs fonctions sont toujours identiques. Donner leur avis et conseiller à l'occasion de toute prise de décision engageant les intérêts de la communauté, voilà bien leur fonction première. L'atteste avec éclat la mission originelle dévolue à ces sages des villes du Midi auxquels il est demandé, dans le premier temps d'émancipation des communautés urbaine, de *consulere*, c'est à dire donner leur avis au seigneur. Ils sont ceux *qui consulunt* et, par là même, participent au premier chef à cette mission de conseil appelée à faire d'eux des consuls. Ainsi prennent progressivement corps ces conseils qui, à un ou à plusieurs selon les villes, sont régulièrement consultés sur toutes les affaires importantes. Les magistrats en fonction attachent toujours beaucoup de prix à leur avis et se plaisent à rappeler en permanence qu'ils agissent et décident après en avoir délibéré avec leurs conseillers.

Ils le font de manière très régulière, aussi souvent qu'ils exercent les attributs qu'ils ont récupérés du ban seigneurial. Alors, le conseil est appelé à donner son avis et, souvent même, à décider en accord avec les magistrats sur tous les grands problèmes touchant à la vie quotidienne de la cité : sécurité et défense, organisation de la garde et de la milice, police des vivres et des marchés, police des mœurs, réglementation du travail et des corps de métiers, voirie et urbanisme, politique sanitaire, relations extérieures et voyages, politique fiscale et gestion financière. Finalement, il n'était guère de question qui échappât au conseil. Et cela est d'autant mois surprenant qu'il est bien souvent, pour une bonne part, composé d'anciens magistrats.

c) Magistrats

Ici encore, la ville médiévale épouse la diversité des appellations – maire, consul, capitoul, podestat -, la variété des modes de désignation, la multiplicité des dignités et des pouvoirs conférés à la fonction, si bien que les exécutifs urbains dessinent une véritable mosaïque sur la carte des magistratures. Acquis un certain degré d'autonomie, les responsabilités auxquelles doit faire face la cité sont si nombreuses que ni l'assemblée des habitants, ni les différents conseils ne peuvent y suffire. L'importance et l'urgence des décisions à prendre impliquent qu'elles soient confiées à des collèges restreints de magistrats et, parfois même, à un seul. Le cercle de la délégation se trouve ainsi réduit entre les mains de quelques uns auxquels la cité s'en remet pour la gestion du quotidien et l'exécution des décisions prises en conseil ou en assemblée.

Une nouvelle fois, villes du Nord et villes du Midi n'offrent pas des schémas aussi différents qu'on a bien voulu le dire. Au maire, magistrat unique des communes septentrionales, on a eu trop tendance à opposer le collège consulaire des consulats méridionaux. A y regarder de près, le tableau est moins tranché. Les modes de désignation des uns et des autres sont sinon identiques, à tout le moins semblables. Schéma communal et schéma consulaire utilisent des modes de cooptation ou d'élection toujours très proches et qui font, du maire unique ou du collège des consuls, de grands notables le plus souvent choisis par d'authentiques notables, ceux qui en général composent le conseil ou un collège électoral élargi, même si une telle désignation suppose parfois qu'intervienne une ratification seigneuriale. A partir de ce schéma classique, une multitude de variantes se dessinent, mais sans jamais s'en éloigner vraiment.

La procédure de désignation des consuls, non exempte de réminiscences romaines, se déroule souvent en trois phases agrémentées d'infinies subtilités en fonction du temps et des lieux. L'esprit cependant en est toujours le même. Le premier moment est celui de l'*electio*, c'est à dire du choix des futurs consuls. Il est en général confié au conseil ou à un collège quelque peu étoffé dont les possibilités de choix sont toujours limitées et guidées. Tantôt les nouveaux consuls ne peuvent être choisis qu'au sein du collège électoral, tantôt à la fois au sein du collège et au dehors, mais en respectant alors des critères territoriaux ou professionnels, tantôt enfin c'est un choix qui est imposé au sein de certaines catégories socioprofessionnelles, comme le veut par exemple le système des échelles à Nîmes. Puis vient le second temps, celui de la *creatio,* destiné à faire de ces consuls simplement désignés des consuls réellement investis de leurs pouvoirs. Marqué par une longue suite de cérémonies d'entrée en charge dont le point d'orgue est en général le serment prêté par les nouveaux élus soit au seigneur de la ville, soit aux anciens consuls, il est en même temps dominé par tout un ensemble d'actes symboliques qui traduisent véritablement la prise de fonction tels que la passation des pouvoirs, la remise des clefs de la ville et l'installation dans la maison consulaire, haut lieu de la vie de la cité. Viennent enfin, en bien des villes, une ou plusieurs journées de liesse populaire – la *receptio* – tout au long desquelles les réjouissances les plus variées offertes à la population par les nouveaux maîtres du pouvoir traduisent l'union intime des consuls avec leur ville et marquent le point final de cette période de transition. Recrutés au sein d'une oligarchie et par cette oligarchie, les collèges consulaires du Midi dont l'effectif varie le plus souvent de trois à huit, exercent en théorie un pouvoir collégial. Les observer au travail atteste d'une réalité différente et fait apparaître en leur sein une véritable hiérarchie qui vaut à celui qui a le titre de premier consul d'exercer bien souvent l'essentiel des responsabilités, ce qui le rapproche en tous points des maires des villes du Nord et de l'Ouest. Mieux encore, bien des cités provençales ou languedociennes, telles Avignon, Marseille, Arles, Nîmes et Tarascon firent souvent appel au XIIIe siècle au système italien du *podestat*, magistrat étranger à la ville à qui étaient confiés pour un temps tous les pouvoirs, le plus souvent en vue de surmonter une crise et qui se trouvait alors, en sa qualité de magistrat unique, dans une situation très voisine de celle du maire.

Magistrat caractéristique des villes de commune et de certaines villes franches, le maire est souvent, aux premiers temps de l'émancipation municipale, l'élu de l'assemblée de la communauté des habitants. Ainsi à Dijon au XIIIe siècle où tous les habitants préalablement inscrits sur une liste sont tenus de se présenter individuellement devant le plus ancien des échevins pour y décliner oralement le nom du candidat qu'ils souhaitent voir devenir maire. A celui qui obtenait le plus de voix, revenait naturellement la fonction, non sans avoir au préalable prêté serment au duc, de conserver les droits et privilèges de la ville. Ce schéma qui se retrouve en bien d'autres villes évolue rapidement, comme dans les cités méridionales, vers un système de recrutement beaucoup plus aristocratique que contrôlent échevins et notables. A eux finalement revient de plus en plus le soin de choisir le maire, décision qu'ils soumettent ensuite à une approbation formelle de l'assemblée des habitants ou au groupe des plus influents d'entre eux qui en constituent la *major et sanior pars*.

Maire et consuls, et bien davantage encore premier consul, assurent partout la représentation permanente de la ville. Ils en sont l'image vivante et détiennent l'essentiel du pouvoir dont assemblée et conseillers leur délèguent l'exercice quotidien, tout en surveillant jalousement l'utilisation qu'ils en font. Elus en général pour un an, ils doivent rendre compte en fin de mandat de leur gestion. Très large, elle englobe la garde et la sécurité de la ville ainsi que sa gestion administrative et financière, sans oublier sa représentation à l'extérieur. Cette mission occupe l'essentiel du temps du premier magistrat qui doit s'entourer, dans l'accomplissement de ses multiples tâches, de toute une armée de collaborateurs dont receveurs, clercs et notaires de la ville ne sont que les principaux représentants.

d) Familles institutionnelles

Par delà la grande plasticité de tous ces mécanismes institutionnels, quelques grandes familles se dessinent cependant. Elles prennent souvent appui sur une charte qui, devenant charte-mère, sert de modèle d'émancipation aux autres villes de la région. En dehors de toute charte-mère, ce peut-être aussi la structure institutionnelle imaginée par une communauté urbaine dynamique et inventive qui inspire l'évolution de ses voisines.

Le système de la charte-mère est particulièrement vivace dans les villes du Nord, de l'Est du Centre et de l'Ouest. Certaines chartes y font véritablement figure de prototype. Une des plus connues est la charte de franchises de Lorris, petite bourgade du domaine royal en Gâtinais. Concédée aux habitants par Louis VII en 1155, elle leur reconnaît un certain nombre d'avantages civils, fiscaux et militaires, sans toutefois leur concéder la moindre autonomie administrative. Elle n'en connut pas moins un grand succès et inspira bien des chartes que consentirent par la suite, à de nombreuses autres bourgades, non seulement les seigneurs du Gâtinais mais aussi de l'Orléanais et du Berry. Cette charte eut des échos jusqu'en Auvergne où Philippe Auguste accorde, en 1188, les coutumes de Lorris à la petite ville de Nonette récemment incorporée au domaine royal. Par la suite, l'Auvergne eut son propre modèle avec la charte de Montferrand que ses habitants obtiennent peu après (vers 1190) de leur seigneur. Comme celle de Lorris et comme toutes les nombreuses autres qu'elle inspira, elle ne crée pas une commune mais octroie simplement à ses habitants des franchises avec de nombreuses garanties en matière personnelle, judiciaire et fiscale. Semblable situation se rencontre en Forez avec la charte de Montbrison (1223) sur laquelle sont calquées presque toutes les autres chartes du comté.

A l'est, le même phénomène est aussi très présent. Le cas le plus marquant est sûrement celui de la charte de Beaumont-en-Argonne. Après avoir fondé ce nouveau bourg, l'archevêque de Reims lui accorde une charte en 1182 qui, tout en confirmant les franchises habituelles, met sur pied un embryon d'organisation municipale dont s'inspirent largement, dans les libertés qu'ils concèdent à leurs villes, les seigneurs d'Île-de-France, de Picardie, de Champagne et de Lorraine. En basse et haute Alsace, c'est autour des franchises de Haguenau (1164) et de Colmar (1278) que s'organise l'administration municipale de plusieurs dizaines de villes.

C'est sûrement vers l'ouest qu'il faut se tourner pour trouver le meilleur exemple de charte-mère concernant cette fois non seulement des bourgades ou de petites agglomérations, mais de très grandes villes. Il s'agit des *Etablissements de Rouen*, franchises qu'Henri II Plantagenêt, roi d'Angleterre et duc de Normandie, concède dans la décennie 1260 à la ville de Rouen. L'organisation prévue y était très proche de celle du système communal, mais le tout sous un étroit contrôle du duc-roi. Un maire dont les pouvoirs sont très étendus est placé à la tête de la ville, mais il est choisi par le duc sur une liste de trois candidats qu'ont désigné le conseil des Cent Pairs, véritable représentant de l'aristocratie urbaine. Les nouveaux habitants doivent prêter le serment de commune qui les rattache davantage au duc qu'il ne crée une véritable solidarité avec les autres habitants. Tous lui doivent le service militaire, mais ne relèvent que de la juridiction communale dont ils peuvent recevoir assistance pour les affaires de haute justice dont le duc s'est réservé la compétence. Ce texte devait rapidement devenir un modèle de liberté urbaine que non seulement les Plantagenêts, mais aussi les Capétiens octroyèrent à de nombreuses villes de Normandie, du Poitou, de Guyenne (Bordeaux, Dax, Bayonne) et Aunis (La Rochelle). Ainsi, de la Normandie à l'extrême sud aquitain, *Les Etablissements de Rouen* s'imposèrent-ils comme un texte de référence.

Reste la vaste zone du Midi aquitain et languedocien. Du Lyonnais à la Gascogne, de la Provence à l'Auvergne, partout se développe à partir de quelques modèles ce qu'il est traditionnellement convenu d'appeler le régime du consulat même si, comme il a été dit, on ne peut le différencier de manière aussi systématique qu'on a bien voulu le faire du régime communal. Très lié aux régimes urbains des villes italiennes, le système du consulat se développe d'est en ouest, en liaison manifeste avec l'extension progressive du droit romain. Pour ce faire, il prend appui sur les premières institutions consulaires qui apparaissent d'abord à l'est du Rhône, en particulier à Avignon (vers 1130), à Arles en 1131, puis à Tarascon, Nice et Grasse à partir des années 1140 et à l'intérieur des terres, en direction d'Embrun et Sisteron après 1200. Puis la progression se poursuit à l'ouest du Rhône sur un schéma à peu près toujours identique, en particulier à Saint-Gilles (1143), Nîmes (1144) et Monpellier (1141) pour embrasser, avec des règles sensiblement identiques, des villes comme Millau (1187) et Rodez (1214). Puis le régime franchit la Garonne. Attesté à Toulouse à la fin du XIIe siècle, il est aussi en vigueur à Agen en 1197. Mais plus on s'éloigne de la Provence et des modèles originels que sont les consulats d'Avignon, d'Arles ou de Montpellier, plus le régime consulaire évolue vers la diversité et plus il est sensible aux besoins d'une adaptation régionale.

La France urbaine des Xe, XIe et XIIe siècles figure bien cette diversité. Elle est mosaïque humaine, architecturale et juridique. Elle est aussi le creuset permanent d'expériences nouvelles. Elle est enfin porteuse d'un exceptionnel devenir. Moins structurée que la seigneurie, elle n'en connaît pas moins des formes d'organisation destinées à la supplanter. Moins rigide et plus ouverte vers l'extérieur, elle est en même temps plus accueillante et sait intégrer l'individu dans des relations horizontales que le cloisonnement vertical de la seigneurie avait souvent rejeté à ses marges. Deux mondes différents, mais condamnés à vivre en symbiose au sein d'un ordre juridique plural.

BIBLIOGRAPHIE

AURELL M., *Une famille de la noblesse provençale au Moyen Âge : les Porcelet*, Avignon, 1986.

BARTHÉLEMY D., *Les deux âges de la seigneurie banale (Coucy-XIe XIIIe siècle)*, Paris, 1984.

BARTHÉLÉMY D., *L'ordre seigneurial, XIe-XIIe siècles*, Paris, 1990.

BARTHÉLÉMY D., « La mutation féodale a-t-elle eu lieu ? », *A.E.S.C.*, 1992, p. 767-777.

BARTHÉLÉMY D., *La société dans le comté de Vendôme, de l'an mil au XIVe siècle*, Paris, 1993.

BARTHÉLÉMY D., *La mutation de l'an mil a-t-elle eu lieu ? Servage et chevalerie dans la France des Xe et XIe siècles,* Fayard, Paris, 1997.

BARTHÉLÉMY D., *L'an mil et la paix de Dieu. La France chrétienne et féodale*, Paris, 1999.

BLOCH M., *Rois et serfs, un chapitre d'histoire capétienne*, Paris, 1920.

BLOCH M., *La société féodale.* T. I, *La formation des liens de dépendance*, Paris, 1939. T. II, *Les classes et le gouvernement des hommes*, Paris, 1940.

BONASSIE P., *Les sociétés de l'an mil*, Bruxelles, 2001.

BONASSIE P. et TOUBERT P. (dir.), *Hommes et sociétés dans l'Europe de l'An Mil*, Toulouse, 2004.

BONGERT Y., *Recherches sur les cours laïques du Xe au XIIIe siècle*, Paris, 1949.

BOUSSARD J., *Le Comté d'Anjou sous Henri II Plantagenêt et ses fils (1151-1204)*, Paris, 1978.

BOUTRUCHE R., *Seigneurie et féodalité*, TI, *Le premier âge des liens d'homme à homme*, Paris, 1968, T. II, *L'apogée (XIe-XIIIe siècles)*, Paris, 1970.

BUR M., *La formation du comté de Champagne, (v. 950- v. 1190)*, Nancy, 1977.

Campagnes médiévales : l'homme et son espace. Études offertes à Robert Fossier, Mornet E. dir., Paris, 1995.

CHEVALIER B., « La cité de Tours et de Châteauneuf du IXe au XIIIe siècle. Étude sur l'échec du mouvement communal dans le centre de la France », *Cahiers d'Histoire*, 1972, p. 237 et suiv.

CONTAMINE Ph., *La noblesse au royaume de France de Philippe le Bel à Louis XII,* Paris, 1997.

CURSENTE B., *Des maisons et des hommes. La Gascogne médiévale (XIe-XVe siècle),* Toulouse, 1998.

CURSENTE B., *Les Castelnaux de la Gascogne médiévale*, Bordeaux, 1980.

DAVY G., *Le duc et la loi. Héritages, images et expressions du pouvoir normatif dans le duché de Normandie, des origines à la mort du Conquérant (fin IXe siècle-1087)*, Paris, 2004.

DEBAX H., *La féodalité languedocienne. XIe-XIIIe siècles. Serments, hommages et fiefs dans le Languedoc des Trenclavel*, Toulouse, 2003.

DEBORD A., *La société laïque dans les pays de la Charente, X^e^-XIIe siècles*, Paris, 1984.

DEMOTZ B., *Le comté de Savoie du XIe au XVe siècle : pouvoir, château et État*, Genève, 2000.

DOCKÈS P., *La libération médiévale*, Paris, 1979.

DUBY G., *L'économie rurale et la vie des campagnes dans l'Occident médiéval*, 2 vol., Paris, 1962.

DUBY G., *Hommes et structures du Moyen Âge*, Paris-La Haye, 1973.

DUBY G., *La société aux XIe et XIIe siècles dans la région mâconnaise*, Paris, 1953.

DUBY G. (dir.), *Histoire de la France urbaine*, T. 2, Chédeville A., Le Goff (dir.) J. et Rossiaud J., *La ville médiévale des Carolingiens à la Renaissance*, Paris, 1980.

FINO F., *Forteresses de la France médiévale*, Paris, 1969.

FOSSIER R., *Chartes de coutumes de Picardie (XIe-XIIIe siècle)*, Paris, 1964.

FOSSIER R., *La terre et les hommes en Picardie jusqu'à la fin du XIIIe siècle*, Paris-Louvain, 1968.

FOURNIER G., *Le château dans la France médiévale*, Paris, 1978.

GANSHOF Fr.-L., *Qu'est-ce que la féodalité ?*, Bruxelles, 1947 et rééd.

GANSHOF Fr.-L., *Recherches sur les tribunaux de châtellenies en Flandre avant le milieu du XIII*[e] *siècle*, Anvers, 1932.

GARAUD M., *Les châtelains du Poitou et l'avènement du régime féodal, XI*[e] *et XII*[e] *siècles*, Poitiers, 1967.

GARNIER J., *Chartes de communes et d'affranchissement en Bourgogne*, Dijon, 1867.

GIORDANENGO G., *Le droit féodal dans les pays de droit écrit. L'exemple de la Provence et du Dauphiné. XII*[e] *- début XIV*[e] *siècle*, Rome, 1988.

GIRY A., *Les établissements de Rouen, études sur l'histoire des institutions municipales*, 2 vol., Paris, 1883 et 1885.

GOURON M., *Les chartes de franchises de Guyenne et de Gascogne*, Paris, 1935.

GUILLOT O., *Le comte d'Anjou et son entourage au XI*[e] *siècle,* 2 vol., Paris, 1972.

HALPHEN L., *Le Comté d'Anjou au XI*[e] *siècle*, Paris, 1906.

La Charte de Beaumont et les franchises municipales entre Loire et Rhin (J. Coudert dir.) Actes du Colloque organisé par l'Institut de recherche régionale de l'Université de Nancy II (Nancy, 22-25 sept. 1982), Nancy, 1982.

La ville, Institutions judiciaires et administratives, Rec. de la Soc. J. Bodin, T. VI, Bruxelles, 1954.

LAURANSON-ROSAZ C., *L'Auvergne et ses marges (Velay, Gévaudan) du VIII*[e] *au XI*[e] *siècle. La fin du monde antique ?*, Le Puy-en-Velay, 1987.

LEMARIGNIER J.-F., *Recherches sur l'hommage en marche et les frontières féodales*, Lille, 1945.

Les origines des libertés urbaines, Colloque se la Société des Historiens médiévistes (Rouen, 1985), Rouen, 1990.

Les libertés urbaines et rurales du XIe *au XIV*[e] *siècle*, Colloque international de Spa, 5-8, IX, 1966, Bruxelles, 1968.

LOUISE G., *La seigneurie de Bellême (X*[e]*-XII*[e] *siècle) : dévolution des pouvoirs territoriaux et construction d'une seigneurie de frontière aux confins de la Normandie et du Maine à la charnière de l'an mil*, Flers, 1993.

LUCHAIRE A., *Les communes françaises à l'époque des Capétiens directs*, Paris, 1911.

MAGNOU E., « Note sur les sens du mot *fevum* en Septimanie et dans la marche d'Espagne à la fin du Xe siècle », A. M. 1964, p. 141.

MAGNOU-NORTIER E., « Fidélité et féodalité méridionales d'après les serments de fidélité (X[e]-début XIIe siècle) », *Les structures sociales de l'Aquitaine...,* 1968, p. 457-484.

MARIOTTE-LOBER R., *Ville et seigneurie. Les chartes de franchises des comtes de Savoie, fin XII*[e]*-1343*, Annecy, 1973.

MAGNOU-NORTIER E., « La féodalité en crise. Propos sur « Fiefs and Vassals » de Susan Reynols », *Rev. Hist.,* 1996, p. 253-348.

MAGNOU-NORTIER E., *La société laïque et l'Eglise dans la province ecclésiastique de Narbonne (zone cispyréenne) du VIII*[e] *à la fin du XI*[e] *siècle*, Toulouse, 1973.

Noblesse (La) au Moyen Âge. Essais à la mémoire de Robert Boutruche, Contamine Ph. dir., Paris, 1976.

OURLIAC P., « La féodalité et son histoire », *R.H.D.*, 1995, p. 1-21.

OURLIAC P., *Les pays de Garonne vers l'an mil. La société et le droit,* Toulouse, 1995.

PARISSE M., *Noblesse et chevalerie en Lorraine médiévale, les familles nobles du XI*[e] *au XIII*[e] *siècle,* Nancy, 1982.

PETIT-DUTAILLIS Ch., *Les communes françaises*, Paris, 1947.

PIRENNE H., *Les villes et les institutions urbaines*, 2 vol., Bruxelles, 1939.

PLATELLE H., *La justice seigneuriale de l'abbaye de Saint-Amand, son organisation judiciaire, sa procédure et sa compétence du XI*[e] *au XVI*[e] *siècle*, Louvain, 1965.

POLY J.-P., *La Provence et la société féodale (987-1166). Contribution à l'étude des structures dites féodales dans le Midi*, Paris, 1976.

POLY J.-P. et BOURNAZEL É., « Que faut-il préférer au "mutationisme" ? ou le problème du changement social « , *R.H.D.*, 1994, p. 401-412.

PROU M., *Les coutumes de Lorris et leur propagation au XII*[e] *et XIII*[e] *siècles*, *R.H.D.*, 1884, p. 137 et suiv. et p. 267 et suiv.

RAMIÈRE de FORTANIER J., *Chartes de franchises du Lauragais*, Paris, 1939.

RICHARD J., *Les ducs de Bourgogne et la formation du duché (du XI*[e] *au XIV*[e]*-siècle)*, Dijon, 1954.

RIGAUDIÈRE A., « L'Homme et son statut », *La France médiévale*, J. Favier dir., Paris, 1983, p. 101-127.

RIGAUDIÈRE A., *Gouverner la ville au Moyen Âge*, Paris, 1993.

SASSIER Y. *Recherches sur le pouvoir comtal en Auxerrois du X*[e] *au début de XIII*[e] *siècle,* Auxerre, 1980.

Seigneurs et seigneuries au Moyen Âge, Actes du 117e Congrès national des Sociétés savantes, Paris, C.T.H.S., Paris, 1993.

Sociétés (Les) méridionales à l'âge féodal (Espagne, Italie et sud de la France, X[e]*-XIII*[e] *s.), Hommage à Pierre Bonnassie*, Débax H. dir., Toulouse, 1989.

Sociétés (Les) méridionales autour de l'an mil. Répertoire des sources et documents commentés, Zimmermann M. dir., Paris, 1992.

Structures (les) sociales de l'Aquitaine, du Languedoc et de l'Espagne au premier âge féodal, Congrès de Toulouse, Annales du Midi, 1968.

Structures féodales et féodalisme dans l'Occident méditerranéen (X[e]*-XIII*[e] *siècle). Bilan et perspectives de recherche.* Congrès organisé par l'École française de Rome en oct. 1978, Rome, 1980.

TOUBERT P., *Les structures du Latium méridional et la Sabine de la fin du IX*[e] *à la fin du XII*[e] *siècle*, Paris-Rome, 1973.

TOUBERT P., *L'Europe dans sa première croissance. De Charlemagne à l'an mil*, Paris, 2004.

VAILLANT P., *Les libertés des communautés dauphinoises, des origines à 1355*, Paris, 1951.

VIOLLET P., *Les communes françaises au Moyen Âge*, Paris, 1900.

CHAPITRE II

TRIOMPHE D'UN ORDRE JURIDIQUE DIVERSIFIÉ

Construire l'Etat, c'est aussi le doter d'un ordre juridique unitaire, ensemble de principes et corps de règles identiques pour tous les sujets sur un même territoire, obligatoires pour eux et sanctionnées par l'autorité centrale ou ses représentants en cas de non-respect. Or, à scruter les horizons féodaux, mesurer le cloisonnement des seigneuries et constater le faible poids de l'autorité royale, tout laisse à penser que les conditions favorables à l'instauration d'un tel ordre ne furent guère réunies tout au long des Xe, XIe et même XIIe siècles.

Mettant largement en œuvre un pouvoir normatif retrouvé, les Carolingiens s'étaient efforcés de redonner plus d'unité à un ensemble très hétérogène, même s'ils étaient bien conscients qu'à travers la fragilité de leurs capitulaires, leur tentative ne pouvait en aucun cas gommer les grandes disparités du droit dans l'Empire. Nées de la diversité des peuples, elles devaient obligatoirement dominer l'évolution des siècles à venir ; consacrées par le régime de la personnalité des lois, elles ne pouvaient que s'opposer à tout effort d'unification et de centralisation ; remises à l'honneur par le jeu de la dissociation territoriale, elles avaient presque vocation naturelle à constituer, pour longtemps, la toile de fond de tout le droit de l'Occident médiéval.

Désormais, ce droit est tout à l'opposé de ce qu'il était dans le monde romain. Un système bien différent se fait jour dès le haut Moyen Age quant aux rapports qu'il doit entretenir avec l'Etat. Selon la conception romaine, il existe dans l'Etat un pouvoir qui, détenu par le peuple ou par le prince, est le créateur du droit, mais doit rester soumis à lui. Le pouvoir, conditionné par le droit, en est en même temps la source. Il apparaît donc à la fois comme une force contrôlée par la norme, tout en étant le créateur de cette même norme à laquelle il est supérieur. En même temps, ce pouvoir est l'apanage exclusif de l'Etat et de ses agents qui ont pour mission principale de veiller à l'harmonieuse genèse d'un ordre juridique.

Cette vue d'une primauté absolue de l'Etat par rapport au droit n'était concevable que dans un système étatique fortement structuré, tel que l'avait connu l'Antiquité romaine. Elle ne pouvait que changer au lendemain des grandes invasions, dans un monde disloqué, où faisaient désormais cruellement défaut les impulsions venues du sommet. La conception qui devait dominer tout le Moyen Age n'était plus celle de la primauté de l'Etat – si défaillant au moins jusqu'à la fin du XIIe siècle – mais du droit. Pareil renversement, qui modifiait complètement la vision que l'on avait du pouvoir et de son exercice, allait pendant longtemps constituer un frein considérable à l'affirmation de l'Etat et à son rôle prépondérant dans l'élaboration de la règle de droit. Désormais, le droit ne dépend plus de l'Etat pour son existence. C'est même plutôt la règle inverse qui, à partir de là, s'impose pour les siècles à venir. L'Etat – à tout le moins ce qu'il en reste – n'apparaît plus que comme une manifestation du droit parmi d'autres. Dans cette optique, ne lui est plus impartie la mission de créer le droit, mais simplement celle de mettre en forme un droit préexistant qui lui est antérieur et qui, en même temps, constitue son fondement. L'élaboration du droit n'est donc pas liée à l'action créatrice de la seule volonté étatique mais résulte, tout au contraire, d'un ensemble de pratiques coutumières, d'habitudes multiples qui reflètent l'extrême diversité des seigneuries et des principautés.

Voilà pourquoi, en l'absence d'un pouvoir central fort, capable d'édicter et d'imposer des règles générales, se développe partout dans le royaume un système coutumier morcelé et diversifié (Section 1), face à une législation écrite de faible ampleur (Section 2) que relaie largement le droit de l'Eglise (Section 3).

SECTION 1
LE MORCELLEMENT COUTUMIER

Face à la disparition à peu près complète, à partir de la fin du IXe siècle, d'un pouvoir légiférant central et à l'incapacité des princes ou seigneurs d'imposer, sur le territoire qu'ils contrôlent, un ensemble de règles applicables à tous leurs vassaux et sujets, triomphe un mode nouveau de création du droit. A l'intérieur de chaque groupe, de chaque collectivité, de chaque seigneurie, s'affirment lentement des pratiques juridiques qui, en l'absence de loi, finissent par s'imposer et acquérir valeur obligatoire. Ainsi prend corps un véritable droit coutumier dont la caractéristique fondamentale est d'être issu du groupe qu'il est appelé à régir alors que la loi, elle, résulte toujours d'une décision imposée par l'Etat après avoir été élaborée par une ou plusieurs institutions légiférantes. Contrairement à la loi qui vient toujours d'en haut, les coutumes sont pour l'essentiel issues de la base. Par ses comportements, elle en précise les caractères constitutifs (§ 1) et en définit les domaines d'application (§ 2).

§ 1. – LES CARACTÈRES CONSTITUTIFS DE LA COUTUME

La variété domine la réalité coutumière. Plus encore qu'à d'autres périodes, les coutumes de l'époque féodale sont multiples en raison de l'extrême morcellement territorial et du cloisonnement des seigneuries qui constituent autant d'enclaves propres à la formation d'un droit coutumier. Malgré cette extraordinaire diversité, la coutume demeure une dans sa définition et ses caractères constitutifs. Elle est un usage non écrit et répété (A), suffisamment consacré par le temps (B) pour être, à partir d'un certain moment, accepté comme obligatoire par un groupement humain sur un territoire donné (C).

A. UN USAGE NON ÉCRIT ET RÉPÉTÉ

Il n'est pas aisé de définir le terme usage, même en dehors de toute considération juridique. C'est le fait de se servir de quelque chose, de l'utiliser, de l'employer afin de satisfaire un besoin et parvenir ainsi à un résultat. Cette définition prend tout son relief et trouve toute sa portée dans une société comme la société féodale. Presque toujours privés d'un ***corpus*** de règles écrites ou, au moins, suffisamment connues pour servir de référent permanent et de norme, les individus en sont réduits, pour organiser leurs rapports, à imaginer des pratiques et des comportements qui, tout à la fois, leur apportent les moyens de réaliser leurs objectifs et constituent progressivement un cadre juridique à l'intérieur duquel se structurent les relations sociales. Lentement, ces usages qui sont faits de conventions, de transactions, d'échanges, de conflits, de tractations, d'attitudes individuelles ou collectives, s'imposent parce qu'ils sont régulièrement imités, reconduits, répétés et enrichis. A partir du moment où est franchi un certain seuil dans la répétition, l'usage prend force et a de plus en plus tendance à s'imposer comme étant obligatoire. Il y a là une évolution spontanée et naturelle que dicte seule la nécessité d'organiser, d'ordonner et de réglementer un faisceau de rapports. Voilà pourquoi l'usage ne peut être érigé en coutume et prendre valeur juridique que s'il est répété. En conséquence, un acte isolé ne saurait constituer une coutume comme l'exprime avec tant de bon sens et de force l'adage « *une fois n'est pas coutume* ».

Cette nécessité d'une répétition s'impose si vite et avec tant de force que l'habitude fut rapidement prise, chaque fois qu'on ne voulait pas qu'un usage fût érigé en coutume, de le stipuler expressément, afin de se prémunir. Tel vassal accepte-t-il au bénéfice de son seigneur de lui rendre un service exceptionnel ou tel grand prince apporte-t-il au roi un concours inhabituel, alors le prestataire ne manque jamais de se faire délivrer une **charte de non préjudice**, acte dans lequel il est clairement stipulé que l'avenir ne saurait être engagé et que le service ou prestation ne vaut que pour le présent. Néanmoins, pareilles précautions n'étaient imaginables que de la part de vassaux assez puissants ou de manants assez rusés. Bien souvent, nombre de sujétions furent ainsi imposées par les seigneurs à leurs sujets, tout simplement parce qu'elles étaient assez habilement répétées pour prendre force de véritables coutumes. Alors, il s'agit presque davantage de normes édictées par l'autorité supérieure qu'élaborées par ceux qui en acceptent l'application. Il y avait là, dans la formation de la coutume, une donnée qui risquait, dans certains cas, de lui imprimer un aspect quelque peu contraignant et oppressif. Le danger était d'autant plus grand que la coutume, usage toujours non écrit, pouvait facilement être modifiée dans son contenu ou détournée dans sa portée à un moment où elle n'était pas encore complètement fixée. Même si nombre d'usages et pratiques durent être progressivement mis par écrit pour en faciliter la preuve au fur et à mesure que s'assuraient leur domaine d'application et leur emprise, ils n'en conservèrent pas moins leur caractère originel de droit non écrit. Il leur valut faculté permanente d'adaptation, souplesse d'évolution et formulation aussi variée que l'imposait la grande diversité des seigneuries. Mais cette grande plasticité de l'usage ne saurait lui empêcher d'acquérir une très grande force juridique, à condition que le temps lui ait apporté sa consécration.

B. UN USAGE CONSACRÉ PAR LE TEMPS

C'est là une donnée d'une très grande souplesse. Cette nécessité d'une consécration par le temps est, à ses débuts au moins, plus confusément ressentie que clairement exprimée. Plus s'affirme et s'enracine le système coutumier plus il devient nécessaire, aussi bien dans l'esprit de ceux auxquels il s'applique que dans la mentalité juridique, qu'un usage ait une existence immémoriale pour pouvoir être véritablement érigé en coutume. Est une vraie coutume, l'usage dont on ne sait depuis quand il existe et dont on a toujours constaté l'application, sans pouvoir dire comment il s'est formé. En réalité, à partir du moment où les théoriciens commencent à réfléchir à la coutume, ils sont conduits à quantifier ce facteur temps et à poser des règles moins contraignantes, des délais plus ou moins brefs, autorisant à accepter que tel usage ait pu passer en coutume. Mais il fallut attendre pour cela que soient redécouverts les grands principes du droit romain, tout particulièrement en matière de prescription. Néanmoins, dans la mentalité juridique médiévale, la coutume immémoriale – celle à l'encontre de laquelle on ne peut pas invoquer de règle contraire – demeure idéale. Mais c'était là parfois situation bien théorique, aussi fut-il toujours nécessaire de tenir compte des circonstances et des besoins du moment. Voilà pourquoi, dans ce monde féodal, bon nombre d'usages purent prendre force et valeur de coutume dès que les parties qui les invoquaient tombaient d'accord pour estimer qu'ils étaient en vigueur et depuis assez longtemps respectés. Tout alors était question de convention et dépendait aussi bien de la position respective des parties que de leur capacité à faire admettre le caractère obligatoire de l'usage.

C. UN USAGE OBLIGATOIRE

La durée, même prolongée, n'est pas suffisante pour faire de l'usage une coutume. Il y faut une condition supplémentaire la force obligatoire. Elle lui est conférée par le groupe au sein duquel il naît qui, en le répétant selon des formes toujours identiques, manifeste ainsi son adhésion constante. De cette approbation toujours renouvelée résulte une force contraignante qui finit par conférer à l'usage valeur obligatoire et à l'imposer comme étant la coutume du groupe, celle à laquelle on doit obligatoirement se référer chaque fois que se reproduisent des circonstances identiques pour réglementer un acte juridique, résoudre un conflit ou fixer le statut des personnes.

Ainsi définie par son caractère obligatoire, la coutume est à la fois rigide et souple. Elle est rigide parce qu'elle contraint chaque individu qu'elle régit à la respecter sous peine de sanction en cas de violation. En plus, cette observation obligatoire de la coutume crée une sorte de déterminisme dans la mesure où ce qui était admis en coutume par le groupe, à un moment donné, liait presque obligatoirement les générations à venir. Cette obligation de respecter traditions et coutumes dont la force contraignante est en permanence mise en avant domine toute l'histoire juridique médiévale. L'homme du Moyen Age, profondément conditionné par elle, éprouve une grande aversion à l'égard de tout ce qui est règle nouvelle ou comportement propre à introduire une rupture. En conséquence, toute *novelleté* est sévèrement condamnée, tout spécialement chaque fois qu'elle porte atteinte à l'ordre juridique coutumier dont la force englobante s'affirme toujours davantage. Mais cette rigidité a ses limites. Implacable pour l'individu isolé, elle s'estompe au niveau du groupe pour lequel usages et coutumes peuvent revêtir une certaine souplesse. Puisqu'il en est le créateur, il peut à tout moment en favoriser l'évolution pour les adapter aux circonstances et même faire totalement disparaître leur caractère obligatoire chaque fois que leur utilité n'est plus justifiée ou qu'il y a inadéquation totale entre les règles ainsi imposées et les besoins du moment. Ainsi la coutume, même obligatoire, apparaît avant tout comme vie et mouvement. Elle donne naissance à un ordre juridique dont la caractéristique première est de pouvoir s'adapter en toutes circonstances aux hommes, aux structures et au territoire qu'elle est destinée à régir.

§ 2. – AIRE GÉOGRAPHIQUE ET DOMAINE DE LA COUTUME

La question de l'application de la coutume doit être envisagée sous deux angles différents. Tout usage devenu coutume a pris naissance au sein d'un groupe restreint et dans une aire géographique déterminée (A) avec mission de régir des domaines bien particuliers (B).

A. AIRE GÉOGRAPHIQUE

La désagrégation territoriale poussée jusqu'à l'extrême a conditionné un morcellement excessif des aires géographiques sur lesquelles s'applique la coutume. Elles sont innombrables et d'étendue très variable, en général calquées sur la géographie seigneuriale, mais souvent beaucoup plus capricieuses. A l'intérieur d'une même seigneurie, peuvent fort bien coexister plusieurs coutumes applicables en des ressorts différents. Chacun d'entre eux, qu'il corresponde à une fraction géographique de la seigneurie, une seigneurie unique ou plusieurs regroupées sous l'autorité d'un seigneur supérieur, est qualifié de **détroit** ou **ressort** de la coutume. Cette constatation conduit à distinguer les coutumes générales qui s'appliquent à la population d'un vaste ressort territorial, des coutumes locales qui régissent les rapports des habitants d'une circonscription beaucoup plus petite, parfois réduite aux horizons d'une paroisse ou d'un simple village.

Le plus souvent, le détroit d'une coutume recoupe fidèlement les limites d'un ressort judiciaire dans la mesure où le rôle du juge a toujours été capital pour fixer les contours du droit coutumier, l'interpréter et l'adapter. Même s'il n'intervient en rien dans sa création, il est toujours appelé à l'appliquer pour élaborer ses jugements. Dans ces conditions, c'est autour du tribunal compétent pour juger les habitants du ressort que s'organisent les coutumes et c'est, en conséquence, sur ce même territoire qu'elles sont applicables. Voilà pourquoi ressort judiciaire et détroit coutumier vont en général de pair. Mais, malgré ce rôle unificateur et structurant du juge, les détroits coutumiers ne sont pas plus uniformes et unifiés que ne le sont les territoires des seigneuries. Ils sont eux aussi entrecoupés d'enclaves à l'intérieur desquelles peuvent s'appliquer des règles coutumières différentes.

Cette situation devient de plus en plus courante à partir du moment où, avec le renouveau urbain des XIe et XIIe siècles, commencent à prendre forme les premières coutumes municipales que maires, échevins et consuls s'efforcent d'imposer face au droit coutumier de la seigneurie. On en arrive ainsi, tant en raison des enclaves déjà existantes dans la seigneurie que de l'affirmation des autonomies urbaines, à admettre que de nombreuses coutumes locales, souvent applicables sur un ressort très limité, puissent très bien coexister avec des coutumes plus générales. Mais cette réalité coutumière complexe étant source de nombreuses difficultés, il se produit souvent, au XIe siècle, une sorte de cristallisation autour des coutumes les plus importantes dont la force attractive joue un rôle important dans le cadre d'une aire géographique étendue. A partir de là, débute un timide mouvement d'uniformisation qui assure progressivement, à une même coutume, un certain monopole d'application comme, par exemple, en Normandie, Bretagne ou Ile-de-France. Mais cette évolution est toujours en butte à des résistances très vives. Ainsi en Bretagne où la coutume du duché s'applique, sauf à se heurter à l'opposition d'un « usement local ». Et il ne pouvait guère en aller autrement, tellement étaient variées et riches les matières que la coutume avait, par sa souplesse et sa faculté d'adaptation constante, vocation à régir.

B. DOMAINE D'APPLICATION

La coutume ne crée pas un droit unitaire mais parcellaire, elle n'est jamais celle du royaume mais celle de multiples unités territoriales. Elle ne régit pas la population dans son ensemble mais chaque groupe social en particulier dont les individus assument une même fonction sur un même lieu d'habitation. Elle s'immisce dans tous les secteurs de la vie juridique, économique et sociale. Plural, son domaine d'application recouvre un champ indéfiniment extensible, sans distinction aucune entre ce qui pourrait relever du droit public ou du droit privé. Il enserre l'individu dans sa globalité, qu'il s'agisse de son statut, de ses rapports avec son seigneur féodal ou le maître de la seigneurie.

Rien n'échappe à la coutume des matières qui, dans notre système juridique, ressortissent au « droit privé ». Mis à part le mariage et le droit de la famille pour une bonne part contrôlés par l'Eglise et régis par le droit canonique, l'ensemble des statuts personnels est principalement fait de règles coutumières dont le contenu, variable d'une région à l'autre, reflète en toute hypothèse la fonction sociale assignée à chaque individu. Noble, clerc ou roturier, la coutume qui lui est applicable n'est jamais la même. Elle détermine aussi la condition de ses biens, fixe le droit des obligations et préside à tous les modes de dévolution successorale.

Et comme dans la société féodale l'individu n'était que rarement défini par rapport à lui-même, mais toujours en fonction de ceux dont il dépendait, il y eut dans les liens qui l'obligeaient ou le protégeaient, ample matière à réglementation coutumière. C'est grâce à la coutume, par le biais d'une législation édictée, qu'ont évolué vers plus de rigueur et de stabilité les rapports féodaux. Définition des obligations féodo-vassaliques, fixation du statut du fief et mise en place de sanctions, n'ont connu de réelle avancée qu'à travers des usages répétés qui ont progressivement constitué un véritable code coutumier du droit féodal toujours parfaitement adapté aux nécessités du temps, à la situation des parties et aux besoins locaux. Commence ainsi à s'esquisser ce droit si particulier du monde de la chevalerie qui devait progressivement engendrer un authentique droit nobiliaire de la majorité, de la tutelle, du mariage et des successions, propre à favoriser l'exercice de la fonction militaire et la préservation du patrimoine.

La coutume, enfin, n'est pas moins présente au niveau de l'organisation des relations de pouvoir qui se nouent entre le maître de la seigneurie et ses hommes. La ***consuetudo terrae*** ou ***consuetudo loci*** ou ***consuetudo patriae*** règne ici presque sans partage pour freiner la toute-puissance du ban seigneurial et établir une manière d'équilibre équitable entre ce qui peut être demandé aux habitants de la seigneurie et ce qu'ils peuvent réellement concéder. Redevances, corvées et taxes, services personnels et charges réelles apparaissent finalement, aussi bien dans leur poids que dans leur rythme, comme le résultat d'un équilibre coutumier savamment dosé. On en vient même à parler d'« homme coutumier » pour désigner celui qui doit prestations et corvées à son seigneur – celui qui, roturier, tenancier, s'oppose au noble –, tout comme la « terre coutumière » chargée de redevances évoque la tenure que tant de contrastes différencient du fief. Quel meilleur témoignage que celui-ci pour évoquer l'emprise et la force de la coutume dans la fixation du statut des hommes et des terres du monde féodal ?

Sans doute, la coutume ne crée-t-elle pas un droit unitaire, mais elle n'en engendre pas moins de véritables systèmes juridiques. Même très disparates, ils sont toujours structurés et le plus souvent adaptés aux horizons limités du monde des seigneurs dont ils sont le produit direct. Il est rare d'y découvrir au début un quelconque rapport avec le droit romain, les anciennes ***leges*** des royaumes barbares ou les capitulaires des empereurs carolingiens. Tous répondent à des besoins nouveaux et visent à réglementer des situations que la législation écrite ne prenait plus en compte depuis bien longtemps.

SECTION 2

LA FAIBLE AMPLEUR DE LA LÉGISLATION ÉCRITE

De la fin du IXe siècle au milieu du XIIe siècle, le règne sans partage de la coutume apparaît à la fois comme conséquence et cause de la très faible place qui revient à la législation écrite. L'oubli presque total du droit romain (§ 1) contribue largement à faire de la coutume la source principale du droit tandis que cette donnée à laquelle viennent s'ajouter recul et émiettement du pouvoir ne favorisent guère l'affirmation d'un pouvoir normatif, qu'il soit royal ou seigneurial (§ 2).

§ 1. – LE DROIT ROMAIN OUBLIÉ

S'il n'a pas totalement disparu de la culture juridique depuis la chute de l'Empire romain, le fait marquant demeure bien celui de sa profonde décadence qui se traduit, en certaines régions de l'Occident, par sa méconnaissance à peu près complète.

Pendant toute la période du haut Moyen Age, le droit romain n'est connu qu'à travers le Code théodosien auquel la loi romaine des Wisigoths ou Bréviaire d'Alaric avait fait de très larges emprunts. Ce texte, diffusé à travers de nombreux manuscrits, fut aussi très souvent résumé. Copies et abrégés témoignent de sa large diffusion, surtout à partir du VIIe siècle. C'est donc ce droit théodosien qui constitue, jusqu'au XIe siècle, l'instrument essentiel de connaissance du droit romain, presque uniquement limité aux provinces du Midi. Il y est couramment invoqué dans les actes, tout spécialement en Espagne et en Catalogne, au moins jusqu'au XIIe siècle.

Mais ce n'est plus qu'un droit romain profondément altéré par les emprunts au droit germanique, puis l'influence dominante de la coutume qui devait, pendant longtemps, constituer un véritable obstacle à sa renaissance, tout particulièrement en direction des provinces du Nord, mais aussi en bien des régions du Midi. A la renaissance carolingienne, qui n'avait touché qu'un cercle étroit de lettrés, succède, aux Xe et XIe siècles, une période de léthargie dans l'enseignement et la connaissance du droit romain. Le constat est avant tout celui d'une vacuité fort heureusement quelque peu tempérée par l'influence de l'Eglise qui, depuis toujours, vivait sous la loi romaine et avait intégré dans son propre droit – le droit canonique – bon nombre de règles du droit romain. Il lui revient ainsi, tout au long de cette période, une véritable mission de maintien et de transmission de l'héritage juridiquc romain. Les clercs continuent à l'étudier dans les écoles de grammaire et d'arts libéraux qui avaient pu çà et là se maintenir, tout spécialement dans les cités épiscopales et autour de quelques grands monastères. Mais tout cela constituait bien peu et ne pouvait, en aucun cas, permettre une diffusion scientifique et suffisante de la culture juridique romaine. En témoignent, dans les actes de la pratique, l'ignorance de plus en plus grande des rudiments de la grammaire latine pourtant si indispensable à la compréhension des textes, ainsi que la méconnaissance des termes juridiques les plus élémentaires.

Cette situation peu brillante, qui fait du droit romain un droit presque totalement tombé dans l'oubli et rarement appliqué, ne commence à évoluer que dans la seconde moitié du XIe siècle, en Italie d'abord, puis ensuite en France à partir du XIIe siècle. Le droit romain connaît alors une véritable renaissance qui devait dominer toute l'histoire des siècles suivants et dont il sera traité ultérieurement. Pour l'heure, même retrouvés, ses grands principes demeurent trop subtils et d'application trop limitée pour pallier une législation à peu près inexistante.

§ 2. – LE POUVOIR NORMATIF DÉSARMÉ

Il serait vain de parler, pour la période féodale et même pendant longtemps encore aux siècles postérieurs, d'un « pouvoir législatif » dans le sens où le définit le droit constitutionnel, autonome et parfaitement distinct de l'exécutif et du judiciaire. Dans la mentalité et la science juridiques médiévales, le pouvoir est toujours conçu de manière globale. Le ban en est sans doute la meilleure et la plus tangible expression qui, tout à la fois, permet de décider, de contraindre et de sanctionner. Ce pouvoir de décision existe donc bien et toute autorité qui peut user du droit de ban possède, par là même, capacité d'édicter des règles et de créer des normes. Mieux vaut alors évoquer un pouvoir édictal, un pouvoir normatif, plutôt que de parler de « pouvoir législatif », expression par trop moderne et, à coup sûr, trop technique pour désigner une réalité médiévale encore trop mal individualisée et une aptitude à décider dont la mise en œuvre demeure extrêmement malaisée. Face aux féodaux, le roi conserve bien la majesté du commandement qui lui vaut pouvoir normatif, apparaissant ainsi comme l'héritier et le continuateur des empereurs carolingiens. Dans la pratique, il rencontre beaucoup de difficultés à en user réellement. Il se heurte au cloisonnement des seigneuries, ne peut imposer ses décisions au royaume et doit se contenter de légiférer dans son domaine (A), comme un simple seigneur dans sa seigneurie (B).

A. – Les actes royaux qui émanent du roi tout au long des Xe et XIe siècles ne sauraient être considérés comme ayant tous valeur « législative », c'est-à-dire portant règle générale et impersonnelle applicable à l'ensemble du royaume et de la population ou, au moins, à un groupe social déterminé dans le cadre d'une ou plusieurs seigneuries. Dans bien des cas, ces actes sont de simples chartes. Elles ne visent rien d'autre qu'à réglementer les intérêts particuliers d'une communauté ou d'un groupe parfaitement déterminé. Les bénéficiaires en sont le plus souvent des établissements ecclésiastiques qui reçoivent ainsi les privilèges les plus divers, donation de biens immobiliers, exemption de charges, abandon de droits ou confirmation d'avantages antérieurement consentis. Beaucoup plus rares sont les actes délivrés en faveur de seigneurs laïcs ou d'individus isolés. Ils ont alors même nature. En aucun cas, quels qu'en soient les bénéficiaires, on ne saurait voir à travers eux manifestation de la volonté royale d'édicter des mesures à portée générale.

Il faut attendre le milieu du XIIe siècle pour que la royauté ose très timidement s'engager dans cette voie, sans pour autant prétendre innover véritablement dans le domaine du droit, qu'il soit « public » et, moins encore, « privé ». C'est parce qu'il est gardien du royaume et protecteur de ses sujets que le roi commence à intervenir en matière de police, d'assistance et de protection qu'il doit porter aux plus démunis. Les actes permettant de saisir de telles préoccupations et qui, en l'état actuel des connaissances, illustrent véritablement les premières manifestations d'un pouvoir normatif royal ne datent que des années 1150. En 1144, Louis VII réglemente la situation des Juifs relaps. En 1155, après avoir convoqué et consulté, à Soissons, un ***concilium*** de grands où se trouvaient les archevêques de Reims et de Sens, le duc de Bourgogne, les comtes de Flandre, Troyes Nevers et autres dignitaires, il décide une paix de dix ans applicable, sous certaines conditions, à l'ensemble du royaume. Mais ce texte capital n'emportait valeur obligatoire et contraignante qu'à l'égard de ceux qui, présents, avaient bien voulu l'accepter et s'engager à en favoriser l'application. Néanmoins, il y avait là un précédent intéressant qui témoigne d'un souci réel de la royauté d'élargir le champ d'application de sa législation et de mettre en œuvre toute une série de moyens pour y parvenir. Non seulement, les grands vassaux du roi sont associés à la prise de décision, mais il leur est aussi demandé de faire le maximum à l'égard de leurs propres vassaux pour qu'elle soit acceptée et appliquée dans les meilleures conditions.

A partir de ce moment-là, les actes royaux à portée normative deviennent de plus en plus nombreux, mais leur autorité demeure encore très limitée. La terminologie très variée et souvent imprécise qui est alors utilisée pour les qualifier en porte témoignage. Elle est parfois empruntée à des catégories d'actes du pouvoir romain dont mécanismes d'élaboration, contenu et portée sont très mal connus. Il en va ainsi des décrets et édits, chaque fois qu'un acte royal se veut ***regale decretum*** ou ***regale edictum***. En réalité, ces dénominations sont rares. Comme si elle doutait de la capacité normative véritable du roi, la chancellerie utilise plus souvent des termes vagues se limitant à présenter les textes royaux comme de simples écrits (***scriptum***), chartes (***carta***) et, plus généralement, lettres (***littera***). Ce sont là et de beaucoup, les appellations les plus courantes. Si on ne s'en tenait qu'à elles, elles ne permettraient guère de distinguer, dans la masse édictale de l'époque, entre ce qui est d'initiative royale ou d'origine seigneuriale.

B. – Au même titre que le roi, les seigneurs possédaient eux aussi capacité édictale. Elle est une des manifestations tangibles de leur pouvoir de ban. Jouant à la fois sur l'autonomie des seigneuries et la médiatisation féodale qui place le roi dans l'impossibilité d'atteindre directement les sujets de son royaume, chaque seigneur a tendance naturelle à s'ériger en législateur à l'intérieur du territoire qu'il contrôle. Mais il y rencontre les mêmes difficultés que celles éprouvées par le roi chaque fois qu'il veut étendre à l'ensemble du royaume la portée de ses actes.

Ces obstacles sont d'autant plus rudes que la seigneurie est grande. Comme le roi, tous les grands seigneurs – *principes* et comtes en particulier – ne peuvent prendre de décisions obligeant l'ensemble de leurs vassaux qu'en les consultant et en les associant à l'occasion d'une réunion de la cour féodale. L'acte élaboré dans ces conditions manifeste moins la volonté seigneuriale qu'il ne reflète le contenu d'un accord politique parfois âprement négocié. Mais, bénéficiant de l'adhésion du plus grand nombre, ses chances d'être effectivement appliqué s'en trouvaient largement augmentées, à la fois par les vassaux et leurs arrière-vassaux qu'ils avaient engagés.

A ce stade aussi, les actes d'intérêt général sont rares et le vocabulaire imprécis. Ces « ordonnances » (***ordinatio***) ou constitutions (***constitutio***) seigneuriales visent au plus haut niveau à réglementer les rapports du *princeps*, du duc ou du comte avec ses principaux vassaux, les grandes communautés religieuses et villes importantes de la principauté ou de la seigneurie. Mais au quotidien, organisation de la défense, maintien de la paix publique et réglementation de la vie économique constituent la matière essentielle de cet ensemble édictal qui devait, pendant des siècles, concurrencer le pouvoir normatif royal et s'ériger en barrage face à sa progression. Et ceci d'autant plus que cette « législation » seigneuriale favorise, au fur et à mesure qu'elle s'affirme, l'affermissement d'une communauté comtale ou ducale. Elle renforce son identité en la dotant d'un corps de règles souvent autonomes et propres à fonder son existence durable face à une royauté dont l'ordre juridique encore bien fragile doit largement emprunter au droit de l'Eglise.

SECTION 3

LE DROIT CANONIQUE

Communauté autonome depuis ses origines, l'Eglise a constamment ressenti le besoin d'élaborer, de renforcer et de codifier son propre droit dont les sources sont multiples. Complétant les Ecritures, toutes celles qui ont été mentionnées pour l'époque précédente – coutume, droit romain, écrits des Pères de l'Eglise, canons des conciles, décrétales pontificales, statuts des évêques et règles édictées par les fondateurs d'ordres religieux – se font toujours plus nombreuses et plus précises. D'abord destinées à fixer les règles de discipline des clercs, de célébration du culte et d'administration des sacrements, elles embrassent en même temps bien des aspects de la vie des fidèles, qu'il s'agisse du mariage et de la famille, des rapports sociaux ou des nombreux aspects de la vie économique. Société chrétienne, la société de l'Occident médiéval ne pouvait que se couler au moule juridique que lui imposait l'Eglise, évolution que favorisait plus encore une législation royale pour l'heure largement défaillante.

Les XIe, XIIe et XIIIe siècles marquent un temps d'apogée dans la réorganisation et la mise en forme du droit de l'Eglise. Forte de son unité et de l'autorité pontificale restaurée au lendemain de la réforme grégorienne, elle peut susciter et bien souvent entreprendre ce vaste travail de compilation et de codification dont l'ensemble devait donner naissance au *Corpus juris canonici*, vaste monument de droit canonique qui répond à ce qu'était le *Corpus juris civilis* pour le droit romain. Ce mouvement en profondeur de refonte, de modernisation et d'ordonnancement du droit canonique doit beaucoup à la renaissance intellectuelle du XIIe siècle, tout comme au renouveau de l'étude du droit romain à Bologne d'abord, puis dans l'Europe entière ensuite. Le *Corpus juris canonici* qui devait connaître une exceptionnelle longévité puisqu'il a été le droit de l'Eglise jusqu'en 1917, date à laquelle il fut remplacé par le *Codex juris canonici*, est une œuvre composite dont le *Décret de Gratien* constitue le socle (§ 1) que complètent plusieurs recueils de *Décrétales* (§ 2) très largement commentées par la suite (§ 3).

§ 1. – LE DÉCRET DE GRATIEN

Cette vaste compilation du milieu du XIIe siècle bénéficia largement de travaux antérieurs qui, tout au long du siècle précédent et jusqu'aux environs des années 1140, donnèrent naissance à de très nombreuses collections canoniques. Inscrites dans de grands courants de pensée, elles sont souvent rédigées par des auteurs inconnus mais dont les objectifs sont identiques : fixer et ordonner le droit de l'Eglise en affermissant toujours davantage l'autorité pontificale. Toutes ces rédactions témoignent d'un vaste progrès d'acculturation de leurs rédacteurs dans tous les domaines du droit canonique. La plupart d'entre elles ne procèdent plus à de simples recensements de textes par catégories de sources mais les classent par matières, ce qui témoigne d'un véritable souci de méthode et d'un certain esprit de codification. De cette production foisonnante, on ne peut que citer quelques exemples.

Une des plus connues de ces compilations, le *Décret* de l'évêque allemand Burchard de Worms, s'inscrit dans les premières de cette période. Rédigée dans les années 1008-1020 et très attachée à la tradition, elle reprend de nombreux textes de l'époque carolingienne et de collections antérieures qu'elle regroupe, de manière systématique, en vingt livres. Tant en raison de sa richesse que de sa commodité d'accès, elle connut un grand succès, tout particulièrement en Allemagne.

Vient ensuite une grande série de collections profondément inspirées par la réforme grégorienne et le vaste courant de pensée qui l'avait suscitée. A n'évoquer qu'une des plus connues, on peut citer la *Collection en 74 titres*. Rédigée vers 1075, elle fut une des plus utilisées jusqu'à la rédaction du *Décret de Gratien*.

Comme venant clore ce vaste mouvement et ouvrant la voie à l'œuvre de Gratien, Ives (vers 1040-1115) évêque de Chartes à partir de 1090 et grand canoniste, a laissé une œuvre majeure. Témoignage de sa science canonique et de sont art à trouver solution aux problèmes quotidiens que sa charge lui imposait de régler, elle se répartit en trois grands blocs. Le

Décret, qui compte 3 760 chapitres regroupés en 17 parties et emprunte largement à Burchard de Worms, est un recueil d'une grande richesse mais d'utilisation difficile. Il en va de même de la *Tripartita*. Collection complexe, composée de trois séries de textes, elle réunit décrétales et canons en procédant aussi à de larges reprises du *Décret*. Le troisième bloc, constitué par la *Panormie*, fait aussi de substantiels emprunts au *Décret* mais regroupe l'ensemble des textes ainsi réunis de manière beaucoup plus rationnelle, ce qui explique son grand succès. Dans cette œuvre immense, Ives de Chartres réussit une habile synthèse entre l'héritage romain, l'apport de la réforme grégorienne et son expérience personnelle d'évêque et de conciliateur.

Le *Décret de Gratien* transcende toutes ces œuvres par sa méthode, son ampleur et sa portée. De la personnalité de son auteur dont on connaît le rayonnement, on ignore à peu près tout. Elle ne cesse d'intriguer les historiens. Etait-il un moine de Bologne du monastère des Camaldules, ordre fondé en 1012 par saint Romuald, ou faut-il voir dans le *magister Gratianus*, cité à plusieurs reprises, un évêque italien et grand juriste dont les consultations semblent avoir été particulièrement appréciées ? Ces questions restent pour l'heure sans réponse, tout comme la date à laquelle fut composé le décret, même si la plupart des auteurs s'accordent actuellement pour la situer dans la décennie 1140-1150. Un premier texte fut sans doute rédigé vers 1140, mais régulièrement complété dans les années qui suivirent par l'adjonction de nouvelles dispositions canoniques, mais surtout de nombreux éléments de droit romain auxquels l'auteur s'était montré peu ouvert lors de la première rédaction.

Cette compilation est profondément marquée par l'esprit de la renaissance du XIIe siècle et la méthode de ses juristes. S'y manifeste une volonté affichée de clarification, de classification et de rationalisation du droit. En ce sens, Gratien et ceux qui ont travaillé avec lui s'efforcent toujours de faire appel à la méthode dialectique du *sic et non* (oui et non) et du *pro et contra* (pour et contre) afin de trier et ordonner au mieux des textes souvent contradictoires et discordants. Pour réaliser cet objectif, toutes les dispositions qui concernent un même problème sont regroupées à l'intérieur de chaque division du texte, puis une triple démarche est en général suivie. Après avoir posé le problème, sont successivement cités les textes *pro* et les textes *contra* avant d'énoncer, dans un *dictum*, une conclusion-solution appelée à jouer un rôle de premier plan auprès du juge. Il s'agit alors d'une véritable règle ayant valeur de précepte tandis que dans d'autres cas où la solution est moins évidente, il ne sera donné qu'un simple avis en forme de conseil. S'il y a contradiction profonde entre les textes cités, il est toujours procédé à un examen minutieux de leur valeur réciproque en fonction de l'autorité qui les a édictés et de leur portée. Est-elle temporaire ou permanente, générale ou personnelle ? La méthode ainsi suivie confirme, en tous points, le véritable projet qu'annonçait le titre de l'œuvre : *Concordia discordantium canonum*. Cette concorde des canons discordants n'est autre qu'une tentative plus ou moins réussie d'harmonisation des sources provenant de textes, de périodes et d'auteurs fort divers. Elle dépasse largement la simple compilation de textes pour devenir une véritable œuvre de doctrine qui lève bien des incertitudes et propose des solutions souvent novatrices.

Novateur, le *Décret* l'est aussi dans sa présentation qui se veut méthodique. Découpé en trois parties, Gratien a voulu en faire un instrument de travail d'utilisation plus aisée que celle des textes qui l'ont précédé, même si elle n'est pas toujours des plus faciles. La première partie traite des sources du droit et de ses diverses catégories, des structures ecclésiastiques, des ordres sacrés et de la hiérarchie des clercs. Elles est divisée en 101 *Distinctions*, tandis que la seconde est répartie en 36 *Causes* qui, elles-mêmes subdivisées en *Questions*, englobent tout ce qui touche à la procédure, au statut des biens d'Eglise et au mariage. Dans ces deux premières parties, ont été réunis environ 4 000 canons empruntés aux diverses compilations existantes. La troisième partie *De consecratione*, elle aussi divisée en *Distinctions*, traite principalement des sacrements et de questions liturgiques, en particulier de la messe et des jours liturgiques.

On le voit, en dépit du dessein contenu dans le titre, le travail de Gratien et de ceux qui ont œuvré avec lui n'est pas toujours conçu selon un ordre rationnel et rigoureux. Cette situation est d'autant plus surprenante que les œuvres majeures dont il s'inspire, celles de Burchard de Worms et d'Ives de Chartes en particulier, sont beaucoup mieux construites. Malgré ces insuffisances et le caractère d'œuvre privé qui préside à ce travail, le *Décret de Gratien* acquit rapidement une très grande autorité pour devenir recueil pratiquement officiel. Immédiatement utilisé en Italie, en France, en Angleterre et même outre-Rhin, il fait rapidement figure de droit reconnu de l'Eglise. Considéré comme tel par les docteurs qui le commentent abondamment, il sert de base à l'enseignement du droit canonique, comme le *Corpus juris civilis* devait devenir la pierre angulaire de l'enseignement du droit romain. Complété par une longue série de décrétales, il n'en constitue pas moins le noyau dur du *Corpus juris canonici*.

§ 2. – LES DÉCRÉTALES

Le travail de Gratien et de son équipe marquait une importante étape dans la formation du droit de l'Eglise en compilant et en rénovant l'ensemble des textes en vigueur depuis les origines jusqu'au milieu du XIe siècle. Mais il était davantage un bilan qu'il n'était un présent et, moins encore, un avenir. Cet avenir du droit canonique était désormais, principalement, entre les mains du pape grand législateur dont le centralisme grégorien avait encore renforcé la position face aux conciles et à leurs canons. Il y avait là situation favorable à la multiplication des interventions normatives de la papauté qui, par ses décrétales, prend véritablement en main le devenir de l'Eglise. Sitôt le *Décret de Gratien* rédigé, elles se succèdent à un rythme de plus en plus rapide, mais sans y être intégrées, si bien qu'elles forment un corpus à part, sans lien aucun avec ce qui était le grand monument du droit canonique en vigueur. Pour cette raison, elles furent qualifiées d'*extra vagantes* par rapport au *Decretum*. C'était constater qu'elles ne lui étaient pas intégrées et les considérer, par là même, comme des *Extravagantes*, extravagantes qu'il fallut rapidement réunir en diverses compilations afin de pouvoir les utiliser plus facilement. Outre ces simples raisons de commodité, de telles compilations s'imposaient en raison de la qualité remarquable de ces textes qui contribuaient à fixer les structures de l'Eglise et tranchaient souvent des questions importantes.

Voilà qui explique la floraison de multiples recueils de décrétales dès le dernier quart du XIIe siècle et le premier tiers du siècle suivant. Parfois rédigées sur ordre de la papauté, elles reçoivent rarement valeur officielle et n'offrent jamais aux praticiens l'ensemble cohérent et facilement maniable dont ils avaient tant besoin. C'est surtout à partir du pontificat d'Alexandre III (1159-1181) que ces recueils se multiplient. Ils sont si nombreux et si variés qu'on ne saurait en donner la liste. Qu'il suffise de relever que ceux de la décennie 1170-1180 ont le plus souvent pour objet de compléter le *Décret*, tandis que ceux qui les suivent en sont de plus en plus indépendants en même temps qu'ils gagnent en qualité et en rigueur, préférant le plus souvent un plan thématique à un simple recensement chronologique des textes. Il est aussi à noter que leur origine géographique est fort variée, la France l'Italie et l'Angleterre constituant les principaux pays de leurs auteurs. Ce mouvement quelque peu désordonné épousa, sous l'impulsion de la papauté, plus de rigueur à partir des années 1120. Il fut alors successivement procédé à la rédaction de trois grands recueils qui, bien que situés au-delà de notre période, valent d'être immédiatement mentionnés. Réalisés sur ordre de la papauté et promulgués par elle, ils ont valeur officielle. Véritables codes, ils sont la loi de l'Eglise.

Le premier est dû à l'initiative du pape Grégoire IX (1227-1241). Peu de temps après le début de son pontificat, il charge son chapelain le grand canoniste Raymond de Pennafort de préparer un recueil de toutes les décrétales édictées depuis le *Décret de Gratien* en procédant à un tri méthodique. Le travail fut mené à bien en moins de quatre ans et, dès 1234, le recueil put être officiellement publié et promulgué par envoi aux universités de Bologne et de Paris. Cette forme nouvelle de publication fut souvent utilisée par la suite. C'était inciter les docteurs à enseigner le droit édicté par le pape, tout en reconnaissant officiellement l'autorité dont ils jouissaient auprès du Saint-Siège. Qualifié de *Liber extra Decretum Gratiani* (ajouté au *Décret* tout en lui demeurant extérieur), il est plus communément connu sous l'appellation de *Décrétales de Grégoire IX*. La compilation, essentiellement composée de décrétales, réunit aussi des canons conciliaires ainsi que certains textes patristiques et de droit romain. Sa composition, plus systématique et plus rationnelle que celle du *Décret de Gratien*, est pour l'essentiel calquée sur l'ordonnancement du *Code de Justinien*. Les textes recueillis sont souvent disséqués en fragments, tour à tour reproduits dans le Titre de la matière concernée, 185 au total, eux-mêmes divisés en 2 000 chapitres. L'ensemble est regroupé en cinq livres dont un mot clé précise le contenu. Le livre *Judex* est exclusivement consacré à l'organisation judiciaire et à la hiérarchie des structures ecclésiastiques, tandis que le livre *Judicium* concerne la seule procédure. Vient, en troisième, le livre *Clerus* entièrement voué à l'état, aux obligations et au droit des clercs puis, en quatrième, *Conubium* qui réunit l'ensemble des règles relatives au mariage et, enfin, *Crimen* dont le contenu a valeur de code de droit pénal ecclésiastique. Ainsi composées, les *Décrétales de*

Grégoire IX connurent un succès aussi rapide qu'elles furent aussi vite dépassées en raison de la densité de la législation pontificale dont le rythme ne se ralentit pas.

Cette évolution rapide imposa à Boniface VIII (1294-1303) d'ordonner la rédaction d'un second recueil destiné à réunir, en les classant et en les révisant, l'ensemble des décisions pontificales et conciliaires (en particulier celles du Concile de Lyon de 1274) entrées en vigueur depuis la publication des *Décrétales de Grégoire IX.* Ce travail fut confié à un groupe de canonistes au sein duquel se distinguaient tout particulièrement Guillaume de Mendagout alors archevêque d'Embrun et Béranger Frédol, évêque de Béziers. Le recueil terminé fut une nouvelle fois promulgué par envoi à plusieurs universités, dont toujours Paris et Bologne, en 1298. Obligation était faite aux juges ecclésiastiques d'alléguer ces seuls textes, à l'exclusion de tout autre, pour la période qui courait depuis 1234. Composé de 76 Titres divisés en 359 chapitres, le recueil suit de près le plan des *Décrétales de Grégoire IX* dont il vient en quelque sorte compléter les cinq livres, ce qui l'a fait improprement dénommer *Liber sextus*. En réalité, le *Sexte* est un recueil parfaitement autonome avec les 350 textes qu'il réunit, dont 250 sont des décrétales ou fragments de *Décrétales de Grégoire VII.*

Comme les précédentes compilations, le *Liber sextus* fut lui aussi rapidement dépassé, ce qui incita Clément V (1305-1314), premier pape d'Avignon, à ordonner en 1314 la rédaction d'une nouvelle compilation destinée à réunir l'ensemble de ses décrétales, mais aussi et surtout les canons du concile de Vienne qui s'était tenu en 1311-1312. Le texte de ces canons ne nous est connu que par ce recueil au sein duquel il a été profondément remanié, si bien qu'il est impossible de mesurer l'ampleur des modifications ainsi introduites. Cette collection appelée *Clémentines*, divisée en 52 Titres répartis en 106 chapitres, ne fut promulguée qu'en 1317 par le pape Jean XXII (1316-1334). Il marque la dernière phase de rédaction officielle et à valeur authentique des décrétales ordonnée et contrôlée par la papauté.

Décrétales de Grégoire IX, Liber sextus et *Clémentines* eurent pendant longtemps leur existence propre et leur fonction autonome par rapport au *Décret de Gratien*. Ce n'est qu'au XVIe siècle que ces quatre compilations furent de plus en plus souvent utilisées et publiées ensemble. Elles furent alors qualifiées de *Corpus juris canonici* pour former, à l'instar du *Corpus juris civilis*, un corps de règles homogènes applicable à l'Eglise, à son patrimoine et à ses clercs.

§ 3. – DÉCRÉTISTES ET DÉCRÉTALISTES

Le vaste ensemble de textes appelé à composer le *Corpus juris canonici* n'était pas d'accès facile. A l'instar de ce qui se passa avec les commentaires du droit romain retrouvé, Bologne devint, au lendemain de la rédaction du *Décret de Gratien*, un grand centre d'étude du droit canonique. De nombreux étudiants venus d'horizons géographiques les plus divers y suivirent des enseignements si bien que la science canonique, qui ne connaissait pas plus de frontières que l'Eglise, se répandit dans l'Europe tout entière au sein d'écoles, puis de facultés les plus variées où enseignaient des docteurs éminents. Ces canonistes, qui sont des hommes d'Eglise, érigent véritablement le droit canonique en discipline autonome. Ils mettent dès leurs premiers enseignements un point d'honneur à le séparer de la théologie, de la philosophie et du droit romain, même s'ils doivent constamment le prendre en compte et admettre son utilité, tout comme celle des traditions et des textes les plus anciens légués par les Ecritures et les Pères de l'Eglise. Néanmoins, ils savent toujours sortir de ce moule rigide pour faire connaître leurs positions et exprimer leurs opinions. Les commentaires qu'ils font du *Décret* et des *Décrétales* constituent pour eux autant d'occasions et de moyens qui leur sont donnés de s'exprimer.

Les commentateurs du *Décret*, traditionnellement qualifiés de décrétistes, sont les véritables fondateurs de la science canonique. Ils trouvent, dans cette immense compilation, matière à l'enseignement qu'ils donnent à Bologne dès le début de la seconde moitié du XIIe siècle, puis ailleurs dès les décennies suivantes, que ce soit en France (Paris), en Angleterre (Oxford), en Espagne (Salamanque) ou en Pologne (Cracovie). Leur méthode suit de près celle des romanistes. A partir d'une étude serrée des textes, ils rédigent des gloses souvent réunies dans des recueils qualifiés d'*apparatus*. Ils procèdent aussi par questions et réponses pour expliquer et discuter des cas concrets. Aux auditeurs suffisamment avancés, ils proposent des discussions contradictoires ou *quaestiones disputatae* dont le texte, une fois rédigé, est toujours soigneusement revu. Plus cet enseignement se perfectionne et s'enrichit, plus il donne naissance à de véritables *Sommes*, ces *Lecturae* qui permettent de connaître l'ensemble de la pensée d'un grand maître autour d'un thème précis.

Ils sont si nombreux à enseigner et à écrire qu'il n'est possible de citer que les principaux. Le plus ancien des bolonais d'entre eux est sans doute Paucapalea, auteur d'une importante *Somme* vraisemblablement rédigée dans la décennie 1140 et suivie de près (1150) par celle de Maître Roland dont on sait fort peu. Plus connu est Rufin. Professeur à Bologne avant de devenir évêque d'Assise puis archevêque de Sorrente, il est un des premiers à utiliser largement le droit romain et surtout la méthode des romanistes que sa *Somme*, rédigée dans les années 1160, prend largement en compte. Dans ce contexte de progrès continu, la France n'est pas en reste avec Paris où naît une véritable école. La *Somme* d'Etienne de Tournai, rédigée dans les dernières années de la décennie 1160, en témoigne. Né à Orléans en 1128, évêque de Tournai à la fin du siècle, Etienne occupe au sein des canonistes de son temps une position originale. Tout en restant proche des méthodes et de la tradition des maîtres de Bologne, il s'en éloigne dans la mesure où il ne sépare guère dans son œuvre le droit de la théologie. D'autres Sommes françaises, telle la *Summa Parisiensis*, viennent au même moment consacrer le rayonnement des canonistes du Nord de la France. Cet essor n'enlève cependant rien à la vitalité de l'école de Bologne où enseigne alors le grand maître de la fin du siècle, Huguccio de Pise (v. 1140-1210), fonction qu'il ne semble avoir abandonnée que pour devenir évêque de Ferrare en 1190. Il est aussi connu pour avoir été le maître du pape Innocent III que pour sa célèbre *Somme au Décret de Gratien* dans laquelle il fait la synthèse des idées de ses prédécesseurs en réservant une large place au droit romain. Il y expose aussi sa vision du monde politique de son temps.

La fin du XIIe siècle et le siècle suivant constituent l'âge d'or du commentaire des décrétales. Les décrétalistes s'attachent à analyser les nombreuses compilations qui sont alors rédigées en portant principalement leur attention sur le seul contenu juridique des textes, sans se référer suffisamment au contexte historique, mais simplement au droit et usages en vigueur dans la région qu'ils considèrent. Pour étayer leur raisonnement, ils accordent un grand poids à la tradition et ont souvent tendance à se prévaloir de l'argument d'autorité, même si les textes sur lesquels ils s'appuient n'ont parfois qu'un lien très lointain avec leur argumentation et le problème dont ils traitent. Invoquer l'opinion commune ou, pour plus d'assurance, l'opinion commune des docteurs est alors souvent un échappatoire tant la notion offre une grande plasticité. Faut-il voir dans l'opinion commune si souvent appelée à la barre, la simple opinion populaire ou celle de grands maîtres ? La première option tendrait à rejoindre une certaine forme de pratique coutumière, tandis que la seconde repose sur la science reconnue des docteurs. Mais alors, comment choisir entre eux ?

En dépit de ces réserves, la science canonique des XIIe et XIIIe siècles brille de tous ses feux à travers l'œuvre d'une multitude de décrétalistes éminents répartis aux quatre coins de l'Europe, mais toujours très attachés aux traditions et à la méthode de Bologne. Evoquer seulement les plus célèbres d'entre eux et n'en retenir que six, de manière très arbitraire certes, mais aussi pour bien montrer que le phénomène est européen, ne doit en rien reléguer dans l'ombre ceux qui ne peuvent l'être. Voici Bernard de Pavie (+ 1213) qui, après avoir amplement commenté le *Décret*, opère une transition vers les travaux de ses successeurs sur les *Décrétales* en composant une solide *Summa in titulos decretalium* (1195). Elle devait être diffusée dans la plupart des pays européens où elle servit souvent de modèle en raison de sa rigueur et de sa clarté. Il est relayé par Richard l'Anglais (+ 1242) qui s'inspire de la méthode de sa *Summa* et la reprend souvent quant au fond, tout en y insérant des distinctions et arguments nouveaux dont devait s'inspirer la génération suivante. Puis voilà Laurent d'Espagne (+ 1248). Très marqué par son maître Azon, il s'impose comme un des plus grands canonistes de son temps, tout aussi versé dans le droit canonique que dans le droit romain en raison de sa double formation. Il multiplie les gloses et apparats au *Décret*, tout comme aux diverses compilations. Son œuvre, d'une ampleur exceptionnelle et de très grande qualité, connut un incomparable rayonnement à travers les nombreux élèves qu'il a formés. Et voici encore Raymond de Pennafort (+ 1275), déjà évoqué à propos de la rédaction du *Liber extra*. Il compose une première grande *Somme* dans laquelle il commente à la fois *Décret* et *Compilations*. Il y adopte un plan qui lui est propre et s'appuie en permanence sur les maîtres de Bologne en adoptant leur méthode des questions et réponses à propos des différentes matières traitées. A cela s'ajoutent sa célèbre *Summa de casibus* consacrée à la pénitence et plusieurs autres qui traitent de sujets tels que le mariage et l'usure. Bernard de Parme (+ 1266) ne saurait être passé sous silence, tant la *Glose ordinaire* qu'il nous a laissée fait la synthèse de tous les travaux sur les diverses compilations. Il y cite tous les grands auteurs et cette œuvre était elle même appelée à un grand avenir en raison de sa méthode et de sa clarté, de son incomparable familiarité avec les deux droits aussi. La *Somme* qu'il a aussi rédigée et qui est postérieure à la *Glose* s'inspire de nombreux travaux de ses prédécesseurs. Elle constitue en cela un précieux instrument de travail pour percer le maquis des décrétales et le travail des décrétalistes dont Innocent IV – le plus connu d'ente eux – vient clore cette trop courte liste. Pape de 1243 à 1244, grand romaniste et parfait connaisseur du *jus commune*, il est un exceptionnel juriste dont les qualités d'analyse et de raisonnement en font un des plus grands maîtres du XIIIe- siècle. Outre son immense législation pontificale répartie en trois collections, il a composé un véritable chef-d'œuvre juridique avec son *Commentaire aux décrétales de Grégoire IX (Apparatus in quinque libros decretalium)* dans lequel il expose, entre autres, sa conception très entière de la *plenitudo potestatis*, cette plénitude de puissance qui permettait au chef de l'Eglise d'assurer en permanence une réelle continuité du pouvoir.

BIBLIOGRAPHIE

BESNIER R., *La coutume de Normandie. Histoire externe*, Paris, 1935.

BONGERT Y., « Vers la formation du pouvoir législatif royal, fin XIIe - début XIIIe siècle », *Études offertes à J. Macqueron*, Aix, 1970, p. 127-140.

BULHER-REIMANN Th., « La ritualisation comme moyen de maintenir vivante une coutume orale », *Inspiration, formation, expression de la coutume, M.S.H.D.B.*, 40, 1983, p. 271-282.

CAILLEMER R., « La formation du droit français médiéval et les travaux de Julius Ficker », *Annales de la Faculté de droit d'Aix*, 1906, p. 32-58 ; 1907, p. 1-39 et 207-229, 1964, p. 141-152.

CARBASSE J.-M., « Bibliographie des coutumes méridionales (XIIe-XVe s.) », *R.M.T.S.H.D.E.*, 10, 1979, p. 7-89.

CARBASSE J.-M., « Coutume, temps, interprétation », *Droits*, 30, 2000, p. 15-28.

Coutume (la). Europe occidentale, médiévale et moderne. Rec. Soc. J. Bodin, 52, Bruxelles, 1990.

DAVY G., *Le duc et la loi. Héritages, images et expressions du pouvoir normatif dans le duché de Normandie des origines à la mort du Conquérant (fin IXe siècle-1087)*, Paris, 2004.

DUFOUR J., *Recueil des actes de Louis VI (1108-1137)*, Chartes et diplômes relatifs à l'histoire de France, 4 vol., Paris, 1992-1994.

DUFOUR J., *Recueil des actes de Robert Ier et de Raoul, rois de France (922-936)*, Chartes et diplômes relatifs à l'histoire de France, Paris, 1979.

FORTUNET F., « *Ars notariae* : coutume en actes et alchimie du droit », *Inspiration, formation, expression de la coutume, M.S.H.D.B.*, 40, 1983, p. 295-314.

FOURNIER P., *Histoire des Collections canoniques en Occident depuis les Fausses Décrérales jusqu'au Décret de Gratien*, Paris, T.1, 1931, T.II, 1932.

GAUDEMET J., « La coutume en droit canonique », *La coutume, Europe occidentale, médiévale et moderne,* Rec. Soc. J. Bodin, 52, Bruxelles, 1990, p. 47-56.

GAUDEMET J., *Les sources du droit canonique, VIIIe-XXe siècle*, Paris, 1993.

GILISSEN J., *La coutume*. Typologie des sources du Moyen Âge occidental, 41, Turnhout, 1982.

GIORDANENGO G., « Le pouvoir législatif du roi de France (XIe-XIIIe s.) », *B.E.C.*, 147, 1980, p. 283-310.

GIRARD P.-F., *Les préliminaires de la renaissance du droit romain, R.H.D.*, 1922, p. 5-46.

GOURON A. et TERRIN O., *Bibliographie des coutumes de France*, Genève, 1975.

GOURON A., « Aux origines de l'émergence du droit : glossateurs et coutumes méridionales », *Religion, société et politique. Mélanges en l'honneur de Jacques Ellul,* Paris, 1983, p. 255-270.

GOURON A., « Droit et coutume en France aux XIIe et XIIIe siècles », Variorum, Londres, 1993.

GOURON A., « La coutume en France au Moyen Âge », *La coutume, Europe occidentale, médiévale et moderne*, Rec. Soc. J. Bodin, 52, Bruxelles, 1990, p. 193-217.

GUILLOT O., « *Consuetudo, consuetudines.* Quelques remarques sur l'apparition de ces termes dans les sources françaises des premiers temps capétiens », *Inspiration, formation, expression de la coutume, M.S.H.D.B.*, 40, 1983, p. 21-48.

GUILLOT O., « Les *consuetudines* au sens d'exactions dans la France des premiers temps capétiens », *Pouvoirs et libertés au temps des premiers Capétiens*, Magnou-Nortier É. dir., éd. Hérault, 1992, p. 231-246.

KUTTNER St., Gratien canoniste du XIIe siècle, *Dict. d'Hist. et de Géog. ecclésiastique*, XXI, 1986, 1235-1239.

LAURANSON-ROSAZ C., « Les mauvaises coutumes d'Auvergne », *Annales du Midi,* 192, 1990.

LAURANSON-ROSAZ C., « Des "mauvaises coutumes" aux "bonnes coutumes" », *La coutume au village dans l'Europe médiévale et moderne*, Mousnier R. et Poumarède J. dir., Toulouse, 2000, p. 19-51.

LE BRAS Ch., LEFEBVRE Ch., RAMBAUD J., *L'Âge classique, 1140-1178. Sources et théorie du droit.Histoire du droit et des institutions de l'Église en Occident* (G. LE BRAS dir.), T.VII, Paris, 1965.

MAGNOU-NORTIER E., « Les mauvaises coutumes en Auvergne, Bourgogne méridionale, Languedoc et Provence au XIe siècle », *Structures féodales et féodalisme dans l'Occident méditerranéen,* Rome, 1980, p. 135-172.

MAYALI L., « La coutume dans la doctrine romaniste au Moyen Âge », *La coutume, Europe occidentale, médiévale et moderne*, Rec. Soc. J. Bodin, 52, Bruxelles, 1990, p. 11-31.

OURLIAC P., « 1210-1220 : la naissance du droit français », *Studi in honore di Arnaldo Biscardi*, III, 1982, p. 489-510.

OURLIAC P., « Législation, coutumes et coutumiers au temps de Philippe Auguste », *La France de Phlippe Auguste. Le temps des mutations*, Colloque de Paris, 1980, Bautier R.-H. dir., Paris, 1982 p. 471-488.

OURLIAC P., « Réflexions sur les origines de la coutume », *M.S.H.D.B.*, 45, 1988, p. 341-357.

PETOT P., *La formation du droit privé français*, Cours doct. polyc., Les cours de droit, Paris, 1957-1958.

POUMARÈDE J., « La coutume dans les anciens pays de droit écrit », *La coutume, Europe occidentale, médiévale et moderne*, Rec. Soc. J. Bodin, 52, Bruxelles, 1990, p. 233-250.

PROU M., *Recueil des actes de Philippe Ier (1060-1108)*, Paris, 1908.

ROUMY F., « *Lex consuetudinaria. Jus conuetudinarium.* Recherche sur la naissance du concept de droit coutumier aux XIe et XIIe siècles », *R.H.D.F.E.*, 79, 2001, p. 257-291.

WEHRLÉ R., *De la coutume en droit canonique*, th. droit, Paris, 1928.

YVER J., *Égalité entre héritiers et exclusion des enfants dotés. Essai de géographie coutumière*, Paris, 1966.

TITRE II

CONTINUITÉS

De la fin du IXe siècle jusqu'aux environs des années 1150, les éléments de rupture l'ont, de beaucoup, emporté. L'échec rapide de la restauration impériale précipite la désagrégation territoriale et assure le triomphe de la primauté seigneuriale. Partout, grand commerce et économie ouverte cèdent la place au régime domanial dont la très forte emprise accentue l'émiettement du pouvoir. Sur l'ensemble du ***regnum***, le souvenir d'un ordre juridique unitaire s'éloigne face à l'irrésistible affirmation d'un ordre coutumier extrêmement diversifié. Ainsi se trouve encore accentuée la rupture qui éloigne du centre une périphérie de plus en plus lointaine et presque devenue incontrôlable. Incontestablement, la période féodale a été rupture. Mais elle n'a pas été que cela.

Au milieu de cet affaiblissement, parfois même de cette disparition à peu près complète des structures traditionnelles, subsistent d'intenses éléments de continuité. Ils se dressent comme des remparts face à la désagrégation et, surtout, constituent de solides points d'ancrage autour desquels commence déjà à s'organiser la véritable reconstruction d'un Etat dont le territoire est éclaté, la population dépendante de multiples autres centres de pouvoir, l'autorité centrale chancelante.

Ces éléments de continuité sont nombreux qui devaient tantôt servir de modèle, tantôt de moyens à la reconstruction de l'Etat. Il en va ainsi de certaines principautés territoriales, comme la Flandre ou la Normandie. Ilots de résistance au milieu d'un monde disloqué, elles apparaissent comme des lieux privilégiés d'exercice du pouvoir dont l'exemple n'a pas manqué d'avoir des effets bénéfiques dans la très lente réorganisation des structures monarchiques. Et que dire du droit romain bientôt retrouvé qui permet de renouer lentement avec la tradition de l'Etat avant de devenir un moyen particulièrement efficace de sa reconstruction ? Il y a là, parmi bien d'autres, de remarquables facteurs de continuité. Mais c'est principalement l'institution royale qui, bien que très affaiblie tout au long de la période féodale, n'en constitue pas moins l'élément essentiel de permanence qui assure, à un Etat disloqué et démembré, une certaine pérennité.

Même aux temps les plus forts de la dislocation féodale et de l'effacement du pouvoir central, il y a toujours eu en France un roi continuateur des empereurs carolingiens (Chapitre I). L'Eglise, en permanence à ses côtés, joue un rôle déterminant. Par ses traditions qui la rattachent en partie au monde antique, ses institutions structurées et son organisation centralisée, elle demeure profondément enracinée dans un univers souvent disloqué (Chapitre II).

CHAPITRE I

L'ENRACINEMENT DE LA ROYAUTÉ

Démuni de l'essentiel de son territoire, presque complètement dépouillé de la panoplie de ses ***regalia***, réduit à s'appuyer sur un domaine restreint et des services essentiellement domestiques, le roi serait devenu, à s'y méprendre, un prince comme les autres et, souvent même, beaucoup moins puissant qu'eux. La réalité est autre. Continuateur d'une longue tradition, il est un prince sacré, ce qui l'oppose à tous les féodaux et le place dans une situation unique (Section 1). Mais ce prince sacré n'échappe pas pour autant aux contraintes de la féodalité. Il en est même une des premières victimes. Ne parvenant pas à maîtriser ses effets déstabilisateurs et ne réussissant même pas, dans un premier temps, à utiliser habilement les moyens de restructuration qu'elle pouvait lui offrir, il doit compter avec elle. Lié à ses structures et dépendant de ses réseaux, il apparaît avant tout comme un roi féodal (Section 2).

SECTION 1

UN PRINCE SACRÉ

A partir de 888, qu'il soit issu de la famille des Robertiens ou de celles des Carolingiens, les contemporains ne cessent de voir dans le roi un prince dont la situation politique, même fortement ébranlée, le place hors du commun. Alors commence, puis s'accentue à partir du XIe siècle, toute une redéfinition de l'institution royale, remodelage qui devait progressivement en fixer les caractères constitutifs. Pour cela, il fallait se placer sur un autre terrain que celui des simples réalités princières. Il devenait indispensable à l'entourage du roi qui voulait lui assurer une destinée hors de pair de trouver à sa lignée des origines grandioses, de forger pour son pouvoir d'autres fondements et d'assigner à sa mission d'autres objectifs.

C'est ainsi qu'à la fin du Xe siècle, se construit autour de la famille capétienne tout un monde légendaire et merveilleux dont elle serait issue.

Aidés par leur entourage et le monastère de Saint-Denis, les Capétiens réussissent à enraciner l'idée d'un rattachement de leur lignée à la dynastie carolingienne, tout spécialement à Charlemagne. Ils se présentent comme son continuateur et s'efforcent de retrouver, dans le système politique qu'ils mettent en place, une reproduction – certes affaiblie mais réelle – de la monarchie impériale. Voilà pourquoi la royauté capétienne qui prend son essor en 987 n'instaure pas véritablement un ordre nouveau. Elle veut, avant tout, continuer la royauté carolingienne. Les premiers Capétiens se comportent comme les derniers Carolingiens en s'efforçant de sauvegarder le capital de confiance que représente la tradition monarchique. Le *regnum Francorum* demeure, au moins en théorie, la base territoriale d'exercice du pouvoir et le roi capétien s'intitule toujours *rex Francorum Dei gratia*, au moins jusqu'à Philippe Auguste.

Il y a là de notables éléments de permanence qui facilitent un enracinement progressif de la famille capétienne dans l'exercice du pouvoir. Et il devient tellement solide qu'il permet rapidement le triomphe du principe dynastique (§ 1). Mais favoriser le succès d'une telle règle et l'ériger en coutume ne pouvait suffire à hisser le prince capétien au-dessus des grands féodaux qui avaient déjà su – souvent et depuis longtemps déjà – faire du principe dynastique une règle fondamentale de la transmission de leur pouvoir face à un roi que le jeu de l'élection avait, depuis 888, quelque peu transformé en otage de la féodalité. Faire du roi un prince à nul autre pareil impliquait que son pouvoir trouvât racine sur un terrain tout autre et qui lui fût exclusivement réservé. Voilà pourquoi le lien n'est jamais rompu avec les royautés mérovingienne et carolingienne. L'appui qu'elles s'étaient assuré sur l'Eglise avait largement contribué à rendre plus sûr leur destin, tandis que le sacre avait constitué un de leur plus solide fondement. Dans un tel contexte, religion et sacre ne pouvaient que devenir la pierre angulaire de cette royauté à la recherche d'éléments individualisants (§ 2) que les notions de sacerdoce et de ministère royal contribuèrent largement à renforcer (§ 3).

§ 1. – UNE ROYAUTÉ DYNASTIQUE

L'année 987 constitue une date pivot avec l'élection d'Hugues Capet. C'est parce qu'elle marque le début de cette longue lignée capétienne qu'elle a pris, par la suite, tant d'importance. Sur le moment, les contemporains ne lui ont donné aucune signification particulière. Ils y ont vu une date assez banale, celle de l'élection d'un nouveau roi, d'un simple changement de règne. Rien ne pouvait alors laisser pressentir que s'ouvrait le temps d'une grande dynastie.

La remarque prend d'autant plus d'importance si on se réfère à ce qui s'est passé de 888 à 987. Tout au long du siècle, l'alternance des deux maisons rivales – Carolingiens et Robertiens – domine les événements politiques. Le pas est donné à l'élection sur la succession héréditaire. Pratique qui, à tous points de vue, reflète la faiblesse de l'institution royale et l'emprise très forte des grands dont dépend, presque exclusivement, le choix du souverain. Cette tendance se manifeste avec une vigueur toute particulière de 888 à 936, période au cours de laquelle l'alternance des deux familles sur le trône est presque parfaite. Passée cette date et jusqu'en 987, les Carolingiens semblent reprendre l'avantage. Trois d'entre eux occupent alors le trône et règnent de père en fils. Mais il n'y a là qu'apparence trompeuse dans la mesure où ils ne réussissent jamais à échapper véritablement à l'emprise des Robertiens. Hugues le Grand qui est duc de France domine la région entre Loire et Seine. Son fils, Hugues Capet, met à profit cette position de force quand meurt, en 987, le dernier Carolingien, Louis V, alors âgé de vingt ans. Son oncle Charles de Lorraine, qui est aussi son plus proche parent, brigue le trône. Mais les grands réunis à Senlis lui préfèrent Hugues Capet.

Cet événement, dont l'importance est considérable pour la suite, s'explique par la conjonction d'une série de facteurs. Politiques d'abord, puisque Hugues Capet bénéficie de solides appuis, en particulier de celui que lui apporte le très influent archevêque de Reims, Adalbéron. Juridiques ensuite. On fait alors valoir qu'il n'existe aucun principe héréditaire réellement établi et qu'en conséquence le trône ne saurait être dévolu par ce moyen. De plus, même si on voulait y avoir recours, Louis V n'ayant pas d'héritier en ligne directe, cela serait bien difficile. On sait combien, à cette époque, l'hérédité en ligne collatérale avait du mal à s'imposer dans le droit des fiefs. Voilà comment, pour des raisons principalement contingentes et à travers une argumentation juridique qui était loin d'être sans faille, Hugues Capet a pu devenir roi.

Ce système électif présentait de réels inconvénients. Il affaiblissait considérablement l'institution royale en remettant sa dévolution entre les mains des grands et en faisant de cet enjeu politique une occasion supplémentaire d'aviver leurs rivalités. Elu, Hugues Capet sut habilement manœuvrer pour placer le sort de ses descendants et l'avenir de la royauté en dehors du champ des intrigues politiques. Comme ses prédécesseurs, il se fit sacrer, à Noyon, le 1er juin 987. Mais aussi et surtout, il réussit à introduire immédiatement le principe héréditaire, tout en cherchant à l'habiller de justifications suffisantes. Appelé à secourir le comte de Barcelone menacé par les Musulmans, il réussit à faire accepter aux grands l'idée que le royaume ne pouvait rester sans chef en son absence.

Or, qui pouvait-on imaginer de plus apte qu'un membre de la famille royale pour assumer cette mission royale ? Alors, tout naturellement, elle ne pouvait échoir qu'à son fils Robert. Par un habile plaidoyer, Hugues Capet sut convaincre les grands de cette inéluctable nécessité et rallier leurs suffrages pour faire élire Robert. Sacré dès Noël 987, il fut, à partir de ce moment-là, associé au pouvoir. Dans la pratique, il y eut deux rois, ce qui valut assurance à Robert que la royauté ne pourrait pas lui échapper à la mort de son père. C'est bien ainsi, selon cette ligne tracée de longue date, que se régla la succession de 996. Robert – déjà sacré et déjà roi – ne pouvait que le rester. Instruit de cette expérience heureuse, il la renouvela en 1017 en faveur de son fils aîné Hugues, puis en 1027, au lendemain du décès de celui-ci, au bénéfice de son fils cadet Henri. Devenu roi en 1031, il doit attendre 1059 pour faire sacrer par anticipation son fils Philippe, alors seulement âgé de sept ans. Ainsi se fixa une coutume qui devait perdurer jusqu'à la fin du XIIe siècle et faire disparaître la procédure de l'élection progressivement incorporée au sacre. Il faut attendre Philippe Auguste (1180) – encore associé au pouvoir par le sacre du vivant de son père – pour enregistrer l'abandon de cette procédure. Assez sûr de lui et persuadé d'un enracinement assez solide de la famille capétienne au pouvoir, il jugea inutile de faire sacrer son fils par anticipation. Alors, la règle de l'hérédité l'avait définitivement emporté.

Mais quelle hérédité ? Tout au long de notre période, les Capétiens eurent toujours des fils, ce qui leur évita, tout comme à leur entourage, d'avoir à se poser le problème de savoir si des filles auraient éventuellement pu succéder à la couronne de France. Tel fut le « miracle capétien ». Mais alors, quel fils ? Puisque chaque génération en eut plusieurs.

A la question posée, la pratique apporta très vite une réponse en adoptant, dès le règne de Robert le Pieux (996-1031), la règle de l'aînesse. En 1027 meurt son fils aîné Hugues qu'il avait fait sacrer en 1017. Le choix restait alors possible, pour lui succéder, entre Henri le cadet et Robert, le plus jeune. Ce fut, non sans hésitation en raison de l'attitude de la reine Henri qui fut choisi puis, la même année, sacré et associé au pouvoir. Cette solution qui consacrait la pratique jusque-là suivie et trouvait de nombreuses justifications dans le droit successoral féodal, se mua progressivement en règle coutumière, plus tard qualifiée de **règle de primogéniture**, appelée à devenir, par la suite, une des lois fondamentales du royaume.

Cette règle, même solidement enracinée, pouvait se heurter à des difficultés de fait qui risquaient de rendre impossible la succession immédiate du fils aîné, tout spécialement chaque fois que celui-ci n'était pas en âge d'exercer les prérogatives royales. La question se posa dès 1060, au décès d'Henri Ier (1031-1060), alors que son fils aîné Philippe n'avait que huit ans. Fort heureusement, mettant en pratique la coutume désormais bien établie, il l'avait de son vivant fait sacrer et associé au trône. Mais il avait mieux encore agi en le plaçant sous la garde (*tutela, custodia*) de son oncle Baudoin V, comte de Flandre. Dans ces conditions, Baudoin put veiller sur les intérêts de son neveu devenu roi, mais trop jeune pour régner. Il exerça aussi en son nom, jusqu'en 1065, l'ensemble des prérogatives royales avec le titre de *regni procurator et bajulus*. Ainsi commence à se profiler et à s'institutionnaliser un système plus tard qualifié de régence. Se précise, en même temps, cet âge de la majorité royale que devaient définitivement fixer à quatorze ans des ordonnances bien plus tardives, en 1270 et 1271. « Procurateur et bailli du royaume », Baudoin se trouve investi de pouvoirs encore mal définis, mais sa présence aux côtés du jeune roi permet de sauvegarder le principe héréditaire, tout en assurant une continuité dynastique qui rejaillit sur celle de l'Etat naissant.

Vu sous cet angle, l'événement est considérable. Conscience était désormais prise qu'une rupture, si minime ou si provisoire soit-elle, introduite dans le fonctionnement du principe dynastique ne saurait en aucun cas porter atteinte au bon fonctionnement des rouages politiques et, surtout pas, à la règle de continuité dont on commence à savoir qu'elle constitue un élément essentiel pour l'affermissement et l'existence de l'Etat. C'est le roi qui est en charge de veiller à son application. Assuré de pouvoir transmettre son pouvoir en vertu du principe dynastique, il a aussi la certitude qu'il sera sauvegardé si son successeur n'est pas en âge de l'assurer et ceci d'autant plus facilement que le sacre lui apporte force et vigueur nouvelles.

§ 2. – UNE ROYAUTÉ CRÉÉE PAR LE SACRE

Fonder une dynastie n'était pas suffisant pour assurer la royauté et, surtout, pour faire de celui qui était appelé à régner, le roi. Il fallait continuer à pratiquer, en l'enrichissant, l'acte légitimant auquel avait eu recours le premier Carolingien et toute sa suite après lui, le sacre. Ainsi se trouvait mieux encore assurée la continuité dynastique et renforcée l'assise religieuse de l'institution royale. Mais, depuis Pépin le Bref, le sacre a pris une dimension toute autre pour devenir et demeurer, au moins jusqu'au XIVe siècle, un acte créateur destiné à placer dans un nouvel état celui qui, en vertu de la règle de primogéniture, se trouve appelé à régner. Roi désigné jusque-là, le sacre a pour mission de le transformer en roi régnant. Pareil événement qui constitue un des moments les plus graves, les plus grandioses et les plus merveilleux de la vie politique de l'Etat médiéval, ne pouvait que s'intégrer dans un cérémonial parfaitement réglé (A) et marquer profondément de son empreinte le caractère religieux de la monarchie médiévale (B).

A. LE CÉRÉMONIAL DU SACRE

En raison des liens très étroits qui unissaient les Carolingiens à l'Eglise et la place de tout premier plan qu'occupaient les clercs dans le gouvernement de l'Empire, le sacre des souverains carolingiens se déroulait toujours en présence de nombreux évêques. Cette tradition perdure tout au long des siècles suivants, tandis que s'affirme, avec toujours plus de force, le rôle prééminent qui revient à l'archevêque de Reims, finalement reconnu comme prélat consécrateur.

Cette position privilégiée est liée au rayonnement sans pareil que connaît sa métropole, dans la seconde moitié du IXe siècle, avec l'archevêque Hincmar qui en porta loin le renom. Dès avant lui, mission d'administrer le sacre avait souvent été dévolue à ses prédécesseurs. Mais il n'y avait là qu'un simple privilège personnel de l'archevêque que n'étaient nullement tenus de respecter les souverains successifs. Ainsi Sens, Noyon et Orléans furent-ils tour à tour choisis. Puis, à partir du début du XIe siècle, ce privilège finit par devenir réel, c'est-à-dire attaché à l'église cathédrale de Reims. Alors, la règle s'instaura, au point de ne plus être jamais violée, à partir de 1027 (sacre de Henri Ier). Pape et évêques la reconnurent comme une coutume qui les liait. Ives de Chartres s'en fait même le porte-parole, écrivant à l'archevêque de Reims : « *C'est un privilège de votre église* ». A partir de ce moment-là, la tradition rémoise du sacre est parfaitement fixée qui prend racine très loin dans le temps, avec le baptême de Clovis par l'évêque Rémi de Reims.

La cérémonie du sacre obéit à un rituel précis qui s'est fixé très tôt. Tant les procès-verbaux qui en étaient toujours dressés et dont certains nous sont parvenus que les rituels liturgiques (*ordines ad consecrandum regem*) nous permettent d'en suivre pas à pas le déroulement rythmé par la promesse du roi (1) qu'accompagne l'accomplissement de rites parfaitement fixés dès cette époque (2).

1. – *Promesse et non serment*

La distinction est d'importance. Celui qui prête serment jure sur une chose sacrée (reliques, évangile) et s'expose, en cas de non-respect de la parole donnée, de parjure donc, à des sanctions très graves, qu'elles soient canoniques (excommunication) ou civiles. Pareil arsenal ne pouvait être imaginé pour le roi, ce qui explique et justifie à la fois que son engagement ne soit qu'une promesse. Elle n'est pas nouvelle, apparue au temps du déclin carolingien, au début de la seconde moitié du IXe siècle.

Souhaitée par l'épiscopat tout entier, elle est introduite par Hincmar dans le rituel. Il y avait la volonté de définir avec précision la mission du roi et de fixer un cadre strict à son action afin de pouvoir mieux la contrôler. Cette volonté de contrôle, voulue au départ par l'épiscopat, devait progressivement devenir un moyen de limitation qui s'imposait de lui-même au souverain. Lié par sa promesse, il ne pouvait que faire le meilleur usage de ses prérogatives.

Cette promesse, c'est la réponse qu'apporte le roi à la demande que lui fait l'archevêque consécrateur. Est-il disposé, une fois élu roi, à faire régner paix et miséricorde ? Apportera-t-il au peuple chrétien dont il a la garde, justice et respect du droit en combattant les ennemis de Dieu ? Et maintiendra-t-il aux églises qui lui sont confiées l'ensemble des privilèges dont elles jouissent ? Sur tous ces terrains, le roi s'engage. Il prononce alors sa promesse dont le texte, figé en quelques formules, est transcrit, signé et scellé du sceau royal. Le contenu de ce texte a progressivement évolué mais, sous les premiers Capétiens, il est toujours très proche de celui qui nous a été conservé pour Philippe Ier « *Je promets... que je conserverai à chacun de vous et à chacune des églises qui vous sont confiées le privilège canonique, la loi sous laquelle vous vivez et la justice qui vous est due, que je vous défendrai avec l'aide de Dieu, autant que je pourrai, comme un roi est obligé dans son royaume de faire droit à chaque évêque et à l'église qui lui est commise. Je promets aussi que dans l'élaboration des lois, j'emploierai mon autorité à faire jouir de ses droits légitimes le peuple qui est sous ma garde* ».

Cet engagement du roi, qui ne saurait être limité, constitue un préalable. De lui dépend le sacre dont il est la condition première, entouré de tout un rituel qui en accentue la solennité.

2. – *Élection, onction et remise des insignes royaux*

Fiction entretenue de l'ancienne élection par les grands, désormais devenue inutile et souvenir, aussi, de **la vieille procédure d'acclamation** des rois francs par leurs guerriers. A l'évêque consécrateur revient maintenant le soin d'élire le roi. En clair, de le désigner à l'approbation des grands et des évêques, du peuple également présent. Et tous de l'acclamer en criant :

« *Nous approuvons et voulons qu'il en soit ainsi* ». Elu, fort du soutien qui lui était apporté et du fondement populaire donné à son pouvoir, ce « presque-roi » pouvait devenir roi. Engagé auprès de son Eglise et de son peuple, élu par lui, rien ne s'opposait plus à ce qu'il fût créé roi. Il n'y manquait que le sacre. L'essentiel.

Un peu à la manière dont les évêques étaient oints au moment de leur consécration, le prélat consécrateur oint le roi d'huile sainte et du saint chrême sur le front, la nuque et les épaules. C'est le **rite de l'onction**. Oint du seigneur, il devient en même temps son élu, ce qui le place en situation d'exercer pleinement ses fonctions. Ici encore, merveilleux et légende se mêlent pour renouer avec la tradition, faire remonter loin dans le temps les origines de cette royauté et fonder plus solidement son droit divin à régner. Selon une légende qui avait pris corps à la fin du VIIIe siècle, l'huile sainte qui servait à oindre les rois n'aurait été autre que celle utilisée par l'évêque Rémi de Reims pour le baptême de Clovis. Miraculeusement envoyée dans une ampoule par une colombe représentant le Saint-Esprit, elle aurait été ainsi conservée à travers la longue lignée des rois pour servir à leur sacre. Pareille version, que les moines de l'entourage royal contribuent à accréditer tout au long des Xe et XIe siècles, en accentuant encore son légendaire, visait avant tout à renforcer le caractère religieux d'une royauté particulièrement affaiblie face à la féodalité.

Venait ensuite le **rite de la remise des insignes royaux**. Pour bien sceller l'union de la royauté avec son peuple, le roi reçoit l'anneau. Le sceptre symbolise sa toute-puissance et le glaive lui est remis pour lutter contre les ennemis de la foi, tandis que la main de justice matérialise la fonction de justice qu'il doit exercer au bénéfice de tous. La couronne, enfin, lui est imposée. Instrument suprême de la dignité royale, sa remise avait été incorporée au sacre dès le règne de Louis le Pieux qui fut sacré et couronné, en même temps. Il y avait là, jonction maintenant bien acquise de deux traditions, le sacre d'origine juive et le couronnement directement emprunté à Byzance.

Tous ces rites, qui s'intègrent à la messe du sacre, après la collecte et avant l'épître, ne sont pas sans rappeler la consécration épiscopale. Comme un évêque, le roi est oint, comme lui il reçoit un anneau tandis que son sceptre évoque la crosse, symbole des prérogatives épiscopales. Ce parallèle, finement mûri et orchestré, vise à renforcer plus encore le caractère sacré de la royauté.

B) LA PORTÉE DU SACRE

Créateur du roi, il le transforme aussi en une sorte d'évêque investi d'un véritable sacerdoce qui le place dans une position d'intermédiaire entre Dieu et son peuple. **Rite constitutif donc, le sacre est aussi rite distinctif.** Il fait du roi un prince différent de tous les autres. Seul à être sacré, aucun autre pouvoir que le sien n'est frappé du sceau du choix de Dieu. En conséquence, aucun prince, même très puissant, ne saurait s'inscrire à l'encontre de l'action du pouvoir royal auquel le sacre a donné substance et force. Cette idée, bien ancrée dans les esprits, demeure longtemps vivace.

Louis VII en avait bien conscience qui faisait remarquer, en 1143, que rois et évêques étaient les seuls à être consacrés et qu'ils se trouvaient de ce fait associés pour être placés à la tête du peuple de Dieu et le conduire.

Mieux encore, les effets du sacre débordaient largement cet aspect créateur puisqu'ils valaient au roi un véritable pouvoir surnaturel et thaumaturgique. Celui de guérir, par son simple toucher, les écrouelles ou adénites d'origine tuberculeuse que les gens du Moyen Age qualifiaient de mal royal. Ce pouvoir, dont les rois se transmettaient sur leur lit de mort la formule, leur valut toute une dévotion populaire fondée sur l'extraordinaire croyance qu'avaient les masses paysannes et laborieuses en cette faculté de guérir directement liée au sacre et au comportement religieux du roi. Mystère et surnaturel impliquaient donc croyance et adhésion en sa personne. Elles lui étaient presque aussi nécessaires chaque fois qu'il devait exercer les prérogatives découlant de son ministère.

§ 3. – UNE ROYAUTÉ INVESTIE D'UN MINISTÈRE

Ce sacerdoce royal que le roi reçoit mission d'accomplir au moment du sacre aiguise l'attention des théoriciens qui le qualifient, comme l'avait déjà fait l'entourage de Louis le Pieux, de ***ministerium regis***. Il n'y a pas seulement identité de vocabulaire, dans la mesure où c'est le contenu, à peu près complet, du ministère défini pour les empereurs carolingiens à partir de Louis le Pieux qui est repris. Dès le temps d'Hugues Capet, le canoniste Abbon de Fleury ne fait que prolonger les théories d'Hincmar de Reims ou de Jonas d'Orléans. Il consacre dans son œuvre tout un chapitre à la fonction royale (***De ministerio regis***) dont il analyse les principales prérogatives. A ses yeux, ce qui distingue l'autorité du roi de celle des autres princes, c'est qu'elle est la seule à être un pouvoir politique institutionnel, c'est-à-dire fondé sur un ensemble de textes sacrés. Pour cette raison, elle doit dépasser le domaine pour régir l'ensemble du royaume. Le roi n'a d'autre mission que de « *régler les affaires de tout le royaume* ».

A un moment où le pouvoir royal est extrêmement affaibli et ne s'exerce guère à l'extérieur du domaine, ces vues étaient très porteuses pour l'avenir. Elles impliquaient une prise de conscience qui témoigne de la nécessité ressentie par l'entourage royal de structurer à nouveau l'Etat autour du pouvoir du roi. Même si ce pouvoir ne pénètre plus à l'intérieur des grandes seigneuries et moins encore des grands fiefs, il est le seul à être royal et à puiser sa source dans le sacre. Voilà qui suffit à justifier sa prééminence et à faire de lui le pivot autour duquel doit s'inverser le mouvement de dissociation territoriale pour reconstruire l'Etat. Mais, bien conscients qu'il était encore trop tôt pour en arriver là, nos théoriciens se limitent à évoquer, en la magnifiant, la panoplie des prérogatives qui donnent progressivement corps au ministère dont est investi le roi. Un gardien (A), un protecteur (B), un juge (C). Voilà, à leurs yeux, celui à qui ils confient les destinées du royaume.

A. GARDIEN

Placé à la tête du *regnum Francorum*, le roi doit lui apporter une double sécurité, externe et interne. C'est la ***tuitio regni***, la garde du royaume.

Vis-à-vis de l'extérieur, il est tenu de le défendre contre tous ses ennemis en veillant au maintien de l'intégrité territoriale. Même si l'idée d'un territoire unifié n'est pas encore devenue réalité, on a cependant clairement conscience que le roi doit tout mettre en jeu pour s'opposer à une domination de l'extérieur et faire en sorte qu'un grand feudataire ne devienne pas le vassal d'un prince étranger. Garant de cette unité nationale dont la reconstruction s'amorce, le roi doit en conséquence avoir les moyens d'assurer la mission qui lui est confiée. Voilà pourquoi c'est à lui que revient le soin, en cas de péril, de lever ban et arrière-ban pour réunir autour de lui des contingents suffisants. Pouvoir encore très difficile à mettre en œuvre, il était néanmoins très prometteur.

A l'intérieur de son *regnum*, le roi a mission d'assurer partout l'ordre et la paix en réprimant les violences et en s'opposant aux entreprises turbulentes des grands féodaux. Pour y parvenir, les rois des XIe et XIIe siècles s'efforcent d'étendre à tout leur domaine et surtout à l'ensemble du royaume, les institutions de paix mises en place par l'Eglise afin de limiter les guerres privées. Pendant toute cette période, relais de l'Etat défaillant, l'Eglise prend des initiatives importantes en ce domaine. La **Paix de Dieu**, instituée pour la première fois en 989 par le concile de Charroux apporte une protection particulière à certains biens (des églises, des paysans et des petites gens) et à certaines personnes (clercs, pèlerins, femmes et enfants). A partir des années 1020, des évêques font rédiger dans leur diocèse des formules de serment de paix qui créent à la charge de ceux qui le prêtent obligation de ne pas faire de tort et de ne pas causer de dommages. Naissent aussi, toujours sous l'influence de l'Eglise, des associations de paix qui engagent leurs membres, non seulement à ne pas troubler la paix, mais aussi à la faire respecter. Dernière grande initiative de l'Eglise enfin, la **Trêve de Dieu**. Décidée en 1027 dans le cadre d'un concile tenu dans la région de Perpignan, elle interdit la guerre, d'abord à l'occasion de certains jours liturgiques (le dimanche en particulier), puis pendant de plus longues périodes (Avent, temps de Noël, Carême, temps pascal).

Dans ce domaine essentiel qu'est le maintien de l'ordre et de la paix, l'Eglise intervient, nous dit une chronique de l'époque, « *en raison de la faiblesse du roi* ». Mais la royauté demeure parfaitement consciente de sa mission. Démunie de moyens et de l'autorité suffisante pour la mener à bien, elle a la grande habileté d'accepter cette aide, de l'utiliser pour réaffirmer progressivement ses prérogatives et retrouver ainsi la place naturelle qui lui revient en matière d'ordre, de sécurité et de protection.

B. PROTECTEUR

Cette fonction constitue un des aspects essentiels du ministère royal. Limitée dans son application aux XIe et XIIe siècles, elle va par la suite en s'élargissant sans cesse, tant à l'égard des églises que des simples particuliers.

Comme les autres prérogatives royales, la protection des églises est souvent tombée, aux temps féodaux, entre les mains des princes et des grands seigneurs. Elle redevient cependant réalité, surtout dans le courant du XIIe siècle, où le devoir de protection du roi envers ses églises se mue en véritable droit de garde de mieux en mieux réglementé afin qu'il ne se retourne pas contre elles. Cette garde, qui est source de profit en contrepartie des avantages qu'elle apporte à l'église concernée, est strictement limitée au temporel (droit de percevoir des taxes, lever des hommes et utiliser les châteaux). Elle ne doit, en aucun cas, empiéter sur le spirituel dont l'église bénéficiaire conserve l'entière maîtrise. De manière plus générale, les diplômes des XIe et XIIe siècles sont nombreux qui rappellent régulièrement le devoir du roi de protéger l'ensemble du clergé et tout spécialement les abbayes. Non seulement il leur doit cette protection très générale, mais il est en plus tenu d'accroître régulièrement leur patrimoine par ses libéralités. Il est aussi chargé de veiller à ce que seront bien exécutées les décisions du pape et des évêques, tout comme les canons des conciles. Il n'y avait là, finalement, que manifestation concrète et tangible de l'engagement pris par le roi au moment du sacre.

Cette mission de protecteur lui vaut aussi de nombreuses obligations à l'égard des simples particuliers. Mais, là encore, l'époque féodale n'apporte pas de manifestations spectaculaires à l'exercice de cette prérogative, pourtant si riche pour l'affermissement futur de la royauté. Commencent néanmoins à se profiler deux techniques – **asseurement et sauvegarde** – qui devaient permettre au roi de développer de plus en plus ses prérogatives dans ce domaine. Par l'asseurement, deux ou plusieurs personnes prêtent serment réciproque de ne pas se faire la guerre. Le roi les place sous sa protection et si l'une d'elles vient à ne pas respecter ses engagements, elle est passible de peines sévères devant les seuls juges royaux. Quant à la sauvegarde, elle permet au roi de placer sous sa protection particulière une ou plusieurs personnes et de sanctionner lourdement ceux qui la méconnaissent. Là encore, la justice royale a un rôle essentiel à jouer.

C. JUGE

Maintenir la paix et protéger l'ensemble du *regnum* avait un corollaire, rendre la justice. Cette mission devient un idéal de la monarchie capétienne. Très vite, le roi personnifie la justice et ne manque jamais de faire connaître, à travers ses « actes législatifs », sa volonté d'être toujours très présent sur ce terrain. Rien n'est plus probant que de laisser s'exprimer Hugues Capet lui-même : « *La sublimité de notre piété n'a de raison d'être en droit que si nous rendons la justice à tous et par tous les moyens. Les rois n'ont été institués que pour examiner avec perspicacité les droits de chacun, supprimer tout ce qui est nuisible et faire grandir tout ce qui est bon* ». Et Louis VI emboîte le pas quand il incite son fils, sur son lit de mort, à bien veiller à ce que les droits de chacun soient respectés. Mieux encore, pareilles allégations débordent largement le cadre royal ou celui de l'Eglise, naturellement favorable à la justice du roi. Même la féodalité laïque en reconnaît toute la légitimité, tel le comte de Blois, Eudes II, quand il écrit au roi Robert « *que la racine et le fruit de l'office royal, c'est la justice* ». Il y avait là, comme la garde et la protection, mais sans doute bien davantage encore, un terrain extrêmement porteur pour l'affermissement du pouvoir royal. Très timide encore et totalement dépourvu de structures aptes à favoriser sa mise en œuvre, ce pouvoir judiciaire reconnu au roi le place obligatoirement dans une position d'arbitre. Elle favorise ses capacités d'intervention, dans un monde féodal qu'il ne pouvait ignorer.

SECTION 2

UN ROI FÉODAL

Le monarque capétien, même sacré, rencontre beaucoup de difficultés à s'arracher à la féodalité. L'histoire des XIe et XIIe siècles est celle d'une royauté très engagée dans un système féodal qu'elle réussit mal à contrôler et qui impose de lourdes contraintes à son action.

Pendant longtemps, les grands du royaume n'acceptent qu'avec réticence le principe d'hérédité. Leur mécontentement qui confine souvent à l'opposition ouverte se manifeste à l'occasion des changements de règne et au moment du sacre anticipé du futur roi. Leur pression s'exerce alors pour modifier l'ordre de succession et entrave ainsi, à leur avantage, la transmission du pouvoir.

Pour dominer cette pression, le roi s'efforce de consulter le plus régulièrement possible les grands sur les affaires du royaume. En réalité, c'est trop souvent une minorité restreinte qui est appelée à donner son avis. Dans ces conditions, elle ne pouvait assurer la fonction de porte-parole de l'ensemble du monde féodal dont les grands princes qui en sont l'âme se montrent peu enclins à accepter une supériorité que le roi et son entourage veulent lui imposer.

Cette suprématie est d'ailleurs, dans les situations les plus courantes, tout à fait illusoire. Ce roi féodal, fût-il prince sacré, n'a pu maîtriser l'irrésistible dégradation de son pouvoir qui l'a transformé, lui aussi, en seigneur. Seigneur territorial, banal – ce qui était finalement sa vocation première – il le reste, chaque fois qu'il a pu conserver l'exercice du droit de ban sur un territoire de puissance déterminé (§ 1). Mais il est aussi devenu un seigneur féodal, engagé dans un système complexe de relations personnelles et réelles, qui doit jouer des avantages et vaincre les inconvénients que lui apporte cette situation (§ 2).

§ 1. – LE ROI SEIGNEUR TERRITORIAL

Analyser sous cet angle la royauté, c'est poser une question simple, mais double. Dans ce monde féodal, quels territoires ce roi contrôle-t-il encore directement (A) et, sur ces territoires, quelle est la réalité de son pouvoir

(B) ? Tout le problème est donc de savoir dans quelle mesure le roi capétien des XIe et XIIe siècles prolonge l'action de l'empereur carolingien et s'il exerce encore réellement son pouvoir de commandement.

A. L'ASSISE TERRITORIALE DU POUVOIR : DOMAINE ET ROYAUME

Cette distinction apporte la clé du problème. Le ***regnum Francorum*** dont les Capétiens ont hérité était déjà très morcelé. Ce phénomène s'accentue encore avec la désagrégation territoriale du Xe siècle pour donner naissance à un ensemble de principautés et de seigneuries juxtaposées. Elles sont unies par le seul souvenir commun d'avoir fait partie d'un vaste ensemble qui, désormais, constitue le royaume. A l'intérieur de ce territoire qui recouvre à peu près ce qu'était l'ancienne *Francia Occidentalis*, seigneurs et princes, souvent plus puissants que le roi, sont totalement indépendants de lui, tout en reconnaissant sa qualité de roi et en lui prêtant le plus souvent hommage. Mais, dans ce royaume aux limites mouvantes, le roi ne saurait commander ni exercer directement ses droits. Il doit, toujours, passer par l'intermédiaire obligé des princes et seigneurs qui contrôlent jalousement principautés et seigneuries.

Tout autre est sa situation dans le domaine royal où il exerce une autorité réelle et directe sur l'ensemble des terres et des hommes. Ce domaine, composé des terres dont le roi a la maîtrise directe, des seigneuries dont il est le seigneur immédiat et des châtellenies dont les seigneurs dépendent directement de lui, est en réalité extrêmement réduit au moment où Hugues Capet monte sur le trône. Depuis trop longtemps, Carolingiens et Robertiens concédaient très largement des terres à leurs agents pour les rétribuer, aux églises pour les doter et à leurs vassaux pour s'assurer leur fidélité. A ce rythme, ils se sont presque entièrement dépouillés et ce qu'ils contrôlent encore directement, en 987, ne représente à peu près rien, sauf dans la région de Laon.

Avec Hugues Capet et ses successeurs, la stabilité de ce domaine le dispute à sa médiocrité. Etalé en une longue bande de terres entre Orléans au sud et Senlis au nord, il ne constitue même pas un ensemble territorial continu que limitent à l'est le comté de Troyes et le Gâtinais, à l'ouest le comté de Blois et le duché de Normandie, tandis que le Vermandois au nord et le Sancerrois au sud, régions contrôlées par le comte de Blois et de Troyes, forment comme un étau interdisant toute possibilité d'extension. Cet ensemble de seigneuries royales, qui entrent dans le domaine, sont souvent entrecoupées de seigneuries indépendantes sur lesquelles le roi n'exerce aucune maîtrise. A cela s'ajoutent quelques possessions dans la région de Laon dont les premiers Capétiens avaient hérité des derniers Carolingiens. Font aussi partie intégrante du domaine des châteaux et châtellenies telles que Poissy et Melun et quelques villes importantes comme Paris, Orléans et Senlis, points d'appui importants dont le roi conserve jalousement le contrôle pour préparer sa reconquête territoriale. Viennent s'ajouter, à cet ensemble, des possessions beaucoup plus éloignées qui, pour le moment, ne sauraient être utilisées comme des supports efficaces à l'exercice des droits royaux : Montreuil-sur-Mer et Attigny dans les Ardennes. Ainsi composé, le domaine apparaît davantage comme des territoires de puissance disjoints, certes très porteurs en vue d'une unification future mais, pour l'heure, dangereusement menacés par de puissants seigneurs, souvent hostiles, tels ceux de Montmorency ou de Montlhéry.

Malgré cette position territoriale médiocre, toute la politique des premiers Capétiens a été d'assurer leur autorité à l'intérieur du domaine pour l'étendre progressivement au royaume dont les contours géographiques se précisent et la notion juridique s'affine progressivement. A partir du milieu du XIIe siècle, on associe de plus en plus le royaume et la couronne. Le royaume reste bien cet ensemble territorial qu'il était jusque-là, mais il sert aussi à désigner quelque chose de plus immatériel dans lequel entrent lentement droits et prérogatives royales que commence désormais à représenter la couronne. Cette couronne, simple élément matériel de pierres et métaux précieux que le roi ceint le jour du sacre, devient progressivement le symbole des *regalia* (droits et prérogatives royales) dont il est titulaire. Le terme royaume, qui sert toujours à désigner le territoire matériel de leur exercice, connaît à son tour une évolution sémantique semblable vers plus d'abstraction qui englobe, elle aussi, droits et attributs de la puissance royale. Ainsi, la couronne dépositaire des *regalia* et le royaume support matériel de leur exercice, tendent à devenir des réalités indissociables. Suger, abbé de Saint-Denis et habile conseiller de Louis VII, l'avait bien compris quand il demandait aux féodaux les plus en vue d'engager leur fidélité à la couronne et au royaume, tout à la fois. Il y a, dans cette évolution et dans cette association, une intéressante préfiguration de l'Etat avec son territoire et ses droits que le souverain a simplement mission d'incarner, d'administrer et de gérer sans pouvoir, en aucun cas, en disposer librement. Mais, pour l'heure, cette capacité de gestion et d'administration des premiers Capétiens s'avère bien limitée, tant demeure incertaine la réalité de leur pouvoir.

B. LA RÉALITÉ DU POUVOIR

Il s'agit du pouvoir dans le sens le plus fort du terme, de ce pouvoir plein qu'est le pouvoir de ban et qui devrait donner au roi capacité d'agir directement dans tous les grands secteurs de la vie du royaume, qu'il soit judiciaire, législatif, militaire ou fiscal. Tout ce qui, bien plus tard, comme de nos jours, sera qualifié de souveraineté. Mais, aux XIe et XIIe siècles, le roi capétien peut-il encore compter des territoires sur lesquels exercer, dans sa plénitude, l'ancien pouvoir de ban de l'empereur carolingien ? Voilà le problème auquel l'examen des réalités politiques apporte, le plus souvent, une réponse négative, surtout chaque fois que le roi tente de déborder les limites étroites de son domaine.

Dans toutes les possessions qui font partie intégrante du domaine, l'emprise royale s'étend jusqu'au plus bas degré de la hiérarchie sociale, jusqu'aux hommes de poesté auxquels le roi commande toujours directement. Mais, à l'intérieur même de ce domaine, les seigneuries et châtellenies qui relèvent de chefs féodaux, même s'il sont des vassaux domaniaux du roi, constituent souvent un véritable écran à l'exercice de ses prérogatives. Jusqu'au début du XIIe siècle, les souverains capétiens ne parviennent pas à réduire ces enclaves qui font obstacle au développement de leurs pouvoirs. La situation ne commence à évoluer de manière favorable qu'avec Louis VI. Prenant appui sur ce qui constitue véritablement le socle domanial de son pouvoir, il réussit à vaincre bon nombre de ces autonomies qui contribuaient à médiatiser sa capacité d'action. Mais il ne lui fallut pas moins d'une trentaine d'années pour mener à bien ces opérations de police et soumettre à son contrôle les seigneurs les plus puissants tel Thomas de Marle, seigneur de Coucy, ou Hugues du Puiset, sire de Montlhéry. A la fin de son règne, le domaine est entièrement pacifié, il en est maître du Nord au Sud. Il lègue ainsi à son fils Louis VII une situation de véritable prince territorial en Ile-de-France. Le prestige moral de la royauté y est restauré et, surtout, le roi peut y remplir désormais, pleinement, sa mission de souverain justicier. Cette région constitue alors le point fort à partir duquel peut être envisagée une reprise en main progressive de l'ensemble du royaume.

Elle ne s'opère que très faiblement autour du pouvoir de ban. Tout au long des XIe et XIIe siècles, franchies les limites du domaine, le pouvoir de commandement du roi ne pénètre guère seigneuries et principautés. Plus on s'éloigne géographiquement du centre, plus il devient inopérant. Une preuve tangible en est donnée par le très faible impact de la législation royale sur cet ensemble de territoires que le roi ne contrôle pas directement. L'étude de la répartition géographique de ses diplômes, le plus souvent destinés aux églises, montre qu'elle est encore relativement satisfaisante tout au long du Xe siècle. Ainsi, jusqu'en 987, bien que très considérablement amoindrie, la capacité normative du roi parvient encore à se manifester, grâce à ses diplômes qui y sont reçus, dans une grande partie du royaume, mis à part la Bretagne, l'Ouest et le Sud-Ouest. Même si cette pénétration est inégale, il convient de souligner qu'elle s'étend jusqu'à l'extrême Sud.

Avec le règne d'Hugues Capet, la situation s'inverse dangereusement. On voit progressivement les régions du Midi ne plus recevoir la « législation royale ». Partout ailleurs, on enregistre un recul particulièrement sensible à partir du règne d'Henri Ier. Ses diplômes ne pénètrent à peu près plus les grandes principautés, même les moins éloignées comme la Normandie et la Bourgogne. Sa sphère d'influence, réduite à une zone géographique comprise entre Tours, Montreuil-sur-Mer et Châlons-sur-Marne, se rétrécit encore avec son successeur Philippe Ier (1060-1108) dont les actes ne franchissent guère les limites du domaine et se répartissent principalement le long d'un axe qui irait de Senlis à Orléans. On constate, alors, qu'à l'intérieur de leur domaine, les Capétiens du XIIe siècle ont assez bien assuré leur position de « législateur » et qu'ils ont sans doute préféré se cantonner à ces territoires de puissance, limités mais sûrs, avant de se lancer dans une conquête risquée de leur position de seigneur banal sur l'ensemble du royaume, préférant peut-être jouer de leur situation de seigneur féodal.

§ 2. – LE SEIGNEUR FÉODAL

Tout au long des XIe et XIIe siècles, l'adage « le vassal de mon vassal n'est pas mon vassal » joue avec toute sa force pour éloigner du roi la dépendance féodale de ses propres vassaux. Son pouvoir de commandement, désormais très réduit, ne lui permet pas davantage d'atteindre l'ensemble des roturiers des seigneuries, pourtant appelés à devenir ses sujets. Dans ces conditions, pour pénétrer cette hiérarchie d'arrière-vassaux et, à travers eux, les masses roturières, il doit toujours veiller à la finalité des rapports qu'il entretient avec ses grands vassaux et faire triompher l'idée que placé au sommet de la hiérarchie féodale, ce vaste ensemble dépend directement de lui. De l'image de suzerain suprême qu'il parvient à donner (A) dépend l'efficacité de sa politique féodale en vue d'assurer davantage la position de l'institution royale (B).

A. FAIRE TRIOMPHER L'IDÉE DE SUPRÊME SUZERAINETÉ

Elle ne cesse de se fortifier d'Hugues Capet à Louis VI et Louis VII, le premier aidé par les théories d'Abbon de Fleury et, les seconds, très efficacement épaulés par Suger.

Dans la vaste collection canonique qu'il compose au temps d'Hugues Capet, Abbon de Fleury consacre un chapitre particulier à la fidélité due au roi (*De fidelitate regis*), tout particulièrement de la part des grands du royaume (*primores regni*). Il s'interroge sur sa portée en se demandant comment le roi pourrait gouverner – ce qui est sa mission fondamentale – si ces puissants ne lui apportaient pas leur soutien et n'étaient pas d'accord avec sa politique. Plus concret encore, il se demande ce que deviendrait le roi s'il ne recevait pas d'eux « *l'aide, le conseil, l'honneur et le respect qui lui sont dus* ». C'était, en termes clairs, rappeler aux plus grands vassaux royaux les clauses du contrat qui les liait à lui en le plaçant au plus haut degré de la pyramide féodo-vassalique. A lui, tous les grands doivent en théorie au moins l'hommage, même si, dans les faits, ils prennent quelque liberté avec cette règle qu'Abbon présente comme fondamentale.

Dans un second temps et plus d'un siècle plus tard, Suger, fin conseiller de Louis VII, reprend ces principes pour les mettre véritablement en application. Joignant théorie, écrits et action, il revendique en permanence pour le roi une situation toute particulière qui le place, de manière indiscutable, au-dessus du monde des seigneuries et des principautés. Le roi ne peut être qu'un seigneur suzerain, celui auquel tous les grands seigneurs du royaume doivent un hommage qui les engage personnellement, mais aussi de manière réelle, c'est-à-dire avec leur fief qu'ils tiennent obligatoirement de lui.

Il y avait là un habile plaidoyer à un moment où il était très difficile de structurer la hiérarchie féodale par les seuls liens d'homme à homme, tout spécialement en raison du développement des vassalités multiples. Voilà pourquoi Suger insiste sur le rôle déterminant du fief dont on sait qu'il est devenu l'élément essentiel des relations féodo-vassaliques. Puisque tous ces grands tiennent leur fief du roi, c'est dire que leurs vassaux, en faveur desquels ils ont procédé à partir de leur propre fief à de nouvelles concessions, relèvent eux aussi, au moins indirectement, du roi. Ainsi s'enracine l'idée selon laquelle un fief procède toujours d'un autre fief dont on dit qu'il « *meut* ». C'est la théorie de la mouvance. En raison des démembrements successifs, elle permet de remonter du plus petit fief au plus grand, donc du plus petit seigneur jusqu'au roi.

Suger se fit le champion de cette théorie dont il suggère des applications possibles dans sa *Vie de Louis VI* (1144). Assimilant les grandes principautés à de simples fiefs, il soutient que le roi d'Angleterre Henri Ier a reçu du roi de France, en fief propre, le duché de Normandie. Dans ces conditions Louis VII ne peut, selon lui, que dominer le roi d'Angleterre et duc de Normandie, son simple feudataire. Tout aussi significatifs sont les propos qu'il prête au duc d'Aquitaine s'adressant au roi Louis VI. Le duc rappelle que le comte d'Auvergne tient de lui la terre d'Auvergne que, lui-même, tient du roi. Dans ces conditions, poursuit-il, si le comte d'Auvergne venait à commettre quelque faute, ce serait devant la cour du roi qu'il devrait comparaître et cette comparution devrait être assurée par lui duc d'Aquitaine, après en avoir reçu l'ordre du roi.

Ce sont là de bons exemples qui prouvent assez comment, au XIIe siècle, les grands se sentent véritablement engagés, auprès du roi, par le fief qu'ils ont reçu de lui. Désormais, c'est principalement en raison de la seigneurie ou de la principauté dont ils sont les chefs qu'ils prêtent hommage au roi. Ensemble de terres et de droits, elles sont toutes considérées comme des fiefs mouvant tout à la fois de la puissance du roi et de son royaume sur lequel il exerce une suzeraineté suprême. A ce schéma théorique et bien construit que répond la pratique ?

B. ASSURER LA POSITION DE LA ROYAUTÉ FACE À LA HIÉRARCHIE FÉODO-VASSALIQUE

De la construction dans les esprits à la pratique quotidienne, il y eut une grande distance tout au long des XIe et XIIe siècles. Les Capétiens ne parviennent pas, tant s'en faut, à faire triompher partout les principes de la suzeraineté royale. Ils doivent alors rechercher, comme ils le peuvent, l'adhésion et le soutien des grands féodaux afin de mieux assurer leur position et obtenir ainsi obéissance et prestations qu'ils sont en droit d'attendre du contrat vassalique. Nuancé à l'égard des seigneurs de la France mineure (1), leur succès est beaucoup plus limité chaque fois qu'entrent en scène les grands princes territoriaux (2).

1. – La France mineure est divisée en comtés et seigneuries dont les chefs bénéficient d'une autonomie à peu près complète. Néanmoins, plus le roi est proche géographiquement, plus on constate que les liens qui l'unissent à ces seigneurs sont nombreux et respectés.

Dans les parties de l'Ile-de-France qui ne sont pas rattachées au domaine, le roi possède souvent des châteaux et châtellenies. Ils constituent pour lui des points d'appui qui lui permettent d'obtenir la fidélité directe de seigneurs voisins qui se situent parfois très bas dans l'échelle sociale. Plus on s'éloigne au contraire de l'Ile-de-France, plus le nombre des vassaux royaux diminue. Le roi se limite alors à rechercher la fidélité des plus importants, tels les comtes d'Anjou, de Blois ou de Troyes qui prêtent de manière régulière l'hommage vassalique et font que la suprématie du roi est au moins théoriquement respectée. Mais ils constituent aussi en même temps un écran très opaque que le pouvoir du roi ne parvient pas à franchir en direction des plus petits seigneurs et, plus généralement, des hommes de poesté. Cette situation de rupture s'accentue au fur et à mesure qu'on s'éloigne du centre.

2. – Partout ailleurs dans le royaume et tout spécialement au niveau des principautés territoriales, l'hommage que doivent grands princes, ducs et comtes n'est prêté que de manière très irrégulière et, quand il l'est, ils ne siègent presque jamais à la cour.

Tout au long du XIe siècle, c'est le cas de tous les princes les plus éloignés, tels le duc de Gascogne ou le comte de Toulouse. Ils n'ont jamais prêté hommage au roi et ne sont même pas ses vassaux. Plus au nord, la situation est souvent confuse, dominée par la contestation de la part des grands autour du serment qu'ils doivent au roi. Le duc de Normandie, toujours réticent, soutient, quand il se soumet à cette obligation, qu'il tient le duché non pas du roi mais de ses ancêtres et, qu'en conséquence, son serment ne saurait être source d'une quelconque obligation. La situation s'aggrave à partir de 1066 quand, devenu roi d'Angleterre, il estime qu'il n'a plus à prêter hommage parce qu'il est lui aussi de dignité royale. Pareille attitude rejaillit sur les autres grands ducs, d'Aquitaine et de Bourgogne en particulier, qui se montrent tout aussi réticents.

A partir du début du XIIe siècle, avec le règne de Louis VI, puis sous celui de Louis VII, les efforts entrepris pour structurer la pyramide féodale et placer le roi au sommet apportent quelques résultats concrets. Ils sont particulièrement nets quand Henri II Plantagenêt devenu duc de Normandie et roi d'Angleterre doit, après avoir refusé l'hommage à Louis VII, accepter, en 1151, de venir à Paris pour lui prêter un hommage-lige qui témoignait hautement, s'il en était besoin, que la Normandie était bien un fief du royaume tenu du roi de France. Cet événement était capital pour l'affermissement de la suzeraineté royale.

Tout compte fait, chaque fois que le roi réussissait à obtenir de ses grands vassaux un hommage suivi d'effet, les résultats n'étaient pas négligeables. Il pouvait leur demander le *servitium* impliquant participation à l'ost royal, tout comme l'*auxilium* et surtout le *consilium* qui lui permettait de réunir une cour à la mesure du pouvoir qu'il s'efforçait d'exercer sur l'ensemble du royaume. Mais, chaque fois qu'il se trouvait face à des vassaux puissants, il devait trop souvent se soumettre à leur condition, sa suzeraineté même reconnue ne lui permettant pas de s'imposer. Voilà pourquoi d'autres moyens durent être imaginés et, surtout, mis en œuvre pour restaurer un Etat que les structures féodales avaient fortement ébranlé mais que l'Eglise épaule en permanence.

BIBLIOGRAPHIE

BARROUX R., « L'abbé Suger et la vassalité du Vexin en 1124 », *M. A.*, 1858, p. 1 et suiv.

BAUTIER R.-H., « La prise en charge du Berry par le roi Philippe Ier et les antécédents de cette politique de Hugues le Grand à Robert le Pieux », *Media in Francia. Recueil de mélanges offerts à Karl Ferdinand Werner*, Paris, 1989, p. 31-59.

BAUTIER R.-H., « Sacres et couronnements sous les Carolingiens et les premiers Capétiens. Recherches sur la genèse du sacre royal français », *A.B.S.H.F.*, 1987, p. 7-56.

BEAUNE C., « Les sanctuaires royaux », *Les lieux de mémoire*, II *La nation* 1, Paris, 1986, p. 55-87.

BEAUNE C., *Naissance de la nation France*, Paris, 1985.

BLOCH M., *Les rois thaumaturges*, Paris, 1961.

BOURNAZEL E., « Suger and the Capetians », *Abbot Suger and Saint-Denis,* Gerson P.L. édit., New York, 1987, p. 55-72.

BOURNAZEL E., *Le gouvernement capétien au XIIe siècle. Structures sociales et mutations institutionnelles,* Paris, 1975.

BOURNAZEL E, *Société féodale et fonction publique (fin X^e- milieu XIIIe siècle)* dans *Histoire de la fonction publique en France*, I, M. Pinet dir., Paris, 1993, p. 115-309.

BRÜLH C., *Naissance de deux peuples. Français et allemands (IXe-XIe siècle)*, Paris, 1994.

BUISSON L., « Couronne et serment du sacre au Moyen Âge », *Année canonique*, XVII, 1973, p. 131-163.

BUR M., *Suger, abbé de Saint-Denis, régent de France*, Paris, 1991.

CAZELLES R., « La réglementation royale de la guerre privée de saint Louis à Louis IX », *R.H.D.*, 1960, p. 530 et suiv..

DAVID M., *La souveraineté et les limites juridiques du pouvoir monarchique du IXe au XVe siècle*, Paris, 1954.

DAVID M., *Le serment du sacre du IXe au XVe siècle. Contribution à l'étude des limites juridiques de la souveraineté,* Strasbourg, 1951.

DHONT J., « Quelques aspects du règne d'Henri Ier roi de France », *Mélanges dédiés à la mémoire de Louis Halphen,* Paris, 1951, p. 199 et suiv.

EHLERS J., « Sentiment impérial, monarchie et régions en Allemagne et en France pendant le haut Moyen Âge », *Identités régionales et conscience nationale en France et en Allemagne du Moyen Âge à l'époque moderne*, Actes du colloque des 6-12 oct. 1993, R. Babel et J.-M. Moeglin dir., Sigmaringen, 1997, p. 15-35.

ERLANDE-BRANDENBOURG A., *Le roi est mort. Étude sur les funérailles, les sépultures et les tombeaux des rois de France jusqu'à la fin du XIIIe siècle*, Genève, 1975.

France (La) de l'an Mil, Delort R. dir., Paris, 1990.

France (La) de Philippe Auguste. Le temps des mutations, Colloque de Paris, 1980, Bautier R.-H. dir., Paris, 1982.

GRABOÏS A., « Un mythe fondamental de l'histoire de France, le roi "David", précurseur du "roi très chrétien" » *R. H.,* 287, 1992, p. 11-31.

GRABOÏS A., « De la trêve de Dieu à la paix du roi. Étude sur les transformations du mouvement de la paix au XIIe siècle », *Mélanges René Crozet,* 1966, I, p. 585-596.

GUENÉE B., « Les généalogies entre l'histoire et la politique : la fierté d'être Capétien en France au Moyen Âge », *A.E.S.C.,* p. 450-478.

GUYOTJEANNIN O., « Les évêques dans l'entourage royal sous les premiers Capétiens », *Le roi de France et son royaume autour de l'An mil,* Parisse M. et Barral I Altet dir., Paris, 1992, p. 91-98.

GUYOTJEANNIN O., « Les actes de Henri Ier et la chancellerie royale dans les années 1020-1060 », *C.R.A.I.B.L.,* 1988, p. 81-97.

HALPHEN L., *À travers l'histoire du Moyen Âge,* Paris, 1950.

HALPHEN L., « La lettre d'Eudes II de Blois au roi Robert », *À travers l'histoire du Moyen Âge,* Paris, 1950, p. 241-250.

HALPHEN L., « La place de la royauté dans le système féodal », *À travers l'histoire du Moyen Âge,* Paris, 1950, p. 266-274.

HALPHEN L., « La royauté française au XIe siècle », *À travers l'histoire du Moyen Âge,* Paris, 1950, p. 226-240.

HELERS J., « La monarchie capétienne et la genèse de la monarchie française », *Pouvoirs et libertés au temps des premiers Capétiens,* Magnou-Nortier E. dir., éd. Hérault, 1992, p. 63-78.

Identités régionales et conscience nationale en France et en Allemagne du Moyen Âge à l'époque moderne, Actes du colloque des 6-12 oct. 1993, R. Babel et J.-M. Moeglin dir., Sigmaringen, 1997.

LE GOFF J., « Aspects religieux et sacrés de la monarchie française du Xe au XIIIe siècle », *Pouvoirs et libertés au temps des premiers Capétiens*, Magnou-Nortier É. dir., éd. Hérault, 1992, p. 309-322.

LE GOFF J., « Philippe Auguste dans les *exempla* », *La France de Philippe Auguste. Le temps des mutations*, Colloque de Paris, 1980, Bautier R.-H. dir., Paris, 1982, p. 145-154.

LE GOFF J., « Reims ville du sacre », *Les lieux de mémoire*, II *La nation* 1, Paris, 1986, p. 89-184.

LEMARIGNIER J.-F., « Autour des premiers Capétiens (987-1108). D'un réseau d'encadrement à un embryon d'administration locale », *Histoire comparée de l'administration (IVe -XVIIIe siècle)*, Actes du IVe colloque historique franco-allemand de l'Institut Historique Allemand de Paris, Tours, 27 mars – 1er av. 1977 ; Paravicini W. et Werner K.-F. dir., München, 1980, p. 240-245.

LEMARIGNIER J.-F., « Les fidèles du roi de France (936-987) », *Recueil de travaux offert à Clovis Brunel*, Paris, 1955, II, p. 138-162.

LEMARIGNIER J.-F., *Le gouvernement royal aux premiers temps capétiens, 987-1108*, Paris, 1965.

LEMARIGNIER J.-F., *Recherches sur l'hommage en marche et les frontières féodales*, Lille, 1945.

LEWIS A. W., *Le sang royal. La famille capétienne et l'État. France, X^e-XIVe siècle*, Paris, 1986.

LONGNON A., *La formation de l'unité française*. Leçons professées au Collège de France en 1889-1890, publiées par H.-F. Delaborde, Paris, 1922, rééd., Paris, 1969.

LOT F., *Fidèles ou vassaux. Essai sur la nature juridique du lien qui unissait les grands vassaux à la royauté depuis le milieu du IXe siècle jusqu'à la fin du XIIIe siècle.*, Paris, 1904.

MAGNOU-NORTIER E., « Pouvoir, finance et politique des premiers Capétiens », *Pouvoirs et libertés au temps des premiers Capétiens*, Magnou-Nortier E. dir., éd. Hérault, 1992, p. 125-168.

NEWMAN W. M., *Le domaine royal sous les premiers Capétiens (987-1180)*, Paris, 1937.

PACAUT M., *La théocratie. L'Église et le pouvoir au Moyen Âge*, Paris, 1957.

PACAUT M., *Louis VII et son royaume*, Paris, 1964.

POLY J.-P. et BOURNAZEL E., « Couronne et mouvance. Institutions et représentations mentales », *La France de Phlippe Auguste. Le temps des mutations*, Actes du colloque de Paris, 1980, Paris, 1982 p. 217 et suiv.

POST G., *Studies in medieval legal Thougt : public Law and the State, 1100-1322*, Princeton, 1964.

Pouvoirs et libertés au temps des premiers Capétiens, Magnou-Nortier É. dir., éd. Hérault, 1992.

RIALS S. (dir.), *Le miracle capétien*, Paris, 1987.

RIGAUDIÈRE A., « *Regnum* et *civitas* chez les décrétistes et les premiers décrétalistes (1150 env.-1250 env.) », *Théologie et droit dans la science politique de l'État moderne*, Actes de la table ronde E.F.R.-C.N.R.S., Rome 1987, Genet J.-Ph. dir., Rome, 1991, p. 117-153.

Roi (le) de France et son royaume autour de l'An mil, Parisse M. et Barral I Altet dir., Paris, 1992.

ROUCHE M., « Les princes d'Aquitaine et leur pouvoir au temps de l'An mille », *Pouvoirs et libertés au temps des premiers Capétiens*, Magnou-Nortier É. dir., éd. Hérault, 1992, p. 97-108.

Sacre (le) des rois, Actes du Colloque international d'Histoire sur les sacres et couronnements royaux (Reims, 1975), Paris, 1985.

SASSIER Y., « Les progrès de la paix et de la justice sous le règne de Louis VII », *Études offertes à Pierre Jaubert*, Bordeaux, 1992, p. 631-645.

SASSIER Y., « Louis VII et la pénétration de la paix royale en Nivernais et Auxerrois », *Bull. de la Soc. des Sciences Hist. ... de l'Yonne*, 1981, p. 53-72.

SASSIER Y., *Hugues Capet. Naissance d'une dynastie*, Paris, 1987.

SASSIER Y., *Louis VII*, Paris, 1991.

SPIEGEL G.M., « The *Reditus regni ad stirpem Karoli Magni* : a new Look », *French Historical Studies*, VII, 1971, p. 115-133.

SPIEGEL G.M., « The Cult of saint Denis and capetian Kingship », *J. M. H.*, 1975, p. 43 et suiv.

THEIS L., *L'avénement d'Hugues Capet*, Paris, 1984.

WERNER K. F., « Royaume et *regna*. Le pouvoir en France entre le roi et les grands », *Pouvoirs et libertés au temps des premiers Capétiens*, Magnou-Nortier É. dir., éd. Hérault, 1992, p. 25-62.

WERNER K.-F., « Les sources de la légitimité royale à l'avènement des Capétiens (X^{e}-XIe siècle) », *Le sacre des rois*, Actes du Colloque international d'Histoire sur les sacres et couronnements royaux (Reims, 1975), Paris, 1985, p. 49-60.

WOOD Ch. T., « *Regnum Franciae*, a problem in capetian administrative usage », *Traditio*, 1967, p. 117 et suiv.

CHAPITRE II

L'EMPRISE DE L'EGLISE

Héritière de l'Eglise carolingienne, l'Eglise des temps féodaux subit fortement le contrecoup de l'évolution politique du temps, sans être pour autant entraînée dans le vaste mouvement de dissociation territoriale qui emporte l'Empire carolingien. Elle demeure au contraire une société fortement organisée et hiérarchisée qui transcende les différents royaumes par le vaste territoire qu'elle contrôle, le peuple chrétien qui l'habite et le gouvernement qui la dirige. Uni autour du pape, ce peuple chrétien n'est jamais livré à lui-même. Du sommet à la base, les structures du gouvernement de l'Eglise veillent en permanence sur son devenir, tandis que les circonscriptions de l'administration ecclésiastique lui offrent un cadre de vie constamment repérable. Du pape au simple curé, de Rome à la plus petite paroisse rurale, tout concourt à transformer l'Eglise en un véritable réseau politique et administratif dont les structures en faisaient un véritable Etat.

Un Etat qui résiste à la désintégration politique du IXe siècle, mais dont les composantes ne demeurent pas insensibles aux profondes mutations que lui impose le monde féodal. Dans un tel contexte, l'Eglise et ses hommes ne purent que partager les déviations d'un système politique et social qui leur était au départ totalement étranger. De cette évolution devait naître une profonde crise qui secoua ses structures, ses clercs, ses fidèles et sa morale (Section 1). Elle dura jusqu'aux années 1050, moment où prend corps un vaste mouvement de réflexion annonciateur de la réforme grégorienne (Section 2). Porteuse d'une restauration de l'autorité pontificale et d'une libération de l'Eglise de l'emprise féodale (Section 3), elle la plaçait en position d'agir sur le monde politique de son temps (Section 4).

SECTION 1

LA CRISE DE L'ÉGLISE DANS LE MONDE FÉODAL

L'étroite collaboration entre l'Eglise et l'Etat qui avait si bien servi l'un et l'autre pouvoir aux temps carolingiens fut aussi la cause de revers pour l'Eglise des temps féodaux. Elle favorisa dans un premier temps une lente mainmise de la royauté sur le fonctionnement des institutions ecclésiastiques avant de les faire tomber aux mains des laïcs (§ 1). Gravement secouée par le processus de dissociation territoriale qui met à mal les structures politiques, l'Eglise qui leur était en partie liée rechercha alors un autre destin (§ 2).

§ 1. – L'ÉGLISE SOUS CONTRÔLE ROYAL ET LA MAINMISE DES LAÏCS

Conscients des risques que présentait pour l'Eglise la désagrégation de l'Empire carolingien, un groupe de réformateurs, peut-être inspirés par Hincmar de Reims, recueille en une grande somme, aux alentours des années 850, un ensemble de textes destinés à sauvegarder les traditions de l'Eglise carolingienne et, plus particulièrement, celles qui fondaient sa structure hiérarchique. Ces textes, profondément remaniés par rapport aux originaux, ont été qualifiés de « Fausses décrétales » tant était grand leur souci d'adaptation aux nécessités du temps. Cette évolution, qui pousse de plus en plus l'Eglise à épouser les nouvelles contingences politiques, économiques et sociales, est perceptible au double niveau du patrimoine (A) et des fonctions (B). Elle engendre, en même temps, une grave crise des valeurs morales à tous les échelons de la société ecclésiastique (C)

A. LE PATRIMOINE DE L'EGLISE, dominé par le système bénéficial, ne cesse de se fragmenter et de passer progressivement entre les mains des laïcs. Le bénéfice, fonction ecclésiastique – qu'elle soit celle d'un évêque, d'un abbé, d'un chanoine ou d'un curé – était toujours pourvu d'un temporel destiné à assurer la subsistance et les besoins matériels du desservant. Ce temporel, constitué de biens et de droits, s'intègre progressivement comme les autres biens et droits au système féodal, évolution qui facilite un contrôle de plus en plus en plus étroit de la part des laïques sur ces ensembles patrimoniaux. Elle affecte tous les bénéfices, à tous les niveaux et sans exception, si bien que leurs titulaires deviennent directement dépendants des seigneurs laïcs.

On voit ainsi à tous les degrés les maîtres du jeu politique, qu'ils soient petits ou grands seigneurs, s'emparer des biens ecclésiastiques. Au plus haut degré de la hiérarchie, le patrimoine que détiennent évêques et abbés et qui n'avait d'autre raison d'être que de servir de support à l'exercice de leur fonction, devient une véritable tenure dont roi et grands seigneurs disposent librement, comme il est pour eux d'usage de le faire d'un simple fief. Dans ce nouveau contexte, tout nouvel évêque était tenu de prêter d'abord hommage au seigneur laïc dont relevait le temporel qu'il venait de recevoir, ce qui en faisait tout naturellement un vassal tenu d'assurer des obligations identiques à celles d'un vassal ordinaire. Comme lui aussi, il était investi de son fief par son seigneur, investiture symbolique qui se manifestait le plus souvent par la remise des insignes de la fonction pastorale, la crosse et l'anneau qu'en d'autres temps il recevait du métropolitain.

La même évolution caractérise les églises rurales que les seigneurs s'approprient en accaparant tous leurs profits, en particulier les dîmes.

Versées depuis les temps carolingiens par les tenanciers de terres agricoles au curé, il en répartissait le produit en quatre parts. Une pour lui-même, tandis que les trois autres étaient respectivement destinées à l'évêque, la fabrique et les pauvres. Dans le courant du Xe siècle, la majorité de ces paroisses rurales entrent dans la mouvance des seigneurs locaux. Descendant souvent de leurs fondateurs, ils s'arrogent le droit d'exploiter dîmes et autres droits à leur profit et finissent par les considérer comme un élément de leur patrimoine propre. Les curés se trouvèrent alors souvent démunis et d'autant plus directement soumis à leur seigneur qu'il s'efforçait toujours de les recruter parmi ses sujets les plus modestes. Tous ces biens et droits ainsi appropriés connaissent le même sort que les droits de puissance publique usurpés. Le plus souvent concédés en fief, ils font aussi l'objet de transactions les plus diverses, qu'il s'agisse de donation, usufruit ou partage.

Il y a là une utilisation détournée et irréversible d'un ensemble de droits et de prérogatives dont la nature ecclésiastique est complètement perdue de vue. Elle est fidèlement calquée sur l'évolution qui fait dévier les droits de puissance publique de leur nature première, de leur affectation et de la mission qui leur était au départ assignée, permettre au prince d'agir. Désormais englobés dans un même devenir, droits ecclésiastiques et droits de puissance publique sont souvent regroupés sous la même appellation de *consuetudines*. Voilà qui atteste de l'altération des uns et des autres et qui prouve à quel point ils sont, en bien des lieux, souvent confondus entre les mains des seuls laïques.

B. MAINMISE IDENTIQUE VAUT AUSSI POUR LES FONCTIONS. Au niveau le plus élevé, celui des nominations d'évêques et d'abbés, le contrôle que le roi exerçait déjà à l'époque carolingienne devient de plus en plus pesant. Il revenait alors à l'empereur le droit d'intervenir avant même l'élection en donnant son avis sur la procédure et sur le candidat puis, une fois l'élection terminée, en approuvant le choix du nouvel élu dont il recevait alors promesse de fidélité. Il y avait là une procédure qui tendait à faire de la fonction épiscopale et bien souvent aussi abbatiale, une sorte de charge publique à l'instar du comte. Ces errements ne font que s'accentuer dès les premiers temps féodaux.

Un véritable système d'investiture royale se met en place qui, une fois au point, permet au souverain de choisir, à peu près comme il l'entend, les évêques et souvent aussi les abbés. Dès qu'un évêché devient vacant, il fait retour au roi qui est censé l'avoir concédé à son précédent titulaire. Ce transfert symbolique opéré, le souverain donne autorisation d'élire. Mais il ne le fait qu'après avoir pris grand soin d'orienter le choix des électeurs en leur indiquant clairement le nom de celui qu'il était disposé à investir. Elu, le futur évêque doit obligatoirement engager sa fidélité auprès du roi qui lui remet les insignes de la dignité épiscopale – crosse et anneau – ce qui lui vaut investiture de l'évêché. Ce n'est qu'à cette condition et toutes ces formalités accomplies, qu'il peut solliciter le sacre de l'archevêque.

Cette manière de procéder vaut aussi, très voisine, pour les abbés. Elle se généralise à tous les niveaux de la hiérarchie des princes et des comtes.

Tous en jouent pour renforcer leur position de pouvoir. On assiste ainsi, à l'occasion des élections épiscopales ou abbatiales, à une véritable ascension des cadets de l'aristocratie royale ou comtale que leurs aînés, roi ou comtes, favorisent ouvertement en leur faisant obtenir une dignité d'archevêque, d'évêque ou d'abbé. Les exemples abondent. Voici Soissons et Amiens où les évêques ont souvent été les frères du comte d'Amiens. Et voilà la Normandie du milieu du XIe siècle où de très proches parents du duc tiennent trois des sept sièges épiscopaux.

Cette forte emprise laïque se retrouve aussi au niveau des églises de village où l'appropriation du temporel conduit tout naturellement son titulaire à nommer son desservant. Posséder une église, c'est en avoir le *beneficium* ou encore le *fevum presbyterale,* c'est à dire en quelque sorte, le droit de concéder en fief non seulement le temporel qui lui est attaché, mais aussi la fonction presbytérale, la *cura animarum.* Cette fonction peut alors être concédée comme un simple fief, elle peut aussi faire l'objet de mutation entre vifs ou à cause de mort. Dans ce contexte de patrimonialisation des églises, les évêques se sont trouvés à peu près totalement exclus du choix du desservant. Pour sauvegarder au moins une partie de leurs droits, cette évolution les conduit à frapper les mutations de desservants d'une véritable taxe en imposant au nouveau titulaire une *relevatio altaris* qui n'est pas sans rappeler le droit de relief en vigueur dans le droit des fiefs. Face à ce poids grandissant des pratiques féodales, des canonistes de la fin du Xe siècle ont tenté, pour en freiner l'usage, de faire triompher une distinction entre ce qui serait à la rigueur susceptible d'appropriation – l'*ecclesia* et les profits qui lui sont attachés – et ce qui en aucun cas ne saurait devoir l'être en raison de son caractère sacré, l'*altare.* En dépit de cette volonté affichée de limiter l'emprise des laïques sur le monde des églises rurales, l'évolution amorcée dès les premiers signes de désagrégation du monde carolingien n'en continue pas moins, irrésistible. Après avoir fortement secoué les structures, elle ébranle aussi les esprits.

C. LA PROFONDE CRISE MORALE que traverse la société ecclésiastique aux Xe et XIe siècles revêt de multiples aspects qui sont tous la conséquence directe de la forte emprise du monde laïc sur celui des clercs. Tombé aux mains du roi, des princes et des seigneurs locaux, le choix des évêques, abbés et desservants de paroisses a pour conséquence de transformer toutes ces charges en sinécures lucratives qui servent à récompenser parents, proches et amis. La qualité de ceux qui sont ainsi pressentis s'en ressent souvent. Les relations personnelles et l'appartenance à des réseaux de dépendance l'emportent sur la formation intellectuelle et religieuse tandis que l'intrigue et le goût du lucre le cèdent à la valeur morale des nouveaux élus. Oublieux des règles qu'impose la discipline de l'Eglise, ils continuent à vivre en simples laïques qui, non seulement portent les armes et ignorent les règles du célibat, mais aussi enfreignent régulièrement les règles les plus élémentaires de la morale, tel l'archevêque Robert de Rouen à la fin du Xe siècle. Marié et père de trois enfants, il répond à qui lui en fait reproche qu'il n'est pas marié en qualité d'archevêque, mais en qualité de comte d'Evreux. De cette attitude d'un clergé en crise, c'est surtout le concubinage et le mariage des prêtres que la hiérarchie militante a voulu stigmatiser en taxant cet abus de *nicolaïsme* par référence à Nicolas, l'un des sept diacres ordonnés par les Apôtres, encore que l'identification entre l'hérésie nicolaïte (Apocalypse, II, 6, 15-16) du Ier siècle et ce diacre demeure incertaine. Ce qui ne fait aucun doute, c'est que l'Eglise antique a vu avant tout dans le *nicolaïsme* un péché d'impureté, idée que reprend Isidore de Séville (570-636) quand il écrit que Nicolas en vint à enseigner que non seulement les laïcs, mais aussi ceux qui exercent des fonctions sacerdotales, doivent indifféremment user du mariage. Voilà qui permettait de caractériser et de condamner, en même temps, les pratiques déviantes d'un grand nombre de clercs de l'an Mil pour tout ce qui touchait à la chasteté.

Là ne s'arrêtaient pas leurs abus, taxés qu'ils étaient aussi de *simonie* à l'instar de Simon le Magicien qui aurait offert de l'argent aux Apôtres pour recevoir d'eux pouvoir d'imposer les mains afin de transmettre l'Esprit Saint et faire des miracles (Actes VIII, 18-24). Dans son acception la plus large, le terme simonie sert à désigner le trafic et le négoce des choses sacrées, des fonctions aussi, tel qu'il est alors pratiqué dans l'Eglise. A défaut de parent, d'ami ou de proche pour les recevoir et les exercer, roi, princes et grands pratiquent régulièrement la vente des bénéfices et des charges ecclésiastiques. Les exemples abondent. Voici, en 1038, le vicomte d'Albi qui vend l'évêché au candidat du comte de Toulouse pour la somme de 5 000 sous. Voilà, en 1032, le roi Henri Ier lui-même qui vend le siège métropolitain de Sens et le voici encore, une vingtaine d'années plus tard, occupé à dénouer un conflit entre deux prétendants à l'évêché du Puy, finalement attribué à Bertrand de Mende qui s'était montré le plus offrant. De tels abus attestent de la gravité du mal et expliquent pourquoi la hiérarchie ecclésiastique a très tôt réagi.

§ 2. – L'ÉGLISE À LA RECHERCHE D'UN NOUVEAU DESTIN

Victimes de la dissociation territoriale et de moins en moins protégés par le roi, les monastères passent souvent sous le contrôle de princes territoriaux ou de puissants seigneurs qui cherchent à leur imposer leurs candidats à un moment où les évêques sont eux aussi sous l'emprise du pouvoir politique. Dans un tel contexte, ces prélats que n'épargnent pas les maux que connaît alors l'Eglise, ne jouent plus le rôle de premier plan qui leur était normalement dévolu à l'occasion du recrutement des abbés. Parfois peu dignes de leur fonction, ils se trouvaient en position de faiblesse pour exercer leur ministère juridictionnel à l'égard de tant de monastères et d'églises en quête de nouveaux protecteurs.

Ne pouvant guère compter sur l'appui d'une royauté affaiblie, les monastères recherchent d'autres moyens pour échapper au contrôle épiscopal dont ceux qui en ont la charge leur paraissent indignes de l'exercer. Rome était leur seul recours. Voilà pourquoi se multiplie, tout au long de cette période, le système de l'exemption monastique. Privilège obtenu du pape, il valait aux monastères qui en bénéficiaient d'échapper à la juridiction de l'évêque et de relever directement de Rome. C'est avec Abbon, abbé du monastère de Fleury-sur-Loire, que ce mouvement en faveur de l'exemption prend tout son essor dans les dernières années du Xe siècle. En conflit avec l'évêque d'Orléans dont il dépendait directement, il pressent tout l'avantage que retirerait son monastère à s'en trouver exempt. Rédigeant alors sa collection canonique, il s'y fait l'apôtre de la théorie de l'exemption et réussit, vers 997, à persuader le pape d'exempter son monastère de la juridiction de l'évêque d'Orléans. Avantage identique fut accordé à l'abbaye de Cluny quelques années plus tard.

Ce mouvement qui alla sans cesse en s'accentuant, suscita une profonde hostilité de la part de l'épiscopat qui soutenait que tous les évêques étaient égaux et, qu'en conséquence, toute décision d'exemption était prise en violation des règles du droit canonique. Cette hostilité fut d'autant plus grande en raison de l'incomparable rayonnement de Cluny qui, depuis sa fondation en 910, s'était directement rattaché de nombreuses églises aussi bien en Aquitaine et Provence qu'en Bourgogne. Domaine inaliénable du Saint-Siège, tout comme les abbayes qui en dépendaient, Cluny vit encore ses privilèges renforcés quand le pape, désireux de garantir ses moines contre les abus des évêques, déclara en 1024 qu'aucun d'entre eux, où qu'ils fussent, ne devrait relever de la juridiction d'un quelconque évêque. C'était affirmer la primauté de Rome sur l'ensemble des églises et lui rattacher plus encore directement Cluny et toutes les abbayes qui en dépendaient. Ainsi se profilait une organisation monastique nouvelle à l'intérieur de laquelle les abbayes, jusque-là indépendantes les unes des autres et dépendantes d'un évêque, se trouvaient désormais intégrées à un réseau hiérarchique de plus en plus directement rattaché à Rome. A un moment où la dissociation territoriale déchire l'église séculière, le monde des réguliers met progressivement en place une structure hiérarchisée très porteuse pour l'avenir et destinée à servir de modèle.

Mais ce phénomène n'est pas général, si bien qu'en de nombreuses régions les églises continuent à évoluer en fonction de la conjoncture politique et demeurent de ce fait très dépendantes du pouvoir. Deux exemples bien différents en témoignent. Dans une région comme l'Ile-de-France où la dissociation territoriale a profondément secoué les structures politiques tout au long du XIe siècle, on assiste à la naissance d'une multitude de sanctuaires, le plus souvent dans le cadre de seigneuries banales ou de monastères. Voilà qui donne au paysage religieux un aspect bien différent de celui qu'il avait connu pendant toute la période du haut Moyen Age avec les grandes abbayes, telles Saint-Denis ou Saint-Germain-des-Prés. Tout à l'opposé, voici la Normandie où la forte poigne du duc, qui convoque et préside les conciles, contrôle de près un épiscopat autour duquel se structure une église séculière puissante capable d'imposer à la province ses institutions de paix. Mais là ne s'arrête pas la mainmise du pouvoir. Le maître du duché y oriente aussi toute l'évolution du monachisme en maillant l'ensemble du territoire d'un solide réseau de monastères qu'il investit de larges prérogatives, en particulier dans le domaine de la justice et du maintien de l'ordre. A ses yeux, assurer la sécurité du duché relève tout autant du pouvoir de l'Eglise que de ses prérogatives propres. Il faisait ainsi en même temps, de l'église normande, une église éprise d'indépendance et très méfiante à l'égard de la réforme grégorienne.

SECTION 2

LA GENÈSE DE LA RÉFORME GRÉGORIENNE

A partir des années 1050, un vaste mouvement de réflexion s'amorce dans l'Eglise. Suscité par la vive crise qui la secoue alors, il débouche progressivement sur une réforme sans précédent des mœurs et des institutions ecclésiastiques. Elle connaît son temps fort sous le pontificat de Grégoire VII (1073-1085), ce qui lu a valu le nom de réforme grégorienne. Commencée bien avant, elle se continue aussi bien après. Grégoire VII a été l'âme de cette grande réforme, mais il n'en a pas été le seul acteur. Elle a en réalité connu trois phases : pré-grégorienne, grégorienne et post-grégorienne.

Temps de genèse, la phase pré-grégorienne est intimement liée à l'effort intellectuel de recherche, de collecte et d'interprétation des textes scripturaires et canoniques, si caractéristique de la seconde moitié du XIe siècle. Il en résulte un approfondissement doctrinal des causes à l'origine de la crise et des remèdes susceptibles de lui être apportés. C'est surtout à partir de 1049, avec l'accession de l'évêque de Toul au trône de saint Pierre, que s'amorce cette réflexion. Nouveau pape sous le nom de Léon IX (1049-1054), ce prélat lorrain était fortement imprégné des idées de l'Eglise d'Empire qui, sans prétendre à une domination totale de la société, n'en revendiquait pas moins déjà une importante frange de *libertates* par rapport au pouvoir politique. Pour mettre en œuvre sa vision à l'échelon romain, il fut grandement servi par tout un héritage du siècle précédent. Celui de Cluny d'abord dont les différents abbés avaient pressenti les dangers de l'emprise du pouvoir politique et avaient tout fait pour en limiter les conséquences sur l'indépendance de l'Eglise, l'autonomie de décision du pape et la liberté de choix des titulaires des plus hautes fonctions ecclésiastiques. Celui aussi de quelques grands dignitaires qui, au milieu du Xe siècle, étaient proches de la papauté. Ainsi Atton, alors qu'il était évêque de Verceil, s'était ému des abus du clergé et avait le premier ouvertement condamné les pratiques simoniaques.

Ce n'est qu'à partir des années 1050 que toutes ces réflexions entrent véritablement dans leur phase active. C'est alors que Pierre Damien, évêque d'Ostie, reprend le flambeau en dénonçant simonie et nicolaïsme et en demandant avec insistance à la papauté d'intervenir à l'encontre des auteurs de ces pratiques. C'était un premier pas, mais qui ne pouvait être suffisant. Tenter de réformer les mœurs des ecclésiastiques et leurs abus ne pouvait aller sans conduire, en même temps, une réforme des structures et des institutions de l'Eglise tant elles étaient trop étroitement contrôlées par les laïques. Au cardinal Humbert, ancien moine de l'abbaye de Moyenmoutier du diocèse de Toul, dont Léon X avait eu la prudence de s'entourer en arrivant à Rome, revient le mérite d'avoir préparé, par sa réflexion et celle de son équipe, l'essentiel de la réforme.

Très fortement imprégnés des idées de l'Eglise d'Empire éprise d'indépendance et de liberté, le cardinal Humbert et ceux qui travaillent avec lui se lancent d'abord dans une recherche systématique des textes susceptibles de leur permettre d'affirmer la primauté de l'Eglise romaine. C'était pouvoir démontrer ainsi que toutes les églises dépendaient de Rome, ce qui avait pour conséquence que toute affaire litigieuse dans l'Eglise devait toujours pouvoir remonter à Rome par le biais de l'appel. Cette recherche, à la fois fondée sur la tradition scripturaire et la législation pontificale, déboucha sur la constitution d'une collection de textes qualifiée de *Collection en 74 titres*. A l'apport de ce recueil doit être jointe l'œuvre personnelle du cardinal. Dans son *De ordinando pontifice*, il se fait non seulement l'apôtre de la primauté romaine, mais aussi le défenseur acharné de la place de premier plan qui doit être réservée au sacerdoce dans la société. Son *Adversus demoniacus* condamne violemment l'investiture laïque dans laquelle il voit la cause principale du nicolaïsme et de la simonie.

Tous ces efforts conjugués de recherche, d'interprétation et de réflexion permirent de poser quelques principes aussi clairs que vigoureux. Placé au sommet de la hiérarchie, le pape était le symbole vivant de la suprématie romaine. En aucun cas, l'investiture des clercs ne devait relever du pouvoir temporel. Tous les abus qu'une telle pratique avait engendrés devaient être fermement condamnés. Cette vision hiérarchique et romaine, assez bien acceptée en Occident, heurta profondément les églises orientales. Depuis longtemps davantage soumises à l'empereur et toujours très proches de la tradition conciliaire, elles s'étaient éloignées de l'Occident. Les prémices de la réforme grégorienne devaient les en couper définitivement. Humbert de Moyenmoutier, envoyé à Constantinople, y clama avec force le principe de la primauté romaine. Mal acceptée, pareille déclaration y scella définitivement le schisme quand, en juillet 1054, le patriarche de Constantinople fut excommunié. A partir de ce moment-là, l'Eglise d'Orient connaît son propre destin, tandis que la réforme devait se déployer sur celle d'Occident.

SECTION 3

LA RÉFORME GRÉGORIENNE

Le climat de réflexion et de réforme qui régnait à Rome dans la décennie 1050 débouche, tout au long de la seconde moitié du XIe siècle et le premier quart du siècle suivant, sur une profonde refonte des institutions et de la vie ecclésiastique. Le concile oecuménique du Latran de 1123 en marque le terme. Le premier objectif des grégoriens vise avant tout à restaurer l'autorité pontificale (§ 1), condition indispensable pour mener à bien une libération progressive de l'Eglise de l'emprise qu'exerce sur elle l'ensemble du monde féodal (§ 2).

§ 1. – LA RESTAURATION DE L'AUTORITÉ PONTIFICALE

Elle se fait en plusieurs étapes qui, toutes, marquent la volonté profonde de Rome de recouvrer une totale indépendance. Il fallait d'abord affranchir l'Eglise du contrôle impérial qui pesait sur elle (A) afin de lui permettre de combattre les abus (B).

A. Depuis longtemps, les règles normalement en vigueur pour l'élection pontificale étaient foulées au pied. D'abord évêque de Rome, le pape devait être élu par le clergé et le peuple de Rome *(clero et populo)*, élection qui était ensuite confirmée par l'empereur. Cette intervention impériale, dont la pratique remonte aux temps carolingiens trouve sa source dans la tradition byzantine. Elle fut par la suite largement mise à profit par les empereurs germaniques pour intervenir directement dans l'élection et même imposer leur propre candidat. En cela, ils furent encouragés par les grandes familles de l'aristocratie romaine qui, souhaitant toujours promouvoir un des leurs sur le siège de saint Pierre, se tournèrent souvent vers l'empereur pour qu'il confirmât leur choix. Ainsi prisonnière, la papauté avait perdu toute liberté d'action. Elle ne put la retrouver qu'au prix d'une réforme radicale du mode de désignation du pape.

Tel fut l'objet du décret de 1059 pris dans le cadre d'un synode convoqué au Latran par le pape Nicolas II (1059-1061) et auquel assistait le futur Grégoire VII. Désormais, l'élection pontificale serait confiée aux seuls cardinaux. Qui étaient-ils ? Si l'origine du terme *cardinalis* qui devient courant au VIIIe siècle est discutée, il ne fait aucun doute que les cardinaux étaient répartis en trois groupes dès avant le milieu du XIe siècle. Les cardinaux-évêques *(episcopi cardinales)* titulaires des sept diocèses proches de Rome assistaient aux synodes et assuraient un service à la basilique du Latran. Les cardinaux-prêtres *(presbyteri cardinales)*, au nombre de 28 vers 1100, participaient au service liturgique des quatre basiliques patriarcales de Rome (Saint-Pierre, Saint-Paul-hors-les-Murs, Saint-Laurent-hors-les-Murs et Sainte-Marie Majeure) à raison de sept par basilique. Les cardinaux-diacres *(diaconi cardinales)* – 18 vers 1100 – lisaient l'Evangile au Latran et autres églises de Rome, tout en participant à la gestion des affaires temporelles de l'Eglise et à la surveillance de la discipline des clercs.

Cardo et caput de l'Eglise, les cardinaux sont nommés par le pape et dépendent directement de lui. Environ quarante dans le courant de la première moitié du XIe siècle, ils deviennent à partir du pontificat de Léon IX le véritable instrument du gouvernement de l'Eglise. Appelés par le décret de 1059 à élire le pape, ils constituent alors le Sacré-Collège. La procédure de désignation fixée par ce texte fondamental devait se dérouler en trois phases. Dans un premier temps, les sept cardinaux-évêques sont invités à préparer l'élection et doivent, dans le cadre d'une *tractatio*, se mettre d'accord sur une liste de noms possibles. Puis vient le moment de l'élection à laquelle procède, à partir des noms retenus, le Sacré-Collège des quarante cardinaux. Enfin, dans une troisième et dernière phase, le nouvel élu doit être acclamé par le clergé et par le peuple. Ainsi, c'est bien désormais aux seuls cardinaux que revient le droit d'élire le pape. Ils peuvent même procéder à l'élection en dehors de Rome en cas de nécessité et ne sont point contraints de choisir un romain, ce qui renforce considérablement l'universalisme de l'Eglise. De cette procédure, il résulte que les cardinaux-évêques sont pour au moins un temps appelés à jouer un rôle majeur dans l'élection, que l'empereur s'en trouve totalement écarté et que les intrigues de l'aristocratie romaine sont considérablement réduites. Voilà qui permettait à l'Eglise, forte de cette indépendance recouvrée, d'envisager de mettre un terme aux abus qui minaient la vie de bien des clercs.

B. Simonie et nicolaïsme devenaient ainsi les principales cibles de la papauté. Dès avant l'élection de Grégoire VII (1073), elle s'en était préoccupée. Déjà, le synode de 1059 avait interdit à tout clerc ou prêtre de recevoir une église d'un quelconque laïque, que ce soit contre argent ou gratuitement. C'était condamner, sans le dire clairement, toute ingérence du pouvoir dans l'attribution et l'investiture de bénéfices, c'était aussi interdire toute pratique à titre onéreux en la matière. Peu suivies d'effet, ces mesures furent précisées et amplifiées. Tel fut le programme de travail du synode de 1074 convoqué par Grégoire VII. Un décret de février 1075 en consigne les conclusions. Tout ecclésiastique qui contreviendrait aux règles de morale imposées par l'Eglise serait frappé d'interdit. Quiconque accepterait d'un laïque un évêché ou une abbaye *(episcopatum vel abbatiam de manu alicujus laïcae personae susceperit)* serait immédiatement déclaré inapte à exercer de telles fonctions, puis excommunié, tandis que la décision serait frappée de nullité. C'était prohiber toute investiture laïque et poser le principe que l'investiture par la crosse et par l'anneau ne pouvait relever que du seul pouvoir spirituel après désignation par le seul clergé des futurs titulaires de bénéfices. Pour faire appliquer cette mesure difficile et prendre les sanctions nécessaires en cas de non respect, des légats furent députés dans toute la chrétienté.

Dans la réalité, la mise en œuvre du programme grégorien – élection des prélats par le clergé et condamnation absolue de l'investiture laïque – devait se heurter à de rudes obstacles. Moins en France, où le morcellement politique favorisa l'action de la papauté, qu'en Germanie où l'empereur entendait bien conserver les droits qu'il exerçait sur les évêchés et les abbayes qu'il avait en partie soumis à son pouvoir et auxquels il avait concédé bien des attributs de la puissance publique afin de lui permettre de lutter contre une féodalité laïque fort turbulente. Dans ces conditions, les positions respectives ne pouvaient que se crisper. Aux grégoriens qui prétendent revenir aux usages de l'Eglise des premiers siècles en interdi sant l'investiture laïque, l'Empereur Henri IV et son clergé répondent que, depuis plus d'un siècle, le rite de l'investiture laïque est de pratique courante et que, de plus, l'empereur tout comme les rois ne sont pas de simples laïques dans la mesure où ils sont sacrés et couronnés. Le conflit était latent et il devint inévitable lorsque, au lendemain de l'entrée en vigueur du décret de 1075, l'empereur nomme plusieurs grands prélats de L'Empire. Ainsi s'ouvrait la Querelle des investitures. Elles est, pour Grégoire VII, l'occasion de clamer haut et fort la suprématie du pouvoir pontifical.

§ 2. – AFFIRMATION PAR L'ÉGLISE DE SA SUPRÉMATIE SUR LE POUVOIR POLITIQUE ET LIBÉRATION DE L'EMPRISE DU MONDE FÉODAL

Face à l'intransigeance impériale, Grégoire VII ne pouvait que prendre du recul par rapport aux pratiques nées de la théocratie. Elles avaient contribué à rapprocher pouvoir temporel et pouvoir spirituel dont l'action s'était souvent confondue alors que les circonstances présentes conduisaient les deux pouvoirs à s'opposer violemment. De cette situation, Grégoire VII tira des conclusions radicales en affirmant sans détour la suprématie pontificale par les *Dictatus papae* (A). Principes dictés par le pape, ils lui permirent de définir ensuite les règles de la théocratie pontificale, cheminement qui aboutit finalement à poser la distinction entre pouvoir temporel et pouvoir spirituel (B).

A. Les *Dictatus papae* définissent, en vingt-sept propositions, la position de la papauté face aux difficultés qui l'opposent au pouvoir temporel et en particulier à l'empereur. Elles peuvent être regroupées autour de trois thèmes essentiels. Ils ne font souvent que reprendre ou expliciter nombre de principes déjà posés par Humbert de Moyenmoutier et recueillis dans la *Collection en 74 titres*.

C'est d'abord l'absolue primauté du siège pontifical qui est affirmée. Le successeur de Pierre possède, dans sa plénitude, le pouvoir universel sur l'Eglise. De création divine, elle a été remise au premier des apôtres avec pouvoir de lier et de délier. De cette primauté découle une hiérarchie naturelle qui place le pape à la tête de l'Eglise. Il peut, en conséquence, déposer ou absoudre les évêques (prop. 3) et leur donner, par l'intermédiaire de ses légats, tous les ordres qu'implique l'exercice de leur ministère (prop. 4).

C'est ensuite le principe de la souveraineté du pape sur l'Eglise qui est posé. En vertu de sa *plenitudo potestatis*, il est seul habilité à édicter des lois universelles pour l'Eglise, étant bien précisé qu'aucun texte canonique ne peut trouver valeur en dehors de son autorité. A cette plénitude de pouvoir en matière législative, s'ajoute la même dans le domaine judiciaire. Apte à juger quiconque, ses sentences ne sont pas susceptibles d'appel. Il peut au contraire connaître de tout jugement en appel, tandis que toutes les causes importantes concernant une église doivent obligatoirement lui être déférées.

C'est enfin sa souveraineté sur le monde temporel qui est consacrée. Prenant appui sur la *Donation de Constantin*, texte apocryphe de la fin du VIIIe siècle par lequel l'empereur Constantin aurait remis à l'Eglise les insignes impériaux et lui aurait fait donation des territoires ayant permis la fondation des ses Etats, Grégoire VII en déduit dans la proposition 8 que seul le pape peut user des insignes impériaux, donc en conséquence instituer l'empereur. Il va plus loin encore en stipulant qu'il lui est toujours possible de le déposer (prop. 12) et même de délier les sujets du serment qu'ils auraient prêté à un prince injuste (prop. 27).

C'était affirmer sans ambages l'absolue primauté pontificale et vider d'à peu près tout son contenu le pouvoir impérial. A s'en tenir à cette nouvelle vision du monde, empereur, rois et princes devaient se fondre dans l'ordre chrétien placé sous le contrôle du pape, tant au temporel qu'au spirituel. De la seule autorité du pape devait désormais dépendre leur autorité politique. Tels étaient les principes de la théocratie pontificale. Qu'en fut-il dans la pratique ?

B. Prétentions si rudement affirmées de part et d'autre ne pouvaient que déboucher sur un violent conflit. Il fut l'occasion d'opposer en doctrine les règles de la théocratie pontificale à celles de la théocratie royale puis de poser clairement la distinction entre pouvoir spirituel et pouvoir temporel.

Dans ce climat de tension, Henri IV convoque à Worms une assemblée d'évêques d'Empire, en janvier 1076, au cours de laquelle en réplique aux *Dictatus papae*, il fait déposer Grégoire VII. Réponse ne se fait pas attendre de la part du Souverain pontife. A l'occasion d'un concile tenu à Rome le mois suivant, il prononce à son tour la déposition de l'Empereur et l'excommunie. Abandonné par une partie de son épiscopat et de moins en moins soutenu par les princes, Henri IV décide de se soumettre et se rend finalement à l'humiliante entrevue de Canossa en janvier 1077 pour y rencontrer Grégoire VII qui accepte de lever la sanction d'excommunication. Cependant, le temps n'était pas encore venu de la soumission. Henri IV se ressaisit tandis que le pape le dépose et l'excommunie une fois encore en mars 1080. L'empereur ne se laisse pas impressionner par cette double et nouvelle sanction. Dans les mois qui suivent, il fait lui aussi déposer Grégoire VII et, pour que sa décision soit cette fois suivie d'effet, il marche sur Rome et le chasse du trône de saint Pierre. Grégoire VII en restera éloigné pendant quatre ans, avant de mourir en 1085, pour être remplacé par Victor III (1086-1087) auquel succède Urbain II (1088-1099).

Ces phases violentes d'opposition sont largement ponctuées d'un profond débat doctrinal. La papauté affiche constamment une ferme position de principe en soutenant qu'en vertu du pouvoir de lier et de délier donné à Pierre, le pape peut excommunier les rois et qu'il est aussi en droit de les déposer dans la mesure où cette sanction est moindre. De tout cela, résulte une primauté du pouvoir spirituel dont la source est divine, tandis que celle du temporel n'est qu'humaine. Ce raisonnement débouche tout naturellement sur un système politico- religieux, celui de la théocratie pontificale. Il s'organise autour de deux axiomes. Le pape exerce sur l'Eglise et sur le monde une suprématie religieuse qui lui vaut suprématie politique. Elle est religieuse parce que, aux yeux des gélasiens, contrairement à ce que soutenaient les théologiens carolingiens, ce n'est pas le roi ou l'empereur qui est l'héritier de l'image biblique du prêtre-roi, mais le pape lui-même, ce qui lui vaut de devoir faire régner la paix sur le monde. Elles est politique parce que, en conséquence, le pouvoir des rois et de l'empereur n'est qu'un pouvoir subordonné à celui du pape. Cette démonstration est encore renforcée par la remise à l'honneur de la vieille distinction gélasienne entre l'*auctoritas* des papes et la *potestas* des rois, la première étant supérieure à la seconde. Elle est en même temps illustrée par la théorie des deux glaives représentant les deux pouvoirs, spirituel et temporel. Remis tous deux au pape, il n'en conserve que le spirituel pour remettre, aux rois et empereur, le temporel qu'ils tiennent donc de lui.

Face à une doctrine aussi tranchée, les impériaux ne manquent pas d'argumenter. Ils font tout d'abord valoir que pouvoir sacerdotal et pouvoir royal ne doivent pas s'opposer, mais qu'ils sont au contraire tout naturellement appelés à coopérer pour faire régner la paix sur le peuple chrétien. Ils insistent aussi sur le sacre qui fait de l'empereur un élu de Dieu et non une créature du pape dont ne saurait dépendre son pouvoir.

Ces positions, qui paraissaient irréductibles, finirent par se rapprocher. La mort de Grégoire VII et l'attitude plus conciliante d'Urbain II à partir de 1088 se traduisent par un assouplissement de la doctrine pontificale. Plus tard, l'abdication forcée d'Henri IV en 1105 et les positions plus modérées de son successeur contribuent à préparer l'accord qui devait être conclu en 1122 dans le cadre du concordat de Worms. Le cœur du problème restait celui de l'investiture. Il avait été moins aigu en France où des solutions pratiques avaient pu être trouvées qui donnaient satisfaction. Systématisées par le grand canoniste Ives de Chartres (v. 1040-1115), elles servirent de base pour définir un terrain d'entente. En se fondant sur la pratique en vigueur, il distingue dans la fonction épiscopale, ce qui est prérogatives spirituelles (cure des âmes, service divin et discipline du clergé) de ce qui est prérogatives temporelles (exercice de certains droits de puissance publique), les premières relevant de l'autorité ecclésiastique et les secondes de l'autorité temporelle.

C'est cette vision qui a inspiré les solutions retenues par le concordat de Worms conclu entre les légats du pape Calixte II (1119-1124) et l'empereur Henri V. Les grégoriens obtenaient satisfaction sur le point essentiel de leurs revendications : la libre élection par le clergé diocésain des évêques et des abbés. Désormais, cette élection doit être confiée à une commission composée de chanoines et de hauts dignitaires du diocèse. Le nouvel élu, s'il est un abbé sera consacré et investi de son office par l'évêque et s'il est un évêque par l'archevêque ou un autre évêque dont il recevra les insignes de sa fonction, la crosse et l'anneau. C'est donc au seul clergé qu'appartient le choix du nouveau dignitaire et la collation des *spiritualia*. Empereur et roi sont totalement exclus de ces opération, ce que reconnaît officiellement l'empereur quand il déclare solennellement que pour toutes les églises de l'Empire, l'élection et la consécration seront libres et affirme qu'il abandonne à Dieu et à la sainte Eglise catholique l'investiture par l'anneau et la crosse. Ce faisant, il ne perd pas pour autant la totalité des prérogatives qu'il exerçait. Une fois closes les cérémonies d'investiture spirituelle, il demeure compétent pour conférer les *regalia* au nouveau dignitaire, c'est à dire l'ensemble du temporel et des prérogatives de puissance publique en lui remettant un sceptre, symbole de la puissance publique. Comme l'empereur l'avait fait pour l'investiture spirituelle, le pape Calixte II lui reconnaît officiellement ce pouvoir en affirmant « que l'élu reçoive de vous les *regalia* par le sceptre et qu'il accomplisse envers vous les devoirs auxquels il est tenu selon le droit ». Ces devoirs visaient principalement le seul serment que l'évêque ou l'abbé devaient toujours au prince et non plus l'hommage.

Au terme de cet accord, la distinction entre spirituel et temporel était nettement posée. Si la papauté avait dû accepter certaines concessions dans le domaine du temporel, elle sauvait l'essentiel au spirituel. L'Eglise demeurait maître de l'élection des évêques et des abbés, elle sauvegardait aussi totalement leur autonomie dans le domaine spirituel. L'emprise des laïques était en partie écartée et la toute puissance pontificale s'en trouvait d'autant renforcée. Pour l'empereur, c'était une double défaite. Aux prérogatives qu'il devait abandonner s'ajoutait la perte du contrôle qu'il exerçait jusque là sur l'Eglise d'Empire, contrôle qui lui avait été si indispensable pour assurer son pouvoir. Libérée de la tutelle impériale et de la mainmise des laïques, de la grave crise morale aussi qui l'avait rudement éprouvée, l'Eglise peut désormais se doter des moyens d'agir tout à la fois sur elle-même et sur le monde politique de son temps.

Section 4

LES STRUCTURES ET L'ACTION DE L'ÉGLISE

Pour être menée à bien, la réforme grégorienne impliquait que fussent renforcées et bien souvent repensées les structures, du sommet jusqu'à la base (§ 1). Seule une telle reprise en main permettait à l'Eglise de conduire une action efficace et de parfaire le rôle de relais de l'Etat qu'elle assurait depuis longtemps dans le monde féodal (§ 2).

§ 1. – DES STRUCTURES PLUS PERFORMANTES

Rien n'est modifié en profondeur de leur ordonnancement traditionnel, mais tout est mis en œuvre pour les rendre plus visibles, plus efficaces et toujours davantage soumises à l'autorité pontificale. Cette volonté de remise en ordre et de contrôle en vue de permettre un meilleur déploiement de l'autorité pontificale se manifeste d'abord au niveau des organes centraux (A). Il est tout aussi perceptible à tous les échelons de la hiérarchie, que ce soit celle de l'église séculière (B) ou de l'église régulière (C).

A. LES ORGANES CENTRAUX

Chef incontesté de l'Eglise sur laquelle il exerce un pouvoir spirituel plein, le pape s'attache aussi à user des moyens que lui offre la féodalité pour s'imposer, aussi souvent qu'il le peut, comme un véritable chef politique. Ainsi, chaque fois qu'occasion lui est donnée, il attache le plus grand prix à recevoir l'hommage de princes qui deviennent alors ses vassaux. C'est ainsi qu'il réussit à se constituer comme un glacis de fidèles autour de la Méditerranée, de l'Espagne jusqu'aux côtes dalmates : comté de la marche d'Espagne, comté du Viennois, comté de Provence et principautés normandes de l'Italie du sud n'en sont que les principaux. Ce maillage à la fois étroit et proche lui permettait de faire en sorte que les organes centraux du gouvernement et de l'administration de l'Eglise pénètrent mieux un monde que les réseaux vassaliques et l'emprise des laïques rendaient souvent difficile à maîtriser. De la Curie (1) au concile oecuménique (2), sans oublier les légats (3), tout concourt à rendre présente et efficace une action pontificale de plus en plus présente au sein de l'Eglise tout entière.

1) Gouvernement central de l'Eglise, la Curie romaine connaît avec la réforme grégorienne un extraordinaire essor. En son sein œuvrent les cardinaux répartis en plusieurs services.

Celui de la Chancellerie d'abord où règne en maître l'écrit. C'est là que sont conçus et mis au net tous les actes pontificaux, ou examinés en vue de leur rédaction définitive ceux qui lui sont adressés sous forme de suppliques. Réponse est ainsi donnée à toutes les demandes qui affluent, toujours plus nombreuses. Dirigée par un cardinal-prêtre ou diacre qui porte le nom de chancelier puis seulement de vice-chancelier à partir de 1187, la chancellerie qui comprend une armée de clercs et de notaires délivre deux sortes d'actes, des privilèges et des mandats, les derniers étant la correspondance du pape. Toujours revu par lui, le texte mentionnait le nom de son rédacteur avec indication de la date. La bulle de plomb (*bulla*, d'où le nom de bulle donné aux actes pontificaux) qui scellait l'acte lui était appendue par des cordelettes de chanvre et portait le nom du pape.

Celui de la Chambre apostolique ensuite. Organe financier de la papauté, elle est en charge de la perception des revenus afin de faire face aux dépenses. Elle a aussi des attributions contentieuses qu'elle exerce chaque fois qu'elle est saisie de litiges à caractère financier ou fiscal. Elle ne se développe qu'à partir du XIe siècle et connaît un essor tout particulier sous le pontificat d'Urbain II mais ne sera définitivement organisée que bien plus tard avec la papauté d'Avignon. Jusqu'au XIIIe siècle, elle demeure un organisme embryonnaire. Dirigée par un camérier assisté de clercs, elle a pour mission de gérer aussi bien les revenus domaniaux que ceux tirés de la fiscalité pontificale qui ne commence à prendre son essor qu'à la fin du XIIe siècle avec l'instauration de la décime, taxe perçue sur les revenus ecclésiastiques pour 1/10e de leur montant.

L'Audience de la chambre enfin n'est guère organisée avant la première moitié du XIIIe siècle avec un auditeur général des causes du sacré palais apostolique, un vice-auditeur et un procureur. Appelée à connaître de toutes les affaires civiles et pénales qui entrent dans le champ de la compétence ecclésiastique, elle statue le plus souvent en appel et parfois en première instance. A travers son activité sans cesse croissante, elle est le symbole vivant de la souveraineté judiciaire du pape dont le tribunal peut toujours être saisi par n'importe quel membre de la chrétienté, d'où qu'il soit. Elle est l'ancêtre de la Rote, terme qui n'apparaît pas avant les années 1330.

2) En marge des ces institutions permanentes, les conciles – ces assemblées d'évêques et d'abbés convoqués pour discuter et légiférer sur les questions de doctrine et de discipline – jouent un rôle essentiel, aux côtés du pape, dans le gouvernement de l'Eglise. Oecuméniques, ils ont un caractère universel et concernent l'ensemble de l'Eglise. Nationaux ou régionaux, le plus souvent alors convoqués par le roi ou le prince, leur mission se trouve géographiquement limitée aux frontières d'un état ou d'une région. Une typologie fine des conciles est difficile à établir tant est incertain le vocabulaire et perpétuellement mouvant l'objet pour lequel ils sont convoqués. Seul le concile oecuménique sera évoqué.

Pendant toute la période du haut Moyen Age, les conciles oecuméniques se tiennent en Orient. L'Occident y participe peu et ils sont le plus souvent présidés par l'empereur de Constantinople. La grande tradition conciliaire ne reprend en Occident que dans la seconde moitié du XIe siècle, en liaison avec la réforme grégorienne. Le concile de Clermont de 1095 inaugure une longue liste de conciles oecuméniques (Latran I, 1123 ; Latran II, 1139 ; Latran III, 1179 ; Latran IV, 1215 ; Lyon I, 1245 et Lyon II, 1274) qui ne sera interrompue qu'au XIVe siècle avec les papes d'Avignon très liés à la monarchie et peu enclins à faire participer l'ensemble de l'Eglise à son gouvernement. Tout au long des XIIIe et XIVe siècles, le concile oecuménique fut pour la papauté un extraordinaire moyen d'imposer son pouvoir et ses vues. Instrument d'unité et de centralisation, il lui permit en même temps de traduire dans les faits la cohésion de l'Eglise universelle.

Convoqué par le pape qui décide seul de sa composition et de son ordre du jour, le concile oecuménique est une assemblée nombreuse qui siège pendant plusieurs semaines. C'est aussi un acte religieux avec sa liturgie et ses rites. Notre connaissance en est fort imparfaite et les dispositions législatives qui en résultent, seulement connues par les collections canoniques qui en ont parfois déformé le contenu, ne nous renseignent que de manière incomplète sur le nombre exact des participants, les débats, les procédures suivies et les modes de votation, même s'il est acquis que seuls cardinaux et évêques ont voie délibérative tandis que les abbés et autres prélats n'ont que voie consultative. La compétence du concile, dont l'axe central demeure toujours le dogme et la discipline, ne connaît pas de limite. Il arrive que sa fonction judiciaire soit plus importante que sa fonction législative. Toutes les décisions arrêtées – les canons – qu'ils soient ou non promulgués par le pape, ont alors valeur de loi générale de l'Eglise.

3) Ni les organes centraux du gouvernement pontifical, ni le concile oecuménique ne pouvaient permettre de gérer efficacement les problèmes de la chrétienté. Les premiers, rivés à Rome et le second trop rarement réuni, n'autorisaient une diffusion permanente et générale des décisions pontificales. Pas davantage, ils ne rendaient possible un contrôle quotidien sur l'ensemble de l'ordre ecclésiastique.

C'est la raison pour laquelle la royauté mit très tôt sur pied l'institution des légats. *Legati*, ils sont les délégués du pape. Il est même précisé qu'ils sont *a latere papae*, c'est à dire envoyés « de la part du pape » qui seul les nomme, les révoque et définit leur mission. Ce maillage de représentants du pape dans l'ensemble de la chrétienté se développe a partir du milieu du XIe siècle mais, jusqu'en 1075, il ne s'agit que de délégués pour un temps limité dans le cadre de missions spécifiques. Grégoire VII en fait des représentants permanents et Alexandre III (1159-1181) les transforme en véritables représentants directs avec pouvoirs plénipotentiaires. *Alter ego* du pape, le légat doit être considéré comme supérieur à l'évêque. Ses moyens d'action sont importants et peuvent aller jusqu'à la convocation de conciles provinciaux ou nationaux qu'il est habilité à présider. Quant à ses compétences, elles sont à peu près illimitées. Rien ne lui échappe de tout ce qui touche à l'administration, à la justice ou à la police du monde ecclésiastique. A ce titre, il peut user de l'arsenal de toutes les peines canoniques. Appelé à connaître en appel des jugements rendus par les archevêques et les évêques, ses jugements ne peuvent être remis en cause que par Rome.

Toujours proches du pape et dotés d'un statut réellement exorbitant du droit commun, les légats furent un instrument efficace du succès de la réforme grégorienne. N'hésitant pas à intervenir dans les désignations épiscopales et à lutter contre les clercs taxés de nicolaïsme ou de simonie, ils contribuèrent à remettre l'Eglise sur le droit chemin, même si la papauté dut parfois modérer l'action de ceux qui se montraient trop zélés, tout particulièrement à l'encontre de la hiérarchie séculière.

B. La hiérarchie de l'Eglise séculière n'est pas bousculée par la réforme grégorienne, mais très fortement reprise en main par le Saint Siège. Tant le pape en personne que ses légats œuvrent en ce sens, aussi bien à l'encontre des plus hauts dignitaires que des plus modestes clercs.

La hiérarchie supérieure de l'Eglise souffrait du poids excessif de l'autorité des archevêques métropolitains, en particulier à l'occasion des élections épiscopales. Ils abusaient parfois du pouvoir qui leur était donné de valider l'élection et de consacrer l'élu. C'est pour lutter contre ces abus que Grégoire VII fait décider par un concile tenu à Rome en 1080, qu'à l'occasion de chaque élection épiscopale, un évêque sera envoyé auprès de l'archevêque. Il lui était adjoint et avait pour mission de veiller avec lui au bon déroulement des opérations électorales, puis d'en proclamer les résultats. Etaient-ils litigieux ou contestés ? Alors le contentieux en était désormais confié au pape qui, par ce biais, imposait de plus en plus sa présence à l'occasion de ces élections.

C'est sûrement au niveau de la hiérarchie inférieure que la réforme grégorienne est la plus lente à pénétrer et qu'aussi, en même temps, elle introduit les mutations les plus profondes. L'emprise des laïques, tout comme les pratiques féodales y étaient si fortes qu'il a fallu beaucoup de temps pour que les décisions prises portent leurs fruits. Depuis l'époque carolingienne, la paroisse était véritablement devenue le cœur de la pratique religieuse et l'élément le plus fort de cohérence des structures de l'Eglise. Il n'est pas surprenant de constater que dans ces conditions, les grégoriens attachent beaucoup de prix à y restaurer l'autorité de l'Eglise à l'encontre des laïques et des grands féodaux qui, souvent, avaient mis la main sur elle, s'en étaient approprié les revenus et nommaient ses desservants. En dépit de sa volonté affichée de réforme, la papauté ne parvint pas à imposer une mutation aussi radicale qu'elle l'aurait souhaitée. Face aux difficultés rencontrées pour faire restituer aux laïcs tous les biens et droits qu'ils s'étaient appropriés sur les églises, il fallut transiger. A grand peine il fut admis qu'un laïque ne devrait plus pouvoir être considéré comme le propriétaire d'une église et, comme à titre de compensation, lui fut reconnu un droit de patronage. Prérogative qui lui valait de conserver certains droits et revenus, mais surtout de pouvoir présenter son candidat à la nomination de l'évêque chaque fois que la cure en question se trouvait vacante. A ce sujet, il y avait aussi très souvent des conflits avec l'archidiacre qui, en bien des cas, avait tendance à se substituer à l'évêque pour la nomination des curés. Ici encore, les réformateurs grégoriens mirent de l'ordre en décidant que l'archidiacre n'aurait qu'un droit de présentation à l'évêque, des candidats à une cure. Ils confirmèrent en même temps le droit absolu pour l'évêque de nommer les candidats retenus en reconnaissant que l'archidiacre avait tout au plus la possibilité de suspendre un curé en cas de faute grave, mais que le juger relevait obligatoirement du tribunal épiscopal.

C. La réforme grégorienne s'intéressa aussi de près à l'église régulière dont elle fit évoluer en profondeur structure et hiérarchie. Les réformateurs y parviennent surtout grâce à la création d'ordres nouveaux dont la mission principale est de retrouver l'esprit de l'Eglise primitive et la discipline qui avaient présidé à la fondation des premiers ordres religieux. La philosophie qui dicte l'instauration de ces nouveaux ordres est celle d'un lien étroit avec Rome et d'une forte hiérarchie. Ainsi en est-il des deux principaux qui sont alors fondés : celui des Charteux dans le massif de la Grande Chartreuse en 1084 et celui de Citeaux, en Bourgogne, en 1098.

On sait l'extraordinaire expansion que connut cet ordre fondé par plusieurs moines de Molesmes désireux d'observer de manière plus stricte la règle de saint Benoît (prière, travail manuel et lecture). En 1100, ils obtiennent du pape Pascal II (1099-1118) d'être placés sous sa protection et de ne dépendre que de lui. En contrepartie, il les invite à mener une vie ascétique, à réagir contre l'aisance excessive dans laquelle vivaient certains ordres et, en conséquence, à renoncer à tous revenus liés à la possession d'églises ainsi qu'à tous droits seigneuriaux. Tous ces principes sont fixés par la *Charte de charité* rédigée en 1118-1119. Révisée par la suite, elle est définitivement approuvée par le pape Eugène III (1145-1153) en 1152. Tout dévoué à la politique des papes, l'ordre obtient d'eux de multiples faveurs et devient un des principaux auxiliaires de sa politique de réforme. Il connaît en même temps un extraordinaire essor, compte 28 filles à la fin du Moyen Age avec 365 petites filles réparties entre la France et de nombreux pays européens. Des quatre premières filles, La Ferté (1113), Pontigny (1114), Clairvaux (1115) et Preuilly (1118), Clairvaux fut avec son fondateur, Bernard de Fontaines – son abbé jusqu'à sa mort en 1153 – la plus prestigieuse. Entre toutes ces fondations existe une stricte hiérarchie avant tout déterminée par la filiation. A la tête se trouve l'abbé de Citeaux qui, une fois par an, réunit et préside le chapitre général composé de l'ensemble des abbés de l'ordre. Il est appelé à prendre toutes les décisions qui s'imposent pour la vie de l'ordre et exerce en même temps un pouvoir juridictionnel. Avec les visites internes que doivent régulièrement organiser les abbés dans leurs abbayes-filles, ils constituent les deux institutions qui structurent l'ordre et renforcent son organisation hiérarchique.

L'action centralisatrice de la papauté ne s'exerce pas seulement à l'égard de ces nouveaux monastères. Elle joue aussi en direction des plus anciens et des plus récents aussi, comme Cluny. C'est surtout par le jeu de l'exemption que le Saint Siège se les rattache directement et peut ainsi suivre de près leur action. Tous ces monastères qui bénéficient de l'exemption constituent autant de points d'appui au développement de l'emprise pontificale et à la pénétration dans tous les coins de la chrétienté de sa politique de réforme.

§ 2. – L'ACTION DE L'ÉGLISE DANS LE MONDE POLITIQUE DE SON TEMPS

Depuis la fin des temps carolingiens, l'Eglise des temps féodaux demeure la seule vraie force organisée dans un Occident déstabilisé. Héritière et porteuse d'une partie du legs de l'Empire romain, forte d'une vision universaliste de sa mission, elle entend bien ne pas laisser aller à la dérive les nouvelles unités politiques en formation. Partout, elle vole au secours de souverains dont l'autorité est encore vacillante, apparaissant ainsi comme le véritable relais d'un Etat défaillant. Cette attitude de l'Eglise, particulièrement manifeste à l'égard des Capétiens, se vérifie tout autant pour les autres monarchies européennes. Elle intervient essentiellement dans le domaine qui était par excellence celui du souverain et qu'il à bien du mal à assurer : faire régner la paix. Elle le fait en mettant progressivement sur pied deux institutions essentielles, la paix de Dieu (A) et la trêve de Dieu (B).

A. LA PAIX DE DIEU

Forts de l'institution conciliaire, l'Eglise et surtout ses évêques l'utilisent pour organiser la *Pax dei*. Face à la désorganisation des structures qui marque la fin de l'Empire carolingien et les débuts des temps féodaux, face aussi aux violences et excès auxquels se livrent les grands pour faire triompher leur pouvoir sur les paysans et parfois aussi sur les gens d'Eglise, les évêques soutenus et encouragés par la papauté cherchèrent une réponse pour tenter de rétablir un ordre social perturbé. C'est dans le cadre de conciles qu'elle fut progressivement imaginée dans les dernières années du Xe siècle pour connaître son plein développement tout au long du siècle suivant et se maintenir jusqu'au XIIIe siècle.

Les premiers conciles de paix se sont réunis en Auvergne, Velay et Limousin dans la seconde moitié du Xe siècle. C'est de ces régions et des autres régions méridionales, qui toutes ont échappé au pouvoir central, qu'est parti le mouvement. Alors, l'Eglise prend véritablement le relais d'un Etat défaillant et incapable de remplir la mission essentielle qui lui est dévolue, faire régner la paix. Ces premières assemblées tiennent souvent plus, au début, des plaids de l'époque carolingienne que de véritables conciles. Ainsi en est-il de celles qui se réunissent, à l'initiative des évêques, à Clermont en 958 ou dans les Montagnes d'Auvergne. A partir de cette zone centrale, les initiatives se multiplient et gagnent du terrain tandis que les évêques s'efforcent d'imprimer de plus en plus le label du concile aux assemblées qu'ils convoquent. En témoignent les conciles de Saint-Germain-Laprade (975) en Velay, de Charroux (989) en Poitou, de Narbonne (vers 990) en Languedoc, puis de Anse (995) en Lyonnais. Le mouvement s'étend aussi en direction de l'ouest avec de nouveaux conciles, successivement à Limoges (998), Rodez (1012) et Poitiers (1014).

Ces assemblées, très fortement marquées par la tradition carolingienne, se tiennent en plein air et attirent des foules nombreuses. Elles réunissent jusqu'aux plus petites gens, en masse des paysans, attirés par les reliques et statues de saints qui sont présentées à cette occasion. Chacun s'y rend pour y implorer son saint et en espérer des miracles. Ainsi se constitue une véritable alliance entre le monde des campagnes et l'Eglise pour lutter contre l'insécurité des temps. Cette volonté de mettre fin aux violences et aux exactions se traduit par la prestation, sur les reliques et devant l'assemblée, de serments de paix. Leur contenu est aussi divers qu'ils sont nombreux, mais se résume toujours autour de quelques lignes de force : ne pas commettre de violence à l'égard de l'Eglise et de ses clercs, ne pas s'attaquer aux marchands et aux paysans sans défense, ne pas porter atteinte aux biens d'autrui. Toutes ces obligations négatives ne sont pas sans faire penser à celles que contracte le vassal à l'égard de son seigneur. Il y a bien un lien entre ce type de serment et le serment vassalique, mais le premier dépasse et surplombe largement le second dans la mesure où il peut être prêté par tous et s'impose à l'égard de tous. C'est, finalement, occasion offerte à tous les membres de la société chrétienne de s'engager, à l'égard de tous, de ne nuire à personne. Ces serments débouchent sur la constitution d'associations de paix dont le but est désormais de contraindre ceux qui s'engagent à contracter des obligations. Il ne s'agit plus seulement de ne pas enfreindre la paix, mais de tout mettre en œuvre pour la faire respecter en mettant sur pied de véritables milices paroissiales dont la vocation est de se fédérer en milices diocésaines.

Afin de rendre ces engagements plus officiels et de leur conférer valeur obligatoire, ils sont de plus en plus régulièrement consignés dans les canons dont la rédaction marque la fin de chaque concile. Le concile de Charroux (989) fut l'occasion d'énoncer, en une sorte de véritable code, le contenu précis de ce que devait être, aux yeux des évêques et des participants, la paix de Dieu. Il fut alors décidé d'établir une protection spéciale, à l'encontre des violences guerrières, en faveur des personnes démunies et sans armes *(inermes)* : paysans, petites gens et clercs. Mesure identique devait aussi bénéficier à leurs biens. Les unes et les autres étaient assorties de sanctions graves en cas de non respect. Elles pouvaient aller jusqu'à l'excommunication.

Passé les deux premières décennies du XIe siècle qui marquent un temps d'arrêt, le mouvement reprend et s'amplifie en direction du nord à partir des années 1020. Il change en même temps de sens dans la mesure où la haute noblesse et aussi parfois le roi deviennent parties prenantes et apportent leur soutien aux multiples assemblées qui se tiennent alors en des régions aussi variées que la Bourgogne et la Normandie, la Champagne et la Flandre, le Berry et l'Amiénois. Des assemblées sont même mentionnées pour l'extrême est, dans les régions frontières entre le royaume et l'Empire, comme celle de 1024 sur la Meuse qui fut l'occasion pour le roi Robert II et l'empereur Henri II de décréter une paix universelle. En dépit de cette évolution, le mouvement n'en conserve pas moins une forte coloration populaire. Partout, paysans et citadins les plus modestes s'engagent et participent aux serments. Ils voient dans leur action un moyen de lutter contre la société trifonctionelle qui se met en place et qu'ils reprochent à l'Eglise de soutenir, estimant qu'elle favorise ainsi l'action d'une aristocratie violente et ambitieuse. Dans ce contexte, des ligues de paix se constituent un peu partout dont l'enthousiasme et l'action culminent dans les années 1030, à l'occasion de la célébration de la Passion du Christ. Et ceci à un point tel, qu'au même moment, l'évêque de Bourges incite tous les habitants de son diocèse âgés d'au moins quinze ans à adhérer par serment à une ligue constituée en vue d'imposer la paix et surtout de contraindre par la force les *milites* qui n'en partageaient pas les objectifs. Composée de paysans et de citadins, elle remporta de notables succès avant d'être défaite par les cavaliers du comte de Déols à Châteauneuf-sur-Cher (1038). Tout change à partir de ce moment là et la paix devient de plus en plus une paix imposée par la noblesse. Paix dont la mise en œuvre ne relève plus guère des petites gens. Elle se transforme en une véritable trêve que réglemente toute une législation.

B. LA TRÊVE DE DIEU

C'est toujours dans le cadre de conciles, et souvent sous la pression de la haute aristocratie, que se forge cette nouvelle institution dont le devenir est progressivement pris en main par les princes et le roi. Contrairement à la paix de Dieu dont la philosophie était de tout mettre en œuvre pour maintenir un équilibre social et politique fragile en s'abstenant de toute violence, la trêve de Dieu ou *treuga dei* implique un dépôt effectif des armes qui débouche tout naturellement sur une interdiction de faire la guerre à certains moments de l'année. D'inspiration religieuse, la trêve de Dieu visait en priorité les périodes liturgiques les plus marquantes pour lesquelles l'Eglise considérait qu'elles étaient incompatibles avec toute activité guerrière. C'est à l'occasion d'un concile tenu à Toulouges en Roussillon, en 1027, que sont jetées les premières bases de la trêve de Dieu dont le contenu est précisé, une dizaine d'années plus tard, au concile d'Arles. De cet ensemble de dispositions, il résulte qu'il est interdit de faire la guerre le jour du Seigneur et plus largement du mercredi soir au lundi matin en souvenir des jeudi, vendredi et samedi saints. De certains jours, l'interdiction fut étendue à toutes les grandes périodes liturgiques, temps de l'Avent, période Noël, semaines du Carême et temps pascal. En réduisant ainsi le plus possible dans l'année et à trois jours par semaine l'autorisation de guerroyer, l'Eglise et ceux qui la soutenaient cherchaient à rendre difficile toute opération militaire sur une longue période.

Arrivées à ce stade de maturité, paix de Dieu et trêve de Dieu se recoupent et se confondent souvent pour passer progressivement sous la coupe du pouvoir princier puis royal. Deux grandes variantes s'imposent cependant dans la seconde moitié du XIe siècle. Au Midi, le souvenir de la paix y demeure toujours plus présent que domine en permanence la prestation d'un serment. Au Nord, c'est davantage le modèle de la trêve qui s'impose placée sous le contrôle des évêques. Partout cependant s'affirme la main du pouvoir laïque. Voici la Normandie où le concile de Caen de 1042 marque un tournant important qui fait de la paix de Dieu une paix ducale. Cette évolution se concrétise au cours des années 1060 quand seules les armées du duc sont autorisées à intervenir durant les périodes de trêve pour maintenir une paix mise à mal. Et voilà la Catalogne où la paix de Dieu se mue progressivement en paix du comte dans la décennie 1060. Au même moment, toutes ces institutions de paix s'internationalisent et gagnent progressivement l'Espagne, l'Italie, l'Angleterre et les pays germaniques. Ce vaste mouvement, qui se généralise ainsi à tout l'Occident, ne pouvait laisser la papauté indifférente. Il revenait à Urbain II (1088-1099) de lui apporter tout son appui. A l'occasion du concile de Clermont de 1095, il confirme les décisions prises par les conciles précédents pour tout ce qui touchait à la paix, exhorte le peuple chrétien à observer cette même paix et à se mobiliser pour participer à la croisade. De telles initiatives ne pouvaient laisser le Capétien indifférent. Voilà qui explique la paix de dix ans que Louis VII décrète en 1155 avec l'appui de quelques grands barons, paix qui était garantie par le seul souverain, sans que mention soit faite de sanction à caractère religieux. Alors, la paix et la trêve de Dieu devenaient lentement mais sûrement royales.

Paix et trêve de Dieu ont joué un rôle de premier plan dans l'évolution des mentalités de l'Occident médiéval du Xe au XIIe siècle. En l'absence de recours à la force pour contraindre les violateurs de la paix à l'observer, le pouvoir qu'il soit religieux ou laïque, a dû constamment éduquer, persuader et convaincre de la nécessité de trouver les voies d'un dialogue permettant de déboucher sur une véritable concorde entre clercs et laïques, entre petites gens *inermes* et *milites*, avides de domination par la violence. Ce vaste mouvement de paix explique, pour une large part, que la réforme de l'Eglise s'en inspire en restaurant l'ordre et la hiérarchie. Restauration dont l'Etat renaissant devait largement bénéficier.

Ce temps de l'Etat et d'un pouvoir royal retrouvé s'ouvre véritablement avec le règne de Philippe Auguste qui marque le début d'une période faste pour la mise en place de structures nouvelles.

BIBLIOGRAPHIE

AMANN E. et A. DUMAS, *L'Église au pouvoir des laïques. Histoire de l'Église depuis les origines jusqu'à nos jours (888-1057)*, A. Fliche et V. Martin dir., T. VII, Paris, 1940.

ARQUILLIÈRE H.X., *Saint Grégoire VII. Essai sur sa conception du pouvoir pontifical*, Paris, 1939.

BONNAUD-DELAMARE R., « Les institutions de paix dans la province ecclésiastique de Reims au XIe siècle », *Bull. phil et hist. du C.T.H.S.*, 1955.

BONNAUD-DELAMARE R., « La paix en Flandre pendant la première croisade », *Rev. du Nord*, 1957, p. 157 et suiv.

BONNAUD-DELAMARE R., « Les institutions de paix en Aquitaine au XIe siècle », *La Paix*, Rec. de la Soc. J. Bodin, Vol. XIV, 1961, p. 415-487.

BOÜARD M. de, « À propos des origines de la Trêve de Dieu en Normandie », *Ann. de Normandie*, 1963, p. 329 et suiv

COWDREY H.E.J., *The Cluniacs and the Gregorian Reform*, Oxford, 1970.

DUBY G., « Les laïcs et la paix de Dieu », *Hommes et structures du Moyen Âge*, Paris-La Haye, 1973, p. 227 et suiv.

FLICHE A., *Études sur la polémique religieuse à l'époque de Grégoire VII. Les Prégrégoriens*, Paris, 1916.

FLICHE A., *La réforme grégorienne*, Louvain et Paris, 3 vol., 1924-1937.

FLICHE A., *La réforme grégorienne et la reconquête chrétienne, Histoire de l'Église depuis les origines jusqu'à nos jours (888-1057)*, A. Fliche et V. Martin dir., T. VIII, Paris, 1944.

GAUDEMET J., *Le gouvernement de l'Église à l'époque classique. Histoire du droit et des institutions de l'Église en Occident* (G. Le Bras dir.,), T.VIII, vol. II, Paris, 1979.

GAUDEMET J., *Église et cité. Histoire du droit canonique*, Paris, 1994.

LANDES R., « La vie apostolique en Aquitaine en l'an 1000 : paix de Dieu, culte des reliques et des hérétiques », *A.E.S.C.*, 1991, p. 573-593.

LAURANSON-ROSAZ C., « La paix populaire dans les Montagnes d'Auvergne », *Maisons de Dieu et hommes d'Église*, Saint-Étienne, 1992, p. 289-333.

LE BRAS Ch., LEFEBVRE Ch, RAMBAUD J., *L'Âge classique, 1140-1178. Sources et théorie du droit. Histoire du droit et des institutions de l'Église en Occident* (G. Le Bras dir.,), T.VII, Paris, 1965.

LEMARIGNIER J.-Fr., *Étude sur les privilèges d'exemption et de juridiction ecclésiastique des abbayes normandes depuis les origines jusqu'en 1140*, Paris, 1937.

LEMARIGNIER J.-Fr., « Structures monastiques et structures politiques de la fin du Xe siècle et des débuts du XIe siècle », *Settimane di studio del Centro di studi sull'alto medioevo*, IV, Spoleto, 1957, p. 357-400.

LEMARIGNIER J.-Fr., « Les institutions ecclésiastiques en France de la fin du Xe siècle au milieu du XIIe siècle », *Histoire des institutions françaises au Moyen Age*, T. III, *Institutions ecclésiastiques*, F. Lot et R. Fawtier dir., p. 3-132, Paris, 1962.

LEMARIGNIER J.-Fr., « Paix et réforme monastique en Flandre et en Normandie autour de 1023 », *Etudes offertes à Jean Yver*, Paris, 1976, p. 443-468.

PACAUT M., *La théocratie, l'Église et le pouvoir au Moyen Âge*, Paris, 1957.

PACAUT M., *L'ordre de Cluny*, Paris, 1986.

PACAUT M., *Les ordres monastiques et religieux au Moyen Âge*, Paris, 1993.

The Peace of God : Social Violence and Religions Response in France around the Year 1000, Th. Head and R. Landes ed., Ithaca, New York, 1992.

TOUBERT P., « Église et État au XIe siècle : la signification du moment grégorien pour la genèse de l'État moderne », *État et Église dans la genèse de l'État moderne* (J.-Ph. Genet et B. Vincent dir.), Actes du colloque de Madid (1984), Madrid, 1986.

TROISIÈME PARTIE

DES SEIGNEURIES À LA *RESPUBLICA* ROYALE (fin XIIe siècle – fin XVe siècle)

INTRODUCTION

Jalons pour une histoire des XIIIe, XIVe et XVe siècles

Une idée générale domine. Du règne de Philippe Auguste (1180-1223) à celui de Louis XI (1461-1483), l'Etat est progressivement reconstruit autour du pouvoir royal qui s'affirme et s'impose. Mais cette reconstruction a été lente, souvent ralentie par de graves crises qui remettent temporairement en cause les progrès accomplis par la puissance royale. Le XIIIe siècle, de Philippe Auguste à Philippe le Bel (1285-1314), est une période d'apogée et d'essor qui favorise l'affermissement de l'Etat naissant (I). Les XIVe et XVe siècles sont au contraire caractérisés par des temps de crise souvent violente d'où la royauté gravement menacée, sort victorieuse. Sa position s'en trouve renforcée, celle de l'Etat aussi (II).

I. – Le XIIIe siècle

Pour bien comprendre l'extraordinaire essor du pouvoir, du droit, des institutions et de l'Etat tout au long du beau XIIIe siècle, il faudrait l'évoquer sous tous ses aspects. Dans le domaine de l'**économie**, terres, hommes et échanges, recueillent les fruits des progrès et des révolutions techniques qui, au cours des deux siècles précédents, ont ouvert à tout l'Occident de nouvelles voies. Essor démographique, perfectionnement des systèmes agraires et conquête de terrains encore inexploités transforment en profondeur le monde des campagnes et la condition paysanne. Naissent alors des besoins nouveaux qui entraînent une véritable révolution commerciale favorisée par une amélioration considérable des moyens de transport et un accroissement de la masse monétaire (reprise de la frappe de l'or avec saint Louis : écu d'or entre 1266 et 1270). La France devient le passage obligé entre Nord et Midi, de grands centres de foire s'y développent, en particulier en Champagne.

La renaissance urbaine se poursuit et transforme les villes en lieux d'accueil, d'élaboration et de diffusion des idées nouvelles. Des écoles, qui sont souvent d'anciennes écoles épiscopales, y concurrencent la vie monastique et réunissent, autour de maîtres privés, des étudiants d'origines les plus diverses. Dans ce contexte favorable **de renouveau intellectuel**, naissent les universités : Paris, Toulouse, Montpellier et Orléans n'étant que les principales. Cet essor du monde universitaire conditionne pour une large part l'évolution politique et la reconstruction de l'Etat. Il permet la formation de juristes dont la royauté a tant besoin.

Ainsi, tout au long du XIIIe siècle, la France participe de la prospérité générale de l'Occident et tient le premier rang dans la Chrétienté. Sa grande **stabilité politique** y est pour beaucoup. Les règnes de Philippe Auguste (43 ans) et de saint Louis (1226-1270, 44 ans) sont tous deux remarquablement longs. Grands rassembleurs de terres et artisans de la centralisation monarchique, ils dotent la royauté d'institutions nouvelles qui lui permettent de contrôler une grande partie du royaume. Philippe le Bel, porté par cette remarquable percée de l'Etat, ne pouvait que lui assurer une stabilité nouvelle.

1. – Le règne de Philippe Auguste est marqué par une extension considérable et durable du domaine. Par son mariage il acquiert l'Artois, puis l'Amiénois et le Vermandois à la suite de la paix qu'il signe avec le comte de Flandre en 1183. Les autres acquisitions territoriales sont principalement le résultat de la lutte qu'il conduit contre les souverains Plantagenêt. En 1202, Jean sans Terre ayant refusé de comparaître devant la cour du roi à Paris, est condamné à céder (commise) toutes les terres qu'il possédait en France. Philippe Auguste entreprend alors une expédition militaire contre la Normandie qui est réunie au domaine en 1204. De 1202 à 1206, Anjou, Maine, Poitou et Touraine le sont à leur tour, puis l'Auvergne en 1212. La victoire de Bouvines (juillet 1214) marque véritablement le triomphe du roi sur la féodalité et l'étranger coalisés (roi d'Angleterre et empereur germanique). Elle permet au roi d'assurer sa suzeraineté, de renforcer autour de lui la cohésion de l'ensemble des territoires reconquis et de s'affirmer face aux grands souverains d'Occident.

2. – Saint Louis a beaucoup moins recours aux armes qu'à la diplomatie et à la négociation pour reconstruire l'unité territoriale. Les difficultés que crée sa minorité sont habilement surmontées par la reine-mère Blanche de Castille qui assure la régence, lutte efficacement contre les coalitions féodales et veille à la bonne formation de son fils. En 1229, le premier traité de Paris assure la pénétration définitive du pouvoir sur les terres du Midi. Les futures sénéchaussées de Carcassonne, Nîmes et Beaucaire sont rattachées au domaine. Il est aussi stipulé qu'à la mort du comte de Toulouse, Raymond VII, le comté et ses autres territoires (Albigeois et Rouergue) reviendront au frère du roi Alphonse de Poitiers qui devait épouser Jeanne, fille du comte. Raymond VII meurt en 1249. L'héritage toulousain passe alors à Jeanne et à son mari. A la mort de ce dernier sans enfant, en 1270, cet ensemble est définitivement rattaché au domaine. L'union de la France du Nord et de la France du Midi est désormais véritablement scellée.

En 1258, le traité de Corbeil signé avec le roi d'Aragon règle les problèmes de frontière dans les Pyrénées centrales et orientales. Le roi de France renonce au Roussillon et à la Catalogne, tandis que le roi d'Aragon abandonne toutes ses prétentions sur le Languedoc (sauf Montpellier). Puis vient le grand traité de Paris (28 mai 1258, ratifié en 1259) qui semble devoir mettre fin, définitivement, à la lutte entre France et Angleterre. Le roi d'Angleterre renonce à tous ses droits sur les territoires annexés par Philippe Auguste, mais le roi de France lui reconnaît la Guyenne pour laquelle le souverain anglais doit prêter hommage-lige. En réalité, ce traité devait être à l'origine de graves difficultés pour l'avenir.

3. – Avec Philippe le Bel, la monarchie capétienne assure définitivement sa position. De la notion de suzeraineté, on glisse progressivement vers celle de souveraineté. Elle permet au roi de s'imposer directement à l'ensemble de ses sujets sur un territoire qu'il contrôle de mieux en mieux. L'appareil politique se structure, le droit romain retrouvé et l'habile utilisation qu'en font les légistes contribuent à renforcer la position de la royauté, même si de graves difficultés l'opposent à la papauté (Boniface VIII) et à l'Angleterre.

Le domaine royal enregistre de nouvelles et importantes extensions, en particulier le comté de Champagne, que Jeanne, reine de Navarre, comtesse de Champagne et de Brie, apporte en dot à l'occasion de son mariage avec Philippe. Fort de cette assise territoriale nouvelle, il se lance, sans grand succès, dans une politique de conquête. La confiscation de la Guyenne (1204) est sans lendemain et il doit restituer toute la région à l'Angleterre. L'occupation de la Flandre (1297) ne réussit pas davantage. Elle ne débouche finalement que sur l'annexion de Lille, Douai et Béthune au domaine, en 1312. Vers l'Est, le comte de Bar, la ville de Lyon et l'évêque de Viviers reconnaissent la souveraineté du roi de France. Lyon devient définitivement ville royale en 1310.

Par une étrange coïncidence – absence d'héritier mâle – les trois fils de Philippe le Bel, Louis X le Hutin (1314-1316), Philippe V le Long (1316-1322) et Charles IV le Bel (1322-1328) sont tour à tour appelés sur le trône. Charles IV mourant sans enfant mâle, la règle de la masculinité l'emporte en faveur de son cousin Philippe de Valois (fils du frère de Philippe le Bel) qui devient roi sous le nom de Philippe VI. Son accession au trône marque la fin des Capétiens directs qui avaient régné sans interruption depuis Hugues Capet.

Ainsi, de Philippe Auguste à la mort de Charles IV (1328), les Capétiens avaient-ils réussi à restaurer la puissance royale, à étendre et unifier le domaine d'où n'étaient plus absents que quatre grands fiefs : Flandre, Bretagne, Bourgogne et Guyenne. Aux souverains Valois devait revenir le soin de les contrôler à nouveau. Mais au prix de quelles difficultés.

II. – Les XIVe et XVe siècles

Du règne de Philippe VI (1328-1358) à celui de Charles VIII (1483-1498), sept souverains se succèdent de père en fils, qui restent en moyenne sur le trône pendant 23 ans environ. Tout au long de cette période, la stabilité paraît donc toujours assurée. En réalité, c'est davantage celle de l'institution royale que d'une ligne politique continue, tant le pouvoir subit la rude épreuve de la guerre et des crises (1). Elles ralentissent considérablement la reconstruction territoriale, sans pour autant l'empêcher à long terme (2) et favorisent, en même temps, tout un mouvement de centralisation politique et administrative (3).

1. – Les XIVe et XVe siècles ne sont pas faits de ces jours heureux où les peuples n'ont pas d'histoire. Des difficultés de tous ordres constituent la toile de fond d'un tableau d'où se détachent, au premier plan, les malheurs de la guerre, les épidémies, les antagonismes sociaux et la fréquence des crises politiques, tragiques et angoissantes pour l'existence même de la monarchie.

La guerre de Cent Ans a de multiples causes : dynastiques (prétentions d'Edouard III au trône de France), politiques (vassalité du roi d'Angleterre pour ses terres de Guyenne), économiques (la Flandre, qui relève du royaume de France, est très liée à l'Angleterre pour s'approvisionner en laine, fabriquer et vendre ses draps). Ce long conflit oppose pendant plus d'un siècle (1337-1453) la France à l'Angleterre, quatre fois moins peuplée mais beaucoup mieux organisée militairement. En réalité, il ne s'agit pas d'une guerre continue. Les combats sont toujours entrecoupés de très longues trêves imposées aux belligérants par l'épuisement financier et le manque de moyens militaires.

Après une phase de désastres français de 1337 à 1360 (défaites de l'Ecluse en 1340 et de Crécy en 1346, siège de Calais en 1346-47, puis nouvelle et grave défaite de Poitiers en 1356 à l'occasion de laquelle Jean le Bon est fait prisonnier) vient une période de redressement et de trêves (1360-1404) au lendemain du traité de Brétigny (1360). Elle est cependant très lourde pour la France en raison des ravages que lui imposent les troupes démobilisées (routiers) et des destructions anglaises en réponse à la guerre de harcèlement que conduit du Guesclin. A partir de 1404, les hostilités reprennent qui interrompent à nouveau, jusqu'en 1422, ces années de redressement (désastre d'Azincourt en 1415). Au lendemain de la mort de Charles VI et de l'accession au trône de Charles VII (1422), il faut encore deux longues décennies (1422-1453) pour parvenir à la victoire finale et récupérer l'ensemble des territoires occupés, sauf Calais (victoires de Formigny en 1449 et de Castillon en 1453).

Cette longue période de guerre est marquée par de graves crises politiques internes qui éprouvent rudement la monarchie. Le pouvoir seigneurial est, lui aussi, fortement secoué par ces épreuves. A des règnes réparateurs succèdent des périodes de recul qui menacent gravement l'institution royale. A peine assurée au lendemain de la difficile succession de 1328, la monarchie des Valois doit faire face à la captivité de Jean le Bon à Londres (1356 à 1360, il y retourne en 1364 pour y mourir). Ces années sont marquées par des rapports très tendus avec les Etats (1355, 1356 et 1357) qui posent leurs conditions au dauphin, le futur Charles V. Sous la conduite d'Etienne Marcel, prévôt des marchands de Paris, ils imposent la grande ordonnance du 3 mai 1357 qui définit leur rôle, limite les pouvoirs de la monarchie et prévoit une réforme de l'administration. Devenu roi, Charles V sait habilement rétablir une situation qui avait placé le pouvoir royal dans une position particulièrement délicate.

Le règne de Charles VI est plus dramatique encore. A son avènement, le nouveau roi n'a que douze ans. Le pouvoir est partagé, non sans difficulté, entre ses quatre oncles, les ducs d'Anjou, de Berry, de Bourgogne et de Bourbon (frères et beau-frère de Charles VI). En 1388, âgé de vingt ans,

Charles VI remercie ses oncles et gouverne seul, tandis que son frère, Louis d'Orléans, exerce une grande influence à la cour. En août 1392, le roi est frappé d'une grave crise de folie. Le pouvoir tombe alors à nouveau entre les mains de ses oncles et de Louis d'Orléans qui doivent aussi compter avec la reine Isabeau de Bavière puis, à partir de 1404, avec le nouveau duc de Bourgogne, Jean sans Peur (son père Philippe le Hardi meurt cette année-là) qui siège au conseil. Immédiatement en conflit avec Louis d'Orléans, il le fait assassiner en 1407, en plein Paris. Il justifie son crime devant les Parisiens, se dit partisan d'une monarchie réformée et organise autour de lui un véritable parti, le parti bourguignon qui contrôle le gouvernement. Face à lui, sous la conduite de Charles d'Orléans (fils de Louis) et de son beau-père, le comte d'Armagnac, s'organise un parti adverse, le parti des Armagnacs. La France sombre dans la guerre civile. Les intrigues autour du pouvoir se multiplient. Des deux côtés, on n'hésite pas à faire appel aux Anglais.

La guerre, la lourdeur des impôts et la famine provoquent des mécontentements violents. En 1413, l'agitation soutenue par Jean sans Peur tourne à l'émeute sous la conduite de Simon Caboche (chef des bouchers et écorcheurs parisiens). Les Cabochiens font régner la terreur dans la capitale. Les émeutes aboutissent à la publication d'une ordonnance de réforme en 1413, dite ordonnance cabochienne. Préparée en réalité depuis longtemps, elle comportait un vaste programme de réformes qui ne fut pas appliqué. Les excès des Cabochiens éloignent leurs partisans (bourgeoisie marchande et Université). Le duc de Bourgogne doit alors quitter Paris, tandis que les Armagnacs s'y installent en force à partir de 1413, jusqu'en 1418, reprenant ainsi les rênes du pouvoir.

Le désastre d'Azincourt (1415) est présenté par tous les Bourguignons comme une défaite des Armagnacs et leur apporte l'occasion d'une revanche. La reine se réconcilie avec Jean sans Peur qui forme, à Troyes, un gouvernement rival, puis entre à Paris en 1418. Le dauphin Charles (futur Charles VII), qui a pris la tête du parti armagnac, se réfugie à Bourges et se proclame régent du royaume (déc. 1418). Le 10 septembre 1419, à l'occasion d'une entrevue qu'il devait avoir avec lui sur le pont de Montereau, Jean sans peur est assassiné. La guerre civile reprend.

Cet assassinat a des conséquences désastreuses. Tous les Bourguignons se rapprochent des Anglais. Le fils de Jean sans Peur, Philippe le Bon et la reine Isabeau, redoutant un siège de Paris par Henri V, concluent avec lui le traité de Troyes (21 mai 1420) qui écarte le dauphin Charles de la succession, accorde la régence au roi d'Angleterre qui devait épouser Catherine, fille de Charles VI et d'Isabeau. Devenant ainsi gendre de Charles VI, Henri V devait hériter de la couronne et du royaume à la mort de Charles VI. Le dauphin Charles, qui se trouve toujours à Bourges, dénonce aussitôt le traité. Henri V meurt en août 1422 (son fils n'a que quelques mois), tandis que Charles VI décède en octobre. Alors, le dauphin se proclame roi sous le titre de Charles VII. Certes, il est roi, mais d'une France profondément divisée et affaiblie dans laquelle le monde seigneurial n'assure plus sa mission traditionnelle.

Les XIVe et XVe siècles marquent une profonde décadence des milieux nobiliaires. Ce phénomène déjà ancien, qui remonte aux croisades avec leurs pertes en hommes, s'accentue dramatiquement en raison des circonstances de guerre. Les nobles apparaissent comme les vaincus et les responsables des premiers revers des temps de Jean le Bon. Ils perdent ainsi tout leur prestige face aux roturiers, incapables qu'ils sont désormais de faire régner l'ordre dans la seigneurie et d'y remplir leurs fonctions d'encadrement.

A cette décadence de leur pouvoir militaire, il faut ajouter un affaiblissement considérable de leur pouvoir économique. Leurs dépenses (armes, luxe, piété) ne cessent d'augmenter tandis que leur patrimoine s'effrite et que leurs revenus diminuent. Le nouveau droit successoral tend à affaiblir leur fortune. C'est particulièrement vrai dans le Midi où, sous l'influence du droit romain, le droit d'aînesse recule. Le seigneur, avant tout propriétaire rural, est défavorisé par la dégradation régulière des prix agricoles. La rente foncière diminue et ses revenus baissent. Cette chute est encore accentuée par la dévaluation constante de la monnaie et une production sans cesse en recul à la suite des dévastations liées à la guerre. Pillages répétés et manque de main-d'œuvre (chute brutale des effectifs à la suite des épidémies de peste et des opérations militaires) font que les terres de la seigneurie sont souvent laissées en friche. A cela s'ajoute une importante évolution de la nature et du contenu des droits seigneuriaux. Devenant plus réels, ils portent davantage sur les terres et moins sur les personnes qui, par là même, échappent de plus en plus à l'emprise seigneuriale. Les roturiers s'émancipent, tandis que les vassaux profitent d'un lien féodal plus ténu pour rendre moins lourdes leurs obligations. Il en résulte partout une moindre résistance des structures seigneuriales traditionnelles. Pareil recul ne pouvait que favoriser, à long terme, une progressive restructuration du territoire en faveur de la royauté.

2. – La reconstruction territoriale, qui s'était poursuivie jusqu'à la veille de la guerre de Cent Ans, est remise en cause aussi longtemps que durent les hostilités. Elle ne peut valablement reprendre que pendant la seconde moitié du XVe siècle.

Le règne de Philippe VI est marqué par d'importants accroissements territoriaux : comtés d'Anjou, du Maine, de Valois, de Chartres (1328) et de Champagne (1336). Le plus considérable fut le Dauphiné de Viennois (actuels départements de l'Isère, des Hautes-Alpes et une partie de la Drome) qui devient en 1349, en vertu d'un traité de 1343, propriété de l'héritier du trône (appelé à partir de ce moment-là le dauphin). Les pertes territoriales liées à la guerre sous le règne de Jean le Bon sont en partie compensées par la réunion du duché de Bourgogne à la couronne à la mort du duc Philippe de Rouvre (1361), dernier duc de la maison capétienne de Bourgogne, qui décède sans enfant. Mais cette réunion fut éphémère puisque, dès 1363, Jean le Bon cède la Bourgogne en apanage à son fils Philippe.

Les grandes acquisitions territoriales ne reprennent qu'au lendemain de la guerre de Cent Ans, grâce à la reconquête des régions occupées par les Anglais. Les souverains peuvent alors poursuivre leur politique d'extension en réunissant plusieurs fiefs importants à la couronne. Guyenne et Gascogne sont définitivement récupérées par Charles VII

(1452-1453). Le règne de Louis XI marque des progrès décisifs. A la mort de Charles le Téméraire (1477), la Bourgogne française et la Franche-Comté, la Picardie et l'Artois sont rattachées à la couronne, tandis que la Flandre reste fidèle à Marie de Bourgogne (fille de Charles le Téméraire). Face à la maison d'Anjou, Louis XI joue d'habileté en recouvrant tous les biens qu'elle possédait en France : Maine, Anjou et Provence (1480-1481). A tout cela, il convient d'ajouter les comtés d'Alençon et d'Armagnac, ainsi que le duché de Berry puis le Roussillon qui devait être à nouveau cédé par Charles VIII au roi d'Aragon en 1493. Enfin, grâce au mariage d'Anne de Bretagne avec Charles VIII (1491), puis son remariage, après son veuvage, avec Louis XII (1498), la Bretagne devient définitivement française.

Ainsi territorialement reconstruit le royaume de France dépassait largement les frontières de la ***Francia Occidentalis*** de 843 en s'étendant vers l'est au détriment des terres d'empire, bien au-delà de la rive gauche du Rhône (Provence et Dauphiné), même s'il se trouvait quelque peu amputé, au nord-est (Flandre). Restait à reconstruire ce vaste territoire si rudement éprouvé par les opérations militaires et à parfaire ses structures politico-administratives que les nécessités de la guerre avaient inévitablement fait évoluer vers plus de centralisation.

3. – Tant les crises de tous ordres que la reconstruction territoriale ne pouvaient que favoriser la mise en œuvre d'une politique de centralisation. A cet égard, les XIIIe, XIVe et XVe siècles apparaissent comme une grande période de mutation qui fait passer notre pays de l'Etat féodal des XIe et XIIe siècles – caractérisé par une très forte dislocation du pouvoir – à l'Etat de la Renaissance ou Etat moderne que dominent une très forte centralisation et un souverain de plus en plus puissant.

Jusqu'au début du XIIIe siècle, la vie politique était avant tout conditionnée par les relations féodo-vassaliques fondées sur un lien personnel – la vassalité – et sur un élément réel, le fief. A partir de la seconde moitié du XIVe siècle, la vassalité décline dans l'Etat et la monarchie y assure lentement sa position par une habile politique de centralisation. Elle revêt double nature : politique et administrative.

Royauté et légistes font progressivement triompher l'idée d'après laquelle le roi n'est pas seulement suzerain, mais aussi souverain. Dans un premier temps, les droits des seigneurs entrent en concurrence avec ceux du roi, puis ils lui sont subordonnés dans une seconde étape, avant de devoir s'effacer progressivement devant eux. Cette politique de subordination, de contrôle puis de réduction du pouvoir seigneurial, se vérifie à tous les niveaux.

Dans l'exercice du **pouvoir normatif**, les prérogatives royales s'affermissent. Les ordonnances du roi ne cessent de devenir plus nombreuses. Plus riches aussi quant à leur contenu, elles pénètrent plus largement l'ensemble du royaume. Dans le **domaine judiciaire**, malgré des résistances seigneuriales très vives, le pouvoir du souverain justicier ne cesse de gagner du terrain. Progressivement, l'ensemble des justices seigneuriales – qu'elles soient laïques ou ecclésiastiques – doivent admettre le contrôle des tribunaux royaux. L'évolution est toute semblable en **matière financière** et **militaire**. Partout recule la fiscalité seigneuriale au moment où s'assure l'armée royale que seuls les revenus d'une fiscalité royale peuvent permettre de financer. Cette évolution s'achève sous le règne de Charles VII en 1439 quand, avec la mise sur pied définitive d'une armée permanente, la taille le devient aussi.

Désormais, la compétence du pouvoir royal s'étend à tous les domaines et à tous les individus, en dehors de tout rapport vassalique. A la notion de vassal qui s'estompe succède celle, triomphante, de sujet. Elle permet au roi et surtout à ses agents d'atteindre plus directement l'ensemble des groupes sociaux qui peuplent le royaume. Mais encore fallait-il, pour cela, qu'il soit procédé à une sérieuse réorganisation des structures politiques et administratives.

Dans le cadre de l'Etat féodal, les limites extérieures n'avaient parfois qu'une valeur floue et relative. Elles étaient plus souvent judiciaires que véritablement politiques. Aux XIVe et XVe siècles, l'Etat se construit sur des bases territoriales solides. Ses limites prennent désormais un sens politique, fiscal et surtout militaire. Elles deviennent frontière. Un ensemble territorial unifié, mieux connu et mieux circonscrit, se constitue qu'il faut gérer et administrer.

Cette tâche, exclusivement impartie à l'Etat, n'est rendue possible que par la création d'une administration et de structures de gouvernement modernes. Le territoire est quadrillé de circonscriptions nouvelles, tandis que les institutions centrales de la monarchie sont progressivement adaptées aux besoins d'un Etat dont la mission se trouve entièrement redéfinie. Pour la mener à bien, les serviteurs du prince doivent partout occuper le devant de la scène, qui administrent, jugent et commandent l'armée. Alors, la monarchie se donne un visage nouveau, celui d'une monarchie administrative que caractérisent une intense centralisation et une rapide bureaucratisation de l'Etat.

Cette double évolution, assurée par une armée de fidèles agents dont les compétences vont croissant et qui font désormais carrière au service de l'Etat, est tout aussi perceptible au niveau du gouvernement central (Conseil, Chancellerie, Parlement, Chambre des comptes) qu'à l'échelon de l'administration locale (bailliages et sénéchaussées). Les agents du prince s'y montrent partout des serviteurs zélés de l'Etat, toujours prêts à assurer ses droits et à faire triompher à tout prix son pouvoir contre les résistances que dressent encore les derniers remparts de la féodalité.

Cette restauration de l'Etat à partir des structures féodales, qu'elle soit conduite en les combattant ou en les utilisant, se manifeste d'abord au niveau le plus élevé. Du XIIIe au XVe siècle, l'institution royale ne cesse de s'affirmer (Chapitre I). Alors, mieux assuré au sommet, le pouvoir monarchique peut procéder à un renforcement systématique des moyens d'action de l'Etat (Chapitre II), ce qui lui permet d'intervenir de plus en plus efficacement dans des domaines dont la liste s'allonge sans cesse et les contours se précisent toujours davantage (Chapitre III).

OUVRAGES GÉNÉRAUX SUR LA PÉRIODE

BOURIN-DERRUAU M., *Temps d'équilibres, temps de ruptures (XIIIe siècle),* Paris, Seuil, 1990.

CARPENTIER E. et LE MENÉ M., *La France aux XIVe et XVe siècles. Population, société, économie*, Paris, 1996.

CONTAMINE Ph. dir., *Histoire de la France politique. Le Moyen Âge. Le roi, l'Église, les Grands, le Peuple*, Paris, 2002.

COVILLE A., « Les premiers Valois et la guerre de Cent Ans (1328-1422) », T. IV, 1, *Histoire de France*, Lavisse E. dir., Paris, 1909.

DEMURGER A., *Temps de crises, temps d'espoirs (XIVe – XVe siècles),* Paris, Seuil, 1990.

FAVIER J., *Histoire de France,* T. II, Le Temps des principautés, Paris, Fayard, 1984.

FAVIER J., *La guerre de Cent Ans*, Paris, 1889.

FÉDOU R., *L'Etat au Moyen Age,* Paris, PUF, 1971.

FÉDOU R., *L'État au Moyen Âge*, Paris, 1971.

FOSSIER R. dir., *Le Moyen Âge en Occident.* III, *Le temps des crises 1250-1520*, Paris, A. Colin, 1982.

GAUVARD C., *La France au Moyen Âge du Ve au XVe siècle,* Paris, 1996 et rééd.

GENICOT L., *Le XIIIe siècle européen,* Paris, PUF, 1968.

GUENÉE B., *L'Occident aux XIVe et XVe siècles. Les États,* Paris, 1971.

GUENÉE B., *L'Occident aux XIVe et XVe siècles. Les Etats,* Paris, PUF, 1971 et rééd..

HUIZINGA J., *Le déclin du Moyen Âge*, trad. J. Bastin, Paris, 1961.

KRYNEN J., *L'empire du roi. Idées et croyances politiques en France. XIIIe – XVe siècles,* Paris, Gallimard, 1993.

LANGLOIS Ch.-V., « Saint Louis, Philippe le Bel, les derniers Capétiens directs (1226-1238) », T. III, 2, *Histoire de France*, Lavisse E. dir., Paris, 1901.

LEWIS P.S., *Later Medieval France. The Polity,* Londres, 1968. Trad. fr., *La France à la fin du Moyen Âge,* Paris, 1977.

MOLLAT M., *Genèse médiévale de la France moderne (XIVe-XVe siècle),* Paris, 1970.

NORAT P. (dir.), *Les lieux de mémoire,* T. II, La nation, 3 vol., Paris, 1986.

PACAUT M., *Les structures politiques de l'Occident médiéval*, Paris, 1969.

PETIT-DUTAILLIS Ch., « Charles VII, Louis XI et les premières années de Charles VIII (1422-1492) », T. IV, 2, *Histoire de France*, Lavisse E. dir., Paris, 1911.

STAYER J-R., *Les origines de l'Etat moderne,* Paris, Payot, 1979.

CHAPITRE I

L'AFFERMISSEMENT DE L'INSTITUTION ROYALE

Les progrès de la puissance royale constituent un des traits dominants de l'histoire des XIIIe, XIVe et XVe siècles. Des rois comme saint Louis, Philippe le Bel, Charles V Charles VII ou Louis XI, tout en reprenant les pratiques et les traditions de leurs prédécesseurs, les complètent par des créations et des comportements nouveaux qui tendent, dans tous les cas, à assurer davantage le pouvoir royal autour de l'Etat lentement reconstruit.

Certes, cette ascension irrésistible de la monarchie est souvent freinée tout au long de cette période. La guerre, les prétentions anglaises autour de la couronne de France, les crises aux multiples visages, la guerre civile et les tentatives répétées contre l'institution royale entrecoupent ces progrès de phases critiques. Mais, malgré ces temps de recul, la royauté assure définitivement son indépendance et prend déjà le visage qu'elle devait avoir aux Temps Modernes. Dans cette œuvre de redressement continu, elle est constamment épaulée par les légistes qui élaborent tout un droit royal, aussi favorable au pouvoir et à l'Etat qu'il est destructeur des autonomies seigneuriales et urbaines dont il sape les fondements. Désormais, au droit féodal qui reposait sur le contrat et la patrimonialité, s'oppose un droit royal pour lequel sujétion, commun profit et intérêt public doivent constituer les seules notions fondamentales propres à servir l'instauration d'un ordre politique nouveau. S'élabore ainsi un véritable droit de l'Etat qui met en place, au-dessus des individus et des relations éphémères qu'ils tissent, des institutions permanentes, structurées et hiérarchisées.

A la tête de cette pyramide institutionnelle, le roi incarne l'Etat. Sans jamais se confondre avec lui, il doit en assurer la direction et veiller au bon fonctionnement de tous les services chargés de sa gestion. Clé de voûte de l'édifice, il concentre progressivement entre ses mains l'essentiel des pouvoirs, porteur qu'il est des destinées de cet Etat renaissant. Voilà pourquoi, du XIIIe au XVe siècle, la personne du roi et les pouvoirs qu'il détient sont l'objet d'une sollicitude toute particulière, tant de la part des juristes royaux que des sujets eux-mêmes. C'est aussi la raison pour laquelle se produit une profonde mutation. La royauté du XVe siècle – d'un Charles-VII ou d'un Louis XI – est bien loin de celle que voulait symboliser un saint

Louis. A les comparer, on mesurerait le chemin parcouru. Tout au long de ces trois siècles, on enregistre une rénovation en profondeur de l'institution royale (Sect. 1) que des règles de succession minutieusement définies assurent et stabilisent pour les siècles à venir (Sect. 2).

SECTION 1

UNE ROYAUTÉ RÉNOVÉE : LA PERSONNE DU ROI

Passer de la monarchie féodale des XIe et XIIe siècles à la monarchie investie de la mission de gouverner un Etat entièrement restructuré et reconstruit sur des bases nouvelles à la fin du XVe siècle, impliquait de vastes mutations, aussi bien dans les esprits que dans les faits. Elles se réalisent avec lenteur et se traduisent par une rénovation en profondeur de l'institution royale. Quel en fut donc le contenu (§ 1) et par quels moyens ceux qui l'imaginèrent purent-ils la mener à bien ? (§ 2).

§ 1. – LE CONTENU DE CETTE RÉNOVATION

Répondre à cette question, c'est tenter de réfléchir sur la manière dont les contemporains percevaient la royauté et voyaient la personne du roi. A cette question, une triple réponse semble pouvoir être apportée. Personne ne conteste l'institution royale dont la nécessité est reconnue par tous (A), à condition que le roi soit légitime (B). Toujours bon roi, il doit obligatoirement réunir un certain nombre de qualités (C).

A. LA PERSONNE DU ROI EST NÉCESSAIRE

Dans leur immense majorité, les contemporains sont d'accord pour estimer que la monarchie est un régime politique nécessaire. Sans doute, à la fin du Moyen Age, quelques villes d'Italie (Venise, par exemple) connaissent bien un régime de république, mais c'est là une exception. Les juristes et penseurs politiques italiens conviennent d'ailleurs que, si un tel régime est à la rigueur possible pour de telles cités, il n'est pas du tout souhaitable d'envisager pour un Etat plus grand un régime autre que monarchique. Dante lui-même (1265-1321) n'hésite pas à écrire que « *ce qui peut être fait par un seul est mieux fait par un seul que par plusieurs* ».

La justification de cette théorie, admise par la doctrine française dans son immense majorité, est des plus simples. Le point de départ est celui d'une image organique de l'Etat assimilé à un corps. Comme tout corps, il ne peut avoir qu'une tête et, cette tête, ne peut être autre que le roi. Comme le monde qui est régi par un Dieu unique, l'Etat lui aussi ne doit être gouverné que par une autorité unique, le roi.

Dans cette optique, la monarchie n'est pas seulement la meilleure forme de gouvernement. Elle est, dans la pratique, la seule qui puisse convenir. Même si le mot ***respublica*** est souvent utilisé dans les textes de l'époque, il ne saurait faire illusion et il convient de ne pas commettre de contresens à son égard. Il ne saurait, en aucun cas, désigner une forme politique quelconque, un régime constitutionnel quel qu'il soit, mais simplement la chose publique, le corps politique, l'Etat que le terme ***regnum*** sert aussi à qualifier, celui de ***status*** ou ***estat*** n'apparaissant, utilisé dans ce sens, que très tardivement. Pas avant la fin du XVe siècle. On parle seulement, jusque-là, de ***status regni***, ***status reipublicae*** pour désigner cette entité que le roi a mission d'incarner, à partir du moment où il est légitime.

B. LA PERSONNE DU ROI DOIT ÊTRE LÉGITIME

C'est une très grave question que celle de la légitimité du roi, surtout dans la première moitié du XIVe siècle, à un moment où la position des Valois sur le trône ne s'assure qu'avec beaucoup de difficultés. C'est un problème que nous retrouverons en étudiant les difficiles successions de 1316 et de 1328. De manière plus générale, il convient d'appréhender cette question sans vouloir opposer élection et hérédité et tenter de faire, de l'un ou l'autre moyen, la source exclusive de la légitimité. Dans la mentalité politique et juridique médiévale, les deux voies peuvent très bien se combiner. Et il en fut pendant longtemps ainsi, avant que ne triomphe de manière définitive le principe d'hérédité.

Dans la France du bas Moyen Age, est avant tout considéré comme légitime le prince qui n'a pas usurpé son pouvoir et qui le tient de l'hérédité. Mais elle n'est pas nécessairement directe, par succession du fils aîné à son père. A ce principe qui ne triomphe pas sans mal, un autre dut être substitué en cas de nécessité, celui d'une succession plus détournée, par voie collatérale, permettant ainsi de faire passer la couronne au plus proche héritier mâle. A ces règles, définitivement fixées à partir de 1328, vient toujours s'ajouter la cérémonie du sacre propre à conférer au nouveau roi une légitimité accrue.

Tant leur entourage que les rois eux-mêmes se sont toujours montrés empressés de justifier cette légitimité. En témoigne l'attitude des premiers Valois et de leurs conseillers, chaque fois que les circonstances risquent de la faire vaciller. La période difficile que constitue la captivité de Jean le Bon au lendemain de la défaite de Poitiers en apporte un vibrant exemple. Ce rude échec fait de lui un roi diminué dont la légitimité risque de devenir incertaine pour certains de ses sujets. Aussitôt, son entourage plaide pour la soutenir et lui redonner une force nouvelle. Tel de ses conseillers soutient que la captivité lui apporte une gloire nouvelle. Tel autre loue l'attitude courageuse du roi, tout en posant le problème d'un royaume sans tête. Mais de rétorquer aussitôt qu'il faut dissocier la personne physique de Jean de Valois, effectivement prisonnier, de celle du roi de France, personne publique, entité symbolisant l'Etat qui ne saurait subir le sort de la captivité. Les droits dont elle est dépositaire peuvent parfaitement être exercés par les représentants du roi captif qui en retrouvera intégralement la maîtrise dès que sa personne physique sera libérée. C'était, à travers cette volonté d'assurer à la fonction royale sa continuité, manifester clairement que sa légitimité ne saurait être mise en cause en raison de l'incapacité physique dans laquelle se trouvait le roi prisonnier d'assurer normalement les actes relevant de son ministère. Libéré, sa légitimité resterait entière et il ne ferait en aucun cas figure de souverain imposé par l'étranger.

Bien plus tard et pourtant définitivement affranchi des pesanteurs de cette légitimité contestée qui avait pu, à ses débuts, gêner l'action des premiers Valois, un roi comme Louis XI se sent encore obligé de justifier, en certaines circonstances, qu'il est bien un souverain légitime. Le voici, négociant en 1478 avec les Anglais, prêt à tout faire pour prouver cette légitimité. Il veut se fonder sur des titres et fait rechercher, par ses collaborateurs, en la Chambre des comptes, tous les actes permettant de « *dresser beaux, notables, grands et amples mémoires et institutions pour bien fonder ses droits* ». Il entend ainsi contredire toutes les prétentions anglaises sur la Normandie, la Guyenne et, de manière plus générale, sur la couronne de France. Même encore sous le règne de Charles VIII, on insiste toujours sur la nécessité de tels mémoires.

Mais proclamer la légitimité du roi, la prouver même, ne suffit pas. Encore faut-il qu'il présente un certain nombre de qualités propres à rendre cette légitimité plus forte et placer sa personne, tout comme l'institution royale, hors de la moindre atteinte.

C. LE ROI DOIT RÉUNIR UN CERTAIN NOMBRE DE QUALITÉS

Liées à sa légitimité, elles dépendent aussi de son mérite personnel. Tous les historiens, écrivains politiques et mémorialistes du temps se plaisent à les rappeler et à dresser ainsi le portrait du roi idéal. Ils soulignent toujours avec insistance le modèle que constitue, pour le roi régnant, son prédécesseur paré de toutes les vertus. N'a-t-il pas été hardi, beau, bon, sage (Philippe III le Hardi, Philippe IV le Bel, Jean II le Bon, Charles V le Sage) ? Le meilleur exemple de ce type d'écrivain politique est bien celui de Christine de Pisan (1363-1430). Femme de lettres, elle s'adonne à tous les genres moraux, poétiques et historiques pour rédiger des œuvres de circonstance dont la plus marquante est le *Livre des fais et bonnes meurs du sage Roy Charles V*. Une constante se dégage de cette littérature politique. En toutes situations, elle incite le roi à imiter ses prédécesseurs et faire ainsi preuve de qualités traditionnelles. Mais cette attitude conformiste ne saurait en aucun cas être paralysante pour lui. Il doit aussi savoir innover, s'adapter et faire montre de qualités nouvelles pour véritablement apparaître comme le souverain de son temps.

Il faut avant tout que le prince soit **chrétien**. Il y a là une donnée si essentielle qu'on devait faire plus tard, au XVIe siècle, de la catholicité du roi une loi fondamentale du royaume.

A partir de cette obligation, la doctrine des XIVe et XVe siècles va plus loin encore. Séparant le roi des autres hommes, elle voit en lui un « *vaillant prélat qui n'est pas seulement personne layc mais prélat ecclésiastique, le premier du royaume qui soit après le pape et le bras droit de l'Eglise* ». C'est principalement sous le règne de Charles V que se précisent tous ces principes essentiels. Vers 1390, Gerson (1363-1429), théologien et prédicateur français, chancelier de l'Université de Paris, écrit que le roi de France est **Très chrétien**. A partir de ce moment-là, ce qualificatif devient presque un titre officiel qui le distingue des autres souverains de l'Occident chrétien dont on pense qu'ils sont moins favorisés par Dieu. La France, fille aînée de l'Eglise, ne pouvait avoir qu'un souverain très chrétien. Et de là, partant de la Bible, on dit que le roi remplit un sacerdoce royal. Revêtant au moment du sacre les robes royales, il renonce au monde pour embrasser une religion particulière, la religion royale.

Cette qualité de Chrétien, puis de Très chrétien, conférée au roi permet à la tradition d'en déduire d'autres. Le roi étant chrétien devra obligatoirement faire régner la paix et la justice. Pour cela, il ne saurait se contenter de simples discours, mais mettre en pratique tout un arsenal de qualités qui sont celles de Dieu lui-même : puissance, sagesse et bonté. Voilà pour la tradition.

Qu'apportent de plus, à cette liste, les XIVe et XVe siècles ? Sous l'influence des légistes, écrivains et penseurs politiques ajoutent une longue liste de qualités nouvelles liées aux besoins du temps, aux circonstances de guerre, à la crise et à la montée de l'Etat. Un bon roi doit être avant tout un bon législateur, qualité qui prime désormais sur celle de souverain justicier. Face à un droit coutumier parcellaire, on attend du roi qu'il instaure progressivement un ordre juridique plus unitaire. Mais ce n'est pas tout. Face à la crise, il doit savoir faire régner la prospérité. Autant dire que son action doit largement déborder les cadres trop étroits de la législation et de la justice. Elle doit désormais s'étendre largement aux domaines de la monnaie, de l'économie, de l'assistance et de la lutte contre les inégalités. On attend avant tout, de lui, savoir-faire, habileté et subtilité.

Est dès lors considéré comme un bon roi, non seulement celui qui est juste et bon – portrait du XIIIe siècle -, mais surtout celui qui réussit et s'impose par les résultats qu'il obtient. Il y a là une vision singulièrement moderne du souverain que Machiavel (1469-1527) avait déjà admirablement mise en lumière quand il écrivait : « *Il n'est pas nécessaire qu'un prince possède toutes les qualités, mais il l'est qu'il paraisse les avoir* ».

Cette vision, profondément rénovée, de l'institution royale et de la royauté par les théoriciens et les personnes politiques, ne pouvait à elle seule suffire pour faire du roi la clé de voûte du nouveau système étatique qui se mettait lentement en place. Encore fallait-il que les rois eux-mêmes, épaulés par tout leur entourage, imaginent les moyens pratiques et concrets de cette rénovation.

§ 2. – LES MOYENS DE CETTE RÉNOVATION

Profiter de quelques grands événements pour l'assurer constituait un objectif relativement facile à atteindre (A), mais, la faire triompher et la rendre permanente, demandait que soient imaginés des moyens plus difficiles à mettre en œuvre (B).

A. COMMENT L'ASSURER ?

Tant les souverains que leur entourage surent habilement utiliser, en les adaptant aux nécessités du temps, les deux grandes cérémonies vouées à la personne du roi au moment où il entre en scène dans la vie politique, puis la quitte. Sacre (1) et funérailles (2) furent constamment modelés, aménagés et adaptés tout au long des XIVe et XVe siècles pour devenir un extraordinaire moyen de rénovation et de renforcement de l'institution royale.

1. – ***Le sacre***

Il prend à cette époque un tour entièrement nouveau. Aux temps féodaux, il avait permis à la royauté capétienne de prolonger la royauté carolingienne. Acte avant tout créateur, sa valeur juridique était souvent mise en avant par bon nombre de théoriciens qui se plaisaient à insister sur son caractère constitutif. A partir du début du XIVe siècle, une importante inversion se produit. Désormais, sa portée juridique est beaucoup moins accusée, tandis que la cérémonie gagne en grandiose et en faste.

Ce recul de la valeur juridique conférée au sacre reflète davantage l'attitude des milieux officiels que le comportement des masses populaires. Jusqu'à la fin du Moyen Age, l'opinion lui reste très attachée, considérant que le nouveau prince n'est pas effectivement roi aussi longtemps qu'il n'est pas sacré. Dire qu'on n'accorde plus la même valeur juridique au sacre, c'est poser tout le problème de savoir à partir de quel moment le nouveau roi est légitime et se trouve réellement investi de son pouvoir. Faut-il attendre le jour du sacre qui peut parfois tarder à venir, ou la mort du roi régnant a-t-elle, en quelque sorte, valeur constitutive à l'égard du successeur ? Y a-t-il ou non instantanéité dans la succession royale ?

Le problème s'est réellement posé, pour la première fois, en 1422, au moment des obsèques de Charles VI. En vertu du traité de Troyes (21 mai 1420), le roi d'Angleterre Henri VI devait théoriquement lui succéder. Devant la tombe encore ouverte de Charles VI, à Saint-Denis, un héraut d'armes s'écrie « *Dieu veuille avoir pitié et merci de l'âme de Charles, roi de France, sixième du nom* ». Puis, aussitôt après, « *Dieu donne bonne vie à Henri, par la grâce de Dieu, roi de France et d'Angleterre notre souverain seigneur* ». C'était signifier que le roi d'Angleterre, même s'il était encore bien jeune (il avait un an à peine), devenait immédiatement roi de France. Dans ces conditions, le sacre ne devait avoir aucun rôle à jouer et la succession immédiate s'imposait, instantanée. La justification était très simple, purement circonstancielle. Les Anglais se trouvaient dans l'impossibilité de faire sacrer le trop jeune Henri VI et devaient confier la régence à son oncle, le duc de Bedford.

En réalité, cette doctrine que veulent faire triompher les Anglais est toute française. Elle se fonde sur deux ordonnances du temps de Charles VI. Depuis le début de la maladie du roi (1392), son entourage se dispute le pouvoir. Redoutant sa mort et les problèmes qui ne manqueraient pas de se poser alors autour de la transmission de la couronne, les légistes qui avaient fidèlement servi Charles V imaginent des solutions propres à sauvegarder les intérêts du dauphin. Ils rédigent une première ordonnance (26 avril 1403) stipulant qu'en cas de décès du roi, son fils aîné devait immédiatement devenir roi. Le texte pose avec vigueur et clarté ce nouveau principe. Il y est dit, à propos du dauphin, que « *en quelque petit âge qu'il soit ou puisse être, soit après nous incontinent, sans aucune dilacion, appelé roy de France, succède à notre royaume et soit couronné le plus tôt possible que faire se pourra et use de tous droits de roy* ».

Le principe était donc posé de l'instantanéité de la succession, renforcé encore par un nouveau texte de 1407. Voilà pourquoi les Anglais n'hésitèrent pas à utiliser toutes les conséquences qu'ils purent en tirer en 1422, à l'occasion des funérailles de Charles VI. Finalement, s'inspirant de ce précédent, l'entourage royal imagina un véritable rite destiné à faire passer dans la pratique le contenu du texte de 1403. Immédiatement après la mort du roi, habitude fut prise de faire apparaître, sur le balcon de la chambre du roi au Louvre, un de ses hérauts d'armes qui s'adressait à la foule assemblée en lui criant « *Le roi est mort* » puis, après un instant de pause, « *Vive le roi* ! ». En réalité, ce n'est qu'aux funérailles de Charles VIII, en 1498, que le cri « *Mort est le roi Charles, vive le roi Louis* » réussit à supprimer véritablement tout interrègne et à nier toute valeur constitutive au sacre.

Malgré cette évolution, l'opinion publique et les milieux populaires lui restent très attachés. En témoigne avec éclat l'attitude de Jeanne d'Arc qui, jusqu'au sacre de Charles VII (1429), ne l'appelle jamais roi mais toujours gentil dauphin, alors qu'il portait officiellement le titre de roi depuis sept ans.

En dépit de cette résistance, le principe d'instantanéité de la succession ne cesse de gagner du terrain, indispensable qu'il était à une royauté en quête de stabilité pour assurer l'Etat au lendemain des rudes crises qui avaient failli l'emporter. C'est finalement la règle voulue par les juristes de l'entourage royal qui triomphe. Conçue par des théoriciens, puis érigée en norme à valeur constitutionnelle par plusieurs « textes législatifs », elle finit par s'imposer pour s'exprimer plus tard à travers un adage bien connu : « *Le roi ne meurt pas en France* ». Il y avait là un acquis d'une importance capitale. A travers l'institution royale dont on veut souligner la pérennité et un pouvoir royal qui doit être exercé sans la moindre interruption, c'est la règle de continuité de l'Etat qui se trouve ainsi fixée. Par-delà la longue chaîne des rois qui se succèdent, il est à la fois ciment d'unité et entité dont la permanence ne doit jamais être remise en cause, même au moment de la disparition physique de celui qui a reçu mission de présider à sa destinée. Voilà pourquoi il ne pouvait y avoir de vide dans l'exercice d'un pouvoir qui, du seul fait de la mort de son titulaire devait immédiatement passer à son successeur, en dehors de toute forme d'investiture officielle.

Dans ces conditions, la **valeur juridique du sacre** ne pouvait que décliner. Toute valeur constitutive, ou presque, lui était enlevée à partir du moment où triomphait le principe d'instantanéité de la succession. Mais il y eut davantage dans cette évolution. Désormais, au moment du sacre, le roi n'est plus dans la position de faiblesse qui était la sienne, aux siècles précédents, par rapport aux grands, qu'ils soient laïcs ou ecclésiastiques. La promesse par laquelle il s'engageait jusque-là avait principalement pour mission de lui fixer une voie étroite dont il ne pouvait guère s'écarter.

Désormais, s'il prend toujours les mêmes engagements de protéger les églises, de faire régner la paix et de lutter contre les injustices, il met à profit cette promesse pour renforcer son pouvoir et rappeler à tous moments qu'il a contracté des obligations et que rien ne saurait s'opposer à leur exécution. Cette évolution est particulièrement nette en ce qui concerne les devoirs et obligations du souverain envers le domaine. Après sans doute Jean le Bon, Charles V introduit dans le serment du sacre, une nouvelle clause par laquelle il s'engage à ne pas aliéner et à préserver l'intégrité du domaine. C'était en contrepartie, se donner le droit en même temps que s'imposer l'obligation d'intervenir à l'encontre de tous ceux qui porteraient atteinte aux droits domaniaux. C'était aussi se doter de tous les moyens pour révoquer des aliénations antérieurement consenties. Cet exemple suffit à prouver combien la promesse du sacre, ainsi enrichie, transformait en profondeur, pour la renforcer, le pouvoir royal.

Tout aussi est mis en œuvre pour associer les sujets à cet événement capital. Ce qu'il faut avant tout, à l'occasion du sacre, c'est frapper l'opinion par le faste donné à la cérémonie. Comme par le passé, le vieux rituel subsiste, le roi est toujours oint d'huile sainte et reçoit les mêmes insignes de son pouvoir. Mais tous les rites sont considérablement enrichis au XIVe siècle, temps à partir duquel la cérémonie atteint sa pleine maturité et où la liturgie se trouve définitivement fixée.

Innovations et révisions modifient peu à peu le déroulement et le sens de ce grand moment. Charles V s'efforce de rapprocher encore davantage le sacre royal de la consécration épiscopale afin de renforcer l'aspect religieux et quelque peu miraculeux de sa fonction. Dans l'ensemble, les sacres des XIVe et XVe siècles sont toujours plus longs, plus minutieusement préparés.

Et surtout, les fêtes qui les accompagnent deviennent, à chaque fois, plus somptueuses et plus coûteuses. La cérémonie religieuse, à laquelle seule une minorité peut assister, passe au second plan. Plus de place est donnée au spectacle de la rue à l'occasion duquel tout le monde peut voir le roi. C'est pour lui une incomparable occasion d'obtenir l'adhésion de ses sujets. Certes, les dépenses alors engagées peuvent paraître excessives. En réalité, elles ne sont rien si on les met en rapport avec le profit politique que peut en retirer la royauté. Entouré d'une auréole miraculeuse qui rehausse son prestige, le roi ajoute au fondement religieux de son pouvoir le soutien d'une masse de sujets toujours prompts à renforcer l'enracinement populaire de l'institution royale. Un résultat identique est recherché à travers l'organisation de plus en plus minutieuse des funérailles.

2. – *Les funérailles*

Elles sont elles aussi, pendant toute la période du bas Moyen Age, un spectacle grandiose. On a le sentiment que leur importance symbolique ne cesse de s'accroître au fur et à mesure que s'émousse la valeur juridique du sacre.

Théoriciens et juristes font alors des funérailles un temps fort dans la succession des rois en s'efforçant de donner à l'adage « le roi est mort, vive le roi » toute sa portée. Il sert, en quelque sorte, de trait d'union entre le roi défunt et le nouveau roi.

A partir du début du XIVe siècle, au simple cortège qui se formait derrière le roi défunt, succède une vaste procession dont la portée institutionnelle qu'on veut lui donner ne fait aucun doute. Symbole de continuité et de permanence derrière le roi défunt, elle regroupe tous les membres des institutions centrales de la monarchie, en particulier ceux de la cour, de la Chambre des comptes et du Parlement.

Pour montrer qu'il n'y a point rupture, c'est aussi autour du corps du roi défunt que se joue un nouvel épisode tout inspiré de la tradition anglaise. C'est au moment des funérailles de Charles VI, en 1422, que le signal de cette pratique est donné. Pour entretenir l'illusion d'un roi toujours vivant jusqu'à la tombe, une effigie qui le représente vivant est placée à côté du cercueil. Elle ne disparaît qu'au moment où le corps est mis dans la tombe. C'est seulement alors que le nouveau roi, jusque-là invisible, apparaît pour incarner un pouvoir qui ne doit avoir aucune rupture et assurer à l'Etat sa pérennité. C'était, en même temps, prendre en quelque sorte le peuple à témoin et l'associer à une succession dont on voulait, avant tout montrer qu'elle était parfaitement maîtrisée. Voilà qui contribuait, en profondeur, à enraciner la rénovation de l'institution royale qui devait, par tous les moyens, triompher.

B. COMMENT LA FAIRE TRIOMPHER ?

Tant le sacre que les funérailles ne représentent que des événements exceptionnels qui rythmaient seulement début et fin de règne. Toujours répétés de façon identique, ils tenaient obligatoirement à l'écart l'immense majorité des habitants du royaume. Pour le nouveau roi, il convenait d'en prolonger les effets de manière durable et d'élargir, par tout autre moyen et à l'ensemble du royaume, le rayonnement de son image. La royauté des XIVe et XVe siècles, sut habilement y parvenir. Visites en direction des bonnes villes (1) et organisation d'une intense propagande monarchique (2) en sont les principales manifestations.

1. – *Les visites aux bonnes villes*

Tous les rois ont su témoigner aux bonnes villes leur attachement. Elles ont véritablement constitué un des points d'appui de leur politique. Mais qui sont-elles ?

Ni le critère de l'importance démographique ou économique, ni celui de l'ampleur des privilèges octroyés ne permettent de les définir. Dans bien des cas, ils contribuent à faire d'une simple ville, une bonne ville, mais encore faut-il y ajouter les rapports confiants qu'elle a pu nouer depuis longtemps avec la royauté, tout comme le rôle de courroie de transmission qu'elle joue entre le pouvoir central et le pays, ainsi que la place de choix dont elle jouit dans la province par rapport à ses voisines. Etre une bonne ville et en avoir reçu le titre, c'est davantage remplir une mission, s'acquitter de fonctions au bénéfice de la royauté et représenter pour elle un capital de confiance que répondre à une série de critères précis. La bonne ville ne se définit pas, elle s'apprécie à travers un faisceau de données où l'impondérable, l'affectif et l'irrationnel l'emportent sur le juridique et l'économique. Voilà pourquoi toutes ces bonnes villes du royaume sont si ouvertement appelées à participer au ministère royal et à renforcer, finalement, tout le mystérieux qui préside souvent à son exercice. Il y a dans ces visites et dans les relations qui se tissent avec les bonnes villes toute une part d'impondérable, dont les conséquences sont toujours difficiles à apprécier et à quantifier.

Au-delà de ces difficultés d'appréciation, des éléments de certitude l'emportent. Dès le milieu du XIIIe siècle, les rapports entre la royauté et ses bonnes villes connaissent une profonde mutation. Saint Louis puis ses successeurs voient en elles une occasion inespérée d'établir dans tout le royaume de véritables réseaux destinés à faire connaître leur politique, mais aussi le moyen d'établir un véritable dialogue avec le pays. Pendant un temps, au moins jusqu'au début du XIVe siècle, le rapport des souverains avec leurs bonnes villes sont encore tout teintés de féodalité et nombre d'entre elles se comportent souvent davantage en vassal qu'en acteurs d'un dialogue. Mais tout change avec les premiers Valois. En quête de légitimité, ils mesurent tout ce qu'ils peuvent retirer des visites de plus en plus nombreuses qu'ils font à leurs bonnes villes. Toujours mieux préparées et qualifiées désormais « d'entrées royales », elles deviennent, à partir du début du XIVe siècle, un événement politique majeur.

Pour la bonne ville, c'est l'occasion de recevoir solennellement le roi dans le cadre d'une fête grandiose au cours de laquelle édiles municipaux et représentants de toutes les catégories de la population coopèrent en vue d'offrir au souverain le meilleur visage de leur cité. C'est aussi un efficace moyen d'obtenir de lui toute une série de privilèges, en particulier fiscaux et financiers. Pour le roi, c'est un temps fort pour sa propagande et espoir d'adhésion renouvelée à sa politique. Pour les deux parties, c'est une véritable fête qui prend de plus en plus un tour religieux sous le règne de Charles V en liaison avec la qualité de Roi très Chrétien qui lui est alors reconnue. Tout est désormais mis en œuvre pour l'accueillir dans le cadre d'une procession dont l'ordonnancement est calqué sur celui de la Fête-Dieu. C'est une véritable Fête-Roi qui est organisée dans les rues décorées de fleurs et tendues de draps tout au long desquelles se déplace le roi placé sous un dais. Cette grande solennité ne fait pas pour autant disparaître les réjouissances civiles et populaires. Le souverain n'oublie pas qu'il faut distraire la foule de ses sujets dont il recherche soumission et fidélité. Il sait les trouver en leur offrant des spectacles tout aussi divertissants qu'éducatifs. Le lien est patent entre l'essor des confréries théâtrales dans certaines villes à la fin du XIVe siècle et la multiplication des entrées royales. Les édiles municipaux sont encouragés par le pouvoir à donner des représentations, le plus souvent autour de thèmes rappelant la vie du Christ. Se montrer et être vu, distraire et édifier, dire et convaincre, voilà bien tout le sens que la royauté donne aux visites à ses bonnes villes. Elles constituent un moyen essentiel de sa propagande.

2. – *La propagande monarchique*

Sacre, funérailles et visites sont autant de temps forts pour la monarchie et de moyens efficaces pour rallier durablement l'opinion à sa cause. Malheureusement, même les visites aux bonnes villes ne sauraient être facilement multipliées. Longueur des voyages, insécurité liée à la guerre et lourdeur du ministère royal en espacent obligatoirement le rythme. Face à ces limites, il fallait trouver un palliatif, imaginer un moyen qui fût efficace d'entretenir la flamme royale et la fidélité que lui portaient les sujets, à un moment où la guerre civile divisait et dressait une partie du pays contre l'institution monarchique elle-même.

C'est dans ce contexte que prend un essor considérable ce moyen de tous les temps : la propagande. Qu'elle se joue dans l'entourage direct et étroit du prince, qu'elle utilise tous les réseaux existants ou qu'elle mette à profit cette extraordinaire découverte qu'est l'imprimerie, elle est partout.

Dans l'entourage du prince, tout est mis en œuvre pour réunir, canaliser et diffuser les idées favorables au pouvoir. Le roi s'entoure de toute une élite intellectuelle : juristes, gens d'Eglise, officiers royaux, qui traduisent et compilent toutes les œuvres anciennes et plus récentes susceptibles de servir la propagande monarchique. Ils en font de brillantes synthèses, faciles à diffuser et propres à frapper les esprits. Elles sont avant tout destinées à meubler bibliothèques des nobles et bourgeois qui les lisent et les font connaître autour d'eux. Mais elles ont aussi vocation à inspirer l'ensemble de l'entourage royal et, tout particulièrement, la chancellerie chaque fois qu'elle rédige des projets d'ordonnances ou les multiples lettres destinées aux agents locaux et aux villes de par tout le royaume.

Le meilleur exemple de cette propagande qui se noue dans l'entourage du prince est sûrement celle qu'orchestre, avec beaucoup d'habileté, Charles V. Prince sage et prudent, il comprend très vite de quoi est fait l'art de gouverner les esprits. Il fait beaucoup plus confiance à la propagande et à la persuasion qu'à l'action directe ou à la force des armes. Pour mener à bien sa politique, dans le souci aussi de s'informer lui-même et d'instruire ses propres conseillers, il aménage une vaste « librairie » (bibliothèque) dans laquelle il rassemble quantité d'ouvrages de tous ordres. Y figurent tout spécialement ceux qui sont susceptibles d'orienter son action et celle de son entourage. Nicole Oresme, un de ses conseillers, traduit *La Politique* d'Aristote, tandis que *La Cité de Dieu* de saint Augustin figure aussi en très bonne place. Les exemples pourraient être multipliés.

Charles V va beaucoup plus loin que collecter, traduire et faire la synthèse d'ouvrages anciens. Il fait aussi compiler, par des membres sûrs de son entourage, des œuvres qui abordent, toujours sous un angle favorable, les problèmes de l'actualité et grandissent l'institution royale. L'exemple le plus probant en est sans doute *Le Songe du Verger*. L'auteur, dont l'identité a été très discutée, raconte dans cet ouvrage, un songe au cours duquel il aurait été transporté dans un beau jardin, le Verger ou Royaume, où se trouvaient le roi de France et, devant lui, deux figures allégoriques, l'une représentant l'Eglise et l'autre la puissance temporelle. Elles discutent et prennent chacune un avocat : le clerc défend l'Eglise, le chevalier la puissance temporelle. La discussion s'engage sur des problèmes d'actualité et, plus particulièrement, sur les droits et les prérogatives du roi avec, toujours, des arguments qui lui sont favorables. Cet ouvrage, rédigé sans doute entre 1373 et 1378, connut un très vif succès dans une double version, latine et française.

Parallèlement à ce type d'ouvrage important et longuement mûri, paraissent aussi des mémoires et brochures beaucoup plus sommaires, visant toujours un événement précis qu'il faut expliquer et justifier. La guerre contre les Anglais est au cœur de cette propagande, tout comme le problème de la légitimité des premiers Valois. Pour renforcer la dynastie et mieux assurer son prestige, Charles V n'hésite pas à inspirer aux poètes de son entourage nombre d'épopées dont les héros ont nom Dagobert, Charlemagne ou Hugues Capet. Ainsi, la lignée des Valois se trouvait-elle rattachée aux grandes figures mérovingiennes, capétiennes et carolingiennes.

Pour déborder les milieux officiels et assurer la diffusion de sa propagande dans l'ensemble du royaume, la royauté utilise tous les réseaux existants susceptibles de servir de relais. Avant tout, les princes mobilisent l'Eglise et utilisent ses incomparables structures qui encadrent et pénètrent le pays jusqu'au plus profond des campagnes. Dès le début du XIVe siècle, la royauté demande à ses évêques d'organiser des processions générales et de célébrer des messes solennelles en faveur du souverain. Toujours en pareil cas, le sermon s'inspirait des thèmes lancés par le pouvoir. Propre à justifier l'action de la royauté, il servait aussi à expliquer tel événement ou à préparer telle décision à venir.

Après l'Eglise, jongleurs et ménestrels sont aussi invités à participer activement à ce vaste mouvement de propagande. Leurs poèmes et fabliaux, qu'ils récitent et chantent dans les cours des châteaux et à l'occasion des fêtes urbaines, constituent un efficace moyen de diffusion des idées. Toujours difficiles à contrôler par le pouvoir, ces jongleurs et ménestrels avaient cependant tout intérêt à le servir et à être en parfait accord avec lui, s'ils souhaitaient se déplacer facilement et exercer librement leur art.

La monarchie bénéficie enfin, tout au long du XVe siècle et surtout à partir des années 1450, du développement de l'imprimerie. Moyen extraordinairement nouveau, il apporte toute une révolution dans l'organisation de la propagande monarchique. Vers la fin du siècle, commencent à être éditées les premières plaquettes imprimées sur un papier assez grossier. Ces plaquettes, toujours inspirées et étroitement contrôlées par le pouvoir, viennent tout naturellement prolonger la propagande assurée par l'Eglise, les spectacles et les jongleurs. Elles présentent un avantage énorme, celui d'une diffusion facile à élargir et toujours plus rapide. Grâce à l'imprimerie, information et propagande entraient dans une phase entièrement nouvelle. Désormais, la chancellerie royale peut expédier des textes par centaines et à tous moments, diffuser pamphlets et mémoires pour justifier un événement imprévu ou susciter des réactions sur des décisions à venir.

On mesure ainsi le chemin parcouru depuis le XIIIe siècle et la rénovation profonde qu'a connue l'institution royale. Au nouveau portrait du roi que se plaisent à dresser juristes et mémorialistes, vient s'ajouter un dialogue soigneusement entretenu et toujours habilement conduit entre le prince et le pays. Pour s'affirmer et triompher de la féodalité, la royauté a non seulement éprouvé le besoin de se rénover de l'intérieur, elle a aussi compris qu'elle devait se montrer et aller au-devant de ceux dont elle voulait obtenir l'adhésion. Pour cela, il fallait aussi qu'elle fût parfaitement assurée d'une stabilité qui faillit bien lui faire défaut dans les premières décennies du XIVe siècle.

SECTION 2

UNE ROYAUTÉ STABILISÉE : LA SUCCESSION

La fonction qu'assume le roi et les pouvoirs dont il est investi transcendent sa personne. Par delà sa disparition physique, la royauté doit demeurer pérenne afin de pouvoir assurer le fonctionnement de l'Etat. A lui, le principe de continuité est maintenant définitivement acquis et, pour lui, doivent normalement fonctionner, sans interruption aucune, toutes les institutions que le roi a mission de diriger.

Voilà pourquoi la fonction royale doit être permanente et, pourquoi aussi, aucune rupture ne saurait intervenir dans la transmission de la couronne. Cette couronne, emblème de la dignité royale, puis synonyme de patrimoine et de domaine, symbolise, à partir du XIVe siècle, la continuité royale puis, enfin, la fonction royale elle-même dont le roi n'est que le simple dépositaire. Transmettre sans interruption et sans heurt la couronne, c'est assurer à l'Etat continuité et permanence. C'est pour cette raison que le problème de la succession à la couronne a pu se poser avec tant d'acuité à partir du moment où les règles simples qui étaient acquises de longue date n'ont pu, en raison des circonstances, être appliquées.

Depuis Hugues Capet, la couronne est toujours passée de plein droit au fils aîné du roi défunt. Associé au trône et sacré du vivant de son père, il apparaissait comme l'héritier naturel. Si naturel que Philippe Auguste n'éprouva même plus le besoin de faire procéder au sacre anticipé de son fils. Si ce principe de primogéniture était clairement établi, il était bien le seul à l'être et la chance qu'aucun problème ne se posa jusqu'au début du XIVe siècle, les Capétiens ayant toujours eu des fils pour leur succéder.

Temps à bien des égards peu fastes à la monarchie, les XIVe et XVe siècles ne furent pas aussi bien servis par les circonstances. La longue chaîne des fils de France vint à s'interrompre au début du XIVe siècle puis, cent ans plus tard, Charles VI et son entourage tentèrent de modifier les règles séculaires de succession pour disposer librement de la couronne de France. A la question de savoir si, en l'absence de fils, les femmes pouvaient succéder, il fut répondu que le principe de masculinité devait toujours l'emporter (§ 1). Aux efforts conduits pour disposer librement de la couronne et en priver l'héritier normal, on opposa avec vigueur la règle d'indisponibilité (§ 2).

§ 1. – LE PRINCIPE DE MASCULINITÉ OU L'EXCLUSION DES FEMMES ET DE LEURS DESCENDANTS

Cette double règle, exclusion des femmes puis exclusion de leurs descendants, s'élabore progressivement, au tout début du XIVe siècle, à l'occasion de deux successions délicates à la couronne de France, en 1316 (A), puis en 1328 (B).

A. LA SUCCESSION 1316 : L'EXCLUSION DES FEMMES

Le tableau suivant, simplifié, permet d'en saisir facilement les données.

Les successions de 1316 et 1322

Philippe IV le Bel (1285-1314)

- Louis X le Hutin (1314-1316)
  - Jeanne
  - Jean Ier le Posthume (14-19 nov. 1316)
- Philippe V le Long (1316-1322)
- Charles IV le Bel (1322-1328)
- Isabelle

Le **problème** est simple. En 1316, Louis X fils aîné de Philippe le Bel ne laisse, en mourant, qu'une fille prénommée Jeanne. Il y a aussi ses deux frères, Philippe et Charles. La situation se trouve compliquée du fait que la reine, veuve de Louis X, est enceinte. Il fallait donc attendre la naissance pour régler la succession. Si un fils venait à naître, on pourrait appliquer le principe traditionnellement admis, la règle de primogéniture. Et le fils succéderait normalement à son père.

Mais si la reine mettait au monde une fille, à qui reviendrait la couronne ? Serait-ce à la fille aînée Jeanne – ce qui était contraire à la règle traditionnellement observée – ou à un des frères du roi, ce qui allait aussi à l'encontre de la pratique jusque-là observée, mais sauvegardait le principe de masculinité ?

La **solution** ne pouvait être, dans l'immédiat, qu'une solution provisoire. Dans l'attente d'un héritier éventuel, il fallait assurer le gouvernement du royaume. Philippe, frère du roi, manœuvre habilement. Il se fait confier le gouvernement provisoire du royaume par une assemblée composée de prélats et de barons, le 16 juillet 1316. Cette assemblée, qui l'institue lieutenant général du royaume, lui confie la régence. Elle décide en même temps que si la reine donnait naissance à un fils, il deviendrait roi. Philippe conserverait alors la régence jusqu'à la majorité du jeune prince. Si, au contraire, une fille naissait, la décision serait ajournée jusqu'à la majorité de la princesse Jeanne et Philippe continuerait à assurer la régence.

Or, en novembre 1316, naît un fils, Jean. Mais il meurt quelques jours après. Le problème restait donc entier. Philippe sait profiter de cette situation incertaine pour manœuvrer habilement. Il se proclame roi dès novembre 1316 et se fait sacrer à Reims en janvier 1317. Le duc de Bourgogne, oncle maternel de Jeanne, proteste, soutenant que la couronne doit revenir à sa nièce. Pour couper court à ses tentatives, Philippe réunit une nouvelle assemblée de barons et de bourgeois de Paris qui lui sont acquis. Et la décision est prise, sans surprise, « *femme ne succède pas à la couronne de France* ».

Les **justifications** avancées pour l'étayer sont des plus minces et mal fondées en droit. En réalité, c'est grâce à d'habiles négociations que Philippe réussit à rallier, les uns après les autres, ses opposants.

Tous les arguments qui pouvaient être invoqués étaient plutôt favorables à l'accession de Jeanne à la royauté. Dans beaucoup de grands fiefs, les femmes sont reconnues aptes à succéder. En 1309, par exemple, un arrêt du Parlement avait attribué le comté d'Artois à une femme, la comtesse Mahaut, de préférence à son frère Robert. Même si le royaume n'était pas assimilable à un fief, il y avait là un élément intéressant pour fonder les droits de Jeanne. Et certains royaumes étrangers n'avaient-ils pas ou n'avaient-ils pas eu une femme à leur tête ? Constantinople, Castille, Aragon et Navarre le prouvent assez.

C'est en jouant principalement sur le terrain politique que la position de Philippe et l'attitude de ses partisans sont rendues plus crédibles. A leurs yeux, que ferait une femme à la tête d'un royaume troublé et serait-elle assez forte ? Sur ce terrain, Philippe reçoit l'appui des ecclésiastiques. Ils font remarquer avec force que si les filles sont écartées de la couronne, c'est avant tout en raison du sacre et de son caractère quasi épiscopal. Il investit le roi d'un véritable ministère, très proche d'un sacerdoce, auquel une femme ne saurait avoir accès. Et, par son mariage, si elle devenait reine, ne risquerait-elle pas de faire passer la couronne dans des mains étrangères ? Enfin et surtout, dans le cas précis, l'accession de Philippe aux commandes de l'Etat présentait toute une série d'avantages. Elle écartait les risques qui accompagnent toujours une régence et apportait une solution immédiate au problème de cette difficile succession. Enfin et surtout, elle permettait de poser clairement le principe selon lequel les femmes ne devaient, en aucune hypothèse, accéder à la couronne.

Ainsi, Philippe devint roi sous le nom de Philippe V. A sa mort, en 1322, il ne laisse, lui aussi, que des filles pour lui succéder. Le problème de sa succession est immédiatement considéré comme résolu. Son frère Charles, troisième fils de Philippe le Bel, lui succède aussitôt sous le nom de Charles IV, sans la moindre difficulté. Dans un tel contexte, on pouvait considérer que la règle était désormais clairement établie : les femmes se trouvaient exclues de la succession à la couronne de France. Mais leurs descendants pouvaient-ils être choisis pour succéder ? C'est la question qui allait être posée et résolue en 1328.

B. LA SUCCESSION DE 1328 : L'EXCLUSION DES DESCENDANTS PAR LES FEMMES

Pour en traiter, il convient de reprendre et compléter comme suit le tableau précédent.

La succession de 1328

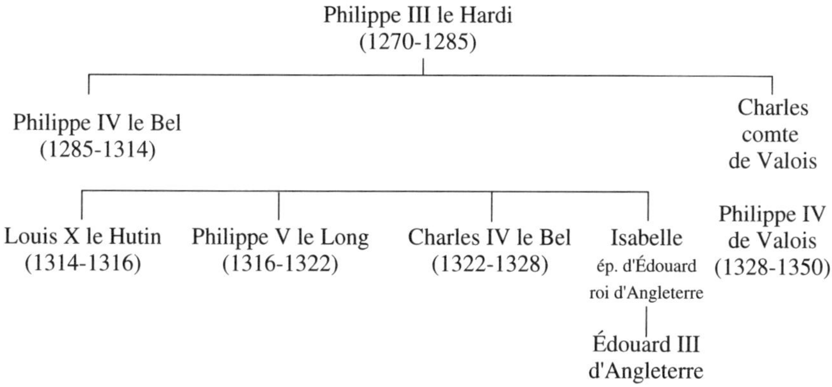

Le problème se pose, en 1328, à la mort de Charles IV, qui décède lui aussi en laissant, pour lui succéder, une seule fille âgée de deux ans. La reine enceinte met au monde une seconde fille. Toutes deux se trouvent immédiatement écartées de la succession par application stricte des principes de 1316 et 1322. Mais qui, alors, pouvait être appelé ? Deux hypothèse sont envisagées.

La première consistait à privilégier la sœur de Charles IV, Isabelle. Non, certes, pour qu'elle lui succédât, ce qui eût été parfaitement contraire à une coutume maintenant bien établie. Mais pour qu'elle transmît, en quelque sorte, le droit à succéder. Mais à qui donc ? A son fils, bien sûr, qui n'était autre qu'Edouard III roi d'Angleterre, Isabelle ayant épousé Edouard II. Certains estimaient qu'étant la plus proche du roi défunt par le sang, on devait considérer que la couronne était parfaitement transmissible par son intermédiaire à ses descendants, donc à son fils. Neveu de Charles IV, il était son parent au troisième degré civil et on s'en tenait à la succession dans la ligne directe descendant des Capétiens.

Les adversaires de cette hypothèse, qui aurait eu pour résultat de faire passer la couronne de France sur la tête du roi d'Angleterre, en avancent une seconde qui a pour avantage d'écarter ce danger, tout en respectant le principe de masculinité fixé depuis 1316. Que ne ferait-on appel au plus proche héritier par les mâles – Philippe de Valois – fils de Charles de Valois, lui-même frère puîné de Philippe le Bel et donc cousin germain de Charles IV dont il était le parent au quatrième degré civil ? Mais il fallait admettre alors de passer à la branche collatérale.

La **solution** consistait à choisir entre ces deux prétendants. En droit moderne, le problème ne se serait même pas posé. Isabelle n'ayant aucun droit à la couronne en vertu des règles observées en 1316 et 1322, ne pouvait être appelée à la transmettre, elle ne pouvait jouer le rôle de « pont et planche ». Cependant, dans certaines coutumes médiévales, une femme pouvait servir d'intermédiaire pour faire acquérir à un tiers des biens ou des droits qu'elle n'avait pas elle-même. Cette règle était naturellement invoquée ici en faveur des partisans d'Edouard III. Mais il ne purent réussir.

Philippe de Valois, qui assure la régence, soumet la question à une assemblée de prélats et de bourgeois qui le reconnaît comme roi et décide « *qu'une femme ni en conséquence son fils, ne peut succéder au royaume de France* ». Philippe devient roi et se fait sacrer à Reims en mai 1328.

Dans un premier temps, Edouard III admet parfaitement cette situation et prête même hommage à Philippe VI pour les fiefs qu'il tient de lui sur le continent. Mais, bien plus tard, en 1340, il réagit en se proclamant roi de France et d'Angleterre. Les causes de cette attitude nouvelle sont bien connues. A l'ambition personnelle d'Edouard III s'ajoute le soutien que lui apportent les Flamands. Très liés par leurs rapports économiques et commerciaux avec l'Angleterre, ils ne voyaient pas d'un mauvais œil, couronne de France et couronne d'Angleterre réunies sur une même tête, même si leur comte soutenait ouvertement Philippe VI. Quoi qu'il en soit de ces causes, le revirement d'Edouard III marque le début du très long conflit qui devait opposer pendant un siècle la France à l'Angleterre. A ses origines, la guerre de Cent Ans n'est autre qu'une querelle dynastique, avivée par la crainte de voir le souverain anglais devenir roi de France. Voilà en partie pourquoi les descendants par les femmes ont été exclus, comme les femmes elles-mêmes, de la succession à la couronne de France. De là devait naître plus tard l'adage : « *Le royaume de France ne peut tomber en quenouille* ».

Posée la règle, les **justifications** juridiques n'étaient pas plus faciles à avancer que pour les cas précédents. Les légistes de Philippe VI imaginèrent de présenter contre les prétentions d'Edouard III – et non sans mal – un argument très spécieux tiré de la vieille loi des Francs Saliens, la loi salique. Ils en invoquèrent l'article qui écartait les filles de la succession à la terre des ancêtres. Et nos légistes d'assimiler abusivement cette terre au royaume, à la couronne ! L'argumentation, on le voit, tournait court. Même ténue, elle eut sa portée. A un point tel que la règle de succession à la couronne, qui en écartait les filles, fut parfois appelée, par les auteurs de l'ancien droit, règle de la loi salique.

Cet ensemble de coutumes successorales est définitivement fixé à partir du milieu du XIVe siècle. Alors on considère, pour ne plus jamais y revenir, que la couronne se transmet de père en fils, dans la famille capétienne, par ordre de primogéniture ; que les femmes ainsi que leurs descendants sont exclus et qu'à défaut de descendant en ligne directe, c'est le collatéral le plus proche du roi défunt par les hommes qui succède. C'était une chose de régler la dévolution de la couronne, mais encore fallait-il préciser que le roi régnant ne pouvait modifier, de son vivant, ces règles de dévolution ou en entraver l'application.

§ 2. – L'INDISPONIBILITÉ DE LA COURONNE

Le problème est simple. Le roi régnant peut-il, de sa seule volonté, changer l'ordre normal de la succession et disposer ainsi librement de la couronne pour l'attribuer à un autre héritier que celui prévu par les règles normales de dévolution ? A cette question, la théorie avait déjà répondu implicitement en affirmant que, pour le nouveau roi, régner était davantage une obligation qu'un droit et qu'en conséquence la fonction royale était indisponible. Mais ce n'était là qu'une réponse théorique, le problème ne s'était jamais posé dans les faits avant le début du XIIe siècle. Dans quelles circonstances vint-il à discussion (A), quelle solution lui fut apportée et à travers quelles justifications (B) ?

A. LES CIRCONSTANCES

C'est dans un contexte dramatique que le problème se posa, celui de la folie de Charles VI et de la division du royaume entre Armagnacs et Bourguignons. Les Bourguignons, favorables à l'alliance avec l'Angleterre et appuyés par la reine, réussissent à persuader Charles VI de signer, le 21 mai 1420, le traité de Troyes, avec le roi d'Angleterre Henri V.

Les clauses en étaient désastreuses pour la France et la couronne. Charles VI fiançait sa fille Catherine à Henri V, le mariage était célébré peu après le 2 juin. Mais il y avait plus. Henri V déclaré fils adoptif de Charles VI devait hériter à sa mort de la couronne de France. Le dauphin, futur Charles VII, qui était l'héritier normal en vertu des règles jusque-là observées, se trouvait donc totalement exclu de la succession. Exhérédé, il perdait tous ses droits sur la couronne. Cet accord, conclu au mépris de toute la tradition coutumière qui s'était formée depuis Hugues Capet, est pourtant ratifié par les Etats.

Henri V meurt en août 1422, puis en octobre Charles VI. Conformément aux clauses du traité, le jeune Henri VI âgé de quelques mois est proclamé roi de France. Son oncle, le duc de Bedford, assure la régence. Le dauphin Charles proteste vivement et se proclame roi, à Bourges, le 30 octobre. Même simple « roi de Bourges », il avait pour lui le sang royal, le poids des traditions et la force de la coutume. La volonté de Charles VI et de son entourage, l'accord conclu avec Henri V pouvaient-ils en faire table rase ? Etait-il possible de disposer ainsi librement de la couronne ?

B. SOLUTION DU PROBLÈME ET JUSTIFICATIONS

Il est indéniable que les premiers succès militaires de Charles VII ont largement contribué à redresser la situation en sa faveur. Mais il y a plus. Réflexion et théorie sont venues au secours des faits pour élaborer, dès avant même la signature du traité de Troyes, toute une doctrine de la succession à la couronne. Il fallait que cette succession soit clairement mise en dehors du champ de la volonté royale, que le roi régnant ne puisse en disposer comme il l'entendait. Il convenait de la rendre indisponible en lui fixant un statut qui lui fût propre et qui échappât complètement au droit commun des successions.

Dès avant le traité de Troyes, la position du dauphin était déjà fortement menacée. Tout laissait à penser qu'un processus officiel serait mis en œuvre pour l'exclure. Pressentant l'événement, les juristes favorables à sa cause et au respect des coutumes régissant la transmission de la couronne de France, préparent la riposte. C'est principalement de Jean de Terre

Vermeille, juriste languedocien, qu'elle vient. Dans ses **Tractatus** qu'il rédige entre février et septembre 1419, il présente la succession à la couronne comme devant être régie par des règles particulières et intangibles. Ces trois traités, pensés et écrits sous la pression des faits, n'ont pas une finalité scientifique. Ils recherchent, avant tout, l'efficacité politique : justifier les droits du dauphin et démontrer que son exclusion de la couronne était inopérante parce que les clauses du traité de Troyes étaient sans valeur.

La démonstration de Jean de Terre Vermeille se fait en plusieurs étapes. Il s'abrite derrière un postulat qui découle d'une constatation irréfutable. Toutes les règles successorales qui ont jusque-là régi la transmission de la couronne sont d'origine coutumière. Ces coutumes, lentement élaborées par la communauté politique dans son ensemble, constituent un ordre juridique indépendant auquel aucune volonté individuelle, pas même royale, ne saurait porter atteinte. Comme elles régissent la couronne, elles revêtent nature particulière et valeur supérieure. Elles forment un corps objectif de règles qui échappe à toute modification qui n'émanerait pas du corps politique dans son ensemble.

Dans ces conditions, la succession à la couronne de France ne saurait être rapprochée d'aucune autre, régie par les règles du droit privé. Royale, publique, elle a son statut propre. Rien dans ses mécanismes n'est patrimonial ou héréditaire puisque le roi n'est pas propriétaire, mais simplement administrateur du royaume. C'est là que réside la différence essentielle. Dans toute succession privée *ab intestat*, tout individu peut en modifier l'ordre normal en instituant, par testament, un héritier. De leur côté, les héritiers peuvent aussi, sous certaines conditions, refuser d'hériter.

Aucune de ces règles de droit privé n'est applicable à la succession à la couronne. Figées, après des siècles d'évolution, dans un statut coutumier rigide, personne n'est en droit d'en modifier le contenu. Au terme de ces pratiques, le nouveau roi a un droit acquis à succéder, fondé avant tout sur les liens du sang qui l'unissent à son prédécesseur. Héritier nécessaire, il ne peut être écarté à partir du moment où il est le fils du roi défunt ou son plus proche parent collatéral mâle.

Au terme de cette démonstration, il apparaissait clairement que le dauphin ne devait être exhérédé et que tous les arguments juridiques plaidaient pour son accession au trône. Héritier nécessaire, il devait recevoir la couronne parce qu'elle était indisponible. Puisque l'ordre de succession était régi par un ensemble de coutumes supérieures à la volonté du roi, le roi régnant ne pouvait, en aucune circonstance, les modifier ou en paralyser l'application.

Au terme de ce raisonnement qui s'appuyait sur une pratique séculaire, Jean de Terre Vermeille démontrait avec vigueur, dès 1419, que la succession à la couronne de France était régie par un véritable statut. Succession statutaire donc, elle faisait impérativement de Charles VII l'héritier nécessaire, incontournable. Cette théorie clairement explicitée venait enrichir le statut de la couronne et préciser la nature de la fonction royale. Elle apportait aussi des arguments irréfutables pour démontrer que les clauses du traité de Troyes étaient nulles. A partir de ce moment-là, le principe d'indisponibilité pouvait être invoqué. Il le fut de manière explicite dès

1435, avant d'être tout à fait officiellement repris dans l'entourage de Charles VII, vers 1445, tout spécialement par Jean Juvénal des Ursins qui devait devenir son conseiller.

L'ensemble de ces règles, lentement élaborées autour de la succession à la couronne et de son statut, furent d'application constante jusqu'à la fin de l'Ancien Régime. Considérées dès leur formation comme ayant valeur particulière, elles sont placées au-dessus des normes ordinaires. Non édictées mais nées de la pratique, elles constituent un ensemble normatif supérieur à la volonté royale. Parce qu'elles régissent la succession à la couronne, elles assurent, par leur contenu, permanence et continuité à l'Etat que cette couronne symbolise. En ce sens, elles font déjà figure de normes à portée constitutionnelle. A travers elles et jointes à d'autres à venir, s'ébauche tout un **corpus** réglementaire destiné à fixer le statut de l'institution royale et de l'Etat. Point n'est surprenant qu'elles aient pu être qualifiées, plus tard, de **lois fondamentales** de la monarchie. Mais, pour l'heure, cette monarchie ne pouvait mieux assurer sa position qu'en renforçant les moyens d'action que lui avait légués l'Etat féodal.

BIBLIOGRAPHIE

AMADO J., « Fondement et domaine du droit des apanages », *C. H.*, 13, 1968, p. 355-535.

ARABEYRE P., *Les idées politiques à Toulouse à la veille de la Réforme. Recherches autour de l'œuvre de Guillaume Benoît (1455-1516)*, Toulouse, 2003.

AUTRAND F., *Charles V le Sage*, Paris, 1994.

AUTRAND F., *Charles VI, la folie du roi,* Paris, 1986.

AUTRAND F., *Jean de Berry. L'art et le pouvoir*, Paris, 2000.

BALDWIN J., « L'entourage de Philippe Auguste et la famille royale », *La France de Philippe Auguste, Le temps des mutations,* Colloque de Paris, 1980, Bautier R.-H. dir., Paris, 1982, p. 59 et suiv.

BALDWIN J., *Philippe Auguste*, Paris, 1991.

BARBEY J., « La formation des coutumes d'hérédité et de masculinité », *Mémoire*, VII, 1987, p. 65-72.

BARBEY J., BLUCHE F., RIALS S., *Lois fondamentales et succession de France*, 3e éd., Paris, 1987.

BARBEY J., *Être roi,* Paris, 1992.

BARBEY J., *La fonction royale. Essence et légitimité d'après les Tractatus de Jean de Terre Vermeille,* Paris, 1983.

BARRY F., *La Reine de France*, Paris, 1900.

BASSE B., *La constitution de l'Ancienne France,* Liancourt, 3e édit., 1986.

BEAUNE C., « Histoire et politique : la recherche du texte de la loi salique de 1350 à 1450 », *Actes du CIVe Congrès national des Soc. Sav.*, Tours, 1979, I, p. 25-35.

BEAUNE C., *Naissance de la nation France,* Paris, 1985.

BELL D.-M., *L'idéal éthique de la royauté en France au Moyen Âge*, Genève, 1962.

BLOCH M., *Les rois thaumaturges. Etude sur le caractère surnaturel attribué à la puissance royale particulièrement en France et en Angleterre,* Paris, 1923, 2e éd., 1961.

BOUREAU A., *Le simple corps du roi. L'impossible sacralité des souverains français, XVe-XVIIIe siècle,* Paris, 1988.

CAZELLES R., *La société politique et la crise de la royauté sous Philippe de Valois*, Paris, 1958.

CAZELLES R., *Société politique, noblesse et couronne sous Jean le Bon et Charles V,* Genève-Paris, 1982.

CHEVALLIER J.-R, *Le pouvoir royal français à la fin du XIIIe siècle : les droits régaliens*, Paris, 1931.

CONTAMINE Ph., « "Le royaume de France ne peut tomber en fille". Fondement, formulation et implication d'une théorie politique à la fin du Moyen Âge », *Perspectives médiévales*, 13, 1987, p. 67-81.

COSANDEY F., *La reine de France. Symbole et pouvoir*, Paris, 2000.

DAGRON G., *Empereur et prêtre. Étude sur le « césaropapisme » byzantin,* Paris, 1996.

DAVID M., *La souveraineté du peuple*, Paris, 1996.

État (L') ou le Roi. Les fondations de la modernité monarchique en France (XIVe-XVIIe siècles), Bulst N., Descimon R. et Guerreau A. dir., Paris, 1996.

FAVIER J., *Philippe le Bel,* Paris, 1978.

FAVIER J., *Louis XI*, Paris, 2001.

FAWTIER R., *Les Capétiens et la France,* Paris, 1942.

GAUSSIN P.R., *Louis XI, roi méconnu,* Paris, 1976.

GAUVARD Cl., « L'image du roi justicier en France à la fin du Moyen Âge d'après les lettres de rémission », *La faute, la répression et le pardon.* Actes du Congrès National des Sociétes savantes, Brest, 1982, Philologie et Histoire jusqu'à 1610, t. 1, p. 165-192.

GIESEY R.E., *Cérémonial et puissance souveraine. France, XVe-XVIIe siècle,* Paris, 1987.

GIESEY R.E., *The royal funeral ceremony in Renaissance France,* Genève, 1960. Trad. fr., *Le roi ne meurt jamais,* Paris, 1987.

GUENÉE B., « L'histoire de l'État en France à la fin du Moyen Âge », *R.H.*, 232, 1964, p. 331-360.

GUENÉE B. et LEHOUX F., *Les entrées royales françaises de 1328 à 1510*, Paris, 1968.

GUENÉE B., *Politique et histoire au Moyen Âge. Recueil d'articles sur l'histoire politique et l'historigraphie médiévale (1956-1981)*, Paris, 1981.

GUENÉE B., *Un meurtre, une société. L'assassinat du duc d'Orléans, 23 novembre 1407,* Paris, 1992.

GUENÉE B., *Un roi et son historien. Vingt études sur le règne de Charles VI et la Chronique du Religieux de Saint-Denis*, Paris, 1999.

GUENÉE B., *L'opinion publique à la fin du Moyen Âge d'après la « Chronique de Charles VI » du Religieux de Saint-Denis*, Paris, 2002.

GUILLOIS A., *Recherches sur les maîtres des requêtes de l'Hôtel des origines à 1350*, Paris, 1909.

JACKSON R.A., Vivat rex. *Histoire des sacres et couronnements en France* (1324-1825), Paris-Londres, 1984.

KANTOROWICZ E.H., *Mourir pour la patrie et autres textes,* trad. L. Mayali et A. Schütz, Paris, 1984.

KANTOROWICZ E.H., *The king's two bodies. A study in medieval political theology,* Princeton, 1957. Trad. fr., *Les deux corps du roi,* Paris, 1989.

KERHERVE J., *L'État breton aux XIVe et XVe siècles. Les ducs, l'argent et les hommes,* 2 vol., Paris, 1987.

KRYNEN J., *Idéal du prince et pouvoir royal à la fin du Moyen Âge (1340-1440). Étude sur la littérature politique du temps,* Paris, 1981.

KRYNEN J., *L'empire du roi. Idées et croyances politiques en France, XIIIe-XVe siècle,* Paris, 1993.

LACOUR R., *Le gouvernement de l'apanage de Jean, duc de Berry. 1360-1416*, Paris, 1934.

LAGARDE G. de, *La naissance de l'esprit laïque à la fin du Moyen Âge*, 5 vol., Louvain-Paris, 1956-1970.

LE GOFF J., *Saint Louis*, Paris, 1996.

LECA A., « La dévolution de la couronne de France dans *Le Songe du Vergier* (1378) », *L'État, la Révolution française et l'Italie*, Actes du Colloque de Milan, 1989, Aix, 1990, p. 7-35.

LEGENDRE P., Leçons VI, *Le désir politique de Dieu. Étude sur les montages de l'État et du Droit*, Paris, 1988.

LEGENDRE P., Leçons VII, *Les enfants du texte. Étude sur la fonction parentale des États*, Paris, 1992.

LEHUGEUR P., *Histoire de Philippe le Long roi de France (1316-1322)*, I, *Le règne*, Paris, 1897, rééd. Genève, 1975.

LEMAIRE A., *Les lois fondamentales de la monarchie française d'après les théoriciens de l'Ancien Régime,* Paris, 1907.

LEWIS A.W., *Royal succession in Capetian France : studies on familial order and the State,* Cambridge, Mass., 1981. Trad. fr., *Le sang royal. La famille capétienne et l'État, France, Xe-XIVe siècle,* Paris, 1986.

LEWIS A.W., *The Capetian apanages and the nature of the French kingdom,* Journal of Medieval History, 2, 1976, p. 119-134.

MOCHI ONORY S., *Fonti canonistiche dell'idea moderna dello stato (imperium spirituale, jurisdictio divisa, sovranità),* Milan, 1951.

MOREL H., « La place de la *lex regia* dans l'histoire des idées politiques », *Mélanges Macqueron*, Aix, 1970, p. 545-555.

OLIVIER-MARTIN F., *Les régences et la majorité des rois sous les Capétiens directs et les premiers Valois (1060-1375)*, Paris, 1931.

PASSERIN D'ENTRÈVES A., *La notion de l'État*, trad. J. R. Weilland, Paris, 1969.

Penser le pouvoir au Moyen Âge. Études offertes à Françoise Autrand, Boutet D. et Verger J. dir., Paris, 2000.

POCQUET DU HAUT JUSSÉ B. A., « Une idée de Louis XI : la sujétion éclipse la vassalité », *R.H.*, 226, 1961, p. 383-398.

QUILLET J., *La philosophie politique du « Songe du Verger ». Sources doctrinales*, Paris, 1977.

RICHARD J., *Saint Louis,* Paris, 1983.

RIGAUDIÈRE A., « État, pouvoir et administration dans la *Practica aurea libellorum* de Pierre Jacobi (vers 1311) ». *Droits savants et pratiques françaises du pouvoir (XIe-XVe siècle)*. Presses Universitaires. Bordeaux, 1992, p. 161-210.

RIGAUDIÈRE A, « Le bon prince dans l'œuvre de Pierre Salmon ». *Penser le pouvoir au Moyen Âge. Études offertes à Françoise Autrand,* D. Boutet et J. Verger dir., Paris, 2000, p. 365-384.

RIGAUDIÈRE A., « Qu'est-ce qu'une bonne ville dans la France du bas Moyen Âge ? », *La charte de Beaumont et les franchises entre Loire et Rhin* (Colloque de Nancy, oct. 1982), Nancy, 1988, p. 59-105.

RIGAUDIÈRE A., « *Princeps legibus solutus est* et *Quod principi placuit legis habet vigorem* à travers trois coutumiers du XIIIe siècle ». *Hommages à G. Boulvert*, Nice, 1987, p. 427-452.

Saint-Denis et la royauté. Études offertes à Bernard Guenée, Autrand F., Gauvard C. et Moeglin J.-M. éd., Paris, 1999.

SBRICCOLI M., Crimen laese majestatis : *il problema del reato politico alle soglie della scienza penalistica moderna*, Milan, 1974.

SCHNERB B., *L'État bourguignon, 1363-1477*, Paris, 1999.

SIVÉRY G., *Saint Louis et son siècle*, Paris, 1983.

Vincennes aux origines de l'État moderne, Chapelot J. et Lalou E. éd., Paris, 1996.

VIOLLET P., « Comment les femmes ont été exclues en France de la succession à la couronne », *Mém. de l'Acad. des Insc. et Belles Lettres*, XXXIV 2, 1895, p. 125-178.

WOOD C. T., *The French Apanages and the Capetian Monarchy, 1224-1328,* Cambridge, 1966.

CHAPITRE II

LE RENFORCEMENT DES MOYENS D'ACTION DE L'ÉTAT

De la fin du XIIe siècle à la fin du XVe siècle, la position de la royauté s'assure partout dans l'Etat. Institution rénovée et stabilisée, elle sait se doter de moyens efficaces pour s'imposer à la féodalité et maîtriser l'ensemble d'un territoire progressivement reconquis. Triompher durablement face à un ordre féodal toujours tenace impliquait que le roi, garant de l'ordre étatique restauré, puisse régner sans partage. Pour cela, il fallait que, progressivement libéré des liens qui l'unissaient à la féodalité, il ne fût plus considéré comme un roi suzerain mais souverain dont les ordres s'imposent à tous, en dehors de toute allégeance personnelle (Section 1). Ce n'est qu'à partir du moment où cette position de chef suprême lui est définitivement acquise qu'il peut efficacement gouverner. Les structures gouvernementales s'arrachent alors lentement aux pesanteurs féodales. Devenues institutions d'Etat, elles relaient services et serviteurs privés dont s'était entouré le roi féodal (Section 2). Mieux organisées et dotées de compétences soigneusement définies, le support efficace qu'elles constituent ne saurait cependant permettre au roi d'administrer efficacement l'ensemble du territoire. Pour y parvenir, il doit le quadriller d'agents locaux dont la mission est avant tout de prolonger, sur place, l'action de la monarchie et de son gouvernement en administrant (Section 3), en jugeant (Section 4) et en dialoguant (Section 5).

SECTION 1

RÉGNER : DE LA SUZERAINETÉ À LA SOUVERAINETÉ

Depuis Suger, il est acquis que le roi se trouve au sommet de la pyramide féodo-vassalique. En vertu de ce principe, les princes territoriaux lui doivent un hommage-lige avec service prioritaire. A partir d'eux, se constitue toute une hiérarchie complémentaire d'arrière-vassaux que le souverain contrôle plus ou moins bien dans la mesure où lui est souvent opposée la maxime « *Le vassal de mon vassal n'est pas mon vassal* ». Pour briser cette résistance et ne plus avoir à passer par l'intermédiaire de vassaux pour atteindre directement la masse des sujets du royaume, la royauté se devait de trouver à son pouvoir un fondement tout autre. A la supériorité féodale tirée de la suzeraineté, il fallait substituer la notion d'un roi souverain qui plaçait face à lui tous les sujets sur un pied d'égalité. Non pas parce qu'ils lui étaient rattachés par un serment personnel, mais tout simplement parce que sujets d'un même Etat, ils devaient se trouver tous soumis à un même pouvoir qui englobait, à lui seul, toutes les prérogatives de puissance publique.

Cette souveraineté royale qui s'assure lentement dans la seconde moitié du XIIIe siècle se heurte à de rudes obstacles. Même si théoriciens, légistes et agents royaux en soutiennent toujours avec hardiesse la genèse à l'intérieur du royaume (§ 1), ils rencontrent beaucoup de difficultés pour faire triompher l'idée d'un roi souverain, franchies les limites de son royaume (§ 2).

§ 1. – LA GENÈSE DE LA SOUVERAINETÉ À L'INTÉRIEUR DU ROYAUME

Tirant les conséquences de la suzeraineté royale, Suger jette les premières bases favorables au développement de la souveraineté dès le milieu du XIIe siècle. Constatant que le roi se trouve au sommet de la hiérarchie féodo-vassalique, il en déduit qu'il ne doit hommage à personne. En veut-on la preuve, nous dit Suger. La voici aussitôt rapportée : le roi de France tient le Vexin de l'abbaye de Saint-Denis, région pour laquelle il devrait normalement hommage à l'abbé : « *s'il n'était pas roi* » (*si rex non esset*). En réalité, il ne doit pas accomplir cette formalité, sa qualité de roi suzerain placé au sommet de la pyramide féodale s'y oppose. En conséquence, le roi ne saurait tenir quoi que ce soit de qui que ce soit. C'est ce qu'exprime avec force le *Livre de Justice et de Plet* (coutumier du milieu du XIIIe siècle, vers 1260) qui, au chapitre consacré à l'office de roi, pose nettement le principe d'après lequel « *Li rois ne doit tenir de nuil* » (le roi ne tient de personne).

Une chose était de constater que le roi ne devait tenir de personne ses droits et ses terres, parce qu'il était placé au sommet d'une hiérarchie, autre chose était d'imposer l'idée que cette situation privilégiée devait lui permettre de contrôler directement tous les éléments qui composaient cette structure hiérarchique. Dans quelle mesure lui-même et son entourage pouvaient-ils parvenir à faire admettre que l'adage « *le vassal de mon vassal n'est pas mon vassal* » n'était plus opposable à l'institution royale ? Telle était la condition première et indispensable au développement de la doctrine de la souveraineté : contourner la médiatisation féodale (A). Une fois franchi cet obstacle, mais alors seulement, il devenait possible de donner à la souveraineté un contenu précis (B).

A. CONTOURNER LA MÉDIATISATION FÉODALE

Durant les règnes de Philippe Auguste et de saint Louis, la royauté et ses juristes s'efforcent d'inverser en leur faveur les grands principes du droit féodal afin de parvenir à pénétrer l'ensemble de la hiérarchie des arrière-vassaux. L'évolution ne leur est véritablement favorable qu'à partir du milieu du XIIIe siècle. Pour obtenir ce résultat, toutes les ressources que pouvait offrir le droit féodal en faveur de la royauté sont utilisées (1). Parallèlement, juristes royaux et administrateurs réussissent à imposer l'idée selon laquelle le jeu des relations féodo-vassaliques ne pouvait jamais être défavorable au roi (2).

1. – Puisque le droit féodal plaçait le roi au sommet d'une hiérarchie, il fallait en tirer toutes les conséquences, qu'elles soient judiciaires ou juridiques.

Judiciaires d'abord. Chaque fois qu'un arrière-vassal se plaint de son seigneur qui est lui-même un vassal royal, le roi est obligatoirement appelé à connaître de cette affaire en sa cour. Il peut alors profiter des circonstances pour régler au mieux de ses intérêts le litige et faire ainsi accepter des principes qui lui soient favorables. L'exemple le plus célèbre est celui de Jean sans Terre. Dernier fils d'Henri V et d'Aliénor d'Aquitaine, il entre en conflit avec un de ses puissants vassaux sur le continent, Hugues de Lusignan, auquel il enlève un de ses châteaux et sa fiancée. Hugues en saisit aussitôt Philippe Auguste, seigneur de Jean sans Terre qui, plusieurs fois sommé, refuse de comparaître devant la cour royale. Philippe Auguste le fait condamner par défaut à la commise de ses fiefs puis, fort de cette décision, la met à exécution en entamant contre Jean sans Terre une campagne militaire qui aboutit à la conquête de la Normandie (1204), puis du Maine et de l'Anjou. A terme, c'était presque tous ses fiefs continentaux que devait perdre Jean sans Terre. Ainsi, par sa position de juge féodal suprême, le roi se trouve souvent appelé à trancher des conflits importants dont la solution lui permet d'infléchir, dans un sens favorable, les évolutions politiques du moment.

Juridiques ensuite. Dans tous les cas où possibilité lui est donnée, le roi profite de sa situation pour élargir sa vassalité directe et mieux assurer l'assise de son pouvoir.

Chaque fois qu'il réunit au domaine des principautés territoriales, il devient le seigneur direct des anciens vassaux des princes, ce qui lui permet de contrôler de manière beaucoup plus étroite toute la hiérarchie féodale des territoires annexés. A côté de ce système de rattachement qui peut concerner une région tout entière, le roi dispose de moyens les plus divers pour obtenir des résultats semblables à l'égard de seigneurs particuliers sur lesquels il veut exercer une emprise directe.

La technique du fief-rente est particulièrement efficace. A tel grand seigneur en difficulté financière, le roi propose d'entrer dans sa vassalité en lui versant, en contrepartie de l'hommage, une rente annuelle qui vaut fief. Ce paiement annuel constituait pour le roi un très efficace moyen de pression. Il n'était effectué que si les clauses du contrat étaient régulièrement respectées. Disposant de revenus de plus en plus importants, le roi peut développer cette politique des fiefs-rentes qui lui permet de modeler, comme il l'entend, une hiérarchie féodale qu'il estime contraire à ses intérêts. Il peut même la détruire en partie et la restructurer à sa guise à travers les seigneurs qu'il choisit de se rattacher directement.

Les avantages qu'il peut retirer de l'hommage prioritaire sont aussi considérables. Technique maintenant bien au point, elle lui permet de se rattacher, par un hommage-lige, tout vassal qui n'est encore entré dans la ligesse d'aucun seigneur. Devenir l'homme lige du roi de France pouvait constituer une situation avantageuse à un moment où sa puissance ne cesse de s'affirmer. Personne d'autre que la royauté n'étant aussi bien placé pour s'attirer cette ligesse, il est souvent plus facile au roi qu'à n'importe quel autre seigneur territorial d'apporter, à son vassal lige, la juste contrepartie qu'il est en droit d'attendre de cette situation : augmentation de fief, rente supplémentaire ou concession d'un nouveau fief. C'est bien ainsi qu'en 1225, en lui versant 200 livres de rente supplémentaire, Louis VIII obtient la ligesse d'un de ses vassaux, le vicomte de Thouars.

Cependant, malgré la mise en œuvre de toutes ces techniques qui jouent de plus en plus en faveur du roi, il pouvait arriver que leurs conséquences ne soient pas poussées jusqu'au bout ou même qu'elles se retournent contre le souverain. Dans bien des cas, il ne pouvait éviter que joue à son encontre la logique du système, tout particulièrement lorsqu'il se plaçait en présence de princes territoriaux particulièrement puissants dont l'intérêt immédiat n'était pas toujours de servir le roi de France. Voici le duc de Bourgogne, vassal du roi de France, devenu aussi, depuis 1186, vassal de l'empereur. Même s'il est prévu qu'en cas de conflit entre ses deux seigneurs le duc devra défendre celui qui a été attaqué par l'autre, il n'en reste pas moins que, seul juge de la responsabilité de l'ouverture des hostilités, le duc conserve une grande liberté de choix. Voilà pourquoi, au moment où s'affirme partout, au début du XIIIe siècle, le pouvoir du roi, il devenait expédient de prévoir qu'en aucune hypothèse les règles féodales ne devraient pouvoir jouer à son encontre.

2. – Toujours difficiles à mettre en œuvre à l'égard des vassaux directs, les conséquences découlant de l'architecture féodale le sont plus encore chaque fois qu'entrent en scène les arrière-vassaux. Même seigneur suzerain au plus haut niveau, le roi n'avait sur eux aucune emprise et devait s'en remettre au bon vouloir de ses vassaux, en particulier chaque fois qu'il fallait mobiliser l'arrière-ban. La suzeraineté ne pouvait devenir un efficace moyen de renforcement de l'autorité royale que si le roi et son entourage réussissaient à imposer deux règles nouvelles allant à l'encontre des anciens principes. Il fallait d'abord que le souverain pût toujours bénéficier de manière absolue et prioritaire du service que lui devaient ses vassaux. Il était ensuite indispensable que s'estompât progressivement la règle de non-emprise du suzerain sur ses arrière-vassaux. Acquis ce double renversement, la royauté se trouvait en grande partie libérée des entraves que constituait à son action la médiatisation féodale.

C'est parce que le roi de France affirme lentement sa puissance sur l'ensemble du royaume tout au long du XIIIe siècle que ces principes rigides finissent par évoluer en sa faveur. L'extension progressive de son domaine, le prestige de sa justice et l'incomparable rayonnement de saint Louis font que vassaux et arrière-vassaux se rangent progressivement derrière lui. Il y a, dans cette évolution, quelque chose d'irrésistible, une sorte d'effet en chaîne qui mine progressivement tout ce qui était parfaitement réglé dans le système féodal. Des influences extérieures, aussi, ont été déterminantes. Tout spécialement, les pratiques anglo-normandes. En Normandie, où la féodalité est toujours demeurée plus structurée, l'autorité du duc s'est maintenue avec plus de force et la règle " *le vassal de mon vassal...* " ne lui est guère opposable. Dans un tel contexte, ont pu perdurer bon nombre de principes carolingiens d'où découle, en particulier, l'obligation d'une fidélité prioritaire au duc. Cette idée fait tellement corps avec la pratique qu'elle finit par devenir la règle. Dès le milieu du XIIIe siècle, le Grand Coutumier de Normandie la consacre et stipule que tous les habitants de Normandie doivent au duc une fidélité prioritaire. Elle prime sur tous les autres engagements et emporte, en toute situation, aide et conseil. Nul doute que pareil système ne manqua pas de guider l'action de Philippe Auguste à partir de 1204, date du rattachement de la Normandie au domaine.

A cet apport sûrement très riche du droit normand, il convient d'ajouter tout ce que les juristes royaux ont pu tirer du modèle romain progressivement retrouvé. Légistes et rédacteurs de coutumiers y puisent l'idée d'un souverain capable d'exercer sur l'ensemble de son royaume une emprise territoriale très forte par laquelle doivent être également soumis à son contrôle tous les sujets, quelle que soit leur place dans la hiérarchie féodale. C'était, sans le dire, déjà traiter de la souveraineté en imaginant, selon une vision linéaire et non plus hiérarchique, l'organisation de la société dans ses rapports avec le souverain.

Toutes ces influences convergentes se combinent pour faire du roi, dès le milieu du XIIIe siècle, le seul bénéficiaire du renversement qui s'opère des grands principes en vigueur. Plusieurs textes coutumiers traduisent ces inflexions, reflétant ainsi une évolution devenue désormais irréversible. Dès les années 1250, le coutumier de Touraine-Anjou prévoit que tout homme lige d'un vassal royal ne peut accepter d'entrer en guerre contre le roi, au côté de son seigneur, sans avoir au préalable demandé au roi lui-même si c'est bien vrai qu'il a effectivement commis quelque tort contre son propre vassal, en lui refusant par exemple protection ou justice. Alors seulement, si le roi s'est mis dans son tort et le reconnaît, l'homme lige peut se ranger derrière son seigneur dans une opération militaire contre le roi. C'était accorder là, de manière tout à fait officielle, une place prééminente au roi et lui rattacher, en quelque sorte presque directement, des arrière-vassaux qu'on obligeait à ne rien faire sans le consulter au préalable.

Il y a mieux et plus net encore. Quelque dix ans plus tard, un autre coutumier, le *Livre de Jostice et de Plet* dont l'auteur est inconnu, mais sans doute très proche du roi, pose avec force le principe d'après lequel le souverain se trouvant placé au-dessus de la hiérarchie féodale, devait échapper à toutes les conséquences contraires que risquaient d'avoir à son égard les rapports noués entre les membres de cette hiérarchie. Partant du principe d'après lequel le roi ne tient son pouvoir de personne (*li rois ne doit tenir de nuil*), il insiste sur le fait que si duc, comte, vicomte et baron peuvent être homme l'un de l'autre, ils doivent en toute hypothèse respecter la « dignité » due au roi contre qui l'hommage ne vaut rien. Et tous ceux qui viennent au-dessous de cette hiérarchie de grands, qu'ils soient simples châtelains ou vavasseurs (vassaux dcs vassaux), qu'ils soient habitants des villes ou des campagnes, leur sont certes soumis mais demeurent, en toute situation, dans la main du roi. C'était affirmer avec une vigueur accrue et sans le moindre doute possible que tout individu, quelle que soit sa position dans la hiérarchie féodo-vassalique, devait à tout instant se trouver soumis au roi dont il était non plus le vassal ou arrière-vassal mais, tout simplement, le sujet.

Dans ces conditions, théoriciens et légistes contribuaient, à partir des années 1260, à poser le principe de la souveraineté royale. Même s'il n'existe pas encore de mot spécifique pour la désigner, la double règle était désormais acquise d'une supériorité du roi à l'égard de tous et de l'égale soumission de tous à cette supériorité. Elle est reconnue au roi parce qu'il est *supremus*, *superanus*, c'est-à-dire le plus haut placé dans la hiérarchie. A partir de ces superlatifs sont apparus les adjectifs suzerain et souverain qui, jusqu'au milieu du XIIIe siècle, ont un sens à peu près identique. Puis, progressivement, le terme souverain est utilisé de manière de plus en plus spécifique dans l'expression « *souverain fieiffeux* » pour qualifier le suzerain supérieur, placé au sommet de la hiérarchie des fiefs et des hommes, c'est-à-dire le roi. Ce sens paraît définitivement fixé pour désigner la qualité de supérieur, de chef suprême de la hiérarchie féodo-vassalique reconnue au roi quand Beaumanoir écrit, dans ses *Coutumes de Beauvaisis* (1283), que le « *roi est souverain par dessus tous* ». On peut alors considérer qu'une évolution est terminée. Tant la pratique que la réflexion des juristes, tant le comportement des grands seigneurs que l'attitude de la royauté ont réussi à faire triompher l'idée que le roi se trouvait dans une position particulière et spécifique qui devait lui être propre. Celle de ne relever de personne, tandis que tous les sujets du royaume devaient relever, sans exception, directement de lui. Si l'idée de souveraineté devenait réalité, encore convenait-il d'en préciser le contenu pour qu'elle bénéficiât pleinement à l'institution royale.

B. DONNER À LA SOUVERAINETÉ UN CONTENU PRÉCIS

Plus le roi et ses légistes parviennent à donner à la souveraineté royale des bases théoriques solides dans le courant de la seconde moitié du XIIIe siècle, plus il est indispensable de définir son contenu concret. Il s'élargit au fur et à mesure que s'étend le domaine royal et que s'étiolent les prérogatives seigneuriales. Vouloir évoquer dans son ensemble cette souveraineté reviendrait à examiner dans le détail la totalité des secteurs d'intervention de la royauté, étude qui sera conduite à propos des domaines d'action du roi. A partir du moment où elle est définie dans sa plénitude, elle autorise son titulaire à agir sur les terrains les plus variés : politique, judiciaire, militaire, financier et économique. Telle n'est pas encore la situation au XIIIe siècle, période au cours de laquelle la souveraineté royale se construit. Reprenant les théories émises aux siècles précédents autour du ministère royal, les légistes font toujours du roi souverain un roi protecteur et justicier, mais aussi et de plus en plus, législateur.

1. – Roi protecteur, le roi souverain du XIIIe siècle le demeure. Il reprend désormais à son compte l'action qu'avait lancée et conduite l'Eglise aux

siècles précédents. Sa paix, sa protection sont maintenant assurées par lui-même et ses agents à un triple niveau. Déjà entrevue à la période féodale, cette action devient plus régulière, plus effective et toujours plus présente.

C'est tout d'abord aux individus qu'elle s'adresse, à travers deux techniques différentes, mais dont le but est toujours le même, faire triompher la souveraineté du roi en assurant la sécurité. L'**asseurement**, déjà largement utilisé en droit féodal, connaît un essor tout particulier. Promesse solennelle faite par une personne à une autre de ne pas commettre contre elle un acte de violence, cette « assurance » demeura pendant longtemps un acte volontaire avant de devenir, dans certains cas, obligatoire au XIIIe siècle. Toute personne redoutant d'une autre une agression pouvait la citer à comparaître devant un juge royal qui, s'il estimait le risque fondé, avait toute latitude pour contraindre la partie jugée dangereuse à fournir l'asseurement demandé. A partir de ce moment-là, ses effets se trouvèrent notablement élargis.

La **sauvegarde**, fort ancienne elle aussi, s'inscrit dans la même lignée depuis le *mundium* des souverains francs. En vertu de ce pouvoir, le roi avait toujours la possibilité de faire bénéficier de sa sauvegarde plusieurs catégories de personnes. Toutes celles qu'il y plaçait parce qu'il le souhaitait (membres de la famille royale, officiers royaux dans l'exercice de leurs fonctions, grands vassaux, marchands se rendant aux grandes foires), mais aussi toutes celles qui en faisaient la demande – personnes particulières ou communautés – et obtenaient de la chancellerie royale leur lettre de sauvegarde.

Asseurement et sauvegarde constituent d'incomparables moyens dont dispose le roi pour affermir sa souveraineté. Tous les individus, quel que soit le seigneur dont ils dépendent, peuvent en bénéficier. C'était offrir à la royauté une occasion inespérée de pénétrer l'ensemble de la hiérarchie féodale et de transcender ainsi les liens et rattachements personnels. Chaque fois que les clauses découlant de l'asseurement n'étaient pas respectées ou qu'était violée la sauvegarde, c'était obligatoirement un tribunal royal qui devait connaître de l'affaire. Ainsi, bénéficiaires de ces protections renforcées et contrevenants relèvent-ils de plus en plus directement du roi dont le pouvoir butte, de moins en moins, sur la barrière que constituent les liens féodaux.

C'est ensuite en direction des collectivités que la souveraineté royale développe sa politique de protection et, partant, d'intervention. Les collectivités laïques sont bien sûr concernées, tout spécialement les villes auxquelles le roi accorde protection chaque fois qu'il leur octroie des privilèges ou confirme ceux qui existent. Mais les collectivités ecclésiastiques, plus encore, sont appelées à en tirer bénéfice. Tout au long du XIIIe siècle, la ***tuitio ecclesiarum*** ne cesse de prendre une place grandissante dans la panoplie des prérogatives royales. Le souverain en récupère progressivement la maîtrise qui était tombée aux mains des féodaux pendant la période féodale. Certes, il ne l'enlève pas complètement aux seigneurs qui conservent une garde spéciale, particulière, pour les églises relevant de leur seigneurie. Mais cette garde doit toujours demeurer soumise à celle, générale, du roi. Elle se superpose, en quelque sorte, à toutes les gardes particulières et le roi en retire plusieurs prérogatives. Gardien général, il peut toujours intervenir chaque fois que l'équité est menacée par le gardien spécial qui ne respecte pas le bien commun. Il peut aussi se substituer à lui s'il abuse des droits conférés par la garde. Il lui est enfin possible, en toute situation, d'exercer sur lui un contrôle de manière permanente afin d'assurer qu'il n'est pas porté atteinte aux droits et aux biens de l'église placée sous la garde seigneuriale.

La garde royale est ainsi omniprésente. Elle assure une vigilance de tous les instants qui permet au roi d'intervenir à tous moments et de briser, une fois de plus, la médiatisation féodale. Cette *tuitio ecclesiarum* devient si efficace et si bénéfique que toutes les églises finissent par la préférer, dans la seconde moitié du XIIIe siècle, à la garde spéciale des seigneurs menacée de disparition. Il y avait là, pour le souverain du XIIIe siècle, un moyen extrêmement fécond de multiplier ses interventions à l'intérieur des seigneuries que le roi féodal n'avait jamais pu pénétrer, même quand elles étaient ses vassales.

C'est enfin à l'ensemble du royaume que s'étend progressivement la protection du roi. Certes, la ***tuitio regni*** n'est pas nouvelle, mais elle connaît, à partir du milieu du XIIIe siècle, un extraordinaire développement. Là encore, le pouvoir royal désormais assez fort reprend à son compte ce qu'avait imaginé en ce domaine l'Eglise des temps féodaux.

Toute une politique de paix royale est mise en œuvre. Philippe Auguste institue la **quarantaine-le-roi**. Elle fait suite à la trêve de Dieu et veut tout particulièrement lutter contre les guerres entre lignages. Avant même que ne s'ouvrent les hostilités, une trêve de quarante jours est imposée aux futurs belligérants. Pendant ce temps, tout acte de guerre est interdit et chaque lignage se trouve placé sous la protection du roi.

Saint Louis renforce et généralise cette politique en la prolongeant par des dispositions de paix générale. Dès 1258, il interdit les guerres privées dans le royaume. Il est évident qu'une telle décision ne pouvait avoir que des effets limités à un moment où le pouvoir « législatif » royal rencontre beaucoup de difficultés à pénétrer l'ensemble de la hiérarchie féodale et où les grands seigneurs n'entendent nullement se démunir de leur droit de guerre privée. Il est cependant essentiel de relever que cette interdiction est édictée au moment où légistes royaux et rédacteurs de coutumes se mobilisent pour faire triompher les idées favorables à la souveraineté royale.

Cette concomitance n'est pas liée à un simple hasard. Il y a là une volonté affichée de faire passer dans les faits tous les éléments d'une théorie qui veut prolonger, bien au-delà du royaume, le devoir de protection qu'a le roi. Cette *tuitio*, il doit aussi l'assurer vis-à-vis des ennemis de l'extérieur. Pareille obligation, qui lie le souverain, justifie que lui soient en même temps reconnues de larges prérogatives dans le domaine militaire et financier. Comptable de la sécurité du *regnum*, il doit pouvoir, pour l'assurer, lever les contingents nécessaires. Et pour financer les frais qu'implique mise sur pied et fonctionnement de cette armée même occasionnelle, il faut que puissent être réunis les fonds nécessaires. Voilà qui suffisait, déjà, à fonder le droit de lever l'impôt plus tard reconnu au souverain. Gardien et défenseur du royaume par les armes, le roi se doit aussi d'y faire régner la paix civile.

2. – C'est parce qu'il est depuis longtemps déjà roi justicier qu'il peut mener à bien cette mission. Il y a là un attribut essentiel de la puissance royale que les théoriciens de la souveraineté exploitent systématiquement et placent au premier plan au XIIIe siècle. Ils ne font en cela que reprendre toutes les théories élaborées autour du ministère royal depuis les temps carolingiens. L'image du roi justicier l'emporte encore tout au long du XIIIe siècle avant de s'effacer devant celle du roi législateur. En témoigne la promesse du sacre par laquelle le roi s'engage à maintenir son droit à chacun, ce qui fait de lui un « grand débiteur de justice ». Le prouvent aussi toutes les représentations figurées du roi à ce moment-là. Contrairement à la plupart des grands féodaux de l'époque, il n'est pas représenté sur les sceaux à cheval et en armes, mais tenant la main de justice qui symbolise tout son pouvoir en ce domaine.

Ici encore, les légistes n'en restent pas au stade de la théorie mais énoncent toutes les implications du principe. Constatant que le souverain justicier se trouve placé au sommet de la hiérarchie féodo-vassalique et que tous fiefs et arrière-fiefs dépendent en définitive de lui, ils en déduisent logiquement que toute justice émane de lui et, qu'en conséquence, tout seigneur justicier doit obligatoirement pouvoir être soumis à son contrôle chaque fois qu'il exerce ses prérogatives judiciaires. C'est en se fondant sur cette mission de contrôle impartie au souverain que théoriciens et praticiens réussissent à mettre progressivement en œuvre, mais non sans mal, la procédure d'appel hiérarchique. Alors se trouvait posée la règle d'après laquelle tout justiciable mécontent du jugement rendu par son seigneur justicier pouvait porter l'affaire devant les tribunaux royaux. Et comme le roi est souverain justicier, il devait toujours en connaître en dernier ressort. Voilà comment cette souveraineté justicière put permettre, dès le XIIIe- siècle, une remarquable avancée du pouvoir royal dans de très nombreux domaines, les affaires judiciaires relevant toujours des secteurs les plus variés. C'était aussi, en même temps, la voie ouverte à l'élaboration encore bien fragile mais réelle d'une véritable jurisprudence des tribunaux royaux que pouvait commencer à guider un bien timide pouvoir normatif renaissant.

3. – A l'image du roi justicier succède peu à peu, mais combien lentement, celle du roi législateur. Ce n'est qu'aux siècles suivants que se produit cette inversion. Néanmoins, dès la seconde moitié du XIIIe siècle, l'affermissement de la notion de souveraineté était très porteuse pour l'extension du pouvoir normatif royal.

Jusqu'aux environs des années 1250, le principe fondamental demeure d'après lequel le roi ne peut arrêter de mesure obligatoire et à portée générale qu'à l'intérieur de son domaine. Et encore faut-il, pour que cette législation s'applique jusqu'aux roturiers, qu'il y contrôle parfaitement toutes les seigneuries, que ses vassaux lui soient parfaitement soumis.

Jusqu'à cette date, le roi ne se risque que très rarement à " légiférer " pour l'ensemble du royaume s'il n'a pas au préalable obtenu le consentement des barons auxquels il souhaite voir appliquer les mesures qu'il envisage d'édicter. Beaumanoir prend, sans la moindre hésitation, position sur ce point dans ses *Coutumes de Beauvaisis* quand il précise que « *le roi ne peut mettre ban en la terre d'un baron sans son assentiment* ». C'était bien affirmer, avec vigueur, l'autonomie normative à peu près complète des grands seigneurs.

Dans ces conditions, jusqu'au temps de saint Louis, chaque fois que le roi veut arrêter une décision ayant portée générale, il doit réunir sa cour à laquelle assistent non seulement les grands seigneurs du domaine, mais aussi tous les grands vassaux du royaume, afin d'obtenir leur approbation et leur soutien pour une mesure envisagée. Cette démarche ne constituait pas un gage de succès certain dans l'application du texte mais, à tout le moins, une chance supplémentaire lui était-elle donnée d'être reçue dans les principautés et seigneuries de ceux qui en avaient préalablement accepté le principe.

Comme en bien d'autres domaines, le règne de saint Louis marque un important progrès dans l'affirmation d'un pouvoir normatif plus autonome du souverain. Si l'adhésion la plus large possible des grands vassaux est toujours recherchée, l'idée commence à apparaître selon laquelle le consentement d'une majorité d'entre eux peut être suffisante pour cautionner l'élaboration d'un texte et, même parfois, le rendre obligatoire pour ceux qui ne l'ont pas approuvé. S'opposent-ils systématiquement à son application ? Alors semble se profiler la possibilité pour le roi d'avoir recours à la contrainte si, toutefois, il s'agit d'un texte dont l'intérêt général est évident. Mais les exemples manquent pour étayer pareille affirmation. Tout au plus peut-on évoquer l'ordonnance de 1230 réglementant l'usure et le statut des Juifs. Le roi s'exprime en termes sévères. « *Si quelques barons ne veulent pas observer ces prescriptions, nous les y contraindrons et les autres barons devront nous y aider de bonne foi et dans la mesure de leur pouvoir* ». Sévérité, sans doute. Mais quelle en fut la portée véritable et dans quelle mesure pareille réglementation fut-elle régulièrement renouvelée ? Que la royauté poursuive son effort pour rendre sa législation obligatoire pour tous est incontestable. Le prouve, par exemple, l'absence de plus en plus fréquente de mention des barons qui ont effectivement assisté à la réunion de la cour qui a pris la décision. Il y a là une évidente volonté de faire triompher l'idée que le texte est impersonnel et doit s'imposer à tous. Mais dans quelle mesure pareille attitude était-elle suivie d'effets ? La question vaut d'être posée, au moins pour le XIIIe siècle.

Pour que le souverain puisse édicter des textes ayant force obligatoire et autorité sur l'ensemble du royaume, il faut attendre le début du siècle suivant. Le règne de Philippe le Bel marque sur ce point un important progrès. Certes, il continue, pour toute décision importante, à consulter cour et conseil – pratique qui demeure valable jusqu'à la fin de l'Ancien Régime –, mais cette consultation ne doit en rien diminuer sa capacité édictale. S'il est bon que le plus grand nombre soit associé à l'élaboration des textes normatifs d'importance, c'est en fin de compte du roi et de lui seul qu'ils doivent émaner.

Manifestation sans doute la plus tangible d'une souveraineté lentement retrouvée, le pouvoir normatif reconnu au roi fait de lui le premier bénéficiaire de cette notion cardinale, si indispensable à la reconstruction d'un ordre étatique dont les assises n'étaient pas encore toujours bien assurées face aux puissances de l'extérieur.

§ 2. – L'AFFIRMATION DE LA SOUVERAINETÉ À L'EXTÉRIEUR DU ROYAUME

Cette renaissance de la souveraineté n'est pas seulement vraie pour la France. Elle concerne l'ensemble des pays d'Occident qui, non sans difficulté, s'efforcent de construire leur indépendance par rapport à la papauté et à l'empire. L'idée qui avait pendant longtemps dominé d'une chrétienté occidentale entièrement soumise au pape et à l'empereur s'estompe peu à peu face à la montée de ces nouveaux Etats souverains pour lesquels on doit bien constater que, même chrétiens, ils constituent désormais des entités autonomes ayant vocation à une existence propre. Le roi de France ne réussit à prendre stature de chef d'Etat indépendant face à l'empereur (A) et, surtout, face au pape (B) qu'au terme de conflits séculaires.

A. ROI ET EMPEREUR

Pour le souverain français, reconstruire sa souveraineté et pouvoir en user en toute liberté supposait qu'elle ne soit pas contestée à l'intérieur des limites du royaume par une autorité politique supérieure – l'empereur germanique – dont les prétentions universalistes sont pendant longtemps demeurées très présentes.

Cette question se trouve bien sûr considérablement avivée par la renaissance du droit romain à partir de la fin du XIe siècle. S'appuyant sur lui et tout spécialement sur les grands principes de droit public qui avaient fait de l'empereur un maître tout-puissant, les légistes impériaux voient dans la puissance impériale un pouvoir absolu, indivisible et souverain. Ils exploitent au maximum la distinction entre *auctoritas* (autorité à la fois juridique et morale qui permet à son titulaire de cautionner, renforcer et augmenter la valeur d'une décision ou d'un acte d'une autorité inférieure) et *potestas* (toute forme d'autorité reconnue par le droit à une personne sur une autre personne ou sur des biens). A l'empereur ils attribuent naturellement l'*auctoritas*, aux rois la *potestas*. C'était par là même les placer dans une situation d'infériorité et reconnaître au souverain germanique une prééminence sur l'ensemble des rois d'Occident, tous placés au même rang que le roi de France.

Pareille prise de position ne pouvait qu'entraîner la réaction hostile de tous ces souverains à un moment où ils s'efforcent d'affirmer leur indépendance sur la scène internationale. En France, Philippe Auguste est le premier à relever le défi qui lui était ainsi lancé. Qu'il ait été qualifié d'Auguste, dès 1204, par son biographe officiel (Rigord) est déjà significatif de cette volonté de se placer dans une situation d'égalité par rapport à l'empereur et de revendiquer, à son compte, toutes les prérogatives de la puissance impériale. Mais il y a plus et beaucoup plus probant de ce désir de contrer toutes les offensives favorables à l'empire. Conscient de la position dominante que tirent, au profit de l'empereur, les légistes impériaux de l'utilisation du droit romain, Philippe Auguste réalise très vite le danger que peut présenter pour lui ce droit romain retrouvé et enseigné en France. C'est pourquoi il demande et obtient du pape, en 1219, que cet enseignement soit interdit à l'Université de Paris. C'était sans doute trop craindre d'un droit qui, s'il avait été pour l'heure mieux compris, ne pouvait en réalité guère porter ombrage au pouvoir du monarque.

Les légistes royaux se rendent parfaitement compte que cette mesure ne pouvait à elle seule être suffisante. En conséquence, ils multiplient tous les arguments qu'ils peuvent trouver à l'encontre de la prééminence impériale. Le principal qu'ils avancent, ils le tirent d'un passage d'une décrétale de 1202 du pape Innocent III qui affirmait : « *...étant donné que le roi de France ne reconnaît absolument pas de supérieur au temporel...* ». En réalité, c'était là une constatation purement incidente que le pape n'avait sûrement pas voulu ériger en principe dans la mesure où la décrétale ne traitait pas du tout de cette question. Mais les légistes y accrochèrent leur réflexion et firent tout pour démontrer, à partir de là, que le roi de France ne devant relever d'aucune puissance temporelle ne saurait, en aucun cas, être soumis à l'empereur. Ils tirèrent aussi argument du fait, désormais bien acquis, que le souverain capétien ne doit hommage à personne et qu'il ne tient de personne son pouvoir et son royaume. Pareille argumentation trouve son aboutissement dans les *Etablissements de saint Louis* (coutumier rédigé vers 1272) où il est stipulé que « *Li rois n'a point de souverain ès choses temporiex, il ne tient de nelui que Dieu et de lui* ». Roi souverain, personne n'a donc compétence pour lui conférer son pouvoir qu'il tient seulement de Dieu et de lui-même. C'était affirmer avec vigueur que toute ingérence impériale dans les affaires du royaume était sans fondement.

Et, de là à soutenir que « *Le roi est empereur en son royaume* » il n'y avait qu'un pas qui fut vite franchi. D'autant mieux que, depuis 1250, a débuté le Grand interrègne dans l'empire pour longtemps privé d'empereur. Cette maxime, dont on discute l'origine – est-elle française ou italienne ? – est en tout cas connue des légistes français à partir du milieu du XIIIe siècle. Elle faisait ainsi éclater l'*imperium* de l'empereur germanique dont une partie revenait au roi. Le pouvoir judiciaire, dont était depuis longtemps investi ce même roi, fondé sur la nécessité de réaliser le bien commun et de veiller au respect de l'*utilitas publica*, pouvait parfaitement s'identifier à cet *imperium*. Il en avait même nature et sa mission était identique Alors, pourquoi ne pas faire du roi de France, lui aussi qualifié de *princeps*, le titulaire de cet *imperium* dans les limites de son royaume ? Pour les légistes royaux, il n'y avait là rien que de très logique et ce d'autant plus que leur roi, de plus en plus dégagé des liens de la féodalité, apparaissait comme un monarque souverain, parfaitement égal en droit à un empereur dont le pouvoir et l'existence même ne cessaient de vaciller. Il n'en allait pas de même à l'égard du pape. Son autorité pesait encore au même moment, très lourd, sur la souveraineté du roi et le royaume de France.

B. ROI ET PAPE

Il y aurait là matière à de très longs développements, tant les relations entre la papauté et le royaume de France sont complexes tout au long de cette période. Elles s'intègrent à l'histoire générale de l'Eglise et à celle de ses rapports avec l'ensemble des Etats de l'Occident médiéval. Qu'il suffise d'en jalonner simplement les très grandes étapes pour montrer comment, ici encore, s'affermit lentement la souveraineté du roi de France. L'enjeu était de taille et le conflit ne pouvait être que profond, tellement s'opposaient les deux conceptions en présence, théocratie pontificale d'un côté et souveraineté royale de l'autre. Après avoir fait triompher contre l'empereur la maxime « *le roi est empereur en son royaume* », les légistes royaux entendent aussi l'opposer à la papauté et en tirer toutes les conséquences favorables à la souveraineté du roi.

La réforme grégorienne (Grégoire VII, 1073-1085) qui avait affirmé à tous les niveaux la primauté du pape et de l'Eglise ne heurte pas, à ses débuts, les intérêts du roi de France. Ce n'est qu'à partir du moment où s'impose la souveraineté royale que les théories des Grégoriens sur la théocratie pontificale deviennent inconciliables avec celles des légistes qui veulent assurer au roi la maîtrise complète de son royaume. L'histoire des conflits qui naissent de ces conceptions antagonistes couvre toute l'histoire des XIIIe, XIVe et XVe siècles. Les résumer très sommairement contraint à n'évoquer que ceux qui opposèrent la papauté à Philippe Auguste (1), puis à Philippe le Bel (2), avant de dégager à grands traits les conséquences du Grand Schisme et les premières manifestations du Gallicanisme (3).

1. – *Conflit entre Philippe Auguste et Innocent III*

Les premières difficultés entre la papauté et le roi de France apparaissent au début du XIIe siècle, sous le règne de Philippe Auguste. Le pape Innocent III (1198-1216), après avoir reçu l'hommage du roi d'Angleterre Jean sans Terre, intervient auprès du roi de France pour tenter de le soutenir dans les conflits qui l'opposent au souverain. Philippe Auguste repousse énergiquement cette intervention. Pour lui, les difficultés qu'il rencontre avec Jean sans Terre sont de nature exclusivement féodale, ni le pape, ni la juridiction ecclésiastique n'ont à en connaître. Innocent III réplique, en 1204, par la décrétale *Novit* dans laquelle il développe la théorie du pouvoir indirect du souverain pontife. Il soutient qu'il n'intervient d'aucune manière dans un conflit féodal, mais fait remarquer avec force que tout prince qui, dans son action politique, risque de commettre un péché relève à ce titre (*ratione peccati*) de la juridiction ecclésiastique. C'était, par ce biais, reconnaître au pape et à l'Eglise un important moyen de contrôle sur le gouvernement des Etats et, en conséquence, limiter sérieusement les possibilités d'action qu'ils entendaient tirer d'une souveraineté progressivement retrouvée.

2. – *Conflit entre Philippe le Bel et Boniface VIII*

Il revêt de multiples facettes et oppose avant tout, deux hommes très différents aussi bien par l'âge que par les conceptions qui les animent.

Boniface VIII (1294-1303), très exigeant quant à la mise en œuvre des principes théocratiques, est âgé de quatre-vingts ans quand s'ouvre le conflit avec Philippe le Bel, jeune roi de trente ans, particulièrement intransigeant chaque fois que la souveraineté royale est mise à l'épreuve.

C'est à partir de 1296 que se manifestent les premières et graves tensions qui devaient déboucher sur une crise sérieuse. Philippe le Bel veut alors imposer son clergé et lever sur lui une décime sans demander l'autorisation du pape. Boniface VIII réplique aussitôt en rappelant avec vigueur, dans la bulle *Clericis laicos* (février 1296), la nécessité de cette autorisation, ce qui impliquait tout naturellement une supériorité politique du pape à l'égard du roi. Philippe le Bel et ses légistes ripostent violemment. Ils réussissent à s'assurer l'appui du clergé français. Ils font tout spécialement valoir qu'il convient d'observer une distinction fondamentale entre spirituel et temporel et que, dans un pays où clercs et laïcs coexistent et coopèrent, il va de soi que les uns comme les autres doivent contribuer aux charges de l'Etat. Boniface VIII dut finalement se ranger à cette argumentation et reconnaître, par la bulle *Etsi de statu* (juillet 1297), qu'en cas de nécessité dont le monarque était seul juge, il pouvait être levé des subsides sur le clergé de France, à la seule condition d'obtenir son consentement.

Quelques années plus tard, Philippe le Bel fait arrêter l'évêque de Pamiers, Bernard Saisset, accusé d'avoir tenu des propos injurieux à l'encontre du souverain et d'avoir préparé un complot. Jugé par la cour du roi, Saisset réplique. S'appuyant sur le privilège du for (les clercs doivent être jugés par la juridiction ecclésiastique), il en appelle au pape. Boniface VIII réagit vivement par la bulle *Ausculta fili* dans laquelle il soutient la théorie du gouvernement direct qui implique la supériorité du pape sur le roi. Il annonce la convocation à Rome d'un concile des évêques de France qui aurait à juger le roi et à réformer les abus du royaume.

Philippe le Bel riposte, s'appuie sur l'opinion et convoque, en 1302, une assemblée composée de prélats, hauts seigneurs et députés des villes (premiers Etats Généraux). Le légiste Pierre Flotte y expose tous les arguments favorables à la cause du roi de France qui ne doit relever de personne et qui tient seulement de Dieu son royaume. Au concile, devant lequel Philippe le Bel ne comparaît pas, Boniface VIII développe, dans la bulle *Unam sanctam* (nov. 1302), la vieille théorie des deux glaives et tous les moyens susceptibles d'assurer la primauté du pouvoir spirituel sur le pouvoir temporel.

A partir de ce moment-là, le conflit dégénère dans la violence. Guillaume de Nogaret, légiste de Philippe le Bel, imagine de notifier directement au pape, qui se trouve dans sa ville natale d'Anagni, un acte d'accusation devant un concile convoqué à Lyon. Il y parvient (septembre 1303). Cet épisode, qualifié d'attentat d'Anagni, est suivi un mois plus tard (11 octobre) de la mort du pape. Elle permet une liquidation rapide du conflit. Benoît XI (1303-1304) lève, en 1304, toutes les condamnations portées contre le roi, puis Clément V (1305-1314) casse, en 1311, toutes les décisions de Boniface VIII qui avaient pu porter atteinte à la cause royale, en reconnaissant que l'attitude du roi avait été bonne et juste. C'était, en même temps, consacrer une certaine indépendance de la royauté par rapport à la papauté et donner à l'Eglise de France une autonomie certaine face à Rome. Cette évolution, favorable au royaume de France et à son Eglise, s'était déjà concrétisée par l'élection de Clément V (1305) qui était alors archevêque de Bordeaux. Elle est encore renforcée quand il décide, en 1309, d'installer la papauté à Avignon où elle devait demeurer jusqu'en 1378.

Cet événement capital pour la France, l'est aussi pour tous les Etats de l'Occident médiéval. Il met un terme à tous les grands projets qu'avaient formés les papes de contrôler les souverains de la chrétienté. Dans ce nouveau climat, l'indépendance politique des princes et des Etats était définitivement établie face à la papauté dont l'emprise sur les différentes églises nationales se trouvait, par là même, considérablement réduite. C'est le début du gallicanisme politique.

3. – *Le Grand Schisme et les débuts du gallicanisme*

L'exil d'Avignon transforme les papes – toujours français pendant cette période – en agents très dociles du roi de France. Eloignée de ses attaches traditionnelles, la papauté rencontre bien des difficultés dans le gouvernement de l'Eglise. Ce malaise aboutit, en 1378, à l'élection de deux papes : l'un à Rome, Urbain VI (1378-1389) et l'autre en Avignon, Clément VII (1378-1394). Le schisme ainsi créé permet au roi de France de renforcer sa position. En 1398, un concile parisien regroupant plus de cinquante évêques décide, pour obliger les papes rivaux à se mettre d'accord et réaliser l'unité de l'Eglise, de suspendre la soumission au pape. C'est la soustraction d'obédience qui supprime, pour l'Eglise de France, l'exercice de toute autorité pontificale et l'autorise à gérer elle-même, avec l'accord du roi, ses propres affaires.

Il y avait là un net progrès dans la voie du gallicanisme. Des mesures sont prises pour assurer la vie de l'Eglise et faire en sorte que la papauté n'intervienne plus dans la nomination aux fonctions ecclésiastiques. En 1406, un pas supplémentaire est franchi. L'Eglise de France demande que soient définies ses propres règles, que les élections soient protégées et que le roi rétablisse l'ancienne discipline. Par ces prises de position, l'Eglise gallicane s'affirmait, renforçant en même temps la position du roi et de l'Etat face au Saint-Siège.

Les événements de la première moitié du XVe siècle confortent cette évolution. L'unité de l'Eglise est rétablie par l'élection de Martin V (1417-1431) au concile de Constance (1417). Cette assemblée profite de son succès pour proclamer qu'au sein de l'Eglise, le concile général représente la puissance suprême et que le pape, en conséquence, doit s'y soumettre. Cette théorie est reprise en 1431 au concile de Bâle, ce qui contribue à limiter le pouvoir et l'autonomie de décision dont avait, jusque-là, largement bénéficié le Saint-Siège. Ainsi naissait, au sein de l'Eglise, une sorte de parlementarisme très favorable à l'affirmation des Etats dans la mesure où il contribuait à affaiblir l'autorité du pape.

Charles VII profite de ces difficultés de la papauté pour se poser en protecteur des libertés de l'Eglise de France. Il réunit à Bourges, en juin 1438, une assemblée de prélats du royaume qui se déclare solidaire des principes arrêtés à Bâle : supériorité du concile sur le pape, liberté des élections épiscopales, condamnation de l'ingérence du Saint-Siège et affirmation de l'autonomie du clergé français par rapport à Rome. Mais encore fallait-il fixer de manière définitive ces grandes règles. Elles le furent par une ordonnance royale, qualifiée de **Pragmatique Sanction de Bourges**, promulguée à l'issue des délibérations du concile.

L'Eglise de France s'était en partie libérée de son pape, mais pour mieux se placer sous la tutelle de son roi dont pouvoir et prestige sortaient considérablement renforcés de ces crises. Depuis le règne de Philippe Auguste, sa souveraineté s'était doublement affermie. A l'encontre du Saint-Siège d'abord. Il ne faisait plus désormais aucun doute que le pape n'avait pas à contrôler les princes temporels. Le roi de France affirmait pleinement son indépendance et les règles de la théocratie pontificale étaient à ranger aux archives d'un système devenu inapplicable. A l'égard de l'Eglise de France enfin. De même que le roi avait soumis à son contrôle et fait passer sous son autorité immédiate de nombreux princes territoriaux, de même il contrôlait maintenant directement l'Eglise de France qui relevait, presque entièrement, de son autorité souveraine. Cette souveraineté, désormais devenue réalité, ne pouvait être efficacement exercée qu'à travers des structures gouvernementales minutieusement organisées.

SECTION 2

GOUVERNER : DE LA COUR FÉODALE AU GOUVERNEMENT DE L'ÉTAT

Jusqu'au règne de Philippe Auguste le roi dispose, pour gouverner, d'un entourage presque uniquement féodal. La question qui se pose est de savoir comment, à partir de ces structures féodales, on est passé à celles d'un véritable gouvernement placé à la tête d'un Etat de plus en plus centralisé.

Pour assurer cette évolution – car c'est bien d'une évolution qu'il s'agit – la royauté a utilisé et transformé les moyens dont elle disposait depuis les premiers temps capétiens. Il n'y a donc pas eu création soudaine, mais lente mutation, à partir de bases qui existaient déjà.

Comme tous les grands féodaux, les premiers Capétiens étaient entourés d'une cour féodale que dominent, tout au long du XIe siècle, les châtelains d'Ile-de-France. Dans les dernières décennies du siècle, pour se libérer de leur influence trop pesante, le roi en détache les plus fidèles parmi lesquels il choisit ses grands officiers (sénéchal, bouteiller, chambrier et connétable). Ils forment alors un groupe stable, à côté des autres vassaux qui assistent plus ou moins régulièrement à la cour. Dans le courant du XIIe siècle, ces grands officiers se différencient du reste de la cour pour donner naissance à un corps spécifique, l'hôtel-le-roi (l'hôtel du roi).

Il y a donc, à partir de ce moment-là, deux niveaux parfaitement distincts dans les structures du gouvernement central : l'hôtel-le-roi (§ 1) et la cour (§ 2) qui, l'un et l'autre, connaissent une profonde évolution, tout particulièrement au XIIIe siècle. Alors, les organes du gouvernement de l'Etat monarchique commencent à prendre leurs contours définitifs.

§ 1. – LES TRANSFORMATIONS DE L'HÔTEL DU ROI ET LA FIXATION DES FONCTIONS DES OFFICIERS

Constitué de serviteurs et de fidèles qui vivent constamment dans l'entourage royal, l'hôtel du roi rappelle directement le groupe des palatins qui formaient la suite de l'empereur carolingien. Comme eux, ils s'acquittent à la fois de tâches domestiques et politiques mais, à partir du XIIIe siècle, le profil social de ce groupe évolue en profondeur. Trois éléments principaux contribuent à en fixer la structure. Il y a d'abord les **familiers du roi**, reine, futur roi, princes du sang et autres membres de la famille royale. Viennent ensuite les ***domestici*** (gens de la *domus*). Il s'agit des clercs et chevaliers qui étaient, à l'époque antérieure, nommés et entretenus par le roi. A partir du XIIIe siècle, ils reçoivent des gages et deviennent ainsi, de plus en plus, de véritables agents. Les clercs, chargés de la rédaction des actes, étaient au début presque uniquement recrutés parmi des ecclésiastiques. A partir du XIIIe siècle, ils le sont davantage parmi les laïcs. Le mot clerc tend alors à prendre un sens nouveau, celui de préposé aux écritures. Quant aux chevaliers, ils sont appelés à remplir une multitude de services qui vont de la garde aux besognes administratives les plus diversifiées. Arrivent enfin les **légistes**, élément nouveau si caractéristique de la seconde moitié du XIIIe siècle et des siècles suivants. Il s'agit de clercs, de chevaliers puis, de plus en plus, de simples bourgeois qui ont acquis, à l'université, une solide formation. Pétris d'une double culture juridique (droit romain et droit canonique), ils étaient particulièrement bien préparés pour aborder l'examen des grandes affaires administratives et politiques. Toujours très dévoués à la royauté en raison de leur origine souvent modeste, ce n'est pas par le métier des armes qu'ils arrivent à se hisser à ces hautes fonctions, mais grâce à leur formation universitaire. Voilà bien la grande mutation de l'hôtel du roi à partir du XIIIe siècle, le rôle des familiers et des *domestici* ne cesse de reculer au profit de celui, triomphant, des légistes. Face à l'élément traditionnel et aristocratique, ces légistes incarnent la compétence de tout un personnel de techniciens dont l'Etat a de plus en plus besoin pour assurer ses assises.

De la fin du XIIe siècle à la fin du XVe siècle, les grands officiers de l'hôtel de la période féodale s'adaptent aux nécessités nouvelles avec une fortune diverse (A). Certains disparaissent tandis que la fonction de plusieurs autres évolue notablement. A côté d'eux prennent progressivement place des officiers ordinaires dont la mission, toujours très technique, se précise lentement (B).

A. GRANDEUR ET DÉCADENCE DES OFFICIERS DOMESTIQUES

Aux fonctions domestiques qui étaient traditionnellement les leurs depuis l'époque carolingienne, se substitue un rôle plus nettement politique à partir du XIIIe siècle pour ceux qui subsistent. Connétable et chancelier occupent désormais le devant de la scène, tandis que sénéchal, chambrier et bouteiller disparaissent ou sont relégués dans des positions tout à faut subalternes.

Depuis la fin du XIe siècle, sénéchal, connétable, chambrier et chancelier constituaient comme une sorte d'office collégial placé auprès du roi. L'atteste la souscription qu'ils apposent, avec le chambrier, au bas de tous les actes royaux. Tous ensemble, ils sont le palais du roi, appelé à devenir l'hôtel du roi.

1. – *Le sénéchal* (ou *dapifer*), premier de ces personnages à l'origine, sans doute parce que trop important et dangereux pour la royauté, n'eut qu'une existence limitée. Placé à la tête des services domestiques de la maison du roi, il était en même temps chargé de l'administration du domaine et pouvait remplacer le roi dans le commandement de l'armée. Mais ses prérogatives ne s'arrêtaient pas là puisqu'il était aussi le chef de la justice. Tant de pouvoirs concentrés en de mêmes mains présentaient un réel danger pour la royauté, d'autant qu'ils étaient devenus le plus souvent viagers et, parfois même, héréditaires. Déjà, sous le règne de Louis VI, Etienne de Garlande qui avait abusé de ses fonctions fut renvoyé, ce qui n'empêche nullement ses successeurs de continuer à se comporter comme des agents trop peu soumis. C'est la raison pour laquelle, instruits de l'aventure qu'avaient connue les rois mérovingiens avec le maire du palais, les Capétiens finirent par supprimer la charge. Philippe Auguste profita du décès de son sénéchal Thibaud de Champagne, en 1191, pour ne pas le remplacer. L'office disparut ainsi définitivement après que, pendant plus d'un siècle, on ait encore pris soin de faire figurer dans les actes royaux la mention *dapifero nullo* pour bien signifier que la charge était vacante.

2. – *Les charges de chambrier et de bouteiller* ne connurent pas un sort aussi rude, mais leur contenu se vida de toute attribution politique effective pour devenir de plus en plus honorifique. Le chambrier, responsable de la chambre du roi, n'a eu d'importance réelle que jusqu'à la fin du XIIe siècle. Lui incombait jusque-là la charge de gardien du trésor du roi. A partir du moment où Philippe Auguste la confie aux chevaliers de l'Ordre du Temple, ses prérogatives deviennent de plus en plus honorifiques.

Les fonctions de bouteiller connaissent une évolution toute semblable. Ayant au départ en charge la cave du roi et l'administration de ses vignobles, mission lui fut aussi progressivement donnée de veiller à la gestion financière du domaine royal. Dans la pratique, cet officier ne devint jamais un grand gestionnaire des intérêts du roi. Ses compétences, limitées en la matière, se heurtèrent rapidement à celles tout à fait spécifiques de la Chambre des comptes à partir de la seconde moitié du XIIIe siècle. Voilà pourquoi ses fonctions ne se hissèrent pas au-dessus de celles d'un simple officier domestique que les échansons finirent par lui ravir. Devenue inutile, sa charge fut supprimée par Charles VII en 1449, mesure que François Ier devait imiter, en 1545, pour l'office de chambrier.

Restent donc les offices du connétable et du chancelier qui se situent, eux, au tout premier rang des responsabilités dans la gestion de l'Etat des XIVe et XVe siècles.

3. – *Le connétable*, ancien garde des écuries royales (*comes stabuli*), n'est investi, jusqu'au XIIIe siècle, que d'une mission assez mince. Simplement chargé du service des écuries, il hérite des attributions militaires du sénéchal au moment où sa fonction devient vacante. Mais il n'en est pas encore le chef. Aussi longtemps que subsiste le système de l'ost féodal, le roi continue à assumer, au moins en titre, cette responsabilité.

C'est au temps de Charles V que se produit une évolution notable. Peu attiré par les opérations militaires et conscient que diriger des troupes de mercenaires de plus en plus nombreux devait relever de la compétence d'un spécialiste, ce prince fait de Bertrand du Guesclin – qui était alors son connétable victorieux face aux Anglais – le véritable chef des armées. Les maréchaux, anciens employés des écuries, lui sont subordonnés. Ancêtres des maréchaux de France, ils étaient eux aussi appelés à un bel avenir. A partir de ce moment-là, le connétable acquiert une autorité considérable. Elle est absolue sur tous les gens de guerre, y compris les princes du sang et les frères du roi qui sont entièrement placés sous son commandement. Nommé à vie comme les autres grands officiers, le roi ne peut le révoquer. Il peut tout au plus, sans lui retirer sa charge, lui enlever tout commandement effectif pour le confier à un lieutenant général qu'il choisit pour un temps limité et qu'il peut renvoyer comme il l'entend.

4. – De tous ces grands officiers, *le chancelier* est la plus grande figure, celui qui reste, jusqu'à la fin de l'Ancien Régime, le principal ministre de la monarchie. Il en domine l'histoire et s'identifie souvent avec elle depuis ses plus lointaines origines. Investi dès le début de responsabilités domestiques – il assure la direction de la chapelle du palais –, il exerce en même temps d'importantes fonctions politiques qui font de lui le chef des écritures et le gardien du sceau royal. A partir du règne de Philippe Auguste, sa position s'assure dans l'Etat, surtout à partir du moment où la charge de sénéchal devient vacante. Cette évolution est aussi liée au développement des méthodes de gouvernement qui reposent davantage sur l'écrit en raison des progrès de l'enseignement et de la culture. De plus en plus recruté parmi des légistes, surtout à partir du règne de Philippe le Bel, le chancelier est investi de trois missions essentielles.

La première lui vaut d'assurer la responsabilité de la rédaction de tous les actes royaux. Sous sa direction travaille un groupe de clercs, les notaires du roi, qui vaquent à la rédaction matérielle de ces actes. Plusieurs hypothèses peuvent se présenter. L'acte émane-t-il directement du roi ? Alors il porte la mention *per regem* ou *par le roy*. Est-il, au contraire, la conséquence directe d'une initiative du chancelier ? Dans ce cas, suit simplement la mention par vous, ce qui signifiait la volonté du roi de bien spécifier que l'acte avait été commandé « *par vous, chancelier* ». Mais quelle que soit l'origine de l'initiative, le chancelier avait mission formelle de vérifier tous les actes qui passaient entre ses mains car il devait obligatoirement y apposer le sceau royal.

Gardien du sceau, voilà sa seconde mission qui en fait l'ancêtre de notre actuel garde des sceaux, ministre de la justice. Pour qu'un acte royal ait force exécutoire et valeur authentique, il devait être revêtu du grand sceau de France. Pour le chancelier, cette obligation n'était pas une simple démarche matérielle. Si une décision royale lui paraissait mal fondée ou insuffisamment motivée, il pouvait le faire savoir au roi en lui adressant des remontrances. Toujours respectueuses et mesurées, elles avaient pour objet de faire savoir au souverain que la tradition monarchique n'avait pas été observée, qu'une coutume avait été violée ou que tel droit ou privilège n'avaient pas été respectés. Bref, la décision était soit mal fondée en droit, soit inopportune. Cette possibilité reconnue au chancelier se transforma en un véritable pouvoir de contrôle aussi bien sur la forme que sur le fond de la « législation royale ». D'abord simple coutume, il finit par être véritablement institutionnalisé au début du XIVe siècle. Une ordonnance de 1318 interdit alors au chancelier de sceller tout acte contraire à la tradition monarchique.

Il y avait là une arme à double tranchant offerte au chancelier. Le roi l'investissait ainsi d'une sorte de pouvoir de contrôle de « légalité et de constitutionnalité » des actes normatifs mais il lui donnait presque, en même temps, le moyen de s'opposer à tout projet qu'il estimait ne pas entrer dans un certain moule, dans un certain schéma préétabli. Pour cette raison, la royauté n'alla pas jusqu'au bout de sa logique et refusa de se lier complètement les mains. Elle conserva, en toutes circonstances, le dernier mot. Le roi pouvait toujours refuser de se rallier aux observations du chancelier qui scellait alors l'acte mais en précisant, pour décharger sa responsabilité : « *lettre scellée de l'exprès mandement du roi* ». Ainsi la volonté royale se trouvait-elle sauvegardée et l'acte conservait-il la trace de l'accomplissement, par le chancelier, de sa mission.

Proche du pouvoir, responsable pour l'essentiel de la législation, le chancelier prolonge en quelque sorte la personne du roi. Voilà pourquoi il fut appelé à le remplacer en son absence. Troisième de ses attributions, elle en fait son collaborateur le plus direct, son porte-parole naturel et le chef du gouvernement royal. Appelé à exercer une véritable lieutenance dans la direction des affaires du royaume, il reçoit, à partir du début du XIVe siècle, mission de réunir et de présider le conseil en l'absence du roi et, surtout, de le représenter devant les Etats généraux. Mieux encore : bras droit du roi, premier au conseil, il devient aussi le premier en son Parlement qu'il préside. Premier magistrat du royaume, il est après le roi, le chef de la justice, ce qui en fait là encore, l'ancêtre très direct de notre actuel Garde des Sceaux.

Ministre tout-puissant, le chancelier se devait de respecter scrupuleusement la tradition et les prérogatives monarchiques s'il ne voulait pas entrer en conflit avec le roi. Semblables pouvoirs concentrés entre les mêmes mains pouvaient présenter un réel danger pour la monarchie. Et ceci d'autant plus que le chancelier tenant ses fonctions en charge d'office était, de ce fait, inamovible. En cas de conflit grave, le roi eut cependant moyen de riposter en laissant la charge vacante ou en retirant au chancelier sa fonction essentielle qu'était la garde des sceaux. Il nommait alors un simple garde des sceaux toujours révocable dont l'unique mission était de sceller, sans discussion, les actes qui lui étaient présentés. Mais c'était là, mesure de temps de crise. Jamais elle ne menaça l'institution de la chancellerie. Sous sa direction travaillaient en permanence une véritable armée d'officiers appelés à connaître un destin remarquable.

B. ÉMERGENCE ET ASCENSION DES OFFICIERS ORDINAIRES

Nouveaux auxiliaires du roi, maîtres des requêtes de l'hôtel et notaires-secrétaires s'assurent, grâce à leurs compétences techniques, un avenir très prometteur dans le gouvernement et l'administration monarchiques, jusqu'à la fin de l'Ancien Régime.

1. – *Les maîtres des requêtes de l'hôtel du roi* sont, à l'origine, des agents aux fonctions bien modestes dont la mission s'individualise au début du XIIIe- siècle, en liaison avec le développement de la souveraineté et de la justice du roi. Plus cette justice s'assure, plus les justiciables y ont recours. Souvent même, ils ont tendance à en abuser. Voilà pourquoi apparaissent, d'abord au nombre de deux puis de huit, des officiers chargés de filtrer ces requêtes innombrables en vue de ne retenir et de ne soumettre au roi que celles qui présentent une gravité suffisante et un intérêt réel.

Accompagnant le roi dans tous ses déplacements, ils sont d'abord qualifiés de « *clercs poursuivants le roi* ». Comme ils tranchent aussi eux-mêmes les affaires de peu d'importance et qu'ils le font à la porte de l'hôtel du roi, on les nomme aussi « juges de la porte », avant de voir en eux les « *maîtres des requêtes de l'hôtel-le-roi* ». Ils apparaissent ainsi, dès le XIIIe- siècle, comme des personnages de première importance puisque, de leur appréciation, de leur décision, dépend la suite de toutes les affaires que les justiciables souhaitent voir trancher directement par le roi ou son conseil. Plus lourdes deviennent les charges du ministère royal, plus le roi a tendance à se décharger sur eux pour leur confier les missions les plus diverses. Ils apparaissent véritablement alors comme ses hommes de confiance. Auxiliaires indispensables, leur effectif ne cesse de croître tout au long du XVe siècle.

2. – *Les notaires-secrétaires du roi* ont aussi humble origine. Simples rédacteurs d'actes royaux au début, ils travaillent dans le silence des cabinets, sous la direction et l'entière responsabilité du chancelier. Notaires, ils le sont parce qu'ils doivent prendre des notes en vue de la rédaction des actes. Secrétaires, ils le deviennent obligatoirement. Une des caractéristiques essentielles de leur mission était la discrétion, ils doivent savoir le « *secret taire* ».

Au XIVe siècle, ils commencent à former un corps si important qu'une véritable spécialisation se dessine. La masse d'entre eux continue à dépendre directement du chancelier pour toujours assurer avec lui la rédaction des actes royaux dont le volume ne cesse d'augmenter, tandis que les autres se répartissent en deux catégories. Les uns sont mis au service des maîtres des requêtes alors que les autres – la minorité – se trouvent directement rattachés au roi dès le début du XIVe siècle. C'était, pour ce groupe privilégié, le début d'une destinée particulièrement brillante.

Appelés à collaborer étroitement avec le roi, ils ont pour mission principale de rédiger les actes royaux qui échappent au chancelier et qui, de ce fait, n'ont pas à être frappés du sceau royal (lettres closes ou de cachet par opposition aux lettres patentes ou ouvertes). Qualifiés dès 1320 de clercs du secret, ils deviennent par la suite les notaires-secrétaires du roi. A eux sont confiées les missions les plus délicates. Toujours présents au conseil, ils en tiennent les registres. Parfaitement au fait de toutes les grandes décisions, certains d'entre eux sont plus spécialement chargés de les faire connaître et d'en suivre l'application. Tel est le rôle qui revient, à partir de 1372, à ceux qui accèdent aux fonctions de « secrétaires aux finances » ou à ceux qui, dans le courant du XVe siècle, se voient exclusivement confier la mission de rédiger et d'expédier tous les actes ou commandements issus de la volonté royale. Sûrs de la confiance du roi comme le roi était assuré de leur efficace discrétion, ils sont appelés à devenir, au XVIe siècle, les secrétaires d'Etat, ancêtres de nos actuels ministres. La place qu'ils occupent, dès la fin du Moyen Age, dans les structures du gouvernement monarchique est considérable.

§ 2. – DE LA COUR FÉODALE AUX ORGANES DU GOUVERNEMENT MONARCHIQUE

Depuis les temps féodaux, le roi était entouré, comme tous les autres grands seigneurs, d'une cour féodale. Vassaux, qu'ils fussent petits seigneurs du domaine ou grands feudataires, évêques et abbés, membres de la famille royale et grands officiers en composaient la structure, toujours variable et adaptable aux circonstances.

Cette *curia regis*, dont les sessions n'avaient au début ni rythme régulier, ni ordre du jour strictement défini, est cependant régulièrement convoquée par le roi qui lui demande son avis sur les questions les plus variées, qu'elles soient politiques, administratives et, surtout, judiciaires. On connaît l'importance de toute cour féodale en ce domaine.

Aussi longtemps que le pouvoir du roi de France ne s'étend guère au-delà du domaine royal, cette organisation strictement féodale de la cour suffit à répondre aux seuls besoins d'une administration et d'une gestion à peu près exclusivement domaniales. Mais, à partir de la fin du XIIe siècle, au fur et à mesure que s'étend le domaine et que progresse en même temps l'autorité royale, la cour se trouve saisie d'affaires à la fois plus nombreuses et plus techniques, qu'elles soient politiques, administratives ou judiciaires.

Face à cette complexité croissante des questions à traiter, l'élément presque exclusivement aristocratique qui composait jusque-là la cour ne suffit plus. Les vassaux du roi n'ont ni le temps, ni la compétence, ni le goût de participer à une gestion politique et surtout administrative pour laquelle ils n'ont pas vocation et qui devient de plus en plus prenante. C'est la raison pour laquelle apparaît progressivement, au sein de cette cour du roi, dès la fin du XIIe siècle, un élément de techniciens, de professionnels presque dont la mission principale est, avant tout, de gérer et d'administrer. Clercs ou laïcs d'origine souvent modeste, ils se signalent à l'attention du roi en raison de leur compétence et de leur formation juridique qu'ils reçoivent, à partir du XIIIe siècle, à l'Université. Etroitement associés aux travaux de la cour, ils en deviennent le noyau stable autour duquel s'organise et se structure l'institution, tandis que les vassaux n'y assistent qu'à l'occasion de réunions importantes, tout spécialement lorsque la cour, dans sa formation féodale, doit traiter de problèmes judiciaires.

Sur ces bases nouvelles et dans le courant de la première moitié du XIIIe siècle, s'ouvre une seconde évolution, presque achevée aux alentours des années 1260. Au sein de ce personnel technique s'opèrent, en raison de la complexité croissante des tâches, d'inévitables spécialisations qui conditionnent une nécessaire dislocation de la cour en plusieurs organes respectivement chargés des questions administratives, des affaires judiciaires et des problèmes financiers. Ainsi naissent, dans cette première moitié du XIIIe siècle, à partir de la cour féodale, les structures du gouvernement monarchique dont l'agencement de base ne devait plus varier jusqu'à la fin de l'Ancien Régime.

C'est autour des trois fonctions essentielles exercées par la cour – juger, gérer et conseiller – que prennent essor et s'organisent ces nouvelles formations. La première à s'individualiser sert de support à l'exercice de la fonction judiciaire. Lieu où l'on débat, où l'on parle, la formation de la ***curia in parlamento***, de « *la cour en son assise de jugement* », c'est-à-dire constituée en parloir, en parlement pour traiter des affaires judiciaires, est une réalité institutionnelle dès le milieu du XIIIe siècle. A ses côtés et de manière parfaitement identique, s'organise une seconde formation. C'est « *la cour en sa fonction financière de comptes* », la ***curia in compotis***, exclusivement chargée des affaires financières et appelée à devenir, dans la seconde moitié du XIIIe siècle, la Chambre des comptes.

Reste alors autour du roi la partie non démembrée de sa cour qui conserve la fonction devenue essentielle et surtout permanente de conseil. C'est la ***curia in consilio*** dont l'organisation toujours minutieuse donne naissance au Conseil du roi. Voilà comment évolue, dans le courant du XIIIe siècle, la *curia regis*. A sa fonction de conseil très large qu'elle avait aux temps féodaux se rattache encore une autre institution. Celle des Etats généraux qui, à la manière d'une cour élargie, sont, à partir du XIVe siècle, appelés à conseiller le roi chaque fois qu'il souhaite les convoquer.

Telles sont les grandes institutions nées des démembrements successifs de la *curia regis*. Elles profilent, dès le XIIIe siècle, toute l'organisation du gouvernement monarchique. Qu'il s'agisse du Conseil du roi (A), de la Chambre des comptes (B) et du Parlement (C), ces trois institutions fondamentales de la monarchie médiévale puis de la monarchie d'Ancien Régime, ont aussi largement contribué à façonner nos structures gouvernementales et judiciaires actuelles.

A. LE CONSEIL DU ROI

Etroitement dépendant de la cour du roi à l'origine – le vocabulaire en témoigne – le Conseil du roi est formé au départ d'un petit groupe de membres de la cour que le roi en isole et sur lesquels il s'appuie tout spécialement pour prendre les grandes décisions. Cette évolution est facile à comprendre. Plus s'assure la position du roi dans le royaume, plus grandit le nombre de ses vassaux, ce qui rend impossible de les convoquer tous. Alors, le choix de ceux qui sont appelés dépend exclusivement de lui et de la nature des affaires à traiter. Ainsi, à partir du moment où le conseil est devenu institution autonome, sa composition (1), tout comme la définition de ses compétences (2) sont entièrement dans les mains du roi.

1. – *Une composition souple*

La règle fondamentale est que personne ne peut participer au conseil sans y avoir été appelé par le souverain. Elle trouve toute sa justification dans les vieux principes féodaux. Assister au conseil était une obligation pour le vassal, mais elle n'avait jamais constitué un droit. Voilà pourquoi le souverain demeure totalement libre dans l'organisation de son conseil, liberté qui devait prévaloir jusqu'à la fin de l'Ancien Régime.

En réalité, cette liberté est quelque peu limitée par les circonstances. Jamais le roi ne songea à éliminer complètement le noyau ancien et aristocratique qui constituait le creuset de son conseil (a). Toujours il dut, de plus en plus, faire appel à des techniciens du droit et de l'administration (b), tant les tâches du conseil devenaient nombreuses et difficiles à résoudre en dehors de spécialistes. Même s'il a toute liberté pour les choisir, il ne peut absolument pas se passer de leur présence. Malgré son aspect quelque peu flottant et même si des séances sont plus longues que d'autres, la composition du conseil s'organise toujours autour de ces deux composantes.

a. *L'élément féodal et aristocratique* conserve à sa base un noyau central qui évolue peu. Membres de la famille royale et princes du sang – ces sires des fleurs de lis que l'on finit par considérer comme des conseillers-nés de la couronne – en forment la structure. S'y ajoutent les grands officiers de la couronne sous la houlette du chancelier et tous les grands vassaux dont le roi veut bien s'entourer, qu'ils soient laïcs ou ecclésiastiques, toujours convoqués en fonction des circonstances.

Dans l'ensemble, même si tout ce personnel aristocratique réussit à se maintenir au conseil, son rôle ne cesse de décliner jusqu'à la fin du Moyen Age. D'abord parce que de nombreux grands vassaux, même régulièrement convoqués, n'assistent pas aux séances. Ensuite parce que des rois, comme Philippe le Bel, Charles VII ou Louis XI, recherchant modernité, efficacité et rapidité dans la gestion gouvernementale, ont tendance à s'appuyer davantage sur des techniciens. Néanmoins, ce noyau aristocratique a encore très souvent joué un rôle décisif, tout particulièrement quand la monarchie eut à sa tête des rois faibles ou traversa des périodes de crise. Un roi comme Philippe VI de Valois que les barons avaient efficacement soutenu lors de son accession au trône ou Jean le Bon dont la captivité avait considérablement affaibli l'autorité, sont contraints de s'appuyer sur tout ce qui représente le monde féodal au conseil. Et que dire du rôle déterminant joué par les princes du sang et l'entourage proche de Charles VI, aussi bien au moment de sa minorité que tout au long de sa maladie ? A toutes ces occasions, l'entourage féodal et princier a tendance à reprendre en mains les rênes de l'Etat, mais souvent divisé et mal instruit des méthodes de gouvernement, il ne peut réussir à contrebalancer la position de force désormais acquise par les techniciens.

b. *L'élément professionnel*, composé de personnages d'extraction généralement plus modeste – clercs, bourgeois ou simples chevaliers –, regroupe principalement des légistes. Par leur attachement à la royauté et leur formation de juriste, ils constituent de plus en plus la cheville ouvrière du conseil au fur et à mesure que s'affirme le pouvoir du roi. Véritables techniciens de l'administration, rompus aux subtilités de la politique, c'est sous leur impulsion que prend forme tout un droit royal et que se forgent les grandes techniques du gouvernement monarchique. Nommés directement par le roi et librement révocables, rétribués par lui, ils lui sont entièrement dévoués pour faire face aux problèmes les plus divers dont est régulièrement saisi le conseil. Intermédiaires efficaces entre le pouvoir central et l'administration, leur rôle va sans cesse grandissant aux XIVe et XVe siècles. Ils sont particulièrement à l'honneur et occupent toujours le devant de la scène politique sous des règnes comme ceux de saint Louis, Philippe le Bel, Charles V, Charles VII ou Louis XI.

Présentée ainsi sans retouche, la structure du conseil apparaîtrait comme quelque chose d'extrêmement figé, ce qui est tout à fait contraire à la réalité. Il est un organe en perpétuelle mutation, le nombre de ses membres varie en permanence et les formations qu'il peut connaître sont infiniment modulables. C'est dire que, du XIIIe au XVe siècle, le conseil n'a pas été un mais qu'il a toujours constitué une réalité institutionnelle aux multiples facettes. Deux exemples suffisent à le prouver.

Ne pouvant sans cesse résister aux sollicitations de ceux qui voulaient entrer au conseil et y parvenaient, le roi et son entourage proche durent trouver un moyen de ne soumettre certaines affaires importantes qu'à un petit nombre de conseillers dans lesquels ils avaient tout particulièrement confiance. Souvent, ces conseillers intimes ne furent que trois ou quatre. Qualifiés de conseillers spéciaux du roi, ils forment, au début du XVe siècle, le conseil secret ou conseil étroit. Mais ce conseil, dont les membres sont dans la confiance du roi et le secret des affaires, ne constitue nullement un conseil particulier. Il est simplement une formation restreinte qui permet de régler, rapidement et dans la plus grande discrétion, des problèmes urgents.

A l'image de ce qui s'était produit dans la cour du roi, d'inévitables spécialisations se font jour qui confirment tels conseillers dans les affaires de politique et d'administration, tels autres dans les questions financières et d'autres enfin dans les affaires judiciaires. Dans ce contexte se dégage lentement, tout au long du XVe siècle, une formation particulière, spécialement chargée de certaines affaires judiciaires, qui prend nom de Grand Conseil. En l'instituant officiellement et en l'organisant de manière définitive par deux ordonnances successives, Charles VIII (1498), puis Louis XII

(1499) ne font que consacrer une pratique déjà ancienne qui avait fixé à une vingtaine de membres son effectif et interdit aux autres conseillers d'y pénétrer.

Toutes ces évolutions ne sont que le reflet des compétences toujours plus nombreuses et toujours plus larges dont le conseil se trouve investi au fur et à mesure que la monarchie et ses légistes réussissent à imposer partout la présence de l'Etat.

2. – ***Des compétences modulables***

Le roi, même investi de très larges pouvoirs, ne peut les exercer seul. Il doit toujours, avant de prendre une décision importante, consulter son conseil. Certes, cette consultation n'altère en rien sa puissance et il décide, en tout état de cause, de manière souveraine. Mais elle n'en est pas moins obligatoire. Toujours rappelée depuis le XIIIe siècle, elle constitue en quelque sorte le fondement essentiel des compétences du conseil et justifie qu'il soit saisi d'à peu près tous les grands projets. Beaumanoir, déjà, se fait le théoricien du gouvernement à « grand conseil », tandis que saint Louis, dans les *Enseignements* à son fils, insiste sur la nécessité pour le souverain d'agir « *par le conseil de prud'hommes* » et par « *sage conseil de bonnes gens* ».

Au siècle suivant, Charles V, prince sage et prudent, grand lecteur d'Aristote, voit dans la consultation régulière du conseil un efficace tempérament à une autorité trop grande des rois. Il en est tellement persuadé qu'il va jusqu'à le rappeler de manière vigoureuse dans l'ordonnance de 1374 fixant l'âge de la majorité des rois : « *nous et nos prédécesseurs avons toujours gouverné et gouvernerons en tous nos faits par nombre de sages hommes, clercs et laïcs* ». Pareille règle, si bien ancrée dans la pratique, passa véritablement en coutume, au point de constituer, presque, une véritable norme constitutionnelle. Jamais, jusqu'à la fin de l'Ancien Régime, elle ne fut enfreinte, limitation naturelle qu'elle était au pouvoir royal. Grâce à elle et par l'intermédiaire des conseillers du roi, les sujets furent toujours en mesure de faire connaître leur avis et d'exprimer leurs doléances.

Au terme de cette évolution, les conseillers du roi se trouvent appelés, de par leurs fonctions consultatives, à participer de manière très assidue à l'action gouvernementale dont le conseil constitue à la fois le pivot et l'intermédiaire obligé. Cette action, toujours très englobante, est perpétuellement mouvante en fonction des circonstances et de la capacité des rois à s'imposer. On peut néanmoins considérer qu'elle s'exerce dans trois directions essentielles.

Politique, d'abord. C'est au sein du conseil que s'élaborent toutes les décisions importantes, qu'elles concernent les affaires intérieures ou la politique extérieure. Le roi y présente, sous la responsabilité du chancelier qui les met en forme après discussion, tous les grands projets d'ordonnances. Y sont discutées et résolues toutes les questions que pose la gestion du royaume, qu'ils s'agisse des rapports avec les provinces, les villes ou les différents corps. En son conseil, le roi examine tous les rapports venant de l'étranger, reçoit les ambassadeurs et règle toutes les questions touchant à la paix et à la guerre.

Administratives et financières, ensuite. Placé à la tête de toute l'organisation administrative, le conseil en assure la direction. Toute l'administration centrale et territoriale dépend de lui. Tous les grands agents du pouvoir, en particulier baillis et sénéchaux, sont nommés à la suite d'une délibération du conseil. Il assure aussi la maîtrise des finances du royaume dont il contrôle la gestion. Relèvent directement de lui Trésoriers de France et Généraux des finances qui sont directement chargés de la gestion de ce secteur.

Judiciaires, enfin. Le roi, de qui émane toute justice, peut toujours juger personnellement, même s'il délègue le plus souvent l'exercice de ce pouvoir à ses tribunaux ou à ses agents. Veut-il connaître personnellement d'une affaire ? Alors, il peut toujours la juger en son conseil. Ces deux hypothèses, qui président à l'exercice du pouvoir judiciaire, sont à l'origine de la distinction fondamentale entre justice retenue et justice déléguée.

Si le roi dispose d'autres moyens que le conseil pour exercer sa justice retenue, il n'en reste pas moins que la justice en conseil en est une des principales manifestations. Deux voies sont alors possibles. Celle de l'évocation qui autorise à tous moments le roi à soustraire de la compétence des juges ordinaires une affaire dont il souhaite connaître, même si la procédure en est déjà commencée. C'est alors du roi en son conseil que relève la décision finale et souveraine. Celle de la cassation ensuite, par laquelle le roi peut casser en son conseil une décision rendue par une cour pourtant supérieure. Mais alors, le roi ne jugeait pas lui-même. L'affaire était le plus souvent renvoyée devant le Parlement. C'est parce que les affaires judiciaires portées devant le conseil deviennent de plus en plus nombreuses et techniques que prend forme progressivement, comme il a déjà été fait mention, le Grand Conseil.

Voilà bien qui caractérise toute l'histoire de l'institution du XIIIe au XVe siècle. C'est sa souplesse et son extrême faculté d'adaptation, tant dans sa composition que dans ses compétences. En perpétuelle évolution, le conseil donne une excellente image des institutions médiévales. Régi par la coutume, il s'adapte de manière continue aux nécessités du temps, au tempérament des hommes et à la volonté des rois.

B. LA CHAMBRE DES COMPTES

Dès qu'elle a fonctionné comme une institution ayant des attributions gouvernementales, la *curia regis* s'est trouvée investie de compétences à caractère financier. Spécialement chargée de la vérification des comptes de tous les agents appelés à manier des deniers publics, certains de ses membres ont dû se spécialiser dans ces fonctions. On les rencontre comme tels, dès 1256, alors qualifiés de *magistri compotorum*, maître des comptes. C'est ce petit groupe de techniciens, particulièrement versés dans les affaires financières, qui devait progressivement donner naissance, dans la seconde moitié du XIIIe siècle, à la Chambre des comptes.

Elle tire son nom de la *camera compotorum* qui eut son siège dans le palais royal, à partir du moment où Philippe le Bel eût enlevé aux chevaliers de l'Ordre du Temple la garde du Trésor. Mais ce n'est que sous le règne de Philippe V qu'elle est définitivement organisée par une ordonnance de 1320. Dotée d'un personnel peu nombreux – quelques dizaines de membres (maîtres et auditeurs des comptes) –, sa compétence s'exerce dans des secteurs très techniques.

Elle conserve bien sûr son attribution originelle et continue, à ce titre, à vérifier la comptabilité des agents publics investis de responsabilités financières. Ils doivent chaque année comparaître devant elle pour y présenter un rapport détaillé de leur comptabilité dans lequel figure obligatoirement l'ensemble des recettes et des paiements avec toutes leurs justifications. Si, après examen, toutes ces pièces étaient jugées régulières, la cour déclarait quitte le comptable et lui donnait décharge. Si, au contraire, l'agent se trouvait en situation de débiteur à l'égard du trésor royal, c'est un arrêté de débet qui était rendu contre lui. Et si une charge quelconque était relevée à son encontre, ou si apparaissaient de graves fautes qui lui soient imputables dans sa gestion, alors la cour était compétente pour le juger et statuer sur les malversations en cause en prononçant les sanctions qui s'imposaient. Organe de vérification et de contrôle, la Chambre des comptes est aussi une cour de justice.

Mais là ne se limitent pas ses attributions. Protectrice des deniers de l'Etat, elle fut aussi chargée de veiller au domaine, ensemble des terres, des prérogatives et des droits du roi et de la couronne. A ce titre lui revient mission de contrôler systématiquement tout acte et toute décision susceptibles de porter atteinte à l'intégrité domaniale, qu'elle soit menacée en tout ou en partie. Chaque projet d'ordonnance concernant le domaine devait lui être soumis. Après élaboration définitive, il devait être enregistré par elle. Autant d'occasions qui lui permettaient de faire connaître ses remontrances.

Représentant le roi dans les affaires domaniales, elle reçoit la plupart du temps en son lieu et place les actes de foi et d'hommage que lui doivent ses vassaux pour les fiefs qu'ils reçoivent de lui. Elle en tient une soigneuse comptabilité à travers les aveux et dénombrements qu'elle conserve et qui décrivent toujours par le menu tous les biens, tous les droits et toutes les prérogatives que les vassaux tiennent de leur souverain. Ces mémoriaux constituent, pour le pouvoir, de très précieux instruments qui lui permettent de connaître, avec une très grande précision, structure et contenu de ses ensembles domaniaux.

Tout bien considéré, les attributions de la Chambre des comptes demeurent assez limitées, surtout cantonnées dans la gestion et le contrôle. Elle aurait sans doute pu devenir une grande cour de justice si lui avait été confié tout le contentieux de la fiscalité royale qui se développe alors massivement. Tel ne fut pas le cas. Et, même dans les attributions judiciaires qui lui sont reconnues, elle subit très souvent la concurrence du Parlement.

C. LE PARLEMENT

C'est sous le règne de saint Louis que s'individualise la cour de Parlement. Le succès de la justice royale est si grand que de nombreuses affaires jugées par les tribunaux de bailliages et de sénéchaussées et même par des juridictions seigneuriales, sont portées en appel devant la cour du roi. Les justiciables ont aussi souvent tendance à la saisir en première instance.

Voilà pourquoi cette fonction judiciaire devenant toujours plus lourde et la procédure toujours plus technique, la nécessité impose à certains membres de la cour d'acquérir une formation plus poussée de juriste et d'exercer, de manière plus stable, instruction et jugement des affaires. Ainsi se profile, dans le courant de la première moitié du XIIIe siècle, un personnel judiciaire dont l'activité spécifique facilite l'émergence de la *curia in parlamento*. Le terme de *parlamentum*, utilisé pour qualifier les sessions judiciaires du Parlement, est mentionné dès 1239 dans un document officiel. Mais ce texte ne marque nullement la naissance de l'institution qui a été progressive.

Dès les premières années du règne de saint Louis, des sessions spéciales de la cour du roi sont réservées à l'administration de la justice. Le roi prend l'habitude de les convoquer dans son palais à Paris avec une régularité de plus en plus grande annonçant, à la fin de chaque session, la date d'ouverture de la suivante, avec la liste des membres appelés à y participer. Ces sessions ne durent que quelques semaines, puis elles ont tendance à s'allonger et correspondent, en général, à une grande fête religieuse : Toussaint, Epiphanie, Pâques et Pentecôte.

Sous le règne de Philippe le Bel, le rôle du Parlement est de plus en plus chargé. Pour faire face à l'affluence des affaires, les sessions s'allongent et finissent par être regroupées dans une unique session annuelle qui s'ouvre à la Toussaint pour durer jusqu'en août. En même temps, le personnel devient permanent. On passe du système de listes établies pour chaque session – dans lesquelles domine tout au long du XIIIe siècle l'élément aristocratique et féodal – à un personnel fixe dont la composante se précise dès le début du XIVe siècle.

On constate alors que, d'une session à l'autre, ce sont toujours à peu près les mêmes personnes qui figurent sur les listes, ce qui tend à faire de la fonction de conseiller au Parlement un véritable office. Philippe VI entérine cette évolution par une ordonnance du 11 mars 1345. Il nomme, sans limitation de date, plusieurs conseillers au Parlement. A partir de ce moment-là, on n'arrête plus de liste pour chaque session. Le Parlement apparaît donc comme un corps définitivement constitué.

Conseil, Parlement et Chambre des comptes, tous trois nés du démembrement de la *curia regis* dans le courant du XIIIe siècle, constituent, à partir du règne de Philippe le Bel, les organes rénovés d'un gouvernement central dont l'action devait obligatoirement être prolongée, sur l'ensemble du territoire, par une administration elle aussi adaptée aux besoins d'un Etat en pleine reconstruction.

SECTION 3

ADMINISTRER : DE LA GESTION DU DOMAINE À L'ADMINISTRATION DU ROYAUME

Ici encore, on assiste à une mutation profonde. L'évolution est toujours la même. Tout au long de l'époque féodale, l'administration locale royale a une coloration fortement domaniale, privée presque. C'est à partir d'elle et des structures alors mises en place que la royauté se dote progressivement d'un appareil administratif capable d'assurer au gouvernement central contrôle du territoire, communication avec les sujets, maîtrise sur l'ensemble des revenus domaniaux et fiscaux.

Aussi longtemps que le roi reste un seigneur parmi les seigneurs, il ne dispose que d'une administration très rudimentaire pour gérer ses domaines, y exercer ses pouvoirs et y faire valoir ses droits. Il en confie le soin à des prévôts ou bayles qui font souvent davantage figure de représentants du maître que d'agents royaux. Dotés d'une compétence extrêmement large (administrative, judiciaire, militaire et fiscale), ils parviennent de moins en moins à faire face à leurs obligations au fur et à mesure que le domaine s'accroît. Recrutés pendant longtemps par le système de la ferme (la prévôté et les fonctions qui s'y trouvaient attachées étaient données à bail pour deux ou trois ans moyennant versement par le prévôt d'un fermage au roi), ils ont tendance à demander le maximum aux administrés et à commettre des exactions en vue d'augmenter leurs bénéfices. Face à ces insuffisances et à ces abus, la royauté réagit à partir du règne de Philippe Auguste pour rénover ses structures administratives et mieux contrôler les agents chargés de les animer.

Pour procéder à cette refonte, le pouvoir central ne brusque pas les choses. Il utilise souvent le procédé habile qui consiste à faire contrôler prévôts et bayles par des hommes nouveaux issus de l'entourage royal. Ces envoyés du roi reçoivent d'abord des missions précises et temporaires de contrôle, puis finissent par s'installer sur place et absorber progressivement la compétence de ceux qu'ils ont mission d'encadrer. C'est donc d'une réforme très progressive qu'il s'agit. Elle préside à la mise en place, à partir des années 1180, d'agents nouveaux, les baillis et sénéchaux (§ 1). Fidèles et dévoués serviteurs de l'Etat en construction dont ils contribuent toujours avec empressement à renforcer les assises tout au long du XIIIe siècle, ils sont eux aussi lentement concurrencés, aux XIVe et XVe siècles, tantôt par ceux qui sont chargés de les assister, tantôt par de nouveaux envoyés du roi dont la mission est avant tout de contrôler et limiter leurs pouvoirs (§ 2).

§ 1. – DES CONSTRUCTEURS LOCAUX DE L'ÉTAT : BAILLIS ET SÉNÉCHAUX (FIN XIIe – DÉBUT XIVe SIÈCLE)

C'est à travers eux que se concrétisent les progrès de la souveraineté. Ils sont à la fois les artisans de cette reconquête et les délégataires de ce pouvoir retrouvé par le roi. En eux, il trouve un point d'appui pour s'affranchir de la médiatisation féodale, atteindre directement les sujets du royaume en leur faisant parvenir ses ordres, en les jugeant et en les imposant. Malgré des origines diverses, ils acquièrent un statut identique (A) qui leur vaut d'exercer de très larges pouvoirs (B).

A. DE LA DIVERSITÉ D'ORIGINE À UN STATUT UNIFIÉ

1. – *Répartition géographique et origine*

La première explique la seconde. En observant une carte administrative de la France au XIIIe siècle, on constate que les régions d'implantation de ces deux catégories d'agents sont différentes. La zone de prédilection des baillis est constituée par le domaine royal, le Nord et l'Est, la Normandie aussi, tandis que les sénéchaux occupent solidement les pays de langue d'oc et tout spécialement leur frange ouest. L'histoire de ces deux institutions donne la clé de cette répartition bipolaire.

Les **baillis** ne sont pas véritablement une création du roi de France. Ils sont sûrement une institution empruntée aux ducs de Normandie et aux souverains Plantagenêts qui, depuis la fin du XIIe siècle, envoyaient sur leurs domaines, en tournée d'enquête, des agents qualifiés de baillis. A partir des années 1180, Philippe Auguste les imite et voit dans ce système un moyen efficace de contrôler les prévôts. Par la suite, de grands seigneurs font de même. Le comte de Champagne ou le duc de Bourgogne, par exemple, établissent dans leur principauté des baillis qui deviennent eux aussi plus tard des agents royaux, au fur et à mesure que ces territoires sont rattachés au domaine.

Les baillis royaux, choisis parmi les membres de l'hôtel ou de la cour sont, dans un premier temps, envoyés en mission, sans rattachement fixe, pour inspecter à plusieurs une région généralement assez vaste et donc composée de plusieurs prévôtés.

Aux environs des années 1230, ils cessent d'être députés collectivement. Ils reçoivent alors, à titre individuel, mission d'inspecter et de gérer une circonscription précise : le bailliage. Comme souvent en pareil cas, c'est l'administrateur qui a donné son nom au territoire qu'il est chargé de gérer. Mais il faut attendre encore quelques décennies pour que l'évolution soit achevée et que chaque bailli se fixe définitivement à son bailliage et soit astreint à y résider de manière permanente. Tous ces aspects de la fonction semblent définitivement acquis aux alentours des années 1260-1270. Il a donc fallu près d'un siècle et la volonté constructrice de deux grands rois – Philippe Auguste et Saint-Louis – pour que l'institution trouve à la fois ses contours définitifs et toute son efficacité.

Les **sénéchaux** ont une origine plus féodale. Comme le roi, les grands princes territoriaux comptaient dans leur cour un ou plusieurs sénéchaux dont ils firent, progressivement, des administrateurs locaux. Les Plantagenêts ont tout spécialement développé cette institution sur leurs domaines continentaux de l'Ouest et de l'Aquitaine. Le rattachement progressif de ces territoires à la couronne, à partir du début du XIIIe siècle, ne fait pas disparaître le système, bien au contraire. Les Capétiens le maintiennent et le développent parce qu'ils voient, dans le sénéchal, un bon gestionnaire local, l'équivalent en quelque sorte du bailli. Voilà pourquoi, à partir du début du XIIIe siècle, l'histoire de ces deux catégories d'agents se confond. Leurs situations, diverses au départ, se fondent dans un statut unique.

2. – *Statut*

Baillis et sénéchaux sont nommés par le roi, après une délibération de la cour puis, à partir de la seconde moitié du XIIIe siècle, du conseil du roi. Directement rattachés au roi, ils sont librement révocables par lui. Ils sont le plus souvent d'extraction assez modeste, toujours recrutés dans la petite noblesse ou la bourgeoisie. Il faut qu'ils aient un certain prestige, mais qu'ils ne soient pas trop puissants par leur origine sociale, ce qui était un gage de leur attachement au souverain. Pour qu'ils n'acquièrent pas sur place une influence trop grande, ils sont souvent mutés, en principe tous les trois ans. A leur entrée en charge, ils doivent prêter serment. Son contenu, joint à ce que nous apportent les actes de la pratique, nous permet de connaître avec précision quelles étaient leurs attributions.

B. DE TRÈS LARGES POUVOIRS SOUMIS À UN CONTRÔLE STRICT

A partir du moment où l'institution des baillis et celle des sénéchaux se sont rejointes, chacun de ces agents a des pouvoirs identiques sur le territoire qu'il contrôle, bailliages au Nord et à l'Est, sénéchaussées dans l'Ouest et le Midi, appellations qui se maintiennent jusqu'à la fin de l'Ancien Régime.

1. – *Larges pouvoirs*

Pour caractériser les vastes compétences de ces deux agents, on peut dire qu'ils sont, dans leur circonscription, le **prolongement de la personne du roi** qu'ils représentent. Et cela de deux manières. Tout d'abord vis-à-vis des officiers chargés de la gestion domaniale (prévôts et bayles) qu'ils surveillent et contrôlent. Ils entendent les plaintes que les administrés élèvent contre eux, ils peuvent les juger et les condamner. A l'égard des vassaux royaux ensuite, dont ils reçoivent l'hommage au nom du roi. Par-delà cette fonction de représentation, baillis et sénéchaux exercent des compétences universelles. En l'absence de toute spécialisation des fonctions, ils demeurent, jusqu'au début du XIVe siècle, de véritables agents à tout faire. Délégataires de l'autorité royale, ils sont tout à la fois administrateurs, juges, agents financiers et agents militaires.

Les tâches d'**administrateur** qui leur incombent sont très diversifiées. A ce titre, il leur revient principalement d'enregistrer, publier et faire exécuter toutes les décisions royales en les complétant et les adaptant aux nécessités locales. Ainsi leur est reconnu une sorte de pouvoir réglementaire dérivé qui leur permet, à tout moment, de prendre les mesures qui s'imposent. Cette capacité d'action autonome leur était indispensable dans la mesure où ils étaient chargés d'assurer l'ordre et la police dans son sens le plus large, ce qui les autorisait à intervenir dans à peu près tous les secteurs de la vie publique et privée, qu'il s'agisse de l'économie (réglementation des foires et des marchés, contrôle des prix), de la morale ou de la religion.

Dans la mesure où ils exercent des fonctions d'administrateur, baillis et sénéchaux sont aussi des juges, ces deux fonctions étant toujours intimement liées. C'est sûrement dans ce domaine de la justice qu'ils se sont montrés les plus ardents défenseurs des droits du roi. Ils ont compris qu'il y avait là le moyen le plus sûr de faire triompher partout sa souveraineté, même si au départ leur justice n'est encore qu'itinérante et s'exerce sans grande régularité. Pendant tout le XIIIe siècle, ils tiennent des assises dans les lieux les plus importants du bailliage avant de fixer leur tribunal dans la capitale. Il est alors composé de prud'hommes qui font de plus en plus figure de juges spécialisés. Cette justice s'exerce principalement en appel des jugements rendus par les prévôts et les juges seigneuriaux. Mais elle est aussi une justice de première instance, chaque fois qu'un noble est partie au procès ou que l'affaire concerne un cas royal (crime ou délit portant directement atteinte à la personne, aux biens, aux intérêts ou aux agents du roi). Dans tous les cas où ils prononcent des amendes, ils sont chargés d'en assurer la perception.

Ce n'est là qu'un mince aspect des fonctions qu'ils exercent en qualité d'agents financiers. Leur mission essentielle est de percevoir et centraliser tous les revenus royaux dans le bailliage, qu'ils soient fiscaux ou domaniaux. Ils centralisent les recettes des prévôts et exploitent directement l'ensemble des biens du domaine, des droits et des revenus qui ne sont pas affermés aux prévôts (bois, vignes et tous droits de caractère seigneurial). Leur revient aussi la charge de percevoir les impôts que le roi ne peut lever sur le bailliage sans passer par l'intermédiaire des prévôts, tous les profits tirés des condamnations, des droits de mutation chaque fois que de grands fiefs changent de mains, du droit de sceau et du droit de monnayage.

A partir de cet ensemble de revenus, baillis et sénéchaux sont tenus d'acquitter tous les frais occasionnés par l'administration royale dans leur circonscription, les aménagements qui peuvent y être réalisés (routes, ponts, appareil défensif) et le maintien de l'ensemble du patrimoine immobilier. Autorisés à prélever sur ces recettes les sommes nécessaires au paiement de leurs gages et à la rémunération des officiers qui dépendent d'eux, ils doivent faire parvenir le solde au trésor royal, le tout accompagné de l'ensemble des pièces comptables justificatives.

Hommes de terrain, toujours prêts à défendre leurs terres et leurs hommes, y faire régner au nom du roi la paix et la sécurité, les compétences qui leur sont reconnues en qualité d'**agents militaires** sont importantes, tout au moins au début et aussi longtemps que l'armée conserve son caractère féodal. A ce titre, baillis et sénéchaux assument d'importantes fonctions de mobilisation et de recrutement. Ils convoquent à l'ost les grands vassaux, prennent la tête de ce contingent féodal et le conduisent à l'armée royale. Ils ont aussi mission de lever le ban et l'arrière-ban en procédant à toute mobilisation supplémentaire qui pourrait s'imposer, tout particulièrement dans les villes qui participent de plus en plus activement aux opérations de défense. En tous secteurs de leur circonscription, ils doivent veiller en permanence, aussi bien en temps de paix qu'en temps de guerre, à la sécurité et au bon entretien des villes, de leurs remparts, des châteaux et places fortes. Ils sont aussi tenus d'inspecter leurs garnisons et de faire en sorte qu'elles soient régulièrement approvisionnées.

Dotés d'aussi larges pouvoirs, baillis et sénéchaux font véritablement figure de vice-rois. Mais ils n'en abusèrent jamais, parce qu'ils furent toujours très bien tenus en main par le roi.

2. – *Contrôle strict*

Les Capétiens n'oublièrent pas les expériences malheureuses qu'avaient connues les Carolingiens avec leurs agents locaux, en particulier les comtes. Soucieux d'éviter de pareils errements et conscients de l'impérieuse nécessité de ne plus jamais aliéner cette souveraineté si difficilement reconquise, ils s'assurent dès le début toutes les garanties nécessaires.

D'abord, éviter que baillis et sénéchaux n'acquièrent, dans leur circonscription, une trop grande influence personnelle. L'obligation de les muter tous les trois ans, même si elle n'est pas toujours respectée, constituait déjà une importante garantie. Elle contribuait à rendre ces agents moins prisonniers de leurs administrés et leur interdisait d'acquérir, sur leur circonscription, une trop forte emprise en se constituant de puissants réseaux de clientèle, ce que n'avaient pas manqué de faire les comtes carolingiens. Au début du XIVe siècle, de nombreuses ordonnances poussent plus loin encore ce souci, interdisant de nommer baillis et sénéchaux dans les régions d'où ils sont originaires. Mieux encore, une fois nommés, ils ne pouvaient acquérir sur place d'importants biens immobiliers ou épouser une de leurs administrées sans autorisation préalable du roi. Etaient-ils appelés au terme des trois ans (ou souvent plus !) à quitter leur circonscription ? Alors, ils devaient obligatoirement y séjourner quarante jours encore à partir de la date de mutation afin qu'administrés et justiciables puissent tous faire entendre leurs plaintes éventuelles et qu'il y soit donné réponse. L'ensemble de ces dispositions était très directement inspiré par toute une réglementation du droit romain concernant l'administration provinciale qui visait à rendre le gouverneur indépendant par rapport à ses administrés et responsable à l'égard du gouvernement central.

Dans ces conditions, la responsabilité des baillis et sénéchaux fut de plus en plus étroitement contrôlée, qu'il s'agisse de leur gestion administrative ou financière.

Devant le Parlement, ils sont régulièrement appelés à rendre compte de leur administration. Certains jours sont, à l'occasion de chaque session du Parlement, spécialement consacrés aux affaires de chaque bailliage et sénéchaussées. Les agents concernés doivent alors se présenter aux jours qui leur sont assignés pour répondre aux accusations que pouvaient porter contre eux leurs justiciables et aux actions qu'ils pouvaient éventuellement intenter. Baillis et sénéchaux pouvaient également défendre leurs jugements frappés d'appel devant le Parlement. Au terme de ces jours de débat et d'instruction, si des charges suffisantes venaient à être relevées contre l'agent dont l'activité administrative était passée au crible, le Parlement pouvait lui adresser des observations et, le cas échéant, prendre toute sanction qui s'imposait. Elle pouvait aller, mais cela était fort rare, jusqu'à la privation de l'office.

Cette responsabilité est aussi financière, mise en jeu devant la Chambre des comptes. Plusieurs fois dans l'année, baillis et sénéchaux doivent rendre leurs comptes devant elle. Là encore, si quelque irrégularité ou malversation était constatée, des sanctions étaient prises.

Cette analyse du statut et des compétences des baillis et sénéchaux n'est valable que jusqu'aux alentours des années 1320-1330. Depuis les premières années du XIIIe siècle, jusqu'à cette date – pendant un peu plus d'un siècle donc – l'institution fonctionne dans sa plénitude et participe largement à la reconquête de la souveraineté royale dont elle est presque l'unique dépositaire local. Mais, comme bien souvent en pareil cas, elle fut en quelque sorte débordée par ses succès. Agents locaux omniprésents et omnicompétents, baillis et sénéchaux ne purent faire face à leurs multiples obligations. La royauté y vit un danger, une menace pour l'assise locale de son pouvoir. Les administrés estimèrent de leur côté qu'il y avait sans doute un risque de blocage dans le bon fonctionnement d'un système qui leur avait donné jusque-là entière satisfaction. Cette méfiance, tant au sommet qu'à la base, fit que baillis et sénéchaux furent progressivement dépouillés de toutes leurs compétences techniques pour ne conserver que leur fonction de représentant général du roi. Il y a là, comme au niveau du gouvernement central, manifestation évidente de la spécialisation des tâches liées aux fonctions de plus en plus diversifiées qui incombent à l'Etat.

§ 2. – DES TECHNICIENS DE L'ADMINISTRATION, DE LA JUSTICE ET DU CONTRÔLE POUR LE COMPTE DU ROI

L'évolution qui se produit à partir du début du XIVe siècle est à la fois le résultat de l'énorme succès que connurent baillis et sénéchaux et de la volonté centralisatrice de la royauté. Il y avait, entre ces deux données, une part d'inconciliable. L'avantage devant obligatoirement tourner au bénéfice de la royauté, les fonctions locales de ses agents, devenues trop lourdes, devaient obligatoirement être démembrées pour ne pas devenir trop dangereuses et être convenablement exercées. Baillis et sénéchaux se trouvent, dès le début du XIVe siècle, dans l'obligation de faire face à la crise qui ébranle tout le pays. Destructrice des structures seigneuriales, elle rend plus facile leur victoire sur la féodalité. Mais ce succès porte aussi en lui ses échecs. Baillis et sénéchaux, rapidement débordés, sont contraints d'accepter auprès d'eux la présence de techniciens et de services particuliers (A), puis de se soumettre aux contrôles de plus en plus tatillons qu'exerce sur eux le pouvoir central par l'entremise de commissaires qu'il députe sur place (B).

A. BAILLIS ET SÉNÉCHAUX RELAYÉS PAR DES AGENTS SPÉCIALISÉS ET DES SERVICES SPÉCIAUX

1. – *Agents spécialisés*. – C'est souvent des baillis et sénéchaux eux-mêmes qu'est venue l'initiative. Contrairement à leur intention, elle devait se retourner contre eux. Dès les années 1320, ils prirent l'habitude de déléguer le soin de régler certaines affaires à des commis spécialisés. Choisis par eux au départ, ces agents s'arrogent progressivement une certaine autonomie avant d'être nommés par le roi lui-même et de devenir de véritables agents royaux. Deux exemples illustrent particulièrement bien cette évolution.

Celui des **receveurs de bailliage** d'abord. Centralisateur des recettes, le bailli assume seul, au départ, cette fonction. Puis, dans les dernières années du XIIIe siècle, il en délègue la gestion à un commis qui fut son receveur, tout en demeurant personnellement et seul responsable devant le roi de tous ces maniements de fonds. Au tout début du XIVe siècle, un pas supplémentaire est franchi. Les fonctions de receveur s'accroissent. Il est seul chargé de faire rentrer l'ensemble des recettes et doit, en même temps, en assumer la responsabilité.

L'évolution s'achève en 1320, par une ordonnance de Philippe le Bel qui interdit aux baillis de s'immiscer dans le maniement des deniers en leur défendant de percevoir recette ou de faire paiement. Désormais, les receveurs en sont entièrement chargés et doivent répondre personnellement de leur gestion devant la Chambre des comptes, comme jadis les baillis et sénéchaux. Ils sont alors à peu près complètement indépendants d'eux et leur ont enlevé toute compétence dans le domaine de l'administration des finances.

L'exemple des **lieutenants de bailliage**, ensuite, est plus évocateur encore. Leur apparition correspond à une nécessité de plus en plus grande de spécialisation dans l'exercice des fonctions judiciaires.

Dès la fin du XIIIe siècle, avec l'afflux des causes devant le tribunal du bailli (déclin des justices seigneuriales laïques et ecclésiastiques), cet unique agent judiciaire local ne peut plus seul faire face à ses obligations. Redoutant une justice peut-être trop rapide et qui ne donnerait pas entièrement satisfaction aux justiciables, le roi commence à installer auprès de ces tribunaux, à partir des premières décennies du XIVe siècle, des procureurs qui le représentent. Apparaissent aussi, au même moment, des avocats du roi près ces tribunaux. Les uns et les autres, chargés de la défense des intérêts du roi et de l'Etat, peuvent en même temps surveiller le bailli dans l'exercice de ses fonctions judiciaires. Leur fusion progressive annonce la lente genèse du ministère public.

Mais il y a plus dans cette évolution. Le bailli, de lui-même, se décharge d'une partie de ses fonctions en se faisant représenter par des lieutenants qu'il nomme et qui rendent la justice à sa place dans les divers lieux d'assise du bailliage. L'opinion accepta mal cette délégation du pouvoir de juger par le bailli dont elle considérait que c'était la mission première. Le bailli juge constituait pour elle, tout à la fois, une réalité, un symbole et une image que rien ne devait altérer. Le bailli seul juge dans son bailliage, c'était la souveraineté judiciaire du roi porteuse de progrès techniques considérables dans le fonctionnement de la justice.

Voilà pourquoi les Etats généraux prirent le parti des justiciables et adressèrent leurs doléances au roi Jean le Bon qui, par une ordonnance de 1357, leur donna satisfaction. Ordre est adressé aux baillis de rendre la justice en personne et de ne plus se décharger sur leurs lieutenants pour s'acquitter de cette fonction. D'autres textes renouvelèrent l'interdiction mais, finalement, une autre ordonnance de 1389 posa une exception qui finit par devenir la règle. Elle autorisait les baillis à s'adjoindre des lieutenants en cas de nécessité. Estimant que telle était ainsi la plupart du temps la situation, ils n'hésitèrent pas à utiliser très largement cette nouvelle possibilité.

Alors, contrainte de constater qu'elle ne pouvait aller à l'encontre de cette pratique, la royauté s'efforça de faire des lieutenants une institution totalement indépendante des baillis et qu'elle pût contrôler. A partir de la fin du XIVe siècle et surtout au siècle suivant, elle procède directement à la nomination des lieutenants, exige d'eux capacités et formation suffisantes, puis leur offre des garanties et stabilité de carrière. Désormais, les baillis ne peuvent plus révoquer à leur gré leurs lieutenants. Cette procédure ne peut plus être mise en œuvre que devant le Conseil du roi.

Dans ce nouveau contexte, l'institution des lieutenants fut mieux acceptée de l'opinion. Elle se généralisa tout au long du XVe siècle et il y eut, à la fin du siècle, un lieutenant dans chaque lieu important du bailliage où le bailli avait coutume de tenir ses assises. Implantées ces nouvelles structures, l'exercice de la justice échappe à peu près complètement au bailli. Les lieux de justice deviennent fixes partout où s'établit un lieutenant. Le lieutenant général trouve tout naturellement sa place au chef-lieu du bailliage. L'évolution s'achève avec une ordonnance de Louis XII, en 1510, qui fait du lieutenant un véritable officier royal nommé par le roi. Il n'est plus désormais qualifié de lieutenant du bailli, mais **de lieutenant pour le roi en tel bailliage**.

Attachée à des lieux bien déterminés, la justice est aussi rendue à un rythme régulier, dans le cadre de séances qui sont le plus souvent hebdomadaires. Fixation de la capitale du bailliage et multiplication des lieux d'assise ont largement contribué à dessiner, dès le XIVe siècle, les grands traits de notre géographie administrative et judiciaire actuelle. Bien souvent, les chef-lieux de bailliage sont devenus siège de préfecture et les villes de lieutenance ont été à l'origine d'une sous-préfecture. C'est aussi autour de ces centres importants de la vie judiciaire médiévale qu'ont pris racine nos tribunaux actuels.

Receveurs et lieutenants de bailliage opéraient une réduction considérable dans les compétences universelles du bailli. Cette évolution est encore précipitée par la mise sur pied progressive de services spéciaux qu'impose la pénétration de plus en plus effective de la souveraineté royale sur l'ensemble du territoire.

2. – ***Les services spéciaux***

Tous confiés à des officiers indépendants du bailli au fur et à mesure qu'ils apparaissent, ils se présentent comme de dangereux concurrents. Les deux domaines essentiels que sont l'armée et les finances en apportent d'excellents exemples.

Agents militaires, les baillis et sénéchaux l'étaient certes, mais leur fonction avait surtout un caractère féodal, chargés qu'ils étaient de réunir les vassaux pour les conduire à l'ost. Ils pouvaient aussi être appelés à mobiliser ban et arrière-ban dans des circonstances exceptionnelles. Or, semblable situation devient permanente avec la guerre de Cent Ans qui nécessite la mise sur pied progressive d'une véritable armée de métier avec des compagnies soldées à la tête desquelles sont placés des capitaines. Investis du commandement, ils sont aussi chargés, moyennant une somme forfaitaire qui leur est allouée par le roi, de lever les hommes d'armes nécessaires et de payer leur solde. Face à cette évolution devenue irrésistible, baillis et sénéchaux se trouvent à peu près complètement évincés de l'organisation et de la direction de l'armée.

L'évolution est tout à fait parallèle dans le secteur fiscal et financier. Pour couvrir les besoins croissants nés de la guerre, la royauté est contrainte de trouver de nouvelles recettes. Les ressources tirées des finances ordinaires étant parfaitement inextensibles, c'est du côté des finances extraordinaires qu'il convient de se tourner en créant de nouveaux impôts ou en aménageant les anciens. C'est principalement du côté de la taille et des nombreuses taxes indirectes que la monarchie cherche de nouveaux revenus pour organiser, à partir de la seconde moitié du XIVe siècle, un véritable système d'impôts d'Etat.

Ici encore, baillis et sénéchaux dont les compétences en matière financière étaient surtout liées à la gestion domaniale n'ont ni la formation, ni les moyens de mettre en œuvre, dans leur circonscription, une fiscalité royale et une administration fiscale d'Etat. Elle se crée, mais en marge d'eux, à travers des agents nouveaux, les élus (ainsi appelés parce que les premiers d'entre eux ont été désignés par les Etats généraux en 1355, avant d'être nommés par le roi à partir de 1360) et des circonscriptions nouvelles, les élections.

A la fin du XVe siècle, l'évolution est irréversible, dramatique en tous les domaines pour les baillis et sénéchaux. Simples représentants du pouvoir central, ils ont perdu à peu près toutes leurs attributions techniques. Néanmoins, leur charge toujours très honorifique demeure recherchée et se maintient jusqu'à la fin de l'Ancien Régime. Cette administration locale, à chaque règne plus complexe et, à chaque réforme, assurée par un plus grand nombre d'officiers, avait rendu indispensable l'envoi ou l'installation sur place d'agents de contrôle aptes à vérifier le bon fonctionnement des rouages locaux, à renseigner le roi sur d'éventuels abus et à procéder, s'il en était besoin, à des réformes immédiates.

B. LA MAIN DU ROI : ENQUÊTEURS, RÉFORMATEURS ET LIEUTENANTS GÉNÉRAUX GOUVERNEURS

Il s'est produit pour les baillis et sénéchaux ce qui s'était passé avec les comtes carolingiens, puis les prévôts des premiers Capétiens. De même que les comtes avaient été contrôlés par les *missi* et les prévôts par les baillis, baillis et sénéchaux se trouvent, eux aussi, soumis à des contrôles. Mission en est confiée à des envoyés directs et personnels du roi dont le profil a considérablement évolué du début du XIIIe siècle à la fin du XVe siècle. Evolution certes, mais une règle domine cependant, permanente. Tous ces envoyés ne sont nullement des officiers ordinaires pourvus d'une fonction stable et régulière. Ils sont au contraire investis d'une mission ponctuelle de contrôle, variable en fonction des temps et des lieux, toujours adaptable, infiniment modulable. Et surtout, elle est temporaire, limitée dans son objet aussi. C'est une commission précise qui est donnée à son titulaire. Il en est investi par une lettre de commission, toujours révocable à n'importe quel moment, sur simple décision du roi, sans même qu'il ait à donner des justifications.

Ces rouages de contrôle ont toujours été extrêmement complexes, dépendants les uns des autres, les nouveaux ne faisant que très rarement disparaître les anciens. Chronologiquement et à ne retenir que les principaux, on peut mentionner les enquêteurs du XIIIe siècle, les commissaires réformateurs et les lieutenants généraux gouverneurs du XVe siècle qui, contrairement à leurs prédécesseurs, sont progressivement dotés d'une circonscription territoriale bien précise.

Les **enquêteurs royaux** apparaissent à l'initiative de saint Louis. Chargés dès leur création de faire des tournées d'inspection, ils ont principalement pour mission de rechercher les abus commis par les administrateurs locaux et de les sanctionner. Chargés d'entendre les plaintes des populations, ils devaient aussi les provoquer afin de pouvoir remettre au roi des rapports circonstanciés et détaillés.

L'institution ne cesse de se développer sous les règnes de Philippe III et de Philippe le Bel, époque au cours de laquelle ils apparaissent de plus en plus comme les défenseurs des intérêts du roi : lutte systématique contre tout empiètement sur ses droits, récupération de biens domaniaux qui avaient pu être aliénés, levée de subsides extraordinaires, tout cela s'ajoutant à leur mission première de contrôle de l'administration baillivale. Mais, trop largement dotés de pouvoirs, ils ne parviennent plus à les assumer correctement à un moment où les circonstances deviennent de plus en plus difficiles. Les débuts de la guerre de Cent Ans précipitent leur déclin. Les circonscriptions qui avaient toujours constitué le cadre de leur action – bailliages et sénéchaussées – n'étaient plus maintenant adaptées à une action de contrôle qui devait devenir beaucoup plus large.

En ces temps troublés qui débutent dans les premières décennies du XVe siècle, la nécessité première est de maintenir l'ordre, le rétablir souvent. Les enquêteurs n'assurant plus que très imparfaitement cette mission, la royauté envoie sur place des commissaires réformateurs qu'elle charge de réprimer les abus et de sauvegarder droits et biens de la couronne.

Investis à la fois de pouvoirs judiciaires, militaires et financiers, ils peuvent toujours, en cas de nécessité, se substituer aux agents locaux et agir à leur place.

Cette pratique s'enracina et déboucha sur une institution entièrement nouvelle qui se développa tout au long de la guerre de Cent Ans. Ce fut le système des **lieutenants généraux gouverneurs.** Là encore, leur apparition a été lente et cette efficace machine de centralisation administrative a toujours été mise en place en fonction de modalités très variables selon les régions. Partout où elle apparaît, la justification en est la même. Il faut aller plus loin que la simple commission temporaire, il convient aussi de pouvoir agir par delà les cadres trop étroits des bailliages et des sénéchaussées. Il était donc indispensable d'imaginer de plus larges secteurs territoriaux, à la tête desquels seraient placés des agents extraordinaires dotés de très larges pouvoirs, mais à dominante principalement militaire eu égard aux circonstances.

Déjà, dès le début de la guerre de Cent Ans, dans deux régions particulièrement exposées, le Languedoc puis la Normandie, le gouvernement royal avait eu l'idée de regrouper plusieurs sénéchaussées ou bailliages sous la direction d'un agent unique appelé gouverneur qui recevait du roi mission d'agir en tous domaines « *comme ferions si étions en personne* ». Dès ce moment-là, ces gouverneurs sont donc investis des attributions les plus larges. En conséquence, ils peuvent et doivent, chaque fois qu'ils le jugent utile, se substituer aux baillis et sénéchaux de la circonscription – on se mit alors à dire du gouvernement – qui leur était confiée. Dans la seconde moitié du XVe siècle, le système se généralise, surtout dans les provinces périphériques du royaume, là où les besoins de la défense sont les plus aigus. Si bien qu'il y eut, au début du XVIe siècle, seize grands gouvernements dont les gouverneurs firent alors figure de rouage ordinaire de l'administration.

Même si ces lieutenants généraux gouverneurs eurent parfois tendance à abuser de leurs pouvoirs, en particulier sous le règne de Charles VI, ils donnèrent en général satisfaction. Toujours confiées à des personnages de haut rang (princes du sang, membres des grandes familles), ces fonctions prolongeaient très directement celles du roi dans les provinces. C'est la raison pour laquelle leurs titulaires sont toujours qualifiés de « lieutenants généraux du roi » ou de « gouverneurs et lieutenants pour le roi ».

Investi de la plénitude des fonctions, le gouverneur est comme l'était le bailli au début du XIIIe siècle, un véritable vice-roi, mais sur un territoire beaucoup plus vaste. En conséquence, lui est délégué un pouvoir édictal qui lui permet de prendre toute mesure qu'impose la situation. Titulaire aussi de larges attributions judiciaires, il peut comme le roi procéder par évocation et juger directement toute affaire dont il estime devoir connaître. Il peut aussi, à tout moment, se substituer à la compétence des tribunaux ordinaires et délivrer, comme il l'entend, des lettres de rémission. Mais c'est surtout, bien sûr, dans le domaine militaire que s'exercent ses compétences. Il dispose entièrement de la force armée, exerce le commandement supérieur des troupes, nomme les capitaines des places fortes et ceux qui sont placés à la tête des compagnies. Il peut, en conséquence, prendre toutes mesures qui s'imposent pour réprimer des troubles, maintenir l'ordre, prévenir ou repousser toute attaque. En somme, des pleins pouvoirs qui s'expliquent par la nécessité de rendre partout présente la puissance et la souveraineté royales.

On mesure ainsi le chemin parcouru depuis le règne de Philippe Auguste. Tout au long de ces trois siècles, la royauté a réussi à tisser sur l'ensemble du territoire une véritable grille administrative dont les mailles enserrent de plus en plus étroitement réseaux féodaux et solidarités vassaliques. Grâce aux relais territoriaux que constituent désormais ses agents, le roi peut pénétrer jusqu'à ses moindres degrés la hiérarchie des seigneurs et de leurs vassaux, de plus en plus directement soumis, avec tous leurs hommes, à la puissance souveraine. Certes, face à l'administration territoriale royale, la féodalité offre encore bien des résistances. Mais elle doit emprunter le chemin obligé de la soumission.

La mise sur pied de ce système administratif minutieusement réglé et jamais figé, même s'il a évolué lentement, a présenté un autre avantage. Malgré les crises et la guerre, la France n'a pas connu, grâce à lui, une nouvelle dissociation territoriale. Tous ces agents administratifs enserrés dans une organisation mieux structurée et plus rigide, mieux formés et plus conscients du sens de l'Etat, n'ont pas tenté de créer, à leur profit, une nouvelle féodalité. Ils se sont comportés en véritables agents de l'Etat, contribuant ainsi à donner à la théorie de la fonction publique ses premières assises. Servie par des agents toujours plus efficaces et toujours plus nombreux, la royauté des derniers siècles du Moyen Age ne pouvait qu'en faire des juges prompts à faire triompher partout sa justice.

SECTION 4

JUGER : DES JUSTICES À LA JUSTICE DU ROI

Tout au long de l'époque féodale, les moyens de rendre la justice ont davantage manqué au roi que son droit de juger. Ce droit, qui constitue l'essence même de la royauté, ne lui a jamais été contesté. De tous temps, rendre la justice a été considéré par les théoriciens comme un attribut cardinal du ministère royal. Indissociable de sa mission de paix, il fait en permanence du roi le grand débiteur de justice. Cette fonction est en même temps un devoir que le souverain s'engage solennellement à remplir au moment du sacre. Désormais porté par les succès d'une souveraineté ascendante, le roi juge triomphe des obstacles qu'avait dressés la féodalité au libre exercice de sa justice. Certes, les compétences judiciaires que s'étaient fait reconnaître de haute lutte seigneurs ecclésiastiques et seigneurs laïques ne disparaissent pas, mais elles reculent fortement face à une lutte sans merci que leur livrent les agents royaux afin que soit restitué au souverain un droit sans partage sur son pouvoir judiciaire (§ 1).

Tous les théoriciens se plaisent à mettre en avant ce pouvoir premier du prince, un pouvoir qu'il se doit d'exercer à tous moments, en tous lieux et à l'égard de tous, sans la moindre distinction. L'image de saint Louis rendant la justice sous son chêne en témoigne, tout comme Christine de Pisan quand, près d'un siècle plus tard, elle se prend à louer les mérites de Charles V lorsque, à l'issue de la messe, il « donne audience à toutes gens petites ».

Si ces clichés quelque peu stéréotypés ne sauraient être mis en doute, ils méritent cependant de n'être point trop pris au premier degré, tout comme l'adage qui veut que « toute justice émane du roi ». Vrai dans le principe – le roi est bien le suprême titulaire du pouvoir de juger – il ne saurait trouver toujours application concrète. Parce que la souveraineté judiciaire reconquise doit pouvoir fonctionner à tous moments et partout dans le royaume, le souverain ne peut être le seul artisan de ce grand oeuvre. Il doit, pour le mener à bien, pouvoir s'appuyer sur un corps d'agents appelés à devenir des juges de métier et à juger en son nom dans le cadre de tribunaux structurés et hiérarchisés qu'il crée et organise comme il l'entend, qu'il s'agisse des parlements, tribunaux de bailliage et de sénéchaussée, tribunaux de prévôté ou tout autre. Toujours maître de la justice, il peut en permanence retenir par-devers lui son exercice et rendre en son conseil, comme il l'entend, les jugements qu'il souhaite dans le cadre de ce qui est traditionnellement qualifié « justice retenue ». Mais elle ne saurait connaître qu'un tout petit nombre de causes. Fussent-elles importantes, elles ne représentent qu'une très faible part du contentieux susceptible d'être porté devant le prince ou évoqué directement par lui. L'essentiel de ce contentieux ne peut être traité qu'ailleurs, devant les multiples juridictions qui constituent progressivement un maillage judiciaire de plus en plus dense. Destiné à enserrer le royaume de toutes parts, il est garni de juges que le souverain choisit et nomme lui-même. Ils le représentent et, parce qu'ils sont ses représentants, ils reçoivent de lui délégation du pouvoir de juger. Cette « justice déléguée », toujours exercée au nom du souverain, ne peut valablement fonctionner que parce que se construit, non sans lenteur et difficultés, un édifice judiciaire fortement structuré (§ 2).

§ 1. – LA RECONQUÊTE DU POUVOIR DE JUGER

À l'aube du XIIIe siècle, un ordre judiciaire morcelé domine le royaume. Héritage de trois siècles de féodalité, il a fait de l'attribut régalien de justice une compétence tout aussi convoitée que partagée. Roi, seigneurs laïques et ecclésiastiques, villes aussi parfois, rivalisent pour attirer vers eux une multitude de justiciables en quête de procès équitables et rapides. Le souverain et ses juges subissent de plein fouet cette concurrence. Souvent mal armés pour y répondre, ils doivent se lancer dans une véritable reconquête du pouvoir de juger. Elle n'est qu'un des éléments, mais combien essentiel, de la reconstruction de l'Etat. Néanmoins, faire disparaître de la carte judiciaire du royaume les innombrables juges et tribunaux que le temps de la féodalité avait vu naître n'était ni envisageable, ni possible, ni même souhaitable. Pris dans la tenaille d'autonomies solidement ancrées et d'une souveraineté timidement recouvrée, le souverain se trouvait dans l'incapacité de pouvoir se passer des services rendus

– même s'ils étaient concurrents – par les justices seigneuriales et urbaines. Il convenait donc de parvenir à réduire leur compétence et à contrôler leurs juges par des moyens détournés, qu'il s'agisse des juridictions laïques (A) ou des juridictions ecclésiastiques (B).

A. LA JUSTICE SEIGNEURIALE LAÏQUE SOUS CONTRÔLE

Même fortement remise en cause tout au long de la période féodale, la justice du roi dont nul ne conteste la supériorité hiérarchique, bénéficie aussi d'une avance technique incontestable. Alors que les juges seigneuriaux ne sont que de simples pairs quand s'exerce la justice féodale et souvent de médiocres prévôts entourés de quelques prud'hommes aussi souvent que sévit la justice seigneuriale, les juges des tribunaux royaux peuvent, en bien des hypothèses, se targuer d'une authentique formation juridique. Ils savent en même temps mettre en oeuvre une procédure moins archaïque et mieux adaptée aux réalités du temps, surtout parce qu'elle commence à se plier aux exigences de l'appel (1). Moyen efficace pour instaurer progressivement un certain contrôle des juges royaux sur les juges seigneuriaux, l'appel ne permettait pas de restreindre leur compétence. Il fallut, pour y parvenir, emprunter d'autres voies (2).

1. – *La voie du contrôle : l'appel*

Oublié depuis longtemps, l'appel du droit romain ne renaît que très lentement dans le courant du XIIIe siècle. Le système judiciaire des temps féodaux se montre peu ouvert aux voies de recours, en dehors de celles que rend possibles la hiérarchie féodale qui permet à tout vassal mécontent d'un jugement rendu par son seigneur d'en appeler à la justice de son suzerain. L'utilisation constante des ordalies et en particulier du duel judiciaire, était un moyen supplémentaire de blocage du développement de la procédure d'appel, blocage que venait encore aggraver l'absence de hiérarchie entre les tribunaux et la multitude de systèmes judiciaires parallèles et indépendants qu'offrait chaque réseau vassalique. Tout au plus, le refus d'un juge de rendre un jugement constituait-il un déni de justice, une « défaute de droit » qui autorisait le justiciable à saisir un autre juge de son choix. Il pouvait aussi arriver qu'un premier juge ait mal jugé et surtout qu'il se soit mal et sciemment acquitté de sa mission, donc qu'il ait commis une faute. Alors, prend corps la notion de « faux jugement » qui autorise le plaideur mécontent à contraindre son juge à venir s'expliquer devant un juge supérieur. C'est donc le juge présumé fautif qui est directement mis en cause et qui doit en personne répondre du jugement qu'il a rendu. Cette procédure de « prise à partie » n'est en rien un appel et ceci d'autant moins qu'elle débouchait souvent sur un duel entre le plaideur et son juge ou les champions qu'ils avaient choisis.

La voie restait donc largement ouverte à une renaissance de l'appel du droit romain. Et cette renaissance se trouve grandement favorisée grâce au système judiciaire royal strictement hiérarchisé qui se met alors en place dans l'ensemble du royaume. L'habileté des juristes royaux du XIIIe siècle est aussi d'utiliser au profit du souverain et de sa justice le legs du droit féodal. Tirant toutes les conséquences de la hiérarchie féodale, ils font triompher l'idée que tous les fiefs étant tenus du roi, il en va de même du droit de justice qui leur est attaché et, qu'en conséquence, toute justice ne peut être tenue qu'en fief ou en arrière fief du roi. De là à affirmer que toute justice émane du roi, il n'y avait qu'un pas. Et voilà qui permettait, en même temps et en conséquence, de faire triompher l'idée qu'il pouvait toutes les contrôler et que chaque justice seigneuriale lui était subordonnée.

Le climat judiciaire et procédural qui régnait alors a grandement facilité l'évolution. Les procédures pour défaute de droit et faux jugement créent un contexte favorable au développement de la notion de recours, tout comme l'image retrouvée des plaideurs romains qui pouvaient porter leurs procès jusqu'à l'empereur. Et surtout, les progrès spectaculaires des procédures canoniques de saisine des légats pontificaux et d'appel en cour de Rome contribuent à créer de nouvelles mentalités judiciaires. À tous ces facteurs favorables, vint s'ajouter une double offensive à l'encontre des ordalies. Celle du concile du Latran de 1215 d'abord qui les bannit pour les ecclésiastiques, puis celle de saint Louis qui interdit le duel judiciaire dans le domaine, tant en matière civile que pénale, par deux ordonnances de 1254 et 1258. Mal appliquées, elles contraignent Philippe le Bel à le rétablir, au moins partiellement, en 1306. En dépit du faible impact de la législation voulue par saint Louis, un nouveau droit procédural était au moins inscrit dans la loi qui, à terme, devait faire triompher l'idée que ce n'était point par un duel que devait se régler la contestation à l'endroit d'un jugement rendu, mais bien devant le prétoire d'un juge supérieur.

C'est surtout dans le Midi que ces idées progressent. Plus qu'ailleurs, les justices d'Eglise y avaient en mémoire le système romain. Si bien que les justiciables intentent de moins en moins des recours contre la personne du juge, mais défèrent de plus en plus devant un tribunal supérieur le contenu même du jugement. On en vient ainsi progressivement à un véritable appel, d'abord en matière civile, puis pénale par la suite. Il faut cependant attendre le premier tiers du XIVe siècle pour que la procédure d'appel née de la lente synthèse du droit canonique et du droit romain s'impose. Alors seulement, la voie romano-canonique de l'appel devient partie intégrante du système judiciaire royal qui se met en place. Avec bien des imperfections cependant. Toujours très attachés à la hiérarchie des seigneuries et face à la cohérence encore imparfaite de celle qui devrait dominer les juridictions royales, les justiciables ont tendance à épuiser les innombrables degrés de juridiction qui leur sont offerts. Ainsi se construisent d'interminables recours portés de cours seigneuriales en tribunaux royaux, avant d'aboutir au Parlement. Inversement, des recours peuvent lui arriver directement, sans qu'ait été utilisée la procédure d'appel devenue obligatoire devant le tribunal du bailli. En dépit de leur condamnation systématique par la législation royale, ces recours intentés *omisso medio* demeurent longtemps tenaces. C'est dire combien cette pyramide judiciaire royale rencontre de difficultés à se construire tant l'appel, qui doit en être le pivot, demeure ballotté entre une multitude toujours possible de degrés ou victime de la voie rapide d'une procédure *omisso medio*. Encore imparfaite certes, la technique de l'appel n'en autorise pas moins un contrôle chaque jour plus efficace de la justice souveraine du roi sur celle des seigneurs dont la compétence se réduit toujours davantage.

2. – *Les restrictions de compétence : cas royaux et prévention*

Le contrôle que l'appel rendait possible sur les juridictions seigneuriales ne permettait pas de réduire l'énorme champ de compétence que certaines avaient depuis longtemps investi et dont elles avaient progressivement dépouillé les juges royaux. Souvent plus empressés que le roi à récupérer un large pouvoir de juger, épaulés aussi par une doctrine toujours plus favorable aux doits du roi, ils mettent tout leur savoir-faire à la reconquête d'un véritable espace judiciaire royal. Juges et juristes proches du roi lancent, pour ce faire, une double offensive. La première en s'efforçant de faire triompher l'idée selon laquelle il existe des causes qui, en raison de leur nature, ne peuvent relever que de la compétence de la justice royale : les cas royaux. La seconde, en imposant une pratique destinée à permettre à tout juge royal de pouvoir, en certaines circonstances, intervenir avant un juge seigneurial : la prévention.

a) Les cas royaux

La grande habileté des théoriciens de la souveraineté et de nombreux juges royaux fut de faire admettre que certaines affaires, tardivement qualifiées de cas royaux et dont la liste ne fut jamais limitative, devaient obligatoirement relever de la compétence des juges royaux. Il y avait là moyen d'adapter en permanence aux circonstances la compétence de la justice royale, avec la volonté affichée de l'élargir toujours davantage.

Contrairement à ce qu'on pourrait penser, la théorie des cas royaux est en partie héritée de la féodalité. Dans des régions comme la Normandie, la Bretagne ou la Bourgogne, le duc avait tôt fait admettre que certaines causes ne pouvaient être que des cas ducaux, obligatoirement réservés au duc. Aussi souvent par exemple que le duc de Normandie était partie à un procès ou qu'il concernait un de ses officiers, il était clairement établi que l'affaire ne pouvait être portée devant une autre cour que le tribunal ducal. Mais ce ne sont pas là les seuls exemples. Ainsi Beaumanoir dissertant sur les droits du comte de Clermont, fils de saint Louis et prince apanagiste, constate que pour tous les cas qui le concernent, il ne saurait relever d'une cour de ses sujets. Des comtes, ducs et princes, cette règle est rapidement appliquée au roi pour devenir systématique comme l'énonce une ordonnance de Louis X en 1315 stipulant qu'il est des cas qui ne peuvent appartenir qu'à la justice royale parce qu'ils relèvent de la majesté royale.

Plus que de la notion de majesté, c'est de celle de souveraineté que juristes et juges royaux tirent argument pour fonder et développer la théorie des cas royaux. Le lien est donc étroit entre la genèse de la souveraineté et celle de la théorie des cas royaux. C'est dire que le XIIIe siècle est à cet égard une période fondatrice. S'enracine alors l'idée selon laquelle tout ce qui contribue à léser les intérêts du roi et de l'Etat naissant ne doit en aucune hypothèse échapper à la compétence de l'appareil judiciaire royal. S'il n'y eut jamais de liste fermement établie, tant la lecture des textes que l'examen de la pratique judiciaire permettent de se faire une idée précise de la consistance des cas royaux.

Ils concernent d'abord et au tout premier chef, la personne du roi et de ses agents. Porter atteinte à la *majestas regia* constitue un cas royal. C'est en se fondant sur le *crimen laesae majestatis* du doit romain que les légistes royaux construisent la notion de crime de lèse-majesté. Restreinte d'abord aux seuls crimes commis contre le roi et son entourage proche, elle est ensuite étendue à l'ensemble de ses agents, puis à partir de la fin du XIVe siècle, à toutes les affaires civiles concernant le roi, ses biens ou ses agents dont on pense qu'ils doivent, en raison de leur fonction, bénéficier d'une protection spéciale.

Dans un même souci de sécurité et de protection, toute action pouvant porter atteinte à la paix publique dont le roi a la charge, est aussi un cas royal. Il en va ainsi du bris de sauvegarde royale, de trêve, d'asseurement et du port d'armes chaque fois qu'ils menacent la paix du roi, tout particulièrement lorsqu'ils sont doublés de réunions illicites susceptibles d'engendrer une guerre privée. Il y a là autant de risques de *factio pacis* qui doivent être obligatoirement prévenus et sanctionnés par la justice royale.

Le troisième secteur qui offre aux cas royaux un incomparable champ de développement est celui des droits découlant de l'exercice de la souveraineté. Tout acte qui les viole est un cas royal. Il en va ainsi de la fabrication de fausse monnaie, tant en raison des troubles économiques qu'elle engendre que pour l'atteinte qu'elle porte au roi en reproduisant ainsi de manière illégale son effigie. Dès la fin du XIIIe siècle, plusieurs textes prévoient la compétence des tribunaux royaux pour toutes ces affaires et la jurisprudence du Parlement emboîte le pas. Falsifier les sceaux royaux ou des écrits émanant du roi est aussi considéré comme une utilisation frauduleuse du portrait ou de la signature du souverain et passible, partant, des tribunaux royaux. Dans le même esprit, aller à l'encontre des droits du roi législateur et violer en certaines circonstances précises une ordonnance royale qui aggravait la législation pénale existante, entre aussi dans la catégorie des cas royaux.

Autant d'hypothèses qui prouvent à souhait combien la liste des cas royaux n'est nullement figée et comment les juristes royaux ont toujours habilement manœuvré pour rester libres de sa composition. Le roi lui-même adopte attitude aussi fuyante, tel Louis X quand il répond en 1315 aux nobles de Champagne que les cas royaux sont toujours liés à une atteinte portée à la majesté royale et que cette majesté royale doit être entendue dans tous les « cas qui de droit ou de ancienne coutume puent et doient appartenir a souverain prince et a nul autre ». C'était placer le roi justicier et les atteintes qui pouvaient être portées à sa *majestas* au cœur de la politique d'extension de sa justice qui, de surcroît, devait pouvoir s'exercer avant toutes les autres.

b) La prévention

Autant la *majestas* bafouée est fondatrice d'une extension presque illimitée de la compétence royale, autant la souveraineté triomphante justifie que la justice royale ait prééminence sur les autres. C'est à partir de cette idée que les juristes favorables à la cause royale construisent la théorie de la prévention. Elle permet de faire lentement triompher le droit, pour les juges royaux, de se saisir d'une affaire avant que les juges seigneuriaux, normalement compétents, aient pu la connaître. La justice royale est donc autorisée à les « prévenir », c'est-à-dire à « venir avant », à les précéder dans l'action. Ce type de procédure se structure dans deux séries de circonstances qui n'ont que très peu de points communs. La première concerne des affaires dans lesquelles un juge seigneurial a fait preuve de négligence à l'occasion d'une affaire criminelle grave et n'a pas agi dans les délais requis. Il se trouve, pour cette raison, de droit « prévenu » par le juge royal qui est aussitôt habilité à se substituer à lui et à agir à sa place en vue d'assurer une répression rapide et maintenir l'ordre.

La seconde situation est toute différente. En bien des cas, un plaideur se trouvait placé devant un choix en matière judiciaire. Deux justice concurrentes – royale et seigneuriale – s'offraient alors à lui et il avait de plus en plus tendance à choisir la première au détriment de la seconde, ce qui avait pour conséquence de contraindre le juge royal à « prévenir » la seconde sans que la partie adverse puisse s'y opposer. De telles procédures avaient souvent pour résultat de vider les justices seigneuriales de l'essentiel de leur compétence, situation que ne voulait ni ne pouvait accepter le pouvoir dont les justices étaient dans l'incapacité de faire face à tous les contentieux qui se présentaient. Voilà pourquoi la théorie de la prévention fut lentement affinée et que furent distingués deux cas : l'un de prévention à effets absolu et l'autre à effets relatifs.

Dans toutes les situations de prévention absolue, seul le juge royal doit avoir connaissance de l'affaire et rien ne saurait le contraindre à la renvoyer devant des juges seigneuriaux. Il s'agit alors d'affaires graves nécessitant prompte justice et toujours susceptibles de porter atteinte à l'ordre public, telles que crimes et délits commis sur les grands chemins, troubles de toute nature apportés à la paix publique, violation flagrante des règles et de la police des foires et marchés. Mais il se peut aussi que le juge royal utilise la procédure de prévention absolue dans l'hypothèse où tel juge d'église vient à manquer à sa mission. C'est vrai de la protection que ce dernier doit aux *miserabiles personae*(veuves, mineurs, orphelins et pauvres), c'est vrai aussi de la juridiction qu'il assure normalement pour tout ce qui touche au régime matrimonial (dot, douaire) et au droit de la famille. Est-il défaillant dans ces domaines, alors le juge royal se doit de « prévenir ». Les actions possessoires, tout comme la saisine, sont aussi un domaine de prédilection pour la prévention absolue. Beaumanoir y insiste et se plaît à rappeler que baillis et juges se doivent d'intervenir en usant de la prévention absolue aussi souvent qu'un justiciable est victime de « dessaisine », c'est-à-dire d'un trouble possessoire quelconque. Ici encore, une telle action s'inscrit dans la nécessité de maintenir la paix entre les individus, donc la paix publique.

Poussée au maximum de son utilisation, la prévention absolue aurait pu, en bien des cas, aboutir à déposséder totalement le juge seigneurial. C'est pourquoi lui fut laissée une certaine capacité d'action, à condition qu'il le fasse très vite. Ainsi apparurent des cas de prévention relative ou imparfaite. Le juge royal peut alors toujours « prévenir » un juge seigneurial et conduire l'affaire jusqu'à ce que les parties nouent le procès par l'exposé contradictoire des motifs *(litis contestatio)*. Mais il ne s'en trouve définitivement saisi que si le juge seigneurial n'a pas fait connaître son intention de s'en saisir lui-même. Il peut le faire, moyennant deux conditions cependant. La première, c'est que sa demande intervienne avant la *litis contestatio* et, la seconde, qu'il la formule lui-même. Quant au justiciable qui avait choisi la justice royale, il ne pouvait revenir sur ce choix. Ainsi transparaît chez les juristes royaux un double souci. Laisser au juge seigneurial la possibilité de récupérer l'affaire, mais en l'encadrant de conditions strictes. Cette réglementation ne pouvait que contribuer à concurrencer fortement tous les ordres juridictionnels seigneuriaux. Celui de l'Eglise se trouvait ainsi très fortement visé.

B. LA JUSTICE D'EGLISE CONCURRENCÉE

À côté des justices seigneuriales entre les mains de seigneurs ecclésiastiques et qui subissent le sort des justices seigneuriales en général, la justice d'Eglise est principalement assurée par les tribunaux d'Eglise que sont les officialités. Leur implantation ancienne et générale, leur organisation très structurée, ainsi que leur compétence très étendue en font des obstacles redoutables au développement de la justice royale (1) dont les juges doivent en permanence imaginer de nouveaux moyens pour en limiter l'action (2).

1. – *Un frein au développement de la justice royale : les officialités*

Au lendemain de la réforme grégorienne, les officialités sont les grandes bénéficiaires de la nouvelle discipline de l'Eglise et de sa restructuration institutionnelle qui vont vers toujours plus de hiérarchie et de centralisation. Voilà qui faisait, des officialités, des juridictions en partie porteuses du devenir de cette réforme. À cela s'ajoutent les conséquences de la renaissance intellectuelle des XIIe et XIIIe siècles, ainsi que de l'incomparable essor des études juridiques dont les juges d'église sont, tout à la fois, des artisans actifs et des bénéficiaires avertis. Dans ces conditions, les officialités dont les structures sont toujours plus performantes (a) réussissent à imposer leur compétence dans des domaines qui dépassent largement le monde du droit et de la vie de l'Eglise (b).

a) Les structures et la procédure des officialités

Fixée et figée de longue date, la justice de l'évêque faisait de lui le juge ordinaire *(judex ordinarius)* de son diocèse. Elle était en même temps l'objet de convoitises et d'usurpations constantes des abbés et dignitaires de chapitres. C'est pour lutter contre cette situation que chaque évêque organisa progressivement, dans le cadre de son diocèse, un tribunal particulier auquel il donna compétence de juger en son nom. Ce fut l'officialité, dont la présidence était toujours assurée par un clerc – l'official – nommé par l'évêque. Prise dans une stricte hiérarchie, elle est soumise à l'officialité métropolitaine appelée à connaître des appels interjetés contre ses jugements. En dernier ressort enfin et dans des cas particulièrement graves et importants, c'est à la juridiction pontificale qu'il revient de trancher dans le cadre de son tribunal, la *rota romana* ou rote. Cette organisation de la justice ecclésiastique, très structurée et très hiérarchisée depuis les premiers temps, offre un cadre idéal au développement du contentieux de plus en plus fourni qui afflue vers ses juges et tout le personnel qui les entoure : promoteur (ministère public chargé de poursuivre les délits ecclésiastiques et de requérir), procureurs, avocats et notaires. La présence de tout ce personnel aussi spécialisé qu'il est le plus souvent particulièrement bien formé dans les deux droits, contribue à la genèse d'une procédure savante, la procédure romano-canonique, très fortement inspirée de la procédure et des règles de la procédure extraordinaire du droit romain. Procédure écrite et fondée sur des modes de preuve rationnels, elle condamne les ordalies et contribue à faire évoluer en profondeur le système accusatoire vers un modèle plus ouvert à l'inquisitoire qui permet au juge de saisir d'office. Évolution notoire qui lui imposait de notifier à l'inculpé les chefs d'accusation, d'organiser de larges enquêtes avec audition de témoins, de multiplier les auditions et d'entendre de longues plaidoiries. Il y avait là autant d'éléments de progrès pour la justice et de garanties pour le justiciable qui ne pouvaient, les uns et les autres, que favoriser l'extension permanente de la compétence des juges d'Eglise.

b) Extension de compétence

Elle est permanente jusqu'à l'aube du XIVe siècle. Les tribunaux d'Eglise, en charge de veiller à la discipline des clercs et des simples fidèles, sont conduits à exiger de la justice temporelle le strict respect de leur compétence en ce domaine. De leur côté, les fidèles très sensibles à la qualité de la juridiction ecclésiastique, ont souvent tendance à se tourner vers elle pour lui demander de statuer sur des litiges à caractère purement temporel et qui donc ne concernent en rien des questions de discipline ou de foi.

Cette large compétence de la juridiction ecclésiastique se manifeste d'abord **ratione personae**, ce qui vaut à tous les clercs séculiers et réguliers de lui être soumis. Il y avait là un privilège que le concile de Lyon de 1270 réglemente strictement. Ne peuvent désormais bénéficier de ce privilège que les clercs non mariés ou mariés une seule fois *(cum unica et virgine)*, portant tonsure et habit, sans pratiquer une profession qui pourrait être contraire à leur état. Cette décision de dépasser la simple tonsure comme marque distinctive de l'état de clerc, témoigne de la volonté de faire en sorte que n'échappent pas à la juridiction laïque tous les clercs qui ne vivaient pas en conformité avec les canons de l'Eglise. À partir du moment où ils remplissent cette condition fondamentale, ils bénéficient du *privilegium fori ecclesiastici*, c'est-à-dire du privilège de ne relever que de la juridiction ecclésiastique, encore qualifié de privilège du for ou privilège de clergie. Avantageux pour le clerc, il l'est aussi pour l'Eglise dans la mesure où il devient un véritable moyen de contrôle de la vie et de la discipline ecclésiastiques.

En matière criminelle, la compétence de l'official est absolue sur les clercs. En pareille circonstance, il peut et doit les faire arrêter et les juger, sauf cas de flagrant délit. La faute du clerc reconnue et prouvée, l'official est compétent pour lui infliger toutes sanctions prévues par le droit canonique : privation de bénéfice, pénitence de tout ordre, pèlerinage expiatoire et internement dans un monastère qui peut aller jusqu'à la perpétuité. Il est cependant une peine que les tribunaux d'Eglise ne peuvent jamais prononcer : la peine capitale comme en témoigne l'adage *Ecclesia abhorret a sanguine.* C'est bien parce qu'elle a horreur du sang que l'Eglise refuse systématiquement la peine de mort. Tout au plus peut-elle, en cas de crime grave commis par un clerc, le déchoir de son statut de clerc et le remettre ensuite à la justice séculière pour qu'elle prononce elle-même la peine capitale. En matière civile, la compétence du juge ecclésiastique est plus restreinte. Il ne peut conduire à leur terme que des actions à caractère personnel, et encore avec certaines restrictions. Toutes les actions à caractère immobilier lui sont interdites et relèvent obligatoirement de la compétence du juge séculier dès qu'elles concernent un immeuble intégré à la hiérarchie séculière des terres (fief ou censive). C'est dire que l'official n'est compétent, pour les affaires personnelles, que si elles ont un caractère mobilier et ceci en raison de l'application de la règle selon laquelle les meubles suivent la personne *(mobilia sequntur personam).*

Le monde des clercs n'est pas le seul pour lequel le juge ecclésiastique a compétence. Certains justiciables, qui en font la demande expresse, peuvent porter leur contentieux devant lui. Un choix de juridiction leur est donc offert. Ainsi les croisés qui bénéficient du *privilegium crucis* et qui, en conséquence, peuvent avoir accès au for ecclésiastique sauf pour les affaires touchant au monde de la féodalité. La catégorie des *miserabiles personae* est soumise à régime identique chaque fois que sont en jeu des actions personnelles. Les écoliers ont même statut, à condition toutefois qu'ils n'appartiennent pas déjà au monde des clercs.

Ratione materiae, la situation est plus complexe. Tantôt la juridiction ecclésiastique se limite à exercer une compétence concurrente, tantôt elle prétend qu'elle doit être exclusive. Rien de surprenant que l'essentiel des causes présentées comme étant exclusives de la compétence ecclésiastique relèvent des questions de foi, tout particulièrement les crimes tels que le sacrilège, la sorcellerie ou l'hérésie. C'est dans ce contexte que, face à l'extension de l'hérésie albigeoise, la papauté mit sur pied après 1230, les tribunaux de l'Inquisition. Tribunaux d'exception, ils fonctionnent selon une procédure extraordinaire qui investit le juge d'un pouvoir d'office. Il peut agir sur simple dénonciation, sans que le prévenu puisse bénéficier du ministère d'un avocat et recueillir autant de témoignages qu'il estime nécessaires, sans qu'ils aient à être divulgués. L'aveu, qui atteste de la réalité de l'accusation, peut être recherché par tous les moyens, y compris par la torture qui est légalisée en 1252.

Après les questions de foi, les tribunaux d'église revendiquent aussi une compétence exclusive en matière de sacrements et, de manière plus précise, tout le contentieux concernant le mariage : respect de la règle d'indissolubilité, reconnaissance de la validité, cas de nullité, contrôle des empêchements liés à la parenté, problèmes de filiation, fiançailles et séparation de corps. Il en va de même pour toutes les affaires qui touchent aux biens d'Eglise, sous réserve qu'ils ne soient pas intégrés au système féodal. Dîmes, bénéfices, offrandes et biens tenus en franche-aumone relevaient ainsi, sans discussion, de la compétence du juge ecclésiastique.

Tous les autres domaines font l'objet d'une compétence concurrente. Elle donne le plus souvent lieu à une vive compétition et offre au justiciable une véritable possibilité de choix. Il en va ainsi, par exemple, de l'important contentieux qui peut naître autour de l'exécution du testament dont les clauses débordent largement les simples dispositions à caractère religieux et en font ainsi un acte mixte. Les contrats sont aussi soumis à régime identique, tout particulièrement lorsqu'ils ne sont pas passés sous serment, ce qui justifiait principalement la compétence de l'Eglise ou que le contractant fautif ne pouvait pas être poursuivi *ratione peccati* (dol, non-respect de la parole donnée, refus injustifié de paiement). Enfin, tout crime ou délit pouvant présenter un caractère mixte était systématiquement revendiqué par les deux ordres juridictionnels, par exemple l'usure, le blasphème ou toute faute grave commise contre les mœurs.

Ainsi, bien souvent dotée d'une compétence exclusive et toujours en bonne position dans les situations de compétence concurrente, la justice d'Eglise constitue un rempart solide face à la volonté de la royauté d'affirmer sa souveraineté en matière judiciaire. Dans ces conditions, il revenait à ses juristes et à ses juges d'imaginer et de mettre en œuvre de nouveaux moyens pour limiter son action.

2. – *Limitation du domaine d'action des officialités*

La mise en œuvre de cette politique ne débute guère avant le début du XIVe siècle, près d'un siècle plus tard que la lutte engagée contre les juridictions seigneuriales. Le règne de Philippe le Bel offre un contexte favorable à une telle entreprise, tant en raison du conflit qui l'oppose à Boniface VIII que du climat ambiant de gallicanisme naissant dans lequel baigne le royaume. C'est alors dans deux directions bien différentes que légistes et juges royaux s'orientent pour limiter le domaine d'action des officialités. Réduire leur sphère de compétence s'impose comme un préalable avant de tenter de les soumettre à un contrôle effectif.

a) Réduction de compétence

Elle s'opère par les moyens identiques à ceux qui permettaient, au même moment, aux juridictions royales de s'imposer face aux justices seigneuriales laïques. Les légistes considèrent que la souveraineté judiciaire retrouvée doit être également prise en compte par les juges d'Eglise et, qu'à ce titre, un certain nombre d'affaires qualifiées de cas privilégiés doivent pouvoir être soustraites à leur compétence en raison de leur nature. De même triomphe l'idée selon laquelle, dans certaines situations précises, la justice du souverain doit pouvoir s'exercer avant celle des tribunaux ecclésiastiques en la « prévenant ».

Cas privilégiés. Dès le début du XIVe siècle, les juristes royaux prennent appui sur la théorie des cas royaux pour trouver, dans l'ordre juridictionnel ecclésiastique, un certain nombre d'affaires qui, à l'instar des cas royaux et parce qu'ils touchent à la souveraineté, doivent lui échapper pour entrer dans le champ de compétence des juges royaux. Ces cas privilégiés concernent toujours, au moment où prend corps la théorie, des faits délictueux particulièrement graves susceptibles de troubler l'ordre public et commis par un clerc. Cette atteinte portée à l'ordre public place le clerc dans la situation d'un simple délinquant, lui fait automatiquement perdre le *privilegium fori* et le fait en conséquence entrer dans le champ de compétence des tribunaux royaux. À partir de telles situations, il était facile de franchir un pas supplémentaire et de faire des cas de lèse-majesté, fausse monnaie, violation de sauvegarde et infraction à certaines ordonnances royales, des cas privilégiés. Mais les juges d'Eglise n'acceptèrent pas toujours sans réticence cette vision quelque peu simplificatrice et centralisatrice. Bien souvent, ils firent en sorte que soit distingué, pour une même affaire, ce qui pouvait relever des juridictions ecclésiastiques et ce qui pouvait entrer dans le champ de compétence des tribunaux royaux. Ils tentèrent ainsi de faire triompher l'idée selon laquelle pouvaient exister des actes de nature mixte, ce qui incita les juges royaux à s'en saisir au plus vite.

Prévention. Elle joue aussi à l'encontre de la juridiction ecclésiastique un rôle important. Partant de la règle qui interdisait aux officialités de connaître de toutes les affaires concernant des biens féodaux tenus par des clercs, les juristes et juges royaux en tirent par extension la conséquence que toute affaire immobilière dans laquelle un clerc est partie doit pouvoir être « prévenue » par eux. De là à inclure les bénéfices dans cette extension, il n'y avait qu'un pas. Il fut rapidement franchi pour les bénéfices dont la collation relevait du roi. La question fut plus délicate pour ceux que l'autorité ecclésiastique était appelée à conférer, qu'il s'agisse du pape, de l'évêque ou de tout autre dignitaire. En cas de litige, rien n'habilitait les juges royaux à « prévenir ». Cependant, leur tendance à s'arroger le maximum de causes les conduisit à opérer une subtile distinction entre l'investiture et la possession. Ils tirèrent alors argument de leur compétence à « prévenir » les juges seigneuriaux laïques en matière d'action possessoire pour imposer la même règle chaque fois qu'il y avait litige à propos du possessoire dans le domaine bénéficial. Et comme toute possession d'un bénéfice devait s'appuyer sur un titre, le juge royal était presque toujours conduit à en examiner la validité, donc à se prononcer en définitive sur le pétitoire. Ici encore, la justification est fondée sur les menaces que peut faire peser sur l'ordre public tout trouble apporté au possessoire d'un bénéfice. Si ce risque est effectif, la justice royale se doit d'intervenir immédiatement dans la mesure où le roi assure la garde générale des églises, mission qui justifiait aussi que les officialités pussent être soumises à son contrôle.

b) Soumission à un contrôle

La compétence des juges d'Eglise n'est pas seulement limitée, elle est aussi étroitement surveillée et ses juges sont sanctionnés chaque fois qu'ils prennent des décisions qui s'inscrivent à l'encontre de l'ordre établi. Pour trouver fondement au contrôle qu'instaurent progressivement les juges royaux, les légistes considèrent que tout abus par l'Eglise de son pouvoir d'édicter, toute utilisation de sa compétence judiciaire qui ne respecterait pas les limites qui lui sont assignées ou tout excès de pouvoir commis à l'occasion d'un jugement doivent être sanctionnés. C'est donc bien la notion d'abus entendu dans son sens le plus large qui permet de soumettre les officialités au contrôle de la justice du roi. Abus de droit, abus de compétence, abus de jugement ouvrent en conséquence la voie de l'appel pour exercer ce contrôle

Qualifiée d'appel comme d'abus, cette procédure fut lente à prendre forme. Tout au long du XIVe siècle, le *privilegium fori* fait obstacle à la comparution devant la justice royale d'un clerc coupable d'abus. L'unique moyen de lui imposer une sanction est alors de prononcer la saisie de tout ou partie de son temporel, jusqu'à ce qu'il revienne sur sa décision et reconnaisse son erreur. Les juges royaux ayant tendance à abuser de ce moyen de pression, le pouvoir en réserva l'utilisation exclusive au Parlement et au Conseil du roi. Simple moyen de pression, il ne permettait nullement de modifier ou d'annuler la décision jugée abusive. Pour en arriver là et pour que la procédure d'appel comme d'abus fût définitivement formée, il fallut attendre la fin du XVe siècle. Ce n'est qu'au lendemain de la promulgation de la *Pragmatique Sanction de Bourges* (1438) – qui érige le principe de la dépendance au temporel de l'Eglise de France par rapport au roi – que ses légistes peuvent affirmer que toute décision allant à l'encontre de ce texte doit être réformée par la voie de l'appel comme d'abus. A partir de ce moment-là, ce type de recours connaît un développement d'autant plus rapide qu'il se fonde sur deux précédents bien connus. Le *transport de juridiction* qui n'était autre que l'empiétement sur la compétence d'un juge laïque d'une part et l'*abus de justice* d'autre part favorisent grandement le contrôle que mettent sur pied les juges royaux. Alors, la procédure d'appel comme d'abus est ouverte à tous. Elle permet à tous clercs, laïcs, simples particuliers ou procureurs de déférer devant le Parlement ou le conseil du roi, à l'exclusion de toute autre juridiction, tout acte qu'ils estiment être abusif et émanant d'une officialité ou d'une quelconque autorité ecclésiastique. En réalité, cet appel qui peut être fondé sur un empiétement de compétence, sur une atteinte portée aux droits du roi, une infraction à la discipline de l'Eglise gallicane ou encore sur toute décision jugée abusive, revêt double nature. Dans la mesure où il permet de casser aussi bien une décision à caractère administratif qu'un jugement, il est tout à la fois une voie d'annulation et une voie de cassation. L'acte cassé est alors renvoyé devant l'autorité ecclésiastique compétente pour quelle le réforme elle même.

Dans ces conditions, tant les actes des autorités ecclésiastiques que ceux de leurs tribunaux se trouvaient étroitement soumis au contrôle du Parlement et du Conseil du roi. Il n'y avait là que transposition des progrès de la souveraineté royale dans l'organisation judiciaire du royaume.

§ 2. – UN ÉDIFICE JUDICIAIRE FORTEMENT STRUCTURÉ

L'essor de la justice royale ne pouvait s'inscrire dans le devenir de l'Etat que s'il était sous-tendu par une efficace reconstruction des structures judiciaires. À peine amorcée avec Philippe Auguste, elle devient réalité tout au long du XIIIe siècle pour trouver son plein épanouissement au cours des deux siècles suivants. Il y avait là évolution indispensable tant en raison de l'irrésistible déclin des justices seigneuriales que de l'obligation faite aux officialités de limiter de plus en plus leur compétence aux affaires strictement spirituelles. Le développement de la procédure d'appel et l'incontestable supériorité technique de la justice royale par rapport à celle des innombrables justices seigneuriales contribuent à rendre inéluctable la mise en place d'un authentique système judiciaire d'Etat sous peine de rendre inopérante la réflexion en profondeur conduite par les légistes autour de la renaissance du pouvoir judiciaire royal.

Il fallait libérer la cour du roi de ses traditions féodales judiciaires pour y faire naître des structures nouvelles et y appeler de véritables techniciens du droit capables de rendre une justice fondée sur des méthodes nouvelles, une procédure plus savante et une jurisprudence plus sûre. Le Parlement, qui commence alors à prendre figure dans la décennie 1250, répond directement à cette nécessité. Conçu pour les besoins d'un pouvoir qui était loin encore de contrôler l'ensemble du royaume, il englobe progressivement dans son ressort un espace de plus en plus vaste qu'il parvient tant bien que mal à couvrir de sa souveraineté judiciaire jusqu'à l'aube des années 1420, période qui ouvre le temps des parlements de province qu'avait parfois précédés la tenue de Grands Jours (A). Mais pour que ce Parlement, puis ces parlements puissent efficacement travailler, il fallait que fût tissé sur l'ensemble du royaume un maillage judiciaire extrêmement serré. Il put fort heureusement voir rapidement le jour au sein de tribunaux subordonnés dont les juges ne furent autres que les agents royaux de l'administration territoriale (B).

A. PARLEMENT, GRANDS JOURS ET PARLEMENTS

C'est bien autour du Parlement fondateur, témoin et agent d'une souveraineté retrouvée que se structure tout le système judiciaire de la France du bas Moyen Age (1). Pivot de l'exercice de la justice du roi, il attire à lui tant de causes en première instance et en appel qu'il ne peut les traiter toutes. L'encombrement de son prétoire, la lenteur de la procédure et l'impérative nécessité de rapprocher la justice des justiciables le contraignirent rapidement à envoyer en province certains de ses membres pour y tenir des sessions spéciales. Qualifiées de Grands Jours, elles furent parfois à l'origine de la naissance de parlements provinciaux, tandis que d'autres furent créés de toutes pièces (2). Une fois intégrées à la pyramide judiciaire en construction, aucune de ces institutions ne put prétendre à une quelconque supériorité. Souveraines, elles exercent toutes les mêmes compétences (3).

1. – *Le Parlement*

Point n'est besoin de revenir sur la genèse de l'institution. Lente, elle couvre presque un siècle à partir des années 1250. C'est au cours de cette période, et tout particulièrement aux alentours des années 1300, que prend forme son organisation définitive dont il convient de préciser les grands axes. Après l'ordonnance fondatrice de 1278, celles de 1291, 1296 et 1303 en particulier, suivies de plusieurs autres, précisent l'organisation interne de l'institution et définissent le statut de ses membres. Dès les dernières décennies du XIIIe siècle, l'élément féodal – composé de prélats et barons – qui avait fait la force de la cour du roi décline irrémédiablement, tant en raison du peu d'intérêt qu'il porte aux questions juridiques que de la faiblesse de sa formation en ce domaine. Peu assidus, ils sont de moins en moins convoqués. Toujours membres de droit cependant, il n'est guère que les pairs de France dont la présence est encore réalité, tandis qu'elle tend à n'être plus qu'un souvenir pour bien d'autres dans le courant du XIVe siècle. Urgence s'imposait alors de doter le Parlement de tout un personnel nouveau, expert dans l'art de juger et capable de constituer un véritable corps de professionnels. Ce noyau de techniciens se constitue dans les premières décennies du XIVe siècle et donne au Parlement son vrai visage. Tandis que, jusque-là, le souverain nomme chaque année et avant chaque session ceux qui seront ses conseillers au Parlement, il prend dès lors l'habitude de les reconduire de session en session et d'ériger leur charge en office. Ainsi, de l'obligation pour le Parlement de siéger et de juger pratiquement en permanence naît la pérennité de la fonction de juge. Cette continuité du service, dont découle une certaine stabilité de ses agents dans l'exercice de leur fonction, trouve sa consécration dans l'ordonnance du 11 mars 1345 quand Philippe VI décide de nommer de nouveaux conseillers sans limitation de durée. Cette mesure fait véritablement du Parlement un corps définitivement constitué. Conseillers laïcs et conseillers clercs s'y partagent le travail selon une stricte hiérarchie au sein de quatre chambres parfaitement individualisées.

La **Grand-Chambre** en constitue l'élément central. Elle donne à l'institution tout à la fois sa raison d'être, sa force et ses méthodes de travail. Elle est à elle seule le Parlement, la *camera parlamenti* devant laquelle débutent tous les procès et qui rend tous les arrêts. Pour elle travaillent les autres chambres, même s'il lui arrive de connaître seule de certaines affaires civiles ou pénales que leur importance classe parmi les causes graves en raison de la qualité et du rang social des personnes concernées. La longue et laborieuse genèse de la Grand-Chambre, ainsi que les nécessités d'un service de justice toujours plus dévoreur de personnel, contribuent à expliquer que ses effectifs aient beaucoup varié. Placée à la fin du XIIIe siècle sous la responsabilité de deux présidents, un clerc et un laïc, ses presque quarante membres se répartissent à peu près également entre clercs et laïcs. Philippe le Bel puis ses trois fils tentèrent une politique drastique de réduction. Elle n'eut que des résultats éphémères puisque l'ordonnance de 1345 retrouva, pour l'essentiel, les effectifs du début du siècle, encadrés désormais par trois présidents. En dépit d'ordonnances répétées par la suite pour contenir l'inflation de la chambre en personnel, ses effectifs furent toujours supérieurs à la trentaine tout au long du XVe siècle.

Plus légère dans sa composition, la **Chambre des requêtes** trouve dans un premier temps son personnel parmi les maîtres des requêtes de l'hôtel. Ils y siègent par privilège et personne, sauf les présidents, n'a préséance sur eux. Siéger à la Chambre ne leur fait cependant jamais perdre leur qualité première. Ils demeurent membres de l'hôtel et toujours les premiers spécialistes des plaids de la porte. Progressivement, la Chambre se dote d'un personnel spécifique en la personne des maîtres des requêtes du palais dont six sont spécialistes des requêtes des pays de langue d'oïl et quatre des requêtes des pays de langue d'oc. Soumis par la suite à un statut unifié, ils ne sont plus que six en 1454. Croulant sous l'afflux des requêtes qui lui sont soumises, la Chambre doit les traiter au plus vite et juger de leur recevabilité avec renvoi devant une autre juridiction en cas de rejet, ou octroi d'une lettre de justice en cas de recevabilité afin de permettre au justiciable de faire citer la partie adverse à comparaître. Avec Charles V, la Chambre des requêtes est investie d'une compétence supplémentaire, celle de connaître des affaires civiles de toute personne jouissant du droit de *committimus*, c'est-à-dire de pouvoir choisir son juge et d'échapper ainsi à la juridiction dont elle aurait dû relever. Pareille exception était une des rares qui puisse soustraire à la Grand-Chambre son droit pratiquement exclusif de juger.

Elle pouvait l'exercer d'autant plus rapidement et facilement que la **Chambre des enquêtes** lui préparait toujours admirablement le travail. Aux premiers temps du Parlement, elle ne forme pas une institution autonome. Le roi procédait alors, avant chaque session, à la désignation de plusieurs maîtres qu'il chargeait des enquêtes nécessaires. Avec l'ordonnance de 1278 se profile l'organisation de la chambre. Des « auditeurs » sont chargés de se rendre sur les lieux et d'y diligenter les enquêtes demandées, tandis que des « regardeurs entendeurs » les dépouillent en vue de préparer les projets d'arrêts. Ainsi se profile la distinction entre rapporteurs et jugeurs que Philippe V ne fait qu'entériner en 1316 en décidant que la chambre compterait désormais huit rapporteurs et dix-sept jugeurs. Mais cette distinction ne fut pas durable. Philippe VI profita de porter à quarante l'effectif global de la chambre pour la supprimer par une ordonnance de 1345, à un moment où les compétences de l'institution étaient depuis déjà longtemps parfaitement fixées. Après avoir reçu mission du greffier de procéder à une enquête, les commissaires qui en sont chargés sont invités à rendre dans les meilleurs délais les résultats de leur travail. Sur ces bases, des maîtres rapporteurs instruisent l'affaire et rédigent des conclusions à partir desquelles ils préparent un projet de jugement traditionnellement qualifié de jugé. Transmis à la Grand-Chambre, il est susceptible d'être immédiatement transformé par elle en jugement, si elle l'estime satisfaisant. Dans le cas contraire, il lui sert de base de travail pour élaborer sa propre décision. Ainsi conçue, la mission dévolue à la Chambre des enquêtes en faisait la chambre de beaucoup la plus active du Parlement puisqu'elle était à la fois en charge des enquêtes, de l'instruction et d'une bonne partie de la préparation des décisions.

Moins autonome et dernière venue, la **Chambre criminelle** ou Tournelle ne prend véritablement vie qu'à la fin du XIVe siècle et ne s'émancipe pas de la Grand-Chambre avant le début du XVIe siècle. Pendant longtemps, la Grand-Chambre procède par délégation de certains de ses membres aussi souvent que se présentent des affaires criminelles. Ce n'est qu'avec l'ordonnance du 28 octobre 1446 que les choses changent. Cette délégation devient alors permanente et le nombre des maîtres qui la reçoivent se stabilise à douze aux environs des années 1450. Placés sous la responsabilité d'un maître, ils ne bénéficient d'aucune stabilité dans l'exercice de leur fonction. Bien au contraire. Les maîtres de la Grand-Chambre qui sont appelés à l'exercer le sont tour à tour, d'où peut-être l'origine de l'appellation Chambre de la Tournelle, si elle n'est liée au fait que le siège en était une petite tour dans l'île de la cité. À cette origine longtemps flottante et à cette appellation incertaine, répond une mission clairement définie de la Chambre criminelle. Exclusivement pénale, mais entendue dans son sens le plus large, elle l'autorise à enquêter, instruire et préparer en ce domaine des jugés destinés à être soumis à la Grand-Chambre. Telle est bien l'évolution que consacre l'ordonnance de 1515 donnant ainsi forme définitive au Parlement dont l'immense ressort ne suffisait cependant pas à couvrir l'ensemble du royaume. Nécessité s'était imposée d'y installer des juridictions équivalentes .

2. – ***Grands Jours et parlements provinciaux***

Pendant près d'un siècle et demi, le Parlement est à lui seul le symbole de la souveraineté judiciaire retrouvée, celui d'une justice rendue en dernier ressort, si on veut bien mettre à part le rôle spécifique du conseil du roi. L'incomparable succès de ce qui n'était encore, aux environs des années 1250, que la modeste *curia in parlamento* place très vite le futur Parlement en position de devoir connaître de multiples causes et lui impose de statuer sur les nombreux appels qui affluent de tous les bailliages du royaume. Pareille situation devient rapidement difficile à tenir, tant pour le Parlement dont le prétoire se trouve débordé que pour une multitude de justiciables dont l'éloignement géographique rend souvent impossible l'accès à la justice suprême du souverain. Nécessité se fit donc sentir de décharger le Parlement d'une partie de ses causes et de rapprocher, en même temps, la justice des justiciables. Temps et lieux dictèrent alors des solutions modulées et toujours parfaitement adaptées aux réalités locales. Tantôt le souverain députa sur place et de manière temporaire des membres de son Parlement pour y rendre une justice souveraine (1), tantôt il créa, à l'image du Parlement, des parlements locaux destinés à durer jusqu'à la fin de l'Ancien Régime (2).

1. – ***Commissions de justice et Grands Jours***

Plus le domaine royal tend à se confondre avec les limites du royaume, moins l'action du Parlement devient opératoire. Son ressort ne peut s'étendre de manière indéfinie sous peine de conduire ses juges à la paralysie et contraindre leurs justiciables à se tourner vers d'autres tribunaux. Ce double risque ne pouvait être évité qu'à condition d'équiper progressivement les différentes régions du royaume de juridictions habilitées à rendre la même justice que celle du Parlement. Dans un premier temps et tant dans un souci de rapidité que d'efficacité, le pouvoir ne cherche pas à installer des tribunaux durables, mais simplement à répondre aux besoins du moment. Dans ce dessein, il députe sur place des commissions temporaires composées de membres du Parlement auxquels il enjoint de remplir la même mission. La lourdeur du système impliquait, pour qu'il valût la peine d'être mis en place, que des affaires suffisamment nombreuses et importantes fussent à régler ou que des procédures, depuis longtemps pendantes devant des juridictions inférieures, fussent à trancher par la voie de l'appel ou de l'évocation.

De telles commissions, qualifiées de Grands Jours afin de marquer leur supériorité et les distinguer des sessions ordinaires des juridictions traditionnelles, fonctionnèrent parfois à leur début en prenant racine à partir de tribunaux princiers existants. Tel fut le cas des premiers d'entre eux, les Grands Jours de l'Echiquier de Normandie qui continuent à siéger, au moins deux fois par an, au lendemain du rattachement de la Normandie à la couronne en 1204, mais avec en leur sein des commissaires royaux. C'était maintenir aux Normands leurs privilèges après qu'ils aient fait connaître, avec quelque insistance, qu'ils ne souhaitaient « être point tirés hors de chez eux ». Les Grands Jours de Champagne s'inscrivent eux aussi dans le sillage de la cour des comtes de Champagne, au lendemain de la mort du comte Henri III en 1274. Des émissaires du Parlement y rendent alors une justice souveraine et de plus en plus régulière, entourés de représentants locaux des grands dignitaires laïques et ecclésiastiques. Devenus Grands Jours de Troyes, ils fonctionnent encore après 1360, date du rattachement définitif de la Champagne à la couronne, mais de plus en plus au sein même du Parlement, dans le cadre des sessions particulières à la Champagne.

Rares jusqu'au milieu du XVe siècle, ces commissions en forme de Grands Jours deviennent plus courantes à partir des années 1450. Elles prennent alors une orientation différente. Toujours davantage détachées de leurs origines princières ou seigneuriales, elles sont désormais exclusivement composées de commissaires royaux membres du Parlement. Le pouvoir les utilise alors davantage comme un moyen de contrôle, voire de répression, que dans le souci de maintenir dans leur tradition d'anciennes cours princières ou seigneuriales. Il s'agit avant tout de faire triompher partout la souveraineté judiciaire du roi dans un souci de police et de bon ordre. En témoigne la tenue de Grands Jours à Poitiers en 1454, puis à Thouars en 1455, après le retour du Parlement de Poitiers à Paris en 1436. Il y a là, de la part de Charles VII, manifestation évidente d'une volonté de reprise en main de tout un pays meurtri par les désordres de la guerre. La tenue de Grands Jours à Bordeaux dans le prolongement de la *Curia Superioritatis Aquitaniae* en 1456 et 1459 révèle les mêmes préoccupations, tout comme ceux qui siègent aussi à Montferrand en 1454, 1455 et 1481. En tous lieux et en tous temps où ils sont convoqués, ces Grands Jours présentent la caractéristique commune de n'être que des juridictions occasionnelles. Temporaires, ils n'allaient pas dans le sens de la règle de continuité que le pouvoir s'efforçait d'imprimer au grand service public de la justice qu'il mettait alors en place. Créer de nouveaux tribunaux permanents et souverains s'imposait.

2. – ***Parlements provinciaux***

Commissions judiciaires et Grands Jours ne portaient nullement atteinte à la souveraineté judiciaire du Parlement, souveraineté qu'il conserve sans partage jusqu'au début du XVe siècle. C'est bien cette volonté centralisatrice, liée à la prise de conscience du dommageable éclatement du système judiciaire né de la féodalité, qui explique la création tardive de parlements en province ou la transformation en véritables parlements de cours princières qui en assuraient déjà la fonction, sans en avoir ni le titre, ni la souveraineté. Il faut attendre les années 1420 pour enregistrer un changement d'attitude de la royauté qui débouche progressivement sur la création de parlements provinciaux. Le cas de Poitiers n'entre pas dans cette configuration. C'est pour faire pièce au Parlement tenu par les anglo-bourguignons que Charles VII est contraint d'installer, en 1418 à Poitiers, un autre parlement. Avec des effectifs fort réduits au départ, il débuta dans la difficulté et ne connut pas une activité intense. Au terme d'une dernière séance le 20 octobre 1436, il siégea à nouveau à Paris à partir du mois de décembre.

L'installation progressive d'un **parlement à Toulouse** répond à une démarche tout autre. Elle est à la fois le résultat d'une pression constante des populations et d'une volonté du pouvoir de ne point laisser le vaste Languedoc sans une haute juridiction à la mesure de son histoire, tout comme de ses traditions juridiques et judiciaires, tout en souhaitant pouvoir en contrôler l'évolution. C'est dans ce contexte que la royauté prit l'habitude d'envoyer des membres du Parlement ou du conseil en vue de tenir dans la région des assises qui, en raison de leur régularité toujours plus grande, finirent par se substituer à la cour du comte. C'est ainsi par exemple, qu'en janvier 1280, Philippe III députe *ad partes Tholosanas,* trois hommes de son conseil pour trancher sur place toutes les affaires *secundum jus et equitas*. Des commissions de ce genre jalonnent les décennies suivantes et le terme *parlamentum* qui est alors parfois utilisé pour les qualifier n'autorise pas à conclure qu'un véritable parlement fut à ce moment-là installé à Toulouse. L'attestent les revendications des populations du Midi qui demandent en 1304 à Philippe le Bel, avec quelque insistance, de *parlamentum perpetuum stabilire in civitate Tholosana*. Il fallut attendre plus d'un siècle pour que leurs revendications fussent satisfaites. C'est seulement en 1420 que sont transformées, en parlement de Toulouse, les assises devenues régulières qu'y tenaient les conseillers et parlementaires députés par la royauté. Appui pour la reconquête du territoire, ce parlement a comme ressort l'ensemble des territoires que contrôle par la suite le dauphin. Ce n'est qu'une fois cette reconquête en partie assurée et la paix provisoirement revenue que Charles VII peut confirmer de manière définitive la création d'un parlement à Toulouse dont l'organisation reprenait fidèlement celle du Parlement. Doté dans un premier temps d'une grand-chambre et d'une chambre des enquêtes, une chambre criminelle lui est adjointe à la fin du siècle.

La genèse de la **haute juridiction bordelaise** est toute différente. C'est au lendemain de la victoire de Castillon, en 1451, que Charles VII aussi soucieux de ménager les intérêts de la Guyenne que d'y assurer son pouvoir, installe à Bordeaux une cour souveraine qu'il supprime deux ans plus tard, en 1453, à titre de sanction à l'encontre de certains Bordelais révoltés. La cour est alors transformée en Grands Jours. Ils siégèrent plusieurs fois, en particulier en 1456 et 1459, pour connaître sur place de tous les appels. Ces hésitations n'en annonçaient pas moins la création d'un véritable parlement. Elle devint effective avec Louis XI. Par édit de juin 1452, le titre de parlement est acquis à la cour bordelaise. Son personnel devait avec un effectif modeste – un président, deux conseillers détachés du Parlement et quelques autres recrutés sur place – maîtriser un vaste ressort qui englobait non seulement le Bordelais, mais aussi les Landes, l'Agenais, le Périgord et la Saintonge. A la marge, bien des franges comme l'Angoumois, le Périgord et le Quercy restaient incertaines et devaient par la suite susciter de nombreux conflits de compétence entre les trois parlements parisien, toulousain et bordelais.

Des circonstances bien différentes président, au même moment, à la genèse du **parlement de Grenoble**. En 1453, le dauphin Louis II futur Louis XI, érige en parlement l'ancien conseil delphinal créé en 1340. C'est avant tout d'une appellation différente dont il s'agit puisque le conseil delphinal rendait déjà une justice souveraine qui n'était en rien soumise au Parlement. Charles VII approuve en 1456 cette décision, mais sans donner au nouveau parlement le personnel qui lui manquait. Situation durable puisque, sous le règne de Charles VIII, la haute juridiction ne comptait que dix conseillers regroupés en une seule chambre, avec un unique président.

La création du **parlement de Provence** s'inscrit dans un contexte bien particulier. Lors du rattachement du comté de Provence à la couronne en 1492, il y avait à Aix un grand conseil dont les attributions étaient à la fois judiciaires et politiques. Constatant qu'il était de moins en moins efficace et utile, Louis XII prend en 1501 la décision de ne lui maintenir que ses fonctions politiques et de transférer ses fonctions judiciaires à une cour appelée à devenir le parlement de Provence. Siégeant d'abord à Brignoles, il fut officiellement installé à Aix en octobre 1502.

Le **parlement de Bourgogne** ne voit réellement le jour qu'à la fin du XVe siècle, au terme d'une évolution difficile et seulement au lendemain du rattachement du duché à la couronne. La cour ducale, dont la compétence était large, ne put longtemps faire face à ses obligations. Peu avant 1300, le duc décida de confier à des commissaires enquêteurs le soin d'examiner les affaires qui lui étaient soumises. Il les autorisa même à statuer, sans appel possible. Progressivement, ces commissaires se constituèrent en auditoire qui se fixa à Beaune, à la fin du XIVe siècle, et prit le nom de cour des Appeaux dont la mission essentielle fut alors de connaître en appel des décisions des cours inférieures. En revanche, elle perdit une part de son autonomie et il fut désormais possible d'appeler de ses arrêts devant la cour ducale siégeant en « parlement », tantôt à Beaune, tantôt à Saint-Laurent-les-Châlon. Mais la cour ducale elle-même ne parvint pas à exercer une justice vraiment souveraine dans la mesure où ses justiciables eurent de plus en plus tendance à appeler de ses sentences devant le Parlement. En dépit de plusieurs mesures visant à interdire cette pratique d'en « appeler en France », les plaideurs ne cessèrent de saisir le Parlement si bien que Charles le Téméraire décida, par ordonnance du 12 novembre

1471, de placer les duché et comté de Bourgogne dans le ressort du Grand Conseil de Malines. À sa mort (1477), ses réformes n'ont guère porté leur fruit. Trop éloigné, le Conseil est peu fréquenté des Bourguignons qui, de surcroît, n'ont sur place qu'une justice ducale fort médiocre à laquelle ils préfèrent celle de la cour des Appeaux. Dans ces conditions, il revenait à Louis XI de créer le parlement des Bourgognes qui, pendant près de vingt ans, siégea sans grand succès tantôt à Beaune et tantôt à Dôle, puis à Dijon et Salins. Il fallut attendre que Charles VIII abandonne, en 1493, à Maximilien d'Autriche la Comté de Bourgogne pour que soient interrompues les sessions qui se tenaient à Dôle et que soit enfin créé un parlement de Bourgogne à Dijon, organisé par lettre du 9 août 1494.

La genèse du **parlement de Bretagne** est, en bien des points, comparable à celle du parlement de Bourgogne. Elle est encore plus tardive. Comme en bien d'autres provinces, une commission composée à la fois de membres du Parlement et de conseillers choisis par le duc y a pendant longtemps rendu la justice. Qualifiée de Grands Jours, elle fait alors en quelque sorte figure de parlement temporaire, surtout à partir des réformes du duc François II en 1485 qui soutient que « de tous temps les ducs de Bretagne ont eu droit d'avoir et de tenir cour de parlement souveraine en exercice ». La réalité était bien différente. Cette cour qui se voulait parlement n'avait qu'un personnel temporaire. Renouvelable chaque année, elle ne parvenait pas à lui assurer la continuité nécessaire, situation encore aggravée en raison de trop rares et trop brèves sessions. Ses décisions étant susceptibles d'appel devant le Parlement, elle n'est pas une juridiction souveraine. Elle l'est d'autant moins qu'elle doit compter avec la concurrence du conseil ducal. Très actif dans le secteur judiciaire, il est amené à juger de nombreuses affaires que revendiquent aussi les Grands Jours. Dans ces conditions, ils peinent à devenir un véritable parlement en dépit de nombreuses mesures successivement prises en ce sens. Un personnel stable est progressivement mis en place, des sessions annuelles sont organisées à dates fixes, tandis qu'est rappelée avec insistance leur supériorité face aux décisions du conseil ducal qui, elles aussi, doivent pouvoir être déférées au Parlement. Cet ensemble de dispositions ouvrait lentement la voie à la création d'un véritable parlement, même si Charles VIII maintient encore pour l'essentiel la forme de Grands Jours à cette cour bretonne qui siège désormais de manière régulière à Vannes et entre régulièrement en conflit avec le conseil. Alors que Louis XII soutient la juridiction des Grands Jours dans ses revendications à devenir un véritable parlement, la reine Anne ne fait pas mystère de ses faveurs pour le conseil. Voilà qui explique pourquoi il fallut attendre Henri II pour que le parlement de Bretagne voit définitivement le jour avec l'édit de Fontainebleau de 1553. Il devait désormais siéger alternativement à Nantes et à Rennes, avec ses trente-deux conseillers, dont seulement la moitié pouvait être choisie dans le duché et ses quatre présidents qui, obligatoirement, ne devaient pas être originaires du duché.

Le pouvoir y imprimait ainsi très fortement sa marque, comme pour tous les autres parlements provinciaux. Créés à l'image du Parlement, ils ont même structure, sans avoir tous quatre chambres, au moins dans leur organisation primitive. Ils sont aussi des instances souveraines, sauf possibilité d'évocation et de lettres de proposition d'erreur devant le conseil. Ils ne sont soumis à aucun contrôle hiérarchique du Parlement avec lequel ils partagent, chacun pour leur ressort, des compétences identiques.

3. – *Compétences*

Tous les parlements, quels qu'ils soient, furent appelés à exercer des attributions identiques calquées sur celles du Parlement qui leur servit de modèle. Des adaptations régionales s'imposèrent néanmoins dans la pratique, ou furent mises en place de manière unilatérale par chaque parlement dans le seul souci d'affirmer une certaine autonomie. Jusqu'aux environs des années 1420, à la veille de la création du parlement de Toulouse, le Parlement exerce à lui seul l'ensemble des compétences appelées à être par la suite réparties entre les différents parlements provinciaux. Les Grands Jours, qui siègent alors à plusieurs reprises et dans diverses régions du royaume, n'entament en rien la compétence du Parlement dans la mesure où ils n'en sont qu'une simple émanation par le biais de commissions. C'est dire que l'étude des compétences des parlements peut être conduite sans distinction particulière, en ayant simplement présent à l'esprit que la mise en place de chaque parlement provincial restreint d'autant le ressort du Parlement. Ces parlements provinciaux prennent le plus souvent naissance au coeur des anciennes principautés territoriales. Ils en épousent alors étroitement les limites et font, de leur territoire, leur ressort. Tel fut le cas, par exemple, des parlements de Bretagne, Bourgogne, Dauphiné ou Normandie. Dans toutes ces régions et en bien d'autres encore, la présence d'états régionaux actifs ne fait qu'accentuer la volonté de voir s'affirmer, au sein de chaque parlement nouvellement créé, une volonté de plus en plus affichée d'autonomie judiciaire avec pleine souveraineté, à l'instar de l'évolution qu'avait connue le Parlement. Tous les parlements sont avant tout des juges (a), mais des juges qui n'oublient jamais, en particulier ceux du Parlement, qu'étant à l'origine un simple démembrement de la *curia regis*, ils demeurent à ce titre en droit d'exercer de larges compétences aussi bien normatives (b) que politiques et administratives (c).

a) Des juges avant tout

C'est bien pour constituer une cour à compétence avant tout judiciaire qu'est né le Parlement. Telle fut la mission originelle de la *curia in parlamento*. Elle demeure dominante dans toute l'histoire du Parlement et de tous les parlements appelés chacun à rendre, au nom du roi, une justice en principe pleinement souveraine.

Aussi longtemps que le Parlement fut unique, il rendait une justice à vocation universelle dont la compétence s'étendait à l'ensemble du royaume et qui, en théorie au moins, l'autorisait à connaître de toutes les causes. Il n'y avait là que schéma de principe. En réalité, la presque totalité des affaires de première instance relève des tribunaux de bailliage et de sénéchaussée, des justices seigneuriales et justices municipales, des officialités aussi. Rapidement, le Parlement ne conserve en première instance qu'une sorte de compétence résiduelle limitée aux affaires les plus importantes. *Rationae personae*, entrent dans cette liste toutes celles qui concernent la personne du roi, les pairs de France, ses grands vassaux ainsi que ses officiers les plus proches. *Rationae materiae*, toutes les affaires importantes relatives au domaine, tout comme les questions de régale, relèvent aussi en première instance de la compétence du Parlement. Il en va de même lorsqu'il est appelé à connaître du contentieux qui lui était déféré par application du privilège de *committimus*. Ce privilège autorise ceux qui en bénéficient (officiers, pairs, conseillers, proches du roi et autres) à être dispensés de suivre la hiérarchie judiciaire ordinaire et à pouvoir saisir le juge que leur désigne le souverain en leur délivrant une lettre de *committimus*. Une fois créés, les parlements de province purent aussi exercer ces mêmes prérogatives.

Ainsi réduit le champ de compétence de première instance, Parlement et parlements ont comme fonction essentielle de juger en appel. À ce titre, ils sont appelés à statuer principalement sur les jugements rendus par les tribunaux de bailliage et de sénéchaussée. Il en va de même des décisions du Châtelet de Paris. Arrivent aussi en appel devant le Parlement ou les parlements toutes les décisions rendues par de hauts seigneurs justiciers qui refusent de se soumettre au contrôle de la justice des baillis et sénéchaux. Cette large compétence parlementaire en matière d'appel peut être remise en cause si le souverain décide de faire jouer, pour telle ou telle affaire, son droit d'évocation et de la juger ainsi devant son conseil.

Voilà qui ne manquait pas de remettre en cause la souveraineté judiciaire des parlements, même s'ils sont les représentants directs du roi et, en conséquence, ses délégataires dans l'exercice de la fonction de juger. Une autre hypothèse pouvait se présenter. Souverain justicier et en permanence grand débiteur de justice, le souverain devait pouvoir à tout moment contrôler la manière dont ses tribunaux s'acquittaient de leur mission et surtout pouvoir répondre aux demandes formulées par des justiciables mécontents de décisions rendues par ses parlements. S'ouvrait ainsi une possibilité de recours qui prit forme de requête directement adressée au roi, dans laquelle un justiciable qui contestait la décision d'un parlement s'efforçait de démontrer qu'une erreur grave avait été commise. Pour ce faire, il adressait au souverain une lettre dite de proposition d'erreur. Si la requête apparaissait fondée au terme de son examen, elle pouvait être cassée par arrêt du conseil qui ne se prononçait pas sur le fond mais renvoyait l'affaire devant le parlement qui l'avait déjà jugée. Ancêtre du pourvoi en cassation, mais rare tout au long des derniers siècles du Moyen Âge, cette procédure contribue davantage à faire peser sur les parlements un risque de contrôle permanent qu'elle ne place le souverain et son conseil en position de l'exercer. Autant dire que les parlements demeurent, pour l'essentiel, des juges souverains. Comme ils s'efforcent aussi de devenir d'authentiques législateurs.

b) Des législateurs aussi

Parlement et parlements ne se limitent pas à revendiquer de larges compétences judiciaires quand ils se posent en héritiers et continuateurs de la *curia regis*. Ils prétendent aussi pouvoir participer à l'exercice de la fonction normative. Et, pour mieux ancrer cette revendication, ils vont jusqu'à se trouver de lointains ancêtres parmi les anciens sénateurs romains en se qualifiant de « vray sénat du royaume », filiation qui les autoriserait tout à la fois à exercer un pouvoir édictal autonome et à se poser en véritables contrôleurs de la législation royale.

1) Ce **pouvoir édictal autonome** permet progressivement au Parlement et aux parlements d'intervenir dans le domaine de la création de la norme en édictant des arrêts de règlement. Mesures à valeur normative, ils sont destinés à réglementer des secteurs pour lesquels un vide juridique existe. Ils conservent valeur générale pour le ressort du parlement concerné aussi longtemps que qu'une mesure émanant du pouvoir central ne vient pas se substituer à eux et à condition qu'ils n'aillent pas à l'encontre de l'ordre juridique existant.

À l'origine, de telles décisions ne sont guère qu'un reflet de l'exercice de la fonction judiciaire. C'est le plus souvent à l'occasion d'un procès au cours duquel le juge constate un vide de la législation, de la coutume et de la pratique judiciaire que de telles mesures sont arrêtées. Face à ce vide juridique effectif, le juge se doit de trancher. Il le fait en équité, avec le seul souci d'exercer au mieux sa mission et de faire ainsi régner la paix et la concorde entre les justiciables. Si la solution retenue donne satisfaction, elle est rapidement reprise pour des cas semblables et acquiert ainsi statut d'arrêt de règlement.

Enhardis dans leur position, les parlements poussent à leur avantage la situation ainsi créée. Certains, et d'abord le Parlement, prennent l'initiative d'édicter des arrêts de règlement en dehors de toute situation contentieuse. Ils sont ainsi conduits à élaborer une législation autonome aussi souvent qu'ils constatent un vide juridique dans le cadre de leur ressort et quel que soit le domaine concerné, encore qu'il s'agisse le plus souvent d'affaires touchant à la police, à l'administration ou au fonctionnement de la justice. Il y aurait eu, à partir de ce moment-là, des risques évidents de conflit de compétence si le principe fondamental n'avait été maintenu qui faisait toujours de tout arrêt de règlement une décision supplétoire, à tous moments susceptible d'être rendue caduque par une mesure royale de caractère identique. De telles meures n'intervenaient pas toujours, le pouvoir admettant parfaitement qu'il ne pouvait maîtriser par sa législation tous les secteurs. Il abandonnait ainsi volontiers aux parlements des pans entiers de la « législation » à caractère purement local, quitte à la revoir et lui substituer sa propre « loi » en cas de nécessité. La position prise par Louis XI à propos des affaires du Midi atteste de ce pragmatisme quand, par lettres du 30 janvier 1467, il reconnaît au parlement de Toulouse capacité de « donner ordre et provision au fait du pays », ce que faisait depuis longtemps le Parlement pour l'ensemble du royaume. C'était reconnaître aux parlements un véritable droit de participation à l'élaboration de l'ordre juridique qui se mettait lentement en place.

2) Ils ne s'en tinrent pas là et tentèrent de renforcer encore leur position. C'est bien dans cette perspective qu'ils mettent tout en œuvre pour que leur soit progressivement reconnu **un droit de regard sur l'élaboration**

et même le contenu de la législation royale. Ils ne manquent pas d'arguments pour revendiquer une telle prérogative. Le tout premier, devenu habituel – leur rattachement originel à la *curia regis* – est particulièrement opératoire en la matière. Il en est un second tiré de l'obligation que leur fait le pouvoir de publier et transcrire, en leurs registres, les actes royaux afin d'en prendre connaissance, de les diffuser et d'en conserver la mémoire. Cette opération se voulait, au départ, simple enregistrement soumis à une unique vérification formelle et matérielle de l'acte après lecture devant la Grand-Chambre puis publication, comme en témoigne à souhait la formule *lecta et publicata,* qui accompagne toute ordonnance dûment enregistrée. Fort de cette prérogative, le Parlement a tendance à aller bien au-delà à partir des années 1350. À la simple procédure matérielle d'enregistrement, il prétend pouvoir ajouter un véritable droit de regard sur l'opportunité et le contenu des textes royaux qui lui sont transmis. C'est en se fondant sur une telle prétention qu'on le voit alors refuser d'enregistrer des ordonnances, motif pris qu'elles sont tantôt injustes et iniques, tantôt obtenues de manière subreptice et contre toute raison. Il s'arroge ainsi, dans un premier temps, un véritable droit de correction des textes soumis à enregistrement, droit dont il n'hésite pas à user et qu'il se plaît à rappeler au bas de certains textes qu'il a effectivement modifiés. Les ordonnances ne sont pas rares, dès la seconde moitié du XIVe siècle, qui portent la mention *visa, lecta et correcta per dominos parlamenti.*

D'un simple enregistrement, le Parlement puis les parlements en viennent véritablement à contrôler la législation royale aussi bien dans sa forme que dans son contenu qu'ils estiment devoir être conformes à l'ordre juridique en vigueur, qu'il soit d'origine normative, coutumière ou judiciaire. Une nouvelle étape est franchie quand, à la fin du XIVe siècle, le Parlement prend progressivement la liberté d'adresser au souverain des observations écrites. Qualifiées de remontrances, elles ne sont autres que des réserves qu'il estime devoir faire à propos de textes qu'il lui est demandé d'enregistrer. Le roi répond-il favorablement ? Alors, le Parlement enregistre. Refuse-t-il de prendre en compte ces observations ? Alors, le Parlement refuse d'obtempérer et le souverain ne parvient à le faire céder qu'en lui adressant une injonction écrite d'enregistrer. Ces ordres écrits qui semblent apparaître dans la dernière décennie du XIVe siècle, sont plus tard qualifiés de lettres de jussion. Ainsi, tout au long du XVe siècle, remontrances et lettres de jussion deviennent elles plus courantes pour donner structure à une procédure normative de plus en plus élaborée. C'est particulièrement vrai du règne de Louis XI dont les rapports avec le Parlement furent en permanence houleux. Cependant, par-delà cette collaboration parfois difficile entre le souverain et ses parlements dans l'élaboration de la norme, des points largement positifs se profilent. Mieux éclairé, le pouvoir pouvait ainsi éviter des erreurs et revenir parfois sur des décisions trop rapidement prises. L'ordonnance de juillet 1493 n'impose-t-elle pas au Parlement devoir de faire en sorte que le roi ne soit pas trompé dans les décisions qu'il peut être amené à prendre et l'avocat général J. le Maître ne s'efforce-t-il pas, en 1499, de persuader l'opinion que ce même Parlement doit être considéré comme « le vray sénat du royaume où les édits et ordonnances des roys prennent leur dernière forme et autorité », après y avoir été publiées et enregistrées ? C'était en même temps lui reconnaître capacité d'intervention dans de multiples domaines.

c) Des administrateurs enfin

Parlement et parlements se souviennent ici de la fonction de conseiller qu'exerçaient leurs lointains ancêtres de la *curia regis.* À ce titre, ils aspirent souvent à prendre une part active à la vie du royaume. Il arrive parfois qu'ils y soient conviés au plus haut niveau, en particulier chaque fois que viennent à être exercées des missions à caractère diplomatique. Il n'est pas rare, en effet, de voir des présidents ou conseillers investis des fonctions d'ambassadeurs ou être conviés à participer à la négociation de grands traités de paix. Cette évolution est particulièrement nette sous les règnes de Charles VII, Louis XI, Charles VIII et Louis XII, tout particulièrement pour les parlements de Paris et de Bordeaux. Pour ce qui est des affaires intérieures, il est courant que le souverain consulte des membres du Parlement, soit qu'il organise de larges réunions avec certains de ses conseillers au sein de la Grand-Chambre, soit qu'il invite les parlementaires les plus en vue à venir à venir donner leur avis au conseil, tout particulièrement lorsqu'il avait à traiter d'affaires administratives ou judiciaires. Ce type de concertation se trouve encore considérablement élargi à l'occasion des réunions des états de Tours en 1468 et 1484 auxquelles assiste une délégation de membres du Parlement. Gardiens vigilants des droits du roi et de la couronne, ils sont appelés à contrôler de près toutes les ordonnances qui touchent au domaine et tout particulièrement chaque fois qu'il s'agit d'aliénations. Dès que s'ouvre la phase officielle de rédaction des coutumes, le rôle politique de premier plan que jouent les membres les plus en vue des parlements se trouve considérablement renforcé en raison de la fonction de commissaire qui leur est souvent dévolue pour mener à bien ces opérations ou, à tout le moins, en surveiller le bon déroulement.

Limitée dans la sphère du politique, la compétence des parlementaires devient plus effective dans le domaine administratif et financier. Ils font ici jouer à plein leur participation à la création de la norme par le biais des arrêts de règlement pour intervenir en matière de police. Notion large qui recouvre aussi bien le maintien de l'ordre que la police économique ou le contrôle de la religion, de la morale et des mœurs, elle permet aux parlements d'étendre leur champ d'action à presque tous les secteurs de la vie des individus. De leur action omniprésente en ce domaine naissent de nombreux conflits, tant avec tous les représentants locaux du roi qu'avec les deux hommes forts qui rythment la vie de la capitale : le prévôt du Châtelet et le prévôt des marchands de Paris. Juges d'appel naturel des baillis et des sénéchaux, les parlements exercent sur eux un contrôle qui déborde largement le domaine du judiciaire. Ils en viennent souvent à apprécier leur gestion administrative et financière dans le cadre de leurs circonscriptions dont ils s'efforcent de fixer avec soin les limites. Ils contrôlent aussi étroitement leurs agents depuis leur entrée en fonction jusqu'à leur sortie de charge. Dans ces conditions, ils sont de plus en plus associés à la délivrance des lettres de provision d'offices avec mission de veiller à l'accomplissement, par leurs bénéficiaires, des formalités d'entrée en charge, en particulier la prestation de serment, mission dont est aussi investi le Parlement pour les titulaires des plus hautes fonctions, en particulier celles de chancelier et de conseiller.

Législateurs et administrateurs, Parlement et parlements provinciaux constituent avant tout, à la fin du Moyen Âge, de très solides points d'ancrage pour l'exercice d'une justice souveraine qui attire chaque jour davantage les justiciables insatisfaits des jugements rendus par les tribunaux qui leur sont subordonnés.

B. LES TRIBUNAUX SUBORDONNÉS

Au plus bas échelon de cette hiérarchie judiciaire, les tribunaux de prévôté qui ont connu leur heure de gloire à la période précédente subsistent (1) mais ils sont très fortement concurrencés par les tribunaux de bailliage et de sénéchaussée qui, tout à la fois, les contrôlent et leur enlèvent de nombreuses causes (3). Seul le tribunal de la prévôté de Paris, devenu tribunal du Châtelet, fait exception (3).

1. – *Les tribunaux de prévôté*

Comme à l'époque précédente et à l'instar de tous les agents royaux ou seigneuriaux, les prévôts concentrent toujours entre leurs mains, dans le cadre de leur circonscription, attributions politiques, judiciaires, militaires et financières. D'origine féodale le plus souvent, leur circonscription épouse la plupart du temps les limites des anciennes châtellenies au sein desquelles leurs pouvoirs étaient des plus larges en matière judiciaire. Désormais réduits en raison de la présence de plus en plus englobante des baillis et sénéchaux, ils n'en demeurent pas moins importants au sein de cette cellule administrative de base que constitue la prévôté, souvent qualifiée de châtellenie royale en raison de son origine. Ce rôle toujours actif des prévôts est souvent attesté par la présence, en bien des villes, de plusieurs de leurs tribunaux. Il arrivait même qu'il y eût parfois un prévôt principal – véritable titulaire de l'office – auquel étaient subordonnés des prévôts secondaires. Juge de première instance, le prévôt peut connaître de toutes les affaires dont baillis et sénéchaux ne lui enlèvent pas compétence, ce qui devient de plus en plus courant avec l'essor de la théorie des cas royaux. En raison de leur gravité et de l'atteinte directe qu'ils portent à la personne du roi ou à ses intérêts, ils relèvent en permanence de la compétence des tribunaux de bailliage et de sénéchaussée ou des parlements. Moyennant cette réserve, le prévôt a une compétence très large en première instance.

Juge royal de droit commun, toutes les **causes civiles** personnelles ou réelles relèvent de lui en première instance, à condition qu'elles soient circonscrites aux limites de son ressort. À cette règle générale, il convient cependant d'apporter une restriction importante. Il faut impérativement que ces causes ne concernent ni des personnes nobles, ni des biens nobles. Si tel est le cas, le prévôt perd toute compétence et c'est devant un tribunal de bailliage ou de sénéchaussée que doit être porté le contentieux. En principe donc, le prévôt ne peut connaître que des causes intéressant les personnes de qualité roturière, même si de vives controverses s'élèvent parfois à propos du sort qui doit être réservé aux anoblis, tout comme en cas de procès mixtes opposant deux plaideurs de statut différent ou dont l'objet concerne à la fois des biens nobles et non nobles. Il en est autrement pour les ecclésiastiques. Ils ne peuvent arguer de leur statut pour être directement jugés par les baillis et sénéchaux. À partir du moment où les affaires en cause ne relèvent pas des tribunaux d'église mais des tribunaux de droit commun, c'est la juridiction du prévôt qui est normalement compétente. Il en va de même pour le contentieux des églises et abbayes situées dans le ressort de chaque tribunal prévôtal, sauf si elles sont de fondation royale, ce qui leur vaut de relever directement de la compétence baillivale.

En **matière criminelle**, le prévôt a compétence pour connaître de tous les délits et crimes, depuis la plus petite affaire jusqu'au *major maleficium*, tels l'homicide, le vol, le rapt, la trahison ou l'incendie, a condition que de tels méfaits aient été commis dans les limites de son ressort ou que le coupable présumé y ait été arrêté. Cette compétence s'applique même aux agents royaux qui auraient commis un crime ou un délit, à condition que leur office soit subordonné à celui du prévôt. Une restriction doit cependant être apportée à cette large compétence pénale du prévôt. En raison de certains excès commis par lui ou ses agents, de nombreuses villes ou établissements ecclésiastiques avaient obtenu le privilège d'échapper à sa juridiction et de pouvoir juger eux-mêmes leurs hommes ou faire en sorte qu'ils puissent comparaître devant un autre tribunal royal, sauf en cas de flagrant délit.

Dans la pratique, les compétences reconnues au prévôt débordent largement celles d'un simple juge. Il est aussi officier de justice, ce qui lui impose des obligations supplémentaires. Il doit naturellement arrêter tout délinquant, veiller au bon déroulement du procès s'il ne l'a pas en charge, autoriser les duels en justice quand l'occasion se présente et en régler les conditions. Veiller à l'exécution des jugements, obliger ceux qui en refusent les conséquences à les mettre en oeuvre et exercer toute contrainte sur des débiteurs récalcitrants entre aussi dans ses obligations. En charge de faire respecter partout la sauvegarde royale, il a le devoir de veiller à ce que tous ceux qui en bénéficient puissent en jouir paisiblement. De même, il lui revient de porter un soin particulier aux biens et droits qui relèvent du domaine et de faire en sorte que les chemins publics soient maintenus en parfait état d'entretien et de sécurité, tout cela sous la garde vigilante des baillis.

2. – *Les tribunaux de bailliage et de sénéchaussée*

Ils sont véritablement la cheville ouvrière de la justice du roi dans les derniers siècles du Moyen Âge, trois siècles au cours desquels leur structure et leur mode de fonctionnement ont connu de grandes mutations (a) auxquelles leurs compétences ont dû progressivement s'adapter (b).

a) Structure et fonctionnement

Administrateur aux compétences multiples, le bailli doit progressivement les abandonner à des agents spéciaux à partir des dernières années du XIIIe siècle. Cette évolution est particulièrement nette dans le domaine judiciaire avec l'apparition des lieutenants de bailliage qui deviennent, dès la fin du XIVe siècle, des agents royaux à part entière sur lesquels le bailli finit par se reposer pour l'exercice de la justice. Cette structure se fait plus complexe encore au cours du siècle suivant. Dans de nombreux bailliages apparaît un lieutenant général. Souvent qualifié de juge-mage dans le Midi, il occupe le siège principal du ressort sur lequel il exerce l'ensemble des prérogatives judiciaires. Débordé à son tour, il s'adjoint des lieutenants particuliers auxquels il délègue compétence pour juger en son nom dans le cadre des circonscriptions qui leur sont confiées à l'intérieur du bailliage.

Cette évolution des structures de la justice bailliagère est intimement liée à son fonctionnement. Dans un premier temps, qui est principalement celui au cours duquel le bailli centralise et exerce l'essentiel des prérogatives judiciaires, les traditions féodales sont encore dominantes. Le bailli ou son lieutenant président une formation – l'assise – qui n'est ni permanente, ni sédentaire. Elle siège certains jours, souvent fixes, en divers lieux du bailliage et par roulement. La composition de cette assise, qui varie en fonction de la qualité des justiciables, est sans doute l'élément le plus révélateur du caractère féodal de cette justice. Tout défendeur de condition noble doit obligatoirement être jugé par ses pairs. Alors, conformément aux traditions féodales, le bailli ne fait que présider le tribunal, sans participer au jugement. Sa mission est avant tout d'entendre les opinions de chacun et d'en tirer les conclusions pour que se dégage le jugement voulu par les pairs. Si le défendeur était au contraire un roturier, le bailli composait lui-même son tribunal en y appelant des sages en droit dont la connaissance des pratiques et des coutumes du lieu en faisait des *probi homines* que personne ne pouvait suspecter. Le plus souvent praticiens ou officiers royaux, ils étaient ainsi appelés à juger sous la présidence du bailli qui, cette fois, se comportait en véritable juge. Cette présence de plus en plus régulière des *probi homines* dans l'assise ne fait que refléter la complexité croissante de la procédure. Et cette complexité dissuade les nobles, souvent peu experts en la matière, de participer aux assises auxquelles il sont convoqués. Dans ces conditions, ils ont souvent tendance à s'en remettre au jugement des *probi homines* dont l'assise prend alors forme de tribunal de droit commun. La généralisation des lieutenants de bailliage favorise cette évolution. Dans leur circonscription et autour d'eux, l'assise se fixe. Elle devient aussi permanente pour donner naissance à une véritable formation judiciaire institutionnalisée, le plaid. Ainsi s'organise, autour de chaque lieutenant particulier, un tribunal permanent et sédentaire composé de prud'hommes que leur président prend l'habitude de reconduire d'une session à l'autre pour en faire de véritables juges appelés à rendre la justice au nom du bailli. Désormais accessible à tous, elle voit sa compétence sans cesse s'élargir.

b) Compétences

L'affaiblissement progressif des justices seigneuriales, le contrôle toujours plus strict imposé aux officialités et la supériorité technique de la justice bailliagère, font que les justiciables se pressent sans cesse plus nombreux devant ses prétoires. Dans ces conditions, l'essentiel des causes dut être réservé aux prévôts, pour faire des tribunaux de bailliage des juridictions appelées à statuer principalement en appel.

C'est dire que leur compétence de première instance est relativement réduite, mais elle l'est à des causes de première importance. *Rationae materiae*, toutes les affaires féodales et seigneuriales (fiefs, retraits féodaux, droits seigneuriaux) relèvent d'eux. Il en va de même pour les cas royaux les plus graves (atteinte portée à la personne du roi, crimes commis à l'encontre de ses agents), les autres étant jugés par les prévôts. Les baillis sont aussi appelés à connaître de tout le contentieux concernant l'entérinement des lettres de justice, en particulier des lettres de grâce et de rémission. *Rationae personae*, leur compétence est exclusive en direction des nobles dont la volonté a été constante d'échapper à la justice du prévôt qu'ils considéraient comme un juge inférieur. Mieux encore, les plus puissants d'entre eux prétendent devoir n'être jugés que par le Parlement.

Juges d'appel, et c'est bien leur fonction cardinale, baillis et sénéchaux puis leurs lieutenants, ont à connaître de toutes les sentences qui leur sont déférées depuis les tribunaux de prévôté. Mais il a fallu attendre les réformes judiciaires de saint Louis, dont l'effet a d'ailleurs été lent, pour qu'il s'agisse d'un véritable appel. Tout au long de la première moitié du XIIIe siècle et longtemps encore après, c'est bien souvent une simple procédure pour déni de justice ou pour faux jugement qui est mise en marche. En principe, les jugements rendus par les justices seigneuriales doivent aussi être déférés devant le tribunal du bailli s'ils sont frappés d'appel. Cette règle, qui se voulait absolue, ne fut pas toujours respectée en pratique. Les seigneurs les plus élevés dans la hiérarchie refusaient souvent que les jugements qu'ils rendaient puissent être contestés devant le bailli. Ils encourageaient alors leurs justiciables mécontents à saisir directement le Parlement. Certains justiciables du prévôt suivaient aussi la même voie, si bien que le Parlement puis les parlements se trouvèrent encombrés de ces appels *omisso medio*, c'est-à-dire des appels dont les protagonistes avaient volontairement omis de saisir le degré intermédiaire que devait obligatoirement constituer le tribunal du bailli ou de ses lieutenants. Il n'est que dans la capitale où le problème se pose en termes différents.

3. – *Le tribunal du Châtelet*

La « prévôté et vicomté de Paris » avait échappé aux réformes de Philippe Auguste qui n'y avait pas installé de bailli, ni de bailliage. En réalité, le prévôt se trouva en quelque sorte promu au rang de bailli dans la mesure où il en reçut les attributions, sans en avoir le titre. Son pouvoir s'étendit alors tout à la fois sur la prévôté proprement dite – la ville et sa banlieue auxquelles s'ajoutaient quelques localités environnantes – et la vicomté composée des châtellenies et prévôtés autour de Paris que contrôlait le souverain et qu'il avait placées sous la responsabilité de prévôts subordonnés. Tel fut le territoire confié à l'administration du prévôt, tel aussi le ressort sur lequel s'exercèrent ses compétences judiciaires. Installé dans la forteresse du Châtelet, il y rendait une justice dont le nombre des justiciables qui s'y pressaient ne cessa d'accroître le champ d'action et les compétences. Pour apaiser une telle soif de contentieux, il fallut mettre en place un personnel à la hauteur, au moins en nombre. Dans un premier temps, le prévôt s'adjoignit deux auditeurs dont la mission originelle fut de recevoir les dépositions de témoins. Cependant, en raison de l'affluence des causes devant le prétoire, ils finirent par recevoir délégation du prévôt pour traiter eux-mêmes celles de moindre intérêt. Il fallut, en conséquence, augmenter le nombre des auditeurs qui, désormais chargés de conduire les enquêtes, passèrent de huit en 1321 à seize en 1388. En même temps, le tribunal se structure en deux auditoires. Le premier – dit d'en haut – qui siège sous la présidence du prévôt et le second – dit d'en bas – qui réunit les seuls auditeurs auquel le prévôt consent de fréquentes délégations. Il fait de même avec ses lieutenants. Les conseillers eux aussi, huit à partir de 1328 (quatre clercs et quatre laïcs) reçoivent de fréquentes délégations en raison du très grand nombre d'affaires à traiter.

Il en résultait, en bien des circonstances, un travail imparfait que les contemporains dénoncent parfois avec une certaine véhémence. Il est souvent mal organisé et, en dépit du contrôle que le Parlement s'efforce de faire peser sur l'institution, on ne compte pas les justiciables en attente désespérée de jugement. Cette situation s'explique parfaitement. Le prévôt jouant le rôle de bailli cumule les compétences qui relèvent de chacun de ces juges. Il est d'abord juge de première instance et connaît à ce titre de toutes les affaires civiles et pénales de son vaste ressort, sans oublier une liste de cas royaux toujours plus fournie qu'ailleurs en raison de la présence proche du souverain, des administrations centrales et de tous leurs agents. Il est ensuite et pour de nombreuses et importantes affaires, juge d'appel des jugements rendus aussi bien par les justices seigneuriales que par celles des prévôtés inférieures ou le prévôt des marchands. À cette longue liste, sont venues s'ajouter des compétences spécifiques. Les unes lui ont été attribuées expressément, telle la connaissance des affaires concernant l'Université de Paris. D'autres au contraire font partie de ses attributions naturelles, tel le contentieux lié à l'exécution des lettres passées sous son sceau et celui de ses notaires. Autant d'attributions diversifiées et multiples qui font, de ce prévot-bailli, un juge fort apprécié des justiciables parisiens et de tous ceux aussi que seulement un horizon proche sépare de la capitale. Juge d'une grande proximité, il est aussi un juge dont les décisions peuvent être directement déférées au Parlement par le biais de l'appel, sans avoir à saisir au préalable un quelconque autre juge.

Châtelet et Parlement, que viennent à partir de la décennie 1420 secourir les parlements, sont le parfait reflet de cette centralisation judiciaire voulue par le pouvoir. Les parlements contribuent à rapprocher la justice royale des justiciables. Ils ne la décentralisent nullement. Parfaite illustration d'une politique de déconcentration réussie, leur création progressive permet de rendre la justice souveraine de plus en plus en plus présente sur l'ensemble du royaume. Les justiciables en prennent toute la mesure et apprécient ses qualités. Plus proches de leurs juges, ils le sont en même temps de leurs administrateurs, ce qui leur permet en même temps d'entamer avec eux un dialogue plus confiant.

SECTION 5

DIALOGUER : DE LA PRATIQUE DU CONSEIL À LA CONCERTATION IMPOSÉE

La pratique du conseil dont le prince avait toujours l'initiative et à laquelle ses vassaux ne pouvaient échapper a profondément marqué les siècles féodaux. Maître du temps, du lieu et de la forme du dialogue qui lui est dû, le souverain en use comme il l'entend. Ceux qui sont alors convoqués se doivent de répondre. Dès le règne de Philippe Auguste et plus encore avec celui de Louis VIII, puis surtout celui de saint Louis, les conditions de ce dialogue connaissent une profonde mutation. À une féodalité qui ne cesse de décliner, succèdent des structures politiques et administratives nouvelles qui conditionnent des rapports nouveaux entre le prince et le pays. L'affaiblissement irréversible des liens personnels laisse libre cours à l'expression des forces vives qui, partout dans le royaume, échappent désormais à la rigidité des structures que leur avait imposée le système féodo-vassalique. Plus s'affirme et se construit l'État, plus il rencontre un pays qui s'organise pour faire entendre sa voix. De nouveaux acteurs politiques imposent leur présence et font désormais figure d'intermédiaires obligés. Libéré des contraintes féodales et des solidarités vassaliques, l'individu se trouve immédiatement intégré dans un réseau de relations nouvelles – famille, lignage, tissu villageois ou urbain, contraintes économiques et sociales – qui constituent autant de facteurs obligatoires d'intégration à un groupe exclusif de tout autre. Dans ce contexte de profonde mutation, l'État en construction trouve face à lui de nouvelles formes de solidarités. Autour d'elles se façonnent les trois ordres. Ils s'imposent désormais comme partenaires du pouvoir (§ 1) et se dotent d'une structure de dialogue dans le cadre des assemblées d'états (§ 2) dont l'action imprime à la vie politique des XIVe et XIVe siècles un tour nouveau.

§ 1. – LES TROIS ORDRES

La répartition de la société médiévale en trois ordres, léguée par la période féodale, ne devient que lentement réalité. Certains coutumiers du XIIIe siècle n'identifient pas toujours clairement des clercs qui prient *(oratores)*, des nobles qui combattent *(bellatores)* et des individus qui travaillent de leurs mains *(laboratores)*. À côté des clercs et des nobles, une distinction est souvent posée entre roturiers et serfs dont on fait volontiers, encore au XIIIe siècle, une catégorie spécifique. Néanmoins, dans la mesure où ce groupe ne vit que par ses maîtres et n'exerce aucun droit propre, il se trouve rapidement exclu du concert politique auquel sont appelés à participer les trois autres ordres. Clergé (A), noblesse (B) et troisième ordre (C) assument chacun une mission particulière, ce qui leur a valu d'être depuis longtemps dotés d'un statut propre. À chaque ordre ses droits et ses devoirs, mais à chacun aussi obligation de se couler dans un moule commun en vue de participer à l'oeuvre commune de construction de l'État dans le cadre d'un dialogue ordonné avec le souverain.

A. LE CLERGÉ

Depuis l'Eglise primitive, les clercs forment un ordre parfaitement identifié et distinct du reste de la société. Les temps médiévaux accentuent l'individualité de ces hommes d'église que distingue la tonsure, sans pour autant avoir nécessairement reçu les ordres sacrés. Voués à la prière, à l'enseignement et à l'écriture, les clercs – et tout spécialement ceux qui ont embrassé la carrière ecclésiastique en entrant dans les ordres – ont très tôt joui d'un statut particulier dont les a dotés le droit canonique. La société laïque, si fortement dominée par l'Eglise, n'a pu que le reconnaître et voir en eux un ordre privilégié, le premier de toute la société. Séculiers ou réguliers, tous ses membres sont intégrés dans une parfaite hiérarchie qui détermine leurs droits et fixe leurs privilèges. Le *privilegium canonis*, qui leur est officiellement reconnu depuis le Décret de Gratien, fait qu'ils sont les seuls à pouvoir jouir des bénéfices ecclésiastiques. Il leur apporte aussi une efficace protection de leur personne et de leurs biens. Injurier un clerc, commettre une violence contre lui ou porter atteinte à ses biens constitue un sacrilège, toujours passible d'excommunication.

Le *privilegium fori* les place dans une situation d'absolue indépendance par rapport à la juridiction laïque et les rattache de droit à la seule juridiction ecclésiastique. N'étant pas soumis à l'autorité temporelle, ils sont non seulement exempts de sa juridiction, mais aussi de sa fiscalité. En conséquence, ils jouissent d'une large immunité fiscale à laquelle il ne peut être porté atteinte que pour des impôts destinés à assurer la sécurité des villes ou la défense du royaume. C'est en général à l'occasion d'impôts levés pour financer les fortifications que les clercs sont parfois contraints à contribuer. Ce statut privilégié se trouve quelque peu tempéré par des interdictions et des incapacités relativement nombreuses. Alors que tous les clercs ne peuvent se livrer à des activités lucratives, tel le commerce, seuls les clercs majeurs sont frappés de l'incapacité de se marier, tandis que les religieux ne peuvent se constituer un patrimoine et participer aux actes de base de la vie civile, tels que le vote ou l'exercice de magistratures municipales. Il n'en reste pas moins que ce monde des clercs, qu'ils soient séculiers ou réguliers, possède un sens profond du politique en raison de son devoir de soumission absolue au pape, tout comme de la pratique qu'il a de la prise de décision dans le cadre des assemblées délibératives que sont les conciles, synodes et assemblées d'abbayes. Tel n'est pas le cas de la noblesse.

B. LA NOBLESSE

Comme les clercs, les nobles bénéficient aussi d'un statut particulier qui en fait un ordre privilégié, mais avec des différences notables. Beaucoup plus tardif, ce statut présente aussi des contours beaucoup moins bien définis. Il existe certes, au sortir de l'époque féodale, tout un arsenal de normes seulement applicables aux nobles, mais elles ne constituent pas un véritable corpus de droit nobiliaire, ce qu'elles ne deviendront jamais vraiment. Tout au plus peut-on parler d'un droit des nobles qui, en bien des points, s'écarte assez du droit commun pour placer les membres de l'ordre nobiliaire dans une situation spécifique. C'est particulièrement vrai pour tout ce qui touche à leur statut de droit privé, qu'il s'agisse du droit des personnes (état, mariage, famille, successions) ou du droit des biens (saisine, aliénation, transmission). Autant de règles individualisantes qui contribuent à établir comme un glacis juridique propre à isoler les milieux nobiliaires des catégories roturières. Ce statut en perpétuel devenir, même s'il n'atteint jamais un degré de plénitude, emporte pour ses bénéficiaires une longue série de privilèges. Judiciaires d'abord, ils en font des justiciables qui ne relèvent que de la justice de leurs pairs, rendue par la cour de leur seigneur, seule compétente pour connaître des fautes qui leur sont imputables. Fiscaux ensuite, ils leur permettent d'échapper à l'essentiel de la fiscalité royale et urbaine. Payant de leur personne par le métier des armes pour assurer la défense du pays, il est bien rare que leur soit opposable un quelconque impôt. Tailles, gabelles, aides et traites ne sont guère que fiscalité du troisième ordre. Y participer ne leur est demandé que dans des cas d'extrême nécessité. Autant d'avantages qui ne leur étaient acquis et maintenus que s'ils vivaient en permanence noblement, sans déroger à leur état, ce qui leur interdisait tout naturellement de se livrer à des activités manuelles ou mercantiles.

Forts de ces privilèges, tous les membres de l'ordre ont le sentiment profond d'appartenir à un groupe, en dépit d'un manque de cohésion évident. Grande et petite noblesse n'ont souvent de commun que ce lien de rattachement alors que modes vie, niveaux de fortune et place dans la hiérarchie sociale ne cessent de les différencier. De telles disparités de statut, liées aux difficultés économiques rencontrées tout au long de la guerre de Cent ans, aident à comprendre pourquoi l'ordre de la noblesse a lentement perdu de son influence et comment sa place dans l'État n'a cessé de décliner tout au long des XIVe et XVe siècles. Le pouvoir, qui avait tant su compter sur lui, ne s'en désintéresse pas pour autant. Il continue à chercher, dans l'ordre nobiliaire et dans les vertus qu'il incarne, appui à sa politique et recours en des temps difficiles où la construction pourtant ininterrompue de l'État vient parfois à vaciller. Alors que le contrat de fief n'apporte plus au souverain les secours qu'il avait su pendant longtemps en retirer, des contrats fondés sur des bases nouvelles voient le jour. C'est le système de la retenue qui, à l'instar de ce qui se pratique en Angleterre à partir des années 1300, permet de retenir à son service, par contrat, un certain nombre de combattants que le seigneur, en l'espèce le souverain, rémunère en dehors de tout hommage et de toute concession de fief. Si cet *indenture system* (système du contrat) ne connaît certes pas en France le succès qu'il rencontre alors outre-manche, il n'en devient pas moins une réalité. Et s'en rapprochent fortement les ordres de chevalerie dont le pouvoir ne cesse, au même moment, d'encourager la création. C'est ainsi que Jean le Bon fonde en 1351 l'Ordre de l'Étoile et plus tard Louis XI, en 1469, celui de saint Michel. Le but avoué de telles institutions n'était autre que de regrouper derrière le souverain, en marge de la hiérarchie féodale traditionnelle, l'élite de la chevalerie et d'en galvaniser les énergies face aux épreuves du temps. C'était en même temps pour lui un moyen de contrôler, sans les détruire, des solidarités quelque peu ébranlées qu'il convenait de raviver pour mieux les intégrer aux rouages de l'État naissant à l'occasion d'un dialogue qui se voulait toujours plus riche. Semblable esprit d'ouverture devait aussi contribuer à faire entrer le troisième ordre dans ce nouveau réseau de concertation.

C. LE TROISIÈME ORDRE

Tous ceux qui n'appartiennent ni au monde des clercs, ni à celui de la noblesse, constituent le troisième ordre, tardivement qualifié de tiers-état. Quand Beaumanoir évoque « li tiers état », il n'y voit que des serfs. Une image aussi réductrice ne saurait qualifier l'énorme masse des individus, tant des villes que des campagnes et quel que soit leur niveau de fortune, qui font partie de ce « tiers, commun et bas estat » dont il est à plusieurs reprises question dans des documents du règne de Louis XI (lettres de 1482 et 1484). Elles empruntent sans doute à des textes de la décennie 1420, pour la région de Namur, où le « tiers état » est très clairement désigné. Ce qui caractérise ce groupe, c'est avant tout son manque d'unité. Qu'y a-t-il en effet de commun entre le bourgeois d'une bonne ville qui participe à son gouvernement et le paysan d'une seigneurie soumis à la domination économique de son seigneur ? Différence de statut, disparité de fortune et diversité de cadre de vie font des membres du troisième ordre des individus qui n'ont souvent de commun que de se retrouver dans ce même ordre, alors que tout les sépare.

Ne pas partager les privilèges reconnus aux clercs et aux nobles leur est aussi commun, tout comme ils peuvent, en contrepartie, se livrer à toutes les activités manuelles, économiques et commerciales interdites aux deux ordres privilégiés. Ils sont ceux qui travaillent de leurs mains mais qui, en principe, ne peuvent ni accéder à la propriété noble – celle des fiefs – ni jouir des fonctions ecclésiastiques que sont les bénéfices. Maîtres incontestés de la terre roturière, ils peuvent y investir leur fortune, ce dont ne se privent pas les bourgeois les plus aisés qui font ainsi souvent régner sur les finages environnants une véritable domination.

Il y a là un facteur aggravant de tension entre le monde de la ville et celui de la campagne. Fortes de leur position économique, les villes et leurs bourgeois ont souvent eu tendance à parler au nom du plat pays et à confisquer à leur profit sa représentation politique déjà fort mise à mal en raison de la très forte emprise seigneuriale sur un monde paysan presque entièrement coupé de la vie politique. Voilà qui donne toute la mesure de l'écart de statut entre le paysan et le bourgeois, entre le manouvrier des campagnes et l'artisan des villes, entre le maître et ses apprentis, pourtant tous membres d'un même état. Bigarré à l'extrême, il n'en est pas moins dominé par le monde de la ville que contrôle le bourgeois. Naître bourgeois, le devenir par résidence d'an et jour ou par serment, impliquait toujours obligation de résider. C'était alors pouvoir bénéficier d'un statut particulier, partout porteur de beaux privilèges. Variables d'une ville à l'autre, ils font en permanence du bourgeois un habitant de la ville dont le statut est régi par des règles de droit privé souvent spécifiques, un justiciable parfois soumis à des normes procédurales particulières et un contribuable que l'administration fiscale s'attache toujours à ménager. De tels avantages ont leur contrepartie qui impose au bourgeois de prendre une part active à la gestion de sa cité et d'assurer en partie sa défense en apportant sa contribution au fonctionnement des milices bourgeoises. Autant de données qui font du monde de la ville et de ses bourgeois l'élément dynamique d'un troisième ordre qu'ils s'efforcent d'intégrer lentement à l'État pour ouvrir avec lui un nouveau dialogue dans le cadre des assemblées d'états où ils se placent en position de porte-parole de ce troisième ordre tout entier.

§ 2. – LES ASSEMBLÉES D'ÉTATS

Dès le règne de saint Louis, les rapports que le prince entretient avec le pays prennent un tour nouveau. Désormais débarrassé pour l'essentiel des intermédiaires que lui avait imposés la féodalité, le prince peut dialoguer plus directement avec ses sujets. Les barrières dressées par la médiatisation féodale n'ont certes pas entièrement disparu. Elles demeurent une réalité vivante dans les grands fiefs, mais s'estompent ailleurs pour laisser au souverain un espace de liberté au sein duquel il met progressivement en place des structures de concertation et de dialogue ouvertes aux trois ordres. Voilà bien la grande nouveauté qui voit le jour avec Philippe le Bel, dans les toutes premières années du XIVe siècle. Jusque-là, le prince s'appuyait bien sur le pays et prenait régulièrement son avis avant d'arrêter de grandes décisions. Mais il le faisait dans le cadre du conseil féodal que lui devaient ses vassaux ou en consultant séparément noblesse, clergé et bonnes villes. Désormais, les trois ordres sont appelés à travailler ensemble, à l'instar de ce qu'avait déjà imaginé saint Louis en instaurant dans les sénéchaussées de Nîmes et de Beaucaire des conseils de sénéchaussée où étaient régulièrement appelés des représentants des trois ordres. Cette expérience concluante eut sûrement valeur de modèle tant au niveau du royaume que de ses composantes régionales. Quand Philippe le Bel convoque à Paris, en 1302, des représentants des trois ordres de l'ensemble du royaume dont la réunion est traditionnellement considérée comme le premier acte des états généraux (A), il avait sûrement présent à l'esprit la pratique des conseils de sénéchaussée qui ont aussi, sans aucun doute, fortement influencé la genèse des états provinciaux (B).

A. LES ÉTATS GÉNÉRAUX

Devenue traditionnelle pour désigner l'assemblée des représentants des trois ordres du royaume convoqués par le souverain, cette expression ne fait pas partie du vocabulaire politique médiéval. Il lui préfère longtemps celles de *concilium*, de *parlamentum* ou de *congregatio generalis* avant que n'apparaisse, dans les dernières années du XIIIe siècle, celle de « trois états ». Elle ne tarde pas alors à s'enrichir comme en témoignent les sources du XIVe siècle qui évoquent l'« assemblée des trois états », ou « les trois états » pour désigner ces vastes assemblées que les souverains successifs convoquèrent tout au long des XIVe et XVe siècles, sans jamais les qualifier d'états généraux. Ils devinrent alors pourtant réalité au terme d'une longue genèse (1) qui façonna leurs structures (2) et permit que soient progressivement précisés leurs pouvoirs (3).

1. – *Genèse*

C'est dans les traditions féodales de consultation des vassaux, pour leur demander avis et conseil, qu'il faut rechercher l'origine des états généraux. Régulièrement convoqués et réunis dans le cadre de la cour du roi, prélats et barons remplissent cette fonction en leur qualité de vassaux jusqu'à la fin du XIIe siècle. En dépit de l'affaiblissement des liens féodaux, ils sont toujours aussi régulièrement convoqués par la suite, mais apparaissent alors de plus en plus comme les représentants de l'ordre auquel ils appartiennent, clergé ou noblesse. La justification juridique de leur présence change de fondement et rend de ce fait injustifiée l'absence de représentants du troisième ordre. C'est particulièrement vrai du monde des bourgeois et des villes que le souverain n'hésite plus à consulter à part en raison de leur rôle économique et politique toujours plus important. Le Midi donne l'exemple. Dès avant 1170, le comte de Forcalquier, Guillaume II, réunit dans une cour plénière des représentants de la noblesse, du clergé et des villes. Peut être fort de ce précédent, Philippe Auguste convoque en 1190 quelques bourgeois de Paris en leur demandant de rejoindre certains de ses proches fidèles pour leur apporter aide et conseil à la veille de son départ pour la croisade. Saint Louis sollicite de plus en plus régulièrement les représentants des villes et les associe parfois à l'élaboration de grands textes. Tel fut bien le cas de l'ordonnance monétaire de 1262 dont la rédaction est fortement influencée par les bourgeois de Paris, Provins, Sens, Orléans et Laon. De telles expériences ne cessent de se multiplier dans la seconde moitié du XIIIe siècle. Aussi souvent que des questions monétaires ou économiques sont à débattre, le souverain prend grand soin de s'entourer de l'avis et conseil des représentants des villes et, plus spécialement, des bonnes villes. Mais il ne les convoque pas encore avec les délégués de la noblesse et du clergé auxquels il réserve des sessions particulières. Ces réunions en ordre séparé interdisent donc de parler pour l'heure d'assemblées d'états. Et ceci d'autant moins que la notion même de représentation leur fait grandement défaut.

Pour que de véritables assemblées représentatives vissent le jour, il fallut avoir recours aux pratiques de l'Eglise et aux techniques du droit canonique. Dès la seconde moitié du XIIe siècle en effet, les canonistes remettent en usage l'antique règle romaine qui stipule que ce qui concerne tout le monde doit être approuvé par tout le monde *(Quod omnes tangit ab omnibus approbetur)*. Ils en font application aux nombreuses assemblées de l'Eglise dont le caractère représentatif ne cesse de s'accentuer. Tel fut vraisemblablement le cas dès le premier concile du Latran, en 1179, pour faire mieux accepter une taxation décidée sur les clercs. À partir du quatrième concile du Latran, l'application du principe triomphe et les gens d'Eglise y font dès lors régulièrement référence afin de n'être plus taxés sans avoir au préalable donné leur consentement. Dès la seconde moitié du XIIIe siècle, cette pratique séduit aussi les milieux politiques et devient d'application courante dans la vie des états. Les assemblées représentatives commencent à s'y développer dans les premières décennies du XIVe siècle, très influencées par l'activité des synodes et des conciles. Puis, sous l'influence des idées conciliaires et plus tard à l'occasion du concile de Constance (1414), les assemblées d'états empruntent beaucoup à la théorie canonique de la représentation et aux techniques délibératives que pratiquent les assemblées de l'Eglise.

Le recours au principe du consentement postulait obligatoirement que l'on mît en oeuvre celui de la représentation dans la mesure où tout le monde ne pouvait être physiquement présent aux assemblées. Il fallait en même temps dépasser le cadre traditionnel du système de la représentation utilisé dans le cadre féodal où la tête représentait le corps. Ainsi le seigneur parlait-il au nom de l'ensemble de ses hommes, l'évêque au nom son diocèse, l'abbé pour son abbaye et le père de famille pour le groupe familial. Il convenait désormais que ceux auxquels était confiée mission de représenter fussent choisis par ceux qu'ils étaient appelés à représenter et qu'ils soient investis par eux d'un mandat précis par le biais d'une procuration. Technique encore peu en vogue dans l'ordre politique à la fin du XIIIe siècle, elle commence seulement à s'imposer dans le domaine judiciaire avec le système des procureurs, alors que les assemblées de l'Eglise y ont depuis bien longtemps recours.

Le recours à l'élection fut lent. Il se doubla en outre d'une forte méfiance des commettants qui, pendant longtemps, ne consentirent à donner à leurs représentants qu'un mandat limité d'« ouïr et de rapporter », ce qui les contraignait à revenir devant eux pour obtenir de nouveaux pouvoirs aussi souvent qu'une décision importante était à prendre. Seul l'octroi de procurations avec plein pouvoir pouvait lever cet obstacle. Ici encore, l'évolution fut progressive et inspirée des solutions de l'Eglise dont les assemblées eurent bien plus tôt recours aux procurations avec *plena potestas*. La société politique n'adopta pas cette pratique – et encore de manière fort timide –, avant la fin du XIIIe siècle. C'était pourtant le seul moyen d'organiser de véritables assemblées représentatives au sein desquelles pourraient valablement siéger les trois ordres. L'année 1302 marque un tournant capital. Cette année-là – et très vraisemblablement pour la première fois, – une assemblée convoquée à Paris par Philippe le Bel réunit des représentants de la noblesse, du clergé et du troisième ordre. Le souverain, qui recherchait alors l'appui de l'opinion dans le conflit qui l'opposait à Boniface VIII, espère le trouver dans cette assemblée, même si elle ne renvoie qu'une image très imparfaite de la société politique tout entière, en raison d'une présence du troisième ordre, limitée à quelques villes principales du royaume. Une manière de dialogue peut néanmoins s'instaurer désormais entre le prince et le pays, ce qui a conduit nombre d'historiens à considérer l'année 1302 comme la date de naissance des états généraux. D'autres réunions vinrent rapidement donner toute son ampleur à ce nouveau type de relations entre le prince et le pays. Dès 1308 une nouvelle assemblée, convoquée à Poitiers puis à Tours à propos de l'affaire des Templiers, permet d'élargir la représentation du troisième ordre aux villes et villages. Il en va de même en 1314 quand Philippe le Bel fait à nouveau appel au pays pour lui demander aide à l'occasion de la guerre de Flandre.

Son règne marque un véritable point de départ dans la mise en oeuvre de moyens nouveaux pour dialoguer avec le pays. Incontestablement, les états généraux prennent forme en cette première décennie du XIVe siècle. Près de deux siècles cependant leur seront encore nécessaires pour devenir de véritables assemblées représentatives et s'intégrer durablement au système constitutionnel monarchique.

2. – *Structures*

Elles évoluent en permanence tout au long des XIVe et XVe siècles. Tant en raison de la nouveauté de l'institution et de l'absence de précédent que des circonstances politiques souvent difficiles, de véritables états généraux – assemblées réunissant les représentants des trois ordres régulièrement convoqués pour l'ensemble de la nation – ne siégèrent qu'assez rarement. S'agissant du premier critère, celui des personnes appelées à comparaître, il ne fut pas toujours observé. Bien souvent, le pouvoir se limita à ne consulter que les plus marquants des représentants des trois ordres, voire à ne convoquer que ceux des deux ordres privilégiés. Ainsi, nombre de réunions prirent-elles souvent allure de simples assemblées de notables, en particulier au cours du XIVe siècle. Elles ne furent alors guère davantage que des sortes de sessions élargies du conseil que le roi aimait à consulter sur des questions délicates comme celles de 1316 et de 1328 à propos des problèmes de succession à la couronne qui se posaient alors. Elles présentaient l'avantage de pouvoir être très rapidement convoquées, sans formalités particulières et sans avoir à procéder à des élections. Quant au second critère, géographique cette fois, il est encore davantage mis à mal. Rares en effet furent les assemblées qui réunirent, en même temps et en un même lieu, les représentants des trois ordres. Le plus souvent, les circonstances de guerre ou les désordres politiques contraignirent le pouvoir à convoquer en ordre séparé d'un côté les députés des pays de langue d'oc pour les régions du Midi et, de l'autre, les députés de langue d'oïl pour les pays du Nord. Autant dire que les procédures d'élection et de représentation, tout comme la composition de ces réunions varie à l'infini.

Les effets du système féodal de représentation pesèrent longtemps de tout leur poids, réduisant ainsi les premières assemblées à un cercle étroit qui dépassait à peine les vassaux et leurs familiers. Convoqués individuellement par semonce, ils sont toujours tenus de répondre en raison du devoir d'aide et de conseil dû au souverain. Il en fut ainsi encore en 1302 pour les prélats et barons qu'un serment de fidélité unissait au roi. Quant aux quelques représentants des villes invités à comparaître, ils le sont le plus souvent parce que leurs cités sont des bonnes villes qui vivent depuis longtemps dans l'intimité du prince et ont reçu de lui des privilèges. Voilà qui contribuait à écarter de ces assemblées la masse des roturiers, qu'ils soient des villes ou des campagnes. Dans la meilleure hypothèse, les intérêts des « hommes de poesté » d'une seigneurie se trouvaient pris en charge par leur seigneur. Il pouvait certes parler en leur nom, mais sans être pour cela investi du moindre mandat.

De ce système résultait que le troisième ordre n'était pratiquement pas représenté, situation qui ne cessait de s'aggraver au fur et à mesure que déclinait la féodalité. Les vassaux répondaient de moins en moins aux semonces qui leur étaient adressées et de moins en moins aussi ils prenaient la défense des intérêts de leurs hommes de poesté. La situation commence à évoluer quand, à l'occasion de la réunion qu'il provoque en 1308, Philippe le Bel décide de ne plus s'adresser seulement aux bonnes villes mais de convoquer aussi les représentants des *loca insignia*, villes et bourgs insignes non plus en raison des liens privilégiés qu'ils pouvaient entretenir avec le pouvoir, mais à cause de leur importance et parce que leurs habitants devaient de plus en plus être associés aux grandes décisions par l'entremise de leurs représentants. Dans un premier temps, ils furent essentiellement leurs magistrats, parfaitement habilités à les représenter tant en raison de leurs fonctions que des modalités selon lesquelles ils avaient été choisis. Au même moment, et en liaison avec l'affaiblissement des liens féodaux, les vassaux de moins en moins présents au sein de ces assemblées, ont tendance à donner pouvoir à des mandataires qu'ils désignent pour les représenter et agir en leur nom. Ce faisant, ils remettent à l'honneur la vieille technique du mandat romain. Tant barons que prélats agissent de la sorte et ont de plus en plus en plus recours à des procureurs auxquels ils délèguent leurs pouvoirs, souvent en se regroupant. À cette évolution, chacun trouva son compte. Les mandants n'eurent plus à se déplacer et à engager des dépenses souvent lourdes pour assister à des assemblées pour lesquelles il n'avaient souvent qu'une estime limitée, tandis que le roi eut face à lui des interlocuteurs à la fois mieux formés et plus attentifs.

À partir du moment où le système de la représentation fonctionne de manière satisfaisante, les vassaux du roi ne sont plus convoqués en cette qualité. Ils le sont simplement parce qu'ils sont désignés par le souverain ou mieux par les membres de leur ordre qu'ils sont désormais habilités à représenter, parce qu'ils ont reçu d'eux mandat pour le faire. Il en va de même pour l'ordre du clergé et pour les villes qui conservent des liens privilégiés avec la monarchie. Avec un tel système, les autres se trouvaient plus ou moins exclues, tout comme les roturiers des campagnes que leurs seigneurs avaient tendance à délaisser de plus en plus. C'était donc l'essentiel du troisième ordre qui ne jouissait d'aucune représentation.

Cette situation perdure tout au long du XIVe siècle. Il faut attendre l'année 1468 pour enregistrer un changement notable. Cette année-là, Louis XI réunit les états à Tours dont il espère un soutien dans la lutte qu'il conduit contre Charles le Téméraire. Afin d'élargir le cercle de la concertation et de rallier à sa cause le plus grand nombre, il met sur pied une procédure nouvelle de désignation des députés. Comme à l'accoutumée, vassaux laïques et ecclésiastiques toujours convoqués individuellement, comparaissent en personne ou confient à des procureurs le soin de les représenter. Les villes sont au contraire invitées à désigner des notables au sein de leurs trois ordres, notables chargés de les représenter parce qu'ils reçoivent de leurs mandants délégation pour le faire. Même si ces notables furent désignés de manière diverse et si nombre d'ente eux furent des magistrats en fonction, la chose importe peu. Il convient de saluer là un effort louable pour que l'ensemble de la population soit représenté, même si cette représentation demeure encore incomplète.

Des progrès considérables sont encore réalisés en ce sens à l'occasion des états une fois encore réunis à Tours en 1484, que la régente Anne de Beaujeu avait convoqués dans le courant de l'année 1484. Elle le fit sans envoyer de convocations individuelles aux membres de la noblesse et du clergé, motif pris que les problèmes à traiter concernaient « tout le peuple du royaume ». Dans ces conditions, tous les ordres devaient pouvoir s'exprimer de la même manière et personne ne devait être exclu. C'est dans ce but que sont organisées, dans le cadre de chaque bailliage, des élections afin que chaque ordre puisse désigner un député chargé de le représenter. Nobles, grands dignitaires ecclésiastiques et clercs sont invités à voter comme ils l'entendent pour désigner leurs députés. Les membres du troisième ordre, qu'ils soient des villes ou des campagnes doivent se rendre au chef-lieu du bailliage pour choisir, par voie de scrutin, leurs représentants. Assez peu répondirent individuellement à cette invitation, mais assez nombreuses furent les villes et communautés qui envoyèrent, qui leurs consuls, qui leurs échevins, qui leurs syndics pour procéder en leur nom à cette désignation. Même si les résultats ne furent pas parfaits, la technique de la représentation n'en marquait pas moins un spectaculaire progrès qui imprimait à l'assemblée une composition nouvelle. Y siégeaient enfin des représentants du troisième ordre, élus par leurs mandants et munis de procurations. La rupture était sans retour avec le système de la représentation féodale, même si les nouveaux députés avaient encore du mal à se persuader qu'ils constituaient une assemblée unique dans laquelle ils devaient se fondre. L'atteste leur volonté de ne point se regrouper par ordre, mais par « nation » comme si l'appartenance régionale devait toujours l'emporter.

Des temps nouveaux cependant s'annoncent que le chancelier appelle de ses vœux quand, dans son discours inaugural, à l'occasion de l'ouverture de la session le 15 janvier 1484, il se flatte de la voir « rassembler auprès du roi l'élite de la nation ». C'était sans doute beaucoup dire puisque seulement environ 250 députés du troisième ordre étaient présents autour du roi, des prélats, des princes du sang, des nobles et des clercs. C'était tout de même mieux que l'assemblée de 1468 qui n'en avait réuni que 192, alors qu'il y avait tant de questions à régler.

3. – *Pouvoirs*

Nés d'une pratique séculaire, les états trouvent lentement place dans le concert politique du royaume sans qu'aucun texte ne vienne définir leurs pouvoirs. Ils se sont progressivement fixés en s'adaptant en permanence à la conjoncture politique, à la personnalité des rois et à la volonté plus ou moins affichée du pays de s'exprimer. Le pouvoir se trouve-t-il en phase ascendante, alors il les convoque volontiers pour écouter leur avis à l'occasion d'une concertation maîtrisée. Traverse-t-il une phase difficile, alors les états lui imposent de les convoquer pour qu'ils puissent faire entendre leur voix. Construites d'aller et retour permanents, les compétences des états généraux n'en gravitent pas moins autour de trois pôles essentiels : aider, conseiller et participer à l'exercice de la fonction normative.

Aide. Elle trouve son fondement dans l'aide aux quatre cas des temps féodaux et plus particulièrement celle qui est prévue pour la croisade ou le financement de la rançon à réunir en vue d'obtenir la libération du seigneur fait prisonnier. Les états étant au départ essentiellement composés de vassaux, le pouvoir joue sur ce contexte féodal d'aide militaire permanente en vue d'obtenir d'eux des secours financiers répétés dans un monde où la guerre est une réalité presque quotidienne. Manière de conseil élargi, ce groupe de vassaux qui est en train de devenir les états entend constamment le souverain et son chancelier plaider « la nécessité du royaume », l'« urgente nécessité » aussi, propres à justifier une demande d'aide. En termes clairs, la levée d'un impôt. Pour cela, il fallut pendant longtemps obtenir autorisation expresse des états qui n'acceptèrent pas sans réticence que l'on glissât progressivement d'une aide féodale, due dans le cadre du devoir d'aide, à un impôt souvent beaucoup plus lourd et que la monarchie aurait voulu, dès le départ, permanent. Voilà pourquoi il fut toujours âprement discuté. Le règne de Philippe le Bel marque en ce domaine un important tournant, déjà amorcé bien avant lui. Voici qu'en 1309, les villes du Quercy et du Rouergue et du Périgord acceptent de députer des émissaires auprès du roi pour traiter avec lui de l'aide à lui consentir à l'occasion du mariage de sa fille Isabelle avec Edouard III roi d'Angleterre. Puis voilà l'année 1314 marquée par les préparatifs de la guerre de Flandre. Contraint par la nécessité, Philippe le Bel réunit une assemblée principalement composée de représentants des bonnes villes qu'il persuade de l'autoriser à lever une aide pour financer les opérations militaires à venir.

Les fils de Philippe le Bel, puis Philippe VI et surtout Jean le Bon poursuivent cette politique de concertation en vue d'obtenir de nouveaux subsides, au moins jusqu'en 1356, au moment où le souverain est fait prisonnier par les Anglais et amené à Londres. Durant toute cette première moitié du XIVe siècle, les réunions des états généraux se multiplient. Souvent réduites à ceux des pays de langue d'oc ou de langue d'oïl, ils engagent toujours de rudes négociations autour de l'octroi du subside. Les exemples abondent. Les états de Pontoise refusent en 1320 d'accorder un subside, motif pris qu'ils ne sont pas munis de pouvoirs suffisants et qu'ils doivent en conséquence consulter leurs mandants. Au cours des années qui suivent, que ce soit à Orléans en 1329, ou à Paris en 1329, 1333 et 1344, le pouvoir éprouve toujours les mêmes difficultés à obtenir satisfaction face à des états qui se crispent en raison de ses exigences. Puis vient l'impasse quand en 1346, tant à Paris qu'à Toulouse, états de langue d'oïl et états de Languedoc font savoir au souverain qu'ils ne sauraient répondre à ses demandes avant d'avoir consulté leurs commettants. Toutes ces tensions montrent à souhait que, pour les députés aux états généraux, aucun impôt ne saurait être levé par le souverain qu'après consentement exprès qui ne pouvait être donné qu'en cas d'extrême nécessité et par des députés munis de pouvoirs suffisants.

Bien souvent, ils prirent argument de cette absence de délégation suffisante de la part de leurs mandants pour refuser leur accord. Telle fut, en bien des situations, leur attitude tout au long de la décennie 1347-1358 et plus particulièrement de 1355 à 1358, période au cours de laquelle ils siègent presque en permanence. Munis de vrais pouvoirs, ils engagent alors avec le souverain des négociations souvent tendues et acceptent de voter le subside quand il est justifié. L'année 1357 marque un temps de victoire en ce domaine pour le pouvoir, tandis qu'à partir de 1350 Jean le Bon inaugure une vague de concertation séparée avec les états des pays de langue d'oc d'une part et ceux de langue d'oïl d'autre part. Elle ne donne que des résultats médiocres sur le plan fiscal, même si les états de langue d'oïl prennent en 1355 l'engagement d'entretenir pendant une année un corps de 30 000 hommes et s'ils autorisent le souverain, à plusieurs reprises par la suite, tout comme ceux de Languedoc, à lever différentes taxes indirectes sous forme d'aide. Par la suite, tant Charles V que CharlesVI ou Charles VII eurent souvent recours aux états généraux pour leur demander autorisation de lever la taille, souvent qualifiée de fouage, en vue de financer des opérations militaires. Tel fut le cas en particulier entre 1421 et 1431. Dans la mesure où ils acceptèrent de manière assez régulière, leur assentiment finit par créer une sorte de précédent qui émoussa considérablement leur rôle en matière financière et fiscale. Le pouvoir sut en profiter et eut de plus en plus en plus tendance à lever l'impôt sans demander leur accord exprès. Souvent renouvelé de manière tacite d'année en année, l'impôt prit lentement allure de taxation permanente . L'année 1439 marque à cet égard le terme de l'évolution. Alors qu'au même moment l'armée a tendance à devenir permanente et le devient effectivement à partir de 1445 avec la création des compagnies d'ordonnance, il était nécessaire de lui trouver un financement permanent. La taille royale s'offrait pour assumer cette fonction, ce que consacre l'ordonnance du 2 novembre 1439. En disposant que les seigneurs ne pourraient plus désormais lever de taille sur leurs sujets sans autorisation du souverain, c'était ouvrir la voie à leur taxation automatique et de plein droit par un pouvoir en quête de ressources régulières pour financer son armée et construire l'Etat, domaine pour lequel une aide financière n'était pas suffisante. Il y fallait aussi échange et dialogue.

Conseil. Héritée des traditions féodales, cette fonction demeure une attribution essentielle des états. À la fin du XVe siècle encore, à l'occasion de leur réunion en 1484, le chancelier se plaît à rappeler que « former au roi un conseil » et l'aider à réaliser le désir qu'il a de « maintenir le royaume en paix, d'y établir la police, d'y faire fleurir la justice et le commerce » sont autant de raisons de les avoir convoqués. Il y avait là une donnée permanente depuis que le souverain convoquait ses vassaux en conseil pour leur demander avis. On se souvient comment saint Louis avait élargi le cadre de cette concertation, au moins pour les provinces du Midi, en installant des conseils dans les sénéchaussées de Nîmes et de Beaucaire et, surtout, en y appelant des représentants des trois ordres. Invités à se prononcer sur les problèmes du pays, en particulier sur les questions touchant à la politique économique et financière, ces conseils furent assez souvent réunis dans la seconde moitié du XIIIe siècle. Et le souverain se plaît alors à rappeler qu'il le sont *ad prestandum ... bonum et maturum consilium* et que pas une décision n'est arrêtée sans *bono et maturo consilio prelatorum et baronum*. Il y avait là un point de départ très porteur que Philippe le Bel étend à l'ensemble du royaume quand, à l'occasion de l'assemblée de 1302, il convoque des représentants des trois ordres du pays en avouant qu'il le fait « au sujet de plusieurs affaires concernant ... nous, notre état, notre liberté, celle du royaume ... et de chacun des habitants ». C'était assez pour que tous se rangent derrière lui, contre Boniface VIII. A partir de ce moment-là, les états généraux devinrent pour le prince des XIVe et XVe siècles un point d'ancrage important de sa politique, qu'il ait recours à eux de son plein gré ou qu'en période de tension dans ses relations avec le pays, ils lui imposent de les consulter et de tenir le plus grand compte de leurs avis. Habitude fut prise de les exprimer par le biais de doléances, qu'elles fussent spontanées ou suscitées par le pouvoir. Leur rôle ne cesse de s'amplifier pour devenir le mode normal d'expression des états. Parfaits reflets de la notion de conseil et rédigées directement dans un premier temps au sein des assemblées par les vassaux eux-mêmes, elles le sont ensuite, au fur et à mesure que se développe le système de la représentation, à partir des cahiers qu'apportent les députés de chaque bailliage. Chaque ordre est alors appelé à discuter ses propres cahiers et à les fondre en un seul en vue de le présenter au roi qui reçoit ainsi trois cahiers porteurs de doléances et de propositions qui touchent aux domaines les plus variés, avec trois dominantes cependant : problèmes intérieurs, participation à l'exercice du pouvoir normatif et diplomatie.

Contrairement à ce qu'il aurait pu être, le rôle des états demeure assez limité pour tout ce qui touche aux problèmes intérieurs. Il apparaît cependant essentiel dans le domaine monétaire. La pression constante des états contribua à faire prendre conscience au prince que, contrairement à l'attitude qu'il avait pu avoir tout au long de l'époque féodale, il n'avait plus la libre disposition de la monnaie et qu'il ne pouvait plus la muer et en tirer profit comme il le voulait. Avis et conseil doivent désormais être pris chaque fois qu'il souhaite en changer la valeur. Déjà, en 1262, saint Louis associe à l'élaboration de sa grande ordonnance monétaire des représentants de plusieurs bonnes et grandes villes, ce que fait aussi Philippe le Bel en 1306, puis en 1308 et 1313. Les ordonnances édictées alors portent témoignage de la « requête et instance de moult de prélaz et barons ». Ce type de concertation à visée strictement monétaire ne cesse de s'amplifier tout au long de la première moitié du XIVe siècle. Le but que s'assignent les états est alors parfaitement clair. Il s'agit de faire en sorte que le prince s'engage à ne pas muer la monnaie sans avoir au préalable obtenu leur consentement. Contraint par la situation politique désastreuse dans laquelle il se trouve en 1355, Jean le Bon ne peut faire autrement que d'en passer par la volonté des états. Si les enjeux monétaires constituent le point central des préoccupations des états en matière de politique intérieure, d'autres aussi ne manquent pas de les mobiliser. Convoqués en 1468 par Louis XI, ils s'efforcent avec lui de mettre un terme aux troubles engendrés par la Ligue du bien public. Et Anne de Beaujeu s'appuie sur eux à l'occasion de la grande session de 1484 tenue à Tours pour organiser au mieux la régence et trouver la meilleure solution aux problèmes posés par la minorité de Charles VIII. Déterminés à jouer un rôle de premier plan, ils ne parvinrent guère cependant à se faire entendre.

Voilà sans doute pourquoi ils revendiquent en permanence une participation effective à la prise de décision, surtout quand elle engage l'avenir du royaume. Leurs tentatives de participation à l'exercice du pouvoir sont multiples. Les résultats en sont modestes. Ces tentatives sont de deux types. Régulièrement, les doléances des états sont prises en compte par la législation royale qui, sans les reprendre dans leur intégralité, s'en inspire parfois largement. Plus rarement, la pression des états est à l'origine de grands textes dont les ordonnances de réformation sont l'illustration la plus complète. Tel est bien le cas, par exemple, de celle de 1303 promulguée par Philippe le Bel *pro reformatione regni nostri*. Texte célèbre, à la fois rédigé en latin et en français, maintes fois confirmé par la suite et qualifié par la chancellerie de *magna statuta*, il est le reflet des mouvements de contestation qui devaient émailler les premières décennies du XIVe siècle pour la défense des libertés provinciales et faire plier les exigences fiscales de la monarchie. Marqué comme tout texte de réformation par la volonté de retrouver un passé idéalisé, il ne remet nullement en cause l'architecture des institutions existantes, mais dispose sur la situation des agents et les devoirs qui doivent être les leurs. Comme si le pouvoir ne pouvait se tromper, mais seulement ses agents. Néanmoins, prise dans cette spirale réformatrice et les difficultés de tous ordres aidant tout au long de la première moitié du XIVe siècle, la monarchie se trouve rapidement et de nouveau affrontée à la combativité des états. Les rudes défaites de Crécy (1346) et de Poitiers (1356) ne font qu'accentuer la pression. À la contestation de la noblesse et du clergé, se joint désormais celle des villes et de leurs bourgeois. Cette pression conjuguée des trois états atteint son paroxysme dans les années 1356-1357. Ils imposent alors au dauphin Charles la grande ordonnance de réforme du 3 mars 1357 par laquelle ils le contraignent à épurer le conseil et le Parlement. Même si leur victoire fut éphémère et si le régent réussit à reprendre la situation en main, ce texte n'en témoigne pas moins de la vitalité des états et de leur capacité à intervenir dans le domaine d'édiction de la norme. Ils ne perdirent point de vue cette perspective comme en témoignent, une nouvelle fois, les événements de 1413. Après bien des tergiversations de la part des émeutiers et des hésitations du pouvoir, les états finissent par obtenir la rédaction de l'ordonnance cabochienne (Simon le Coutelier, dit Caboche avait pris la tête des émeutiers). Proclamée en lit de justice les 26 et 27 mai 1413, elle est annulée presque aussitôt, dès le 5 septembre. Ses 258 articles, souvent rédigés à partir des doléances des états et d'interventions au cours de leurs réunions, reprenaient aussi en bien des points des dispositions antérieures avec un souci affiché de revenir aux anciens usages, sans imaginer vraiment une réforme en profondeur de l'administration.

Ce bilan en demi-teinte de l'action des états dans le domaine de la norme, souvent conduite de manière quelque peu tapageuse, ne doit pas masquer la collaboration plus discrète et souvent plus efficace qu'ils conduisent avec le roi en matière de diplomatie. Point n'est besoin de rappeler ici l'utilisation fort habile que sut faire Philippe le Bel, en 1302, de la collaboration des états pour l'aider à résoudre les difficultés qui l'opposaient à Boniface VIII, ou encore en 1308 face aux problèmes qu'il rencontrait avec les Templiers. Plus probant encore en ce domaine est le précieux secours que trouva dans les états, en 1359, le futur Charles V. Alors qu'il n'était encore que lieutenant général du royaume, il réussit à les persuader de refuser les clauses du désastreux traité de Londres que Jean le Bon captif venait de signer. Estimant alors d'une seule voix que le traité n'était « ni passible, ni faisable », ils concluent qu'il était indispensable de « faire bonne guerre aux Anglais ». Devenu roi, il leur demande en 1369 si le traité de Brétigny de 1360 ne doit pas être rejeté, tant ses clauses sont désastreuses pour la France. Charles VII agit de la même manière quand il engage des pourparlers de paix avec les Anglais en 1439. Il en soumet le contenu aux états qu'il réunit alors à Orléans en demandant à chaque député d'agir dans le souci du bien commun et de « dire en sa conscience son bon et vrai avis ». À question aussi franche, les états répondirent tout aussi nettement en refusant toute transaction et en demandant la poursuite des hostilités. En bien des cas, ils furent ainsi associés aux négociations précédant les traités et, par la suite, invités à les ratifier.

En dépit de ces compétences qui sont réelles et parfois importantes, les états généraux ne devinrent jamais un réel instrument de régulation et de contrôle de l'action royale. Réunis sans périodicité et en général selon le bon vouloir de la monarchie, sans que la durée de leur session fût déterminée et l'ordre du jour suffisamment précisé à l'avance, ils font perpétuellement figure d'institution dépendante. Simples assemblées consultatives et privées d'un véritable pouvoir de décision, ils ne pouvaient s'imposer comme un véritable contre-pouvoir capable de peser valablement et de manière durable sur les décisions de la monarchie, ce que ne réussirent pas davantage les états provinciaux.

B. LES ÉTATS PROVINCIAUX

Toujours difficiles à réunir, les états généraux ne pouvaient se poser en interlocuteurs permanents d'une monarchie qui ne le souhaitait guère tant leurs sessions étaient lourdes à organiser et tant, aussi, leurs avis et décisions risquaient de la placer dans une position souvent délicate. À la pression constante des états généraux et à l'obligation de négocier régulièrement avec eux l'octroi du subside, le pouvoir préféra des discussions séparées et plus apaisées avec des interlocuteurs plus nombreux et souvent plus souples. Il y a sûrement là une raison majeure à l'important essor que connaissent les états provinciaux tout au long des XIVe et XVe siècles. Combinée au dynamisme des pays qui composent le royaume et à leur volonté de se doter d'organes de représentation autonome, elle contribue à expliquer l'extraordinaire vitalité de ces assemblées dans la France des derniers siècles du Moyen Age. Comme les états généraux, elles sont des réunions des représentants des trois ordres régulièrement désignés et convoqués pour voter l'impôt, mais aussi délibérer sur les problèmes du pays. Elles connurent cependant une genèse souvent différente et fort variée (1) tandis qu'elles rappellent fortement les états généraux pour tout ce qui touche à leur composition (2) et leurs pouvoirs (3).

1. – ***Genèse***

Ici encore, l'ancrage féodal est puissant, tant les états provinciaux trouvent le plus souvent leur origine dans les cours féodales des grands princes. Comme le faisait le souverain, ils y convoquaient régulièrement leurs grands vassaux laïques et ecclésiastiques pour traiter avec eux, dans le cadre de leur cour, des problèmes de leur principauté ou de leur seigneurie. Au fur et à mesure que se construit l'Etat et que lui sont intégrées principautés et seigneuries, ces cours évoluent de manière différente. Tantôt leurs membres s'intègrent à la cour du roi dans laquelle vient se fondre la cour princière ou seigneuriale, tantôt ils subsistent et constituent sur place le noyau autour duquel se construit, avec l'adjonction de représentants du troisième ordre, l'assemblée des états de la province. Cette évolution, caractéristique du XIIIe siècle et des premières décennies du siècle suivant en raison de la forte poussée de la représentation des bourgeoisies urbaines, est fortement favorisée par le pouvoir toujours en quête de nouveaux moyens financiers souvent plus faciles à obtenir de ces jeunes assemblées provinciales que des états généraux. Elles prirent forme à des époques diverses et en fonction de modalités variées, le plus souvent liées au statut de la région considérée et à sa date de rattachement à la couronne de France.

Pour celles qui l'étaient depuis longtemps, les anciennes institutions féodales avaient le plus souvent perdu de leur vigueur. Témoin d'un passé révolu, elles n'étaient plus en mesure de constituer, avec le conseil, ce pôle autour duquel devait s'organiser un nouveau type de concertation Dans toutes ces hypothèses, l'assemblée des états provinciaux qui prend alors naissance ne procède pas des structures féodales existantes. Ainsi en Languedoc où, dès les années 1250, se réunissent spontanément des assemblées de nobles, de clercs et de représentants des villes dont saint Louis encourage le développement pour les transformer en conseils de sénéchaussée. Ils deviennent, après leurs réunions successives tout au long de la seconde moitié du XIVe siècle, les vrais états des pays de langue d'oc. Leur acte de naissance semble vraiment signé quand Philippe V convoque à Toulouse, en 1345, prélats, barons, communes et bonnes villes de sept sénéchaussées du Midi. À partir de cette date, ils ont de plus en plus leur histoire autonome. Ils tiennent session dans des *consilia generalia* qui leur sont propres et regroupent toujours les représentants de plusieurs sénéchaussées. L'année 1356 est sûrement celle de leur consécration définitive, autorisés qu'ils sont, à partir de cette date, à se réunir « sans nouvelle licence » aux lieux et dates qui leur conviennent.

Le cas de la Normandie est assez semblable. Dès le lendemain de sa réunion à la couronne (1204), les baillis prennent l'habitude de convoquer régulièrement des représentants de la noblesse, du clergé et du troisième ordre. Ils constituent ainsi autour d'eux de véritables conseils. Stimulés par les mouvements de contestation de 1315 qui débouchent en Normandie, comme en bien d'autres régions, sur l'octroi d'une charte (Charte aux Normands concédée par Louis X), les membres de ces conseils ne cessent de faire pression sur le pouvoir pour qu'il les convoque toujours plus souvent et tous ensemble. Leur appel fut entendu et régulièrement suivi de convocations d'assemblées dont la composition, la périodicité et le secteur géographique qu'elles représentaient obéirent dans un premier temps à des règles très souples. Elles n'en marquent pas moins la naissance des états de Normandie.

La genèse de l'institution est différente pour les principautés tardivement rattachées à la couronne. En général, de véritables états provinciaux y fonctionnaient déjà autour du prince territorial. Institutions représentatives parfaitement rodées, elle ne pouvaient qu'être intégrées par le souverain à l'ensemble des mécanismes institutionnels du royaume.

L'exemple de la Bretagne est particulièrement significatif. Dès le milieu du XIVe siècle, des assemblées composées de représentants des trois ordres se réunissent autour du duc pour lui apporter aide et conseil dans le gouvernement du duché. Cette pratique s'institutionnalise à la fin du siècle. Des assemblées sont alors régulièrement convoquées et qualifiées, à partir de 1408, d'assemblée d'états. Le duc les consulte sur toutes les questions importantes. Le vote de l'impôt bien sûr, mais aussi bien d'autres problèmes tels que le règlement de la succession ducale en 1455 pour laquelle il déclare vouloir « savoir et ouïr sur ce, le vouloir et opinion des seigneurs..., barons et autres de nos états ». Au moment du rattachement définitif de la Bretagne à la France, l'assemblée de ses états constitue un rouage si essentiel de ses institutions qu'elle ne pouvait pas ne pas être maintenue telle que les ducs l'avaient pensée.

Plus anciens, les états de Flandre offrent aussi un très bon exemple d'états provinciaux parfaitement constitués au moment du rattachement. Au lendemain de la mort du comte, en 1128, aux chevaliers qui se rebellent et se présentent comme les seuls interlocuteurs, se joignent des représentants des villes. Ceux des plus riches – Gand, Bruges, Lille et Douai en particulier – prennent la tête du mouvement et forment, au XIIIe siècle, le Conseil des bonnes villes de Flandre. Régulièrement réuni et principalement contrôlé au siècle suivant par les échevins de Gand, Bruges et Ypres, il pèse si lourdement sur la politique du pays qu'il suscite l'opposition des petites villes. Le comte profite alors de cette situation pour organiser une assemblée plus large destinée à favoriser une meilleure représentation du troisième ordre. C'est autour de cette assemblée, le Commun pays de Flandre, puis de ses réunions régulières que naissent les états de Flandre, partie intégrante de l'Etat bourguignon depuis 1384. Comme ceux des autres pays, leur fonctionnement régulier dépendait d'une organisation performante.

2. – *Organisation*

Elle se précise lentement et ce n'est guère avant les années 1350 que les états provinciaux se dotent de véritables structures. Les besoins financiers de la monarchie ne cessent alors de s'accentuer en liaison avec la généralisation des opérations militaires, ce qui contraint le pouvoir à demander des aides accrues au pays. Dans ces conditions, les structures de dialogue se multiplient pour négocier, ce qui fait des états provinciaux un espace privilégié pour ce genre de discussion. C'est alors que le besoin se fit sentir d'en préciser la composition, de fixer le rythme aussi bien que la durée des sessions et définir leurs modalités de travail.

Conditionnés par le contexte dans lequel ils sont nés, les états provinciaux demeurent souvent tributaires des traditions féodales. Le système de la représentation y tient peu de place et les membres qui sont appelés à y siéger le sont le plus souvent *intuitu personae*. L'élection ne joue qu'un rôle mineur. C'est dire que la composition de ces assemblées n'est qu'un très pâle reflet de la structure politique et sociale du pays. Le monde des seigneurs et celui de leurs hommes, grands dignitaires ecclésiastiques, échevins et consuls arrimés à leur fonction en constituent l'élément essentiel. Dans ces conditions, archaïsme et stabilité dominent largement l'institution. Si les trois ordres sont bien effectivement représentés, nulle règle ne détermine les modalités de cette représentation qu'une certaine routine tend à pérenniser, ce qui n'exclut pas la diversité. C'est particulièrement vrai pour la noblesse. En certaines provinces, seuls certains nobles peuvent siéger, ce qui implique une vérification obligatoire de leur titre. Ailleurs, comme en Dauphiné ou en Bretagne, tous ceux qui possèdent un fief sont habilités à siéger de plein droit. Le clergé est en général plus favorisé dans la mesure où le droit de siéger est en principe ouvert à tous les prélats et abbés, parfois même aux prieurs et doyens de tous les chapitres. Tel est le cas en Bourgogne. Pour les membres du troisième ordre, le tableau varie presque à l'infini. On constate cependant que, dans l'ensemble, le plat pays n'est que très rarement et surtout très imparfaitement représenté. Le Languedoc cependant paraît faire exception où de simples communautés d'habitants sont admises à envoyer des députés. Partout ailleurs, le phénomène constaté pour les états généraux ne fait que s'amplifier. Seigneurs et villes confisquent à leur profit la représentation du plat pays et la monopolisent. Aux députés des villes revient en fait l'essentiel de cette représentation, ce qui contribue à renforcer le poids des édiles choisis pour députer à l'assemblée. Et comme ils sont le plus souvent l'émanation d'une aristocratie d'argent, de culture ou de métier, c'est dire que le contenu du mandat qui leur est confié est parfaitement orienté. La plupart du temps, il reflète fort mal les aspirations de la campagne environnante. Cette absence de règle générale dans les modalités de désignation des députés aux états avait pour conséquence de donner aux différentes assemblées des orientations très diverses. Voici l'assemblée languedocienne, souvent pleine de sagesse en raison de la pondération de ses évêques et de sa bourgeoisie urbaine, accrochée à ses privilèges et ses richesses accumulées dans le négoce et la marchandise, les offices aussi. Bourgeoisie dont le poids se trouve considérablement renforcé suite au doublement du tiers auquel Louis XI semble bien avoir consenti à la fin de son règne. Et voilà l'assemblée bretonne toujours agitée et prête à se rebeller pour la défense de ses libertés auxquelles sa noblesse se montre si attachée.

Cette absence de règle générale autour de la représentation et de la composition des assemblées n'empêche pas la monarchie de veiller de près à l'organisation des sessions et à leur bon déroulement. En règle générale, les états provinciaux ne peuvent siéger sans que le roi leur en ait préalablement donné l'autorisation. En principe maître du lieu et de la date de la session, il veille aussi à ce que s'instaure une certaine périodicité. Elle ne fut jamais très régulière. Au mieux une fois par an pour les états de Languedoc, une fois tous les deux ans pour ceux de Bretagne et une fois tous les trois ans pour ceux de Bourgogne, sans que la moindre garantie soit apportée à ce calendrier toujours bien incertain. Pour une bonne tenue des travaux et plus encore pour en connaître parfaitement le contenu, des commissaires royaux sont députés sur place pendant toute la durée de la session. Dès son ouverture qui débute par une séance solennelle, ils ont mission de présenter aux députés les demandes royales dont l'essentiel tourne toujours autour du subside. Invités ensuite à se retirer pour que l'assemblée puisse délibérer en toute liberté, ils n'en conduisent pas moins de multiples tractations en marge des séances avec des émissaires des trois ordres, si bien que nombre de décisions importantes prennent forme en dehors même de l'assemblée avant d'être ratifiées par elle. La ratification ou le refus de toute décision devait, dans un premier temps, être obtenu à l'unanimité des trois ordres avant qu'on en vînt au vote par tête et de manière séparée, à la majorité, à l'intérieur de chaque ordre. Du vote obtenu par chacun des ordres et de sa combinaison avec celui des deux autres, dépendait alors la décision finale. L'abandon de la règle de l'unanimité s'explique en raison de sa lourdeur, mais aussi sous l'influence de l'évolution des modalités de vote adoptées dans l'Eglise. Avec la décision du quatrième concile du Latran (1215) qui fait, de la règle de la majorité simple, le principe du droit électoral de l'Eglise, les assemblées d'états souvent poussées par les prélats qui y siègent, ont tendance à prendre une plus grande liberté par rapport aux règles anciennement appliquées. Une fois l'accord final conclu, il est inséré article par article, dans un texte officiel rédigé par une commission mixte composée de représentants des états et de commissaires royaux. En raison des délibérations toujours longues qui l'ont précédé et des conditions finales dans lesquelles il est rédigé, il fait véritablement figure de contrat entre le souverain et le pays concerné. Il est la charte qui fixe, jusqu'à la prochaine session, ses rapports avec le pouvoir central.

La clôture de la session, dont la durée n'excède parfois pas quelques jours, est alors prononcée par les commissaires royaux, tandis que les députés sont autorisés à revenir devant leurs mandants pour les informer des décisions prises. Toute la question qui se pose alors est d'assurer leur suivi et leur survie. Prenant pour cela modèle sur les états généraux, certaines assemblées d'états provinciaux mirent tardivement et timidement sur pied une commission permanente investie de cette mission. Elle prit nom de Chambre des élus en Bourgogne, de Procure du pays en Provence et de Commission intermédiaire en Bretagne. En dépit des efforts déployés par ceux qui en eurent la charge, les résultats obtenus furent souvent modestes et il fallut bien souvent attendre longtemps avant qu'occasion leur fût offerte de donner toute la mesure des pouvoirs que leur avaient délégués les assemblées.

3. – *Pouvoirs*

Ils ne furent jamais définis de manière stricte, moins encore que pour les états généraux. Nés d'une pratique politique et administrative toujours dictée par les circonstances, les états provinciaux surent en permanence s'adapter aux nécessités du temps. Une donnée fondamentale et presque permanente domine cependant cette évolution : les contraintes de la guerre. Face à un Etat qui ne peut seul assurer la défense du territoire, les assemblées locales doivent prendre le relais. En même temps, elles ne peuvent échapper aux exigences financières toujours plus lourdes qui pèsent sur elles. Trouver des solutions pour y répondre et contribuer avec le pouvoir à l'élaboration d'une législation adaptée au pays furent les pôles essentiels de leur action.

Les textes sont nombreux qui évoquent le souci constant des états provinciaux de veiller à « la chose publique du pays » et de la défendre. Cette préoccupation prend plus de vigueur encore à partir de la décennie 1340, quand la royauté transfère de manière systématique sur les villes et l'ensemble du pays l'obligation de mettre en défense toutes les zones sensibles. Tous les états provinciaux réagissent à cette demande et se concertent soit en échangeant des émissaires, soit en mettant sur pied une concertation systématique par le biais de réunions interrégionales régulières.

Se pose alors immédiatement la question du financement des opérations envisagées pour restaurer les fortifications urbaines, assurer la défense du territoire et réunir éventuellement des hommes d'armes. Voter le subside demandé par le pouvoir ou financer des réalisations à caractère purement local décidées par les états constitue toujours le coeur du débat. Mais, selon qu'il s'agit de l'une ou l'autre question, les députés aux assemblées ne se trouvent pas dans la même position. Il est en général facile de trouver un consensus pour le financement des dépenses strictement locales. Le vote du subside requis par les commissaires est au contraire bien souvent l'objet de grands débats. Tandis que le droit reconnu aux états généraux de voter l'impôt décline à partir de la seconde moitié du XVe siècle, les états provinciaux maintiennent intact leur pouvoir de discuter âprement l'octroi du subside. En position de force face à la royauté et solidement soutenus par le pays, ils sont souvent assez puissants pour contraindre les commissaires royaux à rabattre leurs prétentions. Partout, ils s'imposent à la monarchie comme des interlocuteurs obligés et écoutés. Dès leurs premières réunions, que ce soit pour le Poitou en 1372, pour le Vivarais en 1381 ou le Béarn en 1391, ils apparaissent comme une pièce maîtresse du dialogue fiscal qui s'instaure alors entre le prince et le pays. Au terme de cette première étape, au cours de laquelle ils défendent avec vigueur les intérêts régionaux, ils se montrent tout aussi soucieux de la gestion du subside alors octroyé. Ils en fixent avec minutie le taux, en précisent l'assiette et posent les règles de sa répartition avant d'en assurer eux-mêmes la perception et, parfois même, le contentieux.

Très au fait des affaires du pays, il n'est pas rare qu'ils interviennent pour suggérer, voire édicter certaines mesures à caractère local, en particulier dans le domaine de l'économie. Soucieux du « bien concernant la communauté de tout le pays », ils s'intéressent de près à l'agriculture, réglementent l'écoulement des récoltes, en interdisent l'exportation en cas de disette et se montrent toujours vigilants sur les questions d'approvisionnement. Souvent dominés par les villes et sa bourgeoisie marchande, ils veillent au respect de la liberté du commerce et au maintien des privilèges reconnus à chaque région. L'essentiel du secteur des travaux publics, en particulier tout ce qui touche aux voies de communication, entre dans le champ de leurs compétences. Régulièrement appelés à conseiller le roi et ses agents, ils arrêtent de concert avec eux les mesures qui s'imposent. Les doléances qu'ils rédigent, puis qu'il font parvenir au pouvoir central au terme de leurs sessions, leur permettent parfois d'influencer le contenu de la législation royale et de prendre ainsi une part active au processus normatif. Soigneusement examinées par le conseil du roi, il arrive que certaines de leurs suggestions soient reprises à l'occasion de la rédaction d'ordonnances, tout particulièrement lorsqu'elles concernent le pays dont émanent les doléances en question. Même si cette fonction normative demeure limitée au niveau de l'Etat, elle joue parfois un rôle fondamental pour éclairer le prince dans ses décisions. Telle fut bien la situation à l'occasion de la rédaction des coutumes. Mineure au lendemain de l'ordonnance de Montils-les-Tours de 1454, leur collaboration en ce domaine devint fondamentale par la suite. Ainsi en Bourgogne où la mise par écrit de 1458 fait écho à leurs doléances, puis ensuite dans tout le royaume quand Charles VIII décide, par ordonnance du 15 mars 1499, que des représentants des états provinciaux doivent, en chaque pays, être obligatoirement associés aux opérations de rédaction.

Ce bilan nuancé n'était pas très porteur pour une institution que dominaient les traditions féodales et les tensions locales. Trop tard adopté, le système de représentation n'a guère le temps de faire ses preuves, tandis que le maintien du vote par ordre paralyse la prise de décision. Ce défaut est encore aggravé par la pratique du seul mandat impératif trop souvent donné aux députés. Alors que les structures de l'Etat entrent dans une phase irréversible de modernité, les états provinciaux se posent en conservateurs de l'ordre établi et en défenseurs irréductibles des intérêts régionaux. Néanmoins, cette volonté de défendre le pays et de parler en son nom ne suffit pas à dissiper les tensions entre les ordres. Noblesse et clergé, peu concernés par la question fiscale, ont de plus en plus tendance à prendre leur distance par rapport à des assemblées où la présence de leurs députés ne leur paraît plus indispensable. Le pouvoir sut jouer de ces rivalités et s'appuyer aussi sur le pays qui trouvait ces assemblées fort coûteuses et parfois peu efficaces. Dans ces conditions elles ne demeurent vraiment actives, à la fin du Moyen Âge, qu'en certaines régions. En Languedoc bien sûr où elles deviennent progressivement, sous l'impulsion d'une puissante bourgeoisie, un véritable « syndicat de défense des intérêts urbains ». En Bretagne et Bourgogne aussi, tant en raison de la situation politique de ces « pays » que de leur profond attachement à leur autonomie et à leurs franchises. En bien d'autres régions, elles entrent dans une phase irréversible d'atonie qui annonçait leur inéluctable déclin. Ainsi se dessinait l'avenir de bien des assemblées, telles que les états de Normandie, du Poitou, de l'Auvergne ou du Dauphiné et de tant d'autres. Comme si elles avaient voulu, en quelque sorte, laisser le champ libre à l'État pour qu'il s'y taille librement des domaines d'action à sa mesure.

BIBLIOGRAPHIE

Assistance (L') dans la résolution des conflits, Rec. de la Soc. J. Bodin, XLV, Bruxelles, 1998.

AUBERT F., *Histoire du Parlement de Paris de l'origine à François Ier (1250-1515)*, T. I, *Son organisation* ; T. II, *Ses compétences, ses attributions*, Paris, 1894.

AUBERT F., *Le Parlement de Paris de Philippe le Bel à Charles VII (1314-1422)*, 2 vol., Paris, 1887 et 1890.

AUTRAND F., « Offices et officiers royaux en France sous Charles VII », *R.H.*, t. 242, 1969, p. 285-338.

AUTRAND F., *Pouvoir et société en France, XIVe-XVe siècles,* Paris, 1974.

AUTRAND F., *Naissance d'un grand corps de l'État : les gens du Parlement de Paris, 1345-1454,* Paris, 1981.

AUTRAND F., « Vénalité ou arrangement de famille ? La résignation des offices royaux en France au XVe siècle », *Amterhandel im Spätmittelalterund 16. Jahrhundert,* Mieck I dir., Berlin, 1984, p. 69-82.

BARTIER J., *Légistes et gens de finances au XVe siècle. Les conseillers des ducs de Bourgogne Philippe le Bon et Charles le Téméraire,* Bruxelles, 1955.

BAUTIER R.-H., « Recherches sur la chancellerie royale au temps de Philippe VI », *B.E.C.*, 122, 1964, p. 89-176.

BAUTIER R.-H., « Le personnel de la chancellerie royale sous les derniers Capétiens », *Prosopographie et genèse de l'État moderne,* Actes de la Table ronde C.N.R.S.-E.N.S. de jeunes filles, Paris, 1984, Paris, 1986, p. 91-115.

BAUTIER H., *Chartes, sceaux et chancellerie. Etudes de diplomatique et de sigillographie médiévales,* 2 vol., Paris, 1990.

BILLIOUD J., *Les états de Bourgogne aux XIVe et XVe siècles,* Dijon, 1922.

BISSON Th., *Assemblies and representation in Languedoc in the Thirteenth Century*, Princeton, 1964.

BISSON Th. N., *Assemblies and representation in Languedoc in the thirteenth Century*, Princeton, 1964.

BISSON Th. N., « Consultative Functions in the Kings Parlements (1250-1314) », *Speculum*, 1969, p. 53 et suiv.

BISSON Th. N., « The general Assemblies of Philip the Fair : their Character reconsidered », *Studia Gratiana*, 15, Rome, 1972.

BISSON Th. N., *Medieval representative Institutions. Their origins and Nature*, Berkeley, 1975.

BONGERT Y., *Recherches sur les cours laïques du Xe au XIIIe siècle*, Paris, 1949.

BORELLI DE SERRES Col. L., *Recherches sur divers services publics du XIIIe au XVIIe siècle*, 3 vol., Paris, 1895-1901.

BOSSUAT A., *Le bailliage royal de Montferrand (1425-1556)*, Paris, 1957.

BOSSUAT A., « La formule *Le roi est empereur en son royaume.* Son utilisation au XVe siècle devant le Parlement de Paris », *R.H.D.F.E.,* 1961, p. 371-381.

BOULET-SAUTEL M., « Le concept de souveraineté chez Jacques de Révigny », Actes du Congrès sur l'ancienne Université d'Orléans, Orléans, 1962, p. 17-27

BOULET SAUTEL M., « Le princeps chez Guillaume Durand », *Études d'histoire du droit canonique offertes à G. Le Bras,* T. II, Paris, 1965, p. 803-813.

BOULET-SAUTEL M., « Jean de Blanot et la conception du pouvoir royal au temps de saint Louis », *Septième centenaire de la mort de saint Louis* (Actes des colloques des colloques de Royaumont et de Paris, mai 1970), Paris, 1976, p. 57-68.

BUBENICEK M. *Quand les femmes gouvernent. Yolande de France. Droit et politique au XIVe siècle*, Paris, 2002.

BULST N., *Die französischen Generalstände von 1468 und 1484,* Sigmaringen, 1992.

CADIER L., *Les états du Béarn depuis leurs origines jusqu'au commencement du XVIe siècle . Étude sur l'histoire et l'administration d'un pays d'états*, Paris, 1888.

CALASSO F., *I Glossatori e la teoria della sovranità. Studio di Diritto comune publico,* Florence, 1945 (1re éd.).

CALASSO, F., « Origini italiane della formula *Rex in regno suo imperator est* », *Rivista di storia del diritto italiano*, III, 1930, p. 213-259..

CARBASSE J.-M. (dir.), *Histoire du parquet*, Paris, 2000.

CARBONNIÈRES, L. de, *La procédure devant la chambre criminele du Parlement de Paris au XIVe siècle*, Paris, 2004.

CAROLUS-BARRÉ L., « Les baillis de Philippe III le Hardi », *A.B.H.F*, 1966, p. 109 et suiv.

CASTALDO A., *Seigneurs, villes et pouvoir royal en Languedoc : le consulat médiéval d'Agde (XIIIe-XIVe siècles)*, Paris, 1974.

Chambres (Les) des comptes en France aux XIVe et XVe siècles, Textes et documents réunis Ph. Contamine et O. Mattéoni éd., Paris, 1998.

CHEVALIER B., *Tours ville royale, 1356-1520. Origine et développement d'une capitale à la fin du Moyen Âge,* Louvain-Paris, 1975.

CHEVALIER B., « Gouverneurs et gouvernements en France entre 1450 et 1520 », *Histoire comparée de l'administration (IVe-XVIIIe siècle)*, Actes du IVe colloque historique franco-allemand de l'Institut Historique Allemand de Paris, Tours, 27 mars-1er av. 1977 ; Paravicini W. et Werner K.-F. dir., München, 1980, p. 291-307.

CHEVALIER B., *Les bonnes villes de France du XIVe au XVIe siècle,* Paris, 1982.

CHEVALIER B., *Les bonnes villes, l'État et la société dans la France de la fin du XVe siècle*, Orléans, 1995.

CHIFFOLEAU J., *Les justices du pape. Délinquance et criminalité dans la région d'Avignon au XIVe siècle,* Paris, 1984.

CONGAR Y.-M., » Quod omnes tangit ab omnibus tractari et approbari debet », *R.H.D.*, 1958, p. 210-259.

CONTAMINE Ph., *Guerre, État et société à la fin du Moyen Âge. Études sur les armées des rois de France (1337-1494),* Paris, 1972.

CONTAMINE Ph. éd., *La noblesse au Moyen Âge, XIe-XIVe siècles. Essais à la mémoire de Robert Boutruche,* Paris, 1976.

CONTAMINE Ph., *La guerre au Moyen Âge,* Paris, 1980.

CONTAMINE Ph., *Des pouvoirs en France, 1300-1500,* Paris, 1992.

CONTAMINE Ph., « *La mémoire de l'État : les archives de la Chambre des comptes à Paris au XVe siècle », Media in Francia..., Recueil de mélanges offerts à Karl Ferdinand Werner,* Paris, 1989, p. 85-100.

CONTAMINE Ph., *La noblesse au royaume de France de Philippe le Bel à Louis XII,* Paris, 1997.

CORNAERT E., *Les Corporations de métiers en France avant 1789,* Paris, 1940.

COSTA P., *Iurisdictio. Semantica del potere politico nella publicistica medievale (1100-1433)*, Milan, 1969.

COULET N., *Aix-en-Povence : espace et relations d'une capitale (milieu XIVe-milieu XVe siècle)*, Aix-en-Provence, 1988.

COVILLE A., *Les Cabochiens et l'ordonnance de 1413*, Paris, 1888.

DAUCHY S., *Les appels flamands au Parlement de Paris. Regestes des dossiers de procès reconstitués d'après les registres du Parlement et les sources conservées dans les dépôts d'archives de Belgique et du Nord de la France*, Bruxelles, 1998.

DAUCHY S., *Les arrêts et jugés du Parlement de Paris sur appels flamands,* T. III, *Introduction historique*, Bruxelles, 2002.

DAUCHY S., *Les voies de recours extraordinaires, proposition d'erreur et requête civile (de l'ordonnance de saint Louis jusqu'à l'ordonnance de 1667)*, Paris, 1988.

DELACHENAL R., *Histoire des avocats au Parlement de Paris (1300-1600)*, Paris, 1885.

DELCAMBRE E., *Les états du Velay des origines à 1462*, Saint-Etienne, 1938.

DEMURGER A., « Guerre civile et changement du personnel administratif dans le royaume de France de 1440 à 1418 : l'exemple des baillis et des sénéchaux », *Francia,* 6, 1978, p. 151-298.

DEMURGER A., « Le rôle politique des baillis et sénéchaux royaux pendant la guerre civile en France (1400-1418) », *Histoire comparée de l'administration (IVe-XVIIIe siècle)*, Actes du IVe colloque historique franco-allemand de l'Institut Historique Allemand de Paris, Tours, 27 mars-1er av. 1977 ; Paravicini W. et Werner K.-F. dir., München, 1980, p. 282-290.

DESPORTES P., *Reims et les Rémois aux XIVe et XVe siècles*, Paris, 1979.

DOGNON P., *Les institutions politiques et administratives du pays de Languedoc du XIIIe siècle aux guerres de religion*, Toulouse-Paris, 1895.

Droit et Théologie dans la science politique de l'État Moderne, J. P. Genet et J. Y. Tillette éd., Rome, 1990.

Droit romain, jus civile et *droit français*, Krynen J. éd., Centre toulousain d'histoire du droit et des idées politiques, Études d'histoire du droit et des idées, n° 3, Toulouse, 1999.

Droits et pouvoirs, *Cahiers de Recherches médiévales (XIIIe-XVe s.). Partie thématique sous la direction de G. Giordanengo*, VII, 2000.

Droits savants et pratiques françaises du pouvoir (XIe-XVe siècles), J. Krynen et A. Rigaudière éd., Bordeaux, 1992.

DUBY G. (dir.), *Histoire de la France urbaine, t. 2, La ville médiévale,* Paris, 1980.

DUCOUDRAY G., *Les origines du Parlement de Paris et la justice aux XIIIe et XIVe siècles*, Paris, 1902.

DUPONT-FERRIER G., *Les officiers royaux des bailliages et sénéchaussées et les institutions monarchiques locales en France à la fin du Moyen Âge,* Paris, 1902.

DUPONT-FERRIER G., « Le rôle des commissaires royaux dans le gouvernement de la France du XIVe au XVIe siècle », *Mélanges Paul Fournier*, Paris, 1929, p. 171-184.

DUPONT-FERRIER G., « L'incertitude des limites territoriales en France du XIIIe au XVIe siècle », *C.R.A.I.B.L.*, 1942, p. 62-77.

DUSSERT A., *Les états du Dauphiné aux XIVe et XVe siècles,* Grenoble, 1915.

Élites (Les) du pouvoir et la construction de l'État en Europe, Reinhard W. dir. *Les origines de l'État moderne en Europe,* Blockmans W. et Genet J.-Ph. dir., Paris, 1996.

ERCOLE F., « L'origine francese di una nota formula Bartoliana », *Archivio storico italiano*, LXXIII, 2, 1915-1916, p. 241-294.

ESMEIN A., *Histoire de la procédure criminelle en France et spécialement de la procédure inquisitoire depuis le XIIIe siècle jusqu'à nos jours*, Paris, 1882, rééd. 1978.

ESMEIN A., « La maxime *Princeps legibus* solutus est dans l'ancien droit public français », *Essays in legal History*, Vinogradoff F. dir., Oxford University Press, 1913, p. 201-214.

État (L') et la Méditerranée, Actes de la table ronde tenue à Marseille en oct. 1983, *Peuples méditerranéens*, XXVII-XXVIII, 1984. H., Hurbon L., Rosenberger B., Veauvy C. et Zerner M. éd. *Genèse de l'État moderne en Méditerranée. Approches historique et anthropologique des pratiques et des représentations*, B. E. F.A.R., Rome, 1993.

État (L') et les Aristocrates, XIIe-XVIIe siècles (France Angleterre, Ecosse), Ph. Contamine éd., Paris, 1989.

État (L') moderne et les élites, XIIIe-XVIIIe siècles. Apports et limites de la méthode prosopographique, Genet J.-Ph. et Lottes G. éd., Paris, 1996.

État (L') moderne : territoire, droit, système politique, N. Coulet et J.-Ph. Genet éd., Paris, 1990.

État et Église dans la genèse de l'État moderne, J.-Ph. Genet et B. Vincent éd., Madrid, 1986.

État moderne : Genèse ; bilan et perspectives, J.-Ph. Genet éd., Paris, 1990.

État romain, État moderne : la place du droit. Actes de la rencontre « Volterra », Rome, 16 et 17 décembre 1999, Extrait de Mélanges de l'École française de Rome. Moyen Âge, 113, 2001, p. 793-961.

FAVIER J., *Un conseiller de Philippe le Bel : Enguerran de Marigny,* Paris, 1964.

FAVIER J., « Les légistes et le gouvernement de Philippe le Bel », *J. S.,* 1969, p. 92-108.

FAVREAU R., *La ville de Poitiers à la fin du Moyen Âge. Une capitale régionale*, Poitiers, 1978.

FEDOU R., *Les hommes de loi lyonnais à la fin du Moyen Âge. Étude sur les origines de la classe de robe,* Paris, 1964.

FEENSTRA R., « Jean de Blanot et la formule "Rex Franciae in regno suo princeps est" », *Études d'histoire du droit canonique offertes à G. Le Bras,* T. II, Paris, 1965, p. 885-895.

FIETIER R., « Le choix des baillis et sénéchaux aux XIIIe et XIVe siècles (1250-1350) », *Mélanges G. Chevrier*, Dijon, 1966, I, p. 251 et suiv.

Finances, pouvoirs et mémoire. Hommages à Jean Favier, Kerhervé J. et Rigaudière A. dir., Paris, 1999.

FLANDIN-BLÉTY P., *Essai sur le rôle politique du Tiers-État dans les pays de Quercy et de Rouergue (XIIIe-XVe s.). Consulats et relations consulaires,* Th. Droit, Univ. Paris II, dactyl., 1979.

FOLZ R., *L'idée d'Empire en Occident du Ve au XIVe siècle,* Paris, 1953.

FOURNIER P., *Les Officialités au Moyen Âge,* Paris, 1880.

FOURQUIN G., *Les soulèvements populaires au Moyen Âge,* Paris, 1972.

France (La) de la fin du XVe siècle. Renouveau et apogée. Économie, pouvoir, arts, culture et conscience nationales, B. Chevalier et Ph. Contamine éd., Paris, 1985.

France (La) des principautés. Les Chambres des comptes aux XIVe et XVe siècles, Ph. Contamine et O. Mattéoni éd., Paris, 1996.

FRELON-ALLONNEAU É., *Le parlement de Bordeaux et la loi (1451-1547)*, Th. droit, Univ. Panthéon-Assas Paris II, 2005, à paraître aux édit. de Boccard.

GARNIER F., *Un consulat et ses finances : Millau (1187-1461)*, sous presse (Comité pour l'Histoire économique et financière de la France).

GAUDEMET J., *Les élections dans l'Église latine des origines au XVIe siècle,* Paris, 1979.

GAUDEMET J., « La contribution des romanistes et des canonistes médiévaux à la théorie de l'État », *Diritto nella storia europea, Atti del IVe conv. inter. della società italiana di storia del diritto in onore di B. Paradisi*, Florence, 1982, p. 1-36.

GAUSSIN P.R., « Les conseillers de Louis XI (1461-1483) », *La France de la fin du XVe siècle. Renouveau et apogée. Economie, pouvoir, arts, culture et conscience nationales,* Chevalier B. et Contamine Ph. éd., Paris, 1985, p. 105-133.

GAUSSIN P.R., « Les conseillers de Charles VII (1418-1461). Essai de politologie historique », *Francia,* 10, 1982, p. 67-130.

GAZZANIGA J.-L., *L'Église du Midi à la fin du règne de Charles VII (1441-1461)*, Paris, 1976.

GAZZANIGA J.-L., « Les clercs au service de l'État dans la France du XVe siècle », *Droits savants et pratiques françaises du pouvoir (XIe -XVe siècle)*, J. Krynen et A. Rigaudière dir., Bordeaux, 1992, p. 253-278.

GENESTAL R., *Le* privilegium fori *en France du décret de Gratien jusqu'à la fin du XIVe siècle*, Paris, 2 vol., 1921-1924.

GENESTAL R., *Les origines de l'appel comme d'abus*, Paris, 1951.

GENET J.-Ph., « La Genèse de l'État Moderne : Genèse d'un programme de recherche », *A Génese do Estado Moderno no Portugal tardo-medievo (seculos XIII-XV). Ciclo de conferências (1996-1997)*, M. H. da Cruz Coelho et A. L. de Carvalho Homen dir., Lisbonne, 1999, p. 21-51.

GILLES H., *Les Etats de Languedoc au XVe siècle,* Toulouse, 1965.

GILLES H., *Université de Toulouse et enseignement du Droit. XIIe-XVe siècles,* Toulouse, 1992.

GONTHIER N., *Délinquance, justice et société en Lyonnais (fin du XIIIe siècle-début du XVIe siècle)*, Lyon, 1988.

GOURON A., *La réglementation des métiers en Languedoc*, Genève, 1958.

GOURON A., « Le rôle social des juristes dans les villes méridionales au Moyen Âge », *Annales de la Faculté des Lettres et Sciences humaines de Nice*, 9-10, 1969, p. 55-67.

GRAVIER H., *Essai sur les prévôts royaux du XIe au XIVe siècle*, Paris, 1904.

GUENÉE B., « Élections et bailliages. La géographie administrative de la France à la fin du Moyen Âge », *M.A.*, 1961, p. 293-323.

GUENÉE B., *Tribunaux et gens de justice dans le bailliage de Senlis à la fin du Moyen Âge (vers 1380 – vers 1550),* Paris, 1963.

GUENÉE B., « État et nation en France au Moyen Âge », *R.H.*, 481, 1967, p. 17-30.

GUENÉE B., « Espace et État en France au Moyen Âge », A.E.S.C., 1968, p. 744-758.

GUENÉE B., « Y a-t-il un État des XIVe et XVe siècles ? », *A.E.S.C.*, 1971, p. 399-406.

GUENÉE B., *Politique et Histoire au Moyen Âge. Recueil d'articles sur l'histoire et l'historiographie médiévales (1956-1981),* Paris, 1981.

GUENÉE B., *La folie de Charles VI Roi Bien-Aimé*, Paris, 2004.

GUENÉE B., *L'opinion publique au Moyen Âge d'après la* « Chronique de Charles VI » *du Religieux de Saint-Denis,* Paris, 2002.

GUENÉE S., *Bibliographie de l'histoire des universités françaises des origines à la Révolution,* 2 vol., Paris, 1978 1981.

Guerre, pouvoir et noblesse au Moyen Âge. Mélanges en l'honneur de Philippe Contamine. Paviot J. et Verger J., éd., Paris, 2000.

GUILLOIS A., *Recherches sur les maîtres des requêtes de l'Hôtel des origines à 1350*, Paris, 1909.

GUYOTJEANNIN O., « L'intégration des grandes acquisitions territoriales de la royauté capétienne (XIIIe-début XIVe siècle) », Maleczek W. dir., *Fragen der politischen integration im Mittelalterlichen Europa, Vorträge und Forschungen LXIII,* Osflidern, 2005, p. 211-239.

HARSGOR M., « Maîtres d'un royaume. Le groupe dirigeant français à la fin du XVe siècle », *La France de la fin du XVe siècle. Renouveau et apogée. Economie, pouvoir, arts, culture et conscience nationales,* Chevalier B. et Contamine Ph. éd., Paris, 1985, p. 135-146.

HARSGOR M., *Recherches sur le personnel du Conseil du roi sous Charles VII et Louis XII (1483-1515)*, 4 vol., Lille, 1980.

HÉBERT M., *Tarascon au XIVe siècle : histoire d'une communauté urbaine provençale*, Aix-Marseille, 1979.

HENNEMANN J.B., *Royal Taxation in fourteenth century France. The development of War financing (1322-1356)*, Princeton, 1971.

HILDESHEIMER F., « Les deux premeirs registres des ordonnances ou la logique floue de l'enregistrement », *Histoire et Archives*, N° 12, 2002, p. 79-114.

HIRSCHAUER Ch., *Les états d'Artois (1340-1640)*, Paris, 1923, 2 vol.

HOAREAU-DODINAU J., *Dieu et le Roi. La répression du blasphème et l'injure au roi à la fin du Moyen Âge*, Limoges, 2002.

Iconography, Propaganda and Legitimation, The Origins of the modern State in Europe, Ellenius A. dir. Oxford, 1997.

JACOB R., *Images de la justice. Essai sur l'iconographie judiciaire,* Paris, 1994.

JASSEMIN H. *La Chambre des comptes*, Paris, 1933.

KRYNEN J. « De la représentation à la dépossession du roi : les parlementaires "prêtres de la justice" », Actes de la Table Ronde *La Représentation dans la tradition du* jus civile *en Occident,* organisée par l'École Française de Rome, 1997, *M. E. F. R.,* 114, 2002, 1, p. 95-119.

KUBLER (J.), *Recherches sur la fonction publique sous l'ancien Régime. L'origine de la perpétuité des offices royaux,* Nancy, 1958.

LANGLOIS Ch.-V., « Les origines du Parlement de Paris », *R.H.*, 1890, p. 74.

LANGMUIR G. I., « Concilia and capetian Assemblies », 1179-1230, *Album Helen M. Cam*, Louvain-Paris, 34, II, 1961, p. 29 et suiv.

LANGMUIR G. I., « Counsel and capetian assemblies », Études présentées à la commission internationale pour l'histoire des assemblées d'États, XVII, Paris-Louvain, 1958, p. 13 et suiv.

LAPEYRE A. et SCHEURER R., *Les notaires et secrétaires du roi sous le règne de Louis XI, Charles VIII et Louis XII*, Paris, 1978.

LE GOFF J., *Les Intellectuels au Moyen Âge,* Paris, 1960.

LEFÈVRE E., *Les avocats du roi depuis les origines jusqu'à la Révolution*, Paris, 1912.

Legislation and Justice, *The Origins of the modern State in Europe*, Oxford University Press, Padoa Schioppa A. éd., Oxford, 1997 ; éd. fr., *Justice et législation*, *Les origines de l'État moderne en Europe*, Paris, 2000.

LEGUAI A., *De la seigneurie à l'État. Le Bourbonnais pendant la guerre de Cent Ans,* Moulins, 1969.

LEGUAY J.-P., *Un réseau urbain au Moyen Âge : les villes du duché de Bretagne aux XIVe et XVe siècles,* Paris, 1981.

LEHUGEUR P., *Histoire de Philippe le Long roi de France (1316-1322)*, II, *Le mécanisme de gouvernement*, Paris, 1931, rééd. Genève, 1975.

LEVELEUX C., *La parole interdite. Le blasphème dans la France médiévale (XIIIe -XVe siècles) : du péché au crime,* Paris, 2001.

LEWIS P. S., *Ecrits politiques de Jean Juvénal des Ursins,* 3 vol., Paris, 1978, 1985 et 1992.

MAILLARD F., « Les mouvements administratifs des baillis et des sénéchaux de 1314 à 1328 », *B.P.H.*, 1963, p. 899-912.

MAILLARD F., « Les mouvements administratifs des baillis et des sénéchaux sous Philippe VI », *B.P.H.*, 1966, p. 623-638.

MAJOR J.-R., *Representative institutions in Renaissance France*, 1421-1559, Madison, 1960.

MARONGIU A., « Quod omnes tangit, *principe fondamental de la démocratie et du consentement au XIVe siècle* », *Album H. M. Cam*, II, Louvain-Paris, 1961, p. 101-115.

MATTÉONI O., *Servir le prince. Les officiers du duc de Bourbon à la fin du Moyen Age (1356-1523)*, Paris, 1998.

MAUGIS E., *Histoire du Parlement de Paris de l'avènement des rois Valois à la mort d'Henri IV*, Paris, 3 vol., 1913-1916.

MAYALI L. « Procureurs et représentation en droit canonique médiéval », Actes de la Table Ronde *La Représentation dans la tradition du* jus civile *en Occident,* organisée par l'École Française de Rome, 1997, *M. E. F. R.,* 114, 2002, 1, p. 41-57.

MICHAUD H., *La grande chancellerie et les écritures royales du XVIe siècle (1515-1589)*, Paris, 1967.

MICHEL M., *L'administration royale dans la sénéchaussée de Beaucaire au temps de saint Louis*, Paris, 1910.

MILLET H., « La place des clercs dans l'appareil d'État en France à la fin du Moyen Âge », *État et Église dans la genèse de l'État moderne,* J. Ph. Genet et B. Vincent éd., Madrid, 1986, p. 239-248.

MOLLAT M. et WOLFF Ph., *Ongles bleus, Jacques et Ciompi. Les révolutions populaires en Europe aux XIVe et XVe siècles,* Paris, 1970.

MOREL O., *La grande chancellerie royale et l'expédition des lettres royaux de l'avènement de Philippe de Valois à la fin du XIVe siècle*, Paris, 1900.

NAEGLE G., *Stadt, Recht und Krone. Französiche Städte, Königtum und Parlement im späten Mittelalter* ; T. I, *Stadt und Krone im späten Mittelalter* ; T.II, *Fallstudien. Städtische Prozesse vor dem Parlement von Poitiers*, Husum, 2000.

Nonagesimo anno. Mélanges en homage à Jean Gaudemet, C. Bontems dir. Paris, 1999.

OLIVIER-MARTIN Fr., *L'assemblée de Vincennes et ses conséquences*, Paris, 1909.

OLIVIER-MARTIN Fr., « La nomination aux offices royaux au XIVe siècle d'après les pratiques de la chancellerie », *Mélanges Paul Fournier*, Paris, 1929, I, p. 487-501.

OLIVIER-MARTIN Fr., *L'organisation corporative de la France d'Ancien Régime,* Paris, 1938.

OLIVIER-MARTIN Fr., « Quelques exemples de l'influence du droit canonique sur le droit public de l'Ancienne France », *Le cinquantenaire de la Faculté de Droit canonique de Paris*, 1947, p. 249 et suiv.

OURLIAC P., *Etudes d'histoire du droit médiéval,* 2 vol., Paris, 1979 et 1980.

Parlements (Les) de province. Pouvoirs, justice et société du XVe au XVIIIe siècle, Poumarède J. et Thomas J. dir., Toulouse, 1996.

PEGUES F.J., *The lawyers of the last Capetians,* Princeton, 1962.

PERROT E., *Les Cas royaux. Origine et développement de la théorie aux XIIIe et XIe siècles,* Paris, 1910.

PICOT G., *Histoire des États Généraux considérés du point de vue de leur influence sur le gouvernement de la France de 1355 à 1614*, 4 vol., Paris, 1872.

POST G., « *Plena potestas* and consent in medieval Assemblies. A sudy in romano-canonical procedure and the rise of representation », Sudies in medieval legal Thought, Princeton, 1964, p. 91-162.

Power, Elites and State Building, The Origins of the modern State in Europe, Reinhard W. éd., Oxford, 1996 ; éd. fr., *Les élites du pouvoir et la construction de l'État en Europe, Les origines de l'État moderne en Europe*, Paris, 1996.

Prosopographie et genèse de l'État moderne, F. Autrand éd., Paris, 1986.

PRENTOUT H., *Les états provinciaux de Normandie*, Caen, 1925-1927, 2 vol.

QUILLET J., *La philosophie politique de Marsile de Padoue,* Paris, 1970.

QUILLET B., *Les corps d'officiers de la prévôté et vicomté de Paris de la fin de la guerre de Cent Ans au début des guerres de religion. Étude sociale*, 2 vol., 1982.

Renaissance du pouvoir législatif et genèse de l'État, A. Rigaudière et A. Gouron éd., Montpellier, 1987.

RIGAUDIÈRE A., « Hiérarchie des métiers et gestion municipale dans les villes du Midi français au bas Moyen Âge »., *R H.*, 1982, p. 25-76.

RIGAUDIÈRE A., *Saint-Flour ville d'Auvergne au bas Moyen Age. Étude d'histoire administrative et financière,* Paris, 1982

RIGAUDIÈRE A., « L'essor des conseillers juridiques des villes dans la France du bas Moyen Âge », *R.II.D.*, 1984, p. 361-390.

RIGAUDIÈRE A., « *Universitas, Corpus, Communitas* et *Consulatus* dans les chartes des villes et bourgs d'Auvergne aux XIIe et XIIIe siècles », *Les Origines des libertés urbaines*, Publication de l'Université de Rouen. Rouen, 1990, p. 281-309.

RIGAUDIÈRE A., « L'invention de la souveraineté », *Pouvoirs*, 1993, 67, p. 5-20.

RIGAUDIÈRE A., « L'essor de la fiscalité royale du règne de Philippe le Bel (1285-1314) à celui de Philippe VI (1328-1350) », *Europa en los umbrales de las crisis (1250-1350)*, XXI Semana de Estudios Medievales de Estella 94, Pamplona, 1995, p. 323-391.

RIGAUDIÈRE A., « Destitution d'officiers et reconstitution de carrières au milieu du XIVe siècle », *Mélanges en l'honneur de Jean Gaudemet,* Paris, 1999, p. 837-873.

RIGAUDIÈRE A., « The theory and practice of government in fourteenth century in Western Europ », *The New Cambridge Medieval History,* M. Jones dir., Cambridge University Press, Cambridge, 2000, vol. 6, c. 1300-1415, p. 17-41.

RIGAUDIÈRE A., « Procureurs et syndics dans les villes d'Auvergne, du Velay et du Lyonnais aux XIVe et XVe siècles », Actes de la Table Ronde *La Représentation dans la tradition du* jus civile *en Occident,* organisée par l'École Française de Rome, 1997, *M. E. F. R.,* 114, 2002, 1, p. 121-159.

RIGAUDIÈRE A., « Voter dans les villes de France au Moyen Âge », *C.R.A.I.B.L.*, 2002, p. 1439-1471.

RIGAUDIÈRE A., Les origines médiévales de l'impôt sur la fortune, *L'impôt au Moyen Âge. L'impôt public et le prélèvement seigneurial, fin XIIe-début XVIe-siècle.* T. III, *Les techniques*, Ph. Contamine, J. Kerhervé et A. Rigaudière dir., Colloque de Bercy les 14, 15 et 16 juin 2000, Paris, 2002, p. 227-287.

RIVIÈRE J., *Le problème de l'Église et de l'État au temps de Philippe le Bel*, Louvain Paris, 1926.

SÉE H., *Louis XI et les villes*, Paris, 1891.

SENELLART M., *Les Arts de gouverner. Du* regimen *médiéval au concept de gouvernement*, Paris, 1995.

SIVÉRY G., « La rémunération des agents des rois de France au XIIIe siècle », *R.H.D.*, 1980, p. 587 et suiv.

SOULE C., *Les États généraux de France. Étude historique comparative et doctrinale*, Paris, 1968.

STRAYER R., « La conscience du roi : les enquêtes de 1258-1262 dans la sénéchaussée de Carcassonne-Béziers », Mélanges Roger Aubenas, *R.M.T.S-.H.D.E.*, Montpellier, 1974, p. 725-736.

STRAYER J.R., *Les gens de justice du Languedoc sous Philippe le Bel,* Toulouse, 1970.

STRAYER (J.-R.) et TAYLOR (Ch. H.), *Studies in early french taxation*, Cambrige, Mass., 1939.

TELLIEZ R. « Per potentiam officiarii ». *Les officiers devant la justice dans le royaume de France au XIVe siècle*, Paris, 2005.

TESSIER G., « Les chanceliers de Philippe VI », *C.R.A.I.B.L.*, 1957, p. 356-373.

THOMAS Antoine, *Les états provinciaux de la France centrale sous Charles VII*, Paris, 1879, 2 vol.

TIERNEY B., « The Canonists and the medieval State », *The Review of Politics*, 15, 1953, p. 378-398.

TIXIER O., *Essai sur les baillis et sénéchaux royaux*, Paris, 1898.

VALOIS N., *Le conseil du roi aux XIVe, XVe et XVIe siècles*, Paris, 1888.

VERGER J., *L'essor des universités au XIIe siècle*, Paris, 1997.

VERGER J., *Les gens de savoir au Moyen Âge*, Paris, 1997.

VIALA A., *Le parlement de Toulouse et l'administration royale laïque, 1420-1525 env.*, 2 vol., Albi, 1953.

Ville (La), la Bourgeoisie et la genèse de l'État moderne (XIIe-XVIIe siècle), N. Bulst et J. Ph. Genet éd., Paris, 1988.

Villes, bonnes villes, cités et capitales. Études d'histoire urbaine (XIIe-XVIIIe siècle) offertes à Bernard Chevalier, Tours, 1989.

WEIDENFELD K., *La police de la petite voirie à Paris à la fin du Moyen Âge*, Paris, 1996.

WEIDENFELD K., *Les origines médiévales du contentieux administratif (XIVe-XVe siècles)*, Paris, 2001.

CHAPITRE III

LA DÉLIMITATION DES DOMAINES D'ACTION DE L'ÉTAT

Plus l'Etat s'affirme, du règne de Philippe Auguste à celui de Louis XI, plus ses domaines d'action s'élargissent et se précisent à la fois. Le roi, son entourage direct et ses administrateurs locaux s'efforcent d'en marquer toujours mieux les contours, même si le contenu précis de leurs interventions n'est pas encore codifié avec rigueur. Sans doute parce que les termes techniques qui permettraient d'en rendre compte restent à imaginer. Comme bien souvent en pareil cas, la réalité concrète a précédé le vocabulaire utilisé pour la qualifier.

Au XIIIe siècle, cette action de l'Etat, qui devient chaque jour plus envahissante, ne répond encore à aucun mot bien précis. Au siècle suivant, on n'utilise que rarement les termes administration et administrer, même si Charles V affirme, dans l'ordonnance de 1374 concernant l'organisation de la régence, que « *l'office des roys est de gouverner et administrer sagement toute la chose publique* ». **Gouvernement** est sans doute plus courant qu'**administration**, deux termes pour un temps supplantés par celui de **policie**, dérivé de *politia*, qu'utilisent plusieurs traités politiques de l'époque et qui devait se muer en **police** au XVe siècle. Légistes et théoriciens ne cessent alors de répéter que la police appartient au souverain et que d'elle découle tout le gouvernement de la chose publique. Mais à quoi pensaient-ils, concrètement, quand ils évoquaient la police du royaume ? Une ordonnance de Louis XI nous donne une réponse, au moins partielle, dans laquelle il écrit « *la conduite et police de la chose publique de notre royaume... consiste principalement en justice et fait de finances* ».

Juger, on retrouve bien là la première image du roi féodal. Mais juger n'est rien en soi si, pour faire régner la justice, le roi ne veille pas à l'élaboration de bonnes lois. Et comment cette justice et cet ordre juridique pourraient-ils triompher si ce même monarque n'était en mesure d'assurer, en même temps, paix intérieure et sécurité extérieure en s'appuyant sur une force armée solide qui dépasse largement les contingents féodaux ? Pour faire face à toutes ces actions nouvelles, d'importants moyens financiers sont nécessaires que n'apportent plus ressources domaniales et autres finances ordinaires. Il convient d'avoir désormais, de façon plus massive, recours à l'impôt. Et tout cela dans un royaume en voie de réunification, autour d'un domaine reconstruit et préservé.

Reconstruire le domaine et lui fixer un statut (Section 1), voilà bien une des priorités de la politique royale tout au long de cette période. Réaffirmer partout la prééminence de la justice du roi et, surtout, doter l'Etat d'un appareil judiciaire à la hauteur pour permettre de réaliser cette ambition constitue aussi une des préoccupations premières de la monarchie et de ses agents. Tout mettre en œuvre pour favoriser la difficile renaissance d'un ordre juridique unitaire (Section 2) ne pouvait échapper aux préoccupations d'une royauté qui n'avait jamais pu, jusque-là, exercer un contrôle efficace sur les modes de création du droit. Et enfin, comment aurait-elle pu éviter d'imaginer tout un système fiscal nouveau, à un moment où la mise sur pied d'une armée permanente, imposée par les réussites de la guerre, rendait chaque jour plus lourd le financement des dépenses de l'Etat ?

SECTION 1

RECONSTRUCTION DU DOMAINE ET DÉFINITION DE SON STATUT

Traiter du domaine du XIIIe au XVe siècle constitue une entreprise difficile, tellement la question est fuyante et éloignée des conceptions contemporaines. En droit positif, même si ces problèmes sont complexes et s'il est délicat de définir ce qu'est le domaine, la notion recouvre cependant quelques réalités bien précises. Le domaine de l'Etat ou d'une collectivité publique peut être public ou privé. Privé, il est la partie du patrimoine d'une de ces collectivités ou de l'Etat dont le régime juridique obéit, pour l'essentiel, aux règles du droit privé. Public, il est constitué d'un ensemble de biens qui, laissés à la disposition du public ou affectés à un service public, sont inaliénables et principalement soumis à un régime de droit public.

Pareilles distinctions ne pouvaient être aussi nettement affirmées au bas Moyen Age, tellement la limite demeure floue, souvent inexistante, entre ce qui est public et ce qui est privé. La notion de domaine, elle-même, a beaucoup évolué tout au long de ces trois siècles. Aussi bien est-il malaisé d'en saisir le contenu. A l'époque féodale, cette notion recouvre principalement une réalité matérielle, l'ensemble territorial très restreint que les premiers Capétiens contrôlent directement et dont la consistance a déjà été définie. Le domaine royal se confond alors entièrement avec les terres que le roi contrôle et administre – comme le fait tout seigneur sur les siennes propres – de manière immédiate, sans avoir à utiliser un intermédiaire quelconque.

Au fur et à mesure que s'affermit la souveraineté royale à partir de la fin du XIIe siècle, le domaine royal ne cesse de s'agrandir par extensions territoriales successives que le roi administre directement aussitôt qu'elles sont passées sous son contrôle. Dans ces conditions, plus le domaine royal s'élargit, plus son caractère primitif de patrimoine privé s'estompe. On le considère de moins en moins comme appartenant au prince lui-même mais, à partir du XIVe siècle, à la couronne dont le roi est simple dépositaire et qui symbolise l'Etat.

Dans ce contexte d'évolution continue, comment définir le domaine de la couronne ? La réponse n'est pas simple pour les XIVe et XVe siècles, sans doute parce que la structure exacte du domaine est fuyante et que les contemporains eux-mêmes n'en avaient pas une idée claire. Certes, on prend toujours grand soin de distinguer domaine et royaume. On oppose alors les terres du domaine sur lesquelles le roi exerce directement ses droits aux autres, celles du royaume sur lesquelles il doit accepter, pour s'y faire entendre, de passer par des intermédiaires, le plus souvent des grands princes territoriaux ou seigneurs qui sont ses vassaux. Et on ajoute que toute la politique des rois de France a été, depuis le XIIIe siècle, de faire coïncider domaine et royaume, de porter les limites du domaine jusqu'à celles du royaume. Il y a là une confusion courante, particulièrement sensible chaque fois qu'il est traité de l'extension territoriale du domaine. Elle est alors le plus souvent confondue avec la politique d'annexion qui a progressivement permis aux rois de France de contrôler l'ensemble du royaume. Cela ne saurait pour autant signifier que toutes les terres ainsi soumises à la souveraineté royale soient tombées dans le domaine. Le plus souvent, elles ne servent que de support à l'exercice des droits régaliens qui, avec les revenus qu'ils procurent, font partie intégrante du domaine.

A la lumière de ces observations, avec beaucoup d'incertitude et de prudence, le domaine pourrait peut-être se définir comme l'ensemble des territoires, des terres et des biens matériels que possède la couronne, avec les droits qu'elle y exerce et les revenus qu'elle en tire. En font aussi partie intégrante, tous les autres droits seigneuriaux et féodaux ou prérogatives utiles dont elle jouit sur l'ensemble du royaume.

La notion est complexe. Aboutissement d'une longue évolution, elle regroupe les différents sens tour à tour donnés au terme *dominicum* depuis le haut Moyen Age. Il a successivement servi à désigner l'ensemble des revenus du roi, le pouvoir qu'il exerçait sur ses *villae*, puis ses *villae* elles-mêmes, avant d'être utilisé pour qualifier les prérogatives régaliennes renaissantes et les droits qui leur sont attachés. *Dominicum* puis *demaine*, termes encore rares semble-t-il sous le règne de Philippe Auguste, constituent alors comme un creuset sémantique vers lequel convergent des notions complexes dont la réunion et la combinaison ont fini par donner naissance au domaine de la couronne.

Mais il ne pouvait prendre forme et structure, consistance aussi, que si l'assise territoriale de l'Etat redevenait réalité (§ 1). Et de façon concomitante surgit le problème du statut qu'il convient de donner à cette énorme masse si hétéroclite de biens et de droits (§ 2).

§ 1. – LA RESTAURATION DE L'ASSISE TERRITORIALE DE L'ÉTAT, CONDITION INDISPENSABLE À LA CONSTITUTION DU DOMAINE DE LA COURONNE

Ces deux démarches, même si elles ont été parallèles ne doivent pas être pour autant confondues, ce qu'elles ont été trop souvent. La restauration de l'assise territoriale de l'Etat conditionne certes très étroitement l'extension du domaine de la couronne. Mais cela ne signifie pas que les résultats de ces deux politiques soient assimilables. L'ensemble des seigneuries et principautés qui figurent le royaume à la fin du XVe siècle ne font pas nécessairement toutes partie du domaine. Elles constituent seulement l'assise matérielle de nombreux droits et le support d'exercice de prérogatives multiples qui s'intègrent au domaine. Elles sont aussi, très souvent, le siège de terres et de biens mobiliers qui composent une part non négligeable de ce même domaine. Voilà pourquoi, des moyens utilisés pour restaurer l'assise territoriale de l'Etat (A) dépendent directement la formation et la consistance du domaine (B).

A. MOYENS UTILISÉS POUR RESTAURER L'ASSISE TERRITORIALE DE L'ETAT

Préciser dans le détail les étapes parcourues pour reconstruire cette assise et en décrire la géographie minutieuse une fois l'œuvre de réassociation terminée ne présenterait qu'un intérêt limité. Cet exposé de géographie historique relève davantage de l'histoire générale. Tous les manuels en donnent la trame.

Plus utile à notre propos est l'évocation des moyens mis en œuvre dont certains expliquent comment plusieurs territoires ont pu ainsi se trouver directement intégrés au domaine de la couronne et participer de son statut, d'autres au contraire lui échapper, tout en entrant dans la sphère de la souveraineté royale. La guerre et la diplomatie (1) ont longuement contribué à redonner à l'Etat son assise, tandis que l'utilisation des règles du droit féodal et des techniques du droit privé (2) ont sans doute plus directement servi au roi, par-delà l'œuvre de réassociation territoriale, à donner au domaine de la couronne une réalité toujours plus solide, mais en même temps très fortement empreinte de conceptions féodales contre lesquelles la royauté et surtout ses légistes ont dû très vivement lutter.

1. – Diplomatie et négociation ont incontestablement joué un rôle beaucoup plus important que les opérations purement militaires pour faire progressivement entrer dans la sphère de la souveraineté royale principautés et seigneuries. Elles ont souvent permis de redonner au royaume la cohésion qu'il avait perdue et d'assurer parfois au domaine une extension notable, soit que les territoires ainsi reconquis lui soient en totalité rattachés, soit que certaines enclaves seulement en fassent désormais partie. Dans tous les cas, cet ensemble territorial apparaît toujours comme l'assise d'exercice de droits et prérogatives. Autant d'éléments incorporels qui se rattachent eux aussi au domaine dont ils constituent une part non négligeable. Les exemples qui illustrent ces moyens de rattachement pourraient être multipliés. Qu'il suffise d'en citer deux, particulièrement évocateurs.

La politique conduite par Philippe Auguste est très significative. Si les **opérations militaires et diplomatiques** qu'il imagine sont, à l'origine, en grande partie liées à des raisons féodales (commise des fiefs de Jean sans

Terre), elles n'en conservent pas moins, tout au long du règne, leur caractère propre. C'est bien principalement par la diplomatie et par les armes que ce roi redonne assise territoriale à une partie du royaume et qu'il lance un profond mouvement d'extension du domaine.

De 1203 à 1205, à la suite de la condamnation de Jean sans Terre, il réalise une vaste opération par la conquête et l'annexion successive de la Normandie, du Maine, de l'Anjou, de la Touraine, du Poitou, de la Saintonge et de la Bretagne, même si certaines de ces régions ne sont que pour un temps rattachées à la couronne. Passé maître de ces territoires, il aurait souhaité pouvoir les annexer directement au domaine. En réalité, il doit multiplier les précautions pour rallier les habitants : confirmation à Rouen et aux villes de l'Ouest de leurs privilèges (Etablissements de Rouen), large autonomie laissée à l'Anjou et au Poitou et, surtout, politique d'habile recul devant l'impossibilité d'administrer la trop lointaine Bretagne dont le duc Pierre Mauclerc (arrière-petit-fils de Louis VI) fait hommage-lige au roi de France en 1213. L'année suivante, la victoire de Bouvines vient heureusement consacrer la supériorité militaire du roi de France, marquant ainsi le tournant décisif de la fortune capétienne dont les armes et la diplomatie ont permis, à la mort du souverain, de quadrupler un domaine presque uniquement situé au nord de la Loire, exception faite de l'Auvergne.

C'est grâce à l'**action diplomatique** de Louis VIII puis à celle de son fils saint Louis et aux grands traités signés sous son règne que la royauté assure définitivement son emprise sur les régions du Midi et y jette les bases de nouvelles extensions domaniales.

En direction du Languedoc, tout d'abord. Ce vaste ensemble, que limitaient Rhône et Garonne, constituait pour partie le comté de Toulouse dont le rattachement à la couronne marque une étape essentielle dans l'agrandissement du domaine. Elle se fit en deux temps que domine une diplomatie habile, soutenue au départ par de solides opérations militaires.

La croisade lancée par le pape Innocent III (1207) contre l'hérésie albigeoise donne le signal. Simon de Montfort, baron d'Ile-de-France, dirige les opérations qui tournent à la violence mais lui permettent de contrôler rapidement toute la frange orientale du Languedoc, de Beaucaire à Carcassonne. A sa mort (1218), son fils Amaury ne peut résister aux entreprises du nouveau comte de Toulouse, Raymond VII qui souhaite réunifier le comté.

Louis VIII réagit et contraint Amaury à rétrocéder à la royauté, tous les droits sur les terres qu'avait conquises Simon de Montfort. Cette cession, doublée d'une expédition militaire, permet au roi d'assurer sa position, de renforcer ses prérogatives et de contrôler ainsi l'ensemble du Languedoc oriental. Mais quand il meurt (nov. 1226) toute la partie orientale (Toulousain, Quercy et Rouergue) échappe encore à l'emprise royale. Raymond VII doit cependant finir par céder sous les pressions du pape Grégoire IX qui voit dans la campagne maintenue contre lui, un moyen d'exterminer l'hérésie. Découragé, le comte doit se soumettre et signer le traité de Paris du 12 avril 1229. Au terme de ces négociations, il abandonnait définitivement tous les territoires orientaux destinés à constituer les doubles sénéchaussées de Beaucaire-Nîmes et Carcassonne-Béziers. Il conservait cependant jusqu'à sa mort, le Toulousain, l'Albigeois, le Rouergue, le Quercy et l'Agenais. Jeanne, sa fille et héritière, devait épouser un frère du roi, Alphonse de Poitiers, prince apanagiste du Poitou et de l'Auvergne. Il était en outre stipulé que si le couple princier demeurait sans enfant, ce qui restait de l'héritage languedocien devrait, de manière définitive, revenir à la royauté.

Raymond VII mourut en 1249. Les clauses du traité furent alors scrupuleusement respectées. Jeanne épousa Alphonse, ce qui assura de manière définitive l'influence des Capétiens dans le Midi. Et comme aucun enfant ne vint à naître, toute la partie occidentale du comté fut définitivement rattachée à la couronne en 1271, au moment du décès presque simultané de Jeanne et d'Alphonse.

La question du Languedoc en voie de règlement, l'Aquitaine que ne contrôlait que faiblement la monarchie, demeurait un problème lancinant. Au terme de laborieuses négociations entre saint Louis et Henri III, roi d'Angleterre, la question fut réglée en mai 1258, dans le cadre du traité de Paris. Par cet accord, le roi d'Angleterre et son fils renonçaient en faveur du roi de France, de manière définitive, à tous leurs droits sur la Normandie, l'Anjou, le Maine, la Touraine. Au terme d'une clause capitale, le roi d'Angleterre reconnaissait tenir en hommage-lige, la totalité de ses possessions du Sud-Ouest (la Guyenne). Il était en outre stipulé que tous les dix ans, les habitants de ces terres prêteraient hommage au roi de France. En contrepartie, saint Louis abandonnait au roi d'Angleterre tout ce qu'il tenait *en fief et en domaine* dans les diocèses de Limoges, Périgueux et Cahors. En dépit de cette cession, la diplomatie de saint Louis marquait une extension considérable du domaine qui fut aussi grandement favorisée par l'utilisation des techniques qu'offrait le droit.

2. – La royauté y eut largement recours, aussi bien sous l'angle du « droit public » que du « droit privé ». Autant vassalité et féodalité avaient pu précipiter la désagrégation territoriale du IXe au XIIe siècle, autant la royauté sut mettre en œuvre à son profit, à partir du XIIIe siècle, les règles qui en découlaient. Qu'il s'agisse des rapports nés des relations féodo-vassaliques ou de toutes les règles qui entouraient la patrimonialité des fiefs, tous ces principes, pendant un temps contraires au roi de France, finissent par le servir très directement dans sa politique de réassociation territoriale et de construction du domaine.

Utilisation des rapports nés des relations féndo-vassaliques. – Ils ont souvent permis la réunion de grands fiefs au domaine ou, à tout le moins, leur retour dans la sphère de la souveraineté royale. Cette réversion pouvait jouer dans deux séries d'hypothèses, à l'occasion d'une déshérence ou à titre de sanction.

Un vassal vient-il à **décéder sans héritier** ? Alors, dans cette hypothèse de **déshérence**, son fief peut faire retour au seigneur. Les problèmes que pose la succession au duché de Bourgogne, en 1361, apportent le meilleur exemple d'application de cette procédure. A son décès, le duc Philippe de Rouvre ne laissant pas de successeur, le duché passa au roi de France Jean II le Bon. On ne fit là qu'appliquer le droit des fiefs qui faisait tout naturellement, du roi de France, seigneur du duc de Bourgogne, son héritier normal dans l'hypothèse où il n'y avait pas de descendant pour lui succéder. Ce retour, même bref, à la couronne – Jean le Bon devant céder deux ans plus tard en apanage la Bourgogne à son fils Philippe – n'en illustre pas moins avec vigueur comment des règles fondées sur de stricts rapports féodo-vassaliques jouent désormais pleinement en faveur de la royauté et du domaine de la couronne.

Un vassal se rend-il coupable d'une **faute grave** à l'égard du roi de France en manquant à ses obligations de foi ? C'est alors le jeu de la commise qui autorise le roi à intervenir. Après en avoir décidé en sa cour, il peut toujours reprendre les fiefs concédés au vassal fautif. Le cas le plus célèbre – la commise par Philippe Auguste des fiefs continentaux de Jean sans Terre –, déjà évoqué, illustre à souhait cette technique de restructuration territoriale uniquement fondée sur des règles de droit féodal.

Moyens dérivés de la règle de patrimonialité des fiefs. – Puissant facteur de désagrégation du territoire jusqu'au XIe siècle, cette règle devient, à partir du siècle suivant, une des armes principales utilisées par le roi pour faire à nouveau entrer les grands fiefs dans la sphère de sa souveraineté. En droit féodal, tout fief étant considéré comme patrimonial, rien ne s'opposait à ce qu'il fût l'objet de cession et peu importait la technique mise en œuvre pour la réaliser. Ce pouvait être aussi bien dans le cadre d'un contrat de mariage, qu'à l'occasion d'un héritage ou, tout simplement, moyennant vente contre deniers comptants.

Les exemples abondent de **mariages royaux** à l'occasion desquels la future reine apporte, dans sa corbeille, une principauté, un fief ou une seigneurie. Très largement pratiquée à l'époque féodale – on se souvient du mariage de Louis VII et d'Aliénor d'Aquitaine –, cette habile diplomatie matrimoniale domine toute l'histoire des Capétiens et des Valois. Voici Philippe Auguste épousant la nièce du comte de Flandre, Isabelle de Hainaut, richement dotée avec le Boulenois et l'Artois. Et voilà Philippe le Bel qui s'allie, après de longues négociations, à Jeanne de Navarre, unique héritière des comtes de Champagne et de Brie. Même si ces comtés ne sont pas immédiatement réunis au domaine et restent propriété personnelle, la voie de l'incorporation est ouverte.

Et comment ne pas évoquer, dans l'utilisation de la politique matrimoniale comme mode d'acquisition de vastes territoires, les conditions dans lesquelles la Bretagne a pu être réunie à la couronne ? Trois ans après la mort, sans héritier mâle, du dernier duc de Bretagne en 1488, le jeune roi Charles VIII qui n'a pas encore vingt ans épousa sa fille Anne, alors âgée de treize ans. Une des clauses du contrat portait que, s'il ne naissait pas d'enfant de cette union et si Anne était la survivante, elle devrait épouser en secondes noces l'héritier du trône une fois devenu roi. C'est ce qui se produisit au décès de Charles VIII en 1498. Anne épousa le nouveau roi, Louis XII, cousin de Charles VIII. Ce double mariage préparait le rattachement définitif de la Bretagne à la couronne.

Les acquisitions par voie de succession contribuent tout autant à restructurer l'assise territoriale du royaume et, souvent aussi, à élargir les limites géographiques du domaine ou à en augmenter les droits. A côté de l'hypothèse de déshérence, déjà signalée et qui découle de la stricte application des principes féodaux, les procédures de pur droit privé, dégagées de toute empreinte féodale, tiennent une large place, tout spécialement le **testament**.

Une des meilleures applications de ce mode d'acquisition concerne la Provence que Louis XI réussit habilement à réunir au royaume alors qu'elle s'était toujours trouvée jusque-là en dehors de ses limites. Mais elle n'en était pas moins toujours restée très proche de la couronne, depuis le XIIIe siècle, quand Charles d'Anjou (frère de saint Louis) épouse la fille et héritière du dernier comte catalan de Provence. Ces liens familiaux devaient contribuer à faciliter le rattachement quand meurt, en 1480, sans héritier direct, René d'Anjou à la fois comte de Provence et roi de Sicile. L'Anjou, qui était un apanage, revint alors par déshérence à la couronne de France. Mais il n'en fut pas de même pour la Provence. Les rapports entre Louis XI et René d'Anjou ayant toujours été difficiles, le roi n'avait pu empêcher René de léguer cette région, par testament, à son neveu Charles du Maine. Mais elle n'échappe que pour un temps très bref à la couronne de France. Charles ne survit que 17 mois. Il meurt en décembre 1481, non sans avoir institué légataire de tous ses biens le roi de France dont il était le cousin germain. Louis XI entre immédiatement en possession de la Provence dont l'union à la couronne ne devient définitive qu'en octobre 1486, quand est mis fin à l'opposition formée par le duc de Lorraine. Charles VIII tranche alors la question et annexe à perpétuité le comté à la couronne de France par lettres patentes d'octobre 1486.

Découlant directement de la règle de patrimonialité des fiefs et relevant des pures techniques du droit privé, **l'achat** d'une seigneurie ou d'un bien de moindre importance fut aussi un moyen très largement utilisé. La royauté sut toujours profiter des difficultés financières de grands seigneurs pour arrondir son domaine.

Les exemples abondent et on en pourrait citer pour à peu près tous les règnes, qu'il s'agisse des achats nombreux pratiqués par Philippe le Bel – comté de Chartres en 1286, comté de Bigorre en 1293, puis seigneurie de Beaugency et comté de La Marche en 1308 –, ou de tous ceux auxquels se livrèrent ses successeurs, le plus significatif étant celui du Dauphiné.

Il l'est d'abord parce qu'il marque une progression française en direction des terres d'empire, ensuite parce qu'il représente une acquisition importante qui déplace la frontière du royaume au-delà du Rhône. Aux environs des années 1340, le prince de Dauphiné – dauphin de Viennois (région de Vienne) – se débat dans d'énormes difficultés financières. Le roi de France, Philippe VI, accepte de lui venir en aide mais sous certaines conditions. Elles prennent forme en 1349. Moyennant le versement d'un important capital et l'assurance d'une rente confortable, le dauphin Humbert II abdique en faveur non du roi ou de son fils, mais de son petit-fils, futur héritier de la couronne, qui n'était autre que le futur Charles V. Il prend ainsi le titre de dauphin de Viennois et le reste quand son père, Jean II le Bon, devient roi. Il y avait là en réalité un véritable achat par la royauté. Mais, comme le Dauphiné était encore dans la mouvance impériale, le rattacher directement à l'héritier du trône évitait au roi de prêter hommage à l'empereur. Pour l'héritier, au contraire, c'était une formalité qui pouvait être accomplie sans grand risque. Mais il fallait aussi ménager les susceptibilités dauphinoises et ne pas créer une rupture trop brutale. C'est pourquoi il fut décidé que le Dauphiné ne pourrait être immédiatement incorporé ni au royaume, ni au domaine, mais qu'il serait simplement rattaché au gouvernement de l'héritier de la couronne, jusqu'à son avènement. Voilà pourquoi l'héritier présomptif porte, jusqu'à la fin de l'Ancien Régime, le titre de dauphin. L'habitude ainsi prise a survécu après que Louis XI, estimant que le Dauphiné avait assez perdu ses liens avec l'empire, l'ait rattaché de manière définitive à la couronne en 1461.

De la fin du XIIe siècle à la fin du XVe siècle, Capétiens et Valois ont réussi à redonner à l'Etat une assise territoriale à peu près complètement unifiée et à doter la couronne d'un domaine qui trouve, sur ce territoire, tout à la fois éléments constitutifs et support à l'exercice de ses droits. C'est poser tout le problème de la consistance de ce domaine reconstitué.

B. LA CONSISTANCE DU DOMAINE

Répondre à cette question n'est pas facile. Les contemporains eux-mêmes n'avaient qu'une idée vague de ce qu'était le domaine et ceci pour au moins trois raisons. D'abord parce que, sur le plan géographique, le domaine est toujours quelque chose de mouvant et de lâche. Et pouvait-il en être autrement dans la mesure où l'évolution dominante depuis la fin du XIIe siècle est celle d'un accroissement continu, même s'il est irrégulier. Ensuite, parce que ce domaine a quelque chose d'insaisissable matériellement. Tant les droits que les prérogatives qui y sont attachés que les revenus qui peuvent en être tirés sont à la fois intermittents et souples. Il est malaisé de les qualifier et d'en donner une liste exacte à un moment précis. Enfin, la distinction n'est jamais claire, tout au moins pour la période médiévale, entre ce qui appartient en propre au roi et ce qui fait partie intégrante du domaine de la couronne.

Ces remarques, pour négatives qu'elles soient, ont au moins le mérite de laisser pressentir qu'il existe des oppositions fondamentales entre les groupes d'éléments qui font partie intégrante du domaine. Aux biens corporels s'opposent les éléments incorporels (1) et face au domaine privé du roi, très important au départ, s'affirme lentement le domaine de la couronne (2).

1. – *Domaine corporel et domaine incorporel*

Qu'il appartienne en propre au roi ou à la couronne, le domaine se répartit toujours entre un ensemble de biens matériels et un groupe d'éléments beaucoup plus difficiles à cerner, en raison de leur nature incorporelle.

Envisagé sous son angle **matériel, corporel**, le domaine est traditionnellement défini comme l'ensemble des terres sur lesquelles le roi exerce lui-même directement ses droits, la souveraineté dans sa globalité à partir du moment où elle est entièrement reconstruite. Il s'agit donc des parties géographiques du royaume que le roi administre, sans aucun intermédiaire féodal et sur lesquelles lui-même ou ses agents ne rencontrent aucun obstacle à l'exercice de leurs droits.

Dans la pratique, cette définition est peut-être trop absolue. S'il est indispensable pour qu'une principauté, une seigneurie ou une terre fassent partie intégrante du domaine, que le roi puisse y assurer son pouvoir sans partage, il est moins certain que tout territoire libéré des entraves féodales et rattaché directement à la couronne ait été aussitôt incorporé au domaine.

D'autre part, on a beaucoup trop tendance à considérer le domaine comme une unité géographique cohérente et continue, facile à figurer sur une carte. En réalité, les vides l'emportent pendant longtemps sur les pleins. C'est évident pour les premiers Capétiens. Et c'est sans doute parce que la définition du domaine comme un ensemble de terres directement soumises au roi demeure surtout valable pendant les deux premiers siècles de la dynastie capétienne que cette idée de discontinuité géographique du domaine doit être tout particulièrement soulignée pour cette période. Mais elle demeure sans doute vraie par la suite, la reconquête complète par le roi d'une partie du royaume ou d'une région qui lui est extérieure n'entraînant pas, automatiquement, son intégration au domaine. Ou bien alors et c'est le plus vraisemblable, la notion de domaine dans son aspect matériel a beaucoup évolué à partir du XIIIe siècle pour devenir plus restrictive et ne plus englober, de manière systématique, tous les territoires directement contrôlés par le roi. Il y a sûrement là un facteur d'explication à creuser.

Le domaine corporel, c'est aussi davantage que cet ensemble de territoires plus ou moins continu. En font partie tous les biens qui, aujourd'hui, s'intègrent au domaine de l'Etat : grands chemins, cours d'eau navigables, rivages de la mer, eaux et forêts, tous éléments auxquels il convient bien sûr d'ajouter châteaux, places fortes et ouvrages défensifs placés sous la maîtrise directe de la royauté. Ils forment un ensemble d'une extrême variété dont le contenu a beaucoup évolué. Mais le critère permettant de rattacher ces biens au domaine est toujours le même. Ils ont et doivent avoir une utilité commune pour tous, destinés qu'ils sont, la plupart du temps, à servir l'ensemble des sujets du royaume par l'utilisation qui en est faite.

A ce domaine corporel s'oppose, dans sa structure, tout ce qui n'est pas matériel mais **incorporel**, somme de droits, de prérogatives et de revenus ayant assises les plus diverses. Cette masse s'enrichit constamment et il serait vain de vouloir tenter une classification. Tous les droits du roi et les revenus qu'il en tire font partie intégrante du domaine au fur et à mesure qu'ils apparaissent et s'affirment, même bien évidemment en dehors des terres du domaine.

En donner une liste est à peu près impossible, mais dire que ces droits sont à la fois des droits de souveraineté avec les revenus qui leur sont attachés (justice et amendes, monnayage et profits que le roi en tire, droit d'imposer et impôts ainsi perçus), des droits féodaux et seigneuriaux (lods et ventes, quint, déshérence, confiscation) ainsi que des droits de propriétaire foncier (tous les revenus tirés des biens du domaine attachés à la couronne), rend assez bien compte de la réalité. Ce domaine incorporel c'est, en somme, tout ce qui est perçu directement au bénéfice du roi et de la couronne, tout comme les droits et prérogatives qui fondent et permettent cette perception. Cette idée de possession directe, de perception directe, qui doivent s'exercer sans intermédiaire, est fondamentale comme en témoignent plusieurs textes. Le traité de Brétigny (1360), par exemple, distingue dans plusieurs de ses articles, à propos des biens et droits cédés au souverain anglais par le roi de France, ceux qu'il tenait en *fiez* (fief) *et service* de ceux qu'il tenait en *demaine* (domaine), c'est-à-dire directement.

Dans ce vaste ensemble d'éléments incorporels, dont la plupart sont en mutation constante, une distinction fondamentale apparaît, sans doute dans le courant du XVe siècle. Tous les droits et revenus fixes et donc ce qu'ils rapportent et qui peut être facilement connu d'avance, comme les cens et rentes, constituent le **domaine immuable** ou **domaine fixe**. Au contraire, ceux qui sont occasionnels et varient en fonction des circonstances (quint, lods et ventes, amendes) s'intègrent au **domaine muable** ou **domaine casuel**.

2. – *Domaine privé du roi et domaine de la couronne*

Chaque fois que le roi acquiert un bien ou un droit, l'acquisition ainsi réalisée ne tombe pas obligatoirement dans le domaine de la couronne qui peut être rapproché, dans notre droit moderne, du domaine public de l'Etat. Il convient de distinguer en quelle qualité le roi acquiert. Le fait-il *ut privatus*, c'est-à-dire en tant que simple particulier ou en vertu de ses prérogatives de roi souverain ? Cherche-t-il à augmenter son patrimoine privé ou celui de la couronne ? Cette distinction, entre domaine privé du roi et domaine de la couronne, encore très timidement exprimée, n'en est pas moins très présente dans la pratique dès le début du XIVe siècle et, sans doute même, bien avant.

Il est assez facile de comprendre comment a pu se constituer le domaine privé du roi. Deux raisons au moins l'expliquent. Chaque fois que le trône devient vacant, le nouveau roi appelé à régner peut avoir déjà un patrimoine propre, des possessions personnelles importantes qui ne doivent pas être confondues avec le domaine de la couronne. Cette hypothèse se vérifie tout spécialement dans les rares situations où il n'y a pas d'héritier mâle direct et où la couronne passe à l'héritier le plus proche dans la branche collatérale (succession de Charles IV en 1328 et de Charles VIII en 1498). Il est une seconde raison, valable à tout instant. Chaque fois que le roi régnant n'acquiert pas un bien en se fondant sur ses prérogatives de souveraineté, mais comme le ferait un simple particulier par voie d'achat ou d'héritage, il augmente son domaine privé.

Un seul exemple suffit à prouver cette possibilité. Louis X avait reçu de sa mère, Jeanne de Navarre, comtesse de Champagne, épouse de Philippe le Bel, la Champagne. Apportée en dot, elle avait simplement été intégrée au domaine privé du souverain, elle le reste pendant tout le règne de Louis X. A sa mort, sa fille Jeanne, pourtant écartée de la succession à la couronne au profit de son oncle Philippe, en hérite. Tout simplement parce que le comté de Champagne faisait toujours partie du domaine privé du roi défunt et que sa dévolution n'était pas régie par les règles applicables au domaine de la couronne et à la couronne elle-même. Cette réalité est si vraie que, dans le cadre du traité passé, en 1316, entre Eudes de Bourgogne représentant Jeanne et Philippe le Long, les droits de Jeanne sur la Champagne sont expressément réservés. Mais comme le roi de France a besoin de contrôler cette région qui commande la route vers Paris, il doit finalement l'acquérir de celle qui en est la seule titulaire légitime, Jeanne. C'est ce qu'il fait en mars 1318. Ainsi Louis X a pu transmettre à sa fille la Champagne qui faisait partie de son domaine privé. Mais il n'a pu lui transmettre la couronne parce qu'elle était inaliénable, comme le sont de plus en plus tous les biens qui s'y rattachent.

§ 2. – LE STATUT DU DOMAINE DE LA COURONNE

Jusqu'à la fin du Moyen Age et même pendant encore longtemps après, la royauté rencontre beaucoup de difficultés pour gérer le domaine de la couronne et faire abstraction des conceptions féodales qui avaient présidé à sa formation. Pour le reconstruire, elle avait largement utilisé toutes les règles qui découlaient de la patrimonialité des fiefs. Le danger était évident d'en poursuivre l'application au niveau de la gestion et de traiter le domaine à la manière d'un bien régi par le droit féodal et les règles d'un « droit privé » naissant.

Ce risque ne fut jamais véritablement écarté, au moins jusqu'au début du XIVe siècle. Trop souvent, les Capétiens eurent tendance à se comporter comme l'avaient fait les deux précédentes dynasties. Avec une constante régularité, ils utilisent les terres et les droits péniblement réunis au domaine pour doter leurs vassaux, rémunérer leurs serviteurs. Ces aliénations trop fréquentes, qui compromettaient gravement l'œuvre de reconstruction, l'auraient rendue tout à fait impossible s'il n'y avait été mis un terme. Mais, pour cela, un long cheminement de la pensée et des comportements s'imposait qui devait aboutir à des conceptions nouvelles en matière de gestion domaniale.

Tous ces biens, qui constituaient un ensemble de nature particulière, ayant destination spécifique – servir les besoins de la couronne et de l'Etat –, ne pouvaient être soumis aux mêmes règles de gestion que des biens ordinaires. Tout devait être fait pour qu'ils échappent aux normes du droit commun et qu'en conséquence ils ne soient plus considérés comme un patrimoine privé laissé à la libre disposition du roi. C'est dans ce contexte que s'élabora lentement la règle d'inaliénabilité du domaine (A), fortement tempérée par de solides exceptions légales (B).

A. VERS L'INALIÉNABILITÉ DU DOMAINE

Les premières décennies du XIVe siècle marquent un tournant important, sans doute parce que les problèmes de succession à la couronne qui se posent à partir de 1316 conduisent légistes et agents royaux à réfléchir tant sur le statut de la couronne que sur celui de ses biens. La voie était depuis longtemps déjà ouverte à la suite des positions prises par le pape Honorius III (1216-1227) et les canonistes qui l'entouraient à propos d'aliénations abusives qu'avaient consenties le roi de Hongrie, Henri II, sur le domaine de la couronne. Le pape lui avait reproché d'avoir, en agissant ainsi, abusé des prérogatives de sa fonction, de son *honor* et manqué à la promesse prononcée à l'occasion du sacre de maintenir dans son intégrité le royaume et ses droits. Avant lui, Innocent III (1198-1216) avait adopté une attitude semblable et sévèrement mis en garde les évêques qui aliénaient les biens de leurs églises en violant les règles les plus élémentaires du droit canonique qui en avaient fait, comme les *res publicae* du droit romain, des biens inaliénables.

Sur ces bases fournies par le droit romain et le droit canonique, s'élèvent de toutes parts de vives réactions contre les aliénations domaniales jugées abusives. Elles menacent gravement le domaine, diminuent les revenus de l'Etat et contraignent le roi à lever de nouveaux impôts. Cette prise de conscience suscite, tout au long du XIVe siècle, une abondante législation qui vise d'abord à réprimer les abus avant d'aboutir, au siècle suivant, à la rédaction de nouvelles ordonnances qui annoncent le principe d'inaliénabilité. Trois grands moments dominent cette profonde évolution législative.

C'est sous le règne de Philippe V que sont prises les premières mesures réellement significatives. Héritier d'une situation difficile que lui avaient léguée Philippe le Bel et ses fils en raison de multiples aliénations domaniales qu'ils avaient consenties, Philippe V édicte, de 1316 à 1319, plusieurs grands textes (six ordonnances au moins) qui sans poser la règle d'inaliénabilité du domaine, reconnaissaient que des aliénations abusives avaient été pratiquées, les déclaraient révocables et procèdaient en conséquence à la réintégration dans le domaine de biens mobiliers et immobiliers qui en avaient été distraits. Mais elles n'interdisaient point des aliénations pour l'avenir. Mieux, elles les réglementaient en décidant qu'il ne pourrait désormais y être procédé sans avis préalable du chancelier, du conseil et sans enregistrement du Parlement et de la Chambre des comptes. Les règnes et Jean le Bon et de Charles V marquent une nouvelle étape dans la mesure où c'est sous le règne de ces deux souverains qu'est progressivement introduite, dans la promesse de sacre, l'engagement de ne pas aliéner le domaine. Au terme d'une évolution complexe, cette clause est définitivement fixée quand Charles V promet de conserver « inviolablement la supériorité, les droits et prérogatives de la couronne France » et, en conséquence, à ne pas les aliéner. La voie était ainsi ouverte vers la fixation du principe d'inaliénabilité qui n'est pas encore officiellement consacrée au terme d'une troisième étape que marquent les règnes de Charles VI et de Charles VII. Avec Charles VI, plusieurs ordonnances (1388, 1407, ordonnance cabochienne de 1413) rappellent l'engagement pris par le souverain de ne pas aliéner ou l'interdiction de le faire. Charles VII confirme ces dispositions, en particulier dans une ordonnance de 1425 qualifiée de « loi ou constitution générale », sans doute pour donner au principe d'inaliénabilité en gestation, mais toujours pas clairement exprimé, une véritable portée constitutionnelle, même si elle souffre encore des exceptions.

B. LES EXCEPTIONS LÉGALES FONT OBSTACLE À L'AFFIRMATION DÉFINITIVE DE LA RÈGLE

Ni les efforts déployés par la doctrine et la législation, ni la volonté des rois pour revenir sur des pratiques qu'ils condamnent, ne suffisent à écarter aliénations et donations. Elles demeurent si courantes jusqu'à la fin du Moyen Age que l'une d'elles finit même par être acceptée comme une exception légale à la règle d'inaliénabilité : l'apanage. En quoi consiste cette pratique (1) et comment, là encore, la royauté s'est-elle efforcée d'en limiter les conséquences tout en la tolérant (2) ?

1. – *La pratique des apanages.* – Elle s'explique par la conception féodale du domaine héritée du début de la période capétienne. Longtemps tenace, elle permet au roi de constituer, au bénéfice de ses enfants puînés exclus de la couronne de France, une dotation en terre plus ou moins importante, toujours prélevée sur le domaine. Il y a là application directe d'une règle de droit féodal qui avait tempéré, en bien des régions, la trop grande rigueur du droit d'aînesse. L'aîné conservant fiefs principaux et châteaux qui en dépendaient, les puînés recevaient souvent quelques terres et un manoir. De quoi leur permettre de soutenir leur état et assurer leur subsistance, leur pain. Il s'agit donc d'une concession *ad panem*, expression qui devait donner naissance au terme apanage.

Cette coutume rejaillit très vite sur la succession à la couronne pour devenir courante jusqu'à la fin du Moyen Age, conduisant les rois à ne pas respecter la règle d'inaliénabilité pourtant en cours d'élaboration. Les fils puînés ainsi apanagés contrôlent des fiefs souvent importants, ce qui les place parfois en position dangereuse pour la monarchie. Quelques exemples suffisent à le montrer.

Par son testament, Louis VIII († 1226) avait légué à son deuxième fils, Robert, l'Artois, au troisième, Alphonse, le Poitou et l'Auvergne, puis à Charles, le quatrième, l'Anjou et le Maine. Il y avait là une amputation considérable et pour un temps préjudiciable, de l'ensemble des terres directement soumises à la couronne.

C'est sans doute pour cette raison que saint Louis († 1270) se montra moins généreux à l'égard de ses fils et leur constitua des apanages plus modestes : le Valois pour Jean, le Perche et Alençon pour Pierre, le comté de Clermont-en-Beauvaisis pour Robert (ancêtre de la maison de Bourbon par son mariage, en 1272, avec Béatrice, héritière de la baronnie de Bourbon). Ces apanages ne grevèrent que peu le domaine et ceci d'autant moins que les deux premiers devaient sans tarder revenir à la couronne.

Philippe III reprend la voie des concessions en donnant à nouveau le Valois à son fils Charles (ancêtre de la branche des Valois), tout comme Philippe IV le Bel qui dote lui aussi ses deux fils puînés Philippe (Poitou) et Charles (Marche) dont l'accession à la royauté devait, à terme, permettre d'opérer le retour de ces terres à la couronne. Même s'il en fut souvent ainsi pour tous les Capétiens directs, ces pratiques n'en étaient pas moins dommageables pour l'assise territoriale de l'Etat qui se trouvait à nouveau gravement menacée. C'est ce qui se produit avec les apanages que Jean le

Bon concède à ses fils. Pour Louis et Jean, auxquels revenaient entre autres les apanages d'Orléans et du Berry, la portée de ces concessions avait été réduite par l'insertion dans l'acte de constitution (1360), de la clause de retour à la couronne à défaut d'héritier mâle. Mais il n'en était pas ainsi pour la Bourgogne cédée en apanage à Philippe en 1363. Il y était bien prévu le retour à défaut d'héritier, mais sans distinction de sexe. Cette décision, qui faisait d'un si grand territoire une principauté indépendante, présentait un réel danger pour la couronne dans la mesure où tout espoir de retour se trouvait pour longtemps éloigné. Il fallut plus d'un siècle pour que la Bourgogne fût à nouveau rattachée à la couronne. A la mort de Charles le Téméraire (1477), elle revient à sa fille, héritière légitime, Marie de Bourgogne. Louis XI fait alors valoir la clause, non stipulée, de retour au domaine royal faute d'héritier mâle et s'empare de la province. La situation se complique par le mariage de Marie de Bourgogne avec l'archiduc Maximilien d'Autriche. Ce n'est qu'après la mort de Marie et au lendemain d'un long conflit que Louis XI et Maximilien signent le traité d'Arras (1482) dans lequel il n'était point parlé du duché de Bourgogne qui resta aux mains du roi.

L'évocation de ces situations difficiles suffit à prouver combien la pratique des apanages pouvait être destructrice d'un domaine reconstruit à grand-peine. La royauté et surtout ses légistes en eurent conscience qui tentèrent d'en limiter les conséquences.

2. – *La réglementation de la pratique des apanages.* – Les habitudes étaient trop ancrées pour qu'il soit possible de rompre avec un système qui présidait aux destinées de la monarchie depuis les temps féodaux et qui avait contribué à fonder le droit du fils aîné à succéder au roi défunt. Recevant de substantielles compensations, les puînés furent plus enclins à admettre de telles règles de succession. Voilà pourquoi on ne pouvait qu'aménager le droit des apanages, non les faire disparaître. C'est dans le sens de la restriction qu'évolue la pratique, dans trois directions essentielles.

On s'est tout d'abord efforcé de favoriser le retour de l'apanage à la couronne en introduisant une clause de réversion au contenu de plus en plus précis. Dès le XIIIe siècle, il est admis que l'apanagiste ne peut transmettre son apanage qu'à ses héritiers en ligne directe. Au cas donc où il ne laisse pas de descendant, l'apanage doit faire retour à la couronne. C'est ce que prévoit, en 1225, le testament de Louis VIII, mais seulement pour l'apanage de Robert. Ce principe est définitivement confirmé par un arrêt du Parlement en 1284. A propos d'une contestation autour de la dévolution de l'apanage d'Alphonse de Poitiers dont un de ses frères, Charles d'Anjou, réclamait une part, le Parlement tranche de manière nette et affirme le principe de réversion à la couronne chaque fois que l'apanagiste meurt « *sans hoirs de son corps* ». C'était un net progrès, mais on ne distinguait nullement succession masculine et succession féminine.

Ce n'est qu'en 1314, à l'occasion de la constitution de l'apanage de Poitiers au bénéfice de Philippe (futur Philippe V), fils puîné de Philippe le Bel, qu'apparaît la clause de retour à la couronne en cas d'absence d'héritier mâle. Il ne fallait pas, précise l'acte, que « *le comté fut en main de femelle* » et si cela risquait de se produire, il était impératif qu'il « *retourne à notre successeur roi de France et soit rejoint au domaine du royaume* » Cette disposition, qui ne fut pas respectée dans l'immédiat, finit cependant par passer dans le droit, tout comme fut prise l'habitude de n'apanager qu'en deniers et non en terres les filles de France.

La politique de sauvegarde d'une certaine intégrité domaniale s'engage ensuite dans une seconde direction. Toute une série de dispositions sont prises, au moment de la constitution d'apanage, pour ne concéder à l'apanagiste, en leur totalité, que des droits utiles, c'est-à-dire des droits à peu près équivalents à ceux que peut avoir un tenancier sur sa terre. Ils ont un caractère essentiellement économique. A ce titre, l'apanagiste est autorisé à conserver les produits des droits seigneuriaux (banalités, péages), à percevoir les revenus de la terre (cens, rentes) et tout ce que peut rapporter la justice ordinaire (amendes, confiscations). Tous ces droits utiles constituent en quelque sorte une rente qui lui est concédée de manière viagère sur une portion du domaine. On considérait qu'elle devait suffire à faire face à ses besoins et assurer sa subsistance.

La troisième restriction découle de la précédente. Le roi ne concède que partiellement tout ce qui touche les autres droits et se réserve le plus possible l'exercice direct de tous ceux qui découlent directement de sa souveraineté.

Sur le plan juridique, un partage de juridiction intervient avec l'apanagiste. Au roi le droit de ressort, c'est-à-dire la possibilité de connaître, en dernier ressort, de toutes les affaires jugées par l'apanagiste. Pour toutes les causes, il devait toujours y avoir possibilité d'appel devant la juridiction suprême, le Parlement. Le roi pouvait aussi, à tout moment, intervenir directement en évoquant l'affaire en son conseil et sa compétence restait entière en première instance pour connaître de tous les cas royaux. Ils étaient jugés par un juge qui le représentait dans le cadre de l'apanage ou par un bailli voisin. Pour tout ce qui touchait à la justice ordinaire, l'apanagiste avait pleine compétence.

Le roi conserve aussi, dans le cadre de l'apanage, la garde des églises cathédrales et abbayes de fondation royale. Tous leurs membres se trouvaient exempts du pouvoir de l'apanagiste, tout particulièrement de sa justice. Le roi désignait un juge spécial, son bailli par exemple, qui était le juge des exempts.

Tous les autres droits régaliens enfin – battre monnaie, établir de nouveaux impôts, créer foires et marchés, anoblir – demeurent en principe dans la main du roi. Il les exerce souverainement réduisant ainsi l'apanagiste, au moins en théorie, à un rôle d'administrateur. La réalité fut souvent tout autre.

Bien souvent, le pouvoir des princes apanagistes constitua un réel danger pour la royauté. L'apanage, détaché de la couronne, risquait de n'y faire jamais retour, tandis que le partage quotidien dans l'exercice des droits respectifs était toujours extrêmement difficile à mettre en œuvre, l'apanagiste cherchant souvent à empiéter sur les prérogatives du souverain. Néanmoins, tout ne fut pas négatif dans cette pratique. Certes, elle fut souvent un frein à la restructuration territoriale et la « féodalité apanagiste » fut une réalité. Cependant, en bien des cas, elle permit d'introduire lentement toutes les techniques de l'administration royale. Assurée qu'elle était par un proche du roi, elle favorisa l'assimilation progressive de provinces lointaines qui, tout en conservant une certaine indépendance, s'habituaient lentement à l'idée d'un rattachement inéluctable à la couronne dont les lois étaient de plus en plus présentes.

SECTION 2

TENTATIVES POUR INSTAURER UN ORDRE JURIDIQUE PLUS UNITAIRE

L'époque féodale lègue à l'Etat naissant un ordre juridique plural et très diversifié dont la royauté n'a pu jusque-là maîtriser l'évolution. La coutume y domine. Morcelée à l'extrême, épousant la géographie du pouvoir depuis la plus grande principauté jusqu'à la moindre châtellenie, elle s'adapte en permanence aux besoins des populations, en dehors de toute intervention de la royauté.

Cette situation, si caractéristique des siècles féodaux, se prolonge longtemps encore même si, à partir du XIIIe siècle, la royauté cherche par tous les moyens à infléchir cet ensemble coutumier qui a donné naissance à tout un droit préexistant à l'Etat (§ 1). La concurrence exercée à son endroit devient vive dès le début du XIIe siècle, tant en raison de la renaissance du droit romain dont le succès va grandissant (§ 2) que d'un pouvoir normatif lentement retrouvé par la royauté (§ 3). Sa vocation s'affirme alors à intervenir dans tous les secteurs et soumettre progressivement à son contrôle l'ensemble des sources du droit. Certes, la diversité l'emporte toujours et pour longtemps encore, mais la voie est désormais ouverte à la très lente marche vers l'unité.

§ 1. – LENTE MAÎTRISE DE LA COUTUME

Jusqu'à la fin du XIIe siècle au moins, la coutume recouvre des réalités très diverses et le terme demeure toujours très chargé de son sens primitif d'*exactio*, d'abus imposé par les puissants. Mais, plus les divers ordres juridiques se font précis, plus la coutume s'identifie au droit applicable à un groupe, à une seigneurie, à une ville, à un « pays » ou à une province. Une autre caractéristique de l'évolution qui s'amorce à partir des années 1200 est de transformer toutes les coutumes en un droit plus rigide appelé à se fixer progressivement. Les causes qui déclenchent puis accélèrent cette lente maturation sont multiples. La principale est sûrement liée à l'emprise progressive des tribunaux royaux sur l'ensemble du royaume qui, depuis Philippe Auguste et sous l'impulsion des baillis, ne cessent de révéler aux justiciables une coutume qu'ils ignorent souvent. Tant les enquêtes qu'ils ordonnent pour en saisir le contenu exact que l'interprétation qu'ils en donnent à l'occasion des jugements qu'ils rendent permettent d'en fixer les contours, de la rendre notoire et surtout incontestable. Il y a là autant de facteurs qui en font un droit toujours plus sûr dont le territoire d'application – le ressort – est de en mieux connu, que ce soit dans le cadre de la seigneurie, de la principauté, de la prévôté ou du bailliage. Tous ces ensembles géopolitiques, dont la géographie administrative tend à se stabiliser, constituent désormais d'excellents supports territoriaux pour la mise en place d'un véritable ordre juridique coutumier pour lequel le roi et ses agents manifestent la plus grande vigilance. Le propre de la coutume étant d'être un droit flexible, à tous moments malléable et en perpétuelle évolution, en fait un secteur de l'ordre juridique dans lequel aussi bien les populations que le juge ou le pouvoir peuvent à tous moments intervenir, même de manière inconsciente, pour modifier le cours de son évolution.

Toute la question est alors de savoir si l'évolution ainsi imprimée à cet ordre juridique dominant et englobant, au moins pour toute la période médiévale, va dans le sens de la diversité ou de l'unité. Le vouloir si divers des populations en la matière, la multiplicité des juges, qu'ils soient seigneuriaux ou royaux, l'absence complète d'une jurisprudence unifiée au niveau du royaume et l'extrême variété des problèmes à régler ne pouvaient que favoriser des émergences coutumières plurales dont le contenu et la portée risquaient de troubler à tous moments juges, praticiens et justiciables. Pareille situation ne pouvait être plus longtemps tolérée par un État renaissant dont la pierre angulaire de reconstruction reposait sur le postulat d'un ordre juridique sinon unifié, à tout le moins tendant vers l'unité et, surtout, émanant exclusivement de lui. Il y avait donc là antinomie fondamentale par rapport à un ordre coutumier multiforme qu'un pouvoir encore trop faible ne pouvait, en dépit d'affirmations de principe telle que *Voluntas domini regis in suo regno facit jus*, prendre de front pour en dicter de manière autoritaire la formation et en guider dans les moindres détails l'évolution.

Néanmoins, pour conjurer cette situation d'infériorité, la monarchie ne cessa, tout au long des trois derniers siècles du Moyen Age, de s'immiscer dans ce maquis coutumier, mais toujours avec autant de prudence que de modération. Son objectif, nécessairement modeste, ne fut jamais de modifier en profondeur mais d'infléchir en surface (A). C'était habilement faire en sorte que les populations s'habituent à la main du roi et de ses agents sur un ordre coutumier qui était le leur en vue d'ouvrir ce qui sera un des grands chantiers de l'Etat législateur jusqu'à la fin de l'Ancien Régime, rédiger les coutumes (B).

A. INFLÉCHIR

Infléchir le contenu et l'évolution de l'ordre coutumier en persuadant les populations qu'elles n'en sont pas la seule force de création ni les seuls usagers donne au monarque, à ses juges et à ses administrateurs un moyen direct de faire évoluer l'ensemble du système juridique en vigueur vers plus de cohérence, d'unité et de logique. C'est en même temps occasion rêvée pour un pouvoir encore en partie dépourvu d'un véritable appareil normatif apte à produire et imposer la règle de droit, de déterminer quelques grands axes directeurs autour desquels doit s'organiser tout le système juridique unitaire qu'il entend progressivement mettre sur pied pour domestiquer, à terme, un système plural.

Même animé d'une forte volonté d'intervention, tout souverain qui prétendait intervenir dans l'ordre coutumier buttait inévitablement sur les règles séculaires posées en la matière par le droit romain de Justinien et le droit canonique qui, l'un et l'autre, ne cessaient de rappeler qu'une coutume raisonnable et dont le prince, même par simple approbation tacite, avait admis l'application, devait être impérativement respectée et observée par lui. Voilà qui offrait comme un rempart inébranlable à l'ordre coutumier dont nombre de règles qu'il avait posées n'avait reçu aucune désapprobation officielle de la part de la royauté. Il y avait là comme un bloc de coutumes assurées de leur pérennité parce que vouées à l'indéfectible respect du pouvoir. Tel est bien l'idée directrice de la politique qu'il conduit et qui lui vaut loi qu'il s'impose, au moins jusqu'au règne de saint Louis. Mieux, elle lui est en quelque sorte dictée par la faiblesse des moyens d'intervention dont il dispose, aussi bien au niveau des structures administratives et judiciaires que des hommes appelés à les gérer. Il doit aussi compter avec la résistance de l'ordre coutumier et de l'attachement profond que lui portent les populations.

Des obstacles aussi solides n'interdisent cependant pas toute politique d'infléchissement d'un ordre qui, au premier abord, peut paraître immuable. Partant du principe selon lequel le roi se doit de respecter toute coutume raisonnable, son entourage et les légistes qui prônent l'instauration d'un ordre juridique unitaire en déduisent que le monarque est tenu d'abolir toutes celles qui ne le sont pas et de confirmer, de manière expresse, toutes celles qui ne vont pas à l'encontre de l'ordre établi et du cadre normatif royal dont les premiers contours se mettent lentement en place. Voilà qui offrait à un pouvoir, en quête d'une introuvable mainmise sur le droit, une capacité d'intervention doublement fondée dans la lente refonte d'un ordre juridique dont l'ordonnancement lui avait jusque-là à peu près totalement échappé.

Première des manifestations de cette politique de régulation de l'ordre coutumier, la pratique de l'abolition des mauvaises coutumes par le pouvoir prend racine dès les années 1050. Elle suscite alors un vaste mouvement de réflexion qui aboutit à la synthèse qu'en donne le célèbre canoniste Huguccio († 1210). Recherchant les fondements d'un tel pouvoir reconnu au prince, il les voit dans la *potestas* et la *jurisdictio* des anciens empereurs qui, transférés au souverain, lui donnent légitimité pour intervenir en vue de supprimer une coutume considérée comme mauvaise. A ces justifications toute romaines, s'ajoutent des facteurs issus de la légitimité du roi médiéval et de l'engagement qu'il prend au moment du sacre de faire régner en tous lieux justice, équité et paix, ce qui postule naturellement obligation pour lui d'intervenir en permanence envers toute coutume qui viendrait s'inscrire à l'encontre de ces grands principes ou interdire au pouvoir de tout mettre en œuvre pour les faire triompher. C'est dans ce contexte d'extension de la capacité normative royale que, tout au long du XIIIe siècle, les interventions du souverain deviennent toujours plus nombreuses à l'encontre de coutumes jugées mauvaises et iniques, aussi souvent qu'elles s'inscrivent à l'encontre du droit, de l'équité, de la morale et de la religion.

C'est donc en permanence autour des deux pôles, confirmation – aussi souvent que la coutume est reconnue ancienne, fondée, bonne, juste et légitime – et abolition – chaque fois qu'elle est dite inique, mauvaise, perverse et mal fondée – que s'exerce le double pouvoir royal d'intervenir, pouvoir dans lequel les légistes ont davantage tendance à voir un impérieux devoir. Mais évoquer le pouvoir royal en la matière revient à poser la question de savoir qui, concrètement, a compétence pour se prononcer sur la qualité de la coutume, le roi ne pouvant en pratique statuer que sur de rares cas, vraisemblablement les plus importants ou les plus graves. Le problème est d'importance dans la mesure où l'opération ainsi conduite revenait à dire le droit et à donner au groupe auquel était destinée la décision de confirmation ou d'abolition une règle dont l'observation devenait du même coup obligatoire, parce que validée ou infirmée par le pouvoir.

En bien des cas, le juge est compétent, surtout s'il s'agit d'un litige né autour de l'interprétation ou de l'application d'une coutume incertaine mais dont le contenu ne justifie pas l'abrogation. Les parties souhaitent simplement être éclairées sur sa portée et en demandent une interprétation. Régulièrement saisi de telles affaires, le juge tranche après mûre réflexion et en se fondant souvent sur une enquête qu'il a alors diligentée afin d'être en possession de tous les éléments d'appréciation. Mais la décision qu'il prend ne saurait valoir pour d'autres affaires dans la mesure où elle n'a aucune valeur générale, sauf à supposer que des cas strictement identiques viennent à se présenter. La situation évolue cependant sensiblement à partir du dernier quart du XIIIe siècle, au fur et à mesure que s'organise le Parlement dont les décisions, sans toutefois s'imposer à l'ensemble des tribunaux, ont néanmoins de plus en plus vocation à servir d'exemple.

Mais même la plus haute juridiction du royaume ainsi saisie ne se risque jamais à décider l'abolition d'une coutume, fut-elle jugée mauvaise. Il y a là un attribut exclusivement royal qui relève, en quelque sorte, de la *jurisdictio* suprême reconnue au souverain. Elle fait de lui le garant de l'équité et de la justice, ce qui le conduit à intervenir à l'encontre de toute coutume qui viendrait à menacer un ordre juridique existant dont l'équilibre précaire résulte de compromis séculaires noués entre toutes les forces vives du royaume. Dans ces conditions, l'entrée en force du roi dans l'ordre coutumier en vue d'abolir une coutume jugée mauvaise, que cette intervention soit requise par les sujets ou qu'elle soit le fait de l'initiative du prince, ne saurait se limiter au seul domaine royal mais, de plus en plus aussi, permettre au souverain d'exercer un véritable droit de regard sur les coutumes des terres princières et seigneuriales. Juge suprême de la validité de la norme coutumière et de sa conformité à l'ordre juridique dont il entend doter le royaume, il s'érige donc en censeur impitoyable de toutes celles qu'il estime aller à son encontre.

Ce principe rigide a son inverse, qui fait obligation au souverain de valider, en les confirmant, toute coutume que lui-même ou son entourage gouvernemental et judiciaire estiment bonne parce que conforme aussi bien à la justice et à l'équité qu'à l'ordre juridique en formation. Ici encore, le souverain peut agir spontanément ou sur requête de ceux que régit la coutume en question et qui peuvent craindre qu'elle ne soit, à tous moments, contestée par une minorité d'entre eux. C'est alors dans un simple souci de sécurité et de conservation que demande est faite au roi d'en valider le contenu en la confirmant. De toute évidence, les populations trouvaient grand avantage à cette opération qui donnait plus grande force à leur coutume dans la mesure où elle avait reçu caution royale. Le roi aussi, tout autant, qui en profitait souvent pour s'imposer comme juge du droit et soumettre à sa loi des coutumes dont il était appelé à dire le bien fondé. Il arrivait même souvent qu'il aille bien au-delà et qu'il mette à profit l'occasion qui lui était ainsi donnée pour ajouter à la coutume ainsi confirmée sa marque personnelle et la frapper ainsi, en quelque sorte, du sceau royal. Alors, il allait bien au-delà de la sèche confirmation pour modeler parfois le contenu de la norme en question en vue de la faire évoluer dans le sens qu'il souhaitait. Le vocabulaire utilisé a aussi son importance et le glissement sémantique qui s'opère alors traduit bien l'emprise grandissante du pouvoir sur l'ordre juridique coutumier. C'est ainsi qu'au verbe *confirmare* vient souvent s'ajouter celui de *concedere*. L'image du roi qui confirme un droit ancien se brouille ainsi lentement au profit de celle du roi qui concède un droit souvent nouveau. L'acte de confirmation, tout en conservant sa propre valeur, devient en quelque sorte le support d'un acte nouveau, l'acte de concession qui entre alors en scène. Dans ce contexte, l'idée de création passe au premier plan pour faire du souverain et du pouvoir qu'il incarne, l'autorité désormais la plus apte non seulement à adapter l'ordre juridique coutumier aux nécessités nouvelles, mais aussi à combler les espaces qu'un vide juridique laisse encore disponible pour un pouvoir normatif en quête de légitimité face à des coutumes certes séculaires, mais trop souvent devenues obsolètes.

Le rythme de ces confirmations-concessions ne cesse de s'accélérer tout au long des dernières décennies du XIIe siècle. Les églises viennent alors au premier rang des bénéficiaires dont le roi confirme régulièrement les « libertés, usages et franchise », tant en raison de leur ancienneté que de leur caractère raisonnable et de leur conformité à l'ordre juridique existant. Les exemples abondent qui montrent que le souverain s'intéresse tout autant aux églises du royaume dans son ensemble qu'à celles d'une ville ou d'une région particulière. Philippe le Bel use couramment de ses prérogatives en la matière et la confirmation très générale à laquelle il procède, en 1303, en faveur des églises de tout le royaume atteste de sa volonté de contrôle toujours plus affirmée sur les privilèges dont elles ont joui de tout temps. Par cet acte, ils leur assure qu'elles continueront à jouir à l'avenir des libertés, droits, coutumes et franchises que leur avait reconnus saint Louis. Philippe V légifère dans le même sens en 1317, mais dans le cadre d'un acte plus limité visant à confirmer les coutumes des églises, mais du seul diocèse de Paris cette fois. Une même volonté de confirmation, de contrôle et de concession se fait jour aussi en direction des communautés urbaines et villageoises à l'égard desquelles le pouvoir royal se montre toujours soucieux d'intervenir. Il jouait là d'ailleurs sur un terrain favorable tant ces communautés prennent souvent l'initiative de provoquer l'intervention du souverain en lui demandant confirmation ou concession de chartes de franchises. Ici encore, le double jeu de la concession-confirmation fournit au pouvoir une arme particulièrement efficace pour orienter dans le sens qu'il souhaite l'évolution des libertés municipales et couler progressivement dans un moule unitaire tout un ensemble de libertés et franchises profondément diverses. Occasion lui était ainsi donnée de les structurer autour d'un axe préalablement défini et de conduire une politique cohérente qui, à terme, devait déboucher sur la formation d'un véritable droit urbain. Même encore très divers selon les régions, il n'en portait pas moins la marque de la main du roi et de ses agents qui cherchaient, à travers leurs interventions répétées, à lui donner plus de cohérence et plus de cohésion.

Confirmation des bonnes coutumes, abolition des mauvaises et concession de nouvelles ne constituent, finalement, que les facettes diverses d'une même réalité. Toutes ces opérations offrent à un pouvoir encore trop faible pour imposer sa loi, moyen inespéré d'agir sur un ordre coutumier difficile à maîtriser pour le faire lentement évoluer et le couler dans le moule d'un ordre juridique nouveau en construction sous la férule d'un État dont la norme qu'il édicte apparaît pour l'heure bien timide face à un droit coutumier qui lui est préexistant et qu'il a bien du mal à mettre par écrit.

B. RÉDIGER

Confirmer les coutumes ou en concéder de nouvelles se traduisait toujours par la rédaction d'un acte écrit, mais de telles opérations isolées ne pouvaient déboucher sur la constitution d'un véritable corpus coutumier. Les bénéficiaires de tels actes, surtout s'il s'agissait de collectivités telles que villes ou abbayes, prenaient certes grand soin de les conserver jalousement sur leurs cartulaires, mais ces recueils qui demeuraient à usage strictement interne, n'étaient en principe nullement destinés à servir de base à une rédaction plus officielle. C'est cependant ce qui se produisit bien souvent quand certaines villes demandèrent la mise par écrit de leurs coutumes. Leurs plus anciens cartulaires servirent alors, en bien des cas, de première matrice à de telles rédactions.

Semblables opérations, pour utiles et louables qu'elles fussent, restaient rares et isolées. Elles ne pouvaient satisfaire une royauté dont l'intention affichée était de faire de la mise par écrit des coutumes un moyen de les rendre mieux connues et plus sûres, mais aussi peut-être et avant tout de les mieux contrôler. Voilà pourquoi elle manifesta le souci constant de les voir s'écrire et ceci à l'échelle de tout le royaume. Mais du vouloir à la réalité, il y avait un fossé difficile à franchir. Il fallait procéder avec prudence, sans heurter les populations. Voilà pourquoi la royauté dut savoir attendre de pouvoir se montrer assez forte pour, dans un premier temps, convaincre et persuader à défaut d'imposer. Telle fut bien la politique de saint Louis qui ne cessa d'encourager la rédaction de coutumiers dont la caractéristique était d'être des œuvres essentiellement privées (1). Cette première phase, intense tout au long de la seconde moitié du XIIIe siècle, s'essouffle rapidement. Une seconde se met en place bien plus tard, au milieu du XVe siècle. Elle est bien différente dans son esprit et ses méthodes dans la mesure où Charles VII procède alors par voie autoritaire en ordonnant la mise par écrit de toutes les coutumes du royaume (2).

1. – *Écrire en privé les coutumes des « pays » de France*

A partir des années 1240 et parfois même avant en certaines régions, de nombreuses coutumes sont mises par écrit pour donner naissance à de véritables recueils qualifiés de coutumiers. Destinés à rassembler les coutumes d'un « pays » dont le cadre varie de la plus petite seigneurie à la principauté la plus vaste, ils ont en conséquence un caractère territorial si bien que leurs auteurs ne s'élèvent que rarement à des considérations « nationales », voyant avant tout le droit à travers un prisme local quelque peu réducteur. Ce long travail de maturation et de compilation est en général l'œuvre d'auteurs privés, souvent peu connus et parfois restés anonymes. Le vaste mouvement auquel ils apportent leur concours s'inscrit presque uniquement dans le seul cadre géopolitique de la partie nord du royaume. Théoriquement laissé à leur initiative, il n'a rien d'officiel. Mais, de toute évidence, l'action du pouvoir ne lui est pas tout à fait étrangère comme le prouvent aussi bien sa localisation que les encouragements appuyés que lui portent les souverains successifs depuis le règne de saint Louis. L'initiative qui se veut certes privée n'en est pas moins sérieusement encadrée par le prince comme peut le laisser supposer la liste des auteurs qui décline souvent les noms bien connus de célèbres administrateurs royaux, tels Pierre de Fontaines ou Philippe de Beaumanoir. Qu'ils soient baillis, sénéchaux ou prévôts, ces proches du pouvoir étaient de parfaits connaisseurs de la coutume dont ils assumaient la rédaction. Elle était le plus souvent celle de leur bailliage, de leur sénéchaussée ou de leur prévôté. Proches des cercles dirigeants, ils devenaient du même coup des agents rêvés pour introduire dans les textes qu'ils étaient appelés à traiter toute disposition propre à faire évoluer le droit coutumier dans le sens souhaité par le souverain. Ils étaient aussi particulièrement bien placés pour en faire disparaître toute règle gênante ou susceptible de faire obstacle au développement du pouvoir normatif royal. Il y avait là autant de moyens de faire évoluer cette matrice coutumière dans un sens favorable à la reconstruction de l'Etat. Pareille politique masque mal l'idée souvent avancée et sûrement exacte, selon laquelle la rédaction des coutumiers traduirait en réalité un projet calculé de la royauté d'établir un véritable plan d'équipement juridique du royaume. Il y avait là volonté indéniable de tout mettre en œuvre pour contrôler, à défaut de la soumettre, toute une série de blocs coutumiers dont l'antériorité par rapport au droit royal naissant en faisait un concurrent redoutable et un obstacle difficile à franchir pour la législation édictée par le centre en direction de la périphérie. Rédiger les coutumes permettait d'ouvrir un chemin à la loi de l'Etat à un moment où tout, dans ce maquis coutumier s'oppose à sa réception.

La fin du XIIe siècle et tout le siècle suivant marquent le temps fort de la rédaction des coutumiers. Elle traduit une très forte emprise de l'écrit sur la règle de droit en vue de la rendre plus lisible, plus accessible et moins sujette à contestation. Malheureusement cette embellie d'un long et beau XIIIe siècle semble avoir été sans lendemain, tant elle s'appauvrit pour s'étioler dans les crise d'un dramatique XIVe siècle.

Le beau XIIIe siècle des coutumiers. Comme en bien d'autres situations, la Normandie mène le jeu. L'ancienneté, l'originalité et la qualité de ses coutumiers en font, une nouvelle fois, un cas spécifique sous l'autorité normative de son duc. Mieux conservée que partout ailleurs, elle a sûrement largement contribué à faire prendre conscience à ses habitants et aux agents du pouvoir ducal de l'importance qu'il y avait à rechercher, autour du droit coutumier, tout à la fois une certaine cohérence de la norme et un consensus sur l'impérieuse nécessité de sa mise par écrit. Cette double donnée favorise une première marche vers l'unité de la coutume normande en procédant à sa rédaction en vue d'en faire une norme générale applicable jusqu'aux confins du duché. Ce résultat s'inscrit en deux temps dans l'histoire si originale des sources du droit normand.

Dès la fin du XIIe siècle, voit le jour *Le Très Ancien coutumier de Normandie.* Cette compilation, dont la rédaction anonyme épouse vraisemblablement la dernière décennie du XIIe siècle, est donc antérieure à l'acte de rattachement de la Normandie au domaine par Philippe Auguste en 1204. Cette compilation, rédigée en latin, se recommande par sa concision, sa clarté et sa précision, ce qui en a fait un ouvrage de référence pour saisir sur le vif, de manière souvent sommaire mais toujours évocatrice, le système juridique et institutionnel de la Normandie à l'aube du XIIIe siècle. Vient ensuite en plein milieu du siècle, la *Summa de legibus Normaniae* dont la première version en latin, aux alentours de 1254, laisse entrevoir une toute autre qualité d'écriture et de fond. La grande nouveauté de ce texte particulièrement soigné, traduit vers 1270 en français *(Grand Coutumier de Normandie),* est d'être complété par toute une série de dispositions de droit romain que l'auteur sait dominer avec maîtrise pour enrichir le droit normand et le faire évoluer, mais sans en changer profondément la nature si spécifique. Bien qu'étant, comme l'implique le genre un ouvrage privé, cette somme se trouva rapidement érigée en source officielle du droit pour devenir, dans les dernières années du XIIIe, une sorte de code dont juges et administrateurs invoquent régulièrement l'autorité. Il y a là, de toute évidence, un processus intéressant d'évolution de la norme, de sa qualité et de sa qualification qui permet de passer de la simple coutume à une règle de droit tout aussi opératoire que si elle émanait directement du prince.

Prenant vraisemblablement sa source en Normandie, cette volonté de mise par écrit de la coutume ne tarde pas à se manifester en Ile-de-France d'abord, puis dans les régions limitrophes, ce qui laisse une nouvelle fois entrevoir l'active présence de la main du roi. Les rédactions de coutumiers s'y succèdent à un rythme soutenu dans le courant de la seconde moitié du XIIIe siècle pour donner naissance à des œuvres de qualité et de structure très diverse. L'irruption du droit romain en est sûrement la cause que nombre d'auteurs s'efforcent d'introduire dans des coutumes où il n'a pas toujours la place et qu'il vient souvent très fortement dénaturer. Tout dépend alors de la capacité de l'auteur à maîtriser ces deux droits et à en présenter une synthèse cohérente. Souvent soucieux d'étaler sa connaissance du droit de Justinien, il introduit de manière artificielle et inappropriée de lourdes citations ou références de droit romain, en général extraites du Code ou du Digeste. En bien des cas mal choisies et interprétées de manière erronée, elles contribuent à faire du texte de la coutume une source difficilement utilisable par des praticiens peu rompus aux subtilités byzantines et totalement inaccessibles à des justiciables prisonniers d'une routine strictement coutumière.

Le Conseil à un ami que Pierre de Fontaines bailli de Vermandois, rédige à la demande de saint Louis vers 1253, est un parfait reflet de ce savoir-faire un peu simpliste. Exposant les grandes règles de cette coutume de Vermandois qu'il connaît parfaitement, il en bouscule complètement l'économie en y intégrant de nombreuses dispositions empruntées au Code de Justinien, mais d'après des traductions en français de l'époque. Il en résulte un curieux mélange qui fait quelque peu passer au second plan la richesse et la variété du droit coutumier de cette région.

Des remarques identiques peuvent être faites à propos *Le Livre de Jostice et de Plet* qui, en dépit de l'anonymat de son auteur, signe cependant un ouvrage d'origine orléanaise. Ce texte restitue, à travers leur mise par écrit, les coutumes de l'Orléanais. Ici encore, le droit romain est très présent, ce qui n'a rien de surprenant en raison du poids et du rayonnement de l'École d'Orléans. S'ajoutent à ces références savantes mal utilisées et souvent mal identifiées ou faussement attribuées à des juristes contemporains, de nombreuses citations de droit canoniques, elles aussi peu fiables, ce qui donne un texte parfois confus et difficile, mais qui demeure précieux pour la connaissance du droit orléanais du XIIIe siècle.

Les Etablissements de saint Louis (vers 1270) s'inscrivent dans la même veine. Ainsi qualifiés parce qu'ils débutent par deux établissements du roi, ils n'ont rien à voir avec une compilation officielle qui aurait pu être ordonnée par le roi. Là encore, il s'agit d'une simple mise par écrit de coutumes tourangelles et angevines auxquelles ont été ajoutées de nombreuses dispositions coutumières de l'Orléanais, le tout très fortement enrichi à grand renfort de citations de droit romain et de droit canonique, ce qui contribue à faire de cet ouvrage un travail fort identique aux deux précédents pour ce qui est de l'esprit et de la méthode.

Fort heureusement, elle ne domine pas tout le siècle dont se détache un coutumier devenu célèbre, tant en raison de la science que du savoir-faire de son auteur. Il s'agit de Philippe de Beaumanoir, grand serviteur et fidèle de saint Louis qui assuma plusieurs fois les fonctions de bailli, en particulier dans le bailliage de Clermont-en-Beauvaisis. Né en 1247 († 1296) d'une famille de petite noblesse, Beaumanoir est un excellent juriste que le service de l'Etat et ses nombreux voyages, en particulier en Angleterre, n'ont cessé de rendre toujours plus ouvert au monde du droit et à ses subtilités. Toutes ces caractéristiques se lisent dans son œuvre magistrale, *Les coutumes de la comté de Clermont-en-Beauvaisis* (vers 1280) tout au long de laquelle il sait en permanence se montrer savant sans être pédant, didactique sans être scolaire et pratique sans être simpliste. Autant de qualités qui font que son travail ne se limite pas à une sèche mise par écrit de la coutume dont il conduit toujours une analyse serrée pour aboutir à une interprétation aussi savante que possible. Droit romain et droit canonique sont une nouvelle fois mis à l'épreuve, mais toujours de manière fort subtile en vue de comparer, comprendre et compléter. Il en va de même des coutumes de ressorts proches, tout comme de la jurisprudence des tribunaux voisins et du Parlement. Centré sur le Beauvaisis, comme les autres coutumiers l'étaient sur leur « pays », cette œuvre maîtresse ne se laisse pas enfermer dans son objet principal d'étude qu'elle déborde constamment pour en arriver bien souvent à disserter sur des thèmes à la mode en cette fin su XIIIe siècle, tels la souveraineté royale et les droits des barons. C'est dire combien cet ouvrage s'inscrit au cœur de la construction de l'Etat et combien, ce faisant, son auteur sait entendre les consignes que ne manque pas de donner officieusement le souverain, même quand les temps deviennent plus difficiles.

Les coutumiers des temps de crise. Le XIVe siècle marque un temps de relative rupture dans cette entreprise de rédaction des coutumiers. Dominé par les crises politique, économique et démographique qui ravagent un Occident déchiré par la guerre Guerre de Cent ans, le temps n'est plus à ce retour vers la coutume qui avait été si fécond tout au long des décennies passées. Sans pouvoir dire que le siècle qui s'ouvre alors serait placé sous les signes d'une sorte de régression coutumière, il convient cependant de constater que les spectaculaires progrès du droit romain, la renaissance toujours plus affirmée du pouvoir édictal du souverain et la jurisprudence sans cesse plus sûre de ses tribunaux, placent la coutume dans une position moins favorable, sans qu'aucune de ces sources du droit ne puisse cependant prétendre en faire une source subsidiaire du droit, bien au contraire. Dans ce contexte d'une plus grande atonie coutumière, l'entreprise de rédaction des coutumiers n'en continue pas moins, mais à un rythme plus lent qui débouche sur une production de moindre qualité. Plus étalée géographiquement, elle s'étend désormais jusqu'aux marges du royaume sans délaisser pour autant les terres du domaine royal et les régions qui en sont proches.

La Bretagne où le droit royal encore mal assuré ne pénètre guère, participe largement de ce mouvement des coutumiers de la seconde génération. *La Très ancienne coutume de Bretagne* (vers 1330) se veut avant tout une codification bretonne dans laquelle une place non négligeable est cependant laissée au droit romain. Œuvre d'un auteur anonyme et rédigée en français, elle s'appuie largement sur la morale et la religion pour combler certains vides ou faciliter une démonstration. Mais de telle digressions ou allusions ne portent pas sérieusement préjudice à l'analyse d'ensemble que conduit son auteur autour des institutions et du droit breton. Valeur certaine lui fut vite reconnue qui lui valut d'acquérir très rapidement autorité de code officiel qu'elle conserva jusqu'en 1539, date de mise par écrit officielle des coutumes du duché breton.

A la fois proche du pouvoir et de l'ordre juridique royal en gestation, *Le Grand coutumier de France* (fin du XIVe siècle) est l'œuvre de Jacques d'Ableiges, bailli d'Evreux et praticien célèbre du Châtelet. Son but n'était autre que de rédiger une véritable somme de toutes les traditions coutumières parisiennes en y ajoutant, comme le lui permettaient les fonctions qu'il exerçait au Châtelet un véritable recueil de règles, d'usages et de pratiques concernant la procédure. Au-delà de ce travail considérable et de la portée capitale qu'il a eue parce que révélateur de tout un pan du droit d'Ile-de-France, il convient de souligner que le titre de l'ouvrage se veut porteur pour le droit royal dans la mesure où l'auteur laisse à penser qu'existerait déjà un vrai droit coutumier français parfaitement dominé par le roi. Le terme en était loin encore, ce qui n'empêcha pas l'ouvrage de se tailler un beau succès dans l'enceinte des tribunaux et de connaître plusieurs versions dès le lendemain de sa parution.

Mais il n'a rien de commun par rapport à l'incomparable destinée réservée à *La Somme rural* (vers 1392) de Jean Bouteillier. Lui aussi serviteur zélé du prince, il fut successivement bailli de Vermandois, de Tournai, puis de Chartres et d'Evreux avant de mourir en 1395. Son œuvre prend le contre-pied de toutes ses aînées dans la mesure où l'auteur s'efforce de réaliser une synthèse du droit entre les grands courants coutumiers du nord de la France, le droit romain et, dans une moindre mesure, le droit canonique. Le message ainsi envoyé était clair là en encore, une fois de plus contenu dans le titre : *Somme*. Il fallait braver les diversités coutumières et à tout prix imposer l'idée d'un droit coutumier doté d'une certaine unité sous l'égide du pouvoir normatif royal renaissant. Mais, en fin de compte, l'ouvrage réalise davantage un inventaire qu'une synthèse et il se présente plus comme une encyclopédie juridique que comme une codification maîtrisée. Travail savant et érudit, il n'est pas toujours clair pour un lecteur non averti, ce qui ne l'empêcha pas de connaître, tant au moment de sa parution que tout au long des siècles suivants, un immense succès qui lui valut d'être maintes fois réédité, surtout au XVIe siècle.

En dépit de leur caractère privé toujours affiché, voire proclamé par le pouvoir, toutes ces œuvres, que ce soit au XIIIe ou au XIVe siècle, s'intègrent en réalité dans le vaste mouvement lancé par le pouvoir pour tenter de maîtriser au mieux les diverses sources du droit. Rédigées le plus souvent par des proches du pouvoir – baillis et praticiens – elles sont en quelque sorte, sur le terrain, le prolongement permanent et officieux des timides interventions de la royauté en matière coutumière qui devaient se concrétiser au milieu du XVe siècle, au moins au stade des intentions, quand Charles VII lance officiellement la procédure de rédaction officielle des coutumes.

2. – *Ordonner la rédaction du droit coutumier du royaume*

Tout au long de la période médiévale, l'Etat ne cesse de butter sur l'ordre coutumier parce qu'il est solidement enraciné et que les populations y sont très attachées, mais aussi parce que le pouvoir le connaît mal, en dépit de la multiplication des coutumiers qui ont fleuri un peu partout dans le royaume depuis le milieu du XIIIe siècle. Un équilibre s'était ainsi établi entre l'ordre juridique royal en gestation et l'ordre coutumier traditionnel, équilibre durable que seul pouvait rompre une démarche du pouvoir. Durant de longs siècles, une telle démarche lui fut impossible faute de moyens suffisants en savoir-faire, en hommes et en talents de persuasion. Ordonner la rédaction du droit coutumier du royaume, c'était affirmer que l'Etat était assez puissant pour domestiquer un mode de production du droit qui lui avait toujours échappé. Fort de ses succès dans la lente reconstruction de cet État, Charles VII croit pouvoir se lancer dans une telle entreprise. Il en donne le signal en 1454, avec l'ordonnance de Montils-les-Tours. Ce texte ne permet pas véritablement de saisir tout le *pourquoi* d'une opération dont le *comment* s'étale bien au-delà du règne de Charles VII pour ne déboucher que sur un *en quoi* bien modeste.

Pourquoi ? Quand Charles VII décide de faire procéder à la mise officielle par écrit des coutumes de tout le royaume, beaucoup d'entre elles avaient déjà fait l'objet de rédactions dans le cadre de coutumiers dont le caractère essentiellement privé avait interdit, peut-être à de rares exceptions près, une approbation officielle. Il y avait là un véritable patrimoine juridique en quelque sorte fixé et mieux connu, mais dont l'absence de reconnaissance officielle de la part du pouvoir, tout comme les imperfections et les insuffisances, faisaient que praticiens, juges et justiciables ne pouvaient de manière sûre s'appuyer sur lui. Trop souvent, ces coutumiers portaient la marque de leur histoire, l'empreinte personnelle de leur rédacteur et le poids d'une pratique coutumière qui les avait alourdis de répétitions et de redites sans toujours combler certains vides qui devenaient chaque jour plus criants face à l'évolution du droit et au perfectionnement des techniques juridiques.

A ces graves insuffisances de fond et de forme, s'ajoutaient souvent d'insurmontables difficultés pour saisir avec clarté les ressorts dans lesquels s'appliquaient ces différentes coutumes. Mal fixée, la géographie coutumière demeurait capricieuse, si bien que les détroits coutumiers se chevauchaient souvent, ce qui contribuait à rendre malaisé au juge la connaissance du droit applicable et très difficile au justiciable de trouver son vrai juge. Il en résultait de multiples incidents de procédure et des procès interminables. Face à de telles incertitudes, les juges devaient en permanence diligenter des enquêtes destinées à déterminer tout autant la coutume applicable que son contenu.

En plus des obstacles qu'il dressait chaque jour au progrès du droit et de la science juridique, un tel imbroglio de la norme coutumière posait de redoutables problèmes dans la vie de chaque jour. Les progrès de l'économie même souvent freinés par de rudes crises, le développement des transactions et l'essor du grand commerce font que le besoin constant de nouvelles techniques juridiques et de sécurité permanente dans les transactions se fait sentir, non plus à l'échelle des simples détroits, mais du royaume tout entier. C'est donc désormais le droit de tout un espace beaucoup plus vaste qui doit être repensé et restructuré. De tels besoins ne pouvaient être couverts par des coutumes souvent incertaines et de surcroît livrées dans des textes peu fiables. Telles qu'elles avaient été figées, elles créaient un véritable blocage et s'opposaient à l'élaboration progressive d'un ordre juridique plus unitaire sous l'impulsion d'un pouvoir normatif royal retrouvé dont l'objectif désormais avoué était de les réduire en nombre, d'en combler les lacunes et d'en gommer les divergences les plus criantes. Il y avait là démarche d'autant plus indispensable et urgente que toutes ces coutumes, surtout dans le Midi, étaient de plus en plus soumises à la rude concurrence du droit romain. Voilà pourquoi la monarchie juge indispensable de prendre position dans cet espace coutumier dont elle souhaite faire un champ clos réservé à l'essor et à l'action d'un pouvoir normatif étatique si peu enclin jusque-là à intervenir dans des matières traditionnellement régies par la coutume : le droit privé.

Face à tant de constatations négatives et peu porteuses pour un ordre coutumier pourtant si indispensable à la vie juridique du royaume dont il était véritablement le pilier, Charles VII constate qu'il y a là, pour le pouvoir, tout à la fois nécessité d'intervention – il convient de rendre plus sûr et plus tangible l'ordre coutumier – et opportunité d'action – il est indispensable pour le souverain d'affirmer son pouvoir face à la coutume – Voilà pourquoi il saisit l'occasion que lui offre l'ordonnance de Montils-les-Tours, principalement consacrée à la réforme de la justice, pour ordonner *que les coutumes, usages et stiles de tous les pays de notre royaume soient rédigés et mis par écrit, accordés par les praticiens et gens de chacun desdits pays de notre royaume.*

Comment ? L'ordonnance de Montils-les-Tours, en son article 125, est assez succincte sur la procédure à suivre. Elle stipule simplement que dans chaque bailliage, le bailli doit préparer un projet de rédaction au terme duquel un document écrit restituera le plus fidèlement possible le contenu des coutumes du détroit concerné. Le texte ainsi mis en forme, destiné à être examiné par le roi en son conseil, doit lui être aussitôt transmis accompagné d'un dossier complémentaire dans lequel sont regroupées observations et remarques de tous ceux qui ont participé à l'élaboration et en particulier des représentants de la population, des praticiens et des juges. Après examen, puis consultation du Parlement, le roi procédait ou non à la publication.

Sommaire et associant trop peu les intéressés aux travaux préparatoires, cette procédure se révéla insuffisante et devint rapidement obsolète. En l'absence complète de résultats concrets et significatifs, les successeurs de Charles VII furent contraints de la repenser à peu près complètement et, surtout, de la compléter. Charles VIII souhaita qu'une commission émanant du Parlement fût mise sur pied pour procéder à l'examen des projets. Mais une telle réforme s'avéra très difficile à mettre en œuvre tant les projets qui arrivèrent devant la commission furent chargés de contestations et de demandes de modifications. Y répondre supposait le plus souvent de se rendre sur place, ce qui interdisait pratiquement à la commission de travailler à Paris. C'est pourtant ce qu'avait souhaité le souverain qui espérait ainsi que ses gens du Parlement pourraient, pour l'essentiel, contrôler la rédaction.

La réforme devait donc être reprise. Ce que firent Charles VIII puis Louis XII en publiant sur ce point deux ordonnances, en septembre 1497 et mars 1498. Ces deux textes organisent de manière beaucoup plus élaborée et définitive cette fois, la marche à suivre. Le roi demeure toujours maître de la décision de mise par écrit. Il délègue à quelques commissaires qu'il choisit parmi les membres du Parlement le soin de diligenter sur place les opérations. Le bailliage reste le cadre le plus approprié, encore qu'il ne soit nullement imposé et que puisse être retenu celui de toute autre circonscription. En tout état de cause, le bailli conserve la maîtrise de la préparation du projet. Bien plus qu'au temps passé, il est invité à faire appel à des notables signalés pour leur connaissance du droit et choisis avec discernement en vue d'en faire des représentants des trois ordres. Enfin, pour résoudre au mieux tous les problèmes techniques qui pourraient surgir quant à l'interprétation des textes à mettre par écrit, praticiens et juges sont toujours très étroitement associés aux travaux. Le projet rédigé puis revu par les commissaires royaux, le bailli est tenu de réunir l'assemblée des états pour qu'elle le discute sous le contrôle des commissaires royaux.

Cette opération est capitale dans la mesure où le greffier lit l'ensemble du texte article par article, ce qui permet une discussion très approfondie et point par point. Tout article qui ne fait l'objet d'aucune contestation ou sur lequel accord intervient après discussion est déclaré « accordé », ce qui signifiait que la disposition coutumière qu'il contenait se trouvait définitivement fixée. Paré de ce label, il était considéré comme adopté et soumis à promulgation immédiate par les commissaires qui s'exécutaient sur le champ et au nom du roi. Tout article contesté et pour lequel accord n'intervenait pas était déclaré « discordé » Si, au terme d'une nouvelle discussion conduite par les commissaires royaux, aucune possibilité d'accord ne se profilait, on procédait à une adoption provisoire qui laissait la voie ouverte à une opposition toujours possible et à laquelle il convenait de se montrer attentif au cas où elle serait formée. Le parcours que constituait ces travaux préparatoires étant terminé, la totalité du texte – articles « accordés » et articles « discordés » – était transmis au roi qui en faisait expédier le contenu sous forme de lettres patentes par sa chancellerie en vue d'être soumises pour enregistrement au Parlement de Paris ou à celui de la province dont on venait de rédiger la coutume, s'il y en avait un.

Ainsi revue et complétée, cette procédure devenait beaucoup plus efficace et pouvait laisser espérer de meilleurs résultats. La place de choix désormais dévolue aux représentants de la population permettait de les associer directement à la rédaction du texte et les autorisait à collaborer en permanence avec les agents locaux et commissaires royaux. Le pouvoir témoignait ainsi de son souci de voir respecter les usages locaux et de donner la parole, en vue de les défendre, à ceux qui les connaissaient parfaitement. Néanmoins, le roi n'était pas allé aussi loin qu'auraient pu espérer les populations dans la mesure où il conservait la mainmise sur l'essentiel de l'opération de rédaction dont la décision de la lancer relevait toujours de lui seul. Quant à ses commissaires, ils restaient très présents et très actifs tout au long de la phase des travaux préparatoires. C'était sous leur contrôle étroit que le texte définitif était mis en forme. Maître absolu du déclenchement des opérations, le roi est aussi seul habilité à les clore et à déclarer valide ou non le texte qui lui est soumis. Son pouvoir de « décréter » et de promulguer la coutume est entier. Tout au plus, il peut être délégué à ses commissaires qui sont ses hommes. Il y a là preuve tangible d'une véritable reprise en main de l'ordre coutumier par le souverain à un moment où son « pouvoir législatif » renaissant fait de lui, le seul apte à donner à une simple règle coutumière, du seul fait de sa promulgation, une valeur bien proche de celle reconnue à la loi. Mais de la théorie à la pratique, il y avait marge. Voilà qui laisse à penser que les entreprises royales en vue de rédiger la coutume ne furent couronnées que de minces succès en cette seconde moitié du XVe siècle.

En quoi ? Cette procédure de rédaction, longtemps hésitante et lente à trouver son rythme, ne pouvait donner que des résultats fort modestes. Pareille constatation se vérifie sans peine pour le règne de Charles VII. Le « souverain-inventeur » de cette opération de prestige à l'endroit du monde coutumier ne vit s'inscrire qu'une réalisation de marque sur le cahier qu'il aurait volontiers ouvert pour tenir à jour une liste qu'il espérait longue des coutumes rédigées. Et encore lui échappa-t-elle complètement puisqu'elle fut l'œuvre de son puissant et redoutable vassal, le duc de Bourgogne qui dut s'enorgueillir de réaliser en son duché ce que le roi de France ne pouvait faire en son royaume. L'opération conduite de main de maître fut réalisée en un temps record. Dès 1458, les États de bourgogne demandent à Philippe le Bon de lancer la procédure de rédaction. Il ne fallut pas plus d'un an pour aboutir à un texte définitif que le duc publia par lettre patente avant que le roi ne le confirme officiellement en 1459.

Le temps d'une rédaction massive ne vint pas davantage avec Louis XI dont le seul fait marquant en la matière est d'avoir confirmé, en 1463, les coutumes de Touraine et deux articles pour celles de Bordeaux. Ce souverain fut certes constamment habité du souci de faire avancer ce vaste chantier qu'était la mise par écrit des coutumes et il chercha à s'en donner les moyens. Mais les élites locales ne semblent guère avoir coopéré pour faciliter leur mise en œuvre. Comme pouvait le laisser supposer la vigoureuse législation imaginée par Charles VIII et surtout par Louis XII, c'est bien sous leur règne que le mouvement de rédaction commence à trouver son rythme de croisière pour s'accélérer, de manière irréversible cette fois, à partir du début du XVIe siècle dont les premières décennies enregistrent de nombreuses et notables réalisations pour des villes ou provinces telles que Chartres (1508), Orléans (1509), l'Auvergne (1510), Paris (1510), le Poitou (1514), la Bretagne et le Berry (1534). Le mouvement continue tout au long du siècle. Après tant d'hésitations et d'atermoiements, il était définitivement lancé pour se poursuivre sans interruption, jusqu'à la fin de l'Ancien Régime.

L'acquis médiéval est donc des plus modestes, presque nul si on s'en tient aux réalisations effectives. Mais il est loin d'être négatif si on veut bien scruter l'avenir. Les ordonnances capitales qui se sont succédé en la matière posent de manière irréversible le principe de la rédaction sur initiative et sous contrôle royal. Elles ouvrent en même temps une voie tout aussi royale à cet impressionnant mouvement officiel de rédaction dont les conséquences sont inestimables.

En tout premier lieu, il convient de souligner à quel point un telle entreprise a été déterminante pour **la fixation définitive du droit coutumier**. Ecrite, la coutume n'est plus vraiment la coutume. Sans perdre totalement sa qualité première, elle en acquiert deux autres. Alors qu'elle était jusque-là vague et incertaine, elle devient certaine à partir de la discussion qui a présidé à sa rédaction et du support – l'écrit – qui la reçoit, support qui n'existait pas avant. La sécurité qu'elle apporte désormais aux praticiens, aux juges et aux plaideurs est incomparable. Qu'ils se trouvent placés ou non en situation contentieuse, ils peuvent toujours en cas de doute ou de contestation, avoir recours à un texte officiel. Désormais certaine, la coutume rédigée acquiert une valeur très proche de celle qui est reconnue à la loi. Comme elle, elle est sanctionnée par l'autorité du roi et décrétée par lui en accord avec son Parlement. Dans ces conditions, sa valeur est identique à celle d'une ordonnance, renforcée qu'elle est elle aussi par son enregistrement en Parlement. Cependant, même rédigée la coutume ne reste pas figée. Elle continue, comme la loi, à évoluer en fonction de l'usage qui peut entraîner des modifications de son contenu et faire que certaines de ses dispositions ou la totalité de ses articles tombent en désuétude. On le voit, fixation et sécurité n'impliquent pas obligatoirement rigidité et immobilisme.

Un second apport particulièrement porteur de la rédaction est de rendre possible, à terme, **une certaine unification du droit**. La voie qui devait y conduire était longue encore, mais tous les moyens pour parvenir à ce résultat s'offraient désormais au roi. Rédiger les coutumes, c'était les réduire en nombre dans la mesure ou de multiples regroupements étaient opérés. Il y avait là une condition préalable à toute unification. Cette évolution était d'ailleurs en marche depuis longtemps. La reconstruction territoriale amorcée depuis les règnes de Louis VI et de Louis VII avait ouvert la voie à la constitution d'unités géopolitiques toujours plus grandes et donné le signal de la disparition de nombreuses coutumes particulières qui régissaient de multiples châtellenies et petites seigneuries. Elles se fondent alors dans celles de ressorts plus vastes qui peuvent, en certains cas, s'étendre jusqu'aux limites de la principauté. Le processus de rédaction ne fait qu'amplifier ce vaste travail de sape des petites coutumes en le rendant systématique. La disparition de nombreuses coutumes spéciales était comme programmée au profit de coutumes plus générales dont le détroit, plus vaste, les englobait. Le droit coutumier se trouvait ainsi concentré et restructuré autour de quelques grands pôles dont les coutumes qui leur servaient d'assise, désormais rédigées et parfaitement connues des juges et de leurs justiciables, étaient tout naturellement appelées à servir de support à la lente affirmation d'un droit commun coutumier. Déjà et dans l'esprit de beaucoup, il avait vocation tout aussi naturelle à devenir le droit du royaume de France.

Le troisième grand acquis lié à la rédaction des coutumes fut, pour la royauté, la possibilité qu'elle eut dès lors d'**agir directement sur l'ordre juridique divers, morcelé et mouvant qu'était le monde de la coutume**. Maître de la décision de rédiger et comptable du début jusqu'à la fin de la réalisation de l'entreprise, le souverain peut désormais choisir le moment qu'il juge opportun pour agir et confier aux commissaires de son choix la conduite des opérations. Maître d'œuvre de la politique ainsi engagée et seul comptable des résultats, il apporte à l'Etat une maîtrise qu'il n'avait jamais exercée jusque-là sur un mode de production du droit qu'il n'avait pas davantage contrôlé, celui de le coutume. Tout simplement parce qu'il lui était antérieur et préexistait à lui. Tout son savoir-faire fut, non pas de le fondre dans sa loi, ce qui eut été impossible, mais bien d'en faire en quelque sorte un égal de sa loi en le marquant du sceau indélébile de sa souveraineté. Désormais, la coutume tenait moins du peuple sa valeur qu'elle ne tirait sa force obligatoire de l'approbation que lui donnait le souverain. Adopta-t-il à l'égard du droit romain comportement semblable ?

Il y avait là une réelle maîtrise reconnue à l'Etat sur l'évolution et la fixation d'un secteur du droit qui lui avait, jusque-là, à peu près totalement échappé. La coutume, droit préexistant à l'Etat, se trouvait désormais en partie absorbée par lui. En lui donnant force légale, il en faisait sa propre loi ou, tout au moins, un droit qui tenait de lui l'essentiel de sa valeur. La situation fut bien différente avec le droit romain.

§ 2. – RENAISSANCE DU DROIT ROMAIN

Les grandes mutations qui marquent l'évolution de l'Occident médiéval à partir du XIe siècle expliquent et favorisent la redécouverte du droit romain. A une économie fermée, succède une économie à nouveau largement ouverte autour du bassin méditerranéen, berceau de la naissance et de l'expansion du droit romain. Le formalisme qui avait dominé tout le droit du haut Moyen Age, en particulier dans le domaine contractuel, ne suffit plus à répondre aux besoins d'une bourgeoisie d'affaires en quête d'une technique juridique toujours plus affinée et sensible au consensualisme. Les mentalités évoluent aussi. Le monde intellectuel, jusque-là dominé et contrôlé par l'Eglise, subit le choc de toutes les influences nouvelles. Culture et connaissance ne sont plus exclusivement ecclésiastiques. Elles commencent à se laïciser. Il y avait là autant de circonstances favorables pour une renaissance du droit romain savant. Celui qu'avaient légué à l'Occident – qui l'avait oublié – les compilations de Justinien. Quelles ont été les circonstances de cette renaissance (A), quelle en fut la méthode (B) et, enfin, comment peut-on en mesurer les premiers résultats (C) ?

A. LES CIRCONSTANCES

Pendant toute la période du haut Moyen Age, la place du droit romain dans la culture juridique est extrêmement réduite. Son souvenir n'a été conservé qu'en de rares régions, à travers seulement quelques extraits du Code théodosien. Il n'est cependant pas invraisemblable que l'œuvre de Justinien ait pu être apportée en Occident, dès le VIe siècle, par les troupes byzantines qui occupaient, sous son règne, une partie de la péninsule italienne. Quelques fragments en auraient alors été conservés à Rome même, tout spécialement dans l'entourage pontifical. A supposer que cela soit, une certitude s'impose. Pendant fort longtemps, cet héritage a été complètement ignoré des juristes italiens eux-mêmes.

Ce retour aux sources a sans doute été grandement favorisé par les recherches de textes canoniques qu'entreprennent, au milieu du XIe siècle, les réformateurs grégoriens (Grégoire VII, 1073-1085) en vue d'établir de nouvelles collections canoniques et mieux prouver la primauté romaine. Ce climat de spéculation intellectuelle déborde largement le cadre de l'Eglise. Les juristes impériaux ont aussi joué un rôle considérable dans cette renaissance, s'efforçant par tous les moyens d'opposer des arguments à la suprématie pontificale. Cette ambiance nouvelle de réflexion et de spéculation intellectuelle aboutit, aux alentours des années 1060-1080 selon toute vraisemblance, à la découverte d'un manuscrit du Digeste rédigé par des copistes du VIe ou du VIIe siècle.

Autour de cet événement, une légende naquit dans les universités médiévales. Elle attribue la découverte à des circonstances tout à fait fortuites. Au cours d'une guerre qui opposait la cité de Pise à celle d'Amalfi, un soldat de l'armée pisane aurait rapporté d'Amalfi, mis à sac et pillé, le fameux manuscrit. Qualifié de *Littera pisana*, il est conservé à Pise jusqu'au début du XVe siècle, puis transporté à Florence en 1406. Il est depuis lors qualifié de Florentine. A partir de ce texte ont été établies toutes les éditions modernes du Digeste.

B. LA MÉTHODE

Partie d'Italie, l'étude du droit romain renouvelle dans toute l'Europe la pratique juridique. C'est à Bologne que débute cette renaissance avec l'école des glossateurs (1) suivie par celle des postglossateurs (2).

1. – *Les glossateurs bolonais et le prolongement de leur enseignement en France*

A la fin du XIe siècle, Bologne était le siège d'une école épiscopale où était enseigné, dans le cadre des Arts libéraux, *l'ars dictaminis* destiné à apprendre aux jeunes praticiens l'ensemble des méthodes à employer pour établir les divers actes de la vie juridique. Il y avait là une ouverture très favorable au renouvellement de l'étude du droit. Elle s'amorce dans les toutes dernières décennies du XIe siècle sous l'influence d'un grand maître dont on connaît peu : *Irnerius*, qualifié par ses contemporains de *primus illuminator*, *lucerna juris*. Peut-être précédé d'un autre docteur nommé *Pepo*, Irnerius demeure cependant le véritable fondateur de l'école de Bologne où il enseigne, à partir de 1088 vraisemblablement, jusqu'en 1125. Après lui, ses élèves, en particulier les « quatre docteurs » (Bulgarus † 1166, Martinus Gosia † vers 1165, Hugo de Ravenne † vers 1170 et Jacobus † 1178) lui succèdent, suivis par Rogerius († 1192), Vacarius († 1159), Placentin († 1192), Azon (vers † 1230) et, enfin, Accurse (1182-1258).

Autour de tous ces maîtres, Bologne devient la plus importante université juridique de l'Europe médiévale. Tous adoptent le même système d'enseignement, celui de la glose, d'où le nom de glossateurs qui leur a été donné. Ils ne font là que reprendre les méthodes d'enseignement de l'époque. Elles consistaient à faire l'exégèse complète des textes en les expliquant de la manière la plus littérale possible. Le droit romain étant pour eux une matière à peu près complètement inconnue, on comprend mieux qu'ils aient pu adopter ce système. Elle leur paraissait si complexe qu'ils ne pouvaient avancer que lentement, mot par mot, phrase par phrase, dans la lecture et la compréhension des textes.

Le travail de recherche et d'enseignement est axé autour de trois préoccupations essentielles. D'abord des explications de mots par comparaisons et rapprochements. C'est là le travail essentiel qui appelle la plupart du temps un commentaire en marge du texte, la glose. Des études de cas ensuite qui permettent d'examiner la question d'espèce posée par chaque texte. Des résumés enfin à travers lesquels sont analysés et regroupés les différents cas étudiés. Ils autorisent une première synthèse que le maître condensait dans une somme.

Gloses, cas et sommes acquièrent rapidement une grande valeur, didactique et scientifique à la fois. Les gloses sont en général signées des initiales de leur auteur. Elles finissent souvent par avoir plus de valeur que le texte lui-même, tout comme les études de cas et les sommes dont les étudiants se transmettent les manuscrits. Cette méthode, purement exégétique, est très bien présentée par un de ces maîtres, Odofredus. Au début de son commentaire du Digeste, il ouvre ainsi le programme de son cours : *« Je vous donnerai le sommaire (summa) de chaque titre avant d'en venir au texte. Je poserai, le mieux que je pourrai, les cas d'espèce de chaque loi (casus). Je lirai le texte pour le corriger au besoin (lectura). J'expliquerai les contradictions et poserai des règles générales. Enfin, si quelque loi est digne de répétition à raison de sa célébrité, je la réserverai pour le cours (repetitio) ».*

Après Irnérius, cette méthode est reprise par les « quatre docteurs » dont Bulgarus semble avoir été le plus célèbre. Tous quatre se sont montrés très favorables à l'empereur germanique et à ses prétentions politiques. Ils ont fourni, à son entourage, l'ensemble des textes du droit romain pouvant permettre de fonder en droit l'hégémonie impériale. Cette prise de position aide à comprendre l'attitude réservée qu'a adoptée la monarchie capétienne face à cette renaissance qui, au départ au moins, ne lui était guère favorable.

Le mouvement, cependant, était irréversible. L'Italie du début du XIIe siècle offrait au droit romain renaissant, pour de multiples raisons, un terrain particulièrement prospère. Les villes y trouvèrent un ensemble de règles qui leur permirent d'assurer leur autonomie, tandis que la bourgeoisie marchande en fit un instrument indispensable au développement du commerce et des échanges (droit des contrats en particulier). Le droit romain permettait de transcender partout la diversité coutumière et de répondre aux besoins d'un monde en pleine expansion économique.

Voilà pourquoi, à partir du XIIe siècle, la réputation de l'enseignement dispensé par les glossateurs bolonais déborde très largement le cadre des frontières de la péninsule. Après avoir été formé à Bologne, Vacarius introduit vers 1160, en Angleterre, l'enseignement du droit romain et ses méthodes.

Vers la France, la pénétration de la méthode des glossateurs et de l'enseignement du droit romain est rapide, mais elle est très inégale selon les régions. A l'est du Rhône dont toute la rive gauche est terre d'empire, les réticences à l'égard du droit de Justinien se font beaucoup plus faiblement sentir qu'ailleurs. Digeste et Code y sont très vite connus et, dès 1120, beaucoup de Provençaux ont dû déjà suivre l'enseignement de maîtres italiens. Vers la même époque, commencent à circuler des Sommes. Sans doute rattachées à l'enseignement de Martinus, elles ont peut-être été rédigées dans la région de Valence à ce moment-là. L'une d'elles, *Lo Codi* (somme du Code), écrite en provençal vers 1160-1170, est sûrement due à un maître de Valence ou de Montpellier.

De tous ces événements, le plus marquant est la venue dans le Midi français de maîtres bolonais qui s'y fixent pour enseigner. Peut-être Rogerius a-t-il séjourné à Arles vers 1162 ? L'enseignement de Placentin (né à Plaisance vers 1135) à Montpellier correspond à un moment important dans l'évolution de la science du droit. Formé à Bologne, en désaccord avec les méthodes qui y prévalaient alors, il se réfugie à Montpellier vers 1170 où il enseigne vraisemblablement jusqu'en 1183, date à laquelle il regagne l'Italie pour revenir ensuite à Montpellier et y mourir en 1192.

La présence de ces quelques professeurs illustres ne suffit pas à fonder de véritables écoles de droit. Elles n'existent, dans le Midi, qu'à partir du milieu du XIIIe siècle et ailleurs souvent bien plus tard, ce qui contraint les praticiens les plus célèbres à se rendre à Bologne pour y acquérir leur formation. Quand est fondée, en 1229, l'Université de Toulouse, seule y est prévue l'étude du droit canonique. Peu de temps après apparaissent plusieurs *studia* qui sont autant de centres pour l'enseignement du droit romain à Alès, Lyon, Orange, Avignon et Béziers. Toulouse et Montpellier ne s'affirment qu'à partir de 1280 comme de grandes universités juridiques, avec des maîtres incontestés dans la science du droit. Au Nord, la diffusion du droit romain rencontre plus de réticences et de réserves, tout particulièrement dans le domaine royal. Sans doute enseigné à Paris dès le règne de Philippe Auguste, il y est interdit au même moment sur demande du roi, par la décrétale *Super specula* d'Honorius III, en raison peut-être de l'appui qu'il risquait d'apporter à la cause impériale et sans doute surtout à cause de la vive concurrence que représentait son enseignement face à celui de la théologie. Cette décision fit la fortune de l'Université d'Orléans, attestée dès les années 1235. Des professeurs célèbres y enseignent et de nombreux étudiants qui feront carrière dans l'administration royale, ou plus directement au service du roi, y suivent leurs cours.

Au même moment, l'école des glossateurs parvient à son apogée scientifique. Les noms de deux grands maîtres lui sont attachés. Celui d'Azon, d'abord, qui rédige une *Summa Institutionum* (Somme sur les Institutions) et une *Summa Codicis* (Somme sur le Code) qui, en raison de leur grande valeur, éclipsent toutes les précédentes. Celui d'Accurse, ensuite. Elève d'Azon, il réunit, au milieu du XIIIe siècle, toutes les gloses de ses prédécesseurs sur le Digeste et sur le Code pour constituer un véritable recueil appelé Grande Glose ou Glose Ordinaire. Vaste appareil destiné à faciliter la compréhension de tout un pan du droit romain, elle était appelée à un grand avenir, tout en mettant un terme à la méthode d'interprétation textuelle qui avait prévalu jusque-là.

2. – *Les postglossateurs*

Les maîtres français prennent en quelque sorte leur revanche quand, dès la seconde moitié du XIIIe siècle, ils repensent tout à la fois les méthodes de l'enseignement du droit romain et la portée qu'il convient de lui donner. Les glossateurs avaient forgé les clefs de sa connaissance, les postglossateurs les utilisent habilement pour établir en direction du legs de Justinien, une méthode de lecture, d'enseignement et d'utilisation à la fois plus constructive, plus synthétique et surtout plus ouverte. Très influencés par la science de la scolastique, ils empruntent à ses méthodes tout ce qu'elles ont de logique et de déductif. Il en découle, dans le savoir-faire qu'ils façonnent lentement, une grande rigueur d'analyse et de synthèse avant tout fondée sur une méticuleuse étude des mots dont un commentaire rigoureux permet toujours de les replacer dans leur contexte et d'en saisir la portée réelle. Cette avancée considérable trouve un incomparable support dans les universités dont l'extraordinaire essor à partir de la seconde moitié du XIIIe siècle arrive comme à point nommé pour épauler la nouvelle science juridique que les postglossateurs s'efforcent de faire triompher.

A la lecture littérale des textes et à leur commentaire mot à mot (gloses) suivi des tentatives de synthèse souvent difficiles qui les accompagnaient (sommes), ils préfèrent toujours les grands débats doctrinaux (*quaestiones*), les demandes de consultation accompagnées de réponses (*consilia*) et de grands exposés de synthèses agrémentés de larges commentaires en vue de susciter des débats (*lecturae*). Pareille démarche conduisait naturellement à s'éloigner d'une vision exclusivement scientifique de l'étude du droit romain fondée sur une analyse strictement littérale des textes pour lui substituer une conception toute nouvelle en prise avec l'évolution intellectuelle du temps et, surtout, avec les besoins d'une société désormais pleinement consciente de l'ouverture d'un Occident sur un monde en pleine mutation économique et politique. Du droit romain, on n'attendait plus une sèche et souvent desséchante interprétation de savants, mais bien d'y trouver les clefs d'entrée dans un monde nouveau. Les postglossateurs le comprirent et surent ouvrir leur science à ces besoins qui se manifestaient de toutes parts.

Cette évolution fut, dans un premier temps, l'œuvre de quelques grands professeurs français. Jacques de Révigny († 1296) fait vraiment figure de chef d'école. Ses enseignements aux universités de Toulouse puis d'Orléans, avant qu'il ne soit nommé évêque de Verdun (1290), marquent une rupture complète avec la méthode des glossateurs. Plusieurs de ses élèves contribuent à assurer le triomphe définitif de la dialectique dans l'enseignement du droit, tel Pierre de Belleperche († 1308). Après avoir marché sur les chemins de son maître à Toulouse et à Orléans, il accomplit un parcours particulièrement brillant qui fait de lui un conseiller très écouté de Philippe le Bel que ses qualités désignent pour occuper les fonctions d'évêque d'Auxerre, avant d'accéder à la charge suprême de chancelier de France.

En ce début du XIVe siècle et contrairement à ce qui s'était produit avec la science des glossateurs, c'est une science née sur le sol français qui franchit cette fois les Alpes en direction de la péninsule pour y acquérir ses lettres de noblesse auprès de grands maîtres italiens. Quelques grands noms dominent ici la réception de cette nouvelle méthode, tel Cinus de Pistoie. Ce grand ami de Dante, juriste de renom et poète à la fois, sait le premier témoigner de son enthousiasme pour cette vision profondément renouvelée du droit romain et surtout pour la méthode neuve qui sous-tend son enseignement, son interprétation et son utilisation. Il fut admirablement suivi dans cette voie par un des ses élèves, Bartole (1314-1357) dont le nom demeure indéfectiblement attaché à l'école des postglossateurs à laquelle il sut donner un incomparable rayonnement. Venu de Sassoferato dans la province d'Ancône, il est professeur à Pise puis à Pérouse. Il s'identifie alors à un point tel à l'école dont il est le maître incontesté qu'habitude a été prise de parler d'école bartoliste pour désigner toute la lignée des postglossateurs. Son enseignement et ses œuvres connurent une grande postérité, tout particulièrement en la personne de son successeur, Balde qui fut professeur à Pérouse puis à Pavie.

A la pensée, à la méthode et à l'œuvre de ces grands maîtres, qu'ils soient français ou italiens, l'Occident doit en grande partie la transformation en profondeur de ses systèmes juridiques grâce à un droit romain toujours mieux assimilé, mieux compris et mieux utilisé. C'est dire combien toute la pensée et la science juridiques occidentales leur sont redevables, tant ils l'ont vivifiée pour des siècles grâce à une œuvre appelée à servir de référent permanent. Voilà qui laisse entrevoir l'ampleur du champ de réflexions amorcées, de concepts dominés et de techniques maîtrisées qu'ils ont légué à tous les jeunes états d'Occident. Tenter d'en mesurer la portée est une immense tâche.

C. LES CONSÉQUENCES

Sans doute parce qu'il avait vocation naturelle à reconquérir tout l'espace juridique qui avait été le sien dans l'Empire romain, le droit romain connut au lendemain de sa renaissance en Italie une étonnante diffusion dans l'Europe entière. Ses partisans surent lui frayer un habile chemin à côté de l'univers rigide du droit canonique et du monde si divers des foisonnantes coutumes. Il prit pied, non sans quelque difficulté au début, dans les programmes des universités, si bien qu'il y devint rapidement avec le droit canonique et dès les premières décennies du XIIe siècle, l'un des ces pôles de ce qu'il est désormais convenu d'appeler le droit savant. C'est dire qu'il constitua, à partir de ce moment là, l'un des deux socles de la formation de tout homme de droit désireux d'acquérir des grades universitaires *in utroque*. Droit écrit – les glossateurs en avaient fait la douloureuse expérience –, droit technique – les postglossateurs en avaient mesuré toute la portée –, droit à vocation universaliste – son passé en témoignait –, le droit romain ne pouvait que séduire les bons juristes lassés d'un ordre coutumier non écrit, souvent flou et toujours parcellaire. Face à ses insuffisances, le droit romain ne pouvait que s'immiscer rapidement dans tous les espaces laissés vides par des coutumes imparfaites et une législation royale pour l'heure indigente. Il y eut donc, en sa faveur, comme appel pressant, véritable plébiscite du vide et des besoins nouveaux de toute une société.

A s'en tenir au seul royaume de France, on constate que sa pénétration dans l'ordre juridique alors existant fut très inégale selon les régions, les milieux et les hommes. Sur les terres de forte romanité qu'étaient celles du Midi, nombreux se trouvèrent les éléments propres à faciliter une diffusion relativement rapide de l'héritage apporté par la redécouverte du *Corpus* en dépit de réticences souvent non dissimulées. Au nord de la Loire, en pays de tradition franque et sur un fond coutumier solidement entretenu, la greffe du droit romain ne trouva pas de jardiniers aussi formés à la romanité et à l'art des juristes de Justinien. Ce fut « une autre France », juridique celle là, dont la lente ouverture au droit romain donna naissance à une double image de cette France du droit -une France à deux faces – image qui devait ne jamais s'effacer complètement avant le Code civil.

C'est ainsi qu'à partir du milieu du XIIIe siècle, commence à se matérialiser une division de la France en deux zones, celle des pays de droit écrit au Midi et celle des pays de coutumes au Nord. Devenue véritable image d'Épinal de l'histoire du droit, cette distinction ne doit pas être présentée comme une répartition rigide des pays de France en deux blocs juridiques irréductibles. Une vision plus modulée et plus douce s'impose, même si une telle coupure sous-tend une réalité effective dont les contemporains prirent rapidement conscience. Dès 1250, saint Louis opère de manière très officielle cette distinction dans une ordonnance consacrée à la réorganisation de l'administration des provinces de Languedoc. Les raisons qui ont pu faciliter la lente genèse d'une telle répartition sont bien connues. La forte romanité des pays du Midi et leur proximité géographique par rapport aux foyers de renaissance du droit romain constituent des facteurs favorables de tout premier ordre. Mais ils sont loin d'être les seuls. Le rôle de premier plan qu'a pu jouer la langue a sans doute été tout aussi essentiel. Langue d'oc et latin n'étaient pas éloignés au point de constituer une barrière linguistique à la pénétration des textes de Justinien. C'est plutôt le contraire qui s'est produit en raison de leur très forte parenté. Pareil constat trouve son corollaire dans la grande similitude qui existe entre la carte des pays de langue d'oc/pays de langue d'oïl d'une part et celle des pays de droit écrit/pays de droit coutumier d'autre part. La coïncidence entre les deux est toujours très forte et elle n'échappait guère à ceux qui la vivaient comme le prouve à souhait cette assertion d'un juriste méridional du XVe siècle qui, sans doute fier de sa romanité, martelait : « Les pays de droit écrit, c'est-à-dire les pays de langue d'oc ». Dans le façonnage de cette carte qui devait marquer le devenir juridique de la France, sa géographie tout comme ses peuples jouèrent aussi leur rôle. Le droit romain ne pouvait pénétrer en zones montagneuses aussi vite qu'en pays de plaine et au même rythme auprès de populations jadis fortement romanisées qu'au sein de groupes qui avaient en tout ou en partie échappé à la domination romaine. Tout fut question aussi et peut-être surtout, de volonté politique car cette carte se construisit toujours sous l'œil vigilant d'un pouvoir constamment aux aguets d'un droit romain chaque jour plus envahissant.

Dans ces conditions, la carte de répartition des pays de France entre zones principalement régies par le droit écrit et territoires essentiellement soumis au droit romain demeura toujours relativement incertaine aux marges des régions qui délimitaient ces deux grands espaces juridiques. Et les justiciables qui se trouvaient à leurs franges le savaient bien, qui jouaient constamment des deux droits à l'occasion de leurs procès. Pour tenter d'y voir clair et sans prétendre fixer des limites dont il sera encore longtemps débattu, il convient pour l'heure de se conformer à la ligne autour de laquelle l'historiographie la plus récente semble avoir pactisé. Brisée à souhait, elle coupe la France en deux blocs d'ouest en est, depuis la Charente jusqu'au lac Léman. De part et d'autre, la répartition des

« régions frontalières » n'est pas aisée. Elle tend très cependant nettement à faire autour de la Saintonge, du Périgord, du Gévaudan, du Velay, du Forez, du Lyonnais, du Beaujolais, du Mâconnais et de la Bresse, des pays où le droit romain domine franchement, tandis que la Franche-Comté et la Bourgogne, une partie de l'Auvergne, le Bourbonnais, la Marche, le Poitou, l'Angoumois et l'Aunis sont autant de régions très largement ouvertes au droit romain. Mais le plus souvent, au cœur de ces pays de contact entre coutume et droit écrit, de vastes enclaves se forment au sein desquelles règne une insécurité juridique constante, source de conflits graves et permanents entre deux systèmes juridiques dont la difficile synthèse peine, durant des siècles, à se faire.

1. – *Le droit romain en terres de forte romanité ou Justinien chez « les siens »*

Que le droit romain progresse rapidement depuis la fin du XIIe siècle en direction de l'ouest, à partir des foyers de renaissance italienne et sur des terres qui avaient jadis été les siennes, n'est pas surprenant. La romanité traditionnelle y appelait une romanité nouvelle, un droit romain revisité et adapté aux nécessités du temps. Cette évolution inéluctable, sans doute pressentie aux plus hauts sommets de l'Etat est fort bien canalisée, orientée et utilisée sous le règne de saint Louis. Plusieurs ordonnances en prennent acte et consacrent officiellement la division du royaume en deux espaces juridiques relativement distincts. C'est ainsi que Blanche de Castille reconnaît en 1251 que les régions de langue d'oc relèvent du droit écrit, tandis que celles de langue d'oïl sont régies par la *consuetudo gallicana*. C'était aller très loin dans l'institutionnalisation de ce partage dans la mesure où la cour du roi dans un premier temps, puis dans les décennies qui suivirent, son parlement aussi, durent pour les causes qui leur arrivaient du Midi en appel, leur appliquer le droit écrit dont leurs juges n'avaient souvent qu'une connaissance assez sommaire. Une telle obligation ne tarda pas à être prise en compte par le pouvoir qui, par une ordonnance de 1278 sut se placer du côté des justiciables du Midi. Il décida que, désormais, toutes les affaires portées devant les tribunaux centraux à Paris et provenant des sénéchaussées de Toulouse, Carcassonne, Beaucaire, Périgord, Rouergue et Quercy seraient obligatoirement confiées à des juges spéciaux choisis exclusivement en raison de leur bonne connaissance du droit écrit. Recrutés au sein de la cour du roi et du Parlement, ils formèrent une commission spéciale et permanente qui siégea jusque dans les premières décennies du XIVe siècle. Qualifiée d'*auditoire de droit écrit,* sa création voulait signifier de la part du pouvoir une habile ouverture en direction des pays du Midi dont le droit se trouvait ainsi officiellement reconnu. Elle était en même temps un précieux instrument de contrôle placé exclusivement entre les mains d'agents du pouvoir central pour guider l'évolution d'un droit qui se mettait en place, souvent à son insu, dans des pays fort éloignés des centres de décision.

Autant d'actes qui valaient reconnaissance officielle du droit écrit et dont on peut penser qu'ils donnaient pleinement satisfaction aux populations du Midi. Mais en demandaient-elles autant et, dans la pratique, ne souhaitaient-elles pas moins ? Question paradoxale, mais qui vaut d'être posée à la lumière de la vie juridique quotidienne de ces mêmes populations. Qui donc en ce Midi même fortement romanisé, était vraiment apte à saisir la technique et toutes les subtilités de ce droit romain retrouvé ? Quelques bourgeois éclairés peut-être en contact permanent pour leurs affaires avec l'Italie, praticiens et juges aussi sans doute. Et encore peut-on en douter pour beaucoup. A ces obstacles de poids qui sont faits d'une mentalité et d'une culture par nature peu réceptives à la nouvelle science juridique, s'ajoute une méfiance naturelle de la part de tous les usagers potentiels d'un droit dont ils redoutent, même si elle est une qualité, la très forte technicité. Ils voient plus souvent dans son application davantage un risque à courir qu'une protection à mettre en œuvre à travers des clauses et des techniques qu'ils ne maîtrisent absolument pas. A cela s'ajoute en général une forte résistance des villes qui redoutent parfois dans l'invasion du droit romain retrouvé un danger de poids pour leurs coutumes et leurs statuts auxquels les habitants sont si attachés et, qu'en bien des cas, ils s'empressent de mettre par écrit en vue d'en préserver l'esprit et le fond, même s'ils acceptent d'y insérer nombre de dispositions romaines. Ce réflexe de protection, souvent plus fort encore au sein des communautés villageoises, contribue à rendre plus lente dans le plat pays qu'en milieu urbain la progression de la romanité. Ainsi et contrairement à ce que laissait prévoir la forte romanisation des terres du Midi, c'est peut-être davantage une attitude de méfiance qu'un esprit de franche ouverture qui a prévalu en ces pays face à l'invasion permanente du droit de Justinien.

Cette attitude faite de timidité, de contrastes, de coins d'ombre et de points de lumière, rejaillit très fortement sur la pratique que maîtrisent et orientent tout particulièrement les notaires dont l'art ne cesse de progresser en savoir-faire dans tout cet espace méditerranéen depuis le début du XIIe siècle. Interlocuteurs privilégiés de ce monde du droit en action, ils sont à l'écoute des craintes et des espoirs de leurs clients, les conseillent et rédigent les actes qu'ils leur demandent dans lesquels, en fonction des clauses qu'ils introduisent ou refusent, ils orientent l'évolution d'un droit qu'ils modèlent. Parfois même ils le créent à défaut de dispositions adéquates, ou pour tourner celles qui les gênent. Interprète et dans une bien moindre mesure parfois créateur du droit, le notaire est avant tout chargé de l'appliquer. Mais rien ne lui interdit alors, en vue de protéger son client à l'encontre de dispositions romaines dont l'application pourrait l'inquiéter ou qu'il ne comprend pas, d'introduire dans l'acte qu'il rédige une **clause de renonciation** destinée à écarter présentement et pour l'avenir le recours au droit romain à propos d'un point ou d'un ensemble de points clairement énumérés. Ces clauses fort nombreuses, minutieusement rédigées et généralement d'une complexité redoutable, traduisent une volonté non dissimulée de la part de leurs rédacteurs de ralentir, voire de bloquer l'application des lois romaines, en même temps qu'elles témoignent d'une connaissance souvent intime de ces mêmes lois. Ainsi étaient dressés en plein Midi de redoutables remparts à la diffusion du droit de Justinien. La progression chronologique et l'extension géographique de ces clauses est fort intéressante à suivre dans la mesure où elles constituent un indice particulièrement sûr pour mesurer et apprécier l'ampleur de la diffusion du droit romain sur les terres de langue d'oc à partir du XIIe siècle, face à une coutume dont les capacités de résistance demeuraient extrêmement vives, contribuant ainsi à maintenir une véritable identité juridique méridionale. Néanmoins, elles ne furent pas assez fortes pour faire obstacle à la loi romaine dans laquelle juges, praticiens et justiciables finirent par reconnaître une sorte de coutume générale. Connue ou à tout le moins connaissable par tous, parce que écrite et parfaitement révélée, elle arrivait à point nommé pour combler sur l'ensemble du territoire et de manière identique pour tous, les nombreux vides juridiques laissés par les coutumes. C'est dans ce contexte que le droit romain s'imposa. Rapidement reconnu comme droit supplétoire, il tendit de plus en plus à devenir un droit à part entière et à véritablement acquérir droit de cité dans des domaines aussi techniques que celui du droit des personnes, des biens, des obligations et de la procédure où la coutume avait laissé ouvert de vastes pans pour lesquels le vide juridique qui les caractérisait était devenu de plus en plus criant à un moment où le Midi s'ouvrait pleinement à la renaissance intellectuelle et à l'essor économique su XIIe siècle, tout comme le Nord aussi où le contexte juridique était moins favorable, a priori, à une réception du droit romain.

2. – ***Le droit romain en pays de traditions franques ou « les autres » face à Justinien***

Géographie – des pays loin de Rome –, histoire – une Gaule du Nord conquise et réunifiée par Clovis –, politique – une France du Nord berceau et patrie des Capétiens –, droit – des « pays » sous très forte emprise coutumière –, autant de données inscrites dans une tradition multiséculaire qui jouèrent comme un déterminisme imposé par la nature et voulu par le politique dans la lente progression du droit romain vers les plaines du septentrion.

Plus lente qu'au Midi certes, plus tardive aussi, cette pénétration n'en fut pas moins féconde et durable dans toutes ces régions éloignées de la romanité qui ni ne méconnurent le droit romain, ni ne refusèrent de l'appliquer. De surcroît, nombre de juristes de renom et rédacteurs de coutumiers en firent très largement usage pour combler les lacunes d'un droit que sa mise par écrit révélait de manière criante. Voilà qui traduisait tout autant un besoin qu'un véritable appel au secours, en même temps qu'il y avait là, dès les années 1250, témoignage d'une réelle accentuation du rythme de pénétration de la loi romaine en terres coutumières, même si sa présence de plus en plus attestée dans les coutumiers ne va souvent guère plus loin qu'une romanisation de surface. C'est sans doute bien davantage dans la pratique juridique quotidienne que s'affirme et que s'affine, en ces pays du Nord, une meilleure connaissance et une meilleure utilisation du droit romain. Le laissent à penser ici aussi les clauses de renonciation qui se font plus nombreuses à partir de la seconde moitié du XIIIe siècle, même si elles n'y connurent jamais l'épaisseur que leur donnèrent les notaires des pays du Midi. Il convient enfin de souligner avec beaucoup d'insistance la place toujours grandissante que devait occuper l'enseignement du droit romain dans les universités du Nord de la France où Orléans devint avec son école d'éminents juristes, tels Jacques de Révigny et Pierre de Belleperche, un extraordinaire foyer d'enseignement et de rayonnement du droit romain. Paris ne resta pas davantage à l'écart de ce vaste mouvement, même si l'enseignement du droit romain y resta pour un temps et de manière bien théorique, interdit.

Au Nord sans doute plus qu'au Midi, juristes, praticiens et justiciables reçurent davantage le droit romain comme un modèle de construction logique que comme un système immédiatement opératoire. Voilà pourquoi son autorité doctrinale y fut grande, ce qui conduisit à voir en lui une sorte de raison écrite (*ratio scripta*) immédiatement utilisable, mais sans doute moins pour combler des vides juridiques que pour aider à résoudre de grands problèmes doctrinaux. C'est bien souvent dans ce but que les rédacteurs de coutumiers ont recours à lui. Ils lui font alors une telle confiance que le crédit dont ils l'entourent finit parfois par oblitérer la coutume locale.

Elle se trouve aussi, bien souvent, battue en brèche du fait du juge et en raison du rôle essentiel qui lui revient pour interpréter la coutume et surtout la compléter aussi souvent qu'elle est insuffisante, ou lui substituer tout autre règle au cas où elle est défaillante. Souvent sommaires et encore très marquées par les traditions germaniques, les règles de procédure ne peuvent enregistrer de progrès notables que si le juge les perfectionne en les coulant progressivement au moule des usages judiciaires romains. Ce commerce toujours plus poussé des praticiens et des juges avec la procédure et le droit romain les incite de plus en plus à bousculer la tradition coutumière aussi souvent qu'ils estiment ses règles insuffisantes ou inappropriées pour trancher un problème contentieux ou régler les problèmes de la vie courante. Alors, ce sont les solutions de la loi romaine qu'ils ont tendance à appliquer, toujours mieux adaptées au droit des biens, des obligations, des transactions commerciales et des rapports familiaux.

Mais il serait erroné de penser que ce penchant naturel des praticiens et des juges à invoquer la loi romaine en cas d'insuffisance de la coutume ait pu gommer l'attachement pluriséculaire des pays du Nord à leurs coutumes. Malgré des circonstances favorables et des facteurs porteurs, le droit romain n'y acquit jamais l'autorité supplétoire dont le Midi l'avait tôt et officiellement crédité. On lui reconnut toujours une grande valeur doctrinale mais la règle fut aussi toujours de lui préférer en cas de défaillance de la coutume, celle du détroit voisin ou, à défaut, celle du détroit le plus proche, solution qui dura aussi longtemps que l'ordre juridique souhaité par le roi ne fut pas opératoire.

§ 3. – NAISSANCE D'UN DROIT ROYAL

Face à un droit coutumier omniprésent et préexistant à l'Etat, face à un droit romain qui permet à tout moment de combler les vides laissés par ce droit parcellaire et mal adapté aux besoins nouveaux, la place qui revient à la royauté dans l'élaboration d'un ordre juridique plus unitaire et de mieux en mieux contrôlé par elle est encore bien mince au moment où commence à s'affirmer sa souveraineté. Il y avait là cependant un domaine très porteur qui devait permettre au pouvoir royal renaissant d'intervenir progressivement dans les secteurs les plus variés. Orienter la formation d'un nouvel ordre juridique, en contrôler les grandes évolutions et, surtout, en poser les grands principes revenait à déterminer toutes les règles qui devaient présider à la restauration de l'Etat. C'était aussi un moyen efficace de donner contenu précis aux rapports nouveaux qui liaient désormais l'Etat aux individus, tout comme ces mêmes individus entre eux.

Mais, en ce domaine si vital de la création du droit, les progrès de la puissance royale furent très lents. La jurisprudence de ses tribunaux, encore très timide au début du XIIIe siècle, ne commence à acquérir une nouvelle autorité qu'à partir du milieu du XIIIe siècle (A). La capacité reconnue au roi d'édicter des normes, presque paralysée tout au long de la période féodale, se heurte pendant longtemps à l'autonomie réglementaire souvent très forte qu'avaient acquise les seigneurs. En dépit des efforts déployés par les juristes favorables à la royauté, de ceux des légistes et des souverains eux-mêmes, la législation royale n'occupe qu'une place réduite dans les sources du droit au bas Moyen Age (B).

A. UNE JURISPRUDENCE MAL ASSURÉE

Les tribunaux royaux deviennent réalité à partir de la fin du XIIe siècle avec la généralisation de l'institution des baillis, puis surtout, avec la mise en place progressive des rouages du Parlement dans la seconde moitié du XIIIe siècle. Tous ces tribunaux n'élaborent que lentement une véritable jurisprudence et, à dire vrai, c'est à peine si leurs juges ont conscience de ce qu'est la jurisprudence. Sa formation suppose avant tout mémoire du juge. Or, la mémoire est fragile. Elle a besoin, pour se développer et durer, de supports qui en favorisent la transmission de génération en génération. Pour le juge, ce support n'est autre que des registres d'audiences et de jugements. Tenus régulièrement et soigneusement conservés, ils sont à côté des hommes – mémoire vive, mais éphémère –, la vraie mémoire du tribunal, celle qui reste et qui, à tous moments, peut être interrogée pour retrouver une décision et en reprendre éventuellement le contenu en vue de l'appliquer à un cas semblable.

Pareille situation n'existe guère au moment où se mettent en place les grandes institutions judiciaires royales. Elle perdure jusqu'au début du XIIIe siècle, si bien que tout justiciable contraint de prouver le contenu d'une décision judiciaire dans laquelle il avait été partie, se trouvait dans l'obligation, en l'absence de tout registre, d'avoir recours aux moyens les plus divers. Le seul ou presque qui lui était alors accessible était de procéder par voie d'enquête en faisant interroger tous ceux qui pouvaient avoir mémoire du jugement en question. Cette procédure si spécifique de preuve par témoignage des jugements rendus, qualifiée de **record de cour,** présentait de multiples inconvénients. Outre qu'elle était toujours très difficile à conduire, elle avait un caractère privé qui lui interdisait souvent la transparence et s'opposait à une véritable publicité des jugements.

Conscients de ces inconvénients, juges et justiciables réalisèrent tout l'intérêt qu'il y aurait à mettre par écrit, en les conservant sur des registres officiels, l'ensemble des jugements d'un même tribunal, pratique qui commença lentement à poindre aux environs des années 1250. Ce premier pas franchi ne fut cependant pas décisif et la procédure du record demeura encore longtemps vivace, les registres tout juste au début de leur existence ne pouvant être invoqués qu'en seconde ligne. La méfiance face à l'écrit demeure vive dont on exige pour qu'il ait toute validité, qu'il soit confirmé par témoins et par son auteur. Mais les avantages incontestables d'une telle procédure font que juges et justiciables prennent rapidement conscience de tout ce qu'ils peuvent en retirer, si bien que son essor fut continu pour donner finalement naissance à de véritables registres d'arrêts au sein de nombreux tribunaux.

En cela, les juridictions royales furent aidées et sans doute stimulées, une fois de plus, par l'exemple normand. Dès la dernière décennie du XIIe siècle, les juges de l'Echiquier de Normandie commencent à faire transcrire sur parchemin, de manière continue et systématique, les arrêts les plus notables rendus par la cour. Ces pièces de parchemin, cousues bout à bout pour obtenir un ensemble furent conservées en rouleaux et constituèrent ainsi le rôle (*rotulus*) de la session. Tel fut le point de départ de ce qui devait devenir les admirables registres de l'Échiquier. Cette méthode parut sans doute séduisante aux tribunaux royaux qui, dès la seconde moitié du XIIe siècle firent appel, au moins pour les plus importants d'entre eux, à des clercs pour tenir procès-verbaux de leurs audiences et prendre bonne note des décisions qui leur paraissaient importantes, ou susceptibles de marquer un tournant dans l'évolution du droit. Cette manière de procéder paraît bien avoir été pratique courante au Parlement dès qu'il commence à fonctionner de manière autonome puisque les premiers recueils conservés de ses décisions remontent à 1254. Évolution aussi favorable ne saurait être enregistrée au sein des tribunaux de bailliages et de sénéchaussées dont les archives ne permettent guère d'entrevoir une tenue régulière de registres pour cette époque.

C'est donc principalement à partir des arrêts du Parlement et au milieu du XIIIe siècle, que commence à se constituer une timide jurisprudence, à un moment où ceux des autres cours royales, trop rarement mis par écrit, restent dans la seule mémoire des juges qui les ont prononcés, sans même être connus de leurs voisins proches. Trop souvent rendus sur des affaires de faible importance et jouant la plupart du temps de l'application des seules coutumes locales, ils ne pouvaient guère entrer dans le processus d'élaboration d'une large jurisprudence applicable à de vastes ressorts. Dans ces conditions, l'attention et les efforts pour la constitution de véritables registres ne pouvaient guère se fixer que sur la juridiction suprême qu'était le Parlement. L'importance des décisions qu'il rendait était capitale et le pouvoir était en droit d'espérer qu'à partir du moment où elles seraient connues, la hiérarchie judiciaire se rangerait derrière elle.

C'est dans ce contexte et dans ce but que le roi demanda à ses hommes du Parlement de mettre par écrit, pour les affaires les plus importantes, le résumé des différentes phases de la procédure suivie et surtout le contenu de la décision. Cette évolution est la conséquence directe du perfectionnement de la procédure d'enquête qui nécessite des écrits toujours plus nombreux en vue d'aboutir à la constitution de dossiers. Ainsi prennent lentement forme les registres du Parlement. Ceux consignant les arrêts s'ouvrent en 1254, tandis qu'il faut attendre 1258 pour que voient le jour les registres d'enquêtes dans lesquels se trouvent résumées les différentes phases de la procédure. Ces recueils sont traditionnellement désignés par le terme *Olim*, tout simplement parce que le premier arrêt débute par l'expression *Olim homines*...

De tels registres étaient voués à un bel avenir et destinés à rendre les plus grands services. Ils apportaient à la plus haute juridiction du royaume la mémoire dont elle avait tant besoin et ils rendaient accessible à qui le souhaitait, au moins en théorie, le contenu de ses décisions. Le plus ancien, rédigé par Jean de Montluçon († 1273), greffier de la cour du roi, ne fait que reprendre en les résumant d'anciens rouleaux sur lesquels avaient été transcrits, tant par lui-même que par certains de ceux qui l'avaient précédé dans la fonction, des enquêtes et divers arrêts rendus par la cour du roi. Habitude d'une rédaction continue était ainsi prise que Nicolas de Chartres et Pierre de Bourges, deux autres greffiers célèbres, enracinent et perpétuent. Ces premières rédactions, tout particulièrement celle de Jean de Montluçon qui n'est en bien des pages qu'une compilation d'arrêts antérieurs, reflètent si souvent la personnalité de leurs rédacteurs qu'on a parfois pu douter de leur valeur officielle. En réalité, étant donné l'état fort précaire de la jurisprudence du temps, la chose importe peu. L'essentiel était que soient mieux consignées et mieux connues les décisions du Parlement.

Le premier objectif – écrire les décisions – fut si rapidement atteint que les recueils d'arrêts ainsi rédigés devinrent en peu de temps fort lourds, très denses et souvent touffus, ce qui en rendit la consultation malaisée. Et ceci d'autant plus qu'ils n'existaient qu'en un seul exemplaire dont la diffusion n'était nullement assurée. C'est dire que le second objectif – faire connaître –, tardait à devenir réalité. Dès le début du XIVe siècle, semblable situation parut insupportable à nombre de praticiens qui, pressés par les justiciables, estimèrent que tout en conservant intacte la procédure de mise par écrit des arrêts, il convenait de lui superposer un système nouveau. Il imaginèrent alors de rédiger des recueils beaucoup plus sommaires, à diffusion élargie et accessibles à un plus grand nombre. Ce travail débuta par la rédaction de « Styles de procédure » dans lesquels se trouvaient tout à la fois réunis coutumes notoires du lieu et enquêtes conduites pour mener à bien les grandes affaires dont les arrêts étaient toujours donnés en résumé. A la fois ouvrages de procédure et recueils d'arrêts, ces « styles » rendirent aux juges et justiciables de signalés services. Un des plus connus est celui d'un avocat au Parlement, Guillaume du Breuil dont le *Stylus curiae Parlamenti* regroupe, pour la période allant de 1323 à 1329, les plus grands arrêts rendus par le Parlement.

De là à en venir à de véritables recueils d'arrêts, il n'y avait qu'un pas qui fut très vite franchi. La philosophie qui présida à leur conception était fort simple. Il convenait de ne retenir que les arrêts les plus importants, de les résumer et de les commenter. Un de ces premiers recueils, un des plus célèbres aussi, parut sous la plume de Jean le Coq (Johannes Galli, † 1400) qui, chanoine de Paris, eut une belle carrière d'avocat au Parlement. Il était donc particulièrement bien placé pour rédiger un tel travail auquel il donna le titre *Quaestiones*. Parfaitement au fait de la méthode, il prend grand soin à propos de chaque arrêt retenu, de donner un résumé de l'affaire, de rappeler les arguments des parties et ceux de leurs avocats. Vient ensuite la solution retenue par le Parlement que l'auteur commente. C'est pour lui l'occasion de retrouver le raisonnement suivi par le juge, de donner son point de vue personnel et d'attirer l'attention sur les éléments qui étaient susceptibles de faire jurisprudence. C'était reprendre la vieille technique de la *quaestio.* Elle joua un rôle fondamental pour faire évoluer et pour fixer un droit qui, jusque-là, se fondait principalement sur la coutume. Désormais, le juges et praticiens ont aussi à leur disposition le précédent judiciaire dont ils peuvent user largement pour fonder leurs décisions et les arracher ainsi au moule contraignant de la coutume.

La portée de l'œuvre de Jean le Coq et de ceux qui ont suivi son exemple a été considérable. Ces auteurs ont donné le signal d'une nouvelle manière de faire connaître et de faire évoluer la jurisprudence. Ils lui ont aussi, en grande partie, donné le moyen de se former. Leur leçon a été entendue et leur méthode est reprise par les « arrêtistes » qui ne cessent de publier et commenter et diffuser les arrêts des cours et tribunaux du royaume. Mais c'est surtout à partir de l'extrême fin du XVe siècle que vient leur temps. Avec celui de l'imprimerie qui contribue à faire de la propagation et de la connaissance de la jurisprudence une réalité vécue, comme elle permet aussi une incomparable diffusion de la législation royale.

B. UNE LÉGISLATION ENCORE TIMIDE

Tout au long de la période féodale, le pouvoir normatif du roi ne parvient guère à franchir les limites de son domaine. Les mesures à portée générale sont à peu près inexistantes et toujours soumises à l'acceptation de ceux à qui elles doivent s'appliquer, si la royauté veut leur assurer quelque chance de succès. De plus, l'idée même qu'on se fait alors de la « loi » est paralysante pour le pouvoir. Personne n'imagine qu'un texte nouveau puisse innover, que ce soit dans le domaine du « droit public » et, moins encore, dans celui du « droit privé ». En veut-on la preuve ? Voici Suger qui mentionne, parmi les missions importantes qu'il assigne au roi, celle de conserver à chacun son droit (*jus suum cuique conservare*). On retrouve bien là la notion fondamentale d'un ordre juridique préexistant à l'Etat, qu'il doit gérer et préserver au mieux. Elle perdure et domine tout le monde du droit jusqu'à la fin du XIIe siècle, période au cours de laquelle une lente inversion devient perceptible. Les prérogatives royales s'affermissant en tous domaines, l'idée ne paraît plus systématiquement à rejeter d'un roi, d'un Etat qui puisse lui-même édicter des règles susceptibles de modifier l'ordre juridique existant et, même, en élaborer progressivement un nouveau. Quels ont été les fondements de ce « pouvoir législatif » renaissant (1) et comment s'est-il manifesté (2) ?

1. – *Fondements du « pouvoir législatif » renaissant*

Ils sont doubles, liés à la fois au contenu du ministère royal et aux grands principes du droit romain retrouvé que romanistes et légistes savent habilement exploiter. Depuis longtemps déjà, le ministère royal portait en lui toutes les justifications d'un pouvoir normatif naturellement dévolu au roi. Héritiers des empereurs carolingiens, les rois capétiens investis de la *tuitio regni* avaient pour mission première d'assurer la protection de leurs sujets et de faire régner la justice. Il y avait là les fondements suffisants à toute intervention « législative ». Mais, jusqu'à la fin du XIIe siècle, elle ne pouvait guère déboucher sur des manifestations concrètes en raison de l'obstacle presque infranchissable que dressaient les seigneuries face au pouvoir du roi.

Le XIIIe siècle apporte, à ces bases théoriques qui subsistent, des enrichissements considérables que vient renforcer la souveraineté naissante. Légistes et théoriciens qui plaident la cause royale, déduisent de la mission qu'a le roi d'assurer la garde générale du royaume, capacité et obligation pour lui d'intervenir aussi souvent que le commun profit et l'utilité publique sont en cause. C'était là élargir encore considérablement le champ de l'action normative royale. En ce domaine, les idées d'Aristote, des premiers canonistes et de saint Thomas dominent la matière. Les auteurs du XIIIe siècle se limitent à les actualiser pour en faire, à la fois, des fondements solides à l'intervention du roi législateur, mais aussi des remparts efficaces à son action. S'il doit toujours agir pour que soient sauvegardés commun profit et utilité publique, il doit aussi ne rien faire qui puisse leur porter atteinte.

A Beaumanoir revient le mérite de concevoir un système à partir des idées exprimées par ses prédécesseurs. Tout au long de son œuvre, il souligne constamment l'obligation faite au roi d'agir pour le commun profit et de fonder sur lui ses décisions. Il en fait tout à la fois le fondement et la condition de validité des normes édictées par le pouvoir, aussi bien en temps de paix qu'en période de « nécessité ». Mais il ne s'attache pas à réfléchir sur ce que peut être le commun profit dont tout laisse à penser qu'il est fort proche du bien commun de saint Thomas pour qui le chef de la communauté, ici le roi, doit tout mettre en œuvre pour qu'il devienne réalité.

Jumelée en quelque sorte à la notion de bien commun, celle d'*utilitas publica,* directement empruntée au droit romain, constitue elle aussi, tout à la fois, un fondement et une limite au pouvoir normatif du roi. Chaque fois qu'elle est en cause, elle justifie et déclenche son action, en même temps qu'elle en constitue le butoir. En aucun cas, le pouvoir ne saurait légiférer à son encontre. Elle est depuis les premiers temps capétiens, un des référents constants de nombreux textes normatifs royaux qui l'invoquent régulièrement et dans lesquels les souverains disent toujours légiférer « pour l'utilité du royaume ».

A ces fondements du pouvoir normatif qui prennent racine dans un ministère royal rénové s'ajoutent ceux qu'apportent canonistes et romanistes. La vacance du siège impérial au lendemain de la mort de Frédéric II, en 1250, contribue à renforcer la position des nouveaux Etats dont l'indépendance par rapport à l'empire était depuis longtemps déjà bien affirmée. Le roi de France en est un des premiers bénéficiaires. Sa souveraineté se renforce et, par là même, son pouvoir édictal. Canonistes et romanistes en font l'héritier privilégié des prérogatives de l'empereur romain en matière législative. La position tranchée qu'avaient prise les canonistes du XIIe siècle en faveur des royaumes en formation et de l'indépendance de leur roi aboutit à leur reconnaître une *potestas* autonome qui les investit, tout naturellement, d'un pouvoir normatif (*jus constituendi et edicendi*) complet et parfaitement indépendant. Chaque roi, puissance légiférante dégagée de tout contrôle, se voit reconnaître le pouvoir de créer son propre droit et de donner ainsi vie à un ensemble normatif spécifique à son royaume. Il y a là toute une construction doctrinale qui tend à faire du roi un égal de l'empereur et de sa *potestas* non pas une *potestas* seconde et dérivée, mais une *potestas* pleine et entière.

C'était frayer un chemin que ne manquèrent pas d'emprunter les juristes français de la seconde moitié du XIIIe siècle. Tous cherchent à tirer avantage du droit romain en transposant les pouvoirs de l'empereur à la personne du roi pour en faire un prince législateur. Empereur en son royaume, il est *princeps* souverain et son pouvoir édictal s'impose, dans tous les cas, à l'ensemble des ses sujets et des membres de la hiérarchie féodale. La formule célèbre de Beaumanoir « le roi est souverain par dessus tous » en témoigne. Mais la volonté de ces auteurs de renforcer la capacité normative royale veut aller au-delà de cette constatation qui, en dépit de sa rigueur apparente, ne déduit pas toutes les conséquences de la nouvelle situation ainsi créée.

Tous utilisent, avec plus ou moins de succès, les sources romaines qu'ils connaissent très imparfaitement à travers les glossateurs, pour en extraire presque littéralement des passages dont ils pensent qu'ils fondaient la puissance impériale. Ainsi en est-il des principes *Quod principi placuit legis habet vigorem* – ce que le prince a estimé bon a force de loi – et *Princeps legibus solutus est* – le prince est délié des lois. Pour Pierre de Fontaines, dans le *Conseil à un ami,* « *ce qui plest au prince a force de loi* », tandis que l'auteur du *Livre de Jostice et de Plet* souligne que « *ce que plest au prince vaut loi* ». Lire attentivement Beaumanoir permet de procéder à des constatations très voisines, mais la formule qu'il utilise à propos du pouvoir du roi quand il traite de son pouvoir normatif « *ce qu'il li plest a fere doit estre tenu pour loi* » ne vaut, à ses yeux, que dans des cas bien spécifiques. Quant à la question de savoir si le roi est au-dessus des lois (*legibus solutus*), nos auteurs se montrent en général très prudents.

C'était une position parfaitement réaliste à un moment où la royauté s'essoufflait à faire entendre la voix de sa norme. Voilà pourquoi les souverains du XIIIe siècle n'utilisent que rarement et de manière toujours indirecte, la formule *Quod principi*. Elle est davantage instrument théorique de construction du pouvoir normatif royal que réalité quotidienne. Quant à l'adage *Princeps solutus...*, on ne pouvait guère l'invoquer sans trop de risque, même si Charles V semble l'avoir officiellement consacré. Plus on voit dans le roi l'âme de la loi, plus il paraît irréaliste d'affirmer qu'il est délié de l'obligation de l'observer. Sur ce dernier point, doctrine et pratique ne sont pas parfaitement concordantes au XIVe siècle dans la mesure où les juristes de l'entourage royal soutiennent que le roi peut « *faire ordonnances qui vaillent loy* », tout comme il peut aussi « *les interpréter, les modifier, les aggraver* ». C'était lui reconnaître un pouvoir normatif plein qui pouvait aller jusqu'à transformer l'essence et le contenu de la loi.

2. – *Conditions d'exercice du « pouvoir législatif » et contenu de la législation*

En analysant ces données, on mesure à quel point il y a un décalage important entre la théorie et la pratique. Soumis à d'importantes contraintes qui en limitent le libre exercice (1), le pouvoir reconnu au roi d'édicter des normes générales et obligatoires ne lui permet pas encore d'intervenir dans tous les domaines et pour l'ensemble du royaume (2).

Conditions d'exercice. Aussi longtemps que le roi n'est pas dégagé de la féodalité, il ne peut légiférer hors de son domaine sans obtenir le consentement de ses barons et de ses grands vassaux. Autonomes dans leur principauté ou dans leur seigneurie, le roi ne peut sans leur accord y « mettre ban » comme le rappellent *Les Etablissements de saint Louis.* Cette règle était lourde de conséquences et imposait au roi de réunir une véritable cour plénière de vassaux aussi souvent qu'il souhaitait qu'une décision à portée générale soit arrêtée. Il y avait là procédure d'autant plus paralysante qu'elle impliquait d'obtenir une adhésion la plus large possible aux mesures proposées. Mais plus s'affirme la souveraineté normative du souverain, plus cette règle paraît avoir été battue en brèche, si bien que la pratique se fait jour, à partir du milieu du XIIIe siècle, de considérer qu'une décision acquise à la majorité engage l'ensemble des vassaux. Un nouveau tournant s'amorce avec Philippe le Bel qui, s'appuyant sur l'évolution que connaît alors le conseil, en fait le véritable organe de décision au détriment des réunions de vassaux dans le cadre de la cour du roi. Désormais, seul un petit nombre d'entre eux est appelé à siéger dans ce conseil où leur avis est de moindre poids. Dans ces conditions, le conseil devient l'organe de concertation et de décision où s'exerce, pour l'essentiel et jusqu'à la fin de l'Ancien Régime, le pouvoir normatif du souverain.

Cette obligation de s'appuyer sur lui pour élaborer des mesures à caractère général et obligatoire est évoquée avec beaucoup de vigueur par Beaumanoir qui s'attache à définir l'ensemble des conditions que le souverain doit respecter s'il veut que son ordonnance puisse être appliquée à tout le royaume. Elles sont variables en fonction des circonstances. Relèvent-elles des « *temps de guerre ou de nécessité* » ? Alors, le roi est immédiatement habilité à « *faire établissement pour tout le royaume* » qui, sans autre condition, vaudra loi pour l'ensemble du royaume, sauf obligation expresse qui lui est imposée d'agir en fonction du « *commun profit* » et de le préserver en permanence. L'urgence autorise donc le roi à agir sans l'avis de son conseil.

En temps ordinaire, au contraire, le processus normatif est encadré par à une réglementation beaucoup plus stricte. L'intervention du conseil est obligatoire et Beaumanoir de noter avec insistance que l'ordonnance doit être faite « *par grant conseil* », sans pour autant apporter la moindre indication sur la structure de cette formation. Tout laisse à penser cependant qu'il s'agit d'un conseil élargi dans lequel siègent toujours les vassaux les plus importants, même si légistes et techniciens tout dévoués à la cause royale, ne cessent de les concurrencer. Plus que jamais et c'est la seconde condition d'élaboration de l'ordonnance en temps de paix, le « *commun profit* » doit prévaloir aussi bien comme motivation de l'intervention royale qu'à titre de butoir. Autant le roi peut s'appuyer sur la notion de « *commun profit* » pour légiférer, autant il doit ne rien faire qui pourrait en compromettre le contenu et la portée. Enfin, le souverain ne saurait intervenir que pour « *raisonnable cause* ». Se rangeant derrière cette troisième condition, Beaumanoir ne prend pas une position originale. Il ne fait que rejoindre des idées déjà depuis longtemps reçues en droit romain et en droit canonique, que ce soit pour la loi ou pour la coutume dont le caractère raisonnable devait toujours constituer une de leur caractéristique essentielle. On peut néanmoins se demander si elle avait une portée réelle dans la mesure où Beaumanoir n'apporte aucune précision sur l'autorité compétente pour juger de l'aspect raisonnable ou non de la cause : le roi, le conseil ou le Parlement ?

Quelle que soit la réponse apportée à cette question, l'évolution qui domine la procédure d'élaboration des textes normatifs royaux dès le règne de Philippe le Bel va toujours dans le sens d'un affermissement du pouvoir du souverain. Les Etats généraux tentent bien d'en contrôler l'exercice à partir des années 1345, mais ils n'y réussissent jamais vraiment. Seule se maintient l'obligation de consulter le conseil dont on sait qu'il ne peut jamais véritablement s'opposer à une décision royale, comme celle de faire enregistrer tous les textes normatifs par le Parlement qui veille de près aussi bien sur leur forme que sur leur contenu.

Forme et contenu. Du règne de Philippe Auguste à celui de saint Louis, l'essor du pouvoir normatif du roi est constamment stimulé par les progrès de l'écrit. Dans ces conditions, les actes royaux dont le nombre ne cesse de croître et la variété de s'étendre, posent de plus en plus de problèmes d'identification, même s'ils se répartissent en deux grands groupes.

Une première catégorie figure les décisions royales à valeur spéciale qui ne disposent que pour une personne ou un groupe de personnes à qui elles confèrent un privilège, donnent un ordre précis, font don, attribuent une grâce ou un office. De tels actes prennent la suite des diplômes de l'époque précédente. On les qualifie souvent de lettres royaux parce que leur objet, parfaitement circonscrit, s'attache à régler des situations particulières (lettres d'anoblissement, lettres de rémission par exemple) et qu'elles sont expédiées sans publicité, dans la mesure où elles n'ont qu'une portée individuelle ou ne sont destinées qu'à un groupe spécifique.

Plus la reconstruction du pouvoir normatif royal devient une réalité, plus un second groupe d'actes émanant de lui prend de l'importance. Il s'agit des décisions à portée générale. Elles sont la traduction concrète de la volonté du roi de légiférer pour tout le royaume, qu'il s'agisse de prendre des mesures concernant un grand nombre de personnes ou de légiférer pour un ensemble territorial relativement vaste, les deux allant d'ailleurs souvent de pair. Les termes qui du XIIe au XVe siècle, servent à les qualifier, varient à l'infini. Au XIIIe siècle, le plus courant est celui d'*établissement* mais, par utilisation de la nomenclature romaine mal comprise, on parle aussi très souvent de mandat, édit ou constitution. Plus on avance dans le temps, plus triomphe le vocable d'*ordinatio*, ordonnance. Il devient courant au XIVe siècle pour nommer le plus grand nombre des actes qui émanent du pouvoir normatif du roi.

Œuvre du chancelier qui travaille avec une armée de clercs, ces ordonnances toujours ouvertes (lettres patentes), sont scellées par lui après avoir été délibérées en conseil et signées de la main du roi. Enregistrées par le Parlement, elles répondent à une structure bien précise. Elles s'ouvrent toujours par une adresse qu'accompagne un préambule destiné à rappeler la mission normative du roi et le caractère divin de son pouvoir. Viennent ensuite les motifs qui permettent de justifier la décision et de préciser le contexte dans lequel elle a été prise. Le dispositif enfin, élément fondamental, explicite le contenu de l'acte qui se termine par l'indication du lieu et la date de l'édiction. Ainsi scellée, enregistrée et signée, l'ordonnance est affichée puis adressée aux baillis et sénéchaux qui sont chargés de la publier et de la faire connaître dans leur circonscription en vue d'en assurer l'application. Ces dernières opérations, toujours difficiles à mettre en œuvre ont, tout au long des derniers siècles du Moyen Age, constitué un des principaux points d'achoppement de la législation royale dont l'effectivité demeure très relative.

Variée dans sa forme, elle est beaucoup moins diversifiée dans les domaines qu'elle réglemente. Jusqu'à la fin du Moyen Age – et la remarque vaut aussi mais à un moindre degré pour l'Ancien Régime –, le roi n'intervient que très rarement dans les domaines que nous qualifions de droit privé. Droit des biens, des personnes et des obligations constituent autant de secteurs, depuis longtemps et pour longtemps encore, régis par la coutume. C'est tout juste si on peut citer quelques exceptions à cette règle. Deux ordonnances de Philippe Auguste, fort mal appliquées, veulent régir le droit des fiefs et du douaire. Par la suite, quelques autres rares textes royaux sont édictés à nouveau pour réglementer le régime des fiefs ou statuer sur la protection des incapables, mais ils n'ont qu'une portée extrêmement limitée. Quant à ceux qui disposent en matière de procédure, ils visent tout autant des questions de « droit public » que de droit privé. On le voit, la coutume règne en maître sur le droit privé à cette réserve près – capitale – qui veut que le roi, gardien de cette coutume, exerce sur elle une véritable tutelle lui donnant pouvoir de la contrôler, d'en orienter l'évolution et même d'en supprimer toute disposition jugée mauvaise.

Malgré cette restriction, il convient de souligner que tout ce vaste ensemble édictal concerne bien, presque exclusivement, le « droit public ». Mais alors, qu'est-ce à dire ? Au premier chef, la police du royaume. Domaine varié s'il en est, elle recouvre aussi bien le maintien de l'ordre que la police des mœurs ou le contrôle de l'économie. Ensuite, l'organisation des structures du royaume, ce qui englobe tout à la fois l'administration, la justice, les services publics et la fiscalité. Enfin, à partir du règne de saint Louis, la « réformation » du royaume. Il y a là une idée féconde qui, tantôt mise en œuvre par le roi, tantôt utilisée par l'opinion et les Etats généraux, constitue un solide point d'ancrage pour l'exercice du pouvoir normatif, même s'il permet rarement de déboucher sur des solutions concrètes et réellement applicables.

Ainsi retrouvé et mieux assuré, le pouvoir normatif a constitué un des attributs les plus porteurs de la royauté dans la reconstruction de l'Etat à partir du milieu du XIIIe siècle. Parce qu'il peut édicter des normes de mieux en mieux adaptées, le roi réussit, avec lenteur mais des progrès constants, à faire reculer des règles coutumières contraires à l'ordre juridique qu'il souhaite instaurer. En toutes circonstances, il peut intervenir, réformer, modifier des comportements en fondant son action sur l'utilité publique et le commun profit dont il est, au nom de l'Etat, le seul comptable. Rendre plus assuré ce *status* en formation, c'était construire des structures nouvelles que seul pouvait imposer un souverain dont le pouvoir de décider était à la fois accepté par tous et capable de modeler toutes les composantes d'un *regnum* – qu'elles soient territoriales, sociales ou juridiques – pour en faire un véritable Etat.

BIBLIOGRAPHIE

« Faire bans, edictz et statuz » : légiférer dans la ville médiévale, Cauchies J.-M. et Bousmar E. dir., Bruxelles, 2001.

ALTEROCHE B. d', *De l'étranger à la seigneurie à l'étranger au royaume. XIe-XVe siècle*, Paris, 2002.

AUGUSTIN J.-M., « L'aide féodale levée par saint Louis et Philippe le Bel », *M.S.H.D.B.*, 1981, p. 59-81.

AUTRAND D., « L'image de la noblesse en France à la fin du Moyen Âge. Tradition et nouveauté », *C.R.A.I.B.L.*, 1979, p. 341-354.

AUTRAND F., « Géographie administrative et propagande politique. Le Rôle des assignations du Parlement aux XIVe et XVe siècles », *Histoire comparée de l'administration (IVe-XVIIIe siècle)*, Actes du IVe colloque historique franco-allemand de l'Institut Historique Allemand de Paris, Tours, 27 mars-1er av. 1977 ; Paravicini W. et Werner K.-F. dir., München, 1980, p. 282-290, p. 264-281.

BEGOU-DAVIA M., *L'interventionnisme bénéficial de la papauté au XIIIe siècle. Les aspects juridiques*, Paris, 1997.

BOULET-SAUTEL M., « Le droit romain et Philippe Auguste », *La France de Philippe Auguste. Le temps des mutations*, Colloque de Paris, 1980, Bautier R.-H. dir., Paris, 1982, p. 489 et suiv.

CARBASSE J.-M., « Contribution à l'étude du processus coutumier. La coutume de droit privé jusqu'à la Révolution », *Droits*, 3, 1986, p. 25-37.

CARBASSE J.-M., « Coutume, temps, interprétation », *Droits*, 30, 2000, p. 15-28.

CARBASSE J.-M., « Le juge entre la loi et la justice : approches médiévales », *La conscience du juge dans la tradition juridique européenne*, Carbasse J.-M. et Depambour-Tarride dir., Paris, 1999, p. 67-94.

CARBASSE J.-M., « Le roi législateur : théorie et pratique », *Naissance du droit français/1, Droits*, 38, 2003, p. 3-19.

CAUCHIES M., *La législation princière pour le comté de Hainaut. Ducs de Bourgogne et premiers Habsbourgs (1427-1506)*, Bruxelles, 1982.

CAZELLES R., « Quelques réflexions à propos des mutations de la monnaie royale française (1295-1360) », *M. A.*, 1966, p. 83-105 et 251-278.

CHÉNON É., « Le droit romain à la *Curia regis* de Philippe Auguste à Philippe le Bel », Mélanges Fitting, I, 1907, p. 196-212.

CHEVALIER B., « Fiscalité municipale et fiscalité royale en France du XIVe à la fin du XVIe siècle : deux systèmes liés et concurrents », *Genèse de l'État Moderne. Prélèvement et redistribution,* Genet J.-Ph. et Le Mené M. éd., Paris, 1987, p. 137-152.

CHEYETTE F., « La justice et le pouvoir royal à la fin du Moyen Âge français », *R.H.D.*, 1962, p. 373-394.

Conscience (La) du juge dans la tradition juridique européenne, Carbasse J.-M. et Depambour-Tarride L. dir., Paris, 1999.

CONTAMINE Ph., « De la puissance aux privilèges : doléances de la noblesse française envers la monarchie aux XIVe et XVe siècles », *La noblesse au Moyen Âge. Essais à la mémoire de Robert Boutruche,* Contamine Ph. dir., Paris, 1976 p. 235 et suiv.

CONTAMINE Ph., « La mémoire de l'État : les archives de la Chambre des comptes des rois de France à Paris au XVe siècle », *Media in Francia. Recueil de mélanges offerts à Karl Ferdinand Werner*, Paris, 1989, p. 85-100.

CONTAMINE Ph., « Les fortifications urbaines au Moyen Âge. Aspects financiers et économiques », *R.H.*, 260, 1978, p. 23-47.

CONTAMINE Ph., *Guerre, État et société à la fin du Moyen Âge. Études sur les armées des rois de France (1337-1494)*, Paris, 1969.

CONTAMINE Ph., *La guerre au Moyen Âge*, Nouvelle Clio 24, Paris, 1980.

Coutume (La), Rec. de la Soc. J. Bodin, vol. LII, deuxième partie, Bruxelles, 1990.

CUTTLER S.H., *The law of treason and treason trials in later medieval France*, Cambridge, 1981.

DELARUELLE E., LABANDE E.-R. et OURLIAC P., *L'Église au temps du Grand Schisme et de la crise conciliaire (1378-1448)*, 2 vol., Paris, 1962-1964.

DOSSAT Y., « La lutte contre les usurpations domaniales dans la sénéchaussée de Toulouse sous les derniers Capétiens », A.M., 1961, p. 129-164.

DRAVASA E., « Vivre noblement. Recherches sur la dérogeance de noblesse du XIVe au XVIe siècle », *Rev. jur. et écon. du Sud-Ouest*, XVI, 1965, p. 135-193.

DUPONT-FERRIER G., *Études sur les institutions financières de la France à la fin du Moyen Âge*, T. I., *Les élections et leur personnel*, Paris, 1930 ; T.II, *Les finances extraordinaires et leur mécanisme*, Paris, 1932.

DUPONT-FERRIER G., *Nouvelle série d'études sur les institutions financières de la France à la fin du Moyen Âge. Les origines et le premier siècle de la Cour du Trésor,* Paris, 1936.

DUPONT-FERRIER G., *Nouvelles études sur les institutions financières de la France à la fin du Moyen Âge. Les origines et le premier siècle de la Chambre ou Cour des aides de Paris,* Paris, 1933.

Economic systems and state Finance, *The Origins of the modern State in Europe*, Bonney R. éd., Oxford, 1996 ; éd. fr., *Systèmes économiques et finances publiques. Les origines de l'État moderne en Europe*, Paris, 1996.

État et colonisation au Moyen Âge et à la Renaissance, Balard M., Actes du colloque international de Reims (avril 1987), Lyon, 1989.

Excerptiones juris : Studies in Honor of André Gouron, Durand B. and Mayali L. eds., Berkeley, 2000.

FAMIGLIETTTI R. C., « The role of the Parlement de Paris in the ratification and registration of royal acts during the reign of Charles VI », *Journal of Medieval History*, IX, 1983, p. 217-225.

FAVIER J., *Finance et fiscalité au bas Moyen Âge,* Paris, 1971.

FAVIER J., *Les contribuables parisiens à la fin de la guerre de Cent Ans. Le rôle des impôts de 1421, 1423, 1438*, Genève-Paris, 1970.

FAVIER J., *Paris. Deux mille ans d'histoire,* Paris, 1997.

FEENSTRA R., « L'école de droit d'Orléans au XIIIe siècle et son rayonnement dans la France médiévale », *R.H.F.D.*, 13, 1992, p. 23-42.

FEENSTRA R., *Le droit savant au Moyen Âge et sa vulgarisation*, Londres, 1986.

FILHOL R., « La rédaction des coutumes en France aux XVe et XVIe siècles », *La rédaction des coutumes dans le passé et dans le présent*, Gilissen J. dir., Bruxelles, 1962, p. 63-85.

Fiscalité (la) des villes au Moyen Âge (France méridionale, Catalogne et Castille), I. Étude des sources, Menjot D. et Sanchez-Martinez M. éd., Toulouse, 1996.

Fiscalité (La) des villes médiévales au Moyen Âge (France méridionale, Catalogne et Castille). I, Étude des sources, D. Menjot et M. Sànchez-Martinez coord., Toulouse, 1996, T.II (Occident méditerranéen) *Les systèmes fiscaux*, Toulouse, 1999, T. III (Occident méditerranéen) *La redistribution de l'impôt*, Toulouse, 2002.

FOURQUIN G., *Le domaine royal en Gâtinais d'après la prisée de 1332*, Paris, 1933.

GANDILHON R., *Politique économique de Louis XI,* Rennes, 1941.

GAUVARD Cl., *« De grâce especial ». Crime, État et société en France à la fin du Moyen Âge,* 2 vol., Paris, 1991.

GAZZANIGA J.-L., « Rédaction des coutumes et codification », *Droits*, 26, 1997, p. 71-80.

GAZZANIGA J.-L., *L'Église du Midi à la fin du règne de Charles VII (1444-1461) d'après la jurisprudence du parlement de Toulouse,* Paris, 1976.

GAZZANIGA J.-L., *Défendre par la parole et par l'écrit*, Toulouse, 2004.

Genèse de l'État moderne en Méditerranée. Approches historiques et anthropologiques des pratiques et des représentations, Bibl. de l'Ec. fr. de Rome, Rome, 1993.

Genèse de l'État Moderne. Prélèvement et redistribution, Genet J.-Ph. et Le Mené M. éd., Paris, 1987.

GENESTAL R., *Les Origines de l'appel comme d'abus,* Paris, 1951.

GILLES H., *Les coutumes de Toulouse et leur premier commentaire*, Toulouse, 1969.

GOURON A., « La coutume en France au Moyen Âge », *La coutume. Europe occidentale, médiévale et moderne.* Rec. Soc. J. Bodin, 52, Bruxelles, 1990, p. 193-217.

GOURON A., « Le rôle des maîtres français dans la renaissance du XIIe siècle », *C.R.A.I.B.L.*, 1989, p. 198-207.

GOURON A., *Droit et coutume en France aux XIIe et XIIIe siècles,* Variorum, Aldershot-Brookfield, 1993.

GOURON A., *Études sur la diffusion des doctrines médiévales,* Londres, 1987.

GOURON A., *Juristes et droits savants : Bologne et la France médiévale*, Ashgate Variorum, Aldershot-Brookfield, Singapore, Sydney, 2000.

GOURON A., *La science du droit dans le Midi de la France au Moyen Âge,* Londres, Variorum Reprints, 1984.

Guerre et concurrence entre les Etats européens du XIVe au XVe siècle, Contamine Ph. dir., *Les origines de l'État moderne en Europe,* Blockmans W. et Genet J.-Ph. dir., Paris, 1998.

HENNEMANN J.B., *Royal Taxation in fourteenth century France. The development of War financing (1422-1356)*, Princeton, 1971.

HILDESHEIMER Fr., « Les deux premiers registres des "ordonnances" ou la logique floue de l'enregistrement », *Histoire et Archives*, 12, 2002, p. 79-114.

Histoire comparée de l'administration (IVe-XVIIIe siècle), Actes du IVe colloque historique franco-allemand de l'Institut Historique Allemand de Paris, Tours, 27 mars – 1er av. 1977, Paravicini W. et Werner K.-F. dir., München, 1980, p. 282-290, p. 264-281.

Impôt (L') au Moyen Âge. L'impôt et le prélèvement seigneurial, fin XIIe siècle-début XVIe siècle. T.I, *Le droit d'imposer* ; T.II, *Les espaces fiscaux*, T. III, *Les techniques*, Contamine Ph., Kerhervé J. et Rigaudière A. dir., Paris, 2002.

Individu (L') face au pouvoir, Rec. Soc. J. Bodin, Bruxelles, 1987.

Individual (The) in Political Theorie and Practice, The Origins of the modern State in Europe, Coleman J. éd., Oxford, 1996 ; éd. fr., *L'individu dans la théorie politique et dans la pratique, Les origines de l'État moderne en Europe*, Paris, 1996.

KERN F., *Kingship and law in the Midle Ages*, Oxford, 1939.

KRYNEN J., « La représentation politique dans l'Ancienne France : l'expérience des États Généraux », *Droits*, 1987, 6, p. 31 et suiv.

KRYNEN J., « Droit romain et État monarchique. À propos du cas français », *Représentation, pouvoir et société,* J. Blanchard et Ph. Contamine éd., Paris, 1995, p. 14 et suiv.

KRYNEN J., « "*Voluntas domini regis in suo regno facit jus*". Le roi de France et la coutume », *El Dret comu i Catalunya*, A. Iglesia Ferreiros dir., Barcelone, 1998, p. 59-89.

KRYNEN J., « Entre science juridique et dirigisme : le glas médiéval de la coutume », *Cahiers de recherches médiévales (XIIIe-XVe s.), Droits et pouvoirs.* Partie thématique sous la direction de G. Giordanengo, VII, 2000, p. 171-187.

KRYNEN J., « Qu'est-ce qu'un Parlement qui représente le roi ? », *Excerptiones iuris. Studies in honor of André Gouron*, B. Durand et L. Mayali dir., Berkeley, 2000, p. 352-366.

KRYNEN J., Une assimilation fondamentale : le Parlement Sénat de France, *A Ennio Cortese*, T. II, Rome, 2000, p. 208-223.

LASSALMONIE J.-F., *La boîte à l'enchanteur. Politique financière de Louis XI*, Paris, 2002.

LE BRAS G., LEFEBVRE Ch. et RAMBAUD J., « L'Âge classique (1140-1378). Sources et théorie du droit », Paris, 1965, dans *Histoire du Droit et des institutions de l'Eglise en Occident,* T. VII, (G. LE BRAS dir.).

LE PAGE D., *Finances et politique en Bretagne au début des temps modernes, 1491-1547,* Paris, 1996.

LEMONDE A., *Le temps des libertés en Dauphiné. L'intégration d'une principauté à la Couronne de France (1349-1408)*, Grenoble, 2002.

LEYTE G., *Domaine et domanialité publique dans la France médiévale (XIIIe-XVe siècles),* Strasbourg, 1996.

LUSIGNAN S., « *Vérité garde le roy* ». *La construction d'une identité universitaire (XIIIe-XVe siècle)*, Paris, 1999.

MARTIMORT A., *Le gallicanisme*, Paris, 1973.

MARTIN M., *Les origines du gallicanisme*, 2 vol., Paris, 1939.

MAYALI L., « *Lex animata*. Rationalisation du pouvoir politique et science juridique, *(XIIe-XIVe siècles) », Renaissance du pouvoir législatif et genèse de l'État,* Montpellier, 1988, p. 155-164.

MAYALI L., « De la *juris auctoritas* à la *legis potestas*. Aux origines de l'État de droit dans la science juridique médiévale », *Droits savants et pratiques françaises du pouvoir (XIe-XVe siècles)*, Bordeaux, 1992, p. 129-149.

MEIJERS E. M., *Études d'histoire du droit,* III et IV (publiées par R. Feenstra et H. Fischer, *Le droit romain au Moyen Âge*, Leyde, 1959 et 1966.

OLIVIER-MARTIN Fr., « Le roi de France et les mauvaises coutumes », *Z.S.S.*, 1938, p. 108-137.

OLIVIER-MARTIN Fr., *Histoire de la coutume de la prévôté et vicomté de Paris*, 2 vol., Paris, 1922.

OLIVIER-MARTIN Fr., *Les lois du roi*, Cours d'Histoire du droit public-Doctorat, 1945-1946, multigr., Paris, Les Cours de Droit, 1946. Rééd., éd. Loysel, Paris, 1988 et L.G.D.J., Paris, 1997.

PASCHEL Ph., « L'élaboration des décisions du Parlement dans la deuxième moitié du XIVe siècle. De la plaidoirie à l'arrêt », *Histoire et Archives*, n° 12, 2002, p. 7-27.

PENNINGTON K., *The prince and the law. 1200-1600. Sovereignty an Rigths in the Western Legal Tradition*, Berkeley, Los Angeles, Oxford, 1993.

PETIT-RENAUD S., *« Faire loy » au royaume de France de Philippe VI à Charles V (1328-1380),* Paris, 2003.

PETIT-RENAUD S., « Le roi, les légistes et le parlement de Paris aux XIVe et XVe siècles : contradictions dans la perception du pouvoir le "faire loy ?" », *Cahiers de recherches médiévales (XIIIe-XVe s.), Droits et pouvoirs.* Partie thématique sous la direction de G. Giordanengo, VII, 2000, p. 143-158.

POLY J.-P., « Les légistes provençaux et la diffusion du droit romain dans le Midi », *Mélanges Roger Aubenas*, 1974, p. 613-635.

POSTAN M. M., « The cost of the Hundred Year's War », *Past and Present*, XXVII, 1964, p. 34-53.

POUMARÈDE J., « La coutume dans les pays de droit écrit », *La coutume. Europe occidentale, médiévale et moderne.* Rec. Soc. J. Bodin, 52, Bruxelles, 1990, p. 233-250.

RAUZIER J., *Finances et gestion d'une principauté au XIVe siècle. Le duché de Bourgogne de Philippe le Hardi*, 1364-1384, Paris, 1996.

Resistance, Representation and Community, The Origins of the modern State in Europe, Blickle P. éd., Oxford, 1997 ; éd. fr., *Résistance, représentation et communauté, Les origines de l'État moderne en Europe*, Paris, 1998.

REY M., *Le domaine du roi et les finances extraordinaires sous Charles VI (1388-1413),* Paris, 1965.

REY M., *Les finances royales sous Charles VI. Les causes du déficit (1388-1413),* Paris, 1965.

RIGAUDIÈRE A., « La pénétration du vocabulaire édictal romain dans les coutumiers français des XIIIe et XIVe siècles », *El dret comù i Catalugna,* Actes du colloque tenu à Barcelone, les 30 mai-1er juin 1996, A. Iglesia- Ferreiros dir., Barcelone, 1997, p. 161-197.

RIGAUDIÈRE A., « La royauté, le Parlement et le droit écrit aux alentours des années 1300 », *Comptes rendus des séances de l'Académie des Inscriptions et Belles-Lettres*, 1996, p. 885-908.

RIGAUDIÈRE A., « Le Religieux de Saint-Denis et le vocabulaire politique du droit romain », *Saint-Denis et la Royauté,* Études offertes à Bernard Guenée, Presses de la Sorbonne, 1999, 261-297.

RIGAUDIÈRE A., « Le statut juridique du bourgeois d'après Jean Boutillier », *Excerptiones iuris : Studies in Honor of André Gouron,* B. Durand et L. Mayali édit., Berkeley, Robbins Collection, 2000 p. 607-635.

RIGAUDIÈRE A., « Législation royale et construction de l'État dans la France du XIIIe siècle », dans *Renaissance du pouvoir législatif et genèse de l'État,* Montpellier, 1988, p. 203-236.

RIGAUDIÈRE A., « Les ordonnances de police en France à la fin du Moyen Âge », *Policey im Europa der Frühen Neuzeit,* M. Stolleis dir., Francfort, 1996, p. 97-161.

RIGAUDIÈRE A., « Pratique politique et droit public en France aux XIVe et XVe siècles », *Le public et le privé, Archives de philosophie du droit*, 41, 1997, p. 83-114.

RIGAUDIÈRE A., « Réglementation urbaine et « législation d'Etat » dans les villes du Midi français aux XIVe et XVe siècles », Colloque de Bielefeld sur *La ville, la bourgeoisie et la genèse de l'État moderne, XIIe-XVIIIe siècle*, nov. 1985. Éditions du C.N.R.S., Paris, 1988, p. 35-70.

RIGAUDIÈRE A., « Un enjeu pour la construction de l'État : penser et écrire la loi dans la France du XIVe siècle », *Les origines de l'État moderne en Europe. Justice et législation,* A. Padoa-Schioppa dir., Paris, P.U.F, 2000, p. 101-132.

RIGAUDIERE A., *L'assiette de l'impôt direct à la fin du XIVe siècle. Le livre d'estimes des consuls de Saint-Flour pour les années 1380-1385,* Paris, 1977.

RIGAUDIÈRE A., *Penser et construire l'État dans la France du Moyen Âge,* Paris, 2003.

RIGAUDIÈRE A., « Municipal Citizenship in Pierre Jacobi's *Practica aurea Libellorum* (ca. 1311) », *Privileges and Rights of Citizenship : Law and Juridical Construction of Civil Society.* L. Mayali éd., Berkeley, Robbins Collection, 2002, p. 9-33.

RIOLLOT J., *Le droit de prévention des juges royaux sur les juges seigneuriaux. Origine et développement de ce droit*, Paris, 1931.

RIVIÈRE J., *Le problème de l'Église et de l'État au temps de Philippe le Bel*, Louvain-Paris, 1926.

Roi (Le), le marchand et le sel, Hocquet J.-C. dir., Actes de la table ronde « *L'impôt du sel en Europe, XIIIe-XVIIIe siècles* » (Arc et Senans, sept. 1986), P. U. Lille, Lille, 1987. 2002.

ROYER J.-P., *L'Église et le royaume de France au XIVe siècle d'après le « Songe du Vergier » et la jurisprudence du Parlement de Paris,* Paris, 1969.

SAINT-BONNET F., *L'État d'exception,* Paris, 2001.

SRAYER J.R. et TAYLOR C. H., *Studies in early french Taxation*, Cambridge (Mass.), 1939.

TESSIER G., *Diplomatique royale française,* Paris, 1962.

TIMBAL P., *La Guerre de Cent Ans vue à travers les registres du Parlement (1337-1369),* Paris, 1961.

TIMBAL P.-C., *La coutume source de droit privé*, D.E.S. Histoire du droit et des faits sociaux, 1958-1959, multigr., Paris, Les Cours de Droit, 1959.

TISSET P., « Mythes et réalités du droit écrit », *Études d'histoire du droit privé offertes à P. Petot*, Paris, 1959, p. 553-560.

VALOIS N., *Histoire de la Pragmatique sanction de Bourges sous Charles VII*, Paris, 1906.

VERGER J., *Les Universités au Moyen Âge,* Paris, 1973.

VERLAGUE R., *Les États généraux et le droit d'imposer*, Aix-en-Provencee, 1943.

VIDAL J., *L'équivalent des aides en Languedoc*, Montpellier, 1963.

Ville (La) médiévale en deçà et au-delà de ses murs. Mélanges Jean-Pierre Leguay, Rouen, 2000.

VILLERS R., *Cours d'Histoire des institutions politiques et administratives du Moyen Âge et des temps modernes. La justice*, D.E.S. Histoire du droit et des faits sociaux, 1963-1964, multigr., Paris, Les Cours de Droit, 1964.

War and competition betwwen States, The Origins of the modern State in Europe, Contamine Ph. éd. Oxford, 1997 ; édit. fr., *Guerre et concurrence entre les États européens du XIVe au XVIe siècle, Les origines de l'État moderne en Europe*, Paris, 1998.

WEIDENFELD K., « Le modèle romain dans la construction d'un droit pubic médiéval : "assimilations et distinctions fondamentales" devant la justice aux XIVe et XVe siècles », *R.H.D.F.E.*, 81, 2003, p. 479-502.

QUATRIÈME PARTIE

DE LA *RESPUBLICA* ROYALE À L'ÉTAT ROYAL (XVIe siècle – XVIIIe siècle)

INTRODUCTION

Jalons pour une histoire de l'Ancien Régime

Pour qualifier la période qui couvre l'histoire de France de la fin du Moyen Age à la Révolution de 1789, les historiens utilisent tantôt l'expression d'Ancien Régime, tantôt celle de Temps Modernes. Chacune d'elles reflète une vision spécifique des événements et se rattache à des sensibilités différentes.

La dénomination Ancien Régime est la plus répandue. Née avec les brochures qui ont précédé et accompagné la Révolution, sa fortune est liée à la parution du grand livre d'A. de Tocqueville, *L'Ancien Régime et la Révolution* (1856). Elle traduit une volonté affirmée d'opposer le système politique, social et économique d'avant 1789 au nouvel ordre bourgeois, libéral et industriel né de la Révolution en posant, comme postulat, que les événements révolutionnaires de 1789-1793 ont opéré une coupure radicale. Dans cette optique, la vision de la France monarchique apparaît avant tout comme négative et revient à qualifier d'ancien son régime politique, économique et social, tout simplement parce qu'il est antérieur à 1789 et ne correspond en rien à ceux qui devaient être mis en place par la suite et que l'on veut bien considérer comme plus modernes. Parler de France d'Ancien Régime, c'est aussi vouloir à tout prix appréhender, à travers cette expression au singulier, une période qui serait uniforme, une histoire qui serait monolithique pour faire du politique, de l'économique et du social, des réalités qu'un blocage aurait figées pendant trois siècles et qui, pour cette seule raison, mériteraient que leur soit exclusivement appliqué le qualificatif d'ancien.

C'est par réaction contre cette vision statique, unitaire et déformante que s'est forgée l'expression France des Temps Modernes. Plus qu'à un point d'arrivée (1789), c'est à un point de départ qu'elle fait référence. Celui d'une modernité liée à la Renaissance qui débute dès la seconde moitié du XVe siècle pour se poursuivre tout au long du siècle suivant. Cette période, caractérisée par un retour des valeurs de l'Antiquité renforcées par l'humanisme, une puissante expansion démographique et géographique (Grandes Découvertes), un énorme progrès de l'économie de marché, la Réforme et la montée conquérante de la bourgeoisie d'offices dans la gestion de l'Etat, s'inscrit dans l'histoire de ce temps comme une véritable révolution tranquille. Elle transforme, en profondeur, les mentalités, les structures économiques et les comportements politiques.

Suivie par un XVIIe siècle tragique dans ses dimensions économiques et sociales (crises économiques, épidémies, catastrophes démographiques, guerres et ponctions fiscales), elle n'en voit pas moins l'apogée de l'absolutisme. Puis vient le Siècle des Lumières qui brille de tous ses éclats après 1750 pour se prolonger bien au-delà de 1789. Et cette période n'est pas seulement révolution de la pensée, elle est aussi mutation profonde des structures agricoles, croissance économique et naissance d'une société nouvelle. Autant d'éléments qui font résolument, de cette France de la fin du XVIIIe siècle, une France moderne.

Tout au long de ces trois siècles, de Charles VIII (1483-1498) à Louis XVI (1774-1792), deux dynasties se succèdent, celle des Valois montés sur le trône en 1328 et celle des Bourbons qui y accèdent, avec Henri IV, en 1589.

I. – Les Valois

Le XVIe siècle, que se partagent sept souverains – Charles VIII (1483-1498), Louis XII (1498-1515), François Ier (1515-1547), Henri II (1547-1559), puis ses trois fils : François II (1559-1560), Charles IX (1560-1574) et Henri III (1574-1589) –, est une période de reconstruction, d'expansion et de renouveau politique au lendemain des rudes épreuves de la Guerre de Cent ans.

La reconstitution de l'assise territoriale du royaume s'achève avec le rattachement des grands fiefs à la couronne. Grâce au mariage d'Anne de Bretagne avec Charles VIII (1491), puis Louis XII (1499), la Bretagne fait définitivement partie intégrante du royaume. Il en va de même de la Provence dont le rattachement à la couronne est confirmé en 1487.

Sur cette France reconstruite, l'autorité royale ne cesse de se renforcer et de s'affirmer face aux derniers bastions de la féodalité. Dans tous les domaines – militaire, financier, législatif et judiciaire – triomphe le pouvoir royal, tout particulièrement sous les règnes de François Ier et Henri II dont les réformes ouvrent véritablement la voie à l'« absolutisme ».

La seconde moitié du siècle est marquée par les Guerres de religion (1555-1589) qui déchirent le pays pendant les règnes des trois fils d'Henri II et de Catherine de Médicis. La Réforme, qui met fin à l'unité religieuse, ouvre une très grave crise. Elle se transforme en guerre civile au cours de laquelle l'autorité monarchique se trouve gravement remise en cause et même compromise. Les difficultés sont encore avivées à la mort d'Henri III. Assassiné le 1er août 1589, il disparaît sans descendance. Ainsi s'éteignait la famille des Valois.

II. – Les Bourbons (1589 – 1789)

Avant de mourir, Henri III avait reconnu comme légitime héritier Henri de Bourbon, roi de Navarre, descendant de Robert de Clermont, frère de Philippe III le Hardi. Henri de Bourbon, protestant, comprit très vite qu'il n'arriverait pas à s'imposer s'il n'abjurait pas. C'est ce qu'il fit pour sauver l'unité nationale, tout en renonçant à maintenir l'unité religieuse. Pour la première fois, un souverain admettait (Edit de Nantes, 13 avril 1598) qu'une partie de ses sujets puisse adhérer à une religion différente de la sienne.

Apaisée la crise religieuse, le règne d'Henri IV (1589-1610) connaît un remarquable redressement de l'autorité royale ainsi qu'une remise en ordre des finances et de l'économie avec Sully. Après lui, avec Louis XIII (1610-1643), puis Louis XIV (1643-1715), l'Etat monarchique se dote progressivement de structures politiques qui lui permettent presque d'exercer son autorité sans partage. Lentement remis en cause sous le règne de Louis XV (1715-1774), l'édifice ainsi construit ne résiste pas aux assauts que connaît le règne de Louis XVI (1774-1792).

Le début du règne de Louis XIII, dominé par la régence de Marie de Médicis (1610-1617), se heurte à de multiples difficultés (opposition protestante et aristocratique) que seul parvient à résoudre Richelieu (1624-1642) au terme d'une lutte sans merci contre les protestants (paix d'Alès en 1629 qui les ramène au droit commun, leur enlève les privilèges concédés par l'Edit de Nantes, mais leur reconnaît la liberté de culte ainsi que l'égalité absolue avec les catholiques) et contre les grands dont les complots et révoltes sont impitoyablement réprimés (exécution du duc de Montmorency en 1632, puis de Cinq-Mars et de Thou en 1642). A la mort de Richelieu (1642), Louis XIII nomme, pour le remplacer, celui qu'il lui avait désigné, le cardinal Mazarin.

Louis XIII mort (mai 1643), des troubles identiques réapparaissent sous la régence d'Anne d'Autriche (1643) et le gouvernement de Mazarin (1642-1661). C'est la Fronde (1648-1653), révolte conduite par les princes et les membres des cours souveraines contre le pouvoir royal dont ils acceptaient mal la tutelle. Au lendemain de la mort de Mazarin (1661), Louis XIV prend réellement les rênes du pouvoir pour gouverner personnellement et donne à la monarchie un visage de plus en plus autoritaire, ce qui ne l'empêche pas de s'entourer de collaborateurs remarquables auxquels il délègue de très larges pouvoirs. Colbert (1619-1683) en est le meilleur exemple. Tout au long de cette seconde moitié du XVIIe siècle, les nobles sont réduits à l'obéissance et l'administration centralisée, tandis que l'action des forces sociales et politiques (corps, villes, états, parlements) qui participaient à l'exercice du pouvoir est sérieusement mise en tutelle. Mais, tant en raison de cette politique très centralisatrice et autoritaire que du coût des guerres et de la pression fiscale, le règne s'achève dans une conjoncture difficile qu'avait déjà largement préparée la révocation de l'Edit de Nantes le 18 octobre 1685.

A la mort de Louis XIV, le jeune Louis XV, son arrière-petit-fils, n'est âgé que de cinq ans. En exécution des volontés du roi défunt, la régence est confiée à son neveu, Philippe d'Orléans. Il réussit à faire casser, par le Parlement de Paris, le testament de Louis XIV qui limitait ses pouvoirs de régent. En échange, il lui restitue son droit de remontrance. Il peut ainsi procéder à toute une série de réformes, en particulier faire à nouveau entrer dans les différents conseils qu'il réorganise (polysynodie) la noblesse écartée du pouvoir. Mais c'est un échec politique, encore aggravé par les réformes financières de Law qui tournent à la catastrophe.

Quand Louis XV devient majeur (février 1723), puis prend réellement le pouvoir à la mort de Philippe d'Orléans (décembre 1723), la transition est assurée par le duc de Bourbon, très rapidement remplacé par le cardinal de Fleury qui devait demeurer ministre jusqu'en janvier 1743. Grâce à sa politique rigoureuse, la France peut reprendre haleine, mais ce ne fut pas suffisant pour permettre à Louis XV d'assurer et d'exercer une autorité sans faille. Jusqu'à la fin de son règne, l'absolutisme n'est qu'à éclipses. Tout en s'entourant de ministres de valeur (d'Argenson, Machault, Choiseul, Maupeou) et en conservant les structures gouvernementales et administratives héritées de Louis XIV, Louis XV ne parvient pas à régler au fond les questions religieuses, ni à surmonter durablement l'opposition parlementaire. La monarchie perçoit mal les réformes qui s'imposent et ne réussit pas à maîtriser les oppositions, aussi bien conservatrices que novatrices. Même si tardivement le roi fait preuve de fermeté et tente un redressement par une série de réformes (financières et judiciaires en particulier), la royauté s'octroie ainsi, seulement, un sursis. Quand Louis XV meurt en 1774, l'œuvre de redressement est trop fragile pour que soit évitée la crise finale, malgré un bilan économique placé sous le signe de la croissance et d'une certaine prospérité.

Louis XVI, petit-fils de Louis XV, a vingt ans quand il monte sur le trône. Alors s'aggravent, à un rythme accéléré, toutes les difficultés, particulièrement dans le domaine financier. Des tentatives de réformes sans lendemain avec Turgot (1774-1776) et Necker (1776-1781) plongent la monarchie dans une impasse d'où ne peuvent la tirer ses derniers ministres (Calonne, Brienne, Necker). La seule issue paraît alors être la convocation des Etats généraux. Annoncée le 8 août 1788, ils doivent se réunir le 1er mai 1789.

En ces trois siècles, on mesure le chemin parcouru dans cette France qui apparaît davantage comme celle des Temps Modernes que celle de l'Ancien Régime. Cette modernité, elle la doit d'abord à un profond mouvement doctrinal autour des conceptions du pouvoir, de son exercice et des lois fondamentales destinées, tout à la fois, à le protéger et à le limiter. Ces théories du pouvoir et ces lois fondamentales (Chapitre I) ont, en quelque sorte, constitué un cadre à l'intérieur duquel se sont modelées les institutions du gouvernement central (Chapitre II) pour répondre aux besoins d'un Etat moderne qui s'est progressivement doté d'un système judiciaire (Chapitre III) et d'un ordre juridique toujours mieux adapté aux besoins d'un royaume réunifié (Chapitre IV). Ce nouvel État, confié à une administration fortement centralisée (Chapitre V) sait néanmoins se montrer soucieux d'un dialogue permanent avec l'ensemble du pays et ses notables (Chapitre VI), tout comme avec les villes et les communautés d'habitants (Chapitre VII). Concertation cependant incomplète et trop tard venue, elle ne parvient pas à prévenir la crise qui entraîne le régime dans sa chute (Chapitre VIII).

OUVRAGES GÉNÉRAUX SUR LA PÉRIODE

ANTOINE M., *Le dur métier de roi,* Paris, PUF, 1986.

BERCÉ Y.-M., *Les monarchies, Histoire générale des systèmes politiques,* Paris, 1997.

BERCÉ Y.-M., *La naissance dramatique de l'absolutisme (1598-1661),* Paris, Seuil, 1992.

BLUCHE F., *L'Ancien Régime. Institutions et société*, Paris, 1993.
BONNEY R., *L'absolutisme,* Paris, PUF, 1989.
CORNETTE J., *Le roi de guerre. Essai sur la souveraineté dans la France du Grand Siècle*, Paris, 1993.
CORNETTE J., *La Monarchie entre Renaissance et Révolution*, Paris, 2000.
COSANDEY F., DESCIMON R., *L'absolutisme en France. Histoire et historiographie*, Paris, 2002.
COTTERET M., *La vie politique en France aux XVIe - XVIIe - XVIIIe siècles,* Paris, Ophrys, 1991.
DURAND G., *Etats et institutions (XVIe – XVIIIe siècle),* Paris, A. Colin, 1969.
EMMANUELI F.-X., *Etat et pouvoirs dans la France des XVIe – XVIIIe siècles,* Paris, Nathan, 1992.
FÉLIX J., *Économie et finances sous l'Ancien Régime. Guide du chercheur, 1523-1789*, Paris, 1994.
FOGEL M., *L'Etat dans la France moderne de la fin du XVe siècle au milieu du XVIIIe siècle,* Paris, Hachette, 1992.
GARNOT B., *Société, cultures et genres de vie dans la France moderne (XVIe – XVIIIe siècle),* Paris, Hachette, 1991.
GARRISSON J., *Guerre civile et compromis (1559-1598),* Paris, Seuil, 1991.
GARRISSON J., *Royaume, Renaissance et Réforme (1483-1559),* Paris, Seuil, 1991.
JOUANNA A., HAMON H., BILOGHI D., LE THIEC G., *La France de la Renaissance. Histoire et dictionnaire*, Paris, 2001.
LE ROY LADURIE E. (dir.), *Les monarchies*, Paris, 1986.
LE ROY LADURIE E., *L'Ancien Régime (1600-1700)*, Paris, 1991.
MANDROU R., *La France aux XVIIe et XVIIIe siècles,* Paris, PUF, 1993 (5e éd.).
MÉTHIVIER H., *L'Ancien Régime en France (XVIe-XVIIe-XVIIIe siècles)*, Paris, 1981.
MEYER J., *Le poids de l'État*, Paris, 1983.
RICHET D., *La France moderne : l'esprit des institutions,* Paris, Flammarion, 1973.
ROCHE D., *La France des Lumières*, Paris, 1993.
VIGUERIE J. de, *Histoire et dictionnaire du temps des Lumières*, Paris, 1995.

CHAPITRE I

THÉORIES DU POUVOIR ET LOIS FONDAMENTALES

L'histoire de l'Ancien Régime est celle d'un affermissement continu du pouvoir et de l'Etat monarchiques, même si l'un et l'autre, secoués par les violentes crises des dernières décennies du XVIIIe siècle, sont mis à mal par les événements de 1789. En réalité, c'est davantage le pouvoir royal et la monarchie qui sont progressivement remis en cause par la Révolution que l'Etat lui-même. Assuré depuis longtemps, il résiste et traverse la tourmente révolutionnaire.

Tout simplement parce que, depuis le XVIe siècle, s'est accentuée sans cesse l'évolution qui, autour de la notion de couronne, détache la personne du roi de la fonction qu'il exerce. Depuis longtemps déjà, la couronne – concept de droit public – préfigurait l'Etat, même si le terme n'existait pas encore. Il n'apparaît, timidement, qu'à la fin du XVe siècle et, de manière plus sûre, au début du siècle suivant avec Machiavel, pour supplanter celui de couronne, encore que d'autres expressions comme celles de chose publique ou de République lui soient souvent préférées.

C'est en se fondant sur les écrits des auteurs politiques et des jurisconsultes de l'Antiquité, en particulier ceux de Platon et d'Aristote, puis le *De Republica* de Cicéron que les écrivains politiques de la fin du Moyen Age, tout comme les rédacteurs des actes officiels, utilisent de plus en plus les expressions de *Respublica* et de chose publique pour désigner l'Etat. Entité supérieure, distincte du prince, il doit s'imposer à lui afin d'édicter des normes obligatoires pour tous, y compris pour les gouvernants.

Ainsi conçu, l'Etat devient de plus en plus une réalité autonome, indépendante tout à la fois de ses formes – qu'elles soient monarchique, aristocratique ou démocratique – et de la personne de ses gouvernants. Désormais, l'Etat ne doit plus se confondre avec la personne du roi qui en est simplement le dépositaire, chargé de son administration et de la défense de ses intérêts. Il est aussi une réalité indivisible, à l'instar de la souveraineté qui lui est attachée.

Arrivé à ce stade de maturité, l'Etat apparaît comme à peu près complètement dépouillé de ses caractéristiques médiévales. Libéré de l'emprise seigneuriale, il est gouverné par un roi qui s'est, lui aussi, affranchi des contraintes féodales pour exercer pleinement les prérogatives de puissance publique dont il est dépositaire.

Autour de cet Etat qui s'arrache lentement à tout ce qu'il avait de médiéval, de sa souveraineté définitivement affirmée et du prince auquel elle est confiée s'amorce, à partir du début du XVIe siècle, un profond mouvement doctrinal. Jusqu'à la fin du XVIIe siècle, il ne cesse de renforcer la position de la royauté et de l'Etat (Section 1). Parallèlement à cette évolution et comme pour en tempérer les effets, se fixe lentement tout un corps de pratiques et de normes destinées à réglementer la vie de ce même Etat et l'exercice quotidien du pouvoir. Qualifiées de lois fondamentales du royaume, elles s'imposent au souverain dans sa fonction (Section 2).

SECTION 1

LE ROI ET L'ÉTAT VUS PAR LES THÉORICIENS

Il serait vain de vouloir évoquer, en quelques pages, le cheminement complet des idées politiques tout au long de cette période, même limitées à la seule étude du pouvoir royal. A des auteurs très nombreux correspondent toujours des analyses extrêmement nuancées qu'on ne saurait schématiser. Il est néanmoins indispensable de tenter d'en dégager les grands points d'ancrage qui constituent autant de facteurs d'explication dans l'évolution de la souveraineté et du pouvoir royal. Dans l'ensemble, c'est une courbe toujours ascendante qui se dégage et qui tend à un renforcement constant aussi bien des prérogatives royales que des moyens imaginés pour l'exercer. Ce mouvement s'inscrit dans une ligne de pensée continue, ouverte par les légistes et les théoriciens de la royauté depuis le XIIIe siècle. Héritier de ces doctrines, le XVIe siècle se caractérise par un profond renouvellement des idées (§ 1) qui prépare, pour le siècle suivant, le triomphe des théories absolutistes (§ 2).

§ 1. – LE RENOUVEAU DES IDÉES POLITIQUES AU XVIe SIÈCLE

Siècle de renaissance, le XVIe siècle ne faillit pas dans le domaine des idées politiques. Siècle de bouillonnement intellectuel, ses doctrinaires se partagent entre de multiples courants. Siècle de progrès de l'autorité royale – même si elle est mise à rude épreuve au moment des Guerres de religion –, la pensée politique s'en fait toujours l'écho. Voilà pourquoi les limitations que tentent d'imposer au pouvoir royal l'opposition protestante et les membres de la Ligue (B) n'entravent en rien le mouvement amorcé depuis Machiavel (A) dont Jean Bodin prend le relais à la fin du siècle (C).

A. UN PRÉCURSEUR : MACHIAVEL

On en pourrait retenir bien d'autres, mais son nom domine, en Italie et en France, la pensée du Moyen Age finissant et les premières décennies du

XVIe siècle. Avec Machiavel, l'histoire de la notion d'Etat entre dans une phase nouvelle, tandis que Claude de Seyssel nous offre une manière de bilan sage et raisonné des expériences vécues par l'Etat monarchique médiéval qui s'assure, sous le règne de Louis XII, au bénéfice des expériences antérieures.

Machiavel naît à Florence en 1469 et y meurt en 1527. Issu d'une famille aisée, sa vie au service de la cité fut agitée, entrecoupée de disgrâces et d'exils. Il ne fut pas un grand homme d'Etat, mais un haut fonctionnaire placé dans un poste d'observation remarquable : le secrétariat à la chancellerie.

Très marqué par l'influence du « Quattrocento » où domine une réaction contre le sens de l'autorité et la foi du Moyen Age, il est en recherche perpétuelle de la liberté. Obsédé par les divisions de son pays, qui contrairement à la France, l'Angleterre et à un moindre degré, l'Espagne, ne parvient pas à faire son unité, il s'interroge sur le devenir des Cités-Etats de la péninsule qu'il souhaiterait voir s'unir. Mais elles n'y parviennent pas alors qu'à ses yeux l'heure de l'Etat-Nation a sonné. Alors, comment le construire ? La réponse qu'apporte Machiavel donne toute la clé de son œuvre. L'unité n'est possible que sous l'égide d'un prince puissant : « *pas de prince, pas d'unification* ». A partir de là, Machiavel estime que si le prince n'existe pas, il faut le susciter et tout faire pour qu'il réussisse. Pragmatique, il sait tirer les leçons de l'histoire, visionnaire il construit un système : l'Etat dont le prince est le centre.

De son œuvre variée qui va de la politique à la poésie en passant par le théâtre et l'art de la guerre, ne retenons que la pièce maîtresse, *Le Prince*. Il la rédige dans sa retraite forcée, sans doute de 1513 à 1514 et elle n'est connue qu'en 1515. Dans cette œuvre, toute sa méthode apparaît au grand jour. Observation minutieuse et raisonnement rigoureux se combinent pour faire de Machiavel un des fondateurs de la science politique moderne. Passionné par l'Antiquité, il tire toutes les leçons de son histoire et s'interroge, à travers ses auteurs (Aristote, Polybe), sur l'évolution des régimes, les changements cycliques de gouvernement et les conditions de durée d'un Etat. Mais il se fonde tout autant sur l'expérience des choses modernes que ses fonctions administratives et ses nombreuses missions diplomatiques lui ont permis d'analyser sur le vif, tout en nourrissant sa réflexion autour de deux thèmes centraux de son œuvre : l'Etat et le Prince.

L'Etat. On s'accorde à dire, sans doute à tort, que Machiavel est le créateur du terme. Une chose est certaine cependant. Avec lui, le mot entre en force dans le vocabulaire politique. Il l'utilise dès les premières lignes de son œuvre dans son sens moderne et avec la signification qu'il est appelé à revêtir dans toutes les langues d'Europe occidentale.

Mais si l'Etat est bien au centre de la pensée de Machiavel et s'il vulgarise le terme, il n'en fait pas véritablement la théorie. Pour lui, c'est une donnée qui n'est pas encore réellement détachée des hommes qui le constituent. Il ne tente jamais de l'expliquer, pas plus qu'il ne ressent la nécessité de justifier la subordination des individus à l'Etat qu'ils constituent. Dans ces conditions, l'Etat de Machiavel n'est pas encore pleinement institutionnalisé. Il reste lié aussi bien à la personne du prince qui le dirige qu'à celle des sujets qui le composent. Et cette confusion, due au fait que le phénomène d'étatisation n'est pas encore pleinement parvenu à son terme, constitue un des facteurs fondamentaux de l'absolutisme que Machiavel prône en faveur du Prince.

Cet Etat, étroitement soumis au Prince, se trouve complètement laïcisé. Machiavel s'inscrit ainsi dans le long mouvement de pensée ouvert par Marsile de Padoue (vers 1275/80-1342) qui s'efforce de séculariser l'Etat, de l'arracher à la religion et au pouvoir de l'Eglise. Il en résulte une hostilité ouverte contre l'Empire, la papauté et tout ce qui peut rappeler l'universalisme médiéval. Non seulement la religion ne doit pas dominer l'Etat, mais elle doit lui être subordonnée pour devenir, entre ses mains, un instrument de puissance et de cohésion sociale. Il en va de même de l'armée destinée non seulement à assurer la sécurité si utile aux Etats italiens en raison de leur faiblesse chronique face à l'extérieur, mais aussi le civisme de tous les citoyens par le biais du service militaire. Fort de cette armée, l'Etat doit pouvoir sans cesse élargir ses frontières, au mépris s'il le faut de la morale et du droit international. Dans un tel contexte, les exigences que l'Etat machiavélien peut imposer à ses sujets sont sans limite et le plus souvent dictées par les exigences de la politique étrangère, elle-même déterminée par les réalités internationales toujours très menaçantes pour les Cités-Etats de la péninsule.

Poussant plus loin sa réflexion, mais toujours sans définir véritablement l'Etat, Machiavel constate qu'il peut prendre deux formes constitutionnelles : « *Tous les Etats qui ont eu ou qui ont empire sur les hommes ont été ou sont des républiques ou des principautés* ». C'était poser la distinction bipartite entre république et monarchie, cette monarchie qui emporte l'adhésion de l'auteur et à la tête de laquelle il place un prince tout-puissant.

Le Prince. C'est sur lui que Machiavel concentre l'essentiel de sa réflexion. Il en cisèle le portrait en termes vigoureux et en présente les qualités sous un angle bien particulier, toujours propre à justifier son action. Ce prince qui, à ses yeux, doit être le libérateur de l'Italie ne peut réussir dans sa tâche que s'il prend quelque liberté avec la morale politique traditionnelle et n'hésite pas à appliquer des méthodes de gouvernement qui visent avant tout à l'efficacité.

Prince fort, il doit être avant tout réaliste, ce qui le conduit naturellement à ne tenir les hommes que pour ce qu'ils sont et à ne point se préoccuper de ce qui devrait se faire, mais de ce qui se fait réellement. Dans ces conditions, il ne peut se maintenir au pouvoir que par une vertu bien particulière faite à la fois de force et de calcul. Voilà pourquoi il ne doit jamais oublier que « *les hommes se doivent caresser ou supprimer car ils se vengent des offenses légères mais, des graves, ils ne le peuvent pas* ». Aux subalternes le soin de prendre les mesures impopulaires, à lui les bons conseillers en évitant toutefois de leur abandonner la moindre initiative en matière de décision. Ainsi, son pouvoir ne peut qu'en sortir renforcé et il doit toujours l'être par tous les moyens qui, si les circonstances le justifient, peuvent aller jusqu'au crime.

Calculateur et égoïste, il vise avant tout le succès que, seuls, justifient les moyens utilisés. La culture du « moi », le souci de la réputation et la volonté de paraître passent avant l'affection que le Prince doit à son peuple et celle qu'il peut attendre de lui. Même s'il voit en lui une opinion publique à ménager, c'est avant tout par la subtilité, la dissimulation, la ruse et l'hypocrisie qu'il doit arriver à le rallier à sa cause car « *ce que l'on considère, c'est le résultat* ». Dans ces conditions, « *il est plus sûr d'être craint que d'être aimé* ». Bien sûr, l'idéal serait d'être les deux à la fois, mais mieux vaut choisir d'être craint – situation qui dépend de soi – que d'être aimé, situation qui dépend des autres.

Enfin, ce prince habile, énergique et résolu que la *virtu* (adresse, virtuosité) anime, se trouve placé au-dessus du commun, ce qui l'affranchit de la morale traditionnelle et rend à son encontre inopérantes les notions de bien et de mal. Rien, dans sa conduite, ne peut être jugé en fonction des normes traditionnelles, tandis que toutes ses actions peuvent trouver justification dans un Etat à construire, puis à administrer et à sauvegarder. Alors se trouve, à tous moments, justifiée la notion de « raison d'Etat ». Certes, Machiavel n'utilise pas l'expression pourtant déjà en usage dans son entourage, mais tout dans son œuvre contribue à en définir les moindres contours. Et cette « raison d'Etat » exige, à Florence au XVe siècle, un Prince unique sous l'autorité duquel, aux yeux de Machiavel, devrait se faire l'unité. En cela, elle ouvrait très largement la voie à l'absolutisme.

Voilà ce qu'aurait dû être Laurent le Magnifique (1449-1492) s'il avait voulu se présenter en libérateur de l'Italie. Il ne sut pas l'être, pas plus qu'il ne fut un véritable disciple de Machiavel. Mais il eut une arrière-petite-fille, Catherine de Médicis qui devait devenir reine de France par son mariage avec Henri II. Régente à la mort du roi, elle n'oublia jamais les leçons de Machiavel.

B. MONARCHOMAQUES PROTESTANTS ET MONARCHOMAQUES LIGUEURS

Tout au long des Guerres de religion, extrémistes catholiques et protestants s'enferment dans des thèses irréductibles qui aboutissent parfois, curieusement, à des prises de position identiques face à l'institution royale. Tout simplement parce que la royauté, s'efforçant souvent d'adopter une position moyenne en vue d'aboutir à une conciliation (qui ne se réalise qu'avec Henri IV et l'Edit de Nantes en 1598), s'attire de très vives critiques tant de la part des théoriciens protestants que des théoriciens catholiques. Les uns et les autres la trouvent trop peu empressée à soutenir leurs thèses, ce qui les conduit à construire des théories hostiles tant à l'institution royale qu'à l'autorité du roi qu'ils tentent de limiter par tous les moyens.

1. – *Les Monarchomaques protestants*

L'opposition protestante ne naît pas avec les premières luttes religieuses. Bien au contraire, les protestants ont au début beaucoup espéré de la royauté qu'ils ont ménagée, en particulier sous le règne de François Ier et, plus encore, au début des guerres de Religion, à un moment où ils pensaient pouvoir trouver un appui en la personne de la régente, Catherine de

Médicis (1560), très détachée des questions religieuses. Malheureusement, le massacre de la Saint-Barthélemy (août 1572), que la régente encourage, change radicalement le cours des choses et fait basculer les doctrinaires protestants dans une attitude d'opposition résolue.

Même si leurs théories ne sont pas parfaitement cohérentes, elles n'en constituent pas moins un corps de doctrines qui prend progressivement forme, principalement autour de deux auteurs. François Hotman (1524-1590), professeur de droit (Strasbourg, Genève, Valence, Bourges) et chargé de nombreuses missions diplomatiques, écrit toute une série d'ouvrages dont le principal la *Franco-Gallia* (*La Gaule franque ou traité du Royaume de Gaule et du droit de succession*) d'abord rédigé en latin (1573) est ensuite traduit en français (1575). Théodore de Bèze (1519-1605), successeur de Calvin, théologien, poète et dramaturge, est le chef des Eglises réformées de France. Son œuvre principale, *Du Droit des magistrats sur leurs sujets,* est publiée à Genève deux ans après la *Franco-Gallia*, en 1575 Ces deux œuvres maîtresses, auxquelles bien d'autres viennent s'ajouter, qu'elles émanent de ces deux auteurs ou de ceux qui, nombreux, gravitent autour d'eux, constituent comme l'épine dorsale des théories monarchomaques. Par tous les moyens, elles s'efforcent de limiter la toute-puissance du roi.

1. Leurs auteurs s'élèvent d'abord contre l'absolutisme qu'ils condamnent en fait ou en droit. Hotman propose un retour aux usages anciens des Francs « *qui furent gens merveilleusement sages et avisés* » et à leurs institutions politiques qu'il dit avoir été tempérées. Il rappelle avec insistance que les rois francs devaient leur couronne à l'élection et fait l'éloge des anciens plaids qui, partageant avec le roi l'exercice de ses compétences, étaient le symbole d'une souveraineté du peuple. Ainsi, la monarchie se trouvait « *composée et tempérée* », elle apparaissait comme un régime mixte dans la plus pure tradition aristotélicienne. A ses yeux, un tel régime peut être facilement mis sur pied et serait parfaitement viable dans la France du XVIe siècle où les Etats généraux assurent, selon lui, une véritable continuité par rapport aux plaids de l'époque franque en représentant la nation tout entière. Le roi est obligé de les convoquer et leur compétence doit s'étendre aux « affaires d'Etat », tout spécialement au pouvoir législatif. Ainsi présentées, les théories d'Hotman reçoivent un accueil très favorable chez les adversaires de la toute-puissance royale. Pour eux, cet exposé didactique leur apparaît fondé sur la réalité historique et l'expérience du peuple franc.

Par d'autres voies, Théodore de Bèze limite aussi l'absolutisme monarchique. Tout ce qu'il nous dit des magistrats genevois chargés d'administrer leur cité est applicable au monarque dont le pouvoir bute sur d'impérieuses frontières. Lieutenant de Dieu, il doit à ce titre donner l'exemple. Certes, un pouvoir civil extrêmement étendu lui est reconnu, mais ce pouvoir concerne en même temps domaine temporel et domaine spirituel. C'est pourquoi les lois civiles que le roi est tenu d'édicter doivent être, tout à la fois, conformes au droit naturel et aux lois divines. Et son pouvoir, toujours soumis à « la pitié » et à la « charité », se détruit de lui-même s'il ne prend pas en compte, dans son action, ces données fondamentales. Alors, le roi ne commanderait plus en droit et conformément à la loi de Dieu, tout en oubliant que c'est aussi du peuple qu'il tient l'essentiel de ses prérogatives.

2. Cette double notion de consentement populaire et de délégation par le peuple de ses pouvoirs au roi dans le cadre d'un contrat est fondamentale chez les Monarchomaques.

Pour Théodore de Bèze, il y a bien contrat entre le roi et ses sujets. Le roi ne tient son pouvoir que du consentement du peuple et ce consentement est à la base du contrat fondé, dès le départ, sur la bonne foi et la raison. Cette idée de contrat est intéressante car elle ouvre progressivement la voie à celle de constitution dans la mesure où l'engagement du roi se concrétise par son serment de respecter les lois fondamentales. A partir de ce moment-là, il est lié par ces lois qui définissent en partie sa fonction et lui sont supérieures.

François Hotman développe dans sa *Franco-Gallia* des idées parallèles. Puisque le roi est élu, c'est bien reconnaître que la source de son pouvoir est le peuple qui, dans le cadre d'un contrat tacite, a accepté de lui en déléguer une partie. Mais, ce faisant, il n'abandonne pas pour autant la totalité de sa souveraineté. Pour appuyer son raisonnement, Hotman distingue entre souveraineté attachée à l'Etat et exercice de cette même souveraineté. C'est seulement cet exercice qui est délégué au prince considéré comme le tuteur naturel de la chose publique. Quant à la souveraineté de l'Etat, elle est, elle aussi, par essence populaire et le peuple ne s'en défait jamais entièrement, ce qui fonde en droit l'obligation pour le roi de le consulter régulièrement en convoquant les Etats généraux. Dans un tel contexte, le peuple apparaît comme en tous points supérieur au roi qui doit lui demeurer soumis, tout comme il l'est aussi à Dieu. En définitive, le roi n'est créé que pour le salut du peuple qui est sa raison d'être et le bien de ce peuple doit constituer la cause finale de tout gouvernement. Ainsi contractuellement définie, sa mission ne peut être remplie que dans un cadre strict. Tout souverain qui ne le respecte pas devient un tyran auquel le peuple se doit de résister.

3. La résistance à la tyrannie constitue un véritable droit que les Monarchomaques érigent en principe et dont ils font la théorie, ce qui permet de mieux comprendre le contenu concret de leur pensée. Leur position sur ce point est exposée avec une vigueur toute particulière dans les *Vindiciae contra tyrannos*, discours attribué à plusieurs auteurs (Hubert Languet et Philippe Duplessis-Mornay), mais où l'on retrouve l'influence prépondérante de Hotman et de Bèze.

Il y est posé quatre questions. Les sujets sont-ils tenus d'obéir à un prince qui leur commande d'enfreindre la loi divine ? Bien évidemment non. Et s'il viole la loi civile ? La réponse est bien sûr identique. Et dans ces deux cas, peuvent-ils résister ? Naturellement, c'est un droit légitime. Enfin, dans des cas extrêmes, les princes voisins peuvent-ils intervenir ? Cela ne saurait faire de doute, à condition qu'ils aient été appelés par les sujets victimes du tyran.

Mais qu'est-ce qu'un tyran ? C'est celui qui, de toute évidence, transgresse les ordres divins ou s'écarte de la loi civile, c'est-à-dire de l'ensemble des règles que l'existence de l'Etat implique et qui se concrétisent à travers ses organes naturels. Et on va même jusqu'à définir le tyran manifeste comme étant celui qui, pris en flagrant délit de tyrannie, commande « *choses irréligieuses ou iniques* ».

Ainsi doublement encadré par la norme religieuse et par la norme civile, l'idée est clairement posée d'après laquelle le roi doit gouverner en se soumettant à Dieu, mais aussi au peuple dans la mesure où c'est lui qui a délégué au prince le droit d'édicter des normes. C'était affirmer que le peuple était au-dessus de celui qui le gouverne et que sa résistance devenait légale à partir du moment où la loi, même seulement civile, était bafouée. Chez tous ces auteurs, le peuple ne saurait être « toute une populace », mais seulement l'ensemble de tous ceux qui le représentent et sont habilités à exercer l'autorité en collaboration avec le roi, à commencer par les officiers royaux et les membres des états. Il s'agit donc, avant tout, d'une aristocratie de détenteurs du pouvoir à qui revient, chaque fois qu'il y a tyrannie caractérisée, d'intervenir. Comment ? Tout simplement, en avertissant d'abord le prince puis, s'il persiste, en cessant de lui obéir et, enfin, s'il s'obstine, en utilisant contre lui l'autorité dont il dispose.

En définitive, cette théorie de la résistance à l'oppression est avant tout favorable non pas au peuple dans son ensemble mais à l'aristocratie dont de nombreux représentants étaient devenus des adeptes de la religion réformée. Et ce qui est reconnu à cette aristocratie au niveau national vaut également au niveau local. De là à admettre que toute collectivité locale pouvait résister à la tyrannie dans son ressort propre, il n'y avait qu'un pas. Il fut très vite franchi pour accepter que toute ville, toute province pouvait résister et établir chez elle ce qu'elle considérait être la vraie religion, en assurant sa propre défense face à un Etat ou un tyran qu'elle estimait idolâtre.

2. – *Les Monarchomaques de la Ligue et l'opposition catholique*

Dès que la situation s'inverse en leur faveur sous le règne d'Henri III et plus encore sous celui d'Henri IV, les protestants changent d'attitude. Ils deviennent alors les plus fidèles soutiens de la royauté, tandis que les catholiques prennent de plus en plus leurs distances. Dès 1576 se constitue une ligue générale, à direction essentiellement aristocratique, en vue de défendre la religion catholique. Cependant, même si son hostilité à la royauté est franchement déclarée, ses auteurs ne font guère mieux que d'emprunter aux Monarchomaques protestants leurs idées sans les renouveler vraiment. Qu'il s'agisse de Louis d'Orléans (1542-1629, *Apologie ou défense des Catholiques*) ou de Jean Boucher (1558-1646, *De la juste abdication d'Henri III*), qui en sont les principaux représentants, aucun ne parvient véritablement à s'élever à une théorie nouvelle.

On retrouve chez eux tous les thèmes précédemment évoqués avec la volonté toujours affirmée de placer la royauté en tutelle. Elu par le peuple ou à tout le moins désigné par lui, le roi peut toujours être déposé s'il s'écarte de la voie qui lui a été tracée. Pour J. Boucher, le peuple qui fait les rois peut les défaire et ce droit, qui est inaliénable, est supérieur à tous les autres. Finalement, régner n'est rien d'autre pour le roi qu'exécuter un contrat qu'il a conclu avec le peuple. Dans ces conditions, la couronne n'est point héréditaire mais élective et on en arrive à un mélange de théocratie et de démocratie. Certes, on continue à se référer aux ordres de Dieu et à la volonté divine, mais l'autorité n'en est pas moins attribuée au peuple comme vrai dépositaire de la souveraineté. Déléguée au roi, il apparaît comme un simple agent temporaire et révocable.

Et sa situation est d'autant plus menacée s'il ne respecte pas les clauses du contrat dont la sanction ultime est le droit de vie et de mort du peuple sur le prince. « Nous obéissons aux rois, non aux tyrans » écrit Boucher. Voilà qui est clair et qui peut parfaitement, selon lui, s'appliquer à Henri III en qui il voit un parjure et un assassin (allusion à la mort des Guise), un hérétique aussi (Edit de tolérance et choix d'Henri de Navarre adepte de la religion réformée), sans compter tous les griefs que le peuple peut réunir contre lui. A ses yeux donc, sa déposition en tant que « *parjure, assassin, meurtrier, sacrilège, fauteur d'hérésie, simoniaque, magicien, dissipateur de trésor public, ennemi de la patrie* », puis son assassinat, sont parfaitement justifiés et ne font qu'illustrer la mise en pratique de théories bien établies. A côté de la déposition et du régicide, il est un moyen moins violent d'agir contre le roi, c'est l'appel à l'étranger. Mais, tandis que les Monarchomaques protestants se tournent vers l'Est, l'Angleterre ou la Hollande, ceux de la Ligue regardent plus volontiers vers les souverains catholiques d'Espagne.

Appel à l'étranger, déposition et régicide ne sont que des remèdes extrêmes. Tout au long de son règne, le roi doit se soumettre au contrôle constant des Etats, ce qui doit pouvoir lui éviter bon nombre d'erreurs. Mieux encore, pour un auteur comme Guillaume Rose (1542-1602), tout prince, avant de régner, doit obligatoirement consulter la nation qui, tant qu'elle ne s'est pas prononcée, le maintient dans une situation d'expectative et dans l'incapacité de régner. C'est à elle aussi que revient le soin de choisir la forme de gouvernement : aristocratie, monarchie et gouvernement populaire, forme qu'elle peut à tout moment modifier pour l'adapter aux circonstances.

Ainsi, pour tous les Monarchomaques qu'ils soient Protestants ou Catholiques, le pouvoir royal se trouve sérieusement limité aussi bien dans sa source que dans son exercice. Et surtout, les limites qui sont imposées au roi ne sauraient être franchies sous peine de sanctions immédiates et extrêmement graves. De ces théories, il résulte bien des excès qui firent, des trente dernières années du XVIe siècle, une période d'assassinats politiques. Presque tous les grands chefs catholiques et protestants meurent dans ces conditions : François et Henri de Guise, l'amiral de Coligny puis Henri III et, enfin, Henri IV. Tous ces appels à la violence et ces meurtres répétés ne pouvaient, à terme, que conduire ces théories extrémistes dans l'impasse et favoriser une réplique des théoriciens favorables au pouvoir. C'est en termes de doctrine équilibrée qu'elle se manifeste.

C. JEAN BODIN ET L'ÉTAT SOUVERAIN

La vie et la personnalité de Jean Bodin nous sont mal connues. Né à Angers en 1530, il est avant tout un juriste souvent consulté sur des questions de droit public, mais aussi un économiste dont l'écrit le plus célèbre est sa réponse aux *Paradoxes de M. de Malestroit touchant le fait des monnaies et l'enrichissement de toutes choses* (1568). Après un passage chez les Carmes, puis des études de droit à Toulouse, il devient avocat à Paris et se fait remarquer aux Etats de Blois (1576-1577) comme député du Vermandois. Devenu conseiller du duc d'Alençon, il voyage avec lui, en particulier en Angleterre et aux Pays-Bas. Il achève sa vie pourvu d'un office de procureur à Laon où il adhère, par prudence, à la Ligue. Il y meurt en 1596.

Ce n'est sans doute pas à cette carrière politique modeste, qui certes lui a permis de connaître les réalités politiques françaises, que Bodin doit l'immense succès de son œuvre. En réalité, il est davantage un homme de lecture et d'écriture qu'un homme d'action. Sa curiosité est universelle. Il s'intéresse à tout et à des domaines aussi variés que le droit, l'histoire, l'économie et la philosophie. Il est un des grands esprits de son temps, qui apporte sa marque personnelle à l'humanisme de la Renaissance. Esprit original, il est cependant influencé par les grands courants de pensée qui l'ont précédé. C'est parce qu'il a cherché à s'en démarquer qu'il subit souvent leur influence. Critiquant le réalisme incomplet de Machiavel, il lui oppose un réalisme plus vrai. Discutant la division des formes de gouvernement proposée par Aristote, il ne s'écarte pas pour autant, en définitive, de ses conceptions. Il est aussi, d'une certaine manière, tributaire de la pensée de saint Thomas. Même s'il refuse que la politique soit la conséquence de présupposés politiques ou moraux, il croit cependant à un ordre général du monde et la considère comme un moyen de commander en justice et en équité.

Sa méthode est toujours sûre, fondée à la fois sur son expérience personnelle et sa parfaite connaissance du passé, depuis la Bible jusqu'aux récits de voyages contemporains. Persuadé que « *c'est dans l'histoire que gît la meilleure partie du droit universel* », il sait toujours tirer de la relativité historique des conclusions pour le présent. Il en fait un véritable dogme en publiant, en latin, son *Methodus ad facilem historiarum cognitionem* (*Méthode pour la connaissance aisée des histoires*) peu de temps avant son maître ouvrage, *Les six livres de la République* (1576) dans lequel il s'intéresse, principalement, à la souveraineté (1) et aux diverses formes que peut connaître l'Etat (2).

1. – *La souveraineté*

Bodin présente, dans cet ouvrage, une définition restée célèbre de la République, au sens romain du terme. Il s'agit de la *respublica*, de la chose publique, de l'Etat qui est « le droit gouvernement de plusieurs ménages et de ce qui leur est commun avec puissance souveraine ». De cette définition, quatre éléments doivent être retenus.

Pour Bodin, la puissance souveraine, la souveraineté, apparaît comme l'essentiel. Absolue et perpétuelle, elle est la force d'union et de cohésion de la communauté politique, elle caractérise le pouvoir de l'Etat qui doit être permanent dans la mesure où il est continu et illimité dans le temps et aussi absolu parce que c'est à lui qu'appartient le dernier ressort. En aucun cas, cette majesté suprême ne saurait être limitée, ni par les princes étrangers, ni par le pape, ni même par les lois – sauf les « *lois de Dieu et de nature* » – puisque c'est elle-même qui les élabore. En conséquence, la souveraineté ne peut être soumise à commandement d'autrui et elle reste, avant tout, « *puissance de donner et de casser la loi* ».

Cette République, dont la souveraineté est le ressort, est aussi un droit gouvernement, c'est-à-dire un gouvernement fondé sur le droit et la morale. Dans ces conditions, ceux qui sont appelés à le diriger ne sont ni ses esclaves, ni ses serviteurs, mais des hommes libres qui n'en ont pas, pour autant, le droit de rébellion. Puisque les lois sont justes et que le gouvernement est droit, ils lui doivent obéissance.

Et ceci d'autant plus qu'ils ne sont pas seuls face à l'Etat. Ils sont considérés par Bodin comme intégrés dans une famille qui, contrairement au citoyen individuel d'Aristote, constitue la cellule politique de base et le fondement même de l'Etat dont le gouvernement est celui de *plusieurs ménages* et de *ce qui leur est commun*. Il y a là une volonté affichée de donner à l'Etat une base communautaire sans laquelle il ne saurait exister. Elle est en même temps manifestation d'un lien fédérateur entre les individus qui ont ensemble des intérêts identiques propres à les rassembler et à constituer le ciment de l'Etat. Il n'existe véritablement que lorsqu'une véritable communauté d'intérêts s'affirme entre les familles et que « *la puissance souveraine réunit les membres et parties* ».

De cet ensemble de considérations, on peut déduire que, pour Bodin, la souveraineté est perpétuelle, absolue et indivisible. Perpétuelle, elle préexiste au roi et ne s'éteint pas avec lui. Absolue, elle est un impératif catégorique d'existence de l'Etat donc le chef doit lui être soumis en permanence, tout comme il l'est aux « *lois de Dieu et de nature* ». Même souverain, il ne saurait les transgresser. Si pareille situation venait à se produire, la désobéissance des sujets est permise, alors que la révolte leur est interdite. Indivisible, elle est la garantie de l'unité et de la cohésion de l'Etat, quelle que soit la forme qu'il peut revêtir.

2. – *Les formes de l'Etat*

La souveraineté étant définie comme un pouvoir qui décide en dernier ressort, surgit alors le problème de déterminer qui en est titulaire. C'est en fonction de la réponse apportée à cette question que Bodin tente de répertorier et de classer les formes que peut prendre l'Etat.

Se fondant sur son postulat d'indivisibilité de la souveraineté, il critique vivement la classification traditionnelle d'Aristote. Il remet tout particulièrement en cause sa vision des régimes mixtes qui combinent puissance royale, aristocratique et populaire. Un tel système n'est pas viable et Bodin y voit, dans le cas extrême, un régime dans lequel « *la souveraineté serait pour un jour au monarque, le jour suivant la moindre partie du peuple aurait la seigneurie et puis après tout le peuple* ». Pareil partage de souveraineté, qu'il s'opère au même moment ou dans le temps, ne pourrait aboutir qu'à des conflits de pouvoirs et, finalement, à la victoire de l'un des bénéficiaires sur les autres.

Rejetant ainsi tout système mixte, Bodin en arrive à une classification dans laquelle chaque gouvernement est caractérisé par l'organe qui détient la souveraineté et, en conséquence, décide en dernier ressort. La conclusion, alors, s'impose d'elle-même qui dicte à Bodin les constatations suivantes : « *Si la souveraineté gît en un seul prince, nous l'appellerons monarchique ; si tout le peuple y a part, nous dirons que l'Etat est populaire ; s'il n'y a que la moindre partie du peuple, nous jugeons que l'Etat est aristocratique* ». Poussant encore plus loin son analyse, notre auteur introduit des critères secondaires de classification qui lui permettent d'affiner, mais pas toujours de manière convaincante, les différents types de gouvernement qu'il présente. A s'en tenir à ces trois grandes catégories, comment les définit-il et sur laquelle arrête-t-il son choix ?

L'Etat populaire lui apparaît comme la forme de République qui doit être écartée à tout prix. Il le présente comme « *un régime où la plupart du peuple ensemble commande en souveraineté au surplus en collectif et à chacun de tout le peuple en nom particulier* ». Il y voit, en conséquence, un système où la majorité, collectivement, commande à la minorité et, individuellement, à l'ensemble. Il y a république populaire dès que « *les francs sujets décident majoritairement* » parce qu'ils participent à l'exercice de la souveraineté.

Mais un tel régime peut revêtir des formes diverses. Est-il à gouvernement populaire ? Alors il se veut égalitaire avec participation uniforme pour tous les citoyens à l'exercice des fonctions et à la répartition des richesses. Se présente-t-il sous la forme d'un gouvernement aristocratique ? Dans cette hypothèse, c'est un petit nombre qui gouverne de droit par le biais d'institutions aristocratiques légalement investies (sénat par exemple) ou de fait lorsqu'il y a simple prédominance de familles ou de groupes aristocratiques. Enfin y a-t-il gouvernement royal ? L'essentiel du pouvoir est alors détenu par un chef unique qui trouve la source de sa légitimité dans la majorité populaire.

L'Etat aristocratique s'il est plus proche de l'idéal de Bodin, n'emporte pas pour autant son adhésion. C'est une République dans laquelle « *la moindre partie des citoyens commande au surplus, en général par puissance souveraine et sur chacun des citoyens en particulier* ». Il y a donc souveraineté d'une minorité qui ne découle pas nécessairement de la capacité de la position sociale ou de la richesse.

Tout comme l'Etat populaire, ce type de République peut revêtir la forme d'un gouvernement aristocratique dans lequel les fonctions sont principalement réservées à la noblesse et à la bourgeoisie tandis que la richesse s'y répartit de manière inégale et que la justice n'y est pas la même pour chacun (variation des peines en fonction de la catégorie sociale à laquelle appartient l'individu). Mais cet Etat aristocratique peut aussi bien être à gouvernement royal – l'aristocratie déléguant alors son pouvoir à un prince – ou à gouvernement populaire ce qui conduit à une participation du peuple que Bodin met aussitôt en doute. Selon lui, cette représentation populaire ne peut que se trouver réduite par des forces aristocratiques toujours dominantes.

L'Etat monarchique enfin retient tout particulièrement l'attention de Bodin. « *Sorte de République dans laquelle la souveraineté gît en un seul prince* », cette forme d'Etat s'en remet pour son gouvernement à un seul homme le roi dont les attributs essentiels – symboles de la souveraineté qu'il détient – sont de pouvoir faire et casser la loi et de statuer en dernier ressort au-dessus de tout tribunal quel qu'il soit.

Ici encore, les formes que revêt l'Etat monarchique peuvent être modulées et se combiner avec les systèmes de gouvernement déjà analysés. Si le prince décide d'avoir recours à un gouvernement populaire alors doit intervenir un partage égal des charges et des offices entre noblesse bourgeoisie et tiers-état avec mise en pratique d'une justice strictement égalitaire. Se rallie-t-il à un système de gouvernement aristocratique ? Alors les responsabilités sont confiées aux plus nobles et aux plus riches auxquels sont consentis à titre de rémunération les avantages les plus divers.

En réalité pour Bodin cet Etat monarchique ne peut véritablement fonctionner que s'il est à gouvernement royal. Mais encore convient-il d'opérer ici de minutieuses distinctions. Toute monarchie risque de devenir tyrannique. Parce qu'il s'éloigne d'un « *droit gouvernement* », ce système ne saurait être retenu. Le monarque « *méprisant les lois de la nature, abuse des personnes libres comme d'esclaves et des biens des sujets comme les siens* ». Tyran, il se proclame souverain de sa propre autorité sans le moindre consentement populaire. Devenu roi il règne sans titre, commet des injustices, viole les lois divines et naturelles. Plus modérée mais imparfaite encore apparaît la monarchie seigneuriale. Historiquement la première à s'affirmer, elle est davantage fondée sur la conquête et la force que sur l'élection et le consentement. Le gouvernement repose sur des règles domestiques et non politiques. Le roi se comporte vis-à-vis de ses sujets comme un père de famille gouverne avec les membres de sa famille et ses serviteurs privés. Il apparaît avant tout comme un « *seigneur des biens et des personnes* » exerçant un pouvoir exclusivement fondé sur des liens personnels et complètement étrangers à la souveraineté dont Bodin fait le pivot de la monarchie royale.

Monarchie royale ou légitime, voilà bien la forme de gouvernement qui emporte son adhésion. Dans un tel système, la légitimité trouve son fondement dans la justice et la loi, tandis que le roi, qui n'est pas nécessairement légitime du seul fait de sa naissance, doit alors progressivement acquérir cette qualité s'il veut pouvoir régner. Et comme « *les sujets obéissent aux lois des monarchies et le monarque aux lois de la nature et que demeurent la liberté naturelle et la propriété des biens aux sujets* », la souveraineté se trouve alors complètement dégagée des pesanteurs patrimoniales qui en avaient jusque-là paralysé l'essor. C'est à ce modèle que s'arrête Bodin parce que, présenté comme tel, « *la souveraineté de l'Etat gît en un seul prince* » et qu'elle se trouve placée au cœur de la vie politique. Indivisible, elle ne peut être que monarchique. Irrévocable, elle ne peut avoir été qu'une fois pour toutes concédée au prince. Perpétuelle, elle est obligatoirement héréditaire.

Mais est-elle véritablement absolue et Bodin peut-il être considéré comme un précurseur de l'absolutisme ? A cette double question, les réponses doivent être nuancées. Si Bodin affranchit totalement le roi de France par rapport à l'Empire et à la Papauté, il est beaucoup moins net dans ses analyses concernant l'ordre interne. Il voit d'abord, dans certaines lois fondamentales, des limites naturelles à la souveraineté royale. Loi salique et règle d'inaliénabilité du domaine lui paraissent à un point tel comme « annexées et unies à la couronne » qu'elles lient obligatoirement le souverain. Il y a là une première contradiction encore aggravée par la position que prend Bodin à l'égard des Etats généraux. Certes, il leur refuse toute participation à l'exercice de la souveraineté mais reconnaît, par ailleurs, que le roi ne peut lever d'impôts sans le consentement des « *estats du peuple et de chaque province, ville ou communauté, sauf s'il y a urgence* ». Mieux encore. Le souverain qui est soumis aux lois de Dieu l'est aussi « *à plusieurs lois humaines communes à tous les peuples* », ce qui laisse supposer que, dans la pensée de Bodin, la souveraineté se trouve obligatoirement subordonnée à un droit supérieur, à une sorte de bien commun qui serait la fin vers laquelle doit tendre tout Etat.

Malgré ces réserves, Bodin croit fermement à la supériorité de la monarchie et à celle de la souveraineté qu'elle exerce. Mais il est en même temps contraint d'admettre qu'à chaque moment, pour chaque régime, des conditions historiques particulières rendent relatif et parfois fragile l'exercice d'une souveraineté qu'il voudrait, pourtant, absolue au bénéfice d'un Etat monarchique exclusivement placé sous la main du roi. En ce sens, Bodin est véritablement un précurseur.

Ses idées sont très largement reprises par une pléiade d'auteurs importants qui assurent la transition vers l'absolutisme du XVIIe siècle. A n'évoquer que les principaux, on peut citer Guy Coquille (1523-1603) dont l'œuvre maîtresse *L'institution au droit des Français* (1603) exerce une influence considérable sur la pensée du début du siècle. Partisan d'une souveraineté absolue du prince, il traduit sa pensée dans une formule particulièrement bien ciselée : « *Le roi est monarque et n'a pas de compagnon en sa majesté royale.* » Seul tuteur et curateur de la *respublica*, il exerce à lui seul la toute-puissance dans l'Etat.

Pour le grand juriste Loyseau qui le suit de peu dans le temps (1566-1627) et qui fixe sa doctrine dans deux ouvrages essentiels – *Traité des seigneuries* (1609) et *Du droit des offices* (1610) –, la souveraineté apparaît comme « *le comble de la puissance* » et « *la forme qui donne l'être à l'Etat* ». Entre souveraineté et Etat, il ne peut y avoir qu'association étroite dans la mesure où ces deux notions sont synonymes. La voie était ainsi largement ouverte au triomphe des idées absolutistes.

§ 2. – LE TRIOMPHE DES IDÉES ABSOLUTISTES AU XVIIe SIÈCLE

Dans la pratique, l'absolutisme se prolonge et s'affirme bien au-delà du XVIIe siècle, tout au long du siècle suivant. Sur le terrain des idées, au contraire, c'est le XVIIe siècle qui apparaît véritablement comme celui de l'absolutisme. C'est alors que se forge et culmine la doctrine absolutiste qui, tout en dominant encore les premières décennies du XVIIIe siècle, se trouve de plus en plus remise en cause à partir des années 1750. Les règnes d'Henri IV avec Loyseau, de Louis XIII avec Cardin le Bret et avec Richelieu puis, surtout, de Louis XIV avec Bossuet et le Roi Soleil lui-même, constituent un incomparable moment d'approfondissement et de rayonnement des idées favorables à la monarchie.

Tous ces auteurs, même s'ils divergent sur certains points, ont une vision commune de l'absolutisme qui pourrait se résumer autour de deux axiomes fondamentaux. Si la royauté doit être absolue, elle ne saurait être, en aucun cas, arbitraire.

1. – *Une royauté absolue*

Cette expression, devenue aussi classique que contestable, n'existe guère dans le vocabulaire du XVIIe siècle. Elle n'est en réalité d'usage courant qu'au XVIIIe siècle, à partir du moment où le pouvoir royal est de plus en plus contesté. Alors, elle prend un sens péjoratif, propre à faire exclusivement ressortir tout ce qu'elle a pu avoir d'excessif, aussi bien dans sa conception que dans son exercice. Voilà pourquoi, plutôt que d'évoquer une monarchie absolue, mieux vaut parler de monarchie pure, comme le faisait déjà Bodin quand il écrivait que « *la monarchie pure et absolue est la plus sûre des Républiques* ». Alors, absolue signifie simplement que la monarchie est pure, c'est-à-dire qu'elle est entièrement dégagée de tout élément aristocratique ou populaire. Ainsi définie, cette monarchie repose sur deux postulats. Le roi y est un arbitre suprême et il ne tient son pouvoir que de Dieu.

Arbitre suprême, il est seul habilité à pouvoir décider en dernier ressort. Sa décision doit, en toutes circonstances, s'imposer à toutes les autres instances – qu'il s'agisse des Parlements ou des Etats généraux – ainsi qu'à tous ceux qui détiennent encore une parcelle de pouvoir, en particulier les seigneurs. Cette autorité pleine et entière est symbolisée par la couronne dont Loyseau, après d'autres, affirme qu'« *elle ne peut estre si son cercle n'est pas entier* ». Il en va de même de la souveraineté dont le roi est dépositaire. Elle ne saurait exister si un de ses moindres attributs venait à lui manquer. Pour la même raison, elle ne peut être à aucun moment partagée comme l'exprime en termes imagés Cardin le Bret en affirmant qu'elle est « *non plus divisible que le point en la géométrie* ».

Voilà pourquoi le roi, arbitre suprême et souverain, doit toujours avoir le dernier mot comme le souligne encore, bien tardivement et à la veille de la Révolution, le grand jurisconsulte Philippe Antoine Merlin de Douai (1754-1838), quand il écrit : « *il faut qu'il y ait un dernier degré du pouvoir au-delà duquel on ne peut remonter* ». Imposer sa décision parce qu'elle émane de la souveraineté qu'elle est la seule à détenir, permet à la royauté d'assurer d'avantage encore sa position dans tous les domaines, en particulier celui de l'élaboration de la loi. Cet absolutisme législatif transparaît à tout moment, en particulier dans la formule « *car tel est notre plaisir* » directement dérivée du *Quod principi placuit legis habet vigorem* que les juristes médiévaux avaient emprunté au droit de Justinien. Mais, à propos de ce « bon plaisir » royal, il convient de ne point commettre de contresens.

Ce *mihi placet* veut simplement signifier, par-delà le fait que le roi s'estime seul compétent pour légiférer, qu'a force de loi tout ce qu'il juge, en son âme et conscience, être bon pour le royaume et ses sujets. La formule, nullement arbitraire, ne vise rien d'autre qu'à faire du roi un arbitre suprême parce qu'il est roi par la grâce de Dieu.

Roi par la grâce de Dieu. – En soutenant que le roi ne tient son pouvoir que de Dieu, les théoriciens de l'Ancien Régime ne font que reprendre des idées depuis longtemps déjà ancrées dans le Moyen Age.

Mais s'ils érigent cette théorie en doctrine, c'est avant tout pour protéger doublement le pouvoir royal. A l'égard du pape, d'abord. On veut par là insister sur la totale indépendance du roi de France par rapport à la papauté, asseoir définitivement les théories gallicanes et renouer ainsi avec les positions solidement affirmées par les légistes au moment du conflit de Philippe le Bel avec Boniface VIII. A l'égard du peuple ensuite, on veut s'efforcer de faire oublier les théories des Monarchomaques, écarter tout pouvoir populaire de contrôle sur la royauté et toute possibilité de limitation de ses prérogatives.

2. – *Une royauté qui n'est pas arbitraire*

Parce qu'il est investi d'une royauté pleine et entière, le roi doit tout faire pour éviter l'arbitraire et préserver les libertés de ses sujets. Pour l'aider à prévenir tout risque, les garanties ne manquent pas qui sont, tout à la fois, morales, juridiques et institutionnelles.

Au premier rang de ces barrières morales, viennent la religion et la conscience chrétienne du roi. Roi par la grâce de Dieu, il est comptable devant Dieu de sa gestion. C'est dire que le droit divin impose au roi tout autant de devoirs qu'il lui confère de droits. Et les auteurs sont nombreux, à commencer par Bossuet, qui lui rappellent cette situation toute particulière. Après la religion et le droit divin, le droit naturel constitue un second rempart très efficace contre l'arbitraire. Loi commune de tous les hommes, il en fait des êtres inviolables dans leur personne et dans leurs biens, ce qui postule le respect des libertés personnelles et familiales, tout comme celui de la propriété privée. Vient enfin l'honneur que le roi se doit de respecter et dont Montesquieu dira qu'il est le vrai soutien des monarchies. Certes, aucune sanction positive n'existe au cas où le roi outrepasse ces barrières morales. Néanmoins, s'il vient à prendre trop de libertés avec elles, nombre de théoriciens, qu'ils soient catholiques ou protestants, considèrent que les sujets sont alors déliés de leurs obligations, qu'ils peuvent passivement résister et, même, se révolter.

A ces freins moraux et religieux, de solides limites juridiques apportent leur renfort, qu'il s'agisse des lois fondamentales, des libertés des corps, des ordres et des pays. Tous ces éléments réunis, résultat d'une évolution séculaire, constituaient un véritable bloc juridique, supérieur à la volonté du roi et auquel il devait, obligatoirement, se soumettre.

Vient enfin le rempart des institutions. Même si dans la théorie monarchique le roi est toujours censé décider seul et en dernier ressort, la pratique lui impose de solides limites qui constituent autant de freins à son pouvoir. L'obligation de toujours consulter le conseil, la pression constante des Etats généraux et des Etats provinciaux au moins jusqu'au début du XVIIe siècle, puis l'opposition ouverte des parlements et autres cours souveraines limitent singulièrement la liberté d'action de la monarchie et lui évitent, en toutes circonstances, de sombrer dans l'arbitraire. Voilà pourquoi, face à un absolutisme juridique minutieusement décrit par les auteurs comme Bodin, Loyseau ou Le Bret, se développent, tout au long du XVIIe siècle, des théories qui se veulent plus proches de la réalité en tentant d'analyser, sous un angle plus concret, la position du roi et ses pouvoirs. C'est à ce courant que peuvent être rattachés l'absolutisme empirique de Richelieu (A) et l'absolutisme théocratique de Bossuet (B).

A. L'ABSOLUTISME EMPIRIQUE DE RICHELIEU

Richelieu est tout à l'opposé des théoriciens qui l'ont précédé ou qui sont ses contemporains. Contrairement à eux, il ne formule pas un grand projet politique mais cherche, le plus possible, à résoudre les problèmes concrets en se fondant principalement sur les événements politiques. Certes, il apparaît bien, lui aussi, comme un théoricien de l'absolutisme monarchique, mais un théoricien dont l'expérience politique précède et éclaire toujours le raisonnement.

Ses œuvres sont importantes. Sa *Correspondance*, bien que très volumineuse, ne permet pas de saisir les grands axes de sa vision politique avec autant de netteté que les *Maximes d'Etat* ou le *Testament politique*. Rédigé de 1635 à 1640, il est publié à Amsterdam en 1688. Cet ouvrage est avant tout destiné au roi Louis XIII dont Richelieu craignait, s'il venait à lui survivre, qu'il montre quelques hésitations dans l'application de la politique qu'il avait définie. C'est donc pour lui tracer la marche à suivre qu'il écrit son Testament.

La pensée politique de Richelieu est d'une très grande richesse et ne se laisse pas facilement analyser. Deux préoccupations essentielles, cependant, la dominent. Comment concevoir un pouvoir monarchique étendu (1) sans, pour autant, négliger la place qui doit revenir aux collaborateurs directs du prince et, tout spécialement, celle du premier d'entre eux ? C'est la théorie du ministériat (2).

1. *L'absolutisme monarchique*

Pour Richelieu, la cause est depuis longtemps entendue, indiscutable. Il faut qu'il n'y ait qu'« *un seul pilote au timon de l'Etat. Rien n'est plus dangereux que diverses autorités égales en l'administration des affaires* ». Voilà qui exclut toute collégialité au plus haut niveau de l'Etat et interdit, pour la même raison, toute collaboration entre plusieurs corps dans le secteur de l'administration. Les conséquences sont aussi évidentes qu'immédiates.

Etats généraux et Etats provinciaux sont condamnés. Richelieu se comporte en adversaire résolu de leur convocation et de leur consultation. Il ne saurait être question d'écouter leurs doléances qui constituent un réel danger pour la royauté et la nation. En aucun cas, elles ne reflètent l'intérêt collectif mais se présentent, toujours, comme la somme des intérêts particuliers. Tout cela parce que les communautés ne comprennent pas ce qu'est leur bien. Et il ne saurait en être autrement dans la mesure où « *dans une communauté, le nombre des fous est plus grand que celui des sages* ». Comment donc le roi pourrait-il prendre leur avis en compte ? Richelieu se montre tout aussi hostile aux Parlements dont il condamne violemment les interventions trop fréquentes dans la vie politique. Il veut à tout prix cantonner leur action dans le domaine du judiciaire, ignorants qu'ils sont des pratiques de la vie publique et des méthodes gouvernementales. En aucun cas, ils n'ont à empiéter sur l'autorité des rois.

Tout au plus le prince doit-il s'appuyer sur la noblesse dans laquelle Richelieu voit un des principaux nerfs de l'Etat. Mais à une condition, celle de ne jouer aucun rôle politique et de se cantonner dans ses seules fonctions militaires. Quant au peuple, le roi doit toujours s'en méfier. Richelieu estime qu'il faut le maintenir dans une condition inférieure et traite, en termes très rudes, de la situation qu'il convient de lui réserver. « *Il serait impossible de contenir les peuples dans les règles des devoirs s'ils étaient trop à leur aise. Ils doivent être retenus par quelque nécessité dans les règles qui leur sont présentées par la raison et par les lois. Ils penseraient être libres de l'obéissance s'ils étaient libres des tributs* ».

Toujours obsédé par le résultat à atteindre et peu respectueux de la légalité, Richelieu n'hésite pas à donner au roi les mêmes conseils que Machiavel donnait à son prince. Il l'incite à invoquer, dans toutes les circonstances où il l'estime utile, la raison d'Etat. En aucun cas, le roi ne doit se laisser détourner de ce que lui dicte la raison d'Etat. Il doit toujours, pour agir, écarter tout sentiment, même s'il l'estime bon, à partir du moment où il est préjudiciable à l'Etat. Rien d'autre que l'intérêt supérieur de l'Etat et de la couronne ne doit lui dicter son action. Tout au plus peut-il demander conseil à ses plus proches collaborateurs.

2. – *Le « ministériat »*

Ici, plus encore, apparaissent réalisme et opportunisme de Richelieu. Gouverner, ce qu'il appelle « *la nécessité de négocier constamment* », constitue une tâche particulièrement lourde que le roi ne peut, à tous moments, exercer seul. Mais comme les fonctions – et tout spécialement celles qui touchent au gouvernement de l'Etat – doivent être partagées, Richelieu conseille au souverain de s'entourer seulement d'un très petit nombre de collaborateurs.

Qui et combien sont-ils ? Tout au plus, quatre conseillers d'Etat. Mais il ne devra point s'agir d'un collège de ministres puisque l'un d'entre eux devra obligatoirement avoir autorité sur les autres. Apparaissant ainsi comme une sorte de premier ministre, le roi pourra toujours, s'il le souhaite, lui confier le soin de s'occuper des principales affaires.

C'est en raisonnant en ces termes que Richelieu dégage, progressivement, la théorie du ministériat. Il la conçoit, avant tout, à sa mesure et en fonction de sa personne. Tous les conseils sont donnés au roi pour guider son choix : bien connaître celui qu'il investira d'une si haute fonction et avoir l'appui de l'opinion dans cette décision, même si elle ne relève que de lui. Le portrait du premier ministre est aussi brossé à grands traits : probité, capacité, courage, indépendance par rapport à toute autre autorité. Et enfin, condition essentielle, une totale confiance mutuelle doit régner entre le roi et son premier ministre à partir du moment où il l'a choisi.

Du chef, Richelieu passe à l'ensemble des ministres et à l'équipe qu'ils constituent autour du roi. Pour qu'elle ait quelque chance de succès, quatre conditions doivent être obligatoirement réunies. La confiance bien sûr mais, aussi, une relative liberté de parole laissée aux ministres, des récompenses régulières si les services rendus sont à la hauteur des espérances du roi et, enfin, une protection efficace de la part du souverain. Chaque fois que ses ministres s'exposent, il convient qu'ils soient assurés qu'ils seront défendus contre toute attaque ou calomnie éventuelle.

C'est en ces termes que Richelieu définit une fonction qu'il assure et souhaite assumer pendant encore longtemps. Il le justifie en soulignant que son existence ne fait rien perdre au roi de ses droits mais qu'elle lui permet, s'il le souhaite, de n'avoir pas à tout régler dans le détail. Pour Richelieu, loin de porter ombrage à l'absolutisme, elle ne peut que le renforcer dans la mesure où elle permet une meilleure efficacité du travail gouvernemental.

B. L'ABSOLUTISME THÉOCRATIQUE DE BOSSUET

Avec Bossuet (1627 – 1704), on atteint le point culminant de l'absolutisme. Rigueur doctrinale et didactisme empirique président à sa démarche pour célébrer le culte qu'il voue au monarque. Au moment où il écrit, le pouvoir de Louis XIV est à son faîte et tout dans la gloire des lettres, le rayonnement des arts et le succès des armes, contribue à le renforcer. C'est dans son œuvre magistrale, *La politique tirée des propres paroles de l'Ecriture Sainte,* qu'il nous fait connaître l'essentiel de sa pensée. Il a d'ailleurs tenu à s'en expliquer auprès du pape Innocent XI en écrivant : « *Nous découvrons les secrets de la politique, les maximes du gouvernement et les sources du droit dans les doctrines et dans les exemples des Saintes Ecritures* ». En douterait-on ? Il insiste alors et rappelle qu'« *on ne voit de maximes aussi sûres pour le gouvernement que dans la Sainte Ecriture* ». Mais, tout en démontrant que les principes de la Politique sont contenus dans l'Ecriture Sainte, Bossuet ne perd jamais de vue les préoccupations d'actualité. Tout au long des dix livres que contient l'ouvrage, tout comme dans ses autres œuvres, Bossuet manifeste un souci constant pour l'ordre et l'unité autour de la monarchie qui s'impose comme mode de gouvernement (1) à des sujets naturellement soumis à son autorité (2).

1. – *La monarchie, mode de gouvernement nécessaire*

Bossuet fonde cette affirmation sur deux constatations qui lui paraissent irréfutables. C'est, tout d'abord, la nécessité d'un gouvernement, aucun peuple quel qu'il soit ne pouvant en faire l'économie. C'est ensuite, dans la France du XVIIe siècle, le recours obligé à un gouvernement de forme monarchique.

Le gouvernement est nécessaire. Dans toute société, l'autorité constitue le seul moyen de freiner les violences et réprimer les passions. Elle établit l'union entre les hommes, met fin à leurs divisions et évite le recours à la force.

Parce que le gouvernement survit aux hommes qui le composent et que son autorité est durable, c'est autour de lui que se structure l'Etat et qu'il y trouve stabilité, permanence et pérennité. Seule l'existence d'un gouvernement permet d'assurer la continuité de l'Etat. Tout simplement parce que, à l'origine, Dieu seul et vrai roi a assuré son autorité sur l'ensemble des individus. Est ensuite venu le gouvernement des hommes. Patriarcal au début, il est devenu royal pour assurer sur l'ensemble des peuples une autorité indispensable. Cette autorité ne saurait avoir une origine populaire. Tout simplement parce que le peuple n'a pu déléguer un pouvoir dont il n'a jamais été le dépositaire. Pour Bossuet, l'état primitif ne reflète que l'anarchie, il l'affirme sans le moindre doute possible. « *A regarder les hommes comme ils sont naturellement et avant tout gouvernement établi, on ne trouve que l'anarchie, c'est-à-dire dans tous les hommes une volonté farouche et sauvage, où chacun peut tout prétendre et en même temps tout contester* ».

Mais alors, s'il n'y a pas eu délégation originelle d'autorité par le peuple, comment expliquer que tout gouvernement nécessaire – quelle que soit sa forme -puisse apparaître comme légitime ? Pour justifier le passage d'une organisation patriarcale originelle à la monarchie, Bossuet est contraint d'admettre, puisqu'il n'y a pas eu délégation, que le pouvoir de cette monarchie se fonde au départ non pas sur le consentement des peuples, mais bien sur la force et la conquête. Cet état de fait, ensuite rapidement transformé par un accord avec les populations soumises ou leur acquiescement, transforme la soumission par contrainte en état de droit consenti et accepté. C'est ainsi que les gouvernements, souvent violents et tyranniques au départ, deviennent légitimes.

Il y a là autant de justifications difficilement admissibles ou, à tout le moins, véritablement convaincantes. En définitive, ce que veut tout simplement faire admettre Bossuet, c'est la nécessité d'un gouvernement qu'il justifie par une constatation d'évidence : « *par le gouvernement et les lois, le repos et la vie de tous les hommes est mis autant qu'il se peut en sécurité* ».

A partir du moment où l'individu fait partie d'un groupe, il doit en accepter les contraintes. Intégré à la société civile, c'est-à-dire à l'Etat, il se trouve obligatoirement soumis à son gouvernement. Dieu établit les chefs des peuples et en fait ses propres ministres par l'intermédiaire desquels il règne. En conséquence, enfreindre leurs ordres, c'est désobéir à Dieu et commettre un véritable sacrilège. Voilà pourquoi la soumission à tout chef légitime s'impose. Et ce chef, dans la France du XVIIe siècle, ce ne peut être qu'un roi.

Le gouvernement doit être monarchique. Pour imposer cette règle, Bossuet s'efforce d'abord de montrer qu'il se fonde sur une constatation d'où découle une obligation. La constatation est simple et d'évidence, depuis longtemps la France vit sous un régime monarchique. L'obligation qui en découle est tout aussi manifeste, pourquoi changer un système de gouvernement qui donne entière satisfaction alors que la règle à observer est celle du respect que l'on doit aux pouvoirs établis ? Et pourquoi changer la monarchie qui, au moins pour trois raisons, s'impose en France ?

Elle apparaît tout d'abord comme le gouvernement le plus naturel, celui dont le fondement se trouve dans la nature même, dans « l'empire paternel » qui habitue tous les sujets à obéir à un seul chef. Elle est, ensuite, le gouvernement le plus ancien, celui qui se rencontre chez tous les peuples au tout début de leur histoire. Enfin, elle s'affirme partout comme étant le gouvernement de droit commun. Au XVIIe siècle en effet, rares sont les républiques. Et là où elles existent (quelques cantons suisses et villes libres d'Allemagne ou d'Italie, Provinces Unies), tous les auteurs sont d'accord pour considérer qu'un tel type de gouvernement ne peut fonctionner que sur un territoire politiquement et géographiquement limité. Dans ces conditions, le seuil se trouve rapidement franchi au-delà duquel le régime monarchique s'impose de lui-même.

A ce triomphe, il y a de multiples raisons. Le fait que ce type de gouvernement soit héréditaire et qu'il se perpétue ainsi de lui-même est la première qu'invoque Bossuet. Il rappelle, en insistant sur leurs avantages, les règles séculaires fixées en matière de succession : le mort saisit le vif et ainsi, le roi ne meurt jamais en France. De ce fait, toute intrigue se trouve écartée et la continuité de l'Etat automatiquement assurée autour de son chef naturel. Héréditaire, ce gouvernement est aussi absolu sans être pour autant tyrannique et arbitraire. Il n'a d'autre but que le bien de l'Etat qu'il régit en respectant ses coutumes et ses lois. C'était poser tout le problème de la nature, du contenu et de l'exercice de l'autorité royale.

2. – *La soumission naturelle des sujets à l'autorité royale*

A partir du moment où la monarchie est légitime, la soumission des sujets s'impose jusqu'à devenir naturelle. Pour justifier et expliquer cette situation, Bossuet invoque Ancien et Nouveau Testament en insistant sur le fait que Jésus, par son exemple, a montré l'amour que les citoyens doivent avoir pour leur chef. Quant aux apôtres et aux premiers fidèles, ils se sont toujours comportés en bons et loyaux citoyens. Cette autorité du chef doit être d'autant plus respectée qu'elle est sacrée. En conséquence, lui obéir devient une loi dictée par un véritable précepte religieux. Dans ces conditions, servir l'Etat ne saurait être un choix, c'est une obligation. Et il convient de l'assumer non pas comme chacun l'estime bon mais, au contraire, comme le prince en décide. Alors, la marge de manœuvre laissée aux sujets est extrêmement étroite, ce qui conduit Bossuet à une conclusion entièrement rigide : « *le respect, la fidélité et l'obéissance qu'on doit aux rois ne doivent être altérés par aucun prétexte* ». Mais comment pourrait-on en douter puisque, en toute hypothèse, l'autorité des rois s'exerce dans un cadre bien défini et toujours respecté ?

Cette autorité royale est d'abord **légale,** c'est-à-dire déterminée par des lois et fondée sur elles. Les lois, sur lesquelles repose l'Etat, apparaissent en même temps comme un cadre indispensable à l'action du gouvernement dont elles rendent l'exercice constant, uniforme et raisonnable. Parce qu'elles sont toutes fondées sur la loi naturelle, l'équité et la raison, elles ne peuvent que guider l'autorité royale sur le droit chemin. Bossuet distingue lois fondamentales et lois ordinaires ou muables, les premières ne pouvant être, en aucune hypothèse, modifiées tandis que les secondes doivent l'être le moins possible. Toutes ces lois, quelles qu'elles soient, s'imposent au roi même absolu (*a legibus solutus*). Etant commandement de l'équité et de la raison, elles ne peuvent que guider le roi sur la bonne voie et faire de son autorité une autorité raisonnable.

Ce caractère **raisonnable** constitue, pour Bossuet, le second qui doit permettre de définir l'autorité royale. Certes, Dieu donne aux rois la sagesse mais ils doivent aussi, d'eux-mêmes, savoir tout à la fois la découvrir par l'étude des lois et des hommes et la cultiver à travers une conduite irréprochable et l'exemple qu'ils apportent à leurs sujets.

L'autorité royale, enfin, doit être **paternelle**. Bossuet ne fait ici que reprendre toute une tradition médiévale en insistant sur une des qualités cardinales du prince : être bon. Tout roi doit régner pour être aimé de ses sujets, pourvoir aux besoins de son peuple et, tout particulièrement, des plus faibles et des plus déshérités. C'est dire qu'un gouvernement et une autorité seulement fondés sur la loi et la justice ne sauraient être suffisants. Il y faut aussi clémence, douceur et bonté.

Ainsi, d'un bout à l'autre, l'œuvre de Bossuet apparaît comme une tentative de légitimation du pouvoir absolu, à travers des descriptions et des exemples presque exclusivement tirés de l'histoire du peuple de Dieu et généralisés. En réalité, quand paraît *La politique* en 1709, l'absolutisme de Louis XIV est déjà largement contesté. Partout on cherche à multiplier et mettre en avant des barrières. Les lois fondamentales en constituent un très bon exemple.

Section 2

LES LOIS FONDAMENTALES

Cette expression désigne un ensemble de règles pour l'essentiel coutumières, forgées empiriquement tout au long du Moyen Age et pendant les deux premiers siècles de l'Ancien Régime. Relatives au domaine, à la couronne et à son statut, elles établissent au-dessus du roi une norme juridique supérieure.

Par apports successifs, cet ensemble a fini par former un arsenal de règles constitutionnelles qui, sur certains points particuliers, définissent le statut et le fonctionnement de l'Etat monarchique. Impératives, elles s'imposent au roi, à ses agents et à l'ensemble des sujets, dessinant ainsi un cadre simple à l'intérieur duquel doivent se mouvoir le prince et cohabiter l'ensemble des forces socio-politiques du royaume.

Ces lois fondamentales, ainsi qualifiées sans doute depuis 1575 – aussi dénommées Ordonnances du Royaume – sont sans cesse opposées par les auteurs aux lois ordinaires. Pour Bodin, elles « *sont annexées et unies avec la couronne et le Prince ne peut y déroger* », De ce fait, elles ont valeur supérieure. Quant au président Harlay, il s'adresse en ces termes dans une lettre qu'il écrit à Henri III en 1586 : « *Nous avons deux sortes de lois, les unes sont les lois et ordonnances des rois, les autres sont les ordonnances du royaume qui sont immuables et inviolables, par lesquelles vous êtes monté au trône royal* ». Et Loyseau surenchérit en écrivant que « *les lois fondamentales de l'Etat bornent la puissance du souverain, pour ce que le prince doit user de la souveraineté selon la propre nature et en la forme et aux conditions qu'elle est établie* ». Pour tous ces auteurs et bien d'autres, ces lois leur apparaissent comme ayant trois caractéristiques essentielles. Elles sont, tout à la fois, traditionnelles et souvent coutumières, constitutionnelles et limitatives de l'autorité royale.

Des lois traditionnelles et souvent coutumières – Sous l'Ancien Régime, l'idée qu'il existe des ormes supérieures qui s'imposent au roi n'est pas nouvelle. Depuis qu'a pris forme la promesse du sacre, théoriciens de la royauté et monarques s'accordent pour considérer qu'elle lie le roi régnant et qu'elle constitue comme la charte de son règne à travers laquelle sont définis ses devoirs. Plus cette promesse s'enrichit, plus elle est porteuse, pour le souverain, d'obligations qui prennent valeur constitutionnelle. Et il est essentiel de souligner qu'à partir du moment où décroît la force juridique du sacre (seconde moitié du XIVe siècle), l'ensemble de ces dispositions demeure, se fige en coutume et vaut norme constitutionnelle, tout comme l'ensemble des règles qui touchent à la dévolution du pouvoir royal et à la transmission de la couronne.

La presque totalité de ces règles sont d'origine coutumière. Elles se sont forgées lentement, n'ont presque jamais été conçues a priori, mais le plus souvent de manière contingente, à l'occasion d'un problème qu'il fallait résoudre. C'est particulièrement vrai de l'ensemble des dispositions qui régissent la succession royale.

Des normes à valeur constitutionnelle. A qui fait l'inventaire de ces Ordonnances du royaume, il apparaît immédiatement que la majorité d'entre elles concernent le pouvoir royal dans sa transmission et dans son exercice, mais aussi la religion du roi et le domaine de la couronne. A partir de cette constatation, nombreux sont les auteurs qui, depuis la fin de l'Ancien Régime, ont agité la question de savoir si la France avait alors une constitution. Sans doute influencés par la rédaction des premières constitutions d'Amérique du Nord, les théoriciens des dernières décennies de l'Ancien Régime eurent tendance à répondre par la négative, tel Turgot quand il souligne que « *le royaume n'a point de constitution* ».

Il est certain que si l'on s'attache au seul aspect formel de toute constitution – c'est-à-dire l'existence d'un texte écrit élaboré par un organe compétent -, une telle réponse, négative, était parfaitement soutenable. Mais pour l'essentiel, une constitution n'est pas cela. Elle est, simplement, un corps de règles qui définissent les conditions d'accès au pouvoir, précisent son organisation et en déterminent les modalités d'exercice. Or, ces règles peuvent fort bien être non écrites et avoir été élaborées en dehors de tout « processus législatif », au terme d'une longue gestation coutumière. Il n'y a pas là un obstacle, bien au contraire. Qu'il suffise, pour s'en convaincre, de citer la constitution coutumière anglaise que les Français du XVIIIe siècle ont tellement admirée.

Alors, rien n'interdit d'admettre que toutes ces règles, lentement élaborées depuis le XIe siècle, plus particulièrement en ce qui touche la transmission du pouvoir et le statut de la couronne, avaient bien portée constitutionnelle. Admises par tous, immuables, strictement observées et s'imposant au prince, elles contribuaient bien, de toute évidence, à définir une certaine architecture de l'Etat et à prévoir certains mécanismes qui devaient présider à son fonctionnement. Ainsi, de même que la France avait un droit privé pour l'essentiel coutumier, elle aurait eu une constitution coutumière. Cette conclusion, sans doute trop globale, ne paraît pas devoir être retenue en son entier. Certes, il existait bien des normes à valeur constitutionnelle à la fin de l'Ancien Régime – c'est une évidence –, mais sans doute trop ponctuelles et trop fragmentaires pour pouvoir être considérées comme un corps de normes suffisamment structuré pour former une véritable constitution.

Des normes limitatives de l'autorité royale. Elles traduisent, dans la pratique constitutionnelle, les idées couramment exprimées par de nombreux théoriciens qui se plaisent à rappeler le caractère non arbitraire de l'autorité royale même si elle est absolue. Tous sont d'accord pour souligner l'impossibilité dans laquelle se trouve le roi de modifier de telles lois.

Cette limitation, effective, ne demeure pas au stade de la théorie. Elle est, en quelque sorte, prévue et organisée constitutionnellement dans la mesure où Parlement et parlements de province sont traditionnellement considérés comme les gardiens des lois fondamentales. Une atteinte leur est-elle portée ? Alors les parlements, à commencer par celui de Paris, interviennent pour la dénoncer et la sanctionner. Les exemples ne manquent pas, en particulier quand la loi de succession au trône est menacée ou que la règle d'inaliénabilité du domaine n'est pas respectée. Plusieurs seront relevés en étudiant la formation et le contenu de ces diverses règles.

En dehors de ces cas assez exceptionnels, c'est en quelque sorte au quotidien que les parlements usent des lois fondamentales pour tenter de limiter le pouvoir royal. Chaque fois qu'un texte d'ordonnance leur paraît aller à l'encontre de ces normes coutumières, ils en refusent l'enregistrement ou, à tout le moins, le retardent en usant de leur droit de remontrances. Il leur permet de dénoncer ce qu'ils estiment être des atteintes portées à la constitution monarchique.

Dans la voie d'une telle limitation de l'autorité royale, certains doctrinaires opposés à l'absolutisme ont tenté d'aller beaucoup plus loin encore. Qu'il s'agisse des auteurs catholiques de la Ligue ou des auteurs protestants, tous ont mis en avant les lois fondamentales pour appuyer l'action des Etats généraux et des parlements. Ils y voyaient, en quelque sorte, une puissance seconde de l'Etat propre à se constituer en contre-pouvoir pour juguler un absolutisme qu'ils considéraient comme trop envahissant. En réalité, les Etats généraux ne sont plus convoqués à partir de 1614, tandis que les parlements s'enferment dans une opposition trop systématique pour réussir à faire, des lois fondamentales, un véritable instrument dont ils auraient pu efficacement disposer pour limiter le pouvoir monarchique.

Concrètement, quel est le contenu de ces lois fondamentales sous l'Ancien Régime ? Elles reprennent, pour l'essentiel, bon nombre de règles apparues tout au long du Moyen Age en les complétant ou, plus simplement, en les précisant avec un souci toujours dominant, celui d'assurer la continuité de l'Etat, que ce soit à travers son chef (§ 1), ses actes (§ 2) ou son assise matérielle (§ 3).

§ 1. – LA CONTINUITÉ DE L'ÉTAT ASSURÉE À TRAVERS LA SUCCESSION À LA COURONNE

En ce domaine, l'acquis de la période médiévale est considérable. Depuis les difficiles successions de 1316 et 1328, la succession à la couronne est réglée par ordre de primogéniture mâle, avec exclusion des femmes et de leurs descendants. Un siècle plus tard, dans le dramatique contexte d'application du traité de Troyes de 1420, triomphe une autre règle, celle d'indisponibilité de la couronne. En aucun cas, le roi régnant ne peut la transmettre à un autre héritier que celui normalement désigné par la coutume. Il y avait là un incontestable triomphe de la continuité de l'Etat assurée à travers son chef. Cette règle, figée dans l'adage « *Le roi ne meurt jamais en France* », fait partie intégrante du système constitutionnel d'Ancien Régime.

Renforcée par une disposition nouvelle qui fait au nouveau roi l'obligation d'être de religion catholique (A), elle est aussi approfondie dans la mesure où, à plusieurs reprises, le principe d'indisponibilité de la couronne est rudement mis à l'épreuve (B).

A. L'OBLIGATION POUR LE NOUVEAU ROI D'ÊTRE DE RELIGION CATHOLIQUE

Cette règle explicite et confirme, plus qu'elle ne le prolonge, l'arsenal juridique mis en place en matière successorale tout au long des deux derniers siècles du Moyen Age. Comme toutes les dispositions précédentes, elle s'affirme empiriquement, à l'occasion d'une difficulté qu'il faut résoudre. Consacrée par la coutume, elle s'est rapidement agrégée aux normes existantes. Comment s'est posé le problème, quelle a été la solution retenue et quelle en est la portée ?

1. – *Le problème*

Pendant tout le Moyen Age, que le roi fût catholique allait de soi. C'était une évidence que nul ne contestait. Avec la rupture d'unité de foi au XVIe siècle, le problème devient aigu et se pose en termes très vifs dans le courant de l'année 1589, au lendemain de l'assassinat d'Henri III qui ouvre une grave crise successorale. Troisième fils d'Henri II à régner, il disparaît sans enfant mâle, tandis que son frère, le duc d'Anjou (quatrième fils d'Henri II), était décédé en 1584, lui aussi sans descendance.

Par le jeu normal des règles de succession antérieurement fixées (masculinité et collatéralité), le successeur désigné ne pouvait être qu'Henri de

Navarre, chef de la maison de Bourbon, descendant de Robert de Clermont, sixième fils de saint Louis. Sur ce point, il n'y avait aucune contestation possible et chacun s'accordait à voir en lui l'héritier obligé de la couronne. Mais étant de religion réformée, chef du parti protestant et excommunié par le pape en 1585, son ascension à la royauté soulève aussitôt l'opposition farouche des catholiques et, plus particulièrement, celle des Ligueurs.

Dominant l'entourage politique d'Henri III et redoutant déjà ce qui risquait d'arriver, ils l'avaient contraint dès 1588 à promulguer, le 19 juillet, avec l'appui des Etats généraux, un édit qualifié **Edit d'Union**. Aux termes de ce texte, le roi déclarait s'unir aux princes et aux seigneurs catholiques du royaume par la foi du serment. Etait en outre officiellement posée la règle d'après laquelle le roi devait obligatoirement être de religion catholique. Ainsi s'affirme le principe de catholicité, encore qualifié de principe d'orthodoxie. Le texte de l'édit formule, en termes particulièrement vigoureux, ces dispositions que leurs auteurs souhaitaient voir devenir une véritable loi fondamentale. « *Ordonnons... que les articles suivants soient tenus pour loi inviolable et fondamentale de notre royaume... que nos sujets unis jurent et promettent dès à présent et à jamais, après qu'il aura plu à Dieu de disposer de notre vie sans nous donner d'enfant, de ne recevoir comme roi et prêter obéissance à un prince quelconque qui serait hérétique ou fauteur d'hérésie* ». Peu de temps après, en octobre, les Etats généraux de Blois ratifient cet édit et lui donnent valeur de loi fondamentale. Ainsi le principe de catholicité devait-il être, à partir de ce moment-là, tenu « *pour loi inviolable et fondamentale de notre royaume* ».

Henri III assassiné (août 1589) après avoir désigné Henri de Navarre pour lui succéder, les Ligueurs s'appuient naturellement sur ce texte pour lui contester la succession. Ils en demandent l'application rigoureuse et font observer l'impossibilité liturgique qu'il y aurait à faire sacrer un protestant. En conséquence, ils déclarent le trône vacant et proclament roi, sous le nom de Charles X, le vieux cardinal de Bourbon, archevêque de Rouen, oncle paternel d'Henri de Navarre, qu'ils avaient déjà désigné parce qu'étant, après lui, le plus proche parent du roi défunt. Il y avait là une première violation des règles traditionnellement observées en matière successorale, ce qui n'empêcha pas le Parlement de Paris de donner ordre de prêter serment au vieux cardinal. Mais il mourut en mai 1590, sans qu'il ait pu être sacré. Cette tentative des Ligueurs et de ceux qui adhéraient à leur cause n'en démontre pas moins que, dans leur esprit, la règle de catholicité devait l'emporter sur celle de primogéniture.

Cette violation déjà flagrante des principes traditionnels devait se répéter au lendemain de la mort du cardinal. Le duc de Mayenne, chef de la maison de Guise, qui s'était fait concéder par Henri III le titre de lieutenant général du royaume, convoque alors les Etats généraux (janvier 1593) pour leur demander de délibérer sur la question. Les Ligueurs, voulant à tout prix faire triompher la règle de catholicité au détriment de toute autre, tentent d'imposer sur le trône la fille de Philippe II roi d'Espagne, l'infante Claire-Isabelle qui, par sa mère Elisabeth de Valois, était la petite-fille du roi Henri II. C'était cette fois le vieux principe de masculinité qui risquait d'être violé et, de plus, on se trouvait ramené à la situation de 1328 : la couronne de France pouvait-elle passer sur la tête d'un prince étranger ? Sûrement sensibles à cette argumentation, les Etats ne soutiennent pas l'initiative des Ligueurs en faisant remarquer que « *nos rois et nos mœurs nous empêchent de reconnaître et d'appeler pour roi un prince qui ne soit de notre nation* ». La situation était alors des plus confuses et la solution ne pouvait venir que d'une initiative n'émanant pas des protagonistes.

2. – *La solution*

Ce fut finalement, le Parlement qui l'apporta. Même s'il n'était pas, en la circonstance, particulièrement désigné pour trancher une telle question, la tradition, qui voyait de plus en plus en lui le gardien des « lois constitutionnelles », le plaçait en position d'intervenir. La pression de l'opinion fit le reste. C'est dans ce contexte qu'il rend, le 28 juin 1593, un arrêt dit **arrêt Lemaistre** (du nom de son président), encore qualifié d'**arrêt de la loi salique**, adressé en forme de remontrances à Monsieur le duc de Mayenne.

Le Parlement y rappelait en termes sévères tous les grands principes applicables en matière de succession à la couronne et en tirait les conclusions pour l'affaire présente. Il soulignait d'abord que le duc, en sa qualité de lieutenant général, avait fait serment de « *conserver l'estat royal en son entier, garder et faire garder les lois de ce royaume et qu'entre ces lois la première et principale loi était la loi salique... par laquelle les femmes sont perpétuellement exclues de la couronne* ». Se fondant sur ces principes simples, il déclarait être hors de question que « *sous prétexte de la religion, la couronne de France fut transférée ez mains d'un prince ou princesse estrangers* ». En un mot, rien ne pouvait être entrepris « *au préjudice de la loi salique et autres lois fondamentales du royaume* ».

On le voit, le Parlement se limite à rappeler les principes de dévolution de la couronne en condamnant, par avance, toute solution qui pourrait être contraire aux règles jusque-là observées. S'il prend acte du nouveau principe de catholicité posé par l'Edit d'Union, il n'affirme nullement que sa mise en œuvre doit permettre d'écarter ceux que la coutume a depuis longtemps établis en matière de succession. Il y a là un corps de normes dont l'application doit obligatoirement jouer de manière simultanée, aucune d'entre elles ne pouvant en exclure une ou plusieurs. Au terme de cet arrêt, l'opinion publique pouvait considérer qu'elle avait désigné l'institution compétente pour apporter une solution à ce problème. Et c'est bien tel que s'estime le Parlement quand il juge bon de faire savoir aux représentants de Philippe II qu'il était non seulement « *hors de propos, mais encore périlleux pour la religion et pour l'Etat* » de désigner un roi autre que celui normalement appelé par la coutume.

Restait à Henri de Navarre, héritier nécessaire de la couronne, à en tirer toutes les conclusions. Il le fit, en habile politique, moins d'un an après, le 25 juillet, en abjurant à Saint-Denis, avant d'être sacré à Chartres le 27 février 1594. De successeur légitime, il devenait roi légitime et toute la France, dans un grand élan d'enthousiasme, se rallia à lui.

3. – *La portée de cette nouvelle règle*

A y regarder de près, elle n'est pas véritablement nouvelle. Il s'agit davantage d'un rappel que d'une création. Déjà, en 1577, à un moment où aucun problème ne se posait (Henri III était marié depuis peu et, en cas de nécessité, son jeune frère le duc d'Anjou pouvait lui succéder), puis plus tard, en 1588, les Etats généraux font savoir à Henri de Navarre, qui n'était alors qu'un successeur bien éventuel, que la religion catholique « *n'est point seulement l'ancienne coutume, mais la principale et fondamentale loi du royaume* ».

Ce faisant, ils voulaient simplement souligner combien cette règle de catholicité, que devait quelques années plus tard poser l'Arrêt d'Union, plongeait profondément ses racines dans les traditions et la pratique monarchiques. Leur principal souci était de rappeler qu'à partir du moment où le roi est sacré, il ne pouvait qu'être catholique. Il y a là un enracinement profond de la monarchie française depuis le baptême de Clovis, ce qui conduit à conclure que l'Edit d'Union et l'arrêt Lemaistre après lui, constatent plus qu'ils n'innovent.

Règle de catholicité et loi salique cohabitent en réalité depuis longtemps. Aucune ne doit être imposée au détriment de l'autre. Elles sont complémentaires et d'application concomitante obligatoire. La première découle de la source divine du pouvoir et de sa nature religieuse, tandis que la seconde est liée à la nécessité d'établir une norme bien définie pour accéder à l'exercice de la fonction royale.

La grande nouveauté est sans doute de faire de cette loi de catholicité une loi écrite clairement explicitée à travers des textes formels. On saisit ici, en quelque sorte sur le vif, le processus d'officialisation d'une norme à portée constitutionnelle. Pour en arriver là, cinq années (1588 – 1593) ont été nécessaires au cours desquelles ont été, tout à la fois, requis l'accord du roi et de l'opinion, mais aussi des Etats généraux représentants de la nation et du Parlement considéré comme le gardien traditionnel des lois fondamentales.

B. LE PRINCIPE D'INDISPONIBILITÉ DE LA COURONNE

Dans ses grandes lignes, il se dégage tout au long du XVe siècle, puis se précise sous l'Ancien Régime à l'occasion d'événements très concrets. Ici encore, la construction est lente, le plus souvent liée à des circonstances précises qui suscitent la réflexion et font que, pour répondre aux besoins, on déduit du principe originel des conséquences nouvelles qui finissent par valoir norme.

C'est au lendemain du traité de Troyes de 1420, par lequel Charles VI avait disposé de la couronne de France en faveur de son gendre Henri V d'Angleterre, que se dégage la règle d'inaliénabilité de la couronne. Erigée en règle constitutionnelle, elle stipule que sa dévolution ne peut dépendre de la volonté du roi, mais qu'elle est exclusivement régie par les règles coutumières jusque-là observées pour la succession royale. Et cette succession n'est pas simplement héréditaire, elle est aussi statutaire, c'est-à-dire réglée par un ensemble de normes particulières qui lui sont propres. Le futur roi, avant même d'accéder au trône et du vivant du roi régnant, possède déjà un droit à succéder qu'il tient directement de la coutume et dont, en aucun cas, il ne peut être privé. En quelque sorte, il n'est point un héritier au sens du droit privé, mais un successeur statutairement désigné, par des règles coutumières intangibles, à occuper le trône royal laissé vacant par son prédécesseur.

Cette pratique constitutionnelle, parfaitement définie et régulièrement observée tout au long du XVe siècle, constitue un apport considérable au principe de continuité de l'Etat. La couronne symbolisant l'Etat et sa transmission étant à l'avance assurée sans heurt, l'Etat ne pouvait qu'y gagner en stabilité et continuité. Ainsi prend force, à travers ces pratiques, l'idée que le fonctionnement des institutions étatiques ne saurait être interrompu par une simple « succession royale » ou, même, par un changement dynastique. En aucune de ces hypothèses, il ne saurait y avoir de vide du pouvoir dans la mesure où la couronne et l'Etat qu'elle symbolise ne s'identifient plus à la personne du prince. Sa succession se trouve, par avance, réglée et il n'y peut rien changer de son vivant. Ce principe était assez solidement enraciné à l'aube du XVIe siècle pour résister à l'épreuve des faits qui allaient l'assaillir et, même, s'enrichir de trois règles nouvelles. Une fois de plus, elles apparaissent au terme de solutions apportées à des problèmes concrets auxquels juristes, gouvernants et Parlement doivent rapidement faire face. Lesquels ?

1. – Le roi régnant ne pouvant disposer de la couronne, il ne saurait y renoncer. En conséquence, **il ne peut abdiquer**. Certes, des rois mérovingiens ont abdiqué. Mais aucun Capétien ou Valois, même avant que ne fût fixée la règle d'indisponibilité, ne le fit. Pas même Jean le Bon, pourtant retenu captif à Londres.

Le problème ne se pose vraiment qu'en 1525 quand François Ier, vaincu par Charles-Quint et fait prisonnier à Pavie, est transféré à Madrid pour y être retenu captif. Là, découragé et voulant éviter que les conditions d'un traité de paix trop désastreux ne lui soient imposées, il se prépare à signer un édit d'abdication en faveur du dauphin.

Saisi de l'affaire, le Parlement de Paris fait connaître qu'une telle abdication n'avait aucune validité parce que contraire aux lois du royaume et, plus spécialement, à la règle d'indisponibilité de la couronne. Renoncer à la couronne, c'était en réalité en disposer, donc aller à l'encontre des principes difficilement mis en place au lendemain du traité de Troyes. Dans ces conditions, François Ier dut revenir sur ses intentions et jamais plus après lui, jusqu'à la fin de l'Ancien Régime, ne se posa le problème de l'abdication d'un souverain.

2. – Ne pouvant renoncer lui-même à la couronne, **le roi régnant ne peut contraindre l'un de ses descendants légitimes à renoncer à ses propres droits.** Cette question s'est posée au début du XVIIIe siècle, à propos de la succession d'Espagne. Depuis 1700, par testament de Charles II dernier Habsbourg d'Espagne, le trône d'Espagne était revenu à un petit-fils de

Louis XIV, le duc d'Anjou qui devait régner sous le nom de Philippe V, jusqu'en 1746.

Philippe V ne perdant pas ses droits éventuels au trône de France, rien ne s'opposait à ce qu'un jour il y ait union des couronnes de France et d'Espagne. Et cette hypothèse apparaît comme d'autant plus réalisable que Louis XIV déclare officiellement par lettres patentes de décembre 1700 : « *voulons et nous plaît que notre très cher et très aimé petit-fils, roi d'Espagne, conserve toujours les droits de sa naissance...* ». C'était assez pour que les puissances étrangères déclarent la guerre à la France. Cette guerre de succession d'Espagne, difficile pour la France, prend fin avec le traité d'Utrecht (1713) dont un article stipule la renonciation par Philippe V, pour lui est ses descendants, à la couronne de France. Ainsi, pour des raisons diplomatiques et sous la pression des puissances étrangères, en particulier anglaise, Louis XIV avait dû sacrifier une des pièces maîtresses des lois fondamentales de la monarchie.

En réalité, cette clause fut immédiatement contestée dans l'ordre interne français. Elle l'avait même déjà été dès 1714, avant la signature du traité par le secrétaire d'Etat aux Affaires étrangères de Torcy. Il avait avec insistance fait savoir que « *par les lois fondamentales de France, le prince le plus proche de la couronne est l'héritier nécessaire... qu'il ne doit sa couronne ni à la volonté de son prédécesseur, ni au consentement de qui que ce soit, mais à la constitution de la monarchie, à Dieu seul, qu'il n'y a que Dieu qui puisse la changer et que toute renonciation serait inutile...* » et il poursuivait que « *si le roi d'Espagne donnait la sienne... on se tromperait en la recevant comme un expédient suffisant pour prévenir le mal qu'on se propose d'éviter* ».

C'était affirmer, tradition à l'appui et pratique constitutionnelle aidant, que toute renonciation d'un fils de France à la couronne devait, automatiquement, être considérée comme nulle. C'était soutenir – et l'opinion semble bien se rallier à cette idée – que Philippe V devait toujours être considéré comme successeur en titre au trône de France. D'ailleurs la question agite les esprits quand, en 1715, meurt Louis XIV. Son arrière-petit-fils, le futur Louis XV, qui lui succède, n'avait alors que cinq ans. La régence est assurée par le neveu du roi défunt, Philippe d'Orléans. Si le jeune Louis XV venait à disparaître, qui deviendrait roi : le régent neveu de Louis XIV ou Philippe V roi d'Espagne, petit-fils de Louis XIV et oncle du jeune Louis XV ? Les opinions divergeaient et le doute ne fut véritablement levé qu'en 1729 quand naquit le dauphin Louis, futur Louis XVI. Alors, les droits éventuels du roi d'Espagne sur la couronne de France, s'ils ne disparaissent pas pour autant, ne font plus l'objet de controverses dans la mesure où la succession au trône de France paraît bien assurée, au moins pour l'immédiat.

3. – Enfin, **un roi ne peut modifier l'ordre successoral en se donnant des successeurs par légitimation**. Ici encore, le principe est clairement dégagé dans des circonstances précises. Elles sont tardives, aucun problème n'ayant surgi à ce propos avant le début du XVIIIe siècle. Sur la fin de sa vie, en moins de deux ans (1711-1712), Louis XIV voit tragiquement disparaître sa descendance la plus proche : le dauphin qui était son fils Louis,

puis le duc de Bourgogne fils aîné de celui-ci et enfin le fils aîné de ce dernier qui était le duc de Bretagne. Mis à part Philippe V, roi d'Espagne, ne restait pour succéder au vieux roi qu'un arrière-petit-fils qui était le frère cadet au duc de Bretagne, futur Louis XV.

Face à ce vide désespérant et craignant légitimement pour sa succession, Louis XIV tente de se soustraire à la tradition constitutionnelle bien établie. Par l'édit de Marly de juillet 1714, il déclare princes du sang et aptes à lui succéder – à défaut de prince du sang légitime – les deux fils adultérins qu'il avait eus de Madame de Montespan : le duc du Maine et le duc d'Anjou qu'il avait antérieurement pris soin de légitimer.

Qualifié d'« attentat à la couronne » et de « crime de lèse-majesté contre l'Etat », cet édit vivement critiqué fut, à la mort du roi, déféré devant le conseil de régence. Saisi de l'affaire, il statue en juillet 1717 et rend un jugement en forme d'édit qui révoquait celui de Marly, en déclarant que vocation successorale n'avait pu être attribuée à des descendants que les règles de dévolution écartaient formellement. Le préambule, à travers lequel la fiction juridique de la régence veut que s'exprime le jeune souverain, lui fait dire : « *Puisque les lois fondamentales de notre royaume nous mettent dans une heureuse impuissance d'aliéner le domaine de notre couronne, nous nous faisons gloire de reconnaître qu'il nous est encore moins libre de disposer de notre couronne* ». C'était, véritablement, donner valeur constitutionnelle à la loi de succession telle qu'elle avait été lentement élaborée et appliquée jusque-là.

Arrivé à ce stade de maturité, les règles qui président à la « succession royale », qui font de la couronne – et par là même de l'Etat – un ensemble d'éléments dont le roi ne peut librement disposer, constituent véritablement un moyen efficace d'assurer la continuité de l'Etat. Non seulement elles sont appelées à jouer à un moment crucial – la mort du roi – où les risques sont les plus grands de voir cette continuité s'interrompre, mais aussi à tout instant puisque le roi régnant ne peut rien faire contre elles. Supérieures à lui, ces règles constituent un ordre statutaire, elles s'imposent à lui, pour assurer par-delà sa personne l'existence d'un Etat dont le fonctionnement ne doit, à aucun moment, être remis en cause. Il en va de même des actes du roi. Manifestation tangible de la vie de l'Etat, ils doivent avoir valeur perpétuelle.

§ 2. – LA CONTINUITÉ DE L'ÉTAT ASSURÉE À TRAVERS LES ACTES DU ROI

Lentement mais sûrement, tout au long du XVe siècle, avait triomphé le principe de la succession instantanée symbolisée à travers l'adage « Le roi est mort, vive le roi ! ». Mais encore fallait-il, pour que cette continuité de l'Etat voulue à travers cette succession immédiate fût efficace, que le nouveau roi soit en mesure de régner et qu'il se considère comme valablement engagé par les actes de son prédécesseur. Deux problèmes pour lesquels la pratique monarchique d'Ancien Régime fait avancer des solutions seulement esquissées au cours de la période précédente. Au roi qui se trouve dans l'impossibilité d'assurer le pouvoir et donc de prendre les décisions qu'implique l'exercice de sa fonction, répond une meilleure organisation de la régence (A). A la question de savoir si le nouveau souverain est tenu d'honorer tous les engagements pris par son prédécesseur, théoriciens et pratique constitutionnelle apportent une réponse modulée (B).

A. LA RÉGENCE

En ce domaine, juristes et législation d'Ancien Régime n'innovent pas mais approfondissent singulièrement, en les enrichissant, les règles et les pratiques médiévales. Puisque la succession est instantanée et que « le roi ne meurt pas en France », le nouveau roi jouit, dès la mort de son prédécesseur, de toutes les prérogatives royales. A partir du XVIe siècle – et c'est un élément nouveau –, les théoriciens du pouvoir royal lient ce principe à la continuité de l'Etat. Ils soutiennent qu'à un Etat qui se veut perpétuel doit nécessairement correspondre un exercice continu de la souveraineté de ce même Etat. En conséquence, l'activité du roi ne doit jamais s'interrompre et, pour ce faire, il doit obligatoirement non seulement jouir, à tous moments, de la totalité de ses pouvoirs mais, aussi, être en mesure de les exercer.

Mais alors, que se passe-t-il si, pour raison d'âge, de maladie ou d'absence, il se trouve placé dans l'impossibilité de faire face à ses obligations ? C'est, précisément, le système de la régence qui permet de résoudre au moins partiellement semblable difficulté. Doivent être alors soigneusement résolus deux problèmes. A qui revient la régence et dans quelle mesure celui qui l'assure représente-t-il le roi qui se trouve dans l'impossibilité d'agir ?

1. – *Qui assure la régence ?*

Depuis une ordonnance de Charles V en 1374, la majorité royale est fixée à quatorze ans. C'est donc jusqu'à cet âge du jeune roi que s'exerce la régence ou à tout autre moment de sa vie, s'il est empêché ou absent. Sans doute parce que la pratique médiévale était mal fixée face à la question de savoir à qui devait revenir la régence, deux thèses ont partagé les théoriciens de l'Ancien Régime. Pour les uns, la régence doit être assurée par l'héritier présomptif de la couronne, c'est-à-dire celui qui, parmi les princes du sang, serait appelé à régner s'il y avait défaillance de la ligne directe. Pour d'autres, au contraire, c'est au roi régnant que revient le droit exclusif de désigner celui à qui reviendra la fonction de régent, tout simplement parce qu'il l'estime le plus apte.

Dans la pratique, qu'en fut-il aux XVIe et XVIIe siècles, période particulièrement faste pour les régences ? Une tendance domine. Qu'elle ait été ou non prévue par le roi, la régence est le plus souvent assurée par la reine mère. Sans doute moins anti-féministes que leurs ancêtres médiévaux, les théoriciens d'Ancien Régime admettent sans difficulté cette solution que le Moyen Age n'avait que rarement connue, en particulier avec la régence de Blanche de Castille. Jusqu'à la fin de l'époque médiévale, le principe d'exclusion des femmes de la succession à la couronne a lourdement pesé sur l'organisation des régences.

Une évidente rupture intervient à partir du XVIe siècle puisque, en 1560, Catherine de Médicis, veuve d'Henri II, assume la régence pendant la minorité de Charles IX et qu'en 1610, Marie de Médicis, veuve d'Henri IV, préside aux destinées du pays pendant toute la minorité de Louis XIII. Anne d'Autriche, enfin, veuve de Louis XIII, se voit aussi confier la régence pendant la minorité de Louis XIV. La reine mère n'est-elle plus ou se trouve-t-elle dans l'impossibilité d'assumer pareille fonction ? Alors, c'est l'héritier présomptif du jeune roi, le premier prince du sang, qui devient régent. Telle fut la situation pendant la minorité de Louis XV tout au long de laquelle le duc d'Orléans, neveu de Louis XIV, fut régent.

Dans la pratique, l'exercice de la régence et parfois même son attribution, dépendait étroitement des rapports de forces et du jeu politique. Souvent, le Parlement voulut intervenir et exercer son contrôle. Deux exemples reflètent avec éclat cette tendance. Louis XIII, quelque peu sceptique quant aux capacités politiques d'Anne d'Autriche et Louis XIV, dont l'affection qu'il portait à son neveu le duc d'Orléans n'était pas sans borne, voulurent, l'un et l'autre, limiter les pouvoirs de la future régente et du futur régent. Pour ce faire, ils instituèrent, par testament, un conseil de régence destiné à limiter leurs prérogatives et à en contrôler l'exercice. Or, dans les deux cas, en 1643 pour le testament de Louis XIII et en 1715 pour celui de Louis XIV, le Parlement déclara nulles ces dispositions. Et cela pour une double raison. Indisponible, le pouvoir transmis au nouveau roi ne pouvait être limité, même exercé par un régent. D'autre part, même mineur, le roi de France ne peut se voir imposer des limitations de pouvoir dans la mesure où il est toujours considéré comme majeur à travers le régent qui le représente.

2. – *Le régent agit au nom du roi*

Parce que le principe d'instantanéité de la succession s'est imposé, le roi même mineur et représenté par le régent devient, dès son avènement, le dépositaire exclusif de la souveraineté. En conséquence, quel que soit son âge, il est réputé prendre lui-même toutes les décisions et gouverner personnellement. Il y a là une fiction juridique qui fait de lui un roi majeur et du régent un simple tuteur dont l'*auctoritas* n'aurait d'autre mission que de cautionner et renforcer ses actes.

En conséquence, toutes les décisions prises par le régent engagent le roi pour l'avenir. C'est dire que les ordonnances sont rédigées au nom du souverain et que le conseil décide en son nom avec, comme seule restriction, la mention : « le régent étant présent ». Il en va de même des lits de justice où le jeune roi se rend personnellement chaque fois que nécessité l'exige. Néanmoins, entre la théorie – fiction juridique – et la pratique – nécessité de gérer efficacement et quotidiennement les affaires – il ne pouvait y avoir ni coïncidence parfaite, ni harmonie pure. Dans la réalité quotidienne de la vie de l'Etat monarchique, quand le roi est mineur, c'est bien le régent qui apparaît comme le réel détenteur du pouvoir puisque, en fait, il l'exerce. Mieux encore, ses prérogatives ne peuvent guère être limitées. Ce serait aller à l'encontre de la règle d'instantanéité qui veut que le pouvoir, en sa totalité, soit immédiatement transféré au roi qu'en l'espèce le régent représente. Restreindre les pouvoirs du régent reviendrait à disposer de ceux du roi, ce qui est, là encore, contraire à la règle d'indisponibilité. En conséquence, les décisions du régent doivent pouvoir être identiques à celles que prendrait le roi, ses actes doivent avoir la même portée et, partant, obliger le roi aussi bien immédiatement que pour l'avenir, même après sa mort.

B. LES ACTES DU ROI DÉFUNT

Plus s'assurait le principe de continuité de l'Etat à travers les règles de succession instantanée et d'indisponibilité de la couronne, plus il devenait pressant de donner aux actes du roi défunt valeur obligatoire pour ses successeurs et, surtout, que ces derniers les reconnaissent comme tels. Il y avait là un ensemble de normes qui devaient faire bloc sous peine de paralyser tout le crédit de la royauté et de l'Etat naissant. Il était donc nécessaire de progresser dans une voie où la théorie médiévale restait encore fort imparfaite et très fragmentaire. Les évolutions, plus ou moins affirmées selon les secteurs, sont plus promptes à faire reconnaître que le nouveau roi est, de fait, tenu de respecter la législation de ses prédécesseurs (1) qu'il n'est obligé de confirmer les officiers en fonction (2) ou d'honorer les dettes contractées par lui.

1. – *La législation*

Le principe s'imposa rapidement d'après lequel la législation du souverain défunt restait en vigueur après sa mort, sans qu'une confirmation expresse du nouveau roi ne fût nécessaire, confirmation qu'il prit cependant soin de donner souvent. Le nouveau roi reconnaissait ainsi l'ensemble des textes en vigueur et acceptait de se considérer comme lié par eux. Mais il lui était toujours possible, naturellement, de réformer expressément ou abroger telle ou telle disposition dont il voulait écarter l'application. Ce n'est qu'en l'absence de telles mesures expresses que la législation du roi prédécesseur acquiert valeur permanente. C'est bien ce qui, pour l'essentiel, advenait.

A côté de la législation, les privilèges des provinces, des villes et des différents corps constituaient un ensemble de règles dérogatoires au droit commun, soit que leur possession fût immémoriale ou qu'ils aient été octroyés par un acte officiel de la monarchie. La règle s'imposa d'en demander confirmation au nouveau souverain qui exigeait alors, au moins jusqu'à Louis XV, versement d'un droit de « joyeux avènement ».

2. – *Les agents*

La pratique s'impose, à partir du XIIIe siècle, d'une confirmation par le nouveau roi des officiers en fonction au moment de son avènement. En général, elle est automatique, mais le roi en profite souvent pour se débarrasser des agents gênants ou impopulaires qu'il ne souhaite pas reconduire et pour percevoir, sur ceux qu'il confirme dans leur fonction, un droit de joyeux avènement.

A partir du moment où les offices deviennent vénaux et héréditaires, la question se pose en termes différents. Le roi se trouve alors, dès la fin du Moyen Age et surtout à partir du XVIe siècle, face à des officiers solidement enracinés dans leur fonction et pratiquement assurés de la stabilité. Dans ces conditions, obligation pratique lui est faite de les confirmer, tout en continuant à percevoir, à titre fiscal, le droit de joyeux avènement. Cette taxe est perçue jusqu'au début du règne de Louis XVI qui, malgré l'état précaire des finances royales, y renonce en 1774. Pour les officiers, son paiement avait en quelque sorte valu jusque-là titre officiel de confirmation dans leur fonction. Pour le roi, elle était symbole théorique de maîtrise sur ses agents. Quoi qu'il en soit, la continuité de la fonction publique, au moins pour les officiers, est devenue la règle sous l'Ancien Régime et, à travers elle, triomphe une fois encore la continuité de l'Etat.

3. – *Les dettes*

En ce domaine, le principe de continuité de l'Etat s'est affirmé beaucoup moins vite. La tradition médiévale d'un prince qui n'engageait que lui et non l'Etat a longtemps pesé sur la pratique d'Ancien Régime. Successeur et non pas héritier au sens du droit privé, le roi et la doctrine dominante estiment qu'il n'est que moralement mais non juridiquement tenu d'honorer les dettes de son prédécesseur. L'Etat qu'il représente pourtant de mieux en mieux ne constitue pas encore une entité suffisamment affirmée pour que s'impose la règle de la continuité des dettes, par-delà la succession royale.

Au XVIe siècle, cependant, cette doctrine évolue. Depuis longtemps déjà, à s'en tenir à la simple morale, on considérait que les dettes existantes à son avènement devaient obliger le nouveau roi. Mais il y a plus. Se limiter à une doctrine négative ne pouvait que compromettre le crédit de l'Etat à un moment où ses besoins d'argent ne cessent d'augmenter et où il a de plus en plus recours à des emprunts publics.

A partir du moment où ces emprunts deviennent massifs, ils ne peuvent plus être émis par le roi lui-même en tant que simple personne privée ou par l'intermédiaire de tiers (l'Hôtel de Ville de Paris par exemple) mais par l'Etat en sa qualité de personne publique dont la personnalité morale finit par être reconnue à la fin du XVIe siècle. En témoigne cet engagement que prend François Ier en 1522 de rembourser les sommes que lui ont prêtées des marchands italiens. Il s'oblige lui-même et oblige aussi ses successeurs « *comme pour chose justement et loyalement due et employée pour nos affaires et celles de notre royaume* ». Alors, l'Etat peut emprunter lui-même, en son propre nom en garantissant ses emprunts sur ses revenus fiscaux, en particulier les impôts directs (taille) ou indirects (gabelles et aides). Il peut aussi émettre des rentes, qu'elles soient perpétuelles ou viagères. Toutes ces opérations, faites au nom de l'Etat et de la couronne, revêtent alors une double caractéristique : celle d'être garanties et celle d'être perpétuelles, ce qui vaut à tout souverain d'être obligé, non pas personnellement, mais au nom de l'Etat qu'il représente.

Ainsi, que ce soit à travers sa législation, ses agents ou les dettes qu'il contracte, l'Etat d'Ancien Régime assure progressivement et sûrement sa continuité. Elle s'inscrit chaque jour davantage dans les décisions qu'il prend, l'action des agents qui agissent en son nom et, aussi, la politique qu'il conduit pour sauvegarder son domaine.

§ 3. – LA CONTINUITÉ DE L'ÉTAT ASSURÉE À TRAVERS SES BIENS : L'INALIÉNABILITÉ DU DOMAINE

La prise de conscience qui s'opère autour des problèmes posés par la consistance, le statut et la mission assignée au domaine de la couronne n'est pas nouvelle au XVIe siècle. Sur cet ensemble de questions, le legs du Moyen Age est important puisque toute une législation, souvent répétée depuis la fin du XIVe siècle, en traite abondamment. Néanmoins, aucun texte aussi important que l'édit de Moulins de février 1566 ne leur avait été consacré.

Par-delà les questions qu'il tente de régler et les solutions partielles qu'il apporte, ce texte témoigne avec éclat de l'importance qu'attache la royauté au domaine de la couronne comme instrument de sa politique et, aussi, comme support de la continuité de l'Etat. Quand les rédacteurs du texte s'expriment en ces termes, « *Le domaine de la couronne, l'un des principaux nerfs de notre Etat* », ne veulent-ils pas signifier qu'à travers cet ensemble de biens, de droits et de revenus, l'Etat trouve non seulement un moyen d'agir, mais aussi de durer ? Voilà sans doute pourquoi ce texte, après avoir brièvement rappelé certains aspects de la consistance du domaine (1), érige en loi son inaliénabilité (2), en limitant de manière stricte les exceptions à la règle ainsi portée (3).

1. – *Consistance du domaine*

L'édit de Moulins ne s'attache pas à définir la structure du domaine de la couronne. Au XVIe siècle, elle est bien connue et l'apport successif des siècles antérieurs permet de s'en faire une idée relativement précise. Le domaine réunit toujours cet ensemble d'éléments corporels (terres, grands chemins, cours d'eau navigables, rivages de la mer, châteaux, places fortes, ouvrages défensifs) et d'éléments incorporels (droits de souveraineté, droits féodaux et seigneuriaux, droits de propriétaire foncier) que le souverain a lentement réussi à faire passer sous la maîtrise de l'Etat. Dans ce tout hétéroclite, l'édit de Moulins opère, sans la nommer réellement, une intéressante distinction entre domaine fixe et domaine casuel.

Le **domaine fixe**, dont l'édit énumère la structure en son article 2, recouvre tout ce qui a été « *consacré, uni et incorporé à notre couronne ou qui a été tenu et administré par nos receveurs et officiers par l'espace de dix ans et est entré en ligne de compte* ». Il s'agit donc de tous les biens et droits acquis à la couronne au moment de l'avènement du nouveau roi et de tous ceux qui, par la suite, après avoir été pendant dix ans administrés par les agents royaux, font au bout de ce délai, automatiquement partie intégrante du domaine.

A l'opposé, le **domaine casuel** est composé de tout ce qui advient au roi par conquête, achat, échange, succession, droit d'aubaine et confiscation ou tout autre moyen. A moins qu'une clause expresse n'unisse ces biens à la couronne, ou qu'ils soient administrés pendant dix ans par les agents royaux, en vue d'être incorporés au domaine fixe après ce délai, le roi peut en disposer librement. Cependant, à sa mort, cet ensemble se trouve automatiquement incorporé au domaine fixe.

2. – ***Inaliénabilité du domaine***

Depuis longtemps, la royauté avait bien senti la nécessité qu'il y avait à protéger le domaine contre tous les risques d'aliénation et les aliénations effectives qui, pendant longtemps, avaient freiné sa reconstitution. Mais, jusque-là, aucun texte législatif n'avait érigé en principe, avec autant de netteté et de vigueur, la règle d'inaliénabilité. Ce faisant, les juristes de 1566 obéissent à deux traditions.

Depuis Charles V et peut-être même Jean le Bon, le principe d'inaliénabilité avait été inséré dans le serment du sacre dont il était une clause rituelle et importante. Cette pratique pèse si fort que les rédacteurs de l'édit s'obligent à rappeler que Charles IX s'y est conformé. « *Comme à notre sacre nous avons entre autre chose promis et juré de garder et observer Ce domaine et patrimoine royal de notre couronne...* ». En réalité, les historiens discutent pour savoir si le roi a vraiment prononcé cette formule relative à l'inaliénabilité. Même si la réponse est négative, là n'est pas l'essentiel. Il est dans la volonté de rattacher cette règle de l'inaliénabilité à la clause du serment du sacre et, aussi, à toute la législation du XVe siècle qui traite du domaine et de son inaliénabilité.

Une seconde tradition a aussi pesé. C'est celle de l'indisponibilité de la couronne. La volonté des rédacteurs du texte de 1566 apparaît au grand jour de lier directement indisponibilité et inaliénabilité quand ils évoquent le « *domaine et patrimoine royal de notre couronne* ». Parce que ce même domaine est là pour servir la couronne, pourvoir aux besoins de l'Etat et permettre d'assurer ainsi sa continuité, il doit être inaliénable.

Qu'est-ce à dire ? Puisque le roi est tuteur et curateur de l'Etat, il ne peut que se comporter en usufruitier à l'égard du domaine qui est un bien rattaché à l'Etat. Et sur cet ensemble de biens, il ne peut avoir davantage de droits qu'il n'en a sur l'Etat. Pour les théoriciens de la monarchie, le roi est au service de l'Etat au même titre que le tuteur est au service de son pupille. Dans ces conditions, de même qu'un tuteur doit maintenir intact le patrimoine de son pupille, de même le roi ne peut en rien aliéner le domaine de la couronne dont il a la garde.

Dans la pratique, cette règle de l'inaliénabilité a des effets très contraignants, même si elle ne s'applique qu'au domaine fixe. Contraignants parce qu'elle joue dans l'ordre interne – le roi ne pouvant rien aliéner du domaine fixe pour les besoins de sa gestion quotidienne -, mais aussi sur le plan international, chaque fois que le roi se trouve contraint de céder une portion du territoire.

La question qui s'était déjà posée à plusieurs reprises pendant la guerre de Cent Ans surgit à nouveau en 1526. Trente ans avant l'édit de Moulins donc, ce qui n'empêche nullement que la règle d'inaliénabilité déjà bien ancrée dans la pratique ait pu jouer sans la moindre restriction. Au lendemain du traité de Madrid, François Ier, qui avait dû abandonner la Bourgogne à Charles-Quint, rentre en France. Sitôt de retour, il déclare ne pouvoir procéder à cette aliénation sans le consentement des Bourguignons qui, eux seuls, pouvaient l'autoriser à passer outre la règle d'inaliénabilité. Les Etats de Bourgogne convoqués s'opposent à la cession de leur territoire en déclarant qu'elle était « *contre toute raison et équité* ». Le Parlement, saisi ensuite de l'affaire, déclare nulle la clause du traité. Ces oppositions conjuguées permettent à François Ier de faire savoir à Charles-Quint qu'ayant outrepassé ses droits et méconnu la règle d'inaliénabilité, il n'était pas possible, au regard du droit public interne français, que la Bourgogne fût cédée.

Aussi bien ancré dans la pratique que solidement repris par la doctrine et clairement consacré par la législation, le principe d'inaliénabilité du domaine offre toute une série d'avantages. Il contraint le roi à préserver ce « nerf de l'Etat » qui assure, tout à la fois, moyen de gestion et gage de continuité. Il apporte ensuite une solide garantie à l'intégrité du territoire national et constitue enfin, pour les sujets, un solide rempart chaque fois que leur territoire est menacé de cession puisque le roi ne peut y procéder sans leur consentement.

Il manquait, à cette règle d'inaliénabilité, son corollaire : l'**imprescriptibilité** dont l'édit de Moulins ne traite pas expressément. Pour assurer une protection complète du domaine, nécessité s'imposait pourtant de poser clairement le principe qu'aucun des biens qui le composaient ne sauraient être acquis par usucapion. Voilà pourquoi théoriciens et juristes de la monarchie firent remarquer que si le roi ne pouvait aliéner une portion du domaine, il était indispensable de stipuler que personne ne puisse en acquérir la moindre partie par prescription. Leur plaidoyer fut rapidement entendu et plusieurs textes subséquents vinrent consacrer cette évolution doctrinale, en particulier l'ordonnance de Blois de 1579.

Imprescriptible et inaliénable, le domaine se trouvait ainsi garanti contre tout empiétement des particuliers et préservé des risques de retour aux aliénations fâcheuses si courantes aux siècles précédents, même si l'édit de Moulins tolérait encore deux exceptions de taille à la règle d'inaliénabilité.

3. – *Les exceptions à l'inaliénabilité*

L'article 1 de l'édit, comme pour éclipser la règle fondamentale, stipule que « *le domaine de nostre couronne ne peut être aliéné qu'en deux cas seulement, l'un pour apanage des puînés mâles de la maison de France... l'autre pour aliénation à deniers comptants pour la nécessité de la guerre...* ».

La première de ces exceptions, l'apanage, est fort ancienne et l'édit n'apporte rien de neuf par rapport à la théorie médiévale de cette institution déjà étudiée. Il convient simplement de mentionner qu'au XVIe siècle et plus encore aux siècles suivants, la pratique des apanages ne constitue plus un danger. Les concessions dont bénéficient les apanagistes ne consistent plus guère qu'en dotations de terres ou attributions de droits qui ne sauraient menacer l'intégrité du domaine ou inquiéter la puissance souveraine.

Plus importante est la seconde qui rend possibles certains **engagements** du domaine de l'Etat. L'inaliénabilité trop strictement conçue aurait pu, en certains cas, nuire au crédit de l'Etat, en particulier chaque fois que, dans l'obligation d'emprunter, le roi doit pouvoir donner des garanties. Voilà pourquoi il fut admis qu'en temps de guerre ou pour nécessité grave, tel bien du domaine pouvait être, à titre de garantie, donné en jouissance à un bailleur de fonds. On disait qu'il y avait alors engagement du domaine au bénéfice de l'engagiste. Mais pareilles opérations étaient soumises à trois conditions rigoureuses que précise l'édit. Le versement du prêt devait se faire « à deniers comptants ». L'acte d'engagement devait être publié « en nos parlements », c'est-à-dire soumis à l'enregistrement des cours souveraines. Enfin, il devait être prévu, au bénéfice du roi, une clause perpétuelle de rachat. A l'intérieur du terme fixé, elle le laissait maître du temps qu'il mettrait à rembourser sa dette. Tout au long du XVIe siècle et bien souvent aussi après, la monarchie utilisa largement cette technique qui eut pour résultat néfaste de la placer sous la dépendance financière d'engagistes qui ne firent qu'encourager le système dans la mesure où il leur était favorable et leur permettait de tirer des revenus substantiels des biens qu'ils avaient reçus en gage.

Encore imparfaite, la protection que l'édit de Moulins apporte au domaine, n'en représente pas moins un incontestable pas en avant par rapport à la législation de la période précédente. Ce texte, dont la disposition essentielle – l'inaliénabilité du domaine – est passée dans notre droit administratif, fut tenu pour si important par les contemporains qu'il se trouva aussitôt agrégé au corps des lois fondamentales du royaume, la seule – si l'on met à part la loi de catholicité – qui fut vraiment écrite.

Les lois fondamentales apparaissent comme une limite efficace à l'absolutisme monarchique. L'Etat n'appartient pas au roi, il lui est confié et il doit en assurer la gestion dans le respect des règles qu'elles prévoient. En se fondant sur ces constatations, bien des auteurs de l'Ancien Régime s'accordent pour reconnaître, sans le dire expressément, que la France a bien une constitution. Au XVIe siècle, Jean Bodin parle de « *monarchie réglée* » qui s'oppose aux monarchies despotiques et, au siècle suivant, Colbert, dans le préambule des ordonnances de Louis XIV, est fier de la cohésion et de l'ordre des principes coutumiers du droit public français.

Néanmoins, il faut bien reconnaître que ces lois réglementent principalement la succession à la couronne, son statut et celui du domaine et qu'elles ne concernent pratiquement pas le fonctionnement et l'exercice du pouvoir. Voilà sans doute pourquoi tout un mouvement doctrinal et de nombreux auteurs de la seconde moitié du XVIIIe siècle, refusent de voir dans les lois fondamentales et les règles coutumières qui les accompagnent, une véritable constitution. Ils s'attachent aussi à l'aspect formel et souhaitent que soit, tout à la fois, mis par écrit et complété ce bloc de normes léguées par l'Ancien Régime qui constituaient, pour une part, le cadre d'action quotidien des organes centraux de conseil et de gouvernement.

BIBLIOGRAPHIE

ANDERSON P., *Lineage of the absolutist State*, Londres, 1974, trad. fr., *L'État absolutiste*, 2 vol., Paris, 1978.

ANTOINE M., « La monarchie absolue », *The french Revolution and the creation of modern political Culture*, I, *The political Culture of the Old Regime*, Baker K. M. éd., Oxford, 1987, p. 3-24.

APOSTOLIDÈS J.-M., *Le prince sacrifié. Théâtre et politique au temps de Louis XIV*, Paris, 1985.

APOSTOLIDÈS J.-M., *Le roi-machine. Spectacle et politique au temps de Louis XIV*, Paris, 1985.

AUGÉ G., *Succession de France et règle de nationalité*, Paris, 1979.

BAKOS A (éd.), *Politics, Ideology and the Law in early Modern Europ. Essays in Honor of J.H.M. Salmon,* Rochester, 1994.

BAKOS A., *Images of Kingship in early Modern France. Louis XIV in political Thought 1560-1789*, Londres-New York, 1997.

BARBEY J., BLUCHE F., RIALS S., *Lois fondamentales et succession de France*, 3e éd., Paris, 1987.

BARDON F., *Le portrait mythologique à la cour de France sous Henri IV et Louis XIII*, Paris, 1974.

BARRET-KRIEGEL B., *Les chemins de l'État,* Paris, 1986.

BARRET-KRIEGEL B., *Les historiens et la monarchie*, 4 vol., Paris, 1988.

BASDEVANT B., *Aux origines de l'État moderne, Charles Loyseau (1564-1627) théoricien de la puissance publique,* Paris, 1997.

BASSE B., *La constitution de l'Ancienne France*, Liancourt, 3e éd. 1986.

BASTID P., *L'idée de constitution*, cours D.E.S. Droit public, 1962-1963, Paris, Les Cours de Droit, 1963.

BEIK W., *Absolutism and Society in seventeenth-Century France. State, Power and provincial Aristocracy in Languedoc*, Cambridge, 1985.

BONIN P., « Régences et lois fondamentales », *Annuaire-Bulletin de l'Histoire de France*, année 2003, Paris, 2005, p. 77-135.

BONNEY R., *Political Change in France under Richelieu and Mazarin 1624-1661*, Oxford, 1978.

BONNEY R., *The Limits of Absolutism in* Ancien Régime *France*, Londres, Variorum, 1995.

BONTEMS C., RAYBAUD L.-P., BRANCOURT J.-P., *Le prince dans la France des XVIe et XVIIe siècles*, Paris, 1965.

BROWN E. A. R., FAMIGLIETTI R. C., *The* Lit de justice. *Semantics ceremonial and the Parlement of Paris 1300-1600*, Sigmaringen, 1994.

BRUGUIÈRE M.-B., « La loi de succession à la couronne de France : naissance d'un droit public constitutionnel en Europe », *Mémoire*, VII, 1987, p. 73-89.

CARCASONNE E., *Montesquieu et le problème de la constitution française au XVIIIe siècle*, Paris, 1927.

CHURCH W. F., *Constitutional Thought in the Sixteenth-Century France,* Cambridge, 1941.

COLLOT C., *L'École doctrinale de droit public de Pont-à-Mousson*, Paris, 1965.

DECLAREUIL J., « Le traité de Madrid et le droit public français », *Rec. Acad. Législ. Toulouse*, IX, 2, 1913, p. 96-122.

DESCIMON R., « Les fonctions de la métaphore du mariage politique du roi et de la république. France XVe-XVIIIe siècles », *A.E.S.C.,* 47, 1992, p. 1127-1147.

DESCIMON R., « L'union au domaine royal et le principe d'inaliénabilité. La construction d'une loi fondamentale aux XVIe-XVIIe siècles », *Droits*, 22, 1995, p. 79-90.

DESCIMON R., GUÉRY A., « Un État des Temps modernes ? », *La longue durée de l'État*, J. Le Goff dir., *Histoire de la France*, A. Burguière et J. Revel dir., Paris, Seuil, 2000, p. 209-465.

DUBOST J.-F., « Absolutisme et centralisation en Languedoc au XVIIe siècle », *R.H.M.C.*, 37, 1990, p. 369-397.

DUMONT Fr., « Royauté française et monarchie absolue au XVIIe siècle », *XVIIe-siècle*, 58-59, 1963. p. 3-29.

Entrées (Les) : gloire et déclin d'un cérémonial, Desplat C. et Mironneau P. dir., Actes du Colloque de Pau (10-11 mai 1996), Biarritz, 1997.

État (L') ou le Roi. Les fondations de la modernité monarchique en France (XIVe-XVIIe siècles), Bulst N., Descimon R. et Guerreau A. dir., Paris, 1996.

FELL A. L., *Bodin's Humanistic legal System and Rejection of « Medieval Political Theology », Boston*, 1987.

FOGEL M., *Les cérémonies de l'information dans la France du XVIe au XVIIIe siècle*, Paris, 1989.

FRANKLIN J.-H., *Jean Bodin and the Rise of absolutist Theorie*, Cambridge (Mass.), 1973. Trad. fr., *Jean Bodin et la naissance de la théorie absolutiste*, Paris, 1993.

GIESEY R. E., *Cérémonial et puissance souveraine. France XVe-XVIIe siècle,* Paris, 1987.

GIESEY R.E., *The royal funeral ceremony in Renaissance France,* Genève, 1960. Trad. fr., *Le roi ne meurt jamais,* Paris, 1987.

GILMORE M. P., *Argument from roman Law in political Thought, 1400-1600,* Cambridge, 1941.

GOJOSSO E., *Le concept de République en France (XVIe-XVIIe siècle)*, Aix-Marseille, 1998.

GOYARD-FABRE S., *Jean Bodin et le droit de la république*, Paris, 1989.

GRANDCLAUDE G., *Le principe d'inaliénabilité du domaine royal*, Cours d'Histoire du droit public, Doctorat, 1949-1950, multigr., Paris, Les Cours de Droit, 1950.

GRANDCLAUDE G., *Les lois fondamentales*, Cours d'Histoire du droit public, Doctorat, 1932-1933, multigr., Paris, Les Cours de Droit, 1933.

GUÉRY A., « Principe monarchique ou roi très chrétien ? Les funérailles du roi de France », *Revue de Synthèse*, 112, 1991, p. 443-454.

HALÉVY R. (dir.), *Le savoir du prince du Moyen Âge aux Lumières*, Paris, 2002.

HALÉVY R., « La modération à l'épreuve de l'absolutisme. De l'Ancien Régime à la Révolution française », *Le Débat*, 109, 2000, p. 75-98.

HANLEY S., *The* Lit de justice *of the Kings of France. Constitutional Ideology in Legend, Ritual and Discourse*, Princeton, 1983. Trad. fr., *Le lit de justice des rois de France*, Paris, 1991

HATTON R. (dir.), *Louis XIV and Absolutism*, Londres, 1976.

HENSHALL N., *The Myth of Absolutism : Change and Continuity in early modern european Monarchy*, Londres-New York, 1992.

HITIER J., « La doctrine de l'absolutisme », *Annales de l'Université de Grenoble*, 1903, 15, p. 37-137 et 417-532.

HOLT M., « The King in Parliament : the problem of the *Lit de justice* in XVIth-Century France », *The Historical Journal*, 1988, p. 507-523.

IMBERT J., « La "monarchie absolue" des Capétiens », *Institut de France. Séance publique annuelle des cinq Académies. Commémoration du millénaire capétien (27 oct. 1987),* Paris, 1988, p. 31-38.

JOUANNA A., *Le devoir de révolte. La noblesse française et la gestation de l'État moderne 1559-1661),* Paris, 1989.

KEOHANE N., *Philosophy and the State in France. The Renaissance to the Enlightenment*, Princeton, 1980.

KNECHT R., « Francis I and the Lit de Justice : a "legend" defended », *French History*, 7, 1993, p. 53-83.

KOSSMANN E., *La Fronde*, Leyde, 1954.

LECOQ A.-M., « La symbolique de l'État. Les images de la Monarchie des premiers Valois à Louis XIV », *Les lieux de mémoire*, P. Nora dir., II, La Nation, 2, Paris, 1986, p. 145-192.

LECOQ A.-M., *François Ier imaginaire. Symbolique politique à l'aube de la Renaissance française*, Paris, 1987.

LEMAIRE A., *Les lois fondamentales de la monarchie française d'après les théoriciens de l'Ancien Régime,* Paris, 1907.

LETOCHA D. (dir.), Aequitas, Aequalitas, Auctoritas. *Raison théorique et légitimation de l'autorité dans le XVIe siècle européen*, Paris, 1992.

LUBLINSKAYA A. D., *French Absolutism : the crucial Phase*, Cambridge, 1988.

MAJOR J. R., *From Renaissance Monarchy to Absolute Monarchy : french Kings, Nobles and Estates*, Baltimore, 1994.

MÉCHOULAN H. dir., *L'État baroque 1610-1652*, Paris, 1985.

MÉCHOULAN H. et CORNETTE J. (dir.), *L'État classique*, 1652-1715, Paris, 1996.

MESNARD P., *L'essor de la philosophie politique au XVIe siècle*, Paris, 1952.

Monarchie (La) absolutiste et l'histoire de France. Théories du pouvoir, propagandes monarchiques et mythologies royales, Actes du colloque des 26-27 mai 1986, Grell C. et Laplanche F., dir., Paris, 1987.

MOREL H., « La loi innomée », *Mélanges Henri Morel*, Aix-en-Provence, 1989, p. 463-475.

MOUSNIER R., « Comment les Français voyaient la constitution », *XVIIe siècle*, 25, 1955, p. 9-36.

MOUSNIER R., *La monarchie absolue en Europe du Ve siècle à nos jours*, Paris, 1982.

OLIVIER-MARTIN Fr., *L'absolutisme français*, Cours d'Histoire du droit public, Doctorat, 1950-1951, multigr., Paris, Les Cours de Droit, 1951. Rééd., éd. Loysel, Paris, 1988.

PARKER D., « Sovereignty, Absolutism and the Function of the Law in seventeenth-Century France », *Past and Present*, 122, 1989, p. 36-74.

PARKER D., *The Making of french Absolutism*, Londres, 1983.

PIOT C., *Cardin le Bret et la doctrine de la souveraineté monarchique*, Nancy, 1948.

POUMARÈDE J., « Penser l'absolutisme. Approche historiographique des ouvrages pédagogiques en histoire des institutions françaises », *De la Respublica a los Estados Modernos*, Bilbao, 1992, p. 264-274.

RANUM O., *Artisans of Glory. Writers and historical Thought in seventeenth-Century France*, Chapel Hill, 1980.

RIALS S., « Aux origines du constitutionnalisme écrit. Réflexions en marge d'un projet constitutionnel de la Ligue (1588) », *R.H.F.D.*, III, 8, p. 189-268.

RIGAUDIÈRE A., « L'invention de la souveraineté », *Pouvoirs*, 1993, 67, p. 5-20.

ROUSSELET A., *La règle de l'inaliénabilité du domaine de la Couronne. Étude doctrinale de 1566 à la fin de l'Ancien Régime*, Paris, 1997.

SABATIER G., « Imaginaire, État et société : la monarchie absolue de droit divin en France au temps de Louis XIV », *Procès. Cahiers d'analyse politique et juridique*, IV, 1979, p. 36-153.

SAGUEZ-LOVISI C., *Les lois fondamentales au XVIIIe siècle. Recherches sur la loi de dévolution de la couronne*, Paris, 1984.

SAINT-BONNET F., *L'État d'exception,* Paris, 2001.

SCIACCIA E., *Le radice teoriche dell'assolutismo nel pensiero politico francese del primo cinquecento (1498-1519)*, Milan, 1975.

THIREAU J.-L., « L'absolutisme monarchique a-t-il existé ? »*R.F.H.I.P.*, 6, 1997, p. 291-309.

THIREAU J.-L., « Préceptes divins et normes juridiques dans la doctrine française du XVIe siècle », Le Droit entre laïcisation et néo-sacralisation, J.-L. Thireau dir., Paris, 1997, p. 109-142.

THIREAU J.-L., *Les idées politiques de Louis XIV*, Paris, 1973.

THUAU É., *Raison d'État et pensée politique à l'époque de Richelieu*, Paris, 1996 et rééd. 2000.

TREASURE G., *Mazarin. The crisis of Absolutism in France,* Londres, 1995.

VILLERS R., « Aspects juridiques et aspects politiques de la loi de catholicité », *R.H.D.F.E.*, 37, 1959, p. 196-213.

VERGNE A., *La notion de constitution d'après les cours et assemblées de la fin de l'Ancien Régime (1750-1789)*, Paris, 2006.

VILLERS R., *L'esprit du droit public français au XVIIe siècle, Cours d'Histoire des institutions politiques et administratives du Moyen Âge et des temps modernes. D.E.S. Histoire du droit et des faits sociaux, 1958-59, multigr., Paris, Les Cours de Droit, 1959.*

VONGLIS B., *« L'État c'était bien lui ». Essai sur la monarchie absolue*, Paris, 1997.

WEIL G., *Les théories sur le pouvoir royal en France pendant les guerres de religion*, Paris, 1891, rééd., New York, 1966.

ZARKA Y-Ch., *Raison et déraison d'État*, Paris, 1994.

CHAPITRE II

LES ORGANES CENTRAUX DE CONSEIL ET DE GOUVERNEMENT

Aussi largement que soit compris et défini le pouvoir royal, le roi ne peut, seul, faire face à toutes ses obligations. Certes, ce pouvoir royal est unique mais, pour l'exercer, le souverain doit être entouré, conseillé et aidé. La règle du gouvernement par conseil, fort ancienne, demeure plus que jamais valable tout au long de l'Ancien Régime et elle constitue une importante correction à la notion d'un pouvoir unique qui risquerait d'être trop absolu dans son exercice. Tout le problème est d'organiser cette double fonction de conseil et d'exercice du pouvoir à laquelle, au moins théoriquement, toutes les assemblées, tous les corps et tous les groupes du royaume doivent pouvoir participer. A se limiter aux organes centraux, trois institutions essentielles retiennent l'attention. D'abord les ministres qui, en collaboration avec le roi, préparent les décisions et veillent à leur exécution (Section 1), le conseil ensuite dont le rôle essentiel est d'éclairer le souverain dans les décisions qu'il doit prendre (Section 2), les états généraux et assemblées de notables enfin qui permettent d'entretenir au moins pour un temps le dialogue avec le pays (Section 3).

SECTION 1

LES MINISTRES

Parmi tous les officiers de la couronne étudiés pour la période médiévale, le seul à se maintenir (mis à part le connétable qui joue encore un rôle jusqu'en 1627, date de suppression de cette dignité) est le chancelier qui devient le personnage central de l'Etat (§ 1). A côté de lui on trouve les secrétaires d'Etat, entre lesquels sont répartis les différents départements ministériels (§ 2) et le contrôleur général des finances à qui est confiée la responsabilité des finances et de l'économie (§ 3).

§ 1. – LE CHANCELIER

A l'époque monarchique, son statut ne varie guère par rapport à ce qu'il fut à l'époque médiévale. Il est toujours titulaire d'un office, donc inamovible. Ses pouvoirs sont extrêmement larges et touchent à trois domaines essentiels. Dépositaire des sceaux de France, il est toujours le chef de la justice et se voit confier la direction de la Librairie.

Dépositaire des sceaux de France. Le chancelier ne les appose sur les actes qu'après les avoir vérifiés avec soin. Cette vérification est non seulement un droit, mais aussi un devoir que Loyseau se plaît à rappeler en disant que « *le chancelier est le correcteur et le contrôleur des lois et mandements du prince* ». Ce droit de contrôle est important car il autorise le chancelier à différer l'apposition du sceau et à adresser au roi des remontrances. Cependant, le souverain conserve le dernier mot et peut toujours ordonner au chancelier de sceller un acte qui l'est alors sur exprès mandement du roi. En cas de conflit grave, le roi peut toujours retirer les sceaux au chancelier. C'est un pouvoir discrétionnaire. Le chancelier perd alors tout pouvoir, ce qu'évoquait de manière très imagée la formule : « *chancelier sans les sceaux est apothicaire sans sucre* ».

Des exemples de conflit entre le roi et son chancelier ne manquent pas. Tel Michel de l'Hospital qui, fait chancelier par François II en 1560, doit abandonner les sceaux en 1568 après avoir contribué à une œuvre législative énorme. C'était une première manière de disgrâce qui devient plus précise lorsque, en 1573, à la demande de la reine Catherine de Médicis et du roi Charles IX, Michel de l'Hospital dut accepter la nomination d'un garde des sceaux. C'est alors qu'il démissionna. Dans semblable situation, que fait alors des sceaux le roi ? Il peut les garder en sa main ou les confier à un autre agent, toujours révocable. C'est un commissaire simplement investi de la mission de garder les sceaux.

Chef de la justice. C'est une attribution très importante qui implique le contrôle sur tout le personnel judiciaire, la présidence des séances du conseil où le roi ne se rend pas, le droit d'entrée et de présidence dans tous les tribunaux et cours du royaume. Le chancelier peut aussi parler à la place du souverain devant les Etats généraux.

Direction de la Librairie. A ce titre, le chancelier était chargé de la censure préalable des ouvrages, ce qui lui permettait de contrôler la propagande et les idées. Ce contrôle lui est officiellement confié avec Charles IX, par lettres patentes de septembre 1563 qui stipulent qu'aucun livre ne pourra être imprimé sans examen préalable et sans permission du roi « *expédiée sous le grand sceau de la chancellerie* ». A cette attribution et toujours dans le même ordre d'idées, il faut ajouter que le chancelier surveille, au nom du roi, les universités et qu'il est chargé des rapports délicats avec l'autorité ecclésiastique qui conserve de larges compétences en matière d'enseignement.

Ainsi, tant par son statut que par ses attributions, le chancelier apparaît-il comme un personnage très important. Il symbolise la pérennité de l'Etat et, de ce fait, il est le seul à ne pas porter le deuil du souverain. Cependant, à l'époque monarchique, ses pouvoirs se trouvent quelque peu concurrencés par l'ascension des secrétaires d'Etat.

§ 2. – LES SECRÉTAIRES D'ÉTAT

L'étude de la composition du gouvernement aux XVIIe et XVIIIe siècles fait apparaître que le roi a confié la direction des grands services publics à des hommes de confiance, souvent originaires de la haute bourgeoisie, devenus secrétaires d'Etat. Ce sont des personnages importants qui jouent le rôle actuellement dévolu à nos ministres. Leur réunion auprès du roi constitue le ministère.

Origine. Dès le XIVe siècle, le roi avait auprès de lui un petit groupe de fidèles commis dont la tâche essentielle était de mettre en forme les actes, tout en conservant le secret des affaires. « Clercs du secret », encore qualifiés de « notaires-secrétaires », ils étaient environ une centaine à la fin du Moyen Age. Au XVIe siècle, l'institution connaît un tournant. Le roi procède à une sélection et associe certains d'entre eux plus étroitement aux tâches gouvernementales. Le nombre de ces privilégiés est considérablement réduit, ils ne sont plus que quatre avec Henri II (1547) et prennent alors le nom de secrétaires d'Etat.

Statut. Ils sont tous des commissaires. Leur révocation discrétionnaire par le souverain est toujours possible. Cependant, la charge de certains d'entre eux tend à devenir viagère et même parfois héréditaire. C'est ainsi que certaines dynasties se constituent, à partir d'Henri IV et surtout de Louis XIII (exemples : les Loménie de Brienne, les Colbert, les Letellier). Tout au long du XVIIIe siècle, ils sont surtout choisis parmi les bourgeois de robe que leurs fonctions anoblissent. Au siècle suivant se dessine une très nette évolution. Le prestige de la charge de secrétaires d'Etat est tellement grand que les membres de la noblesse, même la plus ancienne, font bloc pour se frayer ainsi une place au service de l'Etat.

Attributions. Le problème est double. Quelles sont les attributions globales des secrétaires d'Etat (1) et selon quels critères sont-elles réparties (2) ?

1. – *Attributions globales.* Les secrétaires d'Etat conservent les fonctions de notaires qu'ils avaient à l'origine et contresignent les actes du roi (le contreseing est obligatoire pour la validation). Mais ils exercent surtout des responsabilités administratives élevées, toute la correspondance envoyée au roi passe entre leurs mains (rapports, lettres, dépêches arrivant des provinces ou de l'extérieur). Ils participent avec le souverain à l'élaboration de toutes les décisions administratives et agissent eux-mêmes pour les affaires courantes en dehors des questions de justice et de finances qui ont leurs ministres spécialisés (chancelier et contrôleur général des finances).

2. – *Critères de répartition des charges.* Ces secrétaires d'Etat étant au nombre de quatre, selon quels critères leur compétence est-elle établie ?

Cette répartition, indispensable, prit le nom de « département » des affaires (départements ministériels) et se fit selon deux critères différents.

Critère géographique. Instauré par Henri II, en 1547, il fait que chaque secrétaire d'Etat reçoit, dans son département, plusieurs provinces et plusieurs pays voisins (exemples : Normandie, Bretagne, Picardie + Angleterre et Ecosse, ou encore Champagne, Bourgogne, Lyonnais + Suisse et Allemagne). Dans chacun de ces secteurs, chaque secrétaire est compétent pour l'ensemble des affaires, ce qui supposait des capacités très étendues. La complexité des affaires allant grandissant, un autre système dut être employé.

Critère matériel. De Charles IX à Louis XIV se constituent des secteurs par matières. La Maison du Roi regroupe les affaires principales et fait de son titulaire un véritable ministre de l'Intérieur (évolution achevée vers 1570). Puis se précisent les Affaires étrangères (1588), la Marine et la Guerre qui sont complètement individualisées en 1526.

A ces ministères viennent s'ajouter progressivement d'autres secteurs de compétence, moins importants (affaires du clergé, affaires de la Religion prétendue réformée, service des postes). Cependant, le système de la répartition géographique ne disparaît jamais complètement, chaque secrétaire d'Etat conserve la correspondance administrative avec un groupe de provinces (secrétaire d'Etat à la Guerre : provinces frontalières, le secrétaire d'Etat à la Maison du roi étant le moins chargé se voit confier un nombre de provinces de plus en plus grand).

Ainsi, les fonctions de secrétaire d'Etat gagnent-elles en qualité et en importance. Parfois, l'un d'entre eux devient le principal ministre, mais jamais aucun d'eux ne se vit confier le secteur essentiel des finances, qui demeura aux mains du contrôleur général des finances.

§ 3. – LE CONTRÔLEUR GÉNÉRAL DES FINANCES

Dans l'administration des finances, il y a deux périodes distinctes.

Jusqu'en 1665. Jusque dans les premières années du XVIe siècle, la direction est collégiale. Il y eut quatre Trésoriers de France pour les finances ordinaires (revenus provenant du domaine) et quatre Généraux des finances pour les finances extraordinaires (revenus principalement tirés de l'impôt). Ce système était trop complexe. Voilà pourquoi François Ier et Henri II opèrent en ce domaine de grandes réformes avec un souci de simplification.

François Ier fusionne l'ordinaire et l'extraordinaire en créant une caisse centrale unique qui regroupe tous les excédents de ressources, c'est le **Trésor de l'Epargne** dont la direction est remise à un comptable unique, le **Trésorier de l'Epargne**. Henri II continue ces réformes par l'institution de quatre, puis six **Intendants des Finances** chargés de la préparation du budget et qui, progressivement, eurent la haute main sur la gestion financière. Puis Charles IX attribue à un grand personnage, choisi parmi ses familiers, la présidence et le contrôle du collège des intendants des finances. Il prit le nom de **Surintendant de finances** et devint rapidement un véritable ministre des Finances qui eut tous les pouvoirs en la matière, d'où des problèmes et des résultats fort divers selon la personnalité de chaque surintendant. Excellents avec Sully sous Henri IV, ils sont plus controversés avec Nicolas Fouquet. Riche et impliqué dans de multiples réseaux financiers, imprudent dans l'exercice de sa fonction et profitant ouvertement de sa position, il est arrêté le 5 septembre 1661 sur ordre du roi, puis jugé et condamné par une commission spéciale. Colbert avait largement contribué à préparer sa chute.

A partir de 1665. Quand Louis XIV prend réellement les rênes du pouvoir, en 1661, il déclare, après avoir fait arrêter Fouquet, qu'il assurerait lui-même la direction des finances. En conséquence, il supprime la charge de surintendant des finances mais doit, devant l'immensité de la fonction, se faire aider par le Conseil royal des finances qu'il organise en septembre 1661. Pour assumer la gestion quotidienne de cette administration financière, il est aussi assisté des intendants des finances qu'il contrôle étroitement. L'un d'entre eux, Colbert, finit par prendre la direction de cette administration collégiale. C'est ainsi qu'il est nommé, le 12 décembre 1665, Contrôleur général des finances. Poste créé pour lui, il devait durer jusqu'à la Révolution.

Désormais – et c'est la différence par rapport au surintendant des finances – le contrôleur général n'a plus le droit d'ordonnancer seul les dépenses de l'Etat, le roi est ordonnateur. Le contrôleur général est un commissaire dont les pouvoirs sont doubles. En sa qualité de directeur des finances, il assure la direction et la coordination de tous les agents publics ayant des compétences financières ainsi que la préparation du budget, il vise les ordres de dépenses qui sont ensuite soumis au roi. En tant que directeur de l'économie, il en assure toute la responsabilité. C'est véritablement à partir du XVIe siècle que l'économie passe sous le contrôle de l'Etat. Cette situation fait du contrôleur général des finances, un personnage de tout premier plan. L'exemple le plus fameux est celui de Colbert avec sa politique mercantiliste qui lui permet d'intervenir dans tous les secteurs.

SECTION 2

LE CONSEIL DU ROI

Tout au long de la période monarchique, le Conseil demeure une institution essentielle et la règle du gouvernement par conseil apparaît toujours comme un principe fondamental. Il y a là un frein à l'arbitraire, un contrepoids à la toute puissance du roi qui ne peut prendre aucune décision sans l'avoir préalablement consulté même si, en définitive, il tranche dans un autre sens. Pierre angulaire du gouvernement monarchique, le Conseil se maintient jusqu'en 1789 et se caractérise, avant tout, par sa souplesse. En dépit des qualifications changeantes qui lui sont données au départ –

Conseil du roi, Conseil d'Etat, Conseil privé – et des multiples formations qui le composent au fur et à mesure que l'institution évolue, une règle fondamentale demeure, celle de l'unicité du conseil. Institution qui se veut en permanence unitaire, il est toujours considéré comme faisant corps avec le roi, tient de lui son autorité et ne dispose d'aucun pouvoir propre de décision. Voilà pourquoi, quelle que soit la décision prise, le roi est toujours censé être présent en son conseil, ce qui ne pouvait être, dans la pratique, toujours le cas. D'où les formules suivantes qui accompagnent toujours ses arrêts : « Le roi étant en son Conseil » quand il s'y trouve effectivement, ou « Le roi en son Conseil » quand il en est absent.

Institution souple, le Conseil se décompose en plusieurs formations. Il s'adapte en permanence aux nécessités, au gré des circonstances. Dans ces conditions, sa structure a considérablement évolué comme l'attestent la pratique et les très nombreux règlements qui jalonnent son évolution jusqu'à la fin de l'Ancien Régime. Dans un premier temps, dont le début du gouvernement personnel de Louis XIV marque le terme, l'institution demeure assez proche de ce qu'elle était à la fin du Moyen Age (§ 1). Puis Louis XIV procède, à partir de 1661, à une réforme radicale qui fait du Conseil une institution beaucoup plus structurée (§ 2). A la mort du roi, l'aristocratie prétend reprendre en main la direction des affaires et tente d'imposer une nouvelle organisation du Conseil, c'est le système de la polysynodie qui échoue rapidement (§ 3)

§ 1. – LE CONSEIL JUSQU'EN 1661

Ce n'est qu'à partir du milieu du XVIe siècle que le Conseil, hérité de la période médiévale, tend progressivement à se diversifier en formations spécialisées. Mais cette évolution n'est guère pensée. Toujours conditionnée par les événements et la volonté plus ou moins réformatrice des souverains, elle façonne une institution dont la composition se caractérise avant tout par une grande fluidité (A) qui favorise une certaine confusion des structures et de leurs compétences (B).

A. COMPOSITION

Le roi a une grande latitude en la matière. A écouter Guy Coquille, il y aurait eu deux catégories bien distinctes de conseillers : les « conseillers nés » – princes du sang et pairs de France – et les « conseillers faits » : grands officiers de la couronne, auxquels venaient s'ajouter tous ceux que le roi choisissait parmi les dignitaires civils et ecclésiastiques. Si ce cliché est vrai pour l'essentiel, les choses sont en réalité beaucoup plus complexes et perpétuellement mouvantes. La composition du Conseil s'adapte en permanence aux formations selon lesquelles il siège et elle n'est jamais la même, selon que le Conseil est appelé à traiter d'affaires politiques, administratives, judiciaires ou financières. Elle dépend aussi beaucoup des circonstances du moment et de la personnalité des souverains dont la volonté a toujours été de s'appuyer davantage sur un personnel de techniciens au détriment de l'aristocratie. Dans ces conditions, il y eut toujours au Conseil de rudes luttes d'influence entre ceux qui étaient les véritables techniciens de l'administration et des finances – aussi dotés d'une solide formation universitaire que rompus aux caprices du politique – et le monde des nobles et des princes dont la place au Conseil avait surtout valeur honorifique. Leur rôle fut particulièrement important tout au long du XVIe siècle, période au cours de laquelle la royauté éprouva bien des difficultés à canaliser leur influence dans les moments de crise telles que les guerres de religion, les minorités des rois et les temps de régence.

Voilà qui aide à comprendre combien la fonction de conseiller, qui n'était ni un office, ni une commission, mais une dignité, était recherchée. Mais il ne faut pas s'y méprendre, tant le titre de *conseiller du roi* était libéralement accordé à toute une armée de serviteurs. Y avaient pratiquement droit tous ceux qui, à un titre ou à un autre, pouvaient prétendre que la fonction qu'ils exerçaient se rattachait à l'antique mission de conseil que tous les grands vassaux étaient appelés à exercer auprès du roi à l'époque médiévale. Ainsi en fut-il de la plupart des magistrats des cours supérieures et souvent aussi inférieures, tout comme des gouverneurs et lieutenants généraux ou de toute personne que le roi souhaitait récompenser ou honorer. En réalité, il n'y avait là que titre honorifique dont les heureux bénéficiaires n'étaient jamais appelés à siéger au Conseil, droit qui était exclusivement réservé à ceux qui avaient le titre de *conseiller d'Etat* et qui avaient été officiellement nommés par lettres patentes « conseillers du roi en ses conseils ».

En dépit de cette réglementation, tous ceux qui n'avaient qu'un vague titre de conseiller exerçaient une pression constante pour siéger au Conseil dont l'effectif fut parfois pléthorique, jusqu'à 120 au lendemain de la réforme de 1644. Aussi souvent que la monarchie fut assez forte, elle s'efforça de freiner cette évolution en prenant parfois des décisions drastiques, soit qu'elle limitât dans l'année le temps pendant lequel chaque catégorie de conseillers serait appelée à siéger, soit qu'elle en fixât de manière autoritaire le nombre. Elle eut souvent recours à la première méthode. Quand, par édit de 1578, Henri III restreint à 24 le nombre des conseillers, il décide en même temps de les répartir en trois groupes de huit, chacun n'étant appelé à siéger que pendant quatre mois. Louis XIII accentua les réformes en ce sens et imagina, à coté des conseillers d'Etat ordinaires en service toute l'année, des conseillers semestres, quadrimestes et trimestres, chacun ne devant siéger que pendant six, quatre ou trois mois, en fonction du groupe auquel il appartenait et afin de lui permettre de faire face à ses autres fonctions pendant le reste de l'année. La seconde méthode fut aussi très souvent à l'honneur et trouva un premier aboutissement véritablement stabilisateur avec le règlement du 3 janvier 1673. Le nombre des conseillers d'Etat fut limité à 30, répartis en 18 conseillers ordinaires (trois étaient des gens d'Eglise, trois des nobles d'épée, 12 des gens de robe) et 12 conseillers semestres, tous choisis parmi des gens de robe. Leur prééminence devenait ainsi officielle, mais obligation leur était faite, en contrepartie, de se démettre de leur fonction d'officier de judicature afin de pouvoir se consacrer entièrement au travail du Conseil. Par la suite, l'effectif global du Conseil évolue peu. Il est de 32 à la veille de la Révolution.

Par delà ces règles générales, il n'est pas aisé de saisir avec précision comment se répartissent, en fonction de leur statut et de leur mode de recrutement, les différents membres du Conseil dont la physionomie est perpétuellement changeante. On peut cependant, non sans prudence, tenter de les classer en cinq groupes. Il y a d'abord ceux qui par leur naissance (prince du sang, ducs et pairs) où les fonctions qu'ils occupent (grands officiers de la couronne, secrétaires d'Etat, gouverneurs et présidents des cours souveraines), sont *membres de droit*. En dehors des grands officiers et des secrétaires d'Etat, la plupart de ces conseillers se montrent peu assidus et voient avant tout, dans la position qu'ils occupent, un titre honorifique. Il n'en va pas de même de *ceux que le roi choisit en toute liberté* et qu'il nomme en raison de leurs compétences et de l'estime qu'ils leur porte. Le plus souvent juristes et techniciens de l'administration, c'est avant tout sur eux qu'il s'appuie pour gouverner et gérer l'Etat. Toujours nommés par lettres patentes qui leur confèrent la qualité de « conseiller en notre conseil d'Etat privé, direction et finances », ils ont le plus souvent acquis une grande expérience, tantôt au sein des cours souveraines, tantôt en qualité de maître des requêtes. Conscients de l'importance des fonctions qu'ils assument et des honneurs qui en découlent, ils constituent très vite un corps relativement fermé. Il n'en va pas de même de *ceux qui n'ont point la qualité, mais seulement le titre de conseiller*. Nommés par brevet, c'est à dire par un acte qui n'est point enregistré en cour souveraine mais seulement validé par un secrétaire d'Etat, un titre d'honneur leur est ainsi simplement attribué. Il ne vaut pas appartenance effective au Conseil, mais en figure souvent l'annonce. Dans bien des cas, ces brevets sont suivis de lettres patentes qui intègrent définitivement au Conseil ceux qui ont été ainsi distingués.

A ces trois groupes de conseillers, il convient d'adjoindre deux autres catégories de membres du Conseil qui y jouent un rôle éminent. En tout premiers, les maîtres des requêtes de l'hôtel du roi. Chargés d'instruire les requêtes directement adressées au souverain et d'assister le roi dans l'exercice de la justice retenue, ces officiers furent partiellement intégrés au Conseil. Sans quitter le tribunal des Requêtes de l'hôtel, il fut décidé par un règlement de 1544 qu'ils pourraient désormais siéger, par roulement et par trimestre, aux Requêtes et au Conseil. Ce droit fut même élargi par la suite et ils purent en permanence siéger dans la formation du Conseil en Conseil privé. *Maîtres des requêtes au Conseil*, ils y jouent un rôle de tout premier plan en étudiant les dossiers, présentant des rapports et rédigeant les projets de tous les arrêts. Ils sont la cheville ouvrière du Conseil, tout en constituant une véritable pépinière au sein de laquelle le souverain recrute la plupart des grands commis de l'Etat, en particulier les conseillers, intendants, gouverneurs et lieutenants généraux de police. *Les avocats aux conseils* entrent dans la seconde catégorie qui, à côté des maîtres des requêtes, prennent place au Conseil. S'ils ne font officiellement figure que d'auxiliaires, ils n'en constituent pas moins un des rouages essentiels de l'institution. Dès le début du XVIe siècle, afin d'écarter du Conseil les avocats du Parlement, le pouvoir encourage la présence, au sein même du Conseil, d'avocats spécialisés, y ayant compétence exclusive en matière contentieuse et monopole pour y déposer des mémoires en faveur des particuliers et des collectivités locales. Un règlement de 1643 érigea ces charges d'avocats aux Conseils en offices et fixa leur nombre à 170 qu'un édit de 1738 réduisit à 70, institution qui subsiste de nos jours avec les avocats au Conseil d'Etat et à la Cour de cassation.

B. STRUCTURES ET COMPÉTENCES

L'évolution des structures et des compétences du Conseil est difficile à retracer pour le XVIe siècle. L'histoire souvent troublée de cette période a rendu son fonctionnement parfois chaotique. Les réformes imaginées par Henri III à la fin du siècle n'ont guère été appliquées. Celles de la première moitié du XVIIe siècle sont mieux connues et plus efficaces, même si elles ne donnent pas encore au Conseil allure cohérente et forme définitive. Les formations qui le composent sont toujours très mouvantes et leurs compétences mal définies, si bien qu'on pressent plus qu'on ne peut décrire avec exactitude les évolutions qui enracinent, autour de trois grands secteurs, l'activité des membres de l'institution et leurs compétences : affaires générales, finances et justice.

1. – *Affaires générales*

Le règne d'Henri IV et la pratique très suivie qu'il a du Conseil fait émerger une formation – le *Conseil des affaires* – autour de laquelle se règle l'essentiel des problèmes de politique générale. Cette institution n'est pas une nouveauté. Elle correspond assez bien à ce qu'était le noyau du Conseil médiéval auquel François Ier s'était efforcé de redonner vie. La genèse progressive de cette formation se caractérise avant tout par une extrême souplesse dominée par la pratique et l'absence à peu près complète de réglementation. Sa composition, le nombre des conseillers convoqués et le lieu de leur réunion demeurent à l'entière discrétion du souverain qui décide que le Conseil des affaires siégera dans tel château où il se trouve, dans une de ses salles ou dans le parc, et qu'y seront seuls convoqués ceux de ses proches et collaborateurs dont il aura retenu les noms. Dépourvu de toute périodicité et en l'absence à peu près complète de décisions rendues et rédigées à l'issue de chaque réunion, les travaux de cette formation n'ont guère laissé de traces pour le règne d'Henri IV. La régence de Marie de Médicis entraîne peu de changements immédiats. Le *Conseil des affaires* demeure le point d'ancrage de la politique royale, tandis que ses membres prennent le titre de ministre d'Etat et que l'appellation multiforme de Conseil étroit, Conseil des affaires et dépêches, ou Conseil de cabinet lui est aussi conférée. C'est finalement un règlement du 21 mai 1615 qui, statuant pour l'ensemble des formations du conseil, donne au Conseil des affaires ses lettres de noblesse et allège ses compétences par l'institution officielle d'un *Conseil des dépêches* dont la mission fut de traiter des questions intérieures et de s'occuper des affaires des provinces. Le Conseil des affaires, que l'on qualifia de plus en plus de *Conseil d'en haut* (parce qu'il se réunissait au premier étage, là ou vivait le souverain), fut alors plus particulièrement chargé des questions de politique étrangère. Les plus hauts personnages de l'Etat en constituent de droit l'élément moteur : le principal ministre, le chancelier, le surintendant des finances ainsi qu'un ou plusieurs secrétaires d'Etat. Ces évolutions sont confirmées par les règlements du 18 janvier 1630 qui font véritablement du Conseil des affaires la clef de voûte du Conseil, même si les questions financières n'entrent guère dans son champ de compétence.

2. – *Affaires financières*

Leur traitement devenant de plus en plus complexe et technique, Charles IX décida par règlement du 23 octobre 1563, de réserver une séance spécifique du Conseil aux questions financières qui, jusque-là, étaient confondues avec les autres. Cette formation, dont la présidence fut confiée au chancelier, bénéficia alors de l'effacement du surintendant des finances et se maintint jusqu'à la fin du règne de Charles IX qui, par un règlement de 1570, lui réserva une place encore plus grande au sein du Conseil. A partir de ce moment là, son histoire est celle d'une longue lutte avec la surintendance des finances, l'avantage allant tantôt à l'un, tantôt à l'autre, dans l'administration et la gestion quotidienne des deniers de l'Etat, tout particulièrement pendant la surintendance de Sully (1557-1641) dont l'action efficace fut parfois envahissante en la matière. Ce n'est qu'au lendemain de sa retraite définitive que Louis XIII décida, par un règlement du 21 mai 1615, de créer à nouveau un Conseil pour la direction des finances qui devint, par règlement du 18 janvier 1630, le *Conseil des finances*, plus souvent qualifié de Direction ou Grande Direction. Ce même règlement confirmait ses attributions en matière de politique financière et fiscale en lui attribuant aussi compétence pour tout ce qui relevait des recettes et des dépenses.

3. – *Affaires judiciaires*

Malgré l'activité du Grand conseil qui, depuis 1497, était devenu une cour souveraine à large compétence judiciaire, le Conseil du roi continuait à déployer une importante activité en la matière, tout spécialement pour les affaires concernant les particuliers. Cette situation conduisit à mettre progressivement en place au sein du Conseil, dès le début du XVIe siècle, une formation particulière, le Conseil privé, destinée à connaître uniquement du contentieux judiciaire des particuliers, entre eux ou avec l'Etat. Cette évolution fut officiellement consacrée sous le règne d'Henri II, par un règlement du 30 octobre 1557. Il était prévu que cette nouvelle formation, qualifiée de *Conseil des parties* ou *Conseil privé* à partir du règne d'Henri III, siégerait deux fois par semaine. Sous la direction du chancelier, ses membres qui sont les mêmes que ceux du Conseil lorsqu'il siège en formation plénière, prirent le nom de « conseillers du Roi en ses conseils d'Etat et privé ». Assistés de maîtres des requêtes qui remplissent les fonctions de rapporteur, leur activité fut de plus en plus intense en raison du succès que connaît cette formation auprès des particuliers, ce qui leur attire les plaintes de ceux qui n'avaient pas les moyens de saisir leur prétoire ainsi que les reproches du Parlement, jaloux de voir ses prérogatives ainsi concurrencées.

Arrivé à ce stade de l'évolution, le Conseil du roi se présente, au milieu du XVIIe siècle, comme une institution d'une complexité redoutable, lourde à faire fonctionner, incertaine dans ses structures et complexe à saisir dans les compétences qu'elle exerce. En marge de sa formation plénière, de nombreuses formations spécifiques dont seulement certaines ont été évoquées, concourraient à conseiller le roi, administrer le royaume, gérer ses finances et régler le moins mal possible un contentieux toujours plus lourd, qu'il concerne l'administration, les particuliers ou les rapports de plus en plus complexes qui se nouent entre l'Etat et ses administrés. De vastes réformes s'imposaient pour rendre plus lisible l'institution et plus opératoires les colossales missions qu'elle devait assumer. Telle fut l'œuvre de Louis XIV.

§ 2. – LES RÉFORMES DE LOUIS XIV ET LE CONSEIL DANS LA SECONDE MOITIÉ DU XVIIe SIÈCLE

Au bout de quelques années de règne personnel, Louis XIV met au point une organisation nouvelle du Conseil. Dès le lendemain de la mort de Mazarin (8 mars 1661), il fait clairement connaître ses intentions à ses ministres en leur disant : « *Jusqu'à présent, j'ai bien voulu laisser gouverner mes affaires. Je serai, à l'avenir, mon premier ministre. Vous m'aiderez de vos conseils quand je vous le demanderai. Je vous prie et je vous ordonne de ne rien sceller que par mes ordres, de ne rien signer sans mon consentement* ». Louis XIV manifestait ainsi sa volonté, à vingt-deux ans, d'être véritablement roi et celui par lequel devaient passer toutes les décisions, même s'il restait tenu de gouverner par conseil.

Dans la mesure où les Etats généraux ne sont plus convoqués, le Conseil du roi devient l'organe de conseil unique et essentiel. Louis XIV l'organise de manière très minutieuse avec l'intention d'écarter la haute aristocratie des affaires de l'Etat, tout en lui préservant ses prérogatives honorifiques. A partir de 1661, on distingue deux grandes catégories de formation dans les réunions du Conseil. Celles où le roi est effectivement présent et où sont débattues les affaires les plus importantes, ce sont les conseils de gouvernement. Ils statuent par arrêts en commandement (A). Celles que le roi ne préside que théoriquement et pour lesquelles il abandonne souvent la direction à son chancelier. Il y est essentiellement traité de questions judiciaires et administratives. Ces formations du Conseil sont qualifiées de Conseil d'Etat privé, finances et direction. Leurs décisions sont des arrêts simples (B).

A. LES CONSEILS DE GOUVERNEMENT

Ils sont toujours présidés par le roi et siègent dans l'appartement du souverain. Le nombre des participants est fort réduit et les ministres y tiennent une place essentielle, que ce soit au Conseil d'en Haut (1) au Conseil des dépêches (2), au Conseil des finances (3) ou dans les autres formations qui eurent une existence plus ou moins épisodique (4).

1. – *Le Conseil d'en Haut*, ou *Conseil d'Etat d'en Haut.* Il est ainsi qualifié parce qu'il se tenait à Versailles, au premier étage, dans les appartements du souverain. En principe, il accompagne toujours le roi dans ses déplacements et le souverain ne peut prendre ses décisions sans le consulter. Il siège en moyenne deux ou trois fois par semaine, mais le roi peut le réunir aussi souvent qu'il le désire.

Sa composition est déterminée par le roi qui y appelle qui il veut. En principe son choix se porte sur les ministres. A partir du moment où on a été au moins une fois membre du Conseil d'en Haut, on a le titre de ministre d'Etat, dignité très recherchée qui est alors acquise pour la vie. Le nombre des ministres appelés est extrêmement restreint, trois au début du règne, quatre ou cinq à la fin, six ou sept au XVIIIe siècle. Personne n'est admis de droit et ceux qui le sont tiennent leur désignation directement du souverain, sur simple demande de sa part à participer au Conseil, sans que des lettres patentes de nomination soient nécessaires, ce qui était de règle jusqu'en 1661. Siéger au Conseil d'en Haut est une suprême faveur que même les fils de France ne se voient très souvent conférer qu'assez tardivement. Le grand dauphin, fils aîné de Louis XIV n'y rentre qu'en 1691, à l'âge de trente ans et le dauphin, fils de Louis XV, n'y accède qu'à l'âge de vingt-huit ans. Le chancelier de France, pourtant grand maître des conseils, ne fut plus de droit membre du Conseil d'en haut, de même qu'en furent systématiquement éloignés de très hauts personnages qui avaient pourtant l'habitude d'y siéger : reine mère, princes du sang, ducs et cardinaux furent aussi écartés.

Sa compétence est très large. Elle s'étend à toutes les affaires de politique générale qu'elles soient intérieures ou qu'elles concernent les relations internationales : guerre, paix opérations militaires, relations diplomatiques, choix des ambassadeurs. C'est dans le cadre de cette formation du conseil que sont examinés tous les rapports qu'ils adressent de l'étranger. Voilà pourquoi cette compétence, très spécialisée dans le domaine de la diplomatie et de la guerre, lui a quelquefois valu le nom de Conseil des affaires étrangères, ce qui explique que le principal rapporteur y ait souvent été le secrétaire d'Etat aux affaires étrangères. Cette spécialisation s'affirme tout particulièrement sous les règnes de Louis XV et de Louis XVI qui réunissent en général deux fois par semaine le Conseil d'Etat.

2. – *Le Conseil des dépêches*. Son origine remonte au XVIe siècle, mais ce n'est qu'avec Louis XIV qu'il acquiert ses contours définitifs. Le roi décide alors d'en assurer lui-même la présidence, fonction qui jusqu'en 1661, revenait régulièrement au chancelier. Au début du règne, il siège en général une fois par semaine, rythme qui devient beaucoup moins régulier par la suite pour retrouver une fréquence au moins hebdomadaire sous le règne de Louis XV.

Sa composition est plus large que celle du Conseil d'en Haut. Il comprend tous les membres qui en font partie, le principal ministre chaque fois que la fonction était pourvue, plus tous les autres ministres en exercice ainsi que le chancelier, les secrétaires d'Etat et le contrôleur général des finances. Les fils de la maison de France y sont admis plus tôt, c'est un moyen de commencer leur formation politique. Au total, y siègent environ une douzaine de membres. Les fonctions de rapporteur sont assurées par le chancelier et les secrétaires d'Etat qui rédigent les arrêts et toute la correspondance à destination des provinces et des intendants.

Ses attributions sont clairement définies. Comme sa dénomination le laisse supposer, c'est au Conseil des dépêches qu'arrive toute la correspondance administrative et, plus particulièrement, celle des intendants. C'est dire que l'institution se développe parallèlement à celle des intendants et que cette formation du Conseil s'occupe essentiellement d'administration et de problèmes intérieurs, en particulier de questions judiciaires et religieuses, après examen des rapports que lui faisait chaque secrétaire d'Etat pour son ressort ministériel. Les décisions sont souvent prises sous forme d'arrêts qui peuvent, soit apporter une solution à un problème administratif, soit trancher une affaire contentieuse, tout particulièrement quand elle touche à des problèmes relatifs à la politique et à la gestion de l'Etat.

3. – *Le Conseil royal des finances.* Ses origines sont anciennes et les premières tentatives de sa création remontent à Louis XI. Elles se précipitent au XVIe siècle, en particulier avec Charles IX qui, par un règlement de 1563, institue un Conseil spécial des finances appelé à Conseil de direction des finances en 1616. Richelieu définit avec précision ses compétences en 1630 et fait de lui un véritable organe de gestion fiscale et financière dont Louis XIII se désintéresse et à l'égard de laquelle Fouquet prend ses distances et quelque liberté. Son arrestation marque véritablement l'acte de naissance d'une institution nouvelle. Dix jours après, par règlement du 15 septembre 1661, Louis XIV décide la suppression de la Surintendance des finances et fixe les grandes lignes qu'il a de la vision de la gestion des finances en créant le Conseil royal des finances.

Sa composition est restreinte. Toujours présidé par le roi, y sont appelés le principal ministre s'il est en fonction, le chancelier, quelques conseillers d'Etat particulièrement experts dans les problèmes financiers ainsi que deux ou trois intendants des finances et, naturellement, le contrôleur général des finances qui fut Colbert à partir de 1665, après avoir été intendant des finances. Réuni trois fois par semaine, le Conseil ne tient plus séance que deux fois par semaine à partir de 1665 jusqu'à la fin du règne, puis une seule fois sous le règne de Louis XV et de moins en moins souvent par la suite. A la tête du Conseil, le chef du Conseil royal des finances a un statut de commissaire. Nommé par le roi parmi les pairs, ducs ou maréchaux, sa fonction demeure longtemps honorifique. C'est seulement à la fin du XVIIIe siècle qu'elle lui vaut quelque pouvoir. Elle est alors confiée au principal ministre. Institution qui devait constamment faire appel à des techniciens, le Conseil royal des finances est assisté de deux commissions, la Grande et la Petite Direction.

Sa compétence est extrêmement large, ce qui explique le rôle capital qu'y joue le contrôleur général dans la mesure où il y assume l'importante fonction de rapporteur.

Dans le domaine financier, il est appelé à se prononcer sur « *tout ce qui touche le fait des finances* ». Le roi y signe les ordres de paiement que le contrôleur contresigne. Il y vise aussi un très grand nombre de pièces comptables concernant les recettes. Le budget et l'état annuel, ainsi que les comptes du trésor royal y sont examinés. Le Conseil est aussi compétent pour fixer le brevet de la taille qu'il répartit entre chaque généralité. De manière plus générale, tout ce qui touche la fixation et le recouvrement des impôts relève de sa compétence. Il conclut les baux pour les impôts donnés à ferme, connaît aussi de tous les problèmes qui relèvent du domaine, des emprunts royaux et des questions monétaires. Voilà qui le prédisposait tout naturellement à intervenir dans les secteurs les plus variés de l'économie, qu'il s'agisse de l'industrie, du commerce et de l'agriculture.

A ces larges compétences s'ajoutent d'importantes attributions contentieuses en matière fiscale et financière, le souverain lui confiant souvent, par évocation, le soin de trancher de nombreux litiges en ce domaine. Il était aussi appelé à statuer sur les pourvois en cassation à l'encontre des arrêts rendus par les cours des aides et les chambres des comptes.

4. – A côté de ces trois conseils qui constituent l'ossature des conseils de gouvernement, deux autres jouèrent aussi un rôle considérable. Le plus important est le *Conseil royal du commerce* dont l'existence a été quelque peu chaotique. Créé de toute pièce en 1664, il disparaît quelques années pus tard en raison de la vive concurrence qui l'opposait au contrôleur général et aux divers secrétaires d'Etat. Rétabli dans les premières années du XVIIIe siècle, il est définitivement organisé par un règlement du 29 mai 1730 et supprimé en 1787 pour être fondu dans le Conseil royal des finances auquel fut alors donnée l'appellation de Conseil royal des finances et du commerce. Composé du principal ministre, du chancelier, des secrétaires d'Etat de la marine et des affaires étrangères (en raison de l'importance du commerce international), du contrôleur général des finances, de conseillers d'Etat et de maîtres des requêtes, il se réunit en général deux fois par mois. Chargé d'examiner tous les problèmes touchant à la politique commerciale et à l'organisation des manufactures, il ne réussit jamais à s'imposer face aux autres conseils et au Bureau du commerce, commission extraordinaire du Conseil du roi chargée, elle aussi, des affaires commerciales.

Il en va de même du *Conseil de conscience* (1643) dont l'existence, toujours liée à la conjoncture religieuse du moment, fut très épisodique et, plus encore du *Conseil de guerre* dont la création (1616) avorta aussitôt.

B. LE CONSEIL D'ETAT PRIVÉ, FINANCES ET DIRECTION

C'est la partie la plus ancienne de l'ancien Conseil du roi, celle qui reste après que s'en sont détachés, à partir du XVIe siècle, les conseils de gouvernement. Tandis que ces conseils de gouvernement sont, par leur nature et leur fonction, des conseils dont la mission est technique et le nombre de leurs membres limité, le *Conseil d'état privé, finances et direction* représente ce qui reste de la formation plénière du Conseil primitif. Les premiers, par les compétences à caractère gouvernemental qui leur sont reconnues, sont à l'origine du Conseil des ministres alors que le second, dont les compétences sont essentiellement judiciaires et administratives, est directement à l'origine de notre Cour de cassation et de notre Conseil d'Etat.

Cette appellation complexe et lourde de Conseil d'état privé, finances et direction, qui n'est guère en usage avant le milieu du XVIIe siècle, mérite quelque explication. Elle reflète bien la double mission dont cette institution a été progressivement investie. Celle d'abord, comme le faisait l'antique Conseil du roi, de rendre en permanence une justice civile retenue en faveur de tous les justiciables et des parties qui parvenaient à le saisir, d'où la première qualification de « Conseil d'Etat privé ». Mais ce conseil avait aussi vocation à traiter d'autres questions, en particulier en matière politique et financière, d'où la création éphémère au XVIe siècle d'une formation spécifique – le Conseil de direction des finances – qui perdit rapidement une grande partie de ses compétences politiques sous le règne de Louis XIII, ce qui explique que le Conseil d'Etat ait conservé des attributions en matière de direction et finances, compétences que l'on a voulu évoquer dans son appellation partielle de « direction et finances », d'où le titre de « Conseil d'état privé, finances et direction ».

1. – ***Composition***

Ces deux grandes formations répondent à une composition unique. Le souverain, de qui émane toute justice, doit théoriquement toujours les présider. La réalité est bien différente, mais la fiction de sa présence est constamment entretenue par la mention suivante au bas des arrêts simples qu'édictent ces deux formations : « Le roi en son conseil », même s'il n'assiste que de manière exceptionnelle aux séances. Louis XIV n'y fut que rarement présent, Louis XV ne s'y rendit que quelques fois et Louis XVI négligea totalement l'institution. La présidence effective est assurée par le chancelier. Premier délégataire de la justice royale, il est véritablement l'âme de l'institution.

Contrairement aux conseils de gouvernement dont les souverains ont eu en permanence le souci d'en faire des structures légères et adaptées aux problèmes techniques à résoudre, la composition du Conseil d'état privé, finances et direction est à la fois beaucoup plus large et très prestigieuse. Membres de droit, les « conseillers nés » (princes du sang, ducs et pairs) assistent rarement aux séances. Ils sont rapidement supplantés par l'élément professionnel que le dynamisme et la volonté de pouvoir placent au tout premier rang.

Viennent d'abord les conseillers d'Etat ordinaires, une trentaine à partir de Louis XIV. Ni commissaires, ni officiers, ils sont titulaires d'une dignité et prêtent serment, à leur entrée en charge, de servir le roi en gardant le secret du conseil. Personnages considérables, leur fonction est très enviée. Viennent ensuite les maîtres des requêtes. Environ 80, ils sont divisés en quatre groupes de 20 qui assurent à tour de rôle le service, préparent les affaires, instruisent les dossiers et jouent le rôle de rapporteurs en attendant de devenir conseillers. A ces deux groupes qui constituent le noyau dur sont adjoints, les intendants des finances, le contrôleur général des finances et les secrétaires d'Etat dont l'assiduité est très irrégulière.

Conseillers et maîtres des requêtes constituent un remarquable groupe de grands serviteurs de l'Etat dans lequel le roi puise pour leur confier de hautes fonctions : ambassadeurs, présidents des cours souveraines, secrétaires d'Etat, intendants. Ainsi, le Conseil d'Etat des derniers siècles de l'Ancien Régime se trouve-t-il étroitement lié à la haute administration.

2. – ***Attributions***

La triple dénomination de cet ensemble de formations reflète bien les compétences multiples du Conseil. Néanmoins, il convient d'insister sur le fait que sa tradition unitaire demeure. Chaque compétence est exercée par le Conseil dans son ensemble, il s'agit simplement de séances différentes, correspondant à un même conseil. A un seul roi, un seul conseil. Les arrêts, qui traduisent les décisions, ont pour but d'exprimer la volonté du roi. Ainsi, le Conseil n'est il jamais séparé de la personne du souverain, qu'il statue en sa formation de Conseil d'Etat privé ou de Conseil d'Etat, finances et direction.

Le Conseil d'Etat privé, encore appelé Conseil des parties en raison de ses compétences judiciaires s'affirme véritablement, mais pas exclusivement, comme le juge du contentieux entre particuliers. Plusieurs fois réorganisé par Louis XIV qui jugeait son fonctionnement fort médiocre, il ne connaît finalement son plein épanouissement qu'au terme d'un règlement du 28 juin 1738. Réuni deux fois par semaine sous le règne de Louis XIV, le rythme de ses séances devient hebdomadaire par la suite. S'il est bien avant tout le juge des causes entre particuliers, les fonctions qui lui sont reconnues en sa qualité de régulateur et de contrôleur de la justice en général, le conduisent à intervenir dans de nombreux domaines.

Manifestation la plus vivante de la justice retenue du roi, c'est devant lui que se déroule la *procédure d'évocation* destinée à enlever une affaire à un tribunal normalement compétent pour la juger et à la remettre au Conseil pour qu'il tranche lui-même. Cette évocation était de droit aussi souvent que le tribunal normalement compétent était composé d'un ou plusieurs juges apparentés ou alliés des parties. Elle pouvait aussi intervenir sur requête des parties, qu'il s'agisse de simples particuliers ou de personnes morales (les ordres religieux en particulier) qui ne souhaitaient pas voir leurs affaires jugées par un tribunal ordinaire. Cette faveur, accordée ou refusée par le roi, répondait alors à une évocation de grâce. Enfin, hypothèse la plus courante et la plus dangereuse, le souverain pouvait de son propre mouvement évoquer devant son Conseil toute affaire qu'il souhaitait voir juger par lui. Cette procédure, susceptible de remettre constamment en cause l'ordre normal des juridictions, fut très combattue par les cours souveraines et les états généraux qui y voyaient une atteinte grave portée au fonctionnement de la justice.

Il arrive aussi, en contrepartie en quelque sorte, que le Conseil d'Etat privé soit appelé à rétablir une certaine cohérence dans la répartition des compétences entre tribunaux. Tel est le cas quand il intervient par le biais de la *procédure de règlement de juges*. Lorsque deux tribunaux sont en conflit de compétence pour juger une même affaire, la juridiction supérieure est appelée à trancher et à attribuer, par règlement de juge, la compétence à un des deux tribunaux. C'est ainsi que l'arbitrage du Conseil d'Etat privé était souvent sollicité pour statuer sur ces conflits de compétence, en particulier entre juridictions souveraines.

Il était aussi appelé, image de la justice suprême et souveraine du roi, à statuer par voie de cassation chaque fois qu'une partie à un procès lui demandait de se prononcer sur un jugement rendu en dernier ressort par une autre juridiction, quelle qu'elle fût. Le Conseil ne jugeait pas alors l'affaire au fond mais se prononçait sur la forme et, en dans l'hypothèse d'une cassation, renvoyait l'affaire devant une autre juridiction, le plus souvent un parlement, pour un nouveau jugement.

Enfin, il convient d'insister sur le rôle capital que joue le Conseil d'Etat privé dans le domaine du contentieux de la police dont les parlements contrôlent l'essentiel, tout comme en matière d'appel interjeté à l'encontre des ordonnances et autres décisions des intendants. Fort de ces multiples compétences, ses capacités d'intervention débordent largement le simple contentieux des particuliers que son appellation de Conseil d'Etat privé ou Conseil des parties laisse supposer. Seules les questions financières lui étaient complètement étrangères.

Le Conseil d'Etat, finances et direction, plus simplement appelé *Conseil d'Etat et des finances* ou encore *Conseil ordinaire des finances* afin de le distinguer du Conseil royal des finances se réunit en principe une fois par semaine, chaque mardi, pour régler les affaires financières courantes qui ne requéraient pas la présence du roi. Il était aussi appelé à trancher les questions mineures de contentieux fiscal ainsi que les litiges à caractère administratif qui opposaient les particuliers à l'administration ou des administrations entre elles, annonçant ainsi timidement la genèse d'un contentieux administratif. Fort du Conseil royal des finances et de l'excellent travail qui s'y faisait, Louis XIV se désintéressa rapidement du Conseil d'Etat et des finances dont le rôle et l'activité se réduisirent considérablement au point de disparaître par désuétude dans la décennie 1680. Il y a plusieurs autres raisons à cette évolution. Le chancelier, progressivement écarté par Colbert de sa présence active dans les conseils à compétence financière, finit par ne plus y paraître. Il en fut de même des maîtres des requêtes que les intendants des finances souhaitent de moins en moins voir intervenir en qualité de rapporteurs des affaires financières. Elles furent en partie récupérées par le contrôleur général et les intendants des finances qui continuent à prendre des « arrêts en finance », comme le faisait le Conseil. Mais surtout, elles furent de plus en plus exercées par des commissions du Conseil. La *Grande direction des finances* se spécialisa dans les affaires contentieuses, tandis que la *Petite direction des finances* se vit confier la gestion des affaires ordinaires. L'une et l'autre continuèrent aussi à rendre des arrêts, comme le faisait le Conseil.

Ainsi minutieusement organisé à partir du gouvernement personnel de Louis XIV, le Conseil du roi apparaît comme un organe régulateur et coordonnateur. Il se trouve à la tête de toute la hiérarchie politique et administrative. Il constitue, pour la royauté, une réserve d'hommes avertis aptes à remplir les missions les plus délicates. Louis XIV a su en écarter une aristocratie quelque peu turbulente et dangereuse qui tente, une fois encore au début du XVIIIe siècle, de remettre la main sur lui.

§ 3. – LES TENTATIVES DE RÉFORME DU XVIIIe SIÈCLE : LA POLYSYNODIE ET SON ÉCHEC

La structure du Conseil ainsi organisée était lourde et complexe. Il ne pouvait fonctionner que sous l'impulsion du roi et avec la collaboration d'agents très dévoués à la cause de l'Etat. Autant d'éléments qui firent défaut à la mort de Louis XIV et qui expliquent les tentatives de réformes dont il faut préciser les causes, le contenu et les conséquences.

Les causes. La haute aristocratie supporte très mal d'avoir été, dans sa grande majorité, évincée de presque tous les conseils par Louis XIV. A sa mort, elle s'efforce de reprendre en main la direction des affaires. Ce faisant, elle prétend lutter contre l'absolutisme et contre la trop grande place prise par les bourgeois dans le service de l'Etat.

A la mort du roi, un véritable complot d'aristocrates, autour de Saint-Simon, fait aboutir le projet de réforme préparé depuis longtemps. Le but à atteindre est d'éliminer les secrétaires d'Etat et le contrôleur général des finances. Pour ce faire, il faut casser la structure du conseil dont le bon fonctionnement reposait sur l'action sans faille de ces grands serviteurs de l'Etat. Ce résultat ne peut être obtenu qu'en multipliant le nombre des conseils, tous avec des pouvoirs égaux et destinés à accueillir des représentants de l'aristocratie.

Le contenu. Au lendemain de la mort du roi, la réforme est annoncée au cours de la séance du Parlement dans laquelle son testament est cassé (2 septembre 1715). Le jeune roi lui-même accepte cette idée d'une polysynodie, c'est-à-dire d'un gouvernement à plusieurs conseils, à plusieurs têtes.

Au sommet, il y eut le Conseil de régence qui remplaçait le Conseil d'Etat pendant la minorité du roi. Le système des conseils de gouvernement est modifié. On crée sept conseils nouveaux en procédant à un classement raisonné des affaires (affaires étrangères, guerre, finances, marine, affaires du dedans, conscience, commerce). Ces conseils sont essentiellement composés de membres de la haute noblesse et chacun est présidé par un prince du sang ou un pair de France. Ils instruisent les affaires, prennent les décisions et donnent les ordres aux secrétaires d'Etat qui n'y ont plus voix délibérative. Mais les nobles n'étaient ni prêts, ni compétents, pour assurer cette tâche et il fallut faire appel à des techniciens, d'où des tensions entre les deux catégories de personnel.

Dans ces conditions, ces conseils fonctionnent mal. L'influence des directions y reste prépondérante et, en réalité, c'est le régent et le Conseil de régence qui décident, sur rapport du président du conseil concerné.

Les conséquences. Trois secrétaires d'Etat démissionnent. Le système se trouve progressivement bloqué. Dès 1718, le régent et son entourage sont contraints de reconnaître que la réforme a échoué. Force est donc de revenir en partie, en 1722, à l'ancien système. L'unité du conseil demeure un principe fondamental, comme au XVIIe siècle. Mais on tient trois sortes de réunions bien distinctes : conseil de gouvernement, conseil pour les affaires judiciaires et contentieuses, commissions du conseil.

Une évolution s'accentue. Désormais, les ministres traitent de plus en plus directement avec le roi, sans consulter les conseils. Ils créent des commissions qui se substituent au conseil et qui préparent, elles-mêmes, les affaires. Finalement, le roi se coupe de ses conseils et ne sait plus les utiliser.

Dans cette organisation monarchique, tout repose sur le roi, sur sa présence, sur sa capacité de décider et d'agir. Louis XIV avait conçu un système à son image, tout en fonction de sa puissance de travail, mais qui ne pouvait fonctionner de manière aussi parfaite avec des rois comme Louis XV et Louis XVI. Quoi qu'il en soit – et c'est ce qu'il faut retenir – pour les XVIIe et XVIIIe siècles, l'essentiel des questions importantes et des grands projets de réforme est passé par le Conseil du roi. Il convient de souligner la quantité et la qualité du travail fourni par un personnel compétent. Ainsi, la Révolution ne pourra-t-elle pas faire table rase de tout l'acquis des conseils, ce qui explique que le Conseil d'Etat ait dû, au XIXe siècle, reprendre une partie de leurs traditions, de leurs pratiques et, aussi, de l'ordre juridique qu'ils avaient largement contribué à élaborer.

SECTION 3

ÉTATS GÉNÉRAUX ET ASSEMBLÉES DE NOTABLES

Même quotidienne et efficace, l'action des ministres et des conseils n'en constituait pas pour autant un moyen suffisant qui permettait au prince d'entretenir des relations régulières avec le pays, de connaître l'état de l'opinion et de répondre à ses souhaits. Elle n'autorisait pas davantage ce même pays à s'exprimer et à formuler des vœux à un moment où s'affirme toujours plus le poids des ordres et des corps. Leur tendance à peser chaque jour davantage sur les affaires du royaume n'est pas nouvelle. Elle ne fait que prolonger la pratique du gouvernement à grand conseil déjà si ancrée dans la tradition médiévale. Depuis le milieu du XIIIe siècle, le devoir de conseil des vassaux s'était lentement mué en obligation de conseil que le souverain pouvait et devait à tout instant requérir de ses sujets, aussi souvent que venaient à délibération des affaires importantes.

C'est dans ce contexte que prit lentement naissance, dans les premières décennies du XIVe siècle, une certaine forme de représentation du pays et des pays dans le cadre des états généraux et des états provinciaux. On sait ce qu'ils furent tout au long des deux derniers siècles du Moyen Âge et le rôle important que les uns et les autres jouèrent alors. Le temps est venu de s'interroger sur leur destin, à tout le moins pour les états généraux, dont le rôle d'organe de conseil de la monarchie ne fait aucun doute aussi longtemps qu'ils perdurent au sein d'un royaume dont la centralisation devenait chaque jour plus forte (§ 1). C'est bien à ce titre que leur étude doit être conduite ici, alors que celle des états provinciaux, dont l'intérêt qu'ils portent avant tout aux affaires régionales en fait principalement des organes de gestion locale, sera envisagée dans le cadre de la réflexion réservée à l'administration locale. Réunir les états généraux devint une entreprise si lourde et si contraignante, si risquée aussi parfois pour la monarchie, qu'elle lui préféra bien souvent un système plus léger et plus rapide de consultation en convoquant des assemblées de notables qui, tout en demeurant fidèles à la représentation des trois ordres, furent à la fois plus restreintes en nombre et plus dociles (§ 2).

§ 1. – LES ÉTATS GÉNÉRAUX

L'année 1484 est celle de leur dernière réunion, pour l'époque médiévale, à l'occasion de la minorité de Charles VIII. Elle est aussi celle de l'acte de naissance de l'expression « états généraux » qui semble bien avoir été utilisée alors pour la première fois. Cette date marque, en même temps, le début d'une longue période de sommeil pour l'institution que la royauté laisse dépérir pendant plus d'un demi-siècle. Ni Louis XII, ni François Ier, ni Henri II ne convoquent les états généraux. Ils ne reviennent sur le devant de la scène politique qu'en 1560, avec François II, qui voit en eux un secours pour l'aider à résoudre les questions religieuses qui déchirent le pays et la crise financière qui menace l'équilibre même de l'Etat. Héritiers d'une longue tradition médiévale qui avait contribué à faire de l'assemblée de 1484 une institution véritablement représentative, ils sont désormais dotés d'un corps de règles qui, sans en faire un organe figé, détermine pour l'essentiel leur statut (A) et fixe de manière souple leurs compétences (B) auxquelles la monarchie, de moins en moins ouverte à la concertation, cesse totalement d'avoir recours à partir de 1614 pour n'y voir qu'un ultime secours en 1789, résultat d'un bien terne devenir (C).

A. STATUT

Il ne fut jamais complet ni vraiment unitaire, la royauté se refusant à édicter une réglementation générale qui aurait, une fois pour toutes, posé des règles essentielles et perpétuellement valables. Elle préféra réglementer en fonction des circonstances et à l'occasion de chaque réunion. Coutume et pratique jouèrent aussi un rôle de premier plan dans la définition souple de ce statut dont les contours, souvent imprécis, obéissent cependant à quelques grands principes, qu'il s'agisse de la composition (1) ou des modalités de fonctionnement de chaque assemblée (2).

1. – *Composition*

Il ne faut surtout pas voir dans les états généraux de la France d'Ancien Régime une assemblée fidèlement représentative de l'ensemble du pays. Cette représentation est davantage fondée sur les ordres que sur les individus et lorsqu'elle les prend en compte, elle s'attache bien plus à leur qualité qu'à leur nombre. Dans ces conditions, un député aux états représente son seul ordre et non l'ensemble de la nation. Voilà qui suffit à expliquer que le nombre des mandataires ait constamment varié et que le troisième ordre ait toujours bénéficié d'effectifs supérieurs à celui des deux autres. Les circonstances politiques, tout comme le lieu de réunion, contribuent aussi à aiguiser ces variations constantes qui font osciller d'un extrême à l'autre la structure de l'assemblée. C'est ainsi que celle de 1561 convoquée à Pontoise ne compte guère plus de 80 députés, tandis que celle de 1789 en réunit environ 1200. Les effectifs des autres oscillent le plus souvent entre 300 et 500 députés (326 en 1576, 505 en 1588, 460 en 1614).

Cette prise en compte première des ordres a une conséquence directe sur les modalités retenues pour la désignation des députés. Elles varient en fonction de chaque ordre et obéissent à des règles particulières. Un principe général s'est néanmoins imposé. Nul n'est membre de droit depuis que, à l'occasion des réunions de 1468 et plus encore de 1484, le système électif avait fini par triompher, même s'il était encore très imparfait. Tout au long du XVIe siècle, il se caractérise par une grande complexité et, parfois, des variations sensibles d'une région à l'autre.

Sitôt la décision prise par le roi de convoquer les états – il y avait là une prérogative exclusivement royale – ordre était donné aux agents locaux de déclencher le processus électoral dans le cadre de leur circonscription. Bailliages et sénéchaussées constituent ainsi la circonscription électorale de base et de droit. À cette règle très générale, il y avait cependant une exception de taille. Certains pays d'états rechignent à se plier à ce cadre et font de la province ou du gouvernement leur circonscription électorale en confiant aux états provinciaux le soin de procéder eux-mêmes à l'élection de leurs députés. Quel que soit le cadre retenu, chaque ordre est appelé à désigner de manière séparée ses propres députés, sans qu'aucune condition de cens ne soit imposée et par le biais d'un scrutin qui pouvait être à deux ou trois degrés selon les ordres. Il serait faux, en dépit de la règle qui veut qu'il n'y ait pas de condition de cens, de s'imaginer que tout le monde votait à partir de listes électorales qui auraient été préalablement établies. Dans la réalité, tout est beaucoup plus flou et les élections se déroulent au sein d'un corps électoral dont la structure n'est pas toujours clairement définie, tout particulièrement pour le troisième ordre. Au lendemain de la décision royale qui avait donné le signal de l'élection, baillis, sénéchaux et gouverneurs devaient en faire la plus grande publicité en adressant des lettres à tous les maires, échevins ou consuls des villes les plus importantes ainsi qu'aux magistrats des juridictions inférieures, en leur demandant de les porter à la connaissance de tous leurs administrés par voie d'affichage, de lecture et de publication aux lieux et places accoutumés : marchés, carrefours, places, édifices publics. Dans les communautés rurales, la lecture au prône, puis à la sortie de la messe dominicale, constituait aussi un efficace moyen de diffusion. Ces lettres valaient convocation et donnaient le signal de l'élection en vue de désigner des représentants appelés à siéger à l'assemblée de bailliage, seule investie du pouvoir de désigner les députés qui siégeraient aux états.

Pour les deux ordres privilégiés – noblesse et clergé – les élections se déroulaient assez souvent à deux degrés. Tous les chefs de famille nobles étaient convoqués dans le cadre d'assemblées primaires y compris, pour les femmes, celles qui étaient veuves ou vivaient seules hors du toit paternel. Ces assemblées, qui se réunissaient dans les sièges secondaires des bailliages et sénéchaussées, avaient pour mission de désigner les représentants appelés à siéger à l'assemblée de bailliage. Pour le clergé, ces élections de premier degré ne concernent pas toutes les catégories. Tous les bénéficiers sont électeurs et seuls les membres des chapitres et couvents sont invités à élire des délégués.

Pour le tiers-état, les procédures sont plus complexes. C'est bien souvent au terme d'une élection à trois degrés que sont désignés les représentants envoyés à l'assemblée de bailliage. Le premier échelon est celui du bourg ou du village. Une fois connue la lettre de convocation, tous les habitants se réunissent sous la présidence du curé, d'un juge le plus souvent seigneurial ou d'un notable. Après que chacun ait donné son avis, un cahier de doléances est rédigé, puis confié à un représentant désigné qui reçoit mission de participer à un seconde assemblée. Appelée à siéger dans une ville secondaire ou en un lieu de juridiction inférieur à celui du bailliage, elle réunit l'ensemble des représentants des bourgs et villages qui mettent en commun leurs cahiers et désignent, à leur tour, les représentants qui seront destinés à parler en leur nom et celui de la circonscription qu'ils constituent, à l'assemblée de bailliage qui est pour eux le troisième échelon de cette longue procédure électorale.

Là ils retrouvent les délégués que la capitale du bailliage et éventuellement les autres villes importantes de la circonscription ont choisis. Certaines étaient dotées d'une représentation particulière, tel Paris dont le prévôt des marchands avait toujours été le représentant de droit, ou des cités comme La Rochelle, Marseille, Rouen et Amiens dont les quatre échevins faisaient figure de représentants permanents. Tous ces députés du tiers, quel que fût leur mode désignation et les bourgs ou villes qu'ils représentaient, formaient tous ensemble l'assemblée du tiers-état. Cette assemblé rejoint alors les délégués de la noblesse et du clergé pour constituer une assemblée unique appelée à élire les députés aux états. Assemblée unique certes, mais qui délibère et vote par ordre, chacun rédigeant son cahier de doléances particulier et choisissant, à haute voix, ses propres députés.

Les élus des trois ordres étaient alors appelés à se rendre dans la ville où le roi avait décidé de les convoquer pour y constituer l'assemblée des états généraux. Contraints à des voyages souvent longs et à des séjours parfois prolongés, ils recevaient une indemnité de leurs mandants. Qualifié de « taxe », son taux était toujours âprement débattu et variait en fonction de la situation sociale de l'intéressé. C'est ainsi qu'elle est fixée, aux environs des années 1560, à 25 l. pour la journée d'un archevêque et de 9 l. pour un bourgeois.

D'effectif variable, on le sait, cette assemblée reflétait aussi sur le plan social et politique tout un système de représentation varié qui aboutissait à privilégier la qualité des individus au détriment du nombre. Les députés de la noblesse, choisis parmi les grands nobles titrés mais plus encore parmi les gentilshommes les plus notables possesseurs de fiefs, représentaient une véritable élite désireuse d'écarter systématiquement la petite noblesse. Il en allait de même pour l'ordre du clergé que dominaient archevêques, évêques, abbés et chanoines, tandis que les simples curés et vicaires qui constituaient le bas clergé se trouvaient pratiquement exclus. Bien peu d'entre eux eurent l'occasion de siéger dans les assemblées convoquées jusqu'en 1614. Ils ne sont alors que cinq cette année-là et il faut attendre la réunion de 1789 pour les voir arriver en nombre. La structure sociale des représentants du tiers-état est assez semblable, que dominent gens de justice et gens de finances, avocats et notaires, officiers royaux et membres des échevinages, professeurs d'université et élites du monde de la médecine. Souvent propriétaires de grandes seigneuries et parfois anoblis, leurs préoccupations rejoignaient davantage celles de la noblesse que du petit peuple dont un unique laboureur se retrouve parmi les 187 députés du tiers en 1614 où sont très largement représentés officiers royaux et juristes. Une telle structure reflétait pour une grande partie les idées médiévales de la représentation qui devait, avant tout et principalement, être confiée à une élite de culture, de pouvoir, de richesse et de savoir-faire. Elle était la *sanior et major pars*, considérée comme investie de délibérer et de décider au nom de la masse. Tels sont bien la règle dominante et l'état d'esprit ambiant jusqu'en 1614. Il faut attendre les états généraux de 1789 pour que s'amorce un changement et que l'assemblée s'ouvre à d'autres catégories sociales. Mais ce revirement fut bien tardif. Solidement ancrées sur des conceptions aussi restrictives de la représentation et construites autour de noyaux aussi aristocratiques, ces assemblées ne pouvaient guère fonctionner valablement.

2. – *Fonctionnement*

Réunis sur la seule convocation du roi, sans aucune périodicité ni lieu fixe pour tenir leur session, les états apparaissent comme une institution entièrement placée entre les mains du souverain.

Peu représentatifs de l'ordre par lequel ils avaient été désignés, les députés ne disposent que d'une marge de manœuvre extrêmement limitée dans la mesure où ils ne sont investis que d'un mandat impératif. Simples mandataires de leurs mandants, ils n'ont aucune marge de manœuvre par rapport aux instructions qui leur ont été données et aux cahiers de doléances dont ils sont porteurs. Les pouvoirs qui leur sont conférés sont strictement délimités par une procuration le plus souvent rédigée devant notaire. Ils ne peuvent en aucun cas s'en écarter. Représentants de leur seul ordre et des commettants qui les ont désignés, ils sont tenus de ne participer à aucune décision dont le contenu pourrait outrepasser les minces prérogatives dont ils sont investis. Une question vient-elle à se poser pour laquelle ils n'ont pas pouvoir de trancher ? Alors, ils doivent revenir devant leurs mandants pour s'en entretenir avec eux et prendre de nouvelles instructions. Cette situation était souvent utilisée comme moyen dilatoire pour retarder et même souvent empêcher toute prise de décision, en particulier chaque fois qu'il s'agissait de consentir l'impôt. La royauté en eut bien conscience qui incitait régulièrement, mais vainement tous les mandants, chaque fois qu'elle envoyait des lettres de convocation, à investir leurs mandataires de « pouvoirs suffisants », voire à leur donner un véritable mandat représentatif. Cette situation débouche souvent sur des blocages et des incompréhensions qui se traduisent par une rupture du dialogue entre le prince et le pays. Voilà qui contribue largement à expliquer pourquoi la royauté cessa de convoquer les états à partir de 1614.

Toute session des états se déroule selon un rituel immuable qui vient figer le travail des députés et le couler dans une sorte de moule préétabli. Le roi, maître de la convocation et de l'ordre du jour, l'est aussi de la durée de la session qu'il peut à tout moment interrompre. Chaque ordre procède, de manière séparée, à la vérification des pouvoirs et des procurations de chaque député. Il constitue son bureau et désigne son orateur officiel. Appelé à prendre seul et régulièrement la parole au nom du groupe, il est ainsi pratiquement impossible aux autres députés d'intervenir au cours des débats. Les travaux peuvent alors commencer. Réunis dans une même salle, les députés y siègent séparément, par ordre et répartis en fonction des circonscriptions qu'ils représentent. Cette première séance plénière est solennellement ouverte et présidée par le roi. Entouré de sa cour et de son conseil, il lance avec grand faste les débats en prononçant un discours inaugural généralement bref, mais qui prit parfois forme de longue harangue avec certains souverains, Henri III en particulier. Venait ensuite l'intervention du chancelier. Beaucoup plus technique, elle présentait l'ensemble des questions à traiter et constituait ainsi un véritable programme de travail proposé aux députés, programme auquel les orateurs des trois ordres répondaient, ce qui permettait de nouer le dialogue

Le travail pouvait alors commencer. Les trois ordres étaient invités à se séparer pour délibérer de manière autonome, ce qui contribuait à casser toute dynamique. Il y avait là un des points faibles de l'organisation des états que venait encore parfois aggraver la constitution de commissions de travail à caractère territorial et calquées sur la géographie des gouvernements et des provinces en vue de la défense des intérêts régionaux. Les états eurent conscience de cette situation dommageable mais ne parvinrent jamais, en dépit de tentatives répétées tout au long de la seconde moitié du XVIe siècle à délibérer de manière groupée, au moins pour les questions importantes. Au mieux parvinrent-ils à communiquer par l'intermédiaire de messagers ou à mettre sur pied des commissions composées de représentants des trois ordres qui eurent pour mission de coordonner les travaux afin de parvenir sinon à des décisions, à tout le moins à des propositions communes. Dans la pratique, la mise en oeuvre de tels projets s'avéra souvent impossible tant en raison des divergences d'intérêts que de la difficulté à constituer des commissions véritablement paritaires. Ce système de délibération par ordre fut une cause supplémentaire de lourdeur et de dysfonctionnement des états.

Dans un tel contexte, les cahiers de doléances que devaient préparer les états en vue de les soumettre au roi avant la clôture de la session ne purent se faire que dans le cadre de chaque ordre et séparément. Il était alors procédé à l'examen détaillé de chacun des cahiers apportés par chaque bailliage en vue d'en faire un cahier unique. Ce travail se révélait souvent si lourd et si fastidieux, si difficile aussi à mener à bien en peu de temps, qu'il fut en bien des cas confié à une commission de rédaction qui le soumettait à l'approbation de l'ordre qui votait alors par gouvernement (Ile-de-France, Normandie, Bretagne, Orléanais-Berry-Touraine, Picardie, Champagne, Bourgogne, Lyonnais, Dauphiné, Auvergne, Provence et Languedoc). Décision était prise, à l'intérieur de chacune de ces entités, en tenant compte du vote exprimé par chacun des bailliages qui la composaient. La majorité ainsi dégagée vaut position de chaque gouvernement et la majorité des décisions émises par chaque gouvernement est considérée comme exprimant la position de l'ordre appelée à être soumise à la discussion de l'assemblée plénière.

Sa réunion, en une ultime séance solennelle, marquait la clôture de la session. Le cahier de chacun des trois ordres résumait les voeux et doléances de chacun qu'il convenait, au moins sur des points essentiels, de tenter d'unifier en vue de parvenir à des positions communes. L'entreprise n'était pas aisée et souvent risquée. Le vote se faisant alors par ordre et chaque ordre comptant pour une voix. Le risque était grand de voir deux des ordres – toujours la noblesse et le clergé – imposer leur vue au troisième, le tiers état. Danger qui se trouvait rarement écarté aussi souvent qu'il s'agissait de voter un impôt dont les deux ordres privilégiés savaient qu'ils étaient la plupart du temps exempts. Pour éviter ce risque réel de collusion et suite au doléances du tiers-état à l'occasion de la réunion de 1560, il fut décidé que l'unanimité des trois ordres serait de règle aussi souvent que la levée d'un nouvel impôt devrait être décidée.

Une fois l'ultime travail de délibération terminé, le conseil du roi et le chancelier avaient mission d'examiner l'ensemble des doléances ainsi que les réponses apportées par les députés aux demandes royales. Ils ne procédaient à cet examen qu'après que le souverain ait déclaré la clôture de la session et que les députés se soient séparés, ce qui pour le pouvoir écartait tout risque de contestation. Face à cette situation qui privait l'assemblée de tout pouvoir de discussion et au moins d'un suivi minimum du devenir de ses doléances, les états tentèrent d'instituer des commissions chargées de veiller au sort réservé à leurs doléances par le souverain et son conseil en discutant avec lui. Toutes ces tentatives demeurèrent vaines et la royauté fut le seul juge du sort à réserver au travail et aux doléances des états. Reflet des compétences qui leur sont reconnues, elles ne sont que trop rarement inscrites dans la réalité.

B. COMPÉTENCES

Il y eut toujours un abîme entre les pouvoirs que les états revendiquaient et les attributions qu'ils exercèrent en pratique. Leur position et celle des théoriciens – monarchomaques en particulier – partisans d'une limitation du pouvoir monarchique, est très tranchée. Les états doivent en toutes circonstances pouvoir partager l'exercice de la souveraineté avec le roi, souveraineté dont ils prétendent souvent être les premiers détenteurs dans la mesure où ils se présentent comme les héritiers directs des anciennes grandes assemblées des Francs et des plaids carolingiens. Ils se posent ainsi en véritables représentants de la nation et revendiquent le droit de pouvoir intervenir dans les domaines les plus variés. La garde vigilante des lois fondamentales qu'ils entendent exercer (1) se double en permanence d'une volonté affichée de participation à l'exercice du pouvoir normatif (2). Comme par le passé, ils estiment que tout ce qui concerne l'impôt doit relever de leur compétence (3). Temps désormais pour l'essentiel révolu, il libère au profit des états un espace nouveau qui les autorise à peser de plus en plus sur l'évolution d'une législation qui investit chaque jour davantage la sphère du droit privé (4), tandis que leurs députés considèrent que rien ne devrait leur échapper de tout ce qui touche à la police, la justice et l'administration (5).

1. – *Gardiens des lois fondamentales*

Depuis que prélats, barons et bourgeois avaient été consultés à l'occasion des difficiles successions de 1316 et de 1318 à la couronne de France, les états généraux prétendent être les seuls dépositaires d'une juste interprétation de la loi salique et les gardiens privilégiés des lois fondamentales. À cette position de principe, la pratique n'apporta que de bien rares confirmations.

Ils portèrent toujours grande attention à ce que la règle d'inaliénabilité du domaine ne fût pas violée en la réaffirmant solennellement et en demandant aux souverains d'en respecter le contenu. Leur constante vigilance ne fut cependant guère couronnée de succès. Suivant largement l'exemple de François Ier qui avait à maintes reprises (1422, 1536, 1543) pratiqué d'importantes aliénations, Henri II, puis Henri III (1577, 1588) eurent souvent tendance à faire des aliénations domaniales un expédient classique pour renflouer les caisses de l'État aussi longtemps qu'il y eut des biens et revenus disponibles pour de telles opérations.

Leur poids aurait davantage pu s'affirmer chaque fois qu'ils furent appelés à participer, directement ou indirectement, à l'exercice du pouvoir constituant. Tel fut bien le cas le cas à l'occasion de leur réunion à Blois, en octobre 1588, quand ils contraignirent Henri III à prêter serment à l'édit d'Union promulgué en juillet, au terme duquel il était stipulé que le roi devrait être de religion catholique et que le catholicisme serait, en conséquence, la religion du royaume. Mieux encore, le souverain fut alors contraint de déclarer « de l'avis et consentement » des états, que cette décision ferait désormais partie intégrante des lois fondamentales du royaume et qu'elle serait en conséquence irrévocable. Cette victoire des états pouvait laisser espérer davantage. Il n'en fut rien. Convoqués en 1593 par le chef de la Ligue, le duc de Mayenne, théoriquement pour « aviser aux moyen de défendre la religion catholique... et remettre ce royaume en son ancienne dignité », mais en réalité pour élire le nouveau roi, il leur est alors demandé s'il convenait d'appliquer de manière stricte la loi salique d'après laquelle la couronne revenait à Henri de Navarre protestant et chef des protestants, ou bien s'il convenait d'en faire une interprétation stricte en s'en tenant au serment qu'avait prêté Henri III en 1588. Cette question se trouvait encore aggravée par la candidature éventuelle de l'Infante d'Espagne, fille de Philippe II. Entre une souveraine étrangère mais catholique et un prince français mais protestant, qui convenait-il de choisir ? En théorie et en application stricte des lois fondamentales, aucun des deux. Le dilemme était si rude que les états se refusèrent à tout choix. Au roi d'Espagne, ils firent savoir qu'« estant encore incertains d'un roy », ce serait violer la loi salique que d'élire une reine, de surcroît étrangère, et que de toute manière « constituer roy sur eux, cela despendoit de leur pouvoir et authorité et non de prince estranger ». Embarrassés pour se prononcer ouvertement sur la candidature d'Henri de Bourbon, ils répondent qu'« il serait hors non seulement de propos, mais périlleux pour la religion et pour le royaume, de faire élection d'une royauté ». En refusant ainsi nettement et de manière tout à fait officielle de trancher la question qui leur était posée, les états s'interdisaient d'exercer à l'avenir pleinement le pouvoir qu'ils prétendaient avoir d'intervenir dans le fonctionnement des rouages constitutionnels de l'État. De même, ils se refusaient à donner leur interprétation des lois fondamentales et plus particulièrement de la loi salique. Dans un tel contexte, leur pouvoir en la matière ne devait guère rester qu'un souvenir. Tout juste peut-on invoquer en ce sens le rôle bien modeste qu'ils furent appelés à jouer à l'occasion des régences de Catherine et de Marie de Médicis ou bien encore, le droit que leur reconnut Louis XV en 1717 de désigner un nouveau souverain, mais dans la seule hypothèse où la lignée régnante viendrait à s'éteindre.

2. – ***Participation à l'exercice du pouvoir normatif***

C'est sans doute en ce domaine qu'apparaissent avec le plus de netteté les conceptions opposées de la monarchie et des états en matière de partage de compétences. Tandis que les états ont en permanence tendance à se considérer comme des législateurs naturels auxquels seraient confiés de vastes programmes de réforme, la royauté n'entend faire d'eux que de simples conseillers, au mieux des consultants vers lesquels elle se tourne aussi souvent qu'elle le veut bien, sans périodicité ni contrainte et sans que la moindre initiative puisse leur être laissée. Elle leur reconnaît le droit de faire valoir leur point de vue par le biais des cahiers de doléances qu'ils rédigent, d'abord au sein de chaque ordre puis dans le cadre des assemblées plénières pour les fondre en un cahier unique, mais en aucun cas ces doléances ne sauraient avoir un quelconque caractère contraignant. Elles n'ont, pour les souverains et son entourage, qu'une simple valeur consultative. Voilà pourquoi les lettres de convocation adressées aux états par le pouvoir le sont toujours en termes très larges, voire équivoques en leur demandant de « faire entendre les remontrances, plaintes et doléances... afin qu'il y soit donné ordre et remède ». Voilà qui laissait aux états un large champ d'action pour émettre des voeux, mais qui ne contraignait en rien le pouvoir. Toujours libre de décider comme il l'entendait, il pouvait tenir les doléances des états comme avis sans conséquence ou en reprendre tout ou partie pour en faire la matrice d'une ordonnance. Tout au long du XVIe siècle, le gouvernement royal sait en permanence se montrer prudent. Consulter les états, oui. En faire une institution légiférante, non. Nul autre que le chancelier A. Duprat ne s'est exprimé avec autant de nuance à ce sujet. Les propos qu'il tient à l'occasion de l'ouverture des états généraux d'Orléans en 1560 portent témoignage d'une volonté affichée de concertation quand il affirme « de vouloir dire que toutes les grandes assemblées sont à craindre et devoyent estre suspectes, oy aux tyrans, mais non aux princes légitimes, comme est le notre ». Et de poursuivre « n'est autre chose tenir les estats que communiquer par le roy avec ses sujets de ses plus grandes affaires, prendre leur adviz et conseil, ouyr aussi leurs plaintes et doléances et leur pourvoir ainsi que de raison ». Et de conclure que « donner audience générale à ses sujets » c'est véritablement mission première des « roys tenant les Estats » pour ouir « la voie de vérité qui leur est souvent cachée par leurs serviteurs »[1]. Pareilles prises de position ne laissaient planer aucun doute. Consulter les états constitue pour le roi un devoir impérieux. Les tenir pour ce qu'ils sont – un simple organe de concertation – est une obligation dans la mesure où aucun partage de compétence ne doit intervenir avec eux dans l'édiction finale de la norme, fonction royale par excellence même si Henri III reconnaît officiellement, en 1588, que le souverain ne saurait « faire loix fondamentales » sans en référer aux états.

La position de la royauté ne varia jamais. En dépit de la pression constante des états de s'ériger en véritables organes légiférant, elle ne considéra jamais les cahiers de doléances et les voeux émis par les états que comme une base de travail possible pour améliorer la législation existante ou en promulguer une nouvelle. En bien des situations, les députés soutinrent des points de vue diamétralement opposés. Tantôt en prétendant pouvoir contrôler le travail du conseil au moment où il examinait leurs doléances, tantôt en émettant la prétention de contrôler sa composition en demandant l'exclusion des membres qui leur étaient hostiles, tantôt en s'efforçant de lui imposer la présence de commissions mixtes composées de représentants des trois ordres en vue de superviser son travail. Il semble qu'ils n'y soient guère parvenus qu'une seule fois, à l'occasion des états de Blois en 1576-1577. Une modeste délégation des états fut alors admise au sein du conseil pour travailler avec certains conseillers à la préparation de l'ordonnance de réformation qui ne devait voir le jour que deux ans plus tard. Mieux encore, ils tentèrent d'aller plus loin en essayant vainement de faire admettre que toute décision qui aurait été prise à l'unanimité des trois ordres et qui s'« inspirerait de l'honneur de Dieu, du repos public et du bien de son service » devint immédiatement loi fondamentale, enregistrée par le Parlement sans la moindre possibilité de modification. C'est à l'occasion des états de Blois de 1576 que cette revendication est ouvertement formulée, de manière unanime par les trois ordres. Le souverain repoussa fermement la demande prétextant qu'il ne saurait « déroger à son autorité pour la transférer aux Etats ». Même si elle ne pouvait être prise en considération et faire des états un organe « légiférant » à part entière dans un système où la notion de séparation des pouvoirs n'existe pas, une telle revendication n'en témoigne pas moins d'une volonté clairement exprimée des états d'être, aux côtés du roi et avec lui, les dépositaires d'une souveraineté qu'il ne devait pas être le seul à exercer. Une nouvelle fois, comme ils l'avaient fait au milieu du XIVe siècle, les états entendent s'ériger en pouvoir autonome capable d'exprimer une volonté propre qui, à leurs yeux, devait pouvoir donner naissance à une législation autonome destinée à s'intégrer dans l'ordre juridique nouveau en construction. De ce point de vue, leurs revendications ne diffèrent guère de celles qu'émettent au même

1. Sur tous ces points A. ROUSSELET-PIMONT, *Le chancelier et la loi au XVIe siècle d'après l'oeuvre d'Antoine Duprat, de Guillaume Poyet et de Michel de L'Hospital*, Paris, 2005, p. 92 et suiv. et *passim*, qui apporte nombre de points de vue neufs sur ces questions.

moment les parlements quand ils revendiquent, eux aussi, une part du pouvoir d'édicter des normes par le biais d'arrêts de règlement.

L'inventaire des différentes sessions des états permettra de mesurer concrètement ce que leur doit la législation du XVIe siècle. Qu'il suffise de mentionner ici en quels termes elle conserve la trace de leur consultation. Dans l'ordonnance d'Orléans de janvier 1561, qui fait suite aux états d'Orléans de 1560, le chancelier M. de L'Hospital, rédacteur du texte, mentionne avec une certaine insistance au nom de la régente Catherine de Médicis et de Charles IX encore mineur : « Charles... sur les plaintes, doléances et remontrances des députés des trois états de notre royaume rédigées et présentées par écrit en la convocation des assemblées d'iceulx... icelles au long vues en notre conseil... avons par leur avis et conseil... fait les ordonnances qui s'ensuivent ». Il en va à peu près de même pour l'ordonnance de 1579. Prise bien après les états réunis à Blois dès 1576, elle rappelle que le souverain y a « bénignement oui et reçu leurs plaintes, doléances et remontrances » qui ont été alors formulées, mais qu'il ne lui a pas été possible de statuer immédiatement en raison des troubles, ce qu'il fait plus tard en tenant à nouveau le plus grand compte de ces mêmes « plaintes, doléances et remontrances des députés desdits trois estats de notre royaume ». De toute évidence, les états n'exercent pas un pouvoir normatif autonome, mais il ne fait aucun doute qu'en certaines circonstances précises leurs doléances ont contribué à influencer et à enrichir la législation royale, tout particulièrement dans le domaine de la fiscalité.

3. – *La nostalgie du consentement à l'impôt*

La question a beaucoup perdu de son acuité et de son intérêt depuis qu'en 1439, la taille avait été consentie par les états pour subvenir aux besoins d'une armée qui devait devenir permanente, entraînant par là même, progressivement, une certaine permanence de l'impôt. La question rebondit à l'occasion des états se 1484. Alors que la régente Anne de Beaujeu demandait aux états de voter de nouveaux subsides, ils se réfugièrent derrière l'insuffisance des procurations données par leurs mandants pour ne voter l'impôt que pour deux ans. Cette réserve, tôt oubliée par la royauté, fit qu'elle prit rapidement l'habitude de ne plus convoquer les états pour leur demander le renouvellement prévu de l'impôt, ce qui contribua à le rendre en pratique permanent. Néanmoins, les états demeurèrent très attachés au principe du consentement pour toute imposition nouvelle. Consentement qu'ils furent souvent enclins à refuser en raison de la mauvaise gestion des finances publiques par la monarchie et de leur volonté d'imposer des économies drastiques. C'est dans ce contexte que les états de Blois de 1576 refusèrent leur consentement aux nouvelles demandes fiscales de la royauté et que ceux de 1578, toujours réunis à Blois, envisagent d'organiser une chambre de justice destinée à remettre de l'ordre dans les finances publiques et à sanctionner les financiers qui avaient abusé de leur position.

Face à un tel blocage, la royauté finit par se passer complètement du consentement des états en se fondant sur la théorie de l'urgence et de la nécessité pour la défense du royaume dont les rois du Moyen Âge avaient usé et abusé depuis le règne Philippe le Bel. À partir du moment où la guerre devint une réalité quasi permanente, elle apparut comme une justification suffisante pour lever des impôts, faisant ainsi du droit royal d'imposer une prérogative régalienne qui, en raison de sa nature même, n'avait plus raison d'être discutée. Alors fut mise sur pied, par simple voie d'autorité et en dehors de tout consentement des états, toute une fiscalité nouvelle comme la capitation en 1695, le dixième en 1710 et le vingtième en 1749. Déterminant tout au long des deux derniers siècles du Moyen Âge, le droit reconnu aux états généraux de consentir l'impôt entra donc dans une phase irrémédiable de déclin dès la fin du XVIe siècle pour ne survivre qu'au sein de certains états provinciaux et refaire une dernière fois surface, mais pour bien peu de temps, à l'occasion des états de 1789 dont la convocation était rendue inéluctable en raison de la situation politique générale.

4. – *Une volonté affichée d'infléchir l'évolution du droit privé*

Elle est constante. À l'occasion de chacune de leur session dans la seconde moitié du XVIe siècle et jusqu'à leur ultime réunion de 1614 avant celle de 1789, les députés aux états ont toujours manifesté un vif intérêt pour la législation de droit privé. Il ne saurait être question d'entrer ici dans le détail, mais simplement d'évoquer quelques-unes de leurs tentatives dont certaines ont été couronnées des succès, en particulier à la suite des états d'Orléans de 1560 et de ceux de Blois en 1576 qui seront retenus à titre d'exemple.

Si le contenu de l'ordonnance d'Orléans de 1561, qui fait suite aux états d'Orléans de 1560, ne leur est pas entièrement dû, il ne fait aucun doute qu'ils en inspirèrent bien des points et qu'ils en suggérèrent autant d'autres qui ne furent pas retenus. Il en va ainsi des dispositions nouvelles concernant tuteurs et curateurs. Alors que les suggestions de la noblesse et du clergé en vue de limiter les effets de la lésion dont pouvaient être victimes les mineurs restèrent lettre morte, celles du tiers visant à contraindre les tuteurs à vendre les biens périssables des personnes sous tutelle en veillant aux revenus des sommes ainsi réalisées, passèrent dans l'ordonnance (art. 102). Il en va de même de la nouvelle réglementation introduite pour le paiement des dommages et intérêts dans le cadre d'une action judiciaire. À la demande des députés du tiers-état, l'article 60 de l'ordonnance stipule qu'ils « seront adjugés à compter du jour de l'ajournement qui aura été fait ». Un autre exemple plein d'intérêt peut encore être évoqué. Face à l'augmentation inconsidérée du nombre des notaires et du relâchement de leur discipline, les députés de la noblesse et du tiers-état s'en émeuvent. Leurs doléances sont si bien entendues que plusieurs articles de l'ordonnance (en particulier 82-85) disposent sur la question : réduction drastique des offices notariaux, réglementation stricte de la tenue des registres, obligation de déposer les minutes au greffe au lendemain de la mort d'un notaire et signature obligatoire des actes par les parties et les témoins à peine de nullité ne sont que les principaux aspects de cette législation rigoureuse en direction du monde notarial.

Il est enfin un autre domaine essentiel dont se préoccupent les états et qui, depuis longtemps, constituait un des plus grands chantiers de la monarchie : la rédaction des coutumes. La noblesse souhaite, en pays de coutumes, des textes assez clairs pour que des contractants éventuels en litige puissent être eux-mêmes « les premiers juges » et « fassent raison les uns aux autres sans procès », tandis qu'en pays de droit écrit, il serait souhaitable d'établir un recueil des « lois nécessaires » afin de pouvoir « les mettre en françois, en termes certains et non ambigus ». Une fois mené à son terme ce travail, noblesse et tiers-état souhaitaient que l'ensemble des ordonnances fussent codifiées et qu'il « fût fait un recueil de ce qui devoit estre dorénavant gardé et observé entre les sujets ». Les doléances ainsi exprimées étaient claires. Il s'agissait, dans l'esprit de leurs rédacteurs, de faire de l'ordonnance de 1561 un vaste monument de l'ensemble du droit en vigueur sans pouvoir « y déroger facilement et pour légère occasion comme a pu advenir ». Tel ne fut pas le cas, l'ordonnance d'Orléans ne pouvant prendre en compte un tel projet dont la réalisation demandait tant d'années... Les députés de la noblesse ne se découragèrent pas pour autant. À l'occasion d'une nouvelle réunion des états à Pontoise en août 1561, ils se posent toujours en partisans d'une codification du « droict escript et des coutumes affin de remettre tout en langage clair ». Enfin « rechercher par les courtz de parlement les plus notables arrestz des matières les plus occurentes pour le publier comme loix » leur paraît être un objectif à atteindre au plus vite. Là encore, l'attente devait être longue.

Les états de Blois de 1576 et la grande ordonnance de Blois qui leur fait suite en mai 1579 furent pour les députés des trois ordres une nouvelle occasion de faire entendre leur voix, tout à la fois dans le domaine du droit des personnes et des biens. Jusque-là entièrement entre les mains de l'Eglise (ordonnance d'août 1539), les registres de baptême, de mariage et de décès ne pouvaient plus véritablement faire office d'état civil pour tous en raison de la rupture d'unité de foi. Face à cette situation et parfois aussi à des registres mal tenus, les députés du tiers suggèrent que le greffier en chef de chaque bailliage demande à tous les curés, une fois l'année écoulée, « d'apporter une copie signée d'eux des registres de baptêmes, mariages et sépulture de l'année ». L'ordonnance de Blois (art. 181) n'alla pas aussi loin et rendit simplement obligatoire le dépôt de l'original au greffe, avec possibilité pour le greffier de délivrer les extraits que pourraient lui réclamer les parties. Les députés du tiers engagent aussi une lutte décisive contre les mariages clandestins en demandant qu'il soit interdit « à toutes personnes de se marier ailleurs qu'en leurs paroisses et de jour, les bans préalablement publiés ». L'ordonnance fait sienne cette demande en prescrivant en son article 40 une triple publication des bans, à intervalle suffisant et en exigeant que le mariage soit célébré publiquement par le seul curé de la paroisse en présence de quatre témoins.

Il est deux autres domaines pour lesquels les demandes du tiers, pourtant formulées avec insistance, ne furent pas satisfaites. Face à des naturalisations trop libéralement consenties, ils supplient le souverain de « n'accorder lettres de naturalité » que sous condition d'avoir résidé au moins pendant dix ans dans le royaume, d'y avoir acquis au moins 200 livres de rente et d'y avoir femme et enfant. À défaut de telles conditions, les lettres accordées ne pourraient avoir que des effets limités. Le souverain resta sourd à cette requête et continua à considérer le droit de naturaliser comme une prérogative régalienne qu'il pouvait exercer sans condition. La seconde requête du tiers à ne pas être entendue concerne l'abolition de la servitude de corps (impossibilité de se soustraire aux droits du seigneur) et de la servitude d'héritage (possibilité de s'affranchir de la servitude à condition de faire abandon de la terre possédée sur la seigneurie). En dépit de ses demandes répétées pour que « toutes servitudes personnelles fussent ôtées », le tiers échoua.

Uni aux autres ordres, il rencontra plus de succès pour relancer l'entreprise de longue haleine qui tendait à donner plus de cohérence et d'unité à l'ordre juridique. Soucieux des doléances réitérées en ce sens, les rédacteurs de l'ordonnance prévoient de « rédiger, de réformer et esclarcir au mieux qu'il sera possible les constitutions particulières et locales de chacune province » (art. 207). Une chose était de se préoccuper des coutumes locales, tout autre était d'envisager à nouveau une codification générale du droit, ce que font les députés du clergé en demandant que « tous les édits, ordonnances et coutumes soient reçus par certains savants et expérimentés personnages qui seront à ce choisis et députés, et pour éviter la confusion de la multiplicité de lois, compileront un volume et cahier de celles qui se devront garder et qui se trouveront utiles et nécessaires en ce royaume, afin d'abroger toutes les autres ». À cette impressionnante tâche de codification, les députés du tiers ajoutaient encore « beaucoup d'édits publiés par les cours souveraines ». Une nouvelle fois, les rédacteurs surent répondre à ces sollicitations en prévoyant, dans l'article 207 de l'ordonnance, que « certains personnages seraient commis pour recueillir et arrester lesdites ordonnances et réduire par ordre en un volume celles qui se trouveront utiles et nécessaires ». Même si ces commissaires ne furent pas nommés, c'était ouvrir la voie à la rédaction du fameux code Henri, dû à la plume alerte du président Brisson.

À la lumière de ces quelques exemples, il est aisé de mesurer l'ampleur de l'apport des états de Blois à la législation civile. Qu'il s'agisse de l'état des personnes, des dispositions sur le mariage ou des projets de codification, on mesure les progrès accomplis, tandis qu'on pressent ceux à venir dans le domaine de la liberté individuelle ou de la situation des étrangers. Comme ceux d'Orléans en 1560, puis ceux appelés à leur succéder au cours de sessions futures, ils ont suggéré en matière de droit privé des orientations fondamentales et inspiré des réformes destinées à enjamber les siècles. Leur apport est tout aussi important pour tous les secteurs qui s'inscrivent dans la sphère du droit public.

5. – *Une action permanente dans les domaines de la police, de la justice et de l'administration*

À s'en tenir aux deux exemples retenus –états d'Orléans de 1560 et états de Blois de 1575 – il est une fois de plus aisé de jauger l'action de leurs députés, toujours désireux de suggérer des réformes et d'en suivre l'application dans ces trois domaines qui sont véritablement au coeur de l'état monarchique.

a) États d'Orléans

Ils multiplient en ce sens les initiatives et cela vaut tout autant pour la noblesse et le clergé que pour le tiers-état.

Police. Face à la montée inquiétante de la violence si caractéristique du siècle – et tout particulièrement des duels qui ne cessent de se multiplier sous le règne d'Henri II – les trois ordres réagissent dans le même sens. Tandis que la noblesse propose d'instituer un tribunal d'honneur destiné à connaître en première instance tous les conflits entre gentilshommes, le clergé demande que soit réitérée l'interdiction absolue des duels « comme chose non convenable à l'état de chrétien ». Vœu que reprend le tiers, en précisant que cette interdiction doit être entendue sans distinction de personne aucune, avec condamnation à mort par pendaison en cas de violation, sans rémission possible. À ces doléances extrêmement fermes, l'ordonnance d'Orléans ne fait que faiblement écho qui enjoint simplement à chacun (art. 65) « de faire tout devoir de séparer ceux qu'ils verront s'entre-battre avec épées... appréhender et arrester les délinquants et les délivrer es mains de la justice à peine d'amende arbitraire ». Il fallut attendre l'ordonnance de Roussillon de 1566 et la ferme intervention de Michel de L'Hospital pour que soit décidée la peine de mort à l'encontre de tout combattant récalcitrant et que soit enfin institué le tribunal d'honneur qu'avaient, avec tant d'insistance, réclamé les états.

La question du port d'armes, qui vont elles aussi en se multipliant, divise au contraire les états. Face à une législation relativement restrictive de François Ier puis d'Henri II, mais de façon bien tardive, les députés de la noblesse demandent dans leurs cahiers l'autorisation de « tirer à l'arquebuse et autres semblables bâtons à feu, chacun en ses terres », dérogation qu'accorda l'ordonnance (art. 119) aux seuls nobles qui avaient justice ou droit de chasse sur leurs terres. Soucieux de la protection des marchands se rendant aux foires, les députés du tiers réclament pour eux une exception de port d'armes à condition de déposer caution et d'y être autorisés par le juge de leur domicile. L'ordonnance n'apporte aucune réponse à cette requête, mais, quelques mois plus tard, Charles IX renouvelle dans un édit les interdictions déjà formulées si ce n'est pour ceux qui vont « par pays, pour la seureté et la défense de leur personne ». Voilà qui ne pouvait que viser, de manière expresse, les marchands.

Les états savent aussi se préoccuper de la police de l'esprit et des moeurs. L'article 101 de l'ordonnance qui interdit la pratique abusive de certains jeux (brelans, quilles, dés) reprend dans son intégralité une doléance du tiers, tandis que l'interdiction temporaire des maisons de débauche qui paraît bien avoir été décidée en 1565 par édit de Charles IX s'inscrit dans la même lignée. Le luxe excessif mobilise aussi, pour des raisons différentes, chacun des trois états. La noblesse voit dans celui de la bourgeoisie la disparition de ce qu'elle considérait être pour elle un signe distinctif et demande en conséquence à sa Majesté « de donner ordre au grand luxe et superfluité d'habits pour tous les états et spécialement pour le tiers-état... car l'or et l'argent de votre royaume est transporté aux nations étrangères ». Les députés du tiers imputent aux frais vestimentaires des femmes d'artisans l'augmentation excessive des prix des étoffes dont ils souhaitent qu'on use « selon la qualité ». Même si toutes ces doléances manquaient quelque peu de sérieux dans la mesure où aucun des ordres n'était prêt à conjurer ses propres abus, le roi légiféra quelques jours après la clôture des états. Dans un règlement du 21 avril 1561, était précisée avec minutie la nature des habits des prélats, des nobles et des membres des cours souveraines en même temps qu'était prévu tout un arsenal de sanctions à l'encontre de qui contreviendrait.

Justice et administration. Face à la multiplication « effrénée » du nombre des officiers et aux effets de plus en plus dévastateurs du système de la vénalité que François Ier et Henri II ne cessent de laisser se développer, les états sont unanimes à réagir. Constatant que les offices de judicature et autres ne sont achetés que pour « pratiquer et s'enrichir » et non pour juger et administrer, ils demandent que soit mis fin à de tels abus. L'ordonnance n'apporte pas de réponse directe à cette requête mais, en revenant au système de l'élection des juges, elle limite considérablement le recours à la pratique de la vente des offices. Il est en effet stipulé (art. 39) que, pour le choix des magistrats des cours souveraines, seraient remises en vigueur les modalités prescrites par l'ordonnance de Louis XII du 8 juin 1499 qui confirmait, pour ces cours, le droit d'élire leurs magistrats, par scrutin public et à haute voix, avant de les présenter au roi. Pour les juges des tribunaux inférieurs, il est prévu que les officiers du siège doivent se réunir pour tenir assemblée avec les maire, échevins, conseillers et capitouls de la ville en vue de désigner trois candidats parmi « les plus suffisants et capables ». Au roi revient le choix définitif en nommant celui des trois qu'il estime le plus apte à remplir la charge, tandis que l'art. 40 prévoit une modalité identique pour la désignation des juges seigneuriaux. Il était en outre prévu que ces procédures seraient entourées de garanties supplémentaires : examen destiné à tester la capacité du candidat, enquête de vie et mœurs (art. 55), lutte contre le népotisme (art. 85).

Les états eurent aussi le souci unanime de limiter au maximum les pratiques vénales, en particulier le système des épices, qui constituait une part importante de la rémunération des magistrats. Sur ce point, l'ordonnance fait largement écho à leurs revendications. Il est désormais interdit à tout magistrat « d'accepter aucune pension ou gage des seigneurs et dame de ce royaume » (art. 44) et à « tout juge, avocat ou procureur de prendre... des parties plaidantes directement aucun don ou présent, quelque petit qu'il soit, de vivre ou autre chose quelconque, à peine de crime de concussion » (art. 43).

Conscients de l'excessive multiplication des charges de justice qui contribuent souvent à la rendre inopérant le travail des juges, nombreux sont les cahiers qui en réclament la diminution, en particulier ceux du tiers-état qui demandent avec insistance le retour au « nombre d'officiers qui existaient sous Louis XII, père du peuple ». Pour y parvenir, il conviendrait d'abolir toutes les juridictions extraordinaires jugées inutiles (requêtes du palais, requêtes de l'hôtel, grand conseil, conservation des privilèges des universités, juridiction des eaux et forêts, amirautés...) en attribuant une indemnité aux titulaires des offices ainsi supprimés, charge qu'il était impossible au trésor royal de supporter. Dans ces conditions, l'ordonnance se limita, en son article 30, à la simple suppression par voie d'extinction des titulaires des offices créés depuis Louis XII.

C'est aussi un ensemble de réformes concernant l'organisation et le fonctionnement de la justice que souhaitent les états. Leur principale revendication en ce domaine concerne l'unification des juridictions inférieures et la réduction du nombre des degrés d'appel. Toutes les justices royales qui pouvaient éventuellement coexister dans une même ville – tribunal du prévôt, du bailli et siège présidial – devaient être réunies en un seul tribunal, y compris toute justice seigneuriale qui s'y trouvait. Et, au-dessus de la nouvelle juridiction ainsi constituée, serait institué un tribunal d'appel avant d'en arriver au Parlement. Ces doléances furent suivies de deux modifications notables. La première se traduisit par la suppression dans le chef-lieu de bailliage, au profit du présidial, de la juridiction des prévôts, voire parfois des baillis, ce qui eut pour conséquence de contraindre les parties à porter directement leur appel devant le Parlement (art. 50). La seconde n'intervint qu'avec l'ordonnance de Roussillon (janvier 1563) qui stipulait en son art. 24, qu'il ne devait plus y avoir, dans chaque ville, qu'un seul degré de juridiction, ce qui contribuait à réduire immédiatement à l'unité les justices inférieures.

Les critiques adressées au fonctionnement de la justice ne sont pas moins nombreuses. À n'évoquer que la principale, on peut retenir les plaintes qui fusent de toutes parts à l'encontre de l'excessive emprise de la justice royale. Les empiétements du grand conseil sont amèrement dénoncés par le tiers-état, doléance qui débouche sur l'interdiction qui lui est faite d'entreprendre sur le Parlement et de connaître d'autres causes que celles qui lui étaient attribuées par sa création (art. 34). La procédure de l'évocation fut aussi sévèrement réglementée avec défense – qui devait se révéler parfaitement inefficace – faite au conseil de connaître des affaires contentieuses (art. 37). Enfin, l'ordonnance s'efforçait aussi de restreindre l'utilisation des lettres de *committimus* (art. 75), mais il fallut attendre l'ordonnance de Moulins de février 1566 pour que soit donnée la liste des privilégiés qui pouvaient prétendre en bénéficier (art. 56). Très critiquée aussi, la pratique abusive des commissions extraordinaires était dénoncée par le tiers-état qui en demandait la suppression. L'ordonnance d'Orléans ne statue pas pour autant sur ce point, ce que firent timidement les ordonnances de Roussillon (art. 30) et de Moulins (art. 68 et 69).

b) États de Blois

Fidèles à ce qui était désormais la tradition, les états de Blois formulent, comme ceux si les avaient précédés, de multiples doléances dont certaines furent largement prises en compte par le pouvoir à l'occasion de la rédaction de l'ordonnance de Blois de mai 1579.

Police. C'est principalement en matière de police religieuse que les états de Blois imposent leur marque, en liaison avec la réception des dispositions du concile de Trente qui avait pris fin en 1563. Le rôle joué par les députés fut ici essentiel pour faire en sorte que les dispositions adoptées par le concile devinssent lois du royaume. C'est ainsi qu'il fut décidé que les prélats seraient désormais « tenus de faire résidence en leurs églises et diocèse et de satisfaire au devoir de leurs charges en personne » sous peine d'être privés, pendant leur absence, des revenus de leur bénéfice (art. 14). Sous la pression des députés du tiers et de la noblesse, défense formelle fut intimée de posséder plusieurs bénéfices (art. 11). L'ordonnance revient aussi sur les dispositions contenues dans celle d'Orléans qui avait fixé à 25 ans pour les hommes et 20 ans pour les filles, l'âge minimum auquel pouvaient être prononcés les voeux. À la demande des députés du clergé, les dispositions du concile de Trente sur ce point furent adoptées et autorisation donnée de prononcer des voeux dès l'âge de seize ans (art. 28).

L'évolution des mœurs et de la pratique religieuse ayant contribué à mettre en sommeil toute une législation ancienne, les états demandent qu'elle soit remise à l'honneur, en particulier les ordonnances que saint Louis avait édictées sur le blasphème. Voeu que prend en compte l'ordonnance en stipulant que toute grâce ou dispense serait interdite en faveur des contrevenants que les gens du roi auraient désormais mission de traquer (art. 35). Dans le même esprit, et à la demande unanime des députés des trois états, une série de dispositions sévères sont édictées à l'encontre des magiciens, devins, enchanteurs et sorciers. Ils devaient être sévèrement punis en même temps qu'étaient interdits les almanachs qui n'auraient pas été autorisés par l'évêque et le pouvoir (art. 36). Enfin, pour répondre à une demande insistante du clergé et du tiers, l'article 38 de l'ordonnance rappelle tout un ensemble de dispositions de l'ordonnance d'Orléans visant à interdire à l'occasion des fêtes solennelles, en particulier le dimanche au moment de l'office divin, toute activité marchande (foires, marchés), ludique (joueurs de farces, bateleurs) ou susceptible de favoriser la licence (cabarets, maisons de jeu).

Justice et administration. Les dispositions de l'ordonnance de Blois sont capitales en ce domaine. Elles marquent un véritable tournant dans l'histoire de la magistrature, des juridictions et de la procédure.

Magistrature. En dépit des dispositions sévères qu'avait édictées l'ordonnance d'Orléans, la vénalité des charges avait été officiellement rétablie en 1568, sous condition de payer au roi une taxe de *tiers denier* (tiers de la valeur de la charge). Les députés des trois ordres furent si unanimes à condamner cette pratique que l'ordonnance en décide la suppression et prévoit en même temps tout un arsenal de sanctions. Vendeur et acheteur perdraient le prix de la transaction, seraient condamnés au paiement du double, tandis que tous les intermédiaires seraient privés de leur office (art. 100). Dans le même esprit, toute résignation est désormais interdite, sauf si elle doit bénéficier à des enfants d'officiers particulièrement méritants (art. 110). Sont aussi prohibées, mais seulement pour l'avenir, les lettres de survivance, formule qui permettait aux officiers de perpétuer leurs charges en faveur de leur descendance moyennant le paiement d'un droit (art. 111).

Toujours sous la pression des états, le système d'élection des magistrats précédemment institué est perfectionné. Pour les membres des cours supérieures, en particulier les parlements, le système de présentation au roi, par le corps intéressé, de ses candidats et sans limitation de nombre est maintenu, à condition que les magistrats électeurs aient au préalable prêté un serment de procéder à une élection sincère. Pour les sièges inférieurs, les baillis étaient appelés, en accord avec les « plus apparents et plus notables » représentants des trois ordres à dresser, tous les trois ans et à envoyer au roi, la liste de candidats qu'ils estimaient être les plus capables et ayant « âge, qualité et capacité suffisante » (art. 102).

De nombreuses dispositions suggérées par les états quant aux modalités d'exercice de leur fonction par les magistrats sont aussi introduites : obligation de résidence, assiduité aux travaux du tribunal, interdiction d'absence sans autorisation (art. 136, 137, 138). À cela, il convient d'ajouter l'impossibilité de cumuler la fonction de magistrat avec tout autre office (art. 112, 113). Malgré des demandes répétées et insistantes en faveur d'une gratuité de la justice et de la suppression des épices, le système fut maintenu, sauf pour les arrêts prononcés sur requête (art. 131). Dans un souci évident d'un meilleur fonctionnement de l'institution judiciaire, les états réclament et obtiennent la généralisation à l'ensemble des juridictions du système des mercuriales (art. 144) jusque-là en usage dans les seuls Parlements. Ces assemblées se tenaient deux fois par an, le mercredi (d'où le nom de mercuriales), après les vacances de la saint Martin et celles de Pâques. Des discours solennels y étaient prononcés sur le fonctionnement de la justice. Ils étaient, pour l'institution judiciaire, l'occasion d'une profonde réflexion sur le comportement de ses membres, sur son fonctionnement et les améliorations qu'il convenait de lui apporter.

Juridictions. Toujours prise dans l'infernale spirale de la création des offices et en violation des promesses qui avaient été faites, la royauté ne cesse de multiplier le nombre des officiers de justice. Charles IX y a si massivement recours que les états, soucieux de retrouver la situation saine qu'avait connue le règne de Louis XII, demandent que soient supprimés tous les offices créés depuis. Satisfaction seulement bien partielle leur fut donnée puisque l'ordonnance (art. 211) n'admit cette suppression que par voie d'extinction et seulement depuis la mort d'Henri II (1559).

Au terme de longs débats sur l'opportunité d'une profonde réforme destinée à réduire le nombre des tribunaux inférieurs, bien des voeux contradictoires furent exprimés à propos des tribunaux de bailliage, des sièges présidiaux et des juridictions consulaires. Seules ces dernières furent finalement visées par la réforme qui décida de ne les maintenir que dans les villes commerçantes et de confier, dans les autres villes, les contentieux entre marchands aux juridictions ordinaires (art. 239, 240). Par-delà ces discussions, le véritable souci des états et en particulier du tiers-état, demeurait l'unité de juridiction et la réduction drastique des privilèges de compétence. Satisfaction partielle leur fut donnée (art. 152) par une réglementation plus stricte de l'usage des lettres de *committimus* et de garde gardienne (droit reconnu à une ville ou une institution religieuse de plaider une cause devant un juge royal déterminé et gardien de leurs privilèges). C'est aussi dans le même esprit que la royauté fut contrainte de limiter la procédure des évocations en renvoyant aux cours souveraines les affaires pendantes devant son conseil et en prenant l'engagement de faire en sorte qu'il n'empiète plus désormais sur la juridiction contentieuse (art. 91). Ordre était aussi donné à chaque juge royal de se plier au strict respect des règles de compétence. Enfin, si les doléances exprimées en faveur de la création de nouveaux parlements (Poitou, Lyonnais, Auvergne) ne furent pas prises en considération, les états obtinrent cependant que fût rétablie la juridiction des Grands Jours (art. 206) qui siégèrent aussitôt à Poitiers et peu de temps après à Clermont (1581).

Procédure. Le premier souci des états fut d'accélérer la marche de l'action dont la lenteur avait des conséquences déplorables pour les parties. Ils furent entendus dans la mesure où l'ordonnance prévoit que l'inscription au rôle devrait être strictement suivie (art. 124) et que les causes n'excédant pas dix livres devraient désormais être exécutoires dès la première instance, même en cas d'appel (art. 153). À ces mesures significatives, d'autres doivent être ajoutées qui favorisèrent la diminution des incidents de procédure : une prise de décision rapide pour les fins de non-recevoir, une amélioration de l'instruction civile par l'institution de commissions rogatoires et l'organisation systématique d'expertises, le tout dans des délais très stricts imposés aux magistrats.

Toujours sur proposition des états, l'ordonnance améliore de manière sensible les conditions dans lesquelles doivent être prononcés et exécutés les arrêts. Il est stipulé que, dès que la cause aurait été mise sur le registre, l'arrêt devait être prononcé dès le lendemain (art. 125). L'exécution en était confiée aux juges royaux de première ou seconde instance selon les cas et non plus, comme par le passé, à des commissions spéciales (art. 179). S'ils rencontraient difficultés ou résistances, en particulier de la part de puissants seigneurs, était prévu (art. 191) un arsenal de sanctions sévères reprises, pour l'essentiel, de l'ordonnance de Moulins (1566, confiscation de terres, destruction du château, perte des droits de justice). Dans un souci de respect de la justice enfin, il est fait défense « à tous les sujets du roi... d'excéder et outrager aucuns magistrats... faisans, exerceans et executans actes de justice » (art. 190).

L'ordonnance confirme en tous points l'autorité de la chose jugée et la souveraineté de la justice de dernier ressort. Elle déclare que les arrêts des cours souveraines ne pourraient être cassés et limite toujours, de manière stricte, les voies de recours extraordinaires (art. 92), à la proposition d'erreur (erreur de fait ou de droit, nullité ou contrariété d'arrêt) et à la requête civile (recours possible en cas de dol, violation des formes prescrites à peine de nullité, jugement prononcé sur choses non demandées ou adjugé plus qu'il n'a été demandé).

L'intérêt des états ne se limite pas à la seule procédure civile. Comme l'avaient fait ceux d'Orléans, ils se préoccupent aussi de la procédure pénale, mais sans originalité ni passion. Ils se rallient, pour l'essentiel, aux positions favorables qui avaient été alors exprimées en faveur de l'action publique. Elles avaient inspiré l'article 63 de l'ordonnance d'Orléans qui ordonnait aux « juges d'informer en personne promptement... sans attendre la plainte des parties civiles et intéressées ». Voilà qui explique pourquoi l'ordonnance de Blois réitère à peu près les mêmes dispositions : obligation faite au juge de rechercher et poursuivre les criminels sans attendre un dénonciateur, peines prévues contre tout procureur qui se montrerait négligent, transmission obligatoire au juge supérieur de l'état des poursuites en cours (art. 184).

Même principalement centré sur les états d'Orléans et de Blois, le bilan de leur action témoigne du rôle de premier plan qu'ils ont joué dans la vie politique et juridique du royaume tout au long de la seconde moitié du XVIe siècle. Conseillers du monarque, mais souvent aussi contrepoids, voire opposants à son action, ils n'étaient pas appelés à tenir une place durable dans le jeu des pouvoirs.

B. HISTOIRE

La réunion des états de Tours en 1484 marque à la fois la fin d'une époque et celle, aussi, de la grande histoire des états aux XIVe et XVe siècles. Jamais ils ne retrouvent par la suite et pendant un temps aussi long la même destinée. Ils ne jouent véritablement un rôle important qu'à cinq occasions, de 1560 à 1614, si on veut bien mettre à part le simulacre de consultation que fut la réunion de Tours de 1506 et la réunion capitale que devait être celle de 1789. Voilà pourquoi il n'est guère possible de dégager des typologies de ces quelques sessions. Chacune eut sa spécificité et son propre style, ce qui contraint à les évoquer tour à tour.

1. – *États de Tours de 1506*

Quand en 1506 Louis XII demande à « tous ses parlements de France et à toutes ses villes » de lui envoyer des « gens sages » de « chacun lieu » de son royaume, il ne s'agit pas de convoquer une véritable assemblée des états par voie d'élection, mais simplement de pouvoir se concilier l'opinion en s'appuyant sur l'avis de quelques notables bien choisis. L'élection, essentiellement limitée aux villes, ne donnait qu'en partie à cette assemblée le caractère d'assemblée d'états, même si la royauté évoquait à son sujet « les députés des états du royaume ». Voilà pourquoi, tant en raison de la représentation limitée qu'elle offre de la nation que des élites qui la composent, elle est en réalité très proche d'une simple assemblée de notables. L'objet n'était ni le vote de l'impôt, ni de procéder à une réforme quelconque. Il s'agissait simplement de persuader le pays que le mariage projeté entre Claude, fille aînée du roi, et le futur Charles-Quint n'aurait point lieu, mais que Claude épouserait François, cousin du roi –fils de Charles d'Orléans duc d'Angoulême et de Louise de Savoie – mariage qui le confortait dans sa situation d'héritier de la couronne. Désigné orateur des états le 10 mai, Thomas Bricot chanoine de Notre Dame de Paris, s'adressa comme il était de coutume au roi, mais en se limitant à dresser de lui un portrait tout en le louange. Après l'avoir qualifié de père du peuple, il ajouta que tous les délégués présents étaient venus pour le supplier de donner sa fille en mariage à François. Dès le 19 mai, après avoir pris avis de son entourage et entendu celui des représentants des états de Bretagne très favorables à cette union, Louis XII tint séance solennelle pour faire connaître aux « députés » que sa réponse était favorable à leur demande. Alors, le chancelier put déclarer la fin de la session que vint clore la cérémonie des fiançailles.

2. – *Etats d'Orléans (1560)*

Ils sont convoqués dans un contexte de crise par François II en août 1560 suite à une assemblée de notables qui s'était tenue à Fontainebleau au lendemain de la conjuration d'Amboise (mars 1560) organisée par les protestants pour soustraire, de l'influence des Guise (le duc François de Guise et son frère Charles cardinal de Lorraine), le roi qui se trouvait à Amboise. Encouragé par le prince de Condé, le complot échoue et les conspirateurs sont sévèrement sanctionnés. François II meurt le 5 décembre 1560. La régente Catherine de Médicis se trouve alors face aux états qui se réunissent à Orléans à partir du 13 décembre.

Ordre avait été donné aux baillis de faire procéder aux élections, chaque ordre étant contraint d'envoyer au moins un député. En pratique, les circonscriptions électorales furent très variées : bailliage, ville, diocèse, pays et province ecclésiastique. En général, les députés du tiers furent désignés par bailliages et sénéchaussées. Le plat pays participa véritablement à l'élection et choisit surtout des officiers du roi – gens de justice et de finances – avec lesquels il était en contact permanent, tandis que les villes députèrent de préférence les plus en vue de leurs magistrats. Il n'en fut pas partout ainsi, en particulier dans les pays d'états. Très attachés à leurs privilèges, les états désignèrent souvent eux-mêmes leurs représentants.

Comme il était de coutume, le chancelier (Michel de l'Hospital) prononça le discours d'ouverture en rappelant que les états « délaissés depuis quatre-vingt ans » avaient été convoqués pour mettre fin aux divisions du royaume et que le roi, soucieux de justice, souhaitait véritablement prendre leur avis. Puis, après avoir condamné les excès de chaque ordre, il en appela aux élans patriotiques de l'assemblée pour régler les problèmes en cours. À ce discours, les trois ordres répondirent, à l'occasion d'une séance solennelle ouverte en janvier, après avoir délibéré séparément, ce qui devint une règle absolue. À cette occasion, chacun ne manqua pas d'adresser des reproches à l'autre et ils ne tombèrent d'accord que pour s'opposer à toute levée d'impôt nouveau, prétextant qu'ils n'avaient pas reçu mandat suffisant de leurs commettants pour prendre une telle décision. Face à une position aussi déterminée, la régente décida d'abréger la session qui prit fin dans la séance du 31 janvier 1561. Alors, le chancelier ne manqua de préciser aux députés qu'ils devaient consulter leurs électeurs sur la question des impôts demandés et renvoyer à nouveau des représentants pour en discuter, moins nombreux cette fois puisque les nouvelles élections devaient se faire par gouvernements.

En dépit de leurs divisions, les états accomplirent un travail de fond considérable. Même si les trois ordres ne parvinrent pas à élaborer un cahier commun et si ceux de la noblesse ne purent être fondus en un seul, ceux des deux autres ordres permettent de mesurer l'ampleur des questions abordées. Celui du tiers (354 articles) suggère les réformes les plus diverses. Elles vont du souhait renouvelé de voir une véritable codification entreprise à une réforme en profondeur de la justice (élection des juges, poursuite d'office en cas de crime grave, instauration de tribunaux de commerce composés de membres élus) en passant par l'unification des poids et mesures et celle des douanes intérieures. Ne sont pas davantage négligées les questions concernant l'Eglise, comme le souhait exprimé avec insistance de ne plus voir les prêtres recevoir des testaments ou celui d'une réduction du nombre de jours fériés et de fêtes. Enfin, pour bien inscrire la présence des états dans la vie du royaume, le tiers demande que soient immédiatement arrêtés date et lieu de leur prochaine réunion en émettant le vœu d'une session au moins tous les cinq ans. Quant aux cahiers du clergé, ils se concentrent principalement sur la réforme de l'Eglise. Depuis que le concordat de 1516 avait abandonné au roi la nomination aux offices majeurs, nombreux étaient les hommes ou les proches du pouvoir qui en avaient été investis sans avoir ni le goût, ni le temps d'assumer leurs fonctions. Voilà pourquoi les cahiers du clergé réclament qu'on en revint aux dispositions de la Pragmatique sanction de Bourges en restituant aux chapitres l'élection des évêques et aux monastères celle des abbés. Face à ces doléances et de tant d'autres qui les accompagnent, le chancelier clôt la session en déclarant que « sa Majesté répondrait sur tous les articles... avant de quitter Orléans ».

C'est ainsi que fut rédigée, par Michel de l'Hospital et le conseil du roi, l'ordonnance d'Orléans (150 articles). Elle est pour l'essentiel achevée le 31 janvier 1561, jour même de la clôture des états. Mais elle ne fut envoyée qu'en août au Parlement qui, avant de l'enregistrer définitivement le 12 septembre 1561, lui apporta un certain nombre de modifications. Elle reprenait, en bien des points, les doléances des états et le plus souvent celles du tiers. Néanmoins, elle ne consacrait pas le principe de leur périodicité, même si elle leur reconnaissait de manière indirecte un certain droit à voter l'impôt (art. 135). Elle insistait sur l'état déplorable des finances du royaume, tandis qu'engagement était pris de procéder aux économies promises, tout en différant la mise en oeuvre. Elle laissait en même temps dans l'ombre plusieurs voeux importants exprimés par les états. C'est la raison pour laquelle Michel de l'Hospital publie en 1563 un édit sur la police et la justice du royaume. Traditionnellement qualifié d'ordonnance de Roussillon, il est un important complément de l'ordonnance d'Orléans dont les principales dispositions furent bien mal appliquées. Si mal, qu'au bout de quelques années elle ne fut plus guère efficiente.

3. – *États de Pontoise et colloque de Poissy (1561)*

Ils font suite à la demande de Michel de l'Hospital formulée lors de la clôture des états d'Orléans le 31 janvier 1561. L'assemblée s'ouvre le 30 juillet à Poissy et se poursuit pendant le mois d'août à Pontoise. Comme prévu, les députés avaient été élus par gouvernement et y sont peu nombreux. Ils ne sont que treize pour la noblesse et treize pour le tiers-état, tandis que ceux du clergé préfèrent rester à Poissy où se tient une assemblée du clergé de France. Le tiers, tellement accablé d'impôts, déclare ne plus pouvoir offrir que sa loyauté. Il demande, pour que soit réduite la dette publique, que la royauté revienne sur toutes les aliénations domaniales qu'elle avait consenties et qu'elle fasse procéder à la vente d'une partie du temporel ecclésiastique. Il réclame aussi une rupture radicale avec la politique religieuse conduite jusque-là par la monarchie et que le roi s'en remette à l'autorité d'un concile pour trancher les difficiles questions pendantes.

S'appuyant sur ces doléances, le chancelier et la régente réussissent à persuader le clergé de faire un geste extraordinaire. Ce qu'accepta le colloque de Poissy, accord qui prit le nom de contrat de Poissy (21 octobre 1561). Les représentants du clergé s'engageaient à verser la somme de 1 600 000 livres pendant six ans. Elle devait permettre à la monarchie de racheter les domaines et les revenus de divers impôts qui avaient été aliénés au profit de ses créanciers. L'Eglise de France prenait aussi l'engagement, passé le terme de ces six années, d'amortir en l'espace de dix ans les rentes constituées sur l'Hôtel de ville. Il y avait cependant à ce don une contre-partie, le clergé obtenait l'autorisation de se réunir en assemblée régulière et séparée pour le gérer. Au-delà de ces questions politiques et financières, le colloque de Poissy avait un tout autre objectif. Il s'agissait avant tout d'y débattre de l'avenir de l'Eglise et de tenter d'y régler les grandes questions de l'heure en présence de représentants des protestants qui furent invités à participer aux travaux.

4. – *Les premiers Etats de Blois (1576/1577)*

Réunis en novembre 1576, ils sont officiellement ouverts le 6 décembre dans un contexte difficile. Leur convocation, demandée par le groupe des *Malcontents* qui unissait des catholiques et des protestants modérés militant pour la coexistence pacifique des deux confessions, débouche sur des élections décevantes. Suite à des concessions faites par le pouvoir aux huguenots, les catholiques les jugent excessives. Ces tensions contribuent à troubler les élections auxquelles les protestants, en réaction contre les critiques qui leur sont adressées participent peu, prenant prétexte que dans nombre de bailliages l'annonce des élections n'avait pas été faite dans les règles. La crainte de laisser entrevoir qu'ils n'étaient qu'un petit nombre sans l'appui des *Malcontents* fait qu'ils ne présentent que très peu de candidats et n'envoient finalement que deux députés dont le sieur de Mirabeau, élu de la noblesse de Saintonge. Face à eux, la majorité était composée de catholiques intransigeants.

Dans son discours d'ouverture, Henri III attribue les difficultés aux malheurs du temps, rappelle tous ses efforts en faveur de la pacification et demande aux états de travailler avec lui pour reconstruire l'unité religieuse. Le chancelier confirme ce point de vue et précise qu'il ne sera pas demandé d'impôts pour la guerre, mais seulement pour la maison du roi. La vraie question était bien en fait celle du rétablissement de l'unité religieuse, qu'Henri III aborde directement à l'occasion de la séance du conseil du 29 décembre en se prononçant contre l'édit de pacification. Chaque ordre, en des formulations directes, prend position pour le rétablissement de l'unité tandis que le tiers va plus loin encore en réclamant la suppression du culte réformé. De telles provocations eurent pour résultat immédiat de généraliser la prise d'armes de la part des protestants dont les succès militaires, avec à leur tête Henri de Navarre, ne cessaient de s'amplifier dans tout le Midi.

Conscients de l'importance de leur position, les députés de la noblesse et du clergé veulent imposer au roi des réformes : reconnaître valeur de loi aux décisions unanimes des trois ordres, demander au souverain de divulguer le nom de ses conseillers avec possibilité d'en récuser certains et lui imposer une commission de douze membres de chaque ordre en vue de parvenir ensemble à un accord au cas où les voeux des trois ordres ne coïncideraient pas. Face aux hésitations du tiers à cautionner ces propositions, Henri III accepta simplement de faire connaître la liste de ses conseillers et de recevoir une délégation de trente-six députés, mais non point de reconnaître valeur de loi aux décisions des états.

Consentir ces quelques concessions n'avait d'autre but que de mieux se placer en position de pouvoir demander des subsides, tant étaient lourdes les charges de l'Etat. Le clergé qui avait largement contribué à la résorption de la dette depuis le contrat de Poissy, rétorqua aussitôt qu'il n'entendait pas augmenter sa participation. Les nobles se montrèrent tout aussi réticents et le tiers-état plus encore. Même si au terme de longues négociations, le clergé finit par consentir à payer pendant six mois la solde de 1000 gendarmes et de 4000 fantassins, Henri III se heurta dans l'ensemble à une opposition systématique des états en matière financière. Ils rejetèrent même sa demande d'aliénation de certains biens du domaine.

Face à cette opposition si déterminée des états, le roi n'avait plus qu'à déclarer close la session, ce qu'il fit dès les 16 mars 1577. Il adressa alors une lettre à tous les baillis pour leur expliquer « les causes du retardement des états » et promettre à la population que sa Majesté s'occuperait « de pourvoir à tout, aussi tôt que l'état des affaires de ce royaume » le permettrait. La promesse fut effectivement tenue, mais bien plus tard avec la rédaction de l'ordonnance de Blois de mai 1579 que les états avaient réclamée avec tant d'insistance. Et elle ne le fut que sous la pression de plusieurs états provinciaux et grâce à l'action efficace du nouveau chancelier Hurault de Chiverny. Entouré d'une commission efficace, il mena à bien le travail en quelques mois. Vérifiée et enregistrée au Parlement en janvier de l'année suivante, cette ordonnance, qui comporte 363 articles, reflète fidèlement en bien des points les voeux des états. Néanmoins, elle ne fut guère appliquée dans l'immédiat. Tout juste permit-elle à Henri III d'obtenir quelques menus subsides.

5. – *Les seconds Etats de Blois (1588)*

Convoqués sous la pression de la Ligue et ouverts le 16 octobre 1588, ils sont aussi dominés par elle. Ses représentants obtiennent un énorme succès aux élections comme en témoignent les noms des présidents des trois ordres : le cardinal de Bourbon et le cardinal de Guise pour le clergé, Charles de Brissac pour la noblesse et pour le tiers, un des membres les plus en pointe de la Ligue en la personne de La Chapelle-Marteau prévôt des marchands de Paris. Les trois ordres se présentent fortement unis face au roi sous l'impulsion du tiers qui, soutenu par le clergé, prend la tête du mouvement. Tant les réformes promises et toujours remises que la tiédeur d'Henri III à lutter ouvertement contre les protestants suscitent de vives réactions de la part des Ligueurs. Son intention déclarée, dans son discours d'ouverture, de supprimer toute ligue dans le royaume ne fait qu'aviver les tensions.

C'est dans ce contexte qu'il dut finir par se plier, à la demande pressante des états, de jurer à nouveau l'Edit d'Union avant même l'ouverture de la session, ce qu'il fit dès le 15 octobre, serment qu'il renouvela le 18 en prononçant ces paroles : « je jure devant Dieu, en bonne et saine conscience, l'observation de ce mien édict ». Et comme pour donner plus de force à cet engagement, les trois ordres eux-mêmes le reprennent aussi à leur compte « mettant les ecclésiastiques la main à la poitrine et tous les autres levant les mains vers le ciel. » Forts de ce premier succès, les états vont plus loin et s'efforcent d'obtenir ce qui n'avait pu devenir réalité en 1588 : faire en sorte que toute décision votée par les trois ordres fût tenue pour loi. Forts de cette conviction, ils refusent tout subside, tout en exigeant que la guerre contre les protestants continuât. Mieux encore, ils exigent que les tailles soient réduites pour être ramenées au taux de 1576.

C'est dans ce climat d'extrême tension que sont assassinés, les 23 et 24 décembre, le duc et le cardinal de Guise. La session touchant à sa fin, Henri III propose aux états de faire examiner leurs doléances par une commission mixte dans laquelle siégeraient des députés et des membres du conseil. Les états s'y refusèrent, répondant au roi que c'était à lui de « construire sur iceulx (voeux) les ordonnances requises. » Comme il est de tradition, chaque ordre s'exprima alors avant la clôture définitive (15 et 16 janvier 1589). L'archevêque de Bourges, porte-parole du clergé, fit une revue des malheurs du temps sans grande originalité en émettant le vœu d'une réformation qui « ferait multiplier le peuple, fleurir la justice et assurer la tranquillité en ce royaume ». Charles de Brissac rappela pour la noblesse toute l'importance qu'elle attachait à l'Edit d'Union et à l'unité de foi, tandis que l'orateur du tiers se plut à insister sur la satisfaction de son ordre à voir enfin sa Majesté disposée à écouter ses plaintes.

Aucune grande ordonnance n'est venue marquer du sceau royal les doléances des états de 1588. Même beaucoup plus brèves que celles d'Orléans ou des premiers états de Blois, elles n'en eurent pas moins une importance capitale. Elles expriment avec beaucoup de profondeur et d'équilibre l'état de l'opinion autour des réformes qui devraient être conduites en faveur de l'Eglise et dans le domaine de la justice. Peu innovantes en matière fiscale, elles s'efforcent cependant de suggérer les remèdes à envisager pour assainir les finances et conjurer la dette, en particulier en reconnaissant aux états libre capacité de voter l'impôt. Elles imaginent aussi et peut-être surtout toute une série de garanties dans le jeu complexe des mécanismes de pouvoirs de la France de la Renaissance : multiplication des assemblées d'états, rôle accru qu'elles devraient jouer dans l'élaboration de la norme, rôle de premier plan réservé aux lois fondamentales. Ainsi, en dépit d'une session qui peut paraître médiocre eu égard aux résultats immédiats obtenus, les seconds états de Blois n'en demeurent pas moins porteurs pour le devenir du système constitutionnel monarchique.

6. – *Les états de Paris (1593)*

Ils sont convoqués dans le contexte de crise successorale déjà évoqué, en janvier 1593, par le duc de Mayenne, chef de la Ligue. Proclamé lieutenant général du royaume au lendemain de la mort du duc de Bourbon, il envisage de les réunir dans un premier temps à Reims avant de choisir Paris. Investis de la difficile mission de régler la délicate question de succession qui se pose alors, ils doivent procéder à l'élection d'un roi. Le successeur légitime, Henri de Navarre, neveu du duc de Bourbon étant protestant, l'issue des débats restait largement ouverte en raison des prétentions espagnoles et de la volonté de Philippe II d'imposer l'Infante sur le trône de France.

En raison des troubles politiques et des difficultés de circulation, certaines régions ne furent pas ou mal représentées si bien que les états comptèrent à peine plus de 180 députés au lieu d'environ 500 à l'ordinaire. La plupart d'entre eux, membres ou sympathisants actifs de la Ligue, se montrèrent très favorables à l'Eglise. Peu de cahiers de ces états ligueurs nous sont parvenus. Tous se retrouvent autour d'un vœu commun : l'élection d'un roi catholique et français. Ils demandent aussi la réception de la plupart des dispositions du concile de Trente, une réduction considérable de la fiscalité, le maintien des libertés provinciales et la réunion périodique des états.

Ouverte le 26 janvier 1593 au Louvre par le traditionnel discours prononcé cette fois par le duc de Mayenne en sa qualité de lieutenant général, la session tourna rapidement à la confusion. Après que le duc de Feria, représentant du roi d'Espagne, eut présenté les prétentions espagnoles et que le cardinal Pellevé lui eut répondu, le principe d'une conférence fut arrêté sur proposition du duc de Mayenne. Devaient y être nommés des députés des Ligueurs – qui disaient n'être préoccupés que par le maintien de la religion et de l'Etat – et des royalistes qui leur proposaient de déterminer avec eux les moyens d'y parvenir. Cette conférence vit effectivement le jour mais finalement, l'affaire tourna court. Alors que les Ligueurs ne contestaient pas les droits d'Henri de Navarre devenu Henri IV, mais qu'ils soutenaient en même temps qu'ils étaient mis à mal par l'hérésie, voilà que qu'arrive le 17 mai la nouvelle de sa conversion « pour avoir cogneu et jugé estre bon de le faire ». Plus rien alors ne s'opposait à ce qu'il fût reconnu roi par tous à partir du moment où les états, incapables d'adopter une position claire face à la candidature de l'Infante se trouvèrent dessaisis de l'affaire au profit du Parlement qui, dans le célèbre arrêt Le Maistre du 28 juin fit savoir que « sous prétexte de religion », le royaume ne pouvait être « occupé par estrangers ». Dans ces conditions, la session n'avait plus d'objet et les états se séparèrent en octobre.

7. – *Les états de Paris (1614)*

Ils sont convoqués dans un contexte de crise et sous la pression des princes qui, profitant de la régence de Marie de Médicis, avaient déclaré « le temps des rois est passé, celui des grands et des princes est venu ». Même si pareille assertion n'était plus de saison alors que Louis XIII venait tout juste d'atteindre l'âge de la majorité à la veille de leur convocation, toute cette haute aristocratie, en particulier le prince de Condé cousin du roi et premier prince du sang, n'en demeure pas moins très hostile à la politique de la régente et de son ministre Concini. Tous leur reprochent « les profusions et prodigalités qui se faisaient des finances du roi » alors qu'ils se sont rebellés et ont pris les armes. Convoqués le 7 juin par la régente à Sens pour le 10 septembre, les états se réunissent finalement à Paris en octobre.

Sur les 464 députés qu'ils comptent, 132 représentent la noblesse, 140 le clergé et 192 le tiers-état. Contrairement à ce qu'avaient espéré les princes, les élections ne leur sont guère favorables. Presque tous les élus de la noblesse sont des inconnus, n'était ce son président, le baron de Senecey. Mal représentée, la noblesse est aussi appauvrie par les guerres et la crise économique. Contrainte de ne pas déroger, elle ne peut compenser ce manque à gagner en se livrant au commerce ou à l'industrie. Voilà qui la conduit à s'adosser jalousement à ses privilèges et à les défendre. Le clergé peut au contraire s'enorgueillir de compter des représentants de poids en la personne de célèbres cardinaux, tels Du Perron ou de Joyeuse qui fut élu président de l'ordre, sans compter le tout jeune évêque de Luçon, A. Du Plessis de Richelieu. Les membres du tiers sont aussi fort bien encadrés avec des personnalités comme Robert Miron son président, prévôt des marchands de Paris ou Jean Savaron, lieutenant général de la sénéchaussée d'Auvergne. Contrairement à celle de la noblesse, la représentation du tiers figure une bourgeoisie aisée qui s'est enrichie dans le commerce, la banque et la finance. Forte de cette richesse mobilière et foncière, elle a investi dans des offices qui souvent anoblissent et poussent ses titulaires à regarder vers la noblesse de robe. C'est principalement de cette bourgeoisie d'officiers de justice, de finances et de magistrats urbains qu'est composé l'ordre du tiers. Pareilles structures socio-politiques ne pouvaient que déboucher sur de multiples tensions. Elles se cristallisent autour de trois questions essentielles qui devaient émailler toute la session de violents conflits et la rendre peu opératoire : la vénalité des charges, le gallicanisme, les problèmes fiscaux et financiers.

Vénalité des charges. La noblesse, très critique à l'égard de la bourgeoisie anoblie par les offices et jalouse d'elle, proposait une solution radicale, supprimer la Paulette et par là même l'hérédité des offices qui demeureraient obligatoirement vénaux dans la mesure où la royauté était dans l'impossibilité de les racheter. La Paulette supprimée, la règle des quarante jours redeviendrait obligatoire et les officiers seraient ainsi contraints de se démettre plus tôt de leur charge afin de pouvoir la transmettre en toute sécurité avant leur mort. Dans ce nouveau contexte, les offices deviendraient à la fois plus nombreux et moins chers, donc moins porteurs d'ascension et de prétention pour la bourgeoisie. Bien que l'opinion publique fût favorable à la suppression de la Paulette, tant d'intérêts divergents traversaient les états que la position du clergé et surtout celle du tiers, dont tant de membres étaient officiers, oscilla sans cesse. Et dans l'hypothèse où la Paulette viendrait à être supprimée, il conviendrait de trouver l'équivalent des 1 600 000 livres qu'elle rapportait, ce qui ne pourrait se faire qu'en diminuant les pensions dont les nobles vivaient principalement. Finalement, le roi se montra favorable à la suppression moyennant la diminution d'un quart des pensions. Pour apaiser les craintes des députés présents aux états qui viendraient à décéder en cours de session sans avoir pu résigner dans le respect de la règle des quarante jours, il les assurait que leurs offices passeraient à leurs veuves et héritiers. La mise en oeuvre de ce compromis apparut tellement complexe que les députés du tiers le refusèrent, si bien que la noblesse et le clergé durent se contenter d'inscrire, dans leurs cahiers, le vœu de voir supprimer la vénalité des offices, vœu que se trouva aussi contraint de formuler le tiers sous peine d'être sanctionné par l'opinion.

Gallicanisme. C'est à propos de la rédaction de l'article premier du chapitre *Des loix fondamentales de l'Estat* dans le cahier du tiers que surgit la question du gallicanisme. Cet article prévoyait qu'il devait être tenu pour loi fondamentale que le roi « reconnu souverain en son royaume, ne tenant sa puissance que de Dieu seul, il n'y a puissance en terre quelle qu'elle soit, spirituelle ou temporelle, qui ait aucun droit sur son royaume pour en priver les personnes sacrées de nos rois ». C'était affirmer sans détour qu'aucune puissance, en particulier le pape, ne saurait être habilitée à intervenir à l'encontre du souverain et mettre en cause son pouvoir. Pareille disposition suscita une violente opposition des députés du clergé qui déniaient à ceux du tiers toute compétence pour juger de ces questions et disposer à leur sujet. Au terme d'interminables négociations suite au refus du tiers de communiquer le contenu de ce projet d'article au clergé, le conseil du roi fut saisi de l'affaire. Condé s'y fit le porte parole des gallicans en affirmant que « la puissance du roi n'est de nul pouvoir ». En dépit d'une telle prise de position et des longues tractations qui s'ensuivirent, le tiers ne parvint pas à faire triompher son point de vue. Le roi fit savoir « qu'il n'estoit plus besoin » de mettre l'article au cahier et le tiers dut prendre acte de cette décision en acceptant que soit inscrite, dans le cahier général des doléances des états, la disposition suivante : « le premier article concernant la souveraineté de l'estat du roi et conservation de sa personne n'a esté ici employé » parce que le roi en a ordonné le retrait avec promesse de le réexaminer favorablement plus tard. C'était une incontestable victoire de l'ultramontanisme et de ses partisans qui, une nouvelle fois, insistèrent pour que soient officiellement reçues les dispositions du concile de Trente.

Fiscalité et finances. Réclamée depuis longtemps, la création d'une Chambre de justice destinée à connaître des malversations financières les plus notoires fut acceptée par les députés des trois ordres. Mais elle fut ajournée par la reine qui avait trop besoin des financiers dont l'évêque de Tarbes écrivait qui'« ils mettaient si bon ordre à leurs affaires qu'il faudrait se lever bien matin pour les surprendre. »

Le problème le plus crucial restait celui des impôts dont chacun s'accordait à dénoncer la lourdeur. À la demande du tiers qui réclamait avec insistance la remise du quart des tailles, une commission de 36 membres, dont 12 pour chaque ordre, fut constituée. Elle entendit le président du conseil des finances lui expliquer l'ampleur du déficit et l'impossibilité devant laquelle se trouvait le gouvernement d'accéder à la demande du tiers. En réalité, aucun état détaillé des finances du royaume ne fut donné en raison de leur état déplorable et tellement aussi il se commettait d'abus « tant en la recepte qu'en la dépense » comme le soulignaient avec insistance les cahiers de la noblesse et du clergé.

Face à tant de déconvenues et de tensions, les trois ordres demandent au roi de pouvoir s'assembler pour la remise des cahiers et députer 12 délégués en vue de les examiner avec voix délibérative. Ils souhaitent aussi pouvoir récuser les commissaires royaux qui ne leur conviendraient pas. Autant de revendications qui ne leur furent pas accordées. La séance solennelle de clôture, avec remise des cahiers, eut lieu le 23 février 1615. Elle fut principalement marquée par l'intervention de Richelieu qui parla pour le clergé et fit valoir son aptitude – la sienne aussi – à participer à la gestion des affaires publiques. Puis le baron de Senecey parla au nom de la noblesse, tandis que R. Miron rappela les doléances du tiers. La parole revenait alors au pouvoir qui, après avoir remercié les députés, promit « de faire voir les cahiers » et de leur apporter réponse rapide. Elle fut donnée le lendemain au Louvre quand le roi s'engagea, sans grande conviction, à supprimer la vénalité des charges, organiser une chambre de justice et diminuer les pensions. Pour le reste, on verrait plus tard.

C'est ainsi que prirent fin les états de 1614. Divisés, ils n'avaient pas réussi à imposer leurs vues à la monarchie. Incertaines et mal définies qu'étaient depuis toujours leurs prérogatives, ils ne pouvaient prétendre exercer un véritable contrôle sur la monarchie. Soumis à la seule volonté du prince pour leur convocation, ils ne parvinrent jamais à imposer une périodicité de leurs sessions. Consultés sur les questions fiscales, ils furent au mieux appelés à approuver l'impôt, jamais à l'autoriser. Convoqués sur la seule initiative du pouvoir et dépourvus de tout mandat représentatif, leurs doléances – même unanimes – ne furent jamais tenues pour lois. C'est cependant dans ce domaine de l'élaboration de la norme que leur action fut la plus sensible. Certes, ils ne parvinrent jamais à se donner la stature et les pouvoirs d'une assemblée légiférante, mais leur influence sur l'évolution de la législation royale tout au long de la seconde moitié du XVIe siècle a été considérable comme en témoignent quelques grandes ordonnances, en particulier celles d'Orléans (1561) et de Blois (1579). Cette tradition prit fin avec les états de 1614 tant les tensions qui régnaient entre les ordres leur interdirent d'imposer à la monarchie des vues unitaires. Louis XIII et surtout Richelieu surent en profiter pour s'affirmer face à la seule représentation qu'ils étaient de la nation. Une représentation si fragile et si peu fonctionnelle qu'elle fut mise en sommeil jusqu'à la dernière convocation des états généraux par arrêt du conseil du 8 août 1788. La monarchie leur préféra des assemblées à la fois moins nombreuses plus souples.

§. 2. – LES ASSEMBÉES DE NOTABLES

Plus que les états généraux, les assemblées de notables sont véritablement le reflet de la pratique du gouvernement à grand conseil. Parce que le roi les tient véritablement en sa main et que leur composition ne résulte nullement d'une élection, mais d'une décision royale. Ces assemblées, que la royauté a assez souvent réunies jusqu'en 1627, font figure de conseil du roi élargi. Elles demeurent ensuite en sommeil jusqu'à la fin de l'Ancien Régime pour ne retrouver alors qu'un visage nouveau et fort différent en 1787 puis 1788. De la fin du Moyen Âge jusqu'aux premières décennies du XVIIe siècle, aucune des assemblées convoquées n'a profil vraiment identique (A) tandis que l'objet de leurs délibérations reflète toujours les préoccupations du moment (B).

A. PROFILS

Il faut avant tout voir dans ces assemblées un conseil que le roi consulte et non une assemblée d'états en réduction. Elles sont beaucoup moins nombreuses qu'une assemblée d'états et la philosophie qui préside tant à leur convocation qu'à leur composition est tout à fait différente. Comme les états, elles sont certes convoquées par le roi, mais là s'arrête la ressemblance. Tandis que les états sont composés de députés élus par les trois ordres, les membres des assemblées de notables sont directement désignés par le roi qui les choisit en fonction de leur capacité, de leur fidélité et de leur dévouement à la chose publique. Il est même jusqu'au vocabulaire utilisé pour les qualifier qui est très fluctuant, l'expression d'assemblée de notables n'ayant guère eu cours, semble-t-il, avant les dernières décennies du XVIe siècle. Ce qui caractérise avant tout une assemblée, c'est que le tiers-état n'y est pas représenté. Y sont principalement appelés des nobles et des ecclésiastiques. Les officiers qui sont invités à y siéger – présidents et procureurs des cours souveraines, magistrats, consuls ou maires de grandes villes – sont le plus souvent des anoblis désignés en leur qualité de représentants d'une sorte de quatrième état, celui des gens de justice. L'examen de la structure des différentes assemblées reflète parfaitement cette situation. Ainsi celle de 1617 où l'on dénombre 15 nobles d'épée et 26 de robe, deux cardinaux, cinq archevêques et six évêques. Il en va de même pour celle de 1626-1627 qui compte dix gentilshommes, 27 représentants du monde de la justice, 13 prélats et deux députés de la ville de Paris. Sont aussi de plus convoqués, à côté de ces notables, les plus proches du roi qui, sans participer aux délibérations de l'assemblée, écoutent ses avis et donnent leur point de vue. Il s'agit des princes, des ducs, des pairs, des grands officiers de la couronne et des principaux ministres. Leur présence contribue à renforcer le caractère de conseil élargi toujours reconnu à ces assemblées où le roi est représenté par un président et des présidents adjoints.

Maître de la convocation de l'assemblée, le souverain ouvre chaque session qui débute par une grand messe. Un grand prélat y prononce un sermon. Toujours en rapport avec l'actualité, invitation est en même temps faite aux notables à donner leur avis avec objectivité et rappel fait au roi d'assumer sa double mission de justice et de paix. Fixation de l'ordre du jour et initiative des propositions lui appartiennent. Il s'appuie en permanence sur son procureur au Parlement auquel il remet les propositions élaborées avec son conseil. Il le charge aussi de les transmettre à l'assemblée pour qu'elle les discute et donne son avis. Elle le fait le plus souvent au terme d'un vote. Ses modalités ne laissèrent pas de poser des problèmes à l'occasion des premières réunions. Le roi souhaitait que ce vote se fit par ordre séparé, ce contre quoi s'insurgea vivement le groupe des officiers en 1617. Ils firent remarquer avec véhémence qu'ils ne représentaient nullement le tiers-état mais que le titre de parlementaire que possédaient nombre d'entre eux en faisait véritablement les égaux, sinon les supérieurs de la noblesse, sur laquelle ils avaient droit de juridiction. Leur requête fut entendue. Le roi finit par leur reconnaître rang égal avec la noblesse et le clergé, ce qui permit délibération et vote en commun par tête.

Contrairement aux états, les assemblées de notables ne sont pas habilitées à adresser au roi des doléances, mais simplement à formuler des avis. À cette fin, elles peuvent constituer des commissions, s'informer des délibérations des précédentes assemblées, des ordonnances et des coutumes en vigueur, de la situation financière, administrative et judiciaire du royaume. Un greffier note l'ensemble des questions débattues, les interventions de chacun et pointe les votes. Il rédige sur ces bases un compte-rendu. Qualifié de « résultat », il est remis au roi lors de la clôture de la session sous forme d'un cahier sur lequel le conseil était appelé à délibérer. Tout comme les doléances des états, les avis donnés par les assemblées pouvaient être repris en tout ou en partie pour servir de base à l'élaboration de la législation royale. Ainsi, par exemple, Louis XIII déclare-t-il dans la grande ordonnance de réformation de 1629 qui suit de peu l'assemblée de notables réunie à Rouen en 1627, que son souhait de restaurer l'Etat et de rétablir la couronne dans ses droits s'inscrit directement dans le sillage des avis exprimés par le notables.

B. COMPÉTENCES

Elles sont si variées et si conditionnées par l'actualité qu'il est fort malaisé de les regrouper en quelques rubriques. Chaque assemblée est convoquée pour un motif bien précis et avec un ordre du jour qui n'a jamais rien de systématique. Sans étudier dans le détail toutes les celles qui se sont succédé jusqu'en 1627 (dont les principales sont : 1527, Paris ; 1558, Paris ; 1560, Fontainebleau ; 1575, Paris ; 1583, Saint-Germain-en-Laye ; 1596/97, Rouen ; 1617, Rouen et Paris ; 1625, Fontainebleau ; 1626/27, Paris), quelques exemples permettent de saisir la variété des questions dont elles connaissaient et de mesurer l'impact de leur action.

L'assemblée qui se tient à Paris du 16 au 20 décembre 1527 est d'une nature tout à fait particulière. À s'en tenir aux procès-verbaux officiels, on apprend que le roi s'y trouvait « tenant son lit de justice » et, de François Ier lui-même, que cette assemblée n'a pas été réunie « par forme d'états ». En réalité, pour se faire une idée précise de sa nature, il convient de se pencher sur sa composition et son lieu de réunion. Certes, elle siège bien au palais, dans la grand chambre du Parlement, mais elle réunit bien plus que les membres du Parlement. Pus de deux cents notables la composent parmi lesquels des princes, de nombreux ecclésiastiques, des gentilshommes, des membres de plusieurs parlements de province, des gens de justice des cours inférieures, des avocats, des échevins de plusieurs grandes villes, en particulier ceux de Paris qu'accompagne le prévôt des marchands. Une large représentation de la nation donc, insuffisante pour en faire une assemblée d'états mais qui dépasse largement l'effectif habituel d'un lit de justice. Il s'agit bien de notables et de notables choisis par le roi en dehors de toute élection.

Ils entendirent de lui un long discours avant tout destiné à leur expliquer le motif de leur convocation, tout en leur demandant d'adhérer à ce qui leur était exposé. Question double leur était ainsi posée. Le traité de

Madrid que François Ier prisonnier avait dû signer sous la contrainte et stipulant que la Bourgogne serait cédée à Charles-Quint était-il valable ? Par quels moyens, réunir les deux millions d'écus nécessaires au rachat de la liberté des deux fils du roi devenus otages à la place de leur père et qui devaient aussi permettre la reprise de la guerre ? Cette double question s'adressait tout à la fois aux juristes de l'assemblée et à ceux qui étaient censés représenter la nation. Pour délibérer, ils se répartirent finalement en quatre groupes. Le clergé, la noblesse et les représentants des villes y figurèrent les trois états, tandis que les juristes et gens de justice constituèrent, à part, un quatrième groupe. Chacun fit connaître son avis par la voix de ses représentants, avis qui valait réponse et qui prit forme d'arrêt du Parlement. Le traité de Madrid y était déclaré nul tant en raison du droit des peuples à disposer d'eux-mêmes que du principe, non encore officiellement formulé par voie d'ordonnance mais fortement admis en pratique, de l'inaliénabilité du domaine de la couronne. Quant à l'autorisation de lever une imposition à caractère exceptionnel, elle fut unanimement donnée par les « quatre ordres » qui se fondèrent sur l'expresse nécessité dans laquelle se trouvait la monarchie de défendre le royaume. Aussi surprenante dans sa composition que dans la procédure suivie pour ses travaux, cette assemblée a véritablement été investie d'une mission à caractère constitutionnel, ce qui explique sans doute que le pouvoir ait voulu comme enchâsser son avis dans la solennité d'un arrêt du Parlement.

À l'**assemblée réunie à Paris du 5 au 14 janvier 1558,** le roi n'assigne d'autre objet que de l'aider à trouver les fonds nécessaires à la poursuite de la guerre. Sa composition et surtout le mode de désignation des ses membres lui donnent un caractère mixte. Tandis que les délégués des villes sont élus et font davantage penser à des députés aux états, ses autres membres lui donnent franchement allure d'assemblée de notables. Membres de la noblesse et du clergé sont soigneusement choisis par le pouvoir qui appelle aussi à siéger tous les premiers présidents des parlements dans lesquels il voyait les représentants d'un quatrième état, l'état de justice. Forts de leur existence, ils tentèrent d'accréditer l'idée qu'il s'agissait d'une véritable assemblée d'états et siégèrent de manière séparée, ce qui conduisit les trois autre ordres à les imiter. Une fois que la demande royale fut officiellement formulée – obtenir trois millions d'écus d'or par voie d'emprunt sur des personnes notables, les députés des villes firent connaître leur réticence et obtinrent d'être dispensés de cette obligation. Finalement, la bonne nouvelle de la prise de Calais le 8 janvier par les troupes royales sous le commandement de François de Guise emporta l'adhésion de l'assemblée qui, non seulement consentit que fût décidé le principe d'un emprunt de trois millions d'écus sur les plus riches, mais aussi levé un impôt d'un montant équivalent « pour le service du pays ».

L'assemblée de Fontainebleau (21-26 août 1560) illustre une situation différente puisqu'en sont exclus tous les officiers des cours souveraines, mesure à l'encontre de laquelle ils élèvent une vive protestation. Y sont appelés tous les proches collaborateurs du souverain : membres du conseil, secrétaires d'état, maîtres des requêtes, trésoriers de l'Epargne et chevaliers de l'Ordre. Ainsi cette assemblée avait elle toutes les caractéristiques d'un conseil élargi davantage destiné à débattre des problèmes généraux de l'heure que de prendre de véritables décisions. Y furent principalement évoquées la question de la liberté du culte et, plus encore, l'éventuelle convocation d'états généraux que le souverain finit par annoncer en concluant les débats. Sans doute faut-il voir dans cette décision finale un véritable aveu d'incompétence de la part d'une assemblée qui acceptait de s'en remettre à un corps qu'elle jugeait à juste titre plus représentatif, mais peut être pas plus compétent qu'elle ne pouvait l'être.

L'assemblée de Rouen (4 nov. 1596-26 janv. 1597) présente elle aussi des caractères spécifiques. Bien que relativement peu nombreux et qu'ils se qualifient pour la première fois semble-t-il, de notables, beaucoup de ceux qui la composent furent élus dans le cadre de chaque gouvernement et non pas nommés par le roi. Tel fut le cas de tous les députés de la quinzaine de villes retenues. Elles furent invitées à choisir leurs représentants parmi leurs échevins, au sein d'assemblées de notables locaux préalablement convoquées. À côté de cette forte délégation urbaine, siégeaient 26 gentilshommes, 11 évêques, 24 membres des cours souveraines et 20 trésoriers de France dont la présence voulait, avant tout, marquer la fonction fiscale dévolue à cette assemblée.

Le souverain s'efforça effectivement de lui conférer des attributions identiques à celles des états généraux pour ne pas avoir à les réunir. Il profita du discours d'ouverture de la session pour s'adresser en ces termes à tous les membres présents : « Je vous ai assemblés pour recevoir vos conseils ... pour les suivre, bref pour me mettre en tutelle entre vos mains ». Forts de cette assurance d'être consultée comme pouvaient l'être les états, l'assemblée alla jusqu'à adopter leurs méthodes de travail. Les représentants des trois ordres travaillèrent ensemble et de concert, puis chargèrent une commission de rédiger un avis commun remis à Henri IV qui prit l'engagement de le soumettre au conseil. Il servit de base à la préparation de l'édit de janvier 1597 et inspira plus tard la création du conseil des finances. En marge de cet avis donné au roi, l'assemblée prit plusieurs décisions en vue d'assainir les finances de l'état. Furent ainsi votées la suspension des gages des officiers royaux pour une année et la création d'un nouvel impôt d'un sou par livre sur toutes les transactions portant sur les marchandises. Cet impôt fut qualifié de « pancarte » en raison de l'affiche obligatoirement apposée dans les bureaux où étaient payés les droits en vue de faire connaître la valeur des marchandises, base de calcul de ces droits.

L'assemblée qui siège à Paris du 3 nov. 1626 au 24 fév. 1627 est une véritable assemblée de notables, mais elle est largement dominée par le monde des juristes. Parmi ses 55 notables, on recense 19 premiers présidents, présidents ou procureurs généraux de parlements, quatre premiers présidents et procureurs généraux de chambres des comptes, quatre premiers présidents et procureurs généraux de cours des aides, soit au total 27 représentants des milieux judiciaires auxquels on peut ajouter le prévôt des marchands de Paris et le lieutenant civil. Voilà qui réduisait à peu la place dévolue aux 13 prélats auxquels étaient venus s'adjoindre dix gentilshommes dont se trouvaient exclus princes, pairs et ducs et tous les grands que le roi jugeait compromis dans des affaires politiques. En marge de cette assemblée et pour entendre ses avis, il avait aussi convoqué, à titre de conseil, plusieurs de ses grands officiers ou membres de son conseil.

Comme il l'avait souvent fait par le passé, le pouvoir s'efforça d'obtenir des ordres qu'ils délibérassent de manière séparée. Il n'en fut rien. Les robins refusèrent catégoriquement d'être séparés des nobles et du clergé, ce qui aurait fait d'eux une sorte de troisième ordre. À leurs yeux, pareille vision était inconcevable puisque les parlements que beaucoup d'entre eux représentaient, comptaient en leur sein des princes du sang ou des officiers de la couronne. Au cours de cette session, l'assemblée siégea 35 fois. Des commissions furent constituées qui permirent un travail efficace sur quelques grands problèmes importants : finances, police, armée et places fortes. Ces commissions eurent pour mission de réunir les informations les plus complètes à partir de la législation existante, des procès-verbaux des précédentes assemblées, de la situation financière et de tous avis qu'elles pouvaient recueillir. Sur ces bases, elles préparèrent un rapport et le soumirent à l'approbation de l'assemblée en vue de la rédaction finale du « résultat », puis du cahier à présenter au roi. Dès le 16 février 1627, Louis XIII prenait en considération l'ensemble de ces travaux et publiait une déclaration dans laquelle il affirmait que les avis donnés par les notables le confortaient dans le souhait qu'il avait de restaurer l'Etat, de redonner toute sa dignité à la couronne et de faire en sorte que chaque ordre retrouve dans la nation la place qui lui revenait. Avec cette déclaration pour « le rétablissement de tous les ordres de son royaume et soulagement de son peuple », Louis XIII ouvrait en quelque sorte la voie à la préparation de la grande ordonnance de réformation de janvier 1629 qualifiée de Code Michaud pour railler le nom de son rédacteur, le garde des sceaux Michel de Marillac qui se mit au travail, sitôt la session terminée, pour la préparer. Même si cette ordonnance ne fut jamais appliquée, elle montre à quel point le pouvoir prit en compte tous les avis qu'il avait pu recevoir tant de l'assemblée de 1426/1427 que des précédentes. En témoigne à souhait le préambule dans lequel Louis XIII déclare : « nous avons dès l'an 1614, peu de temps après nostre avènement à la couronne, assemblé en nostre bonne ville de Paris, les trois états de nostre royaume, et depuis en l'année 1617, en ladite ville de Rouen, et en l'an 1626, en ladite ville de Paris, convoqué plusieurs personnes notables de tous ordres, et avec eux les principaux officiers de nos cours de parlement, et d'iceux reçu les remontrances et avis sur les propositions qui leur ont esté faites de notre part..... Lesquelles propositions, remontrances et avis, vus et examinez en nostre conseil privé.... avons statué et ordonné, statuons et ordonnons... ». Voilà la preuve tangible de l'attention que portait régulièrement le pouvoir aux avis des notables et de toute l'importance qu'il leur attachait.

Là s'arrête la compétence de ces assemblées. Elles n'eurent jamais le moindre pouvoir de décision. La « pancarte » votéé par l'assemblée de Rouen de 1596/1597 est une réelle exception. Ce que recherche avant tout le roi, c'est leur avis sur des projets ou des points techniques et souvent aussi leur adhésion en cas de mesures difficiles à faire admettre, en matière d'impôts en particulier. Ne comptant que des membres dépourvus de tout mandat, les assemblées de notables ne prirent jamais forme d'assemblées représentatives contrairement aux états généraux. Cependant, dans un cas comme dans l'autre, tant le manque de périodicité des réunions que l'absence claire d'une définition des pouvoirs reconnus à ces deux institutions contribuèrent à les maintenir dans une position de relative faiblesse. Le jugement que porte Jean Bodin sur la fonction des états généraux, dont il fut député, est significatif à cet égard : « en cela se congnoist la grandeur et majesté d'un vray prince souverain quand les estats de tout le peuple sont asssemblez, présentans requestes et supplications à leur prince, sans avoir aucune puissance de rien commander, ni décerner, ni voix délibérative, ainsi ce qu'il plaist au roi consentir ou démentir, commander ou défendre, est tenu pour loy ». Guy Coquille, lui aussi député aux états, fait écho de cette prise de position, estimant que le roi doit seulement prendre conseil des états sans jamais avoir à céder la moindre parcelle de son autorité. Leur condamnation, tout comme celle des assemblées de notables, devient sans appel quand les grands serviteurs de l'Etat des années 1600 daignent porter leur regard sur eux, tel Sully qui ne voit en eux que des institutions incapables d'œuvrer en bien tant pour le roi que pour le peuple.

BIBLIOGRAPHIE

Administration (L') des finances sous l'Ancien Régime, Actes du Colloque de Bercy, 22-23 fév. 1996, Paris, 1997.

ANDRÉ L., *Michel Le Tellier et l'organisation de l'armée monarchique*, Paris, 1906.

ANTOINE M., « L'Administration centrale des finances en France du XVIe au XVIIIe siècle », *Histoire comparée de l'administration (IVe-XVIIIe siècle)*, Actes du IVe colloque historique franco-allemand de l'Institut Historique Allemand de Paris, Tours, 27 mars-1er av. 1977, Paravicini W. et Werner K.-F. dir., München, 1980, p. 511-533.

ANTOINE M., *Le dur métier de roi*, Paris, 1986, p. 197-238.

ANTOINE M., « Les comités de ministres sous le règne de Louis XV », *R.H.D.F.E.*, 1951, p. 193-230.

ANTOINE M., *Le cœur de l'État. Surintendance, contrôle général et intendants des finances. 1552-1791*, Paris, 2003.

ANTOINE M., *Le Conseil du roi sous le règne de Louis XV*, Genève, 1970.

ANTOINE M., *Le Conseil royal des finances au XVIIIe siècle et le registre E 3659 des Archives nationales*, Genève, 1973.

ANTOINE M., *Le gouvernement et l'administration sous Louis XV. Dictionnaire biographique*, Paris, 1978.

ANTOINE M., *« Le Conseil des Dépêches sous le règne de Louis XV »*, *B.E.C.*, CXII, 1954, p. 158-208 et CXIII, 1955, p. 126-181.

BAILLOU J. (dir.), *Les affaires étrangères et le corps diplomatique français*, 2 vol., Paris, 1984.

BARBICHE B., « De la commission à l'office de la couronne : les gardes des sceaux de France du XVIe au XVIIIe siècle », *B.E.C*, 151, 1993, p. 359-390.

BARBICHE B., *Henri IV et la surintendance des bâtiments*, Bulletin monumental, 42, 1984, p. 19-39.

BARBICHE B., *Sully*, Paris, 1978.

BATTIFOL L., *Richelieu et le roi Louis XIII*, Paris, 1934.

BAYARD F., FÉLIX J., HAMON Ph., *Dictionnaire des surintendants et contrôleurs généraux des finances du XVIe siècle à la Révolution de 1789*, Paris, 2000.

BAYARD Fr., *Le monde des financiers au XVIIe siècle*, Paris, 1988.

BÉLY L. (dir.), *L'Invention de la diplomatie. Moyen Âge, Temps modernes*, Paris, 1998.

BÉLY L., *Espions et ambassadeurs au temps de Louis XIV*, Paris, 1990.

BENOIT M., *La polysynodie, étude de l'organisation des conseils sous la Régence*, Paris, 1928.

BLANCHARD A., *Les ingénieurs du roi de Louis XIV à Louis XVI. Étude du corps des fortifications,* Montpellier, 1979.

BLET P., *Le clergé de France et la monarchie. Étude sur les assemblées générales du clergé de 1615 à 1666*, 2 vol., Rome, 1959.

BLET P., *Le clergé de France, Louis XIV et le Saint-Siège de 1695 à 1715*, Rome, 1989.

BLET P., *Le clergé du Grand Siècle en ses assemblées, 1615-1715, Paris, 1995.*

BLET P., *Les assemblées du clergé et Louis XVI de 1670 à 1693*, Rome, 1972.

BOSCARY G., *L'assemblée provinciale de Haute Guyenne, 1779-1790*, Paris, 1932.

BUOT DE L'ÉPINE A., *Du Conseil du roi au Conseil d'État : le Comité contentieux des départements (9 août 1789-27 avril 1791)*, Paris, 1972.

CHASSAIGNE M., *La lieutenance générale de police*, Paris, 1906.

CHURCH C. H., *Revolution and Red Tape. The French Ministerial Bureaucracy*, 1770-1850, Oxford, 1981.

DAGNAUD G., *L'Administration centrale de la marine sous l'Ancien Régime*, Nancy-Paris, 1913.

DESSERT D., *Argent, pouvoir et société au Grand Siècle*, Paris, 1984.

DUCHÊNE A., *La politique coloniale de la France. Le ministère des colonies depuis Richelieu, Paris*, 1928.

DUMAS A., « L'action des secrétaires d'État sous l'Ancien Régime », *An. Fac. Droit Aix-en-Provence*, 47, 1954, p. 5-92.

DUMONT Fr., *Le gouvernement par conseils sous l'Ancien Régime*, Cours D.E.S. Histoire du droit et des faits sociaux, 1966-1967, Paris, Les Cours de Droit, 1967.

DURAND Y., *Les fermiers généraux au XVIIIe siècle*, Paris, 1971.

ESSLINGER A., *Le conseil particulier des finances à l'époque de la polysynodie (1715-1718)*, Paris, 1908.

ETCHEGOURY M., *Les maîtres des requêtes de l'hôtel du roi sous les derniers Valois (1553-1589)*, Paris, 1991.

FAVRE-LEJEUNE Ch., *Les secrétaires du roi de la Grande Chancellerie de France. Dictionnaire biographique et généalogique, 1672-1789*, 2 vol., Paris, 1985.

FÉLIX J., *Finances et politique au siècle des Lumières. Le ministère Laverdy*, 1763-1768, Paris, 1999.

Finances (Les) en province sous l'Ancien Régime, Actes de la journée d'études à Bercy, 3 déc. 1998, Paris, 2000.

GUILLEMET R., *Essai sur la surintendance des bâtiments du roi pendant le règne personnel de Louis XIV (1662-1715)*, Paris, 1908.

HAMON Ph., *L'argent du roi. Les finances sous François Ier*, Paris, 1994.

HAMSCHER A., *The Conseil privé and the Parlements in the Age of Louis XIV : a study in french Absolutism*, Philadelphie, 1987.

HERMANN-MASCARD N., *La censure des livres à Paris à la fin de l'Ancien Régime (1750-1789)*, Paris, 1968.

HURT J. J., *Louis XIV and the Parlements. The Assertion of Royal Authority*, Manchester, 2002.

JOUVENCEL H. de, *Le contrôleur général des finances sous l'Ancien Régime*, Paris, 1910.

KARCHER A., « L'assemblée des notables de Saint-Germain-en-Laye (1583) », *B.E.C.*, t. 114, p. 115-162.

LAPEYRE A., SCHEURER R., *Les notaires et secrétaires du roi sous les règnes de Louis XI, Charles VIII et Louis XII (1461-1515). Notices personnelles et généalogies*, 2 vol., Paris, 1978.

LE CLECH-CHARTON S., *Chancellerie et culture au XVI*[e] *siècle : les notaires et secrétaires du roi de 1515 à 1547*, Toulouse, 1993.

LEGOHÉREL H., *Les trésoriers généraux de la marine (1517-1588)*, Paris, 1965.

LOGETTE A., *Le Comité contentieux des finances près le Conseil du roi,* Nancy, 1964.

LUÇAY (Comte H. de), *Des origines du pouvoir ministériel en France. Les secrétaires d'État depuis leur institution jusqu'à la mort de Louis XV*, Paris, 1881 (reprint, Genève, 1881).

MAJOR J. R., *Bellièvre, Sully and the assembly on notables of 1596*, Philadelphie, 1974.

MAJOR J. R., *From Renaissance monarchy to absolute monarchy. French kings, nobles and estates*, Londres et Baltimore, 1994.

MAJOR J. R., *Representative institutions in Renaissance France, 1421-1559*, Madison, 1968.

MAJOR J. R., *The deputies to the Estate general in Renaissance France*, Madison, 1960

MARTIN H.-J., *Livre, pouvoirs et société à Paris au XVII*[e] *siècle*, 2 vol., Paris, 1969.

MAUREPAS A. de, BOULANT A., *Les ministres et les ministères du siècle des Lumières (1715-1789). Étude et dictionnaire*, Paris, 1966.

MÉZIN A., *Les consuls de France au siècle des Lumières (1715-1792)*, Paris, 1997.

MICHAUD Cl., *L'Église et l'argent sous l'Ancien Régime. Les receveurs généraux du clergé de France aux XVI*[e] *et XVII*[e] *siècles*, Paris, 1991.

MICHAUD H., *La Grande Chancellerie et les écritures royales au XVI*[e] *siècle*, Paris, 1967.

MONTBAS H. de, *La police parisienne sous Louis XVI*, Paris, 1949.

MOSSER Fr., *Les intendants des finances au XVIII*[e] *siècle : les Lefèvre d'Ormesson et le département des impositions (1715-1777)*, Genève-Paris, 1978.

MOUSNIER R. (dir.), *Origine et histoire des cabinets des ministres en France*, Genève, 1975.

MOUSNIER R. (et alii), *Le Conseil du roi de Louis XII à la Révolution*, Paris, 1970.

MOUSNIER R., « Le Conseil du roi de la mort de Henri IV au gouvernement personnel de Louis XIV », *Études d'histoire moderne et contemporaine*, Paris, 1947, p. 29-60 et *La plume, la faucille et le marteau*, Paris, 1970, p. 141-178.

NAPOLI P., *Naissance de la police moderne. Pouvoir, normes, société*, Paris, 2003.

NICOLAS-SIMONET S., *Les derniers maîtres des requêtes de l'hôtel de l'Ancien Régime (1771-1789). Dictionnaire prosopographique*, Paris, 1998.

OLIVIER-MARTIN Fr., *Le Conseil d'État du roi*, Cours d'Histoire du droit public, Doctorat, 1947-1948, multigr., Paris, Les Cours de Droit, 1947.

PETIT J., *L'assemblée des notables de 1626-1627*, Paris, 1936.

PICCIONI C., *Les premiers commis des affaires étrangères au XVII*[e] *et au XVIII*[e]*-siècles*, Paris, 1928.

PICOT G., *Histoire des états généraux de 1355 à 1614*, 2e édit., Paris, 1888, 5 vol.

PILLORGET S., *Claude Henri Feydeau de Marville, lieutenant général de police de Paris (1740-1747)*, Paris, 1978.

Pourvoir les finances en province sous l'Ancien Régime, Actes de la journée d'études à Bercy, 9 déc. 1998, Paris, 2002.

RAMPELBERG R.-M., *Aux origines du ministère de l'intérieur. Le ministre de la maison du roi.1783-1788* : *Baron de Breteuil*, Paris, 1975.

RANUM O., *Les créatures de Richelieu. Secrétaires d'État et surintendants des finances, 1635-1642*, Paris, 1996.

RENOUVIN P., *Les assemblées provinciales de 1787. Origines, développements, résultats,* Paris, 1921.

ROBIN P., *La compagnie des secrétaires du roi (1351-1791)*, Paris, 1993.

SAINT-GERMAIN J., *La Reynie et la police au Grand Siècle*, Paris, 1962.

SAINT-MARTIN J., *La Grande Direction des finances de 1726 à 1742*, Paris, 1948.

SAMOYAULT J.-P., *Les bureaux du secrétariat d'État des affaires étrangères sous Louis XV*, Paris, 1971.

SARS M. de, *Le Noir, lieutenant de police*, 1732-1807, Paris, 1948.

SERBAT L., *Les assemblées du clergé de France. Origine, organisation, développement, 1561-1615,* Paris, 1906.

SCHAEPER Th., *The French Council of Commerce, 1700-1715. A Study in Mercantilism after Colbert*, Columbus, 1983.

SOULE C., *Les États généraux de France. Étude historique, comparative et doctrinale*, Paris, 1968.

STOREZ I., *Le chancelier Henri François d'Aguesseau (1668-1761). Monarchiste et libéral*, Paris, 1996.

STURGILL Cl. C., *L'organisation et l'administration de la maréchaussée et de la justice prévôtale dans la France des Bourbons*, 1720-1730, Vincennes, 1981.

STURGILL Cl. C., *Les commissaires des guerres et l'administration de l'armée française*, 1715-1730, Vincennes, 1985.

SUTHERLAND N., *The French secretaries of State in the Age of Catherine de Médicis,* Londres, 1962.

TAILLEMITE E., *Colbert secrétaire d'État de la marine et les réformes de 1669*, Paris, 1970.

TESSIER G., « L'Audience du sceau », *B.E.C.*, 109, 1951, p. 51-95.

TESSIER G., *Diplomatique royale française*, Paris, 1962.

TOUZERY M., *L'invention de l'impôt sur le revenu. La taille tarifée, 1715-1789,* Paris, 1994.

VALOIS N., *Le Conseil du roi aux XIVe, XVe et XVIe siècles*, Paris, 1888.

VERGÉ-FRANCESCHI M., *Les officiers généraux de la marine royale, 1715-1774. Origines, conditions, services,* Paris, 1990.

VILLERS R., « Le déclin des assemblées d'États en Europe du XVIe au XVIIIe siècle, *Mélanges R. Besnier*, Paris, 1981, p. 279 et s.

VINDRY F., *Les ambassadeurs français permanents au XVIe siècle*, Paris, 1903.

VIOLLET P., *Le roi et ses ministres pendant les trois derniers siècles de la monarchie*, Paris, 1912.

WYBO B., *Le Conseil du commerce au XVIIIe siècle et le commerce intérieur en France*, Paris, 1936.

CHAPITRE III

LE ROI, SA JUSTICE ET SES JUGES

Le Moyen Âge lègue à la monarchie des Temps Modernes un édifice judiciaire presque entièrement construit. Conseil du roi, Parlement et parlements, baillis, sénéchaux et prévôts en constituent la solide armature qu'aucune réforme ne remet fondamentalement en cause. L'acquis judiciaire médiéval demeure pérenne dans ses structures. Elles ne subissent le plus souvent que des ajustements, sans modification profonde. Il triomphe aussi dans ses principes. La personne du souverain justicier que prolongent ses juges s'impose toujours davantage comme la clef de voûte du système judiciaire (Section 1). À ce titre, il peut en permanence juger de toutes les causes dont il estime devoir connaître en personne, en son conseil ou par l'entremise de commissaires (Section 2). Telle devrait être, pour les théoriciens de la monarchie, la manifestation suprême et idéale d'une justice royale et souveraine. La pratique quotidienne est tout autre qui contraint le souverain à déléguer ou concéder une large part de son pouvoir de juger à une hiérarchie complexe de tribunaux qui impose souvent au justiciable un parcours semé d'obstacles (Section 3).

SECTION I

SOUVERAIN JUSTICIER ET JUGES ROYAUX

Depuis la fin du Moyen Âge, l'image du souverain législateur tend à estomper celle du roi justicier, tendance que renforcent les théoriciens du XVIe siècle, en particulier Jean Bodin qui voit, dans le pouvoir royal de faire et casser loi, l'expression suprême de la souveraineté. En dépit de cette évolution, le roi est toujours perçu comme un souverain justicier (§ 1) dont les juges doivent, en raison de l'office qui leur est confié, faire partout triompher sa justice (§2)

§ 1. – LE SOUVERAIN JUSTICIER

Doctrine et législation d'Ancien Régime reprennent, pour l'essentiel, le portrait du roi justicier des siècles médiévaux. Toujours présenté comme source de toute justice, il doit faire en sorte qu'elle soit rendue à tous, sans exception. Cette obligation, qu'il contracte comme par le passé à l'occasion de la cérémonie du sacre, constitue en même temps le principal pilier de son pouvoir que symbolisent en permanence la main de justice et l'épée qui doit, en toute circonstance, pouvoir venir à son secours. Ces deux insignes, remis au moment du sacre et en deux temps successifs, demeurent jusqu'à la fin de l'Ancien Régime, les signes tangibles du pouvoir judiciaire de la monarchie.

Tous les théoriciens se plaisent à l'exhorter et à en faire tout à la fois le premier devoir et le premier pouvoir du souverain. Ainsi Claude de Seyssel croit-il utile de rappeler que le prince est « d'autant... plus... tenu de l'entretenir et garder qu'il est élu et député par la divine Providence à cette charge si grande et honorable, principalement pour maintenir et faire justice qui est le vrai office des princes. » Il y voit « le vrai soutenail et pilier de l'autorité royale » et le seul moyen pour le souverain d'être obéi partout, « là où, s'il n'usait que de force, faudrait avoir armée par tous les quartiers du royaume. » À ce témoignage saisissant qui fait de la justice, le maître attribut de la puissance royale, on peut ajouter ce qu'en dit le chancelier Michel de l'Hospital à l'occasion du discours qu'il prononce devant les états généraux réunis à Orléans en décembre 1560. Il y rappelle avec quelque insistance que « les rois ont esté esleus premièrement pour faire la justice et n'est acte tant royal faire la guerre que faire la justice ». Et comme pour persuader les députés que la première fonction du roi est bien de rendre bonne et prompte justice, il se complaît à décrire le sceau des rois de France qui, contrairement à ceux de bien d'autres pays, représente le souverain non pas à cheval et en armes, mais assis sur son trône et rendant la justice. Jean Bodin, plus nuancé, admet lui aussi que rendre la justices constitue bien un des premiers devoirs du roi, tout en soulignant qu'il n'est pas souhaitable de voir les princes « faire mestier d'estre juge ». Cette position quasi unanime de la doctrine du XVIe siècle domine toute l'histoire judiciaire de la monarchie d'Ancien Régime, position que résume parfaitement le garde des sceaux Guillaume de Lamoignon quand il présente aux parlementaires, le 8 mai 1788, son ordonnance sur la justice en précisant que « Sa Majesté doit incontestablement sa justice à ses peuples ».

Toute la législation, comme elle l'avait déjà fait au Moyen Âge, transforme en une antienne sans cesse reprise cette vision du roi justicier. Charles VIII fait en quelque sorte le pont entre ce que l'écriture médiévale de la loi lègue du roi de justice et ce qu'en dit la législation des Temps modernes. N'écrit-il pas, à l'occasion de la rédaction de l'ordonnance sur la justice de juillet 1493, que les guerres sont venues troubler « l'ordre de justice », cette justice qui est « entre toutes les vertus cardinales... la plus digne et la plus nécessaire ? » Elle est aussi à ses yeux, celle par laquelle les rois règnent, celle aussi qui permet aux royaumes d'être entretenus et celle enfin qui fait que les sujets sont « gouvernés en paix et union ». Voilà pourquoi doit partout régner « bonne et briève justice ». Toute la législation de Louis XII obéit aux mêmes préoccupations rappelant que les rois sont tenus de faire bonne justice par le commandement de Dieu (1499) pour que les sujets puissent ainsi « vivre en paix, repos et sûreté » (1510). Et cette situation sera d'autant plus effective que la justice rendue sera

« bonne et brève ». Quatre-vingt ans plus tard, Henri IV a parfaitement retenu la leçon quand il écrit au duc de Nevers, en des termes que n'aurait pas reniés la chancellerie d'Hugues Capet, que « les rois sont établis pour rendre la justice et non pour entrer dans les passions des particuliers ». Louis XIV fait sienne, lui aussi, cette doctrine qu'il semble avoir inscrite en lettres d'or dans son édit de mars 1693 sur les justices seigneuriales. Il saisit alors l'occasion pour affirmer que « la justice est une des principales obligations dont les rois sont redevables envers leurs peuples », ce qui les contraint à porter en permanence « une attention particulière à réprimer les abus qui s'y commettent. » Ses successeurs s'expriment en termes identiques sur la question. Louis XV évoque, dans le préambule de l'ordonnance de 1731 sur les donations, son amour pour la justice dont il regarde « l'administration comme le premier devoir de la royauté », tandis qu'il présente, à l'occasion d'un discours devant le Parlement en 1766, le devoir de justice comme « un devoir royal ». Louis XVI ne parle pas autrement pour qui la justice des rois doit imiter celle de Dieu qui est sans passion et sans excès. C'était assez pour le persuader de rendre à tout instant à ses sujets « la justice qui leur est due le plus promptement possible ». La cause était entendue depuis longtemps. Si n'est pas nécessairement roi qui est bon juge, est nécessairement bon juge qui est roi. Le roi bon juge, certes. Mais voilà bien qui relevait d'une vue de l'esprit, tant le souverain justicier et de surcroît bon juge, ne pouvait à lui seul assurer partout et à tout moment « bonne et prompte justice ». Il lui fallait pour cela des juges qui l'assistent dans l'accomplissement de sa mission, des juges royaux donc et qui soient en même temps de bons juges.

§ 2. – LES BONS JUGES ROYAUX

Prolongement de la personne du roi souverain justicier et main de sa justice partout où il ne peut l'exercer lui-même, l'armée de juges royaux qui reçoivent mission de faire de la bonne justice du roi une réalité quotidienne, ne peut être gérée que selon des règles strictes. Tout juge royal se doit avant tout d'être un bon juge (A), faute de quoi il ne pourrait être intégré au corps auquel il doit obligatoirement appartenir – celui de la magistrature – pour y occuper la place que lui dicte sa fonction (B).

A. LE BON JUGE[1]

Le portrait du bon juge n'est nullement figé tout au long des trois siècles de l'Ancien Régime. Fruit de traditions séculaires et multiples, constamment soumis aux influences les plus diverses, façonné à l'image de ceux qui

1. Sur tous ces points voir J.-M. Carbasse et L. Depambour-Tarride (dir.), *La conscience du juge dans la tradition juridique européenne*, Paris, 1999 et en particulier : J.-L. Thireau, « Le bon juge chez les juristes français du XVIe siècle », p. 131-153 et M.-F.. Renoux-Zagamé, « Répondre de l'obéissance. La conscience du juge à l'aube des Temps modernes », p. 155-193.

en brossent les grands traits et construit par celui qui l'individualise, il est en permanence fuyant. Pris dans un réseau d'obligations souvent contradictoires et enserré dans des contraintes multiples, le bon juge doit toujours cheminer sur un étroit chemin de crête pour devenir ce que le pouvoir souhaite qu'il soit et rester, en même temps, ce qu'il devient. Un tel cheminement postule que le juge possède toutes les qualités nécessaires à l'exercice de sa profession (1), qu'il vive sa mission de juge comme une fonction soumise à la loi de Dieu et à celle des hommes (2), mais tempérée en même temps par l'équité et sa conscience (3), sans exclure une certaine soumission au pouvoir (4).

1. – En raison même de la noblesse de sa mission, le juge se doit de posséder des qualités qui le distinguent des hommes ordinaires, ou font à tout le moins de lui un homme irréprochable. La doctrine du XVIe siècle insiste avec une belle unanimité sur ce point en conciliant valeurs chrétiennes et idéal humaniste. Elle voit avant tout, dans le bon juge, un homme qui devrait avoir atteint les vingt-cinq ans – condition fixée par le Parlement – pour être capable de faire face aux multiples difficultés de sa mission et suffisamment aguerri pour en supporter les contraintes. Ce jeune magistrat doit avoir aussi reçu une formation suffisante non seulement dans le domaine du droit, mais aussi dans tous ceux qui lui sont connexes comme la théologie, l'histoire, la philosophie, voire la médecine. Homme de prudence et d'expérience, il se distingue en même temps par sa très grande probité et son intégrité à toute épreuve. Ces deux dernières qualités sont essentielles pour faire de tout magistrat un bon juge. Sans elles, il ne lui servirait à rien d'être prudent et savant car seules probité et intégrité permettent de rendre des jugements impartiaux desquels sont absents tout sentiment personnel du juge et toute considération de personne à l'égard du justiciable, quelle que soit sa condition. Pour les auteurs qui en dressent la liste, il y a là autant de qualités indispensables pour rendre le juge indépendant, tout à la fois du pouvoir, des puissants et des justiciables.

2. – Dans la pratique, les choses ne sont pas aussi simples. En permanence soumis à la loi de Dieu et à la loi des hommes, le juge doit jouer avec cette double contrainte qui contribue en même temps à faire la grandeur de son métier.

Toute la littérature consacrée à cette question s'accorde pour trouver à la fonction de juger une origine divine et à voir dans celui qui juge un homme qui agit à la place de Dieu. De là évoquer un véritable droit divin des juges, il n'y avait qu'un pas qui fut très vite franchi. Comme en parallèle au droit divin des rois, nombre d'auteurs de la Renaissance évoquent le droit divin des juges qui deviennent ainsi les relais naturels d'un roi investi d'un droit de juger qu'il tient lui-même directement de Dieu. Mieux encore, pour certains de ces théoriciens, les juges seraient une création directe de Dieu et de simples exécutants de sa volonté pour que se réalise sur terre sa propre justice. C'était, par là même, justifier l'obligation faite au magistrat de juger en fonction de la loi divine et de contraindre tout justiciable à respecter scrupuleusement les jugements ainsi rendus. Ces idées ne cessent de pénétrer la pensée des juristes proches de la monarchie. Ainsi Charles Loyseau qui voit tout autant dans le monarque que dans les simples juges, des juges délégués par Dieu, tous investis de la mission de rendre une seule et même justice, celle « qui meut de Dieu » et qui doit être rendue selon sa loi.

À jamais gravée dans leur conscience, cette Loi créée et révélée par Dieu donne aussi toute sa valeur et toute sa tonalité à la loi naturelle qui procède directement d'elle. Et il en va de même des lois humaines qui ne sauraient en aucun cas aller à l'encontre de l'une ou de l'autre. Alors se construit une véritable hiérarchie des normes qui contraint le juge à s'assurer en permanence que les lois édictées par le prince sont bien conformes à la loi divine et à la loi naturelle, tout comme à celles qui sont la véritable constitution de l'État : les lois fondamentales. Est ainsi pleinement justifié ce droit de contrôle de « civilité » des lois (conformité au *jus civile*) revendiqué par les parlements, ce droit de juger si les lois étaient « civiles et raisonnables » et conforme aux intérêts de l'État, avant même de prétendre pouvoir exercer sur elles un contrôle à caractère purement politique et à portée strictement constitutionnelle. Ainsi, parce qu'il est en même temps soumis à la loi de Dieu, à la loi naturelle et aux lois humaines, le juge se sent d'abord obligé de s'assurer que chacune d'elles est conforme à celle qui lui est supérieure. Mais sans pour autant en être totalement prisonnier.

3. – Voilà qui soulève la question de la place qui revient à l'équité et à la conscience du juge. C'est poser tout le problème de sa liberté d'action face à l'ordre juridique existant et, en même temps, celui de sa capacité d'initiative aussi souvent que cet ordre juridique est défaillant. Bien souvent affronté à une rigueur excessive des lois, ou parfois à leur silence à propos de l'affaire dont il est saisi, le juge se doit d'établir un juste point d'équilibre et de statuer en faisant appel à l'équité. Il lui revient de trouver la solution permettant d'éviter que ne se vérifie l'adage *Sumum jus, summa injuria*. Lui est ainsi fait devoir d'utiliser l'équité comme un véritable « instrument de moralisation du droit ». La doctrine d'Ancien Régime, en majorité très ouverte à une primauté de l'équité par rapport à une application rigide d'une loi trop rigoureuse, se montre néanmoins très nuancée. Il s'agit avant tout, dans le domaine pénal, de parvenir à limiter l'arbitraire du juge – c'est-à-dire la liberté qu'il a de fixer la peine en fonction de la personne du prévenu, des circonstances de la faute et du droit en vigueur- qu'il ne se laisse pas aller à appliquer systématiquement une loi d'une rigueur excessive. Sur ce point, les grands juristes du XVIe siècle comme ceux qui les suivent, adoptent une position dominante qui consiste à ne reconnaître qu'aux juges des cours souveraines le droit de juger en équité, aussi bien parce qu'elles représentent directement le roi qu'en raison des qualités morales et de la formation intellectuelle de leurs membres. Néanmoins, ce recours à l'équité ne saurait en aucun cas laisser libre cours à une liberté totale du juge et l'autoriser à « juger à plaisir contre la loy » (Grimaudet). Sa capacité de juger en équité est toujours sévèrement encadrée par la morale, le souci du bien commun, la volonté de maintenir l'ordre public et surtout le respect de la loi qu'il ne peut, en bien des cas et tout au plus, qu'interpréter. Alors, la voie de l'équité se trouvait ainsi ouverte aux juges

inférieurs. C'est bien la position qu'adopta une partie de la doctrine en reconnaissant à ces juges subalternes une certaine capacité à prononcer des peines arbitraires, à condition de ne pas dépasser les limites qu'autorisait une simple interprétation de la loi. Dominante dans un premier temps en matière pénale, la pratique du jugement en équité ne tarde pas à envahir l'ordre civil. Tous les parlements y ont rapidement et largement recours, ce qui leur laisse une grande marge de liberté dans l'interprétation de toutes les sources du droit et tout particulièrement des ordonnances dont ils vont parfois jusqu'à écarter l'application. En dépit de vives réactions de la royauté à l'encontre de cette pratique que condamne formellement l'ordonnance civile d'avril 1667 (ch. I, art. 7), ils n'en continuent pas moins à statuer en équité jusqu'à la veille de la Révolution.

À côté des jugements en équité se posait aussi la question des jugements pour lesquels le juge avait une connaissance personnelle et intime de l'affaire et, par exemple, connaissait parfaitement la vérité, alors même qu'elle n'avait pu être officiellement établie. Quelle attitude devait-il alors adopter : décider en conscience ou se limiter au jugement que l'autorisait à rendre seulement ce qui était avéré et prouvé ? Solution qui pouvait aboutir à condamner un prévenu que le juge savait innocent ou à déclarer innocent un autre qu'il savait coupable. Rares furent les juristes qui choisirent de conseiller au juge de statuer en conscience. Ou bien ils l'invitèrent à ne pas juger et à se dessaisir de l'affaire pour la déférer à un juge supérieur aussi souvent que cela était possible et en arguant du fait que l'instruction avait été insuffisante. Ou bien au contraire, et ce fut la position de Cujas, ils l'incitèrent à juger en fonction des seuls éléments dont il disposait et qui avaient été solidement établis. Ainsi le juge se trouvait-il, comme bien souvent lorsqu'il statuait en équité, fortement encadré par la règle de droit.

4. – Il l'était aussi, de ce fait, par le pouvoir lui-même auquel le liait un véritable devoir d'obéissance. Obéissance qui se justifie doublement. D'abord en raison de l'origine divine du pouvoir royal dont émanent tous les ordres auxquels chacun doit en conséquence être soumis. Ensuite, parce que cette obéissance est aussi raisonnée et librement consentie. Il y a là deux formes d'obéissance. Liées à l'ordre et à la raison, elles ne sont pas dissociables aux yeux des magistrats et ils s'en considèrent en grande partie comme dépositaires et responsables à la fois en leur qualité de «médiateurs entre le roi et ses sujets ». Chargés d'entendre leurs plaintes et de les faire remonter jusqu'au souverain pour qu'il y porte remède, ils estiment être les mieux placés pour gérer ce devoir de soumission. Devoir qu'ils s'imposent à eux-mêmes, tant ils savent tenir leur office de Dieu et du roi en même temps qui se décharge sur eux pour l'accomplissement se sa mission de justice. Mission qu'ils ne peuvent remplir qu'en obéissant strictement aux ordres qui leur sont donnés par le souverain. Gardiens des lois et garants de leur application, ils se doivent d'inscrire en permanence leur action dans la direction qu'elles leur dictent. Mais ceci à partir du moment où ils les ont acceptées et y ont pleinement consenti parce qu'ils les ont jugées ni « inciviles », ni « déraisonnables », mais au contraire « raisonnables en conscience ». Telle est la position que modèlent et affirment avec insistance les juges jusqu'aux premières décennies du XVIIe siècle. Elle évolue for-

tement par la suite en raison des formes nouvelles que prend l'État monarchique. La fonction du juge s'y trouve profondément redéfinie, tandis que ses relations avec l'État souverain et son chef changent de nature. Ce dernier bénéficie de plus en plus du postulat qui veut que tout ce qui vient de lui a valeur supérieure et doit par là même s'imposer. Néanmoins, même s'ils se montrent plus en plus enclins à soumettre leur volonté au roi « pour les affaires et nécessités de l'État », les juges n'en demeurent pas moins des gardiens vigilants de la création et de l'interprétation de la norme, toujours attentifs à veiller au moindre excès que voudrait leur imposer le monarque. Ils font alors bloc comme l'attestent leurs relations souvent tendues avec la royauté conscients qu'ils sont d'appartenir à un corps prestigieux, celui de la magistrature.

B. LA MAGISTRATURE

L'essor ininterrompu de la justice royale depuis le milieu du XIIIe siècle se traduit, entre autres, par l'augmentation régulière du nombre des juges chargés de faire fonctionner l'ensemble des tribunaux depuis les plus modestes prévôtés jusqu'au Parlement. Progressivement devenus magistrats professionnels, ils sont dotés d'un statut qui en fait des officiers. Titulaires à ce titre d'un office, ils sont pratiquement inamovibles depuis la grande ordonnance de 1467, stabilité de droit que renforcent constamment les pratiques de vénalité et d'hérédité. Chaque office de magistrat, réglé par son édit de création, vaut à son titulaire une carrière assurée dont le succès est naturellement fonction de la personnalité et de la persévérance de chacun. Au sein de ce corps très soudé que constitue le monde de la justice, au moins pour les tribunaux les plus élevés dans la hiérarchie, le groupe des magistrats du siège sont seuls appelés à juger (1), tandis que les gens du roi sont chargés de veiller à l'application et au respect de la loi (2).

1. – *Les magistrats du siège*

Ils sont les jugeurs, souvent qualifiés de « Messieurs » quand ils sont membres d'un parlement et de *domini curiae* s'ils appartiennent au Parlement, ce qui leur vaut adresse particulière quand le roi leur écrit. Il le fait toujours en termes identiques et selon la formule consacrée : « À nos amés et féaux conseillers, les gens tenant notre cour de Parlement ». Mais quel que soit leur grade et le tribunal auquel ils sont rattachés, tous ces jugeurs sont des juges du roi dont la seule mission est de prononcer des sentences. Magistrats du siège, ils le sont parce qu'ils restent en permanence assis aussi longtemps que dure l'audience depuis les plaidoiries et les débats jusqu'au délibéré et au prononcé de la sentence. Ils sont répartis en une stricte hiérarchie qui varie en fonction du tribunal dans lequel ils siègent.

Les parlements ont à leur tête un premier président dont le statut est très particulier puisqu'il est à la fois officier et commissaire. Officier parce qu'il est titulaire d'un office de président à mortier et commissaire en ce qu'il est pourvu de cette fonction par commission du roi qui le nomme et éventuellement le révoque. La charge de premier président est une des fonctions les plus prisées. Elle donnait à l'origine à son titulaire droit d'entrée au conseil du roi. Elle demeure en permanence, pour son titulaire, l'occasion d'assumer d'importantes fonctions diplomatiques et constitue souvent un tremplin vers de hautes fonctions, telle celle de chancelier. Après le premier président, chaque parlement possède un nombre variable de présidents. En général choisis parmi les conseillers, ils sont répartis entre les différentes chambres en fonction des besoins. Ils en assurent la présidence et forment, avec le premier président, un unique et même corps.

Les parlements ne sont pas les seuls tribunaux à posséder un tel système de présidence. Plusieurs juridictions financières en ont aussi, comme les chambres des comptes ou les bureaux des finances. Il en va de même pour les présidiaux, encore que leurs présidents (progressivement créés par des édits de 1557, 1572, 1635 et 1637) aient eu un singulier destin dans la mesure où ces tribunaux avaient en quelque sorte des présidents nés en la personne du lieutenant général pour les affaires civiles et du lieutenant criminel pour les affaires pénales. Ces créations, principalement liées à des raisons fiscales, ne se justifiaient pas vraiment, si bien que leurs titulaires ne jouèrent pratiquement aucun rôle dans la vie des présidiaux jusqu'à ce qu'une déclaration d'août 1705 leur accorde une participation effective dans le déroulement des procès, aussi bien civils que criminels. Ce fut pour peu de temps puisqu'un édit d'août 1764 supprime tous les offices de président de présidiaux vacants, ainsi que tous ceux qui viendraient à vaquer par mort par la suite. Autant dire que les lieutenants généraux des présidiaux jouèrent pratiquement et en permanence le rôle de président, tant au civil qu'au criminel. Il en allait de même pour les tribunaux de bailliage et de sénéchaussée. En l'absence du bailli ou du sénéchal, le lieutenant civil y présidait les audiences du conseil civil et le lieutenant criminel celles des affaires criminelles. La charge de lieutenant général de bailliage est une fonction aussi recherchée qu'elle est importante. Habilité à présider une audience partout où il se trouve, il peut aussi procéder seul en son hôtel à des actes de juridiction contentieuse en cas d'urgence et à titre provisoire : élargissement de personnes emprisonnées pour dettes, mainlevée de saisies, levée de scellés par exemple. Il est secondé dans sa tâche par des lieutenants particuliers qui, dans les sièges secondaires du bailliage où ils sont affectés, exercent les mêmes attributions que lui.

Après les présidents et travaillant sous leur contrôle, tant au sein des parlements que dans les autres juridictions importantes du royaume (chambres des comptes, bureaux des finances, présidiaux), ou après les lieutenants généraux et lieutenants dans les autres juridictions, siège toujours un imposant groupe de conseillers dont la fonction est d'instruire les dossiers et de prononcer les jugements. Tous n'ont pas la même qualité. Dans les plus hautes juridictions, on opère en effet une distinction toujours très stricte entre conseillers clercs et conseillers laïques. Cette distinction fort ancienne remonte aux origines du Parlement et n'est que la conséquence directe de la répartition en deux groupes des membres qui composaient la *curia regis*, les prélats d'une part et les barons de l'autre. Tout en étant membres d'un parlement, les conseillers clercs demeurent avant tout des clercs, ce qui leur interdit en raison de cette qualité même, de siéger à la Tournelle (chambre criminelle) et donc de participer à l'instruction et à l'élaboration des jugements criminels. Il y a en principe des conseillers clercs dans tous les parlements, sauf celui de Nantes où siègent seulement et à titre de conseillers d'honneur, les évêques de Nantes et de Rennes. Partout, ils sont en minorité. Il en va ainsi à Toulouse où la proportion varie selon les chambres de deux conseillers clercs à 20/30 laïques, à Grenoble où elle est de deux à 22/30, ainsi qu'à Dijon où le parlement ne compte que dix conseillers clercs pour un effectif global de 68 conseillers.

Comme les parlements, les présidiaux ont aussi, à côté de leurs conseillers laïques, des conseillers clercs créés par un édit d'août 1573. Ils ne jouissent pas de privilèges particuliers, mais ont les mêmes honneurs, droits, émoluments et devoirs que leurs collègues laïques. Contrairement aux conseillers clercs des parlements, ils peuvent participer au jugement de procès criminels et les instruire, même dans l'hypothèse où la peine de mort est envisagée, mais alors avec obligation de se retirer au moment où le jugement est prononcé. Tribunaux de bailliage et de sénéchaussée vivant souvent à l'aune des tribunaux supérieurs, se sont aussi dotés de tout un personnel de conseillers. Entourés dans un premier temps d'un conseil occasionnel de prud'hommes, baillis et sénéchaux bénéficient progressivement de l'aide de véritables conseillers qui deviennent permanents sous le règne de François Ier. En nombre variable selon les bailliages (12 à Rouen en 1519 et 24 à Toulouse au même moment), ils sont de véritables jugeurs qui assistent aux audiences, délibèrent et participent à la prise de décision après que les gens du roi aient fait connaître leur point de vue.

2. – *Le ministère public*

Il se construit de manière très progressive à partir des dernières décennies du XIIIe siècle. Le roi charge alors des procureurs *ad hoc* et qui ne lui sont pas spécialement attachés, de le représenter au sein des diverses juridictions pour des affaires particulières. Tout au long du XIVe siècle, l'institution se généralise aussi bien dans le cadre des bailliages et sénéchaussées qu'au sein du Parlement, pour faire de ces procureurs des agents chargés de la défense de l'ensemble des intérêts du roi. En même temps, ils sont progressivement attachés à son service exclusif, avec impossibilité d'agir pour le compte des particuliers. C'est ainsi que s'affirme au Parlement la présence permanente d'un procureur général et dans les autres tribunaux celle de simples procureurs du roi. Désormais officiers royaux de justice, ils ont non seulement en charge la défense des intérêts du roi, mais aussi ceux de ses sujets aussi souvent qu'ils touchent à la chose publique et à l'intérêt commun. La fonction de ces procureurs n'étant nullement de plaider, le roi dut avoir rapidement recours à des avocats. Comme pour les procureurs, il utilisa les services de certains d'entre eux au sein de ses tribunaux, de manière ponctuelle, en les pensionnant et sans se les attacher personnellement. Et ceci à tel point que l'ordonnance de Blois de 1493 laisse encore supposer que le roi continue à s'adresser à des avocats ordinaires pour certaines affaires le concernant, en leur interdisant simplement de plaider contre ses propres intérêts. L'évolution fut cependant parallèle à celle qui avait présidé à la genèse du corps des procureurs du roi.

De plus en plus le souverain fait des avocats auxquels il s'adresse, ses officiers. Les uns ont alors qualité d'avocats du roi auprès de ses différents tribunaux et les autres, d'avocats généraux au sein des parlements.

Procureurs et avocats finissent par fusionner en un même corps qui reçut dans le courant du XVe siècle, en raison de leur fonction, le qualificatif de gens du roi. Ils eurent alors besoin d'un lieu particulier pour tenir leur séance. C'est ainsi que leur fut attribué un espace séparé au sein du Parlement, puis de chaque tribunal. Qualifié de parquet, Guyot le définit ainsi « lieu où les gens du roi de quelque compagnie supérieure ou subalterne tiennent leur séance pour recevoir les communications et entendre plaider les causes dont ils sont juges, ou qui leur sont envoyées ». Comme bien souvent, le nom donné au lieu finit par désigner l'institution qui l'occupe. C'est ainsi que les gens du roi devinrent, dans le langage courant, le parquet. Au terme de cette longue genèse, s'est construit le ministère public. Il comprend alors, en général et avec d'infinies variantes, un procureur du roi – procureur général dans les parlements et autres cours supérieures – un ou plusieurs avocats du roi (ou avocats généraux) et des substituts dont la mission était de seconder les procureurs.

Cette organisation qui vise à répartir les missions du ministère public entre procureurs et avocats n'est pas sans conséquence sur son mode de fonctionnement. Tandis que la magistrature assise statue en toute indépendance, le ministère public est tenu d'obéir aux injonctions du pouvoir par la voix du chancelier. En réalité, cette dépendance du parquet est quelque peu atténuée en raison même de la répartition des fonctions qui s'opère en son sein. Procureur général et procureur du roi, chargés de requérir en rédigeant des conclusions écrites, devaient le faire en se conformant strictement aux consignes données par le chancelier. Avocat général et avocat du roi, qui avaient pour mission de plaider et de présenter par oral leur point de vue pouvaient le faire en toute liberté, sans avoir à tenir compte des injonctions qu'ils avaient pu recevoir et, pas davantage au moins en théorie, des conclusions écrites du procureur. Situation que traduit de manière imagée, mais en parfait reflet de la réalité, l'adage *La plume est serve mais la parole est libre*. En pratique, procureur général et procureur du roi jouissent en permanence d'une véritable prééminence sur l'avocat général et avocat du roi, même s'ils travaillent toujours de concert dans l'enceinte du parquet pour élaborer ensemble les conclusions à présenter par écrit, puis par oral. Comme l'écrit un contemporain, « ils doivent toujours se montrer en public comme un corps indivisible ».

Leur mission était en réalité identique. D'abord, défendre l'intérêt du roi et en tout premier lieu le domaine de la couronne. En cela, les gens du roi s'imposent comme des gardiens vigilants à l'égard de quiconque commet une atteinte à l'encontre des droits de la couronne, des prérogatives du roi et de la personne de ses agents. Tant l'ordonnance de Blois de 1579 que l'ordonnance civile de 1667 disposent amplement sur ces points. Ensuite, les gens du roi se doivent d'être particulièrement attentifs aux intérêts de la société et des sujets du roi. Dès que le parquet a connaissance d'un fait délictueux, il est dans l'obligation d'agir au plus vite et de se comporter en contradicteur, sitôt les poursuites engagées, en mettant tout en oeuvre pour réunir les éléments de preuve nécessaires. De manière beaucoup plus générale, le parquet peut faire oeuvre utile pour la société en suggérant aux parlements d'intervenir, par le biais d'arrêts de règlement, dans tous les secteurs où la législation de base est défaillante. Il le fait bien souvent. Voilà qui prouve assez combien ce ministère public, patiemment façonné par le temps et les hommes, a pu devenir une institution fondamentale dans le système judiciaire, tout aussi utile au pouvoir et aux juges qu'à la société tout entière et au souverain lui-même.

Section 2

LE ROI JUGE

Souverain justicier, maître de l'ordre de ses tribunaux et du fonctionnement de sa justice, le roi dispose d'une marge de manœuvre presque infinie sur la vie judiciaire de l'ensemble du royaume. Dans l'absolu, il pourrait amener à son prétoire toutes les causes, les traiter et les juger en personne. L'image tant idéalisée du chêne de Vincennes abritant un saint Louis ouvert en permanence à toutes les complaintes – si souvent reprise au fil des siècles – ne peut plus guère rendre compte d'une réalité devenue tout autre. Un roi désormais croulant sous le poids des requêtes qui lui sont adressées, même soigneusement filtrées par des maîtres des requêtes particulièrement attentifs à leur bien-fondé, ne peut plus répondre en personne de sa qualité de roi juge. Il doit déléguer et ne peut garder par devers lui qu'une justice retenue d'un contenu obligatoirement limité, passé au crible et sérieusement filtré. Cette justice, si obstinément qualifiée de retenue, n'est véritablement rendue par le roi lui-même et en personne, que rarement. On en peut citer quelques exemples exceptionnels. Devenus célèbres, ils ne témoignent que d'une réalité qui tend à s'effacer, telle la condamnation à mort du duc de Guise par Henri III en décembre 1588, ou celle de Concini par Louis XIII en avril 1617. Le fonctionnement quotidien de la justice personnelle du roi est en réalité partagé. Qu'elle soit rendue par arrêt (§1), par lettre (§ 2) ou par commissaires (§3), elle n'est jamais un acte isolé du prince qui toujours s'entoure, consulte, voire délègue, quitte à marquer de son sceau personnel la décision finale.

§ 1. – LES ARRÊTS DU ROI JUGE

Même si le roi ne siège que rarement en personne en son conseil d'état privé, tous les arrêts de cette formation du conseil sont censés émaner de lui, comme l'atteste la formule *Le roi en son conseil,* avant tout destinée à maintenir la fiction de sa présence. Il y avait là moyen pour le prince d'assurer qu'il y rendait, en permanence et entouré de ses conseillers, une justice personnelle. La réalité est quelque peu différente. Même si le souverain suit toujours de très près le travail de son conseil privé et y participe de façon active, il n'est pas certain qu'il ait toujours pu avoir une connaissance parfaite de toutes les affaires qui y étaient débattues et jugées. Il s'agissait bien cependant d'une manifestation essentielle de la justice retenue dans la mesure ou aucune délégation n'intervenait depuis la personne du roi vers celle de ses conseillers. Deux situations se présentent ici qui illustrent parfaitement ce que sont ces arrêts du roi juge. Tantôt il décide dans le cadre d'une procédure d'évocation (A), tantôt à l'occasion d'une procédure de cassation (B).

A. ARRETS D'ÉVOCATION

Manifestation patente de la justice retenue du souverain, la procédure d'évocation lui permettait d'interrompre un procès en cours devant une juridiction, dont la compétence ne pouvait être mise en doute, pour la dessaisir de l'affaire et l'évoquer afin de la juger en son conseil ou l'attribuer à une autre juridiction. Dans les deux hypothèses, intervenait un arrêt du conseil, soit qu'il tranche l'affaire au fond, soit qu'il confie à un autre tribunal le soin d'y procéder. Le plus souvent, l'évocation faisait suite à une décision du roi. Évocation de propre mouvement, elle concernait alors des affaires importantes et particulièrement graves touchant par exemple à la sécurité de l'État, au bon fonctionnement de sa justice ou encore au maintien de l'ordre public. Il pouvait aussi arriver que l'évocation ait lieu à la demande d'une des parties. Elle s'adressait alors directement au roi et lui demandait de statuer. S'il ne le faisait pas lui-même, il renvoyait l'affaire devant un tribunal différent de celui qui l'avait jugée. Afin de simplifier ce genre de procédure qui visait souvent des arrêts rendus par les parlements, une déclaration du 23 juillet 1701 établit des ordres de renvoi systématique. Du parlement de Paris, il était renvoyé au grand conseil ou au parlement de Rouen, de celui de Rennes à celui de Bordeaux et de celui-ci à celui de Toulouse et ainsi de suite.

Ces cas d'évocation étaient souvent liés à une cause de suspicion légitime, par exemple lorsqu'une des parties comptait trop de juges apparentés ou alliés dans le tribunal qui avait statué. Le parlement de Paris considérait qu'ils ne devaient pas excéder huit, tandis que ceux de Toulouse, Rennes et Rouen retenaient le chiffre de cinq, alors qu'il était en général de trois dans les autres. En bien des cas, les évocations revêtirent un caractère politique, mettant ainsi en jeu les intérêts de l'État ou opposant entre elles de hautes personnalités. Tout au long du XVIe siècle, les états et l'assemblée des notables de 1596 elle-même, s'élevèrent contre de telles pratiques qui tendaient à renforcer l'emprise du conseil privé sur la vie judiciaire du royaume. Leurs plaintes ne changèrent guère le cours des choses comme l'atteste l'échec cuisant d'un édit de 1597 dans lequel Henri IV tentait de restreindre les pouvoirs du conseil privé en la matière, puis un projet de Sully qui, en 1609, allait dans le même sens. Le conseil s'opposa fermement à toutes ces tentatives de réforme et les fit échouer, déchaînant ainsi contre lui la colère des juridictions auxquelles la procédure d'évocation enlevait l'essentiel de leurs compétences.

En pratique, l'évocation n'eut pas que des effets négatifs. Elle facilita, en bien des situations, le fonctionnement de la justice royale à des moments où elle se trouvait systématiquement bloquée par les parlements. Elle fut aussi pour le roi un moyen d'assurer la perception de certains droits auxquels les cours souveraines faisaient obstacle. Elle permit ainsi de venir au secours des intendants en les aidant à asseoir leur pouvoir financier. On vit même parfois le roi insérer, dans les baux des fermes, une clause d'évocation qui l'autorisait, en cas de conflit avec le fermier, à évoquer directement l'affaire devant le conseil. Autant d'aspects qui contribuèrent à rendre la procédure d'évocation très impopulaire. Et ceci à un point tel qu'une déclaration de 1648 finit par en poser l'interdiction en stipulant que « toutes affaires qui gisent en matière contentieuse seront renvoyées au Parlement et autres cours souveraines auxquelles la connaissance en appartient par les ordonnances... ». C'était aller trop loin et trop vite pour le souverain justicier qu'était Louis XIV. Pas davantage que ses prédécesseurs et ses successeurs, il n'était réellement décidé à faire cesser un telle pratique.

B. LES ARRÊTS DE CASSATION

Manifestation suprême de la justice retenue, la procédure de cassation ne se met que lentement en place. Tout au long des derniers siècles du Moyen Âge et pendant longtemps encore, il fallait pour obtenir la révision d'une sentence par le souverain, que soit invoquée et prouvée une erreur de fait. C'était le recours sur proposition d'erreur. Ouvert sur présentation de lettres de proposition d'erreur, il pouvait entraîner l'annulation d'un jugement rendu par une cour, même souveraine, s'il était vraiment prouvé que le plaignant avait été victime d'une erreur matérielle. Parallèlement à cette procédure, existait aussi celle de la requête civile qui visait à faire reconnaître une erreur de droit en s'adressant directement au tribunal qui avait rendu un arrêt en dernier ressort et en lui demandant de revenir sur sa position. Guyot insiste beaucoup sur ce point et fait remarquer que « cette requête est appelée civile parce qu'on se pourvoit devant les mêmes juges qui ont rendu l'arrêt ou jugement en dernier ressort, on ne doit parler des juges et de leur jugement qu'avec le respect qui convient et que cela se fait sans inculper les juges ». Voilà qui montre bien qu'on avait de plus en plus tendance à examiner à part erreur de fait et erreur de droit, ce que confirment l'ordonnance de Blois de 1579 et l'édit de Rouen de janvier 1597 sur l'administration de la justice. Il existe dès lors deux moyens de réformation des arrêts souverains. La rétractation d'une part qui correspond à la proposition d'erreur et la cassation d'autre part qui constitue désormais beaucoup moins un procès entre les parties et le juge qu'un procès entre la décision incriminée et la loi. Un pas supplémentaire est franchi avec l'ordonnance civile de 1667 qui limite les cas d'ouverture de requête civile et abroge la procédure de proposition d'erreur (Tit. XXXV, art. 42), seulement maintenue en matière criminelle. Mais l'ordonnance ne prenait pas position sur la question de la cassation et ne se prononçait pas sur le tribunal qui devait avoir compétence en la matière.

Doctrine et pratique contribuent néanmoins à faire progresser la question. Il apparaît de plus en plus que c'est au seul conseil privé que doit revenir cette compétence, aucune juridiction souveraine ne pouvant accepter de casser ses propres arrêts. La règle de droit devenant en même temps plus complexe, tant en raison de la multiplication des ordonnances royales que d'une jurisprudence parlementaire multiforme, la position du conseil privé s'en trouvait renforcée. De lui seul, on pouvait attendre une position rigide et unitaire aussi souvent que lui seraient soumis des pourvois.

C'est seulement au XVIIIe siècle que s'organise de manière définitive la cassation. Dans le règlement de 1738, d'Aguesseau consacre deux titres à la question. Les conditions de recevabilité du pourvoi y sont définies. Il ne peut être formé que par une requête en vue d'arrêt signée par trois avocats au conseil et dans un délai maximum de six mois. Le jugement attaqué doit être sommairement énoncé, accompagné des conclusions du demandeur et de toutes les pièces sur lesquelles il appuie sa demande. Si elle est jugée recevable, le conseil privé rend un arrêt de cassation qui est signifié à la partie adverse et renvoie en même temps l'affaire devant une nouvelle juridiction pour un nouvel examen au fond. En dépit de la grande avancée que marque le règlement de 1738, le régime de la cassation restait encore imparfait. D'abord parce que les arrêts du conseil n'étaient pas motivés, ensuite en raison de l'hostilité affichée du conseil à l'encontre des cours souveraines et enfin parce que les cas d'ouverture demeuraient imprécis. C'est la raison pour laquelle Louis XV demande à plusieurs de ses conseillers d'état, Joly de Fleury et Gilbert de Voisins en particulier, de se pencher sur la question. Le *Mémoire sur les cassations* que rédigea à cette occasion Gilbert de Voisins est resté célèbre. Il y énonçait les cas d'ouverture – violation ou omission des formalités substantielles, excès de pouvoir ou incompétence du juge, contravention aux ordonnances – mais ne disait mot de la question qui restait fondamentale : la création d'un véritable tribunal de cassation. Le conseil privé demeurait donc maître de la situation, ce qui contribuait encore davantage à faire de la cassation un domaine presque réservé du roi juge.

§ 2. – LA JUSTICE PAR LETTRES

C'est le moyen le plus sûr dont dispose le souverain pour exercer de la manière la plus directe et la plus rapide sa justice retenue. On pénètre ici un domaine fort complexe en raison de l'infinie variété de lettres dont le roi peut user pour peser sur le cours normal de la justice. Seuls quelques exemples significatifs seront retenus. D'une manière générale, deux grandes catégories de lettres royaux peuvent être distinguées. Les unes, dont il ne sera pas traité, visent à orienter dans un certain sens la marche de la justice. Ce sont les lettres de justice, telles que par exemple les lettres de bénéfice d'inventaire ou de révocation de donation. Elles permettent au roi d'agir par voie détournée sur la justice en posant certaines règles qui valent pratiquement loi. Souvent accordées de manière fort libérale et sans examen approfondi véritable, elles incitèrent le juge du fond à les examiner de près et à ne leur porter souvent qu'un intérêt limité. Accordées moyennant finance, elles étaient source d'un revenu non négligeable pour la royauté. Plus intéressantes pour notre propos sont les lettres qui ont pour but de modifier ou d'arrêter le cours de la justice. L'attribut suprême et le plus noble du souverain étant le droit de grâce, il l'autorise à intervenir à tout moment, pour en user comme il l'entend, en délivrant des lettres de grâce, le plus souvent destinées à modifier un jugement rendu ou à faire évoluer une situation juridique dans un sens favorable (A). Il peut aussi intervenir pour arrêter le cours normal de la justice par des lettres qui valent ordre donné aux magistrats. Telles sont les lettres de cachet (B).

A. LES LETTRES DE GRÂCE

Manifestation directe de la grâce du souverain, elles sont de nature très variées. En font partie les privilèges consentis par le souverain, ces lois privées accordées à un individu ou à un corps, qui lui reconnaissent des droits, des libertés et des franchises particulières. Entrent aussi dans cette catégorie toutes les lettres par lesquelles le roi octroie certaines dispenses ou droits particuliers en matière civile. Ainsi en est-il de l'anoblissement, de la légitimation des bâtards, de l'affranchissement des serfs ou bien encore de la naturalisation des étrangers. Mais c'est principalement la matière pénale qui constitue le domaine de prédilection du droit de grâce et des lettres de grâce. Elles sont pour le souverain le moyen le plus sûr de tempérer de manière directe la rigueur de certaines décisions de justice et de montrer ainsi l'épaisseur de sa clémence qui peut aller jusqu'à les effacer totalement. Dès la fin du XVe siècle, il est officiellement admis que seul le roi peut accorder ce type de mesure, comme l'atteste l'ordonnance sur la réformation de la justice de 1499 en son article 34 : « A nous seul et à nos successeurs rois de France appartient de donner grâce, pardons et rémissions... ». Voilà qui donne le ton et permet de distinguer trois grandes catégories parmi ces lettres.

1. – Les plus connues, les plus courantes aussi, sont les **lettres de rémission.** Accordées en cas d'homicide par imprudence ou commis en état de légitime défense, elles trouvent leur justification dans le fait que l'homicide, quelles qu'en soient les circonstances, est toujours tenu pour punissable. Seule la matérialité de l'infraction était prise en compte et, qu'elle qu'ait pu être l'intention de l'auteur, il devait être puni de mort. C'est précisément pour lui éviter une telle condamnation que pouvait lui être accordée une lettre de rémission. Il arrivait qu'elle le soit avant tout jugement et parfois même avant que ne fussent déclenchées des poursuites à l'encontre du prévenu afin de lui éviter toute condamnation éventuelle, à condition que preuve suffisante soit donnée attestant que l'acte était involontaire ou qu'il y ait eu légitime défense. Dans l'hypothèse où une action avait déjà été engagée, les juges pouvaient immédiatement suspendre le procès si l'affaire paraissait susceptible de rémission.

Toute lettre de rémission ainsi accordée sur la foi de la requête devait être entérinée et enregistrée par la cour chargée de sa vérification. Elle avait pour effet d'anéantir les procédures passées et d'interdire toute poursuite future en imposant au procureur une sorte de « silence perpétuel ». Elle faisait grâce à son bénéficiaire de la peine publique, mais ne le dispensait en aucun cas de réparer la faute commise en versant des dommages-intérêts à la victime ou à ses ayants droit. En dépit de la formule médiévale qui voulait qu'il fût restitué dans sa « bonne fame et renommée », elle ne le réhabilitait pas toujours entièrement et laissait parfois subsister certaines traces d'infamie ou d'incapacité, ce qui pouvait être définitivement aboli par l'octroi d'une lettre de réhabilitation.

2. – Les **lettres d'abolition** et **de pardon** sont accordées dans des circonstances tout à fait différentes et aussi souvent que ne pouvaient être délivrées des lettres de rémission. Tout criminel dont la faute était irrémissible pouvait en bénéficier, à condition que le souverain veuille bien lui accorder sa grâce, ce qu'il faisait par le biais de lettres toujours rédigées en grande chancellerie en raison de l'importance de l'acte. La capacité du prince à gracier trouvait ici cependant ses limites. L'ordonnance criminelle de 1670 stipulait en effet en son art. 4 du Titre XVI qu'aucune rémission ne pouvait être apportée en cas de duel et d'assassinat avec préméditation. Pas davantage ne pouvaient en bénéficier les principaux coupables et ceux qui les avaient assistés, ni tous ceux qui se louaient à prix d'argent pour tuer, outrager ou faire recouvrer la liberté à ceux qui, ayant commis des crimes, étaient prisonniers de la justice. Tel était l'état de la législation. Tout autre cependant fut souvent la pratique royale de la grâce qui passa outre pour abolir et pardonner alors que la loi l'interdisait.

3. – À ces deux grandes catégories de lettres de grâce s'en ajoutent bien d'autres qui ont des effets plus ou moins étendus et qui ne peuvent intervenir qu'une fois la condamnation prononcée. Les **lettres de commutation de peine** permettaient au souverain de changer la nature et l'étendue de la peine, toujours dans le sens de l'allégement. Il en allait de même des **lettres de rappel de ban** qui autorisaient un banni à rentrer dans le royaume, mais sans être relevé des incapacités qui pesaient sur lui. Des **lettres de réhabilitation** pouvaient être accordées à un condamné afin de le rétablir dans son honneur et dans ses biens, mais à condition que le bénéficiaire ait purgé sa peine et payé les dommages-intérêts prévus. Les **lettres pour ester à droit** enfin étaient particulières au condamné par contumace que l'ancien droit exécutait en effigie en prononçant la confiscation de ses biens. S'il revenait, ces lettres avaient pour but de lui permettre, sous certaines conditions, d'ester en justice afin de récupérer ses biens.

Octroyer des lettres était bien un monopole royal qui ne fut que très exceptionnellement délégué. Dans la pratique néanmoins et même si toutes étaient délivrées au nom du roi, il convient d'opérer une distinction. Certaines émanent de la grande chancellerie placée sous la responsabilité du chancelier et sont expédiées sous le grand sceau de France. Il s'agit de lettres de grâce les plus importantes, telles que pardon et abolition. Toutes les autres pouvaient l'être par les petites chancelleries installées auprès de chaque parlement. Il en va ainsi même pour les lettres de rémission depuis l'ordonnance de Villers-Cotterêts de 1539.

B. LES LETTRES DE CACHET

Comme il a déjà été évoqué, les lettres de cachet sont des lettres closes auxquelles le roi pouvait avoir recours dans l'exercice de sa justice retenue. Elles sont alors le pendant des lettres de grâce, utilisées cette fois dans le sens de la rigueur. Ne passant pas par la chancellerie, elles n'étaient pas scellées du grand sceau, échappaient au contrôle du chancelier, tout comme à l'enregistrement. Revêtues du cachet du roi, signées au moins en théorie par lui et contresignées par un secrétaire d'État, elles étaient directement envoyées à l'intéressé. L'usage qu'en fit le roi fut multiforme et seule est envisagée ici leur utilisation comme moyen d'expression de la justice retenue sur lequel les historiens portent des appréciations très diverses en fonction de leur sensibilité.

Instrument de la justice la plus retenue qui soit, elles servirent alors souvent à prononcer des arrestations et condamnations immédiates et sans jugement, au bannissement ou à la prison, manifestant ainsi dans sa forme la plus absolue le pouvoir du roi de juger seul et souverainement. Traditionnellement qualifiées d'« ordre du roi » ou d'« ordre particulier », elles renfermaient effectivement un ordre d'arrestation, d'éloignement ou d'emprisonnement, dans une prison d'état, de sujets les plus divers. Elles étaient toujours rédigées en termes presque identiques : « Monsieur N., je vous fais cette lettre pour vous dire que vous fassiez telle chose en tel temps. Et la présente n'estant à autre fin, je prie Dieu qu'il vous ayt, Monsieur N., en sa sainte garde. Escrit à... le... ». Ou bien encore, chaque fois qu'il s'agissait d'un ordre d'arrestation ou d'emprisonnement : « Il est ordonné d'arrêter X et de le conduire dans les prisons de.... Enjoint Sa Majesté desdites prisons de l'y recevoir et garder pendant..., passé lequel temps, il pourra le mettre en liberté, quoi faisant il en sera bien et valablement déchargé ».

Moyen pratique et rapide pour écarter des personnalités gênantes pour le pouvoir, les souverains des XVIIe et XVIIIe siècles en jouèrent volontiers à l'encontre d'écrivains qu'ils considéraient ne pas devoir laisser s'exprimer librement, tels Voltaire ou Diderot ou de personnages influents qui pouvaient leur faire ombrage, tels Linguet ou Mirabeau. Ainsi utilisée, la lettre de cachet put devenir, en certaines situations, un véritable instrument politique permettant de sanctionner sans délai tous les complots contre l'État, contre le roi et ses proches, ainsi que tous les actes de trahison ou d'espionnage. Dans cette perspective, les lieutenants de police demandèrent souvent au roi d'intervenir et de délivrer des lettres permettant arrestations et incarcérations en vue de régler, rapidement et dans la discrétion, des affaires qu'ils ne souhaitaient pas porter sur la place publique. Dans une même perspective, les lettres de cachet pouvaient aussi être mises à profit par les autorités ecclésiastiques pour faire procéder à l'arrestation d'un clerc dont la conduite était jugée scandaleuse ou se livrant à des propos répréhensibles. De la même manière, il n'était pas rare que les magistrats des cours souveraines entrées en rébellion contre le pouvoir soient invités, par simple lettre de cachet, à s'éloigner de leur lieu de travail. Un sort identique pouvait aussi être réservé aux membres de certains états provinciaux qui se montraient peu enclins à répondre aux sollicitations parfois pressantes de la monarchie.

Ces utilisations rigides et excessives des lettres de cachet ne sauraient cependant occulter l'autre versant de leur long devenir. Leur histoire est tout autre si on évoque le nombre des sujets du roi qui en ont demandé l'utilisation dans l'intérêt de leurs proches et de leur famille. Elles apparaissent alors souvent comme un instrument de paix et d'équilibre social. Qui voulait voir régler au plus vite un problème familial lié à la prodigalité d'un fils, à la conduite désordonnée d'une fille ou au comportement difficile d'un aliéné, saisissait de la question l'intendant ou le lieutenant de police. Information était alors répercutée au souverain qui, après avoir fait procéder à une enquête minutieuse pour vérifier le bien-fondé de la demande, pouvait délivrer une lettre de cachet ordonnant que soient prises les mesures demandées, si les motifs allégués s'avéraient parfaitement fondés.

Ainsi conçues et utilisées, les lettres de cachet ne constituaient pas des atteintes portées à la liberté individuelle. Instrument de la justice personnelle du roi, elles suscitèrent la critique aussi souvent qu'elles apparurent comme un moyen abusif d'intervention de l'État, aussi bien dans la vie publique que dans la vie privée. Ce fut souvent le cas à partir du moment où, dès le règne de Louis XIV, elles ne furent plus signées par le roi en personne, mais par un secrétaire de la main. Leur usage devint si courant que chaque secrétaire d'État en eut toujours un grand nombre d'exemplaires en blanc sous la main. Il n'avait plus alors qu'à les compléter en indiquant les destinataires et à les leur faire parvenir. Pratique facile qui ne manqua pas d'engendrer des abus, même si le souverain était toujours censé en assurer le contrôle, alors que Malesherbes, très attentif à cette question, rapporte qu'une journée entière n'aurait pas suffi au souverain pour les signer toutes. N'était-ce pas le signe qu'il était sage d'élargir le cercle de cette justice si reserrée sur la personne du souverain ?

§ 3. – LA JUSTICE PAR COMMISSAIRES

Alors que tant de justiciables souhaitent pouvoir saisir le roi juge en personne et que tant de causes affluent à son prétoire, la nécessité se fait en permanence sentir pour lui de se décharger du règlement de multiples affaires, sans pour autant s'en dessaisir. Il arrive souvent aussi que des causes importantes et éloignées de la capitale imposent au souverain, pour en rester maître, de désigner des juges ad hoc auxquels il confie le soin de juger à sa place, mais dans les mêmes conditions que s'il agissait en personne. C'est dans ce contexte que sont régulièrement constituées des commissions de juges chargées d'une mission temporaire pour régler un contentieux en cours ou statuer sur une affaire importante. Ce système de jugement par commissaires, déjà largement pratiqué au Moyen Âge, connaît sous l'Ancien Régime un extraordinaire essor et tout particulièrement, comme il se doit, en période de crise. La pratique médiévale des Grands Jours est alors bien souvent remise à l'honneur (A) tandis que des commissions spécifiques qualifiées de Chambres de justice sont régulièrement organisées pour traiter des grandes affaires judiciaires qui secouent le royaume (B).

A. LES GRANDS JOURS

Ils sont, sous l'Ancien Régime, le prolongement de la pratique médiévale qui ne cesse de s'amplifier, de se généraliser et de se perfectionner. Ils débordent désormais le seul Parlement de Paris et se présentent comme des sessions extraordinaires que tiennent les parlements en dehors de leur siège, en diverses villes de leur ressort, le plus souvent pour y traiter d'affaires importantes ou y réprimer des désordres en période de crise.

La composition en est définie par le roi qui nomme, pour chaque session, les membres appelés à siéger. Ainsi désignés par le roi pour une fonction précise et limitée dans le temps, ces juges paraissent bien avoir la qualité de commissaire. On peut cependant se demander s'ils perdent véritablement celle de parlementaire-officier, surtout à partir du moment où la monarchie tenta de donner à ce système des Grands Jours une certaine périodicité. Ne pourrait-on pas dire que tant que dure une session, et surtout s'ils sont renouvelés d'une à l'autre, les juges se trouvent en quelque sorte dans une situation mixte ? La question vaut d'être débattue, même si les Grands Jours font avant tout figure de commission de justice et ont presque toujours été présentés sous cet angle.

Le XVIe siècle apparaît comme le temps de fixation de la pratique définitive des Gands Jours. La royauté voulut leur donner tout à la fois lustre et périodicité. Elle légiféra en ce sens. C'est ainsi que l'ordonnance de 1499 stipule qu'une session annuelle se tiendrait dans le ressort du Parlement de Paris et une, tous les deux ans, pour ceux de Toulouse et de Bordeaux. Puis l'ordonnance de Blois de 1579 tente vainement de rendre annuelles les sessions pour les provinces les plus éloignées des différents parlements. En dépit de cette volonté législative affichée, la pratique fut différente et le rythme des réunions des Grands Jours demeura très irrégulier, même s'il est nettement plus soutenu qu'au XVe siècle. C'est ainsi que R. Doucet a relevé que de 1519 à 1596, il y eut 17 convocations pour le Parlement de Paris dont les Grands Jours se tinrent principalement à Poitiers (1519, 1531,1541,1567,1579), Angers (1533), Moulins (1540) et Riom (1546, 1550), quatre seulement pour celui de Bordeaux, trois pour celui de Toulouse et deux pour celui de Rouen. Conformément à la règle, toutes ces sessions eurent lieu dans une ville du ressort du parlement et non à celle de son siège. Au siècle suivant, les sessions ne cessent de s'espacer. On n'en recense guère qu'une pour le règne de Louis XIII en 1634 à Poitiers, tandis que les premières années du règne de Louis XIV marquent le déclin irréversible de l'institution au lendemain d'une des plus célèbres sessions que fut celle des Grands Jours d'Auvergne à Clermont en 1665-1666. Ils furent suivis, pour le parlement de Toulouse, par ceux qui se réunirent, sans grand éclat, au Puy en 1666 et l'année suivante à Nîmes. À partir de ce moment là, l'action de plus en plus omniprésente des intendants porta aux Grands Jours une concurrence redoutable.

Convoqués par le roi après avis du conseil et du Parlement, les juges désignés pour les Grands Jours sont invités à se présenter aux lieu et date fixés pour la session, avec délimitation précise de la mission qui leur est assignée, ce qui incite à voir en eux de véritables commissaires. La commission ainsi composée comprenait toujours un président assisté de dix à vingt conseillers désignés par le roi, comme le sont toujours des commissaires, ou parfois élus par le Parlement, ce qui tendrait alors à prouver qu'ils ne perdent pas totalement dans ce cas leur statut d'officier. Un maître des requêtes est aussi désigné pour assurer le fonctionnement de la chancellerie. Gens du roi et personnel auxiliaire ne sont pas davantage oubliés. Afin de faciliter les travaux et de traiter au mieux les affaires, deux chambres – l'une civile et l'autre criminelle – sont constituées.

Image des parlements dont ils émanent et en majorité composés de parlementaires, les Grands Jours s'inspirent beaucoup du modèle qu'ils connaissent. La procédure y est identique à celle des parlements et les méthodes de travail semblables. Mais une exigence domine qui fausse quelque peu le schéma initial : la nécessité d'agir vite et de statuer dans des délais très brefs. C'est dire que les comparutions doivent être immédiates et les pièces produites presque sur le champ. Tout cela en raison de leur compétence et de la mission qui leur est confiée. Au pénal, rechercher, poursuivre et juger les criminels, contrôler et sanctionner de besoin l'action des agents et juges locaux, réprimer tous désordres et démasquer tous complots, constituent autant de secteurs qui justifient tout à la fois célérité et pouvoir de juger en dernier ressort. Au civil, leur compétence est plus restreinte et ils ne peuvent statuer en dernier ressort que pour des affaires dont le montant ne n'excède pas 600 l. de rente et 1000 l. de capital.

Des commissions à compétence judiciaire avant tout, voilà bien ce que sont principalement les Grands Jours. Mais ils ne sont pas que cela. Dans l'esprit de la monarchie, tout ce qui relève du maintien de l'ordre ou de le rétablir entre dans leur champ de compétence. Ils doivent alors se comporter en surveillants et contrôleurs vigilants de tous les agents et juges locaux, tout spécialement en direction des prévôts et baillis, mais aussi et surtout des juges seigneuriaux. Investis de larges pouvoirs de police, ils se doivent d'intervenir à tous moments dans les secteurs les plus divers tels que la surveillance des établissements religieux, des hôpitaux, des foires et marchés et des corps de métier. Et pour que leur action se traduise de manière concrète et durable, ils sont autorisés à modifier la réglementation en vigueur et à lui en substituer une nouvelle en édictant des arrêts de règlement aussi souvent que nécessité l'impose.

Un tel champ d'action fut merveilleusement couvert par les Grands Jours d'Auvergne qui siégèrent à Clermont du 26 septembre 1665 au 30 janvier 1666. Session la mieux connue de toutes, tant en raison des archives qu'elle nous a laissées que de la relation vivante et précise qu'en a faite Esprit Fléchier, futur évêque de Nîmes, dans ses *Mémoires sur les Grands Jours d'Auvergne*. Réunis à la demande des bonnes villes d'Auvergne et autres représentants du troisième ordre, ces Grands Jours avaient avant tout pour mission de rétablir l'ordre dans une province où il était fortement troublé à tous les niveaux de la société et où la justice ne fonctionnait plus. Le travail accompli par le tribunal des Grands Jours, tout comme les résultats obtenus furent à la hauteur de la situation et de ce qu'avait souhaité la monarchie. Alors que 1360 affaires au moins arrivèrent dans leur prétoire, ils prononcèrent 682 condamnations qui furent effectivement exécutées dont 87 touchèrent la noblesse, 27 des officiers et 4 des membres du clergé, les 574 autres étant plus difficiles à identifier. La sévérité fut de mise puisque 23 condamnations à mort furent effectivement exécutées (dont un ecclésiastique et six gentilshommes), tandis que 347 autres furent prononcées par contumace (A. Lebigre). Les Grands Jours d'Auvergne jouèrent ainsi pleinement leur rôle de juge. Ils se comportèrent aussi, comme on l'attendait d'eux, en véritables législateurs. Ils édictèrent une longue série d'arrêts de règlement qui concernent les domaines les plus divers mais dont se distinguent la procédure, le droit féodal, l'assistance, la police et l'économie. À n'en pas douter, leur action fut, véritablement, celle d'authentiques commissaires réformateurs.

A. LES CHAMBRES DE JUSTICE

Depuis le début du XIVe au moins, le pouvoir à recours à des chambres de justice qu'il organise aussi souvent qu'il a à connaître de graves affaires financières dans lesquelles sont impliquées de hautes personnalités. Tel fut le cas d'Enguerrand de Marigny en 1313 et de Jacques Cœur en 1433. Il s'agit de commissions extraordinaires que le roi compose comme il l'entend et dans les circonstances qu'il juge adéquates. La chronologie de leur session a toujours été dictée par les événements, tandis que leur composition n'a guère varié et que leur mode de fonctionnement obéit à une procédure presque immuable pour sanctionner lourdement les prévenus, comme l'attestent bien des exemples.

1. – Le plus souvent convoquées à la suite de scandales financiers, ces chambres étaient destinées à donner satisfaction à l'opinion, en même temps qu'elles permettaient au roi de donner une nouvelle assise à son pouvoir. Instrument politique et d'une politique dont le souverain n'est pas toujours maître, la décision d'y avoir recours doit donc être soigneusement pesée. Le XVIe siècle marque une accélération du rythme de création et de convocation de ces chambres. Le pouvoir y a recours en 1563, 1577, 1580, 1584 et 1597. La première décennie du siècle suivant est aussi riche en sessions de ce type. Elles occupent les années 1601-1602 et 1606-1607. Tarde ensuite à venir celle de 1624 qu'avaient pourtant réclamée avec insistance les états généraux de 1614 et sans doute aussi demandé que fût instituée une périodicité de dix ans. Voeu qui porta ses fruits dans la mesure où on relève toute une suite de chambres en 1624, 1635, 1643 puis 1645, 1648 et 1656-57, avant que ne siège de 1661à 1665, celle si célèbre dans laquelle Colbert réussit à confondre son ennemi juré, Fouquet. Ce n'est qu'un demi-siècle plus tard, en 1716, que le Régent contraint de remettre de l'ordre dans les finances de l'État, décide constituer une nouvelle chambre. La dernière.

2. – Instituées par lettres patentes, ces chambres qui doivent siéger à Paris étaient composées de commissaires nommés par le roi qu'il choisissait aussi bien parmi les membres des cours souveraines de la capitale et de province qu'au sein des administrations centrales. Le chancelier en était toujours président. Entouré dans tous les cas de trois à cinq maîtres des requêtes et

du premier président du Parlement, il était aussi assisté de plusieurs conseillers de cours souveraines, en particulier de parlements de province, du premier président de la chambre des comptes accompagné de deux à quatre de ses maîtres. Tel était le noyau central de ces chambres qui pouvait, selon les cas, être complété par le président et plusieurs membres de la cour des aides de Paris. Les gens du roi du Parlement de Paris n'étaient pas non plus oubliés et, en général, deux d'entre eux étaient choisis dont l'un assurait la fonction de procureur général, tandis que les fonctions de greffier étaient confiées à un secrétaire du roi. Tous proches et fidèles du roi qui savait pouvoir compter sur eux, ces commissaires représentaient un effectif qui variait, selon les années, de la vingtaine à la trentaine.

3. – La convocation de ces chambres est toujours accompagnée d'un grand renfort de publicité et le souverain n'a jamais manqué de faire connaître leur création. Annonce en est faite dans tout le pays en tous les lieux habituels et sensibles. Il n'est pas un carrefour de ville où la voix du crieur ne se fasse entendre et où ne raisonne sa trompe. La nouvelle est aussi annoncée à l'occasion du prône dans toutes les églises du royaume. Au jour fixé, la séance est solennellement ouverte par un discours du chancelier auquel répond le premier président du Parlement. Le procureur général prend à son tour la parole pour annoncer qu'il est porteur de lettres patentes du souverain instituant la chambre. Il fait en même temps connaître qu'il a rédigé ses conclusions. Puis lecture est faite de la commission donnée par le roi, suivie de celle de la liste des commissaires. Ces formalités achevées, les commissaires donnent leur avis sur ce qu'ils ont entendu, tandis que le greffier enregistre l'édit de création.

Le travail peut alors commencer. Il consiste principalement à inventorier et à dépouiller la masse énorme de documents qui ont pu être réunis : papiers fournis par les financiers inculpés, minutes des contrats passés devant notaires tout au long des dernières années sous le nom ou au bénéfice de gens de finance, témoignages et dépositions les plus diverses y compris de délateurs. L'audition de témoins et la réalisation d'enquêtes exige aussi beaucoup de temps. C'est ainsi que la chambre qui siégea de 1661 à 1665 travailla sans relâche et sans discontinuer tous les jours, matin et après-midi. Elle dut souvent s'adjoindre des subdélégués pour l'aider dans ses travaux d'instruction, subdélégués auxquels furent concédés de très larges pouvoirs puisqu'ils purent emprisonner, procéder à des saisies et même juger sous certaines conditions, en particulier celle de l'appel. Commissaires, ces juges sont étroitement surveillés dans leur travail. Ceux qui se révèlent incapables sont remplacés et ceux qui paraissent trop enclins à l'indulgence sont rappelés à l'ordre. C'est le roi qui décide de la durée totale des travaux qui prennent fin lorsque, suffisamment instruits des affaires, les commissaires peuvent prendre les décisions qui leur paraissent devoir s'imposer.

4. – La règle est posée d'avance. Le roi a toujours clairement fait connaître ses intentions lors de la création d'une chambre et il les fait rappeler au

début de ses travaux. Il s'agit de soulager le pays et de traquer les financiers pour leur faire payer les exactions dont ils se sont rendus coupables. Il convient donc de procéder à la « recherche et punition des abus et malversations au fait de nos finances » et de parvenir à des jugements souverains « nonobstants oppositions ou appellations quelconques ». Ces jugements sont toujours très lourds en dépit des trésors d'ingéniosité que déploient les financiers pour retarder ou faire échouer la procédure. En 1601, la chambre ne prononce pas moins de 58 condamnations dont une à mort et beaucoup d'autres à la restitution au roi, à l'amende, à la prison, au bannissement ou à la suppression d'office, sans oublier la confiscation de biens. Celle de 1661-1665 se montre bien plus rude. Des 164 condamnations prononcées, 12 le furent à mort, une vingtaine au bannissement temporaire ou à perpétuité dont certaines hors du royaume. Et suit alors tout le cortège des amendes, restitutions, confiscations, emprisonnements, suppressions d'offices et amendes honorables. Les exemples pourraient être facilement multipliés. Tous tendent à prouver que, dans un premier temps, le roi accentue la pression sur les financiers inculpés en faisant valoir contre eux les créances de l'État et en s'efforçant que soient prononcées à leur encontre des condamnations financières très lourdes afin de les contraindre à réaliser tous leurs biens. Le souverain profite du courant d'opinion qui lui est favorable, sans ignorer qu'il risque de se retourner contre lui parce que les bailleurs de fond qui avaient utilisé les financiers pour lui prêter de l'argent commencent à s'inquiéter de leur déstabilisation. Alors, le souverain réagit et fait en sorte que les coupables soient moins lourdement sanctionnés en demandant que leurs peines soient transformées en amendes.

Dans tous les cas, ces procès rassurent l'opinion publique et font rentrer de l'argent dans les caisses de l'État. Ils permettent souvent au roi de se débarrasser d'un personnel politique douteux et d'en changer. Tel fut le sort réservé à Fouquet et à tous les financiers douteux qui l'entouraient.

5. – Ce grand procès vaut d'être rappelé. Constatant en 1661 l'état déplorable des finances de l'État, Colbert estime devoir recourir à des moyens extraordinaires. C'est dans ce contexte que fut créée, par édit de novembre 1661, une chambre de justice « pour la recherche des abus et malversations commis dans les finances depuis l'année 1635 ». Fouquet, alors surintendant des finances, fut traduit devant cette cour où son procès dura de mars 1662 à décembre 1664, sans que les règles les plus élémentaires de la procédure fussent respectées et au cours duquel Colbert joua un rôle de premier plan, toujours très ouvertement hostile à l'accusé. Alors que le premier président Lamoignon remplissait objectivement ses fonctions, il fut écarté et remplacé par le chancelier Séguier, plus ouvert aux vues de Colbert, tandis que nombre d'autres juges furent l'objet de pressions accompagnées de sanctions constantes. En dépit d'accusations souvent forcées à l'encontre de Fouquet et de l'implacable volonté de Colbert d'obtenir sa condamnation à la peine capitale, il ne fut que reconnu coupable « d'abus et d'abonnements extraordinaires » et seulement condamné au bannissement perpétuel, peine que le roi aggrava – décision rarissime – en la commuant en prison à vie.

La chambre n'avait sans doute pas assez tenu compte des abus de l'administration de Mazarin et de ses multiples complicités, pas plus qu'elle ne s'était vraiment émue de l'attitude de Colbert. Elle ne sortit pas grandie de ce procès qui, contrairement à ce qu'avait déclaré le souverain au moment de son installation, ne lui avait guère permis de « purger le siècle ». Les 164 condamnations qu'elle prononça (depuis 12 condamnations à mort jusqu'aux plus variées) furent néanmoins très favorables à la royauté qui vit rentrer dans ses caisses des sommes énormes et put récupérer d'importants revenus, terres et seigneuries aliénés depuis longtemps.

L'histoire de la dernière chambre de justice de la monarchie mise en place par le Régent en 1716 pour remédier à l'état catastrophique des finances est tout aussi intéressante. Installée aux Grands-Augustins le 14 mars, elle travailla dans la hâte en dressant sans délai la liste de tous ceux qui, depuis 25 ans, avaient eu un quelconque intérêt avec les fermes, emprunts, taxes et fournitures de l'État. Tous furent contraints de comparaître et de déclarer l'état de leur patrimoine, tant mobilier qu'immobilier. Les poursuites intentées furent particulièrement dures à l'encontre des financiers eux-mêmes et de tous ceux qui pouvaient les soutenir ou traiter avec eux, si bien qu'un véritable vent de panique s'empara de la capitale provoquant des suicides en série. De très lourdes condamnations furent prononcées et les deux septièmes environ des biens déclarés furent confisqués. Au total, 1410 particuliers furent condamnés, entre autres, à restituer près de 220 000 000 l. dont l'État ne récupéra qu'une très faible partie. Finalement, l'opinion choquée par ces abus et nombre de condamnations arbitraires, ne soutint pas l'entreprise jusqu'à son terme. Elle fut rejointe en cela par la Chambre des comptes de Paris et plusieurs parlements de province (Aix, Toulouse, Grenoble, Dijon), si bien que la chambre dût être supprimée en mars 1717. Elle fut la dernière, le pouvoir laissant désormais le champ plus libre à la justice ordinaire pour s'exprimer.

SECTION 3

LA JUSTICE DU ROI EN SES TRIBUNAUX

À l'aube des Temps Modernes, les grandes structures de l'appareil judiciaire sont en place, ce qui permet au souverain de déléguer l'essentiel de ses compétences judiciaires à des tribunaux dont certains tels que prévôtés, bailliages et parlements siègent depuis de longs siècles. Cette expérience acquise ne signifie pas pour autant que la machine judiciaire fonctionne parfaitement, même si le souverain y a retrouvé toute l'âme de son pouvoir à rendre ou faire rendre la justice en son nom. Des pans de cette justice lui échappent encore. Justices seigneuriales, justices municipales et officialités demeurent en bien des situations et en maintes régions très solidement attachées à leurs acquis. Cette carte toujours malicieuse des tribunaux et les dédales d'une procédure souvent difficiles à suivre, ne facilitent pas la tâche des justiciables. Leur horizon judiciaire s'éclaircit cependant au sein d'une hiérarchie de prétoires depuis longtemps fixée (§1) et à laquelle la monarchie d'Ancien Régime n'apporte que quelques grandes réformes, en particulier avec la création des sièges présidiaux (§2).

§ 1. – DES STRUTURES STABLES

L'étude détaillée qui en a été conduite pour la période médiévale demeure valable et dispense d'en reprendre ici tous les développements. Seuls seront mentionnés les ajustements souvent mineurs que pratique et législation d'Ancien Régime ont apportés au fonctionnement de cette machine séculaire, depuis la base jusqu'au sommet.

1. – Les **prévôtés** demeurent, pendant longtemps, les juridictions de droit commun. Leur compétence est clairement définie par un texte d'importance, l'édit de Crémieu du 19 juin 1536 (complété par l'ordonnance interprétative de 1559) qui leur attribue, tant en matière civile que pénale et en première instance, toutes les affaires qui ne relèvent pas des tribunaux de bailliage et de sénéchaussée, en particulier toutes causes concernant les nobles ainsi que certains cas royaux et privilégiés. Juges d'appel des justices seigneuriales, ils exercent aussi d'importantes attributions en matière de juridiction gracieuse (tutelle, enregistrement de certains actes) et de police, tout spécialement sur les corps de métier et à l'occasion des élections dans le cadre des paroisses et des villes. Dans l'ensemble du royaume, la tendance n'est pas favorable à la juridiction du prévôt dont de nombreux justiciables dédaignent la compétence pour se tourner vers celle du bailli.

La monarchie tenta en vain d'enrayer ce déclin dans la première moitié du XVIe siècle. N'y parvenant pas, elle accepta le principe de la disparition des prévôtés dans les villes qui étaient siège de bailliage, ce qui permettait en même temps de simplifier les degrés de juridiction. Décision fut prise de procéder à cette reforme avec l'ordonnance d'Orléans en 1561. Elle ne fut guère suivie d'effet, tant furent grandes les résistances à une mesure qui ne satisfaisait ni les justiciables, ni les titulaires de charges prévôtales. Il faut attendre le XVIIIe siècle pour voir les prévôts lentement et partiellement disparaître. Dans un premier édit de 1734, le pouvoir se plaît à souligner qu'il a « fait suppression de différents sièges de prévôtés royales établies dans les mêmes villes que les bailliages où ils étaient ressortissants et les peuples ont tiré du soulagement de cette suppression par l'expédition plus prompte de leurs contestations ». La réforme n'est véritablement terminée que par un édit d'avril 1749 qui supprima tous les tribunaux royaux inférieurs dans toutes les villes qui étaient sièges de bailliage ou de sénéchaussée. La très spécifique prévôté de Paris – tribunal du Châtelet – fut à peu près la seule à subsister.

2. – **Tribunaux de bailliage et de sénéchaussée**, très enracinés dans la carte judiciaire depuis le tout début du XIIIe siècle, s'affirment comme les véritables piliers de la justice monarchique jusqu'à la veille de la Révolution. Cette constatation se mesure d'abord à leur nombre qui ne cesse d'aug-

menter tant en raison du démembrement de certains de leurs ressorts que de l'extension continue du royaume et du succès toujours plus grand que connaît la justice du roi. Alors qu'on n'en compte que 42 au milieu du XVIe siècle, on en dénombre près de cent au début du siècle suivant et 400 en 1789. Cette évolution quelque peu échevelée s'est souvent accomplie dans un certain désordre qui a donné naissance à des circonscriptions de dimensions très variables pouvant aller d'une centaine de kilomètres carrés au millier. Il en est résulté aussi un enchevêtrement parfois très complexe des ressorts avec de multiples enclaves qui rendaient difficile au justiciable de connaître qui était son juge. Des protestations s'élevaient de toutes parts à l'encontre des anomalies de cette géographie judiciaire. Ainsi celles du tiers-état de Bar-sur-Seine à la fin du XVIIIe siècle : « Le peuple souffre énormément du mauvais partage du territoire entre les différentes juridictions. On voit tel bailliage porter son ressort à trente lieues de son siège, tandis que le bailliage voisin est borné quelquefois à deux lieues ».

Les compétences reconnues à ces tribunaux – qu'il s'agisse des bailliages principaux (tribunal du chef-lieu de bailliage où siège le bailli) ou des bailliages secondaires (tribunaux des lieutenants dans les autres villes importantes du bailliage) – constituent le second facteur permettant de mesurer la vitalité de l'institution. Profitant du déclin progressif des prétoires prévôtaux, baillis et sénéchaux se posent en juges de droit commun, situation que préfigure l'édit de Crémieu (1536). Les compétences civiles et criminelles qui étaient déjà les leurs à l'époque médiévale sont confirmées, tant en première instance qu'en appel. En première instance, ils sont avant tout les juges des nobles, des cas royaux qui leur sont réservés et soustraits à la compétence des prévôts, du contentieux touchant au domaine, des causes bénéficiales, des affaires concernant les églises de fondation royale. En appel, leur fonction essentielle est de connaître tous les jugements rendus par les prévôts, les justices seigneuriales et municipales aussi souvent qu'ils sont portés devant eux. Malgré ces larges attributions, baillis et sénéchaux n'étaient pas des juges souverains et les jugements qu'ils rendaient étaient toujours susceptibles d'appel devant les juridictions supérieures. Il fallut attendre un édit de septembre 1769 pour qu'ils soient autorisés à juger souverainement des causes qui n'excédaient pas 40 l., sans l'assistance d'un procureur et dans le cadre d'une séance particulière,

À cela s'ajoute une large compétence en matière de juridiction gracieuse, qu'il s'agisse de tutelles, de curatelles ou de confection d'inventaires de biens de mineurs. Tout comme les prévôts, baillis et sénéchaux sont aussi habilités, en raison de leurs attributions judiciaires, à intervenir dans le secteur toujours sensible de la police des communautés, de la voirie et du domaine, en permanence sous le contrôle vigilant de l'intendant et des parlements.

3. – **Parlement de Paris et parlements de province**, juridictions souveraines depuis leur création respective, ne cessent d'assurer leur position tout au long des trois derniers siècles de l'Ancien Régime. Ce qui caractérise avant tout l'institution, c'est son extraordinaire essor. Il se traduit principalement par la création de nouveaux parlements en province qui viennent s'ajouter à ceux qui existaient avant l'an 1500 (Toulouse, Bordeaux, Grenoble et

Dijon). Ces créations ne sont pas le résultat d'une politique systématique. Conditionnées par la conjoncture politique et les demandes des justiciables, elles sont irrégulières et souvent très progressives. Tel fut le cas des parlements d'Aix-en-Provence (1501) et de Rennes (1560) dont la longue genèse médiévale a conduit à évoquer déjà les conditions dans lesquelles ils ont été installés. Dans cette même perspective, il convient de mentionner le parlement de Rouen qui prend officiellement la suite, en 1515, de l'ancien Échiquier de Normandie. C'est au XVIIe siècle qu'une nouvelle vague de création est enregistrée, avec cette fois des parlements de moindre envergure, tel celui de Pau (1620) pour le Béarn, la Basse-Navarre et les pays de Soule, celui de Metz (1633) avec comme ressort les Trois-Évêchés (Metz, Toul et Verdun), puis celui de Besançon (1676) au terme d'une histoire mouvementée. Il en va de même de celui de Douai qui prend, en 1686, la suite du conseil souverain de Flandre qui avait vu le jour à Tournai en 1668. La création tardive, en 1775, du parlement de Nancy qui n'est que la continuation de la Cour souveraine de Lorraine et Barrois, vient clore cette liste et la porter à 13. Elle aurait même été de 14 si le petit parlement de Trévoux (principauté des Dombes), tantôt princier, tantôt royal, n'avait été supprimé en 177I.

L'organisation de ces nouveaux parlements est en tous points calquée sur celle du Parlement de Paris et des autres parlements provinciaux. Les variantes sont mineures, tout comme les modifications de détail qui sont apportées aux parlements existants, si bien que ce qui en a été dit de leur organisation et de leur compétence pour la période médiévale demeure valable. Tout au plus peut-on mentionner que, dans l'ensemble, les chambres des enquêtes se transforment progressivement, au XVIe siècle, en chambres de jugement et que la chambre des requêtes du Parlement de Paris devient juge de première instance des justiciables qui bénéficient de lettres de *committimus*, avec appel devant la grand-chambre. Il en va de même des compétences qui, pour tous les parlements, épousent étroitement ce qu'elles avaient été à la fin du Moyen Âge.

4. – Malgré la transformation de cours princières en parlements et la création de nouveaux parlements, bien des régions nouvellement annexées au royaume auraient été dépourvues de justices souveraines. Conscient de ce problème, le pouvoir ne manqua pas de le résoudre en y créant des **conseils souverains** qui furent de véritables parlements sans le nom. Le plus ancien, le plus important et le plus original aussi est le *Conseil supérieur d'Artois*. Créé par Charles-Quint en 1530, Louis XIII le confirme en 1640 après s'être emparé d'Arras en août 1640. La ville en fut le siège, sans interruption, jusqu'en 1790. Le statut particulier qui lui fut donné lors de sa création – souveraineté dans les domaines pénal, financier et monétaire ; contrôle par la voie de l'appel devant le Grand conseil de Malines en matière civile – explique qu'une fois devenu français, il ne fut pas pleinement souverain et resta subordonné au Parlement de Paris pour les affaires civiles importantes. Il ne retrouva une pleine souveraineté que pour une période très éphémère de 1771 à 1774. Le *Conseil souverain d'Alsace* est une pure création française qui date de 1657. Installé d'abord à Ensisheim puis à Brisach, son siège définitif fut fixé à Colmar en 1698 où il prend le relais des

juridictions impériales. Dans le même esprit, le *Conseil souverain de Roussillon* qui voit le jour en 1660 à Perpignan au lendemain du traité des Pyrénées (1659) succède aux diverses juridictions catalanes. Identique dans son esprit, le *Conseil souverain de Corse* est installé à Bastia en 1769 après que Gènes ait cédé l'île à la France suite au traité de Versailles (1768). Un particularisme évident présida au fonctionnement de ces conseils souverains qui se montrèrent très attachés au maintien des libertés et des droits locaux, ce que la monarchie admit avec beaucoup de souplesse.

§ 2. – LA CRÉATION DES SIÈGES PRÉSIDIAUX

Parce que les structures judiciaires médiévales s'étaient maintenues dans leurs grandes lignes jusqu'à l'aube de la Renaissance et que les causes ne cessaient d'affluer toujours en plus grand nombre devant les prétoires royaux, il apparaît très vite que la hiérarchie des tribunaux offerte aux justiciables est insuffisante. Leurs procès traînent en longueur et leur coût est élevé. Voilà ce qui, à ne se pencher davantage sur la question, aurait conduit Henri II à organiser en 1552 un nouveau degré de juridiction en instaurant les sièges présidiaux. Réalité qui se veut nouvelle, mais qui trouve refuge derrière un vocabulaire ancien. Le terme présidial, dérivé de *praeses* et *praesides* est présent, dès le XIVe siècle, dans les sénéchaussées de Toulouse, Carcassonne et Beaucaire où siègent des cours présidiales, tout comme un peu plus tard dans les bailliages de Blois, de Touraine et de Troyes où existent déjà des sièges présidiaux. Ces appellations servent alors à désigner une réalité bien précise. Il s'agit tout simplement de la cour principale du bailliage ou de la sénéchaussée que président le bailli ou le sénéchal, quelquefois qualifiés par les textes de l'époque de *praesides provinciae,* pour les opposer aux lieutenants qui ont la responsabilité des autres sièges du ressort. En reprenant ce terme, qu'avait une nouvelle fois utilisé l'édit de juillet 1519 sur les baillis et sénéchaux, Henri II ne cherche pas à retrouver des structures anciennes mais à innover. Toute une série de raisons l'ont conduit à mettre en chantier une vraie réforme dont le devenir devait se révéler nuancé.

A. CONTEXTE

Il ne fait aucun doute qu'en raison du développement considérable de la procédure d'appel et de la volonté souvent manifestée par les parties d'agir *omisso medio*, c'est-à-dire de porter leur recours directement devant une cour souveraine, sans passer par l'intermédiaire d'un tribunal de bailliage, les parlements sont souvent accablés de requêtes et ne peuvent faire face. Cette situation se trouve encore aggravée du fait que les degrés d'appel étant mal limités, tout justiciable quelque peu téméraire peut toujours réussir à saisir un parlement. Il en résulte des procès à la fois longs et coûteux. Autant d'arguments que développe avec insistance l'édit de janvier 1552 qui se propose avant tout de « faire promptement administrer » la justice en abrégeant les procès, après avoir dénoncé les profits excessifs qu'en « tirent les ministres et suppots... par les mains desquels il faut passer ». Il en résulte que les justiciables, contraints d'abandonner « leur forme et manière de vivre... employent le temps de leur vie à la poursuite d'un procès, sans en pouvoir voir la fin ». Et de rappeler que les cours souveraines ont été créées « pour juger de grandes matières », ce dont ne semblent plus se souvenir la plupart des justiciables qui, au lieu d'accepter un jugement de première instance, « font si grandes coustume et habitude de plaider » et se plaisent à interjeter appel « pour quelque petite manière que ce soit jusques en nos cours souveraines ».

Tout cela était parfaitement exact et sonnait juste dans un discours officiel de justification de la réforme. Mais il faut aussi y lire les arguments qui n'y sont pas. L'un d'eux, évident, a été depuis longtemps souligné. Henri II espérait bien sûr de cette réforme de gros profits pour le trésor royal, comme il était devenu désormais traditionnel de toutes celles qui portaient création de nouveaux offices. Mais il y a bien davantage. Henri II en espérait aussi la naissance d'un nouveau corps de magistrats recrutés et formés par lui au sein d'une élite urbaine qu'il comptait bien ainsi s'attacher. Il s'agissait avant tout d'intégrer dans de nouvelles compagnies judiciaires la meilleure bourgeoisie de villes qui en étaient jusqu'alors dépourvues (Ch. Blanquie). L'opération politique ainsi lancée pouvait être, à terme, porteuse.

B. CONTENU

Elle l'était sans doute moins sur le plan technique. L'édit de janvier 1552 créait, dans 60 bailliages ou sénéchaussées, un siège présidial dont le ressort regroupait ceux de plusieurs bailliages ou sénéchaussées. Pour le seul ressort du Parlement de Paris, 32 bailliages bénéficièrent de la réforme. Elle avait un caractère bien spécifique en ce sens que ces nouveaux sièges présidiaux n'avaient pas vraiment d'existence autonome. Installés dans les bailliages et sénéchaussées auxquels ils étaient attachés, ils fonctionnaient avec un personnel en partie commun, mais appelé à siéger en deux formations différentes. Aussi souvent que les conseillers du siège se constituaient en formation bailliagère, ils siégeaient sous la responsabilité du lieutenant général, qualifié de juge mage en bien des sénéchaussées du Midi. Se réunissaient-ils en formation présidiale ? Alors, ils devaient être neuf et tous gradués en droit, qui constituaient une compagnie de « juges magistrats » comme les désigne l'édit, dont la présidence était assurée non plus par le lieutenant général, mais par un véritable président dont l'office fut seulement créé en 1557.

Cette formation, quelque peu hybride, était naturellement destinée à couvrir des compétences différentes tant au civil qu'au pénal : les *causes présidiales*. La philosophie qui a présidé à la création des sièges présidiaux était simple. Il s'agissait, avant tout, de donner aux justiciables le moyen de voir trancher en dernier ressort, dans des délais raisonnables et sans frais excessifs, des causes qui ne valaient pas d'être portées devant des cours souveraines. Au civil, les sièges présidiaux sont donc appelés à connaître

« sans appel et comme juges souverains » toutes affaires dont le montant n'excède pas 250 l. en capital ou 10 l. de rente. C'est le *premier chef* de l'édit. Pour celles qui sont comprises entre 250 l. et 500 l. en capital et 10 l. à 20 l. de rente, les arrêts rendus par le siège présidial seront exécutoires par provision avec appel toujours possible devant une cour souveraine, mais « sans aucun effect suspensif de l'exécution du jugé ». C'est le *second chef* de l'édit. Au-delà de 500 l. en capital, le siège présidial devait se déclarer incompétent. Compétence revenait alors au tribunal de bailliage, toujours avec possibilité d'appel devant le parlement. En appel, les sièges présidiaux connaissaient des affaires jugées par les tribunaux inférieurs et éventuellement par les bailliages, mais à condition qu'elles ne dépassent pas les seuils de compétences qui leur étaient assignés.

Leur compétence en matière pénale est moins originale, limitée qu'elle est à connaître, en concurrence et par prévention avec les prévôts des maréchaux, des crimes commis sur les grands chemins par les gens de guerre, les vagabonds et les gens sans aveu (édits de novembre 1564 et de juillet 1580). De manière plus générale, ils avaient vocation à connaître en dernier ressort de tout crime portant atteinte à l'ordre public et à la sécurité, avec possibilité de condamner à mort et aux galères perpétuelles, avec possibilité d'appel devant un parlement et, en dernier ressort, à toute autre peine, y compris le bannissement et les galères à temps.

Ainsi définie la compétence des sièges présidiaux, le principe de la réforme était clair. Il s'agissait avant tout d éviter aux parlements d'avoir à connaître d'affaires de peu d'importance et de restreindre en même temps les possibilités d'appel.

C. DEVENIR

Cette nouvelle politique judiciaire était néanmoins porteuse d'incertitudes et de risques. À scruter son devenir, on peut se demander si l'entreprise de réhabilitation du passé si décrié des présidiaux, conduite à l'occasion de plusieurs travaux récents, ne doit pas être quelque peu nuancée.

L'avalanche d'édits qui ont suivi celui de 1552, en vue d'affiner ce texte imparfait et de préciser tant les conditions de création que les modalités de fonctionnement de ces nouveaux tribunaux, suffit à prouver combien la mise en place de la première vague a été difficile dans les ressorts des parlements de Paris, Rouen, Rennes, Bordeaux et Toulouse. Ceux qui virent le jour immédiatement après, non sans une certaine profusion, durent être supprimés par l'ordonnance de Moulins (1566). Créations et suppressions se succédèrent ainsi dans la plus grande incertitude et en fonction de considérations parfois surprenantes. En 1646, on installe à Pamiers un présidial parce que la ville est « habitée par un grand nombre de gens de savoir qui, faute d'emploi, sont contraints de vivre dans l'oisiveté » tandis que pour vendre les offices du siège de Marennes, on se plaît à insister sur « la douceur d'une vie oisive qui se rencontre dans cet emploi ». Dans ces conditions, il était toujours difficile de savoir combien le royaume comptait exactement de présidiaux. Après la vingtaine que créa Richelieu, ils furent jusqu'à plus de cent en 1764, dont 43 dans le seul ressort du Parlement de Paris.

Destinées à enlever aux parlementaires une partie de leurs causes, tout particulièrement en appel, ces créations suscitèrent immédiatement leur hostilité. Limiter la compétence des sièges présidiaux aux seules affaires susceptibles d'être appréciées en argent, leur interdisait de connaître au civil toutes les causes strictement personnelles. Enfin, dans l'hypothèse où ils ne jugeaient pas en dernier ressort et quand appel était interjeté devant une cour souveraine, on en arrivait à créer un degré supplémentaire de juridiction, ce qui allait dans le sens contraire de la réforme proposée. Pis encore, les plafonds financiers qui fixaient les compétences, déjà restreints au départ, s'avérèrent très rapidement insuffisants. On en prit conscience rapidement, si bien qu'un édit de 1557 porta à 1000 l. la compétence de premier chef, puis un autre de 1580, à 500 l. pour le second chef. Mais ce ne fut que pour un temps et il fallut attendre bien longtemps, après quelques réajustements partiels et temporaires (Paris, 1685 ; Lyon, 1705), pour qu'une réévaluation générale fût opérée en 1774. Alors, la compétence pésidiale est portée à 2 000 l. en capital et 80 l. en rente (premier chef) ainsi qu'à 4 000 l. et 160 l. (second chef). Profondément irrités par cette mesure, les parlementaires en obtinrent la suppression en 1777, avec liberté laissée aux plaideurs d'avoir ou non recours aux présidiaux pour le premier chef. La dernière tentative de Lamoignon pour restaurer la compétence des présidiaux en les autorisant à juger en dernier ressort jusqu'à 4 0000 l. était trop tardive pour les sauver de la débâcle, même si tous les bailliages furent alors élevés au rang de présidiaux.

Ce défaut de réévaluation périodique et significative avait largement contribué à faire baisser, de manière spectaculaire, le nombre de causes portées devant les présidiaux et, par là même, les revenus de leurs juges dont les épices se trouvaient chaque jour dévaluées. Ainsi, au présidial de Beauvais où un conseiller était assuré de 98 l. d'épices en 1634, n'en touchait plus que 34 au début du XVIIIe siècle. La multiplication constante des sièges avait provoqué une augmentation considérable du nombre des offices qui devinrent rapidement invendables au fur et à mesure que diminuèrent leurs revenus. Les exemples abondent. Voici Mâcon, en 1718, avec la moitié des charges vacantes et où « les officiers qui sont en place sont si rebutés qu'ils les abandonnent » pour trouver sur leurs terres les moyens de subsister. Dans ces conditions, « on reste des mois entiers sans pouvoir trouver le nombre d'officiers pour tenir les audiences présidiales ». Et voilà Riom où beaucoup de charges sont occupées « parce que les titulaires ne trouvent pas à s'en défaire ». Puis voici enfin Orléans où chaque décès de magistrat ouvre une vacance permanente.

Dans ces conditions, l'enquête conduite en 1763 sur les présidiaux ne pouvait révéler que leur état déplorable pour l'ensemble du royaume, situation encore aggravée du fait que leurs juges étaient assez mal lotis en matière de privilèges. Ceux qui leur étaient accordés étaient souvent mal observés et ils éprouvaient bien des difficultés à accéder à la dignité tellement attendue : la noblesse. Tant de facteurs conjugués font que les présidiaux sont tombés dans une phase si irréversible de décadence et de discrédit à la fin du XVIIIe siècle que même le Grand conseil, qui est le conservateur traditionnel de leur juridiction et que le pouvoir utilise volontiers pour abaisser les cours souveraines, ne peut plus leur apporter le moindre secours.

BIBLIOGRAPHIE

ANTOINE M., « Le mémoire de Gilbert de Voisins sur les cassations. Un épisode des conflits entre Louis XV et les Parlements » (1767), *R.H.D.F.E.*, 1958, p. 1-33.

BERCÉ Y.-M., « La disparition des Grands Jours », *La France d'Ancien Régime. Études réunies en l'honneur de Pierre Goubert*, Paris-Toulouse, 1984, I, p. 61-70.

BLANQUIE Ch., *Les présidiaux de Richelieu*, Paris, 2000.

BLUCHE F., *Les magistrats du Parlement de Paris XVIIIe siècle (1715-1771)*, Paris, 1960.

BOSSUAT A., *Le bailliage royal de Montferrand (1425-1456)*, Paris, 1957.

BOULET-SAUTEL M., « Recherches sur l'expédition du contentieux administratif devant le Conseil du roi à la fin de l'Ancien Régime », *E.D.C.E.*, 19, 1965-1966, p. 13-24.

BOULET-SAUTEL M.,» La cassation sous l'Ancien Régime », *Le tribunal et la cour de cassation (1790-1990)*, Paris, 1990, p.1-24.

BROWN E. et FAMIGLIETTI R. C. *The lit de justice. Semantics, Ceremonial and the Parlement of Paris*, 1300-1600, Sigmaringen, 1994.

BUCKARD F., *Le conseil souverain d'Alsace au XVIIIe siècle, représentant du roi et défenseur de la province*, Colmar, 1995.

BUSQUET R., *Précis de l'histoire du Parlement de Provence*, Marseille, 1919.

CAPOT S., *Justice et religion en Languedoc au temps de l'édit de Nantes : la chambre de l'édit de Castres (1579-1679)*, Paris, 1998.

CARBASSE J.-M. dir., *Histoire du parquet*, Paris, 2000.

CARBASSE J-M. et DEPAMBOUR-TARRIDE L. dir., *La conscience du juge dans la tradition juridique européenne*, Paris, 1999.

CASSAN M. dir., *Les officiers « moyens » à l'époque moderne*, Limoges, 1998.

CHALINE O., *Godart de Belbeuf. Le parlement, le roi et les Normands*, Luneray, 1996.

CHASSAIGNE M., *La lieutenance générale de police de Paris*, Paris, 1906.

CHÉNON É., *Origines et effets de la cassation*, Paris, 1982.

CORNETTE, *La mélancolie du pouvoir. Omer Talon et le Procès de la raison d'État*, Paris, 1998.

CUBELLS M., *La province des Lumières. Les parlementaires d'Aix au XVIIIe siècle*, Paris, 1984.

DESCIMON R. et RANUM O. dir., *Débats du Parlement de Paris pendant la minorité de Louis XIV*, Paris, 1997.

DOYLE W., *The Parlement of Bordeaux and the end of the old Regime*, 1771-1790, Londres, 1974.

DUPOND J., *Le parlement et l'ancienne justice de Dombes*, Trévoux, 1949.

ÉGRET J., *Le parlement de Dauphiné et les affaires publiques dans la deuxième moitié du XVIIIe siècle*, 2 vol., Grenoble, 1942.

FÉLIX J., *Les magistrats du Parlement de Paris, 1771-1790. Dictionnaire biographique et généalogique*, Paris, 1990.

FOVIAUX J., *La rémission des peines et des condamnations. Droit monarchique et droit moderne*, Paris, 1970.

FUNCK-BRENTANO F., *Les lettres de cachet*, Paris, 1927.

GALIBERT P., *Le conseil souverain de Roussillon*, Perpignan, 1904.

GIFFARD R., *Essai sur les présidiaux bretons*, Paris, 1904.

GLASSON E., *Le Parlement de Paris, son rôle politique depuis le règne de Charles VII jusqu'à la Révolution*, 2 vol., Paris, 1901.

GRESSET M., *Gens de justice à Besançon de la conquête par Louis XIV à la Révolution française (1674-1789)*, 2 vol., Paris, 1978.

HANLEY S., *Le lit de justice des rois de France. L'idéologie constitutionnelle dans la légende, le rituel et le discours*, Paris, 1991.

HAUTEBERT J., *La justice pénale à Nantes au Grand Siècle. Jurisprudence de la sénéchaussée présidiale*, Paris, 2001.

Juger les juges, As. Fr. Hist. Just., Paris, 2000.

KRYNEN J., *L'élection des juges*, Paris, 1999.

LABUSSIÈRE P. de, *Le bailliage de Mâcon. Étude sur l'organisation judiciaire du Maconnais sous l'Ancien Régime*, Dijon, 1914.

LAURAIN E., *Essai sur les présidiaux*, Paris, 1896.

LE BARROIS D'ORGEVAL G., *La justice militaire sous l'Ancien Régime. Le tribunal de la connétablie de France du XIVe siècle à 1790*, Paris, 1918.

LEBIGRE A., *La justice du roi. La vie judiciaire dans l'ancienne France*, Paris, 1988.

LEBIGRE A., *Les Grands Jours d'Auvergne. Désordres et répression au XVIIe siècle*, Paris, 1976.

MAHUET H. de, *La cour souveraine de Lorraine et Barrois (1641-1790),* Nancy, 1958.

MALMEZAT J., *Le bailli des Montagnes d'Auvergne et le présidial d'Aurillac comme agents de l'administration royale*, Paris, 1941.

MARTINAGE-BARANGER R., « Les idées sur la cassation au XVIIIe siècle », *R.H.D.F.E.*, 1969, p. 244-290.

MAUGIS E., *Histoire du Parlement de Paris de l'avènement des rois Valois à la mort de Henri IV*, 3 vol., Paris, 1913-1916.

PALLASSE M., *La sénéchaussée et le siège présidial de Lyon pendant les guerres de religion. Essai sur l'évolution de l'administration royale en province au XVIe siècle*, Lyon, 1943.

PHYTILIS J., *Justice administrative et justice déléguée au XVIIIe siècle. L'exemple des commissions extraordinaires de jugement à la suite du conseil*, Limoges, 1977.

POUMARÈDE J. et THOMAS J. dir., *Les Parlements de province. Pouvoirs, justice et société du XVe siècle au XVIIIe siècle*, Colloque de Toulouse, 3-5 nov. 1994, Toulouse, 1996.

QUÉTEL C. De par le roy. *Essai sur les lettres de cachet*, Toulouse, 1981.

SAULNIER F., *Le parlement de Bretagne (1554-1790),* 2 vol., Rennes, 1909.

SOLEIL S., *Le siège royal de la sénéchaussée et du présidial d'Angers (1551-1790)*, Rennes, 1997.

SUEUR Ph., *Le conseil provincial d'Artois (1640-1790). Une cour provinciale à la recherche de sa souveraineté*, 2 vol., Arras, 1978-1982.

SWANN J., *Politics and the Parlement of Paris under Louis XV*, 1754-1774, Cambridge University Press, 1995.

TOURNERIE (J.-A.), *Le présidial de Tours de 1740 à 1790. Recherches sur la crise judiciaire en province à la fin de l'Ancien Régime*, Tours, 1975.

TROTRY G., *Les Grands Jours des parlements*, Paris, 1908.

CHAPITRE IV

LA MONARCHIE FACE À L'ORDRE JURIDIQUE

L'ordre juridique hérité de la période médiévale était un ordre plural. Dominé par la coutume et très largement tributaire du droit canonique, tout spécialement dans le domaine des rapports familiaux, il avait progressivement laissé une place au droit romain, puis aux normes que la royauté s'était efforcée de faire triompher, tant par le biais de sa législation que de la jurisprudence de ses tribunaux.

Ce pluralisme juridique, si paralysant dans la construction de l'Etat, reste encore vrai tout au long de l'Ancien Régime, mais il s'atténue. Avec beaucoup de lenteur il est vrai, tant demeurent attachés à leurs coutumes et à leurs privilèges chaque province, chaque ville, chaque communauté, chaque corps de métier et chaque groupe social. La royauté, consciente du problème et désormais dotée d'instruments plus efficaces pour faire connaître et imposer ses décisions, poursuit sans relâche son effort de contrôle et d'harmonisation des sources du droit qu'elle s'efforce de rendre, tout à la fois, plus dépendant de ses initiatives et plus unitaire. En cela, sa tâche était rude. Vouloir contrôler le flux du droit, par une politique centralisatrice et avec l'intention affichée de construire un Etat parfaitement maître de son ordre juridique, c'était s'obliger à lutter contre tout un système inscrit dans la géographie depuis les temps féodaux et sans cesse consolidé par l'histoire.

Le XVIe siècle, comme en tant d'autres domaines, apporte à cette politique bien des innovations qui s'inscrivent, en même temps, dans une remarquable continuité. Tandis que se poursuit, puis s'essouffle dans l'imperfection le mouvement de rédaction des coutumes, leur réformation s'impose, dictée par les commentaires exigeants qu'en font les juristes de la Renaissance (Section 1). Au même moment – et dans toute l'Europe – sous la pression humaniste et le retour en force des valeurs de l'Antiquité, le droit romain connaît une seconde et brillante renaissance (Section 2). Coutume et droit romain, voilà bien deux sources du droit dont la royauté s'efforce, depuis des siècles, de guider et contrôler l'évolution. Mieux assurée, désormais, dans ses positions, forte d'un pouvoir normatif retrouvé et plus consciente de la nécessité d'orienter l'ordre juridique vers une évolution plus unitaire favorable à la construction de l'Etat, elle ne cesse de renforcer ses interventions à travers une législation toujours plus riche (Section 3) et un contrôle qu'elle souhaiterait plus strict de l'activité des cours souveraines en matière normative (Section 4).

SECTION 1

RÉDACTION ET RÉFORMATION DES COUTUMES

Depuis l'ordonnance de Montils-les-Tours (1454) et l'arsenal des textes qui l'ont accompagnée, les résultats obtenus dans le domaine de la rédaction demeurent très minces tout au long de la seconde moitié du XVe siècle. Les opérations ne démarrent véritablement que sous le règne de Louis XII pour s'intensifier par la suite (§ 1). Mais les résultats de ce mouvement de rédaction, pour importants qu'ils soient, s'avèrent rapidement imparfaits. Dès la seconde moitié du XVIe siècle, s'élève la voix de commentateurs rigoureux qui donnent aux travaux conduits dans le domaine des coutumes une nouvelle orientation, celle de la réformation (§ 2). Rédaction et réformation conjuguées ouvrent les premières perspectives d'une unification du droit français et facilitent la lente formation d'un droit commun coutumier (§ 3).

§ 1. – POURSUITE DE LA RÉDACTION

C'est dans le cadre de l'ordonnance de Montils-les-Tours, complétée par les ordonnances de 1497 et de 1498, que se poursuit ce mouvement de rédaction, aussi bien pour les coutumes urbaines que régionales. Il y a donc, en ce domaine, davantage aboutissement qu'innovations, comme l'attestent les très nombreux exemples qui peuvent être cités de coutumes rédigées au XVIe siècle, période d'apogée du mouvement qui s'essouffle dès avant 1600.

C'est ainsi que voit le jour, en 1506, la rédaction de la coutume de Sens, suivie, dès 1507, par celles d'Amiens et de Touraine qu'accompagnent, en 1508, celles de Chartres, du Maine et d'Anjou puis, en 1509, celles de Troyes, d'Orléans et d'Artois. Il faut attendre 1510 pour que soit mise par écrit la très importante coutume de Paris puis, la même année, celle d'Auvergne. Les décennies qui suivent sont encore jalonnées d'opérations tout aussi remarquables en Angoumois et Poitou (1514), en Nivernais aussi (1534) et en Bretagne enfin (1539). Ainsi, sous le règne de François Ier, presque toutes les grandes coutumes du Nord de la France, d'Ile-de-France, du Centre et une bonne partie de celles de l'Ouest ont reçu expression écrite et consécration officielle. Avec la mise par écrit du droit provincial normand en 1583, le mouvement lancé en 1454 trouve presque son point d'aboutissement.

Certes, le mouvement de rédaction n'était point clos puisqu'il devait durer jusqu'à la fin de l'Ancien Régime, mais à un rythme beaucoup plus lent et dans le cadre d'opérations toujours ponctuelles. Tout au long des XVIIe et XVIIIe siècles, la royauté ne manque pas de faire rédiger les coutumes des pays successivement rattachés à la couronne. Mieux encore, on procède en Lorraine, de 1784 à 1788, en des formes très proches de celles suivies au XVIe siècle, à la rédaction de la coutume d'Hattonchatel. Alors se vérifie, jusqu'à la veille de la Révolution, cette maxime de Coquille d'après laquelle *« le peuple de chacune province a droit d'établir loi sur soi qui sont les coutumes »*.

Prolongement séculaire d'une procédure décidée et fixée dès les dernières décennies du Moyen Age et dont les principes directeurs ont toujours été respectés, cette mise par écrit officielle des droits urbains et provinciaux atteint rapidement ses limites. Dès le XVIe siècle, certaines coutumes rédigées apparurent déjà imparfaites, lacunaires et insuffisantes. Pour ces raisons, certaines de leurs dispositions furent sévèrement mises en cause par des juristes clairvoyants qui en proposèrent la réformation.

§ 2. – NÉCESSITÉ D'UNE RÉFORMATION

Même rédigées, les coutumes ne sont pas définitivement fixées. Les textes ainsi obtenus ne représentent souvent qu'un moment dans leur évolution. Imparfaits, ils ne résistent pas toujours au doute des plaideurs, à l'exigence des juges et à la critique des commentateurs qui mettent en lumière insuffisances et lacunes. Voilà qui suffit à expliquer pourquoi (A) leur réformation s'est vite imposée (B).

A. POURQUOI ?

Beaucoup de ces rédactions ayant été effectuées dans un contexte difficile, trop rapidement et sans méthode suffisamment définie, présentent bien des imperfections. Ces défauts apparaissent tout spécialement dans le vaste ressort du Parlement de Paris qui regroupe une multitude de petits ressorts coutumiers particuliers. Il en résulte, pour ses juges, de grandes difficultés à connaître tout un ensemble de coutumes parfois contradictoires et rarement conformes à la coutume de Paris.

La commentant, le grand jurisconsulte Charles Du Moulin (1500-1566) déplore le caractère souvent hâtif de sa rédaction qui a laissé subsister trop de règles incertaines que le Parlement lui-même, souvent plus soucieux de contrôler la forme que le fond, n'a pas toujours fait disparaître. Pis encore, à ses yeux, figurent dans cette coutume nombre de principes et de règles qui n'ont rien de coutumier. Semblables critiques sont conduites, dans le ressort du Parlement de Rennes, à l'encontre de la coutume de Bretagne que Bertrand d'Argentré (1519-1590) commente en 1539. De tous ces défauts, de toutes ces diversités, résultent de graves inconvénients pour les plaideurs, les praticiens et les juges. Ils sont encore aggravés par le fait que la jurisprudence des parlements, contrainte de remédier à cette situation, évolue sans cesse, creusant ainsi un fossé toujours plus grand entre les textes des coutumes rédigées et la pratique quotidienne du droit.

Nécessité de compléter et de perfectionner ces textes, volonté aussi de les uniformiser en réduisant leurs divergences, ont contraint la royauté à envisager une procédure de refonte qui ne devait donc pas être conçue comme une nouvelle rédaction, mais seulement comme une révision, une réformation. Le terme n'est pas nouveau. Emprunté au vocabulaire politique médiéval, il traduit bien, en même temps, l'état d'esprit de ces juristes humanistes de la Renaissance et les tendances d'un XVIe siècle où se multiplient, dans tous les domaines, les réformes, qu'elles soient religieuses, politiques ou administratives.

B. COMMENT ?

La procédure de réformation reste fidèle aux grands principes posés, dès la fin du XVe siècle, pour la rédaction. Mais le rôle du pouvoir central s'y trouve considérablement accru. Désormais, le roi ne se limite pas à décider, mettre en œuvre la procédure et en homologuer les résultats. Il nomme des commissaires qui proposent, en son nom, un texte modifié et font pression sur les instances locales, en particulier les Etats, pour qu'il soit accepté. Leur rôle se trouve considérablement transformé. Dans la procédure de rédaction, ils avaient pour mission de constater la règle coutumière en exprimant leur accord sur son contenu. Désormais, chaque fois qu'il y a réformation, il leur est simplement demandé de consentir, d'accepter le nouveau texte, ce qu'ils font à peu près systématiquement.

Le meilleur exemple de mise en œuvre de cette nouvelle procédure concerne les coutumes du ressort du Parlement de Paris dont la réformation est l'œuvre, presque exclusive, de Christofle de Thou (1508-1582). Premier président du parlement, grand juriste humaniste, il est désigné en qualité de commissaire royal pour mener à bien cette vaste mission. Faire disparaître, dans ce vaste ressort, les coutumes qui étaient mauvaises ou déraisonnables et les mettre autant que faire se pouvait, en harmonie avec la jurisprudence du parlement, telles furent ses idées directrices. Le but final, même s'il n'était pas officiellement avoué, était de parvenir à une certaine unification du droit. Pour cela, il fallut convaincre les Etats de différents pays d'adopter des textes sinon identiques, du moins proches, pour le plus grand nombre possible d'articles. Restait donc sauve, en apparence au moins, une certaine capacité locale de décision. Les résultats furent souvent très positifs, tel cet article sur le droit d'aubaine (droit pour le seigneur, puis le roi, de confisquer les biens qu'un étranger – aubain – laissait en mourant) que huit coutumes réformées reproduisirent textuellement dans un secteur géographique compris entre Laon au nord, Auxerre au sud, Châlons-sur-Marne à l'est et la région du Perche à l'ouest. Se trouvaient donc unifiées, sur un point bien particulier il est vrai, mais au cœur du ressort du Parlement de Paris, huit coutumes importantes.

C'est sur la base de ces grands principes que sont conduites de nombreuses réformations tout au long de la seconde moitié du XVIe siècle. Qu'il s'agisse de la coutume de Sens (1555), ou de celles du Maine, Anjou et Touraine (1559), toutes sont soumises à une identique procédure de réformation. Ce vaste mouvement continue en Poitou (1559) et Bourgogne

(1575) avant de trouver son plein épanouissement avec la réformation de la coutume de Bretagne en 1580 et, la même année, celle de Paris dont le nombre des articles qui était de 120 en 1510 est porté à 372.

Ces réformations successives ont eu pour résultat de faire évoluer sensiblement la notion même de coutume. Désormais, elle apparaît de moins en moins comme une règle constatée, pour devenir une règle consentie après révision et adaptation. Enrichie par les travaux de la doctrine, modelée en fonction des observations des jurisconsultes, elle devient plus rationnelle tandis que son contenu tend à la rapprocher de la loi. Dans tous les cas, c'est un grand pas vers l'unification du droit qui est franchi.

§ 3. – VERS LA FORMATION D'UN DROIT COMMUN COUTUMIER

La notion de *jus commune*, de droit commun, est fort ancienne. Elaborée à partir d'éléments romains par les théoriciens médiévaux, elle fait prévaloir l'opinion commune sur les points de vue individuels. Temps et pratique aidant, cette opinion commune finit par devenir droit commun, c'est-à-dire un droit reconnu et approuvé par tous, par opposition au *jus proprium* qui correspond au droit d'une seule cité ou d'une seule région. Dès la fin du XIIe siècle, les docteurs italiens avaient identifié le droit commun au droit romain, même s'il fallut, tout au long des siècles suivants, reconnaître une place importante aux statuts édictés par les villes.

Le problème devient plus difficile encore à partir du moment où les coutumes rédigées s'affirment comme une source toujours plus sûre du droit. La théorie qui avait fait du droit romain un véritable *jus commune* ne pouvait plus, désormais, s'appliquer à la France coutumière, même si on réservait à ces coutumes un rôle de premier plan, comme on l'avait fait précédemment pour les statuts urbains. Il fallait aller plus loin et voir en elles un véritable *jus commune*. Et ceci d'autant plus que, lentement élaborées à partir d'usages francs et gaulois, elles reflètent parfaitement les besoins des habitants des pays coutumiers en leur apportant toute une réglementation générale dans les domaines les plus divers du droit privé. Telle est l'argumentation que développe Du Moulin. A ses yeux, existent dans la France du XVIe siècle deux données essentielles propres à activer la genèse d'un véritable droit commun coutumier. L'une est purement formelle – l'indépendance du royaume de France par rapport à l'Empire – qui affranchit totalement les régnicoles de l'application des règles romaines. L'autre concerne davantage le fond. Seuls peuvent véritablement servir à la construction d'un droit commun les systèmes coutumiers qui réglementent les points les plus importants du droit, tout spécialement en matière de droit privé.

De plus, ce droit coutumier français, marqué d'une profonde originalité, débouche par-delà certains particularismes locaux sur un ensemble parfaitement homogène qui, selon Du Moulin, exprime tous les caractères propres du génie français. Même ces particularismes ne sauraient faire obstacle à la formation d'un droit commun coutumier, dans la mesure où existe, pour notre auteur, un certain nombre de « coutumes princesses » qui, parce qu'elles présentent un caractère plus général, ont vocation naturelle à dépasser les limites de leur ressort et à servir, sur l'ensemble du territoire coutumier français, de droit supplétif pour combler les lacunes et permettre de résoudre les contrariétés. Constituant une sorte de droit commun supérieur, c'est à partir d'elles et autour d'elles que doit se forger un droit commun coutumier pour tout le royaume.

Ce rôle de fédérateur, en quelque sorte, du droit coutumier fut principalement dévolu à la coutume de Paris. Sa réformation témoigne clairement d'une volonté de simplification, d'harmonisation et, aussi, de mettre ses principales dispositions en accord avec la jurisprudence du Parlement. Voilà qui suffit à expliquer comment, dans tout le ressort qui couvrait à peu près un tiers du royaume, elle soit de plus en plus apparue comme un modèle, comme un droit commun qu'il fallait appliquer et autour duquel devait se réaliser l'unité.

Cette unité, facteur essentiel dans la formation d'un droit commun coutumier, ne cesse de progresser à partir du moment où l'impression des coutumes rédigées et réformées devient courante. Il est alors plus facile de les comparer et de mieux retenir, dans leur application, ce qu'il y a de commun entre elles. La marche vers l'unité est considérablement activée par les travaux des jurisconsultes qui analysent et commentent ces différents textes. Chaque grande coutume eut ainsi ses commentateurs qui, à l'instar de ce qu'avait fait Du Moulin pour la coutume de Paris, s'interrogent sur la valeur et la portée des textes coutumiers rédigés pour leur région : René Chopin pour l'Anjou (1581), Pierre Pithou pour Troyes (1600), Guy Coquille pour le Nivernais (1605), puis à nouveau Brodeau (1658) et Claude Ferrière (1679) pour Paris, sans oublier et à titre d'exemple, La Thaumassière pour le Berry (1660) ou Basnage pour la Normandie (1678). Ces publications et ces commentaires ont grandement facilité, au début du XVIIIe siècle, l'impression d'un vaste recueil, *Le Coutumier général,* dans lequel son auteur, Bourdot de Richebourg, s'efforce de présenter l'ensemble du droit coutumier français.

A ces commentaires particuliers se superpose un mode plus spécifique et plus synthétique de réflexion, les *Conférences de coutumes*. Il s'agit de répertoires systématiques où sont regroupées, par matières, les dispositions de différentes coutumes. La comparaison s'en trouve grandement facilitée qui, une fois encore, donne une vue plus unitaire de ce droit coutumier. Pierre Guenoys ouvre la voie à cette nouvelle méthode quand il publie, a Paris, en 1596, *La conférence des coutumes tant générales que locales et particulières du royaume de France*. Adoptant une méthode qui devait faire fortune, il y met en lumière points communs et différences entre les divers textes qu'il analyse.

Son exemple fut largement suivi. Quelques années plus tard (1607), Antoine Loisel (élève de Cujas et avocat au Parlement de Paris) publiait ses *Institutes coutumières*. Faisant suite à l'édition qu'il donnait de l'*Institution au droit des français* de Guy Coquille, elles résumaient en quelques maximes bien choisies les traits généraux du droit coutumier français afin de « *réduire sous l'autorité d'une seule loi* » des coutumes et des provinces qui « *sont rangées sous l'autorité d'un seul roi* ». Ce vaste programme, défini par Loisel lui-même, devait inspirer beaucoup de ses successeurs tels, par exemple, Guillaume de Lamoignon, premier président du Parlement de Paris qui, dans ses *Arrêtés* (1702), établit un véritable code général du droit français ou, surtout, F. Bourjon qui publie, en 1747, *Le droit commun de la France et la coutume de Paris réduits en principes.*

Il y avait là comme un aboutissement qui consacrait véritablement le rôle de tout premier plan dévolu, depuis 1580, à la coutume de Paris. Pivot unificateur du droit coutumier français, ce droit parisien, auquel Christofle de Thou avait apporté ordre et logique, constituait désormais comme l'épine dorsale du droit commun coutumier. Droit de la capitale, il devenait, progressivement, celui du royaume, préparant ainsi la codification de 1804 très largement tributaire, aussi, du droit romain.

SECTION 2

RENOUVEAU DU DROIT ROMAIN

Lié au mouvement humaniste du XVIe siècle, ce renouveau a été qualifié de « seconde renaissance » du droit romain (A) que prolonge, au siècle suivant, un retour à la méthode des postglossateurs (B). Remis à l'honneur, mais profondément modifié et adapté, le droit romain offre un système juridique dont la valeur opératoire soulève bien des problèmes (C).

A. LA « SECONDE RENAISSANCE » DU DROIT ROMAIN

Attirés par les horizons les plus variés de l'Antiquité, les hommes de la Renaissance ne pouvaient délaisser le droit romain dont le Moyen Age leur avait déjà légué une précieuse connaissance. Ce fil conducteur, soigneusement repris par le mouvement humaniste, leur permet de saisir, sans doute plus rapidement qu'en bien d'autres domaines, toute la richesse de l'héritage antique. Mais c'est en suivant une méthode très différente de celle des romanistes médiévaux que les jurisconsultes de la Renaissance renouent avec la tradition romaine.

Désormais, il s'agit moins de mettre à l'avant de la scène des textes déjà connus que de retrouver leur sens profond, à travers l'histoire, la civilisation et les sociétés antiques. Moins soucieux de pratique que de science, les juristes du XVIe siècle élaborent une doctrine savante du droit romain qui se veut, tout à la fois, historique et désintéressée. Les sources doivent être moins étudiées pour elles-mêmes que replacées dans un contexte fidèle permettant d'en expliquer l'élaboration, en suivre la genèse et en comprendre l'évolution. Pour cette école humaniste et historique dont le dessein est d'appréhender le droit romain par son propre passé, les aspects utilitaires s'effacent toujours devant les préoccupations doctrinales et didactiques.

Cette école eut de brillants représentants dans la France du XVe siècle, tout particulièrement avec Jacques Cujas (1522 – 1590) auquel Guillaume Budé, auteur de remarquables « *Notes* » sur le Digeste et surtout André

Alciat avaient ouvert la voie. Italien d'origine, d'abord professeur en Italie, Alciat arrive en France pour enseigner à Avignon, puis à Bourges, de 1530 à 1550. Il fait de cette université (créée par Louis XI) le principal foyer de la nouvelle école humaniste et romaniste. Se fondant sur l'histoire et la philologie, elle s'efforce de reconstruire le droit romain depuis ses origines jusqu'aux Compilations de Justinien.

Né à Toulouse, Cujas y enseigne d'abord puis à Cahors, Valence, Paris et, enfin, Bourges de 1578 à 1590, date à laquelle il y meurt. Son œuvre immense, principalement consacrée à commenter les travaux des plus grands jurisconsultes romains, eut un grand retentissement. Il en reconstitue les écrits à partir de fragments que le Digeste, en raison de sa présentation, livrait isolés les uns des autres. Il parvient ainsi à redonner leur physionomie originelle à de nombreux éléments connus en les regroupant et en relevant de multiples interpolations (substitution d'un mot à un autre, suppression, adjonction ou transformation de fragments dans un texte) qu'avaient introduites les jurisconsultes de Justinien. Il restitue à tous ces textes leur portée première et rend plus intelligible, pour chaque époque, le système juridique qu'ils révèlent.

Son contemporain, Hugues Doneau (1527 – 1591) reste, après lui, le principal représentant de l'Ecole de Bourges où il enseigne aussi pendant quelques temps avant de quitter la France pour Leyde, puis Heidelberg, en raison des événements liés à la Réforme. Contrairement à Cujas qui excellait dans la méthode du commentaire, Doneau choisit la voie de la synthèse. Maître de l'école dogmatique, il nous a laissé avec ses *Commentarii de jure civili,* un bel exposé d'ensemble du droit romain et de ses institutions. Après lui, ce grand mouvement historique, humaniste et savant se ralentit, enregistrant simplement quelques prolongements au début du XVIIe siècle avec, par exemple, Jacques Godefroy qui publie et commente le Code théodosien.

Parce que cette école voyait essentiellement dans le droit romain une science et un domaine presque exclusivement limités à la spéculation intellectuelle en dehors de toute incidence pratique, elle connut rapidement ses limites. Au lendemain de la Renaissance, c'est dans les Provinces-Unies et en Allemagne que se fixe la réflexion, tandis que se fait jour en France un courant favorable à la méthode des postglossateurs.

B. LE RETOUR À LA MÉTHODE DES POSTGLOSSATEURS

Plus orientée vers la pratique et l'application concrète du droit romain aux nécessités quotidiennes de la vie juridique et économique, la méthode des postglossateurs (bartolistes) convenait mieux que celle de Cujas aux besoins du temps. Voilà pourquoi, avant même que ne soit close l'ère des grands succès de l'Ecole historique, elle connût un vif regain d'intérêt.

Dès la première moitié du XVIe siècle, Du Moulin déjà, dont la carrière est davantage celle d'un avocat consultant que d'un enseignant, ne limite pas ses travaux, quand ils se situent hors du champ coutumier, à une simple analyse des principes du droit romain. Il rédige plusieurs grands traités (*Traités des contrats et du prêt à intérêt,* en particulier) dans lesquels le droit romain est largement mis en œuvre sous un angle pratique. Tout en restant très attaché à la supériorité des coutumes sur le droit romain, il n'hésite jamais, quand il l'estime utile, à les enrichir de solutions pratiques empruntées au droit de Justinien.

Cette méthode, largement ouverte à la pratique, devait être reprise et perfectionnée par les grands juristes des siècles suivants. Jean Domat (1625-1695), jurisconsulte et magistrat, compatriote et ami de Pascal, élabore, en se fondant souvent sur des principes de droit romain, un système juridique parfaitement adapté à l'état politique et social de la France de Louis XIV (*Les lois civiles dans leur ordre naturel*). Après lui, Joseph-Robert Pothier (1699-1772), professeur à l'Université d'Orléans, conseiller au siège présidial de cette ville et commentateur averti de la coutume d'Orléans, rédige un traité systématique à partir du Digeste (*Pandectae in novum ordinem digestae*) ainsi que plusieurs ouvrages didactiques de droit civil qui ouvrent très largement la voie à la rédaction du Code civil.

Tous ces auteurs et praticiens font œuvre de vulgarisation. Ce qu'ils retiennent dans le droit romain, c'est ce qu'il a de pratique et de directement utilisable pour leur temps. Ainsi se précisent les contours d'un droit romain vulgaire, souvent bien éloigné des solutions savantes des Jurisconsultes de l'époque classique, mais parfaitement adapté aux nécessités du moment. Ce corps de règles, souvent qualifié d'*usus moderaus*, construit à partir de données romaines interprétées par les jurisconsultes et rectifiées par la jurisprudence, tout spécialement celle des parlements, ne pouvait que connaître un vif succès dans la pratique quotidienne, particulièrement en pays de droit écrit, terre d'élection du droit romain, mais aussi dans toute la zone coutumière.

C. VALEUR OPÉRATOIRE

On se souvient comment, à partir des années 1250, s'était progressivement établie une distinction entre pays de droit coutumier et pays de droit écrit. Enracinée dans la pratique pendant les derniers siècles du Moyen Age, elle se maintient tout au long de l'Ancien Régime et perdure jusqu'à la rédaction du Code civil. Deux espaces juridiques s'offrent ainsi au droit romain. A l'intérieur de chacun d'eux, il n'a ni la même valeur doctrinale, ni la même portée pratique.

1. – Encore forte au XVIe siècle en pays coutumiers, l'autorité du droit romain ne cesse de décliner par la suite. Même s'il y demeure cette raison écrite (*ratio scripta*) qui permet d'apporter solution à des problèmes théoriques et de nourrir la discussion juridique, il ne résiste guère dans la pratique à l'emprise grandissante du droit coutumier. Fixée par la rédaction, enrichie par la réformation, la coutume est devenue un droit plus sûr, plus facilement accessible et parfaitement adapté aux besoins locaux. Cet héritage, soigneusement préservé parce que témoin d'un nationalisme juridique englobant, renforce constamment son emprise comme en témoigne l'élaboration progressive du droit commun coutumier. Véritable rempart opposé au renouveau que connaît le droit romain, il réduit son champ

d'application à celui d'un droit strictement supplétif qu'on ne saurait appliquer en dehors d'une lacune absolue de la coutume.

Dans tous les autres cas, s'impose la règle « *coutume passe droit* ». D'application stricte, elle implique le triomphe systématique des solutions coutumières sur les dispositions de la loi romaine, situation que résume fort bien Guy Coquille quand il écrit : « *Nos coutumes sont notre vrai droit civil, droit commun et originaire... aussi nous n'alléguons les lois des Romains, sinon pour la raison qui est* ».

Mais, de la théorie à la pratique, les choses n'étaient pas toujours aussi simples. Bien souvent, c'est un système modulé qui se met en place, variable d'une région à l'autre en fonction de l'emprise plus ou moins forte de la coutume. Dans le Nord (pays flamands en particulier) et l'Est (Alsace, terres d'Empire), les solutions sont assez tranchées pour que praticiens et justiciables n'aient pas à hésiter. Chaque fois qu'il y a lacune de la coutume, il convient de se référer au droit romain dont l'application, en tant que droit supplétoire, s'impose systématiquement. Partout ailleurs en terre coutumière, la place réservée au droit romain est beaucoup plus réduite. Les coutumes locales sont-elles incomplètes ou muettes ? Il faut alors obligatoirement se référer à la coutume générale de la province puis, éventuellement, à celle de Paris. Si aucune des deux ne permet de trouver la solution espérée, il conviendra de la rechercher dans les coutumes voisines. Ce n'est qu'après avoir épuisé toutes ces voies de recours que praticiens et juges pouvaient s'appuyer sur le droit romain pour dégager une solution, mais à condition que les dispositions romaines retenues paraissent raisonnables et ne soient pas en contradiction flagrante avec l'esprit de la coutume dont le contenu était lacunaire. Dans un tel contexte, l'application du droit romain – ultime recours – n'est acceptable que si elle ne vient pas bouleverser des pratiques coutumières parfaitement établies.

2. – Dans les **pays de droit écrit**, où le droit romain avait acquis depuis le XIIIe siècle valeur supplétoire, son devenir devait être fort différent jusqu'à la codification de 1804. Tout au long des derniers siècles du Moyen Age, tant la pratique courante des clauses de renonciation que la multiplicité des statuts municipaux, avaient fait obstacle à sa progression.

Cette situation de blocage évolue à partir du XVIe siècle, pour deux raisons au moins. Nombre de coutumes locales et urbaines qui s'opposaient au droit romain ne sont pas prises en considération au moment des rédactions officielles. Leur force s'en trouve amoindrie et elles constituent, désormais, un moindre obstacle à l'épanouissement du droit de Justinien. Quant aux clauses de renonciation, elles apparaissent souvent comme un injuste blocage de la vie juridique. Trop nombreuses et trop systématiques, elles privent ceux-là mêmes qui les avaient obtenues, de moyens de droit de plus en plus utiles à la bonne exécution de contrats et de transactions dont le contenu ne cesse de devenir complexe.

Dans ces conditions, beaucoup de cocontractants s'adressent au roi pour lui demander d'annuler les clauses de renonciation auxquelles ils avaient souscrit et pouvoir, ainsi, bénéficier de telle ou telle disposition du droit romain qu'ils avaient, au départ, voulu écarter. Le souverain peut répondre favorablement par une lettre de justice – lettre de rescision – qu'il adresse au requérant et dans laquelle il déclare annuler telle ou plusieurs clauses. Se trouvait alors réouverte la voie d'utilisation de toutes les dispositions de droit romain auxquelles les notaires médiévaux avaient si souvent invité leurs clients à renoncer.

A partir de ce moment-là, plus rien ne s'opposait à ce que le droit romain fût plus largement appliqué dans les pays du Midi. Il le fut effectivement et y joua, en quelque sorte, le rôle unificateur dévolu à la coutume de Paris pour les pays coutumiers. Mais cette relative unité du Midi autour du droit romain ne doit pas faire illusion. Reçu et appliqué par chaque parlement méridional, il est, en même temps, l'objet sinon d'interprétations divergentes, au moins d'adaptations locales à l'intérieur de chaque ressort. Il y eut donc bien un droit romain des pays du Midi mais qui était, tout à la fois, profondément différent du droit de Justinien et diversement adapté aux réalités locales. Il léguait néanmoins aux pays de droit écrit, tout comme la coutume de Paris pour les pays coutumiers, un héritage porteur d'unité. A partir de ces deux pôles, la royauté devait travailler sans relâche pour ouvrir la voie à une législation plus unitaire, même s'il faut attendre le Code civil pour y parvenir vraiment.

SECTION 3

RICHESSE ET VARIÉTÉ DE LA LÉGISLATION ROYALE

Lents tout au long du Moyen Age, les progrès du pouvoir normatif royal dépendirent étroitement de l'essor de la souveraineté dont ils constituèrent une des manifestations les plus significatives. A l'aube de la Renaissance, à peu près complètement libérée des entraves de la législation des barons et des grands princes que le monarque devait, de surcroît, toujours consulter avant de prendre une décision importante, l'action du roi dans le domaine normatif ne rencontre plus guère qu'un obstacle sérieux, la très forte emprise coutumière qui continue à régir la presque totalité des rapports de droit privé. Désormais, le « pouvoir législatif » royal repose sur des fondements solides et s'exerce selon des règles clairement définies (§ 1) qui déterminent des modes d'expression de plus en plus précis et au contenu toujours plus riche (§ 2).

§ 1. – FONDEMENTS ET EXERCICE

A. FONDEMENTS

La reconstruction territoriale, pratiquement terminée à la fin du XVe siècle, a largement ouvert la voie à l'extension du pouvoir normatif royal. Même si les grands feudataires et les villes continuent, parfois jusqu'à la veille de la Révolution, à promulguer règlements et ordonnances, tout spécialement dans le domaine de la police, il est désormais bien établi que ces actes ne peuvent aller à l'encontre des décisions royales qui doivent être reçues et appliquées partout dans le royaume. L'atteste cette déclaration de François Ier en date du 12 août 1523 dans laquelle le souverain circonscrit le « pouvoir législatif » reconnu à sa mère instituée régente : « *faire ordonnances, status et édits telle qu'elle trouvera que faire se devra pour le bien de nous et de notre dit royaume* ». C'était définir, en termes vigoureux, la capacité du pouvoir d'intervenir dans presque tous les domaines, à partir du moment où « *le bien... du royaume* » le justifiait. C'était, tout simplement, donner comme justification principale à l'action normative royale, l'*utilitas publica* que les juristes médiévaux avaient largement empruntée au droit romain pour fonder le droit du roi à édicter des normes obligatoires applicables à l'ensemble du royaume. *Utilitas publica*, commun profit, bien commun font donc toujours partie de cet arsenal justificatif invoqué par la royauté et ses théoriciens. Plus que jamais le roi devient, selon cette image empruntée aux compilations justiniennes, la *lex animata* ou loi vivante.

Tout au long de la période médiévale, les moyens avaient souvent manqué à la monarchie pour inscrire, dans les faits, cet ensemble de principes. A partir du XVIe siècle, au contraire, les spectaculaires progrès de la souveraineté permettent de passer de l'image à la réalité. Face aux libertés locales et aux coutumes qui avaient toujours constitué un obstacle à la progression de sa législation, le souverain se sent désormais plus libre, encouragé sans doute par la voix que font entendre les théoriciens qui lui sont favorables. Voici Bodin qui reconnaît au roi, en 1576, le droit de légiférer, par voie d'ordonnance, en matière de droit privé même « *contre les coutumes* ». Mieux encore, « *le roi peut casser les coutumes et la coutume ne peut déroger à la loi* ». A peu près au même moment, voilà Guy Coquille qui, tout en étant un peu plus nuancé, apporte cependant une contribution de poids à un pouvoir normatif royal qu'il veut de plus en plus englobant. A ses yeux, « *l'un des principaux droits de la majesté et autorité du roi est de faire loix et ordonnances générales pour la police universelle du royaume* ». En 1607, dans ses *Institutes coutumières*, Loisel résume parfaitement ce courant de pensée très porteur d'un développement toujours croissant de l'autorité législative du souverain, en écrivant « *Si veut le Roy, si veut la loy* ». C'était faire du roi la source presque exclusive de toute norme et affirmer que tout ce qu'il estimait être bon pour l'ordre juridique se trouvait automatiquement érigé en loi conformément à la formule « *Car tel est notre plaisir* » qui figure de plus en plus souvent, dans les textes d'ordonnances. Reprendre ainsi le vieil adage romain *Quod principi placuit legis habet vigorem* manifestait à quel point la royauté emboîtait le pas de ceux qui souhaitaient la voir maîtriser création et gestion d'un ordre juridique qui lui fût entièrement soumis.

Dans un tel contexte, la « loi du roi » – quelle que soit sa forme – devient le moyen d'intervention privilégié de la monarchie dans tous les domaines. A la coutume, qui avait pendant tout le Moyen Age orienté et dominé l'évolution du droit, se substitue progressivement l'acte normatif royal comme moyen continu d'adaptation et de transformation de l'ordre juridique. Reconstruit au seul bénéfice du roi, ce pouvoir normatif est aussi de mieux en mieux exercé par lui.

B. EXERCICE

Dans la théorie monarchique, comme déjà au Moyen Age, les actes normatifs royaux émanent du roi seul. En pratique, ce pouvoir normatif est largement partagé, tout au long des différentes étapes qui jalonnent la procédure d'élaboration d'un acte : initiative, rédaction, vérification, enregistrement et diffusion.

1. – ***Initiative***

A s'en tenir aux seuls principes, l'initiative serait exclusivement royale. La réalité laisse au contraire entrevoir une très large concertation autour de l'exercice de cette fonction. La règle, toujours aussi fondamentale du gouvernement par conseil, impose au roi de ne point agir seul, ce qu'il ne pouvait d'ailleurs faire, tant sont nombreux et variés les actes qui émanent de la chancellerie royale. Voilà pourquoi le chancelier, chef de la justice, apparaît comme le principal collaborateur du roi chaque fois que devaient être prises des initiatives en matière normative. Celles de Michel de l'Hospital, d'Aguesseau ou Maupeou ont largement marqué de leur empreinte la législation monarchique. Mais là ne s'arrête pas, à ce niveau le plus élevé, la sphère de la concertation. Secrétaires d'Etat, contrôleur général des finances, commissions spéciales composées de magistrats et de jurisconsultes sont aussi très largement mis à contribution. Leurs initiatives sont souvent à l'origine d'importants textes législatifs.

Sans doute plus modestes, mais très riches aussi, les initiatives émanant de simples particuliers, des différents corps du royaume (corps de métiers, villes) et des Etats généraux stimulent constamment la mise en marche de la procédure législative. Malgré des tentatives répétées, les Etats généraux n'ont jamais pu exercer un pouvoir normatif autonome. Mais, tout comme les Etats provinciaux, ils ont toujours joui d'une très large capacité de formuler des avis, des vœux et des doléances destinés à orienter l'action royale, compléter ou corriger certains points de la législation. Certes, ces doléances, qu'ils remettaient à la royauté sous forme de cahiers, n'avaient rien d'obligatoire pour le roi. Mais elles présentaient le double avantage de le tenir informé de l'état de l'opinion et des vœux du pays tout en lui apportant, à travers de longs textes de revendications, une véritable matrice à partir de laquelle pouvaient être élaborés les textes les plus divers. La situation politique difficile née des guerres de religion, oblige le roi à convoquer souvent les Etats généraux à partir de 1560. Ils profitent de cette situation pour intensifier leur pression et rendre concrète leur action qui débouche sur une série de textes importants. Il en va ainsi de l'ordonnance d'Orléans de 1561 que le chancelier Michel de l'Hospital met en forme au lendemain de la session des Etats généraux tenue à Orléans en 1560. Pareillement, les Etats de Blois de 1576 voient en partie leurs revendications satisfaites avec l'ordonnance de Blois promulguée en 1579. Cette période marque véritablement l'apogée de leur action puisque, à partir de 1614, ils ne seront plus jamais convoqués avant 1789. Alors, la royauté ressent le besoin de s'appuyer sur eux pour tenter de légitimer et mieux imposer des réformes trop tardives. Constamment à l'écoute du pays et de son entourage proche, le roi respecte et applique avec rigueur la règle du gouvernement à grand conseil. Forgée tout au long des siècles médiévaux, elle demeure une réalité vivante jusqu'à la fin de l'Ancien Régime.

2. – *Rédaction*

La même attitude peut être observée au niveau de la rédaction. Elle n'est jamais l'œuvre personnelle du roi mais celle de son conseil dont le chancelier est ici la cheville ouvrière. Toute initiative aboutit au Conseil pour examen et décision mais il peut aussi, s'il le juge opportun, légiférer de son propre mouvement. Sa mission première est de filtrer les demandes et de n'accepter que celles qui paraissent fondées. En toute hypothèse, il doit toujours agir dans la plus grande discrétion et respecter la règle fondamentale qui préside à son action : le secret.

Fort complexe, la phase de rédaction s'opère en plusieurs temps depuis le simple travail d'écriture jusqu'aux diverses vérifications qui doivent être obligatoirement opérées. Auxiliaire naturel du roi, le chancelier a mission de mettre en forme la plupart des textes. Il le fait toujours en étroite collaboration avec les intéressés, le Parlement bien sûr et la Chambre des comptes pour les ordonnances portant dispositions judiciaires ou financières mais aussi, tout naturellement, les secrétaires d'Etat et le contrôleur général des finances qui, en général, rédigent eux-mêmes les textes qui les concernent directement. Dans tous les cas, tous ces textes étaient minutieusement revus par le chancelier. Gardien de la tradition légaliste et des grands principes d'équité qui devaient inspirer la législation royale, son action était de tous les instants.

Préparé par le ministre compétent et revu par le chancelier ou directement rédigé par lui, le projet d'acte peut alors être soumis aux délibérations du Conseil. Tout texte délibéré en Conseil en fait expressément mention mais, plus on avance dans le temps, plus cette mention devient sommaire. Parfois même, elle finit par disparaître complètement. Jusqu'à la fin du Moyen Age, on trouve le plus souvent l'indication suivante « *par grand advis et mure délibération eue sur ce en notre conseil* » suivie de la liste des conseillers effectivement présents en séance. Au XVIe siècle, il est encore couramment mentionné que « *ceste matière a esté bien au long discutée et déterminée par nostre conseil* », tandis que les textes des siècles suivants se limitent en général à faire une brève allusion à « l'avis de notre conseil ». Tout simplement parce que le roi, maintenant législateur souverain, se sent assez fort pour imposer presque de lui-même les textes qu'il soumet au Conseil sans avoir à relever obligatoirement que cette formalité a bien été effectivement respectée. Elle l'était toujours cependant. Le texte, qu'il ait été préparé dans les bureaux d'un secrétaire d'Etat, par le contrôleur général des finances ou par le chancelier lui-même, faisait toujours l'objet d'un examen approfondi dans le bureau du Conseil compétent qui nommait un rapporteur chargé d'exposer la question devant le roi et à l'ensemble du Conseil. Pareille procédure pose tout le problème des rapports entre les différents départements ministériels qui réclament une autonomie toujours plus grande et le Conseil dont la mission est de veiller à la cohésion d'une législation propre à renforcer l'unité du royaume. De ces tensions résultaient obligatoirement des divergences de vues. Elles auraient pu porter atteinte à la qualité des actes ainsi rédigés s'ils n'avaient été soumis à un contrôle très strict.

3. – *Vérification, enregistrement et diffusion*

La vérification s'opère à un double niveau. Confiée au chancelier, elle est encore renforcée à travers la procédure d'enregistrement des actes par les cours souveraines qui participent aussi à leur diffusion.

Cette compétence du chancelier en matière de vérification est fort ancienne. Consacrée par une ordonnance de Philippe V en 1318, elle est le symbole essentiel de ses fonctions pendant toute l'époque médiévale. Elle perdure jusqu'à la fin de l'Ancien Régime pour faire de lui la véritable conscience normative de la monarchie. A l'analyse précédemment conduite de cette attribution, il y a peu à ajouter, sinon insister sur le fait que la vérification de tous les actes par le chancelier constituait une formalité substantielle. En aucun cas, le roi ne pouvait l'éviter. C'est seulement à partir du moment où le chancelier estimait que l'acte projeté était conforme aux coutumes et aux lois du royaume qu'il acceptait de le sceller du grand sceau de France à l'occasion d'une audience publique, l'Audience du Sceau. On sait les conflits qui pouvaient naître en cas de refus et les moyens dont disposait alors le roi pour assurer, en définitive, le scellement de son texte. Mais avant d'en arriver à ces solutions extrêmes, les réticences ou le refus de son chancelier avaient souvent effet bénéfique en l'incitant à infléchir sa position dans le sens souhaité.

De cette procédure découle un mode de contrôle particulièrement souple des actes royaux destinés à être revêtus du grand sceau. Résultat d'une collaboration presque toujours confiante entre la royauté et la chancellerie, il permettait le plus souvent d'aboutir à un heureux équilibre entre un absolutisme normatif excessif et le nécessaire respect d'une tradition de liberté dont le chancelier, chef de la justice, était le dépositaire naturel. Franchi cet obstacle, restait encore une ultime condition à remplir pour qu'un texte scellé devint une véritable loi. L'Ancien Régime n'ayant jamais connu de procédure systématique de publication des lois dans un bulletin ou journal officiel, la procédure d'enregistrement devant le Parlement et autres cours souveraines en tint lieu en partie.

Simple opération matérielle au départ qui devait permettre à ces hautes instances judiciaires de connaître les nouveaux textes et de les diffuser auprès des juridictions inférieures et des administrations locales, la procédure d'enregistrement devient rapidement prétexte à vérification par le biais de remontrances adressées au roi. On en connaît la genèse et les mécanismes, tout comme les moyens mis en œuvre par la monarchie pour passer outre afin de contraindre cours et parlements récalcitrants à enregistrer.

Comment usèrent-ils de cette faculté tout au long de l'Ancien Régime ? De manière abusive, assurément. En témoigne Etienne Pasquier (jurisconsulte, 1529-1615) qui voit dans les cours souveraines le principal « *retenail* » de la monarchie. Mettant à profit les difficultés que rencontre la royauté au

XVIe siècle, elles font de l'enregistrement une condition indispensable à la force exécutoire d'une ordonnance dans leur ressort. C'était, du même coup, frapper d'impuissance toute décision royale pour laquelle enregistrement avait été refusé ou, simplement, ajourné. Au retard qu'entraînait le jeu des remontrances, parfois suivies d'« itératives remontrances », venaient parfois s'ajouter, à partir du moment où la cour intéressée avait dû se plier aux exigences des lettres de jussion, des enregistrements assortis de réserves, « *par mode de provision* », « *jusqu'à ce que le roi en eût ordonné autrement* » ou encore *« sous conditions et modifications déclarées dans l'expédition »*.

Même si la royauté pouvait toujours venir à bout de ces résistances en ayant recours à la procédure ultime du lit de justice, l'utilisation des remontrances et de tout l'arsenal d'opposition complémentaire dont elles étaient porteuses, représentait pour les parlements et autres cours souveraines, une garantie certaine qu'ils n'hésitèrent pas à transformer en moyen de lutte politique. Voilà pourquoi la royauté ne cessa de multiplier avertissements, mises en garde et textes réglementaires pour tenter de limiter une prérogative dont le développement abusif remettait systématiquement en cause la position dominante qu'elle avait réussi à retrouver dans l'élaboration de la loi. Dans un tel contexte, les rapports du souverain avec ses parlements et cours souveraines à travers les remontrances font véritablement corps avec l'histoire générale de la période dont ils constituent des maillons périodiques. Complexes et agités, qu'il suffise d'en retenir quelques éléments directement liés à la vérification et à l'enregistrement des textes.

Forts du rôle qu'ils avaient joué tout au long des derniers siècles du Moyen Age et confortés dans leur action par les troubles nés de la Ligue, parlementaires et membres des cours souveraines s'efforcent de faire triompher, dans les dernières décennies du XVIe siècle, la thèse de leur consentement nécessaire à la loi. S'appuyant principalement sur les idées des monarchomaques, ils prétendent être les continuateurs des anciens Francs qui, réunis dans le cadre des plaids, participaient à l'élaboration de la loi. Mieux encore, ne soutenaient-ils pas être les seuls héritiers de l'antique *Curia regis* ou leurs ancêtres étaient traditionnellement appelés pour suivre la genèse des textes normatifs ? Et de là à conclure qu'héritiers d'un même corps, ils formaient un corps unique, il n'y avait qu'un pas. Franchi rapidement, il le fut. Tous les parlementaires et tous les membres des cours souveraines prétendant être les membres d'un seul et même grand parlement dépositaire, depuis les origines, d'un droit de vérification et d'enregistrement de la législation royale.

A ces prétentions, la monarchie oppose la théorie d'une simple concession au terme de laquelle elle aurait délégué d'abord au Parlement de Paris puis aux cours souveraines et, ensuite, aux parlements de province, le droit de faire en sorte que soit différée l'entrée en vigueur de tout acte normatif contraire aux grands principes du droit monarchique. Raisonnable au départ, le contenu de cette concession – toujours interprétée de manière plus extensive par leurs bénéficiaires – ne pouvait qu'engendrer de graves conflits. Ils incitèrent le pouvoir à intervenir afin que ne soit pas systématiquement paralysé le fonctionnement de l'appareil normatif.

Comment jalonner ces grandes interventions qui rythment la lente et difficile affirmation de la suprématie royale dans l'élaboration de la loi ? Elles sont, très fidèlement, traduction et baromètre de la situation politique. A toute période de crise ou de difficulté pour la monarchie correspond une opposition accrue des parlements face aux textes royaux. Elle retombe chaque fois que l'institution monarchique peut à nouveau exercer pleinement ses droits. S'enchaînent ainsi des phases successives qui vont de l'abus à la restriction, voire à la suppression du droit de remontrances. A maintes reprises récupéré par les parlements, il les conduit, à travers l'usage excessif qu'ils en font, à un véritable divorce avec la monarchie.

Restrictions, abus et suppression (XVIe – XVIIe siècles). – Les vives tensions qui dominent, dès le XVIe siècle, les rapports du pouvoir avec ses parlements devaient rapidement conduire à une première série d'importantes restrictions. Les plus significatives sont l'œuvre du chancelier Michel de l'Hospital. Insérées dans les articles 1 et 2 de l'ordonnance de Moulins de février 1566, elles stipulent que les édits royaux auraient désormais force de loi en dehors de toute publication et quelles que soient les remontrances qui aient pu être formulées. Le droit de remontrance n'était pas retiré à leurs titulaires, mais il se trouvait très sévèrement réglementé. L'utiliser n'était plus qu'une faculté immédiate dans la mesure où il était strictement interdit d'en faire usage prolongé en vue de le transformer en moyen dilatoire. Interdiction était aussi faite d'apporter à un texte « *modification, restriction et changement* ». Puis, les remontrances connues et le roi ayant « *fait entendre sa volonté* », les cours devaient obtempérer immédiatement et procéder à la publication sans « *aucune remise à autres secondes* ». Voilà qui était clair et posait l'interdiction des itératives remontrances.

Ces dispositions, trop sévères, ne purent réellement être appliquées. Souvent, sous le règne d'Henri III, le pouvoir dut avoir recours à la procédure du lit de justice. Et, véritable ironie du sort, l'ordonnance de Blois qui renouvelait tout cet arsenal restrictif en 1579 ne fut enregistrée qu'après « *plusieurs remontrances très humbles* ». Comme pour mieux affirmer leur attitude combative, les parlements rappellent à nouveau et très souvent, au bas des textes qu'ils étaient contraints d'enregistrer, la mention « *enregistré sur exprès mandement du roi* », alors que Louis XI leur avait fait défense, dès 1474, de l'utiliser.

Pis encore, ils font directement dépendre leur devoir d'obéissance aux textes législatifs de la vérification effective qu'ils ont pu en faire. Pareille formalité n'avait pu être remplie ? Alors le texte se trouvait écarté. Tel fut bien le sort réservé, en 1629, à la grande ordonnance de Michel de Marillac qualifiée de Code Michau. Parce qu'elle reprenait en partie les dispositions de 1566 sur l'enregistrement et le droit de remontrance (toutes les remontrances relatives aux ordonnances récentes, mais antérieures à ce texte, devaient être faites dans un délai de six mois à compter de la publication du Code, délai réduit à deux mois pour celles à venir) et qu'elle soulevait aussi d'autres problèmes, en particulier autour du droit de propriété, elle dut être enregistrée par lit de justice. Cette genèse si rude préjugeait de son avenir incertain. Elle ne fut jamais appliquée.

Cette première phase de tension annonçait des rapports plus conflictuels encore entre le roi et ses parlements. Ils saisissent toutes les occasions pour porter le débat sur le plan politique en utilisant le droit de remontrance en vue de faire échouer ou paralyser l'enregistrement de textes qui ne leur conviennent pas.

L'année 1641 marque un nouveau point de départ dans cette longue phase de conflits. Face à un refus du Parlement de Paris d'enregistrer un édit de Louis XIII créant de nouvelles charges de conseillers, Richelieu dicte au roi une ordonnance dont le contenu était particulièrement dur pour les parlements et autres cours souveraines. Obligation leur était imposée d'observer tous les textes enregistrés en lit de justice et de ne rien faire qui puisse entraver leur application. Ordre leur était donné d'enregistrer immédiatement édits et déclarations « *concernant le gouvernement et l'administration de l'Etat* » sans avoir à en délibérer. Seuls les textes « *regardant les finances* » étaient soumis à vérification et pouvaient, éventuellement, entraîner des remontrances à propos desquelles le roi ferait connaître son avis. En principe, l'enregistrement devait suivre immédiatement le commandement du roi à moins que – fait exceptionnel – de nouvelles remontrances ne soient autorisées. Face à tant d'autorité si clairement manifestée, les parlements se soumirent jusqu'à la mort du roi (1643) et respectèrent, pour l'essentiel, la voie qui leur avait été ainsi tracée.

Comme toujours en pareil cas, la régence d'Anne d'Autriche qui s'ouvre alors leur permet de relever la tête. Acceptant de casser le testament de Louis XIII et de donner ainsi plus de liberté à la régente, le Parlement de Paris récupère en échange son droit de remontrance dont il pouvait, à nouveau, pleinement user. Il le fit à l'excès pour s'engager dans une véritable lutte politique, la Fronde parlementaire dont l'épisode le plus significatif pour notre propos se déroule en mai 1648. L'opposition au gouvernement de Mazarin devient systématique. Le 13 mai 1648, à la suite d'une déclaration du roi qui modifiait le statut fiscal des offices, le Parlement convoque en la chambre de saint Louis au Palais, les autres cours souveraines de Paris : Grand Conseil, Chambre des comptes et Cour des aides. Ensemble, ces hautes juridictions proclament leur solidarité dans l'**arrêt d'Union** (13 mai 1648) et déclarent s'unir « *pour la défense du public et la réforme de l'Etat* ». Sur la base de ce texte, tous les parlements du royaume reprennent le thème de la solidarité et soutiennent constituer un corps unique qui, en toutes circonstances, doit faire bloc. Cette attitude allant gravement à l'encontre des pratiques constitutionnelles de la monarchie, le Conseil du roi cassa l'arrêt d'Union dont la régente, en raison des événements, dut finalement admettre l'application. Il s'ensuivit une liste de résolutions en 27 articles en vue d'une profonde réforme de l'Etat. Elles visaient, en particulier, à faire admettre qu'aucune imposition ne saurait être perçue qu'en vertu « *d'édits bien et duement vérifiés es cours souveraines... avec liberté de suffrages* ». C'était là un nouveau triomphe parlementaire. De courte durée, il est vrai.

Clos l'épisode de la Fronde, le jeune Louis XIV, encore sous l'emprise de Mazarin, fait enregistrer en lit de justice (22 octobre 1653) une déclaration qui interdisait au parlement « *de prendre aucune connaissance des affaires de notre Etat et de la direction de nos finances* ». C'était annoncer la mesure finale et radicale qu'il allait arrêter (8 juillet 1661) en son conseil, au lendemain de la mort de Mazarin. Par cet arrêt, il est enjoint à toutes les cours souveraines d'obéir aussi bien aux arrêts du Conseil qu'aux ordonnances. Tout au plus pouvaient-elles communiquer au souverain leurs remarques par « *voie de supplication et remontrance* ». Mais ce droit de remontrance, en quelque sorte résiduel, devait être très sévèrement réglementé quelques années plus tard. Il le fut en deux temps.

Le roi profita d'abord de la grande ordonnance sur la procédure civile d'avril 1667. Les remontrances à propos de la vérification y étaient maintenues, mais un très bref délai était laissé aux cours pour les présenter à partir de la date de réception des lettres : huit jours si le roi était présent, six semaines s'il était absent. De plus, ces remontrances devaient être brèves, jamais itératives. Sitôt enregistrés les textes royaux, leur application immédiate était de règle, sans qu'il soit loisible aux cours de les interpréter en introduisant des réserves ou modifications.

Cet ensemble de mesures restrictives n'eut pas l'heur de plaire aux parlements. A la suite d'incidents répétés – et pour assurer définitivement son autorité – Louis XIV les aggrava une nouvelle fois. Par lettres patentes du 24 février 1673, les règles traditionnelles d'enregistrement pour les lettres sur simple requête étaient maintenues, tandis que pour toutes les autres, c'est-à-dire celles prises sur propre mouvement du roi, les cours devaient procéder à leur enregistrement immédiat, dès la réception, sans aucune possibilité de remontrances préalables. Tout au plus pouvaient-elles être présentées après enregistrement et dans les conditions de délai prévues par l'ordonnance de 1670. Si le roi jugeait fondées ces remontrances a posteriori, il le faisait connaître par une déclaration interprétative. Dans le cas contraire, le texte devenait immédiatement exécutoire. Pareille réglementation, particulièrement sévère, condamnait de manière définitive le système des remontrances préalables. Les seules qui aient eu véritablement un sens dans la procédure d'élaboration des grands textes normatifs. Les parlements en eurent pleinement conscience qui, à partir de 1673, estimèrent parfaitement inutile de continuer à adresser des remontrances *a posteriori* dont ils étaient assurés qu'elles n'avaient plus ni valeur, ni portée. Manœuvre habile, elle contribua à isoler le souverain et à le rendre seul responsable de sa législation. Elle préparait aussi une nouvelle revanche du monde parlementaire dont Colbert pensait sans doute un peu trop vite qu'il avait cessé de faire entendre sa voix quand il écrivait, en 1679, « *les bruits du Parlement ne sont plus de saison* ».

De la récupération à la rupture. – C'était sans doute faire fi du cycle toujours renouvelé des rapports de la royauté avec ses parlements. Le grand roi décédé (1715), le régent Philippe d'Orléans doit immédiatement se tourner vers le Parlement pour obtenir de lui que soit cassé le testament de Louis XIV et rendre plus libérales les règles qui présidaient à l'exercice de la régence. Occasion inespérée pour négocier une restauration pleine et entière du droit de remontrance, cet épisode, aussitôt mis à profit par le Parlement, débouche sur la déclaration du 15 novembre 1715. Le régent y rétablissait le Parlement dans ses droits et lui restituait, sans restriction aucune, sa pleine capacité à formuler des remontrances préalables à l'enregistrement.

A partir de ce moment-là, le Parlement de Paris usa et abusa de sa prérogative retrouvée. Simple étape qu'elle aurait dû être dans l'élaboration de la loi, il en fit une arme politique redoutable pour s'opposer aux projets les plus divers. Malgré les efforts désespérés du régent pour revenir à une réglementation plus stricte, en particulier celle de 1667, l'attitude d'obstruction des parlementaires parisiens ne cesse de se durcir. Et ils entraînent, dans leur sillage, tous les membres des autres parlements et cours souveraines du royaume.

Cette phase d'opposition résolue et systématique relève davantage de l'histoire politique que de l'évolution de la procédure d'enregistrement et de vérification des ordonnances royales. Elle rythme les grands moments de crise du règne de Louis XV et fait, des remontrances, un remarquable instrument de propagande. Sans entrer dans le détail de ces conflits répétés, qu'il suffise d'évoquer ce que fut, tout au long du XVIIIe siècle, l'argumentation toujours mise en avant par les parlementaires pour justifier, tout à la fois, leur droit et l'usage qu'ils en firent.

Renouant avec les pratiques mises en œuvre au moment de la Fronde, le Parlement de Paris, soutenu et suivi par tous les autres, prétend à nouveau pouvoir délibérer sur les textes dont le roi a ordonné l'enregistrement. Il se dit investi d'une véritable mission de contrôle de légalité et de constitutionnalité qu'il doit pouvoir exercer « librement ». Pour les parlementaires, la loi n'est exécutoire que s'ils ont pu en vérifier, au préalable, sa conformité avec les coutumes, l'ensemble des textes existants et les lois fondamentales du royaume. Il y avait là, dans la théorie qu'ils imaginaient, une condition préalable et indispensable à l'enregistrement. A l'autorité du prince devaient s'ajouter, à la fois, leur consentement et leur adhésion.

Pour étayer ces prétentions, le Parlement de Paris relance, à partir des années 1750, la thèse d'après laquelle les divers parlements seraient tous issus d'une même assemblée primitive, les plaids de la période franque qui avaient, entre autres pouvoirs, celui de participer à l'élaboration des grandes décisions. C'était en quelque sorte voir, dans chaque parlement, la section d'une vaste assemblée démembrée, une « classe » d'un parlement qui aurait été unique à l'origine, le « Parlement de France », mais finalement réparti sur l'ensemble du royaume pour mieux assurer la mission dont il était investi. Mission qui, pour les parlementaires du XVIIIe siècle, était avant tout de veiller au respect des libertés et de participer à l'élaboration des lois par l'enregistrement des lettres patentes. Il y aurait eu là continuité parfaite avec le rôle joué par les plaids à l'époque franque et cette théorie des « classes » permettait à merveille de maintenir la fiction d'un organe unique qui, à l'instar du parlement anglais, aurait eu à jouer un rôle de tout premier plan dans le vote de la loi. Elle justifiait en même temps, pour les parlementaires, cette opposition collective périodique qui leur permettait de faire bloc face à des mesures qu'ils ne souhaitaient pas. Afin de paralyser l'exécution de textes enregistrés en lit de justice, ils imaginent les solutions les plus radicales allant de la suspension générale de service à la démission en bloc, attitude à laquelle le roi répond par des sanctions graduées : exil de la cour, assignation à résidence des magistrats rebelles et, parfois même, nomination d'une commission ad hoc qui se substitue à la cour défaillante.

Au terme de longues années de tension, Louis XV finit par ne plus supporter ce double jeu d'oppositions et de sanctions réciproques. Il décida d'y mettre un terme solennel et rigoureux en se rendant, à l'improviste, au

Parlement de Paris le 3 mars 1766 pour y faire connaître, en un lit de justice demeuré célèbre, une position rigide sans doute arrêtée de longue date. Dans cette séance dite de la Flagellation, le roi condamne formellement la théorie des classes et la prétendue continuité entre les parlements et les anciennes assemblées franques. Il rappelle aux parlementaires qu'ils sont de simples officiers du roi dont ils tiennent, par délégation, des compétences limitées et précises. Enfin, il souligne avec une exceptionnelle vigueur que le monarque est et doit demeurer la source de tout pouvoir, particulièrement dans le domaine de la législation : « *... c'est en ma personne seule que réside la puissance souveraine,... c'est de moi seul que mes cours tiennent leur existence et leur autorité..., la plénitude de cette autorité, qu'elles n'exercent qu'en mon nom, demeure toujours en moi et... l'usage n'en peut jamais être tourné contre moi,... c'est à moi seul qu'appartient le pouvoir législatif, sans dépendance et sans partage,... c'est par ma seule autorité que les officiers de mes cours procèdent, non à la formation, mais à l'enregistrement, à la publication, à l'exécution de la loi...* ».

Malgré sa solennité, cette condamnation qui se voulait sans appel, resta sans effet. L'obstruction parlementaire finit par atteindre un tel degré de violence que Louis XV dut, une fois encore, intervenir au plus haut niveau. Le 7 décembre 1770, il fait enregistrer en un nouveau lit de justice une série de mesures qui interdisaient aux parlements l'utilisation de leurs armes traditionnelles : cessation de fonction et démission collective. Y avoir recours constituait un cas de forfaiture sanctionné par la confiscation définitive de l'office. Autant de menaces qui se révèlent inopérantes et cristallisent, davantage encore, l'opposition parlementaire. La crise est telle que le problème de la vérification et de l'enregistrement des textes royaux n'en est plus qu'une facette. Elle impose une réforme générale de tout le système judiciaire que Louis XV confie, à partir de 1768 à son chancelier, René-Nicolas Maupeou.

Tant de conflits exacerbés et répétés ont largement contribué à détourner de sa fonction première le droit d'enregistrement que le roi avait, progressivement, reconnu aux parlements et autres cours souveraines. Au lieu de rester toujours cette phase importante de la procédure législative, il est devenu moment d'affrontement et moyen de bloquer un mécanisme pourtant bien défini de création des actes normatifs dont la variété et le contenu n'ont cessé de s'enrichir tout au long de l'Ancien Régime.

§ 2. – TYPOLOGIE ET CONTENU

A. TYPOLOGIE

Le legs du Moyen Age en la matière est à la fois riche et confus. Riche parce que longue est la liste des termes qui servent à qualifier les actes normatifs royaux, mais confus aussi dans la mesure où cette qualification n'est pas toujours suffisante. Un même terme sert souvent à désigner plusieurs actes, tandis qu'un même acte peut répondre à des appellations parfois différentes. Même si la pratique et la théorie apportent bien des clarifications tout au long de l'Ancien Régime, la matière n'en demeure pas moins fort complexe. En conséquence, tout schéma simplificateur – qui à l'évidence s'impose – ne peut que déformer une réalité tout en nuances dans laquelle les contemporains, eux-mêmes, avaient bien des difficultés à s'orienter.

Dans ce maquis, quelques grandes caractéristiques dictent néanmoins des distinctions qui figurent quatre grandes catégories : lettres patentes (1), arrêts du Conseil (2), ordonnances sans adresse ni sceau (3) et lettres closes (4). Chacune d'entre elles correspond à une forme particulière d'expression du pouvoir normatif du souverain, plus ou moins partagé avec le Conseil, les parlements et autres cours souveraines.

1. – *Les lettres patentes*

Lettres patentes ou lettres ouvertes (*patere*, être ouvert) représentent l'essentiel de la législation royale. Scellées du grand sceau, sous le contrôle du chancelier, à l'occasion de l'audience du sceau, elles revêtent toutes même structure. Vient d'abord l'adresse au nom du roi (*Louis par la grâce de Dieu, roi de France et de Navarre, à tous ceux qui ces présentes lettres verront...)* qu'accompagne le préambule consacré à des considérations générales (religion, morale), mais aussi et surtout à expliquer les raisons qui ont déterminé le législateur à agir. Mention y est faite du recours au Conseil. Suit le dispositif dans lequel le roi, s'exprimant à la première personne du pluriel (pluriel de majesté), fait connaître le contenu de sa décision. Une formule exécutoire, toujours développée et suivie de l'annonce du sceau, vaut conclusion avant que le roi n'appose sa signature accompagnée, depuis le XVIe siècle, du contreseing d'un secrétaire d'Etat.

A cette forme bien spécifique des lettres patentes, s'ajoute une autre caractéristique, leur enregistrement par les cours souveraines. Demandé par le procureur général pour les lettres de propre mouvement, c'est-à-dire celles pour lesquelles le roi a eu l'initiative, il relève directement d'une démarche des particuliers pour les lettres dont ils ont bénéficié après requête adressée au roi. Ainsi, tous les actes qui entrent dans cette catégorie des lettres patentes, se trouvent-ils obligatoirement soumis à cette formalité, qu'ils aient portée générale et perpétuelle – grandes lettres patentes – ou personnelle et temporaire – petites lettres patentes.

Grandes lettres patentes. – Toujours scellées du sceau de cire verte qui les distingue des autres, la catégorie des grandes lettres patentes recouvre plusieurs types d'actes qui ne s'individualisent guère, nettement, avant le début du XVIIIe siècle. Matière traitée, portée et sphère territoriale d'application sont autant d'éléments qui doivent être pris en considération pour affiner les distinctions.

On prit l'habitude de réserver le terme d'**ordonnance,** pour qualifier les mesures législatives importantes. Ce sont des lois à portée générale et permanente qui peuvent parfois englober des prescriptions très variées. Elles constituent, en quelque sorte, l'instrument normatif privilégié de la monarchie chaque fois qu'elle souhaite intervenir de manière solennelle dans des secteurs importants de la vie du royaume (justice, finances, administration, grandes réformes, codification).

Tout à l'opposé, l'**édit** caractérise une mesure à portée beaucoup plus limitée dans son objet, dans l'espace parfois aussi et souvent circonscrite à un nombre réduit de bénéficiaires ou à une catégorie sociale bien spécifique. En principe « *perpétuel et irrévocable* », il constitue pour la royauté un moyen d'intervention privilégié dans des domaines toujours spécifiques.

La **déclaration**, enfin, se rattachait presque toujours à un acte existant qu'elle avait pour objet d'expliquer, compléter ou restreindre. Moins solennelle, elle se rapprochait souvent dans sa forme des petites lettres patentes.

Petites lettres patentes. – Scellées du sceau de cire jaune, elles portent la plupart du temps concession d'une situation juridique particulière, d'un privilège, à une région, une ville, une communauté d'habitants ou, plus simplement encore, un particulier. Elles sont d'une infinie variété et correspondent à la manifestation la plus large qui soit, du pouvoir normatif royal. Reflet du pouvoir absolu du roi de décider, elles s'apparentent tout autant à des actes de nature législative ou judiciaire que plus strictement administrative.

Obtenues sur requête, elles sont généralement des actes d'intérêt privé, qu'ils s'agisse de **lettres de grâce** (dans le domaine pénal : abolition, commutation de peine, rémission et en matière civile : modification de l'état des personnes, autorisation de procéder à telle transaction) ou de **lettres de justice** par lesquelles le roi octroyait, dans le domaine judiciaire, des mesures d'exception aux justiciables (sursis à exécution, prorogation de délais d'appel, par exemple). Mais ce type de lettres peut aussi très souvent servir de support aux ordres et instructions que le roi adressait à ses administrateurs. Telle est bien la fonction des **lettres de sceau plaqué** (sceau plaqué sur un petit carré de papier, destiné à recouvrir la cire). Annonçant nos circulaires ministérielles, elles font suite aux mandements de la période médiévale et constituent, pour le pouvoir central, un moyen particulièrement souple de communication avec tous les échelons de la hiérarchie administrative.

2. – *Les arrêts du Conseil*

Définition et diplomatique. – Pour les juristes de l'Ancien Régime, le terme arrêt sert à qualifier une décision, à la fois souveraine et définitive, qui tranche sur une question de fait et de droit. Il s'applique donc, en même temps, aux décisions des cours souveraines, mais aussi aux résolutions prises par le roi en son conseil. Source de tout pouvoir, il est naturel que le monarque rende des décisions en son conseil sans lequel il ne peut gouverner. Tandis que les arrêts des cours étaient donnés par le roi en son nom, ceux du Conseil – qui n'avait aucun pouvoir propre – étaient considérés comme étant l'œuvre du roi seul. Voilà pourquoi l'expression « arrêt du conseil », quoique toujours employée parce que commode, est, en réalité, moins exacte que celle d'« arrêt du roi en son conseil ».

A la fin du Moyen Age, les arrêts du Conseil se détachent progressivement des lettres royales pour prendre forme autonome, en particulier au niveau de la rédaction. Ils ne sont plus expédiés sous forme de lettres, mais en tant qu'" extraits des registres du Conseil " authentifiés par une signature à partir d'une minute originelle, elle-même signée par les membres du conseil et conservée par les greffiers. L'arrêt du Conseil n'est donc pas un acte scellé, mais un acte dont l'original-minute demeure dans les archives royales et dont les destinataires ne connaissent la teneur que par l'expédition authentique qui leur est remise.

Tous les originaux-minute devaient être signés de la main du chancelier. Cette formalité était obligatoire pour leur validation. D'autres seings pouvaient aussi y figurer, mais ils tendent de plus en plus à diminuer. On y trouve le plus souvent celui d'un rapporteur (sauf s'il s'agit d'un secrétaire d'Etat qui en était dispensé), du contrôleur général (pour les arrêts en finance) et des différents commissaires qui ont participé à l'élaboration du texte (arrêts du Conseil des parties, arrêts des conseils du gouvernement). Les expéditions, au contraire, ne font apparaître qu'une seule signature, celle du personnage habilité à les authentifier. Dans les deux cas – originaux ou expédition -, tous ces arrêts qui étaient actes du roi et manifestation directe de sa volonté, ne portaient jamais la signature du monarque.

Classification. – Comment classer des actes aussi divers qui recouvrent, tout à la fois, des décisions de justice, de gouvernement et d'administration ? Tant le souverain que son entourage mettent grand soin à ne parler que des « arrêts du Conseil d'Etat du roi » afin de maintenir, à travers cette classification large et vague, le grand principe d'unité du Conseil. Dans la réalité quotidienne, cette règle n'était pas d'application stricte et autorisait le fonctionnement de séances différentes du Conseil, tout comme il était conciliable avec plusieurs catégories d'arrêts.

1. – La première classification repose sur la prise en considération de la formation du conseil dont émane chaque arrêt, la rédaction de son dispositif et son mode d'expédition. Elle permet de distinguer les arrêts en commandement des arrêts simples.

Tout **arrêt en commandement** ne peut émaner que des conseils de gouvernement (Conseil d'Etat, Conseil des dépêches ou Conseil des finances). Ce système de la rédaction en commandement, qui remonte au moins au règne de Henri IV, ne se développe vraiment qu'à partir de 1661, au moment où se précise, de manière définitive, l'organisation des conseils de gouvernement. L'expédition de ces arrêts était exclusivement délivrée, validée et authentifiée par les autorités qui avaient la signature en commandement : les secrétaires d'Etat. Leur dispositif débutait toujours par la formule « *Le roi étant en son conseil* » ou « *Sa majesté étant en son conseil* », mention renforcée sur les actes d'expédition par le rappel « *Fait au Conseil d'Etat du roi, Sa Majesté y étant...* ». L'emploi constant du participe « *étant* » constitue donc une caractéristique essentielle de ces arrêts et atteste, sans aucun doute possible, la présence effective du roi dans la formation du Conseil au moment de la délibération de l'arrêt.

L'arrêt simple, décision de justice généralement rendue entre personnes privées et sans portée générale, est exclusivement préparé et délibéré dans le cadre du Conseil d'Etat privé, finances et direction, c'est-à-dire dans les formations du Conseil où le roi ne se rend guère. En conséquence, les expéditions en sont délivrées, validées et authentifiées par les officiers qui ont reçu, à cette fin, mandat spécial. Il s'agit des secrétaires du roi qui n'ont pas la signature en commandement et qui ont acquis les charges de secrétaire du Conseil d'Etat privé, finances et direction. Tant le dispositif des minutes que des expéditions de ces arrêts commençait toujours par la formule « *Le roi en son conseil...* » pour se terminer par « *Fait au Conseil d'Etat du roi...* ». En conséquence, l'absence du participe « *étant* » constitue le critère distinctif des arrêts simples qui sont, en général, rendus hors la présence du roi.

Cette distinction ne doit cependant pas être exagérée. Le Conseil des finances étant appelé à jouer un rôle de plus en plus grand à partir de la fin du XVIIe siècle, il fut amené à rendre lui aussi, des arrêts simples. Sous le règne de Louis XV, ils dépassent en nombre, certaines années, les arrêts en commandement. Dans ces définitions, arrêts en commandement et arrêts simples finissent par emporter les mêmes effets et à avoir même autorité. Certes, les arrêts en commandement continuent à porter sur les affaires les plus importantes, mais il n'est pas rare non plus de voir des arrêts simples trancher et légiférer sur des matières essentielles. La doctrine, on le voit, n'était ni précise ni rigoureuse à la fin de l'Ancien Régime.

2. – Le second grand moyen de classification des arrêts du Conseil prend en considération le mode selon lequel il a été saisi. On distingue alors arrêts de propre mouvement (*proprio motu*) et arrêts rendus sur la demande ou l'intervention de tiers.

Les arrêts de propre mouvement résultent de la seule initiative du souverain clairement explicitée par des mentions telles que « *Le Roi ayant jugé à propos de...* », « *Sa Majesté étant informée que...* » ou encore « *Le Roi voulant...* ». Quant aux **arrêts rendus sur initiative de tiers**, il est relativement aisé de les distinguer à partir des formules par lesquelles débute l'exposé : « *Sur la requête présentée au roi par...* » ou encore « *Vu par le roi le mémoire présenté par...* ». En fonction de la personnalité et de la qualité du requérant et aussi de la forme que prend la demande, on peut imaginer une longue liste d'arrêts de ce type dont la principale catégorie est qualifiée d'arrêts sur requête, que viennent compléter les arrêts sur remontrances, sur représentation ou sur mémoires.

3. – **Les Ordonnances sans adresse ni sceau** constituent, depuis le XIVe siècle, une catégorie bien particulière d'actes royaux dont l'utilisation ne cesse de s'amplifier à partir du XVIe siècle. Qualifiées d'ordonnance, mais aussi de règlement, parfois même de « *ban et ordonnance* », elles revêtent une forme diplomatique très spécifique.

Toujours rédigées de manière impersonnelle, souvent sans préambule et sans aucune mention d'intervention du Conseil, elles ne comportent pas davantage d'adresse et sont caractérisées par l'utilisation de formules telles que « *Il est ordonné que...* » ou « *Le roi veut et ordonne...* », puis à la fin de l'Ancien Régime « *De par le roi* ». Sauf rares exceptions, elles ne sont pas scellées mais simplement authentifiées par la signature du roi, qu'accompagne le contreseing d'un secrétaire d'Etat. Manifestation de l'autorité suprême et directe du roi, parlements et cours souveraines n'ont pas à en connaître. Il n'y a donc ni vérification, ni enregistrement, ce qui leur vaut immédiatement force exécutoire et contraint les autorités auxquelles elles sont adressées à les appliquer sans retard.

Dans la mesure où elles constituent un moyen normatif d'intervention rapide et sans contrôle, ces ordonnances sont particulièrement adaptées aux domaines tout spécialement réservés au souverain et pour lesquels il ne délègue pas ses compétences. Maison du roi, Conseil, Académies, armée, marine et affaires militaires en figurent les principaux secteurs. Expression d'un pouvoir complet de décision au niveau des affaires les plus importantes du royaume, de tels actes trouvent leur pendant avec les lettres closes, chaque fois que le souverain doit intervenir en matière individuelle.

4. – **Les lettres closes**. – Contrairement aux lettres patentes, elles sont fermées par un cachet de cire marqué du sceau du secret (*sigillum secreti*), ce qui valut à certaines d'entre elles la qualification de lettres de cachet. Signées par le roi ou par un secrétaire de la main, elles sont toujours soumises au contreseing d'un secrétaire d'Etat.

Souvent obtenues par placet, ces lettres peuvent aussi bien émaner de la seule initiative royale. Elles illustrent, elles aussi, les nombreux moyens dont dispose le souverain pour agir. L'atteste l'utilisation de plus en plus variée qui en est faite tout au long des derniers siècles de l'Ancien Régime. Elles constituent un moule dans lequel peut se couler à peu près n'importe quelle décision royale qui doit être rapidement notifiée et connue.

Veut-on correspondre avec des princes étrangers ou toute autre personnalité importante ? On a alors recours à une lettre de cabinet rédigée par un des secrétaires du cabinet royal. Doit-on faire parvenir une information quelconque aux agents de l'administration territoriale, à une ville, à une cour de justice, à une autorité religieuse ? C'est, dans cette hypothèse, une lettre missive qui est adressée aux intéressés. Enfin, souhaite-t-on donner des ordres dont on veut qu'ils soient rapidement connus et promptement exécutés ? La lettre de cachet apparaît, dans ce cas, comme le moyen le plus approprié. Débutant par la mention « De par le roi », elle se veut aussi solennelle qu'efficace et permet d'intervenir dans les domaines les plus variés aussi bien auprès des administrations et des juges que des corps constitués et des simples particuliers.

Mais, de tradition bien établie, on a tendance à réserver l'appellation lettre de cachet à une catégorie spécifique. Il s'agit des lettres par lesquelles le souverain décidait de mesures restrictives à la liberté de ses sujets en ordonnant leur arrestation, incarcération ou interdiction de circuler librement. Ces « ordres particuliers », ainsi qualifiés au XVIIIe siècle, ne sont rien d'autre qu'une peine décidée à l'encontre d'un individu par un jugement personnel du roi. Manifestation de son pouvoir judiciaire, ils n'interviennent pas en principe, contrairement à ce qu'on a trop souvent écrit, de manière arbitraire et absolue. Souvent, de tels ordres étaient expédiés « *dans l'intérêt des familles* » qui en avaient fait, au préalable, la demande et ils n'étaient délivrés qu'après enquête confiée à des agents royaux, les intendants en particulier. Toutes garanties ainsi obtenues, le dossier pouvait être instruit et la lettre rédigée en connaissance de cause. Malgré toutes ces précautions, certains abus ne furent sans doute pas toujours évités en raison de l'usage trop massif de ce type d'acte à la fin de l'Ancien Régime. Dans la mesure où chaque secrétaire d'Etat en possédait par avance et en blanc, la tentation était grande de les remplir et de les contresigner pour les utiliser à des fins qui n'étaient peut-être pas toujours avouables.

B. CONTENU

A cette typologie très variée des actes royaux correspond un contenu qui ne cesse de s'enrichir en raison de la capacité normative de plus en plus large reconnue au roi. L'ordonnance royale (prise dans son sens le plus large) est devenue, sous tout l'Ancien Régime, une source normale du droit. Lui revient principalement ce que nous qualifions de droit public – justice, police, administration et finances – avec aussi des interventions de plus en plus fréquentes dans le domaine du droit privé qui demeure, pour l'essentiel, régi par la coutume territoriale et le droit commun coutumier en formation. L'œuvre législative de la monarchie d'Ancien Régime est immense. L'évoquer en quelques lignes conduit, obligatoirement, à en donner une image très déformante bien éloignée de la réalité. De cette masse normative complexe et touffue, deux axes principaux se dégagent néanmoins qui permettent de saisir une évolution dans le temps.

Au XVIe siècle, période de construction de l'Etat monarchique, le souverain, stimulé par les Etats généraux et la volonté d'affermir un pouvoir souvent mis à l'épreuve, légifère dans les domaines les plus variés. Tout au long de cette première phase, qui dure jusqu'au règne de Louis XIII, une longue suite d'ordonnances dites de réformation permettent de revoir, en les adaptant aux nécessités du temps, bon nombre de mécanismes institutionnels hérités de la période médiévale (1). Puis, à partir du début du règne de Louis XIV, s'affirme une évidente volonté de planification juridique que ne cessent de concrétiser d'importantes ordonnances de codification (2).

1. – *Les ordonnances de réformation*

L'idée de réformation est une vieille notion médiévale dont les souverains du Moyen Age ont très largement fait usage. De tous temps, la royauté a su se méfier des « novelletés » et des innovations radicales qui risquaient de tout bouleverser. Mais, en même temps, elle a toujours eu conscience – et l'opinion l'y a contraint – que même les meilleures institutions ne pouvaient survivre à l'usure des ans, à la cautèle des hommes et à la malice des administrés ou des justiciables. C'est pourquoi, à la brusque réforme, elle a toujours préféré des remises en ordre plus modulées dont le but fut souvent de retrouver l'esprit premier d'une institution ou d'une loi. Il fallut donc briser des innovations perverses et restaurer dans leur pureté les principes premiers tout en les adaptant aux nécessités nouvelles. En cela, les souverains du XVIe siècle et du début du XVIIe siècle ne font qu'emprunter un chemin déjà bien balisé. Toutes ces grandes ordonnances de réformation traitent de questions fort diverses, le plus souvent sans grand ordre, au fil d'une longue suite d'articles dont il est parfois difficile de retrouver la logique. En témoignent quatre exemples d'où l'esprit de système et de classification est en général absent.

En 192 articles, l'**ordonnance de Villers-Cotterêts** ou « Ordonnance sur le fait de la justice » dispose dans les matières les plus variées. Œuvre du chancelier Poyet, rendue en 1539 par François Ier, elle déborde très largement le cadre de la seule administration judiciaire. Dans le domaine du droit civil, d'abord, elle instaure d'importantes mesures de protection, en particulier avec l'obligation désormais imposée de procéder à l'insinuation (transcription sur des registres tenus par les greffiers des juridictions royales) des actes de donation entre vifs. Il y avait là une mesure de publicité indispensable qui ouvrait la voie au système moderne de l'enregistrement. En matière judiciaire, ensuite, elle limite la compétence des cours d'Eglise (tout spécialement s'agissant du mariage) et révolutionne la procédure pénale en faisant de la procédure inquisitoire confiée au ministère public un système désormais général et légal. Enfin, elle substitue le français au latin dans la rédaction des actes notariés et des jugements, ce qui a pour résultat d'en faire la langue officielle. Elle met aussi sur pied une première organisation officielle des actes de l'état civil. Dans sa paroisse, chaque curé devait obligatoirement tenir des registres de baptêmes et de décès. Toutes ces dispositions enregistrées avaient vocation naturelle à servir de preuve légale. Se trouvait ainsi mis sur pied un état civil qui n'était pas encore laïcisé, mais qui devait devenir complet quand l'ordonnance de Blois eut prescrit en 1579, aux mêmes desservants, de tenir aussi des registres de mariage.

Avec l'**ordonnance d'Orléans** (1561) prise à la suite des doléances exprimées par les Etats généraux réunis en cette ville, 150 articles traitent en même temps des affaires ecclésiastiques, de la police, de l'armée, de la réorganisation du notariat et posent, une nouvelle fois, l'interdiction de la pratique des épices. Tant de dispositions si variées sont le reflet de la volonté affichée du chancelier Michel de l'Hospital de donner satisfaction aux revendications des Etats et d'apaiser les esprits rudement éprouvés par les querelles religieuses.

L'**ordonnance de Moulins** (février 1566), elle aussi rédigée par Michel de l'Hospital dont l'œuvre législative est considérable, apporte, en 86 articles, un lot d'importantes réformes aussi variées qu'indispensables. Les dispositions de « droit public » y tenaient une large place mais, comme toujours, sans fil conducteur. De l'interdiction des « itératives » remontrances, on passait à la réglementation des juridictions municipales (perte de compétence en matière civile), puis à celle de la publication des ouvrages imprimés stipulant qu'aucun livre ne pouvait être imprimé dans le royaume sans autorisation préalable délivrée en forme de privilège par la chancellerie royale. Ainsi se trouvaient instaurés contrôle, visa préalable et censure. Les matières de droit privé n'étaient pas pour autant délaissées. A côté de l'institution de l'hypothèque judiciaire, est posée l'obligation de la preuve écrite pour tout contrat excédant cent livres. Et surtout, l'ordonnance s'inscrit contre la tradition médiévale qui avait toujours préféré, en matière de preuve, le témoignage à l'écriture. Cette vieille pratique se trouve, en quelque sorte, inversée. La preuve orale décline, s'efface l'adage « *Témoins passent lettres* ».

Comme celle de 1561, l'**ordonnance de Blois** (mai 1579) fait suite aux doléances des Etats qui s'étaient réunis, peu de temps avant, à Blois. Rendue par Henri III et datée de Paris, elle porte sur la « police générale du royaume », matière particulièrement vaste à laquelle sont consacrés 360 articles. En réalité, comme les précédentes, elle légifère sur les questions les plus diverses : administrations (universités, hôpitaux, armée, offices), justice, état des personnes et, surtout, réglementation du mariage. Ce texte reste célèbre pour avoir introduit en France les différentes dispositions du Concile de Trente (1563) relatives au mariage qui n'avaient pas encore été reçues par la législation royale. Désormais, le mariage est un acte public et solennel qui doit être célébré après publication des bans en présence du curé et de quatre témoins sous peine de nullité. Ainsi voulait-on, essentiellement, lutter contre la fâcheuse pratique des mariages clandestins.

Ces quelques exemples suffisent à montrer l'importance, la densité et l'ampleur de cette législation de réformation. Pareille masse ne fut que partiellement appliquée et bien des articles de ces trop longues ordonnances restèrent lettre morte. Elles n'en témoignent pas moins d'une profonde volonté d'adapter, moderniser et réformer des structures vieillies héritées du Moyen Age dont l'emprise ne cesse de reculer avec les grandes ordonnances de codification.

2. – *Les ordonnances de codification*

La vision de Louis XIV en matière législative diffère radicalement de celle de ses prédécesseurs. Assuré d'un pouvoir normatif sans partage, presque totalement libéré du contrôle des Etats, épaulé par de grands ministres réformateurs, le grand roi abandonne la procédure des réformes composites pour remodeler, bloc par bloc, de manière systématique et complète, une législation devenue, en bien des points, obsolète. La méthode, plus sûre, aboutit à la présentation de textes ordonnés selon un plan minutieux en titres et articles. Elle annonce déjà celle qui présidera aux grandes codifications de l'époque napoléonienne, le souci dominant étant bien de fixer, unifier et codifier ce que même le droit commun coutumier en formation ne réalisait que très lentement. Cette grande marche en avant vers l'unification progressive par la codification, si caractéristique du règne de Louis XIV (a), se poursuit avec Louis XV (b).

a) Les ordonnances de Louis XIV

Elles sont, pour l'essentiel, dues à la vigoureuse impulsion de Colbert. Elle transparaît dans toute son œuvre et il n'hésite pas à s'ouvrir de ses projets au souverain quand il lui écrit, en 1665, que « *l'unité de la législation serait assurément un dessein digne de la grandeur de Votre Majesté* ». La mission qu'il s'assigne ainsi qu'à son entourage, est aussi simple qu'ambitieuse. Il s'agit de regrouper les lois existantes en quelques grands codes et de mettre à profit ce travail pour les réviser en les adaptant aux nécessités du temps et, surtout, en les rendant applicables à l'ensemble du royaume.

Promulguées de 1661 à 1685, ces ordonnances furent préparées et débattues au sein de commissions spéciales dont la première fut le Conseil de réforme. Présidé par l'oncle de Colbert, le conseiller d'Etat Pussort, il est composé de praticiens et de conseillers d'Etat. A ce conseil se substitue, en l'englobant, le Conseil de réformation de la justice au sein duquel œuvrèrent Colbert, Le Tellier, Séguier, Pussort et Lamoignon. Leur collaboration débouche sur la confection de deux premières grandes ordonnances.

L'ordonnance civile pour la réformation de la justice (avril 1667), plus simplement qualifiée d'Ordonnance civile, est aussi appelée **Code Louis**. Elle se présente comme un véritable code de procédure civile avant tout destiné à unifier les styles de procédure pour l'ensemble du royaume : simplification des formes, délais plus rapides, diminution des frais, restriction apportée au pouvoir des juges. Dans tous ses articles, elle reflétait les positions de Pussort très favorable à la centralisation et à la limitation des pouvoirs des parlements. Parce qu'elle modernisait une procédure particulièrement archaïque, elle connut un grand succès et fut en grande partie reprise par le Code civil de 1804 (dispositions relatives aux preuves) et le Code de procédure civile de 1806.

L'ordonnance criminelle (août 1670). Symétrique de la précédente pour l'ordre pénal, elle constitue un véritable code de procédure pénale, comblant ainsi le grand retard que connaissait la France en ce domaine. Elle vise, avant tout, à régulariser le cours de la justice criminelle et approfondit le mouvement lancé en ce domaine par l'ordonnance de Villers-Cotterêts. Elle confirme, une nouvelle fois, le système inquisitorial et le secret de l'instruction, autant de règles qui livraient entièrement l'inculpé, sans défenseur, aux magistrats chargés d'enquêter. Cet aspect peu libéral est encore accentué par le maintien du système des preuves légales. Certes, une condamnation ne peut être prononcée que sur aveu de l'inculpé ou sur déposition de deux témoins oculaires concordants, ce qui limite l'arbitraire du juge. Mais la possibilité lui est toujours maintenue d'avoir recours à la torture (question) pour obtenir tout aveu qui n'a pas été spontanément donné ou si deux témoignages concordants n'ont pas été déposés. Certaines autres dispositions viennent quelque peu compenser le maintien de ces procédures archaïques, en particulier l'appel obligatoire au parlement dans tous les cas où il y a condamnation à la peine capitale, la réduction à deux degrés de la justice pénale et l'instauration d'un contrôle plus strict des justices seigneuriales. Comme l'Ordonnance civile, l'Ordonnance criminelle devait connaître un grand avenir et servir, pour l'essentiel, de base au Code d'instruction criminelle de 1808.

Plusieurs autres grands textes sont l'œuvre du seul Conseil de réforme qui travailla toujours sous l'impulsion de Colbert, mais sans le concours des magistrats. Il en est deux essentiels.

L'ordonnance du commerce (mars 1673) d'abord, encore appelée *Code Marchand* ou *Code Savary* parce qu'elle est, pour l'essentiel, l'œuvre de Jacques Savary, marchand parisien et auteur, quelques années auparavant, d'un traité de pratique commerciale, *Le parfait négociant* (1675). Traitant de tous les aspects du commerce, ce code s'efforce de régulariser et d'unifier l'ensemble des lois et usages qui le régissent. Les rédacteurs du Code de commerce devaient s'en inspirer très étroitement en 1807.

L'ordonnance de la marine (août 1681), ensuite, vient à son tour codifier l'ensemble des règles du droit maritime. Véritable chef-d'œuvre législatif, dénommée aussi *Code de la marine,* elle est divisée en cinq livres qui furent rédigés après de longues enquêtes conduites aussi bien en France qu'à l'étranger. En raison de sa grande qualité, les livres 2 et 3 ont été repris par le Code de commerce de 1807 et certaines de ses dispositions sont, encore aujourd'hui, en vigueur.

b) Les ordonnances de Louis XV

Ce vaste mouvement de codification se poursuit sous le règne de Louis XV. Il est particulièrement important dans la mesure où il concerne principalement le droit privé, domaine dans lequel coutumes et droit romain avaient jusque-là très largement dominé.

A Henri d'Aguesseau (1668 – 1751, chancelier de 1717 à 1750) revient le grand mérite de cet énorme travail. Son dessein premier était d'établir un grand code de toutes les lois civiles du royaume afin d'aboutir, véritablement à un droit civil commun. Même s'il travailla toute sa vie à ce vaste projet il dut, face à l'ampleur de la tâche, limiter ses réalisations à des domaines particuliers. Quelques grandes ordonnances jalonnent son œuvre et sont d'une particulière importance.

En février 1731, est promulguée l'**Ordonnance sur les donations**. Comme en cette matière droit coutumier et droit romain étaient assez proches, la marche vers l'unité s'accéléra par confirmation de la jurisprudence dominante et la suppression des donations à cause de mort. Quatre ans plus tard en 1735, d'Aguesseau ne peut obtenir le même résultat avec l'**Ordonnance sur les testaments**, domaine dans lequel les pratiques du Nord différaient grandement par rapport à celles du Midi. Face à tant de diversités, il dut se résoudre à établir une double législation, l'une pour les pays de droit écrit et l'autre pour les pays de droit coutumier. L'acceptation de cette contrainte ne fut pas pour autant un échec dans la mesure où l'ordonnance avait réussi à gommer pour l'essentiel la diversité des coutumes du Nord et les disparités de jurisprudence des parlements du Midi. Jointes à d'autres (**Ordonnances sur les substitutions** d'août 1747 en particulier) ces grands textes font de l'œuvre législative de d'Aguesseau un travail de tout premier plan auquel sont redevables en bien des points les rédacteurs du Code civil de 1804. Après lui, ce vaste travail n'est plus poursuivi et on ne relève jusqu'à la période révolutionnaire que quelques rares textes – importants certes – mais qui n'ont plus rien à voir avec cet effort si caractéristique de codification et d'unification du droit.

A l'aube de la Révolution et à moins de vingt ans des grandes codifications napoléoniennes, l'effort entrepris depuis le milieu du XVIe siècle par la royauté pour modeler unifier et codifier l'ordre juridique, a déjà largement porté ses fruits. Dans les pays du Nord la notion de droit commun coutumier a ouvert la marche vers l'unité, tandis que dans les pays du Midi le droit romain même diversement appliqué, constitue aussi un axe fédérateur non négligeable. Et, entre ces deux ordres coutumier et écrit, les différences allaient en s'émoussant sous l'influence de l'action menée par la royauté et des codifications conduites par ses juristes. De ce rôle prééminent définitivement reconnu au roi et à l'Etat dans la création du droit, découlait tout naturellement une suprématie incontestée des actes normatifs qu'il édictait. Ses ordonnances sont désormais mieux armées pour transcender diversités coutumières, législation romaine et jurisprudence divergente des parlements.

SECTION 4

L'ACTIVITÉ DES COURS SOUVERAINES EN MATIÈRE NORMATIVE

Des derniers siècles médiévaux à la fin de l'Ancien Régime, parlements et autres cours souveraines inscrivent en permanence leur activité dans la tradition médiévale. Juges avant tout, tous se disent aussi les lointains héritiers du Conseil du roi et soutiennent, pour cette raison, pouvoir et devoir participer à l'activité normative. Le rôle capital qu'ils jouent déjà en ce domaine par le biais de l'enregistrement des ordonnances n'en est qu'un des aspects. Les parlements, en particulier, revendiquent une capacité réglementaire autonome qui les autorise à édicter, a côté des arrêts de justice, de véritables décisions à caractère réglementaire, les arrêts de règlement (§ 1). Joints à l'ensemble des décisions de justice de tous les autres tribunaux et cours du royaume, ils contribuent à la lente formation d'une timide jurisprudence (§ 2).

§ 1. – LES ARRÊTS DE RÈGLEMNT

A côté des arrêts de justice, les cours continuent à rendre des arrêts de règlement, comme elles le faisaient depuis la fin du Moyen Age. De tels arrêts peuvent être définis comme des décisions à portée limitée, rendues par les cours souveraines de l'ordre judiciaire en vue de régler dans leur ressort, à titre supplétoire et de manière provisoire, les questions les plus diverses à propos desquelles coutumes, jurisprudence et loi restent muettes ou sont insuffisantes. Cette pratique s'intensifie durant les trois siècles de l'Ancien Régime. Elle prend aussi des contours plus précis, tant en ce qui concerne sa justification que la procédure d'élaboration de ces arrêts et les domaines dans lesquels ils peuvent intervenir.

Les membres des parlements ne perdent jamais de vue que le Parlement de Paris, démembrement de la *curia regis* dans la seconde moitié du

XIIIe siècle, a toujours réussi à conserver le droit d'exercer une part des prérogatives d'édiction des règlements, pour l'essentiel dévolues au conseil du roi. Les parlementaires parisiens, toujours prêts à rappeler qu'à l'image du sénat romain, ils étaient le sénat de la France, ne doutent pas un seul instant qu'ils étaient eux aussi dotés d'un authentique pouvoir de *jus facere* et que, pour cette raison, ils étaient parfaitement habilités à édicter des règlements assimilables à des senatus-consultes. Les parlements de province, toujours solidaires de celui de Paris et forts de la théorie de l'unicité du monde parlementaire, emboîtent le pas pour émettre les mêmes revendications. Forts de leurs compétences souveraines en matière judiciaire et des attributions de police générale qui en découlent, jouant sur cette confusion entre police et justice, tout comme aussi sur l'absence de distinction nette entre contentieux judiciaire et contentieux administratif, tous les parlements soutiennent devoir et pouvoir intervenir dans tous ces domaines. Et ce, aussi souvent qu'il y a carence coutumière, législative ou judiciaire et que la paix, l'ordre et la sécurité doivent être maintenus. Ils insistent aussi, pour justifier leur action normative, sur les notions d'urgence et de nécessité ainsi que sur la connaissance parfaite qu'ils ont des problèmes locaux, alors qu'un monarque toujours lointain ne saurait être juge de la rapidité avec laquelle il faut intervenir, pas plus qu'il ne serait à même d'apprécier les raisons locales susceptibles de justifier de telles décisions. A entendre les seuls parlements, le droit d'édicter des arrêts de règlement serait parfaitement fondé aussi bien en droit qu'en pratique.

La position du pouvoir est tout autre qui ne souhaite pas voir les parlements intervenir dans « la conservation de son Etat », compétence strictement royale s'il en est. Tout au plus, les parlementaires peuvent ils agir en ce sens s'il y sont invités par le monarque et s'ils ont reçu expresse délégation à ce faire. Les juristes proches de la cause royale plaident dans ce sens. Ainsi Charles Loyseau rappelle-t-il avec quelque insistance, dans son *Traité des seigneuries*, que le roi peut fort bien autoriser officiers, cours souveraines et villes à édicter des règlements, mais à condition qu'ils soient « provisoires et faits sous le bon plaisir du roi auquel seul appartient de faire lois absolues et immuables ». C'était reconnaître aux parlements un pouvoir limité et sous contrôle, tout en définissant en creux les fondements et les caractéristiques des arrêts de règlement. Dans son *Traité de la souveraineté*, Cardin Lebret va dans le même sens. S'il estime que les parlements peuvent effectivement « faire des règlements publics » en fonction des circonstances de temps et de lieu, ils insiste sur le fait qu'ils ne sauraient agir que « par provision », sans jamais aller « contre les lois et ordonnances qui sont déjà reçues » et sans prétendre ne « rien définir par une loy générale ».

Des auteurs contemporains ont insisté sur le fait que certains arrêts de règlement se conforment strictement à ces principes en mentionnant qu'ils sont pris « par provision » en attendant « qu'il plaise à sa majesté d'y pourvoir » et que certains autres portent même la clause qu'ils ont été « rendus sous le bon plaisir du roi ». Il conviendrait sûrement de recenser systématiquement et quantifier de telles mentions avant de pouvoir affirmer que les parlements se conformaient à ce point au vouloir des rois et se pliaient si sagement aux principes posés par les théoriciens de l'absolutisme. L'ambiance des relations qui régnait alors entre la monarchie et ses parlements laisserait, pour le moins, à douter.

La procédure d'élaboration des arrêts de règlement témoigne d'une large autonomie laissée aux parlements, ce qui autorise à penser qu'ils étaient souvent loin de respecter les normes de soumission que s'efforçait de leur imposer en la matière la monarchie. Du genre de règlement élaboré dépend, pour une grande part, l'ampleur de la marge de manœuvre laissée aux cours souveraines. Il est en effet deux grandes catégories fort différentes d'arrêts de règlement.

Dans le premier cas, le parlement statue à l'occasion d'un procès. La situation contentieuse dans laquelle il se trouve peut alors le conduire à conclure que les instruments juridiques dont il dispose – coutumes, législation et jurisprudence – ne sont pas suffisamment opératoires pour lui permettre de trancher. Il constate alors une sorte de vide juridique qu'il pallie en apportant au problème sa propre solution qu'il forge à partir de l'équité, de son expérience et de sa sagesse. Et comme il souhaite combler pour l'avenir le vide qu'il a constaté, il peut décider d'étendre aux causes semblables à venir la décision qu'il a arrêtée pour ce cas précis. Il se peut aussi qu'il souhaite simplement fixer de manière définitive sa jurisprudence à propos d'affaires répétitives, qui reviennent régulièrement devant son prétoire et pour lesquelles quelques hésitations ou insuffisance de réglementation subsistent encore. Dans toutes ces hypothèses, il érige alors en véritable règlement l'arrêt purement judiciaire ainsi élaboré. En raison de son importance, la décision est toujours prise dans des circonstances solennelles. Président et juges revêtent alors la robe rouge et convient tous les avocats à assister à la séance. D'où le qualificatif d'« arrêt en robe rouge » donné à ce genre de sentence.

La seconde situation, bien plus courante, place le parlement en créateur d'une norme nouvelle, en dehors de tout contentieux. Il intervient alors directement en véritable législateur autonome pour statuer dans tel ou tel domaine pour lequel la réglementation lui paraît inexistante, insuffisante ou obsolète. Dans ce cas, le parlement quel qu'il soit peut décider lui-même d'agir, de son propre mouvement. Il use alors de son pouvoir réglementaire sur intervention de son premier président ou d'un de ses conseillers. Il en va souvent ainsi au parlement de Rouen, par exemple, où les sources nous rapportent régulièrement qu'« il a esté proposé par Monsieur le premier président qu'il estoit à propos de régler à ladvenir » telle ou telle question. Cette initiative interne au parlement peut aussi fort bien venir d'un simple conseiller estimant que la situation face à laquelle il se trouve doit être réglementée. Il en expose alors les raisons à la cour. Il convient de lui assimiler toutes les demandes et propositions d'arrêt qui lui sont faites par le procureur et autres gens du roi, tant ces agents font corps avec l'institution. Ils travaillent alors de concert avec le premier président et il n'est pas rare que le parlement de Rouen, là encore, fasse état des réquisitoires du procureur et mentionne que tel arrêt a été pris « suivant la réquisition du procureur du roi ». Dans toutes ces hypothèses, le parlement demeure constamment à l'écoute de tous les avis extérieurs qui peuvent lui être donnés ou qu'il sollicite. Sont alors appelés à intervenir, aussi bien des agents de l'administration locale que de simples particuliers, pour être entendus ou faire part, sous toute autre forme, de leur point de vue. L'initiative interne à la cour, quelle qu'elle soit, est loin d'être la seule. Bien souvent, elle lui est extérieure. La cour concernée agit alors sur requête qui tantôt émane de simples particuliers, tantôt d'institutions représentatives, qu'il s'agisse de conseils de villes, de représentants de corps de métiers ou de membres des états provinciaux. Il arrive aussi bien souvent qu'elle soit appelée à homologuer des ordonnances et règlements de police d'autorités inférieures, de villes et communautés rurales ou de groupements professionnels. Ces décisions d'homologation qui apportent caution de la cour et valident les mesures qui sont soumises à son approbation les transforment, à n'en pas douter, en véritables arrêts de règlement.

Qu'elle se saisisse elle-même ou qu'elle soit saisie de l'extérieur, la cour s'engage alors dans de longues séances de travail en vue de rédiger le texte de l'arrêt. Un arrêt préparatoire les organise et répartit les rôles entre les différentes composantes de la cour appelées à participer aux travaux. Auditions, enquêtes de terrain et délibérations permettent d'aboutir à la rédaction d'un arrêt provisoire. Il devient définitif dès que la grand'chambre ou toutes les chambres réunies, selon la nature et l'importance de l'affaire, ont statué. Elles le font en se fondant le plus souvent sur l'urgence, la nécessité, l'intérêt public, celui du roi, de telle ville, de l'Eglise ou de toute raison ayant motivé l'intervention de la cour, qu'il s'agisse de la sécurité, de la santé, du bien-être des habitants ou de toute cause pouvant, parce qu'elle touche à l'intérêt général, justifier une décision à caractère normatif.

Une fois rédigé et validé, l'arrêt doit être porté à la connaissance des intéressés. Pour ce faire, les parlements utilisent tous les moyens en leur possession. Après avoir procédé à une première lecture, destinée aux magistrats, dans l'enceinte de la cour, une diffusion aussi large que possible du texte est assurée. Des copies sont envoyées aux juridictions inférieures et aux divers agents locaux, sans oublier les magistrats des principales villes du ressort. Il est partout procédé à la publication, à l'affichage et à la lecture à son de trompe dans les lieux les plus fréquentés de la population, tels que marchés, places et carrefours.

A partir du moment où il a été publié et porté à la connaissance de la population, l'arrêt a une portée générale, c'est à dire qu'il a vocation à s'appliquer à l'ensemble du ressort du parlement qui l'a émis. Il convient d'insister sur le fait que l'expression « portée générale » n'est opératoire qu'à l'intérieur des limites du ressort, aucun parlement n'étant habilité à édicter des règlements en dehors de l'aire géographique sur laquelle s'exerce sa juridiction. Il arrive même qu'un arrêt prenne valeur et caractère plus particuliers aussi souvent qu'il ne réglemente que pour un secteur déterminé du ressort, une ville, une communauté ou une catégorie spécifique de la population. Voilà bien la première caractéristique de tout arrêt de règlement, ne valoir que dans un cadre géographique limité. Il en est une seconde : ne statuer que dans le silence de la loi et de la coutume, sans jamais aller à l'encontre de l'ordre juridique existant, ce qui implique que l'arrêt de règlement ne puisse avoir qu'une valeur supplétoire. Enfin, et c'est sa troisième caractéristique, l'arrêt de règlement est toujours provisoire. Les cours souveraines qui l'édictent statuant toujours par provision, il est de ce fait en permanence susceptible d'être complété ou remplacé par une décision royale postérieure. Si tel n'est pas le cas, l'arrêt s'intègre progressivement à l'ordre juridique qu'il vient compléter et il arrive même parfois qu'il soit officiellement intégré, ou à tout le moins associé, à la coutume. Il y avait là consécration suprême. Tel fut le cas par exemple en 1580 lorsque la coutume réformée de Paris admet la règle de révocation des donations entre vifs suite à la naissance d'un ou plusieurs enfants, principe que Ch. du Moulin avait réussi à faire accepter par le Parlement de Paris à l'occasion d'un arrêt de règlement rendu en 1551. Telle est encore la destinée que connaît l'arrêt de règlement de 1562 de ce même Parlement qui dispose que les étrangers demandeurs devant un tribunal devront déposer la *cautio judicatum solvi* (caution pour l'exécution du jugement). Cette règle se généralisa dans le droit de l'Ancien Régime avant d'être intégrée à l'article 16 du Code civil. La version rédigée de la coutume de Normandie de 1583 offre, elle aussi, un magnifique exemple d'intégration d'un arrêt de règlement particulièrement notoire – l'arrêt Cerisey – qui précise le statut des biens de la femme mariée.

A l'inverse, aussi souvent qu'un arrêt venait s'inscrire à l'encontre de pratiques en vigueur ou s'il heurtait les intérêts du souverain et de la chose publique, la sanction ne se faisait pas attendre qui lui valait cassation par le conseil du roi. Les exemples ne manquent pas, en particulier sous le règne de Louis XIII dont le conseil casse plusieurs arrêts du Parlement de Paris, motif pris qu'il n'avait pas à intervenir dans les affaires de l'Etat.

Voilà qui limitait singulièrement le domaine des arrêts de règlement, même s'il demeure extrêmement varié. A ce propos, il convient de distinguer deux situations qui correspondent aux circonstances dans lesquelles les cours souveraines sont appelées à statuer. Interviennent-elles dans le cadre d'une situation contentieuse et pour combler un vide juridique ? Alors, c'est en matière de droit privé et de procédure que disposent le plus couramment les arrêts qu'elles édictent. Mais comme ces arrêts sont de beaucoup les moins nombreux, les dispositions réglementaires de droit privé sont assez minces. Elles concernent essentiellement le droit de la famille – mariage, filiation, régimes matrimoniaux – et le droit des biens pour des réglementations souvent mineures. Mais, dès que les cours décident de se saisir elles-mêmes et qu'elles statuent en dehors de tout contentieux, alors l'arrêt de règlement devient une arme redoutable de police, d'administration de la justice et de réglementation de la vie économique.

Qui, en dehors de l'intendant, était mieux placé qu'un parlement pour arrêter, souvent dans l'urgence, des décisions à prendre pour assurer la police et maintenir l'ordre ? Les cours souveraines ont toujours multiplié leurs interventions dans ce sens, qu'il s'agisse d'assurer la sécurité publique et contrôler les émotions populaires, réglementer l'utilisation de la voirie et autres lieux publics, veiller à la fréquentation des cabarets et maisons closes, lutter contre les épidémies et les épizooties.

Les parlements ont aussi multiplié leurs interventions réglementaires dans le domaine de l'administration de la justice. Ils le font tout d'abord en veillant à la bonne tenue de leur compagnie. Pour cela, ils ne cessent de multiplier les règlements pour tout ce qui touche à la discipline, condamnent les absences et posent des règles strictes pour contraindre les magistrats à résider. Ils se montrent aussi très soucieux du bon fonctionnement de l'institution et fixent toujours, par le menu, les modalités de recrutement et de réception des magistrats, la répartition des compétences entre les différentes chambres ainsi que les obligations de service et la rémunération des parlementaires.

Toujours en prise avec le réel de leur ville et de leur ressort, les parlements interviennent aussi, massivement et avec un soin jaloux, dans tous les secteurs de la vie économique jusqu'à y faire régner parfois un certain dirigisme. Dans ce domaine, il est peu de secteurs auxquels ils ne s'intéressent. Fondement de tout système économique, monnaie et fiscalité entrent dans le champ premier de leurs préoccupations. C'est ainsi qu'on les voit souvent légiférer contre la mauvaise monnaie, les spéculations et intervenir à l'encontre d'une fiscalité royale jugée trop lourde. Rien ne leur échappe de tout ce qui touche à la production – contrôle permanent exercé sur les statuts des métiers et la qualité des marchandises –, au commerce – contrôle strict des marchés et des transactions, réglementation sévère des échanges – à l'approvisionnement de la cité en vivres et matériaux. Enfin, aucune de ces interventions n'aurait été efficace si, par leurs arrêts de règlement, les parlements ne s'étaient en permanence efforcés de faire régner sur les prix une discipline des plus vigilantes.

Investis d'un tel pouvoir réglementaire en dépit de leur fonction première qui était de rendre la justice, les parlements et autres cours souveraines de l'ordre judiciaire constituent une pièce maîtresse de l'organisation politique et administrative de l'Ancien Régime. Forts de cette position, ils se posent en véritables gardiens non seulement de l'ordre juridique, mais de l'ordre en général. Ils agissent comme le font les autorités dont la mission première est d'assurer la « bonne police » du royaume, les intendants en particulier avec lesquels ils entrent souvent en conflit. Parfait reflet de la confusion qui règne entre justice, police et administration au sein des multiples ressorts de la France monarchique, les arrêts de règlement ne résistent pas à la tourmente révolutionnaire. Fermement prohibés par la loi des 16-24 août 1790, ils sont tout aussi strictement interdits par l'article 5 du Code civil.

§ 2. – LA JURISPRUDENCE

Encore timide et mal assurée à la fin du Moyen Age, la jurisprudence devient lentement réalité tout au long des trois siècles de l'Ancien Régime. Elle est désormais considérée comme une source du droit à part entière. L'article 14 de l'édit de Saint-Germain de 1679 qui organise l'enseignement du droit français dans les universités fait une place à la *jurisprudence française*, à côté des ordonnances et des coutumes. Cependant il ne faut pas se méprendre sur cette expression *jurisprudence française* qui aurait presque pu être utilisée au pluriel. Caractérisée avant tout par son morcellement et son extrême diversité en raison de la complexité des ressorts et de la multiplicité des tribunaux, la jurisprudence laisse au juge une grande liberté dans l'élaboration de ses décisions (A) dont le contenu, désormais moins mal connu et toujours mieux commenté grâce aux travaux des arrêtistes, permet une réflexion féconde autour d'un droit qui pourrait être commun à l'ensemble du royaume (B).

A. JUGES ET JUGEMENTS

Face au pluralisme juridique qui, depuis le Moyen Age, fait du droit applicable une véritable mosaïque, le juge dispose d'une grande liberté d'appréciation. Maître du sens à donner à la coutume quand elle est incertaine ou mauvaise, il l'interprète ou refuse de l'appliquer. « Bouche de la loi », il la fait parler comme sa conscience et la raison lui dictent, aussi souvent qu'elle est obscure, lacunaire ou défaillante, tandis qu'il puise dans le droit romain les seules dispositions qui lui conviennent en les interprétant à sa guise.

Plus on s'élève dans la hiérarchie des tribunaux, plus s'affirme cette capacité du juge à modeler un droit dont la plasticité est son meilleur allié et la diversité son plus stimulant aiguillon. Forts de leur souveraineté, les parlements usent largement de cette grande liberté d'interprétation et d'adaptation. C.-J. de Ferrière l'exprime clairement quand il écrit, dans son *Dictionnaire de droit et de pratique*, que le Parlement de Paris est « l'interprète du droit et le médiateur entre la rigueur de la loi et les justes tempéraments qu'elle peut recevoir, sans être absolument détruite ». Et il loue, pour tous les parlements, « l'équité de leurs jugements », tout en oubliant jusqu'où cette équité a parfois pu conduire les juges souverains. Statuer en équité, c'était souvent pour eux prendre une grande liberté par rapport à la règle de droit, quelle qu'elle fût. C'était, en s'appuyant sur leur situation de délégataire du roi, reprendre à leur compte toute la tradition qui plaçait le souverain au dessus de la loi et lui donner une grande liberté par rapport à elle. Forts de cette position, ils mettent souvent en avant l'équité et en abusent parfois pour justifier de nouvelles solutions et remodeler ainsi un ordre juridique qu'ils jugent obsolète. Possibilité leur était ainsi donnée de remédier à l'imprécision, à la généralité ou aux lacunes de la loi en considérant en équité, avant de trancher, les circonstances de temps et de lieu, les faits et les personnes. C.-J. Ferrière va jusqu'à admettre que les juges souverains puissent même « s'écarter dans leurs jugements de la rigueur de la loi, quoique sa décision soit claire et précise, lorsque de justes raisons paraissent l'exiger ». Semblable position était difficilement acceptable et n'était en fait justifiable que dans les hypothèses d'insuffisance de la loi. Plus, au contraire, cet ordre juridique se fait précis en liaison avec les coutumes réformées et une législation royale toujours plus abondante, plus la latitude que prennent les juges en se fondant sur l'équité paraît difficile à justifier, voire dommageable. Autant cette grande liberté d'interprétation et cette possibilité de statuer en équité pouvaient être valorisantes pour l'ordre juridique aussi souvent qu'un magistrat sagace savait se montrer habile, autant elles étaient ravageuses et dommageables si elles étaient entre les mains d'un juge médiocre. Dès la fin du XVIe siècle, nombreux sont les justiciables qui dénoncent cette situation, attitude que traduit à merveille l'adage bien connu « Dieu nous garde de l'équité des parlements ».

La monarchie sut entendre ces réactions et des ordonnances réitérées, en particulier en 1579 et 1629, interdirent aux parlements de statuer en équité. Mais elles restèrent lettre morte et il fallut attendre l'ordonnance civile de 1667 pour que l'interdiction faite aux parlements d'interpréter la loi soit posée de manière claire et ferme. C'est ce que prévoit l'article 7 du titre I en rappelant que, si la moindre difficulté vient à surgir à l'occasion d'un jugement lors de l'application d'un texte royal, les parlements ne doivent en aucune manière l'interpréter, mais en référer immédiatement au roi pour connaître le sens qu'il convient de lui donner. Cette interdiction, pourtant rigoureuse, n'eut guère d'avantage d'effet que les précédentes. Cependant, le prestige des parlements ne cessant de diminuer en raison de leurs conflits répétés avec le souverain fit que leur prétention à juger en équité se trouva fortement déstabilisée à la veille de la Révolution. Enfin, le culte que vouent les révolutionnaires à la loi et le transfert de souveraineté qui s'opère alors en faveur de la nation, placent le juge en position subordonnée pour faire de lui un simple instrument d'application du droit.

Cette capacité de juger en équité qu'ont en permanence revendiquée les parlements se trouva encore fortement aggravée du fait que les jugements n'étaient jamais motivés. Une forte tradition médiévale, aussi bien épaulée par la législation que par la pratique, s'était instaurée pour dispenser le juge, quel qu'il fût, de motiver ses jugements. Représentant du roi et délégataire de son pouvoir de juger, le juge apparaissait, surtout dans le cas des cours souveraines, comme agissant souverainement et dispensé en conséquence d'avoir à se justifier. Et ceci d'autant plus qu'il ne se considérait pas comme lié par les décisions antérieures qu'il avait pu rendre, tant la notion de précédent est absente de la mentalité judiciaire et de la culture juridique du temps. On considérait que la toute puissance royale, au nom de laquelle le juge prononçait son jugement, suffisait à en garantir le bien fondé. On estimait aussi qu'une motivation exprimée de manière trop vive, alors qu'elle n'aurait pas toujours été réellement fondée, aurait pu déclencher de vives contestations et engendrer de multiples recours. Enfin, une forte tradition de secret qui entourait tout à la fois les délibérations des juges et le contenu de leurs jugements, aussi bien dans le souci de protéger les magistrats que de maintenir la paix des familles, avait fortement contribué à enraciner de tels comportements. Cette pratique du secret du délibéré était même fondée sur une ordonnance de 1344, plusieurs fois reprise par la suite.

Ce n'est que dans les toutes dernières décennies du XVIIIe siècle, et en grande partie sous l'influence des Lumières et de l'évolution que connaissent alors les autres pays européens en la matière, qu'une lente mutation commence à s'opérer. Elle finit par peser sur le législateur qui, par édit du 8 mai 1788, impose au juge de motiver ses jugements, mais seulement en matière criminelle. Il fallut encore attendre la loi des 16 et 24 août 1790 de l'Assemblée constituante, pour que l'obligation devienne générale, pour toutes les affaires et tous les tribunaux. Même non motivés et dépourvus de toute valeur de précédent, les jugements demeurent un précieux instrument de travail pour le juge, le législateur et la doctrine.

B. JUGEMENTS ET JURISPRUDENCE

On se souvient dans quelles conditions un début de publicité avait pu être donné aux arrêts du Parlement de Paris à la fin du Moyen Age et comment, au milieu du XIVe siècle, Jean le Coq en avait recueilli et commenté un certain nombre. Tentative louable mais qui fut peu suivie dans l'immédiat et qui laissait encore entier ou presque le problème de la diffusion et de la connaissance des arrêts au début du XVIe siècle. Cette situation se trouvait considérablement aggravée du fait qu'il était interdit au greffe des tribunaux de délivrer l'expédition d'un arrêt rendu à d'autres personnes que les parties au procès. Tout au plus, dans certains cas et sous certaines conditions, les magistrats acceptaient-ils de faire connaître les raisons qui les avaient conduits à adopter telle ou telle solution. Il pouvait aussi arriver que le conseil du roi saisi d'une affaire importante, en cas de cassation par exemple, ordonne une enquête pour connaître, sur le point de droit en question, la jurisprudence du parlement qui avait rendu le jugement contesté. Tout cela était bien peu en matière de diffusion et de publicité des décisions des cours que réclamèrent à plusieurs reprises, tout au long du XVIe siècle, les états généraux. L'appel ne fut pas entendu et il fallut attendre le début du siècle suivant pour que commencent à paraître les premiers recueils de jurisprudence avec le *Journal des Audiences* qui eut une belle longévité (1622-1722), puis le *Journal du Palais* à partir de 1754.

Fort heureusement, l'initiative qu'avait prise Jean le Coq fut très porteuse par la suite. Elle suscita l'intérêt du monde judiciaire, avocats et magistrats, pour une collecte des arrêts les plus significatifs de leur cour et une réflexion autour de ses décisions. Tel fut le cas à Toulouse dans la seconde moitié du XVe siècle où Etienne Aufreri, professeur de droit canon et conseiller au parlement de Toulouse de 1488 à 1511, compose un recueil d'*Arresta Parlamenti tholosani* pour la période 1444-1499. Semblable démarche avait été entreprise pour le parlement de Grenoble où Gui Pape (1402-1487), un de ses conseillers, avait rédigé un recueil célèbre de ses décisions, les *Decisiones Guidonis papae*.

Cette démarche, qui s'amplifie dès le début du XVIe siècle, fut grandement favorisée par le développement de l'imprimerie. Il devenait alors possible de constituer et de diffuser facilement d'importants recueils. La technique est toujours la même. Leurs auteurs procèdent, au milieu d'une jurisprudence toujours très riche, au choix d'arrêts qu'ils jugent les plus significatifs, arrêts notables et arrêts de principe, dont ils transcrivent ou résument le contenu en le commentant et en donnant leur point de vue. C'est dire que ces œuvres, dont l'âge d'or fut les XVIIe et XVIIIe siècles, sont tout à la fois des recueils de jurisprudence et des ouvrages de doctrine. Qualifiés d'arrêtistes, leurs auteurs ont été souvent critiqués pour leurs approximations et leur manque de rigueur. Ces critiques, seulement en partie fondées, n'enlèvent rien à l'utilité et souvent aux qualités réelles de leurs travaux qui constituent un extraordinaire moyen de diffusion et de connaissance des arrêts des grandes cours. Toutes les grandes cours du royaume eurent leurs arrêtistes, si bien qu'on a pu recenser près de 120 recueils à la veille de la Révolution.

De cette abondante littérature, quelques œuvres maîtresses émergent dont on ne peut évoquer que quelques exemples qui ne rendent en rien compte de l'ampleur géographique et chronologique du phénomène. Deux noms s'imposent pour le XVIe siècle. Nicolas Boyer (Boerius, 1469-1539), avocat, professeur à Bourges, puis président du parlement de Bordeaux à laissé un riche recueil de *Decisones supremi senatus Burdegalensis* dont la première édition imprimée date de 1544. Plus connu est le recueil de Jean Papon (1506-1590). Jurisconsulte et lieutenant au bailliage de Forez, son *Recueil d'arrests notables des cours souveraines de France* pour la première fois publié en 1556, présente l'énorme avantage de réunir une grande variété géographique d'arrêts et de multiplier les références aux ouvrages du même genre. Le XVIIe siècle est sûrement le siècle d'or de la littérature arrêtiste. L'attestent, par exemple, les multiples recueils qui paraissent alors à Toulouse comme *Les notables et singulières questions du droict escrit décises ou préjugées par arrests mémorables de la Cour souveraine du Parlement de Tholose* rédigées par Géraud de Maynard (1603) dont l'œuvre, en dépit de ses défauts, a connu un succès permanent. Il en va de même, toujours à Toulouse, des *Questions notables de droit* de Simon d'Olive (1638) et surtout des *Arrêts remarquables* de Jean de Catellan qui atteint l'excellence du genre. Dans les ressorts des autres parlements, les arrêtistes se montrent tout aussi actifs. Ainsi à Paris, le célèbre recueil que composa le grand jurisconsulte Georges Louet (1540-1608) fut maintes fois réédité, en particulier par Julien Brodeau (1585-1653) dans son *Recueil de plusieurs arrêts notables du Parlement de Paris* qui, en dépit de son titre, ne limite pas la réflexion à la seule jurisprudence de la grande cour. Telle est bien aussi la méthode de Bretonnier dans son *Recueil des principales questions de droit* (1718) ou de Mathieu Augeard dans ses *Arrests notables des différents tribunaux du royaume* (1756). Tous ces travaux témoignent d'un souci de comparatisme et de globalisation aussi qui se manifeste de plus en plus avec la publication de recueils systématiques, tels le *Dictionnaire des arrêts ou jurisprudence universelle des parlements de France* de Brillon (1711) ou la *Collection de décisions nouvelles et de notions relatives à la jurisprudence actuelle* de J. B. Denisart (6e éd., 1768).

Ainsi de mieux en mieux connue et en dépit de lacunes encore nombreuses, la jurisprudence favorise une évolution du droit en profondeur. Mais cette évolution n'est pas rectiligne, même si elle ouvre la voie à une timide unification du droit. Le monde judiciaire de l'Ancien Régime était encore trop fortement cloisonné et les parlements – juridictions souveraines faut-il le rappeler – trop épris de leur indépendance pour s'aligner sur une jurisprudence commune dont le Parlement de Paris aurait pu et, dans l'optique du pouvoir, aurait dû constituer le pivot. Ces progrès, vers une vision globalisante du droit, sont néanmoins tout à la fois le fait des juges et des arrêtistes.

Même si la notion de précédent judiciaire est lente à se former, le juge a toujours plus tendance à prendre en compte le contenu des décisions antérieures. C'est particulièrement vrai aussi souvent qu'il est en présence d'une coutume dépourvue de tout caractère notoire et qui, en conséquence, doit être prouvée. Le juge se pose alors la question de savoir si elle a déjà été appliquée à l'occasion d'un jugement antérieur, ce qui dans l'affirmative, tend à accréditer l'idée qu'elle peut l'être à nouveau et l'intègre davantage à l'ordre juridique jurisprudentiel en formation. Ce faisant, le juge contribue aussi à la faire évoluer en l'interprétant et en l'adaptant en permanence aux besoins de son tribunal. Il en va de même avec le droit romain, et à un moindre degré le droit canonique, dont les juges font largement usage pour combler les vides juridiques face auxquels ils se trouvent chaque fois que la loi, la coutume ou des précédents font défaut pour trancher une affaire. Devenu, au moins pour les pays de droit écrit une manière de droit commun, le droit romain, raison écrite ailleurs, pénètre ainsi lentement une jurisprudence en formation. Mais il ne faut pas se méprendre sur le rôle unificateur de ces transferts de normes. Il demeure souvent fort limité en raison de la très grande liberté d'interprétation que revendiquent, en permanence, tous les parlements du Midi chaque fois qu'ils intègrent à leur jurisprudence des dispositions tirées du droit romain, même s'ils s'efforcent quelquefois de dégager des « principes généraux de droit écrit » susceptibles d'être applicables dans tous les ressorts. Voilà qui témoigne des limites de la très lente marche vers un droit commun à l'ensemble du royaume à travers les jugements, en particulier ceux des cours souveraines. Tout compte fait, c'est peut-être davantage en utilisant la coutume qu'un droit romain fortement adapté à chaque ressort de parlement, que s'opère cette insensible mutation. Mais pas n'importe quelle coutume tant, depuis le Moyen Age, le Parlement de Paris dont le ressort couvrait plus d'un tiers du royaume, s'efforçait de toujours appliquer le plus possible et faire triompher dans ses arrêts la coutume de Paris et celles d'Ile-de-France. Et il n'était pas rare non plus de voir certains parlements des pays coutumiers avoir recours eux aussi à la coutume de Paris en cas de silence de leur propre coutume ou celle des ressorts les plus proches.

A côté du travail des juges, celui des arrêtistes fournit d'importantes bases de réflexion autour de l'unification nécessaire du droit. Le choix auxquels ils procèdent parmi les arrêts notables et arrêts de principe qu'ils publient a déjà un sens : ne prendre en compte que ceux qui leur semblent susceptibles de fonder une jurisprudence. Il a aussi un but, faire en sorte qu'autour de ces arrêts s'opère une véritable prise de conscience juridique commune. Leur œuvre, qu'elle se limite à la seule publication souvent résumée des arrêts ou des commentaires qu'ils en donnent, sert souvent de base de travail aux juges, ce qui entraîne obligatoirement une certain homogénéité des solutions retenues. Elle est aussi très utilisée par les professeurs ce qui, là encore, favorisent une diffusion des connaissances juridiques autour de quelques grands axes communs dont les arrêtistes eux-mêmes donnent le ton. Grâce à la méthode comparatiste prudente et limitée qu'ils utilisent, suivant ainsi l'exemple des auteurs coutumiers dans le domaine de la coutume, ils tentent de faire ressortir ce qu'il peut y avoir sinon de commun, à tout le moins de semblable, au cœur de la jurisprudence diversifiée qu'ils s'efforcent de faire connaître et de mettre en rapport avec celles de cours dont ils sont moins familiers. En dépit du profond loyalisme dont ils font souvent preuve à l'égard du droit applicable dans le ressort de leur parlement et du particularisme juridique qui y règne toujours, leur travail tend néanmoins à faire ressortir tous les éléments communs que peut receler ce que le grand juriste Bourjon appelait en 1747,

« le droit commun de la France », ce droit dont chaque agent royal avait mission de favoriser la genèse.

BIBLIOGRAPHIE

ARNAUD A.-J., *Les origines doctrinales du Code Civil*, Paris, 1959.

AZIMI V., « Une tentative d'unification du droit civil : le projet inédit de Laverdy et Langlois », *M.S.H.D.B.*, 42, 1985, p. 123-156.

BART J., « Les tentatives de réformation de la coutume du duché de Bourgogne. Histoire d'un échec », *M.S.H.D.B.*, 42, 1985, p. 91-100.

BESNIER R., *La coutume de Normandie. Histoire externe*, Paris, 1935.

BOULET-SAUTEL M., « Colbert et la législation », *Un nouveau Colbert,* Actes du Colloque pour le tricentenaire de la mort de Colbert (Paris, 1983), Paris, 1985, p. 119-132.

BRANCOURT I., « L'activité judiciaire du Parlement à Pontoise en 1652 et 1720 », *Naissance du droit français/1, Droits*, 38, 2003, p. 193 et suiv.

BREJON J., *Un jurisconsulte de la Renaissance : André Tiraqueau (1488-1558)*, Paris, 1938.

CARBASSE J.-M., « Contribution à l'étude du processus coutumier. La coutume de droit privé jusqu'à la Révolution », *Droits,* 3, 1986, p. 25-37.

CAUVIÈRE H., *L'idée de codification en France avant la rédaction du Code civil*, Paris, 1910.

CHASSAIGNE M., *Des lettres de cachet sous l'Ancien Régime*, Paris, 1903.

CHÊNE Ch., « Les facultés de droit françaises du XVIIe siècle à la Révolution, éléments de bibliographie », *A. H. F. D.*, 3, 1986, p. 199-242.

CHÊNE Ch., *L'enseignement du droit français en pays de droit écrit*, Genève, 1982.

CURZON A. de, « L'enseignement du droit français dans les Universités de France aux XVIIe et XVIIIe siècles », *R.H.D.F.E.*, 1919, p. 209-269 et 305-374.

DAUDELOT M., *Un grand jurisconsulte du XVIIe siècle. J. Domat*, Paris, 1938.

DAWSON J.-P., « The Codification of french customs », *Michigan Law Rewiew*, 1940, p. 765-818.

DETEIX G., *Les arrêts de règlement du Parlement de Paris*, Paris, 1930.

DOLLOT L., *La question des privilèges dans la seconde moitié du XVIIIe siècle*, Paris, 1921.

FILHOL R., « La rédaction des coutumes en France aux XIVe et XVe siècles », *La rédaction des coutumes dans le passé et dans le présent*, Gilissen J. dir., Bruxelles, 1962, p. 63-68.

FILHOL R., *Le premier président Cristofle de Thou et la réformation des coutumes*, Paris, 1937.

FLAMMERMONT J., *Remontrances du Parlement de Paris*, Paris, 3 vol., 1888-1898.

FORTUNET F., « De la réformation à la codification : remarques sur l'exposé des motifs », *M.S.H.D.B.*, 42, 1985, p. 117-121.

FRÊLON É, *Les pouvoirs du Conseil souverain de la Nouvelle France dans l'édiction de la norme (1663-1760)*, Paris, 2002.

FRÊLON-ALLONNEAU É., *Le parlement de Bordeaux et la loi (1451-1547)*, Th. droit, Université Panthéon-Assas, Paris II, 2005, à paraître aux édit. de Boccard, coll. Romanité et modernité du droit.

GARRETA J.-C., « Les sources de la législation de l'Ancien Régime. Guide bibliographique », *M.S.H.D.B.*, 29, 1968-1969, p. 275-364.

GAUDEMET J., « Les tendances à l'unification du droit en France dans les derniers siècles de l'Ancien Régime », *La formazione storica del diritto moderno in Europa*, I, 1977, p. 157-194.

GAZZANIGA J.-L., « Rédaction des coutumes et codification », *La codification/2, Droits*, 26, 1998.

GUIZZI V., « Il diritto comune in Francia nel XVII secolo, I giuristi alla ricerca di un sistema unitario », T.V.R., 1969, p. 1-46.

HILAIRE J., *La science des notaires. Une longue histoire*, Paris, 2000.

KLIMRATH H., *Études sur les coutumes*, 2 vol., Paris-Strasbourg, 1843.

LEBIGRE A., *La justice du roi. La vie judiciaire dans l'Ancienne France*, Paris, 1998.

LEFÈBVRE-TEILLARD A., « Naissance du droit français : l'apport de la jurisprudence », *Naissance du droit français/1, Droits*, 38, 2003, p. 69-82.

LEMONNIER-LESAGE V., *Les arrêts de règlement du parlement de Rouen, fin XVIe-XVIIe siècles*, Paris, 1999.

LEMONNIER-LESAGE V., *Le statut de la femme mariée dans la Normandie coutumière. Droit et pratiques dans la généralité de Rouen*, Clermont-Ferrand, 2005.

LEYTE G., « Des arrêts aux arrêtistes : généalogie de quelques arrêts de principe du Parlement de Paris », *Histoire et Archives*, n° 12, 2002, p. 115-138.

LEYTE G., « *Le droit commun de la France*. Observations sur l'apport des arrêtistes », *Naissance du droit français/1, Droits*, 38, 2003, p. 54-67.

Méthodes (Les) de l'enseignement du droit du Moyen Âge à nos jours, A. H. F. D., 2, 1985.

MEYNIAL E., « Remarques sur le rôle joué par la doctrine et par la jurisprudence dans l'œuvre d'unification du droit en France », *Revue générale du droit...*, 1903, p. 326-351 et 446-457.

MEYNIAL E., « Les recueils d'arrêts et les arrêtistes », *Le Code civil. Livre du centenaire, 1804-1904. Extraits*, Paris, 1904, p. 3-32.

MICHAUD H., « Les actes intitulés règlements sous l'Ancien Régime », *B.E.C.*, 115, 1957, p. 156-167.

MOREAU-DAVID J., « La coutume et l'usage en France. De la rédaction officielle des coutumes au Code civil. Les avatars de la norme coutumière », *R.H.F.D.*, 18, 1997 p. 125-159.

OLIVIER-MARTIN Fr., *La coutume de la prévôté et vicomté de Paris*, 2 vol., Paris, 1925 et réédit. 1972.

OLIVIER-MARTIN Fr., « Les professeurs de droit français et l'unification du droit civil français », Mélanges Sugiyama, Tokyo, 1940, p. 263-281.

OLIVIER-MARTIN Fr., *Les lois du roi*, Cours d'Histoire du droit public-Doctorat, 1945-1946, multigr., Paris, Les Cours de Droit, 1946. Rééd., éd. Loysel, Paris, 1988 et L.G.D.J., Paris, 1997.

PAYEN Ph., *La physiologie de l'arrêt de règlement du Parlement de Paris au XVIIIe siècle*, Paris, 1999.

PAYEN Ph., *Les arrêts de règlement du Parlement de Paris au XVIIIe siècle, dimension et doctrine*, Paris, 1999.

PETITJEAN M., « La coutume de Bourgogne. Des coutumiers officieux à la coutume officielle », *M.S.H.D.B.*, 42, 1985, p. 13-20.

PFISTER L., « Des "rescrits du prince". Le pouvoir normatif du roi selon Jean Papon », *R.H. F.D*, n° 22, 2003, p. 81-108.

PIANO MORTARI V., *Diritto romano e diritto nazionale in Franzia nel secolo XVI,* Milan, 1962.

POUMARÈDE J., « Droit romain et rédaction des coutumes dans le ressort du Parlement de Bordeaux », *Droit romain*, Jus civile et *droit français*, Krynen J.

dir., Études d'Histoire du droit et des idées politiques, 3, 1999, Toulouse, p. 329-345.

QUÉTEL C., *De par le Roy. Essai sur les lettres de cachet*, Toulouse, 1981.

REGNAULT H., *La législation royale pendant les trois derniers siècles de la Monarchie*, Cours Doctorat 1931-1932, multigr., Paris, Les Cours de Droit, 1932.

REGNAULT H., *Les ordonnances civiles du chancelier Daguesseau*, I, *Les donations et l'ordonnance de 1731*, Paris, 1929, II (en deux volumes), *Les testaments et l'ordonnance de 1735*, 1938 et 1965.

RENOUX-ZAGAMÉ M.-F., *Du droit de Dieu au droit de l'homme*, Paris, 2003.

REULOS M., *Étude sur l'esprit, les sources et la méthode des* Institutes coutumières *d'Antoine Loisel*, Paris, 1935.

ROUSELET-PIMONT A., *Le chancelier et la loi au XVIe siècle, d'après l'œuvre d'Antoine Duprat, de Guillaume Poyet et de Michel de l'Hospital, Paris, 2005.*

ROYER J.-P., *Histoire de la justice en France de la Monarchie absolue à la République*, Paris, 1995.

SUEL M., « Le Président Brisson et la codification », *La codification/1, Droits*, 24, 1996, p. 31-44.

TARDIF A., *Histoire des sources du droit français. Origines romaines,* Paris, 1890 et réimp., 1974.

THIREAU J.-L., *Charles Du Moulin (1500-1566). Étude sur les sources, la méthode, les idées politiques et économiques d'un juriste de la Renaissance*, Genève, 1980.

THIREAU J.-L., « Les Facultés de droit françaises au XVIe siècle. Éléments de bibliographie », *R.H.F.D.*, Paris, 5, 1987, p. 101-123 et 7, 1988, p. 177-203.

THIREAU J.-L., « Le comparatisme et la naissance du droit français », *R.H.F.D.*, 10, 1990, p. 153-192.

THIREAU J.-L., « Droit national et histoire nationale : les recherches érudites des fondateurs du droit français », *Naissance du droit français/1, Droits*, 38, 2003, p. 37-51.

VAN KAN J., *Les efforts de codification en France. Étude historique et psychologique*, Paris, 1929.

VANDERLINDEN J., *Le concept de code en Europe occidentale du XIIIe au XIXe siècle. Essai de définition*, Bruxelles, 1967.

VENDRAND-VOYER J., « Réformation des coutumes et droit romain. Pierre Lizet et la coutume de Berry », *Ann. Fac. Droit Clermont-Ferrand*, 1981, p. 315-381.

VILLEY M., *La formation de la pensée juridique moderne*, Paris, 2003.

YVER J., « La rédaction officielle de la coutume de Normandie (Rouen, 1583) », *Annales de Normandie*, 36, 1986, p. 3-36.

YVER J., *Égalité entre héritiers et exclusion des enfants dotés. Essai de géographie coutumière,* Paris, 1966.

YVER J., « Le président Thibault Baillet et la rédaction des coutumes (1496-1514) », *R.H.D.F.E.,* 1986, p. 19-43.

CHAPITRE V

LA FONCTION PUBLIQUE ET L'ADMINISTRATION TERRITORIALE

SECTION 1

LA FONCTION PUBLIQUE

L'autorité du roi lui est en principe propre. Cependant, les nécessités pratiques du gouvernement l'obligent à déléguer une partie de ses pouvoirs à certains agents qui, en son nom et sous son contrôle, exercent des tâches bien déterminées. Cette délégation s'étend bien au-delà des ministres et secrétaires d'Etat. Elle concerne aussi les agents régionaux et locaux, indispensables à toute action gouvernementale suivie. Tous ces représentants du souverain, qui reçoivent de lui pouvoir, ne sont revêtus d'aucune autorité personnelle. Ils la tiennent du roi et Louis XI le soulignait déjà : « *ils ont sous notre autorité la direction des faits par lesquels est policée et entretenue la chose publique de notre royaume* » (ordonnance de 1467).

Tous ces agents ne se trouvent pas dans la même situation juridique. Certains sont des officiers, d'autres des commissaires. C'est là une distinction qui a des origines lointaines, mais qui n'acquiert ses contours définitifs qu'au XVIe siècle. Les offices se développent tant en liaison avec l'affirmation de l'Etat qu'avec les besoins d'argent de la royauté. Avec un tel système, qui donne aux officiers une grande stabilité, les structures administratives deviennent rigides. Le roi a de moins en moins prise sur ses agents, ce qui le conduit à développer le système des commissions. Ainsi voit-on, de plus en plus, se superposer à l'administration royale traditionnelle composée d'officiers (§ 1), des commissaires que le roi peut nommer et révoquer comme il veut (§ 2).

§ 1. – LES OFFICIERS

L'officier est un agent royal qui occupe une charge publique, conférée par des lettres de provision d'office émanant du roi et enregistrées par les cours souveraines. Dans les deux derniers siècles de l'Ancien Régime, les officiers sont beaucoup plus nombreux que les commissaires. La presque totalité des charges de justice, de finance et de police sont érigées en offices.

L'office est une fonction publique dont le statut est réglé au moment de sa création par une loi générale, à laquelle il suffit de se référer. C'est dire que les lettres de provision ne précisent pas les pouvoirs de l'officier, pas plus que ses droits et ses prérogatives. Il suffit, pour cela, de se référer à l'acte de création. Quel est donc le statut de l'officier (A) et quelles ont été les conséquences d'un statut aussi particulier (B) ?

A. LE STATUT DES OFFICIERS

Dans la mesure où la politique royale et les besoins de l'administration exigent une certaine continuité, le roi a tendance à reconduire ses agents dans leur charge. Progressivement, ils s'efforcent d'obtenir une certaine stabilité qu'ils transforment en une inamovibilité (1). Mieux encore, une fois assurée cette inamovibilité, ils tentent de devenir propriétaires de leur office. Ils y réussissent et, au XVIe siècle, la monarchie consacre cette évolution vers la patrimonialité (2).

1. – *L'inamovibilité*

Elle s'affirme tout au long des derniers siècles du Moyen Age, conséquence de la tendance naturelle des officiers en fonction à se maintenir, aussi longtemps que possible, dans la charge qu'ils occupent. Pour faire triompher leur point de vue, ils invoquent l'inamovibilité que le droit canonique reconnaît aux titulaires de bénéfices ecclésiastiques (fonction permanente dans l'Eglise et revenus attachés à cette charge). Dans la seconde moitié du XIVe siècle, puis tout au long du XVe siècle – exception faite du début du règne de Louis XI -, les révocations d'officiers se font de plus en plus rares. Parlements et cours souveraines encouragent cette évolution et appuient les revendications des officiers que Louis XI finit par prendre en compte.

Consacrant la coutume, il précise, dans l'ordonnance du 21 octobre 1467, qu'un office ne peut devenir vacant que dans trois cas : la mort de l'officier, la résignation (démission) volontaire et, enfin, la forfaiture (faute grave dans l'exercice de la fonction) judiciairement constatée. C'était pratiquement reconnaître officiellement l'inamovibilité des officiers même si encore dans la pratique, certaines révocations continuent à être prononcées. La voie, cependant, était ouverte vers une grande stabilité que les officiers s'efforcent d'assurer plus encore en faisant de leur office une fonction patrimoniale.

2. – *Patrimonialité*

Elle est le résultat d'une longue évolution commencée dès la fin du XIVe siècle. Deux aspects successivement se précisent, la vénalité (a) et l'hérédité (b).

a) La vénalité

Elle est acquise en trois étapes. D'abord occulte, elle est ensuite organisée par la royauté qui doit finir par accepter que ses exigences puissent se concilier avec les intérêts des officiers en fonction.

La vénalité occulte. Assurés de se maintenir dans leurs charges, les officiers s'efforcent en même temps d'en disposer librement en faveur de parents ou de tiers. Pour y parvenir, ils cherchent à obtenir du roi autorisation de pouvoir les transmettre en y renonçant de leur vivant.

C'est en se fondant sur le droit canonique qu'ils tentent de faire triompher leur point de vue. Depuis longtemps existait, dans le droit des bénéfices, la pratique de la *resignatio in favorem alicujus* – résignation en faveur d'un tiers – qui permettait au titulaire d'un bénéfice de le résigner, de son vivant, en faveur d'un autre clerc. C'était, en quelque sorte, un droit pour le titulaire du bénéfice de présenter son successeur à l'autorité compétente pour le nommer, le collateur. Il fallait que le clerc résignataire ait capacité requise, que la résignation fût gratuite et, surtout, qu'elle se déroulât entre vifs et intervint quarante jours au moins avant le décès du résignant. On voulait par là éviter que pareille décision ne prenne allure d'acte de dernière volonté arraché à l'article de la mort.

Non seulement les officiers royaux voulurent s'inspirer directement de cette pratique, mais ils n'hésitèrent pas à aller plus loin en la transgressant. De gratuite qu'elle était et aurait dû rester, la cession d'office, calquée sur la *resignatio*, devint rapidement vénale. Ainsi l'usage s'imposa, dès le XIVe siècle, qu'un officier en fonction résignât sa charge au profit d'un tiers désigné qu'il présentait au roi. Si le souverain l'estimait capable, il acceptait de le nommer. Cette résignation intervenait-elle au profit d'un parent ou d'un proche de l'officier résignataire ? Alors, elle était en général gratuite. Mais, dès que la cession était consentie au bénéfice d'un tiers, elle prit souvent un caractère onéreux. C'est dans ce contexte que les offices royaux commencent à être cédés, par leurs titulaires, moyennant finance.

Dans un premier temps, la royauté tente de lutter contre le développement d'un tel système. Plusieurs ordonnances de Charles VII, puis de Louis XI, interdisent les résignations monnayées. Mieux encore, le souverain s'efforce d'imposer l'obligation à chaque résignataire de jurer qu'il n'a versé aucune somme d'argent au précédent titulaire de l'office. Dans la pratique, cette législation ne fut guère observée. On doit en conséquence constater qu'à la fin du XVe siècle, une vénalité occulte des offices avait bien été imposée à la royauté, tant par les officiers en place que par les candidats aux offices. Impuissante face à cette évolution, elle se décide à en tirer parti.

Organisation de la vénalité au profit de la royauté. Au XVIe siècle, la royauté change d'attitude. Les rois se trouvent affrontés à d'énormes besoins d'argent. Dans ces conditions, ils n'hésitent pas à reprendre à leur compte le système de la vénalité et se mettent à vendre des offices en conservant tout le profit qu'ils pouvaient en tirer.

Dans un premier temps, cette vénalité pratiquée par le roi ne s'applique qu'aux offices vacants à la suite de la mort du titulaire qui n'avait pas résigné au préalable. Le produit de ces aliénations constitue les « *parties casuelles et inopinées* », c'est-à-dire, des ressources sans régularité, ni périodicité. Au fur et à mesure qu'elles deviennent importantes, François Ier profite de la réorganisation centrale des finances pour créer, en 1552, un **receveur des « parties casuelles »** qui devait gérer cette source de revenus. A partir du moment où ce système est organisé, les ventes d'offices se multiplient. C'est un moyen facile de faire face aux besoins du Trésor. Il y eut ainsi une quantité de charges nouvelles créées sous François Ier et Henri II.

Conciliation entre les intérêt du roi et ceux des officiers en fonction. Dans la mesure où il faisait lui-même trafic des offices, le souverain avait avantage à ce que les titulaires décèdent sans résignation préalable. La charge devenait vacante et pouvait être alors revendue par le roi. Les intérêts des officiers étaient tout à fait contraires. Ils souhaitaient qu'on leur reconnaisse officiellement le droit de disposer de leurs charges au profit de proches parents ou de tiers acquéreurs. Le roi se trouvait dans une position difficile pour refuser car beaucoup de ses officiers avaient déjà versé finance pour acquérir leurs charges.

Finalement, une transaction intervient. Le roi accepte que les résignations deviennent pratique légale, mais à condition qu'elles s'accompagnent d'une taxe de mutation versée au Trésor royal fixée au quart de la valeur légale de l'office. Ainsi, la vénalité d'abord pratiquée par les officiers, puis par le roi, devient usage non seulement courant mais légal, au XVIe siècle. A cette possibilité de vendre les offices, les officiers réussissent à en ajouter une autre, celle de les transmettre à leurs héritiers.

b) L'hérédité

Elle se heurte à un grave obstacle, la règle canonique des quarante jours. Le roi fit sienne cette règle et l'aménagea. Dans ces conditions, l'office non résigné à temps par son titulaire revenait à la royauté et tombait aux « parties casuelles » pour être cédé à un nouvel acquéreur. Le roi avait donc intérêt à maintenir cette pratique. Cependant, à partir du règne de Charles IX surtout, la royauté, poussée par de graves besoins d'argent, fut conduite à trouver des aménagements. Plusieurs moyens sont imaginés.

Le roi délivre à certains officiers, moyennant finance, **des lettres de survivance**. Ainsi, l'office peut revenir à la personne que l'officier a choisie, ou bien les héritiers d'un officier en fonction sont autorisés à disposer de la charge, comme le défunt aurait pu le faire de son vivant. Charles IX décide d'aller plus loin en transformant la mesure individuelle en mesure générale. Un édit de 1568 stipule que tous les officiers qui accepteraient de payer au roi un tiers de la valeur de leur charge (**le tiers denier**) seraient dispensés de la règle des quarante jours. Tout officier qui se pliait à cette condition pouvait faire ce qu'il voulait de sa charge et, en particulier, la transmettre pour cause de mort. Ainsi, les offices devenaient-ils héréditaires.

Mais un tiers de la valeur de l'office représentait une très lourde charge. Aussi les officiers ne profitèrent guère, sur le moment, de l'occasion qui leur était offerte. C'est la raison pour laquelle, sous le règne d'Henri IV, le financier Charles Paulet imagina une nouvelle solution. Sur ces propositions, un arrêt du Conseil de 1604 prévoit la création d'une taxe annuelle – **la Paulette** – que pourrait payer tout officier qui le souhaiterait. Cette taxe, égale à 1/60e de la valeur légale de l'office, présentait toute une série d'avantages, dispensant en particulier de la règle des quarante jours sans avoir à payer en une seule fois, une somme aussi lourde que celle prévue par l'édit de 1568. Désormais, l'office était transmissible aux héritiers, que ce soit par testament ou *ab intestat*.

Arrivé à ce stade de l'évolution, l'office est un bien dans le commerce, qui fait partie du patrimoine des officiers et qui donc est librement cessible et transmissible. Pour les juristes, il présente deux aspects différents. Le **titre** qui est le droit de tenir et d'exercer la fonction. C'est le droit qu'a le titulaire sur l'office, il est obtenu à l'aide de lettres de provision d'office et personne ne peut exercer son office s'il n'a obtenu ces lettres. A côté du titre qui est le caractère public de l'office, il y a la **finance** qui en constitue le caractère privé et patrimonial. C'est la somme versée au roi par celui qui, le premier, avait acquis l'office du souverain et que le roi devait rembourser s'il voulait le supprimer.

Mais, à partir du moment où vénalité et hérédité sont acquises, il est pratiquement impossible au roi d'envisager le rachat des offices. Un tel système ne pouvait avoir que de très lourdes conséquences.

B. LES CONSÉQUENCES DE LA PATRIMONIALITÉ DES OFFICES

Pour un contemporain, le système est choquant. Comment imaginer qu'un agent de l'Etat puisse se considérer comme propriétaire de sa fonction ? En fait, c'est dans l'optique de la société et du système politique de l'Ancien Régime qu'il convient de se placer pour apprécier et juger les conséquences financières et économiques (1), puis sociales et politiques (2) qu'a pu avoir le système. Toutes n'ont pas été négatives.

1. – *Conséquences financières et économiques*

Positives. La patrimonialité procure, pendant toute la période de l'Ancien Régime, des revenus importants au Trésor royal (vente d'offices nouveaux, Paulette). Ces revenus ont varié d'une année à l'autre mais en moyenne, au XVIIe siècle, les profits du Bureau des Parties casuelles représentent environ 5 à 10% des ressources.

Négatives. Dans la mesure où les offices sont des charges très recherchées, leur prix ne cesse d'augmenter aux XVIe et XVIIe siècles. Il est multiplié par plus de 5, de 1550 à 1630, alors que le coût de la vie ne semble pas avoir été multiplié par plus de 2 ou 3 au cours de la même période.

Les conséquences de cette augmentation sont évidentes. Les offices sont réservés aux catégories sociales les plus aisées, la haute bourgeoisie en particulier. Les acquéreurs d'office les payant très cher pour ne bénéficier en contrepartie que de rémunérations modestes ont tendance à se rattraper sur les administrés et les justiciables (système des épices). Et, dans la mesure où les offices se vendent bien, la monarchie en multiplie la création. Obtenant ainsi des profits immédiats considérables, elle ne faisait qu'augmenter les charges budgétaires pour l'avenir, en cas de rachat. Rachat auquel elle fut bien incapable de faire face.

2. – ***Conséquences sociales et politiques***

Positives. La patrimonialité des offices a été un moyen efficace d'ascension sociale. Elle a permis à toute une fraction de la bourgeoisie qui n'avait pu jusque-là pleinement accéder à certaines charges publiques, de les acheter et de les exercer. On relève ainsi, en quelques générations, des ascensions remarquables qui permettent souvent un renouvellement, en profondeur, du personnel politique. Ces nouveaux venus se trouvant associés à l'exercice du pouvoir souhaitent, en contrepartie, sa stabilité.

Ce personnel est le plus souvent compétent et la patrimonialité n'enlève pas nécessairement aux qualités requises (conditions d'âge, d'honorabilité, capacités indispensables). Chaque compagnie d'officiers se montre très vigilante pour l'admission de nouveaux membres. De plus, ce système en quelque sorte extérieur du recrutement de l'administration a eu pour résultat de la rendre très indépendante du jeu des forces politiques et d'assurer une autonomie des grands corps de l'Etat, particulièrement heureuse en ce qui concerne la magistrature.

Négatives. Le goût pour l'investissement dans les charges publiques devient rapidement excessif. La bourgeoisie investit beaucoup dans les offices, comme elle le fait pour la terre. Ces types d'investissements drainent la plus grande partie des capitaux disponibles, ce qui explique en partie le grand retard que connaît la France dans la révolution industrielle.

Une fois la patrimonialité acquise, l'indépendance des officiers devient de plus en plus marquée, parfois agressive à l'égard de la royauté. Ainsi se développe un esprit de caste et les officiers prennent conscience qu'ils ont, en commun, des intérêts à défendre. Enfin le nombre des officiers finit par devenir trop élevé, les structures de l'administration s'alourdissent et la royauté les contrôle de moins en moins bien. Autant de facteurs qui l'incitent à développer le système des commissions.

§ 2. – LES COMMISSAIRES

La commission est une fonction conférée par le roi, par simple délégation temporaire, révocable *ad nutum* et comportant des pouvoirs dont l'étendue variait suivant la seule volonté du souverain. Le commissaire est donc tout à l'opposé de l'officier, c'est là l'aspect purement théorique et juridique (A), qui se modifie quelque peu dans la pratique (B).

A. LE STATUT DES COMMISSAIRES : ASPECT THÉORIQUE

Les commissaires représentent le type le plus ancien de la fonction publique. Cette remarque aide à comprendre pourquoi, dès le XVIe siècle, une théorie de la commission a pu être facilement dégagée par les théoriciens de la monarchie.

Le jurisconsulte Loyseau définit, dans son « **Traité des offices** » (1609), la commission comme étant une « *dignité avec fonction publique extraordinaire de l'Etat* » alors que l'office est aussi une « *dignité avec fonction publique* » mais simplement « *ordinaire de l'Etat* ». Donc, la commission et l'office sont tous deux des dignités avec fonction publique (marque d'honneur conférée par la fonction, exercice d'une charge que l'on tient par délégation), mais il existe une différence notable.

L'office est ordinaire tandis que la commission est extraordinaire. Pourquoi ? Ordinaire, l'office est exercé de manière régulière, permanente et en dehors de toute volonté particulière d'intervention de la royauté. Extraordinaire, la commission n'a rien de permanent. Elle n'est ni définie, ni réglée par une loi. C'est le roi qui, selon l'opportunité du moment, décide d'instituer une commission et de doter son titulaire des pouvoirs qu'exige la mission à accomplir. Ses pouvoirs n'existent que par la seule volonté du roi et la lettre de commission en indique les limites. Le commissaire ne doit pas les excéder et bien préciser qu'il est « commissaire du roi en cette partie ». Il reste à l'entière discrétion du souverain qui le choisit et qui peut, à tout moment, mettre fin à ses fonctions. Choisi « tant qu'il plaît au roi », le commissaire n'est maître ni du contenu, ni de la durée de la commission.

B. PRATIQUE ET DOMAINE DES COMMISSIONS

Le système des commissions a été pour la royauté un moyen extrêmement efficace de gouvernement qui permit de lutter contre la trop grande indépendance des officiers et de venir à bout des situations les plus délicates.

Pratique. Contrairement à la caractéristique essentielle – non permanence -, une certaine stabilité se fait jour chez certains commissaires et ceci pour trois raisons au moins.

La révocation du titulaire qui fut en théorie, discrétionnaire, était loin d'être appliquée de manière systématique. Souvent même, un fils de commissaire le devint aussi et fut investi des mêmes fonctions que son père. D'autre part, le roi pouvait accorder à tel ou tel commissaire des lettres de survivance par lesquelles il promettait au titulaire que son fils pourrait lui succéder. Enfin, certaines pratiques de la vénalité ont influencé le système des commissions. Le roi pouvait, dans certains cas, délivrer un brevet de retenue qui autorisait le titulaire à retenir sur sa charge une certaine somme d'argent lorsqu'il cessait ses fonctions, somme que devait payer le successeur au titulaire si ce dernier avait résigné, ou à ses héritiers s'il était décédé.

Cependant, il ne faut rien exagérer, ces brevets et ces lettres conservent un caractère tout à fait exceptionnel et on ne tomba jamais, en matière de commission, dans un système de patrimonialité.

Domaine. La commission fait partie intégrante du système administratif d'Ancien Régime et se superpose, en quelque sorte, à l'administration des officiers qu'une trop grande indépendance et une trop grande stabilité contribuent parfois à rendre suspects au pouvoir royal. Avec les commissaires, la monarchie pourvoit aux postes clés d'administration du royaume. S'agissant des fonctions gouvernementales, mis à part le chancelier, tous les ministres sont des commissaires, tout comme les conseillers d'Etat. Quant aux fonctions diplomatiques, leur caractère souvent temporaire s'accommode fort bien de la charge de commissaire. Il en va de même dans le domaine militaire et pour la haute administration territoriale, qu'il s'agisse des gouverneurs de province, des lieutenants généraux et, surtout, des intendants.

SECTION 2

L'ADMINISTRATION TERRITORIALE : GOUVERNEURS ET INTENDANTS

Cette vaste question, qui exigerait une réflexion détaillée, sera limitée à l'étude des deux agents locaux qui furent la clé de voûte de l'organisation administrative de l'Ancien Régime et dont l'action domine toute son histoire : le gouverneur (§ 1) et l'intendant (§ 2).

§ 1. – LES GOUVERNEURS [1]

L'institution des gouverneurs, qui prolonge et pérennise des pratiques administratives médiévales, constitue un parfait reflet de l'extrême complexité des relais locaux du pouvoir royal tout au long de l'Ancien Régime. En dépit d'un effort de clarification des souverains du XVIe siècle, la qualification de ces agents, leur statut, la sphère territoriale dans laquelle s'exerce leur pouvoir et ce pouvoir lui-même demeurent souvent flous. Le système n'en connaît pas moins une période d'apogée jusqu'en 1661 (A) pour entrer ensuite dans une phase irréversible de déclin, même si certains gouverneurs se trouvent encore en position de conduire quelques actions d'éclat dans les deux derniers siècles de l'Ancien Régime (B).

A. LES LIEUTENANTS GÉNÉRAUX ET GOUVERNEURS JUSQU'EN 1661

Délégataires de la « souveraine seigneurie du roi » en ses « pays »", ils sont les héritiers directs de tous ceux qui, princes, lieutenants du roi, lieutenants généraux et gouverneurs avaient reçu, depuis le milieu du

1. ANTOINE M., « Les gouverneurs de province en France (XVIe-XVIIIe siècle) », *Prosopographie et genèse de l'Etat moderne*, Paris, 22-23 oct. 1985, F. AUTRAND éd., Paris, 1986, p. 185-194.

XIVe siècle, mission de représenter le souverain auprès des autorités locales, d'agir en son nom et de veiller au maintien de l'ordre. Tous ces titres, souvent juxtaposés dans les lettres qui les nomment, rendaient difficilement identifiable la notion exacte des fonctions exercées. Celui de lieutenant-général du roi avait une très forte connotation militaire, tandis que celui de gouverneur impliquait en même temps l'exercice de larges attributions civiles. Très recherché, il était aussi attribué à des agents de moindre importance dans la hiérarchie. Baillis, sénéchaux, simples capitaines de ville en bénéficiaient parfois. Ainsi honorés et élevés dans le cursus des honneurs, ils se sentaient plus proches du pouvoir qui ne manquait pas de leur rappeler leur situation véritable en ne voyant en eux que des gouverneurs particuliers.

1. – ***Statut***

Les textes à portée générale demeurent fort imprécis pour qualifier l'institution comme l'atteste en particulier, une déclaration du 6 mai 1545. Alors qu'elle s'efforce de répertorier les situations dans lesquelles les agents royaux sont en droit de revendiquer le titre de gouverneur et de lieutenant général, elle constate que règne en ce domaine une grande confusion de vocabulaire qu'elle ne tente même pas de maîtriser.

C'est donc aux actes particuliers de nomination qu'il convient de se référer. Chaque fois que le roi institue un gouverneur, il déclare l'établir son « lieutenant général et gouverneur » en tel pays. Même si l'appellation de gouverneur tend à l'emporter dans la pratique, l'expression « lieutenant général » demeure fondamentale et doit être interprétée dans son sens le plus strict. Tous ceux auxquels ce titre est donné ont, avant tout, mission de tenir en permanence la place du souverain en toutes situations.

Leur statut demeure fort ambigu dans la mesure où leur fonction n'est ni un office, ni une commission. Une charge, quelle qu'elle fût, ne pouvait être un office royal qu'à condition d'avoir été érigée en titre et en qualité d'office par un édit vérifié et enregistré en cours souveraines compétentes. Or, rien de tel n'existait pour les postes de gouverneur qui n'étaient ni créés, ni conférés par édit comme le fait remarquer Charles Loyseau dans son *Traité des offices* (1606). De simples lettres patentes suffisent. Adressées « à tous présents et à venir », signées du roi, contresignées par un secrétaire d'Etat et scellées du sceau royal en la grande chancellerie, elles ne mentionnent rien d'autre que la « charge » en rappelant que le prédécesseur en avait été « pourvu ».

Cette procédure de nomination n'est certes pas sans rappeler celle retenue pour les offices, mais il convient de souligner avec force que ces lettres ne qualifient jamais d'office la fonction de gouverneur, ce qui suffit à l'exclure de cette catégorie, même si plusieurs pratiques l'en ont parfois rapprochée. Il en va ainsi de certaines cessions accompagnées de transactions pécuniaires, en particulier par le biais de brevets de retenue. De même, à l'instar des officiers, les gouverneurs restent longtemps en place et le roi ne les révoque guère. Tous issus des plus hautes lignées du royaume, ils constituent une véritable féodalité administrative. S'ils n'étaient pas fils de France ou princes du sang, leurs origines les rattachaient presque toujours à des familles princières de maisons souveraines ou à des familles de la plus haute noblesse. Dans ces conditions, ils font véritablement corps avec leur gouvernement, tels les Bourbons et les Montmorency en Languedoc, les Albret en Guyenne ou les Guise en Bourgogne et Champagne. Charles Loyseau, conscient de cette situation, la décrit parfaitement quand il rappelle que « *les rois n'ont pas accoustumé de les révoquer et le pouvoir qu'ont les gouverneurs semble leur avoir acquis cet establissement et assurance, qu'il seroit et mal aisé et dangereux de les oster et destituer* ». Et d'ajouter, « *qu'après leur mort, leurs enfants prennent à injure si le gouvernement est conféré à un autre* ». Voilà pourquoi les souverains durent souvent laisser vacantes certaines charges de gouverneur au décès de leur titulaire afin de n'avoir pas à les confier à un de leurs héritiers.

En réalité, toutes ces pratiques, mêmes courantes, n'ont jamais fait pénétrer les fonctions de gouverneur dans le monde de la vénalité. Elles n'entrent pas officiellement aux parties casuelles. L'ordonnance de Blois de 1579 stipule qu'elles ne sont pas résignables (art. 272). Enfin, elles ont toujours échappé à la Paulette jusqu'à la fin de l'Ancien Régime. Parfois même, elles ont été exercées par des femmes, situation qui était tout à fait contraire à la théorie de l'office. Tout, aussi, dans le mode de rémunération, oppose les gouverneurs aux officiers. Ils ne reçoivent pas de gages payés par les receveurs du roi comme charge ordinaire, mais seulement des appointements ou pensions que leur versent, comme à des commissaires, les trésoriers de l'extraordinaire des guerres ou les trésoriers de l'Epargne.

Voilà qui tendrait à les rapprocher du statut de commissaire, solution vers laquelle semble parfois pencher Charles Loyseau quand il insiste sur le fait que les gouverneurs ont uniquement « *la voye de la force et la charge des armes* », attributs seulement transmissibles par commission et dont ne peuvent, en aucun cas, user les officiers. Et il remarque aussi, avec une certaine insistance, que plusieurs textes, en particulier les ordonnances de Moulins (février 1566) et de Blois (mai 1579) présentent les gouverneurs comme étant des commissaires auxquels il est interdit d'usurper les fonctions ordinaires des officiers de justice, d'évoquer des causes pendantes devant les juridictions ordinaires. Ils ne peuvent davantage se mêler de finances ou faire actes de souveraineté, tels que donner lettres de grâce, de rémission ou de pardon. De toute évidence, ils ne sauraient outrepasser le cadre d'action qui leur est fixé dans la lettre patente qui les institue.

Néanmoins, la charge de gouverneur ne s'intègre pas pour autant dans la catégorie des offices. Certes, son titulaire est bien révocable *ad nutum* par le roi qui le nomme, mais jamais le dispositif des lettres patentes qui l'instituent gouverneur, n'utilisent le verbe *committere* si caractéristique de la commission et de l'état de commissaire. Le souverain se limite à déclarer « *faisons, constituons, ordonnons et établissons* » un tel dans « *l'état et charge de gouverner* ». Et comme pour brouiller plus encore ce statut si spécifique du gouverneur, nombreux sont les juristes qui désignent souvent de termes aussi vagues que « état », « charge » ou « pouvoir », la fonction qu'il exerce. Autant constater qu'ils refusent de prendre parti.

Tout aussi honorifiques que lucratives, ces fonctions étaient très recherchées. A leur arrivée dans la province, les gouverneurs y étaient reçus, un peu à la manière d'une entrée royale, dans le cadre d'un cérémonial fastueux. Premier dans son gouvernement, le gouverneur a droit d'entrée et de parole dans toutes les assemblées où il siège à la première place. Mais ses fonctions étant peu prenantes, il ne réside que de manière épisodique dans sa province. Et il le fait d'autant moins qu'il cumule souvent son gouvernement avec l'appartenance au Conseil du roi ou l'exercice d'un grand office à la Cour, quand il n'assure pas un commandement d'armée. Dans ces conditions, le roi le remplace par un lieutenant général qui, toujours extrait de la plus haute gentilhommerie, est habilité à remplir l'intégralité de ses fonctions.

Projection de l'image royale dans la province, le gouverneur s'entoure lui aussi d'un conseil nommé, quelque peu pompeusement, « Conseil d'Etat ». Principalement composé de l'état-major du gouverneur, il fait également une large place aux gens de robe dont la présence constituait une garantie de compétence et de sérieux, un gage aussi pour la monarchie qui savait pouvoir compter sur leur fidélité et leur dévouement. Véritables ministres du gouverneur, ils assurent la gestion effective de la circonscription qui lui est confiée et c'est en eux qu'il faut véritablement rechercher l'origine des intendants. Cette structure relativement lourde, jointe à l'éloignement répété des gouverneurs de leur province, ne facilitait pas toujours la gestion quotidienne en dépit des rémunérations confortables qu'ils percevaient. Leurs gages, qui s'étaient élevés jusqu'à 24 000 livres par an en Languedoc, furent ramenés à 6 000 par François Ier. A ce forfait s'ajoutaient pensions et profits provenant des différents cumuls, sans oublier les gratifications exigées des administrés de leur gouvernement.

2. – *Gouvernement*

On désigne progressivement ainsi la circonscription confiée à un lieutenant général gouverneur. Mouvants dans leurs limites, les gouvernements le sont aussi dans leur nombre. On en recense onze au début du XVIe siècle. Lentement construits au siècle précédent, leur création n'obéit pas toujours à la même logique et leur géographie épouse souvent des contours fort divers.

Dans l'ensemble, ils ceinturent le royaume en ses régions les plus exposées au péril militaire. Languedoc, Provence, Dauphiné, Bourgogne, Normandie, Bretagne, Guyenne, Lyonnais, Champagne, Picardie et Ile-de-France en témoignent pour l'essentiel. Mais il est tout aussi important de souligner qu'ils ont souvent pris la suite de grandes principautés territoriales, élément qui contribue largement à expliquer l'origine sociale et la position politique des gouverneurs.

Ailleurs et tout particulièrement à l'intérieur des terres, les gouvernements sont plus lents à se mettre en place. Ils étaient peu justifiés sur les terres d'apanage où la présence du prince apanagiste suffisait à maintenir traditions royales et ordre monarchique. L'apanagiste disparu et le retour à la couronne opéré, l'apanage est souvent transformé en gouvernement. Tel fut le cas de l'Auvergne en 1523. François Ier multiplie ce type de création dans plusieurs autres provinces centrales, telles l'Anjou en 1516 ainsi que la Rochelle et le Poitou en 1528. Ces créations contribuèrent à accentuer une certaine confusion, tout particulièrement au niveau des limites de ces gouvernements. Certaines, comme pour l'Ile-de-France et la Guyenne, ne furent jamais clairement définies. Par la suite, les créations se multiplièrent et on procéda parfois à la division d'un gouvernement existant pour en établir deux nouveaux. C'est ce que fit Louis XIII quand, en 1622, le duc d'Epernon fut nommé gouverneur de Guyenne. Le gouvernement qu'il quittait était si vaste qu'il englobait une grande partie de l'Ouest. C'est pourquoi il fut réparti en deux nouveaux gouvernements, l'un pour l'Angoumois et le Limousin, l'autre pour la Saintonge, l'Aunis et la Rochelle. On en espérait un meilleur fonctionnement des pouvoirs.

3. – ***Pouvoirs***

Ils sont perpétuellement fluctuants en dépit de nombreux textes royaux qui s'efforcent de les préciser et, souvent aussi, de les restreindre au lendemain de l'extension illimitée qu'ils avaient connue tout au long de la seconde moitié du XVe siècle. L'Ordonnance de Blois de 1499 dispose, qu'en aucun cas, les gouverneurs ne doivent empiéter sur les attributions du roi. Mais ce ne fut là qu'un vain rappel de principes, ce qui conduisit François Ier à publier l'édit du 21 mai 1542 par lequel il annulait tous les pouvoirs accordés *« esdictz principaux estatz de nostre royaume, gouvernements des pays et lieutenances générales »*. Après ces deux textes fondamentaux mais peu opératoires, bien d'autres suivirent, tels l'Ordonnance de Moulins de 1566, puis celle de Blois en 1579 qui, l'une et l'autre, visaient à établir une réglementation générale. Aucune n'y parvint et l'institution demeura perpétuellement flexible.

Il faut en rechercher principalement la raison dans le contenu même, toujours très souple, des lettres patentes d'institution des gouverneurs. Elles le font *« lieutenant général du roi »*, lui prescrivant d'agir *« tout ainsi que... nous-mêmes ferions si présent en personne y estions »* et enjoignent à tous justiciers, officiers et sujets du gouvernement de lui obéir *« comme à nostre personne »*. Comment, dès lors, ce gouverneur qui tient lieu de roi, qui est un véritable vice-roi, pouvait-il facilement accepter une limitation de pouvoir que s'efforçaient de lui imposer des textes généraux ? Mieux encore, les crises religieuses et politiques de la seconde moitié du XVIe siècle l'incitent, dans la pratique, à déborder largement le cadre des textes normatifs et des lettres de nomination qui font de lui, tout à la fois, un politique et un gestionnaire militaire.

Politiques. Ces pouvoirs doivent être entendus dans leur sens le plus large. Contrairement à la vision traditionnelle qu'on a pendant trop longtemps donnée du gouverneur, ils occultent ses fonctions militaires pour en faire un véritable rouage politique du gouvernement monarchique. Sa mission première n'est-elle pas de représenter le souverain en exigeant obéissance de tous ses sujets et de tous ses officiers, y compris ceux des cours souveraines ? Il y avait droit d'entrée, pouvait y présider la séance en occupant le fauteuil du roi. C'était occasion de rappeler la compagnie à ses devoirs, de lui faire connaître les ordres du roi, de l'exhorter à s'acquitter scrupuleusement de sa mission et de préparer avec elle les mesures qui s'imposaient. Mais ces larges attributions n'autorisaient nullement le gouverneur à intervenir dans le déroulement normal de la justice. Obligation lui était seulement faite de veiller à la bonne exécution des jugements rendus par les cours de sa circonscription, en leur prêtant main-forte si nécessité s'imposait.

S'ouvrait ainsi la voie à de multiples abus que ne manquèrent pas d'accentuer les nombreuses périodes de crises du XVIe siècle. Bien souvent, les gouverneurs eurent tendance à se substituer au roi en s'arrogeant la connaissance de cas royaux et l'exercice du droit d'évocation ou du droit de grâce. Il y avait là autant d'empiétements propres à fonder de vives réactions de la part du pouvoir royal. Elles étaient d'autant plus justifiées que les risques de complicité entre les cours souveraines et le gouverneur étaient réelles. Souvent il les requérait, lui aussi, de lui fournir « conseil, ayde, secours et main-forte » pour faire en sorte que ses propres décisions fussent exécutées.

Au-delà de ces pratiques, il y a aussi toute une attitude de la royauté qui permet à ses gouverneurs de s'immiscer à tous les échelons de l'administration. Fréquemment, elle les investit de missions temporaires les plus variées. Enquêtes administratives ou judiciaires, convocations des Etats, diffusion constante des ordres du pouvoir central auprès des villes et de tous les autres corps constitués de la province font des gouverneurs les principaux exécutants des volontés royales.

Financiers. A ces pouvoirs politiques très larges, aux multiples facettes et en perpétuelle évolution, s'ajoutent des attributions financières plus strictement définies. En principe, sauf situation de crise et s'il en recevait autorisation expresse, le gouverneur ne pouvait procéder à des levées d'impôts. Il n'était pas davantage autorisé à disposer des revenus provenant du trésor de l'épargne ou de ceux que lui destinaient les receveurs généraux des finances, des tailles, des domaines et autres officiers comptables. Lui revenait seulement le soin de gérer les fonds que lui allouaient les trésoriers des guerres, de la gendarmerie et des fortifications. Les parlements veillaient jalousement à la stricte observation de cette répartition des compétences. Celui de Paris posait toujours, comme condition à l'enregistrement des lettres patentes de nomination d'un gouverneur, qu'il *« n'entreprendra aucunement sur la juridiction contentieuse, ny sur le faict des finances ».*

Militaires. Les lettres de nomination, tout en procédant dans la pratique à une délégation très large de l'autorité suprême, détaillent souvent avec insistance la liste des attributions militaires dévolues aux gouverneurs. Gardien des places et des frontières, il est comptable de l'ordre et de la sécurité de son gouvernement qu'il doit protéger de toute menace extérieure, mais aussi de tout pillage et de toute sédition. Pour mener à bien cette mission, il peut établir des garnisons, ce qui le conduit à assurer une partie de l'administration de l'armée et de la discipline des gens de guerre.

Tel est le schéma de l'institution des gouverneurs jusqu'aux environs des années 1560. Quand Henri II meurt (1559), leurs pouvoirs sont relativement bien maîtrisés par la monarchie. La période de graves crises politiques et religieuses qui s'ouvre alors est au contraire marquée, comme le souligne Charles Loyseau, par « les désordres et les entreprises tyranniques des gouverneurs ». Profitant de l'affaiblissement du pouvoir royal, ils renforcent leur position, obtiennent du roi la multiplication de leurs charges souvent jusque dans les moindres bailliages et les plus petites villes « de sorte qu'il y a tantôt autant de degrés de gouverneurs que de justices » (Loyseau). Une véritable organisation nouvelle se met en place qui se substitue à l'ancienne et restitue aux gouverneurs toute l'autonomie qu'ils avaient à la fin du XVe siècle. Ne les voit-on pas, alors, intervenir dans tous les domaines qui ne sont pas les leurs pour publier des ordonnances, nommer des gouverneurs de places fortes, créer des juridictions, interrompre des procédures en cours et régenter les municipalités ?

Partout, ils conduisent une politique indépendante. Voici, en Languedoc, Montmorency-Dainville chef de file des catholiques modérés qui s'appuie sur la noblesse protestante et les municipalités, en vue de conclure une entente avec les Réformés. Rien ne lui échappe du pouvoir de faire ordonnance, convoquer les Etats, rendre la justice ou lever des armées. Mieux encore, la publication en 1575 d'une véritable constitution applicable au Languedoc et aux provinces voisines réglementait leurs sessions et prévoyait toute une organisation minutieuse des pouvoirs. Voici encore le duc de Mayenne, chef de la Ligue en Bourgogne, où le gouvernement appartenait hériditairement aux Guise, qui se comporte en véritable chef indépendant, tout comme le duc de Nemours qui dispose de véritables pouvoirs souverains en Lyonnais. Et voilà enfin le duc de Mercœur qui gouverne la Bretagne d'une poigne de fer et joue aussi bien de ses liens matrimoniaux que de la diplomatie et du contrôle de toutes les institutions locales pour reconstituer à son profit l'indépendance du duché. Il s'y employa tellement qu'il fut le dernier des gouverneurs à se rallier à Henri IV, en 1598.

Définitivement vainqueur de la Ligue (1598), le souverain fut contraint pour obtenir la paix sur l'ensemble du royaume, de négocier et conclure de véritables traités avec les gouverneurs. Certains tentèrent même de lui arracher le droit de tenir de lui leur gouvernement à charge d'hommage. Ils essuyèrent certes un refus, mais Henri IV n'en fut pas moins contraint à tenir le plus grand compte des situations individuelles, de multiplier les concessions ou, parfois, de réagir fermement. C'est dans ce climat de tension qu'Henri IV fit décapiter Biron. Devenu gouverneur de Bourgogne et mécontent de voir son gouvernement démembré, Biron s'était tourné en 1602 vers le duc de Savoie et le représentant du roi d'Espagne afin de rechercher leur aide et contrôler le royaume dont il souhaitait la division en plusieurs petits Etats placés sous la tutelle d'un roi électif. Ce plan, qui lui coûta la vie, n'empêcha pas les gouverneurs d'intriguer à nouveau sous le règne de Louis XIII. Le maréchal de la Force, vice-roi de Navarre et gouverneur de Béarn se rebella mais obtint son pardon. Tel ne fut pas le sort du gouverneur de Languedoc, Henri II de Montmorency. Condamné pour crime de lèse-majesté par le parlement de Toulouse après s'être rebellé, Richelieu le fit décapiter en cette ville, en octobre 1632.

Le cardinal fit de l'abaissement du pouvoir des gouverneurs un des principaux objectifs de sa politique. A sa mort (1642), quatre gouverneurs seulement sur 19 qui étaient en fonction au moment de son accession au pouvoir (1624) le restaient encore. Tous les autres avaient succombé à la tourmente. Mutés, disgraciés ou exécutés, ils avaient été remplacés par un personnel nouveau. Néanmoins, ce corps de gouverneurs même profondément renouvelé demeurait encore rebelle.

L'agitation ne prit pas fin pour autant et nombreux furent ceux qui mirent à profit la minorité de Louis XIV pour relever la tête et prendre une part active à la Fronde des princes. Le début de son gouvernement personnel marque véritablement l'amorce de leur déclin.

B. LES GOUVERNEURS DE 1661 À LA FIN DE L'ANCIEN RÉGIME

1. – *Le règne de Louis XIV* marque un tournant décisif dans l'histoire des gouverneurs dont les pouvoirs sont constamment remis en cause et progressivement réduits. Le souverain fait part avec beaucoup de détermination, dans ses Mémoires, de sa position. A le lire, on ne peut avoir aucun doute sur ses intentions quand il écrit : « *Comme ce qui les avait rendus le plus absolus dans leurs places était la disposition qu'on leur avait laissée des fonds, des contributions et la liberté de composer leurs garnisons des troupes qui dépendaient d'eux, je résolus de leur ôter insensiblement l'un et l'autre...* ». Dans la pratique, c'est au terme d'une série de mesures ponctuelles que ce résultat fut atteint.

Changer constamment les gouverneurs de gouvernement ou leur reprendre, au moyen de dons, pensions, charges et dignités celui qu'ils administraient, permit souvent au souverain d'installer à leur place ses " créatures ". Mais il fit mieux encore pour les éloigner de leur circonscription. La réduction à trois ans renouvelables de la durée de leur commission marque une première étape qui interdit au gouverneur de se fixer de manière durable dans son gouvernement. De plus, entouré d'une foule de lieutenants en chef, de commandants et autre personnel subalterne, il a de plus en plus tendance à s'absenter pour résider à la Cour ou se trouver à l'armée. Louis XIV ne fit qu'encourager cette évolution et à ne même plus exiger de ses gouverneurs qu'ils résident, comme cela leur était imposé, au moins six mois par an dans leur circonscription. La coutume accentua tellement cette évolution qu'on aboutit à un renversement complet de la réglementation. Obligation fut finalement imposée aux gouverneurs d'obtenir des lettres spéciales pour pouvoir exercer effectivement leur charge. Il y eut donc, véritablement, dissociation du titre et de la fonction.

Louis XIV se montra aussi très soucieux de ne jamais confier à un gouverneur le gouvernement d'une ville de sa province et de choisir lui-même tous ceux à qui devait être confiée la responsabilité d'une grande ville ou d'une forteresse. C'était s'assurer ainsi le contrôle de tout le gouvernement et pouvoir compter sur la fidélité de tous les gouverneurs locaux en cas de rébellion du gouverneur central. A cette volonté affichée de contrôle constant, s'ajoute le souci de diviser le plus possible l'autorité au sein des grands gouvernements de province. Non seulement le gouverneur fut systématiquement assisté d'un " lieutenant général " chargé de gouverner en son absence, mais, aussi, on procéda à une division de ses attributions en deux ou trois lieutenances générales, chacune ayant son propre gouverneur général. Cette volonté d'éclatement se manifeste plus encore à travers la division des plus grands gouvernements en plusieurs circonscriptions qui eurent chacune à leur tête un lieutenant du roi.

Cette évolution, qui aboutit à une reprise en main à peu près complète du pouvoir des gouverneurs par la royauté, s'achève à la fin du règne de Louis XIV quand le souverain place, entre le gouverneur et les lieutenants généraux, un commandant en chef auquel sont de fait confiés les pouvoirs réels du gouverneur. La situation en Languedoc en 1718, trois ans après la mort du roi, illustre à souhait cette évolution complexe. Le gouverneur y est le duc du Maine, prince de Dombes. Au duc de Roquelaure, lieutenant des armées du roi, revient le commandement en chef. Sous ses ordres sont placés trois lieutenants généraux, le premier pour les Cévennes et le Vivarais, le second pour le Bas-Languedoc et le troisième pour le Haut-Languedoc. Sous leurs ordres, neufs lieutenants du roi avaient chacun en charge le maintien quotidien de l'ordre dans deux ou trois et, parfois même, quatre diocèses.

2. – *Tout au long du XVIIIe siècle*, le rôle des gouverneurs ne cesse de s'amenuiser et la règle triomphe qui leur impose de ne plus se rendre dans leur gouvernement sans la permission du roi. Une ordonnance du 23 juin 1750, particulièrement claire sur ce point, rappelle que « *lorsque sa Majesté leur permettra d'exercer leur charge, ils auront la même autorité, chacun dans leur département, que si elle leur avait fait expédier un ordre et une commission expresse pour y commander* ». Malgré une réglementation omniprésente et de multiples pesanteurs qui leur sont souvent hostiles, les gouverneurs conservent encore une position bien réelle de pouvoir et d'honneur. Mais, fort variable en fonction des régions et des hommes, elle n'a plus guère d'unité.

Dans la plupart des **pays d'élections**, l'autorité des gouverneurs demeure une réalité incontestable, tout spécialement dans le domaine militaire. L'atteste la place que tiennent, dans leur courrier, les lettres des secrétaires d'Etat à la guerre. C'est particulièrement vrai en Normandie où le gouverneur ne reste pas non plus indifférent aux problèmes posés par le maintien de l'ordre et la police économique. La même constatation s'impose pour le Sud-Ouest, en particulier dans les pays de Guyenne et Gascogne. Le duc de Richelieu, qui en est pendant de longues années gouverneur, voue l'essentiel de son activité au maintien de l'ordre. Dans la crainte de séditions, il renouvelle à plusieurs reprises les ordonnances interdisant le port d'armes à « *ceux qui, par leur naissance ou leur état, n'ont pas le droit d'en porter* » (1759), ce qui le conduit, en raison de l'inquiétude d'une partie de la population, à organiser des patrouilles dans toutes les villes et bourgs de la province (1761). Toujours dans le souci d'assurer le bon ordre, il publie toute une série d'ordonnances extrêmement précises en vue de réglementer les courses de taureaux, réglementation dans laquelle il doit concilier sa position d'administrateur soucieux avec la pesanteur des usages locaux.

Dans les **pays d'Etats**, le rôle du gouverneur est tout autre. Premier commissaire du roi aux Etats, il est partout considéré par les habitants de la province, comme un intermédiaire efficace auprès du pouvoir central. On voit aussi souvent en lui un protecteur dont il convient de s'attirer les faveurs si on veut que les doléances soient entendues et les privilèges maintenus. Aussi souvent que les circonstances l'exigent, on sollicite son intervention auprès du roi. Dans certains de ces pays, comme en Bourgogne, le rôle du gouverneur est particulièrement important à l'égard des municipalités, tout spécialement celles des grandes villes. Il s'intéresse toujours de très près à la désignation des magistrats et de tous les membres de l'administration, suggère des candidats et en impose aussi. Sa tutelle sur la gestion municipale pèse parfois lourd, même si elle relève pour l'essentiel de l'intendant. Dans les provinces où le gouverneur apparaît peu, le commandant en chef se substitue à lui. C'est particulièrement vrai en Bretagne où la royauté ne cesse de voir en lui le délégataire d'un pouvoir militaire qu'il convient de toujours renforcer, ce qui ne manque pas de donner bien du souci aux intendants de Rennes.

Dans ces conditions, même avec des compétences plus modestes qu'au siècle précédent, les gouverneurs demeurent intimement mêlés à la vie politique, administrative et judiciaire des dernières décennies de l'Ancien Régime, que ce soit dans les pays d'Etats ou dans les pays d'élections. Plusieurs d'entre eux se placent à la pointe du combat qui oppose, en bien des régions, les administrés à la réforme municipale du Contrôleur général Laverdy (1764-1771). On les voit souvent faire obstacle à l'envoi des édits de réforme aux parlements (Dijon, Douai) ou tout mettre en œuvre pour que la réforme soit localement abandonnée (Roussillon, Agenais). Bien souvent aussi, ils prennent parti dans le conflit qui, tout au long de la seconde moitié du XVIIIe siècle, oppose monarchie et parlements. Aux côtés du roi, ils s'efforcent alors de faire enregistrer par leur parlement de long train d'édits portant projets de réformes financière et judiciaire à partir des années 1760. Leur prise de position, parfois un peu rude, leur valut, en certaines régions, de payer de leur personne. Tel fut le sort réservé au duc de Fitz-James gouverneur du Languedoc qui, après avoir fait enregistrer les édits de réforme financière de 1763, fut décrété de prise de corps par le parlement de Toulouse.

Abandonnés aux commandants en chef l'essentiel des problèmes de défense, les gouverneurs ne conservent à la fin de l'Ancien Régime que des attributions réduites dans le cadre des trente-neuf gouvernements que fixe, de manière définitive, l'ordonnance de mars 1776. Dix-huit, qualifiés de première classe, revenaient de droit aux princes du sang et aux maréchaux de France, tandis que les vingt et un autres, de seconde classe étaient attribués aux lieutenants généraux des armées. A ces trente-neuf gouvernements de base, plus de cent autres s'ajoutaient. De moindre importance, ils correspondaient le plus souvent à un bailliage ou à une ville. En subdivisant ainsi, presque à l'infini, les gouvernements existants ou en en créant de nouveaux, la monarchie avait réalisé l'objectif qu'elle s'était assigné, contrôler et maîtriser la féodalité administrative que constituaient les gouverneurs. Mais elle n'oubliait pas, pour autant, qu'elle ne pouvait se passer d'eux dont l'influence et le poids qu'ils représentaient dans l'Etat lui étaient si utiles. Les avoir à sa Cour, les y combler d'honneur et pouvoir compter sur eux pour défendre ses intérêts dans leur gouvernement tout en étant à l'écoute du pays, voilà ce qu'elle attendait d'eux. Administrateurs d'un autre temps parce que issus de plus hautes lignées, leur action ne pouvait plus se couler dans le moule de l'administration des deux derniers siècles de l'Ancien Régime. Aux intendants devait revenir cette mission.

§ 2. – LES INTENDANTS

Hommes du roi, hommes de gouvernement, de justice et d'administration, hommes de leur province aussi, les intendants ont voué toute leur science, tout leur savoir-faire et toute leur âmc à la construction de l'Etat monarchique dont ils ont été un rouage essentiel. Leur personnalité, leurs pouvoirs et leur action ont suscité de multiples travaux. Tous attestent qu'ils ont été l'instrument le plus actif de la politique de centralisation mise en œuvre par la monarchie. Tous, aussi, permettent de saisir la complexité de l'institution. Son histoire s'étale sur près de deux siècles (A). Tout au long de cette période, la pratique modèle lentement un statut très souple qui permet de belles carrières (B) servies par de larges pouvoirs (C) que relaient des auxiliaires trop peu nombreux (D).

A. HISTOIRE [1]

Comme la plupart des institutions d'Ancien Régime, celle des intendants est synthèse. Quand elle connaît – aux alentours des années 1650 – ses contours définitifs, elle n'est autre que le résultat de la fusion de commissions successives dont la royauté avait multiplié la création depuis la fin du Moyen Age en vue de mieux contrôler l'ensemble du territoire et d'y rendre plus effective la présence du pouvoir central. Les commissaires auxquels elles sont tour à tour confiées et qui, chacun à des titres divers, doivent être considérés comme les ancêtres des intendants, n'ont pas toujours été placés dans une situation identique par rapport au pouvoir. Véritables ministres des gouverneurs dans un premier temps, ils apparaissent ensuite comme des agents dont le roi et ces mêmes gouverneurs se partagent les services, avant de s'imposer comme des serviteurs exclusifs du monarque.

1. – *Le temps des ministres des gouverneurs : du règne de François Ier à celui d'Henri III*

On a pendant longtemps affirmé que les intendants trouvaient principalement leur origine dans les chevauchées des maîtres des requêtes de l'hôtel du roi. Episodiquement envoyés en province, ils reçoivent commission du roi pour y contrôler la gestion des officiers devenus trop indépendants, assister éventuellement aux audiences des parlements et exercer une tutelle de plus en plus tatillonne sur les administrateurs municipaux. A

1. ANTOINE M., « Des chevauchées aux intendants : filiation réelle ou putative ? » *Annaire-bulletin de La Société de l'histoire de France*, 1994, p. 35-65.

scruter la vie administrative, le lien paraît en fait beaucoup plus ténu entre les deux institutions. Cette pratique des chevauchées qu'Henri II réglemente par l'édit de Compiègne en août 1553 et que précise tout un train d'ordonnances dans les années suivantes (ordonnances d'Orléans en 1561, de Moulins en 1566 et de Blois en 1579) semble en réalité avoir été rare avant les années 1560 pour le devenir davantage par la suite. Mais il y a plus. Ces missions étant confiées à des maîtres des requêtes de l'hôtel, entraient dans leurs compétences normales, ce qui impliquait qu'ils en fussent simplement investis par simple lettre close et non par lettre de commission extraordinaire, si caractéristique du pouvoir des intendants. Dans ces conditions, le seul lien qui ait pu exister entre les chevauchées et l'institution des intendants, est sûrement d'avoir habitué les populations et leurs administrateurs à des contrôles épisodiques par des mandataires que leur envoyait le roi.

Beaucoup plus importantes pour saisir la genèse de l'institution des intendants sont les commissions qui vont en se multipliant à partir des années 1550. Elles aboutissent, presque toutes, à imposer en qualité de commissaires des gens de robe et de plume dans les conseils des hauts personnages investis de la mission de représenter le roi dans le pays. Or, cette prérogative était principalement celle des gouverneurs et lieutenants généraux des provinces. Dans cette évolution, la réaction de la royauté face à la révolte contre la gabelle en Guyenne en 1548 marque un temps fort. Sentant son autorité menacée, Henri II nomme en 1552 plusieurs lieutenants généraux pour le représenter en diverses régions du royaume, telles l'Ile-de-France, le Languedoc ou la Normandie. Les lettres patentes qui les investissent de leurs fonctions leur affectent aussi, par commission, des gens de robe et des hommes d'église appelés à constituer leur conseil. Des mesures assez voisines sont prises par la suite pour les territoires italiens qui relevaient de la souveraineté du roi de France, en particulier pour la Corse, où une commission donnée en 1555 à Pierre Panisse, président de la Cour des Aides de Montpellier, l'investit de « *l'intendance de la justice de l'isle de Corse* » afin d'y assister le gouverneur. Il en va de même en Siennois où un capitaine de justice seconde le lieutenant général à partir de 1557. Mieux encore, Henri II nomme un superintendant des finances dans le conseil des gouverneurs de Corse (1553), du Piémont (1555), puis des pays Siennois (1557). Ce faisant, il répondait favorablement à la demande d'assistance que lui avaient adressée ces gouverneurs. Désignés par lettre patente de commission, ces superintendants qui étaient tous des gens de robe, apportaient aux gouverneurs et lieutenants généraux une collaboration efficace, tout en surveillant discrètement leur action. Après Henri II, cet usage se généralise qui permet au roi d'adjoindre régulièrement, aux gouverneurs et lieutenants généraux, des gens de robe – le plus souvent maîtres des requêtes ou conseillers des cours souveraines – pour servir dans leur conseil.

Une étape supplémentaire est franchie avec l'édit d'Amboise du 19 mars 1563. Il inaugure la longue série des édits de pacification qui devaient rythmer, jusqu'à l'édit de Nantes (1593), la rude période des guerres civiles. Ce texte rencontre de telles difficultés d'application que Catherine de Médicis doit députer, partout dans le royaume, des hommes de confiance afin de vaincre les résistances. Ces « commissaires de l'édit » sont parfois des gouverneurs et plus souvent des maréchaux de France dont le mandat est toujours placé sous contrôle de magistrats de cours souveraines. Désignés par lettres de commission, ils sillonnent le royaume. Leur mission n'est que temporaire mais, en quelques régions comme à Lyon ou en Languedoc, la nomination d'un intendant de justice aux côtés du gouverneur la prolonge. A partir de ce moment-là, habitude est prise qui permet à Charles IX, au lendemain de l'édit de Saint-Germain (août 1570), de renforcer ce dispositif. Il adjoint systématiquement aux commissions de l'édit, qu'ils fussent gouverneurs, lieutenants généraux ou maréchaux de France, non seulement deux officiers de cours souveraines avec qualité de « superintendants de la justice », mais aussi un président ou un maître des comptes qui devaient recevoir, un peu plus tard, le titre d'intendant des finances.

Ainsi, quand se terminent les guerres de religion, les commissaires de l'édit se trouvaient-ils toujours assistés d'au moins un maître des requêtes, avec le titre de « superintendant de justice » et d'un maître des comptes. Cette structure de crise avait pour mission essentielle d'assister chaque gouverneur et d'assurer, en accord avec lui, l'application des édits. Mais cette pratique du recours aux « Commissaires de l'édit » ne fait pas disparaître l'usage d'envoyer, comme par le passé, des hommes de robe dans les conseils des gouverneurs. Bien au contraire, elle le renforce. Leur présence y devient de plus en plus courante pour y faciliter l'interprétation et l'application des décisions royales de toute nature, en particulier les ordonnances et arrêts du conseil. C'est ainsi que Charles IX crée en 1567 treize nouveaux offices de maîtres des requêtes et douze de conseillers au Parlement de Paris afin de pouvoir « *envoyer en plusieurs et diverses contrées de nostre royaume quelques bons et notables personnages... pour y policer et remettre en bon ordre plusieurs choses que la malheurté des temps y a gastées et dépravées* ». Dix années plus tard, une nouvelle étape est franchie quand Henri III fusionne, par l'édit de juillet 1577, les fonctions des trésoriers de France et des généraux des Finances pour créer, dans chaque généralité, un bureau des finances dont le personnel fut amené à collaborer de plus en plus étroitement avec les intendants chargés d'assister les gouverneurs. Désormais, tout à la fois **intendants de justice et de finance**, leur position se trouve considérablement renforcée.

Cette pratique de ne jamais confier une charge comportant les prérogatives de représenter dans une province la personne du roi sans lui adjoindre en son conseil des collaborateurs nommés par le roi, s'étend aussi aux commandants d'armée. Dès la fin du règne d'Henri II, à partir de 1557, puis surtout d'Henri III, ils sont de plus en plus assistés d'un intendant général des finances en l'armée ou d'un surintendant de la justice et police en l'armée dont la mission est de les seconder dans l'exercice de leurs fonctions administratives, financières et surtout judiciaires en période de guerre, tant à l'égard des civils que des militaires pour les crimes de droit commun. La paix revenue, ils restaient souvent en place, devenant ainsi un des rouages de l'administration ordinaire.

Ainsi donc, tout au long du XVIe siècle et jusqu'à la fin du règne d'Henri III, l'usage s'est imposé de multiplier, auprès des gouverneurs et commandants militaires, des représentants directs du roi. Toujours recrutés parmi des gens de robe ou de plume, qualifiés d'intendant ou de superintendant, ils font figure de véritables ministres de ces gouverneurs et commandants qu'ils assistent dans les domaines les plus variés. Leur situation change à partir du règne d'Henri IV.

2. – *Entre les gouverneurs et le roi : le règne d'Henri V et les vingt premières années du règne de Louis XIII*

Ce temps marque une étape importante dans la genèse de l'institution des intendants. Non seulement Henri IV multiplie l'envoi d'intendants de justice auprès des gouverneurs et lieutenants généraux, mais il met tout en œuvre aussi pour contraindre les bureaux des finances à l'effacement en députant partout dans les provinces des commissaires chargés de la « direction des finances »..., de la « direction et recouvrement des finances », ou de « l'intendance et direction de nos-dictes finances... ». Désormais, tous ces commissaires sont de moins en moins au service des gouverneurs et des lieutenants généraux. Il en va de même pour les commissaires chargés, en 1599, de l'application de l'édit de Nantes. Les gouverneurs sont bien avertis de leur venue, mais simplement invités à se joindre à eux pour les aider à accomplir leur tâche. Ainsi s'amorce une évolution qui tend à rendre de plus en plus lâches les liens qui rattachent tous ces « intendants » aux gouverneurs. L'atteste aussi le fait que Henri IV nomme de préférence, dans ces fonctions de commissaire, des conseillers d'Etat ou des maîtres des requêtes, alors que ses prédécesseurs faisaient plus volontiers appel à des magistrats de cours provinciales toujours plus proches des gouverneurs.

En dépit de la volonté de la régente Marie de Médicis, au lendemain de l'assassinat d'Henri IV, de restreindre le nombre des commissions, le recours à des commissaires-intendants devient toujours plus fréquent. Ces commissions, principalement destinées à faciliter la mise en œuvre des différentes mesures consécutives aux difficultés nées autour de l'application de l'édit de Nantes sont toujours paritaires, constituées d'un catholique systématiquement recruté parmi les conseillers d'Etat ou les maîtres des requêtes et d'un protestant généralement choisi dans la noblesse de la chambre du roi. Ces commissaires reçoivent alors deux lettres patentes bien distinctes. L'une confère conjointement aux deux commissaires leur pouvoir de veiller à l'exécution de l'édit et des recours qui l'accompagnent. L'autre, adressé au seul catholique, l'institue intendant de la justice dans son ressort. Une nouvelle fois, les gouverneurs sont simplement informés de l'arrivée de ces commissaires et priés de faciliter leur tâche.

Ces conseillers d'état et maîtres des requêtes, investis de la double commission d'exécuteur des édits de pacification et d'intendant de justice, n'exerçaient la seconde qu'aussi longtemps que la première nécessitait leur présence dans la circonscription qui leur était assignée, à moins que des circonstances exceptionnelles ne contraignent le souverain à prolonger leur séjour. Parallèlement à cette pratique, l'usage se maintient d'envoyer des intendants de justice exclusivement chargés d'assister les gouverneurs. Dans ces conditions, il n'était pas rare de voir deux intendants exercer simultanément leurs fonctions dans une même région. Et ceci d'autant plus que les commissions exécutives de type paritaire allèrent sans cesse en se multipliant, surtout à partir des années 1620, quand s'accentuent les campagnes contre les Huguenots. Le magistrat catholique continue alors à recevoir personnellement et parallèlement une commission d'intendant de justice et police. Le meilleur exemple en est sans doute la commission que donne Louis XIII, en 1628, portant « *réduction de la ville de La Rochelle en son obéyssance* » et établissement d'« *un intendant de la justice en la ditte ville, pays et gouvernement et aux pays de Poitou et Saintonge, depuis la rivière de Loire jusqu'à celle de Garonne et Gironde et aux îles* ». Ce texte, doublement remarquable, définissait non seulement avec précision l'objet de la commission, mais aussi les limites géographiques d'une intendance qui se trouve ainsi officiellement – chose exceptionnelle – créée par lettre patente.

D'abord exclusivement réservée aux édits de pacification, le système de la double commission connut rapidement une large extension. Il fut étendu à de multiples tâches, si bien que depuis les années 1610 des commissaires-intendants aux attributions les plus variées sillonnent le royaume. Leur présence devient progressivement permanente. Elle l'est d'abord en Lyonnais et Languedoc, puis en Gascogne, Picardie et Poitou. Leur qualification, aussi, se précise. A partir de 1621, ces agents ne sont plus seulement qualifiés d'**intendant de justice**, mais d'**intendant de justice et police** et, parfois aussi, d'**intendant de justice, police et finances.** Quand Richelieu devient Premier Ministre en 1624, les deux systèmes coexistent, celui des conseillers d'Etat et maîtres des requêtes envoyés temporairement auprès des gouverneurs ou des lieutenants généraux et celui des intendants encore assez imprécis. Contrairement à ce qui a été pendant longtemps soutenu, le cardinal s'est assez peu intéressé à l'institution, mis à part les intendants d'armée. C'est, en réalité, le chancelier Marillac qui lui donne corps. Il le fait d'ailleurs de manière indirecte en insérant dans le Code Michau (1629) un article qui conférait aux tournées des maîtres des requêtes un caractère institutionnel et un autre qui réglementait les « *charges d'intendans de la justice ou finances que nous députons en nos armées en provinces* ». Peu claires, ces dispositions avaient d'autant plus besoin d'être complétées que le Code Michau ne fut jamais appliqué.

3. – *Au service exclusif du pouvoir central : la fin du règne de Louis XIII et les premières décennies de Louis XIV*

L'accession de Pierre Séguier aux fonctions de garde des sceaux (février 1633), puis de chancelier (novembre 1635), marque un tournant important. Ancien maître des requêtes, chargé ensuite de l'intendance de la justice auprès des gouverneurs d'Auvergne puis de Guyenne, il connaît de l'intérieur l'institution. De plus, Richelieu très occupé par les affaires diplomatiques et militaires lui délègue beaucoup pour les problèmes intérieurs. La fiscalité de guerre, toujours plus lourde, suscite de profondes résistances que Séguier entend mâter en s'appuyant principalement sur les intendants qu'il recrute presque exclusivement, désormais, parmi les maîtres des requêtes et les conseillers d'Etat. Les officiers des cours souveraines, en particulier des parlements de province, se trouvent ainsi exclus et la dépendance des nouveaux intendants par rapport au pouvoir central considérablement renforcée.

L'édit de janvier 1634 portant « *règlement général* » de la taille suscite tant de difficultés d'application que le pouvoir eut de plus en plus recours aux « ***intendants de la justice*** » pour en faire accepter les principales dispositions. Le régalement (répartition) de la taille de 1634, en particulier, fut si étroitement contrôlé par eux qu'il permit de les rendre permanents là où ils ne l'étaient pas encore. Chargés de prendre contact avec les trésoriers généraux et les bureaux des finances en vue de limiter « *l'abus et inégalité qui se fait au département des tailles* », ils en vinrent en réalité à contrôler entièrement cette procédure. Cette évolution, en dépit d'une très vive opposition des bureaux des finances, favorisa une complète réorganisation de l'administration fiscale. Ponctuée par plusieurs grands textes, elle se concrétise dans la déclaration du 16 avril 1643 qui confiait à l'**intendant de justice, police et finances** l'essentiel des opérations de répartition et de levée de cet impôt. Dans ces conditions, l'autonomie des intendants par rapport aux gouverneurs se confirme. Ils sont de plus en plus dotés d'une circonscription qui leur est propre – la généralité – et ils sont investis de compétences fiscales et financières qui ont été de tous temps étrangères aux gouverneurs.

A n'en pas douter, l'année 1634 constitue une date charnière. Son importance n'a pas échappé aux contemporains, tel Omer Talon avocat général au Parlement de Paris qui, en 1648, datait de 1633 le début de l'institution des intendants et sa généralisation en 1635, ou Séguier qui lui assignait comme point de départ l'année 1635. Dans la population aussi, le sentiment prévaut à partir de ces années-là qu'une importante mutation s'est produite quand les intendants de justice ou de finance, qui assistaient jusque-là les gouverneurs, deviennent **intendants de justice, police et finances** pour assurer l'administration fiscale d'une province et y maintenir l'ordre. Un pouvoir nouveau s'y est véritablement installé, parfaitement autonome par rapport aux gouverneurs et aux lieutenants généraux. Ainsi, dès 1635, trente-cinq intendants contrôlent-ils sur l'ensemble du territoire gouverneurs, cours souveraines, bureaux des finances et administrations municipales.

Il ne pouvait en résulter que de vives tensions. Elles s'exacerbent au lendemain de la mort de Richelieu (1642). A partir de ce moment-là, parlementaires et officiers de finances multiplient libelles et plaidoyers réclamant la suppression ou, à tout le moins, une diminution des pouvoirs des intendants qu'ils jugent trop envahissants. Toutes ces oppositions se cristallisent en 1648, dès les premiers temps de la Fronde. Elles contraignent la régente, Anne d'Autriche à révoquer au terme de deux déclarations de juillet et octobre 1648 « *toutes les commissions extraordinaires qui pouvaient avoir été expédiées... même les commissions d'intendans de la justice* ». Etaient néanmoins épargnées « *les provinces de Languedoc, Bourgogne, Provence, Lyonnais, Picardie et Champagne esquelles provinces les intendans... ne pourront se mesler de l'imposition et de la levée de noz deniers, mais pourront seulement estre près des gouverneurs pour les assister en l'exécution de leurs pouvoirs* ». Ce recul du pouvoir qui ne réussit, sur le moment, qu'à maintenir à grand peine les intendants dans ces provinces frontalières, ne rendit difficile que pour un temps le rétablissement définitif des intendants, tant cours souveraines, bureaux des finances et trésoriers de France se montrèrent excessifs dans leur combat. La royauté eut d'abord recours à la pratique, toujours en vigueur, des chevauchées des maîtres des requêtes avant de rétablir à peu près partout, dans le courant de l'année 1653, des intendants sous l'appellation nouvelle de **commissaires départis** (envoyés).

Les premières années du règne de Louis XIV manquent l'étape ultime dans cette lente genèse de l'institution des intendants. Dans un mémoire qu'il fait rédiger à l'intention des maîtres des requêtes en 1663 (ou 1664), Colbert s'interroge sur la mission exacte à confier aux intendants. Il voit plutôt en eux des commissaires enquêteurs chargés de conduire, en quatre ou cinq mois, des enquêtes dans une province et de visiter ainsi l'ensemble du royaume en quelques années. C'était les préparer à pouvoir exercer des fonctions aussi variées qu'importantes. Voilà pourquoi, à partir de 1665, les intendants furent très régulièrement mutés. Mais cela ne les empêcha nullement d'étendre leurs compétences, ce qui incita progressivement Colbert, séduit par leur action, à leur restituer officiellement tous les pouvoirs qui leur avaient été concédés depuis 1634, aussi bien dans le domaine financier que judiciaire ou administratif, dernier secteur de compétence que la tutelle exercée sur les villes contribua largement à développer.

C'est dans ce contexte que vers 1680, au cours des dernières années du ministère de Colbert, toutes les généralités sont dotées d'un intendant dont la mutation, le rappel ou le décès sont toujours accompagnés de la nomination d'un successeur. L'installation d'un intendant en Béarn en 1682, puis en Bretagne en 1689, marque le terme d'une longue évolution qui, bien souvent en marge des textes, avait doté ces intendants d'un véritable statut.

B. UN STATUT SOUPLE POUR DE BELLES CARRIÈRES

D'origine fort ancienne et d'une exceptionnelle longévité – jusqu'en 1789 – l'institution des intendants ne cesse de s'adapter aux nécessités du temps à partir du moment où elle connaît – aux alentours des années 1630-1640 – ses contours définitifs. Dominé par quelques grandes règles, le statut des intendants n'en reste pas moins toujours souple. Presque constamment issus d'un même milieu – la noblesse de robe –, ces grands serviteurs de l'Etat parviennent souvent au faîte des honneurs au terme de belles carrières.

1. – *Statut*

C'est principalement sous le règne de Louis XIV et tout spécialement sous le ministère de Colbert que se fixent, de manière définitive, les traditions administratives de nomination et de gestion de la carrière des intendants. Elles confirment, de manière définitive et irréversible, leur statut de commissaire.

En conséquence, l'intendant est toujours nommé par le roi ou son conseil, sur proposition du ministre compétent. Sur les trente et un intendants en fonction en 1714, les huit d'entre eux qui gèrent les provinces frontalières sont désignés sur proposition du secrétaire d'Etat à la guerre, les deux qui ont la responsabilité de la Rochelle et de la Provence, le sont sur proposition du secrétaire d'Etat à la marine, tandis que le contrôleur général des finances a pleine compétence pour suggérer les noms de vingt et un autres. Ce rôle prépondérant du contrôleur général des finances s'explique doublement. Il est d'abord le résultat de la place éminente qu'occupe Colbert au sein du gouvernement au moment où se met définitivement en place l'institution. Il est ensuite la conséquence de très larges attributions reconnues au contrôle général qui n'est pas seulement un ministère des finances mais, aussi, un ministère qui contrôle l'ensemble de l'administration.

De toute manière, quelle que soit l'autorité dont émane la proposition, le roi demeure entièrement maître de la nomination de l'intendant et du contenu de la commission dont il l'investit et qu'il signe lui-même. Elle assigne toujours, à celui qui la reçoit, des objectifs et des buts précis qui peuvent parfois être limités dans le temps. Commissaire du roi, l'intendant est immédiatement révocable par lui, ce qui ne porte nullement atteinte à son statut originel d'officier s'il est conseiller d'Etat ou maître des requêtes. Officiers dans l'exercice de ces fonctions et à cause d'elles, il le demeure. Cette possibilité de révocation *ad nutum* fit que les commissions d'intendant furent assez rapidement, au moins à partir de 1661, conférées sans limitation de temps. Toute différente était la situation avec Colbert. Soucieux d'imposer aux intendants des mutations régulières afin de les contraindre à connaître au mieux le royaume, il ne leur fait attribuer le plus souvent que des commissions limitées variant de deux à cinq ans. Dans la seconde moitié du XVIIe siècle au contraire et surtout tout au long du siècle suivant, la durée des commissions ne cesse de s'allonger. Concédées sans limitation dans le temps, elles permettent à leur bénéficiaire de rester parfois plusieurs dizaines d'années en fonction dans une même généralité. Tel fut le cas de Basville en Languedoc de 1685 à 1718. Mais stabilité ne devint jamais, au moins en théorie, synonyme d'irrévocabilité.

2. – *Origine socioprofessionnelle*

L'habitude qu'avait prise la royauté, depuis le Moyen Age, de faire appel à des membres du Conseil pour leur confier des missions de confiance et d'inspection ne cesse de se renforcer chaque fois qu'est désigné un intendant. Tous, à de rares exceptions près, sont recrutés parmi les maîtres des requêtes au Conseil, tout comme se confirme leur appartenance à la noblesse. Ces deux données caractérisent, pour l'essentiel, le milieu des intendants, aussi bien pendant le règne de Louis XIV qu'après 1715.

Jusqu'en 1715. Le monopole des maîtres des requêtes sur les intendances ne cesse de s'affirmer et on ne peut guère relever que quelques exceptions notables. C'est ainsi qu'en 1644, Pierre Yvon, sieur de Lozières est nommé intendant en Dauphiné sans être maître des requêtes. Il en va de même pour Chateaurenard, conseiller au Parlement, nommé en 1688 intendant de Moulins. Telle est aussi la situation de Jacques de La Grange, commis du secrétariat d'Etat à la guerre quand il prend ses fonctions d'intendant en Alsace. A chaque fois, les maîtres des requêtes entreprirent une démarche collective en invoquant la tradition. Inlassablement, il leur fut répondu qu'il n'existait pas de règle clairement établie et que le roi pouvait nommer qui il voulait. Cette tradition, même si elle n'était pas intangible constituait, pour le corps des intendants, une garantie exceptionnelle de compétence.

Presque tous sont issus dc la haute bourgeoisie anoblie par les offices, la noblesse de robe au sein de laquelle se recrutait le haut personnel des Cours. Saint-Simon, en observateur sagace, résume parfaitement cette situation quand il écrit : « *c'est le règne de la robe partout* ». En veut-on des preuves ? Voici Nicolas de Lamoignon de Basville (1648-1724) qui, après avoir été successivement avocat au Parlement de Paris en 1666, conseiller en 1670, puis maître des requêtes en 1673, commence une très longue carrière d'intendant au cours de laquelle il est nommé Conseiller d'Etat (1685). Voilà Michel Le Pelletier, avocat du roi au Châtelet en 1660, conseiller au Parlement en 1665, puis maître des requêtes qui se voit conférer, en 1668. l'intendance de Franche-Comté. Et voici encore Pierre Cardin Le Bret, seigneur de Flacourt et de Pantin. Petit-fils du grand jurisconsulte Charles Cardin Le Bret, il est nommé maître des requêtes en 1676, fonction qui le prédisposait, tout naturellement, à devenir intendant de Limoges en 1682.

Tous ces intendants sont très jaloux de leur milieu d'origine. C'est pourquoi beaucoup d'entre eux attachent du prix au titre de baron, de comte ou de marquis qu'ils portent volontiers. Le plus souvent, il s'agit de titres liés à des terres acquises par eux ou bien à des terres qu'ils ont réussi, par faveur royale, à faire ériger en comté, en baronnie ou en marquisat. Néanmoins, à la fin du XVIIe siècle et surtout dans les premières décennies du XVIIIe siècle, quelques intendants sont issus de vieilles familles nobiliaires d'épée, tels les de La Bourdonnaye (Bretagne), les du Cluzel (Périgord) ou les Caze de la Bôve (Languedoc). Il y a d'ailleurs des alliances constantes entre ces deux noblesses, si bien qu'il n'est pas possible d'opposer les intendants issus de la noblesse de robe à la noblesse ancienne. Même si les premiers commissaires départis ont été souvent amenés à lutter contre elle aussi souvent qu'elle faisait preuve d'indiscipline, cette coupure n'existe plus à la fin du XVIIe siècle. L'intendant est alors toujours perçu comme un noble, quelle que soit l'origine de sa noblesse. Néanmoins, il se comporte la plupart du temps en homme de robe. Son costume – robe rouge en petite tenue et robe de satin noir dans les grandes cérémonies – est celui des maîtres des requêtes. Son état d'esprit est celui d'un juriste formé à la pratique d'une cour souveraine où il a presque toujours été conseiller avant de devenir maître des requêtes. Telle était bien la règle découlant de l'édit de 1683 qui imposait, à tout candidat aux fonctions de maître des requêtes, d'avoir été, pendant six ans au moins, conseiller d'une cour souveraine. Il y avait là tout un vécu qui valait à l'intendant de conserver l'esprit d'indépendance de la magistrature et d'apporter à sa carrière d'administrateur ses inestimables qualités de juriste.

De 1715 à 1789. Tout au long de cette période, les conditions de recrutement et de formation des intendants demeurent les mêmes, ce qui tend à renforcer un esprit de corps principalement construit autour de trois données.

— **L'intendant est toujours, désormais, un magistrat noble**. Tous les intendants du XVIIIe siècle sont issus de familles parlementaires et rares sont ceux qui n'ont pas été conseillers au Parlement ou au Grand Conseil. De ce fait, ils appartiennent tous à une compagnie prestigieuse, situation qui contribue à renforcer leur indépendance par rapport au pouvoir. Elle est encore très fortement accentuée par l'appartenance à une noblesse qui devient de plus en plus ancienne comme le prouve l'origine familiale des 68 intendants qui ont été en fonction sous le règne de Louis XVI. Cinq sont réputés de noblesse immémoriale remontant aux anoblissements du XIIIe-siècle (Turgot, Feydeau de Brou). Cinq autres peuvent prouver une noblesse sans doute aussi ancienne, tandis que cinq encore appartiennent à des familles anoblies par charge dans les deux derniers siècles du Moyen Age (Amelot, d'Agay). Puis viennent dix autres familles de noblesse moins ancienne, mais acquise néanmoins au XVIe siècle ou dans la première moitié du siècle suivant (Lefèbvre de Caumartin, Dupré de Saint-Maur, de Flesselles). Toutes peuvent attester d'une filiation noble pendant au moins trois ou quatre générations. Enfin, près de la moitié de ces intendants de Louis XVI se répartissent entre vingt-six familles anoblies depuis seulement deux ou trois générations, dans la seconde moitié du XVIIe siècle ou au début du XVIIIe siècle (Sénac de Meilhan, Auget de Montyon, Bertier, Calonne, Vergennes, Terray). Tous se parent de titres de fiefs de dignité – baron, vicomte, comte ou marquis – même s'ils sont très dévalués dans les dernières décennies de l'Ancien Régime.

— **L'intendant est un homme riche et influent.** En raison de leur extraction sociale, la plupart des intendants sont propriétaires de vastes domaines fonciers dont ils tirent d'importants revenus. Ils disposent souvent aussi de grosses fortunes mobilières de génération en génération. Cette fortune personnelle leur était indispensable dans la mesure où les appointements qu'ils recevaient ne leur permettaient guère de couvrir les énormes frais qu'impliquait la vie quotidienne d'une intendance, en fonctionnement et représentation, mais aussi en réceptions et soirées. Ces dépenses sont si lourdes que certains intendants se plaignent au roi de rencontrer des difficultés financières, ce qui leur vaut gratifications et pensions supplémentaires. Néanmoins, ils sont souvent contraints de faire des avances sur leurs deniers personnels et elles ne leur sont pas toujours remboursées. Les frais d'installation sont toujours énormes, tels ceux que Ballainvilliers dut engager quand il fut nommé intendant de Languedoc en 1786. La mise en état de son hôtel s'éleva à 200 000 livres, tandis que 24 000 autres durent être engagées pour assurer sa représentation aux Etats. Quant à la gestion quotidienne d'une intendance, elle est souvent déficitaire comme l'attestent les comptes de Case de La Bove, intendant de Bretagne de 1774 à 1783, auquel les 40 000 livres reçues annuellement du roi ne suffisent pas. A méditer ces chiffres, on comprend mieux comment la fortune personnelle des intendants a pu constituer en leur faveur un puissant facteur d'indépendance par rapport au pouvoir.

— **L'intendant fait partie de la « robe du Conseil »**. Magistrat, l'intendant est intégré à un groupe plus étroit que celui de la magistrature. Les fonctions de maître des requêtes et, souvent aussi de conseiller d'Etat, lui valent de compter parmi les membres de la « robe du Conseil ». Elle se distingue de la « robe du Parlement » dans la mesure où tous ceux qui la composent sont des proches du roi et du gouvernement. Ils ont adopté son parti, lui doivent leur nomination et leur carrière, ce qui postule de leur part obéissance et dévouement sans limite. Tandis que la « robe du Parlement » se cooptait, celle du Conseil était nommée, ce qui impliquait des mentalités différentes et deux groupes de serviteurs de l'Etat dont les sensibilités, les conceptions et les comportements traduisent bien l'appartenance à deux milieux qui n'avaient pas du service de l'Etat une conception identique. Cette « robe du conseil », très proche du roi, la plupart du temps issue de familles parisiennes ou, à tout le moins d'éducation parisienne, apportait à la province tout le savoir-faire du pouvoir central.

3. – ***De belles carrières***

Quelques grands principes, lentement forgés par la pratique, en dictent le déroulement. Mais il est des personnalités remarquables dont la carrière ne s'inscrit pas toujours dans le parcours d'un cursus classique.

— **Les règles générales qui se précisent lentement dans la seconde moitié du XVIIe siècle pour s'affirmer tout au long du siècle suivant favorisent, tout à la fois, stabilité et longévité des carrières que monopolisent souvent quelques grandes familles**. En général, c'est à un peu plus de trente ans qu'un candidat brillant peut espérer être nommé intendant. Sa formation pratiquement obligatoire de maître des requêtes lui imposant de rester dans ce corps pendant au moins six à huit ans lui interdisait de briguer, avant cet âge, l'administration d'une intendance. Aussi rompu à la pratique des dossiers qu'aux subtilités de l'univers juridique, familier des structures du pouvoir central et proche de tout le personnel de la haute administration, il abordait ses nouvelles fonctions nanti d'une solide expérience et fort d'un important réseau de relations. Contrairement aux règles de départ qui voulaient qu'on ne nommât un intendant que pour trois ans, une tendance croissante à l'allongement de la durée de la commission s'impose dès la fin du XVIIe siècle. Dans ces conditions, la fonction d'intendant qui n'était au départ qu'une étape vers une autre carrière devient de plus en plus une fonction en elle-même. Et ceci est à tel point vrai que nombreux sont les intendants qui, une fois nommés conseillers d'Etat, restent dans leur province pour continuer à en diriger l'administration.

En conséquence, la mobilité de ces grands commis du pouvoir ne cesse de se réduire si bien que, tout au long du XVIIIe siècle, la majorité d'entre eux ne sont pas appelés à gérer successivement plus de deux intendances tout au long de leur carrière, la première servant de tremplin vers la seconde. Ainsi s'établit une hiérarchie des intendances. Celles de l'Ouest et du Centre du royaume, moins prestigieuses, correspondent souvent à des débuts de carrière tandis que celles du Nord et de l'Est qui englobent toutes des régions frontalières, sont plus volontiers confiées à des intendants d'expérience au faîte de leur cursus. Mais les vœux que pouvaient exprimer les intéressés étaient souvent contrariés par la volonté du pouvoir, les besoins du service et les mutations qui ne manquaient pas d'intervenir dans le personnel politique du gouvernement central. C'est ainsi que tout changement de contrôleur général des finances – dont le rôle était prépondérant dans la désignation des intendants – entraînait souvent d'importants mouvements dans la haute administration. Néanmoins, la stabilité domine de plus en plus toutes les carrières. Parmi les intendants de Louis XVI, vingt-neuf dirigent pendant moins de dix ans la même intendance. C'est déjà là la preuve d'une évidente stabilité que les autres statistiques transforment presque en occupation à vie de la fonction. Vingt de ces intendants gèrent pendant plus de vingt ans la même circonscription, treize autres au-delà de vingt-cinq ans, sept plus de trente ans et deux autres au-delà de quarante ans.

— **De telles pratiques impriment à la fonction le caractère d'un office**. Dans la mesure où le souverain est pratiquement contraint de choisir ses intendants dans le cercle étroit des quatre-vingt maîtres des requêtes, ce sont presque exclusivement des officiers qui sont recrutés. Même si leur nomination en fait des commissaires, ils n'en perdent pas pour autant leur qualité d'officier pour l'avenir. Et parmi ces maîtres des requêtes, ce sont toujours les plus anciens et les plus en vue qui deviennent intendants, si bien que les intendances sont monopolisées par un petit nombre de lignages, deux à trois au plus. Tout simplement parce qu'à la solidarité naturelle que crée le milieu, s'ajoutent alliances et parenté. Beaux-pères, gendres et beaux-frères se partagent souvent offices de maîtres des requêtes et commissions d'intendants, tandis que s'établit en bien des intendances, une manière d'hérédité. Sous le règne de Louis XVI, quinze intendants sont fils d'intendants. Treize autres sont aussi des fils ou des parents de grands administrateurs. Ainsi, succéder à son père dans la même intendance n'est pas une exception, ce qui donne naissance à de véritables dynasties d'intendants, tels les d'Agay à Amiens, les La Bourdonnais de Blossac à Poitiers, les Guignard de Saint-Priest à Montpellier ou les Amelot de Chaillou à Dijon.

Voilà qui fait apparaître le monde des intendants au XVIIIe siècle comme une vaste famille dont les membres sont étroitement unis par un solide esprit de corps et de carrière que viennent renforcer liens du sang et stratégies matrimoniales bien gérées. Il en résulte un profond enracinement local. Il conduit parfois les intendants même les plus brillants à refuser des promotions particulièrement enviées. Tel Ballainvilliers qui refuse de quitter son intendance d'Auvergne pour celle de Bordeaux ou Turgot qui préfère rester à Limoges alors que l'intendance de Lyon lui était offerte. Cet attachement à la province se trouve parfois considérablement renforcé en raison de l'origine locale de certains intendants. L'exemple de Chazerat à la tête de l'intendance de Riom de 1772 à 1790 illustre parfaitement cette situation. Issu d'une vieille famille de magistrats auvergnats, il avait épousé la fille d'un président du bureau des Finances de Moulins, ce qui avait encore contribué à le fixer définitivement dans les limites de son intendance.

Un tel ensemble de facteurs combinés fait de l'intendant davantage qu'un administrateur stable. Il le transforme presque en agent inamovible.

La révocation, si elle est en théorie possible, est inconnue dans la pratique et la disgrâce d'un intendant se traduit, le plus souvent, par sa mutation dans une intendance de moindre prestige. Ainsi prenaient fin, parfois, de brillantes carrières.

— **Mais elles sont nombreuses néanmoins à s'inscrire dans la durée, souvent conduites à un rythme rapide et ponctuées de promotions minutieusement préparées**. Deux exemples, l'un pour le règne de Louis XIV et l'autre pour celui de Louis XV l'attestent à souhait.

Comment ne pas évoquer le cas de Nicolas de Lamoignon de Basville né en 1648 dans une famille de fidèles serviteurs du roi ? Fils du premier président du Parlement de Paris, Guillaume de Lamoignon († 1677), il est successivement avocat à ce même Parlement en 1666, puis conseiller dès 1670 au bénéfice d'une dispense d'âge, avant de devenir maître des requêtes en 1673. Très protégé par Colbert parce que son père avait été son collaborateur, il entame une brillante carrière d'intendant qui le conduit successivement à Montauban, Pau, puis Poitiers avant de devenir conseiller d'Etat et, enfin, intendant de Languedoc en 1685, ce qui lui valut de rester à Montpellier pendant trente-trois ans, jusqu'en 1718. Il rentra à Paris l'année suivante pour y mourir en 1724. Ses contemporains sont unanimes à rappeler son « *honneur de servir* » (Père de La Rue) et à voir en lui « *un beau génie, un esprit supérieur, très éclairé, très laborieux* » (Saint-Simon). Son fils, Urbain-Guillaume, marcha sur ses traces. Né en 1674. il est lui aussi avocat puis conseiller au Parlement de Paris. Maître des requêtes en 1698, sa nomination en qualité d'intendant se profilait. Il le devient à Rouen en 1704 pour y demeurer jusqu'en 1709, date à laquelle lui est confiée l'intendance de Guyenne.

Le cas de Louis-Urbain d'Aubert de Tourny, sous le règne de Louis XV, est tout aussi exemplaire. Né en 1695, il est le fils de Léon-Aubert qu'une charge de secrétaire du roi avait anobli et dont le chancelier de Pontchartrin avait fait son protégé avant qu'il devint seigneur, puis marquis de Tourny en 1702. Le jeune Louis-Urbain continue à jouir de la protection des Pontchartrin et entre au Conseil privé en qualité de maître des requêtes en 1720. Comme tous les jeunes de son âge, il y acquit une solide formation et y tissa tout un réseau de relations. Les missions les plus diverses lui furent alors confiées. Elles préparaient sa nomination pour une intendance de début de carrière. Ce fut Limoges en 1730 puis, treize années plus tard, la grande intendance de Bordeaux dont il assura l'administration jusqu'en 1757, non sans avoir été nommé conseiller d'Etat entre-temps (1755). Il mourut en 1760, avec l'immense satisfaction d'avoir vu son fils Claude-Louis, lui aussi maître des requêtes, lui succéder dès 1757 à la tête de la même intendance. Une telle longévité dans la fonction, si caractéristique de toutes ces carrières, ne pouvait que renforcer la position de pouvoir reconnue à ces grands administrateurs.

C. DES POUVOIRS SANS CESSE ACCRUS DANS LE CADRE D'UNE CIRCONSCRIPTION

A la lente mise en place de l'institution des intendants correspond une délimitation progressive de l'espace administratif affecté à l'exercice des pouvoirs qu'ils tiennent de leur lettre de commission.

1. – *La circonscription de l'intendant : province, généralité et intendance*

L'héritage médiéval, fort complexe, domine toute l'histoire des structures judiciaires, administratives et financières de l'Ancien Régime. Ce n'est qu'au terme d'une longue maturation que la circonscription confiée à l'intendant connaît ses contours définitifs.

— **La province.** Terme difficile à définir, il n'en constitue pas moins une réalité bien vivante tout au long de l'Ancien Régime. Région d'étendue variable, la province regroupe un ensemble de territoires que caractérise une très forte unité géographique ethnique, juridique et économique. La province, c'est avant tout un territoire et des hommes qu'unit une longue histoire commune depuis le début du Moyen Age, période au cours de laquelle on parle plus volontiers de pays. Ce n'est qu'à partir du XVIe siècle que le terme province se généralise pour évoquer les différentes régions qui composent le royaume, les opposer à la capitale et désigner, parfois, la circonscription de l'intendant. La province n'a jamais véritablement constitué une entité administrative mais elle a, en quelque sorte, servi de support et de structure territoriale à la mise en place progressive de l'organisation administrative, judiciaire et fiscale du royaume. C'est principalement autour du système fiscal que se cristallise la répartition des provinces en trois grands types de pays.

Pays d'Etats. Ces provinces conservent, jusqu'à la fin de l'Ancien Régime, leurs assemblées périodiques des trois états du pays. Ces assemblées, toujours dotées d'un bureau permanent qui assure la gestion des affaires courantes entre les sessions, collaborent avec les représentants du roi pour administrer le pays. Elles constituent une structure décentralisée d'administration qui assure à la région une certaine autonomie de décision et de gestion. Mais il convient de ne point trop exagérer cet aspect, tant les états provinciaux – pour ceux qui avaient réussi à subsister – entrent dans une phase d'irréversible décadence au XVIIe siècle. Certains, même, disparaissent alors (Auvergne, Rouergue, Périgord, Guyenne, Normandie). Ils ne conservent une importance significative que dans les régions très attachées à leurs franchises traditionnelles comme l'Artois, la Flandre, la Bretagne, la Bourgogne, le Velay, le Dauphiné, le Languedoc et la Provence, le Béarn et la Navarre.

Pays d'élections. Ces pays n'ont plus, ou n'ont jamais eu de représentation régulière dans le cadre des trois Etats, même si la division en ordres y demeure très vivante. L'essentiel des affaires administratives et surtout fiscales et financières y est réglé par les seuls agents royaux qui collaborent avec l'intendant. Il s'agit principalement des bureaux des finances et des élus. L'institution des élus remonte au milieu du XIVe siècle quand les Etats Généraux décident, de 1355 à 1358, de gérer eux-mêmes les impôts qu'ils accordent au roi. Ils désignent alors, dans chaque diocèse, trois élus – un pour chaque ordre – chargés d'assurer la levée et l'administration de l'impôt. La monarchie fait rapidement sienne cette organisation et transforme les élus en officiers royaux qu'elle nomme, utilise et contrôle. Alors, les élus se multiplient pour constituer un véritable corps qui assure, à la fois, l'administration et le contentieux de l'impôt au premier degré. Dans un premier temps, il y eut une élection par diocèse. Elle constitua la circonscription territoriale des élus. Leur nombre augmenta rapidement, si bien qu'il y en avait 178 à la fin de l'Ancien Régime qui participaient, sous la direction de l'intendant, à l'administration de la taille.

En ces pays d'élections, les bureaux des finances jouent aussi un rôle considérable. On en compte environ une trentaine au début de XVIe siècle. Comme les élus, ces bureaux trouvent leur origine au XIVe siècle, mais elle est tout à fait différente. Ils dérivent de deux institutions qui ont joué un rôle essentiel en matière financière : les quatre Trésoriers de France d'une part chargés de l'administration des biens domaniaux et les quatre Généraux des finances d'autre part, dont la mission est de gérer les ressources fiscales. Au XVIe siècle, on procède tout à la fois à la fusion de ces deux administrations et à la multiplication du nombre des agents qui en assurent la responsabilité afin de pouvoir les implanter sur l'ensemble du territoire dans le cadre des bureaux des finances. Définitivement organisés en 1577, ils assurent dans le cadre de leur circonscription l'administration du domaine, sont investis d'attributions importantes en matière de voirie et participent activement à la répartition de la taille. Mais, à partir de la seconde moitié du XVIIe siècle, leurs compétences sont très sérieusement concurrencées par celles de l'intendant, ce qui tend à établir une certaine uniformité entre administration des pays d'Etats et administration des pays d'élections.

Ces pays d'élections, beaucoup plus nombreux et plus étendus que les pays d'Etats sont essentiellement concentrés dans la partie médiane de la France, du nord au sud (Picardie, Normandie, Ile-de-France, Champagne, Maine, Orléanais, Anjou, Touraine, Berry, Bourbonnais, Poitou, Marche, Auvergne, Limousin, Saintonge, Guyenne, Quercy et Rouergue).

Pays d'imposition ou pays conquis. Cette troisième catégorie correspond aux pays les plus récemment rattachés à la couronne par conquête. On y compte, en particulier, les Trois-Evêchés, l'Alsace, la Flandre maritime, le Hainaut, la Franche-Comté, la Lorraine, le Roussillon et la Corse. Bien souvent, ces régions n'avaient pas eu ou n'avaient plus d'Etats (Roussillon, Alsace, Lorraine) ou en avaient encore que la royauté supprima alors en raison de leur hostilité ouverte (Franche-Comté). Aucun ne possédant élections ou bureaux de finances, le roi se garda d'y en établir. Il en profita pour confier toutes les questions administratives et fiscales aux intendants qui, en accord avec lui, purent y déterminer l'impôt en toute liberté, d'où la qualification de « pays de libre imposition » souvent donnée à ces régions.

Voilà qui suffit à prouver que la province n'a jamais constitué une entité administrative, mais qu'elle a toujours été un prisme aggravant de la complexité de l'administration. Chaque pays était tellement attaché à son système que la royauté, afin de ne pas heurter les autonomies provinciales, a finalement dû accepter de sacrifier l'ordre administratif à la cohésion nationale, comme l'atteste au XVIe siècle la réforme d'une circonscription ancienne : la généralité.

— **La généralité**. Jusqu'à la fin du Moyen Age, il n'y avait au-dessus des élus que les quatre généraux des finances institués par les Etats généraux sous le règne de Jean le Bon. Comme ils siégeaient à Paris, ils étaient contraints de faire en province, dans le cadre de leurs circonscriptions appelées généralités, des tournées d'inspection régulière. Afin de simplifier leur tâche et rendre plus efficace leur action, François Ier décide en 1542 de subdiviser les généralités existantes et de porter leur nombre à seize. Les généraux deviennent des receveurs généraux. Sédentaires, ils sont placés à la tête de la généralité et assurent, en collaboration avec les bureaux des finances, la perception des recettes domaniales, des tailles, des aides et des gabelles. Au XVIIe siècle, tant en raison des nécessités fiscales et administratives que des contraintes nées de la Guerre de Trente Ans, le nombre des généralités est accru par remaniement, démembrement et acquisitions nouvelles. Il atteint trente-quatre à la fin de l'Ancien Régime. Dans l'ensemble, le cadre des généralités demeure celui des provinces auquel il est superposé. Il arrive cependant que plusieurs petites provinces soient regroupées pour constituer une généralité, telle la généralité de Moulins qui englobe le Bourbonnais, le Nivernais et la Haute-Marche, ou celle de Limoges qui réunit le Limousin et l'Angoumois. A l'inverse, des provinces ont pu être réparties entre plusieurs généralités. Ainsi la Normandie qui est fractionnée en trois généralités – Rouen, Caen et Alençon – ou le vaste Languedoc à partir duquel sont constituées les généralités de Montpellier et de Toulouse. Mais, dans la plupart des cas, ce sont bien les contours précis de la province que la généralité épouse. Celle de Riom correspond à l'Auvergne, celle de Dijon à la Bourgogne, celle de Grenoble au Dauphiné, tout comme celle de Rennes à la Bretagne.

Dès les années 1630, la généralité sert de plus en plus de support territorial aux inspections des maîtres des requêtes que la royauté envoie régulièrement en province pour y veiller au maintien de l'ordre et s'assurer que sa législation y est bien appliquée. Comme ils reçoivent le titre d'intendants de justice, police et finances et qu'ils siègent de plus en plus au chef-lieu de la généralité, cette circonscription est, tout naturellement, qualifiée d'intendance.

— **L'intendance**. A partir de la fin du XVIIe siècle, c'est bien l'intendant qui donne à la généralité tout son lustre puisqu'il agit de plus en plus dans ce cadre pour s'y maintenir jusqu'à la fin de l'Ancien Régime. Néanmoins, jusqu'au milieu du XVIIIe siècle, le mot intendance sert encore beaucoup moins à désigner la circonscription territoriale confiée à l'intendant – la généralité – que son pouvoir, son administration et la durée de sa charge. Ce n'est qu'à partir de cette date que les termes généralité et intendance deviennent synonymes et que celui d'intendance finit par s'imposer pour qualifier la circonscription territoriale soumise à l'administration de l'intendant. Jusqu'aux environs des années 1750 il est courant, aussi, d'utiliser le nom du chef-lieu pour nommer la généralité ou l'intendance, on parle alors aussi bien de la généralité de Moulins que de l'intendance de Limoges. Puis, progressivement, tout au long de la seconde moitié du XVIIIe siècle, le nom de la province s'impose, ce qui la fait en quelque sorte accéder au rang de véritable circonscription administrative, qualité qu'elle n'avait jamais vraiment eu jusque-là. Tant l'entourage du roi que ses agents locaux et les populations ne parlent plus guère que de l'intendance de Bretagne, de Bourgogne, d'Amiens ou d'Auvergne. Elles sont trente-trois à la fin de l'Ancien Régime et coïncident presque parfaitement avec les généralités qui sont trente-quatre. Les pays d'élections en comptent vingt, tandis qu'on n'en recense que six dans les pays d'Etats et sept pour les pays d'imposition. Ainsi avaient pris forme, depuis le début du XVIIIe siècle et sur l'ensemble du royaume, les intendances qui devaient constituer la sphère territoriale privilégiée d'action des intendants.

2. – *Des pouvoirs sans cesse accrus*

L'intendant tient ses pouvoirs de la lettre de commission qui le nomme. Par définition – et c'est un de ses avantages sur lequel la royauté a beaucoup joué – cette lettre est modulable dans son contenu. Personnelle à chaque intendant, elle permet de faire varier les pouvoirs qui lui sont conférés et d'en définir l'assise territoriale. Ainsi le système de la commission favorise-t-il une adaptation permanente aux nécessités locales et aux besoins du moment. Dans la pratique, même si ce principe demeure toujours vrai, on constate que les lettres de commission d'intendance se figent progressivement autour d'un stéréotype commun. A partir du moment où l'institution est définitivement fixée, toutes déclarent nommer l'agent qui en est le bénéficiaire « *intendant de justice, de police et de finances, commissaire départi* (envoyé) *pour l'exécution des ordres du roi en la généralité de...* ». Cette formule, qui devient véritablement l'épine dorsale de la commission d'intendant dès les années 1650, en fixe aussi clairement les pouvoirs : justice, police et finances, attributions auxquelles il convient d'ajouter d'importantes fonctions dans le domaine économique.

a) La justice

Elle est l'attribution cardinale des intendants, celle dont découlent toutes les autres. Pour des raisons chronologiques d'abord puisque l'intendant, commissaire départi en province, a eu pour mission première de veiller à la bonne marche de la justice et d'« *ouir les plaintes et doléances de ses sujets* », pour des raisons de formation, de milieu et de tradition ensuite. Homme de robe, maître des requêtes presque toujours, l'intendant est particulièrement apte à connaître des problèmes judiciaires, qu'il soit appelé à veiller au bon fonctionnement des tribunaux ordinaires ou qu'il exerce des compétences propres.

L'intendant tuteur des juridictions ordinaires

A ce titre, l'intendant est investi de très larges compétences qui lui donnent en permanence droit d'entrée, de présidence et de parole dans tous les tribunaux royaux de sa circonscription. Ce contrôle s'exerce à un triple niveau.

Les justices seigneuriales. Alors que leur fonctionnement, souvent défectueux, aurait justifié une tutelle étroite et permanente, le contrôle exercé sur elles est assez timide. En pratique, l'intendant pèse peu sur ces justices souvent éloignées du siège de sa circonscription. Il éprouve beaucoup de difficultés à limiter le nombre de leurs officiers et à contrôler la qualité de leur recrutement. Ayant peu de prise sur les structures, l'intendant met tout en œuvre pour assurer un bon fonctionnement de ces justices, tout spécialement en matière criminelle.

Ce domaine intéressait peu les juges seigneuriaux. Exercer cette justice leur coûtait souvent, dans la mesure où les condamnés étaient presque toujours insolvables et où ce type de procès, contrairement à la justice civile, rapportait peu. Pour toutes ces raisons, les juges seigneuriaux invoquent la théorie des cas royaux et ne se saisissent même pas des affaires entrant dans leur compétence. Alors, l'intendant contraint d'agir, fait juger ces affaires criminelles par la juridiction royale. Mais il s'y résigne avec toujours plus de timidité en raison de l'opposition grandissante des parlements dont les nobles qui composent une partie de leur personnel, adoptent une attitude très protectrice en faveur des justices seigneuriales.

Les tribunaux inférieurs royaux. A l'égard des sièges présidiaux, tribunaux de bailliages, de sénéchaussées et de prévôtés, la position de l'intendant est beaucoup plus claire. Sa commission lui donnait toujours le droit de les présider quand il l'estimait utile et il ne se privait pas d'exercer ce droit, tout spécialement en matière criminelle. Jusqu'à la fin du XVIIIe siècle, il intervient aussi très régulièrement pour contrôler le recrutement du personnel dont la formation est souvent insuffisante. Il surveille de manière tout aussi étroite avocats, procureurs, notaires et huissiers qui, toujours en trop grand nombre, avaient tendance à obtenir des justiciables plus qu'ils ne pouvaient légitimement demander. L'intendant s'efforce donc, autant qu'il le peut, de veiller à ce que soient réunies, à tous les niveaux, capacité professionnelle reconnue et moralité dans l'exercice des fonctions. Au XVIIIe siècle, ce contrôle est en net recul. Les intendants redoutent, chaque fois qu'ils interviennent dans la vie de ces tribunaux inférieurs, les reproches que ne manqueront jamais de leur adresser les Parlements. L'atteste l'attitude de l'intendant de Tours, du Cluzel, quand il écrit en 1771 au Contrôleur général qu'il a pour principe de ne pas s'immiscer dans le fonctionnement des tribunaux ordinaires car pareille intervention serait à coup sûr comme un « *abus de ce pouvoir arbitraire des intendants contre lesquels les Cours ont tant de fois réclamé* ».

Les parlements et autres cours souveraines. Tribunaux particulièrement jaloux de leurs prérogatives, ils n'acceptent qu'avec beaucoup de réticence la tutelle que l'intendant est en droit d'exercer sur eux. Jusqu'à la fin du XVIIe siècle, la lettre de commission l'autorise toujours à siéger, aussi souvent qu'il le souhaite, à leurs audiences. Il ne s'en prive pas et on voit souvent, au moins sous le ministère de Richelieu et même encore de Colbert, certains intendants entrer dans le parlement de leur circonscription en robe rouge accompagnés de gardes de la prévôté qui leur ouvrent la voie. Au XVIIIe siècle, ce droit n'est plus aussi systématiquement rappelé. Mais il n'en tombe pas pour autant en désuétude et chacun se souvient qu'il y avait là une prérogative essentielle des maîtres des requêtes en chevauchée.

Néanmoins, comme pour les autres tribunaux, le contrôle exercé par l'intendant devient plus lâche. Il entre de plus en plus rarement dans les cours souveraines et cette prérogative est avant tout présentée comme honorifique. Son influence traditionnelle sur le recrutement des parlementaires s'amenuise. Elle se limite, le plus souvent, à établir des notes confidentielles sur les candidats aux offices. Devenus vénaux, leur attribution échappe de plus en plus aux représentants du pouvoir.

Cette évolution s'explique facilement. Au lendemain de la mort de Louis XIV, les parlements relèvent la tête et redeviennent très combatifs. Cette attitude nouvelle contraint souvent les intendants à se montrer plus conciliants, ce que leur suggère d'ailleurs le pouvoir central. C'est bien ainsi que se comporte Tourny à Bordeaux face à son parlement que d'aucuns estimaient être « *l'une des plus mauvaises jugeries du royaume* ». L'évolution est partout identique si bien que, dans toutes les intendances de la fin de l'Ancien Régime, l'intendant ne veille que de loin au recrutement, à la moralité et à la compétence des parlementaires sans jamais, pratiquement, intervenir dans la justice qu'ils rendent.

L'intendant juge d'un contentieux autonome

Commissaire du roi, l'intendant s'impose comme délégataire naturel de sa justice. Cette délégation, qui lui est attribuée par arrêt du Conseil, peut être temporaire ou permanente. Elle est temporaire chaque fois qu'un arrêt d'attribution désigne l'intendant pour statuer, de manière ponctuelle, sur une affaire précise. Il peut s'agir d'une affaire soustraite aux juges ordinaires, par **évocation** devant le Conseil du roi qui, ne souhaitant pas intervenir lui-même, demande à l'intendant de statuer. Il peut arriver aussi que le Conseil renvoie à l'intendant, après **cassation**, le jugement d'un tribunal ordinaire dont il ne souhaite pas qu'il soit revu par la même justice ordinaire. Ces hypothèses, assez rares, font alors de l'intendant un juge d'attribution. Dans la pratique, il exerce une justice beaucoup plus permanente qui lui est tout à la fois reconnue dans sa lettre de commission (intendant de justice) et conférée par arrêt de délégation du Conseil. A ce titre, il intervient dans le double domaine de la justice pénale et administrative.

Dans le domaine pénal, l'intendant se voit reconnaître, au terme même de sa commission, une très large compétence qui en fait un des plus solides garants de la sûreté de l'Etat. Tous les crimes et délits qui nécessitent une répression immédiate relèvent de lui. Il a donc compétence pour poursuivre et réprimer dans les plus brefs délais, tous les crimes contre l'Etat, assemblées illicites, monopoles, séditions, rébellions et, de manière plus générale, toute entreprise contre le roi, l'Etat et ses agents. Relèvent aussi de son pouvoir d'investigation et de sanction le faux saulnage, la contrebande, ainsi que tous crimes de péculat, de concussion et de détournement de fonds publics propres à ternir l'image du gouvernement et de l'Etat.

Pour juger toutes ces affaires, l'intendant peut assurer lui-même la présidence du tribunal de bailliage ou de sénéchaussée ou – ce qu'il fait le plus souvent – constituer un tribunal distinct obligatoirement composé d'un personnel compétent généralement recruté parmi les gradués en droit de la circonscription. Il y avait là une garantie à l'exercice d'une justice rapide et sommaire, statuant en premier et dernier ressort, avec compétence pour prononcer la peine de mort. Cette justice expéditive fonctionna surtout au XVIIe siècle, en particulier avec Richelieu, Mazarin et Colbert qui estimait essentiel pour la survie de l'Etat de « punir sévèrement les crimes commis par les petits tyrans de province ». Au XVIIIe siècle, même si les commissions d'intendants continuent à leur reconnaître les mêmes pouvoirs, ils interviennent beaucoup moins. Les juridictions ordinaires, en particulier les parlements, revendiquent de plus en plus une compétence pour tous les crimes et délits qui touchent au maintien de l'ordre. D'autre part, chaque fois qu'il s'agit d'une affaire trop grave, le roi nomme une commission spéciale extraordinaire composée de conseillers d'Etat et de maîtres des requêtes.

Le contentieux administratif représente l'essentiel des activités judiciaires de l'intendant. Sa commission fonde cette compétence, mais elle est souvent confirmée par d'autres textes : ordonnances, édits et arrêts du Conseil. Ils sont nombreux à prévoir les catégories de litiges qui, pouvant naître dans les matières administratives ou financières, devront relever de la compétence exclusive de l'intendant. La formule est toujours la même par laquelle il est décidé que « *toutes les contestations qui pourront survenir sur l'exécution du présent arrêt, circonstances et dépendances, seront portées devant l'intendant, pour être jugées par lui, sans appel au Conseil* » avec défense expresse faite aux « *cours et tribunaux d'en prendre connaissance* ».

Les domaines ainsi concernés sont vastes. Au premier chef, l'intendant connaît de tout le contentieux qui découle de l'application de ses ordonnances, chaque fois qu'elles provoquent une opposition ou lèsent gravement des intérêts privés. En marge de cette première compétence qui fait de l'intendant le juge de sa propre législation, la notion de contentieux administratif doit être entendue dans un sens large. Le contentieux des travaux publics en constitue l'essentiel. Ainsi, tous les litiges concernant les voies publiques, les canaux, les travaux de dessèchements de marais, de construction et d'entretien des voies publiques, tout comme ceux naissant des rapports entre l'administration et les entrepreneurs concessionnaires ou les usagers, entrent dans la sphère de compétence de l'intendant. En sa qualité de juge du contentieux administratif et en raison de la tutelle qu'il exerce sur les communautés d'habitants, il est amené à connaître de la validité des décisions qu'elles prennent et du contentieux que peut soulever leur application. Les dettes de ces mêmes communautés et la connaissance des litiges qui en découlent avec leurs créanciers font aussi partie intégrante du contentieux qui lui est soumis. A cela s'ajoute la connaissance des innombrables infractions à toutes les mesures de police, le plus souvent édictées par l'intendant, dans les secteurs les plus divers qu'il s'agisse de l'agriculture, du commerce, des manufactures, des cultes ou de la voirie. Enfin et ce n'est pas un de ses moindres aspects, le contentieux administratif confié à l'intendant englobe une grande partie du contentieux fiscal, non seulement celui de la taille mais aussi celui des impôts nouveaux apparus avec Louis XIV et Louis XVI (capitation, dixièmes et vingtièmes).

Tous ces jugements rendus par l'intendant sont toujours susceptibles d'appel devant le Conseil du roi. Et ils étaient d'autant plus nombreux que les conflits de compétence ne cessent de se multiplier entre les intendants et les cours souveraines. Il appartenait au Conseil de les trancher si la juridiction dont la compétence était contestée par l'intendant, ne s'inclinait pas après que ce dernier lui eût adressé un déclinatoire de compétence. Plus on avance dans le XVIIIe siècle plus les intendants se montrent attachés à leurs fonctions de juge du contentieux administratif. Ils acceptent toujours plus volontiers de ne pas intervenir dans l'ordre des juridictions ordinaires à condition qu'ils soient sans cesse confirmés dans leurs fonctions de juge administratif par les arrêts d'attribution du Conseil rendus en leur faveur. Ainsi les parlements se trouvent-ils de plus en plus écartés de la justice administrative dont les intendants revendiquent – pas toujours avec succès il est vrai – l'exclusivité. Mais cette évolution marquait incontestablement un succès dans la séparation des pouvoirs même si l'intendant administrateur par excellence, entend aussi être un juge à part entière. Il y a là une ambivalence que confirment à souhait ses attributions de police.

b) La police

Depuis le Moyen Age, ce terme recouvre une notion beaucoup plus large que de nos jours. Il concerne tout ce qui touche à l'administration générale ainsi qu'au bon état naturel et moral de la société. C'est dire que toute mesure considérée comme utile au bien public entre dans le domaine de la police. Maintenir l'ordre bien sûr, mais aussi assurer une tutelle vigilante sur les corps et communautés sans rien négliger de l'administration militaire dans ses rapports avec le pouvoir civil, voilà trois attributions de « police » de l'intendant auxquelles s'en ajoutent bien d'autres. Mettre en œuvre un vaste programme de travaux publics et assurer la police de la voirie. Conduire une efficace politique en matière d'hygiène et d'assistance, intervenir avec à propos dans le domaine des cultes, n'en constituent que les aspects les plus saillants.

Maintenir le « bon ordre »

Juge des délits et des crimes portant atteinte à l'ordre public, l'intendant agit principalement de manière préventive afin d'**assurer au mieux sûreté et tranquillité publiques**. Avant que n'apparaisse cet agent, ces attributions relevaient principalement des cours de justice et des municipalités. L'intendant en place, un partage intervient avec ces différentes autorités auxquelles il n'hésite pas à se substituer aussi souvent qu'elles font preuve de la moindre défaillance. Il jouit donc d'un pouvoir de décision entièrement autonome pour édicter toutes les mesures qui lui paraissent utiles au maintien de l'ordre, de même qu'il a pour mission de faire connaître et diffuser par tous les moyens l'ensemble du dispositif normatif mis en œuvre par la royauté en la matière. Il doit aussi veiller à sa bonne exécution.

Dans la pratique et tout particulièrement celle du XVIIIe siècle, le pouvoir central notifie les décisions qu'il prend, tout à la fois aux cours souveraines, aux autres juridictions ordinaires et à l'intendant, pour que toutes ces autorités concourent à leur exécution. Et l'intendant, chaque fois qu'il prend une initiative quelconque en matière de police, en prévient en général les présidents des cours et les responsables des municipalités afin que les uns et les autres acceptent de concourir à leur application. En cela, il était en permanence assisté de la maréchaussée et pouvait, en cas de réelle difficulté, faire appel à l'armée pour réprimer toute émeute, rébellion ou même, simplement, pour prévenir tout risque de désordre.

A ces mesures traditionnelles de maintien de l'ordre, s'en ajoutent quelques unes de plus spécifiques. A ce titre, l'intendant est tout spécialement chargé de la **police des mendiants et des vagabonds** à l'égard desquels Colbert avait pris, en 1680, des mesures particulièrement sévères prévoyant leur envoi sur les galères du roi. Peu appliquées, se pose aux intendants le problème de trouver des solutions pour discipliner et aider des mendiants et vagabonds dont le nombre ne cessait de croître. Après bien des atermoiements, il est décidé en 1724 d'hospitaliser systématiquement ceux qui étaient invalides, puis d'astreindre les autres au travail, dans le cadre de « dépôts de mendicité ». Aux intendants revient le soin d'organiser et de gérer ces « renfermeries ».

La police de la librairie entre aussi dans les attributions de l'intendant. A ce titre, il assure une double mission. D'abord, veiller dans le cadre de sa circonscription au respect de la législation édictée par le pouvoir central en la matière. Aucun ouvrage ne pouvait être imprimé sans avoir reçu autorisation préalable de la chancellerie. S'il s'agissait de feuilles périodiques ou de petits ouvrages, l'autorisation devait être requise des juges ordinaires. Ensuite, l'intendant devait également tout mettre en œuvre pour que ne pénètrent pas, dans son intendance, libelles politiques et diffamatoires imprimés à l'étranger, tout spécialement en Hollande et en Suisse. Il peut, à cet effet, procéder à toute saisie qui lui paraît utile.

L'expédition et l'exécution des lettres de cachet, confiées à l'intendant, se rattachent étroitement à ses attributions de police. Ces lettres émanant du roi, signées par lui et contresignées par un secrétaire d'Etat, prescrivaient à l'encontre d'une personne déterminée des mesures restrictives de liberté pouvant aller jusqu'à la prison à vie. L'intendant jouait un rôle essentiel dans la décision prise par le roi, dans la mesure où il était souvent consulté avant la rédaction de la lettre. Son contenu dépendait des renseignements qu'il donnait et sa mise en application lui était, pour l'essentiel, confiée. Ainsi jouait-il, en permanence, un rôle de tout premier plan en matière de liberté individuelle. Des attributions importantes lui étaient dévolues dans le domaine de la **police politique** pour laquelle discrétion, rapidité et sûreté d'appréciation s'imposaient. Pour toutes ces raisons, elles ne pouvaient relever d'une cour nombreuse ou de plusieurs magistrats à la fois. Voilà pourquoi l'intendant se vit très tôt confier la surveillance des étrangers qu'il pouvait expulser s'ils se livraient à des activités suspectes et dangereuses pour la sécurité de l'Etat. Son rôle en la matière est tout aussi fondamental que délicat dans les provinces frontalières d'où il dirige souvent agents d'espionnage et de renseignements dans les pays étrangers voisins.

Tutelle des communautés et des villes

La question est complexe en raison de la grande variété des régimes administratifs reconnus à ces différentes entités, mais une idée domine néanmoins pour l'ensemble des communautés et villes du royaume. Après le contrôle que la monarchie n'a cessé d'exercer sur elles tout au long du Moyen Age, on en arrive progressivement, à la fin du XVIe siècle, à un véritable régime de tutelle confié à l'intendant. L'intervention du pouvoir royal, fort ancienne, devient de plus en plus pesante dès la fin de la Fronde et s'accentue considérablement avec le gouvernement personnel de Louis XIV. Il est demandé à l'intendant de tout mettre en œuvre pour que soit améliorée la **composition des assemblées municipales** en surveillant de près les opérations électorales par le biais de candidatures officielles et la présidence de l'assemblée électorale.

A partir de 1667, il est chargé de la mise en application de l'édit d'avril de la même année donnant aux communautés le droit de recouvrir tous les **biens communaux** aliénés depuis 1620, à condition que soient remboursés de leurs créances tous ceux qui en avaient été acquéreurs, créances dont la validité devait être soigneusement vérifiée. Cette opération de réintégration des biens communaux devait être doublée **d'une révision des dettes des communautés** qui commence, dès 1662, sous le contrôle des intendants. Un arrêt du Conseil du 19 février 1665 définit leurs compétences en la matière. Ils devaient se faire présenter tous les titres des différents créanciers et déclarer nuls tous ceux qui avaient été obtenus frauduleusement ou à la suite de pressions. De même, ils étaient tenus de réduire les dettes qui n'avaient qu'en partie tourné au bénéfice de la communauté. Un dossier était alors envoyé au Conseil qui statuait sur les réductions définitives accordées.

L'essentiel était de tout mettre en œuvre pour empêcher le retour à de telles pratiques. Tel fut l'objet de l'édit d'avril 1683 qui prévoyait l'intervention de l'intendant dans la préparation et la gestion du budget municipal. Municipalités des villes et des gros bourgs doivent lui faire parvenir l'état détaillé de leurs recettes afin de lui permettre d'arrêter lui-même, en prenant en compte leurs vœux et leurs propositions, le budget des dépenses ordinaires parmi lesquelles les dépenses nécessaires sont obligatoirement retenues. Ce même édit stipulait aussi que toute aliénation et tout emprunt devaient être préalablement autorisés par l'intendant. Il était également prévu que toute décision de l'assemblée des habitants d'intenter un procès ou d'envoyer une députation n'acquérait force exécutoire que si elle était confirmée par l'intendant.

Compétence leur était aussi reconnue pour surveiller l'affermage des biens communaux, l'adjudication des octrois et procéder à la **vérification des comptes** des villes en collaboration avec les chambres régionales des comptes. Enfin, depuis 1692, les fonctions municipales ayant été érigées en offices, les intendants étaient chargés de les vendre aux villes et municipalités – ce qui revenait à obtenir d'elles des subventions forcées – ou aux riches bourgeois qui voulaient bien en acheter. Mais, même si les villes et communautés acceptent de racheter ces charges, elles n'en recouvrent pas pour autant une liberté totale dans le choix de leurs magistrats que l'intendant doit toujours contrôler de très près.

Ainsi l'intendant apparaît-il, à la fin de l'Ancien Régime, comme le véritable tuteur des villes et communautés. Il s'est progressivement, en ce domaine comme dans bien d'autres, substitué aux juges ordinaires qui n'ont pas su utiliser habilement le pouvoir de tutelle que la royauté leur avait reconnu à l'origine.

Participation à l'administration militaire dans ses rapports avec le pouvoir civil

Envoyé à l'origine en province pour lutter contre les désordres, intendant d'armée dès son installation, l'intendant conserve d'importantes attributions dans le domaine militaire. Il veille aux opérations de recrutement. Dans la mesure où elles s'opèrent par recrutement volontaire, il convient d'éviter toute ruse et toute pression des recruteurs. A côté de cette armée de métier existe, depuis 1688, une force territoriale, la milice, susceptible d'être requise à tout instant comme force auxiliaire. Chaque intendant était informé, chaque année, du contingent que sa généralité devait fournir. Il lui revenait de le répartir entre les villes et les paroisses de sa généralité en demandant à chacune de désigner ses miliciens par tirage au sort à partir des listes établies sous la surveillance de l'intendant, mission qu'il remplit avec de plus en plus de soin.

Au-delà de sa participation aux opérations de recrutement, sa compétence s'étend aussi à la **discipline des troupes**. La répression des délits militaires relève de la juridiction des prévôts des maréchaux mais, pour tout les petits délits commis à l'encontre des civils, l'intendant intervient et demande aux officiers de punir les soldats « mal vivant ». Dans le même ordre d'idée, chaque fois que des **dommages matériels** ont été commis par les troupes, ce n'est pas aux tribunaux ordinaires que doivent s'adresser les victimes pour obtenir **réparation**, mais vers l'intendant avec possibilité de recours au Conseil du roi.

Police de la voirie

C'est une attribution extrêmement large qui fait de l'intendant le principal agent du développement des réseaux de communication aux XVIIe et XVIIIe siècle. Investi de la police de la circulation dans son sens le plus large, il est amené non seulement à prendre toutes les mesures destinées à la réglementer, mais aussi à veiller de près à l'entretien, à l'amélioration et à la construction des différents réseaux.

Le réseau routier, très insuffisant au début du XVIIe siècle, relevait normalement de la compétence du grand voyer de France assisté des Trésoriers généraux des finances. En raison du peu d'intérêt qu'ils portaient à la question, Colbert les dépossède lentement de leurs attributions au profit des intendants ce qui leur vaut, sauf à Paris, d'avoir la haute main sur l'administration des grands chemins et routes royales. Dès la fin du règne de Louis XIV apparaissent les premiers ingénieurs royaux envoyés dans les généralités pour aider les intendants, initiative qui fut couronnée en 1716 par la création de la Direction générale des Ponts et chaussées. Ses ingénieurs, responsables de la conception et de l'exécution technique des travaux étaient placés sous le contrôle administratif des intendants chargés de l'adjudication des marchés, de la surveillance des travaux, ainsi que de tout leur contentieux.

Pour financer l'ensemble de ces opérations, d'importants moyens durent être mis en œuvre. Colbert estimait que « *chaque pays doit porter les dépenses de ses chemins* » idée qu'il convenait de combiner avec une nécessaire participation de l'Etat pour les chemins royaux et les grandes routes. On en arriva ainsi, à côté du financement consenti par le pouvoir central, à l'institution de la **corvée en nature** qui contraignait les populations riveraines d'une route à participer de leurs bras à sa construction et à son entretien. Le poids en fut énorme et pouvait aller jusqu'à trente jours de travail par an au milieu du XVIIIe siècle, ce qui suscita de vives résistances. Aussi bien, à partir des années 1750, nombreux sont les intendants qui convertissent lentement la corvée en une contribution en argent. Turgot, devenu Contrôleur général, prend une mesure radicale. L'édit de 1776 abolit la corvée en nature et la remplace par une contribution annexée au vingtième. Mais cette décision suscite de vives oppositions de la part des privilégiés. Finalement, on en vint à un système mixte, laissant aux intéressés l'option entre corvée en nature ou contribution en argent. Dans l'ensemble, le second système eut la préférence des communautés et les intendants poussèrent beaucoup à sa généralisation.

Ils devaient aussi veiller à la navigabilité des *fleuves et des rivières*, compétence qui les conduisit à prendre toutes les mesures nécessaires pour régulariser leurs cours et assurer la bonne marche du trafic. Tout ce qui relevait du contrôle de la navigation et le contentieux qui en découlait leur était également confié. A ce titre, ils devaient veiller à ce qu'aucune emprise sur les fleuves et rivières (moulins, pêcheries, bacs) ne vint entraver le cours normal de la navigation. Toutes ces questions relevaient normalement des juges ordinaires, en particulier des parlements, qui protestèrent vivement contre leur attribution aux intendants.

De même, leur action a été capitale pour la **construction et l'entretien des canaux**. Les intendants ont diligenté les expropriations nécessaires et supervisé les opérations de construction de tous ces travaux qui étaient, la plupart du temps, concédées à des compagnies.

Assistance et hygiène publiques

A partir du XVIe siècle, l'Etat et les villes se préoccupent de plus en plus de l'assistance qui relevait principalement, jusque-là, d'organisations charitables aux mains du clergé régulier et séculier. Dès la seconde moitié du XVIe siècle, la présence de l'intendant précipite cette évolution. Elle ne cesse de s'accentuer tout au long du siècle suivant, en raison du vagabondage endémique et de la mendicité croissante. **La déclaration de 1764 sur le vagabondage et la mendicité** traduit bien la volonté de placer l'intendant au cœur de l'action entreprise. Il est créé, dans chaque paroisse, un bureau d'aumône pour aider les pauvres. L'intendant, spécialement mandaté pour veiller à la réalisation de ce projet, doit s'entendre directement avec les provinces et les curés afin de la mener à bien. Par règlement du 2 mai 1775, Turgot transforma ces bureaux d'aumône en bureaux de charité auxquels il fut interdit de secourir les mendiants valides contraints de travailler dans des ateliers de charité que les intendants devaient organiser.

La réglementation du 10 janvier 1779 sur les enfants trouvés ordonne aux intendants de faire en sorte que ces enfants ne soient plus systématiquement dirigés à Paris vers l'Hôpital des Enfants trouvés comme c'était l'habitude, mais vers l'hôpital le plus proche. Ces différents hôpitaux, qui recevaient à cet effet une dotation du trésor royal, éprouvaient néanmoins beaucoup de difficultés à assurer convenablement un tel service, ce qui conduisit l'intendant à rechercher une participation financière des paroisses.

De plus en plus aussi, l'intendant apparaît comme l'auxiliaire du pouvoir en matière d'**hygiène publique**. A partir du règne de Louis XIV, des boîtes de remèdes lui sont régulièrement envoyées qu'il fait distribuer dans les paroisses et auprès des œuvres charitables. Systématiquement associé à la lutte contre toutes les épidémies, il est invité à partir de 1776, à l'occasion de l'organisation de la « Société royale de Médecine », à lui envoyer régulièrement des rapports, établis par des médecins, sur l'état sanitaire de sa circonscription.

La police des cultes

A l'égard des catholiques et de leur clergé, l'intendant n'exerce pas d'autorité particulière, mais il est cependant amené à intervenir en plusieurs domaines en raison de la stricte application des principes gallicans. Il n'y a, dans ces interventions, ni périodicité, ni principe directeur. C'est vrai pour les élections dans les ordres religieux auxquelles Louis XIV incite les intendants à s'intéresser afin qu'elles se déroulent en conformité avec la réforme des ordres monastiques alors en cours et en facilitent l'aboutissement. Aux XVIIIe siècle, l'intendant joue un rôle de premier plan dans la réforme des couvents dont le nombre était trop considérable par rapport à celui des vocations.

Le pouvoir le presse de lui fournir des statistiques sur la situation des monastères et de procéder à des enquêtes afin de connaître leur situation réelle. Plusieurs commissions furent alors mises sur pied avec lesquelles les intendants eurent à collaborer. Telles furent, au début du XVIIIe siècle, la *Commission pour venir en aide aux monastères pauvres* et, en 1766, la célèbre *Commission des Réguliers* destinée à procéder à des suppressions et à des réunions de monastères d'hommes. Dès l'installation des intendants, de nombreux couvents et monastères durent accepter la tutelle de l'intendant, en particulier pour tout ce qui touchait à la construction de leurs bâtiments et la gestion de leurs bois de haute futaie. Dans le même esprit, l'édit de 1749 limite les acquisitions immobilières de ces établissements. Elles ne sont autorisées qu'après décision royale accordée à la suite d'une enquête minutieuse conduite par l'intendant. Il a aussi mission de surveiller de près les économats, organes chargés de gérer le patrimoine des établissements ecclésiastiques et de percevoir les revenus des bénéfices vacants.

Enfin, l'intendant, parce qu'il est un agent très sûr du pouvoir, est souvent conduit à intervenir en période de crise. Il en fut bien ainsi lors du conflit qui opposa Louis XIV au pape à propos de la régale (droit royal de disposer des revenus des évêchés et archevêchés vacants pendant la durée de la vacance) et à la suite de la *Déclaration de l'Eglise gallicane* qui intervient en 1682. Les intendants surveillèrent alors de près les évêques, comme ils le firent pour les couvents et monastères au cours des querelles entre Jansénistes et Quiétistes qui émaillent la fin du XVIIe siècle et tout le XVIIIe siècle.

Vis-à-vis des protestants, l'intendant s'est comporté en fidèle exécuteur de la politique du roi. Déjà l'édit de 1553 demandait aux maîtres des requêtes en chevauchée de sanctionner les « mal sentants de la foi ». Par la suite, de nombreux commissaires sont envoyés en province pour veiller à l'exécution des édits de pacification. Une fois installés, les intendants sont chargés de faire appliquer l'Edit de Nantes. Mais dès que Louis XIV met en place la politique qui devait conduire à sa révocation, ils obéissent aux ordres du pouvoir et vont souvent plus loin en multipliant les dragonnades à l'instar de ce qui se passait en Poitou et en Languedoc. Ces brimades, qui se transformèrent souvent en persécution ouverte à partir de 1685, suscitèrent parfois de véritables rébellions que les intendants n'hésitèrent pas à réprimer avec vigueur.

Au lendemain de la révocation de l'Edit de Nantes (1685), mission leur fut confiée de surveiller de près ceux que le gouvernement qualifie de « nouveaux convertis » et de sanctionner tous agissements contraires à la religion catholique. En 1698, l'intendant est dessaisi, au profit de la justice ordinaire, des questions concernant les protestants. Il n'est plus compétent que pour réprimer l'exercice du culte protestant et les injures faites au culte catholique. Dans ces conditions, le zèle qu'avaient mis les intendants à répondre aux ordres du pouvoir alla en s'amenuisant. Passé les années 1750, ils ne sanctionnent plus guère que les assemblées susceptibles de troubler la paix publique.

c) Economie, finances et fiscalité

Economie

Les attributions des intendants sont ici innombrables et leur action touche véritablement à tous les secteurs de la vie économique. La remarque est surtout vraie à partir de Colbert qui a vu en eux les agents particulièrement aptes à mettre en application ses doctrines. Même si leurs interventions sont ralenties à la fin du règne de Louis XIV tant en raison des guerres que des crises, elles n'en demeurent pas moins un des traits dominants de leur fonction tout au long du XVIIIe siècle. Portés par l'engouement pour les questions économiques et le soutien de l'opinion, ils deviennent alors souvent, surtout après les années 1750, de véritables spécialistes. Des travaux publics, de l'agriculture, du commerce et de l'industrie, rien ne leur échappe. En théorie au moins, tant des études récentes ont montré une réalité souvent beaucoup plus nuancée.

Travaux publics. A côté des routes, des canaux, des travaux entrepris pour discipliner les fleuves et des divers ouvrages d'art qu'ils font réaliser, les intendants ont consacré l'essentiel de leur savoir-faire en la matière à l'embellissement des villes, tout spécialement celles qui étaient capitale de la généralité. Leur action s'inscrit ainsi au cœur du vaste mouvement d'urbanisation des XVIIe et XVIIIe siècles.

Partout leur nom demeure attaché à d'imposantes et splendides réalisations architecturales qu'il s'agisse de Tourny à Bordeaux, de La Bourdonnais de Blossac à Poitiers, de Lacoré à Besançon, de Sénac à Valenciennes ou de Fontette à Caen. Ainsi, il est peu de sièges d'anciennes intendances que leurs intendants n'aient pas contribué à embellir. C'est sans doute Tourny qui symbolise le mieux ces générations d'intendants bâtisseurs avec les magnifiques allées dont il a doté la capitale de l'intendance de Guyenne, relayant ainsi dans l'ombre ceux qui ne furent que peu, ou pas du tout saisis de cette fureur de construire, comme La Tour dont les réalisations sont fort rares tout au long des quarante et une années au cours desquelles il préside aux destinées de l'intendance d'Aix-en-Provence.

A bien scruter la pratique, tout ne revient certes pas à l'intendant. L'initiative et la conception même des travaux ne lui appartient pas toujours. A Bordeaux, Tourny ne fait que prendre la suite de son prédécesseur Boucher et semble aussi parfois agir sous la pression de notables locaux que conforte l'action des Jurats de la commune. Il en va de même à Rennes où, après l'incendie de 1720, la reconstruction de la ville est le fruit d'initiatives multiples qui, souvent, échappent à l'intendant. Comme partout ailleurs, il en assure principalement les opérations administratives qui vont de l'établissement des plans et des devis, aux expropriations et à la surveillance des travaux. Voilà qui tendrait à montrer que les intendants ont peut-être été, en matière de grands travaux, davantage des réalisateurs que des concepteurs.

Agriculture. Les intendants s'en préoccupent, surtout au XVIIIe siècle. Leur action s'inscrit alors dans le vaste mouvement de révolution que connaît la vie des champs. Mais ils en restent bien souvent au stade de la théorie, au mieux de l'expérience.

Comme le leur suggérait le pouvoir central, ils se montrent très favorables aux **Sociétés d'Agriculture** dont ils encouragent partout, à partir des années 1750, la création. Lieux de rencontre, de réflexion et d'expérimentation, elles participent à la **diffusion des idées nouvelles**, suggérant aussi bien le développement des prairies artificielles et l'introduction de méthodes culturales novatrices que de sévères méthodes de sélection pour l'élevage. Très ouvertes aux pratiques agricoles anglaises, elle prônent une rénovation de l'agriculture qui, bien souvent, ne dépasse guère la sphère des nobles et des grands propriétaires.

Plus significative, sans doute, fut l'action conduite par les intendants en matière de **reboisement** avec la création systématique de pépinières. La politique entreprise pour défricher les terres incultes et assécher les marais débouche aussi sur des résultats positifs, tout comme les efforts mis en œuvre en vue d'introduire des cultures nouvelles (betterave, garance). Enfin, ils jouèrent un rôle de tout premier plan dans le grand débat qui agita le monde agricole de la seconde moitié du XVIIIe siècle : le **partage des biens communaux**. Souhaitée par les physiocrates, mais diversement perçue par l'opinion, une telle opération ne pouvait être décidée de manière unilatérale. C'est la raison pour laquelle le pouvoir royal consulta les intendants et leur demanda de procéder à une vaste enquête dont le résultat freina son ardeur. Il se limita alors à arrêter de simples mesures de cantonnement des droits des usagers sur une partie des communaux, plutôt que d'en ordonner le partage, comme il avait tenté de le faire à plusieurs reprises et en diverses régions, en particulier par un édit de juin 1769.

Commerce et industrie. En ces deux domaines, l'intendant aide davantage sans doute le pouvoir par les enquêtes qu'il réalise sur le terrain et les statistiques qu'il lui fournit, que par l'action qu'il conduit, davantage faite de direction et de contrôle que de réalisations concrètes.

La surveillance des corps de métier et des manufactures lui incombe pour l'essentiel. A ce titre, l'intendant doit prendre toute mesure qu'il juge utile à favoriser le développement du commerce et de l'industrie. Il agit toujours dans l'esprit de la législation d'Ancien Régime dans laquelle dominent contrôle et réglementation que viennent compenser monopoles et privilèges qu'il concède, tour à tour, aux manufactures et aux corps de métier.

La politique conduite dans le secteur du **commerce des grains** offre un autre bon exemple du rôle qu'ont pu jouer les intendants. Tout d'abord, ils doivent régulièrement informer le pouvoir central sur l'**état des récoltes en céréales et la situation du marché** dans leur généralité. S'il y a des risques de disette qui annoncent une pénurie en farine et donc en pain, toutes mesures peuvent alors être prises. Il est souvent, dans ce cas, demandé à l'intendant de traiter avec des gros marchands pour qu'ils procèdent à des achats massifs dans des régions moins défavorisées et qu'ils acceptent de revendre à des prix modérés, quitte à leur verser une prime. Certains intendants, cependant, ne partagent pas cette façon de voir et soutiennent qu'il vaudrait mieux ne pas intervenir et laisser totalement libre le commerce des grains de province à province. Telles sont les idées de Turgot qui, devenu Contrôleur général des finances après avoir été intendant de Limoges, établit la **liberté du commerce des grains en 1774**, décision sur laquelle il doit revenir dès l'année suivante. Voilà bien qui prouve la difficulté de parvenir à une solution générale et qui justifie le pouvoir laissé aux intendants pour prendre des mesures locales, aussi souvent que les récoltes de leur généralité étaient insuffisantes.

Finances et fiscalité

Au XVIIIe siècle, l'intendant apparaît avant tout comme **un agent financier de la monarchie**. On attend de lui qu'il fasse rentrer le maximum d'impôts. En théorie, sa compétence est universelle en la matière. Mais elle n'est pas exclusive et il doit compter avec les autorités plus anciennes et les Etats provinciaux chaque fois qu'ils ont réussi à se maintenir. C'est dire que ses compétences ne sont pas les mêmes en pays d'élections et en pays d'Etats. Dans ces conditions, sa marge de manœuvre n'est jamais bien grande. Les choix financiers – en particulier le montant des impôts demandés à sa généralité – lui échappent. Les officiers de finance surveillent étroitement sa gestion. Villes, communautés et contribuables se montrent très solidaires face à lui et se surveillent mutuellement chaque fois qu'il faut répartir l'impôt. Toujours préoccupé par sa carrière, il défend l'intérêt de l'Etat et s'appuie sur le Contrôleur général des finances. Mais, en même temps, soucieux de ses administrés, il s'efforce d'obtenir pour eux des modérations maximales. Il entre alors en conflit avec le pouvoir central et ses représentants locaux.

Pour les **impôts anciens** – en particulier la taille – il est chargé de leur surveillance en pays d'élections. A ce titre, il contrôle le rôle des tailles et veille à l'action des officiers des bureaux des finances. Les **impôts nouveaux** (capitation et vingtièmes) relèvent de son entière compétence en pays d'élections et en pays d'imposition où il gère même les impôts anciens en raison de l'absence de toute structure adéquate. Les pays d'Etats ont une autonomie fiscale beaucoup plus grande. Une collaboration souvent étroite s'établit cependant avec l'intendant. Après le vote des impôts par les Etats qui les faisaient percevoir par leurs propres agents, il est souvent amené à exercer un contrôle plus ou moins étroit en fonction de la situation du pays.

D. LES AUXILIAIRES DE L'INTENDANT

Les tâches qui incombent à l'intendant sont trop lourdes pour qu'il puisse seul y faire face. Subdélégués (1) et bureaux (2) sont ses principaux auxiliaires.

1. – *Les subdélégués*

La généralité était une circonscription trop étendue pour que l'intendant pût l'administrer seul. C'est la raison pour laquelle il prit l'habitude de déconcentrer son activité en choisissant des agents auxquels il délégua une partie de ses pouvoirs. Ce furent les **subdélégués** qui, dans un premier temps, étaient choisis par l'intendant seul, sous sa seule responsabilité et révocables par lui. Mais Louis XIV se montra réticent et n'accepta le principe de la subdélégation qu'à une double condition : être consulté sur les différentes créations et nommer lui-même les subdélégués sur présentation de l'intendant.

Ces subdélégués sont, le plus souvent, choisis parmi les juges, les avocats ou autres hommes de loi. Ce sont, la plupart du temps, des agents recrutés sur place qui proviennent du milieu des officiers locaux. Ils deviennent rapidement des agents importants et l'intendant leur délègue des compétences extrêmement larges. On finit par en arriver à la création d'un subdélégué par chef-lieu d'élection. La généralité se trouve ainsi découpée en plusieurs subdélégations.

2. – *Les bureaux*

L'intendant s'entoure aussi de toute une série de collaborateurs directs qui constituent les bureaux. Ces bureaux, composés le plus souvent de huit à douze agents sont, en général, confiés à un subdélégué.

Intendants et subdélégués ont été, pendant tout le XVIIIe siècle, les véritables piliers de l'administration monarchique et cette administration a particulièrement bien réussi. Elle s'est considérablement développée depuis Colbert qui a eu conscience de la nécessité de doter la France d'une administration nouvelle. Après lui et jusqu'à la fin de l'Ancien Régime, tout le monde est persuadé que la bonne administration d'une province dépend avant tout de l'intendant. Mais l'action de l'intendant ne peut être satisfaisante que dans la mesure où l'administration devient une véritable science. C'est la raison pour laquelle l'intendant s'appuie de plus en plus sur des statistiques et des prévisions pour gouverner sa province. Toute cette administration devient éclairée, raisonnée et réfléchie. Aussi la *Grande Encyclopédie* la définit-elle comme le « *gouvernement et gestion des affaires d'un Etat, d'une communauté ou d'un particulier* ». C'est sans doute parce que tous ces principes n'ont pas été suffisamment mis en œuvre au niveau du gouvernement central, que ses structures se sont progressivement bloquées dans la seconde moitié du XVIIIe siècle, blocage à l'origine de la crise qui devait entraîner la chute de l'Ancien Régime.

BIBLIOGRAPHIE

ANTOINE M., *Le gouvernement et l'administration sous Louis XV. Dictionnaire biographique*, Paris, 1978.

ANTOINE M., « Genèse de l'institution des intendants », *J.S.*, 1982, p. 283-317.

ANTOINE M., « La notion de subdélégation dans la monarchie d'Ancien Régime », *B.E.C.*, 132, 1974, p. 267-287, maintenant dans *Le dur métier de roi*, Paris, 1986, p. 61-80.

ANTOINE M., « Les gouverneurs de province en France (XVIe-XVIIIe siècle) », *Prosopographie et genèse de l'État moderne*. Actes de la Table ronde, Paris 22-23 oct. 1984, Autrand Fr. éd., Paris, 1986, p. 185-194.

ANTOINE M., « Les subdélégués généraux des intendances », *R.H.D.F.E.*, 1975, p. 395-435, maintenant dans *Le dur métier de roi*, Paris, 1986, p. 125-179.

ANTOINE M., « Sens et portée des réformes du chancelier de Maupeou », *R. H.*, 1, 1993, p. 39-59.

ANTOINE M., « Des chevauchées aux intendances : filiation réelle ou putative ? », *A.B.S.H.F.*, 1994, p. 35-65.

ANTOINE M., *Le cœur de l'État. Surintendance, contrôle général et intendances des finances. 1552-1791*, Paris, 2003.

ARBELLOT G., GOUBERT J.-P., MALLET J., PALAZOT Y., *Circonscriptions administratives à la fin de l'Ancien Régime. Carte des généralités, subdélégations et élections en France à la veille de la Révolution de 1789*, Paris, 1986.

ARDASCHEFF P., *Les intendants de province sous Louis XVI*, Paris, 1909.

AZIMI V., « L'accès aux fonctions publiques sous l'Ancien Régime », *M.S.H.D.B.*, 44, 1987, p. 183-221.

AZIMI V., « La discipline administrative sous l'Ancien Régime », *R. H. D. F. E.*, 65, 1987, p. 45-70.

AZIMI V., « Les pensions de retraite sous l'Ancien Régime », *M.S.H.D.B.*, 43, 1986, p. 77-103.

AZIMI V., *Un modèle administratif de l'Ancien Régime : les commis de la Ferme générale et de la régie des aides*, Paris, 1987.

BAYARD F., FÉLIX J., HAMON Ph., *Dictionnaire des surintendants et contrôleurs généraux des finances, XVIe-XVIIIe siècles*, Paris, 2000.

BLANCHARD A, *Les ingénieurs du « Roy » de Louis XIV à Louis XVI*, Montpellier, 1979.

BLANQUIE Ch., *Les présidiaux de Richelieu. Justice et vénalité (1630-1642)*, Paris, 2000.

BLUCHE F., « Les officiers du bureau des finances de Paris », 1693-1791, *Bull. de la Soc. de l'hist. de Paris et de l'Ile de France*, 1970, p. 147-215.

BLUCHE F., « L'origine des magistrats du Parlement de Paris au XVIIIe siècle (1715-1771). Dictionnaire généalogique », *Paris et Ile-de-France*, 5-6, 1953-1954, p. 9-413.

BLUCHE F., *Les magistrats de la cour des monnaies de Paris au XVIIIe siècle (1715-1790)*, Paris, 1966.

BLUCHE F., *Les magistrats du Parlement de Paris au XVIIIe siècle (1715-1771)*, Paris, 1960.

BODINEAU P., *L'urbanisme dans la Bourgogne des Lumières*, Dijon, 1987.

BONIN P., *Bourgeois, bourgeoisie et habitanage dans les villes du Languedoc sous l'Ancien Régime*, Th. Paris II, 2000, à paraître.

BORDES M., « Les intendants de Louis XV », *R.H.*, 1960, p. 45-62.

BORDES M., « Les intendants de province aux XVIIe et XVIIIe siècles », *L'information historique*, 30, 1968, p. 107-120.

BORDES M., « Les intendants éclairés à la fin de l'Ancien Régime », *R. H. E. S.*, 1961, p. 57-83.

BORDES M., *D'Étigny et l'administration de l'intendance d'Auch (1751-1767)*, Auch, 1957.

BORDES M., *L'administration provinciale et municipale en France au XVIIIe siècle*, Paris, 1972.

BOUCLIER J., *La cour des monnaies de Paris à la fin de l'Ancien Régime*, Paris, 1924.

BOULET-SAUTEL M., « Police et administration en France à la fin de l'Ancien Régime. Observations terminologiques », *Histoire comparée de l'administration (IVe-XVIIIe siècle)*, Actes du IVe colloque historique franco-allemand de l'Institut Historique Allemand de Paris, Tours, 27 mars-1er av. 1977 ; Paravicini W. et Werner K.-F. dir., München, 1980, p. 47-51.

CHARMEIL J.-P., *Les trésoriers de France à l'époque de la Fronde*, Paris, 1964.

CHAUSSINAND-NOGARET G., *Gens de finance au XVIIIe siècle*, Paris, 1972.

CONCHON A., *Le péage en France au XVIIIe siècle*, Paris, 2002.

CONDETTE-MARCANT A.-S., *Bâtir une généralité. Le droit des travaux publics dans la généralité d'Amiens au XVIIIe siècle*, Paris, 2001.

Cour (La) des comptes, coll. Histoire de l'administration française, Paris, 1984.

DELAUME G., *Le bureau des finances de la généralité de Paris*, Paris, 1966.

DUMONT Fr., *L'administration provinciale au XVIIIe siècle*, Cours d'Histoire du droit public, Doctorat, 1962-1963, multigr., Paris, Les Cours de Droit, 1963.

DURAND B., « La notion de police en France du XVIe au XVIIIe siècle », *Policey im Europa der Frühen Neuzeit,* M. Stolleis dir., Francfort, 1996, p. 163-211.

EMMANUELLI F.-X., Pouvoir royal et vie régionale en Provence au déclin de la monarchie. *Psychologie, pratique administrative, défrancisation de l'intendance d'Aix*, 3 vol., 1745-1790, Lille, 1974.

EMMANUELLI F.-X., *L'intendance du milieu du XVIIe siècle à la fin du XVIIIe siècle. France, Espagne, Amérique. Un mythe de l'absolutisme bourbonien*, Aix-en-Provence et Paris, 1981.

ÉVRARD S., *L'intendant de Bourgogne et le contentieux administratif au XVIIIe siècle*, Paris, 2005.

FARGET A., *Le pouvoir juridictionnel de l'intendant de Provence*, Aix, 1957.

FÉLIX J., *Les magistrats du Parlement de Paris, 1771-1790. Dictionnaire biographique et généalogique*, Paris, 1990.

FRÉVILLE H., *L'intendance de Bretagne (1689-1790). Essai sur l'histoire d'une intendance en pays d'états au XVIIIe siècle*, 3 vol., Rennes, 1953.

GLINEUR C., *Genèse d'un droit administratif sous le le règne de Louis XV. Les pratiques de l'intendant dans les provinces du Nord (1726-1754)*, Orléans, 2005.
GODARD Ch., *Les pouvoirs des intendants sous Louis XIV, particulièrement dans les pays d'élection, de 1661 à 1715*, Paris, 1901.
GRESSET M., *Gens de justice à Besançon de la conquête par Louis XIV à la Révolution française (1674-1789)*, 2 vol., Paris, 1978.
GRUDER V. R., *The royal provincial intendants*, New York, 1968.
HAMON Ph., *Messieurs des finances. Les grands officiers de finances dans la France de la Renaissance*, Paris, 1999.
HARDING R. R., *Anatomy of power elite. The provincial governors of early modern France*, New Haven-London, Paris, 1978.
HAROUEL J.-L., *Les ateliers de charité dans la province de Haute-Guyenne*, Paris, 1969.
HAROUEL J.-L., *Histoire de l'urbanisme*, Paris, 1981.
HAROUEL J.-L., *L'embellissement des villes (L'urbanisme français au XVIIIe siècle)*, Paris, 1993.
HOURBLIN X., *Les finances de Reims à la fin de l'Ancien Régime (1765-1789)*, sous presse au Comité pour l'Histoire économique et financière de la France (2004).
JEAN M., *La chambre des comptes de Lille*, 1477-1667. *L'institution et les hommes*, Genève-Paris, 1993.
LAURAIN E., *Essai sur les présidiaux*, Paris, 1896.
LEGUAY M.-L., *Les États provinciaux dans la construction de l'État moderne*, Genève, 2001.
LHÉRITIER M., *L'intendant Tourny (1695-1760)*, 2 vol., Paris, 1920.
LIVET G., *L'intendance d'Alsace sous Louis XIV (1648-1715)*, Strasbourg, 1956.
MESTRE J.-L., *Un droit administratif à la fin de l'Ancien Régime : le contentieux des communautés de Provence*, Paris, 1976.
MONNIER F., *Les marchés de travaux publics dans la généralité de Paris au XVIIIe siècle*, Paris, 1984.
MOUSNIER R., « La fonction publique en France du début du XVIe siècle à la fin du XVIIIe siècle », *R. H.*, 261, 1979, p. 321-335.
MOUSNIER R., *La vénalité des offices sous Henri IV et Louis XIII*, Paris, Paris, 1946 et rééd., 1971.
MUSSET J., *L'intendance de Caen. Structure, fonctionnement et administration sous l'intendant Esmangart (1775-1783)*, Caen, 1985.
NAGLE J., *Le droit de marc d'or des offices. Tarifs de 1583, 1704, 1748. Reconnaissance, fidélité, noblesse*, Genève, 1992.
OLIVIER-MARTIN Fr., *L'administration provinciale à la fin de l'Ancien Régime*, Cours d'Histoire du droit public, Doctorat, 1924-1925, multigr., Paris, Les Cours de Droit, 1925. Rééd., éd. Loysel, Paris, 1988 et L.G.D.J., Paris, 1997.
Parlements (Les) de province. Pouvoirs, justice et société du XVe au XVIIIe siècle, Poumarède J. et Thomas J. dir., Toulouse, 1996.
PETOT J., *Histoire de l'administration des Ponts et Chaussées (1599-1815)*, Paris, 1958.
PETRACCHI A., *Intendenti e prefetti. L'intendente provinciale nella Francia d'Antico Regime*, I, 1551-1648, Milan, 1971.
PILLORGET S., *Claude-Henri Feydeau de Marville, lieutenant général de police de Paris*, Paris, 1978.
PINET M. (dir.), *Histoire de la fonction publique en France*, II, *Du XVIe au XVIIIe siècle* (Imbert J., Nagle J., Meyer J. et Godechot J.), Paris, 1993.
POPOFF M., *Prosopographie des gens du Parlement de Paris (1266-1753)*, Saint-Nazaire -le -Désert, 1996.

REULOS M., « La notion de "justice" et l'activité administrative du roi en France (XVe-XVIIe siècles) », *Histoire comparée de l'administration (IVe-XVIIIe siècle)*, Actes du IVe colloque historique franco-allemand de l'Institut Historique Allemand de Paris, Tours, 27 mars-1er av. 1977 ; Paravicini W. et Werner K.-F. dir., München, 1980, p. 33-46.

RICOMMARD J., « La suppression et la liquidation des offices des subdélégués », *R.H.D.F.E.*, 1948, p. 36-95.

RICOMMARD J., « Les subdélégués des intendants jusqu'à leur érection en titre d'office », *R. H. M. C.*, 12, 1937,p. 338-407.

SMEDLEY-WEILL A., *Les intendants de Louis XIV*, Paris, 1995.

SOLEIL S., *Le siège royal de la sénéchaussée et du présidial d'Angers (1551-1790)*, Rennes, 1997.

SUEUR Ph., *Le Conseil provincial d'Artois (1640-1790). Une cour provinciale à la recherche de sa souveraineté*, Arras, 2 vol., 1978-1982.

THUILLIER G. et TULARD J., *Histoire de l'administration française*, Paris, 1984.

TIÉVANT Cl., *Le gouverneur de Languedoc pendant les premières guerres de Religion (1559-1574 : Henri de Montmorency-Damvile*, Paris, 1993.

TOUZERY M., *Atlas de la Généralité de Paris au XVIIIe siècle, un paysage retrouvé*, Paris, 1995.

TOUZERY M., *L'invention de l'impôt sur le revenu. La taille tarifée, 1715-1789*, Paris, 1994.

TROTY G., *Les Grands Jours des Parlements*, Paris, 1908.

VINDRY F., *Les parlementaires français au XVIe siècle*, Paris, 4 vol., 1909-1912.

CHAPITRE VI

ÉTATS PROVINCIAUX ET ASSEMBLÉES PROVINCIALES

Enracinés dans un long passé médiéval, plusieurs états provinciaux subsistent avec des fortunes très diverses jusqu'à la veille de la Révolution (Section 1), tandis que les assemblées provinciales, de création toute récente, ne réussissent rencontrent bien des difficultés à s'imposer (Section 2).

SECTION 1

LES ETATS PROVINCIAUX

Fruits d'une longue gestation médiévale qui leur avait valu des destins fort variés, les états provinciaux connaissent, tout au long des trois derniers siècles de l'Ancien Régime, des fortunes très diverses. Une tendance générale cependant domine cette évolution qui les fait entrer dans une phase irréversible de déclin, même si cette constatation doit être bien souvent nuancée. Qu'ils aient trouvé leur origine dans les grands fiefs du royaume progressivement réunis à la couronne ou qu'ils aient pris naissance dans des cadres régionaux plus restreints, tous sont en proie à une profonde mutation que complique singulièrement leur nature.

Certains fonctionnent régulièrement dans des cadres parfaitement définis. Il en va ainsi en Languedoc, Provence, Bourgogne, Bretagne, Normandie et Artois ou bien encore dans des régions à la géographie plus réduite comme l'Auvergne, le Bourbonnais, le Limousin, la Marche, l'Orléanais, le Maine et l'Anjou. D'autres ont au contraire une existence moins structurée. Il s'agit d'états particuliers dont la fonction est de participer à la répartition de l'impôt et qui s'insèrent tant bien que mal, sous la houlette des états de leur province, dans l'inextricable maillage politico-administratif de la France d'Ancien Régime. Il en va ainsi, pour les états de Languedoc, avec ceux du Quercy, de l'Albigeois, du Rouergue ou bien encore du Vivarais, du Velay et du Gévaudan. Situation semblable se retrouve en Bourgogne avec les états du Charolais, du Mâconnais et de la Bresse. De cette bigarrure résultent de multiples régimes voués à disparaître progressivement. Ce fut dans les principautés les plus petites, là où les autonomies locales étaient les moins prononcées, que l'activité des états recula le plus vite pour bien souvent disparaître complètement dans le courant du XVIIe siècle. Un telle bigarrure, qu'accentuent plus encore de multiples ruptures chronologiques, rend malaisée une étude précise de la composition de ces assemblées (§ 1), de leur fonctionnement (§ 2) tout comme de leur compétence (§ 3).

§ 1. – STRUCTURES

La composition des états provinciaux n'a jamais obéi à des règles rigides tant en raison de la diversité de leur genèse que des évolutions très différentes qu'ils connaissent à partir des premières décennies du XVIe siècle. Certes, la représentation des trois ordres y est en principe la norme, mais elle est toujours modulée en fonction de la géographie, de l'histoire et de la pesanteur des pratiques.

Premier ordre de la nation, le clergé n'est jamais représenté de manière identique même si, en principe, tous les titulaires d'un bénéfice majeur tels qu'évêques et abbés sont membres de droit. La réalité est souvent plus complexe. Ainsi en Bourgogne où l'évêque d'Autun qui préside toujours aux destinées de l'assemblée est entouré d'autres évêques et d'abbés (en particulier ceux de Cluny et de Cîteaux) ainsi que des doyens des églises cathédrales et collégiales auxquels se joignent des représentants du clergé des divers comtés, souvent choisis parmi des curés, alors que ceux-ci ne siègent que très rarement dans ce type d'assemblée. Au sein des états de Languedoc, la structure de la représentation du premier ordre est toute différente. À partir de 1694, vingt évêques et trois archevêques, dont celui de Narbonne qui est président de droit, confisquent la représentation de toutes les autres catégories du clergé de la province, qu'il s'agisse des abbés, des doyens ou des curés. Il y avait là une sorte de droit acquis qui faisait des évêques de Languedoc, tous membres de grandes familles, le pôle central des états. Si on se tourne vers la Bretagne, on y découvre une représentation beaucoup plus diversifiée du clergé avec neuf évêques (Nantes, Rennes, Vannes, Saint-Malo, Saint-Brieuc, Dol, Quimper, Saint-Pol, Tréguier), une quarantaine d'abbés députés par les abbayes les plus anciennes et les doyens des neuf chapitres. Ici encore, aucun curé n'est appelé à siéger dans l'assemblée.

La place et l'influence de la noblesse au sein des états sont aussi très variables d'une province à l'autre. Elles sont déterminantes en Bourgogne où près de 150 nobles jouent un rôle de premier plan au sein de l'assemblée. Néanmoins, cette noblesse divisée entre noblesse de naissance et noblesse de robe, n'y présente pas toujours un front uni. La pression des anoblis de fraîche date est si forte pour siéger que des contrôles stricts durent être établis. Dès la seconde moitié du XVIIe siècle, il fut décidé que ne pourraient valablement siéger que ceux qui exerçaient effectivement le métier des armes et à condition de prouver que leur famille était noble de toute ancienneté. La situation du Languedoc est tout à l'opposé. À peine plus de vingt députés nobles ont droit de siéger aux états et y sont appelés. Il y a là une tradition qui remonte aux derniers siècles Moyen Âge. La monarchie avait alors pris l'habitude de ne convoquer que les grands barons avec mission de représenter le reste de la noblesse. Cette situation resta d'autant plus figée que les grandes baronnies passèrent progressivement aux mains de bourgeois enrichis, souvent peu soucieux de la défense des privilèges traditionnels de la noblesse. Elle ne conserve qu'une influence réelle et durable au sein d'états particuliers, comme ceux du Gévaudan et du Vivarais où elle est à la fois mieux représentée et effectivement plus présente. C'est en Bretagne que le second ordre joue le rôle le plus éminent. Dès la seconde moitié du XVIe siècle, tous les nobles qui réussissent à prouver qu'ils le sont par leur père depuis au moins cent ans peuvent siéger aux états. Ils furent très nombreux à s'y rendre, parfois jusqu'à un millier à la fin du XVIIIe siècle, constituant ainsi un groupe particulièrement puissant. Très attachés à la défense de leurs privilèges et aux libertés de la province, ils s'opposèrent souvent au pouvoir et aux autres ordres. Leur présence massive donna toujours aux états de Bretagne une physionomie très particulière.

La représentation du tiers n'est, elle aussi, jamais assurée de manière identique. En Bourgogne, seules les villes sont appelées à élire des députés. La difficulté vient de ce que la liste de ces villes ne fut jamais clairement établie, même si les gros bourgs en furent systématiquement exclus. En principe, c'est le maire avec un ou parfois deux échevins qui sont désignés. Il en va de même pour les états particuliers du Charolais, du Mâconnais et de la Bresse. Ils choisissent eux-mêmes les députés qu'ils envoient aux états de Bourgogne ou en confient le soin aux principales villes du comté. En Languedoc, le système retenu est bien différent. Un premier député est envoyé par chaque chef-lieu de diocèse, puis au sein de chaque diocèse, un second est choisi par une des communautés qui a droit de députer à la commission chargée de répartir l'impôt au niveau du diocèse. La liste de ces communautés privilégiées n'était pas figée, mais la règle se fixa que ce devait être un des consuls, en général le premier et toujours catholique, qui fût délégué. Voilà qui explique pourquoi la minorité protestante ne fut guère représentée aux états et l'attitude souvent hostile qu'ils adoptèrent à son égard. Avec ses 44 députés, le tiers-état jouit d'une représentation presque égale à celle de la noblesse et du clergé réunis qui en comptent 46. En Bretagne, le troisième ordre atteint un chiffre global tout à fait semblable. Les 42 villes admises à députer, dont la liste a souvent varié jusqu'en 1614 pour demeurer à peu près stable par la suite, envoient en tout 47 députés. Les plus importantes ont le droit d'en choisir deux. Les modalités de désignation de ces députés varient selon les villes. Celles qui peuvent n'en choisir qu'un délèguent en général leur maire, souvent remplacé par le président du siège présidial ou du tribunal de bailliage si la ville est siège de justice. Pour celles dont la députation compte deux représentants, on procède le plus souvent à un choix au sein du conseil de ville.

Des principes aussi variés ne pouvaient conduire à une représentation satisfaisante. Partout les règles retenues aboutissent à une sous-représentation des campagnes. Les paysans ne sont jamais représentés directement. Ils le sont au mieux par leurs seigneurs ou par les villes qui, au sein de tous les états, réussissent à confisquer à leur profit une partie de la représentation du plat pays. Contrairement à l'évolution qui s'est produite pour les états généraux et qui a progressivement conduit à adopter un système d'élection à deux degrés permettant au tiers d'intégrer dans sa représentation des députés du monde rural, le système retenu pour les états provinciaux n'évolue pas. Il reste figé et dominé par la pratique médiévale qui, avec le système de la convocation individuelle, avait fait triompher l'idée que les seigneurs devaient représenter leurs paysans. Désormais élus, ces mêmes seigneurs, qu'ils soient laïcs ou ecclésiastiques, sont considérés comme toujours investis de la même mission, ce qui contribue à rendre parfois archaïque le fonctionnement de tous les états provinciaux à la fin de l'Ancien Régime.

§ 2. – FONCTIONNEMENT

Pour en rendre compte dans toute sa complexité, il convient de ne jamais perdre de vue que les états provinciaux ne sont que des assemblées périodiques. En conséquence, elles ont toujours dû lutter pour faire en sorte que les décisions prises au cours des sessions (A) trouvent application. Pour obtenir un tel résultat et imprimer à leur action un certain caractère de permanence, elles ont été contraintes de se doter d'institutions chargées de gérer les périodes intermédiaires et de veiller à leurs intérêts (B).

A. L'ORGANISATION DES SESSIONS

Les états ne peuvent jamais siéger de leur propre initiative. Ils doivent être convoqués (1) afin de pouvoir tenir valablement une session (2).

1. – *Convocation*

Elle émane toujours en principe du roi, même s'il est parfois arrivé que les gouverneurs de province, en particulier en Bourgogne, aient été habilités à convoquer les états. La périodicité de ces convocations varie d'une province à l'autre. En bien des régions, le roi avait pris dès le XVe siècle l'engagement de convoquer régulièrement les états. Il en allait ainsi pour ceux de Languedoc, de Provence, de Bourgogne et de Bretagne où le Contrat d'union de 1532 stipulait cette obligation. Contrairement à ce qui se passa pour les états généraux, la royauté convoqua régulièrement les états provinciaux jusqu'à la veille de la Révolution. En général, une périodicité d'un an fut la règle observée en Languedoc et Provence, tandis qu'elle passa à deux ans en Bretagne à partir du milieu du XVIIIe siècle et à trois ans en Bourgogne à la fin du siècle précédent.

La convocation se faisait toujours par lettres patentes adressées au gouverneur ou à l'intendant. Elles étaient accompagnées de lettres de cachet destinées aux députés les plus marquants (évêques, abbés, échevins, nobles les plus en vue) et, pour que chacun fût informé de la réunion à venir, publication de la date et du lieu en était faite dans l'ensemble de la province. En général, les réunions se tiennent en fin d'année, entre octobre et décembre. Le lieu varie souvent, sauf en Bourgogne où Dijon s'impose rapidement. En Languedoc, Toulouse et Montpellier ont la faveur des états, sans jamais cependant éclipser totalement Béziers et Pézenas, tandis qu'en Bretagne les sessions se partagent entre les sièges des neuf diocèses dont l'évêque est de droit député aux états. Il y avait là un enjeu considérable puisque c'est l'évêque du diocèse où se déroule la session qui préside l'assemblée. La durée des sessions, dont le roi prononce toujours la clôture, n'est pas fixée à l'avance et varie de quatre à sept semaines, tout en pouvant être parfois plus courte. Les députés, sauf ceux de Bretagne, sont défrayés pour leur présence aux états. Ils reçoivent à ce titre une gratification forfaitaire ou une indemnité journalière qui varie en fonction de l'ordre auquel ils appartiennent. Pendant la durée de la session, les semaines qui la précèdent et celles qui la suivent, ils jouissent d'une véritable immunité, souvenir sans doute de la sauvegarde royale sous laquelle étaient jadis placés tous ceux à qui le roi demandait conseil.

2. – *La session*

Responsable de la convocation et de la date d'ouverture des états, le roi n'assiste pas en personne à la session. Il délègue à ses représentants sur place – gouverneur, intendant, présidents de chambre des comptes et du parlement – pouvoir de la tenir. Ils y sont ses commissaires et l'ouvrent par une séance solennelle en prononçant un discours. C'est l'occasion de présenter les demandes du roi dont la principale tourne toujours autour du subside attendu de la province. Le président de l'assemblée répond en termes toujours ambigus, sans prendre d'engagement précis. Suit une messe solennelle qui marque la fin du temps d'ouverture et le début des travaux qui se déroulent en dehors de la présence des commissaires royaux et dans le respect du règlement intérieur dont s'est dotée chaque assemblée. Après que chaque ordre ait procédé à la vérification des pouvoirs de ses députés, le travail se déroulait en commission. Chacune d'entre elles désignait un rapporteur auquel revenait le soin de présenter les conclusions devant l'assemblée plénière des états appelée à prendre les décisions définitives.

Le Languedoc est une des rares provinces où le vote se déroule par tête. À peu près partout ailleurs, les députés travaillent et votent par ordre. Il en va ainsi en Bourgogne. Les députés y sont répartis en trois chambres qui travaillent de manière séparée, tout en se consultant par l'intermédiaire de commissaires, puis ils se réunissent en séance plénière dont les décisions sont qualifiées de décrets des états. On procède de la même manière en Bretagne où l'on s'efforce toujours d'obtenir l'unanimité des trois ordres pour les questions importantes, après que chacun ait voté séparément au sein de sa chambre. Une fois acquises, les décisions devaient être appliquées.

B. LES INSTITUTIONS EXÉCUTIVES

Les sessions étant toujours relativement brèves et espacées dans le temps, le problème s'est immédiatement posé aux états de la mise en oeuvre et du suivi des décisions prises. Déjà les états généraux de 1355 s'étaient heurtés à cette difficulté et avaient désigné des « élus » pour lever l'aide qu'ils avaient consentie et en contrôler l'utilisation. Les états provinciaux, dont la fonction première est de voter l'impôt et de participer à la gestion de la province, butent sur les mêmes problèmes. En dépit des réticences de la royauté, ils réussirent à mettre progressivement et partout sur pied des organes d'exécution et de gestion chargés de veiller à leurs intérêts d'une session à l'autre. Des officiers qu'ils choisissent sont chargés de fonctions précises (A) tandis que des commissions, elles aussi désignées par eux, sont investies de missions plus larges (B).

1. – ***Les officiers***

Leur nombre et leurs compétences varient en fonction des époques, d'une province à l'autre aussi. Ils sont toujours la traduction institutionnelle d'un besoin précis comme en témoignent les trois exemples retenus.

Le syndic, procureur syndic ou procureur général syndic est la plus caractéristique de ces institutions. Tous les états provinciaux en sont dotés, mais ne lui confient pas des attributions toujours identiques. De même que leur appellation diffère, il peut arriver que les compétences soient réparties entre plusieurs titulaires. Ainsi les états du Languedoc confient-ils la charge à trois syndics généraux, alors que ceux de Bretagne la partagent entre deux procureurs syndics. Mandataires des états et désignés par eux, même si le roi et l'intendant veillent de près à leur nomination, ils sont aussi rémunérés par eux et le plus souvent choisis parmi des hommes de loi rompus aux techniques administratives et comptables. Ce recrutement au sein d'un même milieu fit que la charge eut souvent tendance à devenir héréditaire ou, à tout le moins, l'apanage de quelques grandes familles.

La première mission du syndic est de préparer l'ordre du jour de l'assemblée, en accord avec son président, et d'en organiser le travail de la manière la plus rationnelle possible. Une fois la session terminée, il est en charge de l'exécution de ses décisions et doit conduire auprès du conseil du roi et des secrétaires d'état, toutes les démarches qui s'imposent aussi souvent que doit être donnée une autorisation des autorités centrales ou que leur tutelle doit être mise en jeu. Le syndic des états est ainsi en permanence chargé de la défense des intérêts des états. Il est le gardien des privilèges de la province tant à l'encontre des particuliers que de l'administration. Cette attribution, qui fait de lui un agent omniprésent, est particulièrement perceptible en Bretagne où il a droit d'entrée au parlement de Rennes. Il y siège avec les gens du roi et peut à ce titre intervenir à tous moments pour requérir dans l'intérêt de la province ou s'opposer à l'enregistrement de toute décision que n'auraient pas approuvée les états et qu'il juge contraire aux intérêts de la province, en particulier dans le domaine fiscal. Une fois son mandat expiré, il doit rendre compte de sa gestion. Ce compte-rendu est alors soumis à la délibération et au vote de la nouvelle session de l'assemblée.

Le trésorier est un personnage clé dans la vie des états. Nommé lui aussi par eux, sa fonction a parfois été érigée en office par accord entre le roi et les états qui la vendirent alors fort cher. Il arriva qu'elle fût mise aux enchères. Le plus offrant, c'est-à-dire celui qui consentait les plus fortes remises sur les sommes qui lui étaient laissées à titre de rémunération tout en présentant les garanties suffisantes, l'emportait.

La fonction de trésorier est fort lourde dans la mesure où il est appelé à manier des fonds importants. Il centralise toutes les sommes qui sont affectées aux besoins de la province et en assure la gestion. Provenant essentiellement de l'impôt, elles rentrent parfois très mal, ce qui le met en position difficile face à ses créanciers et le contraint à faire parfois appel à des fonds privés par le biais de l'emprunt ou l'émission de rentes. Dans certaines provinces, cette fonction de gestionnaire des deniers provinciaux est encore alourdie par des cumuls de charges. Il n'est pas rare que le trésorier soit en même temps receveur général pour le roi et, à ce titre, chargé d'assurer à termes fixes la rentrée des impôts dus au trésor royal. Comme tout agent investi d'une fonction financière, le trésorier doit rendre régulièrement des comptes. Il le fait en général devant les états – ainsi en Bourgogne, Bretagne et Languedoc – ou devant la chambre des comptes de la province, comme en Provence.

Le greffier apparaît véritablement comme le gardien de la mémoire des états. Il tient à jour la liste des députés, participe à la vérification des mandats dont ils sont porteurs et contrôle les présences. Sa fonction essentielle est la rédaction des procès-verbaux des séances, qu'elle se fasse sur des registres ou feuillets séparés. Il joue ici un rôle capital de sélection, de filtrage et d'orientation de l'information. De l'interprétation qu'il fait des débats et de la restitution qu'il en donne, dépend l'image que l'opinion publique se fait des états. C'est la raison pour laquelle leurs responsables surveillent étroitement son travail de rédacteur.

2. – *Les commissions*

Tous les états ont dû se doter de commissions spécifiques afin de veiller à l'exécution des décisions prises, assurer le traitement des affaires courantes entre les sessions et préparer chaque nouvelle réunion. Autant de provinces, autant d'appellations différentes données à ces commissions, autant de structures variées aussi et de compétences diversifiées.

La Chambre des élus de Bourgogne est sûrement un des exemples les plus typiques de ce genre de commission. Elle occupe une place de tout premier plan dans la vie administrative de la province tout au long de l'Ancien Régime.

À l'instar de ce qu'avaient fait les états généraux de 1355 en désignant des « élus » pour gérer l'impôt consenti à la royauté, les états de Bourgogne constituent eux aussi, en 1361, une commission de 18 membres chargée de recenser les feux en vue de lever l'aide demandée pour la rançon destinée à obtenir la libération de Jean le Bon. Ce furent les « élus de Bourgogne », appelés à devenir la chambre des élus de Bourgogne dont le duc voulut un temps contrôler le recrutement, finalement abandonné aux états à partir de 1438. Les modalités de ce recrutement, au sein des trois ordres, est complexe. Il a beaucoup évolué sauf pour la noblesse qui procède toujours par voie d'élection au début de chaque session, tandis que les deux autres ordres appellent à la chambre à la fois des membres de droit (maire de Dijon pour le tiers) et des membres qui y siègent en fonction d'un tour très minutieusement réglementé (successivement un évêque, un abbé, un doyen de chapitre pour le clergé et un député d'une des douze villes les plus importantes pour le tiers). Siégeait aussi, au sein de cette chambre, un élu du roi dont la mission était de défendre les intérêts de la monarchie. Érigée en office, cette fonction est toujours très convoitée, en particulier par l'intendant. Louis XIV compléta la structure de la chambre des élus en lui adjoignant le président et un maître de la chambre des comptes de Dijon. Au lendemain de cette réforme, son effectif demeura stable avec sept membres au total : quatre représentants des états (dont deux pour le tiers), l'élu du roi et les deux membres de la chambre des comptes.

Deux textes fondamentaux, de 1682 et de 1744, régissent son fonctionnement et déterminent ses compétences. La chambre des élus siège au minimum deux fois par an (mai et novembre) et se réunit aussi souvent que des questions importantes l'exigent. Chaque ordre y disposait d'une voix, une autre revenait aux représentants de la chambre des comptes et une autre enfin à l'élu du roi, ce qui contraignait les deux députés du tiers à se mettre d'accord pour faire connaître la position de leur ordre. Il en allait de même pour les deux représentants de la chambre des comptes. Les compétences des élus sont très larges, mais ils ne peuvent les exercer que sur délégation des états auxquels ils doivent toujours rendre compte de leur action et demander ratification de leurs décisions. C'est principalement dans le domaine financier et fiscal qu'ils sont appelés à intervenir. Ordonnateurs de toutes les dépenses des états, ils ont la haute main sur leur trésorerie et sont habilités, en cas de besoin, à négocier des emprunts. Chargés de la répartition des impôt royaux et provinciaux, ils surveillent l'évolution du nombre des feux, peuvent procéder à leur révision et sont compétents pour connaître des demandes de dégrèvement. Ils prennent aussi une part à l'organisation militaire de la province et interviennent régulièrement dans la gestion de la voirie.

La commission intermédiaire des états de Bretagne prend lentement naissance tout au long des XVIe et XVIIe siècles, dans le sillage de commissions particulières constituées pour des besoins précis (réformation de la coutume, voirie, fiscalité, questions militaires). Elle ne devient permanente qu'en 1734 pour regrouper alors dans son champ de compétences toutes les attributions jusque-là dévolues à celles qui l'avaient précédée. Présidée par l'évêque de Rennes, elle comprend six députés de chaque ordre librement choisis par les états en dépit de pressions constantes du pouvoir central pour contrôler ces désignations. Afin de mieux assurer son pouvoir, elle se dote à Rennes de bureaux permanents, puis dans chaque diocèse d'un bureau diocésain composé d'un député de chaque ordre que préside l'évêque et enfin, dans chaque paroisse, d'un correspondant en la personne du curé, d'un officier de justice ou d'un gentilhomme.

Institution très structurée, la commission exerce, sous le contrôle des états dont elle tient tous ses pouvoirs, une autorité effective sur l'ensemble de la province. Elle devient progressivement un des rouages essentiels de l'administration et se pose ainsi, bien souvent, en rivale de l'intendant. Compétente pour le recouvrement de la plupart des impôts royaux, elle a aussi en charge les travaux publics, la gestion de la voirie, l'administration des haras et l'entretien des troupes. Son action ne se limite pas à ces secteurs bien classiques d'intervention, très investie qu'elle est dans tout ce qui touche à la culture, à l'érudition et à l'établissement des cartes et plans.

La commission des états de Provence, traditionnellement qualifiée de **procure du pays**, voit le jour à la fin du XVe siècle, lors du rattachement de la Provence à la couronne. Elle trouve son origine dans le procureur et défenseur des privilèges du pays que le duc avait autorisé les états à nommer. Sa composition – complexe – a constamment évolué avant de se stabiliser au début du XVIIe siècle. Deux catégories de procureurs en font alors partie. Quatre procureurs membres permanents et de droit, tous attachés à la ville d'Aix : son archevêque, ses trois consuls et leur assesseur. Six procureurs joints, élus à raison de deux par état lors de chaque session, système qui posa problème en période de suspension des états. Par qui, alors, faire désigner les six procureurs joints ? Le choix se porta sur l'assemblée des communautés de Provence, système que le clergé accepta mais que récusa la noblesse. Ne voulant pas que ses procureurs fussent désignés par les seuls membres du tiers, elle obtint de pouvoir présenter une liste de six candidats parmi lesquels le tiers, après ratification par le pouvoir de cette présentation, pouvait choisir les deux procureurs joints de la noblesse.

Comme les commissions des autres états, la procure des états de Provence n'a de pouvoirs que ceux qui lui sont délégués par l'assemblée de ces mêmes états. En dehors de ces délégations, elle n'est compétente que pour tout ce qui touche à la préparation des sessions et à l'exécution des décisions qui y sont prises. Réunie d'abord sans périodicité et en fonction des circonstances, elle l'est ensuite de manière plus régulière en vertu d'un règlement de 1787 qui prévoit trois réunions annuelles en février, juin et novembre, avec possibilité de réunions élargies auxquelles étaient invités à assister deux procureurs supplémentaires envoyés par chacun des trois ordres. Ainsi élargie, la commission se subdivisait en bureaux auxquels étaient confiées des attributions spécifiques qui ne devaient jamais empiéter sur les compétences des états.

§ 3. – COMPÉTENCES

Représentants de la province, mandatés par elle et défenseurs de ses intérêts, les états provinciaux ont vocation à connaître de toutes les affaires sous l'autorité du roi ou de ses représentants. Maillon d'une véritable administration décentralisée, ils participent directement à la gestion des affaires du pays et agissent en même temps pour le compte du roi. Leurs compétences se structurent autour de trois pôles. Corps politiques, ils sont souvent associés à l'élaboration de décisions à caractère constitutionnel et juridique ((A). Institutions de conseil et de surveillance, on attend d'eux consentement à l'impôt suivi d'une gestion rigoureuse (B). Très impliqués dans la vie de la province, ils sont naturellement enclins à se poser en rivaux de l'intendant et à revendiquer certaines de ses attributions administratives (C).

A. PARTICIPATION À LA VIE CONSTITUTIONNELLE ET JURIDIQUE DU ROYAUME

Les pays d'états, très jaloux de leur autonomie, entretiennent avec la royauté, par l'intermédiaire de leurs états qui la représentent, des relations toujours étroites. Leur action s'inscrit dans le système constitutionnel de l'Ancien Régime dont ils constituent un élément essentiel, jouant ainsi le rôle d'**interlocuteurs privilégiés entre le prince et le pays**. Cette fonction fort ancienne et héritée de la tradition médiévale se manifeste presque toujours avec force à l'occasion du rattachement de chaque province à la couronne. En dépit de la décision du prince territorial de céder son « état » à la couronne, d'unions personnelles entre la couronne et tel état princier, ou de victoires militaires conduisant à l'annexion, le souverain prend toujours grand soin de traiter avec les états de la province considérée pour fixer les conditions finales de l'annexion et obtenir, en quelque sorte, le consentement des intéressés par la voix de leurs représentants que sont les états. Ainsi, pour la Bretagne, lorsqu'en 1532 François Ier négocie son statut dans le cadre du Contrat d'union conclu avec les états réunis à Vannes. Et ceci en dépit du testament de la reine Claude de France qui l'avait léguée au dauphin François en 1524.

C'est sans doute le droit de tout temps reconnu aux états provinciaux, jusqu'en 1614, de **désigner les députés de la province aux états généraux** qui est la manifestation la plus significative de leur participation directe à la vie politique du royaume. Choisis parmi les trois ordres, ces députés étaient investis d'un seul mandat impératif qui ne leur laissait aucune liberté. Ils en avaient d'autant moins qu'ils étaient davantage considérés comme les représentants de leur province que de leur ordre. En conséquence, aussi longtemps que le vote au sein des états généraux se fit par province et non par ordre, ils devaient impérativement adopter une position commune pour défendre les intérêts du pays avant celui de leur ordre. Devenus si peu représentatifs de leur province à la veille de la Révolution et beaucoup d'entre eux étant entrés dans une irrémédiable phase de décadence, les états ne furent plus en mesure d'élire valablement des députés, droit qu'ils perdirent alors.

Il arriva parfois que les états fussent associés au dernier acte du règlement de conflits internationaux, la **ratification des traités**. Telle fut la situation en 1525 pour le traité de Moore signé entre le roi d'Angleterre Henri VIII et la régente Claude de France. Une des clauses stipulait qu'Henri VIII mettrait tout en oeuvre pour aider à libérer François Ier prisonnier à Madrid. Il se montra très prudent et exigea que le traité fût ratifié par les états de Normandie et de Languedoc. Il en alla de même avec le traité de Madrid signé en 1526 entre Charles-Quint et François Ier, au terme duquel le souverain s'engageait à céder la Bourgogne que les impériaux considéraient comme le « vrai patrimoine et tronc de la maison et des armes de l'empereur ». Demande fut alors faite aux états de Bourgogne, tout comme aux états généraux et aux cours souveraines, de ratifier le traité. Les Bourguignons s'opposèrent à cette ratification, ce qu'espérait bien François Ier. Et la Bourgogne resta française.

À l'instar des états généraux qui n'avaient jamais oublié qu'il étaient, à l'origine, ce qui restait de la cour du roi démembrée et qu'ils se trouvaient, de ce fait, investis d'un devoir de conseil qu'ils pouvaient remplir par le biais de leurs doléances, **les états provinciaux font aussi valoir leur droit d'adresser au souverain des remontrances et de lui présenter des doléances.** C'est surtout au XVIe siècle que s'exerce véritablement ce droit. Il est officiellement reconnu pour la Bretagne où le Contrat d'union stipule qu'aucune décision du roi à valeur normative ne saurait prendre effet dans la province sans approbation préalable des états qui pouvaient toujours émettre des réserves sous forme de remontrances. Il y n'y avait là qu'application stricte de l'engagement qu'avait pris le souverain, comme pour les autres provinces réunies au royaume, de toujours préserver leur ordre juridique respectif. Tout au long du siècle, nombreuses sont les remontrances de plusieurs états provinciaux qui s'attachent à donner leur avis sur des questions de politique générale et tout particulièrement dans le domaine religieux.

Par la suite, ils ont tendance à moins s'intéresser à ces questions pour porter davantage leur attention sur des problèmes à la fois plus locaux et plus techniques. Leurs observations et demandes, souvent appuyées par le gouverneur en signe de soutien à ses administrés, sont chaque année transmises au roi, sous forme de doléances, par une députation des états désignée au cours de la session. Composée de représentants des trois ordres, conduite par le procureur syndic et porteuse du cahier sur lequel elles sont rédigées, elle se rend à Versailles auprès du roi – c'est, en Bourgogne, « le voyage d'honneur » – qui lui donne audience. Les secrétaires d'état compétents pour les affaires à traiter étaient chargés de les instruire et de préparer les réponses qui étaient données, article par article, quelques semaines plus tard à l'occasion d'une séance du conseil et en présence du gouverneur de la province. La députation quittait alors Versailles pour rendre compte aux états de sa mission. Le contenu de ces doléances ne varie guère. Elles concernent toujours des questions spécifiques à la province : violation de ses privilèges, demande de dégrèvements fiscaux, conflits entre l'intendant et les juridictions souveraines, abus dans la création d'offices par la royauté. Elles sont souvent satisfaites par le pouvoir qui va parfois jusqu'à y répondre par la rédaction d'un texte à valeur normative, lettre patente ou arrêt du conseil. Il est ainsi plusieurs grands textes de réforme concernant la justice ou l'administration qui ont en partie trouvé leur origine dans certains cahiers de doléances parfaitement motivés et finement rédigés par les états provinciaux.

C'est poser toute la question de leur participation à l'élaboration de la norme. Pour tout ce qui touche à la législation royale, elle est fort modeste et beaucoup plus discrète que celle des états généraux. En revanche, **les états provinciaux jouent un rôle de premier plan aussi souvent que vient sur le métier la rédaction ou la réformation des coutumes de la province**. Ils sont alors convoqués pour participer aux travaux avec les commissaires royaux et tous les techniciens qui constituent les commissions de rédaction ou de réformation. Il leur est demandé de désigner une commission appelée à donner son avis sur l'avant-projet, tandis que le projet définitif fait l'objet d'une discussion en séance plénière des états. Il fallait alors que l'ensemble des articles fût approuvé par les trois ordres. S'ils n'y parvenaient pas et si des désaccords profonds subsistaient, le roi et ses commissaires tranchaient en accord avec le Parlement.

Ainsi, fidèles à leur vocation, les états provinciaux s'intéressent avant tout aux affaires de leur province pour tout ce qui concerne les questions constitutionnelles et juridiques. Exception faite des traités internationaux pour lesquels ils ne sont que rarement consultés, ils font avant tout figure de conseillers pour le prince et de défenseurs avertis des privilèges locaux. Il en va de même dans le domaine de la fiscalité.

B. CONSENTEMENT ET GESTION DE L'IMPÔT

Les règles qui dominent la matière varient beaucoup. Héritières de l'histoire, toujours calquées sur la géographie et conditionnées par la qualité des privilèges reconnus au pays, elles évoluent en permanence en fonction des rapports que la monarchie et ses agents entretiennent avec chaque assemblée d'états. Deux principes se sont cependant imposés depuis le Moyen Âge. Le premier interdit à la monarchie de lever un impôt sans obtenir le consentement des états (1) tandis que le second leur laisse une liberté presque entière de gestion de l'ensemble de la matière fiscale (2).

1. – *La décision d'imposer*

Elle relève toujours, au moins en théorie, des états. Il y a là une prérogative à laquelle chaque pays se montre très attaché et qu'il s'est toujours efforcé de conserver. Élément fondamental de chaque constitution provinciale, cette prérogative a souvent fait l'objet d'une reconnaissance officielle de la part de la royauté. Il en fut ainsi avec Charles VII en faveur des états de Languedoc, puis avec François Ier et la Bretagne dans le cadre du Contrat d'union. Partout s'était constitué une sorte d'équilibre coutumier dans l'exercice du pouvoir fiscal que la royauté et plus encore ses légistes ne cessent de le mettre à mal. Dans ces conditions la pratique offre, effectivement, un visage tout autre de cette indépendance fiscale dont les pays d'états ont toujours voulu faire le fer de lance de leur autonomie. Il convient alors de distinguer entre fiscalité ancienne et fiscalité nouvelle.

Les impôts, traditionnellement consentis par les états depuis le Moyen Âge, ne constituaient guère un enjeu. Les états en acceptaient automatiquement et annuellement le principe, le plus souvent en fonction d'un taux ou d'un tarif qui étaient en quelque sorte devenus coutumiers. Il en allait ainsi pour les tailles et fouages que chaque état consentait à verser au roi, après discussion certes dans le cadre de l'assemblée, mais dont le résultat était connu d'avance et dont le montant entrait toujours pour une part fixe dans le total des sommes perçues sur le royaume. Il en allait de même pour la fiscalité indirecte, telles les aides, gabelles des marchandises, octrois, billots (impôts sur les boissons).

Les discussions étaient toujours plus vives aussi souvent que le roi tentait d'obtenir des états une dotation supplémentaire, sous forme de don gratuit, dont il déterminait au préalable le montant en ne laissant aux états qu'un très faible espace de négociation. Ses commissaires, une fois la demande présentée, se retiraient et laissaient l'assemblée délibérer. En réalité, il n'y avait guère là qu'illusion de consentement, tant la réponse donnée par les états était presque toujours positive. Au mieux, parvenaient-ils à négocier une réduction par rapport à la somme demandée et à faire admettre qu'aucune autre imposition ne serait décidée dans l'année. Irrité par les résistances des états de Languedoc, le roi tenta en vain, par l'édit de Béziers de 1632, de leur supprimer le droit de consentir le don gratuit, ce qui les incita à lui refuser la somme de 1 200 000 livres en 1636. Par la suite, la situation se stabilisa et les états de Languedoc furent contraints d'accorder régulièrement un don gratuit de 3 000 000 de livres à partir de 1689. La situation est assez semblable en Bretagne. Au lendemain d'un séjour de Louis XIV dans la province en 1661, les états votèrent sans discussion le don gratuit demandé, pratique que les commissaires royaux invoquèrent régulièrement par la suite pour la faire passer en coutume. Ils en profitèrent aussi pour augmenter régulièrement les sommes demandées qui atteignirent jusqu'à 1 500 000 livres à la fin du XVIIe siècle.

La fiscalité nouvelle – capitation (1695), dixième (1710) et vingtième (1749) – que la monarchie met progressivement en place à partir de la fin du XVIIe siècle, fut aussi très souvent l'objet d'âpres discussions avec les commissaires royaux, conflits dont les états ne sortirent que grâce à la technique de l'abonnement. Elle consistait à convertir, en une somme fixe et déterminée à l'avance, ce que la province aurait dû normalement verser au titre de cette fiscalité nouvelle. À cela, chacun trouva avantage. Les états réussirent en général à obtenir des rabais substantiels, tandis que la monarchie était assurée d'un versement régulier et transférait sur le pays l'impopularité de l'impôt. Il en résultat, pour les pays d'états, une fiscalité moins lourde que celle en vigueur dans les pays d'élections, même si leur droit de consentir librement l'impôt devient de plus en plus théorique. L'évolution est beaucoup moins nette pour tout ce qui touche à sa gestion.

2. – *La gestion de l'impôt*

Tous les pays d'états ont conservé une grande autonomie en ce domaine. Elle est tout naturellement porteuse de diversité. Deux idées directrices contribuent cependant à maintenir à cette fiscalité gérée par les états un certain caractère unitaire. Partout, on a recours à la fiscalité directe et indirecte. Partout, aussi, les agents des états habilités à lever l'impôt n'agissent pas en qualité de représentants du roi, mais de représentants des habitants. Par-delà ces éléments d'unité, règne une infinie variété des systèmes retenus comme l'attestent, par exemple, les modes de gestion de la taille, de la capitation et du vingtième

La taille. Cet impôt direct, d'abord seigneurial avant de devenir royal, n'a pas la même forme dans l'ensemble du royaume, même s'il est partout un impôt de répartition, c'est-à-dire un impôt dont le montant global est fixé au préalable par le pouvoir central. Sur la base de la décision ainsi prise, qualifiée de brevet général de la taille, il est ensuite procédé à une répartition autoritaire entre chaque généralité.

Au Nord, la taille est un impôt personnel qui pèse sur les revenus des personnes physiques roturières, tandis que les nobles en sont dispensés. Les revenus soumis à la taille, et qui en constituent l'assiette, sont déterminés par le collecteur-asséeur au terme de longues enquêtes annuelles. Il y prend en compte tous les types d'activités exercées par le contribuable (commerce, artisanat, agriculture, profession libérale, activité rentière) en retenant tout élément qui peut éventuellement en diminuer le revenu (situation personnelle, charge de famille, calamités naturelles). C'est sur la base de ce revenu et en fonction de la somme qui avait été affectée à chaque généralité en se fondant sur le brevet de la taille, qu'est calculé l'impôt dont chaque contribuable doit s'acquitter. Ce calcul était conduit dans le cadre d'opérations plus ou moins complexes – l'allivrement – qui permettaient d'obtenir une somme théorique à partir de laquelle était arrêté, au sol et à la livre, le montant définitif de l'imposition due par chaque contribuable.

Au Midi au contraire, la taille revêt un caractère avant tout réel. Elle pèse sur les terres roturières, qu'elles fussent tenues par des roturiers ou par des nobles. Baignant dans une ambiance de romanité et sûrement héritiers de certaines techniques romaines en matière de fiscalité (cadastre), les états de Languedoc et leurs voisins poussèrent très loin les techniques d'assiette, d'allivrement et de calcul de la taille. Une fois opérée la répartition entre généralités par le pouvoir central, les états de Languedoc répartissent par diocèse la somme à percevoir. Il est ensuite procédé à une répartition entre chaque communauté. C'est l'assiette diocésaine dont les consuls de chaque ville et paroisse sont informés. Des commissions sont alors chargées de déterminer ce que chaque contribuable doit payer. Elles le font en se fondant sur des documents cadastraux dont la plupart ont été mis en place dans le courant du XIVe siècle. Le plus souvent qualifiés de compoix, confectionnés sur la base d'un arpentage précis et d'une classification rigoureuse des terres selon leur situation, leur nature et leur qualité, ils sont les ancêtres du cadastre actuel. Ils recensent, de manière aussi minutieuse que possible, contribuables et patrimoines en procédant à une description toujours plus précise des biens fonciers bâtis et non bâtis. Le but est d'en connaître, tout à la fois, la structure exacte et la valeur précise. C'est à partir des valeurs ainsi obtenues qu'il est procédé à l'allivrement, puis au calcul de l'impôt toujours effectué de manière proportionnelle, au sol la livre. Les revenus mobiliers de chaque contribuable sont aussi recensés en vue d'être taxés dans le cadre d'un autre compoix, le compoix cabaliste. Il prend seul en compte le *cabal*, terme languedocien servant à désigner les biens mobiliers. Il était ensuite procédé à la levée de l'impôt, dans le cadre de chaque communauté, dont les receveurs remettaient la somme au receveur du diocèse.

Capitation, dixième et vingtième. Imaginée par le contrôleur général Pontchartrin (1695), la capitation se voulait un impôt universel destiné à peser sur les membres des trois ordres répartis en 22 classes et taxés en fonction de leur état. Le dixième, impôt du dixième des revenus, vise à toucher tous les contribuables. Etabli en 1710, il est par la suite plusieurs fois supprimé et rétabli. Le vingtième, impôt appelé en théorie à porter sur le vingtième des revenus (mobiliers, des offices, de l'industrie et du commerce) de tous les contribuables fut mis en place par le contrôleur Machault d'Arnouville en 1749. Il n'eut lui aussi qu'une existence intermittente et temporaire.

Comme ils l'avaient fait pour la taille, les états provinciaux réclamèrent une grande autonomie de gestion face à cette fiscalité nouvelle. Non seulement ils en obtinrent rapidement l'abonnement comme il a été dit, mais parfois même le rachat. Tel fut le cas pour la capitation en Languedoc que les états rachetèrent au sextuple en versant au roi la somme de 4 800 000 livres pour une imposition de 800 000 livres. Néanmoins, abonnement et rachat ne sont que la trame d'une politique qui connut bien des atermoiements et des avatars, tant elle ne fut jamais systématique. Souvent la royauté revint sur la pratique de l'abonnement qui ne fut jamais acquise de manière définitive, comme il lui arriva de contraindre les états à de nouveaux rachats. Ainsi ceux de Languedoc qui durent racheter en 1718, une seconde fois, les 800 000 livres de capitation.

C'est bien pour cet impôt que les états bénéficient de la plus large autonomie de gestion. Compétence leur est reconnue pour procéder à sa répartition entre la noblesse, les villes et les campagnes. Le plus souvent mal représenté aux états, le monde des campagnes voit progressivement augmenter la part de capitation qui pèse sur elle. Députés de la noblesse et des villes profitent de leur surreprésentation pour transférer sur lui une part notable de la charge fiscale. Puis, dans la seconde moitié du XVIIIe siècle, c'est la bourgeoisie urbaine qui se défausse d'une partie de sa charge sur la noblesse. Cette première opération conduite par les états une fois terminée, les modalités de répartition et de perception n'étaient pas identiques à l'intérieur de chaque ordre. La noblesse procédait elle-même à la répartition entre ses membres et la levée de l'impôt était confiée à un receveur au niveau du diocèse. Pour les villes et paroisses, c'était le bureau du diocèse qui était chargé de la répartition, opération que devait ratifier la commission intermédiaire des états. Enfin, à l'intérieur de chaque ville et paroisse, il revenait à des commissaires d'établir le montant de l'impôt de chaque contribuable dont la perception était confiée à des collecteurs. Désignés par les édiles de la municipalité, ils devaient remettre les fonds collectés au receveur du diocèse qui les faisait parvenir au trésorier des états afin qu'il fût en mesure de s'acquitter des sommes fixées dans le contrat d'abonnement.

C. ATTRIBUTIONS ADMINISTRATIVES

Véritable administration décentralisée, les états provinciaux veulent être le symbole des autonomies provinciales et revendiquent, à ce titre, une certaine compétence administrative (1) dont l'exercice implique parfois beaucoup de diplomatie dans les rapports qu'ils entretiennent avec les représentants du roi dans le pays (2).

1. – ***Une forme d'administration décentralisée ?***

Tout paraissait plaider en ce sens au XVIe siècle, période au cours de laquelle un certain équilibre semblait avoir été acquis entre les états et le pouvoir. Maître incontesté de la souveraineté financière et judiciaire, la monarchie avait consenti à laisser aux états une certaine illusion d'autonomie par le biais d'un consentement souvent contraint à l'impôt et par une liberté de gestion parfois bien limitée. La situation change à la fin du siècle. Face à la pression fiscale toujours croissante de la monarchie, les états se raidissent. Le pouvoir affiche alors sa volonté d'en limiter les prérogatives. Louis XIII et Richelieu engagent contre eux une lutte ouverte, faisant du XVIIe siècle le temps de la disparition de certains (Bourbonnais, Limousin, Marche, Auvergne, Périgord, Provence où les états sont remplacés, à partir de 1639, par une assemblée générale des communautés qui permet cependant à la province de sauver son statut de pays d'états) et le début d'une irréversible décadence pour d'autres. Partout où ils le purent, ils jouèrent de la coexistence entre les états et les élections en favorisant ces dernières. Tel fut le cas en Normandie où les états furent convoqués pour la dernière fois en 1655. En Gascogne, Comminges et Armagnac aussi, où des élections créées dans la première décennie du XVIIe siècle favorisèrent la suppression de ces assemblées. Il en alla de même en Dauphiné. Le discrédit qui y entourait les états incita Richelieu à y introduire les élections et à ne plus convoquer les états à partir de 1628. Cette offensive généralisée témoigne du dessein obstiné de la monarchie de réduire à néant les autonomies provinciales devenues pour elle difficiles à gérer. Elle n'y réussit que partiellement tant le désir de gérer leurs propres affaires reste vif au sein des assemblées d'états qui subsistent, en particulier en Bourgogne, Bretagne et Languedoc. Néanmoins, la marge d'autonomie se fit toujours plus étroite et les domaines d'intervention propre réservés aux états devinrent chaque jour plus réduits. D'abord, parce que le pouvoir s'efforça toujours d'intervenir davantage. Ensuite, parce qu'il devait donner son autorisation à toute levée d'impôt que les états décidaient, en dehors du financement du don gratuit, pour le financement des besoins propres de la province. Il en allait de même aussi souvent que les états lançaient un emprunt pour les mêmes besoins.

Un des principaux secteurs d'intervention des états est celui des travaux publics. Les états de Bretagne se montrent particulièrement actifs en ce domaine. Dès 1715, ils revendiquent l'entière administration des grands chemins. En dépit de quelques concessions obtenues du duc d'Aiguillon alors qu'il était commandant en chef, l'intendant exerce encore l'essentiel des attributions en ce domaine en 1780 et contrôle toujours l'administration des Ponts et chaussées. Les états réussissent cependant à faire entendre leur voix dans les dernières années de l'Ancien Régime. Ils obtinrent que leur fussent communiqués, trois mois à l'avance, tous les projets de grands travaux afin de pouvoir définir leurs modalités d'exécution. Leur est aussi confiée, en 1785, l'administration des grands chemins, tandis que depuis 1783 avait été créée en leur sein une commission intermédiaire de la navigation intérieure. Ils étaient en même temps déclarés propriétaires des canaux qu'ils creuseraient, tout comme des travaux qu'ils réaliseraient sur les rivières navigables où la surveillance du trafic leur était attribuée. Il en allait à peu près de même en Bourgogne où un arrêt du 28 juillet 1772 attribua aux représentants des états, les élus, juridiction sur les chemins. Les états bourguignons surent aussi se montrer très attentifs aux canaux. Ceux de Bourgogne, du Charolais et de Franche-Comté ont été creusés à leur initiative. Le cas du Languedoc est tout aussi intéressant. Les états y disposent d'une administration des travaux publics dotée d'un directeur par sénéchaussée ayant sous ses ordres des inspecteurs généraux. Ils contrôlent et gèrent directement les chemins provinciaux répartis en quatre catégories à partir de 1756 (chemins de sénéchaussée, chemins de diocèse, chemins de communauté). Ils réussissent même à obtenir en 1770, qu'une des trois routes royales – la route d'Auvergne par le Vivarais – passe sous leur contrôle. Pareille obstination leur permit d'améliorer et de construire en partie, dans la seconde moitié du XVIIIe siècle, un des plus beaux réseaux routiers de France. Ils n'en négligèrent pas pour autant les voies fluviales, tel le canal du Midi à la construction duquel ils ont largement contribué. Ils portent aussi intérêt à l'embellissement des villes comme l'atteste la place du Peyrou à Montpellier.

Partout, les états s'investissent aussi dans le secteur de l'économie en soutenant l'agriculture, l'artisanat et l'industrie naissante. Voici les états de Bourgogne qui subventionnent de nombreux centres de production textile. Et voilà l'assemblée des communautés de Provence qui accorde des primes à plusieurs manufactures, subventionne la société d'agriculture, soutient financièrement plusieurs manufactures et vient au secours de communautés éprouvées par des calamités naturelles. Et voici enfin les états de Languedoc qui investissent plus de 150 000 livres par an en subvention pour des entreprises industrielles (subvention de dix livres par pièce de drap fin, paiement de loyers au bénéfice de manufactures) tout en accordant des gratifications aux savants dont les découvertes faisaient avancer la technique.

L'action des états n'est pas moindre dans le domaine militaire. Le pouvoir les contraint à participer au financement de l'entretien des troupes stationnées dans la province. En dépit d'une résistance ouverte à cette demande, ils finissent par céder à partir de la décennie 1730, tout en essayant d'en retirer quelque bénéfice. Ils obtiennent ainsi le droit de contrôler l'utilisation des crédits votés, de participer à l'adjudication des gros travaux engagés pour le logement des gens de guerre ainsi que la possibilité de mettre à leur disposition des locaux inoccupés moyennant versement d'un loyer. Là s'arrête leur collaboration à la chose militaire. Aller au-delà eût été empiéter sur la compétence en ce domaine, des représentants du roi dans la province.

2. – *Rapports avec les représentants du roi*

Le partage des compétences n'est pas toujours facile entre les états et les deux principaux représentants du roi dans la province que sont le gouverneur et l'intendant.

L'équilibre qui s'établit entre le **gouverneur** et les états varient beaucoup d'une province à l'autre. Il dépend tout à la fois du prestige et de la présence effective du gouverneur. En Bretagne, la fonction est d'importance, souvent aux mains de fortes personnalités (Richelieu, Anne d'Autriche, le comte de Toulouse), tout comme en Bourgogne où elle est en permanence aux mains des princes de la maison de Condé. Autant de situations, comme en Languedoc aussi, où le gouverneur réside peu et se fait représenter par un commandant en chef. Partout, les états attachent une grande importance au dialogue direct avec lui-même ou son commandant qu'ils considèrent, bien plus que l'intendant, comme le représentant direct du roi. Et il l'est d'autant plus que les pays d'états, souvent situés aux marges du royaume (Languedoc, Bourgogne, Bretagne), étaient toujours dotés de gouverneurs particulièrement performants – la plupart du temps des militaires de haut rang – en raison de l'insécurité et des risques d'invasion qui y régnaient en permanence. Dès lors, le gouverneur s'impose comme un intermédiaire obligé entre le roi et les états auxquels il présente les demandes qui émanent de la monarchie. Ils ont souvent recours à lui dans le cadre des négociations qu'ils conduisent avec le pouvoir pour fixer le montant du don gratuit ou accorder de nouveaux impôts. Le gouverneur apparaît ainsi comme celui qui a tout à la fois pour mission de modérer les demandes du conseil et d'inciter les états à y répondre dans les meilleures conditions, ce qui le contraint parfois à faire des concessions par rapport à ce que souhaite obtenir le monarque. Tout réside alors dans le talent de négociateur du gouverneur qui joue toujours de ses pouvoirs, de son prestige et de ses relations dans la province. Exaltant en permanence le loyalisme des états, il se constitue ainsi une véritable clientèle en leur sein, clientèle qui compte sur ses faveurs pour obtenir du roi offices, pensions et bénéfices. Les Condé en Bourgogne offrent un des plus purs exemples de cette politique, aussi longtemps qu'ils ont la haute main sur le gouvernement de la province.

Les rapports que les états entretiennent avec l'**intendant** sont aussi complexes. Tout à la fois mâtinés de diplomatie et de fermeté, ils varient à l'infini d'une province à l'autre en fonction de la vitalité des assemblées et de la personnalité des intendants. Dans la mesure où les états sont appelés à intervenir dans nombre de domaines qui relevaient de la compétence de l'intendant, les risques de conflits étaient évidents. Ils furent la plupart du temps limités. C'est principalement en matière financière que l'équilibre fut parfois le plus difficile à trouver. Les états assurant une bonne part de la gestion fiscale de leur province, ils entrent directement en concurrence avec les bureaux de l'intendance. Cette situation se cristallise particulièrement en Bretagne où la commission intermédiaire empiète toujours davantage sur les attributions de l'intendant en matière financière pour faire de lui, principalement, un simple intendant de justice et police. Plus que lui, elle intervient dans les négociations à conduire avec le pouvoir dans l'intervalle des sessions, tandis que le rôle de mandataire des états dans les opérations de répartition et de levée de l'impôt ne cesse de se développer à partir des années 1730, situation dont s'accommodèrent parfaitement les divers intendants. La police, traditionnellement dévolue à l'intendant, constitue aussi un domaine que convoitent parfois les états. On les voit souvent intervenir en matière de santé publique (lutte contre les épidémies), de politique sociale (lutte conte la pauvreté, la mendicité et le chômage, subventions à des œuvres d'assistance, secours aux enfants trouvés) ou de sécurité (aménagement des villes, lutte conte les incendies). Dans la pratique, ces interventions ne viennent en rien troubler la mission principale dévolue à l'intendant en matière de police : le maintien de l'ordre. Elles ne sont que complément aux actions que le commissaire départi a parfois quelque difficulté à assurer seul. Il est enfin un dernier point qui posa parfois problème dans les rapports entre l'intendant et les états : la tutelle sur les villes et communautés d'habitants. Les états de Languedoc se montrèrent si attachés à cette prérogative, surtout en matière financière, qu'une commission fut spécialement créée par lettres patentes du 30 janvier 1734 destinée à « connaître et juger des dettes et affaires des communautés de la province ». Mais ce fut là exception et, dans l'ensemble, l'intendant conserve toujours l'essentiel des prérogatives aussi souvent qu'est en jeu la tutelle des communautés, comme toutes ses autres compétences dont il sait toujours se faire le titulaire exclusif face à des états presque tous entrés dans une phase d'irrésistible déclin.

Voilà qui conduit à tempérer singulièrement leur rôle d'administrateurs décentralisés. Intendant et gouverneur ne manquent jamais de les rappeler à la réalité quand ils outrepassent leur fonction essentielle qui est de représenter les intérêts locaux et d'assurer la défense des privilèges de la province. Ils n'étaient d'ailleurs pas toujours en position favorable pour parler au nom de toute la province dans la mesure où leur structure demeure en permanence oligarchique, avec une sous-représentation patente du plat pays. Nobles, haut clergé et grande bourgeoisie y confisquent souvent une part de la représentation pour faire régner, dans ces assemblées, un esprit que domine une volonté exacerbée de promotion des intérêts et de l'esprit de la région. Autant de données qui expliquent pourquoi un jugement mitigé était porté à leur endroit à la veille de la Révolution. Souvent reflets d'un certain conservatisme et d'une réelle pesanteur provinciale, le pouvoir voyait en eux un obstacle de poids à sa politique centralisatrice tandis que les populations les rendaient souvent responsables d'une fiscalité oppressante. L'esprit de réforme loue au contraire les corps intermédiaires indispensables qu'ils constituent pour le dialogue entre le prince et le pays, ainsi que des modèles à imiter pour mettre sur pied de nouvelles structures – les assemblées provinciales – destinées à tempérer les effets pervers d'une centralisation exacerbée.

SECTION 2

LES ASSEMBLÉES PROVINCIALES

Cette centralisation excessive dont souffre l'Ancien Régime est symbolisée par l'intendant, tout particulièrement dans les pays d'élections. Sur sa personne se concentrent toutes les critiques qui, souvent à tort, voient en lui le symbole de l'arbitraire et le responsable d'une fiscalité toujours plus lourde. À partir des années 1750, tant l'opposition constante des parlements que le profond mouvement de renouvellement des idées conduisent progressivement l'opinion à prendre conscience qu'une réforme de l'administration des pays d'élections est indispensable. Elle devait, dans l'esprit de ses promoteurs, permettre la création d'organes nouveaux – les assemblées provinciales – propres à contrebalancer le pouvoir de l'intendant et à associer davantage les populations à la prise de décision. La genèse en fut laborieuse (§ 1), avant de déboucher en 1787 sur la mise en place généralisée d'assemblées provinciales (§ 2) dont l'existence fut de très courte durée (§ 3).

§ 1. – LABORIEUSE GENÈSE

Lancée dès la fin du règne de Louis XIV, l'idée d'une grande réforme administrative (Saint Simon, Fénelon) commence à prendre corps avec Louis XV. Plusieurs projets d'assemblées provinciales sont présentés au souverain, en particulier par l'intendant Chaumont de la Galaizière qui préconise en 1753 la création, dans chaque généralité, d'une assemblée de contribuables chargée de la répartition des impôts directs. La décennie 1760 est marquée par les remontrances de plusieurs parlements, en particulier de Rouen et de Grenoble, qui prennent nettement position en faveur de la réforme. Louis XV ne donna pas suite à ces diverses sollicitations, mais elles suscitèrent une réflexion en profondeur sur la question (A) qui se traduisit par une première série de tentatives réformes (B).

A. LA RÉFORME AU FIL DES IDÉES

À partir des années 1760, les critiques fusent de toutes parts qui voient dans les états provinciaux des assemblées souvent aristocratiques, conservatrices et peu performantes. Il n'est donc pas question d'étendre ce système aux pays d'élections, mais d'imaginer pour eux la création d'assemblées régionales d'un type nouveau dont certains pensaient qu'elles pourraient même se substituer aux états. Plusieurs ouvrages et brochures se succèdent alors qui font avancer la réflexion, tout particulièrement dans le milieu des Physiocrates très attachés à cette question.

Le marquis de Mirabeau, père du grand Honoré Gabriel de Mirabeau, s'inscrit dans cette lignée quand il publie, en 1750, un *Mémoire sur les états provinciaux* dont il développe par la suite régulièrement le contenu, de

1764 à 1770, dans le journal des Physiocrates, les *Ephémérides du citoyen*. Après avoir nettement pris parti, dans son *Mémoire*, pour la survie des états provinciaux, la distinction des ordres et le maintien des privilèges provinciaux, il tient un tout autre discours à partir de 1764. Les états ne doivent plus jouir du droit de consentir l'impôt dont le souverain est le seul maître devant qui les privilèges provinciaux sont appelés à disparaître. Détenteur de l'autorité suprême, le souverain doit cependant pouvoir être conseillé et éclairé. Telle est la mission qui devra revenir à des assemblées locales exclusivement composées de propriétaires fonciers en majorité ruraux dont la présence massive gommait la distinction par ordre. Physiocatre, oui. Théoricien de la réforme administrative, beaucoup moins, tant Mirabeau reste vague sur son projet.

Il n'ignorait sans doute pas cependant l'ouvrage du marquis d'Argenson *Considération sur le gouvernement ancien et présent de la France* rédigé dès 1737, mais seulement publié en 1764, puis à nouveau en 1784. D'Argenson y envisageait, dans un avenir proche, la suppression des assemblées d'états et l'instauration sur l'ensemble du royaume d'assemblées d'un nouveau type qu'il qualifiait de « municipalités ». Principalement mandatées pour agir dans le domaine fiscal, de larges pouvoirs leur étaient aussi reconnus en matière administrative, sous le contrôle de l'intendant. Sur toutes ces questions, l'ouvrage demeurait assez vague et ne pouvait à lui seul inspirer une réforme en profondeur.

Il fallut pour cela attendre que Turgot demande au physiocrate Dupont de Nemours, alors premier commis au Contrôle général des finances, de rédiger son *Mémoire sur les municipalités* (1775). Précis et percutant, ce texte pouvait être tenu pour un véritable projet de réforme dans la mesure où il proposait la création d'assemblées à trois degrés qualifiées de « municipalités ». Au bas de l'échelle, les « municipalités de paroisse » recevaient mission de répartir l'impôt entre les contribuables et de veiller aux intérêts de la communauté en assumant une série de tâches telles que l'assistance ou l'entretien de la voirie. Au degré intermédiaire, les « municipalités d'élection » avaient en charge la répartition de l'impôt entre les paroisses après avoir examiné et éventuellement pris en compte les voeux qu'elles pouvaient émettre. Au dernier échelon, les « municipalités de province » étaient investies d'une sorte de pouvoir de conciliation pour connaître et trancher les conflits qui avaient pu naître au cours des opérations de répartition. Leur seraient aussi dévolues certaines missions traditionnellement confiées aux états provinciaux, en matière de travaux publics et de voirie en particulier. Ces trois types d'assemblées devaient fonctionner en étroite symbiose. Seules les « municipalités de paroisse » étaient élues, les membres des deux autres devant obligatoirement être recrutés au sein de l'assemblée inférieure. Il était enfin prévu que les membres des « municipalités de province » envoient des délégués dont la réunion devait constituer, à l'échelle du royaume, une « grande municipalité », sorte d'organe consultatif auprès du souverain. Aucune de ces « municipalités » n'avait d'autre fonction que consultative. Tous les membres étaient appelés à y participer sans distinction d'ordres, notion qui devait disparaître, tout comme celle de privilège fiscal. L'intendant subsistait. Même si son pouvoir subissait le contrecoup de la réforme, sur lui continuait à reposer l'essentiel de l'administration de la province entre chaque session des « municipalités » qui n'avaient alors plus aucune existence. Bien que soutenu par l'opinion qui espérait de ce projet une meilleure répartition de la charge fiscale, Turgot ne put mener à bien sa réforme dont la mise en oeuvre aurait remis en cause le système des ordres et l'existence de certains privilèges.

B. PREMIÈRES TENTATIVES DE RÉFORME

Elles émanent de Necker. Conscient qu'il ne pourrait cantonner les états dans un rôle mineur sans mécontenter les ordres privilégiés, contraint aussi de maintenir les intendants, il choisit de composer sur un étroit chemin de crête, avec l'objectif de ne procéder qu'à des réformes ponctuelles et expérimentales. Dans le projet qu'il présente au roi en 1788, il prône la création d'assemblées dont le mérite est, à ses yeux, de limiter l'excessive centralisation liée à l'action des intendants. Sensible à son argumentation, Louis XVI décide par arrêt du Conseil du 12 juillet 1778, d'installer en Berry une assemblée provinciale. Elle le fut effectivement et sa création confirmée par lettres patentes du 9 mai 1779. Les ordres y subsistaient, mais des 48 membres qu'elle comptait, 24 devaient représenter le tiers-état qui voyait ainsi sa représentation doublée. C'était une première victoire pour le troisième ordre que venait encore renforcer l'obligation de voter désormais par tête et non plus par ordre. En vue de la mise en place rapide de la réforme, il était prévu que le roi nommerait un tiers des membres de l'assemblée auxquels reviendrait pouvoir de coopter les deux autres tiers. Une fois constituée, l'assemblée souhaita que tous ses membres fussent à l'avenir élus, demande que rejeta Necker. Les compétences qui lui étaient dévolues se limitaient à deux secteurs parfaitement délimités : procéder aux opérations de répartition de l'impôt et tout mettre en oeuvre pour améliorer les moyens de communication. À l'instar de ce qui existait dans les assemblées d'états, une commission intermédiaire était mise sur pied pour veiller à l'exécution des décisions prises, tandis que la mission de l'intendant était réduite à veiller au bon déroulement des travaux de l'assemblée, puis à en rendre compte ensuite au conseil du roi.

Ce premier succès fut suivi d'autres tentatives plus ou moins réussies. Décidé par arrêt du conseil du 27 avril 1779, le projet de création d'une assemblée en Dauphiné ne put finalement voir le jour en raison des exigences et des divisions des deux ordres privilégiés. Cet échec ne découragea pas Necker qui obtint, par arrêt du Conseil du 11 juillet 1779, que soit mise en place une nouvelle assemblée en Haute-Guyenne, à condition que le roi puisse en permanence exercer un contrôle préalable sur tous les engagements de dépenses, exception faite de celles qui étaient indispensables à l'administration courante. Fort de ce nouveau succès, Necker persuade Louis XVI de créer une troisième assemblée. Par arrêt du Conseil du 19 mars 1780, la généralité de Moulins fut retenue, mais le projet tourna court, le Parlement refusant d'enregistrer les lettres patentes de création.

Cette expérience, finalement limitée à la Haute Guyenne et principalement au Berry, n'était pas en mesure de répondre à la réforme en profondeur de l'administration locale que souhaitait l'opinion. Necker fut critiqué de ne pas avoir tenté de l'étendre à tout le royaume. On lui fit grief aussi d'avoir maintenu le système des ordres et de ne point avoir ménagé au tiers une place suffisante, en dépit du doublement du nombre de ses députés. Sa politique se trouva fortement compromise quand, en avril 1781, fut divulgué le *Mémoire au roi* qu'il avait rédigé en 1778 dans lequel il se montrait profondément hostile aux intendants et aux parlements. Contraint de démissionner, il fut remplacé par le conseiller d'état Joly de Fleury. Prenant en compte les critiques qui fusaient de toutes parts à l'égard de son prédécesseur, le nouveau contrôleur général, puis d'Ormesson qui devait lui succéder rapidement, prirent une série de règlements très limitatifs du pouvoir des assemblées. L'intendant retrouvait les compétences contentieuses dont il avait été dépouillé au profit des assemblées. Il en allait de même pour les travaux publics et l'ordonnancement des dépenses destinées à l'administration provinciale. Il devait aussi être tenu informé de toute la correspondance échangée entre le pouvoir central et la commission intermédiaire. C'était réduire plus encore l'expérience lancée par Necker dont le bilan fut, en définitive, bien mince. La vraie réforme restait à faire.

§ 2. – LA RÉFORME GÉNÉRALISÉE (1787)

Nommé au contrôle général des finances en 1783, Calonne remet en chantier, dans le courant de l'année 1786, les réformes amorcées par ses prédécesseurs. Il s'inscrit dans le sillage des Physiocrates et s'inspire largement du *Mémoire sur les municipalités* en proposant d'organiser, sur l'ensemble du royaume, trois assemblées. Le premier échelon en serait la paroisse, le second le district qui réunirait une trentaine de paroisses et le troisième, la province dont les députés devraient être regroupés sans distinction d'ordre. Ce projet, qui se voulait libéral, ne prévoyait ni recrutement par cooptation, ni nomination d'un président par le roi, mais il maintenait l'intendant qui continuait à exercer une sérieuse tutelle sur les assemblées. En butte à de nombreuses critiques, en particulier de la part des notables qui exigeaient le maintien de la discussion par ordre, ce projet ne fut pas retenu. À Loménie de Brienne, successeur de Calonne renvoyé en avril 1787, revint la charge de mener à bien la réforme.

Il s'en acquitta dans un esprit de compromis dont témoigne l'édit de juin 1787 qui prévoit la création de nouvelles assemblées, mais pour les seuls pays d'états. Un long préambule y rappelait les expériences du Berry et de Haute Guyenne, en posant quelques grands principes qui devaient présider tant à l'organisation et au fonctionnement de ces assemblées (doublement du tiers et vote par tête, présidence dévolue de droit à un membre des deux premiers ordres) qu'à leurs compétences, essentiellement d'ordre fiscal. Il était en outre prévu que des règlements ultérieurs, propres à chaque généralité, interviendraient pour préciser les modalités locales d'application de la réforme. Celui qui fut pris pour la Champagne, le 23 juin 1787, valut modèle pour la grande majorité des autres généralités, en dehors de la Franche-Comté, la Flandre et le Bourbonnais où la réforme fut ajournée. Analysé en parallèle avec l'édit de juin 1787, il permet de saisir l'organisation dans son ensemble. Les variantes régionales en sont mineures. À de rares exceptions près, la règle des trois degrés fut strictement respectée.

Le premier était celui de l'*assemblée municipale*. Elle n'est prévue qu'au niveau des paroisses, les villes conservant leur organisation antérieure. Composée de six à douze membres, elle comprend des membres de droit (seigneur, curé) et des membres élus par la communauté des habitants qui désigne aussi un syndic. Leur nombre varie de trois à neuf selon l'importance de la paroisse et ils sont renouvelables par tiers tous les trois ans. Pour être électeur, il fallait remplir certaines conditions de cens : payer dix livres de contribution foncière ou personnelle. Les conditions de cens étaient nettement renforcées pour être éligible, le seuil en était élevé à trente livres d'imposition foncière ou personnelle. Présidée par le seigneur, l'assemblée municipale avait avant tout pour mission de répartir les impôts directs et de procéder à leur levée. Gardienne des intérêts de la communauté, elle avait en charge l'entretien des bâtiments communaux. Intermédiaire entre le pouvoir et le pays, elle recueillait les avis des habitants et les transmettait à l'assemblée provinciale ou à la commission intermédiaire en formulant éventuellement des propositions.

Au-dessus de l'assemblée municipale, se trouvait une assemblée de second degré. Elle fut tantôt *assemblée d'élection*, épousant le cadre de la circonscription existante qu'était l'élection (Champagne), tantôt *assemblée de département*, calquée alors sur cette circonscription nouvelle (Normandie, Ile de France), tantôt *assemblée de district* comme en Lorraine ou en Alsace. Composées de 16 à 24 membres élus par les assemblées municipales, ces assemblées étaient présidées par un membre de la noblesse ou du clergé nommé par le roi. En cas de partage égal des voix, la sienne était prépondérante. Le tiers devait compter autant de représentants que ceux des deux autres ordres réunis et il était procédé au vote par tête.

L'*assemblée provinciale* coiffait l'ensemble et correspondait à la généralité, règle qui eut pour conséquence de doter la seule Normandie de trois assemblées calquées sur ses trois généralités de Caen, Rouen et Alençon. Cette règle ne fut d'ailleurs pas d'application absolue. Tel fut le cas des généralités de Tours et de Bordeaux dans lesquelles plusieurs régions qui demeuraient très attachées à leur passé et à leur esprit d'autonomie, furent chacune dotée d'une assemblée. C'est ainsi que celle de Tours compta trois assemblées, la première pour la Touraine, la seconde pour l'Anjou et l'autre pour le Maine. Mais elles furent rattachées à l'assemblée générale qui siégeait à Tours, siège de l'intendance. Situation particulière qui instaurait, en quelque sorte, un quatrième degré.

Les 28 à 50 membres que compte chaque assemblée provinciale, selon l'importance de la généralité, sont élus par l'assemblée municipale, sauf pour la première formation. Le roi se réserve à cette occasion la nomination de la moitié des membres qui doivent ensuite coopter l'autre moitié. Comme au sein des autres assemblées, le nombre des représentants du tiers est doublé et le vote doit avoir lieu par tête, mais la distinction des ordres est maintenue. Le président, nommé par le roi, appartient obligatoirement à la noblesse ou au clergé. Deux procureurs syndics (l'un issu du tiers et l'autre de la noblesse ou du clergé) ont mission de représenter en permanence l'assemblée, tandis qu'une commission intermédiaire de quatre membres (deux pour le tiers, un pour la noblesse et un pour le clergé) est chargée de l'application des décisions de l'assemblée et de veiller aux affaires courantes entre les sessions. Ainsi, le devenir de l'assemblée dépendait-il très largement de ce groupe des sept, fortement dominé par la noblesse et le clergé.

Il était aussi en grande partie dépendant de l'intendant à qui l'exécution des ordres du pouvoir central était toujours confiée. Il ouvrait et clôturait chaque session, tout en demeurant en permanence vigilant sur les décisions prises par l'assemblée dont les compétences étaient avant tout d'ordre fiscal et financier. Dépositaire de la défense des intérêts de la généralité, elle fixait chaque année les dépenses qu'elle devait supporter et procédait à la répartition de la charge fiscale entre chaque élection, département ou district. Dotée d'un pouvoir de décision limité, elle se trouvait contrainte de demander autorisation pour engager toute dépense. Tout au plus, la commission intermédiaire avait elle compétence pour adjuger des travaux dont la décision ne lui appartenait pas, veiller à leur exécution et en mandater les paiements. Elle aussi se trouvait placée sous tutelle étroite de l'intendant qui présidait parfois ses travaux, en particulier pour l'audition des comptes des communautés et des rapports que les procureurs syndics faisaient de leur gestion. Voilà qui accentuait encore la solution de compromis qu'avait recherchée Loménie de Brienne entre une décentralisation modérée et une centralisation rigide dont ne pouvait se départir la monarchie. Compromis difficile qui devait peser lourd sur le devenir de la réforme.

§ 3. – DEVENIR SANS LENDEMAIN

Les assemblées, qui se mettent difficilement en place dans le courant de l'année 1787, tiennent leur session en novembre pour la clore en décembre. Le roi y avait nommé, comme prévu, la moitié des membres. Comme prévu aussi, les députés du tiers y sont aussi nombreux que ceux des deux autres ordres réunis, mais avec une représentation très déséquilibrée au profit des villes. Hommes de lois et officiers y dominent largement au détriment des représentants des campagnes, ce qui rend difficile la cohésion de ce troisième ordre. À cela s'ajoutent bien d'autres difficultés. Très vite, les présidents de plusieurs assemblées sont victimes des trop larges pouvoirs laissés à l'intendant. Il les surveille de près et va parfois jusqu'à présider la commission intermédiaire. Face à ces empiétements, Loménie de Brienne tente d'aplanir les difficultés par un règlement de novembre 1787. Les compétences de l'assemblée sont élargies pour tout ce qui touche aux affaires locales. Il est d'autre part prévu que, désormais, seule la correspondance concernant l'intendant et l'assemblée passera par le bureau de l'intendant. Sans doute trop tardif pour pouvoir être valablement mis en oeuvre, ce texte ne favorisa guère cette première session de 1787 qui se termina dans l'indifférence et suscita la déception de l'opinion quand en furent publiés, quelques mois plus tard, les procès-verbaux. Ce départ difficile hypothéquait largement l'action à venir des assemblées dont le bilan est mince (A), ce qui les condamnait à un échec rapide (B).

A. BILAN

Timides face aux réformes qu'elles auraient dû conduire, les assemblées provinciales ont souvent limité leur action à formuler des voeux qu'elles ont trop rarement concrétisés.

C'est vrai dans le domaine fiscal et tout particulièrement pour l'impôt direct. Elles s'estiment incompétentes pour le réformer et acceptent le maintien des privilèges qui en était une des caractéristiques essentielles. Saisies d'une demande d'abonnement au vingtième par Necker qui en espérait ainsi un rendement supérieur, elles acceptent la plupart d'en abandonner l'administration directe à laquelle elles étaient très attachées, mais en négociant âprement la somme à verser. Aux prises avec des délais très courts, elles n'eurent guère le temps de s'occuper de la taille et de la capitation pour lesquelles elles ne proposèrent que des améliorations de détail, sauf en Haute-Normandie où l'assemblée de la généralité de Rouen sut faire preuve d'initiative.

En matière de travaux publics, les assemblées prirent en général davantage d'initiatives. Elles s'efforcent de répartir au mieux, sur l'ensemble des habitants et quel que soit leur statut, la contribution qui avait remplacé la corvée depuis 1786. L'administration des Ponts et Chaussées leur étant subordonnée, elles sont en permanence appelées à veiller de près à tout ce qui touche aux travaux publics, qu'il s'agisse de la création de routes nouvelles ou de l'entretien du réseau existant. Pour mener à bien de telles réalisations, elles sont autorisées à procéder à des adjudications et à passer des marchés sous le contrôle de l'intendant.

Une fois ces décisions prises, puis approuvées par le conseil, c'était à la commission intermédiaire que revenait le soin de les faire appliquer, au lendemain de sessions fort courtes qui contribuaient à réduire d'autant les capacités d'initiative des assemblées. En théorie, la commission devait siéger une fois par semaine et travailler en liaison étroite avec son procureur syndic. En réalité, il n'en alla pas toujours ainsi. La mission principale de la commission – faire exécuter les décisions de l'assemblée – fut souvent paralysée parce que l'approbation du conseil tardait à venir et qu'une fois obtenue, les fonds manquaient parfois pour passer à la réalisation. Il arrivait aussi que la commission ne parvienne pas à briser les nombreuses oppositions qu'elle rencontrait dans son action. Elle devait alors avoir recours à l'intendant avec qui les occasions de conflit ne manquèrent pas. Autant de difficultés et d'incidents qui contribuèrent à réduire encore la portée des maigres décisions prises par les assemblées de 1787 et finirent par déboucher sur un véritable blocage.

B. ÉCHEC

Les causes en sont multiples, les manifestations brutales.

La raison la plus visible réside, de toute évidence, dans les minces résultats obtenus et l'incapacité dans laquelle se trouvent les assemblées d'agir. Il y a, en réalité, des causes plus profondes. Les premières tiennent à la structure même de l'assemblée. En dépit du doublement du tiers et de l'introduction de la règle du vote par tête, le maintien de la distinction des ordres fausse véritablement la situation. Les privilégiés, qui font le plus souvent bloc, profitent toujours d'un tiers fortement diversifié dont les membres les plus influents se tournent parfois vers eux, venant ainsi renforcer une majorité qu'ils réussissaient en permanence à obtenir. C'est vrai, même en cas de partage des voix. Celle du président leur est toujours acquise puisqu'il est statutairement un des leurs. Il convient aussi d'insister sur le fait que ces assemblées n'ont rien fait pour élargir une base de recrutement qui était trop étroite et finalement peu représentative, avec une campagne fortement sous représentée. Certaines acceptèrent même tacitement que disparaisse la règle de doublement du tiers. Il arriva en effet que certains membres du tiers, nommés par le roi ou cooptés, portent le titre d'écuyer ou de chevalier. Nobles, ils étaient représentants du tiers et siégeaient avec ses députés ! Autant de raisons, liées à la composition même de l'assemblée, qui contribuent au maintien des privilèges et bloquent toute tentative de réforme en profondeur du système fiscal.

Les secondes raisons de l'échec sont liées à la structure même de l'administration d'Ancien Régime. Procéder à sa réforme en profondeur supposait que disparaissent, ou à tout le moins que s'effacent, certaines de ses structures pour les remplacer par celles qui étaient mises en place, les assemblées provinciales. Or, il n'en fut pas ainsi, en particulier avec l'intendant. Symbole de la centralisation et du pouvoir monarchique, il est maintenu face à une nouvelle administration qui veut être le fer de lance de la décentralisation. Mieux encore, on prétend lui demander d'abandonner une partie de ses pouvoirs et d'être lui-même l'artisan d'une réforme qui le place souvent dans une position seconde. Il y avait là une contradiction fondamentale qui, à elle seule, suffisait à condamner une réforme qui se voulait avant tout administrative à un moment où le politique, l'économique et le social étaient autant de chantiers de grande urgence.

Alors, les manifestations de l'échec allaient se précipiter. En dépit des résultats médiocres qu'elles obtinrent, Loménie de Brienne soutint encore pendant quelque temps les assemblées provinciales, allant même parfois jusqu'à s'opposer au rétablissement des états là où ils avaient été supprimés. Mais ce ne fut que jusqu'au printemps 1788. Engageant alors une lutte sans merci contre les intendants, il fut contraint de trouver des appuis dans l'opinion, ce qu'il fit en promettant à certaines provinces de rétablir leurs états, promesse dont bénéficia immédiatement le Dauphiné. Alors se manifesta partout un courant favorable au rétablissement général des états provinciaux, même si leur mode de recrutement et de fonctionnement était particulièrement archaïque. Contraint de réunir les états généraux face à la crise qui montait de toutes parts, Loménie de Brienne déclara même dans l'arrêt du conseil du 8 août 1788 qui les convoquait pour le 1er mai 1789, qu'il était indispensable « d'assembler au préalable les états provinciaux dans les provinces où ils existent et de les rétablir dans quelques autres où ils étaient suspendus ». Les jours des assemblées provinciales étaient alors comptés, tant l'opinion plaçait tous ses espoirs dans la réunion des états généraux. Necker revenu au pouvoir le comprit si bien que, le 15 octobre 1788, il décide de suspendre la prochaine session des assemblées, motif pris que les états généraux à venir prendraient toutes les décisions utiles. Les députés à élire pour remplacer les membres décédés des assemblées ne le furent pas, si bien que les assemblées provinciales, sans être officiellement supprimées, n'avaient pratiquement plus d'existence.

Malgré leur échec cinglant et rapide, ces assemblées apportèrent à la vie du royaume et à la formation des citoyens. Elles constituèrent, pour un temps très court certes, une manière de laboratoire de la vie politique et administrative. Elles permirent aux sujets du roi de prendre conscience d'eux-mêmes. Ce fut particulièrement vrai pour les habitants des campagnes, en dépit de leur sous-représentation. Peu rompus jusque-là aux arcanes de la vie politique, ils découvrirent la vie d'assemblée et les modes d'expression du suffrage. Ces assemblées furent aussi un lieu d'échange d'idées, souvent reprises dans les cahiers de doléances. Enfin, elles annoncent les grandes réformes administratives de la constituante et dessinent déjà la division de la France en départements, districts et communes. Ces communes que préfiguraient les villes et communautés d'habitants depuis déjà le Moyen Age.

BIBLIOGRAPHIE

Pour une bibliographie exhaustive (jusqu'en 1972) se reporter à BORDES M., *L'administration provinciale et municipale en France au XVIIIe siècle*, Paris, 1972. Et voir aussi l'ouvrage déterminant de LEGAY M.-L., *Les états provinciaux dans la construction de l'État moderne*, Genève, 2001.

APPOLIS E., « Les états de Languedoc du XVIIIe siècle. Comparaison avec les états de Bretagne ». *L'organisation corporative du Moyen Âge à la fin de l'Ancien Régime*. Études présentées à la Com. int. pour l'hist. des ass. d'états, 1937, T. II, p.130-147.

BEIK W., *Absolutism and society in seventeenth century France. State power and provincial aristocracy in Languedoc*, Cambridge, 1985.

BERCÉ Y.-M., « La province obstacle ou relais du centralisme démocratique », *Centralismo e. Modelos y pocesos historicos in Francia y en Espana*. Coloquio franco-espanol, Madrid, 10-14 oct. 1984, Madrid, 1985, p. 291-313.

BLANCHARD A., MICHEL H. et PÉLAQUIER É. dir., *Les assemblées d'états dans la France méridionale à l'époque moderne*, Université Paul Valéry Montpellier III, 1995.

BLICKLE P. dir., *Résistance, représentation et communauté*, Paris, 1998.

BOSCARY G., *Les assemblées de haute Guyenne*, 1779-1790, Paris, 1932.

DEYON P., *Paris et ses provinces. Le défi de la décentralisation*, Paris, 1992.

DUMONT F., *Une session des états de Bourgogne. La tenue de 1718*, Dijon, 1935.

EMMANUELLI F.-X., « Pour une réhabilitation de l'histoire politique provinciale : l'exemple de l'assemblée des communautés de Provence (1660-1786) », *R.H.D.*, 1981, p. 431-450.

FÉLIX Joël, *Finance et politique au siècle des lumières. Le ministère de L'Averdy 1763-1768*, Paris, 1999.

HICKEY D., *Le Dauphiné devant la monarchie absolue*, Grenoble, 1993.

HILDESHEIMER E., *Les assemblées générales des communautés de Provence*, Paris, 1935.

JOUNNNA A., « Les états de Languedoc et le consentement à l'impôt après 1632 », *Les assemblées d'états* ..., Montpellier, 1995.

LEGAY M.-L., « Les états provinciaux face à leurs administrés : du dialogue à la censure (Artois-Cambrésis, 1680-1789 », *Rev. du Nord*, T. LXXIX, 1997, p. 77-92.

LIGOU D., « Le personnel de l'intendance et des états de Bourgogne. Aux origines du fonctionnaire moderne », *Les pouvoirs régionaux : représentants et élus* (CXI^e Congrès des Soc. sav., Poitiers, 1986), Paris, 1987, p. 65-78.

LIGOU D., « Les états de Bourgogne et les problèmes fiscaux à la fin du XVIIIe siècle », *Mélanges A. Marongiu, Études présentées à la Com. int. pour l'hist. des ass. d'états*, 1967, Palerme, p. 97-128.

LOUSSE É., *La société française d'Ancien Régime. Organisation et représentation corporative*, Louvain, 1943.

MAJOR J. R., *From Renaissance monarchy to absolute monarchy. French kings, nobles and estates*, Londres et Baltimore, 1994.

OLIVIER-MARTIN O., *L'administration provinciale à la fin de l'Ancien Régime*, Cours D.E.S., réédit. Loysel, Paris, 1988.

PAPON Ch., *Le système financier bourguignon dans la première moitié du XVIIIe siècle (1710-1752)*, Th. Univ. Panthéon-Assas Paris II, 2005, à paraître chez de Boccard, coll. *Romanité et modernité du droit.*

PÈNE G., *Attributions financières des états du pays et comté de Bigorre aux XVIIe et XVIIIe siècles*, Bordeaux, 1962.

PRENTOUT H., *Les états provinciaux de Normandie*, 3 vol., Caen, 1925-1927.

RÉBILLON A, *Les états de Bretagne de 1661 à 1789. Leur organisation, l'évolution de leurs pouvoirs, leur organisation financière*, Rennes, 1932.

RENOUVIN P., *Les assemblées provinciales de 1787. Origines, développement, résultats,* Paris, 1921.

SOURIAC R., *Décentralisation administrative dans l'ancienne France. Autonomie commingeoise et pouvoir d'État*, 1540-1630, Toulouse, 2 vol., 1992.

CHAPITRE VII

L'ADMINISTRATION DES VILLES ET COMMUNAUTES D'HABITANTS

L'héritage médiéval pèse ici de tout son poids. À l'aube de la Renaissance, nombreuses sont les villes et même certaines communautés d'habitants qui ont obtenu, à des dates diverses et tout au long des trois derniers siècles du Moyen Age, une large autonomie de gestion. Elles le doivent toujours à une qualité spécifique, souvent acquise de longue date, celle de former un corps et de jouir ainsi de la personnalité morale. C'est autour de cette notion et pour en exercer tous les droits, que s'organisent les institutions urbaines et villageoises. Vecteurs d'accès à la vie juridique, elles font de la ville et du village qu'elles personnifient, des « communautés légitimes » que J. Bodin se plaît à évoquer pour préciser qu'elles ne sauraient être des puissances souveraines, mais qu'elles sont obligatoirement placées sous la puissance du souverain. Vision que ne démentent pas les juristes successifs, en particulier J. Domat pour qui cette subordination des villes (section 1) et communautés villageoises (section 2) au roi témoigne en permanence du fait que c'est de lui qu'elles tiennent leur qualité de corps.

SECTION 1

LES VILLES

On sait la grande variété de qualification des régimes urbains médiévaux. Elle a souvent découragé toute tentative de classification et, quand elle ne l'a pas interdite, elle a poussé à une systématisation qui a la plupart du temps faussé la réalité. Sous l'Ancien Régime, cette grande diversité de vocabulaire s'estompe. Mais cette évolution sémantique n'en fit pas pour autant disparaître l'infinie variété des systèmes administratifs urbains (§1), ni la complexité de statut de leurs agents (§2), situation qui impliquait une profonde réforme (§3).

§ 1. – DES STRUCTURES DIVERSIFIÉES

D'une province à l'autre, la diversité des régimes urbains de l'ancienne France est la règle, tandis qu'à l'intérieur d'une même province il est rare de trouver deux villes ayant une structure administrative parfaitement identique. De quoi décourager toute tentative de synthèse si, par-delà cette diversité, on ne retrouvait pas en général, dans la plupart des villes, trois organes fondamentaux qui constituent en quelque sorte les axes structurants de toute organisation urbaine, même si chacun obéit souvent à des règles différentes de constitution et de fonctionnement. Du nord au midi, d'est en ouest, trois institutions fondamentales permettent d'assurer la gestion quotidienne de la cité : l'assemblée générale des habitants (A), le conseil (B) et le corps de ville (C).

A. L'ASSEMBLÉE GÉNÉRALE DES HABITANTS

Elle perpétue le souvenir des assemblées médiévales qui, en bien des villes, avaient perdu l'essentiel de leurs prérogatives tout au long des XIVe et XVe siècles. Cette situation ne fait que s'accentuer pour faire le plus souvent, de cette institution, une simple réunion des habitants les plus aisés et les plus influents de la cité, de ceux aussi qui portent quelque intérêt à la vie municipale. Devenue l'apanage des presque seuls bourgeois, elle n'a guère d'autre fonction que d'élire le corps de ville et de statuer parfois sur des questions importantes ou d'être seulement consultée à leur sujet. C'est dire que le terme d'assemblée générale, même s'il est conservé, ne doit pas masquer la réalité.

C'est sans doute en Bourgogne que la tradition des assemblées générales s'est le moins mal maintenue. Chargées d'élire les échevins, elles sont encore largement fréquentées à la fin du XVIIe siècle. Voilà pourquoi l'institution d'une assemblée de notables spécifiquement investie du pouvoir de choisir les échevins y est peu en usage. Son existence n'est guère attestée qu'à Beaune, Chalon-sur-Saône, Semur-en-Auxois et Seurre. En Berry, les assemblées générales se font au contraire de plus en plus rares à partir de la fin du XVIIe siècle. L'intendant de la généralité de Bourges va même jusqu'à interdire à Vierzon, en 1789, toute assemblée générale qu'il décide de remplacer par un conseil de 40 notables que doivent élire les habitants. Voici encore la Normandie où l'assemblée générale devient de plus en plus fermée. Ainsi à Rouen où un arrêt du conseil institue, en 1665, une « assemblée » de 40 membres composée du corps de ville et de seize notables désignés par les bourgeois des différents quartiers, système qui se fait de plus en plus oligarchique encore quand un nouvel arrêt de 1671 confie aux seuls échevins le soin de les recruter.

Évolution assez semblable se produit à Caen et au Havre, tandis qu'à Evreux à la fin du XVIIe siècle, il est procédé à la désignation de deux notables au sein de chaque paroisse pour la représenter lorsque des décisions importantes sont à prendre, alors que tous les habitants qui le voulaient avaient pendant longtemps pu participer à l'assemblée générale. Et voilà la Bretagne qui ne compte que huit villes à avoir une manière d'assemblée générale sur les 42 qui sont représentées aux états. Et encore ne s'agit-il que d'assemblées peu ouvertes, presque toujours réservées à un groupe de bourgeois et de notables qui occupent des fonctions de marque. Quant aux 34 autres villes, elles ne possédaient aucun organe qui aurait pu tenir lieu de véritable assemblée. La diversité est ici de règle. Fruit d'une réglementation qui émane tantôt du parlement, tantôt du conseil ou en bien des cas de la coutume, elle traduit une réalité parfois difficile à saisir avec précision. Le plus souvent, cependant, est adjoint au corps de ville un groupe de notables appelés à délibérer sur les affaires importantes. Telle est la situation de Rennes. En 1667, un règlement prévoit que le corps de ville qui comptait une quarantaine de membres, serait garni d'une soixantaine de délibérants pour traiter des questions les plus graves. Avocats, juges, nobles et titulaires de fonctions ecclésiastiques ou civiles de marque dans la cité, devaient composer cette délégation. Quant aux 17 autres communautés qui ne députaient pas aux états, personne n'y est membre de droit de l'assemblée générale. Il faut, pour acquérir la qualité de délibérant, y être admis selon des procédures très diverses d'une ville à l'autre.

Si du Nord, le regard se porte vers le Midi, la Provence par exemple, il est aisé de constater que l'assemblée générale, souvent qualifiée de conseil général, est devenue une institution assez peu représentative de la communauté. Elle est désormais une assemblée restreinte pour laquelle fortune et pouvoir constituent les critères essentiels de recrutement. C'est vrai à Arles dont le conseil général composé de 60 membres regroupe consuls, conseillers nobles et conseillers bourgeois. La réalité est très voisine à Aix dont le conseil général regroupe les membres du conseil ordinaire auxquels se joignent des notables recrutés dans les divers quartiers de la ville. Marseille enfin offre un tableau qui n'est guère différent. Quatre échevins, deux assesseurs et soixante conseillers choisis parmi les négociants et bourgeois y composent le conseil général.

Les exemples pour d'autres régions pourraient être facilement multipliés. Tous témoignent d'une même évolution réductrice de l'existence et de la réalité que représente l'assemblée générale. Elle n'est plus, presque partout, qu'un lointain souvenir de la réunion de tous les habitants. Image déformée de la communauté, elle ne regroupe que les citoyens les plus riches et les plus en vue pour n'être réunie et consultée qu'à des occasions de plus en plus rares. La réalité du pouvoir est ailleurs.

B. LE CONSEIL

Héritier lui aussi des structures urbaines médiévales, il est un organe relativement restreint destiné à servir de relais entre l'assemblée et le corps de ville auquel il doit apporter régulièrement sa collaboration dans la gestion quotidienne des affaires de la cité. Ici encore, la diversité est la règle.

C'est principalement dans les provinces du Midi qu'il apparaît comme un rouage actif de l'administration municipale. En Provence, où il prend souvent le nom de conseil ordinaire, il est en permanence associé à la gestion de la ville sur laquelle il doit donner son avis. Il n'est alors, la plupart du temps, qu'un pâle reflet de la communauté des habitants qu'il devrait normalement représenter. À Hyères par exemple, où vivent plus de 5 000 habitants à la fin du XVIIe siècle, le conseil ne compte que 12 membres dont quatre sont choisis parmi les gentilshommes, avocats, médecins et gros bourgeois vivant noblement et possédant une fortune immobilière suffisante (3 000 livres), quatre autres doivent être recrutés parmi les bourgeois, notaires, procureurs et négociants à la tête d'un patrimoine immobilier valant au moins 2 000 livres tandis que les quatre derniers, chargés de représenter artisans et petits marchands, ne peuvent prétendre être choisis que s'ils possèdent au moins 1000 livres en biens-fonds. En Gascogne, la plupart des villes ont aussi leur conseil. Qualifié de conseil politique et structure légère lui aussi, celui de Lectoure est composé de trois catégories de membres : six nobles, six avocats et huit bourgeois. Tenus d'assister à toutes les délibérations, ces conseillers ont avant tout pour mission de procéder à la nomination de tous les agents chargés de la gestion financière et fiscale de la ville, de contrôler leur action et de veiller à la défense de la cité. En Languedoc, la presque totalité des villes est également dotée d'un conseil. Là encore, sa composition traduit souvent une prépondérance de l'aristocratie, tempérée parfois par le système des échelles qui regroupent, par catégorie, les différents métiers. Sont alors appelés à siéger au conseil les représentants des échelles les plus influentes dans la cité. Pour toutes ces villes du Midi, aucune règle fixe ne préside au recrutement des conseillers. Désignés en général pour un an et parfois davantage, ils peuvent être élus par l'assemblée, choisis par les conseillers sortants, désignés par les magistrats en fonction ou bien encore recrutés par les membres de l'échelle à laquelle ils appartiennent.

Franchie la Loire, le conseil a une existence moins nette, une structure toujours plus floue et un rôle incertain. Ainsi en Normandie où le conseil des quarante de la ville de Rouen fait véritablement figure de conseil de notables appelés à se joindre au corps de ville en fonction des circonstances. Il en va à peu près de même à Dieppe dont les magistrats appellent auprès d'eux, quand ils estiment devoir leur demander conseil, des notables qui sont pour la plupart des négociants. Les villes bretonnes offrent des exemples assez semblables. Bien souvent – c'est le cas par exemple à Nantes – les magistrats et agents en fonction, auxquels se joignent ceux qui sont sortis de charge, forment un conseil de notables. En bien d'autres villes sont désignés des représentants des habitants qui s'agrègent au corps de ville pour délibérer sur les questions importantes. Ces « délibérants » forment alors avec lui un véritable conseil de notables qui n'a plus rien de commun avec une assemblée générale, même s'ils la représentent parfois fortement, comme à Rennes où ils sont parfois une centaine. Mais voici Ploërmel, comme en contrepoint. Aux échevins se joignent seulement les juges en fonction, six anciens avocats, six anciens procureurs, le recteur et les marguilliers de la paroisse, les prévôts de l'hôpital, trois gentilshommes, six bourgeois et six marchands. On ne peut guère voir, à travers cette structure, qu'un authentique conseil de notables dont la seule mission était d'assister le corps de ville, tout particulièrement à l'occasion de ses délibérations.

C. LE CORPS DE VILLE

Symbole et permanence du pouvoir urbain, le corps de ville est l'héritier direct des administrateurs de la ville du Moyen Age dont le poids demeure très présent tout à la fois dans la sémantique et la pratique du pouvoir municipal. Échevins au Nord, jurats dans le Sud-ouest et consuls dans le Midi, autant d'appellations qui rappellent, pour ces officiers municipaux, la figure de leurs ancêtres médiévaux. Comme eux, ils ont à leur côté tout un personnel d'agents spécialisés – receveurs, conseillers juridiques, secrétaires et clercs – ou subalterne, de crieurs publics, sergents et messagers. À cette structure bien traditionnelle du personnel communal est venu s'adjoindre un personnage nouveau, le procureur ou avocat du roi dans la ville. Représentant du ministère public, il y requiert l'exécution des lois et règlements, tout en intervenant aussi souvent qu'il le faut devant la justice pour y défendre les intérêts de la chose publique. Comme au Moyen Age, le nombre de ces administrateurs varie beaucoup d'une ville à l'autre. Il en va de même des modalités de leur désignation. Tous les systèmes se côtoient qui vont de l'élection par l'assemblée ou le conseil, à un simple droit de présentation au roi ou au seigneur, quand ces autorités ne sont pas elles mêmes et directement investies du droit de nomination. Quelques exemples arrachés à la Bourgogne, la Normandie, la Bretagne, le Languedoc et la Provence illustrent à souhait cette diversité qui bloque toute tentative de typologie.

La **Bourgogne** en témoigne où se côtoient de multiples influences, s'affrontent les autorités les plus diverses et cohabitent des groupes sociaux influents en quête de pouvoir dans la ville. Marchands et officiers y sont en lutte permanente, sous le contrôle vigilant du pouvoir. Ainsi un arrêt du conseil du roi de 1668 précisait, pour la ville d'Auxerre, que le premier officier de la cité devait être pris et de manière alternative, dans le groupe des marchands et dans le corps des officiers et avocats. Quelques années plus tard (1679), les marchands de Sens peinant à faire reconnaître la place qui leur revenait de droit dans l'administration de la cité, obtiennent que lui soient appliquées les dispositions arrêtées pour Auxerre. C'était certes pour eux une victoire, mais qui restait limitée dans la mesure où le roi jouissait à Sens, en sa qualité de seigneur et depuis toujours, du droit de choisir les échevins sur une liste présentée par l'assemblée générale. L'année 1668 fut aussi celle d'une réforme importante à Dijon. Le roi y réduisit le nombre de ses échevins de 20 à six, en prévoyant que deux seraient choisis parmi les avocats, deux parmi les notaires et procureurs et les deux autres parmi les notables bourgeois. Ainsi constitué, le corps de ville devait élire le maire, élection sur laquelle le parlement et le gouverneur exerçaient toujours un étroit contrôle. Dans l'ensemble de la Bourgogne, la forte présence du prince de Condé qui en est gouverneur, imprime à l'administration municipale une tonalité particulière. Il surveille de près – et ce fut particulièrement vrai avec le prince Louis-Henri de Condé, gouverneur de 1723 à 1726 – les nominations de maire qui relèvent théoriquement des états, ainsi que les élections d'échevins qui entrent normalement dans la compétence des assemblées générales. Grâce à ses agents dans la province où il réside peu, il se fait communiquer des listes de candidats possibles qu'il réussit la plupart du temps à imposer dans ces diverses fonctions pour mieux en surveiller la gestion.

L'organisation municipale de la **Normandie** présente une assez grande homogénéité, à défaut d'être unitaire. L'institution des échevins, qui s'est généralisée dans la province, contribue au renforcement de cette harmonisation. À Caen, les six bourgeois échevins – deux gentilshommes, deux officiers ou avocats et deux marchands – assuraient la direction de la ville sous la responsabilité du maire qui était toujours le lieutenant du bailliage. Assistés d'un receveur, d'un greffier et d'un procureur, ils constituaient le corps de ville. Il arrivait qu'il fût plus étoffé, comme à Dieppe où le gouvernement de la ville revient à quatre échevins, quatre conseillers, un procureur syndic et un greffier. Placé sous la présidence du gouverneur de la ville ou de son lieutenant, ce corps de ville doit aussi accepter en son sein le bailli seigneurial et le lieutenant général du bailliage d'Arques appelés à siéger tour à tour avec voix délibérative. À Rouen, un arrêt du conseil de 1665 fixe avec toutes les précisions souhaitables la composition du corps de ville. Élargi, il comprend six échevins, quatre quarteniers, le premier avocat général au parlement, le premier avocat et le procureur du roi au bailliage, deux avocats de la ville et le bailli. Il fut en outre prévu, en 1671, que ce corps de ville serait renouvelé chaque année par seize notables que désigneraient les échevins. Il convient cependant de ne pas trop généraliser ce type d'organisation relativement unitaire. Bien des petites villes normandes ne l'adoptent jamais tout au long de l'Ancien Régime, d'autres ne le font que tardivement. À Fécamp l'administration est confiée aux officiers de l'abbaye assistés d'un syndic par paroisse sous la houlette d'un syndic général, tandis qu'à Yvetot deux syndics – l'un représentant le seigneur et l'autre les habitants- assurent la gestion de la ville jusqu'à la fin du XVIIe siècle, avant de s'effacer devant deux échevins.

L'administration des **villes bretonnes** offre un tableau tout en nuances, tant la diversité y est de règle. Une première distinction peut être établie entre les villes qui ont un maire dont la fonction essentielle est de présider le corps de ville, comme à Brest, Nantes et Morlaix et les 37 qui n'en ont pas. C'est alors un procureur syndic, souvent en même temps miseur (trésorier) qui est le principal officier municipal, mais la présidence ne lui revient pas. Elle est confiée au gouverneur ou à un officier de justice. L'existence ou non d'un corps électoral constitue un second critère distinctif. Il est ainsi huit villes (Nantes, Brest, Morlaix, Dinan par exemple) où le corps de ville est élu par l'assemblée générale des habitants. Il est alors une représentation fidèle de cette assemblée, ou à tout le moins des habitants qui ont participé à l'élection. Ainsi, par exemple, à Morlaix où le maire et son miseur sont entourés de deux échevins et de six jurats renouvelables par moitié tous les deux ans, alors que le maire sortant entrait de plein droit dans le collège des échevins et que le nouveau maire devait être issu du groupe des échevins et jurats sortants. Dans seize autres villes (telles Rennes, Vannes, Tréguier et Plöermel par exemple) où il n'y avait pas de corps électoral, le corps de ville était constitué des échevins et du procureur syndic. Les échevins, devenus inamovibles, étaient tous d'anciens procureurs syndics qui s'adjoignaient, tous les deux ou trois ans, un nouveau procureur syndic et un greffier désignés par la communauté. Plus replié sur lui-même encore, le corps de ville de 17 autres villes se renouvelait lui-même. Ainsi constate-t-on qu'à Quimper, Saint-Brieuc et Fougères, pratiquement tous les membres du corps de ville portent à un moment ou à un autre le titre de maire, d'échevin ou de greffier, ce qui tend à prouver que ces charges se transmettaient dans un milieu extrêmement fermé. La situation est encore plus nette à Landerneau. Un règlement de 1721 y stipule clairement que « la communauté est en possession de nommer elle-même ses membres... »

En **Languedoc**, les traditions médiévales ont à peu près partout imposé le système consulaire qui vaut, à presque chaque ville, d'avoir à sa tête un collège de consuls. En nombre variable, leur mode de recrutement varie beaucoup. Ils sont tantôt élus par l'assemblée générale, tantôt recrutés par un conseil plus ou moins large, tantôt présentés par les consuls sortants, tantôt choisis par le seigneur sur une liste qui lui était remise par le conseil ou ceux qui quittaient leur fonction. Quel que soit leur mode de recrutement, ils doivent toujours prêter serment entre les mains du seigneur ou un de ses représentants. Élus pour un an, ils sont rarement rééligibles immédiatement. Deux exemples illustrent à souhait la complexité et l'infini variété de ces modes de recrutement. Dans la petite ville de Lagrasse au diocèse de Carcassonne, deux consuls assurent l'essentiel de l'administration. En fonction pour un an à compter du 6 janvier de chaque année (fête de l'Epiphanie), ils sont désignés et entrent en fonction au terme d'une procédure assez complexe. Réunie à l'hôtel de ville le 5 janvier à la demande des consuls sortants, l'assemblée procède à l'élection des nouveaux consuls sous le contrôle du greffier. L'élection terminée et accompagnés des membres du conseil, ils se rendent auprès de l'abbé seigneur de la ville, pour lui présenter la liste des élus. Une fois acceptée par lui, ils étaient invités à lui prêter serment le lendemain. Cette prestation avait lieu à l'occasion d'une cérémonie solennelle d'investiture, dans le palais abbatial. Les anciens consuls remettaient alors leurs livrées consulaires et les clefs de la ville à l'abbé qui, à son tour, les confiait aux nouveaux consuls en signe d'investiture pour une année. La situation est assez différente à Cahors. Quatre consuls s'y partagent le pouvoir sur la ville, mais sans avoir même rang, ni même dignité. Premier et deuxième y constituent le premier rang et les deux autres le second. Tous quatre sont élus pour deux ans, mais avec un avenir différent. Celui qui entrait au deuxième rang était assuré de finir son mandat premier consul, tandis que celui qui n'était élu que quatrième consul ne pouvait espérer que terminer troisième. Cette hiérarchie s'inscrit aussi dans la vie quotidienne du consulat. Tandis que le premier consul préside à toutes les occasions, les trois autres sont relégués à des fonctions plus ou moins porteuses. Celle de receveur, souvent exercée par le second consul est toujours très demandée. Un arrêt du conseil de 1669 réduit cette hiérarchie politique en hiérarchie sociale en imposant obligation au premier consul d'être gentilhomme, officier ou avocat et au second d'être recruté parmi les bourgeois ou marchands. Ces quatre consuls étaient désignés par un corps électoral fort restreint. En faisaient partie, deux députés de chacun des cinq groupes dont étaient issus les consuls ainsi que les quatre consuls sortants qui désignaient seize bourgeois pour se joindre à eux. On était très proche d'un système de cooptation. Ce lien étroit entre fonctions consulaires et hiérarchie sociale est encore plus fort dans certaines autres villes de Languedoc, telles Montpellier, Narbonne et Albi où le rang de deuxième consul échoit presque en permanence à un bourgeois. Et davantage encore à Toulouse où le terme de bourgeois est très régulièrement utilisé pour désigner les anciens capitouls.

En **Provence**, que domine le régime consulaire, les consuls sont le plus souvent élus par le conseil général, après autorisation donnée par le juge royal ou seigneurial, sur une liste que proposent les consuls sortants. Le système en vigueur à Manosque illustre parfaitement cette procédure. Chacun des trois consuls sortants doit proposer trois noms parmi lesquels le conseil général choisit ceux à qui sera confiée la charge consulaire. Telles sont les modalités retenues, avec parfois quelques variantes par la plupart des villes. Il en est au contraire un vingtaine, petites en général comme Draguignan et Aubagne, où le droit de proposer des candidats est le seul apanage de « nominateurs » choisis par tirage au sort parmi les membres du conseil. Tout candidat doit satisfaire à des conditions d'âge et de résidence, mais bien plus encore à des conditions sociales, régulièrement doublées de l'exigence de posséder une certaine fortune. Si on ne distinguait en général que trois catégories sociales – bourgeois, artisans et laboureurs – le rang de premier consul n'en est pas moins, en bien des villes, réservé à un membre de la noblesse. Il n'est guère que Marseille où un règlement de 1660 interdit à la noblesse d'intervenir dans la gestion de la ville. À Tarascon au contraire, le premier consul est toujours un noble, tout comme à Arles dont l'office de premier consul revient de droit à un gentilhomme, le second à un avocat et le troisième à un bourgeois ou un marchand. Il en va de même à Digne, Grasse et Aix qui ont, en permanence et de droit, un noble comme premier consul. En d'autres villes, la liste des catégories sociales dont les membres peuvent accéder au consulat est parfois plus ouverte et englobe nobles, bourgeois, avocats, médecins et notaires. Mais alors, leur sont imposées des conditions de fortune qui supposent toujours un allivrement minimum. À Hyères, l'éventail des professions au sein desquelles peut être recruté le premier consul n'est pas limité à la noblesse, mais tout candidat doit posséder une fortune foncière d'au moins 3 000 livres, seuil ramené à 2 000 livres pour le second et à 1 000 livres pour le troisième. Tout au long du XVIIIe siècle, ces conditions censitaires ne cessent de devenir de plus en plus strictes, alors que celles qui sont liées à la profession le sont de moins en moins. Cette évolution, qui tend à rendre encore plus diversifiée la structure des corps de ville, ne fait qu'ajouter à la complexité du statut de ceux qui les composent et les animent.

§ 2. – DES AGENTS AU STATUT COMPLEXE

Le corps de ville, qu'il fût composé d'échevins, de consuls ou de jurats ne pouvait conduire seul toute l'activité municipale. Pour y parvenir, il dut rapidement se doter d'agents permanents, plus ou moins qualifiés en fonction des missions à remplir. Ces agents se répartissent dans une hiérarchie parfaite qui va des simples huissiers et sergents au procureur de la ville et à son receveur, en passant par les clercs et greffiers. Pendant longtemps, le corps de ville a conservé la maîtrise complète sur la nomination de tous les agents de son administration. Tant échevins, jurés et consuls qui composent ce corps de ville que les agents qu'ils nomment tiennent leur pouvoir de la communauté urbaine. Les premiers directement et les seconds indirectement. C'est d'elle que le corps de ville reçoit mandat d'agir et c'est par délégation du corps de ville que les divers agents qu'il recrute sont fondés dans leur action. À des degrés divers, tout ce personnel municipal, qu'il soit membre du corps de ville ou simple agent nommé par lui, représente la communauté des habitants. La fonction que détient chacun est un office dont les modalités d'attribution varient en fonction de sa nature. Telle était la situation, encore assez générale au début du XVIe siècle, même si en certaines villes une évolution est perceptible depuis le siècle précédent. Afin de se procurer des revenus supplémentaires, les villes commencent à vendre certaines fonctions municipales. Dès lors, ces fonctions ne sont plus électives et changent de statut pour devenir des charges vénales. Une certaine vénalité vient donc troubler les modalités traditionnelles d'attribution des offices municipaux, évolution dont la royauté ne manqua pas de s'emparer pour l'utiliser à son profit. À partir des années 1690, elle entreprit de créer et de vendre, dans la plupart des villes du royaume, de nouveaux offices municipaux qui vinrent progressivement concurrencer ou faire disparaître ceux qui existaient. D'électifs, ils devinrent vénaux et de temporaires, ils se transformèrent en charges permanentes. En réalité, cette pratique de création d'offices vénaux ne fut pas systématique (A). Concentrée sur certaines périodes, elle a eu néanmoins des conséquences durables (B).

A. CRÉATION D'OFFICES VÉNAUX

Une première vague couvre la période 1690-1724 (1). Suivie d'une accalmie en raison des difficultés qu'elle soulève, elle ne reprend qu'en 1733 (2).

1. – Les premières mesures remontent à 1690. Louis XIV décide alors de créer dans certaines villes des offices de secrétaire-greffier et de procureur du roi. Ce furent surtout les grands édits qui suivirent qui portèrent de nombreuses créations nouvelles. Le plus célèbre, celui d'août 1692, instaure des offices de maire perpétuel et héréditaire auxquels sont joints des offices d'assesseurs. Puis vient, en 1699, la création dans toutes les villes d'un office de lieutenant général de police et en 1702, celle de lieutenant de maire. La mesure la plus emblématique est sûrement celle de 1704 qui transforme en officiers royaux nombre d'échevins, jurats, consuls et capitouls. De toutes ces créations, c'est celle de lieutenant général de police qui inquiète le plus dans la mesure où ce nouvel officier vient directement concurrencer les autorités municipales sur leur domaine de prédilection, la police. Quant à la présence d'un nouveau maire dont l'office est créé par le pouvoir, elle ne pouvait qu'être source de conflits avec le maire élu.

Cette masse énorme d'offices mis sur le marché n'attira pas toujours autant d'acquéreurs que la monarchie en aurait souhaités. Voilà pourquoi elle laissa aux villes et parfois aux états, possibilité d'acheter ceux qui n'étaient pas vendus, voire de racheter aux particuliers ceux qu'ils avaient pu acquérir. Les villes et autres acquéreurs y virent l'avantage de pouvoir unir à leurs offices déjà existants les offices nouvellement créés, ce qui leur permettait de s'affranchir de la tutelle que la royauté avait voulu exercer sur elles par cette opération qui avait aussi un but purement fiscal et financier : faire rentrer de l'argent dans les caisses de l'état. Dans ce contexte se succédèrent les achats, rachats et réunions. C'est ainsi, par exemple, qu'en 1693 les fonctions de maire d'Auch sont réunies au corps de ville pour être assurées par le premier consul élu et que Saint-Quentin rachète, en 1700, la charge de lieutenant général de police pour l'agréger au corps de ville. Caen n'est pas en reste et rachète progressivement tous les offices de ceux qui siégeaient à côté de ses échevins élus. Elle n'acheva de se libérer qu'en 1722, en payant de lourdes sommes dont 60 000 l. pour chacun des deux offices de maire et 20 000 l. pour chacun des deux offices de lieutenant, sans compter la longue liste de dépenses qu'elle dut engager pour racheter tous les autres et nombreux offices qui lui avaient été imposés. Les bourguignons s'étaient prémunis contre les risques de cette politique en obtenant, dès 1696, que soient immédiatement incorporés aux états de Bourgogne les offices de maire perpétuel créés par l'édit de 1692. Possibilité leur était reconnue aussi de rembourser les acquéreurs éventuels. Ils firent de même un peu plus tard avec tous les autres offices municipaux.

En dépit de cette politique, de nombreux offices n'étaient pas rachetés. Beaucoup de villes protestèrent, ne pouvant procéder à de tels rachats. Elles le firent d'autant plus fort qu'en 1717, la royauté procéda à une nouvelle mise en vente d'offices. Face aux nouvelles oppositions ainsi soulevées, elle fut finalement contrainte de supprimer tous les offices de maire, lieutenant de maire et échevin qu'elle avait créés, puis en 1724 tous les autres offices municipaux. Ce ne fut que pour un temps.

2. – Face aux guerres et en particulier la guerre de succession de Pologne, le pouvoir est contraint de se procurer de nouveaux revenus. Il y procède par édit de novembre 1733 qui crée de nouveaux offices. Création que le contrôleur général Orry tente de justifier en invoquant les troubles qu'auraient connus certaines élections d'officiers municipaux et le temps trop court que représentait le mandat d'un an pour acquérir une expérience suffisante dans la gestion des affaires. Sans doute pour mieux faire accepter la mesure, il est prévu que les juges royaux et leurs lieutenants ne pourraient se porter acquéreurs de ces offices, ce qui diminuait d'autant le contrôle et la tutelle qu'ils faisaient peser sur l'hôtels de ville. Les maires se voyaient imposer l'obligation de prêter serment devant un juge royal (parlement, présidial, bailliage) pour les officiers supérieurs, tandis qu'échevins consuls, capitouls, secrétaires, avocats et procureurs étaient tenus de le faire devant le maire ou n'importe quel officier créé par l'édit.

Cette nouvelle vague de créations ne reçut qu'un accueil limité. Beaucoup de villes refusèrent de se prêter à cette politique et maintinrent en place leurs officiers, pendant parfois plusieurs années, puisque le pouvoir avait défendu de procéder à des élections. Il les autorisa à nouveau à partir de 1738, non sans tenter d'imposer de nouvelles créations. Beaucoup d'offices restèrent ainsi invendus, ce qui contraignit Machaut d'Arnouville, à son arrivée au contrôle général en 1746, à procéder à des ventes collectives. Il les offrit à des compagnies de financiers qui acceptèrent de les acheter moyennant, en contrepartie, la concession d'un certain nombre d'impositions extraordinaires à lever à leur profit. Cette opération permit par la suite, en échange d'importantes sommes ainsi collectées, de réunir les offices invendus à de nombreux corps de villes. Mesure que vint consacrer une longue suite d'arrêts du conseil. Les résultats obtenus furent toujours le fruit d'interminables tractations entre le pouvoir, les villes, les états et les financiers qui étaient partie à l'affaire. Ils varièrent beaucoup d'une province à l'autre, avec une prime cependant pour la Bourgogne en raison des accords qu'avaient depuis longtemps conclus ses états. Voilà qui ne rend pas aisé d'apprécier les conséquences de cette politique.

B. CONSÉQUENCES

Les réunions, aux corps de villes, des offices créés par le pouvoir firent que nombre de ces corps de ville se retrouvèrent avec une majorité d'officiers élus. Forts de leur nombre, ils se sentirent en position de résister aux officiers en titre et surtout à l'intendant, souvent contraint de reconnaître que l'exercice des charges de maire titulaire était source de bien des difficultés face à un maire élu qui avait la confiance de ses électeurs. Cependant, les réunions d'offices n'eurent pas que des conséquences positives, en particulier pour les seigneurs. Qu'allait-il se passer dans l'hypothèse où une ville procédait à une réunion d'office alors que le seigneur avait auparavant joui sur ces mêmes offices du droit de choisir et de nommer leur titulaire ? Après quelques hésitations et quelques décisions favorables aux communautés rendues par plusieurs intendants, plusieurs arrêts du conseil du roi des années 1750 précisent clairement que les titulaires d'offices créés en 1733 doivent être considérés comme totalement indépendants des seigneurs qui prétendraient exercer un quelconque droit de contrôle sur leur élection et nomination. Ils ne relèvent désormais que de la communauté et du corps de ville auquel ils ont été rattachés. Dans ces conditions, toute réclamation formulée par des seigneurs à propos de droits qu'ils prétendraient détenir sur des offices ainsi réunis doit être systématiquement rejetée. En pratique, il n'en alla pas toujours ainsi. En Provence, par exemple, la noblesse réussit à sauvegarder ses droits. En Languedoc, la situation lui redevient aussi très favorable au terme d'un arrêt de 1754 qui maintenait toute compétence aux seigneurs pour nommer et confirmer des officiers municipaux sans qu'il soit pour autant possible à ces mêmes seigneurs de porter atteinte à leurs fonctions, droits et prérogatives.

Les rachats de tous ces offices et leur réunion aux corps de ville avaient le plus souvent permis de retrouver une vie municipale équilibrée au lendemain de la vague de création de 1733. La bourgeoisie municipale bénéficiait au premier chef cette évolution et conduisait une lutte incessante à l'encontre des officiers nommés qui ne provenaient pas de ses rangs. Il y avait là un facteur de cohésion mais il ne parvenait pas toujours à masquer les nombreuses tensions internes qui naissaient de la domination constante d'une fraction oligarchique du groupe. Détentrice des fonctions les plus importantes, elle avait nettement tendance à les exercer à son seul profit, tout particulièrement dans le domaine financier.

Cette situation incita en permanence les intendants à étendre le domaine de leur tutelle qu'ils tenaient principalement de l'édit d'avril 1683. Conduits à autoriser les emprunts, aliénations et toute décision autorisant un impôt nouveau, ils président aussi les adjudications d'impôts et contrôlent les comptes du receveur (édit d'avril 1695). C'est dire que les autorités municipales leur sont étroitement soumises dans le domaine financier. Il en va de même chaque fois qu'il convient d'intenter une action en justice. Outre l'autorisation de l'assemblée, le corps de ville doit toujours obtenir l'autorisation de l'intendant. Il est des régions où cette tutelle de l'intendant est très poussée. Ainsi dans un pays d'états comme la Bourgogne où le commissaire départi est particulièrement présent dans la vie communale. Certains édiles vont jusqu'à lui demander l'autorisation de réparer fontaines et lavoirs. Il en est souvent de même en Languedoc où une ville aussi éprise d'autonomie que Toulouse doit accepter le contrôle de l'intendant sur la confection de la liste des habitants présentés au roi pour le choix des capitouls. Les capitouls tiennent aussi le plus grand compte de son avis pour l'envoi régulier à la cour de celui qui doit les y représenter, tout comme ils sont contraints de lui demander son avis pour établir la liste des trois candidats sur laquelle le roi doit choisir le trésorier de la ville.

Voilà qui prouve assez combien, en dépit de l'élimination progressive des officiers nommés par le pouvoir, ce même pouvoir continue à conserver, par l'intermédiaire de l'intendant, un puissant levier de contrôle sur les officiers municipaux et leur gestion. Au renforcement de la bourgeoisie en place et bénéficiaire des suppressions et réunions d'offices, correspond une tutelle sans cesse accrue de l'intendant. Il ne pouvait naître de cette situation que des tensions et un blocage progressif que seule une réforme en profondeur pouvait lever.

§ 3. – LA RÉFORME DU CONTRÔLEUR GÉNÉRAL FRANÇOIS DE LAVERDY

Conseiller au Parlement et nommé Contrôleur général en décembre 1763, Laverdy entend appliquer ses idées libérales à l'administration. Soucieux de diminuer les tensions entre parlements et intendants, il souhaite en même temps uniformiser l'administration municipale. Supprimer les offices vénaux et les remplacer par des magistratures électives en vue de lutter contre la monopolisation des charges, sans oublier de réformer les finances locales, tel fut l'essentiel de son programme de réforme (A). Il se heurta à bien des difficultés d'application (B) qui conduisirent à son retrait (C).

A. CONTENU

Les édits d'août 1764 et de mai 1765 fixent les grands principes de la réforme. Ils concernent deux domaines essentiels : la réorganisation du gouvernement municipal (1) et l'instauration de nouveaux rapports entre les villes et les représentants du pouvoir central (2).

1. – *Réorganisation du gouvernement municipal*

La suppression des offices municipaux, qui constitue la mesure phare de cette réforme, postule en même temps que soit organisé un nouveau système de gouvernement. Pour cela, Laverdy répartit en trois groupes les villes et bourgs et dote chacun d'eux d'un régime adapté.

Pour les villes de plus de 4 500 habitants, il était prévu que les habitants organisés en corps et communautés éliraient un groupe de députés auxquels revenait le soin d'élire à leur tour une assemblée de notables composée d'au moins quatorze membres désignés pour quatre ans et rééligibles. L'article 32 de l'édit de 1765 déterminait avec précision les groupes sociaux au sein desquels devaient être choisis les notables. Il en résultait que huit de ces notables représentaient les privilégiés, six la petite bourgeoisie et les artisans. Présidée par le lieutenant général du bailliage ou à défaut le premier officier de justice, cette assemblée était appelée à participer à l'administration municipale. Sa compétence première était d'élire le corps de ville composé d'un maire (trois ans), de quatre échevins (deux ans), de six conseillers (six ans), d'un syndic receveur (trois ans) et d'un secrétaire-greffier (trois ans). Son pouvoir était cependant limité pour le choix du maire. Il relevait du roi qui le désignait à partir d'une liste de trois candidats qu'elle établissait. Tous les titulaires de ces charges étaient rééligibles, mais seulement après une période au moins égale à celle de leur mandat. Le maire devait réunir au moins deux fois par an l'assemblée des notables pour y rendre compte de sa gestion, tandis que le corps de ville chargé de l'administration ordinaire siégeait tous les quinze jours.

Les villes de 2 000 à 4 5000 habitants étaient administrées selon des règles identiques, mais avec un corps de ville réduit (un maire, deux échevins et quatre conseillers) et une assemblée de notables dont les membres ne devaient pas excéder dix. Un syndic receveur et secrétaire-greffier nommés pour trois ans et rééligibles sans limitation de durée complétaient ce groupe dirigeant. Les agglomérations qui comptaient moins de 2 000 habitants n'étaient administrées que par deux échevins, trois conseillers, un syndic receveur et un secrétaire-greffier auxquels venait se joindre une assemblée de six notables élus et représentant à la fois les différents quartiers et les divers groupes sociaux.

2. – *Nouveaux rapports entre les villes et les représentants du pouvoir central*

Les édits de 1764 et de 1765 visaient aussi à améliorer la gestion municipale en rendant moins pesante la tutelle de l'intendant et en précisant celle que les tribunaux exerçaient. Depuis l'édit d'avril 1683, l'intendant était habilité à arrêter lui-même les dépenses ordinaires des villes dans la limite d'un certain plafond. Il était aussi compétent pour autoriser les aliénations et emprunts. Il présidait les adjudications de baux des octrois et assistait à la reddition des comptes par le receveur. Cette tutelle fort lourde est considérablement allégée. Désormais, le montant des dépenses nécessaires à chaque communauté est fixé par lettres patentes après consultation de l'assemblée des notables. Il en va de même pour tous les travaux dépassant le cadre de l'entretien ordinaire, ainsi que pour les pensions et gratifications. Les lettres patentes qui les autorisaient étaient rédigées après délibération de l'assemblée des notables et sur rapport de l'intendant. Acquisitions, aliénations et emprunts étaient soumis à une procédure identique, sauf quand la valeur des biens acquis ou vendus, ou la somme empruntée ne dépassaient pas 3 000 livres. Alors, seule était demandée l'homologation des cours souveraines. Demandes de création et prorogation d'octrois devaient d'abord être soumises à l'assemblée des notables qui se réunissait après accord de l'intendant. Autorisation pouvait alors être délivrée par lettres patentes adressées aux cours souveraines sur procès-verbal transmis par l'intendant. Il était désormais prévu de procéder à l'adjudication des baux des revenus municipaux devant l'assemblée des notables, tandis que ceux des octrois devaient se dérouler devant les officiers des bureaux des finances.

Cette même volonté de restreindre la tutelle de l'intendant est tout aussi manifeste en matière financière. Le syndic receveur ne pouvait engager aucune dépense sans un mandement signé du maire, mais il avait compétence pour faire au corps de ville toute proposition concernant la gestion des deniers municipaux. Il devait, deux fois par an, présenter à l'assemblée des notables un bref état des recettes et des dépenses qu'il soumettait ensuite à l'intendant à la fin de chaque année. Mais c'est devant le tribunal de bailliage et le procureur général au parlement que devaient être clos, arrêtés et jugés les comptes généraux. Seuls ceux des octrois étaient rendus devant l'assemblée des notables et soumis tous les trois ans au bureau des finances puis à la chambre des comptes.

Pareilles réformes réduisaient de manière considérable les pouvoirs des intendants au profit des corps judiciaires, ce qui rendit souvent malaisée leur mise en oeuvre en raison de l'antagonisme profond qui régnait souvent entre le commissaire départi et son parlement.

B. APPLICATION

Elle fut d'ampleur très inégale et connut un sort bien différent d'une région à l'autre. Relativement bien acceptée dans les régions nord du royaume (1), la réforme ne s'impose que timidement dans le Midi (2).

1. – Au Nord, l'application de la réforme débute dans le ressort du Parlement de Paris. Elle est marquée par deux mesures essentielles visant à adapter les édits de 1764 et de 1765 aux réalités locales. La déclaration du 15 juin 1766 réduit, dans les villes à forte activité artisanale du bassin parisien, la représentation des communautés d'artisans au sein de l'assemblée des députés. Celle du 27 juillet 1766 prévoit que la reddition de l'ensemble des comptes municipaux relève de la compétence exclusive de la chambre des comptes, opération dont sont désormais exclus les tribu-

naux de bailliages et le Parlement. Cette mesure ne fit pas l'unanimité et plusieurs villes, telles Amiens ou Saint-Quentin ne l'appliquèrent pas. Dans l'ensemble des villes dont la population dépassait 4 500 habitants, la réforme se heurta à des difficultés techniques (évaluation du nombre réel d'habitants, connaissance précise des catégories sociales au sein desquelles devaient être recrutés les députés) et surtout à des oppositions de caractère aristocratique qui ravivèrent souvent les oppositions entre catégories sociales. En général, l'aristocratie bourgeoise se montra peu favorable à la réforme alors que le monde des artisans et des métiers estimait qu'il valait mieux la mettre en oeuvre. Dans les villes de moindre importance, les oppositions furent moins vives, mais une évidente indifférence y paralysa souvent les effets de la réforme.

Franchies les limites du ressort du Parlement de Paris, la réforme est appliquée avec plus ou moins de succès. Le parlement de Besançon lui réserve un accueil favorable. Il enregistre immédiatement les deux édits et veille à leur mise en oeuvre auprès des différentes municipalités de Franche-Comté. Le parlement de Metz adopte une attitude identique et facilite l'application de la réforme dans les Trois-Evêchés. Il n'en va pas toujours de même en Normandie. Bien accueillie dans des villes comme Harfleur, Evreux ou Lisieux, la réforme suscite peu d'enthousiasme à Aumale ou à Dieppe et moins encore à Rouen qui obtient, par lettres patentes du 15 juin 1767, un régime dérogatoire. L'Artois réserve à la réforme un accueil mitigé et ses états obtiennent, par arrêt du conseil du 15 juillet 1768, qu'elle soit adaptée aux usages locaux. Trois catégories de villes étaient ainsi définies qui disposaient chacune d'un nombre d'échevins supérieur à celui qui était prévu par les textes. En Bourgogne, la réforme est très mal reçue aussi bien par l'intendant Amelot que par les états et le prince de Condé. Seul le parlement lui était favorable, mais les édits ne lui furent même pas envoyés pour enregistrement, si bien que la réforme ne fut pas appliquée dans le duché alors qu'elle le fut dans les contés adjacents (Mâcon, Bar-sur-Seine et Auxerre) en raison de leur appartenance au ressort du Parlement de Paris. Il est enfin à souligner que la réforme n'eut pas d'écho en Alsace, Bretagne et Lorraine tant le pouvoir s'était donné pour règle de respecter les tradition et les particularismes de ces provinces.

2. – Au Midi, le parlement de Toulouse enregistra les deux édits dès juillet 1765 pour les régions situées en dehors de la province de Languedoc, mais qui étaient de son ressort, tels le Rouergue, le Quercy, la Gascogne, les comtés de Foix et de Bigorre. Ceci n'empêcha pas que se posent de nombreuses difficultés d'application. Beaucoup de notables habitués à participer à la vie communale et qui s'en trouvèrent exclus du fait de la réduction du nombre des charges municipales firent souvent obstacle à l'application des nouvelles règles et usèrent de subterfuges pour se maintenir au pouvoir. Alors, le Parlement n'hésita pas à casser les élections, comme il mit souvent fin aux discussions qui ne manquèrent pas de s'ouvrir autour de l'estimation de la population de telle ou telle ville et de la catégorie dans laquelle il convenait de la classer. Grâce à ses interventions répétées, la réforme devint réalité dans les régions concernées.

En Dauphiné, le parlement de Grenoble n'enregistra pas les édits en prétextant d'usages locaux. Ce fut un nouvel édit de mai 1766, suivi d'une déclaration, qui adapta la réforme aux nécessités de la province. Pour l'essentiel, il réduisait les prérogatives de l'intendant. Sur ces bases nouvelles, la réforme fut assez généralement appliquée en dépit des oppositions traditionnelles qui se manifestèrent et des difficultés techniques classiques qui ne manquèrent pas de se poser : dans quelle catégorie classer telle ou telle ville, combien d'habitants étaient nécessaires pour constituer un corps, comment définir un notable et quelle place devait revenir aux officiers de justice ?

Pour la Guyenne, le parlement de Bordeaux enregistra rapidement l'édit d'août 1764. Il ne fut guère appliqué cependant avant que ne soit enregistré celui de décembre 1767 qui introduisit, en les adaptant à la Guyenne, les dispositions de l'édit de mai 1765. En dehors de Bordeaux et de Périgueux, puis de Bayonne qui échappèrent à la réforme, elle fut appliquée dans la plupart des autres villes et bourgs du ressort du parlement.

En Roussillon, l'édit et la déclaration de mai 1766 font de la réforme une réalité. Elle s'y heurte néanmoins à de multiples difficultés. Le tiers-état déplore la suppression de nombreuses fonctions qui permettaient à beaucoup de ses membres de participer à la vie municipale, tandis que la noblesse se montre peu empressée de partager les responsabilités de l'administration avec les représentants du tiers. Hostile à la réforme, le duc de Broglie gouverneur de la province, réussit à arracher à Choiseul l'édit d'août 1768 qui prévoyait un règlement particulier pour les villes et bourgs du Roussillon. La répartition des habitants en trois ordres y était maintenue et les officiers et conseils existant avant l'édit de 1766 étaient rétablis. Il était également prévu de se référer à de nombreux articles de la coutume de Perpignan pour régler les questions d'administration courante. Des conseils d'élection étaient toutefois organisés qui limitaient le recours aux modes traditionnels de désignation des officiers.

En Languedoc, les états qui n'apprécièrent guère de voir le parlement de Toulouse enregistrer les édits de 1764-1765, obtinrent des lettres patentes du 28 août 1766 stipulant que les assemblées de notables étaient « suffisamment remplacées » par les conseils politiques traditionnels qui, depuis longtemps, avaient compétence pour statuer sur les affaires des communautés que l'édit ne soumettait pas à l'examen d'un conseil renforcé. C'était là un incontestable succès pour les oligarchies locales très attachées aux institutions anciennes. Cette tendance fut encore accentuée par les lettres patentes du 15 avril 1768 qui acceptaient que les villes qui le souhaitaient puissent réduire le nombre de leurs conseillers que l'édit de 1765 fixait, selon leur importance, à 24, 12 ou 6. C'était renforcer le poids de l'aristocratie au détriment de catégories plus modestes. L'exemple de Carcassonne est particulièrement significatif à cet égard. En 1768, le procureur général y fit réduire à 12 le nombre des membres du conseil du bourg dont furent alors exclus les artisans. Le parlement de Toulouse se montra en permanence favorable à cette évolution, allant même jusqu'à reconnaître à plusieurs seigneurs languedociens des prérogatives nouvelles propres à accroître leurs pouvoirs sur nombre de communautés. Cette application modérée de la réforme s'explique fort bien si on prend en compte l'ancienneté et la densité de la vie municipale des pays languedociens. Depuis longtemps dotées de gouvernements qui avaient largement fait leur preuve, les villes et communautés des pays de Languedoc pouvaient en partie faire l'économie d'une réforme complexe. La remarque est encore plus vraie pour la Provence où Laverdy, après de multiples tergiversations et face à l'opposition résolue de l'assemblée des communautés, renonça à imposer sa réforme. Des statuts séculaires et des municipalités solidement élues l'en dissuadèrent.

Partout l'application de la réforme se heurta à de multiples difficultés. Elles imposèrent d'imaginer des régimes particuliers et dérogatoires qui donnèrent argument à ses détracteurs pour la combattre. Ceux qui en étaient partisans ne furent ni assez nombreux, ni assez combatifs, pour l'imposer aux privilégiés partisans du maintien des anciennes institutions municipales. Face à tant de difficultés et d'indifférences, son retrait demeurait la seule voie possible.

C. RETRAIT

Devenu contrôleur général des finances en décembre 1769, l'abbé Terray ne fait pas mystère de ses réserves à l'égard des édits de 1764-1765. Hostile aux parlements, il ne pouvait voir d'un bon œil une réforme qui portait atteinte aux pouvoirs des intendants. Défavorable à l'oeuvre de Laverdy dont il stigmatise les difficultés d'application, il se montre très ouvert à un retour aux anciennes institutions municipales placées sous tutelle étroite de l'intendant. Dans un tel contexte, l'abrogation de la réforme lui paraît la seule issue possible. Décidée par l'édit de novembre 1771 (1), sa mise en oeuvre ne laisse de rencontrer des difficultés (2).

1. – *L'édit de novembre 1771*

Après avoir insisté dans le préambule sur la stabilité des officiers en titre puis dénoncé les désordres et l'avalanche de procès qui ont marqué l'application de la réforme Laverdy, les rédacteurs du texte ont regroupé dans les deux premiers articles de l'édit l'essentiel de ses dispositions. L'article 1 abroge les édits de 1764-1765 ainsi que toutes les mesures d'application qui les ont accompagnés, tout en maintenant provisoirement en fonction les officiers élus depuis. En contrepartie, les offices municipaux sont rétablis dans toutes les villes ayant un corps municipal, à l'exception de Lyon et de Paris (art. 2). Sur l'ensemble du royaume, l'organisation municipale doit tendre à l'uniformité. Maire, lieutenant de maire et secrétaire-greffier forment partout la base du gouvernement municipal tandis que le nombre des échevins, consuls et capitouls peut varier. Les offices de trésorier et de contrôleur sont rétablis partout où ils avaient été supprimés. Il était en outre stipulé (art. 7) que ceux qui seraient pourvus de ces nouveaux offices auraient les mêmes droits, prérogatives et privilèges que ceux qui en avaient joui avant leur suppression. L'édit prévoyait aussi que la finance nécessaire pour l'achat de ces offices devrait être versée dans les trois mois, moitié en argent et moitié en quittances liées à la liquidation des offices supprimés par les édits de 1764-1765. Au cas où les acquéreurs viendraient à manquer, le roi pourrait nommer dans ces offices des personnes de son choix afin que puissent être remplies les fonctions qui leur étaient attachées. Toutes ces dispositions, qui rompaient totalement avec l'esprit de la réforme Laverdy, ne furent pas toujours acceptées sans réticence.

Mise en oeuvre

Les nouvelles dispositions soulevèrent rapidement un tollé de protestations. Déçues de constater que l'ancien système d'élection des administrateurs municipaux n'était pas rétabli, les villes et communautés se trouvèrent en même temps dans l'obligation de supporter les charges liées aux nouveaux offices et, en bien des cas, de procéder à leur rachat. Les critiques les plus vives vinrent des parlements. Tant celui de Paris que celui de Toulouse font valoir qu'on ne pouvait contraindre les villes à une telle obligation, alors que celui de Grenoble fait l'éloge de la réforme Laverdy dans des remontrances et que celui de Provence se plaît à rappeler que cette même réforme n'ayant pas été introduite dans la province, ses villes et communautés n'ont pas à souffrir des nouvelles dispositions. Bien souvent, les états prennent le relais. Tels ceux d'Artois qui obtiennent, en septembre 1773, un arrêt du conseil du roi qui dispensait la province de la création des nouveaux offices, mesure qui fut immédiatement accompagnée de la mise en place d'un nouveau régime municipal.

Ailleurs, les villes et communautés furent souvent contraintes de racheter les offices, opération qui ne se réalisa souvent que de manière partielle et à l'issue d'interminables négociations. Tel fut le cas de la Flandre, de la Bourgogne aussi qui réussirent à faire accepter le principe d'un versement forfaitaire. Au terme de longues négociations, les états de Languedoc obtiennent, en 1773, que le prix global de rachat des offices soit fixé à 2 500 000 livres et que leur soit conservée la propriété de ceux qu'ils avaient acquis en 1754.

Là où il n'était pas procédé au rachat, les acquéreurs d'offices restaient peu nombreux, ce qui contraignit le plus souvent les autorités municipales à envisager de telles opérations en vue de réunir aux corps de ville les offices qu'elles se trouvaient contraintes d'acquérir. On procéda ainsi dans de nombreuses villes importantes du ressort du Parlement de Paris (Saint-Quentin, Amiens, Châlons-sur-Marne), de même en Normandie mais souvent tardivement (Dieppe, Evreux, Le Havre). Dans les pays du Midi où les traditions communales étaient fortes, villes et communautés refusèrent plus souvent de racheter les offices. Beaucoup répondirent aux intendants qui les invitaient à procéder à ces rachats qu'elles se considéraient comme propriétaires de tous leurs offices municipaux parce qu'elles les avaient déjà acquis, en particulier à l'occasion de la réforme de 1733.

Ainsi l'édit de 1771 et la tentative de rétablissement des offices municipaux qu'il impliquait, soulèvent-ils partout réticences, contestations et refus. Les rachats et réunions aux corps de ville, limités et tardifs, contraignent le pouvoir à consentir des rabais importants. Aussi souvent que les villes et communautés ne se plient pas à cette discipline, le roi et ses agents furent contraints de procéder à des nominations par voie de commission sur les offices non pourvus. C'était priver la vie municipale de ce qui faisait son âme – l'élection – et réserver aux protégés du pouvoir l'essentiel des charges municipales.

SECTION 2

LES COMMUNAUTES VILLAGEOISES

Tantôt qualifiées de communautés d'habitants, tantôt de communautés rurales, les communautés villageoises regroupent un ensemble d'individus qui vivent sur un même territoire – le plus souvent la paroisse – soumis à des règles d'exploitation commune et grevé de servitudes collectives au profit du groupe. Constituées autour d'intérêts communs que leur volonté d'émancipation par rapport à la seigneurie a contribué à fédérer, ces communautés forment des personnes morales dont la vie juridique est réglée par un système institutionnel plus ou moins structuré. Il l'est en général beaucoup moins dans le Nord (§1) que dans le Midi (§2) mais toujours soumis à une forte tutelle (§3).

§ 1. – COMMUNAUTÉS DU NORD

Elles sont régies pur un système institutionnel relativement rudimentaire et assez unitaire si on met à part quelques variantes régionales. Un premier ensemble est constitué par les communautés du Bassin parisien. L'assemblée générale, théoriquement composée de tous les habitants, ne réunit en pratique que les chefs de famille les plus importants. Noyau de la communauté, elle élit un syndic qui en est l'agent exécutif. Chargé de toutes les affaires de la communauté, il est souvent assisté d'un procureur et de deux collecteurs élus par l'assemblée pour lever la taille. Sa liberté d'action est limitée et il doit régulièrement consulter l'assemblée pour toute décision importante à prendre. Il a toute compétence pour la convoquer, la préside souvent, alors que le soin de dresser les procès-verbaux et de les authentifier revient à un notaire ou au juge seigneurial. L'assemblée se réunit en général le dimanche, au son de la cloche paroissiale, à la sortie de la messe. L'absence d'intermédiaire entre l'assemblée et le syndic rendant parfois difficile la gestion des problèmes, un arrêt du conseil de juillet 1776 institua des conseils de notables élus par l'assemblée générale et habilités à prendre seuls certaines décisions. Assemblée, syndic et conseil sont ainsi appelés à collaborer pour assurer la gestion quotidienne de la communauté : gestion des communaux, travaux à exécuter aux chemins et autres lieux publics, entretien de l'église, du presbytère et du cimetière.

En Bourgogne, les communautés rurales sont souvent plus actives et plus vivantes comme en témoignent les larges pouvoirs de décision reconnus à l'assemblée des habitants, même si elle délègue en général une grande partie de ses pouvoirs à un ou deux échevins et à un collège de prud'hommes chargés d'assurer la police et la justice, en collaboration avec le seigneur, sur l'ensemble du village et de son finage. Tout à l'opposé, la Bretagne compte peu de communautés dotées de véritables municipalités autonomes. Elles ne sont généralement pourvues que de généraux de paroisse principalement chargés de gérer les intérêts des paroissiens et de leur église, mais sans disposer d'un budget commun. Placés sous contrôle étroit du parlement, des intendants et des états, ils ne disposent que d'une marge de manœuvre extrêmement réduite. L'assemblée des habitants est aussi peu active dans les régions de Flandre, d'Artois et de Hainaut, mais c'est principalement au profit du seigneur qu'elle a perdu l'essentiel de ses attributions. Il n'y respectait guère la liberté des habitants de choisir leurs syndics, intervenait régulièrement dans leur gestion et ne laissait que peu d'initiative à l'assemblée des habitants, si bien que son pouvoir apparaît presque partout intact à la fin de l'ancien régime.

§ 2. – COMMUNAUTÉS DU MIDI

Elles conservent toujours très vivaces les traditions médiévales d'une vie municipale intense. Dans tout le Languedoc, chaque communauté villageoise est en général dotée d'un collège de consuls désignés, selon des modes très divers, par un ou plusieurs conseils qui sont une émanation de l'assemblée des habitants. Le seigneur peut être appelé à intervenir dans cette désignation à laquelle il procède alors à partir d'une liste qui lui est proposée par le conseil. Avant tout chargés de la répartition de la taille, les consuls ont aussi mission d'assurer la police et de présenter à l'intendant toutes les demandes visant à autoriser les dépenses importantes et adjudication de travaux. Les conseils, dont la composition variait d'une communauté à l'autre, mais qui comprenaient à peu près toujours les anciens magistrats, assistaient les consuls qui les consultaient régulièrement sur les décisions à prendre. Pour les affaires les plus importantes, en particulier pour tout ce qui touchait à la gestion des biens communaux, la consultation était élargie à l'assemblée générale.

C'est en Provence que le régime consulaire demeure le plus vivace au sein des communautés. Les consuls – de un à quatre – y détiennent l'essentiel des pouvoirs. Élus chaque année directement par un conseil général composé des chefs de famille les plus allivrés, ils étaient seuls habilités à convoquer l'assemblée des habitants. Ils sont aussi les seuls à pouvoir lui faire des propositions. Maîtres de la fiscalité, ils ont également en charge la police, la voirie et toute la gestion administrative de la communauté qu'ils partagent avec le conseil ordinaire. Ce conseil est composé de membres élus pour un an. Le plus souvent proposés par les conseillers sortants au conseil général qui doit ratifier cette proposition, ils sont choisis en nombre égal parmi les trois ordres en fonction de conditions rigoureuses de cens et de capacité. Ils s'imposent souvent parce qu'ils sont « les plus apparents et les plus intéressés ». Très structurée, cette organisation municipale est en général dotée d'officiers municipaux subalternes. Trésorier, greffier ou secrétaire, auditeurs des comptes, regardeurs chargés de la police des marchés, des denrées et des productions locales, estimateurs compétents pour tout ce qui relevait de la mesure et de la valeur des terres n'en sont que les principaux. Un régime assez semblable se rencontre en Gascogne et Béarn où consuls et jurats sont le plus souvent choisis par le seigneur ou un représentant du roi sur une liste proposée par l'assemblée générale des chefs de maison appelée à débattre ensuite avec eux des questions importantes. Comme partout, les décisions ainsi prises sont soumises à une tutelle des autorités supérieures.

§ 3. – TUTELLE

Pendant longtemps et plus particulièrement dans les pays du Nord, elle a été le fait des seigneurs. Ils président souvent les assemblées villageoises dont les délibérations sont enregistrées par le greffier seigneurial, contrôlent l'action des collecteurs et veillent à l'exécution des décisions prises. Face à l'efficacité relative d'un tel contrôle et aux nombreux procès qui s'élèvent entre les communautés et leurs seigneurs, le pouvoir royal a de plus en plus tendance à renforcer sa présence. Dès 1629, le Code Michau interdit aux communautés de lever un quelconque impôt sans autorisation préalable. Un édit de 1659 pour la Champagne les répute mineures, puis celui de 1683 établit pour toutes les villes et gros bourgs une tutelle royale systématique confiée à l'intendant. Elle est étendue à toutes les communautés en 1687. De nombreuses décisions durent ainsi être soumises à l'autorisation préalable du commissaire départi : dépenses extraordinaires, impositions supplémentaires, autorisations de plaider. De nouveaux textes de 1691 et 1695 renforcent encore ce contrôle en confiant à l'intendant mission de contrôler les comptes des communautés et de veiller aux réparations à faire aux églises, cimetières et presbytères. Selon les provinces, la tutelle confiée aux intendants s'exerçait de manière plus ou moins stricte. Elle fut particulièrement rigoureuse en Bourgogne au XVIIIe siècle, comme l'avoue l'intendant Amelot de Chaillou en 1789, quand il écrit qu'une de ses principales activités est de « surveiller les agents des communautés et de diriger leurs opérations vers le bien des communes ». Elle se trouva cependant limitée en bien des régions, en raison des prétentions permanentes des parlements à intervenir dans tous les secteurs de l'administration des communautés. Ainsi, par exemple, le parlement de Pau conserve-t-il une large compétence en matière d'imposition ordinaire, de police et d'administration, tandis que celui de Rennes exerce une tutelle tatillonne sur les finances de toutes les paroisses bretonnes. Il arrive aussi parfois que les états fassent entendre leur voix, comme ceux de Languedoc qui disposent, à la fin du XVIIIe siècle, d'une commission compétente pour connaître et juger des dettes et affaires des communautés de la province. C'était ajouter encore à la longue liste des modalités de contrôle qui pesaient de toutes parts sur l'ensemble des communautés.

BIBLIOGRAPHIE

BABEAU A., *Le village sous l'Ancien Régime*, Paris, 1878.

BARDET J.-P., *Rouen aux XVIIe et XVIIIe siècles, la mutation d'un espace social*, Paris, 1983.

BEIK W., *Urban protest in seventeenth Century France, Cambridge University Press*, 1997.

BONIN P., *Bourgeois, bourgeoisie et habitanage dans les villes du Languedoc sous l'Ancien Régime*, Aix-en-Provence, 2005.

BORDES M., *L'administration provinciale et municipale en France au XVIIIe siècle*, Paris, 1972

BORDES M., *La réforme municipale du contrôleur général Laverdy et son application (1764-1771)*, Toulouse, 1968.

DENYS C., *Police et sécurité au XVIIIe siècle dans les villes de la frontière franco-belge,* Paris, 2002.

DERLANGE M., *Les communautés d'habitants en Provence au dernier siècle de l'Ancien Régime*, Toulouse, 1987.

DEYON P., *Amiens capitale provinciale, étude sur la société urbaine au XVIIe siècle*, Paris-La Haye, 1967.

FAVIER R., *Les villes du Dauphiné aux XVIIe et XVIIIe siècles*, Grenoble, 1993.

FRÊCHE G., *Toulouse et la région Midi au siècle des Lumières vers 1690-1789*, Paris, 1974.

GARNOT B., *Les villes de France aux XVIe, XVIIe et XVIIIe siècles*, Paris, 1989.

GUIGNET P., *Le pouvoir dans la ville au XVIIIe siècle, pratiques politiques, notabilité et éthique sociale de part et d'autre de la frontière franco-belge*, Paris, 1990.

GUTTON J.-P., *La sociabilité villageoise dans l'ancienne France*, Paris, 1969.

HAROUEL J.-L., *L'embellissement des villes : l'urbanisme français au XVIIIe siècle*, Paris, 1999.

HOURBLIN X., *Les finances de Reims à la fin de l'Ancien Régime (1765-1789),* Paris, 2006.

LAMARRE Ch., *Le fait urbain dans l'ancienne France. Les petites villes de Bourgogne au XVIIIe siècle*, Dijon, 1989.

LAMOUZÈLE E., *Essai sur l'administration de la ville de Toulouse à la fin de l'Ancien Régime (1783-1790) d'après les procès-verbaux du conseil général, du conseil politique et des commissions,* Giard et Brière, 1910.

LAUR F., *Le consulat de Millau sous la monarchie absolue*, Nîmes, 1998.

LAURÈS E., *La municipalité de Béziers à la fin de l'Ancien Régime*, Béziers,, 1926.

LE ROY LADURIE E. dir., *La ville classique de la Renaissance à la Révolution*, dans *Histoire de la France urbaine,* G. Duby dir., T. III, Paris, 1981.

LEPETIT B., *Les villes dans la France Moderne (1740-1840),* Paris, 1988.

Les communautés rurales, Rec . de la Soc. J. Bodin, vol ; XLIII, Paris, 1984.

LIGNEUREUX Y., *Lyon et le Roy, de la bonne ville à l'absolutisme municipal* (1594-1654), Champ Vallon, 2003.

MAILLARD F., *Le pouvoir municipal à Angers de 1657 à 1789*, 2 vol., Angers, 1984.

MESTRE J.-L., *Un droit administratif à la fin de l'Ancien Régime : le contentieux des communautés de Provence*, Paris, 1976.

MOUYSSET S., *Le pouvoir dans la bonne ville, les consuls de Rodez sous l'Ancien Régime*, Rodez, 2000.

NIÈRES C., *Les villes de Bretagne au XVIIIe siècle*, Rennes, 2004.

PETITFRÈRE Cl., *Construction, reproduction et représentation des patriciats urbains de l'Antiquité au XXe siècle*, Tours, 1999.

PLESSIX R. et POSSSOU J.-P., dir., *Les petites villes françaises du XVIII*e *au XX*e *siècle*, Actes du colloque de Mamers (1991), Mamers, 1998.

SAINT-JACOB P. de, *Documents relatifs à la communauté villageoise en Bourgogne du milieu du XVIII*e *siècle à la Révolution*, Paris, 1962.

SAUPIN G., *Les villes de France à l'époque moderne (XVI*e*-XVIII*e *siècle),* Paris, 2002.

SAUPIN G., *Nantes au XVII*e *siècle. Vie politique et société urbaine*, Rennes, 1996.

CHAPITRE VIII

DÉCLIN, CRISE ET CHUTE DE L'ANCIEN RÉGIME

A partir du milieu du XVIIIe siècle, on enregistre des tensions de plus en plus vives dans la vie politique et administrative de l'Ancien Régime. Elles annoncent la crise de 1789. Pourquoi cette accélération ?

Parce que le décalage est de plus en plus net entre les principes constitutionnels et la pratique. Depuis le règne de Louis XIV, les contrepoids traditionnels (lois fondamentales, Etats généraux, parlements) ne jouent plus leur rôle face à un absolutisme sans cesse grandissant. Des idées nouvelles se développent alors, qui tendent à remettre en cause la toute-puissance de la monarchie (Section 1). Il en résulte une prise de conscience, tant de la part de la royauté que de ses agents. Tous perçoivent la nécessité des réformes urgentes dans tous les domaines. Elles sont tentées mais échouent pour l'essentiel, principalement à cause de l'opposition des privilégiés (Section 2). Cette incapacité de l'Ancien Régime à se réformer lui-même débouche sur un grave crise. Le seul moyen de la surmonter paraît alors être la convocation des Etats généraux (Section 3).

SECTION 1
LES IDÉES NOUVELLES

Le XVIIIe siècle est une période de bouillonnement intellectuel. De multiples courants d'opinion agitent les esprits et donnent naissance à des projets très divers, tous plus ou moins hostiles à l'ordre établi dans le royaume. Ils se manifestent, tout à la fois, dans le domaine de l'économie (§ 1) et de la politique (§ 2).

§ 1. – LES IDÉES NOUVELLES DANS LE DOMAINE DE L'ÉCONOMIE

C'est essentiellement au courant de pensée des Physiocrates qu'elles sont dues, courant qui se développe à partir des années 1750, avec son chef de file, le docteur Quesnay (*Tableau économique,* 1758). Pour les Physiocrates, les phénomènes économiques obéissent à des lois dérivées de la nature des choses. Il faut rechercher et énoncer ces lois, ce qui permet de faire de l'économie une véritable science. Elles sont naturelles et doivent être respectées en toutes circonstances.

Il en est une fondamentale : seule la production agricole est vraiment une production car elle est la seule à créer des richesses. Selon les Physiocrates, l'agriculture est le seul secteur de l'économie où l'investissement (capital, travail, semence) soit inférieur à la valeur produite. Les activités industrielles ne sont que des activités de transformation des richesses existantes, tandis que les activités commerciales se limitent à véhiculer les produits finis. Ainsi, l'agriculture est-elle la seule activité à créer un supplément de richesse, un « produit net ».

De cette hiérarchie des activités économiques (agriculture, industrie et commerce) découle une hiérarchie nouvelle des valeurs sociales et des catégories sociales. Il y a, selon les Physiocrates, trois classes hiérarchisées dans la nation : la classe productrice (exploitants agricoles), la classe stérile (commerçants, industriels, professions libérales), la classe « stipendiée ou rentée » (propriétaires fonciers non exploitants). Tout doit être fait pour défendre les intérêts de la classe productrice et aussi celle des propriétaires, classe « rentée » qui met ses capitaux à la disposition des exploitants. Droits féodaux et seigneuriaux sont remis en question car ils constituent une entrave à la production. La liberté du commerce doit pouvoir s'effectuer sans entrave. Cette liberté ne peut que favoriser la vente des produits agricoles à un prix plus rémunérateur. C'est le « bon prix » nécessaire à la réalisation d'un équilibre social plus harmonieux. De tout cela, découle la maxime du « *laisser faire, laisser passer* » si chère aux Physiocrates et en contradiction complète avec les idées de contrôle et de police économique de l'Ancien Régime. Ainsi se trouvaient remises en cause bien des données fondamentales de l'organisation politique d'Ancien Régime.

§ 2. – LES IDÉES NOUVELLES DANS LE DOMAINE POLITIQUE

A. L'ABSOLUTISME ÉCLAIRÉ

Dans un premier temps du XVIIIe siècle, pour faire pièce à la toute-puissance du souverain et afin de préserver les droits des individus, bon nombre de penseurs se montrent favorables à l'absolutisme éclairé. Qu'est-ce à dire ? Le pouvoir demeure concentré dans les mains du seul prince, donc l'essentiel des idées monarchiques est préservé. De plus, la toute-puissance du prince et de l'Etat est une règle. Son emprise est indispensable sur les individus et la nation. Mais cette toute-puissance doit être éclairée et mise au service de certaines causes, à commencer par la raison qui est infaillible. Cet absolutisme repensé doit servir avant tout à améliorer la condition des individus, à assurer leur liberté, à sauvegarder leurs droits individuels et à imposer le respect de lois dictées par la nature des choses.

Cependant, cet absolutisme éclairé, ce réformisme autoritaire, ne saurait suffire à permettre toutes les réformes, aussi est-il rapidement dépassé par d'autres courants de pensée.

B. LES IDÉES DE MONTESQUIEU

Très influencé par les institutions anglaises qui connaissent un grand engouement dans la France du XVIIIe siècle, Montesquieu se référant à elles (*Esprit des Lois*, 1748) estime qu'il ne peut y avoir un certain équilibre du pouvoir que si « *le pouvoir arrête le pouvoir* ». Selon lui, l'avantage de la constitution anglaise, fondée sur le principe de la séparation des pouvoirs, est de dissocier ce que le système monarchique français concentre. Il en résulte des distinctions fondamentales entre :

La puissance législative. Elle doit revenir à des représentants du peuple réunis dans une chambre basse. Il convient cependant de préserver les droits de l'aristocratie et de limiter la toute-puissance législative en instituant une chambre haute qui servira de contrepoids (bicamérisme, avec possibilité pour une chambre de s'opposer à l'autre).

La puissance exécutive. C'est le prince qui la détient. Montesquieu considère qu'un tel pouvoir est mieux exercé quand il est aux mains d'un seul individu que de plusieurs.

Le pouvoir judiciaire. Il doit être distinct à la fois du législatif et de l'exécutif et exercé par les cours souveraines.

Ainsi, Montesquieu peut-il être considéré comme un libéral, mais un libéral aristocratique. Sa volonté est manifeste de préserver une place importante pour les catégories privilégiées, en particulier l'aristocratie très représentée au sein de la chambre haute et des cours souveraines.

C. LES IDÉES DE ROUSSEAU

Son influence est déterminante dans le domaine des idées politiques avec son *Contrat social* (1762) dont l'apport principal est de bouleverser de manière fondamentale les bases de la souveraineté. Toute société est fondée sur un pacte qui peut être tacite ou solennel entre les individus. L'individu ne fait partie de la société qu'en raison de ce pacte librement conclu, c'est un véritable accord de volonté. Mais, en s'associant ainsi, les hommes n'en renoncent pas pour autant à leurs droits qu'ils tiennent de la nature et le pacte qu'ils ont conclu entre eux est là pour garantir ces droits. Ce pacte et cette garantie sont assurés au moyen de la volonté générale qui dépasse l'expression de la majorité. Unique et infaillible, elle est l'expression du bien commun. Son but essentiel est de fonder une société d'individus égaux entre eux et de servir de base naturelle à la fois à la loi et à la constitution.

Dans ces conditions, l'opposition entre Montesquieu et Rousseau est fondamentale. Montesquieu est partisan d'un partage du pouvoir, tandis que Rousseau en modifie complètement le fondement qu'il rattache à la volonté des individus pris collectivement. La souveraineté demeure donc, pour Rousseau, indivisible, inaliénable et absolue, tout en devenant démocratique et populaire. Tous les individus qui ont conclu le pacte en sont titulaires et elle s'exprime par l'intermédiaire de la volonté générale. Ainsi, tout individu est à la fois souverain, puisqu'il participe à l'expression de la volonté et sujet, parce que soumis à cette même volonté. Désormais, il n'est plus question de monarchie de droit divin, de pouvoir supérieur qui vient d'en haut mais de la volonté du peuple et de la nation, volonté qui est souveraine. C'est elle qui est appelée à décider quel régime politique elle se donnera et qui déterminera les pouvoirs du prince, si elle conserve la royauté.

De telles idées ne pouvaient qu'encourager et précipiter le mouvement de réforme.

SECTION 2

LES TENTATIVES DE RÉFORME ET LEUR ÉCHEC

A la veille de la Révolution, la France apparaît comme un pays dont les structures sont dépassées et, souvent, mal adaptées aux réalités. Certes, le bilan est loin d'être négatif et bien des institutions politiques ont été très efficaces tout au long de l'Ancien Régime. Il n'est que de rappeler le conseil du roi et sa faculté d'adaptation, les ministres grands et fidèles commis de l'Etat. Cependant, les aspects négatifs ne manquaient pas : institutions formées par apports successifs, complexité très grande de l'administration avec coexistence de deux catégories d'agents (officiers et commissaires), enchevêtrement des tribunaux, injustice du système fiscal, diversité de statut des individus. Cet ensemble de données fait prendre conscience à la monarchie et à certains de ses ministres qu'il est indispensable de conduire des réformes en profondeur. Elles sont tentées, mais peu aboutissent, que ce soit dans le domaine judiciaire (§ 1), économique (§ 2), administratif et financier (§ 3).

§ 1. – LES RÉFORMES JUDICIAIRES

Elles se font en deux temps, d'abord conduites par René-Nicolas Maupeou (A), puis par François de Lamoignon (B).

A. LA RÉFORME DE MAUPEOU EN 1771

C'est un homme de vieille famille parlementaire, ancien président du Parlement de Paris, chancelier. Il fait prendre à Louis XV un édit de principe fixant les limites des interventions politiques des Parlements, spécialement pour celui de Paris. Cet édit est suivi de la démission en bloc de tous les membres du Parlement, le roi les exile de Paris et confisque leurs charges par arrêt du Conseil. A titre provisoire, le Grand Conseil est chargé de suppléer le Parlement dissous. Puis, en avril 1771, le Grand Conseil est à son tour supprimé et son personnel sert à reconstituer le Parlement de Paris dont le rôle est limité à la promulgation des lois, ainsi qu'à juger les problèmes intéressant la couronne et la cour des pairs.

Les fonctions judiciaires de droit commun sont transférées à des conseils supérieurs de justice dont cinq pour le ressort de l'ancien Parlement de Paris (Arras, Blois, Châlons-sur-Marne, Clermont-Ferrand et Poitiers). Des conseils supérieurs du même type remplacent aussi les parlements de province. Les nouvelles charges ne sont ni vénales, ni héréditaires et la gratuité de la justice est assurée par la suppression des offices. Un plan d'ensemble est préparé pour le remboursement des anciennes charges. Mais Louis XV meurt en 1774, Louis XVI renvoie Maupeou et rappelle les parlements qui se montrent aussi exigeants que par le passé, d'où une nouvelle réforme en 1788.

B. LA RÉFORME DE LAMOIGNON EN 1788

Le 8 mai 1788, Louis XVI fait enregistrer en lit de justice une série d'édits préparés par le garde des sceaux Lamoignon. Ces édits enlèvent toute attribution politique aux parlements, confient l'enregistrement des ordonnances à une cour unique composée de représentants des ordres et des grands corps de l'Etat (cour plénière), réduisent à deux les degrés d'appel et partagent les ressorts des Parlements en grands bailliages (47 au total dont 16 pour le Parlement de Paris). Ces grands bailliages sont compétents en premier ressort jusqu'à 20 000 livres, ceci afin de diminuer la durée, le nombre et le coût des procès.

L'agitation est alors intense. Le Parlement de Paris, soutenu par les parlements de province, déclare ces textes contraires à la constitution du royaume. Des émeutes suivent à Grenoble, Rennes et Pau. Louis XVI perd pied et promet la réunion des Etats généraux. La révolution approche.

Cette tentative de réforme des Parlements est un bel exemple du refus de réformes par un corps privilégié qui bloque tout un système constitutionnel.

§ 2. – LES RÉFORMES ÉCONOMIQUES

Quelques semaines avant de renvoyer Maupeou, Louis XVI avait fait appel à Anne Robert Jacques Turgot et l'avait nommé contrôleur général des finances. Turgot, ancien intendant de la généralité de Limoges, adepte des thèses physiocrates, veut appliquer ses idées à l'administration et à l'économie du royaume.

A. DANS LE DOMAINE COMMERCIAL

Turgot s'efforce de briser la police traditionnelle des grains, il combat la politique dirigiste et toutes les barrières douanières qui en découlent. Le préambule de l'édit de 1774 est une violente critique contre l'interventionnisme et fait l'apologie de la liberté. En conséquence, l'édit déclare libre le commerce des grains dans tout le royaume. Les mauvaises récoltes de l'année entraînent des difficultés et des émeutes aux abords de la capitale (guerre des farines). Turgot doit prendre des mesures sévères pour maintenir l'ordre, elles lui valent l'hostilité du Parlement, d'où un demi-succès de l'édit de 1774.

B. DANS LE DOMAINE DU TRAVAIL

Turgot ne se décourage pas et s'attaque au problème de la liberté du travail. Cette liberté n'existait pas sous l'Ancien Régime (monopole professionnel des communautés de métier). L'édit de février 1776 débute par la condamnation de toutes ces institutions, fait l'apologie de la liberté du travail et du libre jeu de la concurrence. Il proclame pour tout individu, même étranger, la liberté d'exercer un métier à condition d'en faire la déclaration à l'autorité administrative. Du même coup les maîtrises les communautés professionnelles et les confréries sont dissoutes et disparaissent. Mais les réactions et inquiétudes sont nombreuses, la mesure mal accueillie tant par la population que par le Parlement de Paris. Malgré l'enregistrement de l'édit, Turgot est renvoyé deux mois plus tard. On revient alors sur les mesures qu'il avait prises, on rétablit la police des grains et les corporations sont reconstituées.

C. DANS LE DOMAINE ADMINISTRATIF ET FINANCIER

Depuis longtemps le problème financier était sérieux. Il ne fait que s'aggraver pendant les dernières années de l'Ancien Régime. Les ressources fiscales traditionnelles ne suffisent plus à combler les besoins de l'Etat. En 1783, Charles Alexandre de Calonne est appelé au Contrôle général des finances et doit se résoudre à préparer une profonde réforme fiscale. Mais pour y parvenir il fallait briser la résistance des parlements. C'est la raison pour laquelle on eut l'idée de convoquer une assemblée de notables qui serait amenée à approuver les réformes. Calonne obtint l'accord de Louis XVI. Des représentants des notables sont désignés au sein des trois ordres. L'assemblée s'ouvre à Versailles le 22 février 1787 (140 membres). On en profite pour déborder largement les problèmes fiscaux et pour traiter à la fois de la réforme administrative et de la réforme financière.

La réforme administrative. Elle est fondée sur la volonté de redonner vie aux circonscriptions locales, aux assemblées régionales et aux anciennes assemblées d'états mais qui n'existaient pas partout. Les Physiocrates prônent l'extension d'assemblées locales partout dans le royaume. Calonne reprend ce projet dont la réalisation avait déjà été tentée par Jacques Necker en 1778.

Le projet soumis à l'Assemblée des notables institue une hiérarchie d'assemblées à trois degrés : **assemblées de paroisses** (seigneur, curé, syndic, membres élus représentant la population et propriétaires fonciers), **assemblées d'élections** (députés élus par les diverses paroisses), **assemblées provinciales** (membres choisis par les assemblées d'élections avec en plus des personnalités nommées par le roi). La moitié des membres de ces assemblées provinciales devait appartenir au tiers état qui avait ainsi une représentation égale à celle des deux autres ordres réunis. Le vote devait avoir lieu par tête et non par ordre. La compétence de ces assemblées était très large : répartition de l'impôt, avis consultatif pour l'administration de leur territoire, possibilité de présenter des doléances au roi.

La réforme financière. Calonne avait un double projet financier. Il voulait supprimer ou améliorer les impôts anciens : abolition des douanes intérieures, uniformisation et diminution de la gabelle, suppression du vingtième, plafonnement de la taille. Il souhaitait aussi créer un impôt entièrement nouveau, la **subvention territoriale,** impôt direct destiné à fournir à la monarchie ses principales ressources. Il devait frapper les revenus de tous les biens fonciers, y compris ceux du domaine royal de la noblesse et du clergé.

Face à cette véritable révolution fiscale, l'Assemblée des notables se montre plus réticente et fait échouer tous ces projets. Etienne Charles de Loménie de Brienne remplace Calonne et tente de faire enregistrer l'édit instituant une nouvelle forme d'imposition territoriale, mais il se heurte au refus catégorique du Parlement. La monarchie n'avait pas d'autre recours alors, pour résoudre la crise, que de faire appel aux Etats généraux.

SECTION 3

CONVOCATION, ÉLECTION ET COMPOSITION DES ETATS GÉNÉRAUX

§ 1. – CONVOCATION ET ÉLECTION

Dès novembre 1787, le roi avait envisagé la possibilité de convoquer les Etats généraux. Au printemps 1788, Loménie de Brienne, qui a remplacé Calonne après l'échec de l'Assemblée des notables, promet de les réunir au bout de cinq ans. Mais ce terme est trop long. Aussi, dès juillet 1788, on prescrit une enquête dans les archives pour connaître les conditions de la dernière convocation des Etats généraux en 1614. Un arrêt du Conseil, du 8 août 1788, les convoque pour le 1er mai 1789. C'est là l'aboutissement de la crise pré-révolutionnaire et le point de départ d'une nouvelle épreuve de force entre l'opinion, les Etats généraux et le roi.

Cette élection, c'est la véritable première élection générale de notre histoire, d'où de nombreux problèmes. Quelles furent les questions préalables à résoudre et les conditions du scrutin (A) ? Comment se déroula la campagne électorale (B) ?

A. LES QUESTIONS PRÉALABLES ET LES CONDITIONS DU SCRUTIN

1. – *Les questions préalables*

Il en est deux essentielles. Le tiers état étant de beaucoup le plus important, verrait-il le nombre de ses députés augmenté ? Une fois les élections passées, voterait-on par ordre ou par tête ? Ces deux questions étaient intimement liées et la discussion qu'elles suscitaient était globale.

Si le tiers l'emportait sur le premier point, son succès n'avait de sens que si on procédait ensuite au vote par tête et non par ordre. Sur ces problèmes, le gouvernement et le roi n'ont pas de doctrine bien précise. Finalement, après bien des consultations (Parlement, Assemblée des notables), Necker présente au Conseil du roi, en décembre 1788, un rapport qui recommande une répartition des élus aussi proportionnée que possible à l'importance numérique de la population. Il propose le doublement du tiers en invoquant que le système traditionnel est insoutenable. Le Conseil accepte cette proposition et le tiers obtient ainsi le doublement de sa représentation. Ces décisions sont rendues publiques par une publication intitulée *Résultat du Conseil du Roi tenu à Versailles le 27 décembre 1788.*

2. – *Les conditions du scrutin*

Elles sont en partie fixées par un règlement électoral du 24 janvier 1789. Le bailliage est retenu comme circonscription électorale. La représentation de chaque bailliage doit être fonction de l'importance de sa population, les députés sont donc en nombre variable (sur 190 bailliages, 23 d'entre eux ont entre 12 et 40 représentants). En raison du doublement de la représentation du tiers, la moitié des représentants de chaque bailliage est élue par le tiers, un quart par la noblesse et un quart par le clergé. Les désignations se font dans des conditions qui diffèrent sensiblement d'un ordre à un autre. Le règlement n'a pas cherché à unifier les conditions de vote.

Tous les **nobles** ont le droit de voter. Réunis au chef-lieu de bailliage en assemblée plénière, ils élisent directement leurs délégués sauf dans les bailliages qualifiés de secondaires qui ne députent pas directement. En ce cas, les nobles délèguent un quart des leurs pour se joindre à l'assemblée du bailliage principal.

Pour le **clergé,** deux régimes distincts coexistent. Les évêques et tous les curés titulaires de bénéfices ou d'une charge paroissiale choisissent directement leurs représentants. Les chanoines et les religieux élisent à deux degrés et désignent des représentants (en général un par communauté) à l'assemblée du clergé. Ces dispositions assurent dans les assemblées une prédominance des curés. Souvent originaires du tiers, ils partagent ses difficultés, ses revendications et sont la plupart du temps acquis à ses idées.

Pour le **tiers,** les conditions posées pour être électeur sont libérales. Il suffit d'avoir 25 ans et d'être inscrit au rôle des contributions. Pour Paris, les conditions sont un peu plus restrictives où l'imposition de six livres minimum écarte près de la moitié des chefs de famille. Le mécanisme de désignation des députés est complexe, l'élection se fait à deux ou trois degrés. Dans les **campagnes**, les électeurs de chaque paroisse se réunissent en assemblées primaires qui désignent des délégués (1 pour 100 feux). Ces délégués se rendent à l'assemblée du bailliage où ils participent à la désignation des députés du tiers. Ils y retrouvent les **délégués des villes** choisis selon des modalités différentes. Le cadre de l'élection pour la ville n'est pas la paroisse, mais la corporation qui a droit à un représentant pour

100 membres. Les électeurs qui n'appartiennent à aucune corporation sont regroupés en un corps électoral spécial qui désigne ses représentants à raison de deux pour cent membres. Dans ce régime urbain complexe, il y a un statut spécial pour Paris où on ne vote pas par corporation, mais par quartier.

Tous ces délégués désignés de manière très différente, composent l'assemblée du bailliage qui a pour mission d'élire les députés du tiers aux Etats généraux. Trois tours étaient prévus. La majorité absolue était requise pour les deux premiers, la majorité relative pour le troisième. L'ensemble des opérations devait être terminé avant le 16 mars 1789.

B. LA CAMPAGNE ÉLECTORALE

Elle dure de janvier à mars 1789. Elle est très animée en raison de la nouveauté de l'événement, de l'importance de l'enjeu et de l'espérance soulevée par ces élections.

Elle se traduit essentiellement par la rédaction de **cahiers de doléances** qui ont souvent des points communs dans la mesure où il n'est pas rare qu'ils soient rédigés d'après un modèle commun. Il convient donc de les interpréter avec prudence puisqu'ils ne reflètent pas toujours l'opinion du groupe dont ils émanent officiellement. On a conservé environ 60 000 cahiers rédigés par les communautés rurales ou dans les villes, par les corps de métier. Leur synthèse fut faite dans le cadre des cahiers généraux de bailliage.

Rédigé avec soin, souvent article par article, le cahier fait à la fois état des revendications locales et des revendications politiques à l'échelle du royaume, surtout chaque fois qu'il s'agit d'une communauté urbaine importante. S'agissant de la société et de l'économie, on peut tirer de ces cahiers un excellent bilan de la société d'Ancien Régime. Revendications contre le régime seigneurial (dénonciation de la dîme, de la corvée, de la milice, de la taille et de la fiscalité royale), revendications des campagnes contre la ville (volonté des campagnes de se dresser contre la bourgeoisie possédante) en constituent les points forts. Sur le plan politique, on relève dans l'ensemble un loyalisme monarchique souvent réaffirmé, mais aussi une condamnation certaine de l'absolutisme : dénonciation du système judiciaire en particulier des lettres de cachet. On demande la garantie des libertés individuelles et les moyens de les protéger, essentiellement une constitution limitative de l'absolutisme royal et institutionnalisant une représentation nationale investie du pouvoir de consentir l'impôt. A côté de ces bases politiques communes, il y a des nuances propres à chaque ordre qui exprime ses revendications spécifiques.

En marge de la rédaction de ces cahiers, les citoyens eurent d'autres moyens d'expression. La royauté laissa la campagne électorale se dérouler dans une liberté à peu près totale. Aussi les publications de brochures furent-elles innombrables.

§ 2. – LA COMPOSITION DES ÉTATS GÉNÉRAUX

C'est tout le problème du résultat de l'élection. Mais pour ces élections de 1789, on ne peut se poser exactement les mêmes questions que pour des élections actuelles, dans la mesure où il n'y avait pas de partis organisés et pas de tendances politiques nettement caractérisées.

On ne connaît pas avec certitude l'effectif exact des députés aux Etats généraux, un peu plus de 1 100. C'est là un chiffre considérable qui a contribué à enraciner l'idée d'après laquelle les assemblées représentatives doivent être nombreuses pour être démocratiques. Quelles sont l'origine et la répartition de ces députés ?

Députés du clergé. Ils sont environ 300, dont 50 archevêques et évêques. Le haut clergé est donc en minorité et les curés de paroisse proches du peuple détiennent la majorité. Cette masse de curés est un appoint décisif dans l'épreuve de force qui va s'engager entre les députés du tiers et ceux des ordres privilégiés. Les membres du clergé apportent aussi aux Etats une expérience du gouvernement, celle du gouvernement de l'Eglise. Ils ont des compétences administratives, l'habitude de la parole en public et des connaissances techniques. Dans les premiers mois de la révolution, les ecclésiastiques tiennent une place importante au cours des débats.

Députés de la noblesse. On en dénombre environ 300. La composition de ce groupe est très hétérogène depuis les descendants des grandes familles, jusqu'aux nouveaux petits bourgeois anoblis et à la noblesse de robe. Sur le plan politique, les députés de la noblesse sont très divisés. Un bon nombre d'entre eux affichent nettement des sympathies pour les idées libérales, tandis que le reste demeure très attaché à ses privilèges.

Députés du tiers. Ils appartiennent tous sans exception à la bourgeoisie, pas un paysan ou un compagnon ne se retrouve dans leurs rangs. Ils ont pour eux le nombre d'environ 600 et sont pratiquement assurés, avec le concours du bas clergé et de la noblesse libérale, de trouver une majorité absolue acquise à leurs vues au cas où les trois ordres décideraient de siéger ensemble.

Si le tiers est exclusivement composé de bourgeois, cette bourgeoisie est très différenciée. Un élément prédomine, les **hommes de loi** (avocats, procureurs, magistrats, professeurs, conseillers aux divers parlements) que leurs études et leur profession ont préparés à jouer un rôle politique. Le second élément est composé de **propriétaires** qui viennent essentiellement des bailliages ruraux. Un troisième élément regroupe **négociants** et **manufacturiers**. Ainsi, la composition du tiers état apparaît-elle d'un niveau élevé, associant des compétences variées et des expériences diverses.

Les Etats généraux constituent une assemblée formée d'hommes qui ne se connaissent pas et qui n'ont pas l'habitude de travailler ensemble. Tous ont vécu jusque-là dans des ordres qui ne se mêlaient guère, beaucoup ne sont jamais venus à Paris ou à Versailles. Tous ces éléments contribuent à expliquer leur psychologie et leur comportement dès la séance d'ouverture le 5 mai 1789. A partir de ce moment-là s'ouvrait une ère nouvelle. Certes, la vieille France monarchique était là tout entière, mais elle siégeait pour la dernière fois et l'Etat royal se préparait à quitter la scène de l'Etat.

BIBLIOGRAPHIE

ALTHUSSER L., *Montesquieu, la politique et l'histoire*, Paris, 1972.

BAKER K. M. dir., *The French Revolution and the creation of modern political culture,* I, *Political culture of the Old Regime*, Oxford, 1947.

BAKER K. M., « Politique et opinion publique sous l'Ancien Régime », *A.E.S.C,* 42, 1987, p. 41 et suiv.

BARNY R., *Prélude idéololique à la Révolution française. Le rousseauisme avant 1789*, Paris, 1985.

BENREKASSA G., *Le politique et sa mémoire. Le politique et l'histoire dans la pensée des Lumières*, Paris, 1983.

BERTAUD J.-P., *Les origines de la Révolution française*, Dossier Clio 9, Paris, 1971.

BRETTE A., *Recueil des documents relatifs à la convocation des États généraux de 1789*, Paris, 1894-1915.

CADART J., *Le régime électoral des États généraux de 1789 et ses origines (1302-1614),* Paris, 1952.

CARCASSONNE E., *Montesquieu et le problème de la constitution française au XVIII*[e] *siècle*, Paris, 1927.

CHAPUISAT E., *Necker*, Paris, 1938.

CHARTIER R., « Cultures, Lumières, doléances : les cahiers de I789 », *R.H.M.C.*, 1981, p. 68 et suiv.

CHARTIER R., *Les origines culturelles de la Révolution française*, Paris, 1990.

CHAUNU P., *La civilisation des Lumières*, Paris, 1971.

COBBAN A., *The social interpretation of French Revolution*, Londres, 1962, trad. fr., *Le sens de la Révolution française,* Paris, 1984.

COCHIN A., « Comment furent élus les députés aux États généraux », *L'esprit du jacobinisme*, Paris, P. U. F., 1979.

CUILLERON M., *Contribution à l'étude de la rébellion des cours souveraines sous le règne de Louis XV. Le cas de la cour des aides et finances de Montauban*, Paris, 1983.

DENIS M. et GOUBERT P., 1789, *Les Français ont la parole,* Paris, 1964.

DERATHE R., *Jean-Jacques Rousseau et la science politique de son temps*, Paris, 1974.

EGRET J., *La pré-Révolution française*, 1787-1789, Paris, 1982.

ÉGRET J., *Necker, ministre de Louis XVI*, Paris, 1975.

EISENMMANN C., « L'esprit des lois et la séparation des pouvoirs », *Mélanges Carré de Malberg*, 1933, p. 163 et suiv.

FAURE E., *La disgrâce de Turgot*, Paris, 1961.

FURET F. et HALÉVY R., « L'année 1789 », *A.E.S.C.*, 44, 1989, p. 35 et suiv.

FURET F., « La monarchie et le règlement électoral de 1789 », *The French Revolution and the creation of modern political culture*,I, *The political culture of the Old Regime*, Baker K. M. dir. Oxford, 1947, p. 375 et suiv.

FURET F., « Les élections de 1789 à Paris, le Tiers État et la naissance d'une classe dirigeante », *De l'Ancien Régime à la Révolution française*, Cremer A. dir., Göttingen, 1978, p. 188 et suiv.

FURET F., *Penser la Révolution française*, Paris, 1978.

FURET F., RICHET D., *La Révolution française*, 2 vol., Paris, 1965-1966 et rééd. 1 vol., 1979.

FURET Fr. et OZOUF M., *Dictionnaire critique de la Révolution française*, Paris, 1998.

GODECHOT J., *Les Révolutions, 1770-1789*, Nouvelle Clio, 36, Paris, 1963.

GOYARD-FABRE S., *La philosophie des Lumières*, Paris, 1972.

HALÉVI R., « L'idée et l'événement. Sur les origines intellectuelles de la Révolution française », *Le Débat*, janv.-mars 1986, 38, p. 145 et suiv.

HALÉVY R., « La monarchie et les élections : position des problèmes », *The French Revolution and the creation of modern political culture*, I, *The political culture of the Old Regime*, Baker K. M. dir., Oxford, 1947, p. 387 et suiv.

HAMPSON N., *Le siècle des Lumières,* Paris, 1972.

HAROUEL J.-L., « La pré-Révolution, 1787-1788 », *Les Révolutions françaises*, Bluche F. et Rials S. dir., Paris, 1989, p. 181 et suiv.

LE MOY A., *Le Parlement de Bretagne et le pouvoir royal au XVIIIe siècle*, Rennes, 1902.

LEMAY E.-H., « La composition de l'Assemblée nationale constituante : les hommes de la continuité ? », *R.H.M.C.*, 1977, p. 341 et suiv.

MEYER J., « Continuité et discontinuité de l'Ancien Régime à la Révolution », *Histoire comparée de l'administration (IVe-XVIIIe siècle)*, Actes du IVe colloque historique franco-allemand de l'Institut Historique Allemand de Paris, Tours, 27 mars-1er av. 1977 ; Paravicini W. et Werner K.-F. dir., München, 1980, p. 52-67.

MEYER J., *Le despotisme éclairé*, Paris, 1991.

MEYER J., CORVISIER J.-P., POUSSOU J.-P., *La Révolution française*, 2 vol., 1991.

RÉMOND R., *La vie politique en France*, I, *1789-1848*, Paris, 1965 et rééd.

RENOUVIN P., *Les assemblées provinciales de 1787, origines, développements, résultats*, Paris, 1923.

ROCHE D., *Le siècle des Lumières en Province : académies et académiciens provinciaux (1680-1789)*, Paris-La Haye, 1978.

ROCHE D., *Les Républicains des Lettres. Gens de culture et Lumières au XVIIIe-siècle,* Paris, 1988.

ROYER J.-P., *La société judiciaire depuis le XVIIIe siècle*, Paris, 1979.

SAGNAC P., « La composition des États généraux et de l'Assemblée nationale de 1789 », *R.H.*, 1951, p. 8 et suiv.

SOBOUL A., *La civilisation et la Révolution française*, I, *La crise de l'Ancien Régime*, Paris, 1970.

SOBOUL A., *Précis d'histoire de la Révolution française*, Paris, 1975 et rééd.

SURATTEAU J.-R., *La Révolution française. Certitudes et controverses*, Dossier Clio 58, Paris, 1973.

TACKETT T., *Par la volonté du peuple. Comment les députés de 1789 sont devenus révolutionnaires*, Paris, 1997.

TAYLOR G. V., « Les cahiers de 1789 sont-ils révolutionnaires ? », *A.E.S.C*, 28, 1973, 6, p. 1495.

TULARD J., FAYARD J.-F., FIERRO A., *Histoire et dictionnaire de la Révolution française (1789-1799)*, Paris, 1987.

VILLERS R., *L'organisation du Parlement de Paris et des Conseils supérieurs d'après la réforme de Maupeou*, Paris, 1937.

VOVELLE M., *La chute de la Monarchie*, 1787-1792, Paris, 1972.

INDEX DES MATIÈRES, DES CITATIONS ET DES EXPRESSIONS

Les chiffres renvoient aux numéros de page, et non aux numéros de paragraphe.

C

D

E

H

I

J

M

N

O

P

Q

R

S

U

V

W

Z

INDEX DES NOMS DE LIEUX

Les chiffres renvoient aux numéros de page, et non aux numéros de paragraphe.

A

N

O

P

Q

R

S

T

U

V

W

Y

INDEX DES NOMS DE PERSONNES

Les chiffres renvoient aux numéros de page, et non aux numéros de paragraphe.

A

B

C

G

H

I

J

L

M

N

O

P

Q

R

S

T

U

V

W

Y

Z

TABLE DES MATIÈRES

TROISIÈME PARTIE
DES SEIGNEURIES À LA *RESPUBLICA* ROYALE
(fin XIIe siècle – fin XVe siècle)

INTRODUCTION

QUATRIÈME PARTIE
DE LA *RESPUBLICA* ROYALE À L'ÉTAT ROYAL
(XVIe – XVIIe siècles)

Composé et Imprimé par JOUVE
11, bd de Sébastopol, 75001 PARIS
N° 466937S